2025

法律法规全书系列

中华人民共和国安全生产法律法规全书

（含规章及法律解释）

中国法治出版社
CHINA LEGAL PUBLISHING HOUSE

出版说明

随着中国特色社会主义法律体系的建成，中国的立法进入了"修法时代"。在这一时期，为了使法律体系进一步保持内部的科学、和谐、统一，会频繁出现对法律各层级文件的适时清理。目前，清理工作已经全面展开且取得了阶段性的成果，但这一清理过程在未来几年仍将持续。这对于读者如何了解最新法律修改信息、如何准确适用法律带来了使用上的不便。基于这一考虑，我们精心编辑出版了本书，一方面重在向读者展示我国立法的成果与现状，另一方面旨在帮助读者在法律文件修改频率较高的时代准确适用法律。

本书独具以下四重价值：

1. 文本权威，内容全面。本书涵盖安全生产领域相关的常用法律、行政法规、国务院文件、部门规章、规范性文件、司法解释，及最高人民法院公布的典型案例、示范文本，独家梳理和收录人大代表建议、政协委员提案的重要答复；书中收录文件均为经过清理修改的现行有效文本，方便读者及时掌握最新法律文件。

2. 查找方便，附录实用。全书法律文件按照紧密程度排列，方便读者对某一类问题的集中查找；重点法律附加条旨，指引读者快速找到目标条文；附录相关典型案例、文书范本，其中案例具有指引"同案同判"的作用。同时，本书采用可平摊使用的独特开本，避免因书籍太厚难以摊开使用的弊端。

3. 免费增补，动态更新。为保持本书与新法的同步更新，避免读者因部分法律的修改而反复购买同类图书，我们为读者专门设置了以下服务：（1）扫码添加书后"法规编辑部"公众号→点击菜单栏→进入资料下载栏→选择法律法规全书资料项→点击网址或扫码下载，即可获取本书下次改版修订内容的电子版文件；（2）通过"法规编辑部"公众号，及时了解最新立法信息，并可线上留言，编辑团队会就图书相关疑问动态解答。

4. 目录赠送，配套使用。赠送本书目录的电子版，与纸书配套，立体化、电子化使用，便于检索、快速定位；同时实现将本书装进电脑，随时随地查。

修 订 说 明

《中华人民共和国安全生产法律法规全书》自出版以来，深受广大读者的欢迎和好评。本书在前一版本的基础上，根据最新国家法律、行政法规、部门规章、司法解释及相关文件的制定和修改情况，进行了相应的增删和调整。具体情况如下：

一、新增文件。《中华人民共和国生物安全法》《煤矿安全生产标准化管理体系考核定级办法》《交通运输部办公厅关于印发〈危险货物港口作业重大事故隐患判定标准〉的通知》《应急管理部行政复议和行政应诉工作办法》《生产安全事故罚款处罚规定》。

二、更新文件。《中华人民共和国矿产资源法》《中华人民共和国突发事件应对法》。

三、删除失效文件。《国家煤矿安全监察局关于印发〈煤矿安全生产标准化管理体系考核定级办法（试行）〉和〈煤矿安全生产标准化管理体系基本要求及评分方法（试行）〉的通知》《危险货物港口作业重大事故隐患判定指南》《安全生产行政复议规定》。

总 目 录

一、综　合 …………………………………（1）
二、煤矿及非煤矿山安全 …………………（101）
　1. 综合 ……………………………………（101）
　2. 煤矿安全 ………………………………（116）
　3. 非煤矿山安全 …………………………（160）
三、交通运输安全 …………………………（211）
　1. 航空运输安全 …………………………（211）
　2. 铁路运输安全 …………………………（259）
　3. 道路交通运输安全 ……………………（279）
　4. 水路运输安全 …………………………（301）
　5. 危险物品运输安全 ……………………（338）
四、建筑施工安全 …………………………（380）
五、消防安全 ………………………………（410）
六、危险化学品安全 ………………………（497）
七、民用爆炸品安全 ………………………（591）
八、劳动安全保护 …………………………（614）
九、应急管理 ………………………………（669）
十、法律救济 ………………………………（713）
十一、人大代表建议、政协委员提案
　　　答复 …………………………………（764）
　1. 人大代表建议答复 ……………………（764）
　2. 政协委员提案答复 ……………………（776）

目 录[*]

一、综 合

中华人民共和国安全生产法 …………………… （1）
　　（2021 年 6 月 10 日）
安全生产许可证条例 …………………………… （13）
　　（2014 年 7 月 29 日）
生产安全事故统计调查制度 …………………… （15）
　　（2023 年 12 月 24 日）
安全生产行政执法统计调查制度 ……………… （30）
　　（2023 年 12 月 24 日）
生产经营单位从业人员安全生产举报处理规定 … （47）
　　（2020 年 9 月 16 日）
安全生产培训管理办法 ………………………… （48）
　　（2015 年 5 月 29 日）
安全生产执法程序规定 ………………………… （51）
　　（2016 年 7 月 15 日）
安全生产监管执法监督办法 …………………… （57）
　　（2018 年 3 月 5 日）
生产经营单位安全培训规定 …………………… （58）
　　（2015 年 5 月 29 日）
企业安全生产标准化建设定级办法 …………… （62）
　　（2021 年 10 月 27 日）
安全生产行政许可标准化工作检查考核表
　　（试行） …………………………………… （68）
　　（2018 年 3 月 12 日）
安全评价检测检验机构管理办法 ……………… （72）
　　（2019 年 3 月 20 日）
安全生产约谈实施办法（试行） ……………… （79）
　　（2018 年 2 月 26 日）
安全生产领域举报奖励办法 …………………… （80）
　　（2018 年 1 月 4 日）

应急管理部关于进一步加强安全生产举报工
　　作的指导意见 …………………………… （82）
　　（2023 年 10 月 18 日）
国家安全监管总局关于进一步加强监管监察
　　执法促进企业安全生产主体责任落实的
　　意见 ……………………………………… （84）
　　（2018 年 1 月 10 日）
最高人民法院、最高人民检察院关于办理危
　　害生产安全刑事案件适用法律若干问题的
　　解释 ……………………………………… （87）
　　（2015 年 12 月 14 日）
最高人民法院、最高人民检察院关于办理危
　　害生产安全刑事案件适用法律若干问题的
　　解释（二） ……………………………… （89）
　　（2022 年 12 月 15 日）
应急管理部关于加强安全生产执法工作的意见 … （91）
　　（2021 年 3 月 29 日）
应急管理部办公厅关于更新安全生产知识和
　　管理能力考核合格证、特种作业操作证式
　　样的通知 ………………………………… （93）
　　（2019 年 8 月 10 日）
应急管理部办公厅关于印发《安全生产行政
　　执法规范用语指引》的通知 …………… （94）
　　（2019 年 11 月 1 日）
应急管理部关于启用新版安全生产许可证的
　　通知 ……………………………………… （97）
　　（2020 年 1 月 23 日）
应急管理部、公安部、最高人民法院、最高
　　人民检察院关于印发《安全生产行政执法
　　与刑事司法衔接工作办法》的通知 …… （97）
　　（2019 年 4 月 16 日）

---

[*] 目录编者按：本目录中的时间为法律文件的公布时间或最后一次修正、修订公布时间。

二、煤矿及非煤矿山安全

1. 综合

中华人民共和国矿产资源法 ……… (101)
　　（2024 年 11 月 8 日）
中华人民共和国矿山安全法 ……… (107)
　　（2009 年 8 月 27 日）
中华人民共和国矿山安全法实施条例 ……… (110)
　　（1996 年 10 月 30 日）

2. 煤矿安全

中华人民共和国煤炭法 ……… (116)
　　（2016 年 11 月 7 日）
煤矿安全生产条例 ……… (119)
　　（2024 年 1 月 24 日）
煤矿重大事故隐患判定标准 ……… (126)
　　（2020 年 11 月 20 日）
国家煤矿安监局关于印发《关于落实煤矿企业安全生产主体责任的指导意见》的通知 ……… (129)
　　（2020 年 7 月 22 日）
煤矿安全生产标准化管理体系考核定级办法 ……… (132)
　　（2024 年 10 月 16 日）
乡镇煤矿管理条例 ……… (134)
　　（2013 年 7 月 18 日）
煤矿企业安全生产许可证实施办法 ……… (136)
　　（2017 年 3 月 6 日）
国务院办公厅关于进一步加强煤矿安全生产工作的意见 ……… (141)
　　（2013 年 10 月 2 日）
国务院办公厅转发发展改革委、安全监管总局关于进一步加强煤矿瓦斯防治工作若干意见的通知 ……… (143)
　　（2011 年 5 月 23 日）
国务院办公厅关于进一步加快煤层气（煤矿瓦斯）抽采利用的意见 ……… (145)
　　（2013 年 9 月 14 日）
煤矿瓦斯抽采达标暂行规定 ……… (147)
　　（2011 年 10 月 16 日）
煤矿建设项目安全设施监察规定 ……… (153)
　　（2015 年 6 月 8 日）
煤矿安全监察员管理办法 ……… (155)
　　（2015 年 6 月 8 日）
煤矿领导带班下井及安全监督检查规定 ……… (156)
　　（2015 年 6 月 8 日）
煤矿安全监察行政处罚办法 ……… (158)
　　（2015 年 6 月 8 日）

3. 非煤矿山安全

非煤矿矿山企业安全生产许可证实施办法 ……… (160)
　　（2015 年 5 月 26 日）
非煤矿山外包工程安全管理暂行办法 ……… (165)
　　（2015 年 5 月 26 日）
尾矿库安全监督管理规定 ……… (169)
　　（2015 年 5 月 26 日）
小型露天采石场安全管理与监督检查规定 ……… (172)
　　（2015 年 5 月 26 日）
中华人民共和国生物安全法 ……… (174)
　　（2024 年 4 月 26 日）
中华人民共和国电力法 ……… (182)
　　（2018 年 12 月 29 日）
电力安全生产监督管理办法 ……… (186)
　　（2015 年 2 月 17 日）
电力建设工程施工安全监督管理办法 ……… (188)
　　（2015 年 8 月 18 日）
电力安全事故应急处置和调查处理条例 ……… (193)
　　（2011 年 7 月 7 日）
金属非金属地下矿山企业领导带班下井及监督检查暂行规定 ……… (198)
　　（2015 年 5 月 26 日）
金属与非金属矿产资源地质勘探安全生产监督管理暂行规定 ……… (200)
　　（2015 年 5 月 26 日）
国务院安委会办公室关于做好关闭不具备安全生产条件非煤矿山工作的通知 ……… (202)
　　（2019 年 4 月 27 日）

・典型案例・

1. 余某某等人重大劳动安全事故重大责任事故案 ……… (203)
2. 宋某某等人重大责任事故案 ……… (206)
3. 黄某某等人重大责任事故、谎报安全事故案 ……… (208)

三、交通运输安全

1. 航空运输安全

中华人民共和国民用航空法 …………… (211)
（2021 年 4 月 29 日）
公共航空旅客运输飞行中安全保卫工作规则 … (225)
（2017 年 2 月 7 日）
公共航空运输企业航空安全保卫规则 …… (229)
（2018 年 11 月 16 日）
中华人民共和国民用航空安全保卫条例 …… (237)
（2011 年 1 月 8 日）
民用航空空中交通管理运行单位安全管理规则 …… (240)
（2016 年 3 月 17 日）
民用航空运输机场航空安全保卫规则 …… (243)
（2016 年 4 月 21 日）
民用航空安全检查规则 ………………… (252)
（2016 年 9 月 2 日）

2. 铁路运输安全

中华人民共和国铁路法 ………………… (259)
（2015 年 4 月 24 日）
铁路交通事故应急救援和调查处理条例 …… (264)
（2012 年 11 月 9 日）
铁路安全管理条例 ……………………… (266)
（2013 年 8 月 17 日）
铁路旅客运输安全检查管理办法 ………… (274)
（2023 年 12 月 17 日）
铁路安全生产违法行为公告办法 ………… (277)
（2015 年 5 月 19 日）
最高人民法院关于审理铁路运输人身损害赔
　偿纠纷案件适用法律若干问题的解释 …… (278)
（2021 年 12 月 8 日）

3. 道路交通运输安全

中华人民共和国道路交通安全法 ………… (279)
（2021 年 4 月 29 日）
中华人民共和国道路交通安全法实施条例 … (289)
（2017 年 10 月 7 日）
最高人民法院关于审理道路交通事故损害赔
　偿案件适用法律若干问题的解释 ……… (299)
（2020 年 12 月 29 日）

4. 水路运输安全

中华人民共和国海上交通安全法 ………… (301)
（2021 年 4 月 29 日）
中华人民共和国内河交通安全管理条例 …… (312)
（2019 年 3 月 2 日）
中华人民共和国渔港水域交通安全管理条例 … (319)
（2019 年 3 月 2 日）
海上滚装船舶安全监督管理规定 ………… (320)
（2019 年 7 月 1 日）
公路水路行业安全生产工作考核评价办法 … (322)
（2017 年 8 月 4 日）
公路水运工程安全生产监督管理办法 …… (323)
（2017 年 6 月 12 日）
公路水运建设工程质量安全督查办法 …… (328)
（2016 年 5 月 10 日）
中华人民共和国船舶安全监督规则 ……… (330)
（2022 年 9 月 26 日）
中华人民共和国船舶最低安全配员规则 …… (334)
（2018 年 11 月 28 日）
中华人民共和国高速客船安全管理规则 …… (335)
（2023 年 11 月 17 日）

5. 危险物品运输安全

放射性物品运输安全管理条例 …………… (338)
（2009 年 9 月 14 日）
放射性物品道路运输管理规定 …………… (344)
（2023 年 11 月 10 日）
放射性物品运输安全监督管理办法 ……… (348)
（2016 年 3 月 14 日）
道路危险货物运输管理规定 ……………… (352)
（2023 年 11 月 10 日）
港口危险货物安全监督检查工作指南 …… (358)
（2016 年 9 月 5 日）
港口危险货物安全管理规定 ……………… (362)
（2023 年 8 月 3 日）
交通运输部办公厅关于印发《危险货物港口
　作业重大事故隐患判定标准》的通知 …… (372)
（2024 年 7 月 8 日）
铁路危险货物运输安全监督管理规定 …… (374)
（2022 年 9 月 26 日）

四、建筑施工安全

中华人民共和国建筑法 …………………（380）
　　（2019 年 4 月 23 日）
建设工程质量管理条例 ………………（385）
　　（2019 年 4 月 23 日）
建设工程安全生产管理条例 …………（390）
　　（2003 年 11 月 24 日）
高层民用建筑消防安全管理规定 ……（396）
　　（2021 年 6 月 21 日）

建筑施工企业安全生产许可证管理规定 ………（401）
　　（2015 年 1 月 22 日）
建筑起重机械安全监督管理规定 ………（404）
　　（2008 年 1 月 28 日）
关于进一步加强隧道工程安全管理的指导意见 ……（407）
　　（2023 年 2 月 17 日）

五、消防安全

中华人民共和国消防法 ………………（410）
　　（2021 年 4 月 29 日）
中华人民共和国消防救援衔条例 ……（417）
　　（2018 年 10 月 26 日）
消防安全责任制实施办法 ……………（419）
　　（2017 年 10 月 29 日）
建设工程消防设计审查验收管理暂行规定 ……（424）
　　（2023 年 8 月 21 日）
消防监督检查规定 ……………………（428）
　　（2012 年 7 月 17 日）
社会消防安全教育培训规定 …………（433）
　　（2009 年 4 月 13 日）

火灾事故调查规定 ………………………（436）
　　（2012 年 7 月 17 日）
森林防火条例 ……………………………（440）
　　（2008 年 12 月 1 日）
草原防火条例 ……………………………（444）
　　（2008 年 11 月 29 日）
应急管理部关于印发《消防救援机构办理行政案件程序规定》《消防行政法律文书式样》的通知 ……（448）
　　（2021 年 10 月 15 日）

六、危险化学品安全

关于全面加强危险化学品安全生产工作的意见 ………………（497）
　　（2020 年 2 月 26 日）
危险化学品安全管理条例 ……………（499）
　　（2013 年 12 月 7 日）
中华人民共和国监控化学品管理条例 ……（512）
　　（2011 年 1 月 8 日）
危险化学品重大危险源监督管理暂行规定 ……（513）
　　（2015 年 5 月 27 日）
危险化学品建设项目安全监督管理办法 ……（517）
　　（2015 年 5 月 27 日）

危险化学品生产企业安全生产许可证实施办法 ……（522）
　　（2017 年 3 月 6 日）
危险化学品经营许可证管理办法 ………（527）
　　（2015 年 5 月 27 日）
危险化学品安全使用许可证实施办法 ……（531）
　　（2017 年 3 月 6 日）
危险化学品输送管道安全管理规定 ……（536）
　　（2015 年 5 月 27 日）
危险化学品登记管理办法 ………………（539）
　　（2012 年 7 月 1 日）

易制毒化学品管理条例 …………………… (542)
　　(2018 年 9 月 18 日)
应急管理部办公厅关于印发危险化学品企业
　　重大危险源安全包保责任制办法(试行)
　　的通知 ………………………………… (547)
　　(2021 年 2 月 4 日)
应急管理部关于印发危险化学品企业安全分
　　类整治目录(2020 年)的通知 ………… (551)
　　(2020 年 10 月 31 日)
非药品类易制毒化学品生产、经营许可办法 … (557)
　　(2006 年 4 月 5 日)
中华人民共和国核安全法 ………………… (560)
　　(2017 年 9 月 1 日)

核电厂核事故应急管理条例 ……………… (568)
　　(2011 年 1 月 8 日)
民用核安全设备监督管理条例 …………… (571)
　　(2019 年 3 月 2 日)
进口民用核安全设备监督管理规定 ……… (576)
　　(2019 年 8 月 22 日)
民用核安全设备焊接人员资格管理规定 … (580)
　　(2019 年 6 月 12 日)
民用核安全设备无损检验人员资格管理规定 … (582)
　　(2019 年 6 月 13 日)
民用核安全设备设计制造安装和无损检验监
　　督管理规定 …………………………… (585)
　　(2019 年 8 月 22 日)

七、民用爆炸品安全

民用爆炸物品安全管理条例 ……………… (591)
　　(2014 年 7 月 29 日)
民用爆炸物品安全生产许可实施办法 …… (596)
　　(2015 年 5 月 19 日)
烟花爆竹安全管理条例 …………………… (599)
　　(2016 年 2 月 6 日)

烟花爆竹生产企业安全生产许可证实施办法 … (602)
　　(2012 年 7 月 1 日)
民用爆炸物品生产和销售企业安全生产培训
　　管理办法 ……………………………… (606)
　　(2018 年 11 月 6 日)
烟花爆竹经营许可实施办法 ……………… (609)
　　(2013 年 10 月 16 日)

八、劳动安全保护

中华人民共和国劳动法 …………………… (614)
　　(2018 年 12 月 29 日)
女职工劳动保护特别规定 ………………… (619)
　　(2012 年 4 月 28 日)
未成年工特殊保护规定 …………………… (621)
　　(1994 年 12 月 9 日)
工伤保险条例 ……………………………… (622)
　　(2010 年 12 月 20 日)
中华人民共和国职业病防治法 …………… (628)
　　(2018 年 12 月 29 日)
煤矿作业场所职业病危害防治规定 ……… (637)
　　(2015 年 2 月 28 日)
建设项目职业病防护设施"三同时"监督
　　管理办法 ……………………………… (643)
　　(2017 年 3 月 9 日)

中华人民共和国尘肺病防治条例 ………… (648)
　　(1987 年 12 月 3 日)
职业健康检查管理办法 …………………… (650)
　　(2019 年 2 月 28 日)
职业病诊断与鉴定管理办法 ……………… (652)
　　(2021 年 1 月 4 日)
中华人民共和国社会保险法(节录) ……… (657)
　　(2018 年 12 月 29 日)
中华人民共和国特种设备安全法 ………… (658)
　　(2013 年 6 月 29 日)
工贸企业有限空间作业安全规定 ………… (666)
　　(2023 年 11 月 29 日)

九、应急管理

生产安全事故应急条例 …………… (669)
　　（2019 年 2 月 17 日）
应急管理标准化工作管理办法 …… (672)
　　（2019 年 7 月 7 日）
应急管理行政裁量权基准暂行规定 …… (679)
　　（2023 年 11 月 1 日）
应急管理行政执法人员依法履职管理规定 …… (682)
　　（2022 年 10 月 13 日）
生产安全事故应急预案管理办法 …… (684)
　　（2019 年 7 月 11 日）
应急管理系统奖励暂行规定 ……… (688)
　　（2020 年 11 月 10 日）
生产安全事故信息报告和处置办法 …… (692)
　　（2009 年 6 月 16 日）
生产安全事故报告和调查处理条例 …… (694)
　　（2007 年 4 月 9 日）
生产安全事故统计管理办法 ……… (698)
　　（2016 年 7 月 27 日）
中华人民共和国突发事件应对法 …… (699)
　　（2024 年 6 月 28 日）
国务院办公厅关于加强基层应急队伍建设的
　　意见 …………………………… (708)
　　（2009 年 10 月 18 日）
安全生产预防及应急专项资金管理办法 …… (710)
　　（2016 年 5 月 26 日）
安全生产预防及应急专项资金绩效管理暂行
　　办法 …………………………… (711)
　　（2018 年 2 月 6 日）

十、法律救济

中华人民共和国刑法（节录） …… (713)
　　（2023 年 12 月 29 日）
中华人民共和国行政处罚法 ……… (715)
　　（2021 年 1 月 22 日）
中华人民共和国行政复议法 ……… (721)
　　（2023 年 9 月 1 日）
应急管理部行政复议和行政应诉工作办法 …… (729)
　　（2024 年 4 月 4 日）
安全生产违法行为行政处罚办法 …… (733)
　　（2015 年 4 月 2 日）
生产安全事故罚款处罚规定 ……… (740)
　　（2024 年 1 月 10 日）
中华人民共和国行政诉讼法 ……… (743)
　　（2017 年 6 月 27 日）
安全生产领域违法违纪行为政纪处分暂行
　　规定 …………………………… (751)
　　（2006 年 11 月 22 日）
安全生产监督罚款管理暂行办法 …… (753)
　　（2004 年 11 月 3 日）
安全生产严重失信主体名单管理办法 …… (753)
　　（2023 年 8 月 8 日）
安全生产事故隐患排查治理暂行规定 …… (755)
　　（2007 年 12 月 28 日）
国务院关于特大安全事故行政责任追究的规定 …… (758)
　　（2001 年 4 月 21 日）
安全监管监察部门许可证档案管理办法 …… (760)
　　（2017 年 3 月 22 日）
安全生产监管监察部门音像电子文件归档管
　　理规定 ………………………… (761)
　　（2016 年 12 月 21 日）

十一、人大代表建议、政协委员提案答复

1. 人大代表建议答复

对十三届全国人大五次会议第 7209 号建议
的答复 ………………………………………（764）
　　——关于加强电动自行车消防安全监管工
　　　作的建议
　　（2022 年 7 月 3 日）

对十三届全国人大四次会议第 2599 号建议
的答复 ………………………………………（765）
　　——关于矿业生产领域重大事故救援处置
　　　流程统一标准（规范）的建议
　　（2021 年 9 月 29 日）

对十二届全国人大五次会议第 9310 号建议
的答复 ………………………………………（767）
　　——关于修改《尘肺病防治条例》的建议
　　（2017 年 7 月 17 日）

对十二届全国人大五次会议第 9263 号建议
的答复 ………………………………………（768）
　　——关于修改《煤矿安全规程》第三百
　　　四十三条有关井下供电安全保障要求
　　　的建议
　　（2017 年 7 月 18 日）

对十二届全国人大五次会议第 9045 号建议
的答复 ………………………………………（768）
　　——关于缩小女职工禁忌从事劳动范围的建议
　　（2017 年 7 月 7 日）

对十二届全国人大五次会议第 8970 号建议
的答复 ………………………………………（768）
　　——关于出台《高毒物品和高危粉尘作业
　　　职业卫生监督管理条例》的建议
　　（2017 年 7 月 17 日）

对十二届全国人大五次会议第 6035 号建议
的答复 ………………………………………（769）
　　——关于严格煤矿安全生产市场准入的建议
　　（2017 年 7 月 3 日）

对十二届全国人大五次会议第 5540 号建议
的答复 ………………………………………（770）
　　——关于加强非煤矿山工程外包安全监
　　　管，促进规范发展的建议
　　（2017 年 7 月 7 日）

对十三届全国人大三次会议第 1658 号建议
的答复 ………………………………………（772）
　　——关于立法惩治侵占和阻碍消防通道行
　　　为的建议
　　（2020 年 9 月 23 日）

对第十三届全国人大二次会议第 3777 号建
议的答复 ……………………………………（773）
　　——关于进一步明确和提高工程建设项目
　　　安全投入标准的建议
　　（2019 年 7 月 4 日）

对十三届全国人大二次会议第 7746 号建议
的答复 ………………………………………（773）
　　——关于加快制定《防灾减灾法》的建议
　　（2019 年 7 月 10 日）

对十二届全国人大五次会议第 9296 号建议
的答复 ………………………………………（774）
　　——关于生产经营单位主要负责人和安全
　　　生产管理人员持证的建议
　　（2017 年 7 月 6 日）

2. 政协委员提案答复

关于政协第十三届全国委员会第五次会议第
00969 号（工交邮电类 127 号）提案答复
的函 …………………………………………（776）
　　——关于加强治理电动车领域安全隐患及
　　　责任事故的提案
　　（2022 年 7 月 3 日）

关于政协十三届全国委员会第三次会议第 2114
号（政治法律类 241 号）提案答复的函 ………（777）
　　——关于推进灾难教育立法的提案
　　（2020 年 9 月 21 日）

对十四届全国人大一次会议第 6231 号建议
的答复 ………………………………………（777）
　　——关于将社会中介开展的安环等评价
　　　职能收归政府主管部门直接负责、
　　　规范管理助力实体企业高质量发展
　　　的建议
　　（2023 年 7 月 4 日）

对十四届全国人大一次会议第 0587 号建议的答复 …………………………………（778）
　　——关于修订完善烟花爆竹安全管理条例的建议
　（2023 年 6 月 25 日）

对十二届全国人大五次会议第 6760 号建议的答复 …………………………………（779）
　　——关于修订完善烟花爆竹安全管理条例的建议
　（2017 年 7 月 7 日）

一、综　合

中华人民共和国安全生产法

- 2002年6月29日第九届全国人民代表大会常务委员会第二十八次会议通过
- 根据2009年8月27日第十一届全国人民代表大会常务委员会第十次会议《关于修改部分法律的决定》第一次修正
- 根据2014年8月31日第十二届全国人民代表大会常务委员会第十次会议《关于修改〈中华人民共和国安全生产法〉的决定》第二次修正
- 根据2021年6月10日第十三届全国人民代表大会常务委员会第二十九次会议《关于修改〈中华人民共和国安全生产法〉的决定》第三次修正

第一章　总　则

第一条　【立法目的】* 为了加强安全生产工作，防止和减少生产安全事故，保障人民群众生命和财产安全，促进经济社会持续健康发展，制定本法。

第二条　【适用范围】在中华人民共和国领域内从事生产经营活动的单位（以下统称生产经营单位）的安全生产，适用本法；有关法律、行政法规对消防安全和道路交通安全、铁路交通安全、水上交通安全、民用航空安全以及核与辐射安全、特种设备安全另有规定的，适用其规定。

第三条　【工作方针】安全生产工作坚持中国共产党的领导。

安全生产工作应当以人为本，坚持人民至上、生命至上，把保护人民生命安全摆在首位，树牢安全发展理念，坚持安全第一、预防为主、综合治理的方针，从源头上防范化解重大安全风险。

安全生产工作实行管行业必须管安全、管业务必须管安全、管生产经营必须管安全，强化和落实生产经营单位主体责任与政府监管责任，建立生产经营单位负责、职工参与、政府监管、行业自律和社会监督的机制。

第四条　【生产经营单位基本义务】生产经营单位必须遵守本法和其他有关安全生产的法律、法规，加强安全生产管理，建立健全全员安全生产责任制和安全生产规章制度，加大对安全生产资金、物资、技术、人员的投入保障力度，改善安全生产条件，加强安全生产标准化、信息化建设，构建安全风险分级管控和隐患排查治理双重预防机制，健全风险防范化解机制，提高安全生产水平，确保安全生产。

平台经济等新兴行业、领域的生产经营单位应当根据本行业、领域的特点，建立健全并落实全员安全生产责任制，加强从业人员安全生产教育和培训，履行本法和其他法律、法规规定的有关安全生产义务。

第五条　【单位主要负责人主体责任】生产经营单位的主要负责人是本单位安全生产第一责任人，对本单位的安全生产工作全面负责。其他负责人对职责范围内的安全生产工作负责。

第六条　【从业人员安全生产权利义务】生产经营单位的从业人员有依法获得安全生产保障的权利，并应当依法履行安全生产方面的义务。

第七条　【工会职责】工会依法对安全生产工作进行监督。

生产经营单位的工会依法组织职工参加本单位安全生产工作的民主管理和民主监督，维护职工在安全生产方面的合法权益。生产经营单位制定或者修改有关安全生产的规章制度，应当听取工会的意见。

第八条　【各级人民政府安全生产职责】国务院和县级以上地方各级人民政府应当根据国民经济和社会发展规划制定安全生产规划，并组织实施。安全生产规划应当与国土空间规划等相关规划相衔接。

各级人民政府应当加强安全生产基础设施建设和安全生产监管能力建设，所需经费列入本级预算。

县级以上地方各级人民政府应当组织有关部门建立完善安全风险评估与论证机制，按照安全风险管控要求，进行产业规划和空间布局，并对位置相邻、行业相近、业态相似的生产经营单位实施重大安全风险联防联控。

第九条　【安全生产监督管理职责】国务院和县级以上地方各级人民政府应当加强对安全生产工作的领导，建

---

* 条文主旨为编者所加，全书同。

立健全安全生产工作协调机制，支持、督促各有关部门依法履行安全生产监督管理职责，及时协调、解决安全生产监督管理中存在的重大问题。

乡镇人民政府和街道办事处，以及开发区、工业园区、港区、风景区等应当明确负责安全生产监督管理的有关工作机构及其职责，加强安全生产监督力量建设，按照职责对本行政区域或者管理区域内生产经营单位安全生产状况进行监督检查，协助人民政府有关部门或者按照授权依法履行安全生产监督管理职责。

第十条　【安全生产监督管理体制】国务院应急管理部门依照本法，对全国安全生产工作实施综合监督管理；县级以上地方各级人民政府应急管理部门依照本法，对本行政区域内安全生产工作实施综合监督管理。

国务院交通运输、住房和城乡建设、水利、民航等有关部门依照本法和其他有关法律、行政法规的规定，在各自的职责范围内对有关行业、领域的安全生产工作实施监督管理；县级以上地方各级人民政府有关部门依照本法和其他有关法律、法规的规定，在各自的职责范围内对有关行业、领域的安全生产工作实施监督管理。对新兴行业、领域的安全生产监督管理职责不明确的，由县级以上地方各级人民政府按照业务相近的原则确定监督管理部门。

应急管理部门和对有关行业、领域的安全生产工作实施监督管理的部门，统称负有安全生产监督管理职责的部门。负有安全生产监督管理职责的部门应当相互配合、齐抓共管、信息共享、资源共用，依法加强安全生产监督管理工作。

第十一条　【安全生产有关标准】国务院有关部门应当按照保障安全生产的要求，依法及时制定有关的国家标准或者行业标准，并根据科技进步和经济发展适时修订。

生产经营单位必须执行依法制定的保障安全生产的国家标准或者行业标准。

第十二条　【安全生产强制性国家标准的制定】国务院有关部门按照职责分工负责安全生产强制性国家标准的项目提出、组织起草、征求意见、技术审查。国务院应急管理部门统筹提出安全生产强制性国家标准的立项计划。国务院标准化行政主管部门负责安全生产强制性国家标准的立项、编号、对外通报和授权批准发布工作。国务院标准化行政主管部门、有关部门依据法定职责对安全生产强制性国家标准的实施进行监督检查。

第十三条　【安全生产宣传教育】各级人民政府及其有关部门应当采取多种形式，加强对有关安全生产的法律、法规和安全生产知识的宣传，增强全社会的安全生产意识。

第十四条　【协会组织职责】有关协会组织依照法律、行政法规和章程，为生产经营单位提供安全生产方面的信息、培训等服务，发挥自律作用，促进生产经营单位加强安全生产管理。

第十五条　【安全生产技术、管理服务中介机构】依法设立的为安全生产提供技术、管理服务的机构，依照法律、行政法规和执业准则，接受生产经营单位的委托为其安全生产工作提供技术、管理服务。

生产经营单位委托前款规定的机构提供安全生产技术、管理服务的，保证安全生产的责任仍由本单位负责。

第十六条　【事故责任追究制度】国家实行生产安全事故责任追究制度，依照本法和有关法律、法规的规定，追究生产安全事故责任单位和责任人员的法律责任。

第十七条　【安全生产权力和责任清单】县级以上各级人民政府应当组织负有安全生产监督管理职责的部门依法编制安全生产权力和责任清单，公开并接受社会监督。

第十八条　【安全生产科学技术研究】国家鼓励和支持安全生产科学技术研究和安全生产先进技术的推广应用，提高安全生产水平。

第十九条　【奖励】国家对在改善安全生产条件、防止生产安全事故、参加抢险救护等方面取得显著成绩的单位和个人，给予奖励。

第二章　生产经营单位的安全生产保障

第二十条　【安全生产条件】生产经营单位应当具备本法和有关法律、行政法规和国家标准或者行业标准规定的安全生产条件；不具备安全生产条件的，不得从事生产经营活动。

第二十一条　【单位主要负责人安全生产职责】生产经营单位的主要负责人对本单位安全生产工作负有下列职责：

（一）建立健全并落实本单位全员安全生产责任制，加强安全生产标准化建设；

（二）组织制定并实施本单位安全生产规章制度和操作规程；

（三）组织制定并实施本单位安全生产教育和培训计划；

（四）保证本单位安全生产投入的有效实施；

（五）组织建立并落实安全风险分级管控和隐患排查治理双重预防工作机制，督促、检查本单位的安全生产工作，及时消除生产安全事故隐患；

（六）组织制定并实施本单位的生产安全事故应急

救援预案；

（七）及时、如实报告生产安全事故。

第二十二条　【全员安全生产责任制】生产经营单位的全员安全生产责任制应当明确各岗位的责任人员、责任范围和考核标准等内容。

生产经营单位应当建立相应的机制，加强对全员安全生产责任制落实情况的监督考核，保证全员安全生产责任制的落实。

第二十三条　【保证安全生产资金投入】生产经营单位应当具备的安全生产条件所必需的资金投入，由生产经营单位的决策机构、主要负责人或者个人经营的投资人予以保证，并对由于安全生产所必需的资金投入不足导致的后果承担责任。

有关生产经营单位应当按照规定提取和使用安全生产费用，专门用于改善安全生产条件。安全生产费用在成本中据实列支。安全生产费用提取、使用和监督管理的具体办法由国务院财政部门会同国务院应急管理部门征求国务院有关部门意见后制定。

第二十四条　【安全生产管理机构及人员】矿山、金属冶炼、建筑施工、运输单位和危险物品的生产、经营、储存、装卸单位，应当设置安全生产管理机构或者配备专职安全生产管理人员。

前款规定以外的其他生产经营单位，从业人员超过一百人的，应当设置安全生产管理机构或者配备专职安全生产管理人员；从业人员在一百人以下的，应当配备专职或者兼职的安全生产管理人员。

第二十五条　【安全生产管理机构及人员的职责】生产经营单位的安全生产管理机构以及安全生产管理人员履行下列职责：

（一）组织或者参与拟订本单位安全生产规章制度、操作规程和生产安全事故应急救援预案；

（二）组织或者参与本单位安全生产教育和培训，如实记录安全生产教育和培训情况；

（三）组织开展危险源辨识和评估，督促落实本单位重大危险源的安全管理措施；

（四）组织或者参与本单位应急救援演练；

（五）检查本单位的安全生产状况，及时排查生产安全事故隐患，提出改进安全生产管理的建议；

（六）制止和纠正违章指挥、强令冒险作业、违反操作规程的行为；

（七）督促落实本单位安全生产整改措施。

生产经营单位可以设置专职安全生产分管负责人，协助本单位主要负责人履行安全生产管理职责。

第二十六条　【履职要求与履职保障】生产经营单位的安全生产管理机构以及安全生产管理人员应当恪尽职守，依法履行职责。

生产经营单位作出涉及安全生产的经营决策，应当听取安全生产管理机构以及安全生产管理人员的意见。

生产经营单位不得因安全生产管理人员依法履行职责而降低其工资、福利等待遇或者解除与其订立的劳动合同。

危险物品的生产、储存单位以及矿山、金属冶炼单位的安全生产管理人员的任免，应当告知主管的负有安全生产监督管理职责的部门。

第二十七条　【安全生产知识与管理能力】生产经营单位的主要负责人和安全生产管理人员必须具备与本单位所从事的生产经营活动相应的安全生产知识和管理能力。

危险物品的生产、经营、储存、装卸单位以及矿山、金属冶炼、建筑施工、运输单位的主要负责人和安全生产管理人员，应当由主管的负有安全生产监督管理职责的部门对其安全生产知识和管理能力考核合格。考核不得收费。

危险物品的生产、储存、装卸单位以及矿山、金属冶炼单位应当有注册安全工程师从事安全生产管理工作。鼓励其他生产经营单位聘用注册安全工程师从事安全生产管理工作。注册安全工程师按专业分类管理，具体办法由国务院人力资源和社会保障部门、国务院应急管理部门会同国务院有关部门制定。

第二十八条　【安全生产教育和培训】生产经营单位应当对从业人员进行安全生产教育和培训，保证从业人员具备必要的安全生产知识，熟悉有关的安全生产规章制度和安全操作规程，掌握本岗位的安全操作技能，了解事故应急处理措施，知悉自身在安全生产方面的权利和义务。未经安全生产教育和培训合格的从业人员，不得上岗作业。

生产经营单位使用被派遣劳动者的，应当将被派遣劳动者纳入本单位从业人员统一管理，对被派遣劳动者进行岗位安全操作规程和安全操作技能的教育和培训。劳务派遣单位应当对被派遣劳动者进行必要的安全生产教育和培训。

生产经营单位接收中等职业学校、高等学校学生实习的，应当对实习学生进行相应的安全生产教育和培训，提供必要的劳动防护用品。学校应当协助生产经营单位对实习学生进行安全生产教育和培训。

生产经营单位应当建立安全生产教育和培训档案，如实记录安全生产教育和培训的时间、内容、参加人员以及考核结果等情况。

第二十九条 【技术更新的教育和培训】生产经营单位采用新工艺、新技术、新材料或者使用新设备，必须了解、掌握其安全技术特性，采取有效的安全防护措施，并对从业人员进行专门的安全生产教育和培训。

第三十条 【特种作业人员从业资格】生产经营单位的特种作业人员必须按照国家有关规定经专门的安全作业培训，取得相应资格，方可上岗作业。

特种作业人员的范围由国务院应急管理部门会同国务院有关部门确定。

第三十一条 【建设项目安全设施"三同时"】生产经营单位新建、改建、扩建工程项目（以下统称建设项目）的安全设施，必须与主体工程同时设计、同时施工、同时投入生产和使用。安全设施投资应当纳入建设项目概算。

第三十二条 【特殊建设项目安全评价】矿山、金属冶炼建设项目和用于生产、储存、装卸危险物品的建设项目，应当按照国家有关规定进行安全评价。

第三十三条 【特殊建设项目安全设计审查】建设项目安全设施的设计人、设计单位应当对安全设施设计负责。

矿山、金属冶炼建设项目和用于生产、储存、装卸危险物品的建设项目的安全设施设计应当按照国家有关规定报经有关部门审查，审查部门及其负责审查的人员对审查结果负责。

第三十四条 【特殊建设项目安全设施验收】矿山、金属冶炼建设项目和用于生产、储存、装卸危险物品的建设项目的施工单位必须按照批准的安全设施设计施工，并对安全设施的工程质量负责。

矿山、金属冶炼建设项目和用于生产、储存、装卸危险物品的建设项目竣工投入生产或者使用前，应当由建设单位负责组织对安全设施进行验收；验收合格后，方可投入生产和使用。负有安全生产监督管理职责的部门应当加强对建设单位验收活动和验收结果的监督核查。

第三十五条 【安全警示标志】生产经营单位应当在有较大危险因素的生产经营场所和有关设施、设备上，设置明显的安全警示标志。

第三十六条 【安全设备管理】安全设备的设计、制造、安装、使用、检测、维修、改造和报废，应当符合国家标准或者行业标准。

生产经营单位必须对安全设备进行经常性维护、保养，并定期检测，保证正常运转。维护、保养、检测应当作好记录，并由有关人员签字。

生产经营单位不得关闭、破坏直接关系生产安全的监控、报警、防护、救生设备、设施，或者篡改、隐瞒、销毁其相关数据、信息。

餐饮等行业的生产经营单位使用燃气的，应当安装可燃气体报警装置，并保障其正常使用。

第三十七条 【特殊特种设备的管理】生产经营单位使用的危险物品的容器、运输工具，以及涉及人身安全、危险性较大的海洋石油开采特种设备和矿山井下特种设备，必须按照国家有关规定，由专业生产单位生产，并经具有专业资质的检测、检验机构检测、检验合格，取得安全使用证或者安全标志，方可投入使用。检测、检验机构对检测、检验结果负责。

第三十八条 【淘汰制度】国家对严重危及生产安全的工艺、设备实行淘汰制度，具体目录由国务院应急管理部门会同国务院有关部门制定并公布。法律、行政法规对目录的制定另有规定的，适用其规定。

省、自治区、直辖市人民政府可以根据本地区实际情况制定并公布具体目录，对前款规定以外的危及生产安全的工艺、设备予以淘汰。

生产经营单位不得使用应当淘汰的危及生产安全的工艺、设备。

第三十九条 【危险物品的监管】生产、经营、运输、储存、使用危险物品或者处置废弃危险物品的，由有关主管部门依照有关法律、法规的规定和国家标准或者行业标准审批并实施监督管理。

生产经营单位生产、经营、运输、储存、使用危险物品或者处置废弃危险物品，必须执行有关法律、法规和国家标准或者行业标准，建立专门的安全管理制度，采取可靠的安全措施，接受有关主管部门依法实施的监督管理。

第四十条 【重大危险源的管理和备案】生产经营单位对重大危险源应当登记建档，进行定期检测、评估、监控，并制定应急预案，告知从业人员和相关人员在紧急情况下应当采取的应急措施。

生产经营单位应当按照国家有关规定将本单位重大危险源及有关安全措施、应急措施报有关地方人民政府应急管理部门和有关部门备案。有关地方人民政府应急管理部门和有关部门应当通过相关信息系统实现信息共享。

第四十一条 【安全风险管控制度和事故隐患治理制度】生产经营单位应当建立安全风险分级管控制度，按照安全风险分级采取相应的管控措施。

生产经营单位应当建立健全并落实生产安全事故隐患排查治理制度，采取技术、管理措施，及时发现并消除事故隐患。事故隐患排查治理情况应当如实记录，并通过职工大会或者职工代表大会、信息公示栏等方式向从业人员通报。其中，重大事故隐患排查治理情况应当及时向负有安全生产监督管理职责的部门和职工大会或者职工代表大会报告。

县级以上地方各级人民政府负有安全生产监督管理职责的部门应当将重大事故隐患纳入相关信息系统，建立健全重大事故隐患治理督办制度，督促生产经营单位消除重大事故隐患。

第四十二条 【生产经营场所和员工宿舍安全要求】生产、经营、储存、使用危险物品的车间、商店、仓库不得与员工宿舍在同一座建筑物内，并应当与员工宿舍保持安全距离。

生产经营场所和员工宿舍应当设有符合紧急疏散要求、标志明显、保持畅通的出口、疏散通道。禁止占用、锁闭、封堵生产经营场所或者员工宿舍的出口、疏散通道。

第四十三条 【危险作业的现场安全管理】生产经营单位进行爆破、吊装、动火、临时用电以及国务院应急管理部门会同国务院有关部门规定的其他危险作业，应当安排专门人员进行现场安全管理，确保操作规程的遵守和安全措施的落实。

第四十四条 【从业人员的安全管理】生产经营单位应当教育和督促从业人员严格执行本单位的安全生产规章制度和安全操作规程；并向从业人员如实告知作业场所和工作岗位存在的危险因素、防范措施以及事故应急措施。

生产经营单位应当关注从业人员的身体、心理状况和行为习惯，加强对从业人员的心理疏导、精神慰藉，严格落实岗位安全生产责任，防范从业人员行为异常导致事故发生。

第四十五条 【劳动防护用品】生产经营单位必须为从业人员提供符合国家标准或者行业标准的劳动防护用品，并监督、教育从业人员按照使用规则佩戴、使用。

第四十六条 【安全检查和报告义务】生产经营单位的安全生产管理人员应当根据本单位的生产经营特点，对安全生产状况进行经常性检查；对检查中发现的安全问题，应当立即处理；不能处理的，应当及时报告本单位有关负责人，有关负责人应当及时处理。检查及处理情况应当如实记录在案。

生产经营单位的安全生产管理人员在检查中发现重大事故隐患，依照前款规定向本单位有关负责人报告，有关负责人不及时处理的，安全生产管理人员可以向主管的负有安全生产监督管理职责的部门报告，接到报告的部门应当依法及时处理。

第四十七条 【安全生产经费保障】生产经营单位应当安排用于配备劳动防护用品、进行安全生产培训的经费。

第四十八条 【安全生产协作】两个以上生产经营单位在同一作业区域内进行生产经营活动，可能危及对方生产安全的，应当签订安全生产管理协议，明确各自的安全生产管理职责和应当采取的安全措施，并指定专职安全生产管理人员进行安全检查与协调。

第四十九条 【生产经营项目、施工项目的安全管理】生产经营单位不得将生产经营项目、场所、设备发包或者出租给不具备安全生产条件或者相应资质的单位或者个人。

生产经营项目、场所发包或者出租给其他单位的，生产经营单位应当与承包单位、承租单位签订专门的安全生产管理协议，或者在承包合同、租赁合同中约定各自的安全生产管理职责；生产经营单位对承包单位、承租单位的安全生产工作统一协调、管理，定期进行安全检查，发现安全问题的，应当及时督促整改。

矿山、金属冶炼建设项目和用于生产、储存、装卸危险物品的建设项目的施工单位应当加强对施工项目的安全管理，不得倒卖、出租、出借、挂靠或者以其他形式非法转让施工资质，不得将其承包的全部建设工程转包给第三人或者将其承包的全部建设工程支解以后以分包的名义分别转包给第三人，不得将工程分包给不具备相应资质条件的单位。

第五十条 【单位主要负责人组织事故抢救职责】生产经营单位发生生产安全事故时，单位的主要负责人应当立即组织抢救，并不得在事故调查处理期间擅离职守。

第五十一条 【工伤保险和安全生产责任保险】生产经营单位必须依法参加工伤保险，为从业人员缴纳保险费。

国家鼓励生产经营单位投保安全生产责任保险；属于国家规定的高危行业、领域的生产经营单位，应当投保安全生产责任保险。具体范围和实施办法由国务院应急管理部门会同国务院财政部门、国务院保险监督管理机构和相关行业主管部门制定。

第三章 从业人员的安全生产权利义务

第五十二条 【劳动合同的安全条款】生产经营单位与从业人员订立的劳动合同，应当载明有关保障从业人员劳动安全、防止职业危害的事项，以及依法为从业人员办理工伤保险的事项。

生产经营单位不得以任何形式与从业人员订立协议，免除或者减轻其对从业人员因生产安全事故伤亡依法应承担的责任。

第五十三条 【知情权和建议权】生产经营单位的从业人员有权了解其作业场所和工作岗位存在的危险因素、防范措施及事故应急措施，有权对本单位的安全生产工作提出建议。

第五十四条 【批评、检举、控告、拒绝权】从业人员有权对本单位安全生产工作中存在的问题提出批评、检举、控告；有权拒绝违章指挥和强令冒险作业。

生产经营单位不得因从业人员对本单位安全生产工作提出批评、检举、控告或者拒绝违章指挥、强令冒险作业而降低其工资、福利等待遇或者解除与其订立的劳动合同。

第五十五条 【紧急处置权】从业人员发现直接危及人身安全的紧急情况时，有权停止作业或者在采取可能的应急措施后撤离作业场所。

生产经营单位不得因从业人员在前款紧急情况下停止作业或者采取紧急撤离措施而降低其工资、福利等待遇或者解除与其订立的劳动合同。

第五十六条 【事故后的人员救治和赔偿】生产经营单位发生生产安全事故后，应当及时采取措施救治有关人员。

因生产安全事故受到损害的从业人员，除依法享有工伤保险外，依照有关民事法律尚有获得赔偿的权利的，有权提出赔偿要求。

第五十七条 【落实岗位安全责任和服从安全管理】从业人员在作业过程中，应当严格落实岗位安全责任，遵守本单位的安全生产规章制度和操作规程，服从管理，正确佩戴和使用劳动防护用品。

第五十八条 【接受安全生产教育和培训义务】从业人员应当接受安全生产教育和培训，掌握本职工作所需的安全生产知识，提高安全生产技能，增强事故预防和应急处理能力。

第五十九条 【事故隐患和不安全因素的报告义务】从业人员发现事故隐患或者其他不安全因素，应当立即向现场安全生产管理人员或者本单位负责人报告；接到报告的人员应当及时予以处理。

第六十条 【工会监督】工会有权对建设项目的安全设施与主体工程同时设计、同时施工、同时投入生产和使用进行监督，提出意见。

工会对生产经营单位违反安全生产法律、法规，侵犯从业人员合法权益的行为，有权要求纠正；发现生产经营单位违章指挥、强令冒险作业或者发现事故隐患时，有权提出解决的建议，生产经营单位应当及时研究答复；发现危及从业人员生命安全的情况时，有权向生产经营单位建议组织从业人员撤离危险场所，生产经营单位必须立即作出处理。

工会有权依法参加事故调查，向有关部门提出处理意见，并要求追究有关人员的责任。

第六十一条 【被派遣劳动者的权利义务】生产经营单位使用被派遣劳动者的，被派遣劳动者享有本法规定的从业人员的权利，并应当履行本法规定的从业人员的义务。

第四章 安全生产的监督管理

第六十二条 【安全生产监督检查】县级以上地方各级人民政府应当根据本行政区域内的安全生产状况，组织有关部门按照职责分工，对本行政区域内容易发生重大生产安全事故的生产经营单位进行严格检查。

应急管理部门应当按照分类分级监督管理的要求，制定安全生产年度监督检查计划，并按照年度监督检查计划进行监督检查，发现事故隐患，应当及时处理。

第六十三条 【安全生产事项的审批、验收】负有安全生产监督管理职责的部门依照有关法律、法规的规定，对涉及安全生产的事项需要审查批准（包括批准、核准、许可、注册、认证、颁发证照等，下同）或者验收的，必须严格依照有关法律、法规和国家标准或者行业标准规定的安全生产条件和程序进行审查；不符合有关法律、法规和国家标准或者行业标准规定的安全生产条件的，不得批准或者验收通过。对未依法取得批准或者验收合格的单位擅自从事有关活动的，负责行政审批的部门发现或者接到举报后应当立即予以取缔，并依法予以处理。对已经依法取得批准的单位，负责行政审批的部门发现其不再具备安全生产条件的，应当撤销原批准。

第六十四条 【审批、验收的禁止性规定】负有安全生产监督管理职责的部门对涉及安全生产的事项进行审查、验收，不得收取费用；不得要求接受审查、验收的单位购买其指定品牌或者指定生产、销售单位的安全设备、器材或者其他产品。

第六十五条 【监督检查的职权范围】应急管理部门和其他负有安全生产监督管理职责的部门依法开展安全生产行政执法工作，对生产经营单位执行有关安全生产的法律、法规和国家标准或者行业标准的情况进行监督检查，行使以下职权：

（一）进入生产经营单位进行检查，调阅有关资料，向有关单位和人员了解情况；

（二）对检查中发现的安全生产违法行为，当场予以纠正或者要求限期改正；对依法应当给予行政处罚的行为，依照本法和其他有关法律、行政法规的规定作出行政处罚决定；

（三）对检查中发现的事故隐患，应当责令立即排除；重大事故隐患排除前或者排除过程中无法保证安全的，应当责令从危险区域内撤出作业人员，责令暂时停产停业或者停止使用相关设施、设备；重大事故隐患排除后，经审查同意，方可恢复生产经营和使用；

（四）对有根据认为不符合保障安全生产的国家标准或者行业标准的设施、设备、器材以及违法生产、储存、使用、经营、运输的危险物品予以查封或者扣押，对违法生产、储存、使用、经营危险物品的作业场所予以查封，并依法作出处理决定。

监督检查不得影响被检查单位的正常生产经营活动。

第六十六条 【生产经营单位的配合义务】生产经营单位对负有安全生产监督管理职责的部门的监督检查人员（以下统称安全生产监督检查人员）依法履行监督检查职责，应当予以配合，不得拒绝、阻挠。

第六十七条 【监督检查的要求】安全生产监督检查人员应当忠于职守，坚持原则，秉公执法。

安全生产监督检查人员执行监督检查任务时，必须出示有效的行政执法证件；对涉及被检查单位的技术秘密和业务秘密，应当为其保密。

第六十八条 【监督检查的记录与报告】安全生产监督检查人员应当将检查的时间、地点、内容、发现的问题及其处理情况，作出书面记录，并由检查人员和被检查单位的负责人签字；被检查单位的负责人拒绝签字的，检查人员应当将情况记录在案，并向负有安全生产监督管理职责的部门报告。

第六十九条 【监督检查的配合】负有安全生产监督管理职责的部门在监督检查中，应当互相配合，实行联合检查；确需分别进行检查的，应当互通情况，发现存在的安全问题应当由其他有关部门进行处理的，应当及时移送其他有关部门并形成记录备查，接受移送的部门应当及时进行处理。

第七十条 【强制停止生产经营活动】负有安全生产监督管理职责的部门依法对存在重大事故隐患的生产经营单位作出停产停业、停止施工、停止使用相关设施或者设备的决定，生产经营单位应当依法执行，及时消除事故隐患。生产经营单位拒不执行，有发生生产安全事故的现实危险的，在保证安全的前提下，经本部门主要负责人批准，负有安全生产监督管理职责的部门可以采取通知有关单位停止供电、停止供应民用爆炸物品等措施，强制生产经营单位履行决定。通知应当采用书面形式，有关单位应当予以配合。

负有安全生产监督管理职责的部门依照前款规定采取停止供电措施，除有危及生产安全的紧急情形外，应当提前二十四小时通知生产经营单位。生产经营单位依法履行行政决定、采取相应措施消除事故隐患的，负有安全生产监督管理职责的部门应当及时解除前款规定的措施。

第七十一条 【安全生产监察】监察机关依照监察法的规定，对负有安全生产监督管理职责的部门及其工作人员履行安全生产监督管理职责实施监察。

第七十二条 【中介机构的条件和责任】承担安全评价、认证、检测、检验职责的机构应当具备国家规定的资质条件，并对其作出的安全评价、认证、检测、检验结果的合法性、真实性负责。资质条件由国务院应急管理部门会同国务院有关部门制定。

承担安全评价、认证、检测、检验职责的机构应当建立并实施服务公开和报告公开制度，不得租借资质、挂靠、出具虚假报告。

第七十三条 【安全生产举报制度】负有安全生产监督管理职责的部门应当建立举报制度，公开举报电话、信箱或者电子邮件地址等网络举报平台，受理有关安全生产的举报；受理的举报事项经调查核实后，应当形成书面材料；需要落实整改措施的，报经有关负责人签字督促落实。对不属于本部门职责，需要由其他有关部门进行调查处理的，转交其他有关部门处理。

涉及人员死亡的举报事项，应当由县级以上人民政府组织核查处理。

第七十四条 【违法举报和公益诉讼】任何单位或者个人对事故隐患或者安全生产违法行为，均有权向负有安全生产监督管理职责的部门报告或者举报。

因安全生产违法行为造成重大事故隐患或者导致重大事故,致使国家利益或者社会公共利益受到侵害的,人民检察院可以根据民事诉讼法、行政诉讼法的相关规定提起公益诉讼。

第七十五条 【居委会、村委会的监督】居民委员会、村民委员会发现其所在区域内的生产经营单位存在事故隐患或者安全生产违法行为时,应当向当地人民政府或者有关部门报告。

第七十六条 【举报奖励】县级以上各级人民政府及其有关部门对报告重大事故隐患或者举报安全生产违法行为的有功人员,给予奖励。具体奖励办法由国务院应急管理部门会同国务院财政部门制定。

第七十七条 【舆论监督】新闻、出版、广播、电影、电视等单位有进行安全生产公益宣传教育的义务,有对违反安全生产法律、法规的行为进行舆论监督的权利。

第七十八条 【安全生产违法行为信息库】负有安全生产监督管理职责的部门应当建立安全生产违法行为信息库,如实记录生产经营单位及其有关从业人员的安全生产违法行为信息;对违法行为情节严重的生产经营单位及其有关从业人员,应当及时向社会公告,并通报行业主管部门、投资主管部门、自然资源主管部门、生态环境主管部门、证券监督管理机构以及有关金融机构。有关部门和机构应当对存在失信行为的生产经营单位及其有关从业人员采取加大执法检查频次、暂停项目审批、上调有关保险费率、行业或者职业禁入等联合惩戒措施,并向社会公示。

负有安全生产监督管理职责的部门应当加强对生产经营单位行政处罚信息的及时归集、共享、应用和公开,对生产经营单位作出处罚决定后七个工作日内在监督管理部门公示系统予以公开曝光,强化对违法失信生产经营单位及其有关从业人员的社会监督,提高全社会安全生产诚信水平。

第五章 生产安全事故的应急救援与调查处理

第七十九条 【事故应急救援队伍与信息系统】国家加强生产安全事故应急能力建设,在重点行业、领域建立应急救援基地和应急救援队伍,并由国家安全生产应急救援机构统一协调指挥;鼓励生产经营单位和其他社会力量建立应急救援队伍,配备相应的应急救援装备和物资,提高应急救援的专业化水平。

国务院应急管理部门牵头建立全国统一的生产安全事故应急救援信息系统,国务院交通运输、住房和城乡建设、水利、民航等有关部门和县级以上地方人民政府建立健全相关行业、领域、地区的生产安全事故应急救援信息系统,实现互联互通、信息共享,通过推行网上安全信息采集、安全监管和监测预警,提升监管的精准化、智能化水平。

第八十条 【事故应急救援预案与体系】县级以上地方各级人民政府应当组织有关部门制定本行政区域内生产安全事故应急救援预案,建立应急救援体系。

乡镇人民政府和街道办事处,以及开发区、工业园区、港区、风景区等应当制定相应的生产安全事故应急救援预案,协助人民政府有关部门或者按照授权依法履行生产安全事故应急救援工作职责。

第八十一条 【事故应急救援预案的制定与演练】生产经营单位应当制定本单位生产安全事故应急救援预案,与所在地县级以上地方人民政府组织制定的生产安全事故应急救援预案相衔接,并定期组织演练。

第八十二条 【高危行业的应急救援要求】危险物品的生产、经营、储存单位以及矿山、金属冶炼、城市轨道交通运营、建筑施工单位应当建立应急救援组织;生产经营规模较小的,可以不建立应急救援组织,但应当指定兼职的应急救援人员。

危险物品的生产、经营、储存、运输单位以及矿山、金属冶炼、城市轨道交通运营、建筑施工单位应当配备必要的应急救援器材、设备和物资,并进行经常性维护、保养,保证正常运转。

第八十三条 【单位报告和组织抢救义务】生产经营单位发生生产安全事故后,事故现场有关人员应当立即报告本单位负责人。

单位负责人接到事故报告后,应当迅速采取有效措施,组织抢救,防止事故扩大,减少人员伤亡和财产损失,并按照国家有关规定立即如实报告当地负有安全生产监督管理职责的部门,不得隐瞒不报、谎报或者迟报,不得故意破坏事故现场、毁灭有关证据。

第八十四条 【安全监管部门的事故报告】负有安全生产监督管理职责的部门接到事故报告后,应当立即按照国家有关规定上报事故情况。负有安全生产监督管理职责的部门和有关地方人民政府对事故情况不得隐瞒不报、谎报或者迟报。

第八十五条 【事故抢救】有关地方人民政府和负有安全生产监督管理职责的部门的负责人接到生产安全事故报告后,应当按照生产安全事故应急救援预案的要求立即赶到事故现场,组织事故抢救。

参与事故抢救的部门和单位应当服从统一指挥,加强协同联动,采取有效的应急救援措施,并根据事故救援的需要采取警戒、疏散等措施,防止事故扩大和次生灾害的发生,减少人员伤亡和财产损失。

事故抢救过程中应当采取必要措施,避免或者减少对环境造成的危害。

任何单位和个人都应当支持、配合事故抢救,并提供一切便利条件。

第八十六条　【事故调查处理】事故调查处理应当按照科学严谨、依法依规、实事求是、注重实效的原则,及时、准确地查清事故原因,查明事故性质和责任,评估应急处置工作,总结事故教训,提出整改措施,并对事故责任单位和人员提出处理建议。事故调查报告应当依法及时向社会公布。事故调查和处理的具体办法由国务院制定。

事故发生单位应当及时全面落实整改措施,负有安全生产监督管理职责的部门应当加强监督检查。

负责事故调查处理的国务院有关部门和地方人民政府应当在批复事故调查报告后一年内,组织有关部门对事故整改和防范措施落实情况进行评估,并及时向社会公开评估结果;对不履行职责导致事故整改和防范措施没有落实的有关单位和人员,应当按照有关规定追究责任。

第八十七条　【责任追究】生产经营单位发生生产安全事故,经调查确定为责任事故的,除了应当查明事故单位的责任并依法予以追究外,还应当查明对安全生产的有关事项负有审查批准和监督职责的行政部门的责任,对有失职、渎职行为的,依照本法第九十条的规定追究法律责任。

第八十八条　【事故调查处理不得干涉】任何单位和个人不得阻挠和干涉对事故的依法调查处理。

第八十九条　【事故定期统计分析和定期公布制度】县级以上地方各级人民政府应急管理部门应当定期统计分析本行政区域内发生生产安全事故的情况,并定期向社会公布。

第六章　法律责任

第九十条　【监管部门工作人员违法责任】负有安全生产监督管理职责的部门的工作人员,有下列行为之一的,给予降级或者撤职的处分;构成犯罪的,依照刑法有关规定追究刑事责任:

(一)对不符合法定安全生产条件的涉及安全生产的事项予以批准或者验收通过的;

(二)发现未依法取得批准、验收的单位擅自从事有关活动或者接到举报后不予取缔或者不依法予以处理的;

(三)对已经依法取得批准的单位不履行监督管理职责,发现其不再具备安全生产条件而不撤销原批准或者发现安全生产违法行为不予查处的;

(四)在监督检查中发现重大事故隐患,不依法及时处理的。

负有安全生产监督管理职责的部门的工作人员有前款规定以外的滥用职权、玩忽职守、徇私舞弊行为的,依法给予处分;构成犯罪的,依照刑法有关规定追究刑事责任。

第九十一条　【监管部门违法责任】负有安全生产监督管理职责的部门,要求被审查、验收的单位购买其指定的安全设备、器材或者其他产品的,在对安全生产事项的审查、验收中收取费用的,由其上级机关或者监察机关责令改正,责令退还收取的费用;情节严重的,对直接负责的主管人员和其他直接责任人员依法给予处分。

第九十二条　【中介机构违法责任】承担安全评价、认证、检测、检验职责的机构出具失实报告的,责令停业整顿,并处三万元以上十万元以下的罚款;给他人造成损害的,依法承担赔偿责任。

承担安全评价、认证、检测、检验职责的机构租借资质、挂靠、出具虚假报告的,没收违法所得;违法所得在十万元以上的,并处违法所得二倍以上五倍以下的罚款,没有违法所得或者违法所得不足十万元的,单处或者并处十万元以上二十万元以下的罚款;对其直接负责的主管人员和其他直接责任人员处五万元以上十万元以下的罚款;给他人造成损害的,与生产经营单位承担连带赔偿责任;构成犯罪的,依照刑法有关规定追究刑事责任。

对有前款违法行为的机构及其直接责任人员,吊销其相应资质和资格,五年内不得从事安全评价、认证、检测、检验等工作;情节严重的,实行终身行业和职业禁入。

第九十三条　【资金投入违法责任】生产经营单位的决策机构、主要负责人或者个人经营的投资人不依照本法规定保证安全生产所必需的资金投入,致使生产经营单位不具备安全生产条件的,责令限期改正,提供必需的资金;逾期未改正的,责令生产经营单位停产停业整顿。

有前款违法行为,导致发生生产安全事故的,对生产经营单位的主要负责人给予撤职处分,对个人经营的投资人处二万元以上二十万元以下的罚款;构成犯罪的,依照刑法有关规定追究刑事责任。

第九十四条　【单位主要负责人违法责任】生产经

营单位的主要负责人未履行本法规定的安全生产管理职责的，责令限期改正，处二万元以上五万元以下的罚款；逾期未改正的，处五万元以上十万元以下的罚款，责令生产经营单位停产停业整顿。

生产经营单位的主要负责人有前款违法行为，导致发生生产安全事故的，给予撤职处分；构成犯罪的，依照刑法有关规定追究刑事责任。

生产经营单位的主要负责人依照前款规定受刑事处罚或者撤职处分的，自刑罚执行完毕或者受处分之日起，五年内不得担任任何生产经营单位的主要负责人；对重大、特别重大生产安全事故负有责任的，终身不得担任本行业生产经营单位的主要负责人。

第九十五条 【对单位主要负责人罚款】生产经营单位的主要负责人未履行本法规定的安全生产管理职责，导致发生生产安全事故的，由应急管理部门依照下列规定处以罚款：

（一）发生一般事故的，处上一年年收入百分之四十的罚款；

（二）发生较大事故的，处上一年年收入百分之六十的罚款；

（三）发生重大事故的，处上一年年收入百分之八十的罚款；

（四）发生特别重大事故的，处上一年年收入百分之一百的罚款。

第九十六条 【单位安全生产管理人员违法责任】生产经营单位的其他负责人和安全生产管理人员未履行本法规定的安全生产管理职责的，责令限期改正，处一万元以上三万元以下的罚款；导致发生生产安全事故的，暂停或者吊销其与安全生产有关的资格，并处上一年年收入百分之二十以上百分之五十以下的罚款；构成犯罪的，依照刑法有关规定追究刑事责任。

第九十七条 【生产经营单位安全管理违法责任（一）】生产经营单位有下列行为之一的，责令限期改正，处十万元以下的罚款；逾期未改正的，责令停产停业整顿，并处十万元以上二十万元以下的罚款，对其直接负责的主管人员和其他直接责任人员处二万元以上五万元以下的罚款：

（一）未按照规定设置安全生产管理机构或者配备安全生产管理人员、注册安全工程师的；

（二）危险物品的生产、经营、储存、装卸单位以及矿山、金属冶炼、建筑施工、运输单位的主要负责人和安全生产管理人员未按照规定经考核合格的；

（三）未按照规定对从业人员、被派遣劳动者、实习学生进行安全生产教育和培训，或者未按照规定如实告知有关的安全生产事项的；

（四）未如实记录安全生产教育和培训情况的；

（五）未将事故隐患排查治理情况如实记录或者未向从业人员通报的；

（六）未按照规定制定生产安全事故应急救援预案或者未定期组织演练的；

（七）特种作业人员未按照规定经专门的安全作业培训并取得相应资格，上岗作业的。

第九十八条 【建设项目违法责任】生产经营单位有下列行为之一的，责令停止建设或者停产停业整顿，限期改正，并处十万元以上五十万元以下的罚款，对其直接负责的主管人员和其他直接责任人员处二万元以上五万元以下的罚款；逾期未改正的，处五十万元以上一百万元以下的罚款，对其直接负责的主管人员和其他直接责任人员处五万元以上十万元以下的罚款；构成犯罪的，依照刑法有关规定追究刑事责任：

（一）未按照规定对矿山、金属冶炼建设项目或者用于生产、储存、装卸危险物品的建设项目进行安全评价的；

（二）矿山、金属冶炼建设项目或者用于生产、储存、装卸危险物品的建设项目没有安全设施设计或者安全设施设计未按照规定报经有关部门审查同意的；

（三）矿山、金属冶炼建设项目或者用于生产、储存、装卸危险物品的建设项目的施工单位未按照批准的安全设施设计施工的；

（四）矿山、金属冶炼建设项目或者用于生产、储存、装卸危险物品的建设项目竣工投入生产或者使用前，安全设施未经验收合格的。

第九十九条 【生产经营单位安全管理违法责任（二）】生产经营单位有下列行为之一的，责令限期改正，处五万元以下的罚款；逾期未改正的，处五万元以上二十万元以下的罚款，对其直接负责的主管人员和其他直接责任人员处一万元以上二万元以下的罚款；情节严重的，责令停产停业整顿；构成犯罪的，依照刑法有关规定追究刑事责任：

（一）未在有较大危险因素的生产经营场所和有关设施、设备上设置明显的安全警示标志的；

（二）安全设备的安装、使用、检测、改造和报废不符合国家标准或者行业标准的；

（三）未对安全设备进行经常性维护、保养和定期检

测的;

（四）关闭、破坏直接关系生产安全的监控、报警、防护、救生设备、设施，或者篡改、隐瞒、销毁其相关数据、信息的;

（五）未为从业人员提供符合国家标准或者行业标准的劳动防护用品的;

（六）危险物品的容器、运输工具，以及涉及人身安全、危险性较大的海洋石油开采特种设备和矿山井下特种设备未经具有专业资质的机构检测、检验合格，取得安全使用证或者安全标志，投入使用的;

（七）使用应当淘汰的危及生产安全的工艺、设备的;

（八）餐饮等行业的生产经营单位使用燃气未安装可燃气体报警装置的。

第一百条 【违法经营危险物品】未经依法批准，擅自生产、经营、运输、储存、使用危险物品或者处置废弃危险物品的，依照有关危险物品安全管理的法律、行政法规的规定予以处罚;构成犯罪的，依照刑法有关规定追究刑事责任。

第一百零一条 【生产经营单位安全管理违法责任(三)】生产经营单位有下列行为之一的，责令限期改正，处十万元以下的罚款;逾期未改正的，责令停产停业整顿，并处十万元以上二十万元以下的罚款，对其直接负责的主管人员和其他直接责任人员处二万元以上五万元以下的罚款;构成犯罪的，依照刑法有关规定追究刑事责任:

（一）生产、经营、运输、储存、使用危险物品或者处置废弃危险物品，未建立专门安全管理制度、未采取可靠的安全措施的;

（二）对重大危险源未登记建档，未进行定期检测、评估、监控，未制定应急预案，或者未告知应急措施的;

（三）进行爆破、吊装、动火、临时用电以及国务院应急管理部门会同国务院有关部门规定的其他危险作业，未安排专门人员进行现场安全管理的;

（四）未建立安全风险分级管控制度或者未按照安全风险分级采取相应管控措施的;

（五）未建立事故隐患排查治理制度，或者重大事故隐患排查治理情况未按照规定报告的。

第一百零二条 【未采取措施消除事故隐患违法责任】生产经营单位未采取措施消除事故隐患的，责令立即消除或者限期消除，处五万元以下的罚款;生产经营单位拒不执行的，责令停产停业整顿，对其直接负责的主管人员和其他直接责任人员处五万元以上十万元以下的罚款;构成犯罪的，依照刑法有关规定追究刑事责任。

第一百零三条 【违法发包、出租和违反项目安全管理的法律责任】生产经营单位将生产经营项目、场所、设备发包或者出租给不具备安全生产条件或者相应资质的单位或者个人的，责令限期改正，没收违法所得;违法所得十万元以上的，并处违法所得二倍以上五倍以下的罚款;没有违法所得或者违法所得不足十万元的，单处或者并处十万元以上二十万元以下的罚款;对其直接负责的主管人员和其他直接责任人员处一万元以上二万元以下的罚款;导致发生生产安全事故给他人造成损害的，与承包方、承租方承担连带赔偿责任。

生产经营单位未与承包单位、承租单位签订专门的安全生产管理协议或者未在承包合同、租赁合同中明确各自的安全生产管理职责，或者未对承包单位、承租单位的安全生产统一协调、管理的，责令限期改正，处五万元以下的罚款，对其直接负责的主管人员和其他直接责任人员处一万元以下的罚款;逾期未改正的，责令停产停业整顿。

矿山、金属冶炼建设项目和用于生产、储存、装卸危险物品的建设项目的施工单位未按照规定对施工项目进行安全管理的，责令限期改正，处十万元以下的罚款，对其直接负责的主管人员和其他直接责任人员处二万元以下的罚款;逾期未改正的，责令停产停业整顿。以上施工单位倒卖、出租、出借、挂靠或者以其他形式非法转让施工资质的，责令停产停业整顿，吊销资质证书，没收违法所得;违法所得十万元以上的，并处违法所得二倍以上五倍以下的罚款，没有违法所得或者违法所得不足十万元的，单处或者并处十万元以上二十万元以下的罚款;对其直接负责的主管人员和其他直接责任人员处五万元以上十万元以下的罚款;构成犯罪的，依照刑法有关规定追究刑事责任。

第一百零四条 【同一作业区域安全管理违法责任】两个以上生产经营单位在同一作业区域内进行可能危及对方安全生产的生产经营活动，未签订安全生产管理协议或者未指定专职安全生产管理人员进行安全检查与协调的，责令限期改正，处五万元以下的罚款，对其直接负责的主管人员和其他直接责任人员处一万元以下的罚款;逾期未改正的，责令停产停业。

第一百零五条 【生产经营场所和员工宿舍违法责任】生产经营单位有下列行为之一的，责令限期改正，处五万元以下的罚款，对其直接负责的主管人员和其他直接责任人员处一万元以下的罚款;逾期未改正的，责令停产停

业整顿;构成犯罪的,依照刑法有关规定追究刑事责任:

(一)生产、经营、储存、使用危险物品的车间、商店、仓库与员工宿舍在同一座建筑内,或者与员工宿舍的距离不符合安全要求的;

(二)生产经营场所和员工宿舍未设有符合紧急疏散需要、标志明显、保持畅通的出口、疏散通道,或者占用、锁闭、封堵生产经营场所或者员工宿舍出口、疏散通道的。

第一百零六条 【免责协议违法责任】生产经营单位与从业人员订立协议,免除或者减轻其对从业人员因生产安全事故伤亡依法应承担的责任的,该协议无效;对生产经营单位的主要负责人、个人经营的投资人处二万元以上十万元以下的罚款。

第一百零七条 【从业人员违章操作的法律责任】生产经营单位的从业人员不落实岗位安全责任,不服从管理,违反安全生产规章制度或者操作规程的,由生产经营单位给予批评教育,依照有关章制度给予处分;构成犯罪的,依照刑法有关规定追究刑事责任。

第一百零八条 【生产经营单位不服从监督检查违法责任】违反本法规定,生产经营单位拒绝、阻碍负有安全生产监督管理职责的部门依法实施监督检查的,责令改正;拒不改正的,处二万元以上二十万元以下的罚款;对其直接负责的主管人员和其他直接责任人员处一万元以上二万元以下的罚款;构成犯罪的,依照刑法有关规定追究刑事责任。

第一百零九条 【未投保安全生产责任保险的违法责任】高危行业、领域的生产经营单位未按照国家规定投保安全生产责任保险的,责令限期改正,处五万元以上十万元以下的罚款;逾期未改正的,处十万元以上二十万元以下的罚款。

第一百一十条 【单位主要负责人事故处理违法责任】生产经营单位的主要负责人在本单位发生生产安全事故时,不立即组织抢救或者在事故调查处理期间擅离职守或者逃匿的,给予降级、撤职的处分,并由应急管理部门处上一年年收入百分之六十至百分之一百的罚款;对逃匿的处十五日以下拘留;构成犯罪的,依照刑法有关规定追究刑事责任。

生产经营单位的主要负责人对生产安全事故隐瞒不报、谎报或者迟报的,依照前款规定处罚。

第一百一十一条 【政府部门未按规定报告事故违法责任】有关地方人民政府、负有安全生产监督管理职责的部门,对生产安全事故隐瞒不报、谎报或者迟报的,对直接负责的主管人员和其他直接责任人员依法给予处分;构成犯罪的,依照刑法有关规定追究刑事责任。

第一百一十二条 【按日连续处罚】生产经营单位违反本法规定,被责令改正且受到罚款处罚,拒不改正的,负有安全生产监督管理职责的部门可以自作出责令改正之日的次日起,按照原处罚数额按日连续处罚。

第一百一十三条 【生产经营单位安全管理违法责任(四)】生产经营单位存在下列情形之一的,负有安全生产监督管理职责的部门应当提请地方人民政府予以关闭,有关部门应当依法吊销其有关证照。生产经营单位主要负责人五年内不得担任任何生产经营单位的主要负责人;情节严重的,终身不得担任本行业生产经营单位的主要负责人:

(一)存在重大事故隐患,一百八十日内三次或者一年内四次受到本法规定的行政处罚的;

(二)经停产停业整顿,仍不具备法律、行政法规和国家标准或者行业标准规定的安全生产条件的;

(三)不具备法律、行政法规和国家标准或者行业标准规定的安全生产条件,导致发生重大、特别重大生产安全事故的;

(四)拒不执行负有安全生产监督管理职责的部门作出的停产停业整顿决定的。

第一百一十四条 【对事故责任单位罚款】发生生产安全事故,对负有责任的生产经营单位除要求其依法承担相应的赔偿等责任外,由应急管理部门依照下列规定处以罚款:

(一)发生一般事故的,处三十万元以上一百万元以下的罚款;

(二)发生较大事故的,处一百万元以上二百万元以下的罚款;

(三)发生重大事故的,处二百万元以上一千万元以下的罚款;

(四)发生特别重大事故的,处一千万元以上二千万元以下的罚款。

发生生产安全事故,情节特别严重、影响特别恶劣的,应急管理部门可以按照前款罚款数额的二倍以上五倍以下对负有责任的生产经营单位处以罚款。

第一百一十五条 【行政处罚决定机关】本法规定的行政处罚,由应急管理部门和其他负有安全生产监督管理职责的部门按照职责分工决定;其中,根据本法第九十五条、第一百一十条、第一百一十四条的规定应当给予民航、铁路、电力行业的生产经营单位及其主要负责人行政处罚的,也可以由主管的负有安全生产监督管理职责的部门进行处罚。予以关闭的行政处罚,由负有安全生产监督管理职责的部门报请县级以上人民政府按照国务院规定的权限决定;给予拘留的行政处罚,由公安机关依照治安管理处罚的规定决定。

第一百一十六条 【生产经营单位赔偿责任】生产经营单位发生生产安全事故造成人员伤亡、他人财产损失的,应当依法承担赔偿责任;拒不承担或者其负责人逃匿的,由人民法院依法强制执行。

生产安全事故的责任人未依法承担赔偿责任,经人民法院依法采取执行措施后,仍不能对受害人给予足额赔偿的,应当继续履行赔偿义务;受害人发现责任人有其他财产的,可以随时请求人民法院执行。

第七章 附则

第一百一十七条 【用语解释】本法下列用语的含义:

危险物品,是指易燃易爆物品、危险化学品、放射性物品等能够危及人身安全和财产安全的物品。

重大危险源,是指长期地或者临时地生产、搬运、使用或者储存危险物品,且危险物品的数量等于或者超过临界量的单元(包括场所和设施)。

第一百一十八条 【事故、隐患分类判定标准的制定】本法规定的生产安全一般事故、较大事故、重大事故、特别重大事故的划分标准由国务院规定。

国务院应急管理部门和其他负有安全生产监督管理职责的部门应当根据各自的职责分工,制定相关行业、领域重大危险源的辨识标准和重大事故隐患的判定标准。

第一百一十九条 【生效日期】本法自 2002 年 11 月 1 日起施行。

安全生产许可证条例

· 2004 年 1 月 13 日国务院令第 397 号公布
· 根据 2013 年 7 月 18 日《国务院关于废止和修改部分行政法规的决定》第一次修订
· 根据 2014 年 7 月 29 日《国务院关于修改部分行政法规的决定》第二次修订

第一条 为了严格规范安全生产条件,进一步加强安全生产监督管理,防止和减少生产安全事故,根据《中华人民共和国安全生产法》的有关规定,制定本条例。

第二条 国家对矿山企业、建筑施工企业和危险化学品、烟花爆竹、民用爆炸物品生产企业(以下统称企业)实行安全生产许可制度。

企业未取得安全生产许可证的,不得从事生产活动。

第三条 国务院安全生产监督管理部门负责中央管理的非煤矿矿山企业和危险化学品、烟花爆竹生产企业安全生产许可证的颁发和管理。

省、自治区、直辖市人民政府安全生产监督管理部门负责前款规定以外的非煤矿矿山企业和危险化学品、烟花爆竹生产企业安全生产许可证的颁发和管理,并接受国务院安全生产监督管理部门的指导和监督。

国家煤矿安全监察机构负责中央管理的煤矿企业安全生产许可证的颁发和管理。

在省、自治区、直辖市设立的煤矿安全监察机构负责前款规定以外的其他煤矿企业安全生产许可证的颁发和管理,并接受国家煤矿安全监察机构的指导和监督。

第四条 省、自治区、直辖市人民政府建设主管部门负责建筑施工企业安全生产许可证的颁发和管理,并接受国务院建设主管部门的指导和监督。

第五条 省、自治区、直辖市人民政府民用爆炸物品行业主管部门负责民用爆炸物品生产企业安全生产许可证的颁发和管理,并接受国务院民用爆炸物品行业主管部门的指导和监督。

第六条 企业取得安全生产许可证,应当具备下列安全生产条件:

(一)建立、健全安全生产责任制,制定完备的安全生产规章制度和操作规程;

(二)安全投入符合安全生产要求;

(三)设置安全生产管理机构,配备专职安全生产管理人员;

(四)主要负责人和安全生产管理人员经考核合格;

(五)特种作业人员经有关业务主管部门考核合格,取得特种作业操作资格证书;

(六)从业人员经安全生产教育和培训合格;

(七)依法参加工伤保险,为从业人员缴纳保险费;

(八)厂房、作业场所和安全设施、设备、工艺符合有关安全生产法律、法规、标准和规程的要求;

(九)有职业危害防治措施,并为从业人员配备符合国家标准或者行业标准的劳动防护用品;

(十)依法进行安全评价;

(十一)有重大危险源检测、评估、监控措施和应急预案;

(十二)有生产安全事故应急救援预案、应急救援组织或者应急救援人员,配备必要的应急救援器材、设备;

(十三)法律、法规规定的其他条件。

第七条 企业进行生产前,应当依照本条例的规定向安全生产许可证颁发管理机关申请领取安全生产许可证,并提供本条例第六条规定的相关文件、资料。安全生产许可证颁发管理机关应当自收到申请之日起 45 日内审查完毕,经审查符合本条例规定的安全生产条件的,颁发安全生产许可证;不符合本条例规定的安全生产条件的,不予颁发安全生产许可证,书面通知企业并说明理由。

煤矿企业应当以矿(井)为单位,依照本条例的规定取得安全生产许可证。

第八条 安全生产许可证由国务院安全生产监督管理部门规定统一的式样。

第九条 安全生产许可证的有效期为 3 年。安全生产许可证有效期满需要延期的,企业应当于期满前 3 个月向原安全生产许可证颁发管理机关办理延期手续。

企业在安全生产许可证有效期内,严格遵守有关安全生产的法律法规,未发生死亡事故的,安全生产许可证有效期届满时,经原安全生产许可证颁发管理机关同意,不再审查,安全生产许可证有效期延期 3 年。

第十条 安全生产许可证颁发管理机关应当建立、健全安全生产许可证档案管理制度,并定期向社会公布企业取得安全生产许可证的情况。

第十一条 煤矿企业安全生产许可证颁发管理机关、建筑施工企业安全生产许可证颁发管理机关、民用爆炸物品生产企业安全生产许可证颁发管理机关,应当每年向同级安全生产监督管理部门通报其安全生产许可证颁发和管理情况。

第十二条 国务院安全生产监督管理部门和省、自治区、直辖市人民政府安全生产监督管理部门对建筑施工企业、民用爆炸物品生产企业、煤矿企业取得安全生产许可证的情况进行监督。

第十三条 企业不得转让、冒用安全生产许可证或者使用伪造的安全生产许可证。

第十四条 企业取得安全生产许可证后,不得降低安全生产条件,并应当加强日常安全生产管理,接受安全生产许可证颁发管理机关的监督检查。

安全生产许可证颁发管理机关应当加强对取得安全生产许可证的企业的监督检查,发现其不再具备本条例规定的安全生产条件的,应当暂扣或者吊销安全生产许可证。

第十五条 安全生产许可证颁发管理机关工作人员在安全生产许可证颁发、管理和监督检查工作中,不得索取或者接受企业的财物,不得谋取其他利益。

第十六条 监察机关依照《中华人民共和国行政监察法》的规定,对安全生产许可证颁发管理机关及其工作人员履行本条例规定的职责实施监察。

第十七条 任何单位或者个人对违反本条例规定的行为,有权向安全生产许可证颁发管理机关或者监察机关等有关部门举报。

第十八条 安全生产许可证颁发管理机关工作人员有下列行为之一的,给予降级或者撤职的行政处分;构成犯罪的,依法追究刑事责任:

(一)向不符合本条例规定的安全生产条件的企业颁发安全生产许可证的;

(二)发现企业未依法取得安全生产许可证擅自从事生产活动,不依法处理的;

(三)发现取得安全生产许可证的企业不再具备本条例规定的安全生产条件,不依法处理的;

(四)接到对违反本条例规定行为的举报后,不及时处理的;

(五)在安全生产许可证颁发、管理和监督检查工作中,索取或者接受企业的财物,或者谋取其他利益的。

第十九条 违反本条例规定,未取得安全生产许可证擅自进行生产的,责令停止生产,没收违法所得,并处 10 万元以上 50 万元以下的罚款;造成重大事故或者其他严重后果,构成犯罪的,依法追究刑事责任。

第二十条 违反本条例规定,安全生产许可证有效期满未办理延期手续,继续进行生产的,责令停止生产,限期补办延期手续,没收违法所得,并处 5 万元以上 10 万元以下的罚款;逾期仍不办理延期手续,继续进行生产的,依照本条例第十九条的规定处罚。

第二十一条 违反本条例规定,转让安全生产许可证的,没收违法所得,处 10 万元以上 50 万元以下的罚款,并吊销其安全生产许可证;构成犯罪的,依法追究刑事责任;接受转让的,依照本条例第十九条的规定处罚。

冒用安全生产许可证或者使用伪造的安全生产许可证的,依照本条例第十九条的规定处罚。

第二十二条 本条例施行前已经进行生产的企业,应当自本条例施行之日起 1 年内,依照本条例的规定向安全生产许可证颁发管理机关申请办理安全生产许可证;逾期不办理安全生产许可证,或者经审查不符合本条例规定的安全生产条件,未取得安全生产许可证,继续进行生产的,依照本条例第十九条的规定处罚。

第二十三条 本条例规定的行政处罚,由安全生产许可证颁发管理机关决定。

第二十四条 本条例自公布之日起施行。

生产安全事故统计调查制度

· 2023年12月24日
· 应急〔2023〕143号

一、总说明

（一）调查目的

为规范生产安全事故（以下简称事故）统计工作，真实、准确、完整、及时掌握全国生产安全事故情况，深入分析全国安全生产形势，为安全生产工作提供可靠的信息支撑和科学的决策依据，根据《中华人民共和国统计法》《中华人民共和国安全生产法》《生产安全事故报告和调查处理条例》《中华人民共和国统计法实施条例》和《部门统计调查项目管理办法》等有关规定，制定本制度。

（二）调查对象和统计范围

在中华人民共和国领域内，从事生产经营活动的单位（以下统称生产经营单位），在生产经营活动中发生的造成人身伤亡或者直接经济损失的生产安全事故。

有关法律、行政法规对有关行业领域事故统计调查另有规定的，适用其规定。

（三）调查内容

主要包括事故发生单位以及涉及单位的基本情况、事故造成的死亡人数（包括下落不明人数，下同）、受伤人数（包括急性工业中毒人数，下同）、直接经济损失、事故具体情况等。

（四）调查方法

采用全面调查、重点调查等。

（五）调查频率

分为年报、月报和即时报送。

（六）组织实施

本制度由应急管理部统一组织，分级实施，由县级以上应急管理部门（"以上"包含本级，不含应急管理部，下同）通过"生产安全事故统计信息直报系统"（以下简称"直报系统"）负责数据的录入、审核和上报。地方各级应急管理部门可组织负有安全监管职责的其他有关部门通过"直报系统"填报共享相关行业领域的事故信息。

（七）事故发生单位分类规定

按照事故发生单位登记注册情况，分为"依法登记注册单位事故"和"其他事故"两类进行统计。

1. 依法登记取得营业执照的生产经营单位发生的事故，纳入"依法登记注册单位事故"统计。

2. 从事运输、捕捞等生产经营活动，不需办理营业执照的，以行业准入许可为准，按照"依法登记注册单位事故"进行统计。

3. 不属于以上情形的事故，纳入"其他事故"统计。

（八）事故统计一般规则

1. 与生产经营有关的预备性或者收尾性活动中发生的事故纳入统计。

2. 生产经营活动中发生的事故，不论生产经营单位是否负有责任，均纳入统计。

3. 由建筑施工单位（包括不具有施工资质、营业执照，但属于有组织的经营建设活动）承包的城镇、农村新建、改建、修缮及拆除建筑过程中发生的事故，纳入统计。

以支付劳动报酬（货币或者实物）的形式雇佣人员进行的城镇、农村新建、改建、修缮及拆除建筑过程中发生的事故，纳入统计。

4. 各类景区、商场、宾馆、歌舞厅、网吧等人员密集场所，因自身管理不善或安全防护措施不健全造成人员伤亡（或直接经济损失）的事故纳入统计。

5. 生产经营单位存放在地面或井下（包括违反民用爆炸物品安全管理规定）用于生产经营建设所购买的炸药、雷管等爆炸物品意外爆炸造成人员伤亡（或直接经济损失）的事故，纳入统计。

6. 公路客运、公交客运、出租客运、网络约车、旅游客运、租赁、教练、货运、危化品运输、工程救险、校车，包括企业通勤车在内的其他营运性车辆或其他生产经营性车辆等十二类道路运输车辆在从事相应运输活动中发生的事故，不论这些车辆是否负有事故责任，均纳入道路运输事故统计。

7. 因自然灾害引发造成人身伤亡或者直接经济损失，符合以下三种情况之一的即纳入事故统计：一是自然灾害未超过设计风险抵御标准的；二是生产经营单位工程选址不合理的；三是在能够预见、能够防范可能发生的自然灾害的情况下，因生产经营单位防范措施不落实、应急救援预案或者防范救援措施不力的。

8. 违法违规生产经营活动（包括无证照或证照不全的生产经营单位擅自从事生产经营活动和自然人从事小作坊、小窝点、小矿洞等生产经营活动）中发生的事故，均纳入统计。

9. 服刑人员在劳动生产过程中发生的事故，纳入统计。

10. 雇佣人员在单位所属宿舍、浴室、更衣室、厕所、食堂、临时休息室等场所因非不可抗力受到伤害的事故纳入统计。

11. 国家机关、事业单位、人民团体在执行公务过程中发生的事故，纳入统计。

12. 非正式雇佣人员（临时雇佣人员、劳务派遣人员、实习生、志愿者等）、其他公务人员、外来救护人员以及生产经营单位以外的居民、行人等因事故受到伤害的，纳入统计。

解放军、武警官兵、公安干警、国家综合性消防救援队伍参加事故抢险救援时发生的人身伤亡，不计入统计调查制度规定的事故等级统计范围，仅作为事故伤亡总人数另行统计。

13. 两个以上单位交叉作业时发生的事故，纳入主要责任单位统计。

14. 甲单位人员参加乙单位生产经营活动（包括劳务派遣人员）发生的事故，纳入乙单位统计。

当甲单位与乙单位因存在劳务分包关系，甲单位派出人员参加乙单位生产经营活动发生的事故，纳入乙单位统计。

15. 乙单位租赁甲单位场地从事生产经营活动发生的事故，若乙单位为独立核算单位，纳入乙单位统计；否则纳入甲单位统计。

16. 从事煤矿、金属非金属矿山以及石油天然气开采外包工程施工与技术服务活动时发生的事故，纳入发包单位统计。

17. 社会人员参加发生事故的单位抢险救灾时发生的事故，纳入事故发生单位统计。

18. 因设备、产品不合格或安装不合格等因素造成使用单位发生事故，不论其责任在哪一方，均纳入使用单位统计。

19. 没有造成人员伤亡且直接经济损失小于100万元（不含）的事故，暂不纳入统计。

20. 建筑业事故的"事故发生单位"应填写施工单位名称。

其中，分承包工程单位在施工过程中发生的事故，凡分承包工程单位为独立核算单位的，纳入分承包工程单位统计；非独立核算单位的，纳入总承包工程单位统计；凡未签订分承包合同或分承包工程单位的建设活动与分承包合同不一致的，不论是否为独立核算单位，均纳入总承包工程单位统计。同时，应在A1表中填写建设单位名称及其所属行业。

21. 急性工业中毒按照《生产安全事故报告和调查处理条例》有关规定，作为受伤事故的一种类型进行统计，其人数统计为重伤人数。

22. 跨地区进行生产经营活动单位发生的事故，由事故发生地应急管理部门负责统计。

23. 因特殊原因无法及时掌握的部分事故信息，应持续跟踪并予以补充完善。

（九）事故统计工作要求

事故统计工作按照"先行填报、调查认定、统计核销、信息公开"的要求开展。

先行填报：接报涉及生产经营单位或生产经营活动的事故后，如果不能在第一时间明确认定事故性质，即须按照事故统计的要求，先通过"直报系统"进行填报。

调查认定：对涉及生产经营单位或生产经营活动的事故，由地方人民政府或相关部门成立调查组，按程序进行调查，并出具调查结论。

统计核销：经调查认定不属于生产安全事故的，应按照相关程序提出统计核销申请，经审核通过后，予以核销。

信息公开：完成统计核销后，应按规定将事故核销的相关信息予以公开。

（十）报送时间

县级以上应急管理部门或其他负有安全生产监督管理职责的部门接到事故报告后，应在24小时内通过"直报系统"填报A1表事故信息。经查实的瞒报、谎报事故，应在查实事故后24小时内，在"直报系统"中进行填报并纳入事故统计。

事故发生7日内，应通过"直报系统"填报A2表，并及时补充完善A1表相关信息。对于首次填报日期超过事故发生日期7日的，需将超期原因等相关情况在"直报系统"中注明。

事故发生30日内（火灾、道路运输事故统计时限按照有关规定执行）伤亡人员发生变化的，应及时补充完善伤亡人员情况，并纳入事故统计。

事故调查结束（事故调查报告批复）后14日内，应根据事故调查报告及时完善校正有关事故信息。同时由负责调查的人民政府的应急管理部门通过"直报系统"上传事故调查报告。

县级以上应急管理部门应在每月8日将截取至7日24时"直报系统"内的上月事故统计数据作为月度数据，即月度B1、B2表，经审核确认后，在"直报系统"内上报。

县级以上应急管理部门应在每年1月8日将截取至1月7日24时"直报系统"内的上年事故统计数据作为年度数据，即年度B1、B2表，经审核确认后，在"直报系统"内上报。

（十一）事故统计核销情形及工作程序

经调查认定，具有以下情形之一的，并由事故发生地人民政府有关部门出具调查认定意见（事故调查报告或

由事故发生地人民政府有关部门出具的鉴定结论)等文书,可认定不属于生产安全事故:

1. 当超过设计风险抵御标准,工程选址合理,且已实施完备的安全防范和应急救援措施时,若由无法预见或抗拒的自然灾害直接引发的事故,应由地方人民政府或相关行业部门成立专门调查组,出具详细调查结论。

2. 当事故原因经公安机关侦查后被认定为蓄意破坏、恐怖行动、投毒、纵火、盗窃等人为故意行为直接或间接造成时,公安部门应立案侦查,并出具正式结论。

3. 生产经营单位从业人员在生产经营活动过程中,突发疾病(非遭受外部能量意外释放造成的肌体创伤)导致伤亡的,此类情况需由县级以上公立医院或其他权威机构出具相关伤亡原因诊断材料。

经调查认定不属于生产安全事故的,应按以下程序申请统计核销:

1. 由负责事故填报的地方人民政府的应急管理部门或其他负有安全生产监督管理职责的部门依据有关结论提出统计核销建议,并在本级政府(或部门)网站或相关媒体上公示7日。公示期间,收到对公示的统计核销建议有异议、意见的,应在调查核实后再作决定。

2. 公示期满没有异议的,可向上级应急管理部门提出统计核销申请,申请材料主要包括:事故统计核销情况说明(含公示期间收到的异议、意见及处理情况)、调查认定意见等。

3. 一般事故统计核销由省级应急管理部门负责审核,较大及以上事故统计核销由应急管理部负责审核。

4. 完成统计核销后,提出核销申请的地方人民政府应急管理部门应将相关信息在本级政府(或部门)网站或相关媒体上公开,信息公开时间不少于1年。

(十二)质量控制

本制度针对统计业务流程的各环节进行质量管理和控制。

地市级以上应急管理部门应认真做好事故统计工作的监督指导,结合地区实际对辖区内事故统计工作进行监督检查。

各级应急管理部门要加强对统计信息及统计数据的管理,严格遵守《中华人民共和国统计法》和《防范和惩治应急管理统计造假、弄虚作假的责任规定》,按照"谁报送、谁负责"的原则,真实、准确、完整、及时填报事故统计信息。对于不报、瞒报、迟报或伪造、篡改数据的要依法追究其责任。

各级应急管理部门应强化对统计数据的应用,加强对辖区内统计数据的分析、研判,充分发挥统计数据服务、支撑及指导作用。

(十三)数据公布与信息共享

本制度年度综合数据经审核确定后,通过《国民经济和社会发展统计公报》《中国应急管理年鉴》公布。季度、年度综合数据可与其他部门及本系统内共享使用,按照协定方式共享,在最终审定数据10个工作日后可以在应急管理大数据应用平台共享,共享责任单位为调查评估和统计司,共享责任人为调查评估和统计司主管统计工作负责人。

(十四)使用名录库情况

本制度使用国家基本单位名录库。

二、报表目录

表号	表名	报告期别	统计范围	报送单位	报送日期及方式	页码
A1表	生产安全事故调查表	即时报送	生产安全事故	县级以上应急管理部门	接报后24小时内在"直报系统"中填报	7
A2表	生产安全事故伤亡(含急性工业中毒)人员调查表	即时报送	生产安全事故	县级以上应急管理部门	事故发生7日内,在"直报系统"中填报;事故发生30日内(火灾、道路运输事故统计时限按照有关规定执行)伤亡人员发生变化的,应及时补充完善伤亡人员情况。因特殊原因无法及时掌握的部分事故信息,应持续跟踪并予以完善	8

续表

表号	表名	报告期别	统计范围	报送单位	报送日期及方式	页码
B1表	生产安全事故按行业统计表	月报、年报	生产安全事故	县级以上应急管理部门	月报于次月8日报送,年报于次年1月8日报送。	9
B2表	生产安全事故按地区统计表	月报、年报	生产安全事故	县级以上应急管理部门	月报于次月8日报送,年报于次年1月8日报送。	10

三、调查表式

(一)生产安全事故调查表

表　号:A1
制定机关:应急管理部
批准机关:国家统计局
批准文号:国统制〔2023〕163号
有效期至:2026年12月

填报单位：_____　　20　年　月　日

甲	事故发生单位:_____	事故发生时间:___年___月___日___时___分
	事故发生地点:_____省(自治区/直辖市)_____地(区/市/州/盟)_____县(区/市/旗)	
	伤亡人数:死亡(含下落不明)人数_____人、受伤人数_____人。其中:重伤(含急性工业中毒)人数_____人	
	直接经济损失:_____万元	事故等级:□ 1 特别重大 2 重大 3 较大 4 一般
	瞒报事故:□ 1 是　2 否	举报事故:□ 1 是　2 否
	谎报事故:□ 1 是　2 否	
	管理分类:□ 1 煤矿 2 金属非金属矿山 3 石油天然气开采 4 化工 5 烟花爆竹 6 工贸(6.1 冶金 6.2 有色 6.3 建材 6.4 机械 6.5 轻工 6.6 纺织 6.7 烟草 6.8 商贸) 7 建筑业(7.1 房屋和市政工程 7.2 公路和水运工程建筑 7.3 铁路工程建筑 7.4 水利工程建筑 7.5 电力工程施工) 8 道路运输 9 水上运输 10 铁路运输 11 航空运输 12 油气管道运输 13 渔业船舶 14 农业机械 15 其他	
	事故类型: 基本事故类型:□ 1 物体打击 2 车辆伤害 3 机械伤害 4 起重伤害 5 触电 6 淹溺 7 灼烫 8 火灾 9 高处坠落 10 坍塌 11 冒顶片帮 12 透水 13 爆破 14 火药爆炸 15 瓦斯爆炸 16 锅炉爆炸 17 容器爆炸 18 其他爆炸 19 中毒和窒息 20 其他伤害 煤矿事故类型:□ 1 顶板 2 冲击地压 3 瓦斯 4 煤尘 5 机电 6 运输 7 爆破 8 水害 9 火灾 10 其他 道路运输事故类型:□ 1 碰撞 2 刮擦 3 碾压 4 翻车 5 坠车 6 失火 7 撞固定物 8 撞静止车辆 9 其他 渔业船舶事故类型:□ 1 碰撞 2 风损 3 触礁 4 火灾 5 自沉 6 机械损伤 7 触电 8 急性工业中毒 9 溺水 10 其他 水上运输事故类型:□ 1 碰撞 2 搁浅 3 触礁 4 触碰 5 浪损 6 火灾、爆炸 7 风灾 8 自沉 9 操作性污染 10 其他	
	事故涉及领域(多选):□火灾　□特种设备　□危险化学品　□民用爆炸物品	
	事故概况: (注:主要包括事故详细经过、直接原因、间接原因、伤亡总人数(指包括未纳入统计的总伤亡人数)、起因物、致害物等情况。)	

续表

乙	事故发生单位基本情况	事故标识：□1 依法登记注册单位事故 2 其他事故	国民经济行业分类：□□□□
		统一社会信用代码：□□□□□□□□□□□□□□□□□□	
		公民身份号码：□□□□□□□□□□□□□□□□□□	
		单位规模：□1 大型 2 中型 3 小型 4 微型	国有企业属性：□1 央企 2 省属 3 市属 4 县属
		登记注册统计类别：□□□ 内资企业：110 有限责任公司 111 国有独资公司 112 私营有限责任公司 119 其他有限责任公司 120 股份有限公司 121 私营股份有限公司 129 其他股份有限公司 130 非公司企业法人 131 全民所有制企业（国有企业）132 集体所有制企业（集体企业）133 股份合作企业 134 联营企业 140 个人独资企业 150 合伙企业 190 其他内资企业 港澳台投资企业：210 港澳台投资有限责任公司 220 港澳台投资股份有限公司 230 港澳台投资合伙企业 290 其他港澳台投资企业 外商投资企业：310 外商投资有限责任公司 320 外商投资股份有限公司 330 外商投资合伙企业 390 其他外商投资企业 其他：400 农民专业合作社（联合社）500 个体工商户 900 其他市场主体	
	事故其他相关单位情况		

单位负责人： 　　　统计负责人： 　　　填表人： 　　　报出日期：20　年　月　日

说明：1. 报送方式：本报表由事故发生地县级以上应急管理部门直报。
2. 报送时间：事故接报后 24 小时内报送，7 日内补充完善。
3. 本表涉及"管理分类"与"国民经济行业分类"对应情况详见附录（二）

（二）生产安全事故伤亡（含急性工业中毒）人员调查表

表　　号：A2
制定机关：应急管理部
批准机关：国家统计局
批准文号：国统制〔2023〕163 号
有效期至：2026 年 12 月

填报单位： 　　　　　　　　　　20　年　月　日

	姓名	性别	年龄	文化程度
死亡（含下落不明）人员情况				

续表

重伤（含急性工业中毒）人员情况	姓名	性别	年龄	文化程度
轻伤人员情况	姓名	性别	年龄	文化程度

单位负责人：　　　　　　　　统计负责人：　　　　　　　　填表人：　　　　　　　　报出日期：20 年 月 日

说明：1. 报送方式：本报表由事故发生地县级以上应急管理部门直报。
　　　2. 报送时间：本报表在事故发生后7日内报送，30日内（火灾、道路运输事故统计时限按照有关规定执行）发生变化的应及时续报。

（三）生产安全事故按行业统计表

表　　号：B1
制定机关：应急管理部
批准机关：国家统计局
批准文号：国统制〔2023〕163号
有效期至：2026年12月

填报单位：　　　　　　　　　　20 年 月 日

		总体情况		其中：较大事故		其中：重大事故		其中：特别重大事故	
		事故起数（起）	死亡人数（人）	事故起数（起）	死亡人数（人）	事故起数（起）	死亡人数（人）	事故起数（起）	死亡人数（人）
甲		①	②	③	④	⑤	⑥	⑦	⑧
总计									
A 农林牧渔业	小计								
	其中：1. 农业机械								
	2. 渔业船舶								
	3. 其他								

续表

B 采矿业	小计									
	其中:1. 煤矿									
	2. 金属非金属矿山									
	3. 石油天然气开采									
	4. 其他									
C、F、H 商贸制造业	小计									
	其中:1. 化工									
	2. 烟花爆竹									
	3. 工贸									
	4. 其他									
E 建筑业	小计									
	其中:1. 房屋和市政工程									
	2. 公路和水运工程建筑									
	3. 铁路工程建筑									
	4. 水利工程建筑									
	5. 电力工程施工									
	6. 其他									
G 交通运输业	小计									
	其中:1. 铁路运输业									
	2. 道路运输业									
	3. 水上运输业									
	4. 航空运输业									
	5. 油气管道运输业									
	6. 其他									
D、I-T 其他行业	小计									

单位负责人： 　　　　　　　　填表人： 　　　　　　　　报出日期:20　年　月　日

说明:1. 报送方式:本表由县级以上应急管理部门报送。
　　　2. 报送时间:月度报表报送时间为次月8日,年度报表报送时间为次年1月8日。
　　　3. 本表涉及"管理分类"与"国民经济行业分类"对应情况详见附录(二)。
　　　4. 审核关系:①总事故起数≥③较大事故起数+⑤重大事故起数+⑦特别重大事故起数;
　　　　　　　　　②总死亡人数≥④较大事故死亡人数+⑥重大事故死亡人数+⑧特别重大事故死亡人数。

（四）生产安全事故按地区统计表

表　　号：B2
制定机关：应急管理部
批准机关：国家统计局
批准文号：国统制〔2023〕163号

填报单位：　　　　　　　　　　20　年　月　　　　　　　　有效期至：2026年12月

甲	总体情况 事故起数（起）	总体情况 死亡人数（人）	其中：较大事故 事故起数（起）	其中：较大事故 死亡人数（人）	其中：重大事故 事故起数（起）	其中：重大事故 死亡人数（人）	其中：特别重大事故 事故起数（起）	其中：特别重大事故 死亡人数（人）
	①	②	③	④	⑤	⑥	⑦	⑧
总计								
省（自治区/直辖市）、地（区/市/州/盟）、县（区/市/旗）								

单位负责人：　　　　　　　　填表人：　　　　　　　　报出日期：20　年　月　日

说明：1. 报送方式：本表由县级以上应急管理部门报送。
　　　2. 报送时间：月度报表报送时间为次月8日，年度报表报送时间为次年1月8日。
　　　3. 审核关系：①总事故起数≥③较大事故起数+⑤重大事故起数+⑦特别重大事故起数；
　　　　　　　　　②总死亡人数≥④较大事故死亡人数+⑥重大事故死亡人数+⑧特别重大事故死亡人数。

四、主要指标解释

（一）生产安全事故调查表

1. 事故　生产经营单位在生产经营活动（包括与生产经营有关的活动）中突然发生的，伤害人身安全和健康、损坏设备设施或者造成直接经济损失，导致生产经营活动暂时中止或永远终止的意外事件。

2. 事故发生单位　即事故纳入统计的单位。指在中华人民共和国领域内从事生产经营活动中发生事故的单位，包括一切合法或者非法从事生产经营活动的企业、事业单位和个体经济组织以及其他组织。

事故发生单位应填写经有关部门批准正式使用的单位全称。企业的详细名称按市场监管部门登记的名称填写；行政、事业单位的名称按编制部门登记、批准的名称填写；社会团体、民办非企业单位、基金会和基层群众自治组织的详细名称按民政部门登记、批准的名称填写。填写时要求使用规范化汉字填写，并与单位公章所使用的名称完全一致。

事故发生单位为无证作坊、无证个体经营、非法劳动组织和自然人等非依法注册登记单位时，依照主要组织者或自然人居民身份证填报真实姓名。

3. **事故其他相关单位**　指除事故发生单位以外，其他与事故发生有关的单位。如建筑施工事故中的建设单位、监理单位、设计单位、勘察单位、劳务派遣单位等。

建筑业事故的"建设单位"应填写建设工程的投资方，通常指对该工程拥有产权的发包方。

4. **事故发生时间**　按照事故实际发生时间填写，并与事故调查报告保持一致。时间按XXXX年XX月XX日XX时XX分格式填写。

5. **事故发生地点**　按照事故实际发生地的行政区划填写，并与事故调查报告保持一致。地点按发生事故的省(自治区/直辖市)、地(区/市/州/盟)、县(区/市/旗)格式填写(渔业船舶事故发生地点统计按照有关规定执行)。

6. **死亡(含下落不明)人数**　指因事故造成人员在30日内(火灾、道路运输事故统计时限按照有关规定执行)死亡和下落不明的人数,单位:人。

下落不明人数：是指由于发生事故而失去音讯，暂时无法确认死亡的人数。因事故造成的下落不明人员，自事故发生之日起30日后(火灾、道路运输事故统计时限按照有关规定执行)，按照死亡人员进行统计。

7. **受伤人数**　按照《企业职工伤亡事故分类标准》(GB 6441-1986)填写,单位:人。具体指因事故造成的肢体伤残，或某些器官功能性或器质性损伤，表现为劳动能力受到伤害，经医院诊断，需歇工3个工作日及以上的人数。包括轻伤人数、重伤人数和急性工业中毒人数。

轻伤人数　指因事故造成的肢体伤残，或某些器官功能性或器质性损伤，表现为劳动能力受到伤害，经医院诊断，需歇工3个工作日及以上、105个工作日以下的人数。

重伤人数(包括急性工业中毒)　指因事故造成的肢体残缺或视觉、听觉等器官受到严重损伤甚至丧失，或引起人体长期存在功能障碍和劳动能力重大损失的伤害，经医院诊断需歇工105个工作日及以上的人数。

急性工业中毒人数　指人体因接触国家规定的工业性毒物、有害气体，一次吸入大量工业有毒物质使人体在短时间内发生病变，导致人员立即中断工作，需歇工3个工作日及以上的人数。

8. **直接经济损失**　按照《企业职工伤亡事故经济损失统计标准》(GB 6721-1986)填写,单位:万元。

9. **事故等级**　按照《生产安全事故报告和调查处理条例》划分为特别重大事故、重大事故、较大事故、一般事故四个等级：

(1)特别重大事故，是指造成30人以上死亡，或者100人以上重伤(包括急性工业中毒,下同)，或者1亿元以上直接经济损失的事故；

(2)重大事故，是指造成10人以上30人以下死亡，或者50人以上100人以下重伤，或者5000万元以上1亿元以下直接经济损失的事故；

(3)较大事故，是指造成3人以上10人以下死亡，或者10人以上50人以下重伤，或者1000万元以上5000万元以下直接经济损失的事故；

(4)一般事故，是指造成3人以下死亡，或者10人以下重伤，或者1000万元以下直接经济损失的事故。

有关行业领域对事故等级划分有补充性规定的，按照有关规定执行。

上述所称的"以上"包括本数，所称的"以下"不包括本数。

10. **瞒报/谎报事故**　隐瞒已经发生的事故，超过规定时限未向应急管理部门和其他负有安全监管职责的部门报告，经查证属实的，属于瞒报。故意不如实报告事故发生的时间、地点、初步原因、性质、伤亡人数和涉险人数、直接经济损失等有关内容的，属于谎报。

11. **举报事故**　指根据国家安全监管总局、财政部《关于印发安全生产领域举报奖励办法的通知》(安监总财[2018]19号)的规定，经受理举报的人民政府应急管理部门和其他负有安全监管职责的部门调查属实的生产安全事故。

12. **管理分类**　为了使历史统计数据具有延续性与可比性，并使行业分类与历史统计分类方式相衔接，按部门监管职能的分类方式设置"管理分类"。其中,冶金、有色、建材、机械、轻工、纺织、烟草、商贸等八个工贸行业分类标准，按照《应急管理部办公厅关于修订〈冶金有色建材机械轻工纺织烟草商贸行业安全监管分类标准(试行)〉的通知》(应急厅[2019]17号)作了相应调整。建筑业主要划分为房屋和市政工程、公路和水运工程建筑、铁路工程建筑、水利工程建筑、电力工程施工等五类。

"管理分类"与"国民经济行业分类"对应情况详见附录(二)。

13. **事故类型**　分为基本事故类型和一些特定行业事故类型，具体如下：

(1)基本事故类型：参照《企业职工伤亡事故分类》(GB 6441-1986)，划分为20类：1物体打击,2车辆伤害,3机械伤害,4起重伤害,5触电,6淹溺,7灼烫,8火灾,9高处坠落,10坍塌,11冒顶片帮,12透水,13爆破,

14火药爆炸,15瓦斯爆炸,16锅炉爆炸,17容器爆炸,18其他爆炸,19中毒和窒息,20其他伤害。

(2)煤矿事故类型:1顶板,2冲击地压,3瓦斯,4煤尘,5机电,6运输,7爆破,8水害,9火灾,10其他。

(3)道路运输事故类型:参照《道路运输行业行车事故统计调查制度》(2021年版),划分为9类:1碰撞,2刮擦,3碾压,4翻车,5坠车,6失火,7撞固定物,8撞静止车辆,9其他。

(4)渔业船舶事故类型:参照《渔业船舶水上安全事故报告和调查处理规定》(农业部令2012年第9号),划分为10类:1碰撞,2风损,3触ία,4火灾,5自沉,6机械损伤,7触电,8急性工业中毒,9溺水,10其他。

(5)水上运输事故类型:参照《水上交通事故统计办法》(交通运输部令2021年第23号),划分为10类:1碰撞,2搁浅,3触礁,4触损,5浪损,6火灾、爆炸,7风灾,8自沉,9操作性污染,10其他。

14. 事故概况 主要填写事故简要经过,包括事故原因、起因物、致害物、不安全行为、不安全状态等情况。

15. 国民经济行业分类 按《国民经济行业分类》(GB/T 4754-2017)(2019年修订)四位码填写要求填写。

16. 统一社会信用代码 指按照《法人和其他组织统一社会信用代码编码规则》(GB32100-2015)规定,由赋码主管部门给每一个法人单位和其他组织颁发的在全国范围内唯一的、终身不变的法定身份识别码。统一社会信用代码由18位的阿拉伯数字或大写英文字母(不使用I、O、Z、S、V)组成。

对不具有统一社会信用代码的事故发生单位,按照《公民身份号码》(GB 11643-1999)填报主要组织者或自然人的居民身份证号码,居民身份证号码由18位的阿拉伯数字或大写英文字母X组成。

17. 单位规模 按照《国家统计局〈关于印发统计上大中小微型企业划分办法(2017)〉的通知》(国统字〔2017〕213号)规定填写。

18. 国有企业属性 根据国有企业的行政主管级别,分为4类:1中央企业,2省属企业,3市属企业,4县属企业。

19. 登记注册统计类别 指企业或企业产业活动单位的登记注册统计类别,按照《关于市场主体统计分类的划分规定》(国统字〔2023〕14号)规定填写。

机关、事业单位和社会团体及其他组织的登记注册统计类别,按其主要经费来源和管理方式,根据实际情况,参照《关于市场主体统计分类的划分规定》(国统字〔2023〕14号)确定。

20. 事故其他相关单位 依据事故调查情况,分别填写事故发生单位以外的事故相关单位详细情况。

凡经登记主管机关核准或批准,具有两个或两个以上名称的单位,要求填写一个单位名称,同时用括号注明其余的单位名称。

国有企业隶属关系应填报到最高一级母公司。

对非独立核算单位,应详细填写与事故责任单位的隶属关系,并同时填写经主管单位核准或批准的单位名称。

(二)生产安全事故伤亡(含急性工业中毒)人员调查表

21. 文化程度 指伤亡人员受教育程度,参考《学历代码》(GB/T 4658-2006)划分为7类:1研究生(含博士研究生、硕士研究生、研究生班),2大学(含大学本科、大学普通班、大学专科),3中等职教(含中等专科、职业高中、技工学校),4高中,5初中,6小学,7其他。

五、附 录

(一)相对统计指标计算

1. 单位国内生产总值生产安全事故死亡率

指每生产1单位国内生产总值(GDP),因生产安全事故造成的死亡人数的比率(小数点后统一保留四位小数)。单位GDP可采用亿元、百亿元。以亿元GDP生产安全事故死亡率为例,计算公式为:

亿元GDP生产安全事故死亡率=

$$\frac{报告期内生产安全事故死亡人数(人)}{报告期内国内生产总值(元)} \times 10^8$$

2. 煤矿百万吨死亡率

指每生产1百万吨原煤,因生产安全事故造成的死亡人数的比率(小数点后统一保留四位小数)。计算公式为:

煤矿百万吨死亡率=

$$\frac{报告期内煤矿原煤生产安全事故死亡人数(人)}{报告期内原煤产量(吨)} \times 10^6$$

3. 千人生产安全事故死亡率和千人生产安全事故受伤率

千人生产安全事故死亡率指一定时期内平均每千名从业人员中因生产安全事故造成的死亡人数的比率(小数点后统一保留三位小数)。计算公式为:

千人生产安全事故死亡率=

$$\frac{报告期内生产安全事故死亡人数(人)}{报告期内生产经营单位平均从业人数(人)} \times 10^3$$

千人生产安全事故受伤率指一定时期内平均每千名从业人员中因生产安全事故造成的受伤人数的比率(小数点后统一保留三位小数)。计算公式为：

千人生产安全事故受伤率＝

$$\frac{报告期内生产安全事故受伤人数(人)}{报告期内生产经营单位平均从业人数(人)} \times 10^3$$

生产经营单位平均从业人数是指报告期内(年度、季度、月度)平均拥有的从业人员数。季度或年度平均人数按单位实际月平均人数计算得到,不得用期末人数替代(具体计算方法参考国家统计局《规模以上服务业统计报表制度》)。

推荐采用千人生产安全事故死亡率、千人生产安全事故受伤率相对指标。该相对指标能够简单、直观地对比企业间、行业间、地区间的安全生产状况,目的是有效强化企业安全生产主体责任的落实。

(二)管理分类与国民经济行业分类(GB/T 4754-2017)(2019年修订)对照表

管理分类			国民经济行业分类(GB/T 4754-2017)(2019年修订)
A 农林牧渔业	1. 农业机械		01 农业(涉及农业机械作业的) 0512 农业机械活动
	2. 渔业船舶		04 渔业(涉及渔业船舶作业的)
	3. 其他		01 农业(不含:涉及农业机械作业的) 02 林业 03 畜牧业 04 渔业(不含:涉及渔业船舶作业的) 05 农、林、牧、渔专业及辅助性活动(不含:0512 农业机械活动)
B 采矿业	1. 煤矿		06 煤炭开采和洗选业 111 煤炭开采和洗选专业及辅助性活动
	2. 金属非金属矿山		08 黑色金属矿采选业 09 有色金属矿采选业 10 非金属矿采选业
	3. 石油天然气开采		07 石油和天然气开采业 112 石油和天然气开采专业及辅助性活动
	4. 其他		119 其他开采专业及辅助性活动 12 其他采矿业
C、F、H 商贸制造业	1. 化工		25 石油、煤炭及其他燃料加工业(不含:253 核燃料加工) 26 化学原料和化学制品制造业(不含:267 炸药、火工及焰火产品制造) 27 医药制造业(不含:278 医用辅料及包装材料制造) 28 化学纤维制造业
	2. 烟花爆竹		2672 焰火、鞭炮产品制造
	3. 工贸	冶金	31 黑色金属冶炼和压延加工业
		有色	32 有色金属冶炼和压延加工业
		建材	30 非金属矿物制品业(不含:305 玻璃制品制造,3073 特种陶瓷制品制造,3074 日用陶瓷制品制造,3075 陈设艺术陶瓷制造,3076 园艺陶瓷制造,3079 其他陶瓷制品制造)

续表

管理分类			国民经济行业分类(GB/T 4754-2017)(2019年修订)
C、F、H 商贸制造业	3. 工贸	机械	33 金属制品业(不含:3322 手工具制造,3324 刀剪及类似日用金属工具制造,3351 建筑、家具用金属配件制造,3379 搪瓷日用品及其他搪瓷制品制造,338 金属制日用品制造,3399 其他未列明金属制品制造中武器弹药制造的企业)
			34 通用设备制造业(不含:3473 照相机及器材制造)
			35 专用设备制造业(不含:3587 眼镜制造)
			36 汽车制造业
			37 铁路、船舶、航空航天和其他运输设备制造业(不含:373 船舶及相关装置制造,374 航空、航天器及设备制造,376 自行车和残疾人座车制造)
			38 电气机械和器材制造业(不含:384 电池制造,385 家用电力器具制造,387 照明器具制造)
			39 计算机、通信和其他电子设备制造业
			40 仪器仪表制造业(不含:403 钟表与计时仪器制造,405 衡器制造)
			43 金属制品、机械和设备修理业
		轻工	13 农副食品加工业(不含:131 谷物磨制,1351 牲畜屠宰,1352 禽类屠宰)
			14 食品制造业
			15 酒、饮料和精制茶制造业(不含:1511 酒精制造)
			19 皮革、毛皮、羽毛及其制品和制鞋业
			20 木材加工和木、竹、藤、棕、草制品业
			21 家具制造业
			22 造纸和纸制品业
			23 印刷和记录媒介复制业
			24 文教、工美、体育和娱乐用品制造业
			29 橡胶和塑料制品业
			305 玻璃制品制造
			307 陶瓷制品制造(不含:3071 建筑陶瓷制品制造,3072 卫生陶瓷制品制造)
			3322 手工具制造
			3324 刀剪及类似日用金属工具制造
			3351 建筑、家具用金属配件制造
			3379 搪瓷日用品及其他搪瓷制品制造
			338 金属制日用品制造
			3473 照相机及器材制造
			3587 眼镜制造
			376 自行车和残疾人座车制造
			384 电池制造
			385 家用电力器具制造
			387 照明器具制造
			403 钟表与计时仪器制造
			405 衡器制造
			411 日用杂品制造
		纺织	17 纺织业
			18 纺织服装、服饰业

续表

管理分类			国民经济行业分类(GB/T 4754-2017)(2019年修订)
C、F、H 商贸制造业	3. 工贸	烟草	16 烟草制品业 5128 烟草制品批发
		商贸	51 批发业(不含:5112 种子批发,5128 烟草制品批发,515 医药及医疗器材批发,5162 石油及制品批发,5166 化肥批发,5167 农药批发,5168 农用薄膜批发,5169 其他化工产品批发,518 贸易经纪与代理,5191 再生物资回收与批发) 52 零售业(不含:525 医药及医疗器材专门零售,5265 机动车燃油零售,5266 机动车燃气零售,5267 机动车充电销售,529 货摊、无店铺及其他零售业) 59 装卸搬运和仓储业(不含:591 装卸搬运,594 危险品仓储,5951 谷物仓储,596 中药材仓储) 61 住宿业 62 餐饮业(不含:624 餐饮配送及外卖送餐服务)
	4. 其他		C 制造业、F 批发和零售业、H 住宿和餐饮业、59 装卸搬运和仓储业(不含 591 装卸搬运、594 危险品仓储、5951 谷物仓储、596 中药材仓储)中除去化工、烟花爆竹、工贸之外的行业
E 建筑业	1. 房屋和市政工程		47 房屋建筑业 4813 市政道路工程建筑 4814 城市轨道交通工程建筑 4852 管道工程建筑 4853 地下综合管廊工程建筑 489 其他土木工程建筑 4819 其他道路、隧道和桥梁工程建筑(涉及房屋和市政工程建筑活动的)
	2. 公路和水运工程建筑		4812 公路工程建筑 4823 港口及航运设施工程建筑 4833 海底隧道工程建筑 4819 其他道路、隧道和桥梁工程建筑(涉及公路和水运工程建筑活动的)
	3. 铁路工程建筑		4811 铁路工程建筑
	4. 水利工程建筑		482 水利和水运工程建筑(不含:4823 港口及航运设施工程建筑)
	5. 电力工程施工		487 电力工程施工 4832 海洋能源开发利用工程建筑 4834 海洋设施铺设工程建筑(涉及海底电缆铺设工程施工活动的) 4851 架线及设备工程建筑(涉及电力工程施工活动的)
	6. 其他		E 建筑业中除去房屋和市政工程、公路和水运工程建筑、铁路工程建筑、水利工程建筑、电力工程施工之外的行业

续表

管理分类		国民经济行业分类（GB/T 4754-2017）（2019 年修订）
G 交通运输业	1. 铁路运输业	53 铁路运输业
	2. 道路运输业	54 道路运输业
	3. 水上运输业	55 水上运输业
	4. 航空运输业	56 航空运输业
	5. 油气管道运输业	57 管道运输业（仅含石油、天然气、煤层气的管道运输）
	6. 其他	57 管道运输业（不含石油、天然气、煤层气的管道运输 58 多式联运和运输代理业 591 装卸搬运 594 危险品仓储 5951 谷物仓储 596 中药材仓储 60 邮政业
D、I-T 其他行业		D 电力、热力、燃气及水生产和供应业 I 信息传输、软件和信息技术服务业 J 金融业 K 房地产业 L 租赁和商务服务业 M 科学研究和技术服务业 N 水利、环境和公共设施管理业 O 居民服务、修理和其他服务业 P 教育 Q 卫生和社会工作 R 文化、体育和娱乐业 S 公共管理、社会保障和社会组织 T 国际组织

（三）统计上大中小微型企业划分标准

参照《国家统计局关于印发〈统计上大中小微型企业划分办法（2017）〉的通知》（国统字〔2017〕213 号）执行。

行业名称	指标名称	计量单位	大型	中型	小型	微型
农、林、牧、渔业	营业收入（Y）	万元	Y≥20000	500≤Y<20000	50≤Y<500	Y<50
工业*	从业人员（X）	人	X≥1000	300≤X<1000	20≤X<300	X<20
	营业收入（Y）	万元	Y≥40000	2000≤Y<40000	300≤Y<2000	Y<300
建筑业	营业收入（Y）	万元	Y≥80000	6000≤Y<80000	300≤Y<6000	Y<300
	资产总额（Z）	万元	Z≥80000	5000≤Z<80000	300≤Z<5000	Z<300
批发业	从业人员（X）	人	X≥200	20≤X<200	5≤X<20	X<5
	营业收入（Y）	万元	Y≥40000	5000≤Y<40000	1000≤Y<5000	Y<1000

续表

行业名称	指标名称	计量单位	大型	中型	小型	微型
零售业	从业人员(X)	人	X≥300	50≤X<300	10≤X<50	X<10
	营业收入(Y)	万元	Y≥20000	500≤Y<20000	100≤Y<500	Y<100
交通运输业*	从业人员(X)	人	X≥1000	300≤X<1000	20≤X<300	X<20
	营业收入(Y)	万元	Y≥30000	3000≤Y<30000	200≤Y<3000	Y<200
仓储业*	从业人员(X)	人	X≥200	100≤X<200	20≤X<100	X<20
	营业收入(Y)	万元	Y≥30000	1000≤Y<30000	100≤Y<1000	Y<100
邮政业	从业人员(X)	人	X≥1000	300≤X<1000	20≤X<300	X<20
	营业收入(Y)	万元	Y≥30000	2000≤Y<30000	100≤Y<2000	Y<100
住宿业	从业人员(X)	人	X≥300	100≤X<300	10≤X<100	X<10
	营业收入(Y)	万元	Y≥10000	2000≤Y<10000	100≤Y<2000	Y<100
餐饮业	从业人员(X)	人	X≥300	100≤X<300	10≤X<100	X<10
	营业收入(Y)	万元	Y≥10000	2000≤Y<10000	100≤Y<2000	Y<100
信息传输业*	从业人员(X)	人	X≥2000	100≤X<2000	10≤X<100	X<10
	营业收入(Y)	万元	Y≥100000	1000≤Y<100000	100≤Y<1000	Y<100
软件和信息技术服务	从业人员(X)	人	X≥300	100≤X<300	10≤X<100	X<10
	营业收入(Y)	万元	Y≥10000	1000≤Y<10000	50≤Y<1000	Y<50
房地产开发经营	营业收入(Y)	万元	Y≥200000	1000≤Y<200000	100≤Y<1000	Y<100
	资产总额(Z)	万元	Z≥10000	5000≤Z<10000	2000≤Z<5000	Z<2000
物业管理	从业人员(X)	人	X≥1000	300≤X<1000	100≤X<300	X<100
	营业收入(Y)	万元	Y≥5000	1000≤Y<5000	500≤Y<1000	Y<500
租赁和商务服务业	从业人员(X)	人	X≥300	100≤X<300	10≤X<100	X<10
	资产总额(Z)	万元	Z≥120000	8000≤Z<120000	100≤Z<8000	Z<100
其他未列明行业*	从业人员(X)	人	X≥300	100≤X<300	10≤X<100	X<10

说明：1. 大型、中型和小型企业须同时满足所列指标的下限，否则下划一档；微型企业只需满足所列指标中的一项即可。

2. 附表中各行业的范围以《国民经济行业分类》(GB/T 4754-2017)(2019年修订)为准。带*的项为行业组合类别，其中，工业包括采矿业，制造业，电力、热力、燃气及水生产和供应业；交通运输业包括道路运输业，水上运输业，航空运输业，管道运输业，多式联运和运输代理业、装卸搬运，不包括铁路运输业；仓储业包括通用仓储，低温仓储，危险品仓储，谷物、棉花等农产品仓储，中药材仓储和其他仓储业；信息传输业包括电信、广播电视和卫星传输服务，互联网和相关服务；其他未列明行业包括科学研究和技术服务业，水利、环境和公共设施管理业，居民服务、修理和其他服务业，社会工作，文化、体育和娱乐业，以及房地产中介服务，其他房地产业等，不包括自有房地产经营活动。

3. 企业划分指标以现行统计制度为准。(1)从业人员，是指期末从业人员数，没有期末从业人员数的，采用全年平均人员数代替。(2)营业收入，工业、建筑业、限额以上批发和零售业、限额以上住宿和餐饮业以及其他设置主营业务收入指标的行业，采用主营业务收入；限额以下批发与零售业企业采用商品销售额代替；限额以下住宿与餐饮业企业采用营业额代替；农、林、牧、渔业企业采用营业总收入代替；其他未设置主营业务收入的行业，采用营业收入指标。(3)资产总额，采用资产总计代替。

（四）登记注册统计类别与代码

参照《关于市场主体统计分类的划分规定》（国统字〔2023〕14号）执行。

代码	市场主体统计类别	代码	市场主体统计类别
100	内资企业	200	港澳台投资企业
110	有限责任公司	210	港澳台投资有限责任公司
111	国有独资公司	220	港澳台投资股份有限公司
112	私营有限责任公司	230	港澳台投资合伙企业
119	其他有限责任公司	290	其他港澳台投资企业
120	股份有限公司	300	外商投资企业
121	私营股份有限公司	310	外商投资有限责任公司
129	其他股份有限公司	320	外商投资股份有限公司
130	非公司企业法人	330	外商投资合伙企业
131	全民所有制企业（国有企业）	390	其他外商投资企业
132	集体所有制企业（集体企业）	400	农民专业合作社（联合社）
133	股份合作企业	500	个体工商户
134	联营企业	900	其他市场主体
140	个人独资企业		
150	合伙企业		
190	其他内资企业		

（五）向国家统计局提供的具体统计资料清单

年度生产安全事故汇总数据。

（六）向统计信息共享数据库提供的统计资料清单

年度生产安全事故汇总数据。

安全生产行政执法统计调查制度

· 2023年12月24日
· 应急〔2023〕143号

一、总说明

（一）调查目的

安全生产行政执法统计是应急管理综合统计工作的重要组成部分，是应急管理部门日常执法行为的量化反映。为加强和规范安全生产行政执法统计工作，科学决策和指导安全生产工作，根据《中华人民共和国安全生产法》《中华人民共和国统计法》《生产安全事故报告和调查处理条例》和《部门统计调查项目管理办法》等有关规定，制定本制度。

（二）调查对象和统计范围

县级以上（"以上"包含本级，不含应急管理部，下同）应急管理部门对辖区内煤矿、金属非金属矿山、石油天然气开采、化工、烟花爆竹、工贸行业等重点行业领域和工矿商贸其他行业生产经营单位开展安全生产行政执法工作的情况。

（三）调查内容

安全生产行政执法人员基本情况、安全生产监管生产经营单位基本情况、安全生产行政执法检查情况、生产安全事故调查处理情况、安全生产行政执法年度情况等。包括安全生产行政执法统计报表和安全生产行政执法统计分析报告两个部分。

（四）调查方法

采用全面调查、重点调查等。

（五）调查频率

分为年报和即时报送。

（六）组织实施

本制度由应急管理部统一组织，分级实施，由县级以上应急管理部门通过"安全生产行政执法统计系统"负责数据的录入、审核和上报。

各级应急管理部门要严格遵守《中华人民共和国统

计法》的有关规定，按规定实事求是填报安全生产行政执法统计基础报表，按月报送统计分析报告。在组织开展安全生产行政执法统计数据填报工作的同时，认真开展安全生产行政执法统计分析，总结本地区、本部门安全生产行政执法工作经验、有效做法，分析存在问题，提出下一阶段工作安排和建议。

（七）质量控制

本制度针对统计业务流程的各环节进行质量管理和控制。各级应急管理部门要加强对统计信息及统计数据的管理，严格遵守《中华人民共和国统计法》和《防范和惩治应急管理统计造假、弄虚作假的责任规定》。为保障源头数据质量，做到数出有据，各级应急管理部门应该设置原始记录、统计台账，建立健全统计资料的审核、签署、交接和归档等管理制度，按照"谁报送、谁负责"的原则，真实、准确、完整、及时通过"安全生产行政执法统计系统"填报统计信息。对于不报、瞒报、迟报或伪造、篡改数据的要依法追究其责任。

省级应急管理部门同时要督促指导基层单位按时做好统计上报工作，要加强统计能力建设，组织开展统计培训、统计数据审核与统计考核工作，确保统计数据的质量和时效性。

（八）数据公布与信息共享

本制度年度综合数据经审核确定后，通过《中国应急管理年鉴》公布。月度、年度综合数据可与其他部门及本系统内共享使用，按照协定方式共享，在最终审定数据10个工作日后可以在应急管理大数据应用平台共享，共享责任单位为调查评估和统计司，共享责任人为调查评估和统计司主管统计工作负责人。

（九）使用名录库情况

本制度使用国家基本单位名录库。

二、报表目录

表　号	表　名	报告期别	统计范围	报送单位	报送日期及方式	页码
基础A1表	安全生产行政执法人员基本情况表	年报	安全生产监管监察行政执法行为	县级以上应急管理部门	次年1月8日前填报。	4
基础A2表	安全生产监管生产经营单位基本情况表	年报	安全生产监管监察行政执法行为	县级以上应急管理部门	次年1月8日前填报。	5
基础A3表	安全生产行政执法检查情况表	即时报送	安全生产监管监察行政执法行为	县级以上应急管理部门	执法检查工作完成后24小时内填报，并持续完善。	7
基础A4表	生产安全事故调查处理情况表	即时报送	生产安全事故	负责事故调查的人民政府的应急管理部门；负责组织评估工作的人民政府的应急管理部门	事故调查报告批复后14日内填报，并附"事故调查报告"；事故整改和防范措施落实情况评估报告提交后30日内填报，并附"事故整改和防范措施落实情况评估报告"。	9
基础A5表	安全生产行政执法年度情况表	年报	安全生产监管监察行政执法行为	县级以上应急管理部门	本表甲区于本年度3月31日前填报，乙区于次年1月8日前填报。	11

三、调查表式

(一)安全生产行政执法人员基本情况表

表　　号:基础 A1 表
制定机关:应急管理部
批准机关:国家统计局
批准文号:国统制〔2023〕163 号
有效期至:2026 年 12 月

填报单位:　　　　　　　　20　年

机构情况					
单位名称:		单位级别	□1 省级 2 地市级 3 县级 4 其他	所在地区	省(自治区/直辖市) 地(区/市/州/盟) 县(区/市/旗)
总人数(人)					

行政执法人员情况							
序号	姓名	性别	出生年月	行政级别	执法人员性质	中华人民共和国行政执法证编号	备注

单位负责人:　　　　　统计负责人:　　　　　填表人:　　　　　报出日期:20　年　月　日

说明:1. 总人数是指本机构在岗人数的总和。

2. 行政级别分为"厅局级""县处级""乡科级"和"其他"。

3. 执法人员性质包括"公务员""聘任制公务员""参照公务员法管理的事业单位工作人员""委托执法人员""其他"。

4. 承担行政执法职责的部门派出机构在编持证人员纳入统计。除经编制管理部门同意外,已剥离行政职能的事业单位工作人员不纳入统计。

（二）安全生产监管生产经营单位基本情况表

表　　　号：基础 A2 表
制定机关：应急管理部
批准机关：国家统计局
批准文号：国统制〔2023〕163 号
有效期至：2026 年 12 月

填报单位：　　　　　　　　　　20　　年

生产经营单位名称		统一社会信用代码		
是否为培训机构	□ 1 是 2 否			
营业状态	□ 1 营业 2 停业（歇业）3 注销	生产经营方式	□ 1 生产 2 批发经营 3 零售经营 4 储存 5 使用 6 其他	
法定代表人		职位		
登记注册地址	省（自治区/直辖市） 地（区/市/州/盟） 县（区/市/旗）	生产经营地址	省（自治区/直辖市） 地（区/市/州/盟） 县（区/市/旗）	
列入安全生产监管重点生产经营单位	□ 1 是 2 否	规模以上生产经营单位	□ 1 是 2 否	
国民经济行业分类				
管理分类	□ 1 煤矿 2 金属非金属矿山 3 石油天然气开采 4 化工 5 烟花爆竹（5.1 生产 5.2 批发 5.3 零售） 6 工贸行业（6.1 冶金 6.2 有色 6.3 建材 6.4 机械 6.5 轻工 6.6 纺织 6.7 烟草 6.8 商贸） 7 工矿商贸其他			
行政隶属关系	□ 1 央企 2 省属 3 市地属 4 区县属 5 其他			
登记注册统计类别	□□□ 内资企业：110 有限责任公司 111 国有独资公司 112 私营有限责任公司 119 其他有限责任公司 120 股份有限公司 121 私营股份有限公司 129 其他股份有限公司 130 非公司企业法人 131 全民所有制企业（国有企业）132 集体所有制企业（集体企业）133 股份合作企业 134 联营企业 140 个人独资企业 150 合伙企业 190 其他内资企业 港澳台投资企业：210 港澳台投资有限责任公司 220 港澳台投资股份有限公司 230 港澳台投资合伙企业 290 其他港澳台投资企业 外商投资企业：310 外商投资有限责任公司 320 外商投资股份有限公司 330 外商投资合伙企业 390 其他外商投资企业 其他：400 农民专业合作社（联社）500 个体工商户 900 其他市场主体			
从业人员（人）		特种作业人员（人）		企业规模	□ 1 大型 2 中型 3 小型 4 微型
安全生产许可证	□ 1 有 2 延期换证 3 无 4 不需要	编号		发证机关		有效期	年 月 日至 年 月 日
许可范围注明危险化学品生产	□ 1 是 2 否	列入本年度监督检查计划	□ 1 是 2 否	

单位负责人：　　　　统计负责人：　　　　填表人：　　　　报出日期：20　年　月　日

说明：1. 生产经营单位名称指生产经营单位正在使用的单位全称，按市场监管部门注册登记的名称填写。
2. 统一社会信用代码指按照《法人和其他组织统一社会信用代码编码规则》(GB 32100-2015)规定，由赋码主管部门给每一个法人单位和其他组织颁发的在全国范围内唯一的、终身不变的法定身份识别码。统一社会信用代码由18位的阿拉伯数字或大写英文字母(不使用I、O、Z、S、V)组成。
3. 培训机构现只统计安全培训机构。安全培训机构指对外承揽安全生产培训业务，从事安全生产培训活动具有独立法人资格或能独立承担法律责任的企事业单位和社会中介机构。
4. 法定代表人指生产经营单位的法定代表人。个体工商户填写经营者姓名。
5. 职位指生产经营单位法定代表人在本单位担任的行政职务。
6. 列入安全生产监管重点生产经营单位是指煤矿、金属非金属矿山、石油天然气开采、化工、烟花爆竹、工贸行业等重点行业领域和工矿商贸其他行业生产经营单位中，被应急管理部门列为重点监督检查的生产经营单位。
7. 规模以上生产经营单位是指年主营业务收入在2000万元及以上的工业、批发业企业(单位、个体户)，500万元及以上的零售业企业(单位、个体户)，200万元及以上的住宿和餐饮业企业(单位、个体户)。

（三）安全生产行政执法检查情况表

表　　号：基础A3表
制定机关：应急管理部
批准机关：国家统计局
批准文号：国统制〔2023〕163号
有效期至：2026年12月

填报单位：　　　　　　　　　　　20　年　月　日

执法检查方式	□1计划执法 2非计划执法 3日常检查	是否为整改复查	□1是 2否	是否为明查暗访	□□ 1.0是(1.1部级 1.2省级 1.3地市级 1.4其他) 2.0否
执法检查时间	年　月　日至		年　月　日		
执法检查人员姓名		执法检查人员标识	□1持证执法人员 2委托执法人员 3行政执法技术检查员 4专家 5其他		
中华人民共和国行政执法证编号			是否随机选派执法人员		□1是 2否
执法检查人员姓名		执法检查人员标识	□1持证执法人员 2委托执法人员 3行政执法技术检查员 4专家 5其他		
中华人民共和国行政执法证编号			是否随机选派执法人员		□1是 2否
被检查的生产经营单位		统一社会信用代码		是否为随机抽取检查单位	□1是 2否
是否举报核实执法检查	□1是 2否				
查处重大事故隐患（项）		其中:挂牌督办重大事故隐患(项)		已整改重大事故隐患(项)	其中:已整改挂牌督办重大事故隐患(项)
对生产经营单位行政处罚	□1是 2否	对生产经营单位主要负责人行政处罚		□1是 2否	对生产经营单位有关人员行政处罚	□1是 2否
处罚程序	□1简易程序 2普通程序				

续表

处罚类型	责令停产整顿	□ 1 是 2 否	提请关闭	□ 1 是 2 否	实际关闭	□ 1 是 2 否
	监管罚款(万元)		实际收缴监管罚款(万元)		其他行政处罚	
执法文书	立案审批表	□ 1 是 2 否	现场处理措施决定书	□ 1 是 2 否	责令限期整改指令书	□ 1 是 2 否
	现场检查记录	□ 1 是 2 否	案件移送书	□ 1 是 2 否	○因地域管辖发生的转移 ○因职权或者级别管辖发生的移送 ○因违法行为构成犯罪发生的移送	
	查封扣押决定书	□ 1 是 2 否				
	行政(当场)处罚决定书	□ 1 是 2 否	单位(份)	个人(份)	查处安全生产违法行为(项)	
	行政处罚决定书	□ 1 是 2 否	单位(份)	个人(份)		
	整改复查意见书	□ 1 是 2 否	结案审批表	□ 1 是 2 否	已整改安全生产违法行为(项)	
	其他执法文书(份)					
移送涉嫌安全生产犯罪案件		□ 1 是 2 否		罪名	□ 1 危险作业罪 2 其他	

单位负责人：　　　　　统计负责人：　　　　　填表人：　　　　　报出日期：20　年　月　日

说明：1. 执法检查方式中，"日常检查"为默认必选项，"计划执法"和"非计划执法"为可选项。其中，"计划执法"是指按照年度监督检查计划开展的执法检查；"非计划执法"是指为了完成上级交办任务和本部门临时性、紧急性工作安排等而开展的执法检查，包括联合执法、专项执法、明查暗访、举报核实等。"计划执法"和"非计划执法"有一个共同的特征，即至少填写了现场检查记录文书的执法检查。"日常检查"是指应急管理部门根据职责，对生产经营单位遵守有关安全生产法律、法规、规章以及国家标准、行业标准的情况进行监督检查。"日常检查"可以是使用，也可以是未使用任何执法文书的执法检查。此处的执法文书应符合应急管理部办公厅印发的《安全生产执法手册》的规定。
2. 根据《安全生产事故隐患排查治理暂行规定》第三条规定，安全生产事故隐患是指生产经营单位违反安全生产法律、法规、规章、标准、规程和安全生产管理制度的规定，或者因其他因素在生产经营活动中存在可能导致事故发生的物的危险状态、人的不安全行为和管理上的缺陷。事故隐患分为一般事故隐患和重大事故隐患。一般事故隐患，是指危害和整改难度较小，发现后能够立即整改排除的隐患。重大事故隐患，是指危害和整改难度较大，应当全部或者局部停产停业，并经过一定时间整改治理方能排除的隐患，或者因外部因素影响致使生产经营单位自身难以排除的隐患。此为一般性规定，重大事故隐患类型详见附录四。挂牌督办重大事故隐患数是指应急管理部门在安全生产行政执法检查过程中查处的生产经营单位重大事故隐患，并对其实行挂牌督办的隐患数。
3. 对生产经营单位主要负责人行政处罚指应急管理部门依法对生产经营单位主要负责人实施行政处罚。
4. 对生产经营单位有关人员行政处罚指应急管理部门依法对生产经营单位其他有关人员实施行政处罚。其他有关人员是指主要负责人以外的有关人员。
5. 处罚类型依据《中华人民共和国行政处罚法》确定。其中，监管罚款，即非事故罚款，指统计报告期内，应急管理部门依法实施经济处罚的监管罚款金额数，以"万元"为计量单位填报（保留小数点后两位数字）。
6. 按照《安全生产违法行为行政处罚办法》规定，安全生产违法行为指生产经营单位及其有关人员在生产经营活动中违有关安全生产的法律、行政法规、部门规章、国家标准、行业标准和规程的违法行为。有关法律、行政法规对安全生产违法行为行政处罚的种类、幅度或者决定机关另有规定的,依照其规定。

查处安全生产违法行为指应急管理部门对生产经营单位进行安全生产行政执法检查中查处安全生产违法行为数,以"项"为计量单位统计。已整改安全生产违法行为指县级以上地方各级应急管理部门发现的生产经营单位安全生产违法行为中,按整改期限要求,已完成整改的安全生产违法行为数,以"项"为计量单位填报。

7. 按照应急管理部、公安部、最高人民法院、最高人民检察院《安全生产行政执法与刑事司法衔接工作办法》(应急〔2019〕54号)规定,本表所称移送涉嫌安全生产犯罪案件,是指向公安机关移送的在日常查处违法行为过程中发现的有关生产经营单位及人员涉嫌安全生产犯罪案件,不包括事故调查中发现的涉嫌安全生产犯罪案件。

(四)生产安全事故调查处理情况表

表　　号:基础A4表
制定机关:应急管理部
批准机关:国家统计局
批准文号:国统制〔2023〕163号

填报单位:　　　　　　　　　20　年　月　日　　　　有效期至:2026年12月

甲	事故名称:	牵头调查部门:□1应急管理部门 2其他部门(单位)		
	事故发生单位:	事故发生地点: 省(自治区/直辖市) 地(区/市/州/盟) 县(区/市/旗)		
	事故发生时间:　年　月　日　时　分	事故类型	直接经济损失(万元)	
	死亡人数(人)	受伤人数(人)	其中:重伤人数(含急性工业中毒人数)(人)	
	事故等级:□1特别重大 2重大 3较大 4一般	国民经济行业分类:		
	管理分类:□1煤矿 2金属非金属矿山 3石油天然气开采 4化工 5烟花爆竹 6工贸(6.1冶金 6.2有色 6.3建材 6.4机械 6.5轻工 6.6纺织 6.7烟草 6.8商贸)7建筑业(7.1房屋和市政工程 7.2公路和水运工程建筑 7.3铁路工程建筑 7.4水利工程建筑 7.5电力工程施工)8道路运输 9水上运输 10铁路运输 11航空运输 12油气管道运输 13渔业船舶 14农业机械 15其他			
	事故性质:□1责任事故 2非责任事故	提级调查:□1是 2否		
	挂牌督办:□1是 2否	挂牌督办单位:	挂牌督办文号:	
	成立事故调查组日期:　年　月　日	提交事故调查报告日期:　年　月　日		
	批复事故调查报告日期:　年　月　日	公布事故调查报告日期:　年　月　日		
	建议给予党纪处分(人)	A厅局级	B县处级	C乡科级	D其他
	其中:行政机关及事业单位(人)				
	生产经营单位(人)				
	建议给予政务处分(人)	A厅局级	B县处级	C乡科级	D其他
	其中:行政机关及事业单位(人)				
	生产经营单位(人)				
	涉嫌刑事责任(人)	A厅局级	B县处级	C乡科级	D其他
	其中:行政机关及事业单位(人)				
	生产经营单位(人)				
	事故直接原因:	附件:上传事故调查报告			

续表

乙	行政处罚:□1是2否		罚款		降低资质等级	吊销许可证件
		个数	金额（万元）	其中:实际收缴金额（万元）		
	其中:生产经营单位					
	有关责任人员					—
丙	启动事故防范和整改措施落实情况评估工作 日期: 年 月 日	公布事故防范和整改措施落实情况评估报告 日期: 年 月 日					
	附件:上传事故防范和整改措施落实情况评估报告					

单位负责人： 　　统计负责人： 　　填表人： 　　报出日期:20 年 月 日

说明:1. 填报要求:由各级应急管理部门牵头调查的事故、其他部门牵头调查的较大及以上事故,应由同级应急管理部门及时填报此表并上传事故调查报告;其他事故调查报告建议及时上传。
2. 填报方式:本报表由负责组织开展事故整改和防范措施落实情况评估工作的各级人民政府的应急管理部门填报并及时上传事故整改和防范措施落实情况评估报告。
3. 报送时间:甲区域内容在事故调查报告批复后14日内报送;乙区域内容在作出行政处罚决定书后14日内报送;丙区域内容在事故整改和防范措施落实情况评估报告提交后30日内报送。
4. 提交事故调查报告日期:以最后一次提交事故调查报告日期为准。
5. 行政机关及事业单位人员:指承担行政职能或授权委托行政执法的行政机关和事业单位工作人员。
6. 生产经营单位栏:涉及非国有生产经营单位建议给予党纪处分、建议给予政务处分、涉嫌刑事责任人数填在D其他栏。

（五）安全生产行政执法年度情况表

表　　号:基础 A5 表
制定机关:应急管理部
批准机关:国家统计局
批准文号:国统制〔2023〕163 号
有效期至:2026 年 12 月

填报单位： 　　　　　　　　　　20 年

	项目内容	计量单位	合计	重点行业						工矿商贸其他
				小计	煤矿	金属 非金属矿山	石油 天然气开采	化工	烟花爆竹	工贸行业	
甲	安全生产年度监督检查计划	家(矿)次									
	其中:重点检查	家(矿)次									
乙	听证会	次									
	行政复议	起									
	行政诉讼	起									

单位负责人： 　　　　　　　　　　填表人： 　　　　　　　　　　报出日期:20 年 月 日

说明:年度监督检查计划包括重点检查、一般检查两个部分的安排,以重点检查为主。重点检查的比例一般不低于60%。重点检查单位的范围、数量、名称及其所属行业领域和计划检查次数根据原国家安全监管总局《安全生产年度监督检查计划编制办法》(安监总政法〔2017〕150 号)确定。

四、主要指标解释和填表说明

（一）安全生产行政执法人员基本情况表（基础 A1 表）

1. **单位名称** 指经有关部门批准使用的单位全称。按编制部门登记、批准的名称填写，填写时要求使用规范汉字填写，并与单位公章使用的名称完全一致。

2. **单位级别** 指经批准的机构规格。此为单项选择性指标，分别为"省级""地市级""县级"和"其他"级别。

3. **所在地区** 填写单位的详细地址，包括省（自治区/直辖市）、地（区/市/州/盟）、县（区/市/旗）。

4. **总人数** 指统计报告期初，县级以上人民政府（含县级，下同）应急管理部门在岗人员数，以"人"为计量单位填报。

5. **行政执法人员情况** 指统计报告期初，县级以上人民政府应急管理部门在岗行政执法人员情况。

　（1）**出生年月** 按身份证上出生年月填写，格式为 XXXX 年 XX 月。

　（2）**行政级别** 分为"厅局级""县处级""乡科级"和"其他"等 4 个级别。

　（3）**执法人员性质** 包括"公务员""聘任制公务员""参照公务员法管理的事业单位工作人员""委托执法人员""其他"。

　（4）**中华人民共和国行政执法证编号** 指按照司法部制定的全国统一的《行政执法人员编号规则》的要求，由省、自治区、直辖市人民政府统一制发管理的中华人民共和国行政执法证编号。

（二）安全生产监管生产经营单位基本情况表（基础 A2 表）

6. **生产经营单位名称** 指生产经营单位正在使用的单位全称。按市场监管部门注册登记的名称填写。

7. **统一社会信用代码** 指按照《法人和其他组织统一社会信用代码编码规则》（GB 32100-2015）规定，由赋码主管部门给每个法人单位和其他组织颁发的在全国范围内唯一的、终身不变的法定身份识别码。统一社会信用代码由 18 位的阿拉伯数字或大写英文字母（不使用 I、O、Z、S、V）组成。已领取统一社会信用代码的生产经营单位须按照营业执照（证书）上的统一社会信用代码填写。若生产经营单位暂时未换发统一社会信用代码，则填写组织机构代码。

8. **是否为培训机构** 培训机构现只统计安全培训机构；安全培训机构指对外承揽安全生产培训业务，从事安全生产培训活动具有独立法人资格或能独立承担法律责任的企事业单位和社会中介机构。

9. **营业状态** 营业指生产经营单位正常开工生产，包括新建生产经营单位部分投产或试营业；停业（歇业）指因某种原因，生产经营单位在期末处于停止生产经营活动待条件改变后仍恢复生产，不包括生产经营单位临时停止生产或属于季节性停止生产的；注销指生产经营单位由于被关闭、取缔等原因，不再从事生产经营活动。

10. **生产经营方式** 指生产经营单位的营业执照规定的业务许可范围。此为单项选择性指标，分为"生产""批发经营""零售经营""储存""使用""其他"等。如果业务许可范围有多个，则选择主营的业务范围。

11. **法定代表人** 指生产经营单位的法定代表人。个体工商户填写经营者姓名。

12. **职位** 指生产经营单位法定代表人在本单位担任的行政职务。

13. **登记注册地址** 指营业执照上住所或经营场所的地址，包括省（自治区/直辖市）、地（区/市/州/盟）、县（区/市/旗）。

14. **生产经营地址** 指生产经营单位实际经营场所地址，包括省（自治区/直辖市）、地（区/市/州/盟）、县（区/市/旗）。

15. **列入安全生产监管重点生产经营单位** 指煤矿、金属非金属矿山、石油天然气开采、化工、烟花爆竹、工贸行业等重点行业领域和工矿商贸其他行业生产经营单位中，被应急管理部门列为重点监督检查的生产经营单位。

此为单项选择性指标，分为"是"和"否"。

16. **规模以上生产经营单位** 指年主营业务收入在 2000 万元及以上的工业、批发业企业（单位、个体户），500 万元及以上的零售业企业（单位、个体户）、200 万元及以上的住宿和餐饮业企业（单位、个体户）。

此为单项选择性指标，分为"是"和"否"。

17. **国民经济行业分类** 按照《国民经济行业分类》（GB/T 4754-2017）（2019 年修订），选填生产经营单位所属行业的分类。

18. **管理分类** 此为单项选择性指标。同一生产经营单位跨行业生产时，以其主要从事的生产行业（主要活动）进行选填。主要活动确定原则如下：当一个生产经营单位对外从事两种以上的经济活动时，占其单位增加值份额最大的一种活动称为主要活动；如果无法用增加值确定单位的主要活动，可依据销售收入、营业收入或从业人员确定主要活动。

本表管理分类与《国民经济行业分类》（GB/T 4754-2017）（2019 年修订）对应情况如附录一所示，按照应急管理部办公厅《关于修订〈冶金有色建材机械轻工纺织烟草商贸行业安全监管分类标准（试行）〉的通知》（应急厅〔2019〕17号）作了相应调整。

工矿商贸其他：指除煤矿、金属非金属矿山、石油天然气开采、化工、烟花爆竹、工贸行业等重点行业领域外的由各级应急管理部门承担安全监管职责的行业。

19. **行政隶属关系** 指生产经营单位隶属于哪一级行

政管理单位领导。

此为单项选择性指标，分为"央企""省属""市地属""区县属"和"其他"。

20. **登记注册统计类别** 指按照国家统计局 国家市场监督管理总局印发的《关于市场主体统计分类的划分规定》的通知（国统字〔2023〕14号）划分的市场主体统计类别，详见附录三。

按照2022年《促进个体工商户发展条例》（中华人民共和国国务院令第755号）规定，个体工商户是指有经营能力的公民，经市场主体登记机关登记，在中华人民共和国境内从事工商业经营的商户。个体工商户可以个人经营，也可以家庭经营。

21. **从业人员** 指上个报告期末在生产经营单位工作并取得劳动报酬或者经营收入的从业人员平均数（包括正式工、合同工、临时工和劳务派遣工），其计算采取月度平均的方式，对于月度内变化较大的工矿商贸企业，月度人数取月初与月末的平均值，以"人"为计量单位填报。

22. **特种作业人员** 指按照国家有关规定经专门的安全作业培训，取得相应从业资格上岗作业的人员。

23. **企业规模** 按照国家统计局《统计上大中小微型企业划分办法(2017)》（国统字〔2017〕213号）规定，对生产经营单位生产、经营规模的分类，详见附录二。

此为单项选择性指标，分为"大型""中型""小型"和"微型"。

24. **安全生产许可证** 按照《安全生产许可证条例》，国家对矿山企业、建筑施工企业和危险化学品、烟花爆竹、民用爆炸物品生产企业实行安全生产许可制度。企业未取得安全生产许可证的，不得从事生产活动。安全生产许可证指矿山企业、建筑施工企业和危险化学品、烟花爆竹、民用爆炸物品生产企业等为了从事生产活动，具备了规定的安全生产条件而向安全生产许可证颁发管理机关申请领取的安全生产许可证。

（1）**安全生产许可证** 此为单项选择性指标，分为"有""无""延期换证"和"不需要"。其中，"有"是指按照《安全生产许可证条例》，上述企业取得安全生产许可证且安全生产许可证仍在有效期内；"无"是指按照《安全生产许可证条例》，上述企业未取得安全生产许可证，或者安全生产许可证过了有效期；"延期换证"是指按照《安全生产许可证条例》第九条的规定，上述企业安全生产许可证有效期延期的；"不需要"是指安全生产许可证适用范围外的企业不需要取得安全生产许可证就可从事生产活动。

（2）**编号** 安全生产许可证的编号。

（3）**发证机关** 安全生产许可证的颁发管理机关。

（4）**有效期** 安全生产许可证的有效期，为起止日期。日期按XXXX年XX月XX日格式填写。

（5）**许可范围注明危险化学品生产** 此为单项选择性指标，分为"是"和"否"。

25. **列入本年度监督检查计划** 指生产经营单位是否被列入应急管理部门的年度监督检查计划中的监管对象。

此为单项选择性指标，分为"是"和"否"。

（三）安全生产行政执法检查情况表（基础A3表）

26. **执法检查方式** 此为多项选择性指标，分为"计划执法""非计划执法"和"日常检查"。其中，"日常检查"为默认必选项，"计划执法"和"非计划执法"为可选项。

按安全生产行政执法检查方式的分类，执法检查方式可分为"计划执法""非计划执法"和"日常检查"。其中，"计划执法"是指按照年度监督检查计划开展的执法检查；"非计划执法"是指为了完成上级交办任务和本部门临时性、紧急性工作安排等而开展的执法检查，包括联合执法、专项执法、明查暗访、举报核实等。"计划执法"和"非计划执法"有一个共同的特征，即至少填写了现场检查记录文书的执法检查。"日常检查"是指应急管理部门根据职责，对生产经营单位遵守有关安全生产法律、法规、规章以及国家标准、行业标准的情况进行监督检查。"日常检查"可以是使用，也可以是未使用任何执法文书的执法检查。此处的执法文书应符合应急管理部办公厅印发的《安全生产执法手册》的规定。

27. **是否为整改复查** 此为单项选择性指标，分为"是"和"否"。

28. **是否为明查暗访** 此为单项选择性指标，分为"是"和"否"。

29. **执法检查时间** 指安全生产行政执法检查行为发生的起止日期。日期按XXXX年XX月XX日格式填写。

30. **执法检查人员标识** 指参与安全生产行政执法检查的人员的标签。

此为单项选择性指标，分为"持证执法人员""委托执法人员""行政执法技术检查员""专家"和"其他"。

31. **是否随机选派执法人员** 指应急管理部门选派参与安全生产行政执法的人员是否为随机选派的。

32. **被检查的生产经营单位** 填写生产经营单位正在使用的单位全称。按市场监管部门注册登记的名称填写。

33. **统一社会信用代码** 同第7个指标。

34. **是否为随机抽取检查单位** 指生产经营单位是否被应急管理部门随机抽取作为检查对象。

此为单项选择性指标，分为"是"和"否"。

35. **是否举报核实执法检查** 此为单项选择性指标，分为"是"和"否"。

36. **查处重大事故隐患** 指应急管理部门对生产经营单位进行安全生产行政执法检查中查处的重大事故隐患数，以"项"为计量单位统计。根据《安全生产事故隐患排查治理暂行规定》第3条，安全生产事故隐患是指生产经营单位违反安全生产法律、法规、规章、标准、规程和安全生产管理制度的规定，或者因其他因素在生产经营活动中存在可能导致事故发生的物的危险状态、人的不安全行为和管理上的缺陷。安全生产事故隐患分为一般事故隐患和重大事故隐患。一般事故隐患，是指危害和整改难度较小，发现后能够立即整改排除的隐患。重大事故隐患，是指危害和整改难度较大，应当全部或者局部停产停业，并经过一定时间整改治理方能排除的隐患，或者因外部因素影响致使生产经营单位自身难以排除的隐患。重大隐患类型见附录四。此为一般性规定。

煤矿重大事故隐患根据《煤矿重大事故隐患判定标准》（中华人民共和国应急管理部令 第4号）确定，金属非金属矿山重大事故隐患根据《金属非金属矿山重大事故隐患判定标准》（矿安〔2022〕88号）确定，化工重大事故隐患根据《化工和危险化学品生产经营单位重大生产安全事故隐患判定标准（试行）》（安监总管三〔2017〕121号）确定，烟花爆竹重大事故隐患根据《烟花爆竹生产经营单位重大生产安全事故隐患判定标准（试行）》（安监总管三〔2017〕121号）确定，工贸行业重大事故隐患根据《工贸企业重大事故隐患判定标准》（中华人民共和国应急管理部令 第10号）确定。

其中，挂牌督办重大事故隐患是指应急管理部门在安全生产行政执法检查过程中查处的生产经营单位重大事故隐患，并对其实行挂牌督办的重大事故隐患数，以"项"为计量单位统计。

37. 已整改重大事故隐患 指县级以上地方各级应急管理部门查处的生产经营单位重大事故隐患数中，按整改期限要求，已完成整改的重大事故隐患数，以"项"为计量单位填报。其中，已整改挂牌督办重大事故隐患指已完成整改的实行挂牌督办的重大事故隐患数，以"项"为计量单位统计。

38. 对生产经营单位行政处罚 指应急管理部门依法对生产经营单位实施行政处罚。

此为单项选择性指标，分为"是"和"否"。

39. 对生产经营单位主要负责人行政处罚 指应急管理部门依法对生产经营单位主要负责人实施行政处罚。此为单项选择性指标，分为"是"和"否"。

40. 对生产经营单位有关人员行政处罚 指应急管理部门依法对生产经营单位其他有关人员实施行政处罚。其他有关人员是指主要负责人以外的有关人员。

此为单项选择性指标，分为"是"和"否"。

41. 处罚程序 指应急管理部门对查处的安全生产行政违法行为给予处罚所采用的程序。其中，"简易程序"即当场处罚程序，是指应急管理部门对案情简单清楚、处罚较轻的安全生产行政违法行为当场给予处罚所采用的程序。"普通程序"是除简易程序外，应急管理部门予以立案，填写立案审批表，进行调查取证后确认存在安全生产违法行为做出行政处罚所采用的程序。

42. 处罚类型 "处罚类型"在处罚依据所规定的处罚种类、幅度范围内加以确定。依据《中华人民共和国行政处罚法》，行政处罚的种类包括：

（一）警告、通报批评；

（二）罚款、没收违法所得、没收非法财物；

（三）暂扣许可证件、降低资质等级、吊销许可证件；

（四）限制开展生产经营活动、责令停产停业、责令关闭、限制从业；

（五）行政拘留；

（六）法律、行政法规规定的其他行政处罚。

"监管罚款"，即非事故罚款，指统计报告期内，应急管理部门依法实施经济处罚的监管罚款金额数，以"万元"为计量单位填报（保留小数点后两位数字）。"实际收缴监管罚款"指统计报告期内，应急管理部门依法实施经济处罚实际收缴的监管罚款金额数，以"万元"为计量单位填报（保留小数点后两位数字）。

"其他行政处罚"是除"罚款"以外的其他处罚决定，为多项选择性指标，为必选指标。

43. 执法文书 应急管理部门对生产经营单位进行安全生产行政执法检查过程中，按照应急管理部办公厅印发的《安全生产执法手册》规定，使用各类执法文书的情况。

其中，"立案审批表""现场处理措施决定书""责令限期整改指令书""现场检查记录""案件移送书""查封扣押决定书""行政（当场）处罚决定书""行政处罚决定书""整改复查意见书""结案审批表"为单项选择性指标，分为"是"和"否"；"其他执法文书"以"份"为计量单位填报。

"查处安全生产违法行为"指应急管理部门对生产经营单位进行安全生产行政执法检查中查处安全生产违法行为数，以"项"为计量单位统计。

"已整改安全生产违法行为"指县级以上地方各级应急管理部门发现的生产经营单位安全生产违法行为中，按整改期限要求，已完成整改的安全生产违法行为数，以"项"为计量单位填报。

按照《安全生产违法行为行政处罚办法》规定，安全生产违法行为指生产经营单位及其有关人员在生产经营活动中违反有关安全生产的法律、行政法规、部门规章、国家标准、行业标准和规程的违法行为。有关法律、行政法规对安全生产违法行为行政处罚的种类、幅度或者决定机关另有规定的，依照其规定。

44. 移送涉嫌安全生产犯罪案件 依据应急管理部、公安部、最高人民法院、最高人民检察院《安全生产行政执法与刑事司法衔接工作办法》（应急〔2019〕54号）规定，是指向公安机关移送的在日常查处违法行为过程中发现的有关生产经营单位及人员涉嫌安全生产犯罪案件，不包括事故调查中发现的涉嫌安全生产犯罪案件。

（四）生产安全事故调查处理情况表（基础 A4 表）

45. **事故名称**、**事故发生单位**、**事故发生时间**、**事故发生地点** 等应与事故调查报告中的内容保持一致。

46. **事故性质** 依据《生产安全事故报告和调查处理条例》，按照事故调查报告对事故发生单位的责任认定情况填写，分为责任事故和非责任事故。

47. **挂牌督办** 指应急管理部门受政府委托组织（或牵头组织）事故调查的生产安全事故中，实行挂牌督办的生产安全事故，分为"是"和"否"。

48. **挂牌督办单位** 指对生产安全事故进行挂牌督办的单位。

49. **挂牌督办文号** 指对生产安全事故进行挂牌督办的文号。

50. **成立事故调查组日期** 指生产安全事故发生后，成立事故调查组的日期。日期按 XXXX 年 XX 月 XX 日格式填写。

51. **提交事故调查报告日期** 指生产安全事故调查报告提交本级人民政府的日期。日期按 XXXX 年 XX 月 XX 日格式填写。

52. **批复事故调查报告日期** 指本级人民政府批复生产安全事故调查报告的日期。日期按 XXXX 年 XX 月 XX 日格式填写。

53. **公布事故调查报告日期** 指有关部门公布事故调查报告的日期。日期按 XXXX 年 XX 月 XX 日格式填写。

54. **建议给予党纪处分** 指按照事故调查报告，依照党纪追究有关人员责任，建议给予党纪处分的人数，分别按级别（A. 厅局级、B. 县处级、C. 乡科级、D. 其他）填报，单位：人。同时，要按照"行政机关及事业单位"人员和"生产经营单位"人员分别填报。

55. **建议给予政务处分** 指按照事故调查报告，依法追究有关人员行政责任并建议给予行政处分的人数。分别按级别（A. 厅局级、B. 县处级、C. 乡科级、D. 其他）填报，单位：人。同时，要按照"行政机关及事业单位"人员和"生产经营单位"人员分别填报。

56. **涉嫌刑事责任** 指按照事故调查报告，依法移送追究刑事责任的人数，分别按级别（A. 厅局级、B. 县处级、C. 乡科级、D. 其他）填报，单位：人。同时，要按照对"行政机关及事业单位"人员和"生产经营单位"人员移送追究刑事责任分别填报。

57. **行政处罚** 指应急管理部门在生产安全事故调查处理及责任追究过程中，依法实施行政处罚，分为"是"和"否"。

58. **罚款金额** 指应急管理部门在生产安全事故调查处理及责任追究过程中，依法实施经济处罚的罚款金额数，单位：万元。

59. **实际收缴金额** 指应急管理部门在生产安全事故调查处理及责任追究过程中，依法实施经济处罚，最终实际收缴的罚款金额数，单位：万元。

60. **事故调查报告** 经负责事故调查的人民政府批复的事故调查报告。

61. **启动事故整改落实评估工作日期** 指生产安全事故结案后 10 个月至 1 年内，负责事故调查的地方政府和国务院有关部门成立事故防范和整改措施落实情况评估工作组的日期。日期按 XXXX 年 XX 月 XX 日格式填写。

62. **公布事故整改落实评估报告日期** 指组织开展评估工作的地方政府和国务院有关部门通过媒体或以政府信息公开方式向社会全文公开发布评估报告的日期。日期按 XXXX 年 XX 月 XX 日格式填写。

63. **事故整改和防范措施落实情况评估报告** 组织开展事故防范和整改措施落实情况评估工作的地方政府或国务院有关部门最终确认的事故防范和整改措施落实情况评估报告。

（五）安全生产行政执法年度情况表（基础 A5 表）

64. **安全生产年度监督检查计划** 指统计报告期初，县级以上应急管理部门所制定的年度监督检查计划中，计划安排监督检查生产经营单位的次数，以"家（矿）次"为计量单位填报。

其中，"重点行业小计"指煤矿、金属非金属矿山、石油天然气开采、化工、烟花爆竹、工贸行业的统计数据之和。

年度监督检查计划包括重点检查、一般检查两个部分的安排，以重点检查为主。重点检查的比例一般不低于 60%。重点检查单位的范围、数量、名称及其所属行业领域以及计划检查次数根据原国家安全监管总局《安全生产年度监督检查计划编制办法》（安监总政法〔2017〕150 号）确定。

65. **听证会** 指统计报告期末，应急管理部门依照有关法律规定举行听证会的次数，以"次"为计量单位填报。

66. **行政复议** 指统计报告期末，应急管理部门依照有关法规规定作为行政复议受理单位处理行政复议事件的起数，以"起"为计量单位填报。

67. **行政诉讼** 指统计报告期末，应急管理部门接受和处理行政诉讼事件的起数，以"起"为计量单位填报。

五、附 录

(一)管理分类与国民经济行业分类(GB/T 4754-2017)(2019 年修订)对应情况

管理分类		国民经济行业分类(GB/T 4754-2017)(2019 年修订)
B 采矿业	1. 煤矿	06 煤炭开采和洗选业 111 煤炭开采和洗选专业及辅助性活动
	2. 金属非金属矿山	08 黑色金属矿采选业 09 有色金属矿采选业 10 非金属矿采选业
	3. 石油天然气开采	07 石油和天然气开采业 112 石油和天然气开采专业及辅助性活动
C 制造业 F 批发和零售业 H 住宿和餐饮业	1. 化工	25 石油、煤炭及其他燃料加工业(不含:253 核燃料加工) 26 化学原料和化学制品制造业(不含:267 炸药、火工及焰火产品制造) 27 医药制造业 28 化学纤维制造业
	2. 烟花爆竹	2672 焰火、鞭炮产品制造 5199 其他未列明批发业(烟花爆竹批发) 5299 其他未列明零售业(烟花爆竹零售)
	3. 工贸 冶金	31 黑色金属冶炼和压延加工业
	有色	32 有色金属冶炼和压延加工业
	建材	30 非金属矿物制品业(不含:305 玻璃制品制造中类所包含的全部企业,3073 特种陶瓷制品制造,3074 日用陶瓷制品制造,3075 陈设艺术陶瓷制造,3076 园艺陶瓷制造,3079 其他陶瓷制品制造)
	机械	33 金属制品业(不含:3322 手工具制造,3324 刀剪及类似日用金属工具制造,3351 建筑、家具用金属配件制造,3379 搪瓷日用品及其他搪瓷制品制造,338 金属制日用品制造,3399 其他未列明金属制品制造中武器弹药制造的企业) 34 通用设备制造业(不含:3473 照相机及器材制造) 35 专用设备制造业(不含:3587 眼镜制造) 36 汽车制造业 37 铁路、船舶、航空航天和其他运输设备制造业(不含:373 船舶及相关装置制造,374 航空、航天器及设备制造,376 自行车和残疾人座车制造) 38 电气机械和器材制造业(不含:384 电池制造,385 家用电力器具制造,387 照明器具制造) 39 计算机、通信和其他电子设备制造业 40 仪器仪表制造业(不含:403 钟表与计时仪器制造,405 衡器制造) 43 金属制品、机械和设备修理业

续表

管理分类			国民经济行业分类(GB/T 4754-2017)(2019年修订)
C 制造业 F 批发和零售业 H 住宿和餐饮业	3. 工贸	轻工	13 农副食品加工业(不含:131 谷物磨制,1351 牲畜屠宰,1352 禽类屠宰) 14 食品制造业 15 酒、饮料和精制茶制造业(不含:1511 酒精制造) 19 皮革、毛皮、羽毛及其制品和制鞋业 20 木材加工和木、竹、藤、棕、草制品业 21 家具制造业 22 造纸和纸制品业 23 印刷和记录媒介复制业 24 文教、工美、体育和娱乐用品制造业 29 橡胶和塑料制品业 305 玻璃制品制造 307 陶瓷制品制造(不含:3071 建筑陶瓷制品制造,3072 卫生陶瓷制品制造) 3322 手工具制造 3324 刀剪及类似日用金属工具制造 3351 建筑、家具用金属配件制造 3379 搪瓷日用品及其他搪瓷制品制造 338 金属制日用品制造 3473 照相机及器材制造 3587 眼镜制造 376 自行车和残疾人座车制造 384 电池制造 385 家用电力器具制造 387 照明器具制造 403 钟表与计时仪器制造 405 衡器制造 411 日用杂品制造
		纺织	17 纺织业 18 纺织服装、服饰业
		烟草	16 烟草制品业 5128 烟草制品批发
		商贸	51 批发业(不含:5112 种子批发,5128 烟草制品批发,515 医药及医疗器材批发,5162 石油及制品批发,5166 化肥批发,5167 农药批发,5168 农业薄膜批发,5169 其他化工产品批发,518 贸易经纪与代理,5191 再生物资回收与批发,烟花爆竹批发) 52 零售业(不含:525 医药及医疗器材专门零售,5265 机动车燃油零售,5266 机动车燃气零售,5267 机动车充电销售,529 货摊、无店铺及其他零售业,烟花爆竹零售) 59 装卸搬运和仓储业(不含:591 装卸搬运,594 危险品仓储,5951 谷物仓储,596 中药材仓储) 61 住宿业 62 餐饮业(不含:624 餐饮配送及外卖送餐服务)

续表

管理分类		国民经济行业分类（GB/T 4754-2017）（2019 年修订）
C、F、H、B、G 工矿商贸其他行业	工矿商贸其他	119 其他开采专业及辅助性活动、12 其他采矿业、C 制造业、F 批发和零售业、H 住宿和餐饮业、59 装卸搬运和仓储业中除去化工、烟花爆竹、工贸之外的行业

（二）统计上大中小微型企业划分标准

参照《国家统计局关于印发〈统计上大中小微型企业划分办法（2017）〉的通知》（国统字〔2017〕213 号）执行。

行业名称	指标名称	计量单位	大型	中型	小型	微型
农、林、牧、渔业	营业收入(Y)	万元	Y≥20000	500≤Y<20000	50≤Y<500	Y<50
工业*	从业人员(X)	人	X≥1000	300≤X<1000	20≤X<300	X<20
	营业收入(Y)	万元	Y≥40000	2000≤Y<40000	300≤Y<2000	Y<300
建筑业	营业收入(Y)	万元	Y≥80000	6000≤Y<80000	300≤Y<6000	Y<300
	资产总额(Z)	万元	Z≥80000	5000≤Z<80000	300≤Z<5000	Z<300
批发业	从业人员(X)	人	X≥200	20≤X<200	5≤X<20	X<5
	营业收入(Y)	万元	Y≥40000	5000≤Y<40000	1000≤Y<5000	Y<1000
零售业	从业人员(X)	人	X≥300	50≤X<300	10≤X<50	X<10
	营业收入(Y)	万元	Y≥20000	500≤Y<20000	100≤Y<500	Y<100
交通运输业*	从业人员(X)	人	X≥1000	300≤X<1000	20≤X<300	X<20
	营业收入(Y)	万元	Y≥30000	3000≤Y<30000	200≤Y<3000	Y<200
仓储业*	从业人员(X)	人	X≥200	100≤X<200	20≤X<100	X<20
	营业收入(Y)	万元	Y≥30000	1000≤Y<30000	100≤Y<1000	Y<100
邮政业	从业人员(X)	人	X≥1000	300≤X<1000	20≤X<300	X<20
	营业收入(Y)	万元	Y≥30000	2000≤Y<30000	100≤Y<2000	Y<100
住宿业	从业人员(X)	人	X≥300	100≤X<300	10≤X<100	X<10
	营业收入(Y)	万元	Y≥10000	2000≤Y<10000	100≤Y<2000	Y<100
餐饮业	从业人员(X)	人	X≥300	100≤X<300	10≤X<100	X<10
	营业收入(Y)	万元	Y≥10000	2000≤Y<10000	100≤Y<2000	Y<100
信息传输业*	从业人员(X)	人	X≥2000	100≤X<2000	10≤X<100	X<10
	营业收入(Y)	万元	Y≥100000	1000≤Y<100000	100≤Y<1000	Y<100
软件和信息技术服务业	从业人员(X)	人	X≥300	100≤X<300	10≤X<100	X<10
	营业收入(Y)	万元	Y≥10000	1000≤Y<10000	50≤Y<1000	Y<50
房地产开发经营	营业收入(Y)	万元	Y≥200000	1000≤Y<200000	100≤Y<1000	Y<100
	资产总额(Z)	万元	Z≥10000	5000≤Z<10000	2000≤Z<5000	Z<2000

续表

行业名称	指标名称	计量单位	大型	中型	小型	微型
物业管理	从业人员(X)	人	X≥1000	300≤X<1000	100≤X<300	X<100
	营业收入(Y)	万元	Y≥5000	1000≤Y<5000	500≤Y<1000	Y<500
租赁和商务服务业	从业人员(X)	人	X≥300	100≤X<300	10≤X<100	X<10
	资产总额(Z)	万元	Z≥120000	8000≤Z<120000	100≤Z<8000	Z<100
其他未列明行业*	从业人员(X)	人	X≥300	100≤X<300	10≤X<100	X<10

说明：1. 大型、中型和小型企业须同时满足所列指标的下限，否则下划一档；微型企业只需满足所列指标中的一项即可。

2. 附表中各行业的范围以《国民经济行业分类》(GB/T4754-2017)(2019年修订)为准。带*的项为行业组合类别，其中，工业包括采矿业、制造业、电力、热力、燃气及水生产和供应业；交通运输业包括道路运输业、水上运输业、航空运输业、管道运输业、多式联运和运输代理业、装卸搬运，不包括铁路运输业；仓储业包括通用仓储、低温仓储、危险品仓储、谷物、棉花等农产品仓储、中药材仓储和其他仓储业；信息传输业包括电信、广播电视和卫星传输服务、互联网和相关服务；其他未列明行业包括科学研究和技术服务业、水利、环境和公共设施管理业、居民服务、修理和其他服务业、社会工作、文化、体育和娱乐业，以及房地产中介服务、其他房地产业等，不包括自有房地产经营活动。

3. 企业划分指标以现行统计制度为准。(1)从业人员，是指期末从业人员数，没有期末从业人员数的，采用全年平均人员数代替。(2)营业收入，工业、建筑业、限额以上批发和零售业、限额以上住宿和餐饮业以及其他设置主营业务收入指标的行业，采用主营业务收入；限额以下批发与零售业企业采用商品销售额代替；限额以下住宿与餐饮业企业采用营业额代替；农、林、牧、渔业企业采用营业总收入代替；其他未设置主营业务收入的行业，采用营业收入指标。(3)资产总额，采用资产总计代替。

(三)登记注册统计类别与代码

参照《关于市场主体统计分类的划分规定》(国统字〔2023〕14号)执行。

市场主体统计分类的划分

代码	市场主体统计类别	代码	市场主体统计类别
100	内资企业	200	港澳台投资企业
110	有限责任公司	210	港澳台投资有限责任公司
111	国有独资公司	220	港澳台投资股份有限公司
112	私营有限责任公司	230	港澳台投资合伙企业
119	其他有限责任公司	290	其他港澳台投资企业
120	股份有限公司	300	外商投资企业
121	私营股份有限公司	310	外商投资有限责任公司
129	其他股份有限公司	320	外商投资股份有限公司
130	非公司企业法人	330	外商投资合伙企业
131	全民所有制企业(国有企业)	390	其他外商投资企业
132	集体所有制企业(集体企业)	400	农民专业合作社(联合社)
133	股份合作企业	500	个体工商户
134	联营企业	900	其他市场主体
140	个人独资企业		
150	合伙企业		
190	其他内资企业		

(四)重大事故隐患类型划分

依据《安全生产事故隐患排查治理体系建设实施指南》(安委办〔2012〕28号)。

隐患大类	隐患中类
基础管理	资质证照
	安全生产管理机构及人员
	安全生产责任制度
	安全生产管理制度
	安全操作规程
	教育培训
	安全生产管理档案
	安全生产投入
	应急管理
	特种设备基础管理
	相关方基础管理
	其他基础管理
现场管理	特种设备现场管理
	生产设备设施及工艺
	场所环境
	从业人员操作行为
	消防安全
	用电安全
	有限空间现场安全
	辅助动力系统
	相关方现场管理
	其他现场管理

(五)向国家统计局提供的具体统计资料清单

年度安全生产行政执法情况汇总数据。

(六)向统计信息共享数据库提供的具体统计资料清单

年度安全生产行政执法情况汇总数据。

生产经营单位从业人员安全生产举报处理规定

- 2020年9月16日
- 应急〔2020〕69号

第一条 为了强化和落实生产经营单位安全生产主体责任，鼓励和支持生产经营单位从业人员对本单位安全生产工作中存在的问题进行举报和监督，严格保护其合法权益，根据《中华人民共和国安全生产法》和《国务院关于加强和规范事中事后监管的指导意见》（国发〔2019〕18号）等有关法律法规和规范性文件，制定本规定。

第二条 本规定适用于生产经营单位从业人员对其所在单位的重大事故隐患、安全生产违法行为的举报以及处理。

前款所称重大事故隐患、安全生产违法行为，依照安全生产领域举报奖励有关规定进行认定。

第三条 应急管理部门（含煤矿安全监察机构，下同）应当明确负责处理生产经营单位从业人员安全生产举报事项的机构，并在官方网站公布处理举报事项机构的办公电话、微信公众号、电子邮件等联系方式，方便举报人及时掌握举报处理进度。

第四条 生产经营单位从业人员举报其所在单位的重大事故隐患、安全生产违法行为时，应当提供真实姓名以及真实有效的联系方式；否则，应急管理部门可以不予受理。

第五条 应急管理部门受理生产经营单位从业人员安全生产举报后，应当及时核查；对核查属实的，应当依法依规进行处理，并向举报人反馈核查、处理结果。

举报事项不属于本单位受理范围的，接到举报的应急管理部门应当告知举报人向有处理权的单位举报，或者将举报材料移送有处理权的单位，并采取适当方式告知举报人。

第六条 应急管理部门可以在危险化学品、矿山、烟花爆竹、金属冶炼、涉爆粉尘等重点行业、领域生产经营单位从业人员中选取信息员，建立专门联络机制，定期或者不定期与其联系，及时获取生产经营单位重大事故隐患、安全生产违法行为线索。

第七条 应急管理部门对受理的生产经营单位从业人员安全生产举报，以及信息员提供的线索，按照安全生产领域举报奖励有关规定核查属实的，应当给予举报人或者信息员现金奖励，奖励标准在安全生产领域举报奖励有关规定的基础上按照一定比例上浮，具体标准由各省级应急管理部门、财政部门根据本地实际情况确定。

因生产经营单位从业人员安全生产举报，或者信息员提供的线索直接避免了伤亡事故发生或者重大财产损失的，应急管理部门可以给予举报人或者信息员特殊奖励。

举报人领取现金奖励时，应当提供身份证件复印件以及签订的有效劳动合同等可以证明其生产经营单位从业人员身份的材料。

第八条 给予举报人和信息员的奖金列入本级预算，通过现有资金渠道安排，并接受审计和纪检监察机关的监督。

第九条 应急管理部门参与举报处理工作的人员应当严格遵守保密纪律，妥善保管和使用举报材料，严格控制有关举报信息的知悉范围，依法保护举报人和信息员的合法权益，未经其同意，不得以任何方式泄露其姓名、身份、联系方式、举报内容、奖励等信息，违者视情节轻重依法给予处分；构成犯罪的，依法追究刑事责任。

第十条 生产经营单位应当保护举报人和信息员的合法权益，不得对举报人和信息员实施打击报复行为。

生产经营单位对举报人或者信息员实施打击报复行为的，除依法予以严肃处理外，应急管理部门还可以按规定对生产经营单位及其有关人员实施联合惩戒。

第十一条 应急管理部门应当定期对举报人和信息员进行回访，了解其奖励、合法权益保护等有关情况，听取其意见建议；对回访中发现的奖励不落实、奖励低于有关标准、打击报复举报人或者信息员等情况，应当及时依法依规进行处理。

第十二条 应急管理部门鼓励生产经营单位建立健全本单位的举报奖励机制，在有关场所醒目位置公示本单位法定代表人或者安全生产管理机构以及安全生产管理人员的电话、微信、电子邮件、微博等联系方式，受理本单位从业人员举报的安全生产问题。对查证属实的，生产经营单位应当进行自我纠正整改，同时可以对举报人给予相应奖励。

第十三条 举报人和信息员应当对其举报内容的真实性负责，不得捏造、歪曲事实，不得诬告、陷害他人和生产经营单位，不得故意诱导生产经营单位实施安全生产违法行为；否则，一经查实，依法追究法律责任。

第十四条 本规定自公布之日起施行。

安全生产培训管理办法

- 2012年1月19日国家安全监管总局令第44号公布
- 根据2013年8月29日国家安全监管总局令第63号第一次修订
- 根据2015年5月29日国家安全监管总局令第80号第二次修订

第一章 总 则

第一条 为了加强安全生产培训管理,规范安全生产培训秩序,保证安全生产培训质量,促进安全生产培训工作健康发展,根据《中华人民共和国安全生产法》和有关法律、行政法规的规定,制定本办法。

第二条 安全培训机构、生产经营单位从事安全生产培训(以下简称安全培训)活动以及安全生产监督管理部门、煤矿安全监察机构、地方人民政府负责煤矿安全培训的部门对安全培训工作实施监督管理,适用本办法。

第三条 本办法所称安全培训是指以提高安全监管监察人员、生产经营单位从业人员和从事安全生产工作的相关人员的安全素质为目的的教育培训活动。

前款所称安全监管监察人员是指县级以上各级人民政府安全生产监督管理部门、各级煤矿安全监察机构从事安全监管监察、行政执法的安全生产监管人员和煤矿安全监察人员;生产经营单位从业人员是指生产经营单位主要负责人、安全生产管理人员、特种作业人员及其他从业人员;从事安全生产工作的相关人员是指从事安全教育培训工作的教师、危险化学品登记机构的登记人员和承担安全评价、咨询、检测、检验的人员及注册安全工程师、安全生产应急救援人员等。

第四条 安全培训工作实行统一规划、归口管理、分级实施、分类指导、教考分离的原则。

国家安全生产监督管理总局(以下简称国家安全监管总局)指导全国安全培训工作,依法对全国的安全培训工作实施监督管理。

国家煤矿安全监察局(以下简称国家煤矿安监局)指导全国煤矿安全培训工作,依法对全国煤矿安全培训工作实施监督管理。

国家安全生产应急救援指挥中心指导全国安全生产应急救援培训工作。

县级以上地方各级人民政府安全生产监督管理部门依法对本行政区域内的安全培训工作实施监督管理。

省、自治区、直辖市人民政府负责煤矿安全培训的部门、省级煤矿安全监察机构(以下统称省级煤矿安全培训监管机构)按照各自工作职责,依法对所辖区域煤矿安全培训工作实施监督管理。

第五条 安全培训的机构应当具备从事安全培训工作所需要的条件。从事危险物品的生产、经营、储存单位以及矿山、金属冶炼单位的主要负责人和安全生产管理人员,特种作业人员以及注册安全工程师等相关人员培训的安全培训机构,应当将教师、教学和实习实训设施等情况书面报告所在地安全生产监督管理部门、煤矿安全培训监管机构。

安全生产相关社会组织依照法律、行政法规和章程,为生产经营单位提供安全培训有关服务,对安全培训机构实行自律管理,促进安全培训工作水平的提升。

第二章 安全培训

第六条 安全培训应当按照规定的安全培训大纲进行。

安全监管监察人员,危险物品的生产、经营、储存单位与非煤矿山、金属冶炼单位的主要负责人和安全生产管理人员、特种作业人员以及从事安全生产工作的相关人员的安全培训大纲,由国家安全监管总局组织制定。

煤矿企业的主要负责人和安全生产管理人员、特种作业人员的培训大纲由国家煤矿安监局组织制定。

除危险物品的生产、经营、储存单位和矿山、金属冶炼单位以外其他生产经营单位的主要负责人、安全生产管理人员及其他从业人员的安全培训大纲,由省级安全生产监督管理部门、省级煤矿安全培训监管机构组织制定。

第七条 国家安全监管总局、省级安全生产监督管理部门定期组织优秀安全培训教材的评选。

安全培训机构应当优先使用优秀安全培训教材。

第八条 国家安全监管总局负责省级以上安全生产监督管理部门的安全生产监管人员、各级煤矿安全监察机构的煤矿安全监察人员的培训工作。

省级安全生产监督管理部门负责市级、县级安全生产监督管理部门的安全生产监管人员的培训工作。

生产经营单位的从业人员的安全培训,由生产经营单位负责。

危险化学品登记机构的登记人员和承担安全评价、咨询、检测、检验的人员及注册安全工程师、安全生产应急救援人员的安全培训,按照有关法律、法规、规章的规定进行。

第九条 对从业人员的安全培训,具备安全培训条件的生产经营单位应当以自主培训为主,也可以委托具备安全培训条件的机构进行安全培训。

不具备安全培训条件的生产经营单位,应当委托具有安全培训条件的机构对从业人员进行安全培训。

生产经营单位委托其他机构进行安全培训的,保证安全培训的责任仍由本单位负责。

第十条 生产经营单位应当建立安全培训管理制度,保障从业人员安全培训所需经费,对从业人员进行与其所从事岗位相应的安全教育培训;从业人员调整工作岗位或者采用新工艺、新技术、新设备、新材料的,应当对其进行专门的安全教育和培训。未经安全教育和培训合格的从业人员,不得上岗作业。

生产经营单位使用被派遣劳动者的,应当将被派遣劳动者纳入本单位从业人员统一管理,对被派遣劳动者进行岗位安全操作规程和安全操作技能的教育和培训。劳务派遣单位应当对被派遣劳动者进行必要的安全生产教育和培训。

生产经营单位接收中等职业学校、高等学校学生实习的,应当对实习学生进行相应的安全生产教育和培训,提供必要的劳动防护用品。学校应当协助生产经营单位对实习学生进行安全生产教育和培训。

从业人员安全培训的时间、内容、参加人员以及考核结果等情况,生产经营单位应当如实记录并建档备查。

第十一条 生产经营单位从业人员的培训内容和培训时间,应当符合《生产经营单位安全培训规定》和有关标准的规定。

第十二条 中央企业的分公司、子公司及其所属单位和其他生产经营单位,发生造成人员死亡的生产安全事故的,其主要负责人和安全生产管理人员应当重新参加安全培训。

特种作业人员对造成人员死亡的生产安全事故负有直接责任的,应当按照《特种作业人员安全技术培训考核管理规定》重新参加安全培训。

第十三条 国家鼓励生产经营单位实行师傅带徒弟制度。

矿山新招的井下作业人员和危险物品生产经营单位新招的危险工艺操作岗位人员,除按照规定进行安全培训外,还应当在有经验的职工带领下实习满2个月后,方可独立上岗作业。

第十四条 国家鼓励生产经营单位招录职业院校毕业生。

职业院校毕业生从事与所学专业相关的作业,可以免予参加初次培训,实际操作培训除外。

第十五条 安全培训机构应当建立安全培训工作制度和人员培训档案。安全培训相关情况,应当如实记录并建档备查。

第十六条 安全培训机构从事安全培训工作的收费,应当符合法律、法规的规定。法律、法规没有规定的,应当按照行业自律标准或者指导性标准收费。

第十七条 国家鼓励安全培训机构和生产经营单位利用现代信息技术开展安全培训,包括远程培训。

第三章 安全培训的考核

第十八条 安全监管监察人员、从事安全生产工作的相关人员,依照有关法律法规应当接受安全生产知识和管理能力考核的生产经营单位主要负责人和安全生产管理人员、特种作业人员的安全培训的考核,应当坚持教考分离、统一标准、统一题库、分级负责的原则,分步推行有远程视频监控的计算机考试。

第十九条 安全监管监察人员,危险物品的生产、经营、储存单位及非煤矿山、金属冶炼单位主要负责人、安全生产管理人员和特种作业人员,以及从事安全生产工作的相关人员的考核标准,由国家安全监管总局统一制定。

煤矿企业的主要负责人、安全生产管理人员和特种作业人员的考核标准,由国家煤矿安监局制定。

除危险物品的生产、经营、储存单位和矿山、金属冶炼单位以外其他生产经营单位主要负责人、安全生产管理人员及其他从业人员的考核标准,由省级安全生产监督管理部门制定。

第二十条 国家安全监管总局负责省级以上安全生产监督管理部门的安全生产监管人员、各级煤矿安全监察机构的煤矿安全监察人员的考核;负责中央企业的总公司、总厂或者集团公司的主要负责人和安全生产管理人员的考核。

省级安全生产监督管理部门负责市级、县级安全生产监督管理部门的安全生产监管人员的考核;负责省属生产经营单位和中央企业分公司、子公司及其所属单位的主要负责人和安全生产管理人员的考核;负责特种作业人员的考核。

市级安全生产监督管理部门负责本行政区域内除中央企业、省属生产经营单位以外的其他生产经营单位的主要负责人和安全生产管理人员的考核。

省级煤矿安全培训监管机构负责所辖区域内煤矿企业的主要负责人、安全生产管理人员和特种作业人员的考核。

除主要负责人、安全生产管理人员、特种作业人员以外的生产经营单位的其他从业人员的考核,由生产经营单位按照省级安全生产监督管理部门公布的考核标准,自行组织考核。

第二十一条 安全生产监督管理部门、煤矿安全培训监管机构和生产经营单位应当制定安全培训的考核制度,建立考核管理档案备查。

第四章 安全培训的发证

第二十二条 接受安全培训人员经考核合格的,由考核部门在考核结束后10个工作日内颁发相应的证书。

第二十三条 安全生产监管人员经考核合格后,颁发安全生产监管执法证;煤矿安全监察人员经考核合格后,颁发煤矿安全监察执法证;危险物品的生产、经营、储存单位和矿山、金属冶炼单位主要负责人、安全生产管理人员经考核合格后,颁发安全合格证;特种作业人员经考核合格后,颁发《中华人民共和国特种作业操作证》(以下简称特种作业操作证);危险化学品登记机构的登记人员经考核合格后,颁发上岗证;其他人员经培训合格后,颁发培训合格证。

第二十四条 安全生产监管执法证、煤矿安全监察执法证、安全合格证、特种作业操作证和上岗证的式样,由国家安全监管总局统一规定。培训合格证的式样,由负责培训考核的部门规定。

第二十五条 安全生产监管执法证、煤矿安全监察执法证、安全合格证的有效期为3年。有效期届满需要延期的,应当于有效期届满30日前向原发证部门申请办理延期手续。

特种作业人员的考核发证按照《特种作业人员安全技术培训考核管理规定》执行。

第二十六条 特种作业操作证和省级安全生产监督管理部门、省级煤矿安全培训监管机构颁发的主要负责人、安全生产管理人员的安全合格证,在全国范围内有效。

第二十七条 承担安全评价、咨询、检测、检验的人员和安全生产应急救援人员的考核、发证,按照有关法律、法规、规章的规定执行。

第五章 监督管理

第二十八条 安全生产监督管理部门、煤矿安全培训监管机构应当依照法律、法规和本办法的规定,加强对安全培训工作的监督管理,对生产经营单位、安全培训机构违反有关法律、法规和本办法的行为,依法作出处理。

省级安全生产监督管理部门、省级煤矿安全培训监管机构应当定期统计分析本行政区域内安全培训、考核、发证情况,并报国家安全监管总局。

第二十九条 安全生产监督管理部门和煤矿安全培训监管机构应当对安全培训机构开展安全培训活动的情况进行监督检查,检查内容包括:

(一)具备从事安全培训工作所需要的条件的情况;

(二)建立培训管理制度和教师配备的情况;

(三)执行培训大纲、建立培训档案和培训保障的情况;

(四)培训收费的情况;

(五)法律法规规定的其他内容。

第三十条 安全生产监督管理部门、煤矿安全培训监管机构应当对生产经营单位的安全培训情况进行监督检查,检查内容包括:

(一)安全培训制度、年度培训计划、安全培训管理档案的制定和实施的情况;

(二)安全培训经费投入和使用的情况;

(三)主要负责人、安全生产管理人员接受安全生产知识和管理能力考核的情况;

(四)特种作业人员持证上岗的情况;

(五)应用新工艺、新技术、新材料、新设备以及转岗前对从业人员安全培训的情况;

(六)其他从业人员安全培训的情况;

(七)法律法规规定的其他内容。

第三十一条 任何单位或者个人对生产经营单位、安全培训机构违反有关法律、法规和本办法的行为,均有权向安全生产监督管理部门、煤矿安全监察机构、煤矿安全培训监管机构报告或者举报。

接到举报的部门或者机构应当为举报人保密,并按照有关规定对举报进行核查和处理。

第三十二条 监察机关依照《中华人民共和国行政监察法》等法律、行政法规的规定,对安全生产监督管理部门、煤矿安全监察机构、煤矿安全培训监管机构及其工作人员履行安全培训工作监督管理职责情况实施监察。

第六章 法律责任

第三十三条 安全生产监督管理部门、煤矿安全监察机构、煤矿安全培训监管机构的工作人员在安全培训监督管理工作中滥用职权、玩忽职守、徇私舞弊的,依照有关规定给予处分;构成犯罪的,依法追究刑事责任。

第三十四条 安全培训机构有下列情形之一的,责令限期改正,处1万元以下的罚款;逾期未改正的,给予警告,处1万元以上3万元以下的罚款:

(一)不具备安全培训条件的;

（二）未按照统一的培训大纲组织教学培训的；

（三）未建立培训档案或者培训档案管理不规范的；

安全培训机构采取不正当竞争手段，故意贬低、诋毁其他安全培训机构的，依照前款规定处罚。

第三十五条 生产经营单位主要负责人、安全生产管理人员、特种作业人员以欺骗、贿赂等不正当手段取得安全合格证或者特种作业操作证的，除撤销其相关证书外，处 3000 元以下的罚款，并自撤销其相关证书之日起 3 年内不得再次申请该证书。

第三十六条 生产经营单位有下列情形之一的，责令改正，处 3 万元以下的罚款：

（一）从业人员安全培训的时间少于《生产经营单位安全培训规定》或者有关标准规定的；

（二）矿山新招的井下作业人员和危险物品生产经营单位新招的危险工艺操作岗位人员，未经实习期满独立上岗作业的；

（三）相关人员未按照本办法第十二条规定重新参加安全培训的。

第三十七条 生产经营单位存在违反有关法律、法规中安全生产教育培训的其他行为的，依照相关法律、法规的规定予以处罚。

第七章 附 则

第三十八条 本办法自 2012 年 3 月 1 日起施行。2004 年 12 月 28 日公布的《安全生产培训管理办法》（原国家安全生产监督管理局〈国家煤矿安全监察局〉令第 20 号）同时废止。

安全生产执法程序规定

·2016 年 7 月 15 日

·安监总政法〔2016〕72 号

第一章 总 则

第一条 为了规范安全生产执法行为，保障公民、法人或者其他组织的合法权益，根据有关法律、行政法规、规章，制定本规定。

第二条 本规定所称安全生产执法，是指安全生产监督管理部门依照法律、行政法规和规章，在履行安全生产（含职业卫生，下同）监督管理职权中，作出的行政许可、行政处罚、行政强制等行政行为。

第三条 安全生产监督管理部门应当建立安全生产执法信息公示制度，将执法的依据、程序和结果等事项向当事人公开，并在本单位官方网站上向社会公示，接受社会公众的监督；涉及国家秘密、商业秘密、个人隐私的除外。

第四条 安全生产监督管理部门应当公正行使安全生产执法职权。行使裁量权应当符合立法目的和原则，采取的措施和手段应当合法、必要、适当；可以采取多种措施和手段实现执法目的的，应当选择有利于保护公民、法人或者其他组织合法权益的措施和手段。

第五条 安全生产监督管理部门在安全生产执法过程中应当依法及时告知当事人、利害关系人相关的执法事实、理由、依据、法定权利和义务。

当事人对安全生产执法，依法享有陈述权、申辩权；有权依法申请行政复议或者提起行政诉讼。

第六条 安全生产执法采用国家安全生产监督管理总局统一制定的《安全生产监督管理部门行政执法文书》格式。

第二章 安全生产执法主体和管辖

第七条 安全生产监督管理部门的内设机构或者派出机构对外行使执法职权时，应当以安全生产监督管理部门的名义作出行政决定，并由该部门承担法律责任。

第八条 依法受委托的机关或者组织在委托的范围内，以委托的安全生产监督管理部门名义行使安全生产执法职权，由此所产生的后果由委托的安全生产监督管理部门承担法律责任。

第九条 委托的安全生产监督管理部门与受委托的机关或者组织之间应当签订委托书。委托书应当载明委托依据、委托事项、权限、期限、双方权利和义务、法律责任等事项。委托的安全生产监督管理部门、受委托的机关或者组织应当将委托的事项、权限、期限向社会公开。

第十条 委托的安全生产监督管理部门应当对受委托机关或者组织办理受委托事项的行为进行指导、监督。

受委托的机关或者组织应当自行完成受委托的事项，不得将受委托的事项再委托给其他行政机关、组织或者个人。

有下列情形之一的，委托的安全生产监督管理部门应当及时解除委托，并向社会公布：

（一）委托期限届满的；

（二）受委托行政机关或者组织超越、滥用行政职权或者不履行行政职责的；

（三）受委托行政机关或者组织不再具备履行相应职责的条件的；

（四）应当解除委托的其他情形。

第十一条 法律、法规和规章对安全生产执法地域管辖未作明确规定的,由行政管理事项发生地的安全生产监督管理部门管辖,但涉及个人资格许可事项的,由行政管理事项发生所在地或者实施资格许可的安全生产监督管理部门管辖。

第十二条　安全生产监督管理部门依照职权启动执法程序后,认为不属于自己管辖的,应当移送有管辖权的同级安全生产监督管理部门,并通知当事人;受移送的安全生产监督管理部门对于不属于自己管辖的,不得再行移送,应当报请其共同的上一级安全生产监督管理部门指定管辖。

第十三条　两个以上安全生产监督管理部门对同一事项都有管辖权的,由最先受理的予以管辖;发生管辖权争议的,由其共同的上一级安全生产监督管理部门指定管辖。情况紧急、不及时采取措施将对公共利益或者公民、法人或者其他组织合法权益造成重大损害的,行政管理事项发生地的安全生产监督管理部门应当进行必要处理,并立即通知有管辖权的安全生产监督管理部门。

第十四条　开展安全生产执法时,有下列情形之一的,安全生产执法人员应当自行申请回避;本人未申请回避的,本级安全生产监督管理部门应当责令其回避;公民、法人或者其他组织依法以书面形式提出回避申请:

(一)本人是本案的当事人或者当事人的近亲属的;

(二)与本人或者本人近亲属有直接利害关系的;

(三)与本人有其他利害关系,可能影响公正执行公务的。

安全生产执法人员的回避,由指派其进行执法工作的安全生产监督管理部门的负责人决定。实施执法工作的安全生产监督管理部门负责人的回避,由该部门负责人集体讨论决定。回避决定作出之前,安全生产执法人员不得擅自停止执法行为。

第三章　安全生产行政许可程序

第十五条　安全生产监督管理部门应当将本部门依法实施的行政许可事项、依据、条件、数量、程序、期限以及需要提交的全部材料的目录和申请书示范文本等进行公示。公示应当采取下列方式:

(一)在实施许可的办公场所设置公示栏、电子显示屏或者将公示信息资料集中在本部门专门场所供公众查阅;

(二)在联合办理、集中办理行政许可的场所公示;

(三)在本部门官方网站上公示。

第十六条　公民、法人或者其他组织依法申请安全生产行政许可的,应当依法向实施许可的安全生产监督管理部门提出。

第十七条　申请人申请安全生产行政许可,应当如实向实施许可的安全生产监督管理部门提交有关材料和反映真实情况,并对其申请材料实质内容的真实性负责。

第十八条　安全生产监督管理部门有多个内设机构办理安全生产行政许可事项的,应当确定一个机构统一受理申请人的申请,统一送达安全生产行政许可决定。

第十九条　申请人可以委托代理人代为提出安全生产行政许可申请,但依法应当由申请人本人申请的除外。

代理人代为提出申请的,应当出具载明委托事项和代理人权限的授权委托书,并出示能证明其身份的证件。

第二十条　公民、法人或者其他组织因安全生产行政许可行为取得的正当权益受法律保护。非因法定事由并经法定程序,安全生产监督管理部门不得撤销、变更、注销已经生效的行政许可决定。

安全生产监督管理部门不得增加法律、法规规定以外的其他行政许可条件。

第二十一条　安全生产监督管理部门实施安全生产行政许可,应当按照以下程序办理:

(一)申请。申请人向实施许可的安全生产监督管理部门提交申请书和法定的文件资料,也可以按规定通过信函、传真、互联网和电子邮件等方式提出安全生产行政许可申请;

(二)受理。实施许可的安全生产监督管理部门按照规定进行初步审查,对符合条件的申请予以受理并出具书面凭证;对申请文件、资料不齐全或者不符合要求的,应当当场告知或者在收到申请文件、资料之日起5个工作日内出具补正通知书,一次告知申请人需要补正的全部内容;对不符合条件的,不予受理并书面告知申请人理由;逾期不告知的,自收到申请材料之日起,即为受理;

(三)审查。实施许可的安全生产监督管理部门对申请材料进行书面审查,按照规定,需要征求有关部门意见的,应当书面征求有关部门意见,并得到书面回复;属于法定听证情形的,实施许可的安全生产监督管理部门应当举行听证;发现行政许可事项直接关系他人重大利益的,应当告知该利害关系人。需要到现场核查的,应当指派两名以上执法人员实施核查,并提交现场核查报告;

(四)作出决定。实施许可的安全生产监督管理部门应当在规定的时间内,作出许可或者不予许可的书面决定。对决定许可的,许可机关应当自作出决定之日起10个工作日内向申请人颁发、送达许可证件或者批准文件;对决定不予许可的,许可机关应当说明理由,并告知申请人享有的法定权利。

依照法律、法规规定实施安全生产行政许可,应当根据考试成绩、考核结果、检验、检测结果作出行政许可决定的,从其规定。

第二十二条 已经取得安全生产行政许可,因法定事由,有关许可事项需要变更的,应当按照有关规定向实施许可的安全生产监督管理部门提出变更申请,并提交相关文件、资料。实施许可的安全生产监督管理部门应当按照有关规定进行审查,办理变更手续。

第二十三条 需要申请安全生产行政许可延期的,应当在规定的期限内,向作出安全生产行政许可的安全生产监督管理部门提出延期申请,并提交延期申请书及规定的申请文件、资料。

提出安全生产许可延期申请时,可以同时提出变更申请,并按有关规定向作出安全生产行政许可的安全生产监督管理部门提交相关文件、资料。

作出安全生产行政许可的安全生产监督管理部门受理延期申请后,应当依照有关规定,对延期申请进行审查,作出是否准予延期的决定;作出安全生产行政许可的安全生产监管管理部门逾期未作出决定的,视为准予延期。

第二十四条 作出安全生产行政许可的安全生产监督管理部门或者其上级安全生产监督管理部门发现公民、法人或者其他组织属于吊销或者撤销法定情形的,应当依法吊销或者撤销该行政许可。

已经取得安全生产行政许可的公民、法人或者其他组织存在有效期届满未按规定提出申请延期、未被批准延期或者被依法吊销、撤销的,作出行政许可的安全生产监督管理部门应当依法注销该安全生产许可,并在新闻媒体或者本机关网站上发布公告。

第四章 安全生产行政处罚程序

第一节 简易程序

第二十五条 安全生产违法事实确凿并有法定依据,对个人处以50元以下罚款、对生产经营单位处以1千元以下罚款或者警告的行政处罚的,安全生产执法人员可以当场作出行政处罚决定。

适用简易程序当场作出行政处罚决定的,应当遵循以下程序:

(一)安全生产执法人员不得少于两名,应当向当事人或者有关人员出示有效的执法证件,表明身份;

(二)行政处罚(当场)决定书,告知当事人作出行政处罚决定的事实、理由和依据;

(三)听取当事人的陈述和申辩,并制作当事人陈述申辩笔录;

(四)将行政处罚决定书当场交付当事人,并由当事人签字确认;

(五)及时报告行政处罚决定,并在5日内报所属安全生产监督管理部门备案。

安全生产执法人员对在边远、水上、交通不便地区,当事人向指定银行缴纳罚款确有困难,经当事人提出,可以当场收缴罚款,但应当出具省级人民政府财政部门统一制发的罚款收据,并自收缴罚款之日起2日内,交至所属安全生产监督管理部门;安全生产监督管理部门应当在2日内将罚款缴付指定的银行。

第二节 一般程序

第二十六条 一般程序适用于依据简易程序作出的行政处罚以外的其他行政处罚案件,遵循以下程序:

(一)立案。

对经初步调查认为生产经营单位涉嫌违反安全生产法律法规和规章的行为、依法应给予行政处罚、属于本部门管辖范围的,应当予以立案,并填写立案审批表。对确需立即查处的安全生产违法行为,可以先行调查取证,并在5日内补办立案手续。

(二)调查取证。

1. 进行案件调查取证时,安全生产执法人员不得少于两名,应当向当事人或者有关人员出示有效的执法证件,表明身份;

2. 向当事人或者有关人员询问时,应制作询问笔录;

3. 安全生产执法人员应当全面、客观、公正地进行调查,收集、调取与案件有关的原始凭证作为证据。调取原始凭证确有困难的,可以复制,复制件应当注明"经核对与原件无异"的字样、采集人、出具人、采集时间和原始凭证存放的单位及其处所,并由出具证据的生产经营单位盖章;个体经营且没有印章的生产经营单位,应当由该个体经营者签名。

4. 安全生产执法人员在收集证据时,可以采取抽样取证的方法;在证据可能灭失或者以后难以取得的情况下,经本部门负责人批准,可以先行登记保存,并应当在7日内依法作出处理决定。

5. 调查取证结束后,负责承办案件的安全生产执法人员拟定处理意见,编写案件调查报告,并交案件承办机构负责人审核,审核后报所在安全生产监督管理部门负责人审批。

(三) 案件审理。

安全生产监督管理部门应当建立案件审理制度,对适用一般程序的安全生产行政处罚案件应当由内设的法制机构进行案件的合法性审查。

负责承办案件的安全生产执法人员应当根据审理意见,填写案件处理呈批表,连同有关证据材料一并报本部门负责人审批。

(四) 行政处罚告知。

经审批,应当给予行政处罚的案件,安全生产监督管理部门在依法作出行政处罚决定之前,应当告知当事人作出行政处罚决定的事实、理由、依据、拟作出的行政处罚决定、当事人享有的陈述和申辩权利等,并向当事人送达《行政处罚告知书》。

(五) 听证告知。

符合听证条件的,应当告知当事人有要求举行听证的权利,并向当事人送达《听证告知书》。

(六) 听取当事人陈述申辩。

安全生产监督管理部门听取当事人陈述申辩,除法律法规规定可以采用的方式外,原则上应当形成书面证据证明,没有当事人书面材料的,安全生产执法人员应当制作当事人陈述申辩笔录。

(七) 作出行政处罚决定的执行。

安全生产监督管理部门应当对案件调查结果进行审查,并根据不同情况,分别作出以下决定:

1. 依法应受行政处罚的违法行为的,根据情节轻重及具体情况,作出行政处罚决定;

2. 违法行为轻微,依法可以不予行政处罚的,不予行政处罚;违法事实不能成立,不得给予行政处罚;

3. 违法行为涉嫌犯罪的,移送司法机关处理。

对严重安全生产违法行为给予责令停产停业整顿、责令停产停业、责令停止建设、责令停止施工、吊销有关许可证、撤销有关执业资格或者岗位证书、5万元以上罚款、没收违法所得5万元以上的行政处罚的,应当由安全生产监督管理部门的负责人集体讨论决定。

(八) 行政处罚决定送达。

《行政处罚决定书》应当当场交付当事人;当事人不在场的,安全监督管理部门应当在7日内,依照《民事诉讼法》的有关规定,将《行政处罚决定书》送达当事人或者其他的法定受送达人。送达必须有送达回执,由受送达人在送达回执上注明收到日期,签名或者盖章。具体可以采用下列方式:

1. 送达应当直接送交受送达人。受送达人是个人的,本人不在时,交他的同住成年家属签收,并在《行政处罚决定书》送达回执的备注栏内注明与受送达人的关系;受送达人是法人或者其他组织的,应当由法人的法定代表人、其他组织的主要负责人或者该法人、组织负责收件的人签收;受送达人指定代收人或者委托代理人的,交代收人或者委托代理人签收并注明受当事人委托的情况;

2. 直接送达确有困难的,可以挂号邮寄送达,也可以委托当地安全监督管理部门代为送达,代为送达的安全监督管理部门收到文书后,应当及时交受送达人签收;

3. 当事人或者他的同住成年家属拒绝接收的,送达人可以邀请有关基层组织或者所在单位的代表到场,说明情况,在《行政处罚决定书》送达回执上记明拒收的事由和日期,由送达人、见证人签名或者盖章,将《行政处罚决定书》留在当事人的住所;也可以把《行政处罚决定书》留在受送达人的住所,并采用拍照、录像等方式记录送达过程,即视为送达;

4. 受送达人下落不明,或者用以上方式无法送达的,可以公告送达,自公告发布之日起经过60日,即视为送达。公告送达,应当在案卷中注明原因和经过;

5. 经受送达人同意,还可采用传真、电子邮件等能够确认其收悉的方式送达;

6. 法律、法规规定的其他送达方式。

(九) 行政处罚决定的执行。

当事人应当在行政处罚决定的期限内,予以履行。当事人按时全部履行处罚决定的,安全生产监督管理部门应该保留相应的凭证;行政处罚部分履行的,应有相应的审批文书;当事人逾期不履行的,作出行政处罚决定的安全生产监督管理部门可按每日以罚款数额的3%加处罚款,但加处罚款的数额不得超出原罚款的数额;根据法律规定,将查封、扣押的设施、设备、器材拍卖所得价款抵缴罚款和申请人民法院强制执行等措施。

当事人对行政处罚决定不服,申请行政复议或者提起行政诉讼的,行政处罚不停止执行,法律、法规另有规定的除外。

(十) 备案。

安全生产监督管理部门实施5万元以上罚款、没收违法所得5万元以上、责令停产停业、责令停止建设、责令停止施工、责令停产停业整顿、撤销有关资格、岗位证书或者吊销有关许可证的行政处罚的,按有关规定报上一级安全生产监督管理部门备案。

对上级安全生产监督管理部门交办的案件给予行政处罚的,由决定行政处罚的安全生产监督管理部门自作出行政处罚决定之日起10日内报上级安全生产监督管理部门备案。

（十一）结案。

行政处罚案件应当自立案之日起30日内作出行政处罚决定；由于客观原因不能完成的，经安全生产监督管理部门负责人同意，可以延长，但不得超过90日；特殊情况需进一步延长的，应当经上一级安全生产监督管理部门批准，可延长至180日。

案件执行完毕后，应填写结案审批表，经安全生产监督管理部门负责人批准后结案。

（十二）归档。

安全生产行政处罚案件结案后，应按安全生产执法文书的时间顺序和执法程序排序进行归档。

第三节　听证程序

第二十七条　当事人要求听证的，应当在安全生产监督管理部门告知后3日内以书面方式提出；逾期未提出申请的，视为放弃听证权利。

第二十八条　当事人提出听证要求后，安全生产监督管理部门应当在收到书面申请之日起15日内举行听证会，并在举行听证会的7日前，通知当事人举行听证的时间、地点。

当事人应当按期参加听证。当事人有正当理由要求延期的，经组织听证的安全生产监督管理部门负责人批准可以延期1次；当事人未按期参加听证，并且未事先说明理由的，视为放弃听证权利。

第二十九条　听证参加人由听证主持人、听证员、案件调查人员、当事人、书记员组成。

当事人可以委托1至2名代理人参加听证，并按规定提交委托书。

听证主持人、听证员、书记员应当由组织听证的安全生产监督管理部门负责人指定的非本案调查人员担任。

第三十条　除涉及国家秘密、商业秘密或者个人隐私外，听证应当公开举行。

第三十一条　听证按照下列程序进行：

（一）书记员宣布听证会会场纪律、当事人的权利和义务。听证主持人宣布案由，核实听证参加人名单，询问当事人是否申请回避。当事人提出回避申请的，由听证主持人宣布暂停听证；

（二）案件调查人员提出当事人的违法事实、出示证据，说明拟作出的行政处罚的内容及法律依据；

（三）当事人或者其委托代理人对案件的事实、证据、适用的法律等进行陈述和申辩，提交新的证据材料；

（四）听证主持人就案件的有关问题向当事人、案件调查人员、证人询问；

（五）案件调查人员、当事人或者其委托代理人相互辩论与质证；

（六）当事人或者其委托代理人作最后陈述；

（七）听证主持人宣布听证结束。

听证笔录应当当场交当事人核对无误后签名或者盖章。

第三十二条　有下列情形之一的，应当中止听证：

（一）需要重新调查取证的；

（二）需要通知新证人到场作证的；

（三）因不可抗力无法继续进行听证的。

第三十三条　有下列情形之一的，应当终止听证：

（一）当事人撤回听证要求的；

（二）当事人无正当理由不按时参加听证，或者未经听证主持人允许提前退席的；

（三）拟作出的行政处罚决定已经变更，不适用听证程序的。

第三十四条　听证结束后，听证主持人应当依据听证情况，形成听证会报告书，提出处理意见并附听证笔录报送安全生产监督管理部门负责人。

第三十五条　听证结束后，安全生产监督管理部门依照本法第二十六条第七项的规定，作出决定。

第五章　安全生产行政强制程序

第三十六条　安全生产行政强制的种类：

（一）对有根据认为不符合保障安全生产的国家标准或者行业标准的设施、设备、器材以及违法生产、储存、使用、经营的危险物品予以查封或者扣押，对违法生产、储存、使用、经营危险物品的作业场所予以查封；

（二）临时查封易制毒化学品有关场所、扣押相关的证据材料和违法物品；

（三）查封违法生产、储存、使用、经营危险化学品的场所，扣押违法生产、储存、使用、经营的危险化学品以及用于违法生产、使用危险化学品的原材料、设备工具；

（四）通知有关部门、单位强制停止供电，停止供应民用爆炸物品；

（五）封存造成职业病危害事故或者可能导致职业病危害事故发生的材料和设备；

（六）加处罚款；

（七）法律、法规规定的其他安全生产行政强制。

第三十七条　安全生产行政强制应当在法律、法规规定的职权范围内实施。安全生产行政强制措施权不得委托。

安全生产行政强制应当由安全生产监督管理部门具备资格的执法人员实施,其他人员不得实施。

第三十八条 实施安全生产行政强制,应当向安全生产监督管理部门负责人报告并经批准;情况紧急,需要当场实施安全生产行政强制的,执法人员应当在24小时内向安全生产监督管理部门负责人报告,并补办批准手续。安全生产监督管理部门负责人认为不应当采取安全生产行政强制的,应当立即解除。

第三十九条 实施安全生产行政强制应当符合下列规定:

(一)应有两名以上安全生产执法人员到场实施,现场出示执法证件及相关决定;

(二)实施前应当通知当事人到场;

(三)当场告知当事人采取安全生产行政强制的理由、依据以及当事人依法享有的权利、救济途径;

(四)听取当事人的陈述和申辩;

(五)制作现场笔录;

(六)现场笔录由当事人和安全生产执法人员签名或者盖章,当事人拒绝的,在笔录中予以注明;

(七)当事人不到场的,邀请见证人到场,由见证人和执法人员在现场笔录上签名或者盖章;

(八)法律、法规规定的其他程序。

第四十条 安全生产监督管理部门依法对存在重大事故隐患的生产经营单位作出停产停业、停止施工、停止使用相关设施或者设备的决定,生产经营单位应当依法执行,及时消除事故隐患。生产经营单位拒不执行,有发生生产安全事故的现实危险的,在保证安全的前提下,经本部门主要负责人批准,安全生产监督管理部门可以采取通知有关单位停止供电、停止供应民用爆炸物品等措施,强制生产经营单位履行决定,通知应当采用书面形式。

安全生产监督管理部门依照前款规定采取停止供电、停止供应民用爆炸物品措施,除有危及生产安全的紧急情形外,停止供电措施应当提前二十四小时通知生产经营单位。

第四十一条 安全生产监督管理部门依法通知有关单位采取停止供电、停止供应民用爆炸物品等措施决定书的内容应当包括:

(一)生产经营单位名称、地址及法定代表人姓名;

(二)采取停止供电、停止供应民用爆炸物品等措施的理由、依据和期限;

(三)停止供电的区域范围;

(四)安全生产监督管理部门的名称、印章和日期。

对生产经营单位的通知除包含前款规定的内容外,还应当载明申请行政复议或者提起行政诉讼的途径。

第四十二条 生产经营单位依法履行行政决定、采取相应措施消除事故隐患的,经安全生产监督管理部门复核通过,安全生产监督管理部门应当及时作出解除停止供电、停止供应民用爆炸物品等措施并书面通知有关单位。

第四十三条 安全生产监督管理部门适用加处罚款情形的,按照下列规定执行:

(一)在《行政处罚决定书》中,告知加处罚款的标准;

(二)当事人在决定期限内不履行义务,依照《中华人民共和国行政强制法》规定,制作并向当事人送达缴纳罚款《催告书》;

(三)听取当事人陈述、申辩,并制作陈述申辩笔录;

(四)制作并送达《加处罚款决定书》。

第四十四条 当事人仍不履行罚款处罚决定,又不提起行政复议、行政诉讼的,安全生产监督管理部门按照下列规定,依法申请人民法院强制执行:

(一)依照《中华人民共和国行政强制法》第五十四条向当事人送达《催告书》,催促当事人履行有关缴纳罚款、履行行政决定等义务;

(二)缴纳罚款《催告书》送达10日后,由执法机关自提起行政复议、行政诉讼期限届满之日起3个月内向安全生产监督管理部门所在地基层人民法院申请强制执行;执行对象是不动产的,向不动产所在地有管辖权的人民法院申请强制执行,并提交下列材料:

1. 强制执行申请书;
2. 行政决定书及作出决定的事实、理由和依据;
3. 当事人的意见及行政机关催告情况;
4. 申请强制执行标的情况;
5. 法律、行政法规规定的其他材料。

强制执行申请书应当由安全生产监督管理部门负责人签名,加盖本部门的印章,并注明日期。

(三)依照《中华人民共和国行政强制法》第五十九条规定,因情况紧急,为保障公共安全,安全生产监督管理部门可以申请人民法院立即执行;

(四)安全生产监督管理部门对人民法院不予受理或者不予执行的裁定有异议的,可以自收到裁定之日起在15日内向上一级人民法院申请复议。

第六章 附 则

第四十五条 安全生产监督管理部门以及法律、法规授权的机关或者组织和依法受委托的机关或者组织履行安全生产执法职权,按照有关法律、法规、规章和本规定的程序办理。

第四十六条 省级安全生产监督管理部门可以根据本规定制定相关实施细则。

安全生产监管执法监督办法

- 2018年3月5日
- 安监总政法〔2018〕34号

第一条 为督促安全生产监督管理部门依法履行职责、严格规范公正文明执法，及时发现和纠正安全生产监管执法工作中存在的问题，根据《安全生产法》《职业病防治法》等法律法规及国务院有关规定，制定本办法。

第二条 本办法所称安全生产监管执法行为（以下简称执法行为），是指安全生产监督管理部门（以下简称安全监管部门）依法履行安全生产、职业健康监督管理职责，按照有关法律、法规、规章对行政相对人实施监督检查、现场处理、行政处罚、行政强制、行政许可等行为。

本办法所称安全生产监管执法监督（以下简称执法监督），是指安全监管部门对执法行为及相关活动的监督，包括上级安全监管部门对下级安全监管部门，安全监管部门对本部门内设机构、专门执法机构（执法总队、支队、大队等，下同）及其执法人员开展的监督。

第三条 安全监管部门开展执法监督工作，适用本办法。

安全监管部门对接受委托执法的乡镇人民政府、街道办事处、开发区管理机构等组织、机构开展执法监督工作，参照本办法执行。

第四条 执法监督工作遵循监督与促进相结合的原则，强化安全监管部门对内设机构、专门执法机构及其执法人员的监督，不断完善执法工作制度和机制，提升执法效能。

第五条 安全监管部门应指定一内设机构（以下简称执法监督机构）具体负责组织开展执法监督工作。

安全监管部门应当配备满足工作需要的执法监督人员，为执法监督机构履行职责提供必要的条件。

第六条 安全监管部门应当通过政府网站和办事大厅、服务窗口等，公布本部门执法监督电话、电子邮箱及通信地址，接受并按规定核查处理有关举报投诉。

第七条 安全监管部门通过综合监督、日常监督、专项监督等三种方式开展执法监督工作。

综合监督是指上级安全监管部门按照本办法规定的检查内容，对下级安全监管部门执法总体情况开展的执法监督。

日常监督是指安全监管部门对内设机构、专门执法机构及其执法人员日常执法情况开展的执法监督。

专项监督是指安全监管部门针对有关重要执法事项或者执法行为开展的执法监督。

第八条 综合监督主要对下级安全监管部门建立健全下列执法工作制度特别是其贯彻执行情况进行监督：

（一）执法依据公开制度。依照有关法律、法规、规章及"三定"规定，明确安全生产监管执法事项、设定依据、实施主体、履责方式等，公布并及时调整本部门主要执法职责及执法依据。

（二）年度监督检查计划制度。编制年度监督检查计划时，贯彻落实分类分级执法、安全生产与职业健康执法一体化和"双随机"抽查的要求。年度监督检查计划报本级人民政府批准并报上一级安全监管部门备案。根据安全生产大检查、专项治理有关安排部署，及时调整年度监督检查计划，按规定履行重新报批、备案程序。

（三）执法公示制度。按照规定的范围和时限，及时主动向社会公开有关执法情况以及行政许可、行政强制、行政处罚结果等信息。

（四）行政许可办理和监督检查制度。依照法定条件和程序实施行政许可。加强行政许可后的监督检查，依法查处有关违法行为。

（五）行政处罚全过程管理制度。规范现场检查、复查，规范调查取证，严格执行行政处罚听证、审核、集体讨论、备案等规定，规范行政处罚自由裁量，推行监督检查及行政处罚全过程记录，规范行政处罚的执行和结案。

（六）执法案卷评查制度。定期对本部门和下级安全监管部门的行政处罚、行政强制、行政许可等执法案卷开展检查、评分；评查结果在一定范围内通报，针对普遍性问题提出整改措施和要求。

（七）执法统计制度。按照规定的时限和要求，逐级报送行政执法统计数据，做好数据质量控制工作，加强统计数据的分析运用。

（八）执法人员管理制度。执法人员必须参加统一的培训考核，取得行政执法资格后，方可从事执法工作。执法人员主动出示执法证件，遵守执法礼仪规范。对执法辅助人员实行统一管理。

（九）行政执法评议考核和奖惩制度。落实行政执法责任制，按年度开展本部门内设机构、专门执法机构及其执法人员的行政执法评议。评议结果按规定纳入执法人员年度考核的范围，加强考核结果运用，落实奖惩措施。

（十）行政复议和行政应诉制度。发挥行政复议的层级监督作用，严格依法审查被申请人具体行政行为的合法性、合理性。完善行政应诉工作，安全监管部门负责人依法出庭应诉。积极履行人民法院生效裁判。

（十一）安全生产行政执法与刑事司法衔接制度。加强与司法机关的协作配合，执法中发现有关单位、人员涉嫌犯罪的，依法向司法机关移送案件，定期通报有关案件办理情况。

第九条 国家安全监管总局每3年至少开展一轮对省级安全监管部门的综合监督，省级安全监管部门每2年至少开展一轮对本地区设区的市级安全监管部门的综合监督。

国家安全监管总局对省级安全监管部门开展综合监督的，应当一并检查其督促指导本地区设区的市级安全监管部门开展执法监督工作的情况。省级安全监管部门对本地区设区的市级安全监管部门开展综合监督的，应当一并检查其督促指导本地区县级安全监管部门开展执法监督工作的情况。

设区的市级安全监管部门按照省级安全监管部门的规定，开展对本地区县级安全监管部门的综合监督。

第十条 开展综合监督前，应当根据实际检查的安全监管部门数量、地域分布等，制定详细的工作方案。

综合监督采用百分制评分，具体评分标准由开展综合监督的安全监管部门结合实际工作情况制定。

第十一条 综合监督结束后，应当将综合监督有关情况、主要成效、经验做法以及发现的主要问题和整改要求、对策措施等在一定范围内通报。

省级安全监管部门应当在综合监督结束后将工作情况报告国家安全监管总局执法监督机构。

第十二条 地方各级安全监管部门应当制定日常监督年度计划，经本部门负责人批准后组织实施。

日常监督重点对本部门内设机构、专门执法机构及其执法人员严格依照有关法律、法规、规章的要求和程序实施现场处理、行政处罚、行政强制，以及事故调查报告批复的有关处理落实情况等进行监督，确保执法行为的合法性、规范性。

第十三条 安全监管部门对有关机关交办、转办、移送的重要执法事项以及行政相对人、社会公众举报投诉集中反映的执法事项、执法行为，应当开展专项监督。

专项监督由执法监督机构报经安全监管部门负责人批准后开展，并自批准之日起30日内形成专项监督报告。需要延长期限的，应当经安全监管部门负责人批准。

第十四条 上级安全监管部门在综合监督、专项监督中发现下级安全监管部门执法行为存在《行政处罚法》、《行政强制法》、《行政许可法》等法律法规规定的违法、不当情形的，应当立即告知下级安全监管部门予以纠正。对存在严重问题的，应当制作《行政执法监督整改通知书》，责令下级安全监管部门依法改正、纠正。

上级安全监管部门在制作《行政执法监督整改通知书》前，应当将相关执法行为存在的违法、不当情形告知下级安全监管部门，听取其陈述和申辩，必要时可以聘请专家对执法行为涉及的技术问题进行论证。

下级安全监管部门应当自收到《行政执法监督整改通知书》之日起30日内，将整改落实情况书面报告上级安全监管部门。

安全监管部门在日常监督、专项监督中发现本部门执法行为存在《行政处罚法》、《行政强制法》、《行政许可法》等法律法规规定的违法、不当情形的，应当及时依法改正、纠正。

第十五条 执法行为存在有关违法、不当情形，应当追究行政执法责任的，按照《安全生产监管监察职责和行政执法责任追究的规定》（国家安全监管总局令第24号）等规定，追究有关安全监管部门及其机构、人员的行政执法责任。对有关人员应当给予行政处分等处理的，依照有关规定执行；涉嫌犯罪的，移交司法机关处理。

第十六条 各级安全监管部门对在执法监督工作中表现突出的单位和个人，应当按规定给予表彰和奖励。

第十七条 地方各级安全监管部门应当于每年3月底前将本部门上一年度执法监督工作情况报告上一级安全监管部门。

第十八条 各省级安全监管部门可以结合本地区实际，制定具体实施办法。

第十九条 本办法自印发之日起施行。

生产经营单位安全培训规定

·2006年1月17日国家安全生产监管总局令第3号公布
·根据2013年8月29日《国家安全监管总局关于修改〈生产经营单位培训规定〉等11件规章的决定》第一次修订
·根据2015年5月29日《国家安全监管总局关于废止和修改劳动防护用品和安全培训等领域十部规章的决定》第二次修订

第一章 总 则

第一条 为加强和规范生产经营单位安全培训工作，提高从业人员安全素质，防范伤亡事故，减轻职业危害,根据安全生产法和有关法律、行政法规,制定本规定。

第二条 工矿商贸生产经营单位(以下简称生产经营单位)从业人员的安全培训,适用本规定。

第三条 生产经营单位负责本单位从业人员安全培训工作。

生产经营单位应当按照安全生产法和有关法律、行政法规和本规定,建立健全安全培训工作制度。

第四条 生产经营单位应当进行安全培训的从业人员包括主要负责人、安全生产管理人员、特种作业人员和其他从业人员。

生产经营单位使用被派遣劳动者的,应当将被派遣劳动者纳入本单位从业人员统一管理,对被派遣劳动者进行岗位安全操作规程和安全操作技能的教育和培训。劳务派遣单位应当对被派遣劳动者进行必要的安全生产教育和培训。

生产经营单位接收中等职业学校、高等学校学生实习的,应当对实习学生进行相应的安全生产教育和培训,提供必要的劳动防护用品。学校应当协助生产经营单位对实习学生进行安全生产教育和培训。

生产经营单位从业人员应当接受安全培训,熟悉有关安全生产规章制度和安全操作规程,具备必要的安全生产知识,掌握本岗位的安全操作技能,了解事故应急处理措施,知悉自身在安全生产方面的权利和义务。

未经安全培训合格的从业人员,不得上岗作业。

第五条 国家安全生产监督管理总局指导全国安全培训工作,依法对全国的安全培训工作实施监督管理。

国务院有关主管部门按照各自职责指导监督本行业安全培训工作,并按照本规定制定实施办法。

国家煤矿安全监察局指导监督检查全国煤矿安全培训工作。

各级安全生产监督管理部门和煤矿安全监察机构(以下简称安全生产监管监察部门)按照各自的职责,依法对生产经营单位的安全培训工作实施监督管理。

第二章 主要负责人、安全生产管理人员的安全培训

第六条 生产经营单位主要负责人和安全生产管理人员应当接受安全培训,具备与所从事的生产经营活动相适应的安全生产知识和管理能力。

第七条 生产经营单位主要负责人安全培训应当包括下列内容:

(一)国家安全生产方针、政策和有关安全生产的法律、法规、规章及标准;

(二)安全生产管理基本知识、安全生产技术、安全生产专业知识;

(三)重大危险源管理、重大事故防范、应急管理和救援组织以及事故调查处理的有关规定;

(四)职业危害及其预防措施;

(五)国内外先进的安全生产管理经验;

(六)典型事故和应急救援案例分析;

(七)其他需要培训的内容。

第八条 生产经营单位安全生产管理人员安全培训应当包括下列内容:

(一)国家安全生产方针、政策和有关安全生产的法律、法规、规章及标准;

(二)安全生产管理、安全生产技术、职业卫生等知识;

(三)伤亡事故统计、报告及职业危害的调查处理方法;

(四)应急管理、应急预案编制以及应急处置的内容和要求;

(五)国内外先进的安全生产管理经验;

(六)典型事故和应急救援案例分析;

(七)其他需要培训的内容。

第九条 生产经营单位主要负责人和安全生产管理人员初次安全培训时间不得少于32学时。每年再培训时间不得少于12学时。

煤矿、非煤矿山、危险化学品、烟花爆竹、金属冶炼等生产经营单位主要负责人和安全生产管理人员初次安全培训时间不得少于48学时,每年再培训时间不得少于16学时。

第十条 生产经营单位主要负责人和安全生产管理人员的安全培训必须依照安全生产监管监察部门制定的安全培训大纲实施。

非煤矿山、危险化学品、烟花爆竹、金属冶炼等生产经营单位主要负责人和安全生产管理人员的安全培训大纲及考核标准由国家安全生产监督管理总局统一制定。

煤矿主要负责人和安全生产管理人员的安全培训大纲及考核标准由国家煤矿安全监察局制定。

煤矿、非煤矿山、危险化学品、烟花爆竹、金属冶炼以外的其他生产经营单位主要负责人和安全管理人员的安全培训大纲及考核标准,由省、自治区、直辖市安全生产监督管理部门制定。

第三章 其他从业人员的安全培训

第十一条 煤矿、非煤矿山、危险化学品、烟花爆竹、金属冶炼等生产经营单位必须对新上岗的临时工、合同工、劳务工、轮换工、协议工等进行强制性安全培训,保证

其具备本岗位安全操作、自救互救以及应急处置所需的知识和技能后，方能安排上岗作业。

第十二条 加工、制造业等生产单位的其他从业人员，在上岗前必须经过厂（矿）、车间（工段、区、队）、班组三级安全培训教育。

生产经营单位应当根据工作性质对其他从业人员进行安全培训，保证其具备本岗位安全操作、应急处置等知识和技能。

第十三条 生产经营单位新上岗的从业人员，岗前安全培训时间不得少于24学时。

煤矿、非煤矿山、危险化学品、烟花爆竹、金属冶炼等生产经营单位新上岗的从业人员安全培训时间不得少于72学时，每年再培训的时间不得少于20学时。

第十四条 厂（矿）级岗前安全培训内容应当包括：

（一）本单位安全生产情况及安全生产基本知识；

（二）本单位安全生产规章制度和劳动纪律；

（三）从业人员安全生产权利和义务；

（四）有关事故案例等。

煤矿、非煤矿山、危险化学品、烟花爆竹、金属冶炼等生产经营单位厂（矿）级安全培训除包括上述内容外，应当增加事故应急救援、事故应急预案演练及防范措施等内容。

第十五条 车间（工段、区、队）级岗前安全培训内容应当包括：

（一）工作环境及危险因素；

（二）所从事工种可能遭受的职业伤害和伤亡事故；

（三）所从事工种的安全职责、操作技能及强制性标准；

（四）自救互救、急救方法、疏散和现场紧急情况的处理；

（五）安全设备设施、个人防护用品的使用和维护；

（六）本车间（工段、区、队）安全生产状况及规章制度；

（七）预防事故和职业危害的措施及应注意的安全事项；

（八）有关事故案例；

（九）其他需要培训的内容。

第十六条 班组级岗前安全培训内容应当包括：

（一）岗位安全操作规程；

（二）岗位之间工作衔接配合的安全与职业卫生事项；

（三）有关事故案例；

（四）其他需要培训的内容。

第十七条 从业人员在本生产经营单位内调整工作岗位或离岗一年以上重新上岗时，应当重新接受车间（工段、区、队）和班组级的安全培训。

生产经营单位采用新工艺、新技术、新材料或者使用新设备时，应当对有关从业人员重新进行有针对性的安全培训。

第十八条 生产经营单位的特种作业人员，必须按照国家有关法律、法规的规定接受专门的安全培训，经考核合格，取得特种作业操作资格证书后，方可上岗作业。

特种作业人员的范围和培训考核管理办法，另行规定。

第四章 安全培训的组织实施

第十九条 生产经营单位从业人员的安全培训工作，由生产经营单位组织实施。

生产经营单位应当坚持以考促学、以讲促学，确保全体从业人员熟练掌握岗位安全生产知识和技能；煤矿、非煤矿山、危险化学品、烟花爆竹、金属冶炼等生产经营单位还应当完善和落实师傅带徒弟制度。

第二十条 具备安全培训条件的生产经营单位，应当以自主培训为主；可以委托具备安全培训条件的机构，对从业人员进行安全培训。

不具备安全培训条件的生产经营单位，应当委托具备安全培训条件的机构，对从业人员进行安全培训。

生产经营单位委托其他机构进行安全培训的，保证安全培训的责任仍由本单位负责。

第二十一条 生产经营单位应当将安全培训工作纳入本单位年度工作计划。保证本单位安全培训工作所需资金。

生产经营单位的主要负责人负责组织制定并实施本单位安全培训计划。

第二十二条 生产经营单位应当建立健全从业人员安全生产教育和培训档案，由生产经营单位的安全生产管理机构以及安全生产管理人员详细、准确记录培训的时间、内容、参加人员以及考核结果等情况。

第二十三条 生产经营单位安排从业人员进行安全培训期间，应当支付工资和必要的费用。

第五章 监督管理

第二十四条 煤矿、非煤矿山、危险化学品、烟花爆竹、金属冶炼等生产经营单位主要负责人和安全生产管理人员，自任职之日起6个月内，必须经安全生产监管监察部门对其安全生产知识和管理能力考核合格。

第二十五条 安全生产监管监察部门依法对生产经营单位安全培训情况进行监督检查，督促生产经营单位按照国家有关法律法规和本规定开展安全培训工作。

县级以上地方人民政府负责煤矿安全生产监督管理的部门对煤矿井下作业人员的安全培训情况进行监督检查。煤矿安全监察机构对煤矿特种作业人员安全培训及其持证上岗的情况进行监督检查。

第二十六条 各级安全生产监管监察部门对生产经营单位安全培训及其持证上岗的情况进行监督检查，主要包括以下内容：

（一）安全培训制度、计划的制定及其实施的情况；

（二）煤矿、非煤矿山、危险化学品、烟花爆竹、金属冶炼等生产经营单位主要负责人和安全生产管理人员安全培训以及安全生产知识和管理能力考核的情况；其他生产经营单位主要负责人和安全生产管理人员培训的情况；

（三）特种作业人员操作资格证持证上岗的情况；

（四）建立安全生产教育和培训档案，并如实记录的情况；

（五）对从业人员现场抽考本职工作的安全生产知识；

（六）其他需要检查的内容。

第二十七条 安全生产监管监察部门对煤矿、非煤矿山、危险化学品、烟花爆竹、金属冶炼等生产经营单位的主要负责人、安全管理人员应当按照本规定严格考核。考核不得收费。

安全生产监管监察部门负责考核的有关人员不得玩忽职守和滥用职权。

第二十八条 安全生产监管监察部门检查中发现安全生产教育和培训责任落实不到位，有关从业人员未经培训合格的，应当视为生产安全事故隐患，责令生产经营单位立即停止违法行为，限期整改，并依法予以处罚。

第六章 罚 则

第二十九条 生产经营单位有下列行为之一的，由安全生产监管监察部门责令其限期改正，可以处1万元以上3万元以下的罚款：

（一）未将安全培训工作纳入本单位工作计划并保证安全培训工作所需资金的；

（二）从业人员进行安全培训期间未支付工资并承担安全培训费用的。

第三十条 生产经营单位有下列行为之一的，由安全生产监管监察部门责令其限期改正，可以处5万元以下的罚款；逾期未改正的，责令停产停业整顿，并处5万元以上10万元以下的罚款，对其直接负责的主管人员和其他直接责任人员处1万元以上2万元以下的罚款：

（一）煤矿、非煤矿山、危险化学品、烟花爆竹、金属冶炼等生产经营单位主要负责人和安全管理人员未按照规定经考核合格的；

（二）未按照规定对从业人员、被派遣劳动者、实习学生进行安全生产教育和培训或者未如实告知其有关安全生产事项的；

（三）未如实记录安全生产教育和培训情况的；

（四）特种作业人员未按照规定经专门的安全技术培训并取得特种作业人员操作资格证书，上岗作业的。

县级以上地方人民政府负责煤矿安全生产监督管理的部门发现煤矿未按照本规定对井下作业人员进行安全培训的，责令限期改正，处10万元以上50万元以下的罚款；逾期未改正的，责令停产停业整顿。

煤矿安全监察机构发现煤矿特种作业人员无证上岗作业的，责令限期改正，处10万元以上50万元以下的罚款；逾期未改正的，责令停产停业整顿。

第三十一条 安全生产监管监察部门有关人员在考核、发证工作中玩忽职守、滥用职权的，由上级安全生产监管监察部门或者行政监察部门给予记过、记大过的行政处分。

第七章 附 则

第三十二条 生产经营单位主要负责人是指有限责任公司或者股份有限公司的董事长、总经理，其他生产经营单位的厂长、经理、（矿务局）局长、矿长（含实际控制人）等。

生产经营单位安全生产管理人员是指生产经营单位分管安全生产的负责人、安全生产管理机构负责人及其管理人员，以及未设安全生产管理机构的生产经营单位专、兼职安全生产管理人员等。

生产经营单位其他从业人员是指除主要负责人、安全生产管理人员和特种作业人员以外，该单位从事生产经营活动的所有人员，包括其他负责人、其他管理人员、技术人员和各岗位的工人以及临时聘用的人员。

第三十三条 省、自治区、直辖市安全生产监督管理部门和省级煤矿安全监察机构可以根据本规定制定实施细则，报国家安全生产监督管理总局和国家煤矿安全监察局备案。

第三十四条 本规定自2006年3月1日起施行。

企业安全生产标准化建设定级办法

- 2021年10月27日
- 应急〔2021〕83号

第一条 为进一步规范和促进企业开展安全生产标准化(以下简称标准化)建设,建立并保持安全生产管理体系,全面管控生产经营活动各环节的安全生产工作,不断提升安全管理水平,根据《中华人民共和国安全生产法》,制定本办法。

第二条 本办法适用于全国化工(含石油化工)、医药、危险化学品、烟花爆竹、石油开采、冶金、有色、建材、机械、轻工、纺织、烟草、商贸等行业企业(以下统称企业)。

第三条 企业应当按照安全生产有关法律、法规、规章、标准等要求,加强标准化建设,可以依据本办法自愿申请标准化定级。

第四条 企业标准化等级由高到低分为一级、二级、三级。

企业标准化定级标准由应急管理部按照行业分别制定。应急管理部未制定行业标准化定级标准的,省级应急管理部门可以自行制定,也可以参照《企业安全生产标准化基本规范》(GB/T 33000)配套的定级标准,在本行政区域内开展二级、三级企业建设工作。

第五条 企业标准化定级实行分级负责。

应急管理部为一级企业以及海洋石油全部等级企业的定级部门。省级和设区的市级应急管理部门分别为本行政区域内二级、三级企业的定级部门。

第六条 标准化定级工作不得向企业收取任何费用。

各级定级部门可以通过政府购买服务方式确定从事安全生产相关工作的事业单位或者社会组织作为标准化定级组织单位(以下简称组织单位),委托其负责受理和审核企业自评报告(格式见附件1)、监督现场评审过程和质量等具体工作,并向社会公布组织单位名单。

各级定级部门可以通过政府购买服务方式委托从事安全生产相关工作的单位负责现场评审工作,并向社会公布名单。

第七条 企业标准化定级按照自评、申请、评审、公示、公告的程序进行。

(一)自评。企业应当自主开展标准化建设,成立由其主要负责人任组长、有员工代表参加的工作组,按照生产流程和风险情况,对照所属行业标准化定级标准,将本企业标准和规范融入安全生产管理体系,做到全员参与、实现安全管理系统化、岗位操作行为规范化、设备设施本质安全化、作业环境器具定置化。每年至少开展一次自评工作,并形成书面自评报告,在企业内部公示不少于10个工作日,及时整改发现的问题,持续改进安全绩效。

(二)申请。申请定级的企业,依拟申请的等级向相应组织单位提交自评报告,并对其真实性负责。

组织单位收到企业自评报告后,应当根据下列情况分别作出处理:

1. 自评报告内容存在错误、不齐全或者不符合规定形式的,在5个工作日内一次书面告知企业需要补正的全部内容;逾期不告知的,自收到自评报告之日起即为受理。

2. 自评报告内容齐全、符合规定形式,或者企业按照要求补正全部内容后,对自评报告逐项进行审核。对符合申请条件的,将审核意见和企业自评报告一并报送定级部门,并书面告知企业;对不符合的,书面告知企业并说明理由。

审核、报送和告知工作应当在10个工作日内完成。

(三)评审。定级部门对组织单位报送的审核意见和企业自评报告进行确认后,由组织单位通知负责现场评审的单位成立现场评审组在20个工作日内完成现场评审,将现场评审情况及不符合项等形成现场评审报告(格式见附件2),初步确定企业是否达到拟申请的等级,并书面告知企业。

企业收到现场评审报告后,应当在20个工作日内完成不符合项整改工作,并将整改情况报告现场评审组。特殊情况下,经组织单位批准,整改期限可以适当延长,但延长的期限最长不超过20个工作日。

现场评审组应当指导企业做好整改工作,并在收到企业整改情况报告后10个工作日内采取书面检查或者现场复核的方式,确认整改是否合格,书面告知企业,并由负责现场评审的单位书面告知组织单位。

企业未在规定期限内完成整改的,视为整改不合格。

(四)公示。组织单位将确认整改合格、符合相应级标准的企业名单定期报送相应定级部门;定级部门确认后,应当在本级政府或者本部门网站向社会公示,接受社会监督,公示时间不少于7个工作日。

公示期间,收到企业存在不符合定级标准以及其他相关要求问题反映的,定级部门应当组织核实。

(五)公告。对公示无异议或者经核实不存在所反映问题的企业,定级部门应当确认其等级,予以公告,并抄送同级工业和信息化、人力资源社会保障、国有资产监督管理、市场监督管理等部门和工会组织,以及相应银行保险和证券监督管理机构。

对未予公告的企业,由定级部门书面告知其未通过定级,并说明理由。

第八条 申请定级的企业应当在自评报告中,由其主要负责人承诺符合以下条件:

(一)依法应当具备的证照齐全有效;

(二)依法设置安全生产管理机构或者配备安全生产管理人员;

(三)主要负责人、安全生产管理人员、特种作业人员依法持证上岗;

(四)申请定级之日前1年内,未发生死亡、总计3人及以上重伤或者直接经济损失总计100万元及以上的生产安全事故;

(五)未发生造成重大社会不良影响的事件;

(六)未被列入安全生产失信惩戒名单;

(七)前次申请定级被告知未通过之日起满1年;

(八)被撤销标准化等级之日起满1年;

(九)全面开展隐患排查治理,发现的重大隐患已完成整改。

申请一级企业的,还应当承诺符合以下条件:

(一)从未发生过特别重大生产安全事故,且申请定级之日前5年内未发生过重大生产安全事故、前2年内未发生过生产安全死亡事故;

(二)按照《企业职工伤亡事故分类》(GB6441)、《事故伤害损失工作日标准》(GB/T15499),统计分析年度事故起数、伤亡人数、损失工作日、千人死亡率、千人重伤率、伤害频率、伤害严重率等,并自前次取得标准化等级以来逐年下降或者持平;

(三)曾被定级为一级,或者被定级为二级、三级并有效运行3年以上。

发现企业存在承诺不实的,定级相关工作即行终止,3年内不再受理该企业标准化定级申请。

第九条 企业标准化等级有效期为3年。

第十条 已经取得标准化等级的企业,可以在有效期届满前3个月再次按照本办法第七条规定的程序申请定级。

对再次申请原等级的企业,在标准化等级有效期内符合以下条件的,经定级部门确认后,直接予以公示和公告:

(一)未发生生产安全死亡事故;

(二)一级企业未发生总计重伤3人及以上或者直接经济损失总计100万元及以上的生产安全事故,二级、三级企业未发生总计重伤5人及以上或者直接经济损失总计500万元及以上的生产安全事故;

(三)未发生造成重大社会不良影响的事件;

(四)有关法律、法规、规章、标准及所属行业定级相关标准未作重大修订;

(五)生产工艺、设备、产品、原辅材料等无重大变化,无新建、改建、扩建工程项目;

(六)按照规定开展自评并提交自评报告。

第十一条 各级应急管理部门在日常监管执法工作中,发现企业存在以下情形之一的,应当立即告知并由原定级部门撤销其等级。原定级部门应当予以公告并同时抄送同级工业和信息化、人力资源社会保障、国有资产监督管理、市场监督管理等部门和工会组织,以及相应银行保险和证券监督管理机构。

(一)发生生产安全死亡事故的;

(二)连续12个月内发生总计重伤3人及以上或者直接经济损失总计100万元及以上的生产安全事故的;

(三)发生造成重大社会不良影响事件的;

(四)瞒报、谎报、迟报、漏报生产安全事故的;

(五)被列入安全生产失信惩戒名单的;

(六)提供虚假材料,或者以其他不正当手段取得标准化等级的;

(七)行政许可证照注销、吊销、撤销的,或者不再从事相关行业生产经营活动的;

(八)存在重大生产安全事故隐患,未在规定期限内完成整改的;

(九)未按照标准化管理体系持续、有效运行,情节严重的。

第十二条 各级应急管理部门应当协调有关部门采取有效激励措施,支持和鼓励企业开展标准化建设。

(一)将企业标准化建设情况作为分类分级监管的重要依据,对不同等级的企业实施差异化监管。对一级企业,以执法抽查为主,减少执法检查频次;

(二)因安全生产政策性原因对相关企业实施区域限产、停产措施的,原则上一级企业不纳入范围;

(三)停产后复产验收时,原则上优先对一级企业进行复产验收;

(四)标准化等级企业符合工伤保险费率下浮条件的,按规定下浮其工伤保险费率;

(五)标准化等级企业的安全生产责任保险按有关政策规定给予支持;

(六)将企业标准化等级作为信贷信用等级评定的

重要依据之一。支持鼓励金融信贷机构向符合条件的标准化等级企业优先提供信贷服务；

（七）标准化等级企业申报国家和地方质量奖励、优秀品牌等资格和荣誉的，予以优先支持或者推荐；

（八）对符合评选推荐条件的标准化等级企业，优先推荐其参加所属地区、行业及领域的先进单位（集体）、安全文化示范企业等评选。

第十三条 组织单位和负责现场评审的单位及其人员不得参与被评审企业的标准化培训、咨询相关工作。

第十四条 各级定级部门应当加强对组织单位和负责现场评审的单位及其人员的监督管理，对标准化相关材料进行抽查，发现存在审核把关不严、现场评审结论失实、报告抄袭雷同或有明显错误等问题的，约谈有关单位主要负责人；发现组织单位和负责现场评审的单位及其人员参与被评审企业的标准化培训、咨询相关工作，或存在收取企业费用、出具虚假报告等行为的，取消有关单位资格，依法依规严肃处理。

第十五条 企业标准化定级各环节相关工作通过应急管理部企业安全生产标准化信息管理系统进行。

第十六条 省级应急管理部门可以根据本办法和本地区实际制定二级、三级企业定级实施办法，并送应急管理部安全执法和工贸监管局备案。

第十七条 本办法由应急管理部负责解释，自2021年11月1日起施行，《企业安全生产标准化评审工作管理办法（试行）》（安监总办〔2014〕49号）同时废止。

附件1

企业安全生产标准化

自 评 报 告

企业名称（盖章）_____

行　　业_____专　业_____

自评得分_____自评等级_____

自评日期_____年_____月_____日

是否在企业内部公示　　□是　　□否

是否申请定级　　□是　　□否

申请等级　　□一级　　□二级　　□三级

基本情况						
企业名称						
住　　所						
类　　型						
安全管理机构						
法定代表人		电　话		传　真		
联 系 人		电　话		传　真		
		手　机		电子信箱		
本次自评前本企业(专业)曾经取得的标准化等级:　□一级　□二级　□三级　□小微企业　□无						
如果是某企业集团的成员单位,请注明企业集团名称:						
企业安全生产标准化工作组主要成员		姓　名	所在部门及职务/职称	电　话	备　注	
	组长					
	成员					
自评总结						
1. 企业概况。 2. 企业生产安全事故情况(本自评年度内)。 3. 企业安全生产标准化工作取得成效。 4. 自评打分表(得分情况、扣分项目)及整改完成情况。 5. 企业主要负责人承诺书(申请定级的企业提交)。						

自评报告填写说明

1. 企业名称、住所、类型按营业执照上登记的填写。

2. 所属行业:主要包括化工(含石油化工)、医药、危险化学品、烟花爆竹、石油开采、冶金、有色、建材、机械、轻工、纺织、烟草、商贸等。

3. 专业:按所属行业中的划分填写,如冶金行业中的炼钢、轧钢专业,有色行业中的电解铝、氧化铝专业,建材行业中的水泥专业等。

4. 企业概况:主要包括经营范围、主营业务、企业规模(含职工人数)、机构设置、在行业中所处地位、安全生产工作特点等。

5. 企业生产安全事故情况:包括事故起数、伤亡人数、财产损失等,申请一级企业定级还需提供损失工作日、千人死亡率、千人重伤率、伤害频率、伤害严重率等数据。

6. 自评打分表(得分情况、扣分项目)及整改完成情况需另附表。

7. 企业主要负责人承诺书内容应当符合定级办法第八条要求。

附件 2

企业安全生产标准化

现场评审报告

负责现场评审的单位(盖章)_____

申请企业_____

行　　业_____专　　业_____

评审性质____初评/复评____申请等级_____

评审日期____年___月___日至____年___月___日

负责现场评审的单位情况					
单位名称					
单位地址					
主要负责人		电话		手机	
联系人		电话		传真	
^		手机		电子信箱	
现场评审组成员		姓名	单位/职务/职称	电话	备注
^	组长				
^	成员				
^	^				
^	^				
^	^				
现场评审结果					
是否达到拟申请等级：□是　□否					现场评审得分：

现场评审组组长签字：
　　　　成员签字：

　　　　　　　　　　　　　　　　　　　　　　　　　　年　月　日

现场评审情况：

现场评审不符合项及整改完成情况(另附表提供)：

建议：

申请定级企业意见：　　主要负责人签字：

　　　　　　　　　　　　　　　　　　　　　　　　　（企业盖章）
　　　　　　　　　　　　　　　　　　　　　　　　　　年　月　日

安全生产行政许可标准化工作检查考核表(试行)

- 2018年3月12日
- 安监总厅政法〔2018〕17号

序号	指标名称	指标内容	标准分值	分值计算方法	实际分值
\multicolumn{6}{c}{第一大类:行政许可事项管理(9分)}					
1	行政许可事项清单管理(4分)	对本单位实施的行政许可事项制定清单	1		
2		清单中许可事项名称、法律依据、实施机关、实施对象等要素齐全	2	缺少1项要素扣0.5分,单项分值扣完为止	
3		在本部门官方网站或本级人民政府网站公开许可事项清单	1		
4	行政许可事项动态管理(3分)	根据法律、法规和国务院取消、下放行政许可事项的决定,及时更新清单中的事项(目前公布的清单为最新状态)	1		
5		在本部门官方网站或本级人民政府网站公布行政许可事项调整情况和调整原因	1		
6		在本单位行政许可工作制度(规范)中明确了承担许可事项清单动态管理职责的内设机构和动态管理规则	1		
7	行政许可事项编码管理(2分)	按照许可改革工作主管机关统一制定的编码规则,赋予清单中的每一项许可事项代码	1		
8		行政许可事项代码应用于许可信息系统建设,应用于信息系统互联互通和资源共享	1		
\multicolumn{6}{c}{第二大类:行政许可流程管理(45分)}					
9	信息公开(6分)	公开行政许可事项申请材料目录(清单)	1		
10		公开行政许可事项申请材料示范文本	2		
11		公开行政许可事项申请材料常见错误示例	2		
12		公开行政许可事项办理结果(每周或每月)	1		
13	制度规范(12分)	每项行政许可事项都有审查工作细则(细则中包含审查环节、审查内容、审查时限、审查人工作职责、审查人做出不当行为应承担的后果等要素)	5	缺少1项要素扣1分,单项分值扣完为止	
14		每项许可事项均有审批流程图	1	缺少1项审批事项流程图扣0.2分,单项分值扣完为止	
15		审批各环节工作人员有明确的职责分工	2		
16		实行政务大厅一站式审查的,指定负责人并明确其职责	2		
17		有现场核查程序规定	2		

续表

序号	类别	检查内容	分值	评分说明	
18	受理(10分)	对于已受理的许可事项,向申请人出具受理文书	1		
19		受理文书中各项要素齐全(1.事项名称、受理机构、受理单号;2.申请人及联系方式、受理人及联系方式;3.受理时间、审批法定时限、承诺办结时限;4.领取许可结果的方式、办理进程查询的方式、收费情况;5.依法可不计入审批时限的情形;6.加盖许可专用印章)	6	缺少1项要素扣1分,单项分值扣完为止	
20		对于材料不齐或不符合法定形式的,当场告知需要补正的全部内容或出具一次性告知文书	1		
21		对不予受理的事项出具不予受理文书	1		
22		不予受理文书中说明不予受理的理由或法律依据,并加盖行政审批专用章	1		
23	审查(6分)	每个审查环节都有明确的时限要求	1		
24		实行接办分离模式的,受理机构与审查机构在办理时限提示与工作配合中有专门的制度性规定	2		
25		实行接办分离模式的,受理机构与审查机构职责划分清晰,受理机构按照申请材料目录进行形式审查,审查机构按照职责分工进行实质审查(现场核查),出具审查结论性意见	2		
26		许可事项审查过程中在不同部门(或机构)的流转有清晰记录	1		
27	决定(7分)	在法定时限作出许可决定,无超期办理事项	3	发现1项超期办结事项扣1分,单项分值扣完为止	
28		作出准予许可决定后,需要颁发许可证件的或印发批准文书的,自作出决定之日起10日内制作完成有关证件或文书	1		
29	决定(7分)	不予许可的,制作不予许可决定文书,并在文书中说明理由,写明申请人权利救济方式和途径	2		
30		负责送达许可文书的机构自收到许可文书之日起3个工作日内通知申请人领取或向申请人发出有关许可文书	1		
31	评价(1分)	利用服务窗口或审批平台为申请人提供便捷的满意度评价渠道	1		
32	上报(3分)	每年1月10日前按时向上级部门报送本年度行政许可事项办理情况和统计数据	3		
第三大类:行政许可服务管理(30分)					
33	咨询(5分)	提供电话、网络、现场等多种咨询方式	3	每种咨询方式1分	
34		咨询方式、咨询电话公开、易查询	1		
35		对咨询服务有制度性、规范性要求	1		

续表

36	办理指南(15分)	对行政许可事项逐项制定办理指南	2	缺少1项办理指南扣0.2分,单项分值扣完为止	
37	办理指南(15分)	办理指南中要素齐全(包含许可事项的法律依据、许可范围、申请材料清单、申请材料数量及形式、申请材料接收方式、审批部门办公地址、办公时间、乘车路线、咨询电话、投诉渠道等)	10	缺少1项要素扣1分,单项分值扣完为止	
38		办理指南在本部门(或本级人民政府)官方网站或受理地点显著位置公开,申请人易查找	1		
39		办理指南及时根据法规政策的变化进行更新	2	发现办理指南中存在1项过时内容扣0.5分,单项分值扣完为止	
40	网上服务(10分)	建立统一的网上行政许可服务平台或将行政许可事项纳入已有的统一平台	2		
41		所有许可事项均可网上申请	2	网上申请事项达到50%即可得1分	
42		所有审批流程均可网上运行	3		
43		有办理时限电子监察系统	1		
44		行政许可服务平台与工商、发改等部门实现信息互联互通	2		
		第四大类:行政许可受理场所建设与管理(22分)			
45	受理场所建设(6分)	本单位所有行政许可事项均实行集中受理	2		
46		受理场所相对独立,与办公区域分离	1		
47	受理场所建设(6分)	受理场所配备必要的办公设备、信息化设施、便民设施,设置清晰的引导标识	2		
48		集中受理部门有经过充分授权的主管人员	1		
49	受理场所管理(5分)	指定专门的内设机构负责统一管理行政许可受理场所或由政务大厅统一管理	2		
50		建立受理场所工作人员管理机制,明确工作人员职责,从教育培训、人员调整、考勤考核等方面进行管理	3		

续表

51	人员管理(4分)	制定顶岗补位制度(内容主要包括受理场所的窗口各岗位A岗责任人不在岗时,B岗责任人应接替顶岗)	1	
52		制定服务承诺制度(内容主要包括窗口工作人员向行政相对人作出服务质量、服务时限等的承诺,并向社会公开,接受公众监督)	1	
53		制定责任追究制度(内容主要包括对违反相关制度的人员,有相应的处理办法和处理流程,进行责任追究)	1	
54		制定文明服务制度(内容主要包括窗口工作人员使用文明用语,采用微笑服务方式)	1	
55	保密管理(1分)	按照"谁公布谁负责"的要求,对拟公开的信息进行保密审查,确保凡是涉及国家机密、商业秘密、个人隐私的信息不擅自对外发布	1	
56	档案管理(6分)	有许可材料归档的标准或规范性要求	2	
57		配备专兼职档案管理人员和设施	1	
58		纸质材料和电子材料归档齐全,一事一档	3	发现一例归档材料不齐全的扣0.5分,单项分值扣完为止
第五大类:加分项(14分)				
59	信息共享(3分)	申请材料为本行政许可实施机关或本行政许可实施机关所在系统发放的证照或批准文书的,可以由申请人仅提供批准文件名称、文号、编码等信息供查询验证	1	
60		能够通过与其他行政许可实施机关信息共享获取相关信息,不再要求申请人提供	2	
61	表彰奖励(3分)	行政许可工作机构在本考核年度中受到表彰	1	
62		行政许可工作人员在本考核年度中受到表彰	1	
63		行政许可集中受理工作全年无投诉	1	
64	工作创新(8分)	优化审批流程,减少审批环节	1	
65		定期研究改进行政审批工作	1	
66		使用微信等新媒介向申请人推送许可办理过程信息	1	
67		全部行政许可事项网上受理率达到60%以上	1	
68	工作创新(8分)	提供许可办理过程全流程网上查询服务	1	
69		其他(例如出台有关本部门加强审批规范化建设或加强事中事后监管文件制度,推行"只跑一次""全过程不见面""容缺受理"等)	3	

注:标准分值总分120分,其中基础项106分,加分项14分。

安全评价检测检验机构管理办法

- 2019年3月20日应急管理部令第1号公布
- 自2019年5月1日起施行

第一章 总 则

第一条 为了加强安全评价机构、安全生产检测检验机构（以下统称安全评价检测检验机构）的管理，规范安全评价、安全生产检测检验行为，依据《中华人民共和国安全生产法》《中华人民共和国行政许可法》等有关规定，制定本办法。

第二条 在中华人民共和国领域内申请安全评价检测检验机构资质，从事法定的安全评价、检测检验服务（附件1），以及应急管理部门、煤矿安全生产监督管理部门实施安全评价检测检验机构资质认可和监督管理适用本办法。

从事海洋石油天然气开采的安全评价检测检验机构的管理办法，另行制定。

第三条 国务院应急管理部门负责指导全国安全评价检测检验机构管理工作，建立安全评价检测检验机构信息查询系统，完善安全评价、检测检验标准体系。

省级人民政府应急管理部门、煤矿安全生产监督管理部门（以下统称资质认可机关）按照各自的职责，分别负责安全评价检测检验机构资质认可和监督管理工作。

设区的市级人民政府、县级人民政府应急管理部门、煤矿安全生产监督管理部门按照各自的职责，对安全评价检测检验机构执业行为实施监督检查，并对发现的违法行为依法实施行政处罚。

第四条 安全评价检测检验机构及其从业人员应当依照法律、法规、规章、标准，遵循科学公正、独立客观、安全准确、诚实守信的原则和执业准则，独立开展安全评价和检测检验，并对其作出的安全评价和检测检验结果负责。

第五条 国家支持发展安全评价、检测检验技术服务的行业组织，鼓励有关行业组织建立安全评价检测检验机构信用评定制度，健全技术服务能力评定体系，完善技术仲裁工作机制，强化行业自律，规范执业行为，维护行业秩序。

第二章 资质认可

第六条 申请安全评价机构资质应当具备下列条件：

（一）独立法人资格，固定资产不少于八百万元；

（二）工作场所建筑面积不少于一千平方米，其中档案室不少于一百平方米，设施、设备、软件等技术支撑条件满足工作需求；

（三）承担矿山、金属冶炼、危险化学品生产和储存、烟花爆竹等业务范围安全评价的机构，其专职安全评价师不低于本办法规定的配备标准（附件1）；

（四）承担单一业务范围的安全评价机构，其专职安全评价师不少于二十五人；每增加一个行业（领域），按照专业配备标准至少增加五名专职安全评价师；专职安全评价师中，一级安全评价师比例不低于百分之二十，一级和二级安全评价师的总数比例不低于百分之五十，且中级及以上注册安全工程师比例不低于百分之三十；

（五）健全的内部管理制度和安全评价过程控制体系；

（六）法定代表人出具知悉并承担安全评价的法律责任、义务、权利和风险的承诺书；

（七）配备专职技术负责人和过程控制负责人；专职技术负责人具有一级安全评价师职业资格，并具有与所开展业务相匹配的高级专业技术职称，在本行业领域工作八年以上；专职过程控制负责人具有安全评价师职业资格；

（八）正常运行并可以供公众查询机构信息的网站；

（九）截至申请之日三年内无重大违法失信记录；

（十）法律、行政法规规定的其他条件。

第七条 申请安全生产检测检验机构资质应当具备下列条件：

（一）独立法人资格，固定资产不少于一千万元；

（二）工作场所建筑面积不少于一千平方米，有与从事安全生产检测检验相适应的设施、设备和环境，检测检验设施、设备原值不少于八百万元；

（三）承担单一业务范围的安全生产检测检验机构，其专业技术人员不少于二十五人；每增加一个行业（领域），至少增加五名专业技术人员；专业技术人员中，中级及以上注册安全工程师比例不低于百分之三十，中级及以上技术职称比例不低于百分之五十，且高级技术职称人员比例不低于百分之二十五；

（四）专业技术人员具有与承担安全生产检测检验相适应的专业技能，以及在本行业领域工作两年以上；

（五）法定代表人出具知悉并承担安全生产检测检验的法律责任、义务、权利和风险的承诺书；

（六）主持安全生产检测检验工作的负责人、技术负责人、质量负责人具有高级技术职称，在本行业领域工作八年以上；

（七）符合安全生产检测检验机构能力通用要求等相关标准和规范性文件规定的文件化管理体系；

（八）正常运行并可以供公众查询机构信息的网站；

（九）截至申请之日三年内无重大违法失信记录；

（十）法律、行政法规规定的其他条件。

第八条　下列机构不得申请安全评价检测检验机构资质：

（一）本办法第三条规定部门所属的事业单位及其出资设立的企业法人；

（二）本办法第三条规定部门主管的社会组织及其出资设立的企业法人；

（三）本条第一项、第二项中的企业法人出资设立（含控股、参股）的企业法人。

第九条　符合本办法第六条、第七条规定条件的申请人申请安全评价检测检验机构资质的，应当将申请材料报送其注册地的资质认可机关。

申请材料清单目录由国务院应急管理部门另行规定。

第十条　资质认可机关自收到申请材料之日起五个工作日内，对材料齐全、符合规定形式的申请，应当予以受理，并出具书面受理文书；对材料不齐全或者不符合规定形式的，应当当场或者五个工作日内一次性告知申请人需要补正的全部内容；对不予受理的，应当说明理由并出具书面凭证。

第十一条　资质认可机关应当自受理之日起二十个工作日内，对审查合格的，在本部门网站予以公告，公开有关信息（附件2、附件3），颁发资质证书，并将相关信息纳入安全评价检测检验机构信息查询系统；对审查不合格的，不予颁发资质证书，说明理由并出具书面凭证。

需要专家评审的，专家评审时间不计入本条第一款规定的审查期限内，但最长不超过三个月。

资质证书的式样和编号规则由国务院应急管理部门另行规定。

第十二条　安全评价检测检验机构的名称、注册地址、实验室条件、法定代表人、专职技术负责人、授权签字人发生变化的，应当自发生变化之日起三十日内向原资质认可机关提出书面变更申请。资质认可机关经审查后符合条件的，在本部门网站予以公告，并及时更新安全评价检测检验机构信息查询系统相关信息。

安全评价检测检验机构因改制、分立或者合并等原因发生变化的，应当自发生变化之日起三十日内向原资质认可机关书面申请重新核定资质条件和业务范围。

安全评价检测检验机构取得资质一年以上，需要变更业务范围的，应当向原资质认可机关提出书面申请。资质认可机关收到申请后应当按照本办法第九条至第十一条的规定办理。

第十三条　安全评价检测检验机构资质证书有效期五年。资质证书有效期届满需要延续的，应当在有效期届满三个月前向原资质认可机关提出申请。原资质认可机关应当按照本办法第九条至第十一条的规定办理。

第十四条　安全评价检测检验机构有下列情形之一的，原资质认可机关应当注销其资质，在本部门网站予以公告，并纳入安全评价检测检验机构信息查询系统：

（一）法人资格终止；

（二）资质证书有效期届满未延续；

（三）自行申请注销；

（四）被依法撤销、撤回、吊销资质；

（五）法律、行政法规规定的应当注销资质的其他情形。

安全评价检测检验机构资质注销后无资质承继单位的，原安全评价检测检验机构及相关人员应当对注销前作出的安全评价检测检验结果继续负责。

第三章　技术服务

第十五条　生产经营单位可以自主选择具备本办法规定资质的安全评价检测检验机构，接受其资质认可范围内的安全评价、检测检验服务。

第十六条　生产经营单位委托安全评价检测检验机构开展技术服务时，应当签订委托技术服务合同，明确服务对象、范围、权利、义务和责任。

生产经营单位委托安全评价检测检验机构为其提供安全生产技术服务的，保证安全生产的责任仍由本单位负责。应急管理部门、煤矿安全生产监督管理部门以安全评价报告、检测检验报告为依据，作出相关行政许可、行政处罚决定的，应当对其决定承担相应法律责任。

第十七条　安全评价检测检验机构应当建立信息公开制度，加强内部管理，严格自我约束。专职技术负责人和过程控制负责人应当按照法规标准的规定，加强安全评价、检测检验活动的管理。

安全评价项目组组长应当具有与业务相关的二级以上安全评价师资格，并在本行业领域工作三年以上。项目组其他组成人员应当符合安全评价项目专职安全评价师专业能力配备标准。

第十八条　安全评价检测检验机构开展技术服务

时,应当如实记录过程控制、现场勘验和检测检验的情况,并与现场图像影像等证明资料一并及时归档。

安全评价检测检验机构应当按照有关规定在网上公开安全评价报告、安全生产检测检验报告相关信息及现场勘验图像影像。

第十九条 安全评价检测检验机构应当在开展现场技术服务前七个工作日内,书面告知(附件4)项目实施地资质认可机关,接受资质认可机关及其下级部门的监督抽查。

第二十条 生产经营单位应当对本单位安全评价、检测检验过程进行监督,并对本单位所提供资料、安全评价和检测检验对象的真实性、可靠性负责,承担有关法律责任。

生产经营单位对安全评价检测检验机构提出的事故预防、隐患整改意见,应当及时落实。

第二十一条 安全评价、检测检验的技术服务收费按照有关规定执行。实行政府指导价或者政府定价管理的,严格执行政府指导价或者政府定价政策;实行市场调节价的,由委托方和受托方通过合同协商确定。安全评价检测检验机构应当主动公开服务收费标准,方便用户和社会公众查询。

审批部门在审批过程中委托开展的安全评价检测检验技术服务,服务费用一律由审批部门支付并纳入部门预算,对审批对象免费。

第二十二条 安全评价检测检验机构及其从业人员不得有下列行为:

(一)违反法规标准的规定开展安全评价、检测检验的;

(二)不再具备资质条件或者资质过期从事安全评价、检测检验的;

(三)超出资质认可业务范围,从事法定的安全评价、检测检验的;

(四)出租、出借安全评价检测检验资质证书的;

(五)出具虚假或者重大疏漏的安全评价、检测检验报告的;

(六)违反有关法规标准规定,更改或者简化安全评价、检测检验程序和相关内容的;

(七)专职安全评价师、专业技术人员同时在两个以上安全评价检测检验机构从业的;

(八)安全评价项目组组长及负责勘验人员不到现场实际地点开展勘验等有关工作的;

(九)承担现场检测检验的人员不到现场实际地点开展设备检测检验等有关工作的;

(十)冒用他人名义或者允许他人冒用本人名义在安全评价、检测检验报告和原始记录中签名的;

(十一)不接受资质认可机关及其下级部门监督抽查的。

本办法所称虚假报告,是指安全评价报告、安全生产检测检验报告内容与当时实际情况严重不符,报告结论定性严重偏离客观实际。

第四章 监督检查

第二十三条 资质认可机关应当建立健全安全评价检测检验机构资质认可、监督检查、属地管理的相关制度和程序,加强事中事后监管,并向社会公开监督检查情况和处理结果。

国务院应急管理部门可以对资质认可机关开展资质认可等工作情况实施综合评估,发现涉及重大生产安全事故、存在违法违规认可等问题的,可以采取约谈、通报,撤销其资质认可决定,以及暂停其资质认可权等措施。

第二十四条 资质认可机关应当将其认可的安全评价检测检验机构纳入年度安全生产监督检查计划范围。按照国务院有关"双随机、一公开"的规定实施监督检查,并确保每三年至少覆盖一次。

安全评价检测检验机构从事跨区域技术服务的,项目实施地资质认可机关应当及时核查其资质有效性、认可范围等信息,并对其技术服务实施抽查。

资质认可机关及其下级部门应当对本行政区域内登记注册的安全评价检测检验机构资质条件保持情况、接受行政处罚和投诉举报等情况进行重点监督检查。

第二十五条 资质认可机关及其下级部门、煤矿安全监察机构、事故调查组在安全生产行政许可、建设项目安全设施"三同时"审查、监督检查和事故调查中,发现生产经营单位和安全评价检测检验机构在安全评价、检测检验活动中有违法违规行为的,应当依法实施行政处罚。

吊销、撤销安全评价检测检验机构资质的,由原资质认可机关决定。

对安全评价检测检验机构作出行政处罚等决定,决定机关应当将有关情况及时纳入安全评价检测检验机构信息查询系统。

第二十六条 负有安全生产监督管理职责的部门及其工作人员不得干预安全评价检测检验机构正常活动。除政府采购的技术服务外,不得要求生产经营单位接受指定的安全评价检测检验机构的技术服务。

没有法律法规依据或者国务院规定,不得以备案、登记、年检、换证、要求设立分支机构等形式,设置或者变相设置安全评价检测检验机构准入障碍。

第五章 法律责任

第二十七条 申请人隐瞒有关情况或者提供虚假材料申请资质(包括资质延续、资质变更、增加业务范围等)的,资质认可机关不予受理或者不予行政许可,并给予警告。该申请人在一年内不得再次申请。

第二十八条 申请人以欺骗、贿赂等不正当手段取得资质(包括资质延续、资质变更、增加业务范围等)的,应当予以撤销。该申请人在三年内不得再次申请;构成犯罪的,依法追究刑事责任。

第二十九条 未取得资质的机构及其有关人员擅自从事安全评价、检测检验服务的,责令立即停止违法行为,依照下列规定给予处罚:

(一)机构有违法所得的,没收其违法所得,并处违法所得一倍以上三倍以下的罚款,但最高不得超过三万元;没有违法所得的,处五千元以上一万元以下的罚款;

(二)有关人员处五千元以上一万元以下的罚款。

对有前款违法行为的机构及其人员,由资质认可机关记入有关机构和人员的信用记录,并依照有关规定予以公告。

第三十条 安全评价检测检验机构有下列情形之一的,责令改正或者责令限期改正,给予警告,可以并处一万元以下的罚款;逾期未改正的,处一万元以上三万元以下的罚款,对相关责任人处一千元以上五千元以下的罚款;情节严重的,处一万元以上三万元以下的罚款,对相关责任人处五千元以上一万元以下的罚款:

(一)未依法与委托方签订技术服务合同的;

(二)违反法规标准规定更改或者简化安全评价、检测检验程序和相关内容的;

(三)未按规定公开安全评价报告、安全生产检测检验报告相关信息及现场勘验图像影像资料的;

(四)未在开展现场技术服务前七个工作日内,书面告知项目实施地资质认可机关的;

(五)机构名称、注册地址、实验室条件、法定代表人、专职技术负责人、授权签字人发生变化之日起三十日内未向原资质认可机关提出变更申请的;

(六)未按照有关法规标准的强制性规定从事安全评价、检测检验活动的;

(七)出租、出借安全评价检测检验资质证书的;

(八)安全评价项目组组长及负责勘验人员不到现场实际地点开展勘验等有关工作的;

(九)承担现场检测检验的人员不到现场实际地点开展设备检测检验等有关工作的;

(十)安全评价报告存在法规标准引用错误、关键危险有害因素漏项、重大危险源辨识错误、对策措施建议与存在问题严重不符等重大疏漏,但尚未造成重大损失的;

(十一)安全生产检测检验报告存在法规标准引用错误、关键项目漏检、结论不明确等重大疏漏,但尚未造成重大损失的。

第三十一条 承担安全评价、检测检验工作的机构,出具虚假证明的,没收违法所得;违法所得在十万元以上的,并处违法所得二倍以上五倍以下的罚款;没有违法所得或者违法所得不足十万元的,单处或者并处十万元以上二十万元以下的罚款;对其直接负责的主管人员和其他直接责任人员处二万元以上五万元以下的罚款;给他人造成损害的,与生产经营单位承担连带赔偿责任;构成犯罪的,依照刑法有关规定追究刑事责任。

对有前款违法行为的机构,由资质认可机关吊销其相应资质,向社会公告,按照国家有关规定对相关机构及其责任人员实行行业禁入,纳入不良记录"黑名单"管理,以及安全评价检测检验机构信息查询系统。

第六章 附 则

第三十二条 本办法自2019年5月1日起施行。原国家安全生产监督管理总局2007年1月31日公布、2015年5月29日修改的《安全生产检测检验机构管理规定》(原国家安全生产监督管理总局令第12号),2009年7月1日公布、2013年8月29日、2015年5月29日修改的《安全评价机构管理规定》(原国家安全生产监督管理总局令第22号)同时废止。

附件 1

安全评价机构业务范围与专职安全评价师专业能力配备标准

业务范围	专职安全评价师专业能力配备标准
煤炭开采业	安全、机械、电气、采矿、通风、矿建、地质各 1 名及以上。
金属、非金属矿及其他矿采选业	安全、机械、电气、采矿、通风、地质、水工结构各 1 名及以上。
陆地石油和天然气开采业	安全、机械、电气、采油、储运各 1 名及以上。
陆上油气管道运输业	油气储运 2 名及以上,设备、仪表、电气、防腐、安全各 1 名及以上。
石油加工业,化学原料、化学品及医药制造业	化工工艺、化工机械、电气、安全各 2 名及以上,自动化 1 名及以上。
烟花爆竹制造业	火炸药(爆炸技术)、机械、电气、安全各 1 名及以上。
金属冶炼	安全、机械、电气、冶金、有色金属各 1 名及以上。

备注:1. 安全评价师专业能力与学科基础专业对照表另行制定。
2. 安全生产检测检验资质认可业务范围以矿山井下特种设备目录为准。

附件 2

安全评价机构信息公开表

(样式)

机构名称			
统一社会信用代码/注册号			
办公地址		邮政编码	
机构信息公开网址		法定代表人	
联系人		联系电话	
专职技术负责人		过程控制负责人	
资质证书编号		发证日期	
资质证书批准部门		有效日期	
业务范围			
本机构的安全评价师			
姓名	专业	证书号码	姓名	专业	证书号码

续表

机构违法受处罚信息（初次申请不填写）			
违法事实	处罚决定	处罚时间	执法机关

附件3

安全生产检测检验机构信息公开表
（样式）

机构名称					
统一社会信用代码/注册号					
通信地址			邮政编码		
实验室地址			邮政编码		
机构信息公开网址			法定代表人		
机构联系人			联系电话		
主持检测检验工作负责人			技术负责人		
资质证书编号			发证日期		
资质证书批准部门			有效日期		
批准的业务范围					
序号	被检对象	项目/参数		依据标准编号及名称	限制范围	说明
^	^	序号	名称	^	^	^
批准的授权签字人及授权签字领域					
序号	姓名	授权签字领域				

续表

机构违法受处罚信息(初次申请不填写)			
违法事实	处罚决定	处罚时间	执法机关

附件4

安全评价检测检验机构从业告知书
（样式）

_____：
　我单位承接了_____□安全评价/□安全生产检测检验项目,拟于近期开展技术服务活动,现按照规定将有关信息告知如下。

机构名称			
机构资质证书编号		机构信息公开网址	
办公地址		邮政编码	
法定代表人		联系人		联系电话	
项目名称			
项目地址			
项目所属行业			
项目组长		联系电话	
技术服务期限			
计划现场勘验（检测检验）时间			
项目组成员、专业及工作任务(安全评价机构填写)			
姓名	专业	工作任务	
现场检测检验人员(安全生产检测检验机构填写)			
姓名		检测检验项目	

机构(盖章)：
　　　　年　　月　　日

安全生产约谈实施办法(试行)

- 2018年2月26日
- 安委[2018]2号

第一条 为促进安全生产工作,强化责任落实,防范和遏制重特大生产安全事故(生产安全事故以下简称"事故"),依据《中共中央国务院关于推进安全生产领域改革发展的意见》《国务院关于坚持科学发展安全发展促进安全生产形势持续稳定好转的意见》,制定本办法。

第二条 本办法所称安全生产约谈(以下简称约谈),是指国务院安全生产委员会(以下简称国务院安委会)主任、副主任及国务院安委会负有安全生产监督管理职责的成员单位负责人约见地方人民政府负责人,就安全生产有关问题进行提醒、告诫,督促整改的谈话。

第三条 国务院安委会进行的约谈,由国务院安委会办公室承办,其他约谈由国务院安委会有关成员单位按工作职责单独或共同组织实施。

共同组织实施约谈的,发起约谈的单位(以下简称约谈方)应与参加约谈的单位主动沟通,并就约谈事项达成一致。

第四条 发生特别重大事故或贯彻落实党中央、国务院安全生产重大决策部署不坚决、不到位的,由国务院安委会主任或副主任约谈省级人民政府主要负责人。

第五条 发生重大事故,有下列情形之一的,由国务院安委会办公室负责人或国务院安委会有关成员单位负责人约谈省级人民政府分管负责人:

(一)30日内发生2起的;
(二)6个月内发生3起的;
(三)性质严重、社会影响恶劣的;
(四)事故应急处置不力,致使事故危害扩大,死亡人数达到重大事故的;
(五)重大事故未按要求完成调查的,或未落实责任追究、防范和整改措施的;
(六)其他需要约谈的情形。

第六条 安全生产工作不力,有下列情形之一的,由国务院安委会办公室负责人或国务院安委会有关成员单位负责人或指定其内设司局主要负责人约谈市(州)人民政府主要负责人:

(一)发生重大事故或6个月内发生3起较大事故的;
(二)发生性质严重、社会影响恶劣较大事故的;
(三)事故应急处置不力,致使事故危害扩大,死亡人数达到较大事故的;
(四)国务院安委会督办的较大事故,未按要求完成调查的,或未落实责任追究、防范和整改措施的;
(五)国务院安委会办公室督办的重大事故隐患,未按要求完成整改的;
(六)其他需要约谈的情形。

第七条 约谈程序的启动:

(一)国务院安委会进行的约谈,由国务院安委会办公室提出建议,报国务院领导同志审定后,启动约谈程序;
(二)国务院安委会办公室进行的约谈,由国务院安委会有关成员单位按工作职责提出建议,报国务院安委会办公室主要负责人审定后,启动约谈程序;
(三)国务院安委会成员单位进行的约谈,由本部门有关内设机构提出建议,报本部门分管负责人批准后,抄送国务院安委会办公室,启动约谈程序。

第八条 约谈经批准后,由约谈方书面通知被约谈方,告知被约谈方约谈事由、时间、地点、程序、参加人员、需要提交的材料等。

第九条 被约谈方应根据约谈事由准备书面材料,主要包括基本情况、原因分析、主要教训以及采取的整改措施等。

第十条 被约谈方为省级人民政府的,省级人民政府主要或分管负责人及其有关部门主要负责人、市(州)人民政府主要负责人和分管负责人等接受约谈。视情要求有关企业主要负责人接受约谈。

被约谈方为市(州)人民政府的,市(州)人民政府主要负责人和分管负责人及其有关部门主要负责人、省级人民政府有关部门负责人等接受约谈。视情要求有关企业主要负责人接受约谈。

第十一条 约谈人员除主约谈人外,还包括参加约谈的国务院安委会成员单位负责人或其内设司局负责人,以及组织约谈的相关人员等。

第十二条 根据约谈工作需要,可邀请有关专家、新闻媒体、公众代表等列席约谈。

第十三条 约谈实施程序:

(一)约谈方说明约谈事由和目的,通报被约谈方存在的问题;
(二)被约谈方就约谈事项进行陈述说明,提出下一步拟采取的整改措施;
(三)讨论分析,确定整改措施及时限;
(四)形成约谈纪要。

国务院安委会成员单位进行的约谈,约谈纪要抄送国务院安委办公室。

第十四条　整改措施落实与督促:

(一)被约谈方应当在约定的时限内将整改措施落实情况书面报约谈方,约谈方对照审核,必要时可进行现场核查;

(二)落实整改措施不力,连续发生事故的,由约谈方给予通报,并抄送被约谈方的上一级监察机关,依法依规严肃处理。

第十五条　约谈方根据政务公开的要求及时向社会公开约谈情况,接受社会监督。

第十六条　国务院安委会有关成员单位对中央管理企业的约谈参照本办法实施。

国务院安委会办公室对约谈办法实施情况进行督促检查。国务院安委会有关成员单位、各省级安委会可以参照本办法制定本单位、本地区安全生产约谈办法。

第十七条　本办法自印发之日起实施。

安全生产领域举报奖励办法

· 2018年1月4日
· 安监总财〔2018〕19号

第一条　为进一步加强安全生产工作的社会监督,鼓励举报重大事故隐患和安全生产违法行为,及时发现并排除重大事故隐患,制止和惩处违法行为,依据《中华人民共和国安全生产法》《中华人民共和国职业病防治法》和《中共中央国务院关于推进安全生产领域改革发展的意见》等有关法律法规和文件要求,制定本办法。

第二条　本办法适用于所有重大事故隐患和安全生产违法行为的举报奖励。

其他负有安全生产监督管理职责的部门对所监管行业领域的安全生产举报奖励另有规定的,依照其规定。

第三条　任何单位、组织和个人(以下统称举报人)有权向县级以上人民政府安全生产监督管理部门、其他负有安全生产监督管理职责的部门和各级煤矿安全监察机构(以下统称负有安全监管职责的部门)举报重大事故隐患和安全生产违法行为。

第四条　负有安全监管职责的部门开展举报奖励工作,应当遵循"合法举报、适当奖励、属地管理、分级负责"和"谁受理、谁奖励"的原则。

第五条　本办法所称重大事故隐患,是指危害和整改难度较大,应当全部或者局部停产停业,并经过一定时间整改治理方能排除的隐患,或者因外部因素影响致使生产经营单位自身难以排除的隐患。

煤矿重大事故隐患的判定,按照《煤矿重大生产安全事故隐患判定标准》(国家安全监管总局令第85号)的规定认定。其他行业和领域重大事故隐患的判定,按照负有安全监管职责的部门制定并向社会公布的判定标准认定。

第六条　本办法所称安全生产违法行为,按照国家安全监管总局印发的《安全生产非法违法行为查处办法》(安监总政法〔2011〕158号)规定的原则进行认定,重点包括以下情形和行为:

(一)没有获得有关安全生产许可证或证照不全、证照过期、证照未变更从事生产经营、建设活动的;未依法取得批准或者验收合格,擅自从事生产经营活动的;关闭取缔后又擅自从事生产经营、建设活动的;停产整顿、整合技改未经验收擅自组织生产和违反建设项目安全设施"三同时"规定的。

(二)未依法对从业人员进行安全生产教育和培训,或者矿山和危险化学品生产、经营、储存单位,金属冶炼、建筑施工、道路交通运输单位的主要负责人和安全生产管理人员未依法经安全生产知识和管理能力考核合格,或者特种作业人员未依法取得特种作业操作资格证书而上岗作业的;与从业人员订立劳动合同,免除或者减轻其对从业人员因生产安全事故伤亡依法应承担的责任的。

(三)将生产经营项目、场所、设备发包或者出租给不具备安全生产条件或者相应资质(资格)的单位或者个人,或者未与承包单位、承租单位签订专门的安全生产管理协议,或者未在承包合同、租赁合同中明确各自的安全生产管理职责,或者未对承包、承租单位的安全生产进行统一协调、管理的。

(四)未按国家有关规定对危险物品进行管理或者使用国家明令淘汰、禁止的危及生产安全的工艺、设备的。

(五)承担安全评价、认证、检测、检验工作和职业卫生技术服务的机构出具虚假证明文件的。

(六)生产安全事故瞒报、谎报以及重大事故隐患隐瞒不报,或者不按规定期限予以整治的,或者生产经营单位主要负责人在发生伤亡事故后逃匿的。

(七)未依法开展职业病防护设施"三同时",或者未依法开展职业病危害检测、评价的。

(八)法律、行政法规、国家标准或行业标准规定的其他安全生产违法行为。

第七条　举报人举报的重大事故隐患和安全生产违法行为，属于生产经营单位和负有安全监管职责的部门没有发现，或者虽然发现但未按有关规定依法处理，经核查属实的，给予举报人现金奖励。具有安全生产管理、监管、监察职责的工作人员及其近亲属或其授意他人的举报不在奖励之列。

第八条　举报人举报的事项应当客观真实，并对其举报内容的真实性负责，不得捏造、歪曲事实，不得诬告、陷害他人和企业；否则，一经查实，依法追究举报人的法律责任。

举报人可以通过安全生产举报投诉特服电话"12350"，或者以书信、电子邮件、传真、走访等方式举报重大事故隐患和安全生产违法行为。

第九条　负有安全监管职责的部门应当建立健全重大事故隐患和安全生产违法行为举报的受理、核查、处理、协调、督办、移送、答复、统计和报告等制度，并向社会公开通信地址、邮政编码、电子邮箱、传真电话和奖金领取办法。

第十条　核查处理重大事故隐患和安全生产违法行为的举报事项，按照下列规定办理：

（一）地方各级负有安全监管职责的部门负责受理本辖区内的举报事项；

（二）设区的市级以上地方人民政府负有安全监管职责的部门、国家有关负有安全监管职责的部门可以依照各自的职责直接核查处理辖区内的举报事项；

（三）各类煤矿的举报事项由所辖区域内属地煤矿安全监管部门负责核查处理。各级煤矿安全监察机构直接接到的涉及煤矿重大事故隐患和安全生产违法行为的举报，应及时向当地政府报告，并配合属地煤矿安全监管等部门核查处理；

（四）地方人民政府煤矿安全监管部门与煤矿安全监察机构在核查煤矿举报事项之前，应当相互沟通，避免重复核查和奖励；

（五）举报事项不属于本单位受理范围的，接到举报的负有安全监管职责的部门应当告知举报人向有处理权的单位举报，或者将举报材料移送有处理权的单位，并采取适当方式告知举报人；

（六）受理举报的负有安全监管职责的部门应当及时核查处理举报事项，自受理之日起60日内办结；情况复杂的，经上一级负有安全监管职责的部门批准，可以适当延长核查处理时间，但延长期限不得超过30日，并告知举报人延期理由。受核查手段限制，无法查清的，应及时报告有关地方政府，由其牵头组织核查。

第十一条　经调查属实的，受理举报的负有安全监管职责的部门应当按下列规定对有功的实名举报人给予现金奖励：

（一）对举报重大事故隐患、违法生产经营建设的，奖励金额按照行政处罚金额的15%计算，最低奖励3000元，最高不超过30万元。行政处罚依据《安全生产法》《安全生产违法行为行政处罚办法》《安全生产行政处罚自由裁量标准》《煤矿安全监察行政处罚自由裁量实施标准》等法律法规及规章制度执行；

（二）对举报瞒报、谎报事故的，按照最终确认的事故等级和查实举报的瞒报谎报死亡人数给予奖励。其中：一般事故按每查实瞒报谎报1人奖励3万元计算；较大事故按每查实瞒报谎报1人奖励4万元计算；重大事故按每查实瞒报谎报1人奖励5万元计算；特别重大事故按每查实瞒报谎报1人奖励6万元计算。最高奖励不超过30万元。

第十二条　多人多次举报同一事项的，由最先受理举报的负有安全监管职责的部门给予有功的实名举报人一次性奖励。

多人联名举报同一事项的，由实名举报的第一署名人或者第一署名人书面委托的其他署名人领取奖金。

第十三条　举报人接到领奖通知后，应当在60日内凭举报人有效证件到指定地点领取奖金；无法通知举报人的，受理举报的负有安全监管职责的部门可以在一定范围内进行公告。逾期未领取奖金者，视为放弃领奖权利；能够说明理由的，可以适当延长领取时间。

第十四条　奖金的具体数额由负责核查处理举报事项的负有安全监管职责的部门根据具体情况确定，并报上一级负有安全监管职责的部门备案。

第十五条　参与举报处理工作的人员必须严格遵守保密纪律，依法保护举报人的合法权益，未经举报人同意，不得以任何方式透露举报人身份、举报内容和奖励等情况，违者依法承担相应责任。

第十六条　给予举报人的奖金纳入同级财政预算，通过现有资金渠道安排，并接受审计、监察等部门的监督。

第十七条　本办法由国家安全监管总局和财政部负责解释。

第十八条　本办法自印发之日起施行。国家安全监管总局、财政部《关于印发安全生产举报奖励办法的通知》（安监总财〔2012〕63号）同时废止。

应急管理部关于进一步加强安全生产举报工作的指导意见

- 2023年10月18日
- 应急〔2023〕106号

各省、自治区、直辖市应急管理厅（局），新疆生产建设兵团应急管理局：

为进一步加强安全生产举报工作，规范应急管理部门举报处置办理，根据《中华人民共和国安全生产法》《关于进一步强化安全生产责任落实 坚决防范遏制重特大事故的若干措施》《安全生产领域举报奖励办法》等相关规定，现提出以下意见。

一、进一步明确目标任务

（一）指导思想。以习近平新时代中国特色社会主义思想为指导，坚持人民至上、生命至上，创新安全监管方式方法，建立健全安全生产举报工作机制，鼓励举报重大事故隐患和安全生产违法行为，推进安全生产社会治理，促进安全生产责任落实，预防和减少事故发生，以高水平安全保障高质量发展。

（二）目标任务。推进建立健全高效畅通的安全生产举报渠道，深化信息化赋能，全面构建"互联网+举报"模式；依法规范举报处置工作流程，建立纵向国家省市县四级贯通、横向各部门协同联动的工作体系；充分发挥举报奖励示范带动作用，提升社会公众、生产经营单位从业人员参与举报工作积极性，营造社会共治的良好环境。

二、进一步规范工作流程

（三）畅通举报渠道。各级应急管理部门要向社会公布接收安全生产举报（以下简称举报）的渠道，提供便捷、快速、有效的举报途径，鼓励社会公众和从业人员通过网络、微信小程序、电话和信件等多种渠道进行举报。充分利用应急管理部"安全生产举报系统"和微信小程序进行举报接收和办理工作，并将其他渠道收到的举报信息，及时、完整、规范地补充录入举报系统，对举报线索进行统一管理，提高举报工作信息化水平。设有单独门户网站的应急管理部门都要设置应急管理部"安全生产举报系统"入口，加挂"应急管理部安全生产举报"微信小程序码。各级应急管理部门要推动将举报电话、网址、微信小程序码张贴在生产经营单位显著位置，并要求生产经营单位不得擅自撕毁、涂改，便于从业人员进行举报。

已有自建举报系统的省份，可以按照现有方式进行处置，同时要做好与应急管理部"安全生产举报系统"数据对接工作，及时办理自行接收的举报以及部举报系统交办转办的举报。

（四）完善举报接收和交办转办机制。各级应急管理部门对涉及安全生产事项的举报均应予以接收。按照"属地管理、分级负责"原则，建立健全举报交办转办工作机制并建立相关台账。属于本部门职责范围的举报，依照职责进行核查处理；属于下级应急管理部门职责范围的举报，交由下级应急管理部门进行核查处理，并对办理情况跟踪督办。

不属于应急管理部门职责范围内的举报，应当依法转由其他负有相关职责的部门处理。应急管理部接到的，可以转由同级有关部门处理，或者交由各省级应急管理部门转由省级有关部门处理，并以适当方式告知举报人；地方各级应急管理部门接到的，应当转由同级有关部门处理，并以适当方式告知举报人。

地方各级应急管理部门要加强与矿山安全监察机构、消防救援机构的工作衔接配合，及时做好有关举报线索接转工作。

（五）明确举报受理范围。各级应急管理部门应当向社会公布受理举报的范围。任何单位、组织和个人有权向应急管理部门举报重大事故隐患和安全生产违法行为等事项。举报受理涉及的行业领域包括煤矿、金属与非金属矿山（含尾矿库）、化工（含石油化工）、医药、危险化学品、烟花爆竹、石油开采、冶金、有色、建材、机械、轻工、纺织、烟草、商贸等。

无明确被举报对象的、没有具体违法事实的、已受理或者办结且举报人在无新证据的情况下对同一事实重复提交的举报等，应急管理部门不予受理。对已经批复结案的生产安全事故进行举报的，不予受理，并告知举报人通过其他渠道反映，并做好登记。

（六）规范举报受理环节。各级应急管理部门收到举报后，应当及时审查决定是否受理，除举报人要求出具纸质告知书的，可以通过信息网络、电话、手机短信等方式告知举报人，并做好登记。不予受理的，应当同时说明理由；举报材料和内容需要补充的，可以要求举报人适当补充。

举报人通过举报方式提出咨询、信访、政府信息公开、行政复议、检举控告等其他事项，或者举报中含有前述其他事项的，应急管理部门应当告知举报人依法通过其他途径提出诉求。

（七）依法依规核查处理。各级应急管理部门受理举报后应当依法依规组织核查，对重大事故隐患和瞒报谎报生产安全事故的举报、生产经营单位从业人员的举报以及事故调查中当事人反映的线索应当尽快组织核查。核查结束后应当形成核查报告，包括处理建议等内容并附带有关证据材料。

对核查属实的重大事故隐患，应当依法责令立即或者限期整改，并视情形采取相应处置措施。对核查属实的违法行为，应当依法当场予以纠正或者要求限期改正，应当给予行政处罚的，依法作出行政处罚；涉嫌犯罪的，依法及时将案件移送司法机关。对核查属实的瞒报谎报生产安全事故，根据事故等级提请有管辖权的县级以上人民政府或者法律法规明确的专门机构组织调查处理。核查处理中涉及生产安全事故调查处理的，依照相关规定执行。

设区的市级以上应急管理部门可以根据需要提级核查辖区内的举报事项。受核查手段限制无法查清的，应当及时报告有关地方政府。

受理举报的应急管理部门应当及时核查处理举报事项，自受理之日起60日内办结；情况复杂的，经上一级应急管理部门批准，可以适当延长核查处理时间，最长不得超过30日，并以适当方式告知举报人处理进度和延期情况。

（八）认真做好结果反馈。负责举报核查处理的应急管理部门应当及时向举报人反馈处理结果。应急管理部门答复举报人的内容应当包括核查结论、简要核查情况、处理决定和符合奖励条件情况等事项。举报人就同一类事项提出多个举报，或者多个举报人就同一类事项提出多个举报的，可以合并处理、答复；应急管理部门对于受理的举报作出答复前，举报人主动撤回举报的，不再作出答复。

举报人在核查结论送达之日起10日内对核查结论提出异议的，应急管理部门应当在接到异议之日起30日内组织复查。

应急管理部接到对举报核查结论有异议的，按照属地管理原则转由省级应急管理部门处理。省级应急管理部门接到对县级应急管理部门举报核查结论有异议的，应当以适当方式告知举报人向设区的市级应急管理部门申请复查。省级应急管理部门接到对设区的市级应急管理部门举报核查结论有异议的、设区的市级应急管理部门接到对县级应急管理部门举报核查结论有异议的，应当组织复查，通过复查确认无误的予以办结；复查发现核查结论确实存在问题的，由负责复查的应急管理部门重新组织核查。

应急管理部门接到举报人对核查结论的异议超出本部门职责权限的，应当告知举报人反映问题的渠道。

（九）积极落实举报奖励。举报奖励依据《安全生产领域举报奖励办法》《生产经营单位从业人员安全生产举报处理规定》规定执行，对报告重大安全风险、重大事故隐患或者举报安全生产违法行为的有功人员实行重奖。省级应急管理部门可以根据国家有关规定制定细化奖励办法。

（十）切实保障当事人合法权益。各级应急管理部门及其工作人员应当对在处理举报过程中知悉的国家秘密、商业秘密、个人隐私和个人信息予以保密，不得泄露给与办理举报工作无关的单位和人员或者非法向他人提供。举报人身份信息等敏感信息要作为工作秘密进行管理、使用，不得将举报人的举报材料及有关情况透露或者转给被举报的人员或者单位，违反有关规定的依法承担相应责任。

各级应急管理部门可以结合工作实际，完善举报人信息保密制度，建立举报信息泄露可追溯工作机制，依法追究相关责任人因泄露信息造成举报人被打击报复的法律责任，切实维护举报人合法权益。

各级应急管理部门在举报核查办理过程中，应当切实维护生产经营单位及相关从业人员的合法权益。开展举报核查工作应当依法依规，避免对生产经营单位正常生产经营活动的不必要干扰。发现举报人捏造、歪曲事实诬告、陷害他人和生产经营单位并造成不良后果的，一经查实，依法追究举报人的法律责任。

三、进一步强化举报作用发挥

（十一）加强举报数据分析应用。各级应急管理部门要加强举报信息数据的归档管理和分析应用，对举报涉及的行业领域、所在区域、具体事项等方面进行深入研究，查找典型性、倾向性、苗头性问题，分析重要举报线索和举报的关键点，综合研判存在的突出问题和安全生产薄弱环节。针对举报较为集中的行业领域，要提醒相关部门加强监管，及时防范化解各类安全风险，为安全监管科学决策、精准执法提供有效支撑。

（十二）推动生产经营单位主体责任落实。各级应急管理部门要鼓励引导生产经营单位学习借鉴安全管理先进单位经验，建立健全生产经营单位内部隐患排查奖励制度，激励从业人员向生产经营单位有关负责人报告发现的隐患、提出整改隐患的合理化建议。从业人员发现生产经营单位对报告的重大事故隐患不予整改或者瞒报谎报生产安全事故、有安全生产违法行为的，有权向政府有关部门举报。在生产经营单位内营造"人人都是安全员、处处都是安全岗"的浓厚氛围，持续改善安全环境，提升安全生产水平，有效推动生产经营单位主体责任和全员安全生产责任制落实。

（十三）发挥典型案例引导作用。各级应急管理部门要坚持正确导向，通过广播电视、报纸杂志、新闻发布会和各类新媒体等途径定期发布举报典型案例，为高质量办理举报提供范例指引，提高全社会对举报的关注度，推动引导社会公众参与安全生产治理，解决影响安全生产的突出问题。

四、进一步加强组织保障

（十四）加强组织推动。各级应急管理部门要充分认识举报是推动安全生产工作的重要手段，强化政治自觉、行动自觉，提高责任意识，加强组织领导，加强制度建设，健全内部工作机制，进一步明确受理核查、奖励发放、统计分析、宣传发动等各项要求。各级应急管理部门要推动将举报工作开展情况纳入政府年度安全生产考核，对举报工作定期开展督导督查，加强情况通报。推动各级负有安全监管职责的部门依法建设举报信息化系统，共享有关信息、实现互联互通，切实抓好安全生产十五条硬措施有关要求和举报工作责任落实。应急管理部将对举报工作组织有力的单位或者个人，按国家有关规定给予奖励。

（十五）健全完善举报工作体系。各级应急管理部门要推动建立健全上下贯通、职责明晰的举报工作体系，健全完善举报办理工作纵向、横向协作机制，进一步提高工作效能。各级应急管理部门要明确承担举报工作的内设机构和专门人员，加强力量配备，相关工作人员要熟悉业务、相对固定，进一步提高举报工作专业化水平。

（十六）加强指导督办。各级应急管理部门要进一步加强举报处理工作指导督办，建立上级部门对下级部门举报件交办、受理及核查情况的督办机制，逐级跟踪督办，并定期组织抽查检查，确保举报流转顺畅，各办理环节相互监督。对未按规定时限受理、反馈、办结和核查不规范的举报事项及时催办或者予以纠正，对办理难度大、涉及范围广的举报，要组织有关部门集体会商，努力提升举报处理质效。

（十七）加强舆论引导。各级应急管理部门要充分利用各类媒体，加大对举报渠道、受理范围、奖励制度的宣传力度，通过宣传促进全社会广泛了解举报工作，调动社会公众参与举报积极性，营造良好社会氛围、舆论环境。采用多种方式引导社会公众辨识重大事故隐患和安全生产违法行为，强化全社会安全风险意识，形成社会共治良好安全格局。

地方各级应急管理部门要根据本意见提出的任务和要求，认真研究加强和规范举报工作的具体措施，结合实际提出细化要求，落实各项工作责任，应急管理部将适时组织开展检查。

国家安全监管总局关于进一步加强监管监察执法促进企业安全生产主体责任落实的意见

- 2018年1月10日
- 安监总政法〔2018〕5号

各省、自治区、直辖市及新疆生产建设兵团安全生产监督管理局，各省级煤矿安全监察局：

为贯彻落实《中共中央 国务院关于推进安全生产领域改革发展的意见》和《国务院办公厅关于加强安全生产监管执法的通知》（国办发〔2015〕20号）要求，进一步加强安全生产监管监察执法工作，促进企业落实安全生产主体责任，现提出如下意见。

一、充分认识加强监管监察执法促进企业安全生产主体责任落实的重要意义

近年来，各级安全生产监督管理部门、煤矿安全监察机构（以下统称安全监管监察部门）深入贯彻落实党中央、国务院重要决策部署，依法履行安全生产、职业健康监管监察执法（以下统称安全生产执法）职责，促进各类企业落实安全生产（含职业健康，下同）主体责任，取得了明显成效。但是也要看到，当前企业安全生产主体责任落实不到位、法律法规执行不严格等问题依然突出，导致生产安全事故多发，尤其是重特大事故未得到有效遏制，职业病危害依然十分严重。加强监管监察执法促进企业安全生产主体责任落实，是党中央关于全面依法治国的基本要求，是坚决遏制重特大事故的迫切需要，也是实现安全生产改革发展长远目标的内生动力和根本保障。各级安全监管监察部门要进一步提高认识，把思想统一到党中央、国务院重要决策部署上来，把加强监管监察执法促进企业落实安全生产主体责任摆上更加重要位置，推动安全生产工作取得新进展和新成效。

二、指导思想和工作目标、基本原则

（一）指导思想和工作目标。以党的十九大精神为指引，深入学习贯彻习近平新时代中国特色社会主义思想，树立安全发展理念，弘扬生命至上、安全第一的思想，坚持严格规范公正文明执法，确保安全生产法律法规得到有效贯彻实施。到2020年，建成规范统一、保障到位、运转高效的安全生产执法工作体系，执法在促进企业安全生产主体责任落实、防范遏制重特大事故中的地位和作用明显提升。在此基础上,持续深入推进安全生产执法工作,到2030年,实现安全生产执法工作体系和执法能力现代化,为促进企业落实安全生产主体责任,维护人民群众生命财产安全和职业健康权益提供坚实法治保障。

(二)基本原则。一是坚持依法履职、严格执法。依法履行安全生产执法职责,严肃查处安全生产违法行为,切实解决检查多、执法少和执法宽松软的问题。二是坚持统筹协调、整体推进。推进分级执法,实行按照年度监督检查计划、监察执法计划执法,完善全系统执法协调机制,形成上下联动、步调一致的执法新格局。三是坚持客观公正、过罚相当。正确适用法律,推行"阳光执法",严格法制审核,维护企业合法权益。四是坚持突出重点、务求实效。对存在严重违法行为、拒不整改重大事故隐患、职业病危害因素严重超标的企业,加大执法检查和处罚力度,促进企业依法落实安全生产主体责任。

三、依法履行职责,创新制度机制,严格规范公正文明执法

(一)明确安全生产执法职责。各级安全监管监察部门要依照有关法律法规及本部门"三定"规定明确的职责范围,对有关行业领域企业履行安全生产执法职责。乡镇人民政府、街道办事处按照职责开展安全生产监督检查的,安全监管部门要做好执法程序衔接,依法查处本部门执法职责范围内的违法行为。推动有关人民政府明确开发区管理机构的安全生产监管执法职责。驻地煤矿安全监察机构与负有煤矿安全生产监督管理职责的部门要加强协作配合,优化执法资源配置,提高执法效率和效果。

(二)推进安全生产分级执法。省级安全监管部门要抓紧制定本地区安全生产分级执法办法,结合企业所属行业领域、隶属关系、规模大小、风险等级等因素,明确省级、设区的市级、县级安全监管部门的执法分工。每个企业明确由一个安全监管部门负责日常执法。除开展执法抽查或者开展督导、示范性执法外,原则上上级安全监管部门不对下级安全监管部门负责日常执法的企业开展执法活动,下级安全监管部门也不对上级安全监管部门负责日常执法的企业开展执法活动。

(三)实行按照年度监督检查计划执法。地方各级安全监管部门编制年度监督检查计划时,要科学合理确定重点企业的范围、当年计划检查的次数,对重点企业实现年度监督检查"全覆盖";对重点企业以外的一般企业,推行"双随机"(随机选取被检查企业、随机确定执法人员)抽查。要确保"双随机"抽查在年度监督检查计划中的比例,不断扩大"双随机"抽查涵盖的行业领域及企业范围,发挥"双随机"抽查对各个行业领域、各种规模类型企业的执法震慑作用。执行年度监督检查计划时,要按照本意见及有关监督检查重点事项的规定,结合企业特点及相关行业领域事故发生规律,有针对性地确定具体的监督检查事项。按照部署开展安全生产大检查时,有关执法安排要与年度监督检查计划有效衔接,根据需要适当调整年度监督检查计划;需对年度监督检查计划作重大调整的,按规定履行批准、备案程序。

(四)建立全系统执法协调联动机制。县级、设区的市级安全监管部门、驻地煤矿安全监察机构在查处违法行为、事故调查处理等方面需要其他地区协助的,可以报请共同的上级安全监管监察部门进行协调;跨省级行政区域的,由有关省级安全监管监察部门组织协调。接到协助请求的安全监管监察部门应当立即开展协调工作,并及时反馈相关工作情况。必要时,有关省级安全监管监察部门可以报请国家安全监管总局、国家煤矿安监局进行协调。

(五)建立执法统计分析通报机制。各级安全监管监察部门要按季度分析本地区执法情况,对比分析监督检查的企业次数以及现场处理措施、行政强制、行政处罚等执法数据,注重苗头性问题和趋势把握,对下一阶段执法工作提出明确的要求。省级安全监管监察部门季度执法分析情况应当通报设区的市级安全监管部门、驻地煤矿安全监察机构,并抄送有关人民政府和国家安全监管总局、国家煤矿安监局。

(六)推行行政执法公示制度。各级安全监管监察部门要通过政府网站或者本部门办事大厅、服务窗口等场所,公布本部门执法主体资格和行政执法依据等信息并及时更新,在每年第一季度公布本年度监督检查计划、监察执法计划的编制情况及上一年度的计划执行情况,及时公布安全生产执法及"双随机"抽查情况。要严格依照有关法律法规及国务院文件规定的时限和要求,公开行政许可、行政处罚、行政强制等执法信息。

(七)推行执法全过程记录制度。地方各级安全监管监察部门要建立本部门执法台账,准确记录开展监督检查、核查举报投诉等执法活动所涉及企业的名称、地址、行业领域以及执法人员等信息,并记明采取相关执法措施的情况,执法台账保存期限一般不少于5年。有关行政强制、行政处罚文书要及时立卷归档并按规定期限保存。其他执法文书要按年度、分类别归档保存,保存期限一般不少于10年。逐步推行通过执法记录仪、录音录像等方式对执法行为进行记录,实现全过程留痕和可回溯管理。

（八）推行行政执法法制审核及公开裁定制度。认真执行《行政处罚法》新增加的行政处罚审核规定，按照一般程序实施行政处罚的，在提请安全监管监察部门负责人作出处理决定或者集体讨论前，要经本部门行政处罚审核人员审核。要结合执法行为的类别、执法层级、所属领域、涉案金额以及对当事人、社会的影响等因素，确定重大执法决定的范围。作出重大执法决定前，要由本部门法制工作机构或者指定的其他机构进行法制审核。推行行政处罚公开裁定，对典型、重大行政处罚案件，可以组织召集同类企业进行公开裁定。公开裁定要如实记录当事人的意见，形成书面报告，作为作出行政处罚决定的重要参考。行政处罚案件依法举行听证的，公开裁定可以与听证一并实施。

（九）规范行政处罚自由裁量。行使行政处罚自由裁量权，应当全面分析违法行为的主体、违法情节、危害后果等因素，综合裁量，合理确定应否给予行政处罚或者应当给予行政处罚的种类、幅度。对同一类违法主体实施的性质相同、情节相近、危害后果基本相当的违法行为，其适用的行政处罚应当基本一致。要在行政处罚审批文书中列明当事人的全部违法行为及每个违法行为的裁量结果，并列明所依据的自由裁量标准；具有法定从重、从轻、不予处罚等情形的，要列明《行政处罚法》及《安全生产行政处罚自由裁量适用规则（试行）》（国家安全监管总局令第31号）等法律、法规和规章的具体依据。当事人对自由裁量有异议的，要予以解释说明并形成调查询问笔录等书面材料备查。

（十）建立"尽职照单免责、失职照单问责"机制。地方各级安全监管部门、驻地煤矿安全监察机构要按规定编制公布本部门权责清单，并根据有关法律、法规、规章制定修订情况及时更新。在事故调查过程中，要加强与监察机关、人民检察院的协调配合，全面调查核实有关部门及其执法人员的履职情况。对已经依照权责清单事项履行职责，按照法律、法规、规章规定的方式、程序采取执法措施的，依法不予追究有关人员的执法责任；依法应当追究有关人员执法责任的，要在事故调查报告中明确违法行为及追责依据。

四、加强执法检查，突出检查重点，促进企业依法落实安全生产主体责任

（一）加强安全生产责任制落实情况的执法检查。督促企业主要负责人履行安全生产第一责任人职责，依法建立健全本单位安全生产责任制；企业安全生产责任制应当涵盖全体人员、全部岗位和全部生产经营活动，明确主要负责人及其他分管负责人、各部门负责人、其他从业人员的安全生产责任、考核标准及奖惩措施；企业应当定期对安全生产责任制的落实情况进行监督考核，保证安全生产责任制的落实。

（二）加强安全生产源头防范落实情况的执法检查。督促企业加强安全生产源头管控，严格执行建设项目安全设施"三同时"（建设项目安全设施必须与主体工程同时设计、同时施工、同时投入生产和使用）规定；有关安全设备的安装、使用、检测、维修、改造和报废应当符合国家标准或者行业标准，并进行经常性维护、保养和定期检测；严禁使用列入淘汰落后技术装备目录的工艺、设备；按照有关国家标准对本单位重大危险源进行辨识、登记建档，定期检测、评估、监控。

（三）加强事故隐患排查治理落实情况的执法检查。督促企业建立健全生产安全事故隐患排查治理制度，采取技术、管理措施，及时发现并消除事故隐患；煤矿、金属非金属矿山、危险化学品、烟花爆竹、工贸等企业必须按照有关重大事故隐患判定标准，排查治理本单位重大事故隐患，并在重大事故隐患治理过程中采取相应的安全防范措施，防止事故发生，按规定对重大事故隐患治理情况组织评估；已被安全监管监察部门依法责令暂时停产停业或者停止使用相关设施、设备的，重大事故隐患排除后，经有关安全监管监察部门审查同意，方可恢复生产经营和使用。

（四）加强安全生产教育培训落实情况的执法检查。督促企业落实全员安全生产教育和培训规定，煤矿、金属非金属矿山、危险化学品、烟花爆竹、金属冶炼等企业主要负责人和安全生产管理人员应当经有关部门对其安全生产知识和管理能力考核合格；企业应当对包括被派遣劳动者、实习生在内的所有从业人员进行安全生产教育和培训；企业采用新工艺、新技术、新材料或者使用新设备，必须对从业人员进行专门的安全生产教育和培训。

（五）加强现场作业安全管理落实情况的执法检查。督促企业加强现场作业管理，落实技术防范措施，严禁违章指挥、强令职工冒险作业；在有较大危险因素的生产经营场所和有关设施、设备上，设置明显的安全警示标志；从事危险化学品特殊作业、涉爆粉尘、有限空间、爆破、吊装及国家有关规定明确的危险作业时，应当安排专门人员进行现场安全管理，确保操作规程的遵守和安全措施的落实；企业将生产经营项目、场所发包或者出租的，应当对承包单位、承租单位的安全生产统一协调、管理，定期进行安全检查，督促整改检查发现的问题；两个以上企业在同一作业区域内进行生产经营活动,可能危及对方生产安全的,应当指定专职安全生产管理人员进行安全检查与协调;必须为从业人员提供符合国家标准或者行业标准的劳动防护用品。

(六)加强安全生产应急管理落实情况的执法检查。督促企业健全安全生产应急管理体系,依法建立应急救援组织;主要负责人应当依法组织制定并实施本单位事故应急预案,定期组织应急预案培训演练;煤矿、金属非金属矿山、金属冶炼和危险化学品的生产、经营、储存企业,以及使用危险化学品达到国家规定数量的化工企业、烟花爆竹生产、批发经营企业和中型规模以上的其他企业,应当对应急预案进行评审;企业应当配备必要的应急物资及装备,并进行经常性维护、保养,保证正常运转。

(七)加强职业病防护措施落实情况的执法检查。督促企业落实职业病预防和控制措施,严格执行建设项目职业病防护设施"三同时"(建设项目职业病防护设施必须与主体工程同时设计、同时施工、同时投入生产和使用)规定;依法设置职业健康管理机构,配备专兼职职业健康管理人员;及时、如实申报职业病危害项目;落实职业病危害告知、定期检测、个体防护和职业健康检查等制度措施;煤矿、金属非金属矿山、金属冶炼、石棉采选、石英砂加工、水泥、陶瓷、耐火材料等企业必须严格落实粉尘、化学毒物治理措施,确保工作场所职业病危害因素的浓度或者强度符合国家职业卫生标准。

(八)加强对企业取得许可后的执法检查。督促企业严格依照有关安全生产行政许可的范围、事项从事相关的生产经营活动,不得在取得行政许可后降低安全生产条件;按照法定期限、条件办理行政许可延续、变更手续,如实提供相关的情况及材料;严禁转让、冒用安全生产许可证或者使用伪造的安全生产许可证。发现企业不再具备许可条件的,依法责令整改直至吊销相关行政许可证件。企业未取得有关安全生产许可从事生产经营活动的,依照有关法律法规的规定予以严肃查处。

(九)强化对有关违法行为的依法处理。对企业开展执法检查时,各级安全监管监察部门应当依法采取现场处理、行政处罚、行政强制等执法措施,切实做到"检查必执法、执法必严格"。有关企业拒不执行停产停业等执法决定的,依法采取通知有关单位停止供电、停止供应民用爆炸物品等措施;经停产停业整顿仍不具备安全生产条件的,依法提请有关人民政府予以关闭。对安全生产大检查中发现的严重违法行为,按规定挂牌督办,落实"四个一律"执法要求,并将典型案例通过新闻媒体进行曝光。按规定将存在严重违法行为的企业纳入安全生产失信联合惩戒"黑名单"管理,依法依规落实联合惩戒措施。发现企业及其有关人员涉嫌犯罪的,严格依法向公安机关移送案件,加大对安全生产违法犯罪行为的打击和震慑力度。

最高人民法院、最高人民检察院关于办理危害生产安全刑事案件适用法律若干问题的解释

· 2015年11月9日最高人民法院审判委员会第1665次会议、2015年12月9日最高人民检察院第十二届检察委员会第44次会议通过
· 2015年12月14日最高人民法院、最高人民检察院公告公布
· 自2015年12月16日起施行
· 法释〔2015〕22号

为依法惩治危害生产安全犯罪,根据刑法有关规定,现就办理此类刑事案件适用法律的若干问题解释如下:

第一条 刑法第一百三十四条第一款规定的犯罪主体,包括对生产、作业负有组织、指挥或者管理职责的负责人、管理人员、实际控制人、投资人等人员,以及直接从事生产、作业的人员。

第二条 刑法第一百三十四条第二款规定的犯罪主体,包括对生产、作业负有组织、指挥或者管理职责的负责人、管理人员、实际控制人、投资人等人员。

第三条 刑法第一百三十五条规定的"直接负责的主管人员和其他直接责任人员",是指对安全生产设施或者安全生产条件不符合国家规定负有直接责任的生产经营单位负责人、管理人员、实际控制人、投资人,以及其他对安全生产设施或者安全生产条件负有管理、维护职责的人员。

第四条 刑法第一百三十九条之一规定的"负有报告职责的人员",是指负有组织、指挥或者管理职责的负责人、管理人员、实际控制人、投资人,以及其他负有报告职责的人员。

第五条 明知存在事故隐患,继续作业存在危险,仍然违反有关安全管理的规定,实施下列行为之一的,应当认定为刑法第一百三十四条第二款规定的"强令他人违章冒险作业":

(一)利用组织、指挥、管理职权,强制他人违章作业的;
(二)采取威逼、胁迫、恐吓等手段,强制他人违章作业的;
(三)故意掩盖事故隐患,组织他人违章作业的;
(四)其他强令他人违章作业的行为。

第六条 实施刑法第一百三十二条、第一百三十四条第一款、第一百三十五条、第一百三十五条之一、第一百三十六条、第一百三十九条规定的行为,因而发生安全事故,具有下列情形之一的,应当认定为"造成严重后果"或者"发生重大伤亡事故或者造成其他严重后果",对相关责任人员,处三年以下有期徒刑或者拘役:

(一)造成死亡一人以上,或者重伤三人以上的;

(二)造成直接经济损失一百万元以上的;

(三)其他造成严重后果或者重大安全事故的情形。

实施刑法第一百三十四条第二款规定的行为,因而发生安全事故,具有本条第一款规定情形的,应当认定为"发生重大伤亡事故或者造成其他严重后果",对相关责任人员,处五年以下有期徒刑或者拘役。

实施刑法第一百三十七条规定的行为,因而发生安全事故,具有本条第一款规定情形的,应当认定为"造成重大安全事故",对直接责任人员,处五年以下有期徒刑或者拘役,并处罚金。

实施刑法第一百三十八条规定的行为,因而发生安全事故,具有本条第一款第一项规定情形的,应当认定为"发生重大伤亡事故",对直接责任人员,处三年以下有期徒刑或者拘役。

第七条 实施刑法第一百三十二条、第一百三十四条第一款、第一百三十五条、第一百三十五条之一、第一百三十六条、第一百三十九条规定的行为,因而发生安全事故,具有下列情形之一的,对相关责任人员,处三年以上七年以下有期徒刑:

(一)造成死亡三人以上或者重伤十人以上,负事故主要责任的;

(二)造成直接经济损失五百万元以上,负事故主要责任的;

(三)其他造成特别严重后果、情节特别恶劣或者后果特别严重的情形。

实施刑法第一百三十四条第二款规定的行为,因而发生安全事故,具有本条第一款规定情形的,对相关责任人员,处五年以上有期徒刑。

实施刑法第一百三十七条规定的行为,因而发生安全事故,具有本条第一款规定情形的,对直接责任人员,处五年以上十年以下有期徒刑,并处罚金。

实施刑法第一百三十八条规定的行为,因而发生安全事故,具有下列情形之一的,对直接责任人员,处三年以上七年以下有期徒刑:

(一)造成死亡三人以上或者重伤十人以上,负事故主要责任的;

(二)具有本解释第六条第一款第一项规定情形,同时造成直接经济损失五百万元以上并负事故主要责任的,或者同时造成恶劣社会影响的。

第八条 在安全事故发生后,负有报告职责的人员不报或者谎报事故情况,贻误事故抢救,具有下列情形之一的,应当认定为刑法第一百三十九条之一规定的"情节严重":

(一)导致事故后果扩大,增加死亡一人以上,或者增加重伤三人以上,或者增加直接经济损失一百万元以上的;

(二)实施下列行为之一,致使不能及时有效开展事故抢救的:

1. 决定不报、迟报、谎报事故情况或者指使、串通有关人员不报、迟报、谎报事故情况的;

2. 在事故抢救期间擅离职守或者逃匿的;

3. 伪造、破坏事故现场,或者转移、藏匿、毁灭遇难人员尸体,或者转移、藏匿受伤人员的;

4. 毁灭、伪造、隐匿与事故有关的图纸、记录、计算机数据等资料以及其他证据的;

(三)其他情节严重的情形。

具有下列情形之一的,应当认定为刑法第一百三十九条之一规定的"情节特别严重":

(一)导致事故后果扩大,增加死亡三人以上,或者增加重伤十人以上,或者增加直接经济损失五百万元以上的;

(二)采用暴力、胁迫、命令等方式阻止他人报告事故情况,导致事故后果扩大的;

(三)其他情节特别严重的情形。

第九条 在安全事故发生后,与负有报告职责的人员串通,不报或者谎报事故情况,贻误事故抢救,情节严重的,依照刑法第一百三十九条之一的规定,以共犯论处。

第十条 在安全事故发生后,直接负责的主管人员和其他直接责任人员故意阻挠开展抢救,导致人员死亡或者重伤,或者为了逃避法律追究,对被害人进行隐藏、遗弃,致使被害人因无法得到救助而死亡或者重度残疾的,分别依照刑法第二百三十二条、第二百三十四条的规定,以故意杀人罪或者故意伤害罪定罪处罚。

第十一条 生产不符合保障人身、财产安全的国家标准、行业标准的安全设备,或者明知安全设备不符合保障人身、财产安全的国家标准、行业标准而进行销售,致使发生安全事故,造成严重后果的,依照刑法第一百四十六条的规定,以生产、销售不符合安全标准的产品罪定罪处罚。

第十二条　实施刑法第一百三十二条、第一百三十四条至第一百三十九条之一规定的犯罪行为,具有下列情形之一的,从重处罚:

（一）未依法取得安全许可证件或者安全许可证件过期、被暂扣、吊销、注销后从事生产经营活动的;

（二）关闭、破坏必要的安全监控和报警设备的;

（三）已经发现事故隐患,经有关部门或者个人提出后,仍不采取措施的;

（四）一年内曾因危害生产安全违法犯罪活动受过行政处罚或者刑事处罚的;

（五）采取弄虚作假、行贿等手段,故意逃避、阻挠负有安全监督管理职责的部门实施监督检查的;

（六）安全事故发生后转移财产意图逃避承担责任的;

（七）其他从重处罚的情形。

实施前款第五项规定的行为,同时构成刑法第三百八十九条规定的犯罪的,依照数罪并罚的规定处罚。

第十三条　实施刑法第一百三十二条、第一百三十四条至第一百三十九条之一规定的犯罪行为,在安全事故发生后积极组织、参与事故抢救,或者积极配合调查、主动赔偿损失的,可以酌情从轻处罚。

第十四条　国家工作人员违反规定投资入股生产经营,构成本解释规定的有关犯罪的,或者国家工作人员的贪污、受贿犯罪行为与安全事故发生存在关联性的,从重处罚;同时构成贪污、受贿犯罪和危害生产安全犯罪的,依照数罪并罚的规定处罚。

第十五条　国家机关工作人员在履行安全监督管理职责时滥用职权、玩忽职守,致使公共财产、国家和人民利益遭受重大损失的,或者徇私舞弊,对发现的刑事案件依法应当移交司法机关追究刑事责任而不移交,情节严重的,分别依照刑法第三百九十七条、第四百零二条的规定,以滥用职权罪、玩忽职守罪或者徇私舞弊不移交刑事案件罪定罪处罚。

公司、企业、事业单位的工作人员在依法或者受委托行使安全监督管理职责时滥用职权或者玩忽职守,构成犯罪的,应当依照《全国人民代表大会常务委员会关于〈中华人民共和国刑法〉第九章渎职罪主体适用问题的解释》的规定,适用渎职罪的规定追究刑事责任。

第十六条　对于实施危害生产安全犯罪适用缓刑的犯罪分子,可以根据犯罪情况,禁止其在缓刑考验期限内从事与安全生产相关联的特定活动;对于被判处刑罚的犯罪分子,可以根据犯罪情况和预防再犯罪的需要,禁止其自刑罚执行完毕之日或者假释之日起三年至五年内从事与安全生产相关的职业。

第十七条　本解释自 2015 年 12 月 16 日起施行。本解释施行后,《最高人民法院、最高人民检察院关于办理危害矿山生产安全刑事案件具体应用法律若干问题的解释》(法释〔2007〕5 号)同时废止。最高人民法院、最高人民检察院此前发布的司法解释和规范性文件与本解释不一致的,以本解释为准。

最高人民法院、最高人民检察院关于办理危害生产安全刑事案件适用法律若干问题的解释(二)

- 2022 年 9 月 19 日最高人民法院审判委员会第 1875 次会议、2022 年 10 月 25 日最高人民检察院第十三届检察委员会第一百零六次会议通过
- 2022 年 12 月 15 日最高人民法院、最高人民检察院公告公布
- 自 2022 年 12 月 19 日起施行
- 法释〔2022〕19 号

为依法惩治危害生产安全犯罪,维护公共安全,保护人民群众生命安全和公私财产安全,根据《中华人民共和国刑法》《中华人民共和国刑事诉讼法》和《中华人民共和国安全生产法》等规定,现就办理危害生产安全刑事案件适用法律的若干问题解释如下:

第一条　明知存在事故隐患,继续作业存在危险,仍然违反有关安全管理的规定,有下列情形之一的,属于刑法第一百三十四条第二款规定的"强令他人违章冒险作业":

（一）以威逼、胁迫、恐吓等手段,强制他人违章作业的;

（二）利用组织、指挥、管理职权,强制他人违章作业的;

（三）其他强令他人违章冒险作业的情形。

明知存在重大事故隐患,仍然违反有关安全管理的规定,不排除或者故意掩盖重大事故隐患,组织他人作业的,属于刑法第一百三十四条第二款规定的"冒险组织作业"。

第二条　刑法第一百三十四条之一规定的犯罪主体,包括对生产、作业负有组织、指挥或者管理职责的负责人、管理人员、实际控制人、投资人等人员,以及直接从事生产、作业的人员。

第三条　因存在重大事故隐患被依法责令停产停业、停止施工、停止使用有关设备、设施、场所或者立即采取排除危险的整改措施,有下列情形之一的,属于刑法第一百三十四条之一第二项规定的"拒不执行":

（一）无正当理由故意不执行各级人民政府或者负有安全生产监督管理职责的部门依法作出的上述行政决定、命令的；

（二）虚构重大事故隐患已经排除的事实，规避、干扰执行各级人民政府或者负有安全生产监督管理职责的部门依法作出的上述行政决定、命令的；

（三）以行贿等不正当手段，规避、干扰执行各级人民政府或者负有安全生产监督管理职责的部门依法作出的上述行政决定、命令的。

有前款第三项行为，同时构成刑法第三百八十九条行贿罪、第三百九十三条单位行贿罪等犯罪的，依照数罪并罚的规定处罚。

认定是否属于"拒不执行"，应当综合考虑行政决定、命令是否具有法律、行政法规等依据，行政决定、命令的内容和期限要求是否明确、合理，行为人是否具有按照要求执行的能力等因素进行判断。

第四条 刑法第一百三十四条第二款和第一百三十四条之一第二项规定的"重大事故隐患"，依照法律、行政法规、部门规章、强制性标准以及有关行政规范性文件进行认定。

刑法第一百三十四条之一第三项规定的"危险物品"，依照安全生产法第一百一十七条的规定确定。

对于是否属于"重大事故隐患"或者"危险物品"难以确定的，可以依据司法鉴定机构出具的鉴定意见、地市级以上负有安全生产监督管理职责的部门或者其指定的机构出具的意见，结合其他证据综合审查，依法作出认定。

第五条 在生产、作业中违反有关安全管理的规定，有刑法第一百三十四条之一规定情形之一，因而发生重大伤亡事故或者造成其他严重后果，构成刑法第一百三十四条、第一百三十五条至第一百三十九条等规定的重大责任事故罪、重大劳动安全事故罪、危险物品肇事罪、工程重大安全事故罪等犯罪的，依照该规定定罪处罚。

第六条 承担安全评价职责的中介组织的人员提供的证明文件有下列情形之一的，属于刑法第二百二十九条第一款规定的"虚假证明文件"：

（一）故意伪造的；

（二）在周边环境、主要建（构）筑物、工艺、装置、设备设施等重要内容上弄虚作假，导致与评价期间实际情况不符，影响评价结论的；

（三）隐瞒生产经营单位重大事故隐患及整改落实情况、主要灾害等级等情况，影响评价结论的；

（四）伪造、篡改生产经营单位相关信息、数据、技术报告或者结论等内容，影响评价结论的；

（五）故意采用存疑的第三方证明材料、监测检验报告，影响评价结论的；

（六）有其他弄虚作假行为，影响评价结论的情形。

生产经营单位提供虚假材料，影响评价结论，承担安全评价职责的中介组织的人员对评价结论与实际情况不符无主观故意的，不属于刑法第二百二十九条第一款规定的"故意提供虚假证明文件"。

有本条第二款情形，承担安全评价职责的中介组织的人员严重不负责任，导致出具的证明文件有重大失实，造成严重后果的，依照刑法第二百二十九条第三款的规定追究刑事责任。

第七条 承担安全评价职责的中介组织的人员故意提供虚假证明文件，有下列情形之一的，属于刑法第二百二十九条第一款规定的"情节严重"：

（一）造成死亡一人以上或者重伤三人以上安全事故的；

（二）造成直接经济损失五十万元以上安全事故的；

（三）违法所得数额十万元以上的；

（四）两年内因故意提供虚假证明文件受过两次以上行政处罚，又故意提供虚假证明文件的；

（五）其他情节严重的情形。

在涉及公共安全的重大工程、项目中提供虚假的安全评价文件，有下列情形之一的，属于刑法第二百二十九条第一款第三项规定的"致使公共财产、国家和人民利益遭受特别重大损失"：

（一）造成死亡三人以上或者重伤十人以上安全事故的；

（二）造成直接经济损失五百万元以上安全事故的；

（三）其他致使公共财产、国家和人民利益遭受特别重大损失的情形。

承担安全评价职责的中介组织的人员有刑法第二百二十九条第一款行为，在裁量刑罚时，应当考虑其行为手段、主观过错程度、对安全事故的发生所起作用大小及其获利情况、一贯表现等因素，综合评估社会危害性，依法裁量刑罚，确保罪责刑相适应。

第八条 承担安全评价职责的中介组织的人员，严重不负责任，出具的证明文件有重大失实，有下列情形之一的，属于刑法第二百二十九条第三款规定的"造成严重后果"：

（一）造成死亡一人以上或者重伤三人以上安全事

故的;

（二）造成直接经济损失一百万元以上安全事故的;

（三）其他造成严重后果的情形。

第九条 承担安全评价职责的中介组织犯刑法第二百二十九条规定之罪的，对该中介组织判处罚金，并对其直接负责的主管人员和其他直接责任人员，依照本解释第七条、第八条的规定处罚。

第十条 有刑法第一百三十四条之一行为，积极配合公安机关或者负有安全生产监督管理职责的部门采取措施排除事故隐患，确有悔改表现，认罪认罚的，可以依法从宽处罚;犯罪情节轻微不需要判处刑罚的，可以不起诉或者免予刑事处罚;情节显著轻微危害不大的，不作为犯罪处理。

第十一条 有本解释规定的行为，被不起诉或者免予刑事处罚，需要给予行政处罚、政务处分或者其他处分的，依法移送有关主管机关处理。

第十二条 本解释自 2022 年 12 月 19 日起施行。最高人民法院、最高人民检察院此前发布的司法解释与本解释不一致的，以本解释为准。

应急管理部关于加强安全生产执法工作的意见

· 2021 年 3 月 29 日
· 应急〔2021〕23 号

中国地震局、国家矿山安监局，各省、自治区、直辖市应急管理厅(局)，新疆生产建设兵团应急管理局，部消防救援局、森林消防局，部机关各司局，国家安全生产应急救援中心:

为加强安全生产执法工作，提高运用法治思维和法治方式解决安全生产问题的能力和水平，有力有效防范化解安全风险、消除事故隐患，切实维护人民群众生命财产安全和社会稳定，推动实现更为安全的发展，根据中共中央办公厅、国务院办公厅印发的《关于深化应急管理综合行政执法改革的意见》提出的"突出加强安全生产执法工作，有效防范遏制生产安全事故发生"原则要求，现提出以下意见:

一、总体要求

以习近平新时代中国特色社会主义思想为指导，认真学习贯彻落实习近平法治思想和习近平总书记关于安全生产重要论述，提高政治站位，统筹发展和安全，坚持人民至上、生命至上，建立完善与新发展阶段、新发展理念、新发展格局相适应的科学高效的安全生产执法体制机制。强化安全生产法治观念，坚持严格规范公正文明执法，切实解决多层多头重复执法和屡罚不改、屡禁不止问题。创新执法模式，科学研判风险、强化精准执法，转变工作作风，敢于动真碰硬，以高质量执法推动提升安全生产水平，切实把确保人民生命安全放在第一位落到实处，以实际行动和实际效果践行"两个维护"。

二、坚持精准执法，着力提高执法质量

（一）明确层级职责。地方各级应急管理部门对辖区内安全生产执法工作负总责，承担本级法定执法职责和对下级执法工作的监督指导、抽查检查以及跨区域执法的组织协调等工作。各省级应急管理部门要在统筹分析辖区内行业领域安全风险状况、企业规模、执法难度以及各层级执法能力水平等情况的基础上，明确省市县三级执法管辖权限，确定各级执法管辖企业名单，原则上一家企业对应一个层级的执法主体，下级应急管理部门不对上级部门负责的企业开展执法活动。对下级部门难以承担的执法案件或管辖有争议的案件，上级部门可依照程序进行管辖或指定管辖;对重大和复杂案件，要及时报告上级部门立案查处。

（二）科学确定重点检查企业。完善执法计划制度，地方各级应急管理部门要将矿山、危险化学品、烟花爆竹、金属冶炼、涉爆粉尘等重点行业领域安全风险等级较高的企业纳入年度执法计划，确定为重点检查企业，每年至少进行一次"全覆盖"执法检查，其他企业实行"双随机、一公开"执法抽查。对近三年内曾发生生产安全亡人事故、一年内因重大事故隐患被应急管理部门实施过行政处罚、存在重大事故隐患未按期整改销号、纳入失信惩戒名单、停产整顿、技改基建、关闭退出以及主要负责人安全"红线"意识不牢、责任不落实等企业单位，要纳入重点检查企业范围，在正常执法计划的基础上实施动态检查，年度内检查次数至少增加一次。对于安全生产标准化一级企业或三年以上未发生事故等守法守信的重点检查企业，可纳入执法抽查。对典型事故等暴露出的严重违法行为或落实临时性重点任务以及通过投诉举报、转办交办、动态监测等发现的问题，要及时开展执法检查，不受执法计划、固定执法时间和对象限制，确保执法检查科学有效。

（三）聚焦执法检查重点事项。依据重点行业领域重大事故隐患判定标准，分行业领域建立执法检查重点事项清单并动态更新。围绕重点事项开展有针对性的执法检查，确保企业安全风险突出易发生事故的关键环节、要害岗位、重点设施检查到位。执法检查要坚持问题导向、目标导向、结果导向，实施精准执法，防止一般化、简单化、"大呼隆"等粗放式检查扰乱企业生产经营,以防风险、除隐患、遏事故的执法检查实效优化营商环境。

三、坚持严格执法,着力提升执法效能

(四)严格执法处罚。针对执法检查中发现的各类违法行为,要盯住不放,督促企业彻底整改,严格执法闭环管理。对于严重违法行为,要求企业主要负责人牵头负责整改落实,压实整改责任。严格依据法律法规进行处罚,不得以责令限期改正等措施代替处罚,对存在多种违法行为的案件要分别裁量、合并处罚,不得选择性处罚。对违法行为逾期未整改或整改不到位的,以及同一违法行为反复出现的,要依法严肃查处、从重处罚,坚决防止执法"宽松软"。

(五)建立典型执法案例定期报告制度。各省级、市级、县级应急管理部门分别按照每半年、每季度和每两个月的时间周期,直接向应急管理部至少报送一个执法案例,市、县两级同时抄报上一级应急管理部门。执法案例须聚焦执法检查重点事项,从执法严格、程序规范并由本级直接作出行政处罚的案件中选取。应急管理部建立典型执法案例数据库,健全案例汇总、筛选、发布和奖惩机制,选取优秀执法案例,对有关单位和执法人员依据有关规定给予记功和嘉奖;对执法不严格、程序不规范的案例将适时进行通报。

(六)密切行刑衔接。严格贯彻实施《刑法修正案(十一)》,加大危险作业行为刑事责任追究力度。发现在生产、作业中有关闭、破坏直接关系生产安全的设备设施,或篡改、隐瞒、销毁其相关数据信息,或拒不执行因存在重大事故隐患被依法责令停产停业、停止使用设备设施场所、立即采取整改措施的执法决定,或未经依法批准或许可擅自从事高度危险的生产作业活动等违反有关安全管理规定的情形,具有导致重大伤亡事故或者其他严重后果的现实危险行为,各级应急管理部门及消防救援机构要按照《安全生产行政执法与刑事司法衔接工作办法》(应急〔2019〕54号),及时移送司法机关,依法追究刑事责任,不得以行政处罚代替移送,坚决纠正有案不送、以罚代刑等问题。对其他涉及刑事责任的违法行为,按照有关法律法规和程序,及时移交查办。

(七)加强失信联合惩戒。严格执行安全生产失信行为联合惩戒制度,对于存在严重违法行为的失信主体要及时纳入安全生产失信惩戒名单,提高执法工作严肃性和震慑力。对于列入严重失信惩戒名单的企业和人员,将相关信息推送全国信用信息共享平台,按照《关于对安全生产领域失信生产经营单位及其有关人员开展联合惩戒的合作备忘录》(发改财金〔2016〕1001号)要求,实施联合惩戒。

(八)建立联合执法机制。结合贯彻落实中共中央办公厅、国务院办公厅印发的《关于深化消防执法改革的意见》,加强地方应急管理部门与消防救援机构的协调联动,创新执法方式,强化优势互补,建立安全生产执法与消防执法联合执法机制,加强信息共享,形成执法合力。

四、规范执法行为,着力强化执法权威

(九)全面落实行政执法"三项制度"。严格落实行政执法公示制度,按照"谁执法谁公示"的原则,及时通过各级应急管理部门政府网站和政务新媒体、服务窗口等平台向社会公开行政执法基本信息和结果信息;建立健全执法决定信息公开发布、撤销和更新机制,严格按照相关规定对执法决定信息进行公开,公开期满要及时撤下。落实执法全过程记录制度,全面配备使用执法记录仪,综合运用文字记录、音像记录等方式,实现现场执法和案件办理全过程留痕和可回溯管理。严格执行重大执法决定法制审核制度,明确审核机构、审核范围、审核内容、审核责任。

(十)规范执法程序。严格规范日常执法检查、专项执法、明查暗访、交叉互检等工作方式,坚持严格执法与指导服务相结合,在对重点检查企业的检查中实行"执法告知、现场检查、交流反馈""企业主要负责人、安全管理人员、岗位操作员工全过程在场"和"执法+专家"的执法工作模式。提前做好现场检查方案,检查前进行执法告知;检查中企业有关人员必须全过程在场,客观规范记录检查情况,对重大事故隐患排除前或者排除过程中无法保证安全的依法采取现场处理措施,对依法应当给予行政处罚的要及时立案,全面客观公正开展调查、收集证据;检查后进行交流反馈,开展"说理式"执法,注重适用法律答疑解惑,提供安全咨询和整改指导。存在法定不予处罚、从轻处罚、减轻处罚情形的,应依法执行,防止执法乱收费、乱罚款等现象。对检查中发现存在的安全问题应当由其他有关部门进行处理的,应当及时移送并形成记录备查;对需要地方政府和上级应急管理部门研究解决的重大风险和突出隐患问题,要及时报告。要综合运用约谈、警示、通报和考核巡查等手段,及时督促有关地方政府和部门单位落实安全防范措施。

(十一)加强案卷评查和执法评议考核。以执法质量作为案卷评查重点,定期对行政处罚、行政强制等执法案卷开展评查,以评查促规范,持续提高执法能力和办案水平。以落实行政执法责任制为重点,建立健全执法评议考核制度,从执法力度、办案质量、工作成效、指导服务等方面对执法工作开展评议考核,依法依规责令改正存在违法、不当情形的行政处罚。强化考核结果运用,将执法评议考核作为年度工作考核的重要指标。

五、推进执法信息化建设,着力完善执法手段

(十二)建立完善企业安全基础电子台账。地方各级应急管理部门要建立企业安全基础电子台账并进行动态更新,全面掌握辖区内企业类型和数量变化。汇总增加与安全生产有关的设备设施、安评报告、事故调查等安全管理内容,形成"一企一档",研究分析企业安全风险状况,为确定重点检查企业提供数据支撑。

(十三)建立健全安全生产执法信息化工作机制。整合建立全国统一的应急管理监管执法信息平台,将重点检查企业生产过程监控视频和安全生产数据接入平台,充分运用风险监测预警、信用监管、投诉举报、信访等平台数据,加强对执法对象安全风险分析研判和预测预警,推动加快实施"工业互联网+安全生产"行动计划。坚持现场执法检查和网络巡查执法"两条腿"走路,结合疫情防控常态化条件下安全生产执法工作实际,积极拓展非现场监管执法手段及应用,建立完善非现场监管执法制度办法,明确工作流程、落实责任要求。

(十四)大力推进"互联网+执法"系统应用。推进智能移动执法系统和手持终端应用,执法行为全过程要上线入网。加强生产作业现场重点设备、工艺、装置风险隐患样本库建设,提高对同类风险隐患的自动辨识能力,增强执法实效。利用执法系统实时掌握执法检查情况,实现执法计划、执法检查、统计分析的实时管理,及时提醒纠正各类违法行为。

六、加强执法力量建设,着力增强执法队伍能力水平

(十五)加强组织领导。全面加强党对安全生产执法工作的领导,各级应急管理部门党委(党组)每年要定期专题研究安全生产执法工作。要认真贯彻落实中央关于"应急管理执法体制调整后,安全生产执法工作只能加强不能削弱"的要求,充分认识加强和改进安全生产执法工作的重要性和紧迫性,加强执法队伍建设,落实执法保障,构建权责一致、权威高效的执法体制,持续提升防范化解重大风险和遏制重大事故的执法能力。

(十六)加强执法教育培训。健全系统化执法教育培训机制,建立并规范实施入职培训、定期轮训和考核制度。制定年度执法教育培训计划,把理论学习与实践锻炼、课程讲授与实际运用有机结合,不断增强执法人员综合素质特别是一线人员的履职能力,持续提高具有安全生产专业知识和实践经验的执法人员比例。突出执法工作重点环节,采取理论考试、现场实操、模拟执法等方式组织开展执法队伍岗位比武练兵,充分发挥其检验、激励和导向作用,推动执法人员提高实战能力、锤炼工作作风、规范执法行为。

(十七)加强专业力量建设。严把专业入口关,加大紧缺专业人才引进力度,强化专业人干专业事。加大矿山、危险化学品、工贸等重点行业领域专业执法骨干力量培养力度,从理论、实践等方面制定专门培养计划,突出培养重点,建设法治素养和安全生产专业素质齐备的执法骨干力量。突出安全生产执法专业特色,提高执法装备水平,开展执法机构业务标准化建设,加强执法保障能力。聘请相关行业领域有影响力的技术人员和专家学者等,组成执法监督员队伍,为安全生产执法工作提供理论和专业力量支撑。

各省级应急管理部门要将落实本意见重要情况,及时报告应急管理部。

应急管理部办公厅关于更新安全生产知识和管理能力考核合格证、特种作业操作证式样的通知

- 2019年8月10日
- 应急厅〔2019〕53号

国家煤矿安全监察局,各省、自治区、直辖市应急管理厅(局),新疆生产建设兵团应急管理局,海油安监办各分部,部机关有关司局,部所属有关事业单位:

为适应机构改革需要,深入推进"放管服"改革,应急管理部对高危行业企业主要负责人、安全管理人员安全生产知识和管理能力考核合格证(以下简称安全合格证)、特种作业操作证式样进行了更新,现将更新后的式样印发给你们(见附件),并就有关事项通知如下:

一、新版证书分为PVC卡实体证书和电子证书(含普通纸质打印版),电子证书与实体证书一一对应,具有同等法律效力。PVC卡实体证书由各级考核发证部门按照统一样式自行制作,根据取证人需要核发,鼓励有条件的地区探索自助制证。各地要在证书核发后3个工作日内向全国安全培训考试信息管理平台推送数据信息,方便持证人及时查询下载。

二、新版证书自本通知印发之日起启用。旧版安全合格证和特种作业操作证自即日起停止核发,已核发的证书有效期内继续使用,经复审合格后统一核发新版证书。

三、各地要严格按照《安全合格证、特种作业操作证

式样和规范》(详见附件),使用应急管理部统一配发的二维码编辑系统印制实体证书,严禁更改,确保证书样式全国统一和通用。取得新版证书的个人,可登录应急管理部政府网站(http://www.mem.gov.cn),从"查询服务"栏进入"特种作业操作证及安全生产知识和管理能力考核合格信息查询"系统,或登录官方微信公众号(国家安全生产考试),按要求进行身份认证后,下载打印电子证书。

四、安全合格证及特种作业操作证实行全国统一查询。可登录或链接应急管理部网站或专用微信公众号进行查验,不得建立地方证书查询平台或系统。应急管理部将开发证书在线政务服务APP,提供更加高效便捷的查询等服务。

五、证书式样更新工作涉及范围广、人员多,社会关注度高。应急管理部委托培训中心负责证书核发技术指导、系统升级维护等工作。各地区要高度重视、精心组织,保障信息系统和制证设备升级等工作的必要经费,并加强宣传引导和服务,确保平稳有序推进。

六、《国家安全监管总局办公厅关于印发安全生产知识和管理能力考核合格证式样的通知》(安监总厅宣教〔2015〕94号)和《国家安全监管总局办公厅关于实施〈特种作业人员安全技术培训考核管理规定〉有关问题的通知》(安监总厅培训〔2010〕179号)规定的证书式样自本通知印发之日起废止。

工作中如有问题建议,请及时与部安全基础司和培训中心联系(安全基础司,汪文广,010-64464067;培训中心,翁立佳,010-64463015)。

附件:安全合格证、特种作业操作证式样和规范(略)

应急管理部办公厅关于印发《安全生产行政执法规范用语指引》的通知

- 2019年11月1日
- 应急厅函〔2019〕538号

各省、自治区、直辖市应急管理厅(局),新疆生产建设兵团应急管理局:

现将《安全生产行政执法规范用语指引》印发你们,请认真贯彻落实,不断规范安全生产行政执法行为。

安全生产行政执法规范用语指引

为加强安全生产行政执法规范化建设,统一执法程序,规范执法行为,保障应急管理部门及其行政执法人员依法履行职责,特制定安全生产执法规范用语指引。

本指引是应急管理部门及其行政执法人员在安全生产行政执法过程中使用的语言,仅限应急管理部门内部使用,不得在任何法律文书中引用。

本指引包括现场执法和行政处理两部分。

一、现场执法

现场执法流程包括三部分:召开启动会、现场执法检查、召开总结会。

(一)召开启动会。

1. 表明身份。如:你好。我们是×××应急管理厅(局)执法人员×××、×××,这是我们的执法证件(出示证件)。

2. 告知执法检查事项。如:根据××工作计划(或举报投诉),今天依法对你单位进行安全生产执法检查,执法流程包括启动会、现场执法检查、总结会等环节。请你单位主要负责人、安全管理人员和有关岗位员工全程参加。

对你单位进行安全生产执法检查的重点内容为××,请予以配合。

3. 告知执法检查场所(部位)。如:请配合我们对你单位的××场所(部位)进行检查。

4. 告知权利。如:如果你认为在场的执法人员与你有利害关系,可能影响公正处理的,你有权申请回避。

5. 要求对方介绍情况。如:请介绍你单位关于本次执法检查内容开展的相关安全生产工作。

执法检查中,我们将严格遵守工作纪律和要求,确保本次执法检查透明、规范、合法、公正。

(二)现场执法检查。

1. 要求对方提供有关资料时,应清楚告知所依据法律、法规、规章及所要检查的资料名称。如:根据《中华人民共和国安全生产法》第六十二条规定,请你提供××证照(许可证、资质证书、特种作业人员证件及其他有关文件等资料),对涉及你单位的技术秘密和业务秘密,我们将依法为你单位保密,请予配合。

2. 发现违法行为或者隐患,可以当场纠正的,应当予以当场纠正。如:现在请按照规定将××的生产车间的安全出口打开。

3. 情况紧急,需要当场实施行政强制措施的,应当场告知当事人采取行政强制措施的理由、依据以及当事人依法享有的权利救济途径。如:经查实,你(单位)有×××现状(违法行为),违反了《××××》第×条第×款(项)规定,根据《××××》第×条第×款(项)的规定,我厅(局)现决定当场采取××强制措施。

4. 决定当场收缴罚款时,应准确无误地告知缴纳罚款的依据和具体数额,并当场向当事人开缴由省财政部门统一制发的罚款收据。如:这是缴纳票据,请核对。

(注:适用行政处罚简易程序,决定当场处罚的,需告知当事人作出行政处罚决定的事实、理由和依据,听取当事人的陈述和申辩,制作决定书并由当事人签字确认。此部分内容可参考第二部分行政处理。)

5.制作《现场检查记录》和《询问笔录》,应要求当事人签字确认。如:这是《现场检查记录》和《询问笔录》,请仔细核对,如无误,请在此处签字捺印。

如遇到当事人有不识字或其他阅读障碍时,应当场将《现场检查记录》和《询问笔录》内容宣读给当事人听,并注明情况。如果没有异议,请当事人捺印。

如遇当事人拒绝在有关执法文书上签字,应告知拒绝签字后果,并注明情况。如:请你再次考虑是否签字,如果你拒绝签字,我们将记录在案,依法处理。

6.当事人妨碍公务时,应告知对方不得妨碍公务,并告知具体法律后果。如:请保持冷静!我们是×××应急管理厅(局)执法人员,正在依法执行公务,请你予以配合。如果你单位继续拒绝我们监督检查的,根据《安全生产法》第一百零五条,我们有权对你单位处以两万元以上二十万元以下的罚款。对直接负责的主管人员和其他直接责任人员处一万元以上两万元以下的罚款。

如果有以暴力、威胁方法阻碍执法人员依法执行公务的,应告知当事人法律后果。如:若你继续以威胁方法阻碍我们执法,将有可能触犯《刑法》第二百七十七条,涉嫌妨害公务罪,受到刑事处罚。

(三)召开总结会。

1.介绍现场执法检查情况。如:×××应急管理厅(局)根据××工作计划(或投诉举报)对你单位进行了执法检查,查阅了××等资料,对××进行了现场检查,并就有关情况和问题向有关人员进行了问询。通过对你单位的执法检查,发现存在×个方面的问题,一是××××××,二是××××××。请从×个方面在×时限内予以整改,一是××××××,二是××××××。

对执法检查发现的问题和违法行为,×××应急管理厅(局)执法人员填写了《现场检查记录》和《询问笔录》,请你单位负责人确认,如无异议,请签字。

2.如发现的问题需整改,应向被检查单位负责人说明。如:对你单位检查后发现了×项安全生产违法行为,我厅(局)依法拟下达《责令限期整改指令书》(现场宣读《责令限期整改指令书》),你单位应当按照《责令限期整改指令书》上的时限要求依法进行整改。请你单位负责人确

认,如无异议,请签字。我们的联系电话是×××,在整改中有什么问题,请及时与我们联系。因不可抗力无法在规定限期内完成的,请于整改期限届满前10日内向我厅(局)提出书面延期申请,我们将自申请受理之日起5日内书面答复是否准予延期。如果逾期未按要求完成整改,我厅(局)将依据××××的规定,对你单位作出××××的处理。

我厅(局)将在规定期限内对你单位有关违法行为、事故隐患整改情况进行复查,你单位提前完成整改的,也可以申请我厅(局)安排时间提前进行复查。请予以配合,再见。

二、行政处理

行政处理主要是指现场检查之后的行为。包括整改复查、行政处罚和行政强制三部分。

(一)整改复查。

如已完成整改。如:你好。我们是×××应急管理厅(局)执法人员,我厅(局)于××月××日向你单位下达了《责令限期整改指令书》,经复查,你单位已经在规定期限内完成整改,这是《整改复查意见书》,请你签字确认。

如未完成整改。如:你好。我们是×××应急管理厅(局)执法人员,我厅(局)于××月××日向你单位下达了《责令限期整改指令书》,现经过我们复查,你单位还有×项问题未及时整改完毕,我们将根据××××的规定,对你单位进行××××行政决定。这是《整改复查意见书》,请你签字确认。

(二)行政处罚。

1.在调查取证时,调取原始凭证有困难的,可以复印,并要求出具证据的单位或个人签名或者盖章。如:你好。为了查清××案情,这是××文件的复印件,请你核对后注明"此件与原件核对一致",并在此处签名(或盖章)。

采取抽样取证的,应仔细核对,并要求被抽样取证单位现场负责人签名,制作《抽样取证凭证》。如:你好。依据《××法》第××条规定,我们对你单位的××××进行抽样取证。这是《抽样取证凭证》,请你核对后,在此处签名。

(注:在调查取证时,应当亮明身份、告知当事人回避等权利、制作询问或检查笔录、并要求被询问人或者被检查对象签字等可参照前文现场执法检查。)

2.在证据可能灭失或者以后难以取得的情况下,经本级应急管理厅(局)负责人批准,可以先行登记保存证据。如:为查清××事实,×××为有关证据,我们将依法对×××物品进行登记保存,请予以配合。这是《先行登记保存证据通知书》及物品清单,请仔细核对,如无误,请在此处签字,我们将在7日内通知你到×××应急管理厅(局)

办理先行登记保存证据处理决定事项。

3.行政处罚决定作出之前,应向当事人告知作出行政处罚决定的事实、依据、拟作出的行政处罚决定以及当事人享有的陈述和申辩权利等。如:现查明,你(单位)存在×××行为,违反了《××××》第×条第×款(项)规定,根据《××××》第×条第×款(项)的规定,我厅(局)拟作出××的行政处罚。如对处罚有异议,根据《中华人民共和国行政处罚法》第三十一条、第三十二条的规定,你(单位)有权在收到本告知书之日起3日内向×××应急管理厅(局)进行陈述和申辩,逾期不提出申请的,视为放弃权利。

4.听取当事人的陈述申辩,制作《当事人陈述申辩笔录》,要求当事人签字确认。如:我们就××一案听取了你(单位)的陈述申辩,这是《当事人陈述申辩笔录》,请仔细核对,如无误,请在此处签字捺印。

5.符合听证程序的,在作出行政处罚决定之前,应告知当事人有要求听证的权利。如:如果你对我厅(局)拟作出的本次行政处罚决定有异议,请你在接到本告知书之日起3日内向×××应急管理厅(局)提出书面听证申请。逾期不提出申请的,视为放弃听证权利。

6.行政处罚决定作出之后,应向当事人告知违法事实、处罚依据、处罚决定和依法享有的救济权利,并在宣告后当场交付当事人;当事人不在场的,应当在7日内依照《中华人民共和国民事诉讼法》的有关规定,将行政处罚决定书送达当事人或者其他的法定受送达人。如:经查实,你(单位)有×××行为,违反了《××××》第×条第×款(项)规定,根据《××××》第×条第×款(项)的规定,我厅(局)现作出×××的行政处罚决定。这是《行政处罚决定书》,请你在《文书送达回执》上签字确认。

当事人向银行缴纳罚款的,应明确告知当事人缴纳罚款的地点和期限。如:请你(单位)于××月××日前到××银行缴纳罚款。

7.当事人对行政处罚决定有争议时,应告知权利救济途径。如:如果你对我厅(局)本次行政处罚决定有异议,请你在接到《行政处罚决定书》之日起60日内向×××人民政府或者×××应急管理部门申请行政复议或者在6个月内向×××人民法院提出行政诉讼。

当事人要求减免处罚时,应说明无法满足对方要求原因。如:对不起,我们这是按××××的规定处理,我们无权对你的违法行为减免处罚,请你谅解。

当事人拒收《行政处罚决定书》时,应明确告知拒绝签字后果。如:由于你拒绝签收《行政处罚决定书》,我们将请见证人见证并签字,按照规定将作留置送达,并将有关情况记录在案。

(三)行政强制。

1.查封、扣押涉案物品时,应当会同当事人对拟查封物品的具体情况认真清点核实和确认,制作《查封扣押清单》和《查封扣押决定书》。如:我厅(局)在现场检查时,发现你单位存在××××设备不符合《××××》第×条规定。依据《××××》第×条第×款(项)规定,决定查封××设备。查封期限自××××年××月××日至××××年××月××日。这是《查封扣押清单》,请仔细清点核实和确认。这是《查封扣押决定书》,请你在《文书送达回执》上签字确认。

(注:在实施行政强制措施时,应当亮明身份、听取当事人的陈述和申辩、制作现场笔录、并要求被询问人或者被检查对象签字等可参照前文现场检查程序。)

2.因案情重大、复杂,需要依法延长查封扣押期限的,应告知当事人并说明理由,制作《延长查封扣押决定书》。如:我厅(局)于××××年××月××日根据《查封扣押决定书》对你单位××设备作出了查封的行政强制措施。因××××,依据《中华人民共和国行政强制法》第二十五条规定,决定将查封期限延长至××××年××月××日。

3.采取行政强制措施后,作出进一步处理决定的,应告知当事人处理决定的内容。如:我厅(局)于××××年××月××日根据《查封扣押决定书》对你单位××设备作出了查封的行政强制措施。依据《中华人民共和国行政强制法》第××条第×款(项)规定,经维修,该设备达到国家标准要求,现予以解除查封。

4.依法作出行政决定后,当事人在法定期限内不申请行政复议、不提起诉讼,也不履行有关行政处罚决定,应催告当事人履行,告知履行内容、期限和后果。如:我厅(局)于××××年××月××日对你单位作出的《行政处罚决定》尚未履行,你(单位)在法定期限内未申请行政复议或者提起行政诉讼,依据《中华人民共和国行政强制法》第五十三条、第五十四条的规定,请你(单位)立即履行××××行政决定。如你(单位)不履行,本单位将依据《中华人民共和国行政强制法》第五十三条、第五十四条,申请人民法院强制执行。

5.停止供电、停止供应民用爆炸物品的,应告知当事人停止供电、停止供应民用爆炸物品的依据、期限及依法享有的救济权利。如:因你单位存在重大事故隐患,我厅(局)于××××年××月××日依法对你单位作出了××××决定,你单位拒不执行,存在发生生产安全事故现实危险。为保障安全生产,根据《中华人民共和国安全生产法》第六十七条第一款的规定,本机关决定自××××年××月××

日××时××分起,对你单位采取停止供电措施,强制你单位履行决定。

你单位依法履行相关行政决定、采取相应措施消除事故隐患,本机关将及时通知有关单位解除上述有关措施。

6.当事人对行政强制措施、行政强制执行等决定有争议时,应告知其依法享有的救济权利。如:如果你对我厅(局)查封扣押决定有异议,请你在接到《查封扣押决定书》之日起60日内向×××人民政府或者×××应急管理部门申请行政复议或者6个月内向×××人民法院提出行政诉讼,但本指令不停止执行,法律另有规定的除外。

应急管理部关于启用新版安全生产许可证的通知

· 2020年1月23日
· 应急〔2020〕6号

各省、自治区、直辖市应急管理厅(局),新疆生产建设兵团应急管理局:

为适应工作需要,依照《安全生产许可证条例》有关规定,应急管理部决定对原国家安全监管局2004年启用的安全生产许可证(以下简称"旧版安全生产许可证")式样进行调整,重新设计并启用新版安全生产许可证,适用非煤矿矿山、危险化学品、烟花爆竹生产企业的安全生产许可。现将有关事项通知如下:

一、调整版面尺寸及内容。新版安全生产许可证设正本和副本。正本尺寸调整为:297mm(高)×420mm(宽);副本尺寸调整为:210mm(高)×297mm(宽)。副本配套发放封皮,副本封皮尺寸为:225mm(高)×310mm(宽)。正副本按照《新版安全生产许可证印制标准》有关要求印制相关内容。

二、增加二维码功能。新版安全生产许可证增加二维码功能,通过扫描,实现与各地电子证照系统对接。二维码的生成规则遵照"新版安全生产许可证二维码说明"执行。

三、领取印制相关资料。新版安全生产许可证由应急管理部委托制作单位制成印刷胶片、水印纸样、许可证样品和打印模板,免费发放各省级应急管理厅(局)使用并提供相关技术支持,版权归应急管理部所有。各省级应急管理厅(局)适时领取(或选择邮寄)印刷胶片、水印纸样、许可证样品和打印模板。

四、加强印制管理。各省级应急管理厅(局)统一负责本辖区新版安全生产许可证印制组织工作。要按照有关规定和《新版安全生产许可证印制标准》中明确的资质要求确定印制企业,加强对印制质量、数量等工作的监督管理,确保印制质量和安全。

五、按时启用换发。自2020年3月1日启用新版安全生产许可证。此前申领的,可以继续使用旧版安全生产许可证,也可以申请换发新版安全生产许可证。对暂不具备与电子证照系统对接条件的地区,可以先行发放不加载二维码的安全生产许可证;待条件成熟后,再予以换发加载二维码的安全生产许可证。

各省级应急管理厅(局)要高度重视新版安全生产许可证的启用换发工作,切实加强领导、精心组织,确保按时启用换发新版安全生产许可证。新版安全生产许可证在使用中出现的情况及问题,要及时向应急管理部请示报告。

应急管理部政策法规司行政审批窗口咨询电话:010—83933805;83933167。

应急管理部、公安部、最高人民法院、最高人民检察院关于印发《安全生产行政执法与刑事司法衔接工作办法》的通知

· 2019年4月16日
· 应急〔2019〕54号

各省、自治区、直辖市应急管理厅(局)、公安厅(局)、高级人民法院、人民检察院,新疆生产建设兵团应急管理局、公安局、新疆维吾尔自治区高级人民法院生产建设兵团分院、新疆生产建设兵团人民检察院,各省级煤矿安全监察局:

为了建立健全安全生产行政执法与刑事司法衔接工作机制,依法惩治安全生产违法犯罪行为,保障人民群众生命财产安全和社会稳定,应急管理部、公安部、最高人民法院、最高人民检察院联合研究制定了《安全生产行政执法与刑事司法衔接工作办法》,现予以印发,请遵照执行。

安全生产行政执法与刑事司法衔接工作办法

第一章 总 则

第一条 为了建立健全安全生产行政执法与刑事司法衔接工作机制,依法惩治安全生产违法犯罪行为,保障人民群众生命财产安全和社会稳定,依据《中华人民共和国刑法》《中华人民共和国刑事诉讼法》《中华人民共和

国安全生产法》《中华人民共和国消防法》和《行政执法机关移送涉嫌犯罪案件的规定》《生产安全事故报告和调查处理条例》《最高人民法院最高人民检察院关于办理危害生产安全刑事案件适用法律若干问题的解释》等法律、行政法规、司法解释及有关规定，制定本办法。

第二条 本办法适用于应急管理部门、公安机关、人民法院、人民检察院办理的涉嫌安全生产犯罪案件。

应急管理部门查处违法行为时发现的涉嫌其他犯罪案件，参照本办法办理。

本办法所称应急管理部门，包括煤矿安全监察机构、消防机构。

属于《中华人民共和国监察法》规定的公职人员在行使公权力过程中发生的依法由监察机关负责调查的涉嫌安全生产犯罪案件，不适用本办法，应当依法及时移送监察机关处理。

第三条 涉嫌安全生产犯罪案件主要包括下列案件：

（一）重大责任事故案件；

（二）强令违章冒险作业案件；

（三）重大劳动安全事故案件；

（四）危险物品肇事案件；

（五）消防责任事故、失火案件；

（六）不报、谎报安全事故案件；

（七）非法采矿，非法制造、买卖、储存爆炸物，非法经营，伪造、变造、买卖国家机关公文、证件、印章等涉嫌安全生产的其他犯罪案件。

第四条 人民检察院对应急管理部门移送涉嫌安全生产犯罪案件和公安机关有关立案活动，依法实施法律监督。

第五条 各级应急管理部门、公安机关、人民检察院、人民法院应当加强协作，统一法律适用，不断完善案件移送、案情通报、信息共享等工作机制。

第六条 应急管理部门在行政执法过程中发现行使公权力的公职人员涉嫌安全生产犯罪的问题线索，或者应急管理部门、公安机关、人民检察院在查处有关违法犯罪行为过程中发现行使公权力的公职人员涉嫌贪污贿赂、失职渎职等职务违法或者职务犯罪的问题线索，应当依法及时移送监察机关处理。

第二章 日常执法中的案件移送与法律监督

第七条 应急管理部门在查处违法行为过程中发现涉嫌安全生产犯罪案件的，应当立即指定2名以上行政执法人员组成专案组专门负责，核实情况后提出移送涉嫌犯罪案件的书面报告。应急管理部门正职负责人或者主持工作的负责人应当自接到报告之日起3日内作出批准移送或者不批准移送的决定。批准移送的，应当在24小时内向同级公安机关移送；不批准移送的，应当将不予批准的理由记录在案。

第八条 应急管理部门向公安机关移送涉嫌安全生产犯罪案件，应当附下列材料，并将案件移送书抄送同级人民检察院。

（一）案件移送书，载明移送案件的应急管理部门名称、违法行为涉嫌犯罪罪名、案件主办人及联系电话等。案件移送书应当附移送材料清单，并加盖应急管理部门公章；

（二）案件调查报告，载明案件来源、查获情况、嫌疑人基本情况、涉嫌犯罪的事实、证据和法律依据、处理建议等；

（三）涉案物品清单，载明涉案物品的名称、数量、特征、存放地等事项，并附采取行政强制措施、现场笔录等表明涉案物品来源的相关材料；

（四）附有鉴定机构和鉴定人资质证明或者其他证明文件的检验报告或者鉴定意见；

（五）现场照片、询问笔录、电子数据、视听资料、认定意见、责令整改通知书等其他与案件有关的证据材料。

对有关违法行为已经作出行政处罚决定的，还应当附行政处罚决定书。

第九条 公安机关对应急管理部门移送的涉嫌安全生产犯罪案件，应当出具接受案件的回执或者在案件移送书的回执上签字。

第十条 公安机关审查发现移送的涉嫌安全生产犯罪案件材料不全的，应当在接受案件的24小时内书面告知应急管理部门在3日内补正。

公安机关审查发现涉嫌安全生产犯罪案件移送材料不全、证据不充分的，可以就证明有犯罪事实的相关证据要求等提出补充调查意见，由移送案件的应急管理部门补充调查。根据实际情况，公安机关可以依法自行调查。

第十一条 公安机关对移送的涉嫌安全生产犯罪案件，应当自接受案件之日起3日内作出立案或者不予立案的决定；涉嫌犯罪线索需要查证的，应当自接受案件之日起7日内作出决定；重大疑难复杂案件，经县级以上公安机关负责人批准，可以自受案之日起30日内作出决定。依法不予立案的，应当说明理由，相应退回案件材料。

对属于公安机关管辖但不属于本公安机关管辖的案件，应当在接受案件后24小时内移送有管辖权的公安机关，并书面通知移送案件的应急管理部门，抄送同级人民检察院。对不属于公安机关管辖的案件，应当在24小时内退回移送案件的应急管理部门。

第十二条 公安机关作出立案、不予立案决定的，应当自作出决定之日起3日内书面通知应急管理部门，并抄送同级人民检察院。

对移送的涉嫌安全生产犯罪案件，公安机关立案后决定撤销案件的，应当将撤销案件决定书送达移送案件的应急管理部门，并退回案卷材料。对依法应当追究行政法律责任的，可以同时提出书面建议。有关撤销案件决定书应当抄送同级人民检察院。

第十三条 应急管理部门应当自接到公安机关立案通知书之日起3日内将涉案物品以及与案件有关的其他材料移交公安机关，并办理交接手续。

对保管条件、保管场所有特殊要求的涉案物品，可以在公安机关采取必要措施固定留取证据后，由应急管理部门代为保管。应急管理部门应当妥善保管涉案物品，并配合公安机关、人民检察院、人民法院在办案过程中对涉案物品的调取、使用及鉴定等工作。

第十四条 应急管理部门接到公安机关不予立案的通知书后，认为依法应当由公安机关决定立案的，可以自接到不予立案通知书之日起3日内提请作出不予立案决定的公安机关复议，也可以建议人民检察院进行立案监督。

公安机关应当自收到提请复议的文件之日起3日内作出复议决定，并书面通知应急管理部门。应急管理部门对公安机关的复议决定仍有异议的，应当自收到复议决定之日起3日内建议人民检察院进行立案监督。

应急管理部门对公安机关逾期未作出是否立案决定以及立案后撤销案件决定有异议的，可以建议人民检察院进行立案监督。

第十五条 应急管理部门建议人民检察院进行立案监督的，应当提供立案监督建议书、相关案件材料，并附公安机关不予立案通知、复议维持不予立案通知或者立案后撤销案件决定及有关说明理由材料。

第十六条 人民检察院应当对应急管理部门立案监督建议进行审查，认为需要公安机关说明不予立案、立案后撤销案件的理由的，应当要求公安机关在7日内说明理由。公安机关应当书面说明理由，回复人民检察院。

人民检察院经审查认为公安机关不予立案或者立案后撤销案件理由充分，符合法律规定情形的，应当作出支持不予立案、撤销案件的检察意见。认为有关理由不能成立的，应当通知公安机关立案。

公安机关收到立案通知书后，应当在15日内立案，并将立案决定书送达人民检察院。

第十七条 人民检察院发现应急管理部门不移送涉嫌安全生产犯罪案件的，可以派员查询、调阅有关案件材料，认为应当移送的，应当提出检察意见。应急管理部门应当自收到检察意见后3日内将案件移送公安机关，并将案件移送书抄送人民检察院。

第十八条 人民检察院对符合逮捕、起诉条件的犯罪嫌疑人，应当依法批准逮捕、提起公诉。

人民检察院对决定不起诉的案件，应当自作出决定之日起3日内，将不起诉决定书送达公安机关和应急管理部门。对依法应当追究行政法律责任的，可以同时提出检察意见，并要求应急管理部门及时通报处理情况。

第三章 事故调查中的案件移送与法律监督

第十九条 事故发生地有管辖权的公安机关根据事故的情况，对涉嫌安全生产犯罪的，应当依法立案侦查。

第二十条 事故调查中发现涉嫌安全生产犯罪的，事故调查组或者负责火灾调查的消防机构应当及时将有关材料或者其复印件移交有管辖权的公安机关依法处理。

事故调查过程中，事故调查组或者负责火灾调查的消防机构可以召开专题会议，向有管辖权的公安机关通报事故调查进展情况。

有管辖权的公安机关对涉嫌安全生产犯罪案件立案侦查的，应当在3日内将立案决定书抄送同级应急管理部门、人民检察院和组织事故调查的应急管理部门。

第二十一条 对有重大社会影响的涉嫌安全生产犯罪案件，上级公安机关采取挂牌督办、派员参与等方法加强指导和督促，必要时，可以按照有关规定直接组织办理。

第二十二条 组织事故调查的应急管理部门及同级公安机关、人民检察院对涉嫌安全生产犯罪案件的事实、性质认定、证据采信、法律适用以及责任追究意见分歧的，应当加强协调沟通。必要时，可以就法律适用等方面问题听取人民法院意见。

第二十三条 对发生一人以上死亡的情形，经依法组织调查，作出不属于生产安全事故或者生产安全责任事故的书面调查结论的，应急管理部门应当将该调查结论及时抄送同级监察机关、公安机关、人民检察院。

第四章 证据的收集与使用

第二十四条 在查处违法行为的过程中，有关应急管理部门应当全面收集、妥善保存证据材料。对容易灭失的痕迹、物证，应当采取措施提取、固定；对查获的涉案物品，如实填写涉案物品清单，并按照国家有关规定予以处理；对需要进行检验、鉴定的涉案物品，由法定检验、鉴定机构进行检验、鉴定，并出具检验报告或者鉴定意见。

在事故调查的过程中，有关部门根据有关法律法规的规定或者事故调查组的安排，按照前款规定收集、保存相关的证据材料。

第二十五条 在查处违法行为或者事故调查的过程中依法收集制作的物证、书证、视听资料、电子数据、检验报告、鉴定意见、勘验笔录、检查笔录等证据材料以及经依法批复的事故调查报告，在刑事诉讼中可以作为证据使用。

事故调查组依照有关规定提交的事故调查报告应当由其成员签名。没有签名的，应当予以补正或者作出合理解释。

第二十六条 当事人及其辩护人、诉讼代理人对检验报告、鉴定意见、勘验笔录、检查笔录等提出异议，申请重新检验、鉴定、勘验或者检查的，应当说明理由。人民法院经审理认为有必要的，应当同意。人民法院同意重新鉴定申请的，应当及时委托鉴定，并将鉴定意见告知人民检察院、当事人及其辩护人、诉讼代理人；也可以由公安机关自行或者委托相关机构重新进行检验、鉴定、勘验、检查等。

第五章 协作机制

第二十七条 各级应急管理部门、公安机关、人民检察院、人民法院应当建立安全生产行政执法与刑事司法衔接长效工作机制。明确本单位的牵头机构和联系人，加强日常工作沟通与协作。定期召开联席会议，协调解决重要问题，并以会议纪要等方式明确议定事项。

各省、自治区、直辖市应急管理部门、公安机关、人民检察院、人民法院应当每年定期联合通报辖区内有关涉嫌安全生产犯罪案件移送、立案、批捕、起诉、裁判结果等方面信息。

第二十八条 应急管理部门对重大疑难复杂案件，可以就刑事案件立案追诉标准、证据的固定和保全等问题咨询公安机关、人民检察院；公安机关、人民检察院可以就案件办理中的专业性问题咨询应急管理部门。受咨询的机关应当及时答复；书面咨询的，应当在7日内书面答复。

第二十九条 人民法院应当在有关案件的判决、裁定生效后，按照规定及时将判决书、裁定书在互联网公布。适用职业禁止措施的，应当在判决、裁定生效后10日内将判决书、裁定书送达罪犯居住地的县级应急管理部门和公安机关，同时抄送罪犯居住地的县级人民检察院。具有国家工作人员身份的，应当将判决书、裁定书送达罪犯原所在单位。

第三十条 人民检察院、人民法院发现有关生产经营单位在安全生产保障方面存在问题或者有关部门在履行安全生产监督管理职责方面存在违法、不当情形的，可以发出检察建议、司法建议。有关生产经营单位或者有关部门应当按规定及时处理，并将处理情况书面反馈提出建议的人民检察院、人民法院。

第三十一条 各级应急管理部门、公安机关、人民检察院应当运用信息化手段，逐步实现涉嫌安全生产犯罪案件的网上移送、网上受理和网上监督。

第六章 附 则

第三十二条 各省、自治区、直辖市的应急管理部门、公安机关、人民检察院、人民法院可以根据本地区实际情况制定实施办法。

第三十三条 本办法自印发之日起施行。

二、煤矿及非煤矿山安全

1. 综合

中华人民共和国矿产资源法

- 1986年3月19日第六届全国人民代表大会常务委员会第十五次会议通过
- 根据1996年8月29日第八届全国人民代表大会常务委员会第二十一次会议《关于修改〈中华人民共和国矿产资源法〉的决定》第一次修正
- 根据2009年8月27日第十一届全国人民代表大会常务委员会第十次会议《关于修改部分法律的决定》第二次修正
- 2024年11月8日第十四届全国人民代表大会常务委员会第十二次会议修订
- 2024年11月8日中华人民共和国主席令第36号公布
- 自2025年7月1日起施行

第一章 总 则

第一条 为了促进矿产资源合理开发利用,加强矿产资源和生态环境保护,维护矿产资源国家所有者权益和矿业权人合法权益,推动矿业高质量发展,保障国家矿产资源安全,适应全面建设社会主义现代化国家的需要,根据宪法,制定本法。

第二条 在中华人民共和国领域及管辖的其他海域勘查、开采矿产资源,开展矿区生态修复等活动,适用本法。

本法所称矿产资源,是指由地质作用形成、具有利用价值,呈固态、液态、气态等形态的自然资源。矿产资源目录由国务院确定并调整。

第三条 矿产资源开发利用和保护工作应当坚持中国共产党的领导,贯彻总体国家安全观,统筹发展和安全,统筹国内国际,坚持开发利用与保护并重,遵循保障安全、节约集约、科技支撑、绿色发展的原则。

第四条 矿产资源属于国家所有,由国务院代表国家行使矿产资源的所有权。地表或者地下的矿产资源的国家所有权,不因其所依附的土地的所有权或者使用权的不同而改变。

各级人民政府应当加强矿产资源保护工作。禁止任何单位和个人以任何手段侵占或者破坏矿产资源。

第五条 勘查、开采矿产资源应当依法分别取得探矿权、采矿权,本法另有规定的除外。

国家保护依法取得的探矿权、采矿权不受侵犯,维护矿产资源勘查、开采区域的生产秩序、工作秩序。

第六条 勘查、开采矿产资源应当按照国家有关规定缴纳费用。国务院可以根据不同情况规定减收或者免收有关费用。

开采矿产资源应当依法缴纳资源税。

第七条 国家建立健全地质调查制度,加强基础性地质调查工作,为矿产资源勘查、开采和保护等提供基础地质资料。

第八条 国家完善政策措施,加大对战略性矿产资源勘查、开采、贸易、储备等的支持力度,推动战略性矿产资源增加储量和提高产能,推进战略性矿产资源产业优化升级,提升矿产资源安全保障水平。

战略性矿产资源目录由国务院确定并调整。

对国务院确定的特定战略性矿产资源,按照国家有关规定实行保护性开采。

第九条 国家对矿产资源勘查、开采实行统一规划、合理布局、综合勘查、合理开采和综合利用的方针。

国务院自然资源主管部门会同国务院发展改革、应急管理、生态环境、工业和信息化、水行政、能源、矿山安全监察等有关部门,依据国家发展规划、全国国土空间规划、地质调查成果等,编制全国矿产资源规划,报国务院或者其授权的部门批准后实施。

省级人民政府自然资源主管部门会同有关部门编制本行政区域矿产资源规划,经本级人民政府同意后,报国务院自然资源主管部门批准后实施。

设区的市级、县级人民政府自然资源主管部门会同有关部门根据本行政区域内矿产资源状况和实际需要,编制本行政区域矿产资源规划,经本级人民政府同意后,报上一级人民政府自然资源主管部门批准后实施。

第十条 国家加强战略性矿产资源储备体系和矿产资源应急体系建设,提升矿产资源应急供保能力和水平。

第十一条 国家鼓励、支持矿产资源勘查、开采、保护和矿区生态修复等领域的科技创新、科技成果应用推广,推动数字化、智能化、绿色化建设,提高矿产资源相关领域的科学技术水平。

第十二条 对在矿产资源勘查、开采、保护和矿区生态修复工作中做出突出贡献以及在矿产资源相关领域科技创新等方面取得显著成绩的单位和个人,按照国家有关规定给予表彰、奖励。

第十三条 国家在民族自治地方开采矿产资源,应当照顾民族自治地方的利益,作出有利于民族自治地方经济建设的安排,照顾当地群众的生产和生活。

民族自治地方的自治机关根据法律规定和国家的统一规划,对可以由本地方开发的矿产资源,优先合理开发利用。

第十四条 国务院自然资源主管部门会同有关部门负责全国矿产资源勘查、开采和矿区生态修复等活动的监督管理工作。

县级以上地方人民政府自然资源主管部门会同有关部门负责本行政区域内矿产资源勘查、开采和矿区生态修复等活动的监督管理工作。

国务院授权的机构对省、自治区、直辖市人民政府矿产资源开发利用和监督管理情况进行督察。

第十五条 国家坚持平等互利、合作共赢的方针,积极促进矿产资源领域国际合作。

第二章 矿业权

第十六条 国家实行探矿权、采矿权有偿取得的制度。

探矿权、采矿权统称矿业权。

第十七条 矿业权应当通过招标、拍卖、挂牌等竞争性方式出让,法律、行政法规或者国务院规定可以通过协议出让或者其他方式设立的除外。

矿业权出让权限划分由国务院规定。县级以上人民政府自然资源主管部门按照规定权限组织矿业权出让。

矿业权出让应当按照国家规定纳入统一的公共资源交易平台体系。

第十八条 县级以上人民政府自然资源主管部门应当加强对矿业权出让工作的统筹安排,优化矿业权出让工作流程,提高工作效率,保障矿业权出让工作与加强矿产资源勘查、开采的实际需要相适应。矿业权出让应当考虑不同矿产资源特点、矿山最低开采规模、生态环境保护和安全要求等因素。

国家鼓励单位和个人向县级以上人民政府自然资源主管部门提供可供出让的探矿权区块来源;对符合出让条件的,有关人民政府自然资源主管部门应当及时安排出让。

国务院自然资源主管部门应当加强对矿业权出让工作的指导和监督。

法律、行政法规规定在一定区域范围内禁止或者限制开采矿产资源的,应当遵守相关规定。

第十九条 通过竞争性方式出让矿业权的,出让矿业权的自然资源主管部门(以下称矿业权出让部门)应当提前公告拟出让矿业权的基本情况、竞争规则、受让人的技术能力等条件及其权利义务等事项,不得以不合理的条件对市场主体实行差别待遇或者歧视待遇。

第二十条 出让矿业权的,矿业权出让部门应当与依法确定的受让人以书面形式签订矿业权出让合同。

矿业权出让合同应当明确勘查或者开采的矿种、区域、勘查、开采、矿区生态修复和安全要求,矿业权出让收益数额与缴纳方式、矿业权的期限等事项;涉及特定战略性矿产资源的,还应当明确保护性开采的有关要求。矿业权出让合同示范文本由国务院自然资源主管部门制定。

第二十一条 矿业权出让合同约定的矿业权出让收益数额与缴纳方式等,应当符合国家有关矿业权出让收益征收的规定。

矿业权出让收益征收办法由国务院财政部门会同国务院自然资源主管部门、国务院税务主管部门制定,报国务院批准后执行。制定矿业权出让收益征收办法,应当根据不同矿产资源特点,遵循有利于维护国家权益、调动矿产资源勘查积极性、促进矿业可持续发展的原则,并广泛听取各有关方面的意见和建议。

第二十二条 设立矿业权的,应当向矿业权出让部门申请矿业权登记。符合登记条件的,矿业权出让部门应当将相关事项记载于矿业权登记簿,并向矿业权人发放矿业权证书。

矿业权变更、转让、抵押和消灭的,应当依法办理登记。

矿业权的设立、变更、转让、抵押和消灭,经依法登记,发生效力;未经登记,不发生效力,法律另有规定的除外。

矿业权登记的具体办法由国务院自然资源主管部门制定。

第二十三条 探矿权人在登记的勘查区域内,享有勘查有关矿产资源并依法取得采矿权的权利。

采矿权人在登记的开采区域内,享有开采有关矿产资源并获得采出的矿产品的权利。

矿业权人有权依法优先取得登记的勘查、开采区域内新发现的其他矿产资源的矿业权,具体办法由国务院自然资源主管部门制定。

在已经登记的勘查、开采区域内，不得设立其他矿业权，国务院和国务院自然资源主管部门规定可以按照不同矿种分别设立矿业权的除外。

第二十四条 探矿权的期限为五年。探矿权期限届满，可以续期，续期最多不超过三次，每次期限为五年；续期时应当按照规定核减勘查区域面积。法律、行政法规另有规定的除外。

探矿权人应当按照探矿权出让合同的约定及时开展勘查工作，并每年向原矿业权出让部门报告有关情况；无正当理由未开展或者未实质性开展勘查工作的，探矿权期限届满时不予续期。

采矿权的期限结合矿产资源储量和矿山建设规模确定，最长不超过三十年。采矿权期限届满，登记的开采区域内仍有可供开采的矿产资源的，可以续期；法律、行政法规另有规定的除外。

期限届满未申请续期或者依法不予续期的，矿业权消灭。

第二十五条 探矿权人探明可供开采的矿产资源后可以在探矿权期限内申请将其探矿权转为采矿权；法律、行政法规另有规定的除外。原矿业权出让部门应当与该探矿权人签订采矿权出让合同，设立采矿权。

为了公共利益的需要，或者因不可抗力或者其他特殊情形，探矿权暂时不能转为采矿权的，探矿权人可以申请办理探矿权保留，原矿业权出让部门应当为其办理。探矿权保留期间，探矿权期限中止计算。

第二十六条 矿业权期限届满前，为了公共利益的需要，原矿业权出让部门可以依法收回矿业权；矿业权被收回的，应当依法给予公平、合理的补偿。

自然保护地范围内，可以依法进行符合管控要求的勘查、开采活动，已设立的矿业权不符合管控要求的，应当依法有序退出。

第二十七条 矿业权可以依法转让或者出资、抵押等，国家另有规定或者矿业权出让合同另有约定的除外。

矿业权转让的，矿业权出让合同和矿业权登记簿所载明的权利、义务随之转移，国家另有规定或者矿业权出让、转让合同另有约定的除外。

矿业权转让的具体管理办法由国务院制定。

第二十八条 有下列情形之一的，无需取得探矿权：

（一）国家出资勘查矿产资源；

（二）采矿权人在登记的开采区域内为开采活动需要进行勘查；

（三）国务院和国务院自然资源主管部门规定的其他情形。

第二十九条 有下列情形之一的，无需取得采矿权：

（一）个人为生活自用采挖只能用作普通建筑材料的砂、石、黏土；

（二）建设项目施工单位在批准的作业区域和建设工期内，因施工需要采挖只能用作普通建筑材料的砂、石、黏土；

（三）国务院和国务院自然资源主管部门规定的其他情形。

有前款第一项、第二项规定情形的，应当遵守省、自治区、直辖市规定的监督管理要求。

第三章 矿产资源勘查、开采

第三十条 县级以上人民政府自然资源主管部门会同有关部门组织开展基础性地质调查；省级以上人民政府自然资源主管部门会同有关部门组织开展战略性矿产资源、重点成矿区远景调查和潜力评价。

第三十一条 开展地质调查和矿产资源勘查、开采活动，应当按照国家有关规定及时汇交原始地质资料、实物地质资料和成果地质资料。

汇交的地质资料应当依法保管、利用和保护。

第三十二条 编制国土空间规划应当合理规划建设项目的空间布局，避免、减少压覆矿产资源。

建设项目论证时，建设单位应当查询占地范围内矿产资源分布和矿业权设置情况。省级以上人民政府自然资源主管部门应当为建设单位提供查询服务。

建设项目确需压覆已经设置矿业权的矿产资源，对矿业权行使造成直接影响的，建设单位应当在压覆前与矿业权人协商，并依法给予公平、合理的补偿。

战略性矿产资源原则上不得压覆；确需压覆的，应当经国务院自然资源主管部门或者其授权的省、自治区、直辖市人民政府自然资源主管部门批准。

第三十三条 矿业权人依照本法有关规定取得矿业权后，进行矿产资源勘查、开采作业前，应当按照矿业权出让合同以及相关标准、技术规范等，分别编制勘查方案、开采方案，报原矿业权出让部门批准，取得勘查许可证、采矿许可证；未取得许可证的，不得进行勘查、开采作业。

矿业权人应当按照经批准的勘查方案、开采方案进行勘查、开采作业；勘查方案、开采方案需要重大调整的，应当按照规定报原矿业权出让部门批准。

第三十四条 国家完善与矿产资源勘查、开采相适应的矿业用地制度。编制国土空间规划应当考虑矿产资源勘查、开采用地实际需求。勘查、开采矿产资源应当节约集约使用土地。

县级以上人民政府自然资源主管部门应当保障矿业权人依法通过出让、租赁、作价出资等方式使用土地。开采战略性矿产资源确需使用农民集体所有土地的，可以依法实施征收。

勘查矿产资源可以依照土地管理法律、行政法规的规定临时使用土地。露天开采战略性矿产资源占用土地，经科学论证，具备边开采、边复垦条件的，报省级以上人民政府自然资源主管部门批准后，可以临时使用土地；临时使用农用地的，还应当按照国家有关规定及时恢复种植条件、耕地质量或者恢复植被、生产条件，确保原地类数量不减少、质量不下降、农民利益有保障。

勘查、开采矿产资源用地的范围和使用期限应当根据需要确定，使用期限最长不超过矿业权期限。

第三十五条　矿业权所在地的县级人民政府自然资源主管部门应当公告矿业权人勘查、开采区域范围。矿业权人在勘查、开采区域内勘查、开采矿产资源，可以依法在相邻区域通行，架设供电、供水、通讯等相关设施。

任何单位和个人不得实施下列行为：

（一）进入他人的勘查、开采区域勘查、开采矿产资源；

（二）扰乱勘查、开采区域的生产秩序、工作秩序；

（三）侵占、哄抢矿业权人依法开采的矿产品；

（四）其他干扰、破坏矿产资源勘查、开采活动正常进行的行为。

第三十六条　石油、天然气等矿产资源勘查过程中发现可供开采的石油、天然气等矿产资源的，探矿权人依法履行相关程序后，可以进行开采，但应当在国务院自然资源主管部门规定的期限内依法取得采矿权和采矿许可证。

第三十七条　国家鼓励、支持矿业绿色低碳转型发展，加强绿色矿山建设。

勘查、开采矿产资源，应当采用先进适用、符合生态环境保护和安全生产要求的工艺、设备、技术，不得使用国家明令淘汰的工艺、设备、技术。

开采矿产资源应当采取有效措施，避免、减少对矿区森林、草原、耕地、湿地、河湖、海洋等生态系统的破坏，并加强对尾矿库建设、运行、闭库等活动的管理，防范生态环境和安全风险。

第三十八条　勘查活动结束后，探矿权人应当及时对勘查区域进行清理，清除可能危害公共安全的设施、设备等，对废弃的坑探、探井等实施回填、封堵；破坏地表植被的，应当及时恢复。

勘查活动临时占用耕地的，应当及时恢复种植条件和耕地质量；临时占用林地、草地的，应当及时恢复植被和生产条件。

第三十九条　开采矿产资源，应当采取合理的开采顺序、开采方法，并采取有效措施确保矿产资源开采回采率、选矿回收率和综合利用率达到有关国家标准的要求。

开采矿产资源，应当采取有效措施保护地下水资源，并优先使用矿井水。

采矿权人在开采主要矿种的同时，对具有工业价值的共生和伴生矿产应当综合开采、综合利用，防止浪费；对暂时不能综合开采或者必须同时采出但暂时不能综合利用的矿产以及含有有用组分的尾矿，应当采取有效的保护措施，防止损失破坏。

国家制定和完善提高矿产资源开采回采率、选矿回收率、综合利用率的激励性政策措施。

第四十条　国家建立矿产资源储量管理制度，具体办法由国务院制定。

矿业权人查明可供开采的矿产资源或者发现矿产资源储量发生重大变化的，应当按照规定编制矿产资源储量报告并报送县级以上人民政府自然资源主管部门。矿业权人应当对矿产资源储量报告的真实性负责。

第四十一条　采矿权人应当按照国家有关规定将闭坑地质报告报送县级以上地方人民政府自然资源主管部门。

采矿权人应当在矿山闭坑前或者闭坑后的合理期限内采取安全措施、防治环境污染和生态破坏。

县级以上地方人民政府应当组织有关部门加强闭坑的监督管理。

第四十二条　勘查、开采矿产资源，应当遵守有关生态环境保护、安全生产、职业病防治等法律、法规的规定，防止污染环境、破坏生态，预防和减少生产安全事故，预防发生职业病。

第四十三条　勘查、开采矿产资源时发现重要地质遗迹、古生物化石和文物的，应当加以保护并及时报告有关部门。

第四章　矿区生态修复

第四十四条　矿区生态修复应当坚持自然恢复与人工修复相结合，遵循因地制宜、科学规划、系统治理、合理利用的原则，采取工程、技术、生物等措施，做好地质环境恢复治理、地貌重塑、植被恢复、土地复垦等。涉及矿区污染治理的，应当遵守相关法律法规和技术标准等要求。

国务院自然资源主管部门会同国务院生态环境主管

部门等有关部门制定矿区生态修复技术规范。

国务院生态环境主管部门指导、协调和监督矿区生态修复工作。

县级以上地方人民政府应当加强对矿区生态修复工作的统筹和监督，保障矿区生态修复与污染防治、水土保持、植被恢复等协同实施，提升矿区生态环境保护和恢复效果。

第四十五条　因开采矿产资源导致矿区生态破坏的，采矿权人应当依法履行生态修复义务。采矿权人的生态修复义务不因采矿权消灭而免除。

采矿权转让的，由受让人履行矿区生态修复义务，国家另有规定或者矿业权出让、转让合同另有约定的除外。

历史遗留的废弃矿区，矿区生态修复责任人灭失或者无法确认的，由所在地县级以上地方人民政府组织开展矿区生态修复。

国家鼓励社会资本参与矿区生态修复。

第四十六条　开采矿产资源前，采矿权人应当依照法律、法规和国务院自然资源主管部门的规定以及矿业权出让合同编制矿区生态修复方案，随开采方案报原矿业权出让部门批准。矿区生态修复方案应当包括尾矿库生态修复的专门措施。

编制矿区生态修复方案，应当在矿区涉及的有关范围内公示征求意见，并专门听取矿区涉及的居民委员会、村民委员会、农村集体经济组织和居民代表、村民代表的意见。

第四十七条　采矿权人应当按照经批准的矿区生态修复方案进行矿区生态修复。能够边开采、边修复的，应当边开采、边修复；能够分区、分期修复的，应当分区、分期修复；不能边开采、边修复或者分区、分期修复的，应当在矿山闭坑前或者闭坑后的合理期限内及时修复。

第四十八条　矿区生态修复由县级以上地方人民政府自然资源主管部门会同生态环境主管部门等有关部门组织验收。验收应当邀请有关专家以及矿区涉及的居民委员会、村民委员会、农村集体经济组织和居民代表、村民代表参加，验收结果应当向社会公布。

矿区生态修复分区、分期进行的，应当分区、分期验收。

第四十九条　采矿权人应当按照规定提取矿区生态修复费用，专门用于矿区生态修复。矿区生态修复费用计入成本。

县级以上人民政府自然资源主管部门应当会同财政等有关部门对矿区生态修复费用的提取、使用情况进行监督检查。

矿区生态修复费用提取、使用和监督管理的具体办法由国务院财政部门会同国务院自然资源主管部门制定。

第五章　矿产资源储备和应急

第五十条　国家构建产品储备、产能储备和产地储备相结合的战略性矿产资源储备体系，科学合理确定储备结构、规模和布局并动态调整。

第五十一条　国务院发展改革、财政、物资储备、能源等有关部门和省、自治区、直辖市人民政府应当按照国家有关规定加强战略性矿产资源储备设施建设，组织实施矿产品储备，建立灵活高效的收储、轮换、动用机制。

第五十二条　开采战略性矿产资源的采矿权人应当按照国家有关规定，落实产能储备责任，合理规划生产能力，确保应急增产需要。

第五十三条　国务院自然资源主管部门会同有关部门，根据保障国家矿产资源安全需要，结合资源储量、分布情况及其稀缺和重要程度等因素，划定战略性矿产资源储备地。

战略性矿产资源储备地管理办法由国务院自然资源主管部门会同有关部门制定。

第五十四条　国家建立和完善矿产资源供应安全预测预警体系，提高预测预警能力和水平，及时对矿产品供求变化、价格波动以及安全风险状况等进行预测预警。

第五十五条　出现矿产品供需严重失衡、经济社会发展和人民生活受到重大影响等矿产资源应急状态的，省级以上人民政府应当按照职责权限及时启动应急响应，可以依法采取下列应急处置措施：

（一）发布矿产品供求等相关信息；

（二）紧急调度矿产资源开采以及矿产品运输、供应；

（三）在战略性矿产资源储备地等区域组织实施矿产资源应急性开采；

（四）动用矿产品储备；

（五）实施价格干预措施、紧急措施；

（六）其他必要措施。

出现矿产资源应急状态时，有关单位和个人应当服从统一指挥和安排，承担相应的应急义务，配合采取应急处置措施，协助维护市场秩序。

因执行应急处置措施给有关单位、个人造成损失的，应当按照有关规定给予补偿。

矿产资源应急状态消除后，省级以上人民政府应当按照职责权限及时终止实施应急处置措施。

第六章 监督管理

第五十六条 县级以上人民政府自然资源主管部门和其他有关部门应当按照职责分工,加强对矿产资源勘查、开采和矿区生态修复等活动的监督检查,依法及时查处违法行为。

上级人民政府自然资源主管部门和其他有关部门应当加强对下级人民政府自然资源主管部门和其他有关部门执法活动的监督。

第五十七条 县级以上人民政府自然资源主管部门和其他有关部门实施监督检查,可以采取下列措施:

(一)进入勘查、开采区域等实施现场查验、勘测;

(二)询问与检查事项有关的人员,要求其对有关事项作出说明;

(三)查阅、复制与检查事项有关的文件、资料;

(四)查封、扣押直接用于违法勘查、开采的工具、设备、设施、场所以及违法采出的矿产品;

(五)法律、法规规定的其他措施。

自然资源主管部门和其他有关部门依法实施监督检查,被检查单位及其有关人员应当予以配合,不得拒绝、阻碍。

自然资源主管部门和其他有关部门及其工作人员对监督检查过程中知悉的国家秘密、商业秘密、个人隐私和个人信息依法负有保密义务。

第五十八条 国家建立矿产资源开发利用水平调查评估制度。

国务院自然资源主管部门建立矿产资源开发利用水平评估指标体系。县级以上人民政府自然资源主管部门应当加强对矿产资源勘查、开采情况的汇总、分析,并定期进行评估,提出节约集约开发利用矿产资源等方面的改进措施。

第五十九条 国务院自然资源主管部门建立全国矿业权分布底图和动态数据库。

国务院自然资源主管部门组织建立全国矿产资源监督管理信息系统,提升监管和服务效能,依法及时公开监管和服务信息,并做好信息共享工作。

第六十条 县级以上人民政府自然资源主管部门应当按照国家有关规定,将矿业权人和从事矿区生态修复等活动的其他单位和个人的信用信息记入信用记录。

第六十一条 任何单位和个人对违反矿产资源法律、法规的行为,有权向县级以上人民政府自然资源主管部门和其他有关部门举报,接到举报的部门应当及时依法处理。

第七章 法律责任

第六十二条 县级以上人民政府自然资源主管部门和其他有关部门的工作人员在矿产资源勘查、开采和矿区生态修复等活动的监督管理工作中滥用职权、玩忽职守、徇私舞弊的,依法给予处分。

第六十三条 违反本法规定,未取得探矿权勘查矿产资源的,由县级以上人民政府自然资源主管部门责令停止违法行为,没收违法所得以及直接用于违法勘查的工具、设备,并处十万元以上一百万元以下罚款;拒不停止违法行为的,可以责令停业整顿。

超出探矿权登记的勘查区域勘查矿产资源的,依照前款规定处罚;拒不停止违法行为,情节严重的,原矿业权出让部门可以吊销其勘查许可证。

第六十四条 违反本法规定,未取得采矿权开采矿产资源的,由县级以上人民政府自然资源主管部门责令停止违法行为,没收直接用于违法开采的工具、设备以及违法采出的矿产品,并处违法采出的矿产品市场价值三倍以上五倍以下罚款;没有采出矿产品或者违法采出的矿产品市场价值不足十万元的,并处十万元以上一百万元以下罚款;拒不停止违法行为的,可以责令停业整顿。

超出采矿权登记的开采区域开采矿产资源的,依照前款规定处罚;拒不停止违法行为,情节严重的,原矿业权出让部门可以吊销其采矿许可证。

违反本法规定,从事石油、天然气等矿产资源勘查活动,未在国务院自然资源主管部门规定的期限内依法取得采矿权进行开采的,依照本条第一款规定处罚。

第六十五条 违反本法规定,建设项目未经批准压覆战略性矿产资源的,由县级以上人民政府自然资源主管部门责令改正,处十万元以上一百万元以下罚款。

第六十六条 违反本法规定,探矿权人未取得勘查许可证进行矿产资源勘查作业的,由县级以上人民政府自然资源主管部门责令改正;拒不改正的,没收违法所得以及直接用于违法勘查的工具、设备,处十万元以上五十万元以下罚款,并可以责令停业整顿。

第六十七条 违反本法规定,采矿权人未取得采矿许可证进行矿产资源开采作业的,由县级以上人民政府自然资源主管部门责令改正;拒不改正的,没收直接用于违法开采的工具、设备以及违法采出的矿产品,处违法采出的矿产品市场价值一倍以上三倍以下罚款,没有采出矿产品或者违法采出的矿产品市场价值不足十万元的,处十万元以上五十万元以下罚款,并可以责令停业整顿。

违反本法规定,从事石油、天然气等矿产资源勘查活动,未在国务院自然资源主管部门规定的期限内依法取得采矿许可证进行开采的,依照前款规定处罚。

第六十八条 违反本法规定,有下列情形之一,造成矿产资源破坏的,由县级以上人民政府自然资源主管部门责令改正,处十万元以上五十万元以下罚款;拒不改正的,可以责令停业整顿;情节严重的,原矿业权出让部门可以吊销其勘查许可证、采矿许可证:

(一)未按照经批准的勘查方案、开采方案进行矿产资源勘查、开采作业;

(二)采取不合理的开采顺序、开采方法开采矿产资源;

(三)矿产资源开采回采率、选矿回收率和综合利用率未达到有关国家标准的要求。

违反本法规定,未按照保护性开采要求开采特定战略性矿产资源的,依照前款规定处罚;法律、行政法规另有规定的,依照其规定。

第六十九条 违反本法规定,勘查活动结束后探矿权人未及时对勘查区域进行清理或者未及时恢复受到破坏的地表植被的,由县级以上人民政府自然资源主管部门责令改正,可以处五万元以下罚款;拒不改正的,处五万元以上十万元以下罚款,由县级以上人民政府自然资源主管部门确定有关单位代为清理、恢复,所需费用由探矿权人承担。

第七十条 未按照规定汇交地质资料,或者矿业权人未按照规定编制并报送矿产资源储量报告的,由县级以上人民政府自然资源主管部门责令改正,处二万元以上十万元以下罚款;情节严重的,处十万元以上五十万元以下罚款。

矿业权人故意报送虚假的矿产资源储量报告的,由县级以上人民政府自然资源主管部门没收违法所得,并处二十万元以上一百万元以下罚款;情节严重的,由原矿业权出让部门收回矿业权。

第七十一条 违反本法规定,采矿权人不履行矿区生态修复义务或者未按照经批准的矿区生态修复方案进行矿区生态修复的,由县级以上人民政府自然资源主管部门责令改正,可以处矿区生态修复所需费用二倍以下罚款;拒不改正的,处矿区生态修复所需费用二倍以上五倍以下罚款,由县级以上人民政府自然资源主管部门确定有关单位代为修复,所需费用由采矿权人承担。

第七十二条 出现矿产资源应急状态时,有关单位和个人违反本法规定,不服从统一指挥和安排、不承担相应的应急义务或者不配合采取应急处置措施的,由省级以上人民政府自然资源主管部门或者其他有关部门责令改正,给予警告或者通报批评;拒不改正的,对单位处十万元以上五十万元以下罚款,根据情节轻重,可以责令停业整顿或者依法吊销相关许可证件,对个人处一万元以上五万元以下罚款。

第七十三条 违反本法规定,矿业权人拒绝、阻碍监督检查,或者在接受监督检查时弄虚作假的,由县级以上人民政府自然资源主管部门或者其他有关部门责令改正;拒不改正的,处二万元以上十万元以下罚款。

第七十四条 违反本法规定,破坏矿产资源或者污染环境、破坏生态,损害国家利益、社会公共利益的,人民检察院、法律规定的机关和有关组织可以依法向人民法院提起诉讼。

第七十五条 违反本法规定,造成他人人身财产损害或者生态环境损害的,依法承担民事责任;构成违反治安管理行为的,依法给予治安管理处罚;构成犯罪的,依法追究刑事责任。

第七十六条 勘查、开采矿产资源、开展矿区生态修复,违反有关生态环境保护、安全生产、职业病防治、土地管理、林业草原、文物保护等法律、行政法规的,依照有关法律、行政法规的规定处理、处罚。

第八章 附 则

第七十七条 外商投资勘查、开采矿产资源,法律、行政法规另有规定的,依照其规定。

第七十八条 中华人民共和国境外的组织和个人,实施危害中华人民共和国国家矿产资源安全行为的,依法追究其法律责任。

第七十九条 中华人民共和国缔结或者参加的国际条约与本法有不同规定的,适用国际条约的规定;但是,中华人民共和国声明保留的条款除外。

第八十条 本法自2025年7月1日起施行。

中华人民共和国矿山安全法

• 1992年11月7日第七届全国人民代表大会常务委员会第二十八次会议通过
• 根据2009年8月27日第十一届全国人民代表大会常务委员会第十次会议《关于修改部分法律的决定》修正

第一章 总 则

第一条 为了保障矿山生产安全,防止矿山事故,保护矿山职工人身安全,促进采矿业的发展,制定本法。

第二条 在中华人民共和国领域和中华人民共和国

管辖的其他海域从事矿产资源开采活动，必须遵守本法。

第三条 矿山企业必须具有保障安全生产的设施，建立、健全安全管理制度，采取有效措施改善职工劳动条件，加强矿山安全管理工作，保证安全生产。

第四条 国务院劳动行政主管部门对全国矿山安全工作实施统一监督。

县级以上地方各级人民政府劳动行政主管部门对本行政区域内的矿山安全工作实施统一监督。

县级以上人民政府管理矿山企业的主管部门对矿山安全工作进行管理。

第五条 国家鼓励矿山安全科学技术研究，推广先进技术，改进安全设施，提高矿山安全生产水平。

第六条 对坚持矿山安全生产，防止矿山事故，参加矿山抢险救护，进行矿山安全科学技术研究等方面取得显著成绩的单位和个人，给予奖励。

第二章　矿山建设的安全保障

第七条 矿山建设工程的安全设施必须和主体工程同时设计、同时施工、同时投入生产和使用。

第八条 矿山建设工程的设计文件，必须符合矿山安全规程和行业技术规范，并按照国家规定经管理矿山企业的主管部门批准；不符合矿山安全规程和行业技术规范的，不得批准。

矿山建设工程安全设施的设计必须有劳动行政部门参加审查。

矿山安全规程和行业技术规范，由国务院管理矿山企业的主管部门制定。

第九条 矿山设计下列项目必须符合矿山安全规程和行业技术规范：

（一）矿井的通风系统和供风量、风质、风速；

（二）露天矿的边坡角和台阶的宽度、高度；

（三）供电系统；

（四）提升、运输系统；

（五）防水、排水系统和防火、灭火系统；

（六）防瓦斯系统和防尘系统；

（七）有关矿山安全的其他项目。

第十条 每个矿井必须有两个以上能行人的安全出口，出口之间的直线水平距离必须符合矿山安全规程和行业技术规范。

第十一条 矿山必须有与外界相通的、符合安全要求的运输和通讯设施。

第十二条 矿山建设工程必须按照管理矿山企业的主管部门批准的设计文件施工。

矿山建设工程安全设施竣工后，由管理矿山企业的主管部门验收，并须有劳动行政主管部门参加；不符合矿山安全规程和行业技术规范的，不得验收，不得投入生产。

第三章　矿山开采的安全保障

第十三条 矿山开采必须具备保障安全生产的条件，执行开采不同矿种的矿山安全规程和行业技术规范。

第十四条 矿山设计规定保留的矿柱、岩柱，在规定的期限内，应当予以保护，不得开采或者毁坏。

第十五条 矿山使用的有特殊安全要求的设备、器材、防护用品和安全检测仪器，必须符合国家安全标准或者行业安全标准；不符合国家安全标准或者行业安全标准的，不得使用。

第十六条 矿山企业必须对机电设备及其防护装置、安全检测仪器，定期检查、维修，保证使用安全。

第十七条 矿山企业必须对作业场所中的有毒有害物质和井下空气含氧量进行检测，保证符合安全要求。

第十八条 矿山企业必须对下列危害安全的事故隐患采取预防措施：

（一）冒顶、片帮、边坡滑落和地表塌陷；

（二）瓦斯爆炸、煤尘爆炸；

（三）冲击地压、瓦斯突出、井喷；

（四）地面和井下的火灾、水害；

（五）爆破器材和爆破作业发生的危害；

（六）粉尘、有毒有害气体、放射性物质和其他有害物质引起的危害；

（七）其他危害。

第十九条 矿山企业对使用机械、电气设备，排土场、砰石山、尾矿库与矿山闭坑后可能引起的危害，应当采取预防措施。

第四章　矿山企业的安全管理

第二十条 矿山企业必须建立、健全安全生产责任制。

矿长对本企业的安全生产工作负责。

第二十一条 矿长应当定期向职工代表大会或者职工大会报告安全生产工作，发挥职工代表大会的监督作用。

第二十二条 矿山企业职工必须遵守有关矿山安全的法律、法规和企业规章制度。

矿山企业职工有权对危害安全的行为，提出批评、检举和控告。

第二十三条 矿山企业工会依法维护职工生产安全

的合法权益,组织职工对矿山安全工作进行监督。

第二十四条　矿山企业违反有关安全的法律、法规,工会有权要求企业行政方面或者有关部门认真处理。

矿山企业召开讨论有关安全生产的会议,应当有工会代表参加,工会有权提出意见和建议。

第二十五条　矿山企业工会发现企业行政方面违章指挥、强令工人冒险作业或者生产过程中发现明显重大事故隐患和职业危害,有权提出解决的建议;发现危及职工生命安全的情况时,有权向矿山企业行政方面建议组织职工撤离危险现场,矿山企业行政方面必须及时作出处理决定。

第二十六条　矿山企业必须对职工进行安全教育、培训;未经安全教育、培训的,不得上岗作业。

矿山企业安全生产的特种作业人员必须接受专门培训,经考核合格取得操作资格证书的,方可上岗作业。

第二十七条　矿长必须经过考核,具备安全专业知识,具有领导安全生产和处理矿山事故的能力。

矿山企业安全工作人员必须具备必要的安全专业知识和矿山安全工作经验。

第二十八条　矿山企业必须向职工发放保障安全生产所需的劳动防护用品。

第二十九条　矿山企业不得录用未成年人从事矿山井下劳动。

矿山企业对女职工按照国家规定实行特殊劳动保护,不得分配女职工从事矿山井下劳动。

第三十条　矿山企业必须制定矿山事故防范措施,并组织落实。

第三十一条　矿山企业应当建立由专职或者兼职人员组成的救护和医疗急救组织,配备必要的装备、器材和药物。

第三十二条　矿山企业必须从矿产品销售额中按照国家规定提取安全技术措施专项费用。安全技术措施专项费用必须全部用于改善矿山安全生产条件,不得挪作他用。

第五章　矿山安全的监督和管理

第三十三条　县级以上各级人民政府劳动行政主管部门对矿山安全工作行使下列监督职责:

(一)检查矿山企业和管理矿山企业的主管部门贯彻执行矿山安全法律、法规的情况;

(二)参加矿山建设工程安全设施的设计审查和竣工验收;

(三)检查矿山劳动条件和安全状况;

(四)检查矿山企业职工安全教育、培训工作;

(五)监督矿山企业提取和使用安全技术措施专项费用的情况;

(六)参加并监督矿山事故的调查和处理;

(七)法律、行政法规规定的其他监督职责。

第三十四条　县级以上人民政府管理矿山企业的主管部门对矿山安全工作行使下列管理职责:

(一)检查矿山企业贯彻执行矿山安全法律、法规的情况;

(二)审查批准矿山建设工程安全设施的设计;

(三)负责矿山建设工程安全设施的竣工验收;

(四)组织矿长和矿山企业安全工作人员的培训工作;

(五)调查和处理重大矿山事故;

(六)法律、行政法规规定的其他管理职责。

第三十五条　劳动行政主管部门的矿山安全监督人员有权进入矿山企业,在现场检查安全状况;发现有危及职工安全的紧急险情时,应当要求矿山企业立即处理。

第六章　矿山事故处理

第三十六条　发生矿山事故,矿山企业必须立即组织抢救,防止事故扩大,减少人员伤亡和财产损失,对伤亡事故必须立即如实报告劳动行政主管部门和管理矿山企业的主管部门。

第三十七条　发生一般矿山事故,由矿山企业负责调查和处理。

发生重大矿山事故,由政府及其有关部门、工会和矿山企业按照行政法规的规定进行调查和处理。

第三十八条　矿山企业对矿山事故中伤亡的职工按照国家规定给予抚恤或者补偿。

第三十九条　矿山事故发生后,应当尽快消除现场危险,查明事故原因,提出防范措施。现场危险消除后,方可恢复生产。

第七章　法律责任

第四十条　违反本法规定,有下列行为之一的,由劳动行政主管部门责令改正,可以并处罚款;情节严重的,提请县级以上人民政府决定责令停产整顿;对主管人员和直接责任人员由其所在单位或者上级主管机关给予行政处分:

(一)未对职工进行安全教育、培训,分配职工上岗作业的;

(二)使用不符合国家安全标准或者行业安全标准的设备、器材、防护用品、安全检测仪器的;

（三）未按照规定提取或者使用安全技术措施专项费用的；

（四）拒绝矿山安全监督人员现场检查或者在被检查时隐瞒事故隐患、不如实反映情况的；

（五）未按照规定及时、如实报告矿山事故的。

第四十一条 矿长不具备安全专业知识的，安全生产的特种作业人员未取得操作资格证书上岗作业的，由劳动行政主管部门责令限期改正；逾期不改正的，提请县级以上人民政府决定责令停产，调整配备合格人员后，方可恢复生产。

第四十二条 矿山建设工程安全设施的设计未经批准擅自施工的，由管理矿山企业的主管部门责令停止施工；拒不执行的，由管理矿山企业的主管部门提请县级以上人民政府决定由有关主管部门吊销其采矿许可证和营业执照。

第四十三条 矿山建设工程的安全设施未经验收或者验收不合格擅自投入生产的，由劳动行政主管部门会同管理矿山企业的主管部门责令停止生产，并由劳动行政主管部门处以罚款；拒不停止生产的，由劳动行政主管部门提请县级以上人民政府决定由有关主管部门吊销其采矿许可证和营业执照。

第四十四条 已经投入生产的矿山企业，不具备安全生产条件而强行开采的，由劳动行政主管部门会同管理矿山企业的主管部门责令限期改进；逾期仍不具备安全生产条件的，由劳动行政主管部门提请县级以上人民政府决定责令停产整顿或者由有关主管部门吊销其采矿许可证和营业执照。

第四十五条 当事人对行政处罚决定不服的，可以在接到处罚决定通知之日起15日内向作出处罚决定的机关的上一级机关申请复议；当事人也可以在接到处罚决定通知之日起15日内直接向人民法院起诉。

复议机关应当在接到复议申请之日起60日内作出复议决定。当事人对复议决定不服的，可以在接到复议决定之日起15日内向人民法院起诉。复议机关逾期不作出复议决定的，当事人可以在复议期满之日起15日内向人民法院起诉。

当事人逾期不申请复议也不向人民法院起诉、又不履行处罚决定的，作出处罚决定的机关可以申请人民法院强制执行。

第四十六条 矿山企业主管人员违章指挥、强令工人冒险作业，因而发生重大伤亡事故的，依照刑法有关规定追究刑事责任。

第四十七条 矿山企业主管人员对矿山事故隐患不采取措施，因而发生重大伤亡事故的，依照刑法有关规定追究刑事责任。

第四十八条 矿山安全监督人员和安全管理人员滥用职权、玩忽职守、徇私舞弊，构成犯罪的，依法追究刑事责任；不构成犯罪的，给予行政处分。

第八章 附 则

第四十九条 国务院劳动行政主管部门根据本法制定实施条例，报国务院批准施行。

省、自治区、直辖市人民代表大会常务委员会可以根据本法和本地区的实际情况，制定实施办法。

第五十条 本法自1993年5月1日起施行。

中华人民共和国矿山安全法实施条例

· 1996年10月11日国务院批准
· 1996年10月30日劳动部令第4号发布
· 自发布之日起施行

第一章 总 则

第一条 根据《中华人民共和国矿山安全法》（以下简称《矿山安全法》），制定本条例。

第二条 《矿山安全法》及本条例中下列用语的含义：

矿山，是指在依法批准的矿区范围内从事矿产资源开采活动的场所及其附属设施。

矿产资源开采活动，是指在依法批准的矿区范围内从事矿产资源勘探和矿山建设、生产、闭坑及有关活动。

第三条 国家采取政策和措施，支持发展矿山安全教育，鼓励矿山安全开采技术、安全管理方法、安全设备与仪器的研究和推广，促进矿山安全科学技术进步。

第四条 各级人民政府、政府有关部门或者企业事业单位对有下列情形之一的单位和个人，按照国家有关规定给予奖励：

（一）在矿山安全管理和监督工作中，忠于职守，作出显著成绩的；

（二）防止矿山事故或者抢险救护有功的；

（三）在推广矿山安全技术、改进矿山安全设施方面，作出显著成绩的；

（四）在矿山安全生产方面提出合理化建议，效果显著的；

（五）在改善矿山劳动条件或者预防矿山事故方面有发明创造和科研成果，效果显著的。

第二章 矿山建设的安全保障

第五条 矿山设计使用的地质勘探报告书,应当包括下列技术资料:

(一)较大的断层、破碎带、滑坡、泥石流的性质和规模;

(二)含水层(包括溶洞)和隔水层的岩性、层厚、产状,含水层之间、地面水和地下水之间的水力联系,地下水的潜水位、水质、水量和流向,地面水流系统和有关水利工程的疏水能力以及当地历年降水量和最高洪水位;

(三)矿山设计范围内原有小窑、老窑的分布范围、开采深度和积水情况;

(四)沼气、二氧化碳赋存情况,矿物自然发火和矿尘爆炸的可能性;

(五)对人体有害的矿物组份、含量和变化规律,勘探区至少一年的天然放射性本底数据;

(六)地温异常和热水矿区的岩石热导率、地温梯度、热水来源、水温、水压和水量,以及圈定的热害区范围;

(七)工业、生活用水的水源和水质;

(八)钻孔封孔资料;

(九)矿山设计需要的其他资料。

第六条 编制矿山建设项目的可行性研究报告和总体设计,应当对矿山开采的安全条件进行论证。

矿山建设项目的初步设计,应当编制安全专篇。安全专篇的编写要求,由国务院劳动行政主管部门规定。

第七条 根据《矿山安全法》第八条的规定,矿山建设单位在向管理矿山企业的主管部门报送审批矿山建设工程安全设施设计文件时,应当同时报送劳动行政主管部门审查;没有劳动行政主管部门的审查意见,管理矿山企业的主管部门不得批准。

经批准的矿山建设工程安全设施设计需要修改时,应当征求原参加审查的劳动行政主管部门的意见。

第八条 矿山建设工程应当按照经批准的设计文件施工,保证施工质量;工程竣工后,应当按照国家有关规定申请验收。

建设单位应当在验收前60日向管理矿山企业的主管部门、劳动行政主管部门报送矿山建设工程安全设施施工、竣工情况的综合报告。

第九条 管理矿山企业的主管部门、劳动行政主管部门应当自收到建设单位报送的矿山建设工程安全设施施工、竣工情况的综合报告之日起30日内,对矿山建设工程的安全设施进行检查;不符合矿山安全规程、行业技术规范的,不得验收,不得投入生产或者使用。

第十条 矿山应当有保障安全生产、预防事故和职业危害的安全设施,并符合下列基本要求:

(一)每个矿井至少有两个独立的能行人的直达地面的安全出口。矿井的每个生产水平(中段)和各个采区(盘区)至少有两个能行人的安全出口,并与直达地面的出口相通。

(二)每个矿井有独立的采用机械通风的通风系统,保证井下作业场所有足够的风量;但是,小型非沼气矿井在保证井下作业场所所需风量的前提下,可以采用自然通风。

(三)井巷断面能满足行人、运输、通风和安全设施、设备的安装、维修及施工需要。

(四)井巷支护和采场顶板管理能保证作业场所的安全。

(五)相邻矿井之间、矿井与露天矿之间、矿井与老窑之间留有足够的安全隔离矿柱。矿山井巷布置留有足够的保障井上和井下安全的矿柱或者岩柱。

(六)露天矿山的阶段高度、平台宽度和边坡角能满足安全作业和边坡稳定的需要。船采沙矿的采池边界与地面建筑物、设备之间有足够的安全距离。

(七)有地面和井下的防水、排水系统,有防止地表水泄入井下和露天采场的措施。

(八)溜矿井有防止和处理堵塞的安全措施。

(九)有自然发火可能性的矿井,主要运输巷道布置在岩层或者不易自然发火的矿层内,并采用预防性灌浆或者其他有效的预防自然发火的措施。

(十)矿山地面消防设施符合国家有关消防的规定。矿井有防灭火设施和器材。

(十一)地面及井下供配电系统符合国家有关规定。

(十二)矿山提升运输设备、装置及设施符合下列要求:

1. 钢丝绳、连接装置、提升容器以及保险链有足够的安全系数;

2. 提升容器与井壁、罐道梁之间及两个提升容器之间有足够的间隙;

3. 提升绞车和提升容器有可靠的安全保护装置;

4. 电机车、架线、轨道的选型能满足安全要求;

5. 运送人员的机械设备有可靠的安全保护装置;

6. 提升运输设备有灵敏可靠的信号装置。

(十三)每个矿井有防尘供水系统。地面和井下所有产生粉尘的作业地点有综合防尘措施。

（十四）有瓦斯、矿尘爆炸可能性的矿井,采用防爆电器设备,并采取防尘和隔爆措施；

（十五）开采放射性矿物的矿井,符合下列要求：

1. 矿井进风量和风质能满足降氡的需要,避免串联通风和污风循环；

2. 主要进风道开在矿脉之外,穿矿脉或者岩体裂隙发育的进风巷道有防止氡析出的措施；

3. 采用后退式回采；

4. 能防止井下污水散流,并采取封闭的排放污水系统。

（十六）矿山储存爆破材料的场所符合国家有关规定；

（十七）排土场、矸石山有防止发生泥石流和其他危害的安全措施,尾矿库有防止溃坝等事故的安全设施；

（十八）有防止山体滑坡和因采矿活动引起地表塌陷造成危害的预防措施；

（十九）每个矿井配置足够数量的通风检测仪表和有毒有害气体与井下环境检测仪器。开采有瓦斯突出的矿井,装备监测系统或者检测仪器。

（二十）有与外界相通的、符合安全要求的运输设施和通讯设施。

（二十一）有更衣室、浴室等设施。

第三章 矿山开采的安全保障

第十一条 采掘作业应当编制作业规程,规定保证作业人员安全的技术措施和组织措施,并在情况变化时及时予以修改和补充。

第十二条 矿山开采应当有下列图纸资料：

（一）地质图（包括水文地质图和工程地质图）；

（二）矿山总布置图和矿井井上、井下对照图；

（三）矿井、巷道、采场布置图；

（四）矿山生产和安全保障的主要系统图。

第十三条 矿山企业应当在采矿许可证批准的范围开采,禁止越层、越界开采。

第十四条 矿山使用的下列设备、器材、防护用品和安全检测仪器,应当符合国家安全标准或者行业安全标准；不符合国家安全标准或者行业安全标准的,不得使用：

（一）采掘、支护、装载、运输、提升、通风、排水、瓦斯抽放、压缩空气和起重设备；

（二）电动机、变压器、配电柜、电器开关、电控装置；

（三）爆破器材、通讯器材、矿灯、电缆、钢丝绳、支护材料、防火材料；

（四）各种安全卫生检测仪器仪表；

（五）自救器、安全帽、防尘防毒口罩或者面罩、防护服、防护鞋等防护用品和救护设备；

（六）经有关主管部门认定的其他有特殊安全要求的设备和器材。

第十五条 矿山企业应当对机电设备及其防护装置、安全检测仪器定期检查、维修,并建立技术档案,保证使用安全。

非负责设备运行的人员,不得操作设备。非值班电气人员,不得进行电气作业。操作电气设备的人员,应当有可靠的绝缘保护。检修电气设备时,不得带电作业。

第十六条 矿山作业场所空气中的有毒有害物质的浓度,不得超过国家标准或者行业标准；矿山企业应当按照国家规定的方法,按照下列要求定期检测：

（一）粉尘作业点,每月至少检测2次；

（二）三硝基甲苯作业点,每月至少检测1次；

（三）放射性物质作业点,每月至少检测3次；

（四）其他有毒有害物质作业点,井下每月至少检测1次,地面每季度至少检测1次；

（五）采用个体采样方法检测呼吸性粉尘的,每季度至少检测1次。

第十七条 井下采掘作业,必须按照作业规程的规定管理顶帮。采掘作业通过地质破碎带或者其他顶帮破碎地点时,应当加强支护。

露天采剥作业,应当按照设计规定,控制采剥工作面的阶段高度、宽度、边坡角和最终边坡角。采剥作业和排土作业,不得对深部或者邻近井巷造成危害。

第十八条 煤矿和其他有瓦斯爆炸可能性的矿井,应当严格执行瓦斯检查制度,任何人不得携带烟草和点火用具下井。

第十九条 在下列条件下从事矿山开采,应当编制专门设计文件,并报管理矿山企业的主管部门批准：

（一）有瓦斯突出的；

（二）有冲击地压的；

（三）在需要保护的建筑物、构筑物和铁路下面开采的；

（四）在水体下面开采的；

（五）在地温异常或者有热水涌出的地区开采的。

第二十条 有自然发火可能性的矿井,应当采取下列措施：

（一）及时清出采场浮矿和其他可燃物质,回采结束后及时封闭采空区；

（二）采取防火灌浆或者其他有效的预防自然发火

的措施；

（三）定期检查井巷和采区封闭情况，测定可能自然发火地点的温度和风量；定期检测火区内的温度、气压和空气成份。

第二十一条　井下采掘作业遇下列情形之一时，应当探水前进：

（一）接近承压含水层或者含水的断层、流砂层、砾石层、溶洞、陷落柱时；

（二）接近与地表水体相通的地质破碎带或者接近连通承压层的未封钻孔时；

（三）接近积水的老窑、旧巷或者灌过泥浆的采空区时；

（四）发现有出水征兆时；

（五）掘开隔离矿柱或者岩柱放水时。

第二十二条　井下风量、风质、风速和作业环境的气候，必须符合矿山安全规程的规定。

采掘工作面进风风流中，按照体积计算，氧气不得低于20%，二氧化碳不得超过0.5%。

井下作业地点的空气温度不得超过28℃；超过时，应当采取降温或者其他防护措施。

第二十三条　开采放射性矿物的矿井，必须采取下列措施，减少氡气析出量：

（一）及时封闭采空区和已经报废或者暂时不用的井巷；

（二）用留矿法作业的采场采用下行通风；

（三）严格管理井下污水。

第二十四条　矿山的爆破作业和爆破材料的制造、储存、运输、试验及销毁，必须严格执行国家有关规定。

第二十五条　矿山企业对地面、井下产生粉尘的作业，应当采取综合防尘措施，控制粉尘危害。

井下风动凿岩，禁止干打眼。

第二十六条　矿山企业应当建立、健全对地面陷落区、排土场、矸石山、尾矿库的检查和维护制度；对可能发生的危害，应当采取预防措施。

第二十七条　矿山企业应当按照国家有关规定关闭矿山，对关闭矿山后可能引起的危害采取预防措施。关闭矿山报告应当包括下列内容：

（一）采掘范围及采空区处理情况；

（二）对矿井采取的封闭措施；

（三）对其他不安全因素的处理办法。

第四章　矿山企业的安全管理

第二十八条　矿山企业应当建立、健全下列安全生产责任制：

（一）行政领导岗位安全生产责任制；

（二）职能机构安全生产责任制；

（三）岗位人员的安全生产责任制。

第二十九条　矿长（含矿务局局长、矿山公司经理，下同）对本企业的安全生产工作负有下列责任：

（一）认真贯彻执行《矿山安全法》和本条例以及其他法律、法规中有关矿山安全生产的规定；

（二）制定本企业安全生产管理制度；

（三）根据需要配备合格的安全工作人员，对每个作业场所进行跟班检查；

（四）采取有效措施，改善职工劳动条件，保证安全生产所需要的材料、设备、仪器和劳动防护用品的及时供应；

（五）依照本条例的规定，对职工进行安全教育、培训；

（六）制定矿山灾害的预防和应急计划；

（七）及时采取措施，处理矿山存在的事故隐患；

（八）及时、如实向劳动行政主管部门和管理矿山企业的主管部门报告矿山事故。

第三十条　矿山企业应当根据需要，设置安全机构或者配备专职安全工作人员。专职安全工作人员应当经过培训，具备必要的安全专业知识和矿山安全工作经验，能胜任现场安全检查工作。

第三十一条　矿长应当定期向职工代表大会或者职工大会报告下列事项，接受民主监督：

（一）企业安全生产重大决策；

（二）企业安全技术措施计划及其执行情况；

（三）职工安全教育、培训计划及其执行情况；

（四）职工提出的改善劳动条件的建议和要求的处理情况；

（五）重大事故处理情况；

（六）有关安全生产的其他重要事项。

第三十二条　矿山企业职工享有下列权利：

（一）有权获得作业场所安全与职业危害方面的信息；

（二）有权向有关部门和工会组织反映矿山安全状况和存在的问题；

（三）对任何危害职工安全健康的决定和行为，有权提出批评、检举和控告。

第三十三条　矿山企业职工应当履行下列义务：

（一）遵守有关矿山安全的法律、法规和企业规章

制度;

(二)维护矿山企业的生产设备、设施;

(三)接受安全教育和培训;

(四)及时报告危险情况,参加抢险救护。

第三十四条 矿山企业工会有权督促企业行政方面加强职工的安全教育、培训工作,开展安全宣传活动,提高职工的安全生产意识和技术素质。

第三十五条 矿山企业应当按照下列规定对职工进行安全教育、培训:

(一)新进矿山的井下作业职工,接受安全教育、培训的时间不得少于 72 小时,考试合格后,必须在有安全工作经验的职工带领下工作满 4 个月,然后经再次考核合格,方可独立工作;

(二)新进露天矿的职工,接受安全教育、培训的时间不得少于 40 小时,经考试合格后,方可上岗作业;

(三)对调换工种和采用新工艺作业的人员,必须重新培训,经考试合格后,方可上岗作业;

(四)所有生产作业人员,每年接受在职安全教育、培训的时间不少于 20 小时。

职工安全教育、培训期间,矿山企业应当支付工资。

职工安全教育、培训情况和考核结果,应当记录存档。

第三十六条 矿山企业对职工的安全教育、培训,应当包括下列内容:

(一)《矿山安全法》及本条例赋予矿山职工的权利与义务;

(二)矿山安全规程及矿山企业有关安全管理的规章制度;

(三)与职工本职工作有关的安全知识;

(四)各种事故征兆的识别、发生紧急危险情况时的应急措施和撤退路线;

(五)自救装备的使用和有关急救方面的知识;

(六)有关主管部门规定的其他内容。

第三十七条 瓦斯检查工、爆破工、通风工、信号工、拥罐工、电工、金属焊接(切割)工、矿井泵工、瓦斯抽放工、主扇风机操作工、主提升机操作工、绞车操作工、输送机操作工、尾矿工、安全检查工和矿内机动车司机等特种作业人员应当接受专门技术培训,经考核合格取得操作资格证书后,方可上岗作业。特种作业人员的考核、发证工作按国家有关规定执行。

第三十八条 对矿长安全资格的考核,应当包括下列内容:

(一)《矿山安全法》和有关法律、法规及矿山安全规程;

(二)矿山安全知识;

(三)安全生产管理能力;

(四)矿山事故处理能力;

(五)安全生产业绩。

第三十九条 矿山企业向职工发放的劳动防护用品应当是经过鉴定和检验合格的产品。劳动防护用品的发放标准由国务院劳动行政主管部门制定。

第四十条 矿山企业应当每年编制矿山灾害预防和应急计划;在每季度末,应当根据实际情况对计划及时进行修改,制定相应的措施。

矿山企业应当使每个职工熟悉矿山灾害预防和应急计划,并且每年至少组织 1 次矿山救灾演习。

矿山企业应当根据国家有关规定,按照不同作业场所的要求,设置矿山安全标志。

第四十一条 矿山企业应当建立由专职的或者兼职的人员组成的矿山救护和医疗急救组织。不具备单独建立专业救护和医疗急救组织的小型矿山企业,除应当建立兼职的救护和医疗急救组织外,还应当与邻近的有专业的救护和医疗急救组织的矿山企业签订救护和急救协议,或者与邻近的矿山企业联合建立专业救护和医疗急救组织。

矿山救护和医疗急救组织应当有固定场所、训练器械和训练场地。

矿山救护和医疗急救组织的规模和装备标准,由国务院管理矿山企业的有关主管部门规定。

第四十二条 矿山企业必须按照国家规定的安全条件进行生产,并安排一部分资金,用于下列改善矿山安全生产条件的项目:

(一)预防矿山事故的安全技术措施;

(二)预防职业危害的劳动卫生技术措施;

(三)职工的安全培训;

(四)改善矿山安全生产条件的其他技术措施。

前款所需资金,由矿山企业按矿山维简费的 20%的比例具实列支;没有矿山维简费的矿山企业,按固定资产折旧费的 20%的比例具实列支。

第五章 矿山安全的监督和管理

第四十三条 县级以上各级人民政府劳动行政主管部门,应当根据矿山安全监督工作的实际需要,配备矿山安全监督人员。

矿山安全监督人员必须熟悉矿山安全技术知识,具有矿山安全工作经验,能胜任矿山安全检查工作。

矿山安全监督证件和专用标志由国务院劳动行政主管部门统一制作。

第四十四条 矿山安全监督人员在执行职务时,有权进入现场检查,参加有关会议,无偿调阅有关资料,向有关单位和人员了解情况。

矿山安全监督人员进入现场检查,发现有危及职工安全健康的情况时,有权要求矿山企业立即改正或者限期解决;情况紧急时,有权要求矿山企业立即停止作业,从危险区内撤出作业人员。

劳动行政主管部门可以委托检测机构对矿山作业场所和危险性较大的在用设备、仪器、器材进行抽检。

劳动行政主管部门对检查中发现的违反《矿山安全法》和本条例以及其他法律、法规有关矿山安全的规定的情况,应当依法提出处理意见。

第四十五条 矿山安全监督人员执行公务时,应当出示矿山安全监督证件,秉公执法,并遵守有关规定。

第六章 矿山事故处理

第四十六条 矿山发生事故后,事故现场有关人员应当立即报告矿长或者有关主管人员;矿长或者有关主管人员接到事故报告后,必须立即采取有效措施,组织抢救,防止事故扩大,尽力减少人员伤亡和财产损失。

第四十七条 矿山发生重伤、死亡事故后,矿山企业应当在24小时内如实向劳动行政主管部门和管理矿山企业的主管部门报告。

第四十八条 劳动行政主管部门和管理矿山企业的主管部门接到死亡事故或者1次重伤3人以上的事故报告后,应当立即报告本级人民政府,并报各自的上一级主管部门。

第四十九条 发生伤亡事故,矿山企业和有关单位应当保护事故现场;因抢救事故,需要移动现场部分物品时,必须作出标志,绘制事故现场图,并详细记录;在消除现场危险,采取防范措施后,方可恢复生产。

第五十条 矿山事故发生后,有关部门应当按照国家有关规定,进行事故调查处理。

第五十一条 矿山事故调查处理工作应当自事故发生之日起90日内结束;遇有特殊情况,可以适当延长,但是不得超过180日。矿山事故处理结案后,应当公布处理结果。

第七章 法律责任

第五十二条 依照《矿山安全法》第四十条规定处以罚款的,分别按照下列规定执行:

(一)未对职工进行安全教育、培训,分配职工上岗作业的,处4万元以下的罚款;

(二)使用不符合国家安全标准或者行业安全标准的设备、器材、防护用品和安全检测仪器的,处5万元以下的罚款;

(三)未按照规定提取或者使用安全技术措施专项费用的,处5万元以下的罚款;

(四)拒绝矿山安全监督人员现场检查或者在被检查时隐瞒事故隐患,不如实反映情况的,处2万元以下的罚款;

(五)未按照规定及时、如实报告矿山事故的,处3万元以下的罚款。

第五十三条 依照《矿山安全法》第四十三条规定处以罚款的,罚款幅度为5万元以上10万元以下。

第五十四条 违反本条例第十五条、第十六条、第十七条、第十八条、第十九条、第二十条、第二十一条、第二十二条、第二十三条、第二十五条规定的,由劳动行政主管部门责令改正,可以处2万元以下的罚款。

第五十五条 当事人收到罚款通知书后,应当在15日内到指定的金融机构缴纳罚款;逾期不缴纳的,自逾期之日起每日加收3‰的滞纳金。

第五十六条 矿山企业主管人员有下列行为之一,造成矿山事故的,按照规定给予纪律处分;构成犯罪的,由司法机关依法追究刑事责任:

(一)违章指挥、强令工人违章、冒险作业的;

(二)对工人屡次违章作业熟视无睹,不加制止的;

(三)对重大事故预兆或者已发现的隐患不及时采取措施的;

(四)不执行劳动行政主管部门的监督指令或者不采纳有关部门提出的整顿意见,造成严重后果的。

第八章 附 则

第五十七条 国务院管理矿山企业的主管部门根据《矿山安全法》和本条例修订或者制定的矿山安全规程和行业技术规范,报国务院劳动行政主管部门备案。

第五十八条 石油天然气开采的安全规定,由国务院劳动行政主管部门会同石油工业主管部门制定,报国务院批准后施行。

第五十九条 本条例自发布之日起施行。

2. 煤矿安全

中华人民共和国煤炭法

- 1996年8月29日第八届全国人民代表大会常务委员会第二十一次会议通过
- 根据2009年8月27日第十一届全国人民代表大会常务委员会第十次会议《关于修改部分法律的决定》第一次修正
- 根据2011年4月22日第十一届全国人民代表大会常务委员会第二十次会议《关于修改〈中华人民共和国煤炭法〉的决定》第二次修正
- 根据2013年6月29日第十二届全国人民代表大会常务委员会第三次会议《关于修改〈中华人民共和国文物保护法〉等十二部法律的决定》第三次修正
- 根据2016年11月7日第十二届全国人民代表大会常务委员会第二十四次会议《关于修改〈中华人民共和国对外贸易法〉等十二部法律的决定》第四次修正

第一章 总 则

第一条 为了合理开发利用和保护煤炭资源，规范煤炭生产、经营活动，促进和保障煤炭行业的发展，制定本法。

第二条 在中华人民共和国领域和中华人民共和国管辖的其他海域从事煤炭生产、经营活动，适用本法。

第三条 煤炭资源属于国家所有。地表或者地下的煤炭资源的国家所有权，不因其依附的土地的所有权或者使用权的不同而改变。

第四条 国家对煤炭开发实行统一规划、合理布局、综合利用的方针。

第五条 国家依法保护煤炭资源，禁止任何乱采、滥挖破坏煤炭资源的行为。

第六条 国家保护依法投资开发煤炭资源的投资者的合法权益。

国家保障国有煤矿的健康发展。

国家对乡镇煤矿采取扶持、改造、整顿、联合、提高的方针，实行正规合理开发和有序发展。

第七条 煤矿企业必须坚持安全第一、预防为主的安全生产方针，建立健全安全生产的责任制度和群防群治制度。

第八条 各级人民政府及其有关部门和煤矿企业必须采取措施加强劳动保护，保障煤矿职工的安全和健康。

国家对煤矿井下作业的职工采取特殊保护措施。

第九条 国家鼓励和支持在开发利用煤炭资源过程中采用先进的科学技术和管理方法。

煤矿企业应当加强和改善经营管理，提高劳动生产率和经济效益。

第十条 国家维护煤矿矿区的生产秩序、工作秩序，保护煤矿企业设施。

第十一条 开发利用煤炭资源，应当遵守有关环境保护的法律、法规，防治污染和其他公害，保护生态环境。

第十二条 国务院煤炭管理部门依法负责全国煤炭行业的监督管理。国务院有关部门在各自的职责范围内负责煤炭行业的监督管理。

县级以上地方人民政府煤炭管理部门和有关部门依法负责本行政区域内煤炭行业的监督管理。

第十三条 煤炭矿务局是国有煤矿企业，具有独立法人资格。

矿务局和其他具有独立法人资格的煤矿企业、煤炭经营企业依法实行自主经营、自负盈亏、自我约束、自我发展。

第二章 煤炭生产开发规划与煤矿建设

第十四条 国务院煤炭管理部门根据全国矿产资源勘查规划编制全国煤炭资源勘查规划。

第十五条 国务院煤炭管理部门根据全国矿产资源规划规定的煤炭资源，组织编制和实施煤炭生产开发规划。

省、自治区、直辖市人民政府煤炭管理部门根据全国矿产资源规划规定的煤炭资源，组织编制和实施本地区煤炭生产开发规划，并报国务院煤炭管理部门备案。

第十六条 煤炭生产开发规划应当根据国民经济和社会发展的需要制定，并纳入国民经济和社会发展计划。

第十七条 国家制定优惠政策，支持煤炭工业发展，促进煤矿建设。

煤矿建设项目应当符合煤炭生产开发规划和煤炭产业政策。

第十八条 煤矿建设使用土地，应当依照有关法律、行政法规的规定办理。征收土地的，应当依法支付土地补偿费和安置补偿费，做好迁移居民的安置工作。

煤矿建设应当贯彻保护耕地、合理利用土地的原则。

地方人民政府对煤矿建设依法使用土地和迁移居民，应当给予支持和协助。

第十九条 煤矿建设应当坚持煤炭开发与环境治理同步进行。煤矿建设项目的环境保护设施必须与主体工程同时设计、同时施工、同时验收、同时投入使用。

第三章 煤炭生产与煤矿安全

第二十条 煤矿投入生产前，煤矿企业应当依照有关安全生产的法律、行政法规的规定取得安全生产许可证。未取得安全生产许可证的,不得从事煤炭生产。

第二十一条 对国民经济具有重要价值的特殊煤种或者稀缺煤种,国家实行保护性开采。

第二十二条 开采煤炭资源必须符合煤矿开采规程,遵守合理的开采顺序,达到规定的煤炭资源回采率。

煤炭资源回采率由国务院煤炭管理部门根据不同的资源和开采条件确定。

国家鼓励煤矿企业进行复采或者开采边角残煤和极薄煤。

第二十三条 煤矿企业应当加强煤炭产品质量的监督检查和管理。煤炭产品质量应当按照国家标准或者行业标准分等论级。

第二十四条 煤炭生产应当依法在批准的开采范围内进行,不得超越批准的开采范围越界、越层开采。

采矿作业不得擅自开采保安煤柱,不得采用可能危及相邻煤矿生产安全的决水、爆破、贯通巷道等危险方法。

第二十五条 因开采煤炭压占土地或者造成地表土地塌陷、挖损,由采矿者负责进行复垦,恢复到可供利用的状态;造成他人损失的,应当依法给予补偿。

第二十六条 关闭煤矿和报废矿井,应当依照有关法律、法规和国务院煤炭管理部门的规定办理。

第二十七条 国家建立煤矿企业积累煤矿衰老期转产资金的制度。

国家鼓励和扶持煤矿企业发展多种经营。

第二十八条 国家提倡和支持煤矿企业和其他企业发展煤电联产、炼焦、煤化工、煤建材等,进行煤炭的深加工和精加工。

国家鼓励煤矿企业发展煤炭洗选加工,综合开发利用煤层气、煤矸石、煤泥、石煤和泥炭。

第二十九条 国家发展和推广洁净煤技术。

国家采取措施取缔土法炼焦。禁止新建土法炼焦窑炉;现有的土法炼焦限期改造。

第三十条 县级以上各级人民政府及其煤炭管理部门和其他有关部门,应当加强对煤矿安全生产工作的监督管理。

第三十一条 煤矿企业的安全生产管理,实行矿务局长、矿长负责制。

第三十二条 矿务局长、矿长及煤矿企业的其他主要负责人必须遵守有关矿山安全的法律、法规和煤炭行业安全规章、规程,加强对煤矿安全生产工作的管理,执行安全生产责任制度,采取有效措施,防止伤亡和其他安全生产事故的发生。

第三十三条 煤矿企业应当对职工进行安全生产教育、培训;未经安全生产教育、培训的,不得上岗作业。

煤矿企业职工必须遵守有关安全生产的法律、法规、煤炭行业规章、规程和企业规章制度。

第三十四条 在煤矿井下作业中,出现危及职工生命安全并无法排除的紧急情况时,作业现场负责人或者安全管理人员应当立即组织职工撤离危险现场,并及时报告有关方面负责人。

第三十五条 煤矿企业工会发现企业行政方面违章指挥、强令职工冒险作业或者生产过程中发现明显重大事故隐患,可能危及职工生命安全的情况,有权提出解决问题的建议,煤矿企业行政方面必须及时作出处理决定。企业行政方面拒不处理的,工会有权提出批评、检举和控告。

第三十六条 煤矿企业必须为职工提供保障安全生产所需的劳动保护用品。

第三十七条 煤矿企业应当依法为职工参加工伤保险缴纳工伤保险费。鼓励企业为井下作业职工办理意外伤害保险,支付保险费。

第三十八条 煤矿企业使用的设备、器材、火工产品和安全仪器,必须符合国家标准或者行业标准。

第四章 煤炭经营

第三十九条 煤炭经营企业从事煤炭经营,应当遵守有关法律、法规的规定,改善服务,保障供应。禁止一切非法经营活动。

第四十条 煤炭经营应当减少中间环节和取消不合理的中间环节,提倡有条件的煤矿企业直销。

煤炭用户和煤炭销区的煤炭经营企业有权直接从煤矿企业购进煤炭。在煤炭产区可以组成煤炭销售、运输服务机构,为中小煤矿办理经销、运输业务。

禁止行政机关违反国家规定擅自设立煤炭供应的中间环节和额外加收费用。

第四十一条 从事煤炭运输的车站、港口及其他运输企业不得利用其掌握的运力作为参与煤炭经营、谋取不正当利益的手段。

第四十二条 国务院物价行政主管部门会同国务院煤炭管理部门和有关部门对煤炭的销售价格进行监督管理。

第四十三条 煤矿企业和煤炭经营企业供应用户的煤炭质量应当符合国家标准或者行业标准,质级相符,质价相符。用户对煤炭质量有特殊要求的,由供需双方在煤炭购销合同中约定。

煤矿企业和煤炭经营企业不得在煤炭中掺杂、掺假,以次充好。

第四十四条 煤矿企业和煤炭经营企业供应用户的煤炭质量不符合国家标准或者行业标准,或者不符合合同约定,或者质级不符、质价不符,给用户造成损失的,应当依法给予赔偿。

第四十五条 煤矿企业、煤炭经营企业、运输企业和煤炭用户应当依照法律、国务院有关规定或者合同约定供应、运输和接卸煤炭。

运输企业应当将承运的不同质量的煤炭分装、分堆。

第四十六条 煤炭的进出口依照国务院的规定,实行统一管理。

具备条件的大型煤矿企业经国务院对外经济贸易主管部门依法许可,有权从事煤炭出口经营。

第四十七条 煤炭经营管理办法,由国务院依照本法制定。

第五章 煤矿矿区保护

第四十八条 任何单位或者个人不得危害煤矿矿区的电力、通讯、水源、交通及其他生产设施。

禁止任何单位和个人扰乱煤矿矿区的生产秩序和工作秩序。

第四十九条 对盗窃或者破坏煤矿矿区设施、器材及其他危及煤矿矿区安全的行为,一切单位和个人都有权检举、控告。

第五十条 未经煤矿企业同意,任何单位或者个人不得在煤矿企业依法取得土地使用权的有效期间内在该土地上种植、养殖、取土或者修建建筑物、构筑物。

第五十一条 未经煤矿企业同意,任何单位或者个人不得占用煤矿企业的铁路专用线、专用道路、专用航道、专用码头、电力专用线、专用供水管路。

第五十二条 任何单位或者个人需要在煤矿采区范围内进行可能危及煤矿安全的作业时,应当经煤矿企业同意,报煤炭管理部门批准,并采取安全措施后,方可进行作业。

在煤矿矿区范围内需要建设公用工程或者其他工程的,有关单位应当事先与煤矿企业协商并达成协议后,方可施工。

第六章 监督检查

第五十三条 煤炭管理部门和有关部门依法对煤矿企业和煤炭经营企业执行煤炭法律、法规的情况进行监督检查。

第五十四条 煤炭管理部门和有关部门的监督检查人员应当熟悉煤炭法律、法规,掌握有关煤炭专业技术,公正廉洁,秉公执法。

第五十五条 煤炭管理部门和有关部门的监督检查人员进行监督检查时,有权向煤矿企业、煤炭经营企业或者用户了解有关执行煤炭法律、法规的情况,查阅有关资料,并有权进入现场进行检查。

煤矿企业、煤炭经营企业和用户对依法执行监督检查任务的煤炭管理部门和有关部门的监督检查人员应当提供方便。

第五十六条 煤炭管理部门和有关部门的监督检查人员对煤矿企业和煤炭经营企业违反煤炭法律、法规的行为,有权要求其依法改正。

煤炭管理部门和有关部门的监督检查人员进行监督检查时,应当出示证件。

第七章 法律责任

第五十七条 违反本法第二十二条的规定,开采煤炭资源未达到国务院煤炭管理部门规定的煤炭资源回采率的,由煤炭管理部门责令限期改正;逾期仍达不到规定的回采率的,责令停止生产。

第五十八条 违反本法第二十四条的规定,擅自开采保安煤柱或者采用危及相邻煤矿生产安全的危险方法进行采矿作业的,由劳动行政主管部门会同煤炭管理部门责令停止作业;由煤炭管理部门没收违法所得,并处违法所得一倍以上五倍以下的罚款;构成犯罪的,由司法机关依法追究刑事责任;造成损失的,依法承担赔偿责任。

第五十九条 违反本法第四十三条的规定,在煤炭产品中掺杂、掺假,以次充好的,责令停止销售,没收违法所得,并处违法所得一倍以上五倍以下的罚款;构成犯罪的,由司法机关依法追究刑事责任。

第六十条 违反本法第五十条的规定,未经煤矿企业同意,在煤矿企业依法取得土地使用权的有效期间内在该土地上修建建筑物、构筑物的,由当地人民政府动员拆除;拒不拆除的,责令拆除。

第六十一条 违反本法第五十一条的规定,未经煤矿企业同意,占用煤矿企业的铁路专用线、专用道路、专用航道、专用码头、电力专用线、专用供水管路的,由县级以上地方人民政府责令限期改正;逾期不改正的,强制清除,可以并处五万元以下的罚款;造成损失的,依法承担赔偿责任。

第六十二条 违反本法第五十二条的规定，未经批准或者未采取安全措施，在煤矿采区范围内进行危及煤矿安全作业的，由煤炭管理部门责令停止作业，可以并处五万元以下的罚款；造成损失的，依法承担赔偿责任。

第六十三条 有下列行为之一的，由公安机关依照治安管理处罚法的有关规定处罚；构成犯罪的，由司法机关依法追究刑事责任：

（一）阻碍煤矿建设，致使煤矿建设不能正常进行的；

（二）故意损坏煤矿矿区的电力、通讯、水源、交通及其他生产设施的；

（三）扰乱煤矿矿区秩序，致使生产、工作不能正常进行的；

（四）拒绝、阻碍监督检查人员依法执行职务的。

第六十四条 煤矿企业的管理人员违章指挥、强令职工冒险作业，发生重大伤亡事故的，依照刑法有关规定追究刑事责任。

第六十五条 煤矿企业的管理人员对煤矿事故隐患不采取措施予以消除，发生重大伤亡事故，依照刑法有关规定追究刑事责任。

第六十六条 煤炭管理部门和有关部门的工作人员玩忽职守、徇私舞弊、滥用职权的，依法给予行政处分；构成犯罪的，由司法机关依法追究刑事责任。

第八章 附 则

第六十七条 本法自1996年12月1日起施行。

煤矿安全生产条例

· 2023年12月18日国务院第21次常务会议通过
· 2024年1月24日中华人民共和国国务院令第774号公布
· 自2024年5月1日起施行

第一章 总 则

第一条 为了加强煤矿安全生产工作，防止和减少煤矿生产安全事故，保障人民群众生命财产安全，制定本条例。

第二条 在中华人民共和国领域和中华人民共和国管辖的其他海域内的煤矿安全生产，适用本条例。

第三条 煤矿安全生产工作坚持中国共产党的领导。

煤矿安全生产工作应当以人为本，坚持人民至上、生命至上，把保护人民生命安全摆在首位，贯彻安全发展理念，坚持安全第一、预防为主、综合治理的方针，从源头上防范化解重大安全风险。

煤矿安全生产工作实行管行业必须管安全、管业务必须管安全、管生产经营必须管安全，按照国家监察、地方监管、企业负责，强化和落实安全生产责任。

第四条 煤矿企业应当履行安全生产主体责任，加强安全生产管理，建立健全并落实全员安全生产责任制和安全生产规章制度，加大对安全生产资金、物资、技术、人员的投入保障力度，改善安全生产条件，加强安全生产标准化、信息化建设，构建安全风险分级管控和隐患排查治理双重预防机制，健全风险防范化解机制，提高安全生产水平，确保安全生产。

煤矿企业主要负责人（含实际控制人，下同）是本企业安全生产第一责任人，对本企业安全生产工作全面负责。其他负责人对职责范围内的安全生产工作负责。

第五条 县级以上人民政府应当加强对煤矿安全生产工作的领导，建立健全工作协调机制，支持、督促各有关部门依法履行煤矿安全生产工作职责，及时协调、解决煤矿安全生产工作中的重大问题。

第六条 县级以上人民政府负有煤矿安全生产监督管理职责的部门对煤矿安全生产实施监督管理，其他有关部门按照职责分工依法履行煤矿安全生产相关职责。

第七条 国家实行煤矿安全监察制度。国家矿山安全监察机构及其设在地方的矿山安全监察机构负责煤矿安全监察工作，依法对地方人民政府煤矿安全生产监督管理工作进行监督检查。

国家矿山安全监察机构及其设在地方的矿山安全监察机构依法履行煤矿安全监察职责，不受任何单位和个人的干涉。

第八条 国家实行煤矿生产安全事故责任追究制度。对煤矿生产安全事故责任单位和责任人员，依照本条例和有关法律法规的规定追究法律责任。

国家矿山安全监察机构及其设在地方的矿山安全监察机构依法组织或者参与煤矿生产安全事故调查处理。

第九条 县级以上人民政府负有煤矿安全生产监督管理职责的部门、国家矿山安全监察机构及其设在地方的矿山安全监察机构应当建立举报制度，公开举报电话、信箱或者电子邮件地址等网络举报平台，受理有关煤矿安全生产的举报并依法及时处理；对需要由其他有关部门进行调查处理的，转交其他有关部门处理。

任何单位和个人对事故隐患或者安全生产违法行为，有权向前款规定的部门和机构举报。举报事项经核查属实的，依法依规给予奖励。

第十条 煤矿企业从业人员有依法获得安全生产保

障的权利，并应当依法履行安全生产方面的义务。

第十一条 国家矿山安全监察机构应当按照保障煤矿安全生产的要求，在国务院应急管理部门的指导下，依法及时拟订煤矿安全生产国家标准或者行业标准，并负责煤矿安全生产强制性国家标准的项目提出、组织起草、征求意见、技术审查。

第十二条 国家鼓励和支持煤矿安全生产科学技术研究和煤矿安全生产先进技术、工艺的推广应用，提升煤矿智能化开采水平，推进煤矿安全生产的科学管理，提高安全生产水平。

第二章 煤矿企业的安全生产责任

第十三条 煤矿企业应当遵守有关安全生产的法律法规以及煤矿安全规程，执行保障安全生产的国家标准或者行业标准。

第十四条 新建、改建、扩建煤矿工程项目（以下统称煤矿建设项目）的建设单位应当委托具有建设工程设计企业资质的设计单位进行安全设施设计。

安全设施设计应当包括煤矿水、火、瓦斯、冲击地压、煤尘、顶板等主要灾害的防治措施，符合国家标准或者行业标准的要求，并报省、自治区、直辖市人民政府负有煤矿安全生产监督管理职责的部门审查。安全设施设计需要作重大变更的，应当报原审查部门重新审查，不得先施工后报批、边施工边修改。

第十五条 煤矿建设项目的建设单位应当对参与煤矿建设项目的设计、施工、监理等单位进行统一协调管理，对煤矿建设项目安全管理负总责。

施工单位应当按照批准的安全设施设计施工，不得擅自变更设计内容。

第十六条 煤矿建设项目竣工投入生产或者使用前，应当由建设单位负责组织对安全设施进行验收，并对验收结果负责；经验收合格后，方可投入生产和使用。

第十七条 煤矿企业进行生产，应当依照《安全生产许可证条例》的规定取得安全生产许可证。未取得安全生产许可证的，不得生产。

第十八条 煤矿企业主要负责人对本企业安全生产工作负有下列职责：

（一）建立健全并落实全员安全生产责任制，加强安全生产标准化建设；

（二）组织制定并实施安全生产规章制度和作业规程、操作规程；

（三）组织制定并实施安全生产教育和培训计划；

（四）保证安全生产投入的有效实施；

（五）组织建立并落实安全风险分级管控和隐患排查治理双重预防工作机制，督促、检查安全生产工作，及时消除事故隐患；

（六）组织制定并实施生产安全事故应急救援预案；

（七）及时、如实报告煤矿生产安全事故。

第十九条 煤矿企业应当设置安全生产管理机构并配备专职安全生产管理人员。安全生产管理机构和安全生产管理人员负有下列安全生产职责：

（一）组织或者参与拟订安全生产规章制度、作业规程、操作规程和生产安全事故应急救援预案；

（二）组织或者参与安全生产教育和培训，如实记录安全生产教育和培训情况；

（三）组织开展安全生产法律法规宣传教育；

（四）组织开展安全风险辨识评估，督促落实重大安全风险管控措施；

（五）制止和纠正违章指挥、强令冒险作业、违反规程的行为，发现威胁安全的紧急情况时，有权要求立即停止危险区域内的作业，撤出作业人员；

（六）检查安全生产状况，及时排查事故隐患，对事故隐患排查治理情况进行统计分析，提出改进安全生产管理的建议；

（七）组织或者参与应急救援演练；

（八）督促落实安全生产整改措施。

煤矿企业应当配备主要技术负责人，建立健全并落实技术管理体系。

第二十条 煤矿企业从业人员负有下列安全生产职责：

（一）遵守煤矿企业安全生产规章制度和作业规程、操作规程，严格落实岗位安全责任；

（二）参加安全生产教育和培训，掌握本职工作所需的安全生产知识，提高安全生产技能，增强事故预防和应急处理能力；

（三）及时报告发现的事故隐患或者其他不安全因素。

对违章指挥和强令冒险作业的行为，煤矿企业从业人员有权拒绝并向县级以上地方人民政府负有煤矿安全生产监督管理职责的部门、所在地矿山安全监察机构报告。

煤矿企业不得因从业人员拒绝违章指挥或者强令冒险作业而降低其工资、福利等待遇，无正当理由调整工作岗位，或者解除与其订立的劳动合同。

第二十一条 煤矿企业主要负责人和安全生产管理

人员应当通过安全生产知识和管理能力考核,并持续保持相应水平和能力。

煤矿企业从业人员经安全生产教育和培训合格,方可上岗作业。煤矿企业特种作业人员应当按照国家有关规定经专门的安全技术培训和考核合格,并取得相应资格。

第二十二条 煤矿企业应当为煤矿分别配备专职矿长、总工程师,分管安全、生产、机电的副矿长以及专业技术人员。

对煤(岩)与瓦斯(二氧化碳)突出、高瓦斯、冲击地压、煤层容易自燃、水文地质类型复杂和极复杂的煤矿,还应当设立相应的专门防治机构,配备专职副总工程师。

第二十三条 煤矿企业应当按照国家有关规定建立健全领导带班制度并严格考核。

井工煤矿企业的负责人和生产经营管理人员应当轮流带班下井,并建立下井登记档案。

第二十四条 煤矿企业应当为从业人员提供符合国家标准或者行业标准的劳动防护用品,并监督、教育从业人员按照使用规则佩戴、使用。

煤矿井下作业人员实行安全限员制度。煤矿企业应当依法制定井下工作时间管理制度。煤矿井下工作岗位不得使用劳务派遣用工。

第二十五条 煤矿企业使用的安全设备的设计、制造、安装、使用、检测、维修、改造和报废,应当符合国家标准或者行业标准。

煤矿企业应当建立安全设备台账和追溯、管理制度,对安全设备进行经常性维护、保养并定期检测,保证正常运转,对安全设备购置、入库、使用、维护、保养、检测、维修、改造、报废等进行全流程记录并存档。

煤矿企业不得使用应当淘汰的危及生产安全的设备、工艺,具体目录由国家矿山安全监察机构制定并公布。

第二十六条 煤矿的采煤、掘进、机电、运输、通风、排水、排土等主要生产系统和防瓦斯、防煤(岩)与瓦斯(二氧化碳)突出、防冲击地压、防火、防治水、防尘、防热害、防滑坡、监控与通讯等安全设施,应当符合煤矿安全规程和国家标准或者行业标准规定的管理和技术要求。

煤矿企业及其有关人员不得关闭、破坏直接关系生产安全的监控、报警、防护、救生设备、设施,或者篡改、隐瞒、销毁其相关数据、信息,不得以任何方式影响其正常使用。

第二十七条 井工煤矿应当有符合煤矿安全规程和国家标准或者行业标准规定的安全出口、独立通风系统、安全监控系统、防尘供水系统、防灭火系统、供配电系统、运送人员装置和反映煤矿实际情况的图纸,并按照规定进行瓦斯等级、冲击地压、煤层自燃倾向性和煤尘爆炸性鉴定。

井工煤矿应当按矿井瓦斯等级选用相应的煤矿许用炸药和电雷管,爆破工作由专职爆破工承担。

第二十八条 露天煤矿的采场及排土场边坡与重要建筑物、构筑物之间应当留有足够的安全距离。

煤矿企业应当定期对露天煤矿进行边坡稳定性评价,评价范围应当涵盖露天煤矿所有边坡。达不到边坡稳定要求时,应当修改采矿设计或者采取安全措施,同时加强边坡监测工作。

第二十九条 煤矿企业应当依法制定生产安全事故应急救援预案,与所在地县级以上地方人民政府组织制定的生产安全事故应急救援预案相衔接,并定期组织演练。

煤矿企业应当设立专职救护队;不具备设立专职救护队条件的,应当设立兼职救护队,并与邻近的专职救护队签订救护协议。发生事故时,专职救护队应当在规定时间内到达煤矿开展救援。

第三十条 煤矿企业应当在依法确定的开采范围内进行生产,不得超层、越界开采。

采矿作业不得擅自开采保安煤柱,不得采用可能危及相邻煤矿生产安全的决水、爆破、贯通巷道等危险方法。

第三十一条 煤矿企业不得超能力、超强度或者超定员组织生产。正常生产煤矿因地质、生产技术条件、采煤方法或者工艺等发生变化导致生产能力发生较大变化的,应当依法重新核定其生产能力。

县级以上地方人民政府及其有关部门不得要求不具备安全生产条件的煤矿企业进行生产。

第三十二条 煤矿企业应当按煤矿灾害程度和类型实施灾害治理,编制年度灾害预防和处理计划,并根据具体情况及时修改。

第三十三条 煤矿开采有下列情形之一的,应当编制专项设计:

(一)有煤(岩)与瓦斯(二氧化碳)突出的;

(二)有冲击地压危险的;

(三)开采需要保护的建筑物、水体、铁路下压煤或者主要井巷留设煤柱的;

(四)水文地质类型复杂、极复杂或者周边有老窑采空区的；

（五）开采容易自燃和自燃煤层的；

（六）其他需要编制专项设计的。

第三十四条 在煤矿进行石门揭煤、探放水、巷道贯通、清理煤仓、强制放顶、火区封闭和启封、动火以及国家矿山安全监察机构规定的其他危险作业，应当采取专门安全技术措施，并安排专门人员进行现场安全管理。

第三十五条 煤矿企业应当建立安全风险分级管控制度，开展安全风险辨识评估，按照安全风险分级采取相应的管控措施。

煤矿企业应当建立健全事故隐患排查治理制度，采取技术、管理措施，及时发现并消除事故隐患。事故隐患排查治理情况应当如实记录，并定期向从业人员通报。重大事故隐患排查治理情况的书面报告经煤矿企业负责人签字后，每季度报县级以上地方人民政府负有煤矿安全生产监督管理职责的部门和所在地矿山安全监察机构。

煤矿企业应当加强对所属煤矿的安全管理，定期对所属煤矿进行安全检查。

第三十六条 煤矿企业有下列情形之一的，属于重大事故隐患，应当立即停止受影响区域生产、建设，并及时消除事故隐患：

（一）超能力、超强度或者超定员组织生产的；

（二）瓦斯超限作业的；

（三）煤（岩）与瓦斯（二氧化碳）突出矿井未按照规定实施防突措施的；

（四）煤（岩）与瓦斯（二氧化碳）突出矿井、高瓦斯矿井未按照规定建立瓦斯抽采系统，或者系统不能正常运行的；

（五）通风系统不完善、不可靠的；

（六）超层、越界开采的；

（七）有严重水患，未采取有效措施的；

（八）有冲击地压危险，未采取有效措施的；

（九）自然发火严重，未采取有效措施的；

（十）使用应当淘汰的危及生产安全的设备、工艺的；

（十一）未按照规定建立监控与通讯系统，或者系统不能正常运行的；

（十二）露天煤矿边坡角大于设计最大值或者边坡发生严重变形，未采取有效措施的；

（十三）未按照规定采用双回路供电系统的；

（十四）新建煤矿边建设边生产，煤矿改扩建期间，在改扩建的区域生产，或者在其他区域的生产超出设计规定的范围和规模的；

（十五）实行整体承包生产经营后，未重新取得或者及时变更安全生产许可证而从事生产，或者承包方再次转包，以及将井下采掘工作面和井巷维修作业外包的；

（十六）改制、合并、分立期间，未明确安全生产责任人和安全生产管理机构，或在完成改制、合并、分立后，未重新取得或者及时变更安全生产许可证等的；

（十七）有其他重大事故隐患的。

第三十七条 煤矿企业及其有关人员对县级以上人民政府负有煤矿安全生产监督管理职责的部门、国家矿山安全监察机构及其设在地方的矿山安全监察机构依法履行职责，应当予以配合，按照要求如实提供有关情况，不得隐瞒或者拒绝、阻挠。

对县级以上人民政府负有煤矿安全生产监督管理职责的部门、国家矿山安全监察机构及其设在地方的矿山安全监察机构查处的事故隐患，煤矿企业应当立即进行整改，并按照要求报告整改结果。

第三十八条 煤矿企业应当及时足额安排安全生产费用等资金，确保符合安全生产要求。煤矿企业的决策机构、主要负责人对由于安全生产所必需的资金投入不足导致的后果承担责任。

第三章　煤矿安全生产监督管理

第三十九条 煤矿安全生产实行地方党政领导干部安全生产责任制，强化煤矿安全生产属地管理。

第四十条 省、自治区、直辖市人民政府应当按照分级分类监管的原则，明确煤矿企业的安全生产监管主体。

县级以上人民政府相关主管部门对未依法取得安全生产许可证等擅自进行煤矿生产的，应当依法查处。

乡镇人民政府在所辖区域内发现未依法取得安全生产许可证等擅自进行煤矿生产的，应当采取有效措施制止，并向县级人民政府相关主管部门报告。

第四十一条 省、自治区、直辖市人民政府负有煤矿安全生产监督管理职责的部门审查煤矿建设项目安全设施设计，应当自受理之日起30日内审查完毕，签署同意或者不同意的意见，并书面答复。

省、自治区、直辖市人民政府负有煤矿安全生产监督管理职责的部门应当加强对建设单位安全设施验收活动和验收结果的监督核查。

第四十二条 省、自治区、直辖市人民政府负有煤矿安全生产监督管理职责的部门负责煤矿企业安全生产许可证的颁发和管理，并接受国家矿山安全监察机构及其设在地方的矿山安全监察机构的监督。

第四十三条 县级以上地方人民政府负有煤矿安全生产监督管理职责的部门应当编制煤矿安全生产年度监督检查计划,并按照计划进行监督检查。

煤矿安全生产年度监督检查计划应当抄送所在地矿山安全监察机构。

第四十四条 县级以上地方人民政府负有煤矿安全生产监督管理职责的部门依法对煤矿企业进行监督检查,并将煤矿现场安全生产状况作为监督检查重点内容。监督检查可以采取以下措施:

(一)进入煤矿企业进行检查,重点检查一线生产作业场所,调阅有关资料,向有关单位和人员了解情况;

(二)对检查中发现的安全生产违法行为,当场予以纠正或者要求限期改正;

(三)对检查中发现的事故隐患,应当责令立即排除;重大事故隐患排除前或者排除过程中无法保证安全的,应当责令从危险区域内撤出作业人员,责令暂时停产或者停止使用相关设施、设备;

(四)对有根据认为不符合保障安全生产的国家标准或者行业标准的设施、设备、器材予以查封或者扣押。

监督检查不得影响煤矿企业的正常生产经营活动。

第四十五条 县级以上地方人民政府负有煤矿安全生产监督管理职责的部门应当将重大事故隐患纳入相关信息系统,建立健全重大事故隐患治理督办制度,督促煤矿企业消除重大事故隐患。

第四十六条 县级以上地方人民政府负有煤矿安全生产监督管理职责的部门应当加强对煤矿安全生产技术服务机构的监管。

承担安全评价、认证、检测、检验等职责的煤矿安全生产技术服务机构应当依照有关法律法规和国家标准或者行业标准的规定开展安全生产技术服务活动,并对出具的报告负责,不得租借资质、挂靠、出具虚假报告。

第四十七条 县级以上人民政府及其有关部门对存在安全生产失信行为的煤矿企业、煤矿安全生产技术服务机构及有关从业人员,依法依规实施失信惩戒。

第四十八条 对被责令停产整顿的煤矿企业,在停产整顿期间,有关地方人民政府应当采取有效措施进行监督检查。

煤矿企业有安全生产违法行为或者重大事故隐患依法被责令停产整顿的,应当制定整改方案并进行整改。整改结束后要求恢复生产的,县级以上地方人民政府负有煤矿安全生产监督管理职责的部门应当组织验收,并在收到恢复生产申请之日起20日内组织验收完毕。验收合格的,经本部门主要负责人签字,并经所在地矿山安全监察机构审核同意,报本级人民政府主要负责人批准后,方可恢复生产。

第四十九条 县级以上地方人民政府负有煤矿安全生产监督管理职责的部门对被责令停产整顿或者关闭的煤矿企业,应当在5个工作日内向社会公告;对被责令停产整顿的煤矿企业经验收合格恢复生产的,应当自恢复生产之日起5个工作日内向社会公告。

第四章 煤矿安全监察

第五十条 国家矿山安全监察机构及其设在地方的矿山安全监察机构应当依法履行煤矿安全监察职责,对县级以上地方人民政府煤矿安全生产监督管理工作加强监督检查,并及时向有关地方人民政府通报监督检查的情况,提出改善和加强煤矿安全生产工作的监察意见和建议,督促开展重大事故隐患整改和复查。

县级以上地方人民政府应当配合和接受国家矿山安全监察机构及其设在地方的矿山安全监察机构的监督检查,及时落实监察意见和建议。

第五十一条 设在地方的矿山安全监察机构应当对所辖区域内煤矿安全生产实施监察;对事故多发地区,应当实施重点监察。国家矿山安全监察机构根据实际情况,组织对全国煤矿安全生产的全面监察或者重点监察。

第五十二条 国家矿山安全监察机构及其设在地方的矿山安全监察机构对县级以上地方人民政府煤矿安全生产监督管理工作进行监督检查,可以采取以下方式:

(一)听取有关地方人民政府及其负有煤矿安全生产监督管理职责的部门工作汇报;

(二)调阅、复制与煤矿安全生产有关的文件、档案、工作记录等资料;

(三)要求有关地方人民政府及其负有煤矿安全生产监督管理职责的部门和有关人员就煤矿安全生产工作有关问题作出说明;

(四)有必要采取的其他方式。

第五十三条 国家矿山安全监察机构及其设在地方的矿山安全监察机构履行煤矿安全监察职责,有权进入煤矿作业场所进行检查,参加煤矿企业安全生产会议,向有关煤矿企业及人员了解情况。

国家矿山安全监察机构及其设在地方的矿山安全监察机构发现煤矿现场存在事故隐患的,有权要求立即排除或者限期排除;发现有违章指挥、强令冒险作业、违章作业以及其他安全生产违法行为的，有权立即纠正或者要求立即停止作业；发现威胁安全的紧急情况时，有权要求立即停止危险区域内的作业并撤出作业人员。

矿山安全监察人员履行煤矿安全监察职责，应当出示执法证件。

第五十四条 国家矿山安全监察机构及其设在地方的矿山安全监察机构发现煤矿企业存在重大事故隐患责令停产整顿的，应当及时移送县级以上地方人民政府负有煤矿安全生产监督管理职责的部门处理并进行督办。

第五十五条 国家矿山安全监察机构及其设在地方的矿山安全监察机构发现煤矿企业存在应当由其他部门处理的违法行为的，应当及时移送有关部门处理。

第五十六条 国家矿山安全监察机构及其设在地方的矿山安全监察机构和县级以上人民政府有关部门应当建立信息共享、案件移送机制，加强协作配合。

第五十七条 国家矿山安全监察机构及其设在地方的矿山安全监察机构应当加强煤矿安全生产信息化建设，运用信息化手段提升执法水平。

煤矿企业应当按照国家矿山安全监察机构制定的安全生产电子数据规范联网并实时上传电子数据，对上传电子数据的真实性、准确性和完整性负责。

第五十八条 国家矿山安全监察机构及其设在地方的矿山安全监察机构依法对煤矿企业贯彻执行安全生产法律法规、煤矿安全规程以及保障安全生产的国家标准或者行业标准的情况进行监督检查，行使本条例第四十四条规定的职权。

第五十九条 发生煤矿生产安全事故后，煤矿企业及其负责人应当迅速采取有效措施组织抢救，并依照《生产安全事故报告和调查处理条例》的规定立即如实向当地应急管理部门、负有煤矿安全生产监督管理职责的部门和所在地矿山安全监察机构报告。

国家矿山安全监察机构及其设在地方的矿山安全监察机构应当根据事故等级和工作需要，派出工作组赶赴事故现场，指导配合事故发生地地方人民政府开展应急救援工作。

第六十条 煤矿生产安全事故按照事故等级实行分级调查处理。

特别重大事故由国务院或者国务院授权有关部门依照《生产安全事故报告和调查处理条例》的规定组织调查处理。重大事故、较大事故、一般事故由国家矿山安全监察机构及其设在地方的矿山安全监察机构依照《生产安全事故报告和调查处理条例》的规定组织调查处理。

第五章 法律责任

第六十一条 未依法取得安全生产许可证等擅自进行煤矿生产的，应当责令立即停止生产，没收违法所得和开采出的煤炭以及采掘设备；违法所得在10万元以上的，并处违法所得2倍以上5倍以下的罚款；没有违法所得或者违法所得不足10万元的，并处10万元以上20万元以下的罚款。

关闭的煤矿企业擅自恢复生产的，依照前款规定予以处罚。

第六十二条 煤矿企业有下列行为之一的，依照《中华人民共和国安全生产法》有关规定予以处罚：

（一）未按照规定设置安全生产管理机构并配备安全生产管理人员的；

（二）主要负责人和安全生产管理人员未按照规定经考核合格并持续保持相应水平和能力的；

（三）未按照规定进行安全生产教育和培训，未按照规定如实告知有关的安全生产事项，或者未如实记录安全生产教育和培训情况的；

（四）特种作业人员未按照规定经专门的安全作业培训并取得相应资格，上岗作业的；

（五）进行危险作业，未采取专门安全技术措施并安排专门人员进行现场安全管理的；

（六）未按照规定建立并落实安全风险分级管控制度和事故隐患排查治理制度的，或者重大事故隐患排查治理情况未按照规定报告的；

（七）未按照规定制定生产安全事故应急救援预案或者未定期组织演练的。

第六十三条 煤矿企业有下列行为之一的，责令限期改正，处10万元以上20万元以下的罚款；逾期未改正的，责令停产整顿，并处20万元以上50万元以下的罚款，对其直接负责的主管人员和其他直接责任人员处3万元以上5万元以下的罚款：

（一）未按照规定制定并落实全员安全生产责任制和领导带班等安全生产规章制度的；

（二）未按照规定为煤矿配备矿长等人员和机构，或者未按照规定设立救护队的；

（三）煤矿的主要生产系统、安全设施不符合煤矿安全规程和国家标准或者行业标准规定的；

（四）未按照规定编制专项设计的；

（五）井工煤矿未按照规定进行瓦斯等级、冲击地压、煤层自燃倾向性和煤尘爆炸性鉴定的；

（六）露天煤矿的采场及排土场边坡与重要建筑物、

构筑物之间安全距离不符合规定的,或者未按照规定保持露天煤矿边坡稳定的;

（七）违章指挥或者强令冒险作业、违反规程的。

第六十四条 对存在重大事故隐患仍然进行生产的煤矿企业,责令停产整顿,明确整顿的内容、时间等具体要求,并处50万元以上200万元以下的罚款;对煤矿企业主要负责人处3万元以上15万元以下的罚款。

第六十五条 煤矿企业超越依法确定的开采范围采矿的,依照有关法律法规的规定予以处理。

擅自开采保安煤柱或者采用可能危及相邻煤矿生产安全的决水、爆破、贯通巷道等危险方法进行采矿作业的,责令立即停止作业,没收违法所得;违法所得在10万元以上的,并处违法所得2倍以上5倍以下的罚款;没有违法所得或者违法所得不足10万元的,并处10万元以上20万元以下的罚款;造成损失的,依法承担赔偿责任。

第六十六条 煤矿企业有下列行为之一的,责令改正;拒不改正的,处10万元以上20万元以下的罚款;对其直接负责的主管人员和其他直接责任人员处1万元以上2万元以下的罚款:

（一）违反本条例第三十七条第一款规定,隐瞒存在的事故隐患以及其他安全问题的;

（二）违反本条例第四十四条第一款规定,擅自启封或者使用被查封、扣押的设施、设备、器材的;

（三）有其他拒绝、阻碍监督检查行为的。

第六十七条 发生煤矿生产安全事故,对负有责任的煤矿企业除要求其依法承担相应的赔偿等责任外,依照下列规定处以罚款:

（一）发生一般事故的,处50万元以上100万元以下的罚款;

（二）发生较大事故的,处150万元以上200万元以下的罚款;

（三）发生重大事故的,处500万元以上1000万元以下的罚款;

（四）发生特别重大事故的,处1000万元以上2000万元以下的罚款。

发生煤矿生产安全事故,情节特别严重、影响特别恶劣的,可以按照前款罚款数额的2倍以上5倍以下对负有责任的煤矿企业处以罚款。

第六十八条 煤矿企业的决策机构、主要负责人、其他负责人和安全生产管理人员未依法履行安全生产管理职责的,依照《中华人民共和国安全生产法》有关规定处罚并承担相应责任。

煤矿企业主要负责人未依法履行安全生产管理职责,导致发生煤矿生产安全事故的,依照下列规定处以罚款:

（一）发生一般事故的,处上一年年收入40%的罚款;

（二）发生较大事故的,处上一年年收入60%的罚款;

（三）发生重大事故的,处上一年年收入80%的罚款;

（四）发生特别重大事故的,处上一年年收入100%的罚款。

第六十九条 煤矿企业及其有关人员有瞒报、谎报事故等行为的,依照《中华人民共和国安全生产法》、《生产安全事故报告和调查处理条例》有关规定予以处罚。

有关地方人民政府及其应急管理部门、负有煤矿安全生产监督管理职责的部门和设在地方的矿山安全监察机构有瞒报、谎报事故等行为的,对负有责任的领导人员和直接责任人员依法给予处分。

第七十条 煤矿企业存在下列情形之一的,应当提请县级以上地方人民政府予以关闭:

（一）未依法取得安全生产许可证等擅自进行生产的;

（二）3个月内2次或者2次以上发现有重大事故隐患仍然进行生产的;

（三）经地方人民政府组织的专家论证在现有技术条件下难以有效防治重大灾害的;

（四）有《中华人民共和国安全生产法》规定的应当提请关闭的其他情形。

有关地方人民政府作出予以关闭的决定,应当立即组织实施。关闭煤矿应当达到下列要求:

（一）依照法律法规有关规定吊销、注销相关证照;

（二）停止供应并妥善处理民用爆炸物品;

（三）停止供电,拆除矿井生产设备、供电、通信线路;

（四）封闭、填实矿井井筒,平整井口场地,恢复地貌;

（五）妥善处理劳动关系,依法依规支付经济补偿、工伤保险待遇,组织离岗时职业健康检查,偿还拖欠工资,补缴欠缴的社会保险费;

（六）设立标识牌;

（七）报送、移交相关报告、图纸和资料等;

（八）有关法律法规规定的其他要求。

第七十一条 有下列情形之一的,依照《中华人民共和国安全生产法》有关规定予以处罚:

（一）煤矿建设项目没有安全设施设计或者安全设施设计未按照规定报经有关部门审查同意的；

（二）煤矿建设项目的施工单位未按照批准的安全设施设计施工的；

（三）煤矿建设项目竣工投入生产或者使用前，安全设施未经验收合格的；

（四）煤矿企业违反本条例第二十四条第一款、第二十五条第一款和第二款、第二十六条第二款规定的。

第七十二条 承担安全评价、认证、检测、检验等职责的煤矿安全生产技术服务机构有出具失实报告、租借资质、挂靠、出具虚假报告等情形的，对该机构及直接负责的主管人员和其他直接责任人员，应当依照《中华人民共和国安全生产法》有关规定予以处罚并追究相应责任。其主要负责人对重大、特别重大煤矿生产安全事故负有责任的，终身不得从事煤矿安全生产相关技术服务工作。

第七十三条 本条例规定的行政处罚，由县级以上人民政府负有煤矿安全生产监督管理职责的部门和其他有关部门、国家矿山安全监察机构及其设在地方的矿山安全监察机构按照职责分工决定，对同一违法行为不得给予两次以上罚款的行政处罚。对被责令停产整顿的煤矿企业，应当暂扣安全生产许可证等。对违反本条例规定的严重违法行为，应当依法从重处罚。

第七十四条 地方各级人民政府、县级以上人民政府负有煤矿安全生产监督管理职责的部门和其他有关部门、国家矿山安全监察机构及其设在地方的矿山安全监察机构有下列情形之一的，对负有责任的领导人员和直接责任人员依法给予处分：

（一）县级以上人民政府负有煤矿安全生产监督管理职责的部门、国家矿山安全监察机构及其设在地方的矿山安全监察机构不依法履行职责，不及时查处所辖区域内重大事故隐患和安全生产违法行为的；县级以上人民政府其他有关部门未依法履行煤矿安全生产相关职责的；

（二）乡镇人民政府在所辖区域内发现未依法取得安全生产许可证等擅自进行煤矿生产，没有采取有效措施制止或者没有向县级人民政府相关主管部门报告的；

（三）对被责令停产整顿的煤矿企业，在停产整顿期间，因有关地方人民政府监督检查不力，煤矿企业在停产整顿期间继续生产的；

（四）关闭煤矿未达到本条例第七十条第二款规定要求的；

（五）县级以上人民政府负有煤矿安全生产监督管理职责的部门、国家矿山安全监察机构及其设在地方的

矿山安全监察机构接到举报后，不及时处理的；

（六）县级以上地方人民政府及其有关部门要求不具备安全生产条件的煤矿企业进行生产的；

（七）有其他滥用职权、玩忽职守、徇私舞弊情形的。

第七十五条 违反本条例规定，构成犯罪的，依法追究刑事责任。

第六章 附 则

第七十六条 本条例自 2024 年 5 月 1 日起施行。《煤矿安全监察条例》和《国务院关于预防煤矿生产安全事故的特别规定》同时废止。

煤矿重大事故隐患判定标准

· 2020 年 11 月 2 日应急管理部第 31 次部务会议审议通过
· 2020 年 11 月 20 日中华人民共和国应急管理部令第 4 号公布
· 自 2021 年 1 月 1 日起施行

第一条 为了准确认定、及时消除煤矿重大事故隐患，根据《中华人民共和国安全生产法》和《国务院关于预防煤矿生产安全事故的特别规定》（国务院令第 446 号）等法律、行政法规，制定本标准。

第二条 本标准适用于判定各类煤矿重大事故隐患。

第三条 煤矿重大事故隐患包括下列 15 个方面：

（一）超能力、超强度或者超定员组织生产；

（二）瓦斯超限作业；

（三）煤与瓦斯突出矿井，未依照规定实施防突出措施；

（四）高瓦斯矿井未建立瓦斯抽采系统和监控系统，或者系统不能正常运行；

（五）通风系统不完善、不可靠；

（六）有严重水患，未采取有效措施；

（七）超层越界开采；

（八）有冲击地压危险，未采取有效措施；

（九）自然发火严重，未采取有效措施；

（十）使用明令禁止使用或者淘汰的设备、工艺；

（十一）煤矿没有双回路供电系统；

（十二）新建煤矿边建设边生产，煤矿改扩建期间，在改扩建的区域生产，或者在其他区域的生产超出安全设施设计规定的范围和规模；

（十三）煤矿实行整体承包生产经营后，未重新取得或者及时变更安全生产许可证而从事生产，或者承包方

再次转包,以及将井下采掘工作面和井巷维修作业进行劳务承包的;

(十四)煤矿改制期间,未明确安全生产责任人和安全管理机构,或者在完成改制后,未重新取得或者变更采矿许可证、安全生产许可证和营业执照的;

(十五)其他重大事故隐患。

第四条 "超能力、超强度或者超定员组织生产"重大事故隐患,是指有下列情形之一的:

(一)煤矿全年原煤产量超过核定(设计)生产能力幅度在10%以上,或者月原煤产量大于核定(设计)生产能力的10%的;

(二)煤矿或其上级公司超过煤矿核定(设计)生产能力下达生产计划或者经营指标的;

(三)煤矿开拓、准备、回采煤量可采期小于国家规定的最短时间,未主动采取限产或者停产措施,仍然组织生产的(衰老煤矿和地方人民政府计划停产关闭煤矿除外);

(四)煤矿井下同时生产的水平超过2个,或者一个采(盘)区内同时作业的采煤、煤(半煤岩)巷掘进工作面个数超过《煤矿安全规程》规定的;

(五)瓦斯抽采不达标组织生产的;

(六)煤矿未制定或者未严格执行井下劳动定员制度,或者采掘作业地点单班作业人数超过国家有关限员规定20%以上的。

第五条 "瓦斯超限作业"重大事故隐患,是指有下列情形之一的:

(一)瓦斯检查存在漏检、假检情况且进行作业的;

(二)井下瓦斯超限后继续作业或者未按照国家规定处置继续进行作业的;

(三)井下排放积聚瓦斯未按照国家规定制定并实施安全技术措施进行作业的。

第六条 "煤与瓦斯突出矿井,未依照规定实施防突出措施"重大事故隐患,是指有下列情形之一的:

(一)未设立防突机构并配备相应专业人员的;

(二)未建立地面永久瓦斯抽采系统或者系统不能正常运行的;

(三)未按照国家规定进行区域或者工作面突出危险性预测的(直接认定为突出危险区域或者突出危险工作面的除外);

(四)未按照国家规定采取防治突出措施的;

(五)未按照国家规定进行防突措施效果检验和验证,或者防突措施效果检验和验证不达标仍然组织生产建设,或者防突措施效果检验和验证数据造假的;

(六)未按照国家规定采取安全防护措施的;

(七)使用架线式电机车的。

第七条 "高瓦斯矿井未建立瓦斯抽采系统和监控系统,或者系统不能正常运行"重大事故隐患,是指有下列情形之一的:

(一)按照《煤矿安全规程》规定应当建立而未建立瓦斯抽采系统或者系统不正常使用的;

(二)未按照国家规定安设、调校甲烷传感器,人为造成甲烷传感器失效,或者瓦斯超限后不能报警、断电或者断电范围不符合国家规定的。

第八条 "通风系统不完善、不可靠"重大事故隐患,是指有下列情形之一的:

(一)矿井总风量不足或者采掘工作面等主要用风地点风量不足的;

(二)没有备用主要通风机,或者两台主要通风机不具有同等能力的;

(三)违反《煤矿安全规程》规定采用串联通风的;

(四)未按照设计形成通风系统,或者生产水平和采(盘)区未实现分区通风的;

(五)高瓦斯、煤与瓦斯突出矿井的任一采(盘)区,开采容易自燃煤层、低瓦斯矿井开采煤层群和分层开采采用联合布置的采(盘)区,未设置专用回风巷,或者突出煤层工作面没有独立的回风系统的;

(六)进、回风井之间和主要进、回风巷之间联络巷中的风墙、风门不符合《煤矿安全规程》规定,造成风流短路的;

(七)采区进、回风巷未贯穿整个采区,或者虽贯穿整个采区但一段进风、一段回风,或者采用倾斜长壁布置,大巷未超前至少2个区段构成通风系统即开掘其他巷道的;

(八)煤巷、半煤岩巷和有瓦斯涌出的岩巷掘进未按照国家规定装备甲烷电、风电闭锁装置或者有关装置不能正常使用的;

(九)高瓦斯、煤(岩)与瓦斯(二氧化碳)突出矿井的煤巷、半煤岩巷和有瓦斯涌出的岩巷掘进工作面采用局部通风时,不能实现双风机、双电源且自动切换的;

(十)高瓦斯、煤(岩)与瓦斯(二氧化碳)突出建设矿井进入二期工程前,其他建设矿井进入三期工程前,没有形成地面主要通风机供风的全风压通风系统的。

第九条 "有严重水患,未采取有效措施"重大事故隐患,是指有下列情形之一的:

(一)未查明矿井水文地质条件和井田范围内采空

区、废弃老窑积水等情况而组织生产建设的；

（二）水文地质类型复杂、极复杂的矿井未设置专门的防治水机构、未配备专门的探放水作业队伍，或者未配齐专用探放水设备的；

（三）在需要探放水的区域进行采掘作业未按国家规定进行探放水的；

（四）未按照国家规定留设或者擅自开采（破坏）各种防隔水煤（岩）柱的；

（五）有突（透、溃）水征兆未撤出井下所有受水患威胁地点人员的；

（六）受地表水倒灌威胁的矿井在强降雨天气或其来水上游发生洪水期间未实施停产撤人的；

（七）建设矿井进入三期工程前，未按照设计建成永久排水系统，或者生产矿井延深到设计水平时，未建成防、排水系统而违规开拓掘进的；

（八）矿井主要排水系统水泵排水能力、管路和水仓容量不符合《煤矿安全规程》规定的；

（九）开采地表水体、老空水淹区域或者强含水层下急倾斜煤层，未按照国家规定消除水患威胁的。

第十条 "超层越界开采"重大事故隐患，是指有下列情形之一的：

（一）超出采矿许可证载明的开采煤层层位或者标高进行开采的；

（二）超出采矿许可证载明的坐标控制范围进行开采的；

（三）擅自开采（破坏）安全煤柱的。

第十一条 "有冲击地压危险，未采取有效措施"重大事故隐患，是指有下列情形之一的：

（一）未按照国家规定进行煤层（岩层）冲击倾向性鉴定，或者开采有冲击倾向性煤层未进行冲击危险性评价，或者开采冲击地压煤层，未进行采区、采掘工作面冲击危险性评价的；

（二）有冲击地压危险的矿井未设置专门的防冲机构、未配备专业人员或者未编制专门设计的；

（三）未进行冲击地压危险性预测，或者未进行防冲措施效果检验以及防冲措施效果检验不达标仍组织生产建设的；

（四）开采冲击地压煤层时，违规开采孤岛煤柱，采掘工作面位置、间距不符合国家规定，或者开采顺序不合理、采掘速度不符合国家规定、违反国家规定布置巷道或者留设煤（岩）柱造成应力集中的；

（五）未制定或者未严格执行冲击地压危险区域人员准入制度的。

第十二条 "自然发火严重，未采取有效措施"重大事故隐患，是指有下列情形之一的：

（一）开采容易自燃和自燃煤层的矿井，未编制防灭火专项设计或者未采取综合防灭火措施的；

（二）高瓦斯矿井采用放顶煤采煤法不能有效防治煤层自然发火的；

（三）有自然发火征兆没有采取相应的安全防范措施继续生产建设的；

（四）违反《煤矿安全规程》规定启封火区的。

第十三条 "使用明令禁止使用或者淘汰的设备、工艺"重大事故隐患，是指有下列情形之一的：

（一）使用被列入国家禁止井工煤矿使用的设备及工艺目录的产品或者工艺的；

（二）井下电气设备、电缆未取得煤矿矿用产品安全标志的；

（三）井下电气设备选型与矿井瓦斯等级不符，或者采（盘）区内防爆型电气设备存在失爆，或者井下使用非防爆无轨胶轮车的；

（四）未按照矿井瓦斯等级选用相应的煤矿许用炸药和雷管、未使用专用发爆器，或者裸露爆破的；

（五）采煤工作面不能保证2个畅通的安全出口的；

（六）高瓦斯矿井、煤与瓦斯突出矿井、开采容易自燃和自燃煤层（薄煤层除外）矿井，采煤工作面采用前进式采煤方法的。

第十四条 "煤矿没有双回路供电系统"重大事故隐患，是指有下列情形之一的：

（一）单回路供电的；

（二）有两回路电源线路但取自一个区域变电所同一母线段的；

（三）进入二期工程的高瓦斯、煤与瓦斯突出、水文地质类型为复杂和极复杂的建设矿井，以及进入三期工程的其他建设矿井，未形成两回路供电的。

第十五条 "新建煤矿边建设边生产，煤矿改扩建期间，在改扩建的区域生产，或者在其他区域的生产超出安全设施设计规定的范围和规模"重大事故隐患，是指有下列情形之一的：

（一）建设项目安全设施设计未经审查批准，或者审查批准后作出重大变更未经再次审查批准擅自组织施工的；

（二）新建煤矿在建设期间组织采煤的（经批准的联合试运转除外）；

（三）改扩建矿井在改扩建区域生产的；

（四）改扩建矿井在非改扩建区域超出设计规定范围和规模生产的。

第十六条 "煤矿实行整体承包生产经营后，未重新取得或者及时变更安全生产许可证而从事生产，或者承包方再次转包，以及将井下采掘工作面和井巷维修作业进行劳务承包"重大事故隐患，是指有下列情形之一的：

（一）煤矿未采取整体承包形式进行发包，或者将煤矿整体发包给不具有法人资格或者未取得合法有效营业执照的单位或者个人的；

（二）实行整体承包的煤矿，未签订安全生产管理协议，或者未按照国家规定约定双方安全生产管理职责而进行生产的；

（三）实行整体承包的煤矿，未重新取得或者变更安全生产许可证进行生产的；

（四）实行整体承包的煤矿，承包方再次将煤矿转包给其他单位或者个人的；

（五）井工煤矿将井下采掘作业或者井巷维修作业（井筒及井下新水平延深的井底车场、主运输、主通风、主排水、主要机电硐室开拓工程除外）作为独立工程发包给其他企业或者个人的，以及转包井下新水平延深开拓工程的。

第十七条 "煤矿改制期间，未明确安全生产责任人和安全管理机构，或者在完成改制后，未重新取得或者变更采矿许可证、安全生产许可证和营业执照"重大事故隐患，是指有下列情形之一的：

（一）改制期间，未明确安全生产责任人进行生产建设的；

（二）改制期间，未健全安全生产管理机构和配备安全管理人员进行生产建设的；

（三）完成改制后，未重新取得或者变更采矿许可证、安全生产许可证、营业执照而进行生产建设的。

第十八条 "其他重大事故隐患"，是指有下列情形之一的：

（一）未分别配备专职的矿长、总工程师和分管安全、生产、机电的副矿长，以及负责采煤、掘进、机电运输、通风、地测、防治水工作的专业技术人员的；

（二）未按照国家规定足额提取或者未按照国家规定范围使用安全生产费用的；

（三）未按照国家规定进行瓦斯等级鉴定，或者瓦斯等级鉴定弄虚作假的；

（四）出现瓦斯动力现象，或者相邻矿井开采的同一煤层发生了突出事故，或者被鉴定、认定为突出煤层，以及煤层瓦斯压力达到或者超过0.74MPa的非突出矿井，未立即按照突出煤层管理并在国家规定期限内进行突出危险性鉴定的（直接认定为突出矿井的除外）；

（五）图纸作假、隐瞒采掘工作面，提供虚假信息、隐瞒下井人数，或者矿长、总工程师（技术负责人）履行安全生产岗位责任制及管理制度时伪造记录，弄虚作假的；

（六）矿井未安装安全监控系统、人员位置监测系统或者系统不能正常运行，以及对系统数据进行修改、删除及屏蔽，或者煤与瓦斯突出矿井存在第七条第二项情形的；

（七）提升（运送）人员的提升机未按照《煤矿安全规程》规定安装保护装置，或者保护装置失效，或者超员运行的；

（八）带式输送机的输送带入井前未经过第三方阻燃和抗静电性能试验，或者试验不合格入井，或者输送带防打滑、跑偏、堆煤等保护装置或者温度、烟雾监测装置失效的；

（九）掘进工作面后部巷道或者独头巷道维修（着火点、高温点处理）时，维修（处理）点以里继续掘进或者有人员进入，或者采掘工作面未按照国家规定安设压风、供水、通信线路及装置的；

（十）露天煤矿边坡角大于设计最大值，或者边坡发生严重变形未及时采取措施进行治理的；

（十一）国家矿山安全监察机构认定的其他重大事故隐患。

第十九条 本标准所称的国家规定，是指有关法律、行政法规、部门规章、国家标准、行业标准，以及国务院及其应急管理部门、国家矿山安全监察机构依法制定的行政规范性文件。

第二十条 本标准自2021年1月1日起施行。原国家安全生产监督管理总局2015年12月3日公布的《煤矿重大生产安全事故隐患判定标准》（国家安全生产监督管理总局令第85号）同时废止。

国家煤矿安监局关于印发《关于落实煤矿企业安全生产主体责任的指导意见》的通知

· 2020年7月22日
· 煤安监行管〔2020〕30号

各产煤省、自治区、直辖市及新疆生产建设兵团煤矿安全监管部门，各省级煤矿安全监察局，司法部监狱管理局，有关中央企业：

为推动煤矿企业严格落实安全生产主体责任，推进煤矿安全治理体系和治理能力现代化，国家煤矿安监局制定了《关于落实煤矿企业安全生产主体责任的指导意见》，现印发给你们，请认真贯彻执行。

请各省级煤矿安全监察部门将本指导意见转发到辖区所有煤矿企业，并会同相关部门，结合辖区内各层级煤矿企业情况，制定具体实施意见，于2020年12月1日前，报送国家煤矿安监局。

关于落实煤矿企业安全生产主体责任的指导意见

为深入贯彻落实习近平总书记关于所有企业都必须履行安全生产主体责任的重要指示精神，推动煤矿企业（指各级具有法人资格的煤矿企业，下同）健全安全生产责任体系，切实加强所属煤矿安全生产管理，有效防范煤矿事故，根据相关法律法规，提出以下指导意见。

一、总体要求

以习近平新时代中国特色社会主义思想为指导，弘扬人民至上、生命至上、安全第一思想，坚持安全发展理念，坚守安全生产红线，坚持问题导向、目标导向和结果导向，以建立"人人有责、层层负责、各负其责"的安全生产责任体系，健全"明责知责、履职尽责、失职追责"的安全生产责任运行机制为主线，强化责任意识、强化监督考核、强化责任追究，切实解决一些煤矿企业对所属煤矿安全生产管理不作为、少作为、乱作为问题。坚持"管理、装备、素质、系统"并重原则，着力夯实安全基础、管控重大风险、治理重大灾害，从根本上消除事故隐患，扎实推进煤矿安全生产治理体系和治理能力现代化。

二、坚守安全发展理念

（一）坚持生命至上、安全第一。煤矿企业要牢固树立"零死亡"理念和目标，切实把安全生产作为企业发展的前提、基础和保障，始终把煤矿职工生命安全和身体健康放在第一的位置，做到不安全不安排生产任务、不安全不组织生产建设，为煤矿职工创造安全可靠的作业环境和工作条件，确保煤矿职工生命安全和身体健康，不断增强煤矿职工的安全感、获得感、幸福感。

（二）强化法治意识。煤矿企业要坚持法治思维，守牢法律底线，自觉接受监督检查，严格执行监管监察指令，做到依法办企办矿、依法履职尽责、依法生产经营。坚决杜绝不顾安全生产实际情况，超能力、超强度、超定员下达生产任务和经营指标，强令冒险组织生产等违法违规行为。开展全员安全生产法治教育，强化法治意识，增强全员尊法学法守法用法的自觉性。

（三）强化责任担当。煤矿企业要切实提高责任意识，强化担当精神，自觉把落实主体责任贯穿到工作决策部署、考核监督、人员准入等各环节、全过程，着力补短板、强弱项，解决企业安全红线意识不牢、管理责任层层递减、企业内部安全监督弱化、不按要求配备所属煤矿管理技术团队、不及时采购生产安全设备、不顾实际限制煤矿劳动用工指标等深层次矛盾和长期积累的老大难问题，做到安全投入到位、安全培训到位、基础管理到位、应急救援到位、安全责任到位。

三、建立健全安全责任体系

（四）健全安全生产责任制。按照"党政同责、一岗双责、齐抓共管、失职追责"要求，建立健全覆盖煤矿企业各层级、各部门、各岗位的安全生产责任制，明确党政主要负责人、分管负责人，安全、生产、技术、经营、规划、财务、人事及党委工作部门、工会等各部门的安全生产职责，形成人人有责、各负其责、权责清晰的安全生产责任体系。建立并公示岗位安全生产责任清单，实现"一岗一清单"。

（五）完善安全生产管理制度。煤矿企业应建立健全各项安全生产管理制度，至少包括安全生产责任制管理考核制度、安全目标管理制度、安全承诺制度、安全技术措施审批制度、安全办公会议制度、安全投入保障制度、生产安全设备采购制度、劳动用工制度、安全教育培训制度、安全监督检查制度、安全风险分级管控制度、事故隐患排查治理制度、事故报告与责任追究制度、安全生产标准化管理体系检查考核制度、事故应急救援制度、安全生产责任奖惩制度、应急值班制度、复工复产和重大隐患整改现场验收制度等。管理制度内容应做到责任清晰、有针对性，能够对照执行和考核。

（六）健全安全生产组织机构。煤矿企业要结合所属煤矿灾害特点，建立健全相应的管理、技术、监督等职能部门，配齐配强治理各类灾害的专业技术人员和管理人员。针对所属煤矿实际情况，特别是风险灾害情况，选优配强矿长和总工程师，并督促煤矿健全灾害治理机构、配备施工装备，防止违规劳务承包。

（七）强化内部监督。煤矿企业要建立内部考核机制，制定安全责任考核办法和标准，对照安全生产责任清单，开展安全目标考核，并将考核结果纳入相关人员绩效管理，对于连续2次考核不合格的，及时调整岗位。探索实施下属公司主要负责人和煤矿矿长安全生产记分考核办法。建立完善并严格执行事故煤矿"一票否决"制度。定期组织开展煤矿安全生产检查，及时发现煤矿在安全理念、工作目标、制度执行、风险管控、灾害治理等方面存在的问题。建立责任倒查机制和问题反思机制，对存在的重大隐患和突出问题，倒查各级管理人员责任，分析深层次原因，完善管理制度，改进工作机制，防止问题重复发生。严格执行复工复产和重大隐患整改现场验收制度。

四、严格落实主要负责人法定职责

（八）落实安全生产第一责任人责任。煤矿企业主要负责人（包括法定代表人、实际控制人，下同）承担安全生产第一责任人责任，要及时学习贯彻落实习近平总书记关于安全生产重要指示批示精神和党中央、国务院关于安全生产的重大决策部署，每年不少于2次组织研究安全生产重大问题，并形成会议纪要。支持、指导和督促领导班子其他成员落实安全生产主体责任。强化风险管控和重大灾害治理，每年不少于1次向煤矿安全监管监察部门报告重大风险管控、重大灾害治理情况。严格兑现安全承诺。

（九）严格履行法定职责。煤矿企业主要负责人要带头执行安全生产法律法规，严格履行法定职责，依法建立健全安全生产责任制、安全生产规章制度。组织制定并实施安全生产教育和培训计划，保证安全生产投入有效实施。督促、检查安全生产工作，及时消除事故隐患。组织制定并实施事故应急救援预案，及时、如实报告生产安全事故。企业分管负责人要坚持"一岗双责"，履行好分管范围内的安全职责。

（十）实施安全公开承诺。煤矿企业主要负责人要代表企业领导班子每年向全体员工和社会公开作出安全承诺，安全承诺内容应至少包括：保证严格落实安全生产责任制和安全管理制度；保证有效管控重大安全风险、治理重大灾害，及时消除事故隐患；保证安全投入所需资金；保证不超能力下达生产任务和经营指标；保证不违规安排使用劳务派遣工和采掘工程外包队伍等。每年将安全承诺兑现情况纳入主要负责人年度述职内容和工作报告。

五、夯实安全生产基础

（十一）强化安全生产标准化管理体系建设。煤矿企业要高度重视安全生产标准化管理体系建设，制定年度创建目标，建立激励约束机制，加强监督检查，定期组织现场检查、动态抽查，严格考核兑现。所有生产煤矿必须达到三级以上标准化等级，大型煤矿力争达到一级、中型煤矿至少达到二级标准化等级。

（十二）强化风险防控和隐患排查治理。煤矿企业要建立完善安全风险辨识评估、管控和警示报告机制，科学制定风险辨识程序和方法，定期组织开展重大风险辨识。制定重大风险管控方案，确定管控重点，明确管控责任，监督落实到位。每年向煤矿安全监管监察部门报送风险清单。以风险辨识管控为基础，加强隐患排查治理，定期对存在重大风险的场所、环节、岗位开展隐患排查，分析隐患成因、制定消除措施，着力从根本上消除事故隐患。

（十三）加快智能化建设。煤矿企业要建立健全技术装备淘汰更新机制，不断提高装备可靠程度和安全生产保障能力，加快推进智能化建设和危险岗位机器人替代，推进互联网、大数据、人工智能同煤矿安全生产的深度融合，积极创建100人以下、50人以下无人少人矿井，力争煤与瓦斯突出、冲击地压等灾害严重矿井全部实现智能化开采，实现无人则安、少人则安。

（十四）持续提升从业人员素质。煤矿企业要研究制定职工素质提升中长期规划和年度计划，选优配强师资力量，保障培训工作经费，杜绝培训造假行为。严格准入和劳动用工管理，所属煤矿矿长、副矿长、总工程师、副总工程师必须具备煤矿相关专业大专及以上学历，新上岗的特种作业人员必须具备高中及以上文化程度，员工至少具备初中学历，逐步实现"人企即入校""变招工为招生"。取消井下劳务派遣工。

（十五）大力推进"一优三减"。煤矿企业要加强统筹协调，合理安排专业技术力量，以通风系统可靠、运输系统简化、危险岗位替代为重点，对所属煤矿开展生产系统、开拓布局、作业环节和劳动组织优化，减少生产水平，减少采区，减少作业头面，减少作业单元人员数量。科学确定采掘接续，降低开采强度，建设"一井一面""一井两面"示范矿井。新建矿井不得超过"一井两面"。

（十六）切实保障安全投入。煤矿企业要建立健全安全投入保障机制，落实企业主要负责人、分管经营、财务负责人和经营、财务等职能部门的安全投入责任，保证足额提取、按规定使用安全生产费用，保证灾害治理、装备升级、人员培训等工作所需资金。要加强所属煤矿监督管理，保障安全投入取得实效。

（十七）加强重大灾害治理。煤矿企业要建立由主要负责人负责的煤矿重大灾害治理管理体系和以主要技术负责人（总工程师）为首的灾害治理技术保障体系。科学制定治灾计划，合理安排灾害治理工程，保障治理资金。加强灾害治理调度，合理调整煤矿生产经营指标，防止生产系统不健全、灾害治理不到位，盲目组织生产。鼓励煤矿企业建立专业化的灾害治理队伍，为煤矿提供服务。

（十八）提升应急救援能力。煤矿企业要健全事故响应机制，针对煤矿灾害特点，编制生产安全事故应急救援预案，加强应急救援队伍建设，配备必要的应急救援物资，加强与地方政府沟通和衔接，提升应急救援能力。建立灾害性天气应急预警机制，督促煤矿在相应灾害性天气情况下及时停产撤人。严格落实应急值班制度，实行24小时值班值守。

六、强化监督指导

（十九）强化监管监察。各级煤矿安全监管监察部门要重点检查煤矿企业学习贯彻落实习近平总书记关于安全生产重要指示批示精神，贯彻落实党中央、国务院关于安全生产重大决策部署和安全生产政策方针情况。要紧盯"关键少数"，检查履行法定责任、落实责任制、建立组织机构、兑现安全承诺等情况；要探索对重大隐患进行原因调查，合理界定煤矿、上级公司及其职能部门的责任，实行精准追责问责。对于主体责任屡屡落实不到位的，要约谈、通报，严肃批评；对于违法违规行为，要严格追究责任，坚决依法惩处。省级煤矿安全监察机构要会同省级煤矿安全监管部门，每年对煤矿上级公司落实企业安全生产主体责任情况至少监察一次。

（二十）强化社会监督。各省级煤矿安全监管监察部门要建立有奖举报制度，鼓励群众举报重大隐患和煤矿企业违法违规行为。建立公开通报制度，对于主体责任落实不到位，造成严重影响的，要在政府网站上予以公开；对情节严重的，要依法实施联合惩戒。积极引导新闻媒体强化舆论监督，曝光主体责任不落实，以及安全承诺不兑现等失信行为。

（二十一）强化联系指导。各省级煤矿安全监管部门要建立煤矿企业落实主体责任联系指导机制，实施分类指导、定点帮扶。注重发现先进典型、培育先进典型，及时总结、推广交流先进经验，以点带面，推动辖区煤矿企业认真落实安全生产主体责任。

（二十二）发挥中央企业表率作用。各地煤矿安全监管监察部门要认真贯彻落实习近平总书记关于中央企业在落实安全生产主体责任上带好头做表率的重要指示精神，督促中央企业落实好本指导意见，带头树牢安全发展理念，坚守安全红线，自觉执行监管监察指令；带头健全安全生产组织机构、责任制和管理制度；带头增强法治意识、责任意识，实施安全生产公开承诺，自觉接受社会监督；带头夯实安全基础，提升保障能力，有效防范煤矿生产安全事故。每年年底前，中央企业集团公司要向国家煤矿安监局报送落实安全生产主体责任情况。

煤矿安全生产标准化管理体系考核定级办法

· 2024年10月16日
· 矿安〔2024〕109号

第一条 为进一步加强煤矿安全生产基础建设，深入落实"管理、装备、素质、系统"四个要素并重原则，提升煤矿安全保障能力，根据《中华人民共和国安全生产法》及有关规定，制定本办法。

第二条 本办法适用于全国所有合法的生产煤矿。新建、改建、扩建煤矿可参照执行。

新建煤矿联合试运转期间、停产煤矿（无安全生产标准化等级）复产验收前，可申请煤矿安全生产标准化管理体系考核定级。

第三条 考核定级标准执行《煤矿安全生产标准化管理体系基本要求及评分方法》（以下简称《评分方法》）。

第四条 煤矿安全生产标准化管理体系等级分为一级、二级、三级3个等级，所应达到的要求为：

一级：煤矿安全生产标准化管理体系考核总得分不低于90分，重大灾害防治、专业管理部分评分不低于90分，安全基础管理部分评分不低于85分，且不存在下列情形：

1. 发生生产安全死亡事故，自事故发生之日起，一般事故未满1年、较大及重大事故未满2年、特别重大事故未满3年的；

2. 安全生产标准化管理体系一级检查考核未通过，自考核定级部门检查之日起未满1年的；

3. 被降级或撤消等级未满1年的；

4. 被列入安全生产严重失信主体名单管理期间的。

二级：煤矿安全生产标准化管理体系考核总得分及各管理部分得分均不低于80分，且不存在下列情形：

1. 发生生产安全死亡事故，自事故发生之日起，一般事故未满半年、较大及重大事故未满1年、特别重大事故未满2年的；

2. 被降级或撤消等级未满半年的。

三级：煤矿安全生产标准化管理体系考核总得分及各管理部分得分均不低于70分。

第五条 煤矿安全生产标准化管理体系等级实行分级考核定级。

申报一级的煤矿由省级煤矿安全生产标准化工作主管部门组织初审，国家矿山安全监察局组织考核定级。申报二级、三级的煤矿，初审和考核定级部门由省级煤矿安全生产标准化工作主管部门确定。

第六条 煤矿安全生产标准化管理体系考核定级按照企业自评申报、初审、考核、公示、公告的程序进行。煤矿安全生产标准化管理体系考核定级部门原则上应在收到煤矿企业申请后 60 个工作日内完成考核定级。煤矿和各级煤矿安全生产标准化工作主管部门，应通过国家矿山安全监察局"矿山安全生产综合信息系统—安全生产标准化"，以下简称"信息系统"）完成申报、初审、考核、公示、公告等各环节工作。未按照规定的程序和信息化方式开展考核定级等工作的，不予公告确认。

对考核未达到一级或二级等级要求的申报煤矿，省级煤矿安全生产标准化工作主管部门确定的考核定级部门可按照考核得分直接定级。

第七条 安全生产标准化管理体系达标煤矿应加强日常检查，每季度至少组织开展 1 次全面的自查，煤矿上级企业每半年至少组织开展 1 次全面检查（没有上级企业的煤矿自行组织开展）。各级煤矿安全生产标准化工作主管部门应按照职责分工每年至少通报一次本行政区域内煤矿安全生产标准化管理体系考核定级情况，以及等级被降低和撤消的情况。

第八条 煤矿取得安全生产标准化管理体系相应等级后，考核定级部门每 3 年进行一次复查复核。由煤矿在 3 年期满前 3 个月重新自评申报，各级煤矿安全生产标准化工作主管部门按第六条规定对其考核定级。

第九条 安全生产标准化管理体系一级煤矿作出符合一级体系要求的承诺，且同时满足下列条件的，可在 3 年期满时直接办理延期：

1. 3 年期限内，未发生生产安全死亡事故，不存在重大事故隐患且组织生产的情况；

2. 3 年期限内，井下"零突出""零透水""零冲击地压事故"；

3. 井工煤矿采用"一井一面"或"一井两面"生产模式（冲击地压矿井和开采保护层的矿井除外）；

4. 井工煤矿采煤机械化程度达到 100%；露天煤矿采剥机械化程度达到 100%。

第十条 办理直接延期的安全生产标准化管理体系一级煤矿，应在 3 年期满前 3 个月通过"信息系统"自评申报，由省级煤矿安全生产标准化工作主管部门组织对其审核，并征求当地煤矿安全监管监察部门意见，审核符合延期条件后通过"信息系统"报送国家矿山安全监察局，国家矿山安全监察局按照程序予以公示公告。

安全生产标准化管理体系二级、三级煤矿不执行直接延期制度。

第十一条 安全生产标准化管理体系达标煤矿的监管。

（一）对取得安全生产标准化管理体系等级的煤矿应加强动态监管。各级煤矿安全生产标准化工作主管部门应按属地监管原则，每年按一定比例对达标煤矿进行抽查，对工作中发现已不具备原有安全生产标准化管理体系达标水平的煤矿，应降低或撤消其取得的安全标准化管理体系等级；对停产超过 6 个月的煤矿，应撤消其原有安全生产标准化管理体系等级，待复产时重新申报、考核定级。矿山安全监管监察部门日常检查查处煤矿存在重大事故隐患后，自查处之日上溯 6 个月，查处重大事故隐患数量超过煤矿自查上报数量的，应降低其安全生产标准化管理体系等级（三级为撤消）。矿山安全监管监察部门查处重大事故隐患后，应及时通报煤矿安全生产标准化工作主管部门。

（二）对发生生产安全死亡事故的煤矿，各级煤矿安全生产标准化工作主管部门应自事故发生之日起降低或撤消其取得的安全生产标准化管理体系等级。一级、二级煤矿发生一般事故后分别降为二级、三级，发生较大及以上事故后撤消其等级；三级煤矿发生一般及以上事故后撤消其等级。

（三）降低或撤消煤矿所取得的安全生产标准化管理体系等级后，由原等级考核定级部门进行公告并更新"信息系统"相关信息。

（四）对安全生产标准化管理体系等级被撤消的煤矿，实施撤消决定的安全生产标准化工作主管部门应依法责令其立即停止生产，进行整改，待整改合格后重新提出申请。

（五）各级煤矿安全生产标准化工作主管部门每年应组织对本行政区域内直接延期的安全生产标准化管理体系一级煤矿开展重点抽查。对达不到一级等级要求的煤矿，应降低或撤消其安全生产标准化管理体系等级，并将有关情况通过"信息系统"上传国家矿山安全监察局。

第十二条 安全生产标准化管理体系一级煤矿在有效期内享受以下激励政策：

（一）在全国性或区域性调整、实施减量化生产措施时，原则上不纳入减量化生产煤矿范围；

（二）在地方政府因其他煤矿发生事故采取区域政策性停产措施时，原则上不纳入停产范围；

（三）申请生产能力核增时，在同等条件下，可优先开展审查确认工作；新投产的煤矿和已核定生产能力的煤矿，通过生产能力核定提高产能规模的间隔时间，可按规定缩短；

（四）生产能力核增时，产能置换比例不小于核增产能的100%，通过改扩建、技术改造增加优质产能超过120万吨/年以上的，所需产能置换指标折算比例可提高为200%；

（五）生产能力核增时，核增幅度可在"不超过煤炭工业设计规范标准设计井型规模2级级差"规定的基础上，上浮1级级差；实现"一井一面"或智能化开采的，核增幅度可上浮2级级差；

（六）在安全生产许可证有效期届满时，符合相关条件的，可以直接办理延期手续；

（七）银行保险、证券、担保等主管部门作为对煤矿企业信用评级重要参考依据；

（八）各级煤矿安全监管监察部门适当减少检查频次；煤矿停产后复产验收时，优先进行复产验收。

鼓励各省级煤矿安全生产标准化工作主管部门结合本地区实际，细化完善有关激励政策，提高安全生产标准化创建积极性。

第十三条 省级煤矿安全生产标准化工作主管部门可根据本办法和本地区工作实际制定实施细则，并及时报送国家矿山安全监察局备案。

第十四条 本办法由国家矿山安全监察局负责解释。

乡镇煤矿管理条例

- 1994年12月20日国务院令第169号发布
- 根据2013年7月18日《国务院关于废止和修改部分行政法规的决定》修订

第一章 总 则

第一条 为了加强乡镇煤矿的行业管理，促进乡镇煤矿的健康发展，制定本条例。

第二条 本条例所称乡镇煤矿，是指在乡（镇）、村开办的集体煤矿企业、私营煤矿企业以及除国有煤矿企业和外商投资煤矿企业以外的其他煤矿企业。

第三条 煤炭资源属于国家所有。地表或者地下的煤炭资源的国家所有权，不因其所依附的土地的所有权或者使用权的不同而改变。

国家对煤炭资源的开发利用实行统一规划、合理布局的方针。

第四条 乡镇煤矿开采煤炭资源，必须依照有关法律、法规的规定，申请领取采矿许可证和安全生产许可证。

第五条 国家扶持、指导和帮助乡镇煤矿的发展。

县级以上地方人民政府应当加强对乡镇煤矿的管理，依法维护乡镇煤矿的生产秩序，保护乡镇煤矿的合法权益；对发展乡镇煤矿作出显著成绩的单位和个人给予奖励。

第六条 乡镇煤矿开采煤炭资源，应当遵循开发与保护并重的原则，依法办矿，安全生产，文明生产。

第七条 国务院煤炭工业主管部门和县级以上地方人民政府负责管理煤炭工业的部门是乡镇煤矿的行业管理部门（以下统称煤炭工业主管部门）。

煤炭工业行业管理的任务是统筹规划、组织协调、提供服务、监督检查。

第二章 资源与规划

第八条 国务院煤炭工业主管部门和省、自治区、直辖市人民政府根据全国矿产资源规划编制行业开发规划和地区开发规划时，应当合理划定乡镇煤矿开采的煤炭资源范围。

第九条 未经国务院煤炭工业主管部门批准，乡镇煤矿不得开采下列煤炭资源：

（一）国家规划煤炭矿区；

（二）对国民经济具有重要价值的煤炭矿区；

（三）国家规定实行保护性开采的稀缺煤种；

（四）重要河流、堤坝和大型水利工程设施下的保安煤柱；

（五）铁路、重要公路和桥梁下的保安煤柱；

（六）重要工业区、重要工程设施、机场、国防工程设施下的保安煤柱；

（七）不能移动的国家重点保护的历史文物、名胜古迹和国家划定的自然保护区、重要风景区下的保安煤柱；

（八）正在建设或者正在开采的矿井的保安煤柱。

第十条 乡镇煤矿在国有煤矿企业矿区范围内开采边缘零星资源，必须征得该国有煤矿企业同意，并经其上级主管部门批准。

乡镇煤矿开采前款规定的煤炭资源，必须与国有煤矿企业签订合理开发利用煤炭资源和维护矿山安全的协议,不得浪费、破坏煤炭资源,影响国有煤矿企业的生产安全。

第十一条 国家重点建设工程需要占用乡镇煤矿的生产井田时,占用单位应当按照国家有关规定给予合理补偿;但是,对违法开办的乡镇煤矿,不予补偿。

第三章 办矿与生产

第十二条 开办乡镇煤矿,必须具备下列条件:

(一)符合国家煤炭工业发展规划;

(二)有经依法批准可供开采的、无争议的煤炭资源;

(三)有与所建矿井生产规模相适应的资金、技术装备和技术人才;

(四)有经过批准的采矿设计或者开采方案;

(五)有符合国家规定的安全生产措施和环境保护措施;

(六)办矿负责人经过技术培训,并持有矿长资格证书;

(七)法律、法规规定的其他条件。

第十三条 申请开办乡镇煤矿,由资源所在地的县级人民政府负责管理煤炭工业的部门审查申请人的办矿条件。

申请开办乡镇煤矿,其矿区范围跨2个县级以上行政区域的,由其共同的上一级人民政府负责管理煤炭工业的部门审查申请人的办矿条件。

经审查符合办矿条件的,申请人应当凭煤炭工业主管部门审查同意的文件,依照有关法律、法规的规定,办理采矿登记手续,领取采矿许可证。

第十四条 乡镇煤矿建成投产前,应当按照国务院关于安全生产许可证管理的规定,申请领取安全生产许可证。

未取得安全生产许可证的乡镇煤矿,不得进行煤炭生产。

第十五条 乡镇煤矿开采煤炭资源,应当采用合理的开采顺序和科学的采矿方法,提高资源回采率和综合利用率,防止资源的浪费。

第十六条 乡镇煤矿应当按照矿井当年的实际产量提取维简费。维简费的提取标准和使用范围按照国家有关规定执行。

第四章 安全与管理

第十七条 乡镇煤矿应当按照国家有关矿山安全的法律、法规和煤炭行业安全规程、技术规范的要求,建立、健全各级安全生产责任制和安全规章制度。

第十八条 县级、乡级人民政府应当加强对乡镇煤矿安全生产工作的监督管理,保证煤矿生产的安全。

乡镇煤矿的矿长和办矿单位的主要负责人,应当加强对煤矿安全生产工作的领导,落实安全生产责任制,采取各种有效措施,防止生产事故的发生。

第十九条 国务院煤炭工业主管部门和县级以上地方人民政府负责管理煤炭工业的部门,应当有计划地对乡镇煤矿的职工进行安全教育和技术培训。

县级以上人民政府负责管理煤炭工业的部门对矿长考核合格后,应当颁发矿长资格证书。

县级以上人民政府负责管理煤炭工业的部门对瓦斯检验工、采煤机司机等特种作业人员按照国家有关规定考核合格后,应当颁发操作资格证书。

第二十条 乡镇煤矿发生伤亡事故,应当按照有关法律、行政法规的规定,及时如实地向上一级人民政府、煤炭工业主管部门及其他有关主管部门报告,并立即采取有效措施,做好救护工作。

第二十一条 乡镇煤矿应当及时测绘井上下工程对照图、采掘工程平面图和通风系统图,并定期向原审查办矿条件的煤炭工业主管部门报送图纸,接受其监督、检查。

第二十二条 乡镇煤矿进行采矿作业,不得采用可能危及相邻煤矿生产安全的决水、爆破、贯通巷道等危险方法。

第二十三条 乡镇煤矿依照有关法律、法规的规定办理关闭矿山手续时,应当向原审查办矿条件的煤炭工业主管部门提交有关采掘工程、不安全隐患等资料。

第二十四条 县级以上人民政府劳动行政主管部门负责对乡镇煤矿安全工作的监督,并有权对取得矿长资格证书的矿长进行抽查。

第五章 罚 则

第二十五条 违反法律、法规关于矿山安全的规定,造成人身伤亡或者财产损失的,依照有关法律、法规的规定给予处罚。

第二十六条 违反本条例规定,有下列情形之一的,由原审查办矿条件的煤炭工业主管部门,根据情节轻重,给予警告、5万元以下的罚款、没收违法所得或者责令停产整顿:

(一)未经煤炭工业主管部门审查同意,擅自开办乡镇煤矿的;

(二)未按照规定向煤炭工业主管部门报送有关图纸资料的。

第二十七条　违反本条例规定,有下列情形之一的,由国务院煤炭工业主管部门或者由其授权的省、自治区、直辖市人民政府煤炭工业主管部门,根据情节轻重,分别给予警告、5万元以下的罚款、没收违法所得或者责令停止开采:

(一)未经国务院煤炭工业主管部门批准,擅自进入国家规划煤炭矿区、对国民经济具有重要价值的煤炭矿区采矿的,或者擅自开采国家规定实行保护性开采的稀缺煤种的;

(二)未经国有煤矿企业的上级主管部门批准,擅自开采国有煤矿企业矿区范围内边缘零星资源的。

第二十八条　县级以上人民政府劳动行政主管部门经抽查发现取得矿长资格证书的矿长不合格的,应当责令限期达到规定条件;逾期仍不合格的,提请本级人民政府决定责令其所在煤矿停产。

第二十九条　煤炭工业主管部门违反本条例规定,有下列情形之一的,对负有直接责任的主管人员和其他直接责任人员给予行政处分:

(一)符合开办乡镇煤矿的条件不予审查同意的,或者不符合条件予以同意的;

(二)符合矿长任职资格不予颁发矿长资格证书的,或者不符合矿长任职资格予以颁发矿长资格证书的。

第三十条　依照本条例第二十六条、第二十七条规定取得的罚没收入,应当全部上缴国库。

第六章　附　则

第三十一条　国务院煤炭工业主管部门可以根据本条例制定实施办法。

第三十二条　本条例自发布之日起施行。

煤矿企业安全生产许可证实施办法

· 2016年2月16日国家安全生产监督管理总局令第86号公布
· 根据2017年3月6日《国家安全监管总局关于修改和废止部分规章及规范性文件的决定》修订

第一章　总　则

第一条　为了规范煤矿企业安全生产条件,加强煤矿企业安全生产许可证的颁发管理工作,根据《安全生产许可证条例》和有关法律、行政法规,制定本实施办法。

第二条　煤矿企业必须依照本实施办法的规定取得安全生产许可证。未取得安全生产许可证的,不得从事生产活动。

煤层气地面开采企业安全生产许可证的管理办法,另行制定。

第三条　煤矿企业除本企业申请办理安全生产许可证外,其所属矿(井、露天坑)也应当申请办理安全生产许可证,一矿(井、露天坑)一证。

煤矿企业实行多级管理的,其上级煤矿企业也应当申请办理安全生产许可证。

第四条　安全生产许可证的颁发管理工作实行企业申请、两级发证、属地监管的原则。

第五条　国家煤矿安全监察局指导、监督全国煤矿企业安全生产许可证的颁发管理工作,负责符合本办法第三条规定的中央管理的煤矿企业总部(总公司、集团公司)安全生产许可证的颁发和管理。

省级煤矿安全监察局负责前款规定以外的其他煤矿企业安全生产许可证的颁发和管理;未设立煤矿安全监察机构的省、自治区,由省、自治区人民政府指定的部门(以下与省级煤矿安全监察局统称省级安全生产许可证颁发管理机关)负责本行政区域内煤矿企业安全生产许可证的颁发和管理。

国家煤矿安全监察局和省级安全生产许可证颁发管理机关统称安全生产许可证颁发管理机关。

第二章　安全生产条件

第六条　煤矿企业取得安全生产许可证,应当具备下列安全生产条件:

(一)建立、健全主要负责人、分管负责人、安全生产管理人员、职能部门、岗位安全生产责任制;制定安全目标管理、安全奖惩、安全技术审批、事故隐患排查治理、安全检查、安全办公会议、地质灾害普查、井下劳动组织定员、矿领导带班下井、井工矿入井检身与出入井人员清点等安全生产规章制度和各工种操作规程;

(二)安全投入满足安全生产要求,并按照有关规定足额提取和使用安全生产费用;

(三)设置安全生产管理机构,配备专职安全生产管理人员;煤与瓦斯突出矿井、水文地质类型复杂矿井还应设置专门的防治煤与瓦斯突出管理机构和防治水管理机构;

(四)主要负责人和安全生产管理人员的安全生产知识和管理能力经考核合格;

(五)参加工伤保险,为从业人员缴纳工伤保险费;

(六)制定重大危险源检测、评估和监控措施;

(七)制定应急救援预案,并按照规定设立矿山救护队,配备救护装备;不具备单独设立矿山救护队条件的煤矿企业，所属煤矿应当设立兼职救护队，并与邻近的救护队签订救护协议；

（八）制定特种作业人员培训计划、从业人员培训计划、职业危害防治计划；

（九）法律、行政法规规定的其他条件。

第七条 煤矿除符合本实施办法第六条规定的条件外，还必须符合下列条件：

（一）特种作业人员经有关业务主管部门考核合格，取得特种作业操作资格证书；

（二）从业人员进行安全生产教育培训，并经考试合格；

（三）制定职业危害防治措施、综合防尘措施，建立粉尘检测制度，为从业人员配备符合国家标准或者行业标准的劳动防护用品；

（四）依法进行安全评价；

（五）制定矿井灾害预防和处理计划；

（六）依法取得采矿许可证，并在有效期内。

第八条 井工煤矿除符合本实施办法第六条、第七条规定的条件外，其安全设施、设备、工艺还必须符合下列条件：

（一）矿井至少有2个能行人的通达地面的安全出口，各个出口之间的距离不得小于30米；井下每一个水平到上一个水平和各个采（盘）区至少有两个便于行人的安全出口，并与通达地面的安全出口相连接；采煤工作面有两个畅通的安全出口，一个通到进风巷道，另一个通到回风巷道。在用巷道净断面满足行人、运输、通风和安全设施及设备安装、检修、施工的需要；

（二）按规定进行瓦斯等级、煤层自燃倾向性和煤尘爆炸危险性鉴定；

（三）矿井有完善的独立通风系统。矿井、采区和采掘工作面的供风能力满足安全生产要求，矿井使用安装在地面的矿用主要通风机进行通风，并有同等能力的备用主要通风机，主要通风机按规定进行性能检测；生产水平和采区实行分区通风；高瓦斯和煤与瓦斯突出矿井、开采容易自燃煤层的矿井、煤层群联合布置矿井的每个采区设置专用回风巷，掘进工作面使用专用局部通风机进行通风，矿井有反风设施；

（四）矿井有安全监控系统，传感器的设置、报警和断电符合规定，有瓦斯检查制度和矿长、技术负责人瓦斯日报审查签字制度，配备足够的专职瓦斯检查员和瓦斯检测仪器；按规定建立瓦斯抽采系统，开采煤与瓦斯突出危险煤层的有预测预报、防治措施、效果检验和安全防护的综合防突措施；

（五）有防尘供水系统，有地面和井下排水系统；有水害威胁的矿井还应有专用探放水设备；

（六）制定井上、井下防火措施；有地面消防水池和井下消防管路系统，井上、井下有消防材料库；开采容易自燃和自燃煤层的矿井还应有防灭火专项设计和综合预防煤层自然发火的措施；

（七）矿井有两回路电源线路；严禁井下配电变压器中性点直接接地；井下电气设备的选型符合防爆要求，有短路、过负荷、接地、漏电等保护，掘进工作面的局部通风机按规定采用专用变压器、专用电缆、专用开关，实现风电、瓦斯电闭锁；

（八）运送人员的装置应当符合有关规定。使用检测合格的钢丝绳；带式输送机采用非金属聚合物制造的输送带的阻燃性能和抗静电性能符合规定，设置安全保护装置；

（九）有通信联络系统，按规定建立人员位置监测系统；

（十）按矿井瓦斯等级选用相应的煤矿许用炸药和电雷管，爆破工作由专职爆破工担任；

（十一）不得使用国家有关危及生产安全淘汰目录规定的设备及生产工艺；使用的矿用产品应有安全标志；

（十二）配备足够数量的自救器，自救器的选用型号应与矿井灾害类型相适应，按规定建立安全避险系统；

（十三）有反映实际情况的图纸：矿井地质图和水文地质图，井上下对照图，巷道布置图，采掘工程平面图，通风系统图，井下运输系统图，安全监控系统布置图和断电控制图，人员位置监测系统图，压风、排水、防尘、防火注浆、抽采瓦斯等管路系统图，井下通信系统图，井上、下配电系统图和井下电气设备布置图，井下避灾路线图。采掘工作面有符合实际情况的作业规程。

第九条 露天煤矿除符合本实施办法第六条、第七条规定的条件外，其安全设施、设备、工艺还必须符合下列条件：

（一）按规定设置栅栏、安全挡墙、警示标志；

（二）露天采场最终边坡的台阶坡面角和边坡角符合最终边坡设计要求；

（三）配电线路、电动机、变压器的保护符合安全要求；

（四）爆炸物品的领用、保管和使用符合规定；

（五）有边坡工程、地质勘探工程、岩土物理力学试验和稳定性分析，有边坡监测措施；

（六）有防排水设施和措施；

（七）地面和采场内的防灭火措施符合规定；开采有自然发火倾向的煤层或者开采范围内存在火区时，制定专门防灭火措施；

（八）有反映实际情况的图纸：地形地质图，工程地质平面图、断面图、综合水文地质图，采剥、排土工程平面图和运输系统图，供配电系统图，通信系统图，防排水系统图，边坡监测系统平面图，井工采空区与露天矿平面对照图。

第三章 安全生产许可证的申请和颁发

第十条 煤矿企业依据本实施办法第五条的规定向安全生产许可证颁发管理机关申请领取安全生产许可证。

第十一条 申请领取安全生产许可证应当提供下列文件、资料：

（一）煤矿企业提供的文件、资料：

1. 安全生产许可证申请书；
2. 主要负责人安全生产责任制材料（复制件），各分管负责人、安全生产管理人员以及职能部门负责人安全生产责任制目录清单；
3. 安全生产规章制度目录清单；
4. 设置安全生产管理机构、配备专职安全生产管理人员的文件（复制件）；
5. 主要负责人、安全生产管理人员安全生产知识和管理能力考核合格的证明材料；
6. 特种作业人员培训计划，从业人员安全生产教育培训计划；
7. 为从业人员缴纳工伤保险费的有关证明材料；
8. 重大危险源检测、评估和监控措施；
9. 事故应急救援预案，设立矿山救护队的文件或者与专业救护队签订的救护协议。

（二）煤矿提供的文件、资料和图纸：

1. 安全生产许可证申请书；
2. 采矿许可证（复制件）；
3. 主要负责人安全生产责任制（复制件），各分管负责人、安全生产管理人员以及职能部门负责人安全生产责任制目录清单；
4. 安全生产规章制度和操作规程目录清单；
5. 设置安全生产管理机构和配备专职安全生产管理人员的文件（复制件）；
6. 矿长、安全生产管理人员安全生产知识和管理能力考核合格的证明材料；
7. 特种作业人员操作资格证书的证明材料；
8. 从业人员安全生产教育培训计划和考试合格的证明材料；
9. 为从业人员缴纳工伤保险费的有关证明材料；
10. 具备资质的中介机构出具的安全评价报告；
11. 矿井瓦斯等级鉴定文件；高瓦斯、煤与瓦斯突出矿井瓦斯参数测定报告，煤层自燃倾向性和煤尘爆炸危险性鉴定报告；
12. 矿井灾害预防和处理计划；
13. 井工煤矿采掘工程平面图，通风系统图；
14. 露天煤矿采剥工程平面图，边坡监测系统平面图；
15. 事故应急救援预案，设立矿山救护队的文件或者与专业矿山救护队签订的救护协议；
16. 井工煤矿主要通风机、主提升机、空压机、主排水泵的检测检验合格报告。

第十二条 安全生产许可证颁发管理机关对申请人提交的申请书及文件、资料，应当按照下列规定处理：

（一）申请事项不属于本机关职权范围的，即时作出不予受理的决定，并告知申请人向有关行政机关申请；

（二）申请材料存在可以当场更正的错误的，允许或者要求申请人当场更正，并即时出具受理的书面凭证，通过互联网申请的，符合要求后即时提供电子受理回执；

（三）申请材料不齐全或者不符合要求的，应当当场或者在5个工作日内一次告知申请人需要补正的全部内容，逾期不告知的，自收到申请材料之日起即为受理；

（四）申请材料齐全、符合要求或者按照要求全部补正的，自收到申请材料或者全部补正材料之日起为受理。

第十三条 煤矿企业应当对其向安全生产许可证颁发管理机关提交的文件、资料和图纸的真实性负责。

从事安全评价、检测检验的机构应当对其出具的安全评价报告、检测检验结果负责。

第十四条 对已经受理的申请，安全生产许可证颁发管理机关应当指派有关人员对申请材料进行审查；对申请材料实质内容存在疑问，认为需要到现场核查的，应当到现场进行核查。

第十五条 负责审查的有关人员提出审查意见。

安全生产许可证颁发管理机关应当对有关人员提出的审查意见进行讨论，并在受理申请之日起45个工作日内作出颁发或者不予颁发安全生产许可证的决定。

对决定颁发的，安全生产许可证颁发管理机关应当自决定之日起10个工作日内送达或者通知申请人领取安全生产许可证;对不予颁发的,应当在10个工作日内书面通知申请人并说明理由。

第十六条 经审查符合本实施办法规定的,安全生产许可证颁发管理机关应当分别向煤矿企业及其所属煤矿颁发安全生产许可证。

第十七条 安全生产许可证的有效期为3年。安全生产许可证有效期满需要延期的,煤矿企业应当于期满前3个月按照本实施办法第十条的规定,向原安全生产许可证颁发管理机关提出延期申请,并提交本实施办法第十一条规定的文件、资料和安全生产许可证正本、副本。

第十八条 对已经受理的延期申请,安全生产许可证颁发管理机关应当按照本实施办法的规定办理安全生产许可证延期手续。

第十九条 煤矿企业在安全生产许可证有效期内符合下列条件,在安全生产许可证有效期届满时,经原安全生产许可证颁发管理机关同意,不再审查,直接办理延期手续:

(一)严格遵守有关安全生产的法律法规和本实施办法;

(二)接受安全生产许可证颁发管理机关及煤矿安全监察机构的监督检查;

(三)未因存在严重违法行为纳入安全生产不良记录"黑名单"管理;

(四)未发生生产安全死亡事故;

(五)煤矿安全质量标准化等级达到二级及以上。

第二十条 煤矿企业在安全生产许可证有效期内有下列情形之一的,应当向原安全生产许可证颁发管理机关申请变更安全生产许可证:

(一)变更主要负责人的;

(二)变更隶属关系的;

(三)变更经济类型的;

(四)变更煤矿企业名称的;

(五)煤矿改建、扩建工程经验收合格的。

变更本条第一款第一、二、三、四项的,自工商营业执照变更之日起10个工作日内提出申请;变更本条第一款第五项的,应当在改建、扩建工程验收合格后10个工作日内提出申请。

申请变更本条第一款第一项的,应提供变更后的工商营业执照副本和主要负责人任命文件(或者聘书);

申请变更本条第一款第二、三、四项的,应提供变更后的工商营业执照副本;申请变更本条第一款第五项的,应提供改建、扩建工程安全设施及条件竣工验收合格的证明材料。

第二十一条 对于本实施办法第二十条第一款第一、二、三、四项的变更申请,安全生产许可证颁发管理机关在对申请人提交的相关文件、资料审核后,即可办理安全生产许可证变更。

对于本实施办法第二十条第一款第五项的变更申请,安全生产许可证颁发管理机关应当按照本实施办法第十四条、第十五条的规定办理安全生产许可证变更。

第二十二条 经安全生产许可证颁发管理机关审查同意延期、变更安全生产许可证的,安全生产许可证颁发管理机关应当收回原安全生产许可证正本,换发新的安全生产许可证正本;在安全生产许可证副本上注明延期、变更内容,并加盖公章。

第二十三条 煤矿企业停办、关闭的,应当自停办、关闭决定之日起10个工作日内向原安全生产许可证颁发管理机关申请注销安全生产许可证,并提供煤矿开采现状报告、实测图纸和遗留事故隐患的报告及防治措施。

第二十四条 安全生产许可证分为正本和副本,具有同等法律效力,正本为悬挂式,副本为折页式。

安全生产许可证颁发管理机关应当在安全生产许可证正本、副本上载明煤矿企业名称、主要负责人、注册地址、隶属关系、经济类型、有效期、发证机关、发证日期等内容。

安全生产许可证正本、副本的式样由国家煤矿安全监察局制定。

安全生产许可证相关的行政许可文书由国家煤矿安全监察局规定统一的格式。

第四章 安全生产许可证的监督管理

第二十五条 煤矿企业取得安全生产许可证后,应当加强日常安全生产管理,不得降低安全生产条件。

第二十六条 煤矿企业不得转让、冒用、买卖、出租、出借或者使用伪造的安全生产许可证。

第二十七条 安全生产许可证颁发管理机关应当坚持公开、公平、公正的原则,严格依照本实施办法的规定审查、颁发安全生产许可证。

安全生产许可证颁发管理机关工作人员在安全生产许可证颁发、管理和监督检查工作中,不得索取或者接受煤矿企业的财物,不得谋取其他利益。

第二十八条 安全生产许可证颁发管理机关发现有下列情形之一的,应当撤销已经颁发的安全生产许可证:

(一)超越职权颁发安全生产许可证的；

(二)违反本实施办法规定的程序颁发安全生产许可证的；

(三)不具备本实施办法规定的安全生产条件颁发安全生产许可证的；

(四)以欺骗、贿赂等不正当手段取得安全生产许可证的。

第二十九条 取得安全生产许可证的煤矿企业有下列情形之一的，安全生产许可证颁发管理机关应当注销其安全生产许可证：

(一)终止煤炭生产活动的；

(二)安全生产许可证被依法撤销的；

(三)安全生产许可证被依法吊销的；

(四)安全生产许可证有效期满未申请办理延期手续。

第三十条 煤矿企业隐瞒有关情况或者提供虚假材料申请安全生产许可证的，安全生产许可证颁发管理机关不予受理，且在一年内不得再次申请安全生产许可证。

第三十一条 安全生产许可证颁发管理机关应当每年向社会公布一次煤矿企业取得安全生产许可证的情况。

第三十二条 安全生产许可证颁发管理机关应当将煤矿企业安全生产许可证颁发管理情况通报煤矿企业所在地市级以上人民政府及其指定的负责煤矿安全监管工作的部门。

第三十三条 安全生产许可证颁发管理机关应当建立、健全安全生产许可证档案管理制度。

第三十四条 省级安全生产许可证颁发管理机关应当于每年1月15日前将所负责行政区域内上年度煤矿企业安全生产许可证颁发和管理情况报国家煤矿安全监察局，同时通报本级安全生产监督管理部门。

第三十五条 任何单位或者个人对违反《安全生产许可证条例》和本实施办法规定的行为，有权向安全生产许可证颁发管理机关或者监察机关等有关部门举报。

第五章 罚 则

第三十六条 安全生产许可证颁发管理机关工作人员有下列行为之一的，给予降级或者撤职的处分；构成犯罪的，依法追究刑事责任：

(一)向不符合本实施办法规定的安全生产条件的煤矿企业颁发安全生产许可证的；

(二)发现煤矿企业未依法取得安全生产许可证擅自从事生产活动不依法处理的；

(三)发现取得安全生产许可证的煤矿企业不再具备本实施办法规定的安全生产条件不依法处理的；

(四)接到对违反本实施办法规定行为的举报后，不依法处理的；

(五)在安全生产许可证颁发、管理和监督检查工作中，索取或者接受煤矿企业的财物，或者谋取其他利益的。

第三十七条 承担安全评价、检测、检验工作的机构，出具虚假安全评价、检测、检验报告或者证明的，没收违法所得；违法所得在10万元以上的，并处违法所得2倍以上5倍以下的罚款，没有违法所得或者违法所得不足10万元的，单处或者并处10万元以上20万元以下的罚款，对其直接负责的主管人员和其他直接责任人员处2万元以上5万元以下的罚款；给他人造成损害的，与煤矿企业承担连带赔偿责任；构成犯罪的，依照刑法有关规定追究刑事责任。

对有前款违法行为的机构，依法吊销其相应资质。

第三十八条 安全生产许可证颁发管理机关应当加强对取得安全生产许可证的煤矿企业的监督检查，发现其不再具备本实施办法规定的安全生产条件的，应当责令限期整改，依法暂扣安全生产许可证；经整改仍不具备本实施办法规定的安全生产条件的，依法吊销安全生产许可证。

第三十九条 取得安全生产许可证的煤矿企业，倒卖、出租、出借或者以其他形式非法转让安全生产许可证的，没收违法所得，处10万元以上50万元以下的罚款，吊销其安全生产许可证；构成犯罪的，依法追究刑事责任。

第四十条 发现煤矿企业有下列行为之一的，责令停止生产，没收违法所得，并处10万元以上50万元以下的罚款；构成犯罪的，依法追究刑事责任：

(一)未取得安全生产许可证，擅自进行生产的；

(二)接受转让的安全生产许可证的；

(三)冒用安全生产许可证的；

(四)使用伪造安全生产许可证的。

第四十一条 在安全生产许可证有效期满未申请办理延期手续，继续进行生产的，责令停止生产，限期补办延期手续，没收违法所得，并处5万元以上10万元以下的罚款；逾期仍不申请办理延期手续，依照本实施办法第二十九条、第四十条的规定处理。

第四十二条 在安全生产许可证有效期内，主要负责人、隶属关系、经济类型、煤矿企业名称发生变化，未按本实施办法申请办理变更手续的，责令限期补办变更手续，并处1万元以上3万元以下罚款。

改建、扩建工程已经验收合格，未按本实施办法规定申请办理变更手续擅自投入生产的，责令停止生产，限期补办变更手续，并处1万元以上3万元以下罚款；逾期仍不办理变更手续，继续进行生产的，依照本实施办法第四十条的规定处罚。

第六章 附 则

第四十三条 本实施办法规定的行政处罚，由安全生产许可证颁发管理机关决定。除吊销安全生产许可证外，安全生产许可证颁发管理机关可以委托有关省级煤矿安全监察局、煤矿安全监察分局实施行政处罚。

第四十四条 本实施办法自2016年4月1日起施行。原国家安全生产监督管理局（国家煤矿安全监察局）2004年5月17日公布、国家安全生产监督管理总局2015年6月8日修改的《煤矿企业安全生产许可证实施办法》同时废止。

国务院办公厅关于进一步加强煤矿安全生产工作的意见

· 2013年10月2日
· 国办发〔2013〕99号

各省、自治区、直辖市人民政府，国务院各部委、各直属机构：

煤炭是我国的主体能源，煤矿安全生产关系煤炭工业持续发展和国家能源安全，关系数百万矿工生命财产安全。近年来，通过各方面共同努力，煤矿安全生产形势持续稳定好转。但事故总量仍然偏大，重特大事故时有发生，暴露出煤矿安全管理中仍存在一些突出问题。党中央、国务院对此高度重视，要求深刻汲取事故教训，坚守发展决不能以牺牲人的生命为代价的红线，始终把矿工生命安全放在首位，大力推进煤矿安全治本攻坚，建立健全煤矿安全长效机制，坚决遏制煤矿重特大事故发生。为进一步加强煤矿安全生产工作，经国务院同意，现提出以下意见：

一、加快落后小煤矿关闭退出

（一）明确关闭对象。重点关闭9万吨/年及以下不具备安全生产条件的煤矿，加快关闭9万吨/年及以下煤与瓦斯突出等灾害严重的煤矿，坚决关闭发生较大及以上责任事故的9万吨/年及以下的煤矿。关闭超层越界拒不退回和资源枯竭的煤矿；关闭拒不执行停产整顿指令仍然组织生产的煤矿。不能实现正规开采的煤矿，一律停产整顿；逾期仍未实现正规开采的，依法实施关闭。没有达到安全质量标准化三级标准的煤矿，限期停产整顿；逾期仍不达标的，依法实施关闭。

（二）加大政策支持力度。通过现有资金渠道加大支持淘汰落后产能力度，地方人民政府应安排配套资金，并向早关、多关的地区倾斜。研究制定信贷、财政优惠政策，鼓励优势煤矿企业兼并重组小煤矿。修订煤炭产业政策，提高煤矿准入标准。国家支持小煤矿集中关闭地区发展替代产业，加强基础设施建设，加快缺煤地区能源输送通道建设，优先保障缺煤地区的铁路运力。

（三）落实关闭目标和责任。到2015年底全国关闭2000处以上小煤矿。各省级人民政府负责小煤矿关闭工作，要制定关闭规划，明确关闭目标并确保按期完成。

二、严格煤矿安全准入

（四）严格煤矿建设项目核准和生产能力核定。一律停止核准新建生产能力低于30万吨/年的煤矿，一律停止核准新建生产能力低于90万吨/年的煤与瓦斯突出矿井。现有煤与瓦斯突出、冲击地压等灾害严重的生产矿井，原则上不再扩大生产能力；2015年底前，重新核定上述矿井的生产能力，核减不具备安全保障能力的生产能力。

（五）严格煤矿生产工艺和技术设备准入。建立完善煤炭生产技术与装备、井下合理生产布局以及能力核定等方面的政策、规范和标准，严禁使用国家明令禁止或淘汰的设备和工艺。煤矿使用的设备必须按规定取得煤矿矿用产品安全标志。

（六）严格煤矿企业和管理人员准入。规范煤矿建设项目安全核准、项目核准和资源配置的程序。未通过安全核准的，不得通过项目核准；未通过项目核准的，不得颁发采矿许可证。不具备相应灾害防治能力的企业申请开采高瓦斯、冲击地压、煤层易自燃、水文地质情况和条件复杂等煤炭资源的，不得通过安全核准。从事煤炭生产的企业必须有相关专业和实践经历的管理团队。煤矿必须配备矿长、总工程师和分管安全、生产、机电的副矿长，以及负责采煤、掘进、机电运输、通风、地质测量工作的专业技术人员。矿长、总工程师和分管安全、生产、机电的副矿长必须具有安全资格证，且严禁在其他煤矿兼职；专业技术人员必须具备煤矿相关专业中专以上学历或注册安全工程师资格，且有3年以上井下工作经历。鼓励专业化的安全管理团队以托管、入股等方式管理小煤矿,提高小煤矿技术、装备和管理水平。建立煤炭安全生产信用报告制度,完善安全生产承诺和安全生产信用分类管理制度,健全安全生产准入和退出信用评价机制。

三、深化煤矿瓦斯综合治理

(七)加强瓦斯管理。认真落实国家关于促进煤层气(煤矿瓦斯)抽采利用的各项政策。高瓦斯、煤与瓦斯突出矿井必须严格执行先抽后采、不抽不采、抽采达标。煤与瓦斯突出矿井必须按规定落实区域防突措施,开采保护层或实施区域性预抽,消除突出危险性,做到不采突出面、不掘突出头。发现瓦斯超限仍然作业的,一律按照事故查处,依法依规处理责任人。

(八)严格煤矿企业瓦斯防治能力评估。完善煤矿企业瓦斯防治能力评估制度,提高评估标准,增加必备性指标。加强评估结果执行情况监督检查,经评估不具备瓦斯防治能力的煤矿企业,所属高瓦斯和煤与瓦斯突出矿井必须停产整顿、兼并重组,直至依法关闭。加强评估机构建设,充实评估人员,落实评估责任,对弄虚作假的单位和个人要严肃追究责任。

四、全面普查煤矿隐蔽致灾因素

(九)强制查明隐蔽致灾因素。加强煤炭地质勘查管理,勘查程度达不到规范要求的,不得为其划定矿区范围。煤矿企业要加强建设、生产期间的地质勘查,查明井田范围内的瓦斯、水、火等隐蔽致灾因素,未查明的必须综合运用物探、钻探等勘查技术进行补充勘查;否则,一律不得继续建设和生产。

(十)建立隐蔽致灾因素普查治理机制。小煤矿集中的矿区,由地方人民政府组织进行区域性水害普查治理,对每个煤矿的老空区积水划定警戒线和禁采线,落实和完善预防性保障措施。国家从中央有关专项资金中予以支持。

五、大力推进煤矿"四化"建设

(十一)加快推进小煤矿机械化建设。国家鼓励和扶持30万吨/年以下的小煤矿机械化改造,对机械化改造提升的符合产业政策规定的最低规模的产能,按生产能力核定办法予以认可。新建、改扩建的煤矿,不采用机械化开采的一律不得核准。

(十二)大力推进煤矿安全质量标准化和自动化、信息化建设。深入推进煤矿安全质量标准化建设工作,强化动态达标和岗位达标。煤矿必须确保安全监控、人员定位、通信联络系统正常运转,并大力推进信息化、物联网技术应用,充分利用和整合现有的生产调度、监测监控、办公自动化等信息化系统,建设完善安全生产综合调度信息平台,做到视频监视、实时监测、远程控制。县级煤矿安全监管部门要与煤矿企业安全生产综合调度信息平台实现联网,随机抽查煤矿安全监控运行情况。地方人民政府要培育发展或建立区域性技术服务机构,为煤矿特别是小煤矿提供技术服务。

六、强化煤矿矿长责任和劳动用工管理

(十三)严格落实煤矿矿长责任制度。煤矿矿长要落实安全生产责任,切实保护矿工生命安全,确保煤矿必须证照齐全,严禁无证照或者证照失效非法生产;必须在批准区域正规开采,严禁超层越界或者巷道式采煤、空顶作业;必须做到通风系统可靠,严禁无风、微风、循环风冒险作业;必须做到瓦斯抽采达标,防突措施到位,监控系统有效,瓦斯超限立即撤人,严禁违规作业;必须落实井下探放水规定,严禁开采防隔水煤柱;必须保证井下机电和所有提升设备完好,严禁非阻燃、非防爆设备违规入井;必须坚持矿领导下井带班,确保员工培训合格、持证上岗,严禁违章指挥。达不到要求的煤矿,一律停产整顿。

(十四)规范煤矿劳动用工管理。在一定区域内,加强煤矿企业招工信息服务,统一组织报名和资格审查、统一考核、统一签订劳动合同和办理用工备案、统一参加社会保险、统一依法使用劳务派遣用工,并加强监管。严格实施工伤保险实名制;严厉打击无证上岗、持假证上岗。

(十五)保护煤矿工人权益。开展行业性工资集体协商,研究确定煤矿工人小时最低工资标准,提高下井补贴标准,提高煤矿工人收入。严格执行国家法定工时制度。停产整顿煤矿必须按期发放工人工资。煤矿必须依法配备劳动保护用品,定期组织职业健康检查,加强尘肺病防治工作,建设标准化的食堂、澡堂和宿舍。

(十六)提高煤矿工人素质。加强煤矿班组安全建设,加快变"招工"为"招生",强化矿工实际操作技能培训与考核。所有煤矿从业人员必须经考试合格后持证上岗,严格教考分离、建立统一题库、制定考核办法,对考核合格人员免费颁发上岗证书。健全考务管理体系,建立考试档案,切实做到考试不合格不发证。将煤矿农民工培训纳入各地促进就业规划和职业培训扶持政策范围。

七、提升煤矿安全监管和应急救援科学化水平

(十七)落实地方政府分级属地监管责任。地方各级人民政府要切实履行分级属地监管责任,强化"一岗双责",严格执行"一票否决"。强化责任追究,对不履行或

履行监管职责不力的,要依纪依法严肃追究相关人员的责任。各地区要按管理权限落实停产整顿煤矿的监管责任人和验收部门,省属煤矿和中央企业煤矿由省级煤矿安全监管部门组织验收,局长签字;市属煤矿由市(地)级煤矿安全监管部门组织验收,市(地)级人民政府主要负责人签字;其他煤矿由县级煤矿安全监管部门组织验收,县级人民政府主要负责人签字。中央企业煤矿必须由市(地)级以上煤矿安全监管部门负责安全监管,不得交由县、乡级人民政府及其部门负责。

(十八)明确部门安全监管职责。按照管行业必须管安全、管业务必须管安全、谁主管谁负责的原则,进一步明确各部门监管职责,切实加强基层煤炭行业管理和煤矿安全监管部门能力建设。创新监管监察方式方法,开展突击暗查、交叉执法、联合执法,提高监督管理的针对性和有效性。煤矿安全监管监察部门发现煤矿存在超能力生产等重大安全生产隐患和行为的,要依法责令停产整顿;发现违规建设的,要责令停止施工并依法查处;发现停产整顿期间仍然组织生产的煤矿,要依法提请地方政府关闭。煤矿安全监察机构要严格安全准入,严格煤矿建设工程安全设施的设计审查和竣工验收;依法加强对地方政府煤矿安全生产监管工作的监督检查;对停产整顿煤矿要依法暂扣其安全生产许可证。国土资源部门要严格执行矿产资源规划、煤炭国家规划矿区和矿业权设置方案制度,严厉打击煤矿无证勘查开采、以煤田灭火或地质灾害治理等名义实施露天采煤、以硐探坑探为名实施井下开采、超越批准的矿区范围采矿等违法违规行为。公安部门要停止审批停产整顿煤矿购买民用爆炸物品。电力部门要对停产整顿煤矿限制供电。建设主管部门要加强煤矿施工企业安全生产许可证管理,组织及时修订煤矿设计相应标准规范,会同煤炭行业管理部门强化对煤矿设计、施工和监理单位的资质监管。投资主管部门要提高煤矿安全技术改造资金分配使用的针对性和实效性。

(十九)加快煤矿应急救援能力建设。加强国家(区域)矿山应急救援基地建设,其运行维护费用由中央财政和所在地省级财政给予支持。加强地方矿山救护队伍建设,其运行维护费用由地方财政给予支持。煤矿企业按照相关规定建立专职应急救援队伍。没有建立专职救援队伍的,必须建设兼职辅助救护队。煤矿企业要统一生产、通风、安全监控调度,建立快速有效的应急处置机制;每年至少组织一次全员应急演练。加强煤矿事故应急救援指挥,发生重大以上事故,省级人民政府主要负责人或分管负责人要及时赶赴事故现场。在煤矿抢险救灾中牺牲的救援人员,应当按照国家有关规定申报烈士。

(二十)加强煤矿应急救援装备建设。煤矿要按规定建设完善紧急避险、压风自救、供水施救系统,配备井下应急广播系统,储备自救互救器材。煤矿或煤矿集中的矿区,要配备适用的排水设备和应急救援物资。加快研制并配备能够快速打通"生命通道"的先进设备。支持重点开发煤矿应急指挥、通信联络、应急供电等设备和移动平台,以及遇险人员生命探测与搜索定位、灾害现场大型破拆、救援人员特种防护用品和器材等救援装备。

国务院各有关部门要按照职责分工研究制定具体的政策措施,落实工作责任,加强监管监察并认真组织实施。各省级人民政府要结合本地实际制定实施办法,加强组织领导,强化煤矿安全生产责任体系建设,强化监督检查,加强宣传教育,强化社会监督,严格追究责任,确保各项要求得到有效执行。

国务院办公厅转发发展改革委、安全监管总局关于进一步加强煤矿瓦斯防治工作若干意见的通知

· 2011 年 5 月 23 日
· 国办发〔2011〕26 号

发展改革委、安全监管总局《关于进一步加强煤矿瓦斯防治工作的若干意见》已经国务院同意,现转发给你们,请认真贯彻执行。

关于进一步加强煤矿瓦斯防治工作的若干意见

近年来,国家先后出台了一系列加强煤矿瓦斯(煤层气)防治工作的政策措施,全国煤矿瓦斯抽采利用量大幅度上升,瓦斯事故起数和死亡人数大幅度下降。但随着煤矿开采强度增大、采掘深度增加,瓦斯防治难度越来越大,同时,瓦斯防治责任不落实、措施不到位等问题在一些地方和企业仍然比较突出。为深入贯彻落实《国务院关于进一步加强企业安全生产工作的通知》(国发〔2010〕23 号)和全国煤矿瓦斯防治工作电视电话会议精神,坚决防范遏制煤矿瓦斯重特大事故,现就进一步加强煤矿瓦斯防治工作提出以下意见:

一、进一步落实防治责任

(一)强化煤矿瓦斯防治工作组织领导。地方各级人民政府和煤矿企业要以对人民生命安全高度负责的精

神,牢固树立瓦斯事故可防可控的理念,全面建设"通风可靠、抽采达标、监控有效、管理到位"的瓦斯综合治理工作体系。各产煤省(区、市)要充分发挥煤矿瓦斯防治(集中整治)领导小组及办公室的作用,落实专职人员和专用经费,强化对瓦斯防治工作的组织推动和综合协调。

(二)落实煤矿企业瓦斯防治主体责任。各煤矿企业要不断完善瓦斯防治责任制,细化落实企业负责人及相关人员的瓦斯防治责任。要健全以总工程师为首的瓦斯防治技术管理体系,配齐通风、抽采、防突、地质测量等专业机构和人员。保障安全投入,完善矿井瓦斯防治系统,强化现场管理,加强职工培训,严格按照法律法规和标准规范组织生产,严防瓦斯事故发生。

(三)严格煤矿瓦斯防治责任考核。实行瓦斯防治目标管理,重点产煤地区各级政府及企业要通过签订煤矿瓦斯防治目标责任书等有效方式,严格瓦斯防治和抽采利用绩效考核,并加强相关统计工作。没有完成目标任务的,要逐级追究地方政府和企业负责人的责任。各地区要建立健全煤矿安全事故约谈、警示和瓦斯防治督查督办制度,对因管理不到位、职责不清晰、推诿扯皮造成事故的,要按照国家相关法律法规严肃追究责任。

二、提高准入门槛

(四)严格控制高瓦斯和煤与瓦斯突出矿井建设。"十二五"期间,停止核准新建30万吨/年以下的高瓦斯矿井、45万吨/年以下的煤与瓦斯突出矿井项目。已批在建的同类矿井项目,由有关部门按照国家瓦斯防治相关政策标准重新组织审查其初步设计,督促完善瓦斯防治措施。

(五)建立煤矿企业瓦斯防治能力评估制度。国家煤炭行业管理部门研究制定煤矿企业瓦斯防治能力基本标准,组织开展评估工作,并公布评估结果。经评估不具备瓦斯防治能力的企业,不得新建高瓦斯和煤与瓦斯突出矿井,已建的同类矿井要立即停产整改,或与具备瓦斯防治能力的企业重组;整改不达标或未能实现重组的,地方政府依法予以关闭。

(六)支持煤与瓦斯突出煤矿企业整合关闭。国家支持具备瓦斯防治能力的大型煤矿企业以资产为纽带,兼并重组高瓦斯和煤与瓦斯突出的小煤矿。中央和地方财政继续支持小煤矿整顿关闭工作,并对高瓦斯和煤与瓦斯突出小煤矿关闭给予重点支持,具体办法由财政部会同有关部门研究确定。

三、强化基础管理

(七)落实煤矿瓦斯区域性防突治理措施。煤矿企业应编制煤与瓦斯突出矿井区域性防突治理技术方案,并报煤炭行业管理部门和煤矿安全监管部门备案后实施。对未落实区域性防突治理措施或区域治理效果不达标的煤与瓦斯突出矿井,要责令停产整顿,经验收合格后方可进行采掘作业活动。地方政府和煤矿企业要制定鼓励措施,支持煤与瓦斯突出矿井落实开采保护层、预抽煤层瓦斯等区域性防突措施。

(八)强力推进煤矿瓦斯抽采系统建设。高瓦斯和煤与瓦斯突出矿井,要做到先抽后采、抽采达标。凡应建未建瓦斯抽采系统或抽采未达标的矿井,要停产整顿,经验收达到相关标准后方可恢复生产。在建的煤与瓦斯突出矿井揭露煤层前,应建地面抽采系统的高瓦斯矿井进入采区施工前,要建成地面瓦斯抽采系统并投入使用。

(九)规范矿井瓦斯等级鉴定管理。高瓦斯和煤与瓦斯突出矿井一律不得降低瓦斯等级。所开采煤层瓦斯压力超过规定限值、相邻矿井同一煤层发生突出事故或鉴定为突出煤层,以及发生瓦斯动力现象等情况的矿井,都要及时进行瓦斯等级鉴定,鉴定完成前,应按煤与瓦斯突出矿井进行管理。要严格鉴定标准和程序,煤矿企业对所提供的鉴定资料真实性负责,鉴定单位对鉴定结果负责,对违法违规、弄虚作假的,要依法依规从严追究责任。

(十)加强矿井揭露煤层管理。煤与瓦斯突出矿井的突出煤层、邻近矿井同一煤层曾出现瓦斯动力现象等矿井煤层揭露设计,应按有关规定认真编制,由煤矿企业技术负责人严格审批后实施。凡未经批准擅自揭露突出煤层,或误揭露突出煤层的,要严肃追究有关责任人责任。

(十一)完善煤矿安全监测监控系统。高瓦斯和煤与瓦斯突出矿井的监测监控系统,必须与煤炭行业管理部门或煤矿安全监管部门联网。未实现联网或不能实时上传数据的,要限期整改,确保信息畅通。各地区要加强区域性监测监控系统服务中心建设,对不具备监测监控系统维护能力的小煤矿提供技术指导和服务,保障设备正常运转。

四、加大政策支持

(十二)加大煤矿瓦斯综合利用力度。地方政府和有关企业要严格落实煤矿瓦斯综合利用政策。煤矿瓦斯电厂富裕电量需要上网的,电网企业要为接入电网提供便利条件,全部收购瓦斯发电富裕电量。上网电价执行当地脱硫标杆电价加补贴电价,补贴加价部分在电网销售电价中解决。地方政府要制定相关政策,推动瓦斯输送利用管网基础设施建设，支持煤矿企业拓宽瓦斯利用范围，提高瓦斯利用率。要完善煤炭、煤层气协调开发体制机制，制定煤层气开发利用管理办法及行业技术标准，指导和规范煤层气产业发展。煤矿瓦斯防治部际协调领导小组办公室要加强对瓦斯综合利用政策执行情况的督促检查，定期通报。

（十三）研究高瓦斯和煤与瓦斯突出矿井税收支持政策。针对高瓦斯和煤与瓦斯突出矿井开采成本高的现实情况，研究鼓励高瓦斯和煤与瓦斯突出矿井加大安全投入的税收支持政策，具体办法由财政部会同税务总局、发展改革委、能源局等部门研究制定。继续通过中央预算内基建资金，支持煤矿安全技术改造和瓦斯治理利用。

（十四）落实煤炭生产安全费用提取使用政策。煤矿企业要严格按照国家关于煤炭生产安全费用提取政策规定和煤矿灾害治理的实际需求，科学合理地确定生产安全费用提取标准，报当地有关部门备案。地方各级人民政府要加强审计监督，确保提取到位、专款专用。对阻碍或不按标准提取使用安全费用的行为要进行严肃查处。

（十五）推进煤矿瓦斯防治技术创新。国家通过科技计划、基金和科技重大专项，加强煤矿瓦斯突出机理等基础理论和低透气性煤层瓦斯赋存规律的研究，及瓦斯抽采工艺、灾害防治等关键技术、重大装备的研发。地方各级人民政府及有关部门要制定政策，引导科研机构和企业加强煤矿瓦斯防治科技创新。煤矿企业要健全瓦斯防治技术集成体系，加大安全科技投入，研究解决生产过程中的突出问题。

（十六）支持和规范煤矿瓦斯防治技术咨询服务。鼓励和支持具备瓦斯防治能力的煤矿企业和科研院所、大专院校等单位成立专业化技术服务机构，开展煤矿瓦斯防治技术咨询和工程服务。专业服务机构为煤矿企业进行技术咨询、安全评价等活动时，必须严格执行国家有关标准和规范，对其提供的相关评价鉴定结论承担法律责任。

五、加强安全监管监察

（十七）实行瓦斯防治重大隐患逐级挂牌督办。各地区要建立健全瓦斯防治重大隐患逐级挂牌督办、公告制度。对存在通风系统不合理、应建未建瓦斯抽采系统、抽采不达标、区域性治理措施不落实等重大隐患的矿井，由省级煤矿安全监管部门或煤炭行业管理部门挂牌督办。各地区应建立瓦斯事故隐患举报奖励制度，公布举报电话，对举报人给予奖励，并依法保护举报人权益。

（十八）从严查处超能力生产行为。地方煤炭行业管理部门要把矿井抽采达标和防突能力作为约束性指标，严格按照标准组织核定矿井生产能力。对超能力生产的高瓦斯和煤与瓦斯突出矿井，要责令停产整顿，并按照《国务院关于预防煤矿生产安全事故的特别规定》（国务院令第446号）等法律法规规定的上限，对煤矿企业及负责人进行处罚。通风系统等发生重大变化的矿井，必须重新进行生产能力核定。

（十九）加强煤矿瓦斯超限管理。煤矿发生瓦斯超限，要立即停产撤人，并比照事故处理查明瓦斯超限原因，落实防范措施。因责任和措施不落实造成瓦斯超限的，要严肃追究有关人员责任。因瓦斯防治措施不到位，1个月内发生2次瓦斯超限的矿井必须停产整顿。凡1个月内发生3次以上瓦斯超限未追查处理，或因瓦斯超限被责令停产整顿期间仍组织生产的矿井，煤炭行业管理部门、煤矿安全监管部门应提请地方政府予以关闭。

（二十）从重处理煤矿瓦斯死亡事故。发生造成人员死亡瓦斯事故的矿井必须停产整顿，停产整顿时限由地方政府确定。凡发生较大及以上瓦斯事故，且地质条件复杂、安全生产系统存在重大隐患、不能有效防范瓦斯事故的矿井，地方政府应当依法予以关闭。

各地区、各部门和各有关单位要加强组织领导，制定具体实施方案，分解落实工作任务，确保执行到位。煤矿瓦斯防治部际协调领导小组及成员单位要加强督促指导。

国务院办公厅关于进一步加快煤层气（煤矿瓦斯）抽采利用的意见

· 2013年9月14日
· 国办发〔2013〕93号

为适应煤矿瓦斯防治和煤层气产业化发展的新形势，进一步加大政策扶持力度，加快煤层气（煤矿瓦斯）抽采利用，促进煤矿安全生产形势持续稳定好转，经国务院同意，现提出以下意见：

一、加大财政资金支持力度

（一）提高财政补贴标准。综合考虑抽采利用成本和市场销售价格等因素，提高煤层气（煤矿瓦斯）开发利用中央财政补贴标准，进一步调动企业积极性。具体标准由财政部会同发展改革委、能源局等部门研究制定。

（二）强化中央财政奖励资金引导扶持。落实煤炭行业淘汰落后产能及小煤矿整顿关闭扶持政策，安排中央财政奖励资金重点支持关闭高瓦斯和煤与瓦斯突出小煤矿,加快推进煤炭产业结构调整和煤矿企业兼并重组。

(三)加大中央财政建设投资支持力度。统筹安排中央财政建设投资支持煤矿瓦斯治理利用,将保护层开采配套工程、井下瓦斯抽采工程纳入煤矿安全改造投资支持范围,输配管网及利用设施、煤层气开发利用示范项目纳入煤炭产业升级改造投资支持范围,治理利用技术装备研发纳入能源自主创新和能源装备投资支持范围。

(四)落实煤炭生产安全费用提取政策。煤矿企业应严格按照国家有关规定,根据煤矿瓦斯等灾害治理的实际需要,科学合理确定煤炭生产安全费用提取标准,并确保提取到位、专款专用,年度结余资金可结转下年度使用。

二、强化税费政策扶持

(五)完善增值税优惠政策。加快营业税改征增值税改革试点,扩大煤矿企业增值税进项税抵扣范围。结合资源综合利用增值税政策的调整完善,研究制定煤层气(煤矿瓦斯)发电的增值税优惠政策。

(六)加大所得税优惠力度。煤层气(煤矿瓦斯)开发利用财政补贴,符合有关专项用途财政性资金企业所得税处理规定的,作为企业所得税不征税收入处理。财政部、税务总局、安全监管总局等部门,抓紧修改完善安全生产专用设备企业所得税优惠目录。

三、完善煤层气价格和发电上网政策

(七)落实煤层气市场定价机制。各地要严格落实放开煤层气(煤矿瓦斯)出厂价格政策,已纳入地方政府管理的要尽快放开价格,未进入城市公共管网的销售价格由供需双方协商定价,进入城市公共管网的煤层气(煤矿瓦斯)销售价格按不低于同等热值天然气价格确定。

(八)支持煤层气发电上网。煤矿企业利用煤层气(煤矿瓦斯)发电优先自发自用,富裕电量需要上网的,由电网企业全部收购。相关部门和单位应进一步简化煤层气(煤矿瓦斯)发电并网项目核准、环评、用地、电网接入和发电许可等手续,加快审核办理。

(九)完善煤层气发电价格政策。根据煤层气(煤矿瓦斯)发电造价及运营成本变化情况,按照合理成本加合理利润的原则,适时提高煤层气(煤矿瓦斯)发电上网标杆电价,未提高前仍执行现行政策。电网企业因此增加的购电成本,通过调整销售电价统筹解决。

四、加强煤层气开发利用管理

(十)加强煤层气矿业权管理。建立煤层气、煤炭协调开发机制,统筹煤层气、煤炭资源勘查开采布局和时序,合理确定煤层气勘查开采区块。对煤炭规划5年内开始建井开采的区域,按照煤层气开发服务于煤炭开发的原则,采取合作或调整煤层气矿业权范围等方式,优先保证煤炭资源开发需要,并有效开发利用煤层气资源;对煤炭规划5年后开始建井开采的区域,应坚持"先采气、后采煤",做好采气采煤施工衔接。增设一批煤层气矿业权,通过招投标等竞争方式,优先配置给有开发实力的煤层气和煤炭企业。

(十一)建立勘查开发约束机制。新设煤层气或煤炭探矿权,必须符合矿产资源、煤层气开发利用等规划,并对煤层气、煤炭资源进行综合勘查、评价和储量评审备案。研究提高煤层气最低勘查投入标准,限期提交资源储量报告。对长期勘查投入不足、勘查结束不及时开发的企业,核减其矿业权面积;对具备开发条件的区块,限期完成产能建设;对不按合同实施勘查开发的对外合作项目,依法终止合同。

(十二)鼓励规模化开发利用。统筹规划建设煤层气规模化开发区块输气管网等基础设施,支持大型煤矿区瓦斯输配系统区域联网,推进中小煤矿联合建设瓦斯集输管网。鼓励民间资本参与煤层气勘探开发、储配及输气管道建设。鼓励金融机构积极做好煤层气(煤矿瓦斯)开发利用项目的金融支持服务工作。

(十三)规范煤层气投资项目管理。煤层气开发、输送、利用等建设项目根据投资主体、投资来源和建设规模实行审批、核准或备案制,并在政府核准的投资项目目录等文件中予以明确。研究完善煤层气勘探开发利用管理制度,推动煤层气产业规范有序发展。

五、推进科技创新

(十四)加快科技研发应用。继续实施国家科技重大专项及有关科技计划,进一步加大对煤层气(煤矿瓦斯)基础理论研究和关键技术及装备研发的支持力度。地方政府及有关部门要制定政策,引导科研机构和企业加大科技投入,持续开展煤矿瓦斯防治和煤层气勘探开发技术攻关,推进科技成果尽快转化应用。

(十五)加强创新平台建设。加强煤层气开发利用、煤矿瓦斯治理国家工程(技术)研究中心和产业技术创新战略联盟等创新平台建设,支持煤炭、煤层气企业建立瓦斯防治和煤层气勘探开发研究机构,增强自主研发和集成创新能力。鼓励具有技术、管理优势的企业和科研院校开展相关技术咨询和工程服务。鼓励高等院校和培训机构加强煤层气专业技术人才培养。

六、加强组织领导

(十六)强化协调指导。煤矿瓦斯防治部际协调领导小组要加强组织领导和综合协调，各成员单位要切实履职尽责、密切配合，及时研究解决重大问题。各产煤省（区、市）要健全煤矿瓦斯防治（集中整治）领导小组，明确办公室依托单位，落实专职人员和专门经费，不断完善工作机制和管理制度。

（十七）严格目标考核。各重点产煤省级人民政府要通过签订目标责任书等有效方式，把年度瓦斯事故及死亡人数控制目标、煤层气（煤矿瓦斯）开发利用目标落实到相关市、县人民政府和煤炭、煤层气企业，并严格绩效考核。有关部门要研究将煤层气开发利用量不计入能源消费总量控制指标，提高煤层气（煤矿瓦斯）利用率，促进节能减排。

（十八）加强督促落实。各有关部门要围绕煤矿瓦斯防治和煤层气开发利用重点任务，明确工作责任，抓紧研究出台配套政策措施。各地区要结合实际，制定本地区鼓励和支持政策，指导帮助企业把政策措施落实到位。各级煤矿瓦斯防治协调领导机构要加强督促检查，定期通报有关情况，对在煤矿瓦斯防治和煤层气开发利用工作中作出突出贡献的单位及个人按照国家有关规定给予表彰奖励。

煤矿瓦斯抽采达标暂行规定

· 2011年10月16日
· 安监总煤装〔2011〕163号

第一章 总 则

第一条 为实现煤矿瓦斯抽采达标，根据《煤矿安全监察条例》等法规、规程，制定本规定。

第二条 煤矿瓦斯抽采以及对煤矿瓦斯抽采达标工作的监督检查适用本规定。

第三条 按照本规定应当进行瓦斯抽采的煤层必须先抽采瓦斯；抽采效果达到标准要求后方可安排采掘作业。

第四条 煤矿瓦斯抽采应当坚持"应抽尽抽、多措并举、抽掘采平衡"的原则。

瓦斯抽采系统应当确保工程超前、能力充足、设施完备、计量准确；瓦斯抽采管理应当确保机构健全、制度完善、执行到位、监督有效。

煤矿应加强抽采瓦斯的利用，有效控制向大气排放瓦斯。

第五条 应当抽采瓦斯的煤矿企业应当落实瓦斯抽采主体责任，推进瓦斯抽采达标工作。

第六条 各级地方煤矿安全监管部门和各驻地煤矿安全监察机构（以下统称煤矿安全监管监察部门）对辖区内煤矿瓦斯抽采达标工作实施监管监察，对瓦斯抽采未达标的矿井根据本规定要求实施处罚。

第二章 一般规定

第七条 有下列情况之一的矿井必须进行瓦斯抽采，并实现抽采达标：

（一）开采有煤与瓦斯突出危险煤层的；

（二）一个采煤工作面绝对瓦斯涌出量大于 $5m^3/min$ 或者一个掘进工作面绝对瓦斯涌出量大于 $3m^3/min$ 的；

（三）矿井绝对瓦斯涌出量大于或等于 $40m^3/min$ 的；

（四）矿井年产量为 1.0~1.5Mt，其绝对瓦斯涌出量大于 $30m^3/min$ 的；

（五）矿井年产量为 0.6~1.0Mt，其绝对瓦斯涌出量大于 $25m^3/min$ 的；

（六）矿井年产量为 0.4~0.6Mt，其绝对瓦斯涌出量大于 $20m^3/min$ 的；

（七）矿井年产量等于或小于 0.4Mt，其绝对瓦斯涌出量大于 $15m^3/min$ 的。

第八条 煤矿企业主要负责人为所在单位瓦斯抽采的第一责任人，负责组织落实瓦斯抽采工作所需的人力、财力和物力，制定瓦斯抽采达标工作各项制度，明确相关部门和人员的责、权、利，确保各项措施落实到位和瓦斯抽采达标。

煤矿企业、矿井的总工程师或者技术负责人（以下统称技术负责人）对瓦斯抽采工作负技术责任，负责组织编制、审批、检查瓦斯抽采规划、计划、设计、安全技术措施和抽采达标评判报告等；煤矿企业、矿井的分管负责人负责分管范围内瓦斯抽采工作的组织和落实。

煤矿企业、矿井的各职能部门负责人在其职责范围内对瓦斯抽采达标工作负责。

第九条 煤矿企业应当建立瓦斯抽采达标评价工作体系，制定矿井瓦斯抽采达标评判细则，建立瓦斯抽采管理和考核奖惩制度、抽采工程检查验收制度、先抽后采例会制度、技术档案管理制度等。

第十条 煤矿企业应当建立健全专业的瓦斯抽采机构。企业（集团公司）应当设置管理瓦斯抽采工作部门；矿井应当建立负责瓦斯抽采的科、区（队），并配备足够数量的专业工程技术人员。

瓦斯抽采技术和管理人员应当定期参加专业技术培训，瓦斯抽采工应当参加专门培训并取得相关资质后上岗。

第十一条 矿井在编制生产发展规划和年度生产计

划时,必须同时组织编制相应的瓦斯抽采达标规划和年度实施计划,确保"抽掘采平衡"。矿井生产规划和计划的编制应当以预期的矿井瓦斯抽采达标煤量为限制条件。

抽采达标规划包括:抽采达标工程(表)、抽采量(表)、抽采设备设施(表)、资金计划(表),抽采达标范围可规划产量(表)、采面接替(表)、巷道掘进(表)等。

年度实施计划包括:年度瓦斯抽采达标的煤层范围及相对应的年度产量安排(表)、采面接替(表)、巷道掘进(表)、年度抽采工程(表)、抽采设备设施(表)、施工队伍、抽采时间、抽采量(表)、抽采指标、资金计划(表)以及其他保障措施。

矿井应当积极试验和考察不同抽采方式和参数条件下的煤层瓦斯抽采规律,根据抽采参数、抽采时间和抽采效果之间的关系,确定矿井合理抽采方式下的抽采超前时间,并结合抽采工程施工周期,安排抽采、掘进、回采三者之间的接替关系。

煤矿企业对矿井瓦斯抽采规划、计划、设计、工程施工、设备设施以及抽采计量、效果等每年应当至少进行一次审查。

第十二条 经矿井瓦斯涌出量预测或者矿井瓦斯等级鉴定、评估符合应当进行瓦斯抽采条件的新建、技改和资源整合矿井,其矿井初步设计必须包括瓦斯抽采工程设计内容。

矿井瓦斯抽采工程设计应当与矿井开采设计同步进行;分期建设、分期投产的矿井,其瓦斯抽采工程必须一次设计,并满足分期建设过程中瓦斯抽采达标的要求。

第十三条 矿井确定开拓和开采布局时,应当充分考虑瓦斯抽采达标需要的工程和时间。

煤层群开采的矿井,应当部署抽采采动卸压瓦斯的配套工程。

开采保护层时,必须布置对被保护层进行瓦斯抽采的配套工程,确保抽采达标。

在煤层底(顶)板布置专用抽采瓦斯巷道,采用穿层钻孔抽采瓦斯时,其专用抽采瓦斯巷道应当满足下列要求:

(一)巷道的位置、数量应当满足可实现抽采达标的抽采方法的要求;

(二)巷道施工应当满足抽采达标所需的抽采时间要求;

(三)敷设抽采管路、布置钻场及钻孔的抽采巷道采用矿井全风压通风时,巷道风速不得低于0.5m/s。

第三章 瓦斯抽采系统

第十四条 煤与瓦斯突出矿井和高瓦斯矿井必须建立地面固定抽采瓦斯系统,其他应当抽采瓦斯的矿井可以建立井下临时抽采瓦斯系统;同时具有煤层瓦斯预抽和采空区瓦斯抽采方式的矿井,根据需要分别建立高、低负压抽采瓦斯系统。

第十五条 泵站的装机能力和管网能力应当满足瓦斯抽采达标的要求。备用泵能力不得小于运行泵中最大一台单泵的能力;运行泵的装机能力不得小于瓦斯达标时应抽采瓦斯量对应工况流量的2倍,即:

$$2 \times \frac{100 \times 抽采达标时抽采量 \times 标准大气压力}{抽采瓦斯浓度 \times (当地大气压力 - 泵运行负压)}。$$

预抽瓦斯钻孔的孔口负压不得低于13kPa,卸压瓦斯抽采钻孔的孔口负压不得低于5kPa。

第十六条 瓦斯抽采矿井应当配备瓦斯抽采监控系统,实时监控管网瓦斯浓度、压力或压差、流量、温度参数及设备的开停状态等。

抽采瓦斯计量仪器应当符合相关计量标准要求;计量测点布置应当满足瓦斯抽采达标评价的需要,在泵站、主管、干管、支管及需要单独评价的区域分支、钻场等布置测点。

第十七条 瓦斯抽采管网中应当安装足够数量的放水器,确保及时排除管路中的积水,必要时应设置除渣装置,防止煤泥堵塞管路断面。每个抽采钻孔的接импорт管上应留设钻孔抽采负压和瓦斯浓度(必要时还应观测一氧化碳浓度)的观测孔。

煤矿应当加强瓦斯抽采现场管理,确保瓦斯抽采系统的正常运转和瓦斯抽采钻孔的效用,钻孔抽采效果不好或者有发火迹象的,应当及时处理。

第四章 抽采方法及工艺

第十八条 煤矿企业应当根据矿井井上(下)条件、煤层赋存、地质构造、开拓开采部署、瓦斯来源和涌出特点等情况选择先进、适用的瓦斯抽采方法和工艺,设计瓦斯抽采达标的工艺方案,实现瓦斯抽采达标。

预抽煤层瓦斯的工艺方案应当在测定煤层瓦斯压力、瓦斯含量等参数的基础上进行,抽采钻孔控制范围应当满足《煤矿瓦斯抽采基本指标》和《防治煤与瓦斯突出规定》的要求。

卸压瓦斯抽采的工艺方案应当根据邻近煤层瓦斯含量、层间距离与岩性、工作面瓦斯涌出来源分析等进行,采用多种方式实施综合抽采。

抽采达标工艺方案设计应当包括为抽采达标服务的各项工程(井巷工程、抽采钻场和钻孔工程、管网工程、监测计量工程、放水除尘排渣等管路管理工程)的布局、工程量、施工设备、主要器材、进度计划、资金计划、接续关系、有效服务时间、组织管理、安全技术措施及预期抽瓦斯量和效果等。抽采达标的工艺方案设计应当由煤矿技术负责人和主要负责人批准。

采掘工作面进行瓦斯抽采前，必须进行施工设计。施工设计包括抽采钻孔布置图、钻孔参数表（钻孔直径、间距、开孔位置、钻孔方位、倾角、深度等）、施工要求、钻孔（钻场）工程量、施工设备与进度计划、有效抽瓦斯时间、预期效果以及组织管理、安全技术措施等。施工设计相关文件应当由煤矿技术负责人批准。

第十九条 瓦斯抽采工程必须严格按设计施工，并应当进行验收，瓦斯抽采工程竣工图及其他竣工验收资料（参数表等）应当由相关责任人签字。

瓦斯抽采工程竣工资料（图）除应有与设计对应的内容外，还应包括各工程开工时间、竣工时间以及工程施工过程中的异常现象（如喷孔、顶钻、卡钻等）等内容。

第二十条 钻孔施工完毕后应当及时封孔、连接抽采，并确保钻孔封孔严实和准确记录钻孔接抽时间。

第五章 抽采达标评判

第二十一条 抽采瓦斯矿井应当对瓦斯抽采的基础条件和抽采效果进行评判。在基础条件满足瓦斯先抽后采要求的基础上，再对抽采效果是否达标进行评判。

工作面采掘作业前，应当编制瓦斯抽采达标评判报告，并由矿井技术负责人和主要负责人批准。

第二十二条 有下列情况之一的，应当判定为抽采基础条件不达标：

（一）未按本规定要求建立瓦斯抽采系统，或者瓦斯抽采系统没有正常、连续运行的；

（二）无瓦斯抽采规划和年度计划，或者不能达到本规定第十一条要求的；

（三）无矿井瓦斯抽采达标工艺方案设计、无采掘工作面瓦斯抽采施工设计，或者不能达到本规定第十八条要求的；

（四）无采掘工作面瓦斯抽采工程竣工验收资料、竣工验收资料不真实或者不符合本规定第十九条要求的；

（五）没有建立矿井瓦斯抽采达标自评价体系和瓦斯抽采管理制度的；

（六）瓦斯抽采泵站能力和备用泵能力、抽采管网能力等达不到本规定要求的；

（七）瓦斯抽采系统的抽采计量测点不足、计量器具不符合相关计量标准和规范要求或者计量器具使用超过检定有效期，不能进行准确计量的；

（八）缺乏符合标准要求的抽采效果评判用相关测试条件的。

第二十三条 预抽煤层瓦斯效果评判应当包括下列主要内容和步骤：

（一）抽采钻孔有效控制范围界定；

（二）抽采钻孔布孔均匀程度评价；

（三）抽采瓦斯效果评判指标测定；

（四）抽采效果达标评判。

第二十四条 预抽煤层瓦斯的抽采钻孔施工完毕后，应当对预抽钻孔的有效控制范围进行界定，界定方法如下：

（一）对顺层钻孔，钻孔有效控制范围按钻孔长度方向的控制边缘线、最边缘2个钻孔及钻孔开孔位置连线确定。钻孔长度方向的控制边缘线为钻孔有效孔深点连线，相邻有效钻孔中较短孔的终孔点作为相邻钻孔有效孔深点。

（二）对穿层钻孔，钻孔有效控制范围取相邻有效边缘孔的见煤点之间的连线所圈定的范围。

第二十五条 预抽煤层瓦斯的抽采钻孔施工完毕后，应当对预抽钻孔在有效控制范围内均匀程度进行评价。预抽钻孔间距不得大于设计间距。

第二十六条 将钻孔间距基本相同和预抽时间基本一致（预抽时间差异系数小于30%，计算方法参见附录A1）的区域划为一个评价单元。

对同一评价单元预抽瓦斯效果评价时，首先应根据抽采计量等参数按附录A2、A3计算抽采后的残余瓦斯含量或残余瓦斯压力，按附录A4计算可解吸瓦斯量，当其满足本规定第二十七条规定的预期达标指标要求后，再进行现场实测预抽瓦斯效果指标。

按《煤层瓦斯含量井下直接测定方法》（GB/T23250，以下简称《含量测定方法》）现场测定煤层的残余瓦斯含量，按《煤矿井下煤层瓦斯压力的直接测定方法》（AQ/T1047，以下简称《压力测定方法》）现场测定煤层的残余瓦斯压力，依据现场测定的煤层残余瓦斯含量，按附录A4计算现场测定的煤层可解吸瓦斯量。

突出煤层现场测定点应当符合下列要求：

（一）用穿层钻孔或顺层钻孔预抽区段或回采区域煤层瓦斯时，沿采煤工作面推进方向每间隔30~50m至少布置1组测定点。当预抽区段宽度（两侧回采巷道间距加回采巷道外侧控制范围）或预抽回采区域采煤工作面长度未超过120m时，每组测点沿工作面方向至少布置1个测定点，否则至少布置2个测点；

(二)用穿层钻孔预抽煤巷条带煤层瓦斯时,在煤巷条带每间隔30~50m至少布置1个测定点;

(三)用穿层钻孔预抽石门(含立、斜井等)揭煤区域煤层瓦斯时,至少布置4个测定点,分别位于要求预抽区域内的上部、中部和两侧,并且至少有1个测定点位于要求预抽区域内距边缘不大于2m的范围;

(四)用顺层钻孔预抽煤巷条带煤层瓦斯时,在煤巷条带每间隔20~30m至少布置1个测定点,且每个评判区域不得少于3个测定点;

(五)各测定点应布置在原始瓦斯含量较高、钻孔间距较大、预抽时间较短的位置,并尽可能远离预抽钻孔或与周围预抽钻孔保持等距离,且避开采掘巷道的排放范围和工作面的预抽超前距。在地质构造复杂区域适当增加测定点。测定点实际位置和实际测定参数应标注在瓦斯抽采钻孔竣工图上。

第二十七条 预抽煤层瓦斯,应当同时满足以下要求:

(一)钻孔有效控制范围应当满足《煤矿瓦斯抽采基本指标》或《防治煤与瓦斯突出规定》的要求;布孔均匀程度满足本规定第二十四条的要求;

(二)预抽瓦斯效果应当满足如下标准:

1. 对瓦斯涌出量主要来自于开采层的采煤工作面,评价范围内煤的可解吸瓦斯量满足表1规定的,判定采煤工作面评价范围瓦斯抽采效果达标。

表1 采煤工作面回采前煤的可解吸瓦斯量应达到的指标

工作面日产量(t)	可解吸瓦斯量 W_j (m^3/t)
≤1000	≤8
1001~2500	≤7
2501~4000	≤6
4001~6000	≤5.5
6001~8000	≤5
8001~10000	≤4.5
>10000	≤4

2. 对于突出煤层,当评价范围内所有测点测定的煤层残余瓦斯压力或残余瓦斯含量都小于预期的防突效果达标瓦斯压力或瓦斯含量、且施工测定钻孔时没有喷孔、顶钻或其他动力现象时,则评判为突出煤层评价范围预抽瓦斯防突效果达标;否则,判定以超标点为圆心、半径100m范围未达标。预期的防突效果达标瓦斯压力或瓦斯含量按煤层始突深度处的瓦斯压力或瓦斯含量取值;没有考察出煤层始突深度处的煤层瓦斯压力或含量时,分别按照0.74MPa、8m^3/t取值。

3. 对于瓦斯涌出量主要来自于突出煤层的采煤工作面,只有当瓦斯预抽防突效果和煤的可解吸瓦斯量指标都满足达标要求时,方可判定该工作面瓦斯预抽效果达标。

第二十八条 对瓦斯涌出量主要来自于邻近层或围岩的采煤工作面,计算的瓦斯抽采率(采煤工作面瓦斯抽采率按附录A5计算)满足表2规定时,其瓦斯抽采效果判定为达标。

表2 采煤工作面瓦斯抽采率应达到的指标

工作面绝对瓦斯涌出量 Q(m^3/min)	工作面瓦斯抽采率(%)
5≤Q<10	≥20
10≤Q<20	≥30
20≤Q<40	≥40
40≤Q<70	≥50
70≤Q<100	≥60
100≤Q	≥70

第二十九条 采掘工作面同时满足风速不超过4m/s、回风流中瓦斯浓度低于1%时,判定采掘工作面瓦斯抽采效果达标。

第三十条 矿井瓦斯抽采率(矿井瓦斯抽采率按附录A6计算)满足表3规定时,判定矿井瓦斯抽采率达标。

表3 矿井瓦斯抽采率应达到的指标

矿井绝对瓦斯涌出量 Q(m^3/min)	矿井瓦斯抽采率(%)
Q<20	≥25
20≤Q<40	≥35
40≤Q<80	≥40
80≤Q<160	≥45
160≤Q<300	≥50
300≤Q<500	≥55
500≤Q	≥60

第六章 抽采达标责任

第三十一条 矿井应当建立瓦斯抽采达标技术档案,并每季度将达标情况向煤矿安全监管监察部门报告。

第三十二条 核定矿井生产能力时应当把矿井瓦斯抽采达标能力作为约束指标;矿井其他能力均大于瓦斯抽采达标能力的,按瓦斯抽采达标能力确定矿井生产能力。

第三十三条 煤矿建设项目设计和竣工验收时,要同时审查验收瓦斯抽采系统。首采区的首采煤层瓦斯抽采未达标的矿井,不得通过竣工验收。

第三十四条 各级地方煤矿安全监管部门应定期或者不定期地检查煤矿瓦斯抽采达标情况,每半年至少进行一次瓦斯抽采达标专项检查。

各驻地煤矿安全监察机构应当每年至少进行一次煤矿瓦斯抽采达标情况的专项监察。

第三十五条 煤矿瓦斯抽采情况报告和专项检查的主要内容包括抽采系统建设、抽采制度建设、设备设施配备、机构队伍建立、工程规划与计划编制、工程设计与施工、瓦斯抽采、计量和指标测定、参数测定与抽采效果评判等情况和资料。

专项监察的重点包括"抽掘采平衡"能力、抽采系统能力、工作面瓦斯抽采效果评判等。

第三十六条 瓦斯抽采不达标的煤矿,不得组织采掘作业;擅自组织生产作业的,煤矿安全监管监察部门应当责令其限期整改,逾期未整改完成的,责令停产整顿。

第三十七条 有下列情况之一的,煤矿安全监管监察部门应当责令矿井所有井巷揭煤、煤巷(半煤岩巷)掘进和采煤工作面停产:

(一)未进行瓦斯抽采达标评判仍组织生产的;

(二)在瓦斯抽采达标评判中弄虚作假,提供虚假评判报告的。

第三十八条 矿井瓦斯抽采未达标,擅自组织生产造成事故的,煤矿安全监管监察部门应当责令其停产整顿,并依法严肃追究责任。

第七章 附 则

第三十九条 本规定自2012年3月1日起施行。

附录 瓦斯抽采指标计算方法

A1 预抽时间差异系数计算方法:

预抽时间差异系数为预抽时间最长的钻孔抽采天数减去预抽时间最短的钻孔抽采天数的差值与预抽时间最长的钻孔抽采天数之比。预抽时间差异系数按式(1)计算:

$$\eta = \frac{T_{max} - T_{min}}{T_{max}} \times 100\% \quad (1)$$

式中:η ——预抽时间差异系数,%;

T_{max} ——预抽时间最长的钻孔抽采天数,d;

T_{min} ——预抽时间最短的钻孔抽采天数,d。

A2 瓦斯抽采后煤的残余瓦斯含量计算

按公式(2)计算:

$$W_{CY} = \frac{W_0 G - Q}{G} \quad (2)$$

式中:W_{CY} ——煤的残余瓦斯含量,m^3/t;

W_0 ——煤的原始瓦斯含量,m^3/t;

Q ——评价单元钻孔抽排瓦斯总量,m^3;

G ——评价单元参与计算煤炭储量,t。

评价单元参与计算煤炭储量G按公式(3)计算:

$$G = (L - H_1 - H_2 + 2R)(l - h_1 - h_2 + R) m\gamma \quad (3)$$

式中:L ——评价单元煤层走向长度,m;

l ——评价单元抽采钻孔控制范围内煤层平均倾向长度,m;

H_1、H_2 ——分别为评价单元走向方向两端巷道瓦斯预排等值宽度,m。如果无巷道则为0;

h_1、h_2 ——分别为评价单元倾向方向两侧巷道瓦斯预排等值宽度,m。如果无巷道则为0;

R ——抽采钻孔的有效影响半径,m;

m ——评价单元平均煤层厚度,m;

γ ——评价单元煤的密度,t/m^3。

H_1、H_2、h_1、h_2 应根据矿井实测资料确定,如果无实测数据,可参照附表1中的数据或计算式确定。

附表1 巷道预排瓦斯等值宽度

巷道煤壁暴露时间(t/d)	不同煤种巷道预排瓦斯等值宽度(m)		
	无烟煤	瘦煤及焦煤	肥煤、气煤及长焰煤
25	6.5	9.0	11.5
50	7.4	10.5	13.0
100	9.0	12.4	16.0
160	10.5	14.2	18.0
200	11.0	15.4	19.7
250	12.0	16.9	21.5
≥300	13.0	18.0	23.0

预排瓦斯等值宽度亦可采用下式进行计算：
低变质煤：$0.808 \times t^{0.55}$
高变质煤：$(13.85 \times 0.0183t)/(1+0.0183t)$

A3 抽采后煤的残余瓦斯压力计算方法：
煤的残余相对瓦斯压力（表压）按下式计算：

$$W_{CY} = \frac{ab(P_{CY}+0.1)}{1+b(P_{CY}+0.1)} \times \frac{100-A_d-M_{ad}}{100} \times \frac{1}{1+0.31M_{ad}} + \frac{\pi(P_{CY}+0.1)}{\gamma P_a} \quad (4)$$

式中：W_{CY}——残余瓦斯含量，m³/t；
a,b——吸附常数；
P_{CY}——煤层残余相对瓦斯压力，MPa；
P_a——标准大气压力，0.101325 MPa；
A_d——煤的灰分，%；
M_{ad}——煤的水分，%；
π——煤的孔隙率，m³/m³；
γ——煤的容重（假密度），t/m³。

A4 可解吸瓦斯量计算方法：
按公式(5)计算：

$$W_j = W_{CY} - W_{CC} \quad (5)$$

式中：W_j——煤的可解吸瓦斯量，m³/t；
W_{CY}——抽采瓦斯后煤层的残余瓦斯含量，m³/t；
W_{CC}——煤在标准大气压力下的残存瓦斯含量，按公式(6)计算。

$$W_{CC} = \frac{0.1ab}{1+0.1b} \times \frac{100-A_d-M_{ad}}{100} \times \frac{1}{1+0.31M_{ad}} + \frac{\pi}{\gamma} \quad (6)$$

A5 采煤工作面瓦斯抽采率计算方法：
按公式(7)计算：

$$\eta_m = \frac{Q_{mc}}{Q_{mc}+Q_{mf}} \quad (7)$$

式中：η_m——工作面瓦斯抽采率，%；
Q_{mc}——回采期间，当月工作面月平均瓦斯抽采量，m³/min。其测定和计算方法为：在工作面范围内包括地面钻井、井下抽采（含移动抽采）各瓦斯抽采干管上安装瓦斯抽采检测、监测装置，每周至少测定3次，按月取各测定值的平均值之和为当月工作面平均瓦斯抽采量（标准状态下纯瓦斯量）；
Q_{mf}——当月工作面风排瓦斯量，m³/min。其测定和计算方法为：工作面所有回风流排出瓦斯量减去所有进风流带入的瓦斯量，按天取平均值为当天回采工作面风排瓦斯量（标准状态下纯瓦斯量），取当月中最大一天的风排瓦斯量为当月回采工作面风排瓦斯量（标准状态下纯瓦斯量）。

A6 矿井瓦斯抽采率计算方法：
按公式(8)计算：

$$\eta_k = \frac{Q_{kc}}{Q_{kc}+Q_{kf}} \quad (8)$$

式中：η_k——矿井瓦斯抽采率，%；
Q_{kc}——当月矿井平均瓦斯抽采量，m³/min。其测定、计算方法为：在井田范围内地面钻井抽采、井下抽采（含移动抽采）各瓦斯抽采站的抽采主管上安装瓦斯抽采检测、监测装置，每天测定不少于12次，按月取各测定

值的平均值之和为当月矿井平均瓦斯抽采量(标准状态力下纯瓦斯量);

Q_{kf} ——当月矿井风排瓦斯量,m^3/min。其测定、计算方法为:按天取各回风井回风瓦斯平均值之和为当天矿井风排瓦斯量,取当月中最大一天的风排瓦斯量为当月矿井风排瓦斯量。

煤矿建设项目安全设施监察规定

- 2003年7月4日国家安全监管局国家煤矿安监局令第6号公布
- 根据2015年6月8日《国家安全监管总局关于修改〈煤矿安全监察员管理办法〉等五部煤矿安全规章的决定》修订

第一章 总 则

第一条 为了规范煤矿建设工程安全设施监察工作,保障煤矿安全生产,根据安全生产法、煤矿安全监察条例以及有关法律、行政法规的规定,制定本规定。

第二条 煤矿安全监察机构对煤矿新建、改建和扩建工程项目(以下简称煤矿建设项目)的安全设施进行监察,适用本规定。

第三条 煤矿建设项目应当进行安全评价,其初步设计应当按规定编制安全专篇。安全专篇应当包括安全条件的论证、安全设施的设计等内容。

第四条 煤矿建设项目的安全设施的设计、施工应当符合工程建设强制性标准、煤矿安全规程和行业技术规范。

第五条 煤矿建设项目施工前,其安全设施设计应当经煤矿安全监察机构审查同意;竣工投入生产或使用前,其安全设施和安全条件应当经煤矿建设单位验收合格。煤矿安全监察机构应当加强对建设单位验收活动和验收结果的监督核查。

第六条 煤矿建设项目安全设施的设计审查,由煤矿安全监察机构按照设计或者新增的生产能力,实行分级负责。

(一)设计或者新增的生产能力在300万吨/年及以上的井工煤矿建设项目和1000万吨/年及以上的露天煤矿建设项目,由国家煤矿安全监察局负责设计审查。

(二)设计或者新增的生产能力在300万吨/年以下的井工煤矿建设项目和1000万吨/年以下的露天煤矿建设项目,由省级煤矿安全监察局负责设计审查。

第七条 未设立煤矿安全监察机构的省、自治区,由省、自治区人民政府指定的负责煤矿安全监察工作的部门负责本规定第六条第二项规定的设计审查。

第八条 经省级煤矿安全监察局审查同意的项目,应及时报国家煤矿安全监察局备案。

第二章 安全评价

第九条 煤矿建设项目的安全评价包括安全预评价和安全验收评价。

煤矿建设项目在可行性研究阶段,应当进行安全预评价;在投入生产或者使用前,应当进行安全验收评价。

第十条 煤矿建设项目的安全评价应由具有国家规定资质的安全中介机构承担。承担煤矿建设项目安全评价的安全中介机构对其作出的安全评价结果负责。

第十一条 煤矿企业应与承担煤矿建设项目安全评价的安全中介机构签订书面委托合同,明确双方各自的权利和义务。

第十二条 承担煤矿建设项目安全评价的安全中介机构,应当按照规定的标准和程序进行评价,提出评价报告。

第十三条 煤矿建设项目安全预评价报告应当包括以下内容:

(一)主要危险、有害因素和危害程度以及对公共安全影响的定性、定量评价;

(二)预防和控制的可能性评价;

(三)建设项目可能造成职业危害的评价;

(四)安全对策措施、安全设施设计原则;

(五)预评价结论;

(六)其他需要说明的事项。

第十四条 煤矿建设项目安全验收评价报告应当包括以下内容:

(一)安全设施符合法律、法规、标准和规程规定以及设计文件的评价;

(二)安全设施在生产或使用中的有效性评价;

(三)职业危害防治措施的有效性评价;

(四)建设项目的整体安全性评价;

(五)存在的安全问题和解决问题的建议;

(六)验收评价结论;

(七)有关试运转期间的技术资料、现场检测、检验数据和统计分析资料;

(八)其他需要说明的事项。

第三章 设计审查

第十五条 煤矿建设项目的安全设施设计应经煤矿安全监察机构审查同意;未经审查同意的,不得施工。

第十六条 煤矿建设项目的安全设施设计,应由具有相应资质的设计单位承担。设计单位对安全设施设计负责。

第十七条 煤矿建设项目的安全设施设计应当包括煤矿水、火、瓦斯、煤尘、顶板等主要灾害的防治措施,所确定的设施、设备、器材应当符合国家标准和行业标准。

第十八条 煤矿建设项目的安全设施设计审查前,煤矿企业应当按照本规定第六条的规定,向煤矿安全监察机构提出书面申请。

第十九条 申请煤矿建设项目的安全设施设计审查,应当提交下列资料:

(一)安全设施设计审查申请报告及申请表;

(二)建设项目审批、核准或者备案的文件;

(三)采矿许可证或者矿区范围批准文件;

(四)安全预评价报告书;

(五)初步设计及安全专篇;

(六)其他需要说明的材料。

第二十条 煤矿安全监察机构接到审查申请后,应当对上报资料进行审查。有下列情形之一的,为设计审查不合格:

(一)安全设施设计未由具备相应资质的设计单位承担的;

(二)煤矿水、火、瓦斯、煤尘、顶板等主要灾害防治措施不符合规定的;

(三)安全设施设计不符合工程建设强制性标准、煤矿安全规程和行业技术规范的;

(四)所确定的设施、设备、器材不符合国家标准和行业标准的;

(五)不符合国家煤矿安全监察局规定的其他条件的。

第二十一条 煤矿安全监察机构审查煤矿建设项目的安全设施设计,应当自收到审查申请起30日内审查完毕。经审查同意的,应当以文件形式批复;不同意的,应当提出审查意见,并以书面形式答复。

第二十二条 煤矿企业对已批准的煤矿建设项目安全设施设计需作重大变更的,应经原审查机构审查同意。

第四章 施工和联合试运转

第二十三条 煤矿建设项目的安全设施应由具有相应资质的施工单位承担。

施工单位应当按照批准的安全设施设计施工,并对安全设施的工程质量负责。

第二十四条 施工单位在施工期间,发现煤矿建设项目的安全设施设计不合理或者存在重大事故隐患时,应当立即停止施工,并报告煤矿企业。煤矿企业需对安全设施设计作重大变更的,应当按照本规定第二十二条的规定重新审查。

第二十五条 煤矿安全监察机构对煤矿建设工程安全设施的施工情况进行监察。

第二十六条 煤矿建设项目在竣工完成后,应当在正式投入生产或使用前进行联合试运转。联合试运转的时间一般为1至6个月,有特殊情况需要延长的,总时长不得超过12个月。

煤矿建设项目联合试运转,应按规定经有关主管部门批准。

第二十七条 煤矿建设项目联合试运转期间,煤矿企业应当制定可靠的安全措施,做好现场检测、检验,收集有关数据,并编制联合试运转报告。

第二十八条 煤矿建设项目联合试运转正常后,应当进行安全验收评价。

第五章 竣工验收

第二十九条 煤矿建设项目的安全设施和安全条件验收应当由煤矿建设单位负责组织;未经验收合格的,不得投入生产和使用。

煤矿建设单位实行多级管理的,应当由具体负责建设项目施工建设单位的上一级具有法人资格的公司(单位)负责组织验收。

第三十条 煤矿建设单位或者其上一级具有法人资格的公司(单位)组织验收时,应当对有关资料进行审查并组织现场验收。有下列情形之一的,为验收不合格:

(一)安全设施和安全条件不符合设计要求,或未通过工程质量认证的;

(二)安全设施和安全条件不能满足正常生产和使用的;

(三)未按规定建立安全生产管理机构和配备安全生产管理人员的;

(四)矿长和特种作业人员不具备相应资格的;

(五)不符合国家煤矿安全监察局规定的其他条件的。

第六章 附 则

第三十一条 违反本规定的,由煤矿安全监察机构或者省、自治区人民政府指定的负责煤矿安全监察工作的部门依照《安全生产法》及有关法律、行政法规的规定予以行政处罚;构成犯罪的,依照刑法有关规定追究刑事责任。

第三十二条 煤矿建设项目的安全设施设计审查申请表的样式,由国家煤矿安全监察局制定。

第三十三条 本规定自2003年8月15日起施行。《煤矿建设工程安全设施设计审查与竣工验收暂行办法》同时废止。

煤矿安全监察员管理办法

· 2003年6月13日国家安全监管局国家煤矿安监局令第2号公布
· 根据2015年6月8日《国家安全监管总局关于修改〈煤矿安全监察员管理办法〉等五部煤矿安全规章的决定》修订

第一条 为加强和规范煤矿安全监察员管理工作,保障煤矿安全监察员依法行政,根据《公务员法》、《安全生产法》、《煤矿安全监察条例》等法律法规,制定本办法。

第二条 煤矿安全监察机构实行煤矿安全监察员制度。煤矿安全监察员是从事煤矿安全监察和行政执法工作的国家公务员。

第三条 国家安全生产监督管理总局、省级煤矿安全监察局按干部管理权限对煤矿安全监察员实行分级管理。

第四条 煤矿安全监察员除符合国家公务员的条件外,还应当具备下列条件:

(一)热爱煤矿安全监察工作,熟悉国家有关煤矿安全的方针、政策、法律、法规、规章、标准、规程;

(二)熟悉煤矿安全监察业务,具有煤矿安全方面的专业知识;

(三)具有大学专科以上学历;

(四)符合国家煤矿安全监察机构规定的工作经历和年龄要求;

(五)身体健康,适应煤矿安全监察工作需要。

第五条 煤矿安全监察员由国家安全生产监督管理总局考核,并颁发煤矿安全监察执法证。

第六条 煤矿安全监察员按照法律行政法规规定的职责实施煤矿安全监察,不受任何组织和个人的非法干涉,煤矿及其有关人员不得拒绝、阻挠。

第七条 煤矿安全监察员依法履行下列职责:

(一)依照安全生产法、煤矿安全监察条例和其他有关安全生产的法律、法规、规章、标准,对煤矿安全实施监察;

(二)对划定区域内的煤矿安全情况实施经常性安全检查和重点检查;

(三)查处煤矿安全违法行为,依法作出现场处理决定或提出实施行政处罚的意见;

(四)参与煤矿建设项目安全设施设计审查以及对建设单位竣工验收活动和验收结果的监督核查;

(五)监督检查煤矿职业危害的防治工作;

(六)参加煤矿伤亡事故的应急救援、调查和处理工作;

(七)法律、法规规定由煤矿安全监察员履行的其他职责。

第八条 煤矿安全监察员履行安全监察职责,具有下列权力:

(一)有权随时进入煤矿作业场所进行检查,调阅有关资料,参加煤矿安全生产会议,向有关单位或者人员了解情况;

(二)在检查中发现影响煤矿安全的违法行为,有权当场予以纠正或者要求限期改正;

(三)进行现场检查时,发现存在事故隐患的,有权要求煤矿立即消除或者限期解决;发现威胁职工生命安全的紧急情况时,有权要求立即停止作业,下达立即从危险区域内撤出作业人员的命令,并立即将紧急情况和处理措施报告煤矿安全监察机构;

(四)发现煤矿作业场所的瓦斯、粉尘或者其他有毒有害气体的浓度超过国家安全标准或者行业安全标准的,煤矿擅自开采保安煤柱的,或者采用危及相邻煤矿生产安全的决水、爆破、贯通巷道等危险方法进行采矿作业的,有权责令立即停止作业,并将有关情况报告煤矿安全监察机构;

(五)发现煤矿矿长或者其他主管人员违章指挥工人或者强令工人违章、冒险作业,或者发现工人违章作业的,有权立即责令纠正或者责令立即停止作业;

(六)发现煤矿使用的设施、设备、器材、劳动防护用品不符合国家安全标准或者行业安全标准的,有权责令其停止使用;需要查封或者扣押的,应当及时报告煤矿安全监察机构依法处理;

(七)法律、法规赋予的其他权力。

第九条 煤矿安全监察机构应当为煤矿安全监察员提供履行职责所需的装备和劳动防护用品。

煤矿安全监察员下井工作,享受井下工作津贴。

第十条 煤矿安全监察员履行安全监察职责,应当向当事人和有关人员出示煤矿安全监察员证。

煤矿安全监察员证只限本人使用,不得伪造、买卖或转借他人。

第十一条 煤矿安全监察员在执行公务时，涉及本人或者涉及本人有关亲属的利害关系的，应当回避。

第十二条 煤矿安全监察员发现煤矿存在事故隐患或危及煤矿安全的违法行为应当及时处理或者向煤矿安全监察机构报告。

煤矿安全监察员对每次安全检查的时间、地点、内容、发现的问题及其处理情况，应当作详细记录、填写执法文书，并由参加检查的煤矿安全监察员签名后归档。

煤矿安全监察员发出安全监察指令，应当填写执法文书并送达行政相对人。

第十三条 煤矿安全监察员应当依法履行煤矿安全监察职责，保守国家秘密和工作秘密，维护国家利益和当事人的合法权益。

第十四条 煤矿安全监察员不得接受煤矿的任何馈赠、报酬、福利待遇，不得在煤矿报销任何费用，不得参加煤矿安排、组织或者支付费用的宴请、娱乐、旅游、出访等活动，不得借煤矿安全监察工作在煤矿为自己、亲友或者他人谋取利益。

第十五条 煤矿安全监察机构负责制定煤矿安全监察员培训规划和办法，组织实施对煤矿安全监察员的岗前培训、年度轮训、特殊培训。煤矿安全监察员每三年应当接受不少于一个月的脱产培训。

第十六条 煤矿安全监察机构应当建立健全煤矿安全监察员的监督约束制度。

煤矿安全监察机构的行政监察部门依照行政监察法的规定，对煤矿安全监察员履行工作职责实施行政监察。

煤矿安全监察机构应当及时受理任何单位和个人对煤矿安全监察员违法违纪行为的检举和控告。

煤矿安全监察员应当自觉接受有关部门、煤矿及其职工和社会的监督。

第十七条 煤矿安全监察员实行定期交流轮岗制度。

第十八条 煤矿安全监察机构按照管理权限和国家有关规定对煤矿安全监察员的德、能、勤、绩、廉进行日常考核和年度考核。考核结果作为煤矿安全监察员使用和奖惩的依据。

第十九条 煤矿安全监察员有下列表现之一的，由煤矿安全监察机构按照有关规定予以奖励：

（一）在煤矿安全监察工作中成绩突出，有重大贡献的；

（二）在防止或者抢救煤矿事故中，使国家、煤矿和群众利益免受或者减少损失的；

（三）在煤矿安全监察工作中依法履行职责，使煤矿安全状况有明显好转的；

（四）在煤矿抢险救灾等工作中奋不顾身、作出贡献的；

（五）在煤矿安全技术装备开发与推广方面做出显著成绩的；

（六）同违法违纪行为作斗争有功绩的；

（七）有其他功绩的。

第二十条 煤矿安全监察员有下列行为之一的，由煤矿安全监察机构按国家有关规定给予行政处分；构成犯罪的，依法追究刑事责任。

（一）接受煤矿的馈赠、报酬、礼品、现金、有价证券；

（二）参加煤矿安排、组织或者支付费用的宴请、娱乐、旅游、出访等活动的；

（三）利用职务便利为本人及亲友谋取私利的；

（四）滥施行政处罚或者擅自改变行政处罚决定的；

（五）徇私枉法，包庇、纵容违法单位和个人的；

（六）对被监察的单位和个人进行刁难或者打击报复的；

（七）有其他违法违纪行为的。

第二十一条 煤矿安全监察员滥用职权、玩忽职守、徇私舞弊，有下列行为之一的，给予降级或者撤职的行政处分；构成犯罪的，依法追究刑事责任。

（一）对不符合法定安全生产条件的煤矿予以批准或验收通过的；

（二）发现未依法取得批准、验收的煤矿擅自从事生产活动或者接到举报后不依法予以处理的；

（三）对已经取得批准的煤矿不履行安全监察职责，发现其不再具备安全生产条件而不撤销原批准的；

（四）发现事故隐患或影响煤矿安全的违法行为不依法及时处理或报告的。

第二十二条 本办法自2003年8月1日起施行。2000年12月9日国家煤矿安全监察局发布的《煤矿安全监察员管理暂行办法》同时废止。

煤矿领导带班下井及安全监督检查规定

· 2010年9月7日国家安全生产监管总局令第33号公布

· 根据2015年6月8日《国家安全监管总局关于修改〈煤矿安全监察员管理办法〉等五部煤矿安全规章的决定》修订

第一章 总 则

第一条 为落实煤矿领导带班下井制度，根据《国务院关于进一步加强企业安全生产工作的通知》（国发〔2010〕23号）和有关法律、行政法规的规定，制定本规定。

第二条 煤矿领导带班下井和县级以上地方人民政府煤炭行业管理部门、煤矿安全生产监督管理部门（以下分别简称为煤炭行业管理部门、煤矿安全监管部门），以及煤矿安全监察机构对其实施监督检查，适用本规定。

第三条 煤炭行业管理部门是落实煤矿领导带班下井制度的主管部门，负责督促煤矿抓好有关制度的建设和落实。

煤矿安全监管部门对煤矿领导带班下井进行日常性的监督检查，对煤矿违反带班下井制度的行为依法作出现场处理或者实施行政处罚。

煤矿安全监察机构对煤矿领导带班下井实施国家监察，对煤矿违反带班下井制度的行为依法作出现场处理或者实施行政处罚。

第四条 本规定所称的煤矿，是指煤矿生产矿井和新建、改建、扩建、技术改造、资源整合重组等建设矿井及其施工单位。

本规定所称煤矿领导，是指煤矿的主要负责人、领导班子成员和副总工程师。

建设矿井的领导，是指煤矿建设单位和从事煤矿建设的施工单位的主要负责人、领导班子成员和副总工程师。

第五条 煤矿是落实领导带班下井制度的责任主体，每班必须有矿领导带班下井，并与工人同时下井、同时升井。

煤矿的主要负责人对落实领导带班下井制度全面负责。

煤矿集团公司应当加强对所属煤矿领导带班下井的情况实施监督检查。

第六条 任何单位和个人对煤矿领导未按照规定带班下井或者弄虚作假的，均有权向煤炭行业管理部门、煤矿安全监管部门、煤矿安全监察机构举报和报告。

第二章 带班下井

第七条 煤矿应当建立健全领导带班下井制度，并严格考核。带班下井制度应当明确带班下井人员、每月带班下井的个数、在井下工作时间、带班下井的任务、职责权限、群众监督和考核奖惩等内容。

煤矿的主要负责人每月带班下井不得少于5个。

煤矿领导带班下井时，其领导姓名应当在井口明显位置公示。煤矿领导每月带班下井工作计划的完成情况，应当在煤矿公示栏公示，接受群众监督。

第八条 煤矿领导带班下井制度应当按照煤矿的隶属关系报送所在地煤炭行业管理部门，同时抄送煤矿安全监管部门和驻地煤矿安全监察机构。

第九条 煤矿领导带班下井时，应当履行下列职责：

（一）加强对采煤、掘进、通风等重点部位、关键环节的检查巡视，全面掌握当班井下的安全生产状况；

（二）及时发现和组织消除事故隐患和险情，及时制止违章违纪行为，严禁违章指挥，严禁超能力组织生产；

（三）遇到险情时，立即下达停产撤人命令，组织涉险区域人员及时、有序撤离到安全地点。

第十条 煤矿领导带班下井实行井下交接班制度。

上一班的带班领导应当在井下向接班的领导详细说明井下安全状况、存在的问题及原因、需要注意的事项等，并认真填写交接班记录簿。

第十一条 煤矿应当建立领导带班下井档案管理制度。

煤矿领导升井后，应当及时将下井的时间、地点、经过路线、发现的问题及处理情况、意见等有关情况进行登记，并由专人负责整理和存档备查。

煤矿领导带班下井的相关记录和煤矿井下人员定位系统存储信息保存期不少于一年。

第十二条 煤矿没有领导带班下井的，煤矿从业人员有权拒绝下井作业。煤矿不得因此降低从业人员工资、福利等待遇或者解除与其订立的劳动合同。

第三章 监督检查

第十三条 煤炭行业管理部门应当加强对煤矿领导带班下井的日常管理和督促检查。煤矿安全监管部门应当将煤矿建立并执行领导带班下井制度作为日常监督检查的重要内容，每季度至少对所辖区域煤矿领导带班下井执行情况进行一次监督检查。

煤矿领导带班下井执行情况应当在当地主要媒体向社会公布，接受社会监督。

第十四条 煤矿安全监察机构应当将煤矿领导带班下井制度执行情况纳入年度监察执法计划，每年至少进行两次专项监察或者重点监察。

煤矿领导带班下井的专项监察或者重点监察的情况应当报告上一级煤矿安全监察机构，并通报有关地方人民政府。

第十五条 煤炭行业管理部门、煤矿安全监管部门、煤矿安全监察机构对煤矿领导带班下井情况进行监督检查，可以采取现场随机询问煤矿从业人员、查阅井下交接班及下井档案记录、听取煤矿从业人员反映、调阅煤矿井下人员定位系统监控记录等方式。

第十六条 煤炭行业管理部门、煤矿安全监管部门、煤矿安全监察机构对煤矿领导带班下井情况进行监督检查时，重点检查下列内容：

（一）是否建立健全煤矿领导带班下井制度，包括井下交接班制度和带班下井档案管理制度；

（二）煤矿领导特别是煤矿主要负责人带班下井情况；

（三）是否制订煤矿领导每月轮流带班下井工作计划以及工作计划执行、公示、考核和奖惩等情况；

（四）煤矿领导带班下井在井下履行职责情况，特别是重大事故隐患和险情的处置情况；

（五）煤矿领导井下交接班记录、带班下井档案等情况；

（六）群众举报有关问题的查处情况。

第十七条 煤炭行业管理部门、煤矿安全监管部门、煤矿安全监察机构应当建立举报制度，公开举报电话、信箱或者电子邮件地址，受理有关举报；对于受理的举报，应当认真调查核实；经查证属实的，依法从重处罚。

第四章 法律责任

第十八条 煤矿有下列情形之一的，给予警告，并处3万元罚款；对煤矿主要负责人处1万元罚款：

（一）未建立健全煤矿领导带班下井制度的；

（二）未建立煤矿领导井下交接班制度的；

（三）未建立煤矿领导带班下井档案管理制度的；

（四）煤矿领导每月带班下井情况未按照规定公示的；

（五）未按规定填写煤矿领导下井交接班记录簿、带班下井记录或者保存带班下井相关记录档案的。

第十九条 煤矿领导未按规定带班下井，或者带班下井档案虚假的，责令改正，并对该煤矿处15万元的罚款，对违反规定的煤矿领导按照擅离职守处理，对煤矿主要负责人处1万元的罚款。

第二十条 对发生事故而没有煤矿领导带班下井的煤矿，依法责令停产整顿，暂扣或者吊销煤矿安全生产许可证，并依照下列规定处以罚款；情节严重的，提请有关人民政府依法予以关闭：

（一）发生一般事故的，处50万元的罚款；

（二）发生较大事故的，处100万元的罚款；

（三）发生重大事故的，处500万元的罚款；

（四）发生特别重大事故的，处2000万元的罚款。

第二十一条 对发生事故而没有煤矿领导带班下井的煤矿，对其主要负责人依法暂扣或者吊销其安全资格证，并依照下列规定处以罚款：

（一）发生一般事故的，处上一年年收入30%的罚款；

（二）发生较大事故的，处上一年年收入40%的罚款；

（三）发生重大事故的，处上一年年收入60%的罚款；

（四）发生特别重大事故的，处上一年年收入80%的罚款。

煤矿的主要负责人未履行《安全生产法》规定的安全生产管理职责，导致发生生产安全事故，受到刑事处罚或者撤职处分的，自刑罚执行完毕或者受处分之日起，5年内不得担任任何生产经营单位的主要负责人；对重大、特别重大生产安全事故负有责任的，终身不得担任煤矿的主要负责人。

第二十二条 本规定的行政处罚，由煤矿安全监管部门、煤矿安全监察机构依照各自的法定职权决定。

第五章 附 则

第二十三条 省级煤炭行业管理部门会同煤矿安全监管部门可以依照本规定制定实施细则，报国家安全生产监督管理总局、国家煤矿安监局备案。

第二十四条 中央企业所属煤矿按照分级属地管理原则，由省（市、区）、设区的市人民政府煤炭行业管理部门、煤矿安全监管部门和煤矿安全监察机构负责监督监察。

第二十五条 露天煤矿领导带班下井参照本规定执行。

第二十六条 本规定自2010年10月7日起施行。

煤矿安全监察行政处罚办法

- 2003年7月2日国家安全监管局国家煤矿安监局令第4号公布
- 根据2015年6月8日《国家安全监管总局关于修改〈煤矿安全监察员管理办法〉等五部煤矿安全规章的决定》修订

第一条 为了制裁煤矿安全违法行为，规范煤矿安全监察行政处罚工作，保障煤矿依法进行生产，根据煤矿安全监察条例及其他有关法律、行政法规的规定，制定本办法。

第二条 国家煤矿安全监察局、省级煤矿安全监察局和煤矿安全监察分局（以下简称煤矿安全监察机构），对煤矿及其有关人员违反有关安全生产的法律、行政法规、部门规章、国家标准、行业标准和规程的行为(以下简称煤矿安全违法行为)实施行政处罚，适用本办法。本办法未作规定的，适用安全生产违法行为行政处罚办法。

有关法律、行政法规对行政处罚另有规定的，依照其规定。

第三条 省级煤矿安全监察局、煤矿安全监察分局实施行政处罚按照属地原则进行管辖。

国家煤矿安全监察局认为应由其实施行政处罚的，由国家煤矿安全监察局管辖。

两个以上煤矿安全监察机构因行政处罚管辖权发生争议的，由其共同的上一级煤矿安全监察机构指定管辖。

第四条 当事人对煤矿安全监察机构所给予的行政处罚，享有陈述、申辩权；对行政处罚不服的，有权依法申请行政复议或者提起行政诉讼。

当事人因煤矿安全监察机构违法给予行政处罚受到损害的，有权依法提出赔偿要求。

第五条 煤矿安全监察员执行公务时，应当出示煤矿安全监察执法证件。

第六条 煤矿安全监察机构及其煤矿安全监察员对检查中发现的煤矿安全违法行为，可以作出下列现场处理决定：

（一）当场予以纠正或者要求限期改正；

（二）责令限期达到要求；

（三）责令立即停止作业(施工)或者立即停止使用；

经现场处理决定后拒不改正，或者依法应当给予行政处罚的煤矿安全违法行为，依法作出行政处罚决定。

第七条 煤矿或者施工单位有下列行为之一的，责令停止建设或者停产停业整顿，限期改正；逾期未改正的，处50万元以上100万元以下的罚款，对其直接负责的主管人员和其他直接责任人员处2万元以上5万元以下的罚款；构成犯罪的，依照刑法有关规定追究刑事责任：

（一）未按照规定对煤矿建设项目进行安全评价的；

（二）煤矿建设项目没有安全设施设计或者安全设施设计未按照规定报经有关部门审查同意的；

（三）煤矿建设项目的施工单位未按照批准的安全设施设计施工的；

（四）煤矿建设项目竣工投入生产或者使用前，安全设施未经验收合格的。

第八条 煤矿矿井通风、防火、防水、防瓦斯、防毒、防尘等安全设施不符合法定要求的，责令限期达到要求；逾期仍达不到要求的，责令停产整顿。

第九条 煤矿作业场所有下列情形之一的，责令限期改正；逾期不改正的，责令停产整顿，并处3万元以下的罚款：

（一）未使用专用防爆电器设备的；

（二）未使用专用放炮器的；

（三）未使用人员专用升降容器的；

（四）使用明火明电照明的。

第十条 煤矿未依法提取或者使用煤矿安全技术措施专项费用的，责令限期改正，提供必需的资金；逾期不改正的，处5万元以下的罚款，责令停产整顿。

有前款违法行为，导致发生生产安全事故的，对煤矿主要负责人给予撤职处分，对个人经营的投资人处2万元以上20万元以下的罚款；构成犯罪的，依照刑法有关规定追究刑事责任。

第十一条 煤矿使用不符合国家安全标准或者行业安全标准的设备、器材、仪器、仪表、防护用品的，责令限期改正或者责令立即停止使用；逾期不改正或者不立即停止使用的，处5万元以下的罚款；情节严重的，责令停产整顿。

第十二条 煤矿企业的机电设备、安全仪器，未按照下列规定操作、检查、维修和建立档案的，责令改正，可以并处2万元以下的罚款：

（一）未定期对机电设备及其防护装置、安全检测仪器检查、维修和建立技术档案的；

（二）非负责设备运行人员操作设备的；

（三）非值班电气人员进行电气作业的；

（四）操作电气设备的人员，没有可靠的绝缘保护和检修电气设备带电作业的。

第十三条 煤矿井下采掘作业，未按照作业规程的规定管理顶帮；通过地质破碎带或者其他顶帮破碎地点时，未加强支护；露天采剥作业，未按照设计规定，控制采剥工作面的阶段高度、宽度、边坡角和最终边坡角；采剥作业和排土作业，对深部或者邻近井巷造成危害的，责令改正，可以并处2万元以下的罚款。

第十四条 煤矿未严格执行瓦斯检查制度，入井人员携带烟草和点火用具下井的，责令改正，可以并处2万元以下的罚款。

第十五条 煤矿在有瓦斯突出、冲击地压条件下从事采掘作业；在未加保护的建筑物、构筑物和铁路、水体下面开采；在地温异常或者热水涌出的地区开采，未编制专门设计文件和报主管部门批准的，责令改正，可以并处

2万元以下的罚款。

第十六条 煤矿作业场所的瓦斯、粉尘或者其他有毒有害气体的浓度超过国家安全标准或者行业安全标准的,责令立即停止作业;拒不停止作业的,责令停产整顿,可以并处10万元以下的罚款。

第十七条 有自然发火可能性的矿井,未按规定采取有效的预防自然发火措施的,责令改正,可以并处2万元以下的罚款。

第十八条 煤矿在有可能发生突水危险的地区从事采掘作业,未采取探放水措施的,责令改正,可以并处2万元以下的罚款。

第十九条 煤矿井下风量、风质、风速和作业环境的气候,不符合煤矿安全规程的规定的,责令改正,可以并处2万元以下的罚款。

第二十条 煤矿对产生粉尘的作业场所,未采取综合防尘措施,或者未按规定对粉尘进行检测的,责令改正,可以并处2万元以下的罚款。

第二十一条 擅自开采保安煤柱,或者采用危及相邻煤矿生产安全的决水、爆破、贯通巷道等危险方法进行采矿作业,责令立即停止作业;拒不停止作业的,由煤矿安全监察机构决定吊销安全生产许可证,并移送地质矿产主管部门依法吊销采矿许可证。

第二十二条 煤矿违反有关安全生产法律、行政法规的规定,拒绝、阻碍煤矿安全监察机构依法实施监督检查的,责令改正;拒不改正的,处2万元以上20万元以下的罚款;对其直接负责的主管人员和其他直接责任人员处1万元以上2万元以下的罚款;构成犯罪的,依照刑法有关规定追究刑事责任。

煤矿提供虚假情况,或者隐瞒存在的事故隐患以及其他安全问题的,由煤矿安全监察机构给予警告,可以并处5万元以上10万元以下的罚款;情节严重的,责令停产整顿。

第二十三条 煤矿发生事故,对煤矿、煤矿主要负责人以及其他有关责任单位、人员依照《安全生产法》及有关法律、行政法规的规定予以行政处罚;构成犯罪的,依照刑法有关规定追究刑事责任。

第二十四条 经停产整顿仍不具备法定安全生产条件给予关闭的行政处罚,由煤矿安全监察机构报请县级以上人民政府按照国务院规定的权限决定。

第二十五条 煤矿安全监察机构及其煤矿安全监察员实施行政处罚时,应当符合《安全生产违法行为行政处罚办法》规定的程序并使用统一的煤矿安全监察行政执法文书。

第二十六条 未设立省级煤矿安全监察局的省、自治区,由省、自治区人民政府指定的负责煤矿安全监察工作的部门依照本办法的规定对本行政区域内的煤矿安全违法行为实施行政处罚。

第二十七条 本办法自2003年8月15日起施行。《煤矿安全监察行政处罚暂行办法》同时废止。

3. 非煤矿山安全

非煤矿矿山企业安全生产许可证实施办法

· 2009年6月8日国家安全生产监管总局令第20号公布
· 根据2015年5月26日《国家安全监管总局关于废止和修改非煤矿矿山领域九部规章的决定》修订

第一章 总 则

第一条 为了严格规范非煤矿矿山企业安全生产条件,做好非煤矿矿山企业安全生产许可证的颁发管理工作,根据《安全生产许可证条例》等法律、行政法规,制定本实施办法。

第二条 非煤矿矿山企业必须依照本实施办法的规定取得安全生产许可证。

未取得安全生产许可证的,不得从事生产活动。

第三条 非煤矿矿山企业安全生产许可证的颁发管理工作实行企业申请、两级发证、属地监管的原则。

第四条 国家安全生产监督管理总局指导、监督全国非煤矿矿山企业安全生产许可证的颁发管理工作,负责海洋石油天然气企业安全生产许可证的颁发和管理。

省、自治区、直辖市人民政府安全生产监督管理部门(以下简称省级安全生产许可证颁发管理机关)负责本行政区域内除本条第一款规定以外的非煤矿矿山企业安全生产许可证的颁发和管理。

省级安全生产许可证颁发管理机关可以委托设区的市级安全生产监督管理部门实施非煤矿矿山企业安全生产许可证的颁发管理工作;但中央管理企业所属非煤矿矿山的安全生产许可证颁发管理工作不得委托实施。

第五条 本实施办法所称的非煤矿矿山企业包括金属非金属矿山企业及其尾矿库、地质勘探单位、采掘施工企业、石油天然气企业。

金属非金属矿山企业,是指从事金属和非金属矿产资源开采活动的下列单位:

1. 专门从事矿产资源开采的生产单位;
2. 从事矿产资源开采、加工的联合生产企业及其矿山生产单位；

3. 其他非矿山企业中从事矿山生产的单位。

尾矿库，是指筑坝拦截谷口或者围地构成的，用以贮存金属非金属矿石选别后排出尾矿的场所，包括氧化铝厂赤泥库，不包括核工业矿山尾矿库及电厂灰渣库。

地质勘探单位，是指采用钻探工程、坑探工程对金属非金属矿产资源进行勘探作业的单位。

采掘施工企业，是指承担金属非金属矿山采掘工程施工的单位。

石油天然气企业，是指从事石油和天然气勘探、开发生产、储运的单位。

第二章 安全生产条件和申请

第六条 非煤矿矿山企业取得安全生产许可证，应当具备下列安全生产条件：

（一）建立健全主要负责人、分管负责人、安全生产管理人员、职能部门、岗位安全生产责任制；制定安全检查制度、职业危害预防制度、安全教育培训制度、生产安全事故管理制度、重大危险源监控和重大隐患整改制度、设备安全管理制度、安全生产档案管理制度、安全生产奖惩制度等规章制度；制定作业安全规程和各工种操作规程；

（二）安全投入符合安全生产要求，依照国家有关规定足额提取安全生产费用；

（三）设置安全生产管理机构，或者配备专职安全生产管理人员；

（四）主要负责人和安全生产管理人员经安全生产监督管理部门考核合格，取得安全资格证书；

（五）特种作业人员经有关业务主管部门考核合格，取得特种作业操作资格证书；

（六）其他从业人员依照规定接受安全生产教育和培训，并经考试合格；

（七）依法参加工伤保险，为从业人员缴纳保险费；

（八）制定防治职业危害的具体措施，并为从业人员配备符合国家标准或者行业标准的劳动防护用品；

（九）新建、改建、扩建工程项目依法进行安全评价，其安全设施经验收合格；

（十）危险性较大的设备、设施按照国家有关规定进行定期检测检验；

（十一）制定事故应急救援预案，建立事故应急救援组织，配备必要的应急救援器材、设备；生产规模较小可以不建立事故应急救援组织的，应当指定兼职的应急救援人员，并与邻近的矿山救护队或者其他应急救援组织签订救护协议；

（十二）符合有关国家标准、行业标准规定的其他条件。

第七条 海洋石油天然气企业申请领取安全生产许可证，向国家安全生产监督管理总局提出申请。

本条第一款规定以外的其他非煤矿矿山企业申请领取安全生产许可证，向企业所在地省级安全生产许可证颁发管理机关或其委托的设区的市级安全生产监督管理部门提出申请。

第八条 非煤矿矿山企业申请领取安全生产许可证，应当提交下列文件、资料：

（一）安全生产许可证申请书；

（二）工商营业执照复印件；

（三）采矿许可证复印件；

（四）各种安全生产责任制复印件；

（五）安全生产规章制度和操作规程目录清单；

（六）设置安全生产管理机构或者配备专职安全生产管理人员的文件复印件；

（七）主要负责人和安全生产管理人员安全资格证书复印件；

（八）特种作业人员操作资格证书复印件；

（九）足额提取安全生产费用的证明材料；

（十）为从业人员缴纳工伤保险费的证明材料；因特殊情况不能办理工伤保险的，可以出具办理安全生产责任保险的证明材料；

（十一）涉及人身安全、危险性较大的海洋石油开采特种设备和矿山井下特种设备由具备相应资质的检测检验机构出具合格的检测检验报告，并取得安全使用证或者安全标志；

（十二）事故应急救援预案，设立事故应急救援组织的文件或者与矿山救护队、其他应急救援组织签订的救护协议；

（十三）矿山建设项目安全设施验收合格的书面报告。

第九条 非煤矿矿山企业总部申请领取安全生产许可证，不需要提交本实施办法第八条第（三）、（八）、（九）、（十）、（十一）、（十二）、（十三）项规定的文件、资料。

第十条 金属非金属矿山企业从事爆破作业的，除应当依照本实施办法第八条的规定提交相应文件、资料外，还应当提交《爆破作业单位许可证》。

第十一条 尾矿库申请领取安全生产许可证，不需要提交本实施办法第八条第(三)项规定的文件、资料。

第十二条 地质勘探单位申请领取安全生产许可证,不需要提交本实施办法第八条第(三)、(九)、(十三)项规定的文件、资料,但应当提交地质勘查资质证书复印件;从事爆破作业的,还应当提交《爆破作业单位许可证》。

第十三条 采掘施工企业申请领取安全生产许可证,不需要提交本实施办法第八条第(三)、(九)、(十三)项规定的文件、资料,但应当提交矿山工程施工相关资质证书复印件;从事爆破作业的,还应当提交《爆破作业单位许可证》。

第十四条 石油天然气勘探单位申请领取安全生产许可证,不需要提交本实施办法第八条第(三)、(十三)项规定的文件、资料;石油天然气管道储运单位申请领取安全生产许可证不需要提交本实施办法第八条第(三)项规定的文件、资料。

第十五条 非煤矿矿山企业应当对其向安全生产许可证颁发管理机关提交的文件、资料实质内容的真实性负责。

从事安全评价、检测检验的中介机构应当对其出具的安全评价报告、检测检验结果负责。

第三章 受理、审核和颁发

第十六条 安全生产许可证颁发管理机关对非煤矿矿山企业提交的申请书及文件、资料,应当依照下列规定分别处理:

(一)申请事项不属于本机关职权范围的,应当即时作出不予受理的决定,并告知申请人向有关机关申请;

(二)申请材料存在可以当场更正的错误的,应当允许或者要求申请人当场更正,并即时出具受理的书面凭证;

(三)申请材料不齐全或者不符合要求的,应当当场或者在5个工作日内一次性书面告知申请人需要补正的全部内容,逾期不告知的,自收到申请材料之日起即为受理;

(四)申请材料齐全、符合要求或者依照要求全部补正的,自收到申请材料或者全部补正材料之日起为受理。

第十七条 安全生产许可证颁发管理机关应当依照本实施办法规定的法定条件组织,对非煤矿矿山企业提交的申请材料进行审查,并在受理申请之日起45日内作出颁发或者不予颁发安全生产许可证的决定。安全生产许可证颁发管理机关认为有必要到现场对非煤矿矿山企业提交的申请材料进行复核的,应当到现场进行复核,复核时间不计算在本款规定的期限内。

对决定颁发的,安全生产许可证颁发管理机关应当自决定之日起10个工作日内送达或者通知申请人领取安全生产许可证;对决定不予颁发的,应当在10个工作日内书面通知申请人并说明理由。

第十八条 安全生产许可证颁发管理机关应当依照下列规定颁发非煤矿矿山企业安全生产许可证:

(一)对金属非金属矿山企业,向企业及其所属各独立生产系统分别颁发安全生产许可证;对于只有一个独立生产系统的企业,只向企业颁发安全生产许可证;

(二)对中央管理的陆上石油天然气企业,向企业总部直接管理的分公司、子公司以及下一级与油气勘探、开发生产、储运直接相关的生产作业单位分别颁发安全生产许可证;对设有分公司、子公司的地方石油天然气企业,向企业总部及其分公司、子公司颁发安全生产许可证;对其他陆上石油天然气企业,向具有法人资格的企业颁发安全生产许可证;

(三)对海洋石油天然气企业,向企业及其直接管理的分公司、子公司以及下一级与油气开发生产直接相关的生产作业单位、独立生产系统分别颁发安全生产许可证;对其他海洋石油天然气企业,向具有法人资格的企业颁发安全生产许可证;

(四)对地质勘探单位,向最下级具有企事业法人资格的单位颁发安全生产许可证。对采掘施工企业,向企业颁发安全生产许可证;

(五)对尾矿库单独颁发安全生产许可证。

第四章 安全生产许可证延期和变更

第十九条 安全生产许可证的有效期为3年。安全生产许可证有效期满后需要延期的,非煤矿矿山企业应当在安全生产许可证有效期届满前3个月向原安全生产许可证颁发管理机关申请办理延期手续,并提交下列文件、资料:

(一)延期申请书;

(二)安全生产许可证正本和副本;

(三)本实施办法第二章规定的相应文件、资料。

金属非金属矿山独立生产系统和尾矿库,以及石油天然气独立生产系统和作业单位还应当提交由具备相应资质的中介服务机构出具的合格的安全现状评价报告。

金属非金属矿山独立生产系统和尾矿库在提出延期申请之前6个月内经考评合格达到安全标准化等级的,可以不提交安全现状评价报告,但需要提交安全标准化等级的证明材料。

安全生产许可证颁发管理机关应当依照本实施办法第十六条、第十七条的规定，对非煤矿矿山企业提交的材料进行审查，并作出是否准予延期的决定。决定准予延期的，应当收回原安全生产许可证，换发新的安全生产许可证；决定不准予延期的，应当书面告知申请人并说明理由。

第二十条　非煤矿矿山企业符合下列条件的，当安全生产许可证有效期届满申请延期时，经原安全生产许可证颁发管理机关同意，不再审查，直接办理延期手续：

（一）严格遵守有关安全生产的法律法规的；

（二）取得安全生产许可证后，加强日常安全生产管理，未降低安全生产条件，并达到安全标准化等级二级以上的；

（三）接受安全生产许可证颁发管理机关及所在地人民政府安全生产监督管理部门的监督检查的；

（四）未发生死亡事故的。

第二十一条　非煤矿矿山企业在安全生产许可证有效期内有下列情形之一的，应当自工商营业执照变更之日起30个工作日内向原安全生产许可证颁发管理机关申请变更安全生产许可证：

（一）变更单位名称的；

（二）变更主要负责人的；

（三）变更单位地址的；

（四）变更经济类型的；

（五）变更许可范围的。

第二十二条　非煤矿矿山企业申请变更安全生产许可证时，应当提交下列文件、资料：

（一）变更申请书；

（二）安全生产许可证正本和副本；

（三）变更后的工商营业执照、采矿许可证复印件及变更说明材料。

变更本实施办法第二十一条第（二）项的，还应当提交变更后的主要负责人的安全资格证书复印件。

对已经受理的变更申请，安全生产许可证颁发管理机关对申请人提交的文件、资料审查无误后，应当在10个工作日内办理变更手续。

第二十三条　安全生产许可证申请书、审查书、延期申请书和变更申请书由国家安全生产监督管理总局统一格式。

第二十四条　非煤矿矿山企业安全生产许可证分为正本和副本，正本和副本具有同等法律效力，正本为悬挂式，副本为折页式。

非煤矿矿山企业安全生产许可证由国家安全生产监督管理总局统一印制和编号。

第五章　安全生产许可证的监督管理

第二十五条　非煤矿矿山企业取得安全生产许可证后，应当加强日常安全生产管理，不得降低安全生产条件，并接受所在地县级以上安全生产监督管理部门的监督检查。

第二十六条　地质勘探单位、采掘施工单位在登记注册的省、自治区、直辖市以外从事作业的，应当向作业所在地县级以上安全生产监督管理部门书面报告。

第二十七条　非煤矿矿山企业不得转让、冒用、买卖、出租、出借或者使用伪造的安全生产许可证。

第二十八条　非煤矿矿山企业发现在安全生产许可证有效期内采矿许可证到期失效的，应当在采矿许可证到期前15日内向原安全生产许可证颁发管理机关报告，并交回安全生产许可证正本和副本。

采矿许可证被暂扣、撤销、吊销和注销的，非煤矿矿山企业应当在暂扣、撤销、吊销和注销后5日内向原安全生产许可证颁发管理机关报告，并交回安全生产许可证正本和副本。

第二十九条　安全生产许可证颁发管理机关应当坚持公开、公平、公正的原则，严格依照本实施办法的规定审查、颁发安全生产许可证。

安全生产许可证颁发管理机关工作人员在安全生产许可证颁发、管理和监督检查工作中，不得索取或者接受非煤矿矿山企业的财物，不得谋取其他利益。

第三十条　安全生产许可证颁发管理机关发现有下列情形之一的，应当撤销已经颁发的安全生产许可证：

（一）超越职权颁发安全生产许可证的；

（二）违反本实施办法规定的程序颁发安全生产许可证的；

（三）不具备本实施办法规定的安全生产条件颁发安全生产许可证的；

（四）以欺骗、贿赂等不正当手段取得安全生产许可证的。

第三十一条　取得安全生产许可证的非煤矿矿山企业有下列情形之一的，安全生产许可证颁发管理机关应当注销其安全生产许可证：

（一）终止生产活动的；

（二）安全生产许可证被依法撤销的；

（三）安全生产许可证被依法吊销的。

第三十二条　非煤矿矿山企业隐瞒有关情况或者提

供虚假材料申请安全生产许可证的,安全生产许可证颁发管理机关不予受理,该企业在1年内不得再次申请安全生产许可证。

非煤矿矿山企业以欺骗、贿赂等不正当手段取得安全生产许可证后被依法予以撤销的,该企业3年内不得再次申请安全生产许可证。

第三十三条 县级以上地方人民政府安全生产监督管理部门负责本行政区域内取得安全生产许可证的非煤矿矿山企业的日常监督检查,并将监督检查中发现的问题及时报告安全生产许可证颁发管理机关。中央管理的非煤矿矿山企业由设区的市级以上地方人民政府安全生产监督管理部门负责日常监督检查。

国家安全生产监督管理总局负责取得安全生产许可证的中央管理的非煤矿矿山企业总部和海洋石油天然气企业的日常监督检查。

第三十四条 安全生产许可证颁发管理机关每6个月向社会公布取得安全生产许可证的非煤矿矿山企业名单。

第三十五条 安全生产许可证颁发管理机关应当将非煤矿矿山企业安全生产许可证颁发管理情况通报非煤矿矿山企业所在地县级以上地方人民政府及其安全生产监督管理部门。

第三十六条 安全生产许可证颁发管理机关应当加强对非煤矿矿山企业安全生产许可证的监督管理,建立、健全非煤矿矿山企业安全生产许可证信息管理制度。

省级安全生产许可证颁发管理机关应当在安全生产许可证颁发之日起1个月内将颁发和管理情况录入到全国统一的非煤矿矿山企业安全生产许可证管理系统。

第三十七条 任何单位或者个人对违反《安全生产许可证条例》和本实施办法规定的行为,有权向安全生产许可证颁发管理机关或者监察机关等有关部门举报。

第六章 罚 则

第三十八条 安全生产许可证颁发管理机关工作人员有下列行为之一的,给予降级或者撤职的行政处分;构成犯罪的,依法追究刑事责任:

(一)向不符合本实施办法规定的安全生产条件的非煤矿矿山企业颁发安全生产许可证的;

(二)发现非煤矿矿山企业未依法取得安全生产许可证擅自从事生产活动,不依法处理的;

(三)发现取得安全生产许可证的非煤矿矿山企业不再具备本实施办法规定的安全生产条件,不依法处理的;

(四)接到对违反本实施办法规定行为的举报后,不及时处理的;

(五)在安全生产许可证颁发、管理和监督检查工作中,索取或者接受非煤矿矿山企业的财物,或者谋取其他利益的。

第三十九条 承担安全评价、认证、检测、检验工作的机构,出具虚假证明的,没收违法所得;违法所得在10万元以上的,并处违法所得2倍以上5倍以下的罚款;没有违法所得或者违法所得不足10万元的,单处或者并处10万元以上20万元以下的罚款;对其直接负责的主管人员和其他直接责任人员处2万元以上5万元以下的罚款;给他人造成损害的,与建设单位承担连带赔偿责任;构成犯罪的,依照刑法有关规定追究刑事责任。

对有前款违法行为的机构,吊销其相应资质。

第四十条 取得安全生产许可证的非煤矿矿山企业不再具备本实施办法第六条规定的安全生产条件之一的,应当暂扣或者吊销其安全生产许可证。

第四十一条 取得安全生产许可证的非煤矿矿山企业有下列行为之一的,吊销其安全生产许可证:

(一)倒卖、出租、出借或者以其他形式非法转让安全生产许可证的;

(二)暂扣安全生产许可证后未按期整改或者整改后仍不具备安全生产条件的。

第四十二条 非煤矿矿山企业有下列行为之一的,责令停止生产,没收违法所得,并处10万元以上50万元以下的罚款:

(一)未取得安全生产许可证,擅自进行生产的;

(二)接受转让的安全生产许可证的;

(三)冒用安全生产许可证的;

(四)使用伪造的安全生产许可证的。

第四十三条 非煤矿矿山企业在安全生产许可证有效期内出现采矿许可证有效期届满和采矿许可证被暂扣、撤销、吊销、注销的情况,未依照本实施办法第二十八条的规定向安全生产许可证颁发管理机关报告并交回安全生产许可证的,处1万元以上3万元以下罚款。

第四十四条 非煤矿矿山企业在安全生产许可证有效期内,出现需要变更安全生产许可证的情形,未按本实施办法第二十一条的规定申请、办理变更手续的,责令限期办理变更手续,并处1万元以上3万元以下罚款。

地质勘探单位、采掘施工单位在登记注册地以外进行跨省作业,未按照本实施办法第二十六条的规定书面报告的,责令限期办理书面报告手续,并处1万元以上3万元以下的罚款。

第四十五条 非煤矿矿山企业在安全生产许可证有效期满未办理延期手续，继续进行生产的，责令停止生产，限期补办延期手续，没收违法所得，并处5万元以上10万元以下的罚款；逾期仍不办理延期手续，继续进行生产的，依照本实施办法第四十二条的规定处罚。

第四十六条 非煤矿矿山企业转让安全生产许可证的，没收违法所得，并处10万元以上50万元以下的罚款。

第四十七条 本实施办法规定的行政处罚，由安全生产许可证颁发管理机关决定。安全生产许可证颁发管理机关可以委托县级以上安全生产监督管理部门实施行政处罚。但撤销、吊销安全生产许可证和撤销有关资格的行政处罚除外。

第七章 附 则

第四十八条 本实施办法所称非煤矿矿山企业独立生产系统，是指具有相对独立的采掘生产系统及通风、运输（提升）、供配电、防排水等辅助系统的作业单位。

第四十九条 危险性较小的地热、温泉、矿泉水、卤水、砖瓦用粘土等资源开采活动的安全生产许可，由省级安全生产许可证颁发管理机关决定。

第五十条 同时开采煤炭与金属非金属矿产资源且以煤炭、煤层气为主采矿种的煤系矿山企业应当申请领取煤矿企业安全生产许可证，不再申请领取非煤矿矿山企业安全生产许可证。

第五十一条 本实施办法自公布之日起施行。2004年5月17日原国家安全生产监督管理局（国家煤矿安全监察局）公布的《非煤矿矿山企业安全生产许可证实施办法》同时废止。

非煤矿山外包工程安全管理暂行办法

· 2013年8月23日国家安全生产监管总局令第62号公布
· 根据2015年5月26日《国家安全监管总局关于废止和修改非煤矿矿山领域九部规章的决定》修订

第一章 总 则

第一条 为了加强非煤矿山外包工程的安全管理和监督，明确安全生产责任，防止和减少生产安全事故（以下简称事故），依据《中华人民共和国安全生产法》《中华人民共和国矿山安全法》和其他有关法律、行政法规，制定本办法。

第二条 在依法批准的矿区范围内，以外包工程的方式从事金属非金属矿山的勘探、建设、生产、闭坑等工程施工作业活动，以及石油天然气的勘探、开发、储运等工程与技术服务活动的安全管理和监督，适用本办法。

从事非煤矿山各类房屋建筑及其附属设施的建造和安装，以及露天采场矿区范围以外地面交通建设的外包工程的安全管理和监督，不适用本办法。

第三条 非煤矿山外包工程（以下简称外包工程）的安全生产，由发包单位负主体责任，承包单位对其施工现场的安全生产负责。

外包工程有多个承包单位的，发包单位应当对多个承包单位的安全生产工作实施统一协调、管理，定期进行安全检查，发现安全问题的，应当及时督促整改。

第四条 承担外包工程的勘察单位、设计单位、监理单位、技术服务机构及其他有关单位应当依照法律、法规、规章和国家标准、行业标准的规定，履行各自的安全生产职责，承担相应的安全生产责任。

第五条 非煤矿山企业应当建立外包工程安全生产的激励和约束机制，提升非煤矿山外包工程安全生产管理水平。

第二章 发包单位的安全生产职责

第六条 发包单位应当依法设置安全生产管理机构或者配备专职安全生产管理人员，对外包工程的安全生产实施管理和监督。

发包单位不得擅自压缩外包工程合同约定的工期，不得违章指挥或者强令承包单位及其从业人员冒险作业。

发包单位应当依法取得非煤矿山安全生产许可证。

第七条 发包单位应当审查承包单位的非煤矿山安全生产许可证和相应资质，不得将外包工程发包给不具备安全生产许可证和相应资质的承包单位。

承包单位的项目部承担施工作业的，发包单位除审查承包单位的安全生产许可证和相应资质外，还应当审查项目部的安全生产管理机构、规章制度和操作规程、工程技术人员、主要设备设施、安全教育培训和负责人、安全生产管理人员、特种作业人员持证上岗等情况。

承担施工作业的项目部不符合本办法第二十一条规定的安全生产条件的，发包单位不得向该承包单位发包工程。

第八条 发包单位应当与承包单位签订安全生产管理协议，明确各自的安全生产管理职责。安全生产管理协议应当包括下列内容：

（一）安全投入保障；

（二）安全设施和施工条件；

（三）隐患排查与治理；

（四）安全教育与培训；

（五）事故应急救援；

（六）安全检查与考评；

（七）违约责任。

安全生产管理协议的文本格式由国家安全生产监督管理总局另行制定。

第九条 发包单位是外包工程安全投入的责任主体，应当按照国家有关规定和合同约定及时、足额向承包单位提供保障施工作业安全所需的资金，明确安全投入项目和金额，并监督承包单位落实到位。

对合同约定以外发生的隐患排查治理和地下矿山通风、支护、防治水等所需的费用，发包单位应当提供合同价款以外的资金，保障安全生产需要。

第十条 石油天然气总发包单位、分项发包单位以及金属非金属矿山总发包单位，应当每半年对其承包单位的施工资质、安全生产管理机构、规章制度和操作规程、施工现场安全管理和履行本办法第二十七条规定的信息报告义务等情况进行一次检查；发现承包单位存在安全生产问题的，应当督促其立即整改。

第十一条 金属非金属矿山分项发包单位，应当将承包单位及其项目部纳入本单位的安全管理体系，实行统一管理，重点加强对地下矿山领导带班下井、地下矿山从业人员出入井统计、特种作业人员、民用爆炸物品、隐患排查与治理、职业病防护等管理，并对外包工程的作业现场实施全过程监督检查。

第十二条 金属非金属矿山总发包单位对地下矿山一个生产系统进行分项发包的，承包单位原则上不得超过3家，避免相互影响生产、作业安全。

前款规定的发包单位在地下矿山正常生产期间，不得将主通风、主提升、供排水、供配电、主供风系统及其设备设施的运行管理进行分项发包。

第十三条 发包单位应当向承包单位进行外包工程的技术交底，按照合同约定向承包单位提供与外包工程安全生产相关的勘察、设计、风险评价、检测检验和应急救援等资料，并保证资料的真实性、完整性和有效性。

第十四条 发包单位应当建立健全外包工程安全生产考核机制，对承包单位每年至少进行一次安全生产考核。

第十五条 发包单位应当按照国家有关规定建立应急救援组织，编制本单位事故应急预案，并定期组织演练。

外包工程实行总发包的，发包单位应当督促总承包单位统一组织编制外包工程事故应急预案；实行分项发包的，发包单位应当将承包单位编制的外包工程现场应急处置方案纳入本单位应急预案体系，并定期组织演练。

第十六条 发包单位在接到外包工程事故报告后，应当立即启动相关事故应急预案，或者采取有效措施，组织抢救，防止事故扩大，并依照《生产安全事故报告和调查处理条例》的规定，立即如实地向事故发生地县级以上人民政府安全生产监督管理部门和负有安全生产监督管理职责的有关部门报告。

外包工程发生事故的，其事故数据纳入发包单位的统计范围。

发包单位和承包单位应当根据事故调查报告及其批复承担相应的事故责任。

第三章 承包单位的安全生产职责

第十七条 承包单位应当依照有关法律、法规、规章和国家标准、行业标准的规定，以及承包合同和安全生产管理协议的约定，组织施工作业，确保安全生产。

承包单位有权拒绝发包单位的违章指挥和强令冒险作业。

第十八条 外包工程实行总承包的，总承包单位对施工现场的安全生产负总责；分项承包单位按照分包合同的约定对总承包单位负责。总承包单位和分项承包单位对分包工程的安全生产承担连带责任。

总承包单位依法将外包工程分包给其他单位的，其外包工程的主体部分应当由总承包单位自行完成。

禁止承包单位转包其承揽的外包工程。禁止分项承包单位将其承揽的外包工程再次分包。

第十九条 承包单位应当依法取得非煤矿山安全生产许可证和相应等级的施工资质，并在其资质范围内承包工程。

承包金属非金属矿山建设和闭坑工程的资质等级，应当符合《建筑业企业资质等级标准》的规定。

承包金属非金属矿山生产、作业工程的资质等级，应当符合下列要求：

（一）总承包大型地下矿山工程和深凹露天、高陡边坡及地质条件复杂的大型露天矿山工程的，具备矿山工程施工总承包二级以上（含本级，下同）施工资质；

（二）总承包中型、小型地下矿山工程的，具备矿山工程施工总承包三级以上施工资质；

（三）总承包其他露天矿山工程和分项承包金属非金属矿山工程的，具备矿山工程施工总承包或者相关的专业承包资质，具体规定由省级人民政府安全生产监督管理部门制定。

承包尾矿库外包工程的资质，应当符合《尾矿库安全监督管理规定》。

承包金属非金属矿山地质勘探工程的资质等级，应当符合《金属与非金属矿产资源地质勘探安全生产监督管理暂行规定》。

承包石油天然气勘探、开发工程的资质等级，由国家安全生产监督管理总局或者国务院有关部门按照各自的管理权限确定。

第二十条 承包单位应当加强对所属项目部的安全管理，每半年至少进行一次安全生产检查，对项目部人员每年至少进行一次安全生产教育培训与考核。

禁止承包单位以转让、出租、出借资质证书等方式允许他人以本单位的名义承揽工程。

第二十一条 承包单位及其项目部应当根据承揽工程的规模和特点，依法健全安全生产责任体系，完善安全生产管理基本制度，设置安全生产管理机构，配备专职安全生产管理人员和有关工程技术人员。

承包地下矿山工程的项目部应当配备与工程施工作业相适应的专职工程技术人员，其中至少有1名注册安全工程师或者具有5年以上井下工作经验的安全生产管理人员。项目部具备初中以上文化程度的从业人员比例应当不低于50%。

项目部负责人应当取得安全生产管理人员安全资格证。承包地下矿山工程的项目部负责人不得同时兼任其他工程的项目部负责人。

第二十二条 承包单位应当依照法律、法规、规章的规定以及承包合同和安全生产管理协议的约定，及时将发包单位投入的安全资金落实到位，不得挪作他用。

第二十三条 承包单位应当依照有关规定制定施工方案，加强现场作业安全管理，及时发现并消除事故隐患，落实各项规章制度和安全操作规程。

承包单位发现事故隐患后应当立即治理；不能立即治理的应当采取必要的防范措施，并及时书面报告发包单位协商解决，消除事故隐患。

地下矿山工程承包单位及其项目部的主要负责人和领导班子其他成员应当严格依照《金属非金属地下矿山企业领导带班下井及监督检查暂行规定》执行带班下井制度。

第二十四条 承包单位应当接受发包单位组织的安全生产培训与指导，加强对本单位从业人员的安全生产教育和培训，保证从业人员掌握必需的安全生产知识和操作技能。

第二十五条 外包工程实行总承包的，总承包单位应当统一组织编制外包工程应急预案。总承包单位和分项承包单位应当按照国家有关规定和应急预案的要求，分别建立应急救援组织或者指定应急救援人员，配备救援设备设施和器材，并定期组织演练。

外包工程实行分项承包的，分项承包单位应当根据建设工程施工的特点、范围以及施工现场容易发生事故的部位和环节，编制现场应急处置方案，并配合发包单位定期进行演练。

第二十六条 外包工程发生事故后，事故现场有关人员应当立即向承包单位及项目部负责人报告。

承包单位及项目部负责人接到事故报告后，应当立即如实地向发包单位报告，并启动相应的应急预案，采取有效措施，组织抢救，防止事故扩大。

第二十七条 承包单位在登记注册地以外的省、自治区、直辖市从事施工作业的，应当向作业所在地的县级人民政府安全生产监督管理部门书面报告外包工程概况和本单位资质等级、主要负责人、安全生产管理人员、特种作业人员、主要安全设施设备等情况，并接受其监督检查。

第四章 监督管理

第二十八条 承包单位发生较大以上责任事故或者一年内发生三起以上一般事故的，事故发生地的省级人民政府安全生产监督管理部门应当向承包单位登记注册地的省级人民政府安全生产监督管理部门通报。

发生重大以上事故的，事故发生地省级人民政府安全生产监督管理部门应当邀请承包单位的安全生产许可证颁发机关参加事故调查处理工作。

第二十九条 安全生产监督管理部门应当加强对外包工程的安全生产监督检查，重点检查下列事项：

（一）发包单位非煤矿山安全生产许可证、安全生产管理协议、安全投入等情况；

（二）承包单位的施工资质、应当依法取得的非煤矿山安全生产许可证、安全投入落实、承包单位及其项目部的安全生产管理机构、技术力量配备、相关人员的安全资格和持证等情况；

（三）违法发包、转包、分项发包等行为。

第三十条 安全生产监督管理部门应当建立外包工程安全生产信息平台，将承包单位取得有关许可、施工资质和承揽工程、发生事故等情况载入承包单位安全生产业绩档案，实施安全生产信誉评定和公告制度。

第三十一条 外包工程发生事故的,事故数据应当纳入事故发生地的统计范围。

第五章 法律责任

第三十二条 发包单位违反本办法第六条的规定,违章指挥或者强令承包单位及其从业人员冒险作业的,责令改正,处1万元以上3万元以下的罚款;造成损失的,依法承担赔偿责任。

第三十三条 发包单位与承包单位、总承包单位与分项承包单位未依照本办法第八条规定签订安全生产管理协议的,责令限期改正,可以处5万元以下的罚款,对其直接负责的主管人员和其他直接责任人员可以处以1万元以下罚款;逾期未改正的,责令停产停业整顿。

第三十四条 有关发包单位有下列行为之一的,责令限期改正,给予警告,并处1万元以上3万元以下的罚款:

(一)违反本办法第十条、第十四条的规定,未对承包单位实施安全生产监督检查或者考核的;

(二)违反本办法第十一条的规定,未将承包单位及其项目部纳入本单位的安全管理体系,实行统一管理的;

(三)违反本办法第十三条的规定,未向承包单位进行外包工程技术交底,或者未按照合同约定向承包单位提供有关资料的。

第三十五条 对地下矿山实行分项发包的发包单位违反本办法第十二条的规定,在地下矿山正常生产期间,将主通风、主提升、供排水、供配电、主供风系统及其设备设施的运行管理进行分项发包的,责令限期改正,处2万元以上3万元以下罚款。

第三十六条 承包地下矿山工程的项目部负责人违反本办法第二十一条的规定,同时兼任其他工程的项目部负责人的,责令限期改正,处5000元以上1万元以下罚款。

第三十七条 承包单位违反本办法第二十二条的规定,将发包单位投入的安全资金挪作他用的,责令限期改正,给予警告,并处1万元以上3万元以下罚款。

承包单位未按照本办法第二十三条的规定排查治理事故隐患的,责令立即消除或者限期消除;承包单位拒不执行的,责令停产停业整顿,并处10万元以上50万元以下的罚款,对其直接负责的主管人员和其他直接责任人员处2万元以上5万元以下的罚款。

第三十八条 承包单位违反本办法第二十条规定对项目部疏于管理,未定期对项目部人员进行安全生产教育培训与考核或者未对项目部进行安全生产检查的,责令限期改正,可以处5万元以下的罚款;逾期未改正的,责令停产停业整顿,并处5万元以上10万元以下的罚款,对其直接负责的主管人员和其他直接责任人员处1万元以上2万元以下的罚款。

承包单位允许他人以本单位的名义承揽工程的,移送有关部门依法处理。

第三十九条 承包单位违反本办法第二十七条的规定,在登记注册的省、自治区、直辖市以外从事施工作业,未向作业所在地县级人民政府安全生产监督管理部门书面报告本单位取得有关许可和施工资质,以及所承包工程情况的,责令限期改正,处1万元以上3万元以下的罚款。

第四十条 安全生产监督管理部门的行政执法人员在外包工程安全监督管理过程中滥用职权、玩忽职守、徇私舞弊的,依照有关规定给予处分;构成犯罪的,依法追究刑事责任。

第四十一条 本办法规定的行政处罚,由县级人民政府以上安全生产监督管理部门实施。

有关法律、行政法规、规章对非煤矿山外包工程安全生产违法行为的行政处罚另有规定的,依照其规定。

第六章 附则

第四十二条 本办法下列用语的含义:

(一)非煤矿山,是指金属矿、非金属矿、水气矿和除煤矿以外的能源矿,以及石油天然气管道储运(不含成品油管道)及其附属设施的总称。

(二)金属非金属矿山,是指金属矿、非金属矿、水气矿和除煤矿、石油天然气以外的能源矿,以及选矿厂、尾矿库、排土场等矿山附属设施的总称;

(三)外包工程,是指发包单位与本单位以外的承包单位签订合同,由承包单位承揽与矿产资源开采活动有关的工程、作业活动或者技术服务项目;

(四)发包单位,是指将矿产资源开采活动有关的工程、作业活动或者技术服务项目,发包给外单位施工的非煤矿山企业;

(五)分项发包,是指发包单位将矿产资源开采活动有关的工程、作业活动或者技术服务项目,分为若干部分发包给若干承包单位进行施工的行为;

(六)总承包单位,是指整体承揽矿产资源开采活动或者独立生产系统的所有工程、作业活动或者技术服务项目的承包单位;

(七)承包单位,是指承揽矿产资源开采活动有关的工程、作业活动或者技术服务项目的单位;

（八）项目部，是指承包单位在承揽工程所在地设立的，负责其所承揽工程施工的管理机构；

（九）生产期间，是指新建矿山正式投入生产后或者矿山改建、扩建时仍然进行生产，并规模出产矿产品的时期。

第四十三条 省、自治区、直辖市人民政府安全生产监督管理部门可以根据本办法制定实施细则，并报国家安全生产监督管理总局备案。

第四十四条 本办法自 2013 年 10 月 1 日起施行。

尾矿库安全监督管理规定

· 2011 年 5 月 4 日国家安全生产监管总局令第 38 号公布
· 根据 2015 年 5 月 26 日《国家安全监管总局关于废止和修改非煤矿矿山领域九部规章的决定》修订

第一章 总 则

第一条 为了预防和减少尾矿库生产安全事故，保障人民群众生命和财产安全，根据《安全生产法》《矿山安全法》等有关法律、行政法规，制定本规定。

第二条 尾矿库的建设、运行、回采、闭库及其安全管理与监督工作，适用本规定。

核工业矿山尾矿库、电厂灰渣库的安全监督管理工作，不适用本规定。

第三条 尾矿库建设、运行、回采、闭库的安全技术要求以及尾矿库等别划分标准，按照《尾矿库安全技术规程》（AQ2006-2005）执行。

第四条 尾矿库生产经营单位（以下简称生产经营单位）应当建立健全尾矿库安全生产责任制，建立健全安全生产规章制度和安全技术操作规程，对尾矿库实施有效的安全管理。

第五条 生产经营单位应当保证尾矿库具备安全生产条件所必需的资金投入，建立相应的安全管理机构或者配备相应的安全管理人员、专业技术人员。

第六条 生产经营单位主要负责人和安全管理人员应当依照有关规定经培训考核合格并取得安全资格证书。

直接从事尾矿库放矿、筑坝、巡坝、排洪和排渗设施操作的作业人员必须取得特种作业操作证书，方可上岗作业。

第七条 国家安全生产监督管理总局负责在国务院规定的职责范围内对有关尾矿库建设项目进行安全设施设计审查。

前款规定以外的其他尾矿库建设项目安全设施设计审查，由省级安全生产监督管理部门按照分级管理的原则作出规定。

第八条 鼓励生产经营单位应用尾矿库在线监测、尾矿充填、干式排尾、尾矿综合利用等先进适用技术。

一等、二等、三等尾矿库应当安装在线监测系统。

鼓励生产经营单位将尾矿回采再利用后进行回填。

第二章 尾矿库建设

第九条 尾矿库建设项目包括新建、改建、扩建以及回采、闭库的尾矿库建设工程。

尾矿库建设项目安全设施设计审查与竣工验收应当符合有关法律、行政法规的规定。

第十条 尾矿库的勘察单位应当具有矿山工程或者岩土工程类勘察资质。设计单位应当具有金属非金属矿山工程设计资质。安全评价单位应当具有尾矿库评价资质。施工单位应当具有矿山工程施工资质。施工监理单位应当具有矿山工程监理资质。

尾矿库的勘察、设计、安全评价、施工、监理等单位除符合前款规定外，还应当按照尾矿库的等别符合下列规定：

（一）一等、二等、三等尾矿库建设项目，其勘察、设计、安全评价、监理单位具有甲级资质，施工单位具有总承包一级或者特级资质；

（二）四等、五等尾矿库建设项目，其勘察、设计、安全评价、监理单位具有乙级或者乙级以上资质，施工单位具有总承包三级或者三级以上资质，或者专业承包一级、二级资质。

第十一条 尾矿库建设项目应当进行安全设施设计，对尾矿库库址及尾矿坝稳定性、尾矿库防洪能力、排洪设施和安全观测设施的可靠性进行充分论证。

第十二条 尾矿库库址应当由设计单位根据库容、坝高、库区地形条件、水文地质、气象、下游居民区和重要工业构筑物等情况，经科学论证后，合理确定。

第十三条 尾矿库建设项目应当进行安全设施设计并经安全生产监督管理部门审查批准后方可施工。无安全设施设计或者安全设施设计未经审查批准的，不得施工。

严禁未经设计并审查批准擅自加高尾矿库坝体。

第十四条 尾矿库施工应当执行有关法律、行政法规和国家标准、行业标准的规定，严格按照设计施工，确保工程质量，并做好施工记录。

生产经营单位应当建立尾矿库工程档案和日常管理

档案,特别是隐蔽工程档案、安全检查档案和隐患排查治理档案,并长期保存。

第十五条 施工中需要对设计进行局部修改的,应当经原设计单位同意;对涉及尾矿库库址、等别、排洪方式、尾矿坝坝型等重大设计变更的,应当报原审批部门批准。

第十六条 尾矿库建设项目安全设施试运行应当向安全生产监督管理部门书面报告,试运行时间不得超过6个月,且尾砂排放不得超过初期坝坝顶标高。试运行结束后,建设单位应当组织安全设施竣工验收,并形成书面报告备查。

安全生产监督管理部门应当加强对建设单位验收活动和验收结果的监督核查。

第十七条 尾矿库建设项目安全设施经验收合格后,生产经营单位应当及时按照《非煤矿矿山企业安全生产许可证实施办法》的有关规定,申请尾矿库安全生产许可证。未依法取得安全生产许可证的尾矿库,不得投入生产运行。

生产经营单位在申请尾矿库安全生产许可证时,对于验收申请时已提交的符合颁证条件的文件、资料可以不再提交;安全生产监督管理部门在审核颁发安全生产许可证时,可以不再审查。

第三章 尾矿库运行

第十八条 对生产运行的尾矿库,未经技术论证和安全生产监督管理部门的批准,任何单位和个人不得对下列事项进行变更:

(一)筑坝方式;
(二)排放方式;
(三)尾矿物化特性;
(四)坝型、坝外坡坡比、最终堆积标高和最终坝轴线的位置;
(五)坝体防渗、排渗及反滤层的设置;
(六)排洪系统的型式、布置及尺寸;
(七)设计以外的尾矿、废料或者废水进库等。

第十九条 尾矿库应当每三年至少进行一次安全现状评价。安全现状评价应当符合国家标准或者行业标准的要求。

尾矿库安全现状评价工作应当有能够进行尾矿坝稳定性验算、尾矿库水文计算、构筑物计算的专业技术人员参加。

上游式尾矿坝堆积至二分之一至三分之二最终设计坝高时,应当对坝体进行一次全面勘察,并进行稳定性专项评价。

第二十条 尾矿库经安全现状评价或者专家论证被确定为危库、险库和病库的,生产经营单位应当分别采取下列措施:

(一)确定为危库的,应当立即停产,进行抢险,并向尾矿库所在地县级人民政府、安全生产监督管理部门和上级主管单位报告;
(二)确定为险库的,应当立即停产,在限定的时间内消除险情,并向尾矿库所在地县级人民政府、安全生产监督管理部门和上级主管单位报告;
(三)确定为病库的,应当在限定的时间内按照正常库标准进行整治,消除事故隐患。

第二十一条 生产经营单位应当建立健全防汛责任制,实施24小时监测监控和值班值守,并针对可能发生的垮坝、漫顶、排洪设施损毁等生产安全事故和影响尾矿库运行的洪水、泥石流、山体滑坡、地震等重大险情制定并及时修订应急救援预案,配备必要的应急救援器材、设备,放置在便于应急时使用的地方。

应急预案应当按照规定报相应的安全生产监督管理部门备案,并每年至少进行一次演练。

第二十二条 生产经营单位应当编制尾矿库年度、季度作业计划,严格按照作业计划生产运行,做好记录并长期保存。

第二十三条 生产经营单位应当建立尾矿库事故隐患排查治理制度,按照本规定和《尾矿库安全技术规程》的规定,及时发现并消除事故隐患。事故隐患排查治理情况应当如实记录,建立隐患排查治理档案,并向从业人员通报。

第二十四条 尾矿库出现下列重大险情之一的,生产经营单位应当按照安全监管权限和职责立即报告当地县级安全生产监督管理部门和人民政府,并启动应急预案,进行抢险:

(一)坝体出现严重的管涌、流土等现象的;
(二)坝体出现严重裂缝、坍塌和滑动迹象的;
(三)库内水位超过限制的最高洪水位的;
(四)在用排水井倒塌或者排水管(洞)坍塌堵塞的;
(五)其他危及尾矿库安全的重大险情。

第二十五条 尾矿库发生坝体坍塌、洪水漫顶等事故时,生产经营单位应当立即启动应急预案,进行抢险,防止事故扩大,避免和减少人员伤亡及财产损失,并立即报告当地县级安全生产监督管理部门和人民政府。

第二十六条 未经生产经营单位进行技术论证并同

意，以及尾矿库建设项目安全设施设计原审批部门批准，任何单位和个人不得在库区从事爆破、采砂、地下采矿等危害尾矿库安全的作业。

第四章 尾矿库回采和闭库

第二十七条 尾矿回采再利用工程应当进行回采勘察、安全预评价和回采设计，回采设计应当包括安全设施设计，并编制安全专篇。

回采安全设施设计应当报安全生产监督管理部门审查批准。

生产经营单位应当按照回采设计实施尾矿回采，并在尾矿回采期间进行日常安全管理和检查，防止尾矿回采作业对尾矿坝安全造成影响。

尾矿全部回采后不再进行排尾作业的，生产经营单位应当及时报安全生产监督管理部门履行尾矿库注销手续。具体办法由省级安全生产监督管理部门制定。

第二十八条 尾矿库运行到设计最终标高或者不再进行排尾作业的，应当在一年内完成闭库。特殊情况不能按期完成闭库的，应当报经相应的安全生产监督管理部门同意后方可延期，但延长期限不得超过 6 个月。

库容小于 10 万立方米且总坝高低于 10 米的小型尾矿库闭库程序，由省级安全生产监督管理部门根据本地实际制定。

第二十九条 尾矿库运行到设计最终标高的前 12 个月内，生产经营单位应当进行闭库前的安全现状评价和闭库设计，闭库设计应当包括安全设施设计。

闭库安全设施设计应当经有关安全生产监督管理部门审查批准。

第三十条 尾矿库闭库工程安全设施验收，应当具备下列条件：

（一）尾矿库已停止使用；

（二）尾矿库闭库工程安全设施设计已经有关安全生产监督管理部门审查批准；

（三）有完备的闭库工程安全设施施工记录、竣工报告、竣工图和施工监理报告等；

（四）法律、行政法规和国家标准、行业标准规定的其他条件。

第三十一条 尾矿库闭库工程安全设施验收应当审查下列内容及资料：

（一）尾矿库库址所在行政区域位置、占地面积及尾矿库下游村庄、居民等情况；

（二）尾矿库建设和运行时间以及在建设和运行中曾经出现过的重大问题及其处理措施；

（三）尾矿库主要技术参数，包括初期坝结构、筑坝材料、堆坝方式、坝高、总库容、尾矿坝外坡坡比、尾矿粒度、尾矿堆积量、防洪排水型式等；

（四）闭库工程安全设施设计及审批文件；

（五）闭库工程安全设施设计的主要工程措施和闭库工程施工概况；

（六）闭库工程安全验收评价报告；

（七）闭库工程安全设施竣工报告及竣工图；

（八）施工监理报告；

（九）其他相关资料。

第三十二条 尾矿库闭库工作及闭库后的安全管理由原生产经营单位负责。对解散或者关闭破产的生产经营单位，其已关闭或者废弃的尾矿库的管理工作，由生产经营单位出资人或其上级主管单位负责；无上级主管单位或者出资人不明确的，由安全生产监督管理部门提请县级以上人民政府指定管理单位。

第五章 监督管理

第三十三条 安全生产监督管理部门应当严格按照有关法律、行政法规、国家标准、行业标准以及本规定要求和"分级属地"的原则，进行尾矿库建设项目安全设施设计审查；不符合规定条件的，不得批准。审查不得收取费用。

第三十四条 安全生产监督管理部门应当建立本行政区域内尾矿库安全生产监督检查档案，记录监督检查结果、生产安全事故及违法行为查处等情况。

第三十五条 安全生产监督管理部门应当加强对尾矿库生产经营单位安全生产的监督检查，对检查中发现的事故隐患和违法违规生产行为，依法作出处理。

第三十六条 安全生产监督管理部门应当建立尾矿库安全生产举报制度，公开举报电话、信箱或者电子邮件地址，受理有关举报；对受理的举报，应当认真调查核实；经查证属实的，应当依法作出处理。

第三十七条 安全生产监督管理部门应当加强本行政区域内生产经营单位应急预案的备案管理，并将尾矿库事故应急救援纳入地方各级人民政府应急救援体系。

第六章 法律责任

第三十八条 安全生产监督管理部门的工作人员，未依法履行尾矿库安全监督管理职责的，依照有关规定给予行政处分。

第三十九条 生产经营单位或者尾矿库管理单位违反本规定第八条第二款、第十九条、第二十条、第二十一条、第二十二条、第二十四条、第二十六条、第二十九条第一款规定的，给予警告，并处1万元以上3万元以下的罚款；对主管人员和直接责任人员由其所在单位或者上级主管单位给予行政处分；构成犯罪的，依法追究刑事责任。

生产经营单位或者尾矿库管理单位违反本规定第二十三条规定的，依照《安全生产法》实施处罚。

第四十条 生产经营单位或尾矿库管理单位违反本规定第十八条规定的，给予警告，并处3万元的罚款；情节严重的，依法责令停产整顿或者提请县级以上地方人民政府按照规定权限予以关闭。

第四十一条 生产经营单位违反本规定第二十八条第一款规定不主动实施闭库的，给予警告，并处3万元的罚款。

第四十二条 本规定规定的行政处罚由安全生产监督管理部门决定。

法律、行政法规对行政处罚决定机关和处罚种类、幅度另有规定的，依照其规定。

第七章 附 则

第四十三条 本规定自2011年7月1日起施行。国家安全生产监督管理总局2006年公布的《尾矿库安全监督管理规定》(国家安全生产监督管理总局令第6号)同时废止。

小型露天采石场安全管理与监督检查规定

- 2011年5月4日国家安全生产监管总局令第39号公布
- 根据2015年5月26日《国家安全监管总局关于废止和修改非煤矿矿山领域九部规章的决定》修订

第一章 总 则

第一条 为预防和减少小型露天采石场生产安全事故，保障从业人员的安全与健康，根据《安全生产法》《矿山安全法》《安全生产许可证条例》等有关法律、行政法规，制定本规定。

第二条 年生产规模不超过50万吨的山坡型露天采石作业单位(以下统称小型露天采石场)的安全生产及对其监督管理，适用本规定。

开采型材和金属矿产资源的小型露天矿山的安全生产及对其监督管理，不适用本规定。

第三条 县级以上地方人民政府安全生产监督管理部门对小型露天采石场的安全生产实施监督管理。所辖区域内有小型露天采石场的乡(镇)应当明确负责安全生产工作的管理人员及其职责。

第二章 安全生产保障

第四条 小型露天采石场主要负责人对本单位的安全生产工作负总责，应当组织制定和落实安全生产责任制，改善劳动条件和作业环境，保证安全生产投入的有效实施。

小型露天采石场主要负责人应当经安全生产监督管理部门考核合格并取得安全资格证书。

第五条 小型露天采石场应当建立健全安全生产管理制度和岗位安全操作规程，至少配备一名专职安全生产管理人员。

安全生产管理人员应当按照国家有关规定经安全生产监督管理部门考核合格并取得安全资格证书。

第六条 小型露天采石场应当至少配备一名专业技术人员，或者聘用专业技术人员、注册安全工程师、委托相关技术服务机构为其提供安全生产管理服务。

第七条 小型露天采石场新进矿山的作业人员应当接受不少于40小时的安全培训，已在岗的作业人员应当每年接受不少于20小时的安全再培训。

特种作业人员必须按照国家有关规定经专门的安全技术培训并考核合格，取得特种作业操作证书后，方可上岗作业。

第八条 小型露天采石场必须参加工伤保险，按照国家有关规定提取和使用安全生产费用。

第九条 新建、改建、扩建小型露天采石场应当由具有建设主管部门认定资质的设计单位编制开采设计或者开采方案。采石场布置和开采方式发生重大变化时，应当重新编制开采设计或者开采方案，并由原审查部门审查批准。

第十条 小型露天采石场新建、改建、扩建工程项目安全设施应当按照规定履行设计审查程序。

第十一条 小型露天采石场应当依法取得非煤矿矿山企业安全生产许可证。未取得安全生产许可证的，不得从事生产活动。

在安全生产许可证有效期内采矿许可证到期失效的，小型露天采石场应当在采矿许可证到期前15日内向原安全生产许可证颁发管理机关报告，并交回安全生产许可证正本和副本。

第十二条 相邻的采石场开采范围之间最小距离应当大于300米。对可能危及对方生产安全的，双方应当签订安全生产管理协议，明确各自的安全生产管理职责和应当采取的安全措施，指定专门人员进行安全检查与协调。

第十三条　小型露天采石场应当采用中深孔爆破，严禁采用扩壶爆破、掏底崩落、掏挖开采和不分层的"一面墙"等开采方式。

不具备实施中深孔爆破条件的，由所在地安全生产监督管理部门聘请有关专家进行论证，经论证符合要求的，方可采用浅孔爆破开采。

小型露天采石场实施中深孔爆破条件的审核办法，由省级安全生产监督管理部门制定。

第十四条　不采用爆破方式直接使用挖掘机进行采矿作业的，台阶高度不得超过挖掘机最大挖掘高度。

第十五条　小型露天采石场应当采用台阶式开采。不能采用台阶式开采的，应当自上而下分层顺序开采。

分层开采的分层高度、最大开采高度（第一分层的坡顶线到最后一分层的坡底线的垂直距离）和最终边坡角由设计确定，实施浅孔爆破作业时，分层数不得超过6个，最大开采高度不得超过30米；实施中深孔爆破作业时，分层高度不得超过20米，分层数不得超过3个，最大开采高度不得超过60米。

分层开采的凿岩平台宽度由设计确定，最小凿岩平台宽度不得小于4米。

分层开采的底部装运平台宽度由设计确定，且应当满足调车作业所需的最小平台宽度要求。

第十六条　小型露天采石场应当遵守国家有关民用爆炸物品和爆破作业的安全规定，由具有相应资格的爆破作业人员进行爆破，设置爆破警戒范围，实行定时爆破制度。不得在爆破警戒范围内避炮。

禁止在雷雨、大雾、大风等恶劣天气条件下进行爆破作业。雷电高发地区应当选用非电起爆系统。

第十七条　对爆破后产生的大块矿岩应当采用机械方式进行破碎，不得使用爆破方式进行二次破碎。

第十八条　承包爆破作业的专业服务单位应当取得爆破作业单位许可证，承包采矿和剥离作业的采掘施工单位应当持有非煤矿矿山企业安全生产许可证。

第十九条　采石场上部需要剥离的，剥离工作面应当超前于开采工作面4米以上。

第二十条　小型露天采石场在作业前和作业中以及每次爆破后，应当对坡面进行安全检查。发现工作面有裂痕，或者在坡面上有浮石、危石和伞檐体可能塌落时，应当立即停止作业并撤离人员至安全地点，采取安全措施和消除隐患。

采石场的入口道路及相关危险源点应当设置安全警示标志，严禁任何人员在边坡底部休息和停留。

第二十一条　在坡面上进行排险作业时，作业人员应当系安全带，不得站在危石、浮石上及悬空作业。严禁在同一坡面上下双层或者多层同时作业。

距工作台阶坡底线50米范围内不得从事碎石加工作业。

第二十二条　小型露天采石场应当采用机械铲装作业，严禁使用人工装运矿岩。

同一工作面有两台铲装机械作业时，最小间距应当大于铲装机械最大回转半径的2倍。

严禁自卸汽车运载易燃、易爆物品；严禁超载运输；装载与运输作业时，严禁在驾驶室外侧、车斗内站人。

第二十三条　废石、废碴应当排放到废石场。废石场的设置应当符合设计要求和有关安全规定。顺山或顺沟排放废石、废碴的，应当有防止泥石流的具体措施。

第二十四条　电气设备应当有接地、过流、漏电保护装置。变电所应当有独立的避雷系统和防火、防潮与防止小动物窜入带电部位的措施。

第二十五条　小型露天采石场应当制定完善的防洪措施。对开采境界上方汇水影响安全的，应当设置截水沟。

第二十六条　小型露天采石场应当制定应急救援预案，建立兼职救援队伍，明确救援人员的职责，并与邻近的矿山救护队或者其他具备救护条件的单位签订救护协议。发生生产安全事故时，应当立即组织抢救，并在1小时内向当地安全生产监督管理部门报告。

第二十七条　小型露天采石场应当加强粉尘检测和防治工作，采取有效措施防治职业危害，建立职工健康档案，为从业人员提供符合国家标准或者行业标准的劳动防护用品和劳动保护设施，并指导监督其正确使用。

第二十八条　小型露天采石场应当在每年年末测绘采石场开采现状平面图和剖面图，并归档管理。

第三章　监督检查

第二十九条　安全生产监督管理部门应当加强对小型露天采石场的监督检查，对检查中发现的事故隐患和安全生产违法违规行为，依法作出现场处理或者实施行政处罚。

第三十条　安全生产监督管理部门应当建立健全本行政区域内小型露天采石场的安全生产档案，记录监督检查结果、生产安全事故和违法行为查处等情况。

第三十一条　对于未委托具备相应资质的设计单位编制开采设计或者开采方案，以及周边300米范围内存在生产生活设施的小型露天采石场，不得对其进行审查和验收。

第三十二条 安全生产监督管理部门应当加强对小型露天采石场实施中深孔爆破条件的监督检查。严格限制小型露天采石场采用浅孔爆破开采方式。

第三十三条 安全生产监督管理部门应当督促小型露天采石场加强对承包作业的采掘施工单位的管理，明确双方安全生产责任。

第三十四条 安全生产监督管理部门应当加强本行政区域内小型露天采石场应急预案的管理，督促乡（镇）人民政府做好事故应急救援的协调工作。

第四章 法律责任

第三十五条 安全生产监督管理部门及其工作人员违反法律法规和本规定，未依法履行对小型露天采石场安全生产监督检查职责的，依法给予行政处分。

第三十六条 违反本规定第六条规定的，责令限期改正，并处1万元以下的罚款。

第三十七条 违反本规定第十条第一款规定的，责令停止建设或者停产停业整顿，限期改正；逾期未改正的，处50万元以上100万元以下的罚款，对其直接负责的主管人员和其他直接责任人员处2万元以上5万元以下的罚款；构成犯罪的，依照刑法有关规定追究刑事责任。

第三十八条 违反本规定第十一条第一款规定的，责令停止生产，没收违法所得，并处10万元以上50万元以下的罚款。

第三十九条 违反本规定第十二条、第十三条第一、二款、第十四条、第十五条、第十六条、第十七条、第十九条、第二十条第一款、第二十一条、第二十二条规定的，给予警告，并处1万元以上3万元以下的罚款。

第四十条 违反本规定第二十三条、第二十四条、第二十五条、第二十八条规定的，给予警告，并处2万元以下的罚款。

第四十一条 本规定规定的行政处罚由安全生产监督管理部门决定。法律、行政法规对行政处罚另有规定的，依照其规定。

第五章 附 则

第四十二条 省、自治区、直辖市人民政府安全生产监督管理部门可以根据本规定制定实施细则，报国家安全生产监督管理总局备案。

第四十三条 本规定自2011年7月1日起施行。2004年12月28日原国家安全生产监督管理局（国家煤矿安全监察局）公布的《小型露天采石场安全生产暂行规定》（原国家安全生产监督管理局〈国家煤矿安全监察局〉令第19号）同时废止。

中华人民共和国生物安全法

· 2020年10月17日第十三届全国人民代表大会常务委员会第二十二次会议通过
· 根据2024年4月26日第十四届全国人民代表大会常务委员会第九次会议《关于修改〈中华人民共和国农业技术推广法〉、〈中华人民共和国未成年人保护法〉、〈中华人民共和国生物安全法〉的决定》修正

第一章 总 则

第一条 为了维护国家安全，防范和应对生物安全风险，保障人民生命健康，保护生物资源和生态环境，促进生物技术健康发展，推动构建人类命运共同体，实现人与自然和谐共生，制定本法。

第二条 本法所称生物安全，是指国家有效防范和应对危险生物因子及相关因素威胁，生物技术能够稳定健康发展，人民生命健康和生态系统相对处于没有危险和不受威胁的状态，生物领域具备维护国家安全和持续发展的能力。

从事下列活动，适用本法：
（一）防控重大新发突发传染病、动植物疫情；
（二）生物技术研究、开发与应用；
（三）病原微生物实验室生物安全管理；
（四）人类遗传资源与生物资源安全管理；
（五）防范外来物种入侵与保护生物多样性；
（六）应对微生物耐药；
（七）防范生物恐怖袭击与防御生物武器威胁；
（八）其他与生物安全相关的活动。

第三条 生物安全是国家安全的重要组成部分。维护生物安全应当贯彻总体国家安全观，统筹发展和安全，坚持以人为本、风险预防、分类管理、协同配合的原则。

第四条 坚持中国共产党对国家生物安全工作的领导，建立健全国家生物安全领导体制，加强国家生物安全风险防控和治理体系建设，提高国家生物安全治理能力。

第五条 国家鼓励生物科技创新，加强生物安全基础设施和生物科技人才队伍建设，支持生物产业发展，以创新驱动提升生物科技水平，增强生物安全保障能力。

第六条 国家加强生物安全领域的国际合作，履行中华人民共和国缔结或者参加的国际条约规定的义务，支持参与生物科技交流合作与生物安全事件国际救援，

积极参与生物安全国际规则的研究与制定，推动完善全球生物安全治理。

第七条 各级人民政府及其有关部门应当加强生物安全法律法规和生物安全知识宣传普及工作，引导基层群众性自治组织、社会组织开展生物安全法律法规和生物安全知识宣传，促进全社会生物安全意识的提升。

相关科研院校、医疗机构以及其他企业事业单位应当将生物安全法律法规和生物安全知识纳入教育培训内容，加强学生、从业人员生物安全意识和伦理意识的培养。

新闻媒体应当开展生物安全法律法规和生物安全知识公益宣传，对生物安全违法行为进行舆论监督，增强公众维护生物安全的社会责任意识。

第八条 任何单位和个人不得危害生物安全。

任何单位和个人有权举报危害生物安全的行为；接到举报的部门应当及时依法处理。

第九条 对在生物安全工作中做出突出贡献的单位和个人，县级以上人民政府及其有关部门按照国家规定予以表彰和奖励。

第二章 生物安全风险防控体制

第十条 中央国家安全领导机构负责国家生物安全工作的决策和议事协调，研究制定、指导实施国家生物安全战略和有关重大方针政策，统筹协调国家生物安全的重大事项和重要工作，建立国家生物安全工作协调机制。

省、自治区、直辖市建立生物安全工作协调机制，组织协调、督促推进本行政区域内生物安全相关工作。

第十一条 国家生物安全工作协调机制由国务院卫生健康、农业农村、科学技术、外交等主管部门和有关军事机关组成，分析研判国家生物安全形势，组织协调、督促推进国家生物安全相关工作。国家生物安全工作协调机制设立办公室，负责协调机制的日常工作。

国家生物安全工作协调机制成员单位和国务院其他有关部门根据职责分工，负责生物安全相关工作。

第十二条 国家生物安全工作协调机制设立专家委员会，为国家生物安全战略研究、政策制定及实施提供决策咨询。

国务院有关部门组织建立相关领域、行业的生物安全技术咨询专家委员会，为生物安全工作提供咨询、评估、论证等技术支撑。

第十三条 地方各级人民政府对本行政区域内生物安全工作负责。

县级以上地方人民政府有关部门根据职责分工，负责生物安全相关工作。

基层群众性自治组织应当协助地方人民政府以及有关部门做好生物安全风险防控、应急处置和宣传教育等工作。

有关单位和个人应当配合做好生物安全风险防控和应急处置等工作。

第十四条 国家建立生物安全风险监测预警制度。国家生物安全工作协调机制组织建立国家生物安全风险监测预警体系，提高生物安全风险识别和分析能力。

第十五条 国家建立生物安全风险调查评估制度。国家生物安全工作协调机制应当根据风险监测的数据、资料等信息，定期组织开展生物安全风险调查评估。

有下列情形之一的，有关部门应当及时开展生物安全风险调查评估，依法采取必要的风险防控措施：

（一）通过风险监测或者接到举报发现可能存在生物安全风险；

（二）为确定监督管理的重点领域、重点项目，制定、调整生物安全相关名录或者清单；

（三）发生重大新发突发传染病、动植物疫情等危害生物安全的事件；

（四）需要调查评估的其他情形。

第十六条 国家建立生物安全信息共享制度。国家生物安全工作协调机制组织建立统一的国家生物安全信息平台，有关部门应当将生物安全数据、资料等信息汇交国家生物安全信息平台，实现信息共享。

第十七条 国家建立生物安全信息发布制度。国家生物安全总体情况、重大生物安全风险警示信息、重大生物安全事件及其调查处理信息等重大生物安全信息，由国家生物安全工作协调机制成员单位根据职责分工发布；其他生物安全信息由国务院有关部门和县级以上地方人民政府及其有关部门根据职责权限发布。

任何单位和个人不得编造、散布虚假的生物安全信息。

第十八条 国家建立生物安全名录和清单制度。国务院及其有关部门根据生物安全工作需要，对涉及生物安全的材料、设备、技术、活动、重要生物资源数据、传染病、动植物疫病、外来入侵物种等制定、公布名录或者清单，并动态调整。

第十九条 国家建立生物安全标准制度。国务院标准化主管部门和国务院其他有关部门根据职责分工，制定和完善生物安全领域相关标准。

国家生物安全工作协调机制组织有关部门加强不同领域生物安全标准的协调和衔接，建立和完善生物安全标准体系。

第二十条 国家建立生物安全审查制度。对影响或者可能影响国家安全的生物领域重大事项和活动，由国务院有关部门进行生物安全审查，有效防范和化解生物安全风险。

第二十一条 国家建立统一领导、协同联动、有序高效的生物安全应急制度。

国务院有关部门应当组织制定相关领域、行业生物安全事件应急预案，根据应急预案和统一部署开展应急演练、应急处置、应急救援和事后恢复等工作。

县级以上地方人民政府及其有关部门应当制定并组织、指导和督促相关企业事业单位制定生物安全事件应急预案，加强应急准备、人员培训和应急演练，开展生物安全事件应急处置、应急救援和事后恢复等工作。

中国人民解放军、中国人民武装警察部队按照中央军事委员会的命令，依法参加生物安全事件应急处置和应急救援工作。

第二十二条 国家建立生物安全事件调查溯源制度。发生重大新发突发传染病、动植物疫情和不明原因的生物安全事件，国家生物安全工作协调机制应当组织开展调查溯源，确定事件性质，全面评估事件影响，提出意见建议。

第二十三条 国家建立首次进境或者暂停后恢复进境的动植物、动植物产品、高风险生物因子国家准入制度。

进出境的人员、运输工具、集装箱、货物、物品、包装物和国际航行船舶压舱水排放等应当符合我国生物安全管理要求。

海关对发现的进出境和过境生物安全风险，应当依法处置。经评估为生物安全高风险的人员、运输工具、货物、物品等，应当从指定的国境口岸进境，并采取严格的风险防控措施。

第二十四条 国家建立境外重大生物安全事件应对制度。境外发生重大生物安全事件的，海关依法采取生物安全紧急防控措施，加强证件核验，提高查验比例，暂停相关人员、运输工具、货物、物品等进境。必要时经国务院同意，可以采取暂时关闭有关口岸、封锁有关国境等措施。

第二十五条 县级以上人民政府有关部门应当依法开展生物安全监督检查工作，被检查单位和个人应当配合，如实说明情况，提供资料，不得拒绝、阻挠。

涉及专业技术要求较高、执法业务难度较大的监督检查工作，应当有生物安全专业技术人员参加。

第二十六条 县级以上人民政府有关部门实施生物安全监督检查，可以依法采取下列措施：

（一）进入被检查单位、地点或者涉嫌实施生物安全违法行为的场所进行现场监测、勘查、检查或者核查；

（二）向有关单位和个人了解情况；

（三）查阅、复制有关文件、资料、档案、记录、凭证等；

（四）查封涉嫌实施生物安全违法行为的场所、设施；

（五）扣押涉嫌实施生物安全违法行为的工具、设备以及相关物品；

（六）法律法规规定的其他措施。

有关单位和个人的生物安全违法信息应当依法纳入全国信用信息共享平台。

第三章 防控重大新发突发传染病、动植物疫情

第二十七条 国务院卫生健康、农业农村、林业草原、海关、生态环境主管部门应当建立新发突发传染病、动植物疫情、进出境检疫、生物技术环境安全监测网络，组织监测站点布局、建设，完善监测信息报告系统，开展主动监测和病原检测，并纳入国家生物安全风险监测预警体系。

第二十八条 疾病预防控制机构、动物疫病预防控制机构、植物病虫害预防控制机构（以下统称专业机构）应当对传染病、动植物疫病和列入监测范围的不明原因疾病开展主动监测，收集、分析、报告监测信息，预测新发突发传染病、动植物疫病的发生、流行趋势。

国务院有关部门、县级以上地方人民政府及其有关部门应当根据预测和职责权限及时发布预警，并采取相应的防控措施。

第二十九条 任何单位和个人发现传染病、动植物疫病的，应当及时向医疗机构、有关专业机构或者部门报告。

医疗机构、专业机构及其工作人员发现传染病、动植物疫病或者不明原因的聚集性疾病的，应当及时报告，并采取保护性措施。

依法应当报告的，任何单位和个人不得瞒报、谎报、缓报、漏报，不得授意他人瞒报、谎报、缓报，不得阻碍他人报告。

第三十条　国家建立重大新发突发传染病、动植物疫情联防联控机制。

发生重大新发突发传染病、动植物疫情，应当依照有关法律法规和应急预案的规定及时采取控制措施；国务院卫生健康、农业农村、林业草原主管部门应当立即组织疫情会商研判，将会商研判结论向中央国家安全领导机构和国务院报告，并通报国家生物安全工作协调机制其他成员单位和国务院其他有关部门。

发生重大新发突发传染病、动植物疫情，地方各级人民政府统一履行本行政区域内疫情防控职责，加强组织领导，开展群防群控、医疗救治，动员和鼓励社会力量依法有序参与疫情防控工作。

第三十一条　国家加强国境、口岸传染病和动植物疫情联合防控能力建设，建立传染病、动植物疫情防控国际合作网络，尽早发现、控制重大新发突发传染病、动植物疫情。

第三十二条　国家保护野生动物，加强动物防疫，防止动物源性传染病传播。

第三十三条　国家加强对抗生素药物等抗微生物药物使用和残留的管理，支持应对微生物耐药的基础研究和科技攻关。

县级以上人民政府卫生健康主管部门应当加强对医疗机构合理用药的指导和监督，采取措施防止抗微生物药物的不合理使用。县级以上人民政府农业农村、林业草原主管部门应当加强对农业生产中合理用药的指导和监督，采取措施防止抗微生物药物的不合理使用，降低在农业生产环境中的残留。

国务院卫生健康、农业农村、林业草原、生态环境等主管部门和药品监督管理部门应当根据职责分工，评估抗微生物药物残留对人体健康、环境的危害，建立抗微生物药物污染物指标评价体系。

第四章　生物技术研究、开发与应用安全

第三十四条　国家加强对生物技术研究、开发与应用活动的安全管理，禁止从事危及公众健康、损害生物资源、破坏生态系统和生物多样性等危害生物安全的生物技术研究、开发与应用活动。

从事生物技术研究、开发与应用活动，应当符合伦理原则。

第三十五条　从事生物技术研究、开发与应用活动的单位应当对本单位生物技术研究、开发与应用的安全负责，采取生物安全风险防控措施，制定生物安全培训、跟踪检查、定期报告等工作制度，强化过程管理。

第三十六条　国家对生物技术研究、开发活动实行分类管理。根据对公众健康、工业农业、生态环境等造成危害的风险程度，将生物技术研究、开发活动分为高风险、中风险、低风险三类。

生物技术研究、开发活动风险分类标准及名录由国务院科学技术、卫生健康、农业农村等主管部门根据职责分工，会同国务院其他有关部门制定、调整并公布。

第三十七条　从事生物技术研究、开发活动，应当遵守国家生物技术研究开发安全管理规范。

从事生物技术研究、开发活动，应当进行风险类别判断，密切关注风险变化，及时采取应对措施。

第三十八条　从事高风险、中风险生物技术研究、开发活动，应当由在我国境内依法成立的法人组织进行，并依法取得批准或者进行备案。

从事高风险、中风险生物技术研究、开发活动，应当进行风险评估，制定风险防控计划和生物安全事件应急预案，降低研究、开发活动实施的风险。

第三十九条　国家对涉及生物安全的重要设备和特殊生物因子实行追溯管理。购买或者引进列入管控清单的重要设备和特殊生物因子，应当进行登记，确保可追溯，并报国务院有关部门备案。

个人不得购买或者持有列入管控清单的重要设备和特殊生物因子。

第四十条　从事生物医学新技术临床研究，应当通过伦理审查，并在具备相应条件的医疗机构内进行；进行人体临床研究操作的，应当由符合相应条件的卫生专业技术人员执行。

第四十一条　国务院有关部门依法对生物技术应用活动进行跟踪评估，发现存在生物安全风险的，应当及时采取有效补救和管控措施。

第五章　病原微生物实验室生物安全

第四十二条　国家加强对病原微生物实验室生物安全的管理，制定统一的实验室生物安全标准。病原微生物实验室应当符合生物安全国家标准和要求。

从事病原微生物实验活动，应当严格遵守有关国家标准和实验室技术规范、操作规程，采取安全防范措施。

第四十三条　国家根据病原微生物的传染性、感染后对人和动物的个体或者群体的危害程度，对病原微生物实行分类管理。

从事高致病性或者疑似高致病性病原微生物样本采集、保藏、运输活动，应当具备相应条件，符合生物安全管理规范。具体办法由国务院卫生健康、农业农村主管部

门制定。

第四十四条 设立病原微生物实验室,应当依法取得批准或者进行备案。

个人不得设立病原微生物实验室或者从事病原微生物实验活动。

第四十五条 国家根据对病原微生物的生物安全防护水平,对病原微生物实验室实行分等级管理。

从事病原微生物实验活动应当在相应等级的实验室进行。低等级病原微生物实验室不得从事国家病原微生物目录规定应当在高等级病原微生物实验室进行的病原微生物实验活动。

第四十六条 高等级病原微生物实验室从事高致病性或者疑似高致病性病原微生物实验活动,应当经省级以上人民政府卫生健康或者农业农村主管部门批准,并将实验活动情况向批准部门报告。

对我国尚未发现或者已经宣布消灭的病原微生物,未经批准不得从事相关实验活动。

第四十七条 病原微生物实验室应当采取措施,加强对实验动物的管理,防止实验动物逃逸,对使用后的实验动物按照国家规定进行无害化处理,实现实验动物可追溯。禁止将使用后的实验动物流入市场。

病原微生物实验室应当加强对实验活动废弃物的管理,依法对废水、废气以及其他废弃物进行处置,采取措施防止污染。

第四十八条 病原微生物实验室的设立单位负责实验室的生物安全管理,制定科学、严格的管理制度,定期对有关生物安全规定的落实情况进行检查,对实验室设施、设备、材料等进行检查、维护和更新,确保其符合国家标准。

病原微生物实验室设立单位的法定代表人和实验室负责人对实验室的生物安全负责。

第四十九条 病原微生物实验室的设立单位应当建立和完善安全保卫制度,采取安全保卫措施,保障实验室及其病原微生物的安全。

国家加强对高等级病原微生物实验室的安全保卫。高等级病原微生物实验室应当接受公安机关等部门有关实验室安全保卫工作的监督指导,严防高致病性病原微生物泄漏、丢失和被盗、被抢。

国家建立高等级病原微生物实验室人员进入审核制度。进入高等级病原微生物实验室的人员应当经实验室负责人批准。对可能影响实验室生物安全的,不予批准;对批准进入的,应当采取安全保障措施。

第五十条 病原微生物实验室的设立单位应当制定生物安全事件应急预案,定期组织开展人员培训和应急演练。发生高致病性病原微生物泄漏、丢失和被盗、被抢或者其他生物安全风险的,应当按照应急预案的规定及时采取控制措施,并按照国家规定报告。

第五十一条 病原微生物实验室所在地省级人民政府及其卫生健康主管部门应当加强实验室所在地感染性疾病医疗资源配置,提高感染性疾病医疗救治能力。

第五十二条 企业对涉及病原微生物操作的生产车间的生物安全管理,依照有关病原微生物实验室的规定和其他生物安全管理规范进行。

涉及生物毒素、植物有害生物及其他生物因子操作的生物安全实验室的建设和管理,参照有关病原微生物实验室的规定执行。

第六章 人类遗传资源与生物资源安全

第五十三条 国家加强对我国人类遗传资源和生物资源采集、保藏、利用、对外提供等活动的管理和监督,保障人类遗传资源和生物资源安全。

国家对我国人类遗传资源和生物资源享有主权。

第五十四条 国家开展人类遗传资源和生物资源调查。

国务院卫生健康主管部门组织开展我国人类遗传资源调查,制定重要遗传家系和特定地区人类遗传资源申报登记办法。

国务院卫生健康、科学技术、自然资源、生态环境、农业农村、林业草原、中医药主管部门根据职责分工,组织开展生物资源调查,制定重要生物资源申报登记办法。

第五十五条 采集、保藏、利用、对外提供我国人类遗传资源,应当符合伦理原则,不得危害公众健康、国家安全和社会公共利益。

第五十六条 从事下列活动,应当经国务院卫生健康主管部门批准:

(一)采集我国重要遗传家系、特定地区人类遗传资源或者采集国务院卫生健康主管部门规定的种类、数量的人类遗传资源;

(二)保藏我国人类遗传资源;

(三)利用我国人类遗传资源开展国际科学研究合作;

(四)将我国人类遗传资源材料运送、邮寄、携带出境。

前款规定不包括以临床诊疗、采供血服务、查处违法犯罪、兴奋剂检测和殡葬等为目的采集、保藏人类遗传资源及开展的相关活动。

为了取得相关药品和医疗器械在我国上市许可,在临床试验机构利用我国人类遗传资源开展国际合作临床试验、不涉及人类遗传资源出境的,不需要批准;但是,在开展临床试验前应当将拟使用的人类遗传资源种类、数量及用途向国务院卫生健康主管部门备案。

境外组织、个人及其设立或者实际控制的机构不得在我国境内采集、保藏我国人类遗传资源,不得向境外提供我国人类遗传资源。

第五十七条 将我国人类遗传资源信息向境外组织、个人及其设立或者实际控制的机构提供或者开放使用的,应当向国务院卫生健康主管部门事先报告并提交信息备份。

第五十八条 采集、保藏、利用、运输出境我国珍贵、濒危、特有物种及其可用于再生或者繁殖传代的个体、器官、组织、细胞、基因等遗传资源,应当遵守有关法律法规。

境外组织、个人及其设立或者实际控制的机构获取和利用我国生物资源,应当依法取得批准。

第五十九条 利用我国生物资源开展国际科学研究合作,应当依法取得批准。

利用我国人类遗传资源和生物资源开展国际科学研究合作,应当保证中方单位及其研究人员全过程、实质性地参与研究,依法分享相关权益。

第六十条 国家加强对外来物种入侵的防范和应对,保护生物多样性。国务院农业农村主管部门会同国务院其他有关部门制定外来入侵物种名录和管理办法。

国务院有关部门根据职责分工,加强对外来入侵物种的调查、监测、预警、控制、评估、清除以及生态修复等工作。

任何单位和个人未经批准,不得擅自引进、释放或者丢弃外来物种。

第七章 防范生物恐怖与生物武器威胁

第六十一条 国家采取一切必要措施防范生物恐怖与生物武器威胁。

禁止开发、制造或者以其他方式获取、储存、持有和使用生物武器。

禁止以任何方式唆使、资助、协助他人开发、制造或者以其他方式获取生物武器。

第六十二条 国务院有关部门制定、修改、公布可被用于生物恐怖活动、制造生物武器的生物体、生物毒素、设备或者技术清单,加强监管,防止其被用于制造生物武器或者恐怖目的。

第六十三条 国务院有关部门和有关军事机关根据职责分工,加强对可被用于生物恐怖活动、制造生物武器的生物体、生物毒素、设备或者技术进出境、进出口、获取、制造、转移和投放等活动的监测、调查,采取必要的防范和处置措施。

第六十四条 国务院有关部门、省级人民政府及其有关部门负责组织遭受生物恐怖袭击、生物武器攻击后的人员救治与安置、环境消毒、生态修复、安全监测和社会秩序恢复等工作。

国务院有关部门、省级人民政府及其有关部门应当有效引导社会舆论科学、准确报道生物恐怖袭击和生物武器攻击事件,及时发布疏散、转移和紧急避难等信息,对应急处置与恢复过程中遭受污染的区域和人员进行长期环境监测和健康监测。

第六十五条 国家组织开展对我国境内战争遗留生物武器及其危害结果、潜在影响的调查。

国家组织建设存放和处理战争遗留生物武器设施,保障对战争遗留生物武器的安全处置。

第八章 生物安全能力建设

第六十六条 国家制定生物安全事业发展规划,加强生物安全能力建设,提高应对生物安全事件的能力和水平。

县级以上人民政府应当支持生物安全事业发展,按照事权划分,将支持下列生物安全事业发展的相关支出列入政府预算:

(一)监测网络的构建和运行;
(二)应急处置和防控物资的储备;
(三)关键基础设施的建设和运行;
(四)关键技术和产品的研究、开发;
(五)人类遗传资源和生物资源的调查、保藏;
(六)法律法规规定的其他重要生物安全事业。

第六十七条 国家采取措施支持生物安全科技研究,加强生物安全风险防御与管控技术研究,整合优势力量和资源,建立多学科、多部门协同创新的联合攻关机制,推动生物安全核心关键技术和重大防御产品的成果产出与转化应用,提高生物安全的科技保障能力。

第六十八条 国家统筹布局全国生物安全基础设施建设。国务院有关部门根据职责分工,加快建设生物信息、人类遗传资源保藏、菌(毒)种保藏、动植物遗传资源保藏、高等级病原微生物实验室等方面的生物安全国家战略资源平台,建立共享利用机制,为生物安全科技创新提供战略保障和支撑。

第六十九条 国务院有关部门根据职责分工,加强生物基础科学研究人才和生物领域专业技术人才培养,推动生物基础科学学科建设和科学研究。

国家生物安全基础设施重要岗位的从业人员应当具备符合要求的资格,相关信息应当向国务院有关部门备案,并接受岗位培训。

第七十条 国家加强重大新发突发传染病、动植物疫情等生物安全风险防控的物资储备。

国家加强生物安全应急药品、装备等物资的研究、开发和技术储备。国务院有关部门根据职责分工,落实生物安全应急药品、装备等物资研究、开发和技术储备的相关措施。

国务院有关部门和县级以上地方人民政府及其有关部门应当保障生物安全事件应急处置所需的医疗救护设备、救治药品、医疗器械等物资的生产、供应和调配;交通运输主管部门应当及时组织协调运输经营单位优先运送。

第七十一条 国家对从事高致病性病原微生物实验活动、生物安全事件现场处置等高风险生物安全工作的人员,提供有效的防护措施和医疗保障。

第九章 法律责任

第七十二条 违反本法规定,履行生物安全管理职责的工作人员在生物安全工作中滥用职权、玩忽职守、徇私舞弊或者有其他违法行为的,依法给予处分。

第七十三条 违反本法规定,医疗机构、专业机构或者其工作人员瞒报、谎报、缓报、漏报,授意他人瞒报、谎报、缓报,或者阻碍他人报告传染病、动植物疫病或者不明原因的聚集性疾病的,由县级以上人民政府有关部门责令改正,给予警告;对法定代表人、主要负责人、直接负责的主管人员和其他直接责任人员,依法给予处分,并可以依法暂停一定期限的执业活动直至吊销相关执业证书。

违反本法规定,编造、散布虚假的生物安全信息,构成违反治安管理行为的,由公安机关依法给予治安管理处罚。

第七十四条 违反本法规定,从事国家禁止的生物技术研究、开发与应用活动的,由县级以上人民政府卫生健康、科学技术、农业农村主管部门根据职责分工,责令停止违法行为,没收违法所得、技术资料和用于违法行为的工具、设备、原材料等物品,处一百万元以上一千万元以下的罚款,违法所得在一百万元以上的,处违法所得十倍以上二十倍以下的罚款,并可以依法禁止一定期限内从事相应的生物技术研究、开发与应用活动,吊销相关许可证件;对法定代表人、主要负责人、直接负责的主管人员和其他直接责任人员,依法给予处分,处十万元以上二十万元以下的罚款,十年直至终身禁止从事相应的生物技术研究、开发与应用活动,依法吊销相关执业证书。

第七十五条 违反本法规定,从事生物技术研究、开发活动未遵守国家生物技术研究开发安全管理规范的,由县级以上人民政府有关部门根据职责分工,责令改正,给予警告,可以并处二万元以上二十万元以下的罚款;拒不改正或者造成严重后果的,责令停止研究、开发活动,并处二十万元以上二百万元以下的罚款。

第七十六条 违反本法规定,从事病原微生物实验活动未在相应等级的实验室进行,或者高等级病原微生物实验室未经批准从事高致病性、疑似高致病性病原微生物实验活动的,由县级以上地方人民政府卫生健康、农业农村主管部门根据职责分工,责令停止违法行为,监督其将用于实验活动的病原微生物销毁或者送交保藏机构,给予警告;造成传染病传播、流行或者其他严重后果的,对法定代表人、主要负责人、直接负责的主管人员和其他直接责任人员依法给予撤职、开除处分。

第七十七条 违反本法规定,将使用后的实验动物流入市场的,由县级以上人民政府科学技术主管部门责令改正,没收违法所得,并处二十万元以上一百万元以下的罚款,违法所得在二十万元以上的,并处违法所得五倍以上十倍以下的罚款;情节严重的,由发证部门吊销相关许可证件。

第七十八条 违反本法规定,有下列行为之一的,由县级以上人民政府有关部门根据职责分工,责令改正,没收违法所得,给予警告,可以并处十万元以上一百万元以下的罚款:

(一)购买或者引进列入管控清单的重要设备、特殊生物因子未进行登记,或者未报国务院有关部门备案;

(二)个人购买或者持有列入管控清单的重要设备或者特殊生物因子;

(三)个人设立病原微生物实验室或者从事病原微生物实验活动;

(四)未经实验室负责人批准进入高等级病原微生物实验室。

第七十九条 违反本法规定,未经批准,采集、保藏我国人类遗传资源或者利用我国人类遗传资源开展国际科学研究合作的，由国务院卫生健康主管部门责令停止违法行为，没收违法所得和违法采集、保藏的人类遗传资源，并处五十万元以上五百万元以下的罚款；违法所得在一百万元以上的，并处违法所得五倍以上十倍以下的罚款；情节严重的，对法定代表人、主要负责人、直接负责的主管人员和其他直接责任人员，依法给予处分，五年内禁止从事相应活动。

第八十条　违反本法规定，境外组织、个人及其设立或者实际控制的机构在我国境内采集、保藏我国人类遗传资源，或者向境外提供我国人类遗传资源的，由国务院卫生健康主管部门责令停止违法行为，没收违法所得和违法采集、保藏的人类遗传资源，并处一百万元以上一千万元以下的罚款；违法所得在一百万元以上的，并处违法所得十倍以上二十倍以下的罚款。

第八十一条　违反本法规定，未经批准，擅自引进外来物种的，由县级以上人民政府有关部门根据职责分工，没收引进的外来物种，并处五万元以上二十五万元以下的罚款。

违反本法规定，未经批准，擅自释放或者丢弃外来物种的，由县级以上人民政府有关部门根据职责分工，责令限期捕回、找回释放或者丢弃的外来物种，处一万元以上五万元以下的罚款。

第八十二条　违反本法规定，构成犯罪的，依法追究刑事责任；造成人身、财产或者其他损害的，依法承担民事责任。

第八十三条　违反本法规定的生物安全违法行为，本法未规定法律责任，其他有关法律、行政法规有规定的，依照其规定。

第八十四条　境外组织或者个人通过运输、邮寄、携带危险生物因子入境或者以其他方式危害我国生物安全的，依法追究法律责任，并可以采取其他必要措施。

第十章　附　则

第八十五条　本法下列术语的含义：

（一）生物因子，是指动物、植物、微生物、生物毒素及其他生物活性物质。

（二）重大新发突发传染病，是指我国境内首次出现或者已经宣布消灭再次发生，或者突然发生，造成或者可能造成公众健康和生命安全严重损害，引起社会恐慌，影响社会稳定的传染病。

（三）重大新发突发动物疫情，是指我国境内首次发生或者已经宣布消灭的动物疫病再次发生，或者发病率、死亡率较高的潜伏动物疫病突然发生并迅速传播，给养殖业生产安全造成严重威胁、危害，以及可能对公众健康和生命安全造成危害的情形。

（四）重大新发突发植物疫情，是指我国境内首次发生或者已经宣布消灭的严重危害植物的真菌、细菌、病毒、昆虫、线虫、杂草、害鼠、软体动物等再次引发病虫害，或者本地有害生物突然大范围发生并迅速传播，对农作物、林木等植物造成严重危害的情形。

（五）生物技术研究、开发与应用，是指通过科学和工程原理认识、改造、合成、利用生物而从事的科学研究、技术开发与应用等活动。

（六）病原微生物，是指可以侵犯人、动物引起感染甚至传染病的微生物，包括病毒、细菌、真菌、立克次体、寄生虫等。

（七）植物有害生物，是指能够对农作物、林木等植物造成危害的真菌、细菌、病毒、昆虫、线虫、杂草、害鼠、软体动物等生物。

（八）人类遗传资源，包括人类遗传资源材料和人类遗传资源信息。人类遗传资源材料是指含有人体基因组、基因等遗传物质的器官、组织、细胞等遗传材料。人类遗传资源信息是指利用人类遗传资源材料产生的数据等信息资料。

（九）微生物耐药，是指微生物对抗微生物药物产生抗性，导致抗微生物药物不能有效控制微生物的感染。

（十）生物武器，是指类型和数量不属于预防、保护或者其他和平用途所正当需要的、任何来源或者任何方法产生的微生物剂、其他生物剂以及生物毒素；也包括为将上述生物剂、生物毒素使用于敌对目的或者武装冲突而设计的武器、设备或者运载工具。

（十一）生物恐怖，是指故意使用致病性微生物、生物毒素等实施袭击，损害人类或者动植物健康，引起社会恐慌，企图达到特定政治目的的行为。

第八十六条　生物安全信息属于国家秘密的，应当依照《中华人民共和国保守国家秘密法》和国家其他有关保密规定实施保密管理。

第八十七条　中国人民解放军、中国人民武装警察部队的生物安全活动，由中央军事委员会依照本法规定的原则另行规定。

第八十八条　本法自 2021 年 4 月 15 日起施行。

中华人民共和国电力法

- 1995年12月28日第八届全国人民代表大会常务委员会第十七次会议通过
- 根据2009年8月27日第十一届全国人民代表大会常务委员会第十次会议《关于修改部分法律的决定》第一次修正
- 根据2015年4月24日第十二届全国人民代表大会常务委员会第十四次会议《关于修改〈中华人民共和国电力法〉等六部法律的决定》第二次修正
- 根据2018年12月29日第十三届全国人民代表大会常务委员会第七次会议《关于修改〈中华人民共和国电力法〉等四部法律的决定》第三次修正

第一章 总 则

第一条 为了保障和促进电力事业的发展,维护电力投资者、经营者和使用者的合法权益,保障电力安全运行,制定本法。

第二条 本法适用于中华人民共和国境内的电力建设、生产、供应和使用活动。

第三条 电力事业应当适应国民经济和社会发展的需要,适当超前发展。国家鼓励、引导国内外的经济组织和个人依法投资开发电源,兴办电力生产企业。

电力事业投资,实行谁投资、谁收益的原则。

第四条 电力设施受国家保护。

禁止任何单位和个人危害电力设施安全或者非法侵占、使用电能。

第五条 电力建设、生产、供应和使用应当依法保护环境,采用新技术,减少有害物质排放,防治污染和其他公害。

国家鼓励和支持利用可再生能源和清洁能源发电。

第六条 国务院电力管理部门负责全国电力事业的监督管理。国务院有关部门在各自的职责范围内负责电力事业的监督管理。

县级以上地方人民政府经济综合主管部门是本行政区域内的电力管理部门,负责电力事业的监督管理。县级以上地方人民政府有关部门在各自的职责范围内负责电力事业的监督管理。

第七条 电力建设企业、电力生产企业、电网经营企业依法实行自主经营、自负盈亏,并接受电力管理部门的监督。

第八条 国家帮助和扶持少数民族地区、边远地区和贫困地区发展电力事业。

第九条 国家鼓励在电力建设、生产、供应和使用过程中,采用先进的科学技术和管理方法,对在研究、开发、采用先进的科学技术和管理方法等方面作出显著成绩的单位和个人给予奖励。

第二章 电力建设

第十条 电力发展规划应当根据国民经济和社会发展的需要制定,并纳入国民经济和社会发展计划。

电力发展规划,应当体现合理利用能源、电源与电网配套发展、提高经济效益和有利于环境保护的原则。

第十一条 城市电网的建设与改造规划,应当纳入城市总体规划。城市人民政府应当按照规划,安排变电设施用地、输电线路走廊和电缆通道。

任何单位和个人不得非法占用变电设施用地、输电线路走廊和电缆通道。

第十二条 国家通过制定有关政策,支持、促进电力建设。

地方人民政府应当根据电力发展规划,因地制宜,采取多种措施开发电源,发展电力建设。

第十三条 电力投资者对其投资形成的电力,享有法定权益。并网运行的,电力投资者有优先使用权;未并网的自备电厂,电力投资者自行支配使用。

第十四条 电力建设项目应当符合电力发展规划,符合国家电力产业政策。

电力建设项目不得使用国家明令淘汰的电力设备和技术。

第十五条 输变电工程、调度通信自动化工程等电网配套工程和环境保护工程,应当与发电工程项目同时设计、同时建设、同时验收、同时投入使用。

第十六条 电力建设项目使用土地,应当依照有关法律、行政法规的规定办理;依法征收土地的,应当依法支付土地补偿费和安置补偿费,做好迁移居民的安置工作。

电力建设应当贯彻切实保护耕地、节约利用土地的原则。

地方人民政府对电力事业依法使用土地和迁移居民,应当予以支持和协助。

第十七条 地方人民政府应当支持电力企业为发电工程建设勘探水源和依法取水、用水。电力企业应当节约用水。

第三章 电力生产与电网管理

第十八条 电力生产与电网运行应当遵循安全、优质、经济的原则。

电网运行应当连续、稳定,保证供电可靠性。

第十九条 电力企业应当加强安全生产管理,坚持安全第一、预防为主的方针,建立、健全安全生产责任制度。

电力企业应当对电力设施定期进行检修和维护,保证其正常运行。

第二十条　发电燃料供应企业、运输企业和电力生产企业应当依照国务院有关规定或者合同约定供应、运输和接卸燃料。

第二十一条　电网运行实行统一调度、分级管理。任何单位和个人不得非法干预电网调度。

第二十二条　国家提倡电力生产企业与电网、电网与电网并网运行。具有独立法人资格的电力生产企业要求将生产的电力并网运行的,电网经营企业应当接受。

并网运行必须符合国家标准或者电力行业标准。

并网双方应当按照统一调度、分级管理和平等互利、协商一致的原则,签订并网协议,确定双方的权利和义务;并网双方达不成协议的,由省级以上电力管理部门协调决定。

第二十三条　电网调度管理办法,由国务院依照本法的规定制定。

第四章　电力供应与使用

第二十四条　国家对电力供应和使用,实行安全用电、节约用电、计划用电的管理原则。

电力供应与使用办法由国务院依照本法的规定制定。

第二十五条　供电企业在批准的供电营业区内向用户供电。

供电营业区的划分,应当考虑电网的结构和供电合理性等因素。一个供电营业区内只设立一个供电营业机构。

供电营业区的设立、变更,由供电企业提出申请,电力管理部门依据职责和管理权限,会同同级有关部门审查批准后,发给《电力业务许可证》。供电营业区设立、变更的具体办法,由国务院电力管理部门制定。

第二十六条　供电营业区内的供电营业机构,对本营业区内的用户有按照国家规定供电的义务;不得违反国家规定对其营业区内申请用电的单位和个人拒绝供电。

申请新装用电、临时用电、增加用电容量、变更用电和终止用电,应当依照规定的程序办理手续。

供电企业应当在其营业场所公告用电的程序、制度和收费标准,并提供用户须知资料。

第二十七条　电力供应与使用双方应当根据平等自愿、协商一致的原则,按照国务院制定的电力供应与使用办法签订供用电合同,确定双方的权利和义务。

第二十八条　供电企业应当保证供给用户的供电质量符合国家标准。对公用供电设施引起的供电质量问题,应当及时处理。

用户对供电质量有特殊要求的,供电企业应当根据其必要性和电网的可能,提供相应的电力。

第二十九条　供电企业在发电、供电系统正常的情况下,应当连续向用户供电,不得中断。因供电设施检修、依法限电或者用户违法用电等原因,需要中断供电时,供电企业应当按照国家有关规定事先通知用户。

用户对供电企业中断供电有异议的,可以向电力管理部门投诉;受理投诉的电力管理部门应当依法处理。

第三十条　因抢险救灾需要紧急供电时,供电企业必须尽速安排供电,所需供电工程费用和应付电费依照国家有关规定执行。

第三十一条　用户应当安装用电计量装置。用户使用的电力电量,以计量检定机构依法认可的用电计量装置的记录为准。

用户受电装置的设计、施工安装和运行管理,应当符合国家标准或者电力行业标准。

第三十二条　用户用电不得危害供电、用电安全和扰乱供电、用电秩序。

对危害供电、用电安全和扰乱供电、用电秩序的,供电企业有权制止。

第三十三条　供电企业应当按照国家核准的电价和用电计量装置的记录,向用户计收电费。

供电企业查电人员和抄表收费人员进入用户,进行用电安全检查或者抄表收费时,应当出示有关证件。

用户应当按照国家核准的电价和用电计量装置的记录,按时交纳电费;对供电企业查电人员和抄表收费人员依法履行职责,应当提供方便。

第三十四条　供电企业和用户应当遵守国家有关规定,采取有效措施,做好安全用电、节约用电和计划用电工作。

第五章　电价与电费

第三十五条　本法所称电价,是指电力生产企业的上网电价、电网间的互供电价、电网销售电价。

电价实行统一政策,统一定价原则,分级管理。

第三十六条　制定电价,应当合理补偿成本,合理确定收益,依法计入税金,坚持公平负担,促进电力建设。

第三十七条　上网电价实行同网同质同价。具体办法和实施步骤由国务院规定。

电力生产企业有特殊情况需另行制定上网电价的,具体办法由国务院规定。

第三十八条 跨省、自治区、直辖市电网和省级电网内的上网电价,由电力生产企业和电网经营企业协商提出方案,报国务院物价行政主管部门核准。

独立电网内的上网电价,由电力生产企业和电网经营企业协商提出方案,报有管理权的物价行政主管部门核准。

地方投资的电力生产企业所生产的电力,属于在省内各地区形成独立电网的或者自发自用的,其电价可以由省、自治区、直辖市人民政府管理。

第三十九条 跨省、自治区、直辖市电网和独立电网之间、省级电网和独立电网之间的互供电价,由双方协商提出方案,报国务院物价行政主管部门或者其授权的部门核准。

独立电网与独立电网之间的互供电价,由双方协商提出方案,报有管理权的物价行政主管部门核准。

第四十条 跨省、自治区、直辖市电网和省级电网的销售电价,由电网经营企业提出方案,报国务院物价行政主管部门或者其授权的部门核准。

独立电网的销售电价,由电网经营企业提出方案,报有管理权的物价行政主管部门核准。

第四十一条 国家实行分类电价和分时电价。分类标准和分时办法由国务院确定。

对同一电网内的同一电压等级、同一用电类别的用户,执行相同的电价标准。

第四十二条 用户用电增容收费标准,由国务院物价行政主管部门会同国务院电力管理部门制定。

第四十三条 任何单位不得超越电价管理权限制定电价。供电企业不得擅自变更电价。

第四十四条 禁止任何单位和个人在电费中加收其他费用;但是,法律、行政法规另有规定的,按照规定执行。

地方集资办电在电费中加收费用的,由省、自治区、直辖市人民政府依照国务院有关规定制定办法。

禁止供电企业在收取电费时,代收其他费用。

第四十五条 电价的管理办法,由国务院依照本法的规定制定。

第六章 农村电力建设和农业用电

第四十六条 省、自治区、直辖市人民政府应当制定农村电气化发展规划,并将其纳入当地电力发展规划及国民经济和社会发展计划。

第四十七条 国家对农村电气化实行优惠政策,对少数民族地区、边远地区和贫困地区的农村电力建设给予重点扶持。

第四十八条 国家提倡农村开发水能资源,建设中、小型水电站,促进农村电气化。

国家鼓励和支持农村利用太阳能、风能、地热能、生物质能和其他能源进行农村电源建设,增加农村电力供应。

第四十九条 县级以上地方人民政府及其经济综合主管部门在安排用电指标时,应当保证农业和农村用电的适当比例,优先保证农村排涝、抗旱和农业季节性生产用电。

电力企业应当执行前款的用电安排,不得减少农业和农村用电指标。

第五十条 农业用电价格按照保本、微利的原则确定。

农民生活用电与当地城镇居民生活用电应当逐步实行相同的电价。

第五十一条 农业和农村用电管理办法,由国务院依照本法的规定制定。

第七章 电力设施保护

第五十二条 任何单位和个人不得危害发电设施、变电设施和电力线路设施及其有关辅助设施。

在电力设施周围进行爆破及其他可能危及电力设施安全的作业的,应当按照国务院有关电力设施保护的规定,经批准并采取确保电力设施安全的措施后,方可进行作业。

第五十三条 电力管理部门应当按照国务院有关电力设施保护的规定,对电力设施保护区设立标志。

任何单位和个人不得在依法划定的电力设施保护区内修建可能危及电力设施安全的建筑物、构筑物,不得种植可能危及电力设施安全的植物,不得堆放可能危及电力设施安全的物品。

在依法划定电力设施保护区前已经种植的植物妨碍电力设施安全的,应当修剪或者砍伐。

第五十四条 任何单位和个人需要在依法划定的电力设施保护区内进行可能危及电力设施安全的作业时,应当经电力管理部门批准并采取安全措施后,方可进行作业。

第五十五条 电力设施与公用工程、绿化工程和其他工程在新建、改建或者扩建中相互妨碍时,有关单位应当按照国家有关规定协商,达成协议后方可施工。

第八章　监督检查

第五十六条　电力管理部门依法对电力企业和用户执行电力法律、行政法规的情况进行监督检查。

第五十七条　电力管理部门根据工作需要，可以配备电力监督检查人员。

电力监督检查人员应当公正廉洁，秉公执法，熟悉电力法律、法规，掌握有关电力专业技术。

第五十八条　电力监督检查人员进行监督检查时，有权向电力企业或者用户了解有关执行电力法律、行政法规的情况，查阅有关资料，并有权进入现场进行检查。

电力企业和用户对执行监督检查任务的电力监督检查人员应当提供方便。

电力监督检查人员进行监督检查时，应当出示证件。

第九章　法律责任

第五十九条　电力企业或者用户违反供用电合同，给对方造成损失的，应当依法承担赔偿责任。

电力企业违反本法第二十八条、第二十九条第一款的规定，未保证供电质量或者未事先通知用户中断供电，给用户造成损失的，应当依法承担赔偿责任。

第六十条　因电力运行事故给用户或者第三人造成损害的，电力企业应当依法承担赔偿责任。

电力运行事故由下列原因之一造成的，电力企业不承担赔偿责任：

（一）不可抗力；

（二）用户自身的过错。

因用户或者第三人的过错给电力企业或者其他用户造成损害的，该用户或者第三人应当依法承担赔偿责任。

第六十一条　违反本法第十一条第二款的规定，非法占用变电设施用地、输电线路走廊或者电缆通道的，由县级以上地方人民政府责令限期改正；逾期不改正的，强制清除障碍。

第六十二条　违反本法第十四条规定，电力建设项目不符合电力发展规划、产业政策的，由电力管理部门责令停止建设。

违反本法第十四条规定，电力建设项目使用国家明令淘汰的电力设备和技术的，由电力管理部门责令停止使用，没收国家明令淘汰的电力设备，并处五万元以下的罚款。

第六十三条　违反本法第二十五条规定，未经许可，从事供电或者变更供电营业区的，由电力管理部门责令改正，没收违法所得，可以并处违法所得五倍以下的罚款。

第六十四条　违反本法第二十六条、第二十九条规定，拒绝供电或者中断供电的，由电力管理部门责令改正，给予警告；情节严重的，对有关主管人员和直接责任人员给予行政处分。

第六十五条　违反本法第三十二条规定，危害供电、用电安全或者扰乱供电、用电秩序的，由电力管理部门责令改正，给予警告；情节严重或者拒绝改正的，可以中止供电，可以并处五万元以下的罚款。

第六十六条　违反本法第三十三条、第四十三条、第四十四条规定，未按照国家核准的电价和用电计量装置的记录向用户计收电费、超越权限制定电价或者在电费中加收其他费用的，由物价行政主管部门给予警告，责令返还违法收取的费用，可以并处违法收取费用五倍以下的罚款；情节严重的，对有关主管人员和直接责任人员给予行政处分。

第六十七条　违反本法第四十九条第二款规定，减少农业和农村用电指标的，由电力管理部门责令改正；情节严重的，对有关主管人员和直接责任人员给予行政处分；造成损失的，责令赔偿损失。

第六十八条　违反本法第五十二条第二款和第五十四条规定，未经批准或者未采取安全措施在电力设施周围或者在依法划定的电力设施保护区内进行作业，危及电力设施安全的，由电力管理部门责令停止作业、恢复原状并赔偿损失。

第六十九条　违反本法第五十三条规定，在依法划定的电力设施保护区内修建建筑物、构筑物或者种植植物、堆放物品，危及电力设施安全的，由当地人民政府责令强制拆除、砍伐或者清除。

第七十条　有下列行为之一，应当给予治安管理处罚的，由公安机关依照治安管理处罚法的有关规定予以处罚；构成犯罪的，依法追究刑事责任：

（一）阻碍电力建设或者电力设施抢修，致使电力建设或者电力设施抢修不能正常进行的；

（二）扰乱电力生产企业、变电所、电力调度机构和供电企业的秩序，致使生产、工作和营业不能正常进行的；

（三）殴打、公然侮辱履行职务的查电人员或者抄表收费人员的；

（四）拒绝、阻碍电力监督检查人员依法执行职务的。

第七十一条　盗窃电能的，由电力管理部门责令停止违法行为，追缴电费并处应交电费五倍以下的罚款；构成犯罪的，依照刑法有关规定追究刑事责任。

第七十二条 盗窃电力设施或者以其他方法破坏电力设施，危害公共安全的，依照刑法有关规定追究刑事责任。

第七十三条 电力管理部门的工作人员滥用职权、玩忽职守、徇私舞弊，构成犯罪的，依法追究刑事责任；尚不构成犯罪的，依法给予行政处分。

第七十四条 电力企业职工违反规章制度、违章调度或者不服从调度指令，造成重大事故的，依照刑法有关规定追究刑事责任。

电力企业职工故意延误电力设施抢修或者抢险救灾供电，造成严重后果的，依照刑法有关规定追究刑事责任。

电力企业的管理人员和查电人员、抄表收费人员勒索用户、以电谋私，构成犯罪的，依法追究刑事责任；尚不构成犯罪的，依法给予行政处分。

第十章 附 则

第七十五条 本法自1996年4月1日起施行。

电力安全生产监督管理办法

· 2015年2月17日国家发展和改革委员会令第21号公布
· 自2015年3月1日起施行

第一章 总 则

第一条 为了有效实施电力安全生产监督管理，预防和减少电力事故，保障电力系统安全稳定运行和电力可靠供应，依据《中华人民共和国安全生产法》《中华人民共和国突发事件应对法》、《电力监管条例》、《生产安全事故报告和调查处理条例》、《电力安全事故应急处置和调查处理条例》等法律法规，制定本办法。

第二条 本办法适用于中华人民共和国境内以发电、输电、供电、电力建设为主营业务并取得相关业务许可或按规定豁免电力业务许可的电力企业。

第三条 国家能源局及其派出机构依照本办法，对电力企业的电力运行安全（不包括核安全）、电力建设施工安全、电力工程质量安全、电力应急、水电站大坝运行安全和电力可靠性工作等方面实施监督管理。

第四条 电力安全生产工作应当坚持"安全第一、预防为主、综合治理"的方针，建立电力企业具体负责、政府监管、行业自律和社会监督的工作机制。

第五条 电力企业是电力安全生产的责任主体，应当遵照国家有关安全生产的法律法规、制度和标准，建立健全电力安全生产责任制，加强电力安全生产管理，完善电力安全生产条件，确保电力安全生产。

第六条 任何单位和个人对违反本办法和国家有关电力安全生产监督管理规定的行为，有权向国家能源局及其派出机构投诉和举报，国家能源局及其派出机构应当依法处理。

第二章 电力企业的安全生产责任

第七条 电力企业的主要负责人对本单位的安全生产工作全面负责。电力企业从业人员应当依法履行安全生产方面的义务。

第八条 电力企业应当履行下列电力安全生产管理基本职责：

（一）依照国家安全生产法律法规、制度和标准，制定并落实本单位电力安全生产管理制度和规程；

（二）建立健全电力安全生产保证体系和监督体系，落实安全生产责任；

（三）按照国家有关法律法规设置安全生产管理机构、配备专职安全管理人员；

（四）按照规定提取和使用电力安全生产费用，专门用于改善安全生产条件；

（五）按照有关规定建立健全电力安全生产隐患排查治理制度和风险预控体系，开展隐患排查及风险辨识、评估和监控工作，并对安全隐患和风险进行治理、管控；

（六）开展电力安全生产标准化建设；

（七）开展电力安全生产培训宣传教育工作，负责以班组长、新工人、农民工为重点的从业人员安全培训；

（八）开展电力可靠性管理工作，建立健全电力可靠性管理工作体系，准确、及时、完整报送电力可靠性信息；

（九）建立电力应急管理体系，健全协调联动机制，制定各级各类应急预案并开展应急演练，建设应急救援队伍，完善应急物资储备制度；

（十）按照规定报告电力事故和电力安全事件信息并及时开展应急处置，对电力安全事件进行调查处理。

第九条 发电企业应当按照规定对水电站大坝进行安全注册，开展大坝安全定期检查和信息化建设工作；对燃煤发电厂贮灰场进行安全备案，开展安全巡查和定期安全评估工作。

第十条 电力建设单位应当对电力建设工程施工安全和工程质量安全负全面管理责任，履行工程组织、协调和监督职责，并按照规定将电力工程项目的安全生产管理情况向当地派出机构备案，向相关电力工程质监机构进行工程项目质量监督注册申请。

第十一条 供电企业应当配合地方政府对电力用户安全用电提供技术指导。

第三章 电力系统安全

第十二条 电力企业应当共同维护电力系统安全稳定运行。在电网互联、发电机组并网过程中应严格履行安全责任,并在双方的联(并)网调度协议中具体明确,不得擅自联(并)网和解网。

第十三条 各级电力调度机构是涉及电力系统安全的电力安全事故(事件)处置的指挥机构,发生电力安全事故(事件)或遇有危及电力系统安全的情况时,电力调度机构有权采取必要的应急处置措施,相关电力企业应当严格执行调度指令。

第十四条 电力调度机构应当加强电力系统安全稳定运行管理,科学合理安排系统运行方式,开展电力系统安全分析评估,统筹协调电网安全和并网运行机组安全。

第十五条 电力企业应当加强发电设备设施和输变配电设备设施安全管理和技术管理,强化电力监控系统(或设备)专业管理,完善电力系统调频、调峰、调压、调相、事故备用等性能,满足电力系统安全稳定运行的需要。

第十六条 发电机组、风电场以及光伏电站等并入电网运行,应当满足相关技术标准,符合电网运行的有关安全要求。

第十七条 电力企业应当根据国家有关规定和标准,制订、完善和落实预防电网大面积停电的安全技术措施、反事故措施和应急预案,建立完善与国家能源局及其派出机构、地方人民政府及电力用户等的应急协调联动机制。

第四章 电力安全生产的监督管理

第十八条 国家能源局依法负责全国电力安全生产监督管理工作。国家能源局派出机构(以下简称"派出机构")按照属地化管理的原则,负责辖区内电力安全生产监督管理工作。

涉及跨区域的电力安全生产监督管理工作,由国家能源局负责或者协调确定具体负责的区域派出机构;同一区域内涉及跨省的电力安全生产监督管理工作,由当地区域派出机构负责或者协调确定具体负责的省级派出机构。

50兆瓦以下小水电站的安全生产监督管理工作,按照相关规定执行。50兆瓦以下小水电站的涉网安全由派出机构负责监督管理。

第十九条 国家能源局及其派出机构应当采取多种形式,加强有关安全生产的法律法规、制度和标准的宣传,向电力企业传达国家有关安全生产工作各项要求,提高从业人员的安全生产意识。

第二十条 国家能源局及其派出机构应当建立健全电力行业安全生产工作协调机制,及时协调、解决安全生产监督管理中存在的重大问题。

第二十一条 国家能源局及其派出机构应当依法对电力企业执行有关安全生产法规、标准和规范情况进行监督检查。

国家能源局组织开展全国范围的电力安全生产大检查,制定检查工作方案,并对重点地区、重要电力企业、关键环节开展重点督查。派出机构组织开展辖区内的电力安全生产大检查,对部分电力企业进行抽查。

第二十二条 国家能源局及其派出机构对现场检查中发现的安全生产违法、违规行为,应当责令电力企业当场予以纠正或者限期整改。对现场检查中发现的重大安全隐患,应当责令其立即整改;安全隐患危及人身安全时,应当责令其立即从危险区域内撤离人员。

第二十三条 国家能源局及其派出机构应当监督指导电力企业隐患排查治理工作,按照有关规定对重大安全隐患挂牌督办。

第二十四条 国家能源局及其派出机构应当统计分析电力安全生产信息,并定期向社会公布。根据工作需要,可以要求电力企业报送与电力安全生产相关的文件、资料、图纸、音频或视频记录和有关数据。

国家能源局及其派出机构发现电力企业在报送资料中存在弄虚作假及其他违规行为的,应当及时纠正和处理。

第二十五条 国家能源局及其派出机构应当依法组织或参与电力事故调查处理。

国家能源局组织或参与重大和特别重大电力事故调查处理;督办有重大社会影响的电力安全事件。派出机构组织或参与较大和一般电力事故调查处理,对电力系统安全稳定运行或对社会造成较大影响的电力安全事件组织专项督查。

第二十六条 国家能源局及其派出机构应当依法组织开展电力应急管理工作。

国家能源局负责制定电力应急体系发展规划和国家大面积停电事件专项应急预案,开展重大电力突发安全事件应急处置和分析评估工作。派出机构应当按照规定权限和程序,组织、协调、指导电力突发安全事件应急处置工作。

第二十七条 国家能源局及其派出机构应当组织开展电力安全培训和宣传教育工作。

第二十八条 国家能源局及其派出机构配合地方政府有关部门、相关行业管理部门,对重要电力用户安全用电、供电电源配置、自备应急电源配置和使用实施监督管理。

第二十九条 国家能源局及其派出机构应当建立安全生产举报制度,公开举报电话、信箱和电子邮件地址,受理有关电力安全生产的举报;受理的举报事项经核实后,对违法行为严重的电力企业,应当向社会公告。

第五章 罚 则

第三十条 电力企业造成电力事故的,依照《生产安全事故报告和调查处理条例》和《电力安全事故应急处置和调查处理条例》,承担相应的法律责任。

第三十一条 国家能源局及其派出机构从事电力安全生产监督管理工作的人员滥用职权、玩忽职守或者徇私舞弊的,依法给予行政处分;构成犯罪的,由司法机关依法追究刑事责任。

第三十二条 国家能源局及其派出机构通过现场检查发现电力企业有违反本办法规定的行为时,可以对电力企业主要负责人或安全生产分管负责人进行约谈,情节严重的,依据《安全生产法》第九十条,可以要求其停工整顿,对发电企业要求其暂停并网运行。

第三十三条 电力企业有违反本办法规定的行为时,国家能源局及其派出机构可以对其违规情况向行业进行通报,对影响电力用户安全可靠供电行为的处理情况,向社会公布。

第三十四条 电力企业发生电力安全事件后,存在下列情况之一的,国家能源局及其派出机构可以责令限期改正,逾期不改正的应当将其列入安全生产不良信用记录和安全生产诚信"黑名单",并处以1万元以下的罚款:

(一)迟报、漏报、谎报、瞒报电力安全事件信息的;

(二)不及时组织应急处置的;

(三)未按规定对电力安全事件进行调查处理的。

第三十五条 电力企业未履行本办法第八条规定的,由国家能源局及其派出机构责令限期整改,逾期不整改的,对电力企业主要负责人予以警告;情节严重的,由国家能源局及其派出机构对电力企业主要负责人处以1万元以下的罚款。

第三十六条 电力企业有下列情形之一的,由国家能源局及其派出机构责令限期改正;逾期不改正的,由国家能源局及其派出机构依据《电力监管条例》第三十四条,对其处以5万元以上、50万元以下的罚款,并将其列入安全生产不良信用记录和安全生产诚信"黑名单":

(一)拒绝或阻挠国家能源局及其派出机构从事监督管理工作的人员依法履行电力安全生产监督管理职责的;

(二)向国家能源局及其派出机构提供虚假或隐瞒重要事实的文件、资料的。

第六章 附 则

第三十七条 本办法下列用语的含义:

(一)电力系统,是指由发电、输电、变电、配电以及电力调度等环节组成的电能生产、传输和分配的系统。

(二)电力事故,是指电力生产、建设过程中发生的电力安全事故、电力人身伤亡事故、发电设备或输变电设备设施损坏造成直接经济损失的事故。

(三)电力安全事件,是指未构成电力安全事故,但影响电力(热力)正常供应,或对电力系统安全稳定运行构成威胁,可能引发电力安全事故或造成较大社会影响的事件。

(四)重大安全隐患,是指可能造成一般以上人身伤亡事故、电力安全事故、直接经济损失100万元以上的电力设备事故和其他对社会造成较大影响的隐患。

第三十八条 本办法自二〇一五年三月一日起施行。原国家电力监管委员会《电力安全生产监管办法》同时废止。

电力建设工程施工安全监督管理办法

· 2015年8月18日国家发展和改革委员会令第28号公布
· 自2015年10月1日起施行

第一章 总 则

第一条 为了加强电力建设工程施工安全监督管理,保障人民群众生命和财产安全,根据《中华人民共和国安全生产法》、《中华人民共和国特种设备安全法》、《建设工程安全生产管理条例》、《电力监管条例》、《生产安全事故报告和调查处理条例》,制定本办法。

第二条 本办法适用于电力建设工程的新建、扩建、改建、拆除等有关活动,以及国家能源局及其派出机构对电力建设工程施工安全实施监督管理。

本办法所称电力建设工程,包括火电、水电、核电(除核岛外)、风电、太阳能发电等发电建设工程,输电、配电等电网建设工程,及其他电力设施建设工程。

本办法所称电力建设工程施工安全包括电力建设、勘察设计、施工、监理单位等涉及施工安全的生产活动。

第三条 电力建设工程施工安全坚持"安全第一、预防为主、综合治理"的方针,建立"企业负责、职工参与、行业自律、政府监管、社会监督"的管理机制。

第四条 电力建设单位、勘察设计单位、施工单位、监理单位及其他与电力建设工程施工安全有关的单位,必须遵守安全生产法律法规和标准规范,建立健全安全生产保证体系和监督体系,建立安全生产责任制和安全生产规章制度,保证电力建设工程施工安全,依法承担安全生产责任。

第五条 开展电力建设工程施工安全的科学技术研究和先进技术的推广应用,推进企业和工程建设项目实施安全生产标准化建设,推进电力建设工程安全生产科学管理,提高电力建设工程施工安全水平。

第二章 建设单位安全责任

第六条 建设单位对电力建设工程施工安全负全面管理责任,具体内容包括:

(一)建立健全安全生产组织和管理机制,负责电力建设工程安全生产组织、协调、监督职责;

(二)建立健全安全生产监督检查和隐患排查治理机制,实施施工现场全过程安全生产管理;

(三)建立健全安全生产应急响应和事故处置机制,实施突发事件应急抢险和事故救援;

(四)建立电力建设工程项目应急管理体系,编制应急综合预案,组织勘察设计、施工、监理等单位制定各类安全事故应急预案,落实应急组织、程序、资源及措施,定期组织演练,建立与国家有关部门、地方政府应急体系的协调联动机制,确保应急工作有效实施;

(五)及时协调和解决影响安全生产重大问题。

建设工程实行工程总承包的,总承包单位应当按照合同约定,履行建设单位对工程的安全生产责任;建设单位应当监督工程总承包单位履行对工程的安全生产责任。

第七条 建设单位应当按照国家有关规定实施电力建设工程招投标管理,具体包括:

(一)应当将电力建设工程发包给具有相应资质等级的单位,禁止中标单位将中标项目的主体和关键性工作分包给他人完成;

(二)应当在电力建设工程招标文件中对投标单位的资质、安全生产条件、安全生产费用使用、安全保障措施等提出明确要求;

(三)应当审查投标单位主要负责人、项目负责人、专职安全生产管理人员是否满足国家规定的资格要求;

(四)应当与勘察设计、施工、监理等中标单位签订安全生产协议。

第八条 按照国家有关安全生产费用投入和使用管理规定,电力建设工程概算应当单独计列安全生产费用,不得在电力建设工程投标中列入竞争性报价。根据电力建设工程进展情况,及时、足额向参建单位支付安全生产费用。

第九条 建设单位应当向参建单位提供满足安全生产的要求的施工现场及毗邻区域内各种地下管线、气象、水文、地质等相关资料,提供相邻建筑物和构筑物、地下工程等有关资料。

第十条 建设单位应当组织参建单位落实防灾减灾责任,建立健全自然灾害预测预警和应急响应机制,对重点区域、重要部位地质灾害情况进行评估检查。

应当对施工营地选址布置方案进行风险分析和评估,合理选址。组织施工单位对易发生泥石流、山体滑坡等地质灾害工程项目的生活办公营地、生产设备设施、施工现场及周边环境开展地质灾害隐患排查,制定和落实防范措施。

第十一条 建设单位应当执行定额工期,不得压缩合同约定的工期。如工期确需调整,应当对安全影响进行论证和评估。论证和评估应当提出相应的施工组织措施和安全保障措施。

第十二条 建设单位应当履行工程分包管理责任,严禁施工单位转包和违法分包,将分包单位纳入工程安全管理体系,严禁以包代管。

第十三条 建设单位应在电力建设工程开工报告批准之日起15日内,将保证安全施工的措施,包括电力建设工程基本情况、参建单位基本情况、安全组织及管理措施、安全投入计划、施工组织方案、应急预案等内容向建设工程所在地国家能源局派出机构备案。

第三章 勘察设计单位安全责任

第十四条 勘察设计单位应当按照法律法规和工程建设强制性标准进行电力建设工程的勘察设计,提供的勘察设计文件应当真实、准确、完整,满足工程施工安全的需要。

在编制设计计划书时应当识别设计适用的工程建设强制性标准并编制条文清单。

第十五条 勘察单位在勘察作业过程中,应当制定并落实安全生产技术措施,保证作业人员安全,保障勘察区域各类管线、设施和周边建筑物、构筑物安全。

第十六条 电力建设工程所在区域存在自然灾害或电力建设活动可能引发地质灾害风险时,勘察设计单位应当制定相应专项安全技术措施,并向建设单位提出灾害防治方案建议。

应当监控基础开挖、洞室开挖、水下作业等重大危险作业的地质条件变化情况,及时调整设计方案和安全技术措施。

第十七条 设计单位在规划阶段应当开展安全风险、地质灾害分析和评估,优化工程选线、选址方案;可行性研究阶段应当对涉及电力建设工程安全的重大问题进行分析和评价;初步设计应当提出相应施工方案和安全防护措施。

第十八条 对于采用新技术、新工艺、新流程、新设备、新材料和特殊结构的电力建设工程,勘察设计单位应当在设计文件中提出保障施工作业人员安全和预防生产安全事故的措施建议;不符合现行相关安全技术规范或标准规定的,应当提请建设单位组织专题技术论证,报送相应主管部门同意。

第十九条 勘察设计单位应当根据施工安全操作和防护的需要,在设计文件中注明涉及施工安全的重点部位和环节,提出防范安全生产事故的指导意见;工程开工前,应当向参建单位进行技术和安全交底,说明设计意图;施工过程中,对不能满足安全生产要求的设计,应当及时变更。

第四章 施工单位安全责任

第二十条 施工单位应当具备相应的资质等级,具备国家规定的安全生产条件,取得安全生产许可证,在许可的范围内从事电力建设工程施工活动。

第二十一条 施工单位应当按照国家法律法规和标准规范组织施工,对其施工现场的安全生产负责。应当设立安全生产管理机构,按规定配备专(兼)职安全生产管理人员,制定安全管理制度和操作规程。

第二十二条 施工单位应当按照国家有关规定列和使用安全生产费用。应当编制安全生产费用使用计划,专款专用。

第二十三条 电力建设工程实行施工总承包的,由施工总承包单位对施工现场的安全生产负总责,具体包括:

(一)施工单位或施工总承包单位应当自行完成主体工程的施工,除可依法对劳务作业进行劳务分包外,不得对主体工程进行其他形式的施工分包;禁止任何形式的转包和违法分包;

(二)施工单位或施工总承包单位依法将主体工程以外项目进行专业分包的,分包单位必须具有相应资质和安全生产许可证,合同中应当明确双方在安全生产方面的权利和义务。施工单位或施工总承包单位履行电力建设工程安全生产监督管理职责,承担工程安全生产连带管理责任,分包单位对其承包的施工现场安全生产负责;

(三)施工单位或施工总承包单位和专业承包单位实行劳务分包的,应当分包给具有相应资质的单位,并对施工现场的安全生产承担主体责任。

第二十四条 施工单位应当履行劳务分包安全管理责任,将劳务派遣人员、临时用工人员纳入其安全管理体系,落实安全措施,加强作业现场管理和控制。

第二十五条 电力建设工程开工前,施工单位应当开展现场查勘,编制施工组织设计、施工方案和安全技术措施并按技术管理相关规定报建设单位、监理单位同意。

分部分项工程施工前,施工单位负责项目管理的技术人员应当向作业人员进行安全技术交底,如实告知作业场所和工作岗位可能存在的风险因素、防范措施以及现场应急处置方案,并由双方签字确认;对复杂自然条件、复杂结构、技术难度大及危险性较大的分部分项工程需编制专项施工方案并附安全验算结果,必要时召开专家会议论证确认。

第二十六条 施工单位应当定期组织施工现场安全检查和隐患排查治理,严格落实施工现场安全措施,杜绝违章指挥、违章作业、违反劳动纪律行为发生。

第二十七条 施工单位应当对因电力建设工程施工可能造成损害和影响的毗邻建筑物、构筑物、地下管线、架空线缆、设施及周边环境采取专项防护措施。对施工现场出入口、通道口、孔洞口、邻近带电区、易燃易爆危险化学品存放处等危险区域和部位采取防护措施并设置明显的安全警示标志。

第二十八条 施工单位应当制定用火、用电、易燃易爆材料使用等消防安全管理制度,确定消防安全责任人,按规定设置消防通道、消防水源,配备消防设施和灭火器材。

第二十九条 施工单位应当按照国家有关规定采购、租赁、验收、检测、发放、使用、维护和管理施工机械、特种设备,建立施工设备安全管理制度、安全操作规程及相应的管理台账和维保记录档案。

施工单位使用的特种设备应当是取得许可生产并经

检验合格的特种设备。特种设备的登记标志、检测合格标志应当置于该特种设备的显著位置。

安装、改造、修理特种设备的单位，应当具有国家规定的相应资质，在施工前按规定履行告知手续，施工过程按照相关规定接受监督检验。

第三十条　施工单位应当按照相关规定组织开展安全生产教育培训工作。企业主要负责人、项目负责人、专职安全生产管理人员、特种作业人员需经培训合格后持证上岗，新入场人员应当按规定经过三级安全教育。

第三十一条　施工单位对电力建设工程进行调试、试运行前，应当按照法律法规和工程建设强制性标准，编制调试大纲、试验方案，对各项试验方案制定安全技术措施并严格实施。

第三十二条　施工单位应当根据电力建设工程施工特点、范围，制定应急救援预案、现场处置方案，对施工现场易发生事故的部位、环节进行监控。实行施工总承包的，由施工总承包单位组织分包单位开展应急管理工作。

第五章　监理单位安全责任

第三十三条　监理单位应当按照法律法规和工程建设强制性标准实施监理，履行电力建设工程安全生产管理的监理职责。监理单位资源配置应当满足工程监理要求，依据合同约定履行电力建设工程施工安全监理职责，确保安全生产监理与工程质量控制、工期控制、投资控制的同步实施。

第三十四条　监理单位应当建立健全安全监理工作制度，编制含有安全监理内容的监理规划和监理实施细则，明确监理人员安全职责以及相关工作安全监理措施和目标。

第三十五条　监理单位应当组织或参加各类安全检查活动，掌握现场安全生产动态，建立安全管理台账。重点审查、监督下列工作：

（一）按照工程建设强制性标准和安全生产标准及时审查施工组织设计中的安全技术措施和专项施工方案；

（二）审查和验证分包单位的资质文件和拟签订的分包合同、人员资质、安全协议；

（三）审查安全管理人员、特种作业人员、特种设备操作人员资格证明文件和主要施工机械、工器具、安全用具的安全性能证明文件是否符合国家有关标准；检查现场作业人员及设备配置是否满足安全施工的要求；

（四）对大中型起重机械、脚手架、跨越架、施工用电、危险品库房等重要施工设施投入使用前进行安全检查签证。土建交付安装、安装交付调试及整套启动等重大工序交接前进行安全检查签证；

（五）对工程关键部位、关键工序、特殊作业和危险作业进行旁站监理；对复杂自然条件、复杂结构、技术难度大及危险性较大分部分项工程专项施工方案的实施进行现场监理；监督交叉作业和工序交接中的安全施工措施的落实；

（六）监督施工单位安全生产费的使用、安全教育培训情况。

第三十六条　在实施监理过程中，发现存在生产安全事故隐患的，应当要求施工单位及时整改；情节严重的，应当要求施工单位暂时或部分停止施工，并及时报告建设单位。施工单位拒不整改或者不停止施工的，监理单位应当及时向国家能源局派出机构和政府有关部门报告。

第六章　监督管理

第三十七条　国家能源局依法实施电力建设工程施工安全的监督管理，具体内容包括：

（一）建立健全电力建设工程安全生产监管机制，制定电力建设工程施工安全行业标准；

（二）建立电力建设工程施工安全生产事故和重大事故隐患约谈、诫勉制度；

（三）加强层级监督指导，对事故多发地区、安全管理薄弱的企业和安全隐患突出的项目、部位实施重点监督检查。

第三十八条　国家能源局派出机构按照国家能源局授权实施辖区内电力建设工程施工安全监督管理，具体内容如下：

（一）部署和组织开展辖区内电力建设工程施工安全监督检查；

（二）建立电力建设工程施工安全生产事故和重大事故隐患约谈、诫勉制度；

（三）依法组织或参加辖区内电力建设工程施工安全事故的调查与处理，做好事故分析和上报工作。

第三十九条　国家能源局及其派出机构履行电力建设工程施工安全监督管理职责时，可以采取下列监管措施：

（一）要求被检查单位提供有关安全生产的文件和资料（含相关照片、录像及电子文本等），按国家规定如实公开有关信息；

（二）进入被检查单位施工现场进行监督检查，纠正施工中违反安全生产要求的行为；

(三)对检查中发现的生产安全事故隐患,责令整改;对重大生产安全事故隐患实施挂牌督办,重大生产安全事故隐患整改前或整改过程中无法保证安全的,责令其从危险区域撤出作业人员或者暂时停止施工;

(四)约谈存在生产安全事故隐患整改不到位的单位,受理和查处有关安全生产违法行为的举报和投诉,披露违反本办法有关规定的行为和单位,并向社会公布;

(五)法律法规规定的其他措施。

第四十条 国家能源局及其派出机构应建立电力建设工程施工安全领域相关单位和人员的信用记录,并将其纳入国家统一的信用信息平台,依法公开严重违法失信信息,并对相关责任单位和人员采取一定期限内市场禁入等惩戒措施。

第四十一条 生产安全事故或自然灾害发生后,有关单位应当及时启动相关应急预案,采取有效措施,最大程度减少人员伤亡、财产损失,防止事故扩大和衍生事故发生。建设、勘察设计、施工、监理等单位应当按规定报告事故信息。

第七章 罚 则

第四十二条 国家能源局及其派出机构有下列行为之一的,对直接负责的主管人员和其他直接责任人员依法给予处分;构成犯罪的,依法追究刑事责任:

(一)迟报、漏报、瞒报、谎报事故的;

(二)阻碍、干涉事故调查工作的;

(三)在事故调查中营私舞弊、作伪证或者指使他人作伪证的;

(四)不依法履行监管职责或者监督不力,造成严重后果的;

(五)在实施监管过程中索取或者收受他人财物或者谋取其他利益的;

(六)其他违反国家法律法规的行为。

第四十三条 建设单位未按规定提取和使用安全生产费用的,责令限期改正;逾期未改正的,责令该建设工程停止施工。

第四十四条 电力建设工程参建单位有下列情形之一的,责令改正;拒不改正的,处5万元以上50万元以下的罚款;造成严重后果,构成犯罪的,依法追究刑事责任:

(一)拒绝或者阻碍国家能源局及其派出机构及其从事监管工作的人员依法履行监管职责的;

(二)提供虚假或者隐瞒重要事实的文件、资料的;

(三)未按照国家有关监管规章、规则的规定披露有关信息的。

第四十五条 建设单位有下列行为之一的,责令限期改正,并处20万元以上50万元以下的罚款;造成重大安全事故,构成犯罪的,对直接责任人员,依照刑法有关规定追究刑事责任;造成损失的,依法承担赔偿责任:

(一)对电力勘察、设计、施工、调试、监理等单位提出不符合安全生产法律、法规和强制性标准规定的要求的;

(二)违规压缩合同约定工期的;

(三)将工程发包给不具有相应资质等级的施工单位的。

第四十六条 电力勘察设计单位有下列行为之一的,责令限期改正,并处10万元以上30万元以下的罚款;情节严重的,责令停业整顿,提请相关部门降低资质等级,直至吊销资质证书;造成重大安全事故,构成犯罪的,对直接责任人员,依照刑法有关规定追究刑事责任;造成损失的,依法承担赔偿责任:

(一)未按照法律、法规和工程建设强制性标准进行勘察、设计的;

(二)采用新技术、新工艺、新流程、新设备、新材料的电力建设工程和特殊结构的电力建设工程,设计单位未在设计中提出保障施工作业人员安全和预防生产安全事故的措施建议的。

第四十七条 施工单位有下列行为之一的,责令限期改正;逾期未改正的,责令停业整顿,并处10万元以上30万元以下的罚款;情节严重的,提请相关部门降低资质等级,直至吊销资质证书;造成重大安全事故,构成犯罪的,对直接责任人员,依照刑法有关规定追究刑事责任;造成损失的,依法承担赔偿责任:

(一)未按本办法设立安全生产管理机构、配备专(兼)职安全生产管理人员或者分部分项工程施工时无专(兼)职安全生产管理人员现场监督的;

(二)主要负责人、项目负责人、专职安全生产管理人员、特种(殊)作业人员未持证上岗的;

(三)使用国家明令淘汰、禁止使用的危及电力施工安全的工艺、设备、材料的;

(四)未按照规定在施工起重机械和整体提升脚手架、模板等自升式架设设施验收合格后取得使用登记证书的;

(五)未向作业人员提供安全防护用品、用具的;

(六)未在施工现场的危险部位设置明显的安全警示标志,或者未按照国家有关规定在施工现场设置消防通道、消防水源、配备消防设施和灭火器材的。

第四十八条 挪用安全生产费用的,责令限期改正,并处挪用费用20%以上50%以下的罚款;造成重大安全事故,构成犯罪的,依法追究刑事责任。

第四十九条 监理单位有下列行为之一的,责令限期改正;逾期未改正的,责令停业整顿,并处10万元以上30万元以下的罚款;情节严重的,提请相关部门降低资质等级,直至吊销资质证书;造成重大安全事故,构成犯罪的,对直接责任人员,依照刑法有关规定追究刑事责任;造成损失的,依法承担赔偿责任:

(一)未对重大安全技术措施或者专项施工方案进行审查的;

(二)发现安全事故隐患未及时要求施工单位整改或者暂时停止施工的;

(三)施工单位拒不整改或者不停止施工,未及时向有关主管部门报告的;

(四)未依照法律、法规和工程建设强制性标准实施监理的。

第五十条 违反本办法的规定,施工单位的主要负责人、项目负责人未履行安全生产管理职责的,责令限期改正;逾期未改正的,责令施工单位停业整顿;造成重大安全事故、重大伤亡事故或者其他严重后果,构成犯罪的,依照刑法有关规定追究刑事责任。

作业人员不服管理、违反规章制度和操作规程冒险作业造成重大伤亡事故或者其他严重后果,构成犯罪的,依照刑法有关规定追究刑事责任。

施工单位的主要负责人、项目负责人有前款违法行为,尚不够刑事处罚的,处2万元以上20万元以下的罚款或者按照管理权限给予撤职处分;自刑罚执行完毕或者受处分之日起,5年内不得担任任何施工单位的主要负责人、项目负责人。

第五十一条 本办法规定的行政处罚,由国家能源局及其派出机构或者其他有关部门依照法定职权决定。有关法律、行政法规对电力建设工程安全生产违法行为的行政处罚决定机关另有规定的,从其规定。

第八章 附 则

第五十二条 本办法自公布之日起30日后施行,原电监会发布的《电力建设安全生产监督管理办法》(电监安全〔2007〕38号)同时废止。

第五十三条 本办法由国家发展和改革委员会负责解释。

电力安全事故应急处置和调查处理条例

· 2011年7月7日国务院令第599号公布
· 自2011年9月1日起施行

第一章 总 则

第一条 为了加强电力安全事故的应急处置工作,规范电力安全事故的调查处理,控制、减轻和消除电力安全事故损害,制定本条例。

第二条 本条例所称电力安全事故,是指电力生产或者电网运行过程中发生的影响电力系统安全稳定运行或者影响电力正常供应的事故(包括热电厂发生的影响热力正常供应的事故)。

第三条 根据电力安全事故(以下简称事故)影响电力系统安全稳定运行或者影响电力(热力)正常供应的程度,事故分为特别重大事故、重大事故、较大事故和一般事故。事故等级划分标准由本条例附表列示。事故等级划分标准的部分项目需要调整的,由国务院电力监管机构提出方案,报国务院批准。

由独立的或者通过单一输电线路与外省连接的省级电网供电的省级人民政府所在地城市,以及由单一输电线路或者单一变电站供电的其他设区的市、县级市,其电网减供负荷或者造成供电用户停电的事故等级划分标准,由国务院电力监管机构另行制定,报国务院批准。

第四条 国务院电力监管机构应当加强电力安全监督管理,依法建立健全事故应急处置和调查处理的各项制度,组织或者参与事故的调查处理。

国务院电力监管机构、国务院能源主管部门和国务院其他有关部门、地方人民政府及有关部门按照国家规定的权限和程序,组织、协调、参与事故的应急处置工作。

第五条 电力企业、电力用户以及其他有关单位和个人,应当遵守电力安全管理规定,落实事故预防措施,防止和避免事故发生。

县级以上地方人民政府有关部门确定的重要电力用户,应当按照国务院电力监管机构的规定配置自备应急电源,并加强安全使用管理。

第六条 事故发生后,电力企业和其他有关单位应当按照规定及时、准确报告事故情况,开展应急处置工作,防止事故扩大,减轻事故损害。电力企业应当尽快恢复电力生产、电网运行和电力(热力)正常供应。

第七条 任何单位和个人不得阻挠和干涉对事故的报告、应急处置和依法调查处理。

第二章 事故报告

第八条 事故发生后,事故现场有关人员应当立即向发电厂、变电站运行值班人员、电力调度机构值班人员或者本企业现场负责人报告。有关人员接到报告后,应当立即向上一级电力调度机构和本企业负责人报告。本企业负责人接到报告后,应当立即向国务院电力监管机构设在当地的派出机构(以下称事故发生地电力监管机构)、县级以上人民政府安全生产监督管理部门报告;热电厂事故影响热力正常供应的,还应当向供热管理部门报告;事故涉及水电厂(站)大坝安全的,还应当同时向有管辖权的水行政主管部门或者流域管理机构报告。

电力企业及其有关人员不得迟报、漏报或者瞒报、谎报事故情况。

第九条 事故发生地电力监管机构接到事故报告后,应当立即核实有关情况,向国务院电力监管机构报告;事故造成供电用户停电的,应当同时通报事故发生地县级以上地方人民政府。

对特别重大事故、重大事故,国务院电力监管机构接到事故报告后应当立即报告国务院,并通报国务院安全生产监督管理部门、国务院能源主管部门等有关部门。

第十条 事故报告应当包括下列内容:

(一)事故发生的时间、地点(区域)以及事故发生单位;

(二)已知的电力设备、设施损坏情况,停运的发电(供热)机组数量、电网减供负荷或者发电厂减少出力的数值、停电(停热)范围;

(三)事故原因的初步判断;

(四)事故发生后采取的措施、电网运行方式、发电机组运行状况以及事故控制情况;

(五)其他应当报告的情况。

事故报告后出现新情况的,应当及时补报。

第十一条 事故发生后,有关单位和人员应当妥善保护事故现场以及工作日志、工作票、操作票等相关材料,及时保存故障录波图、电力调度数据、发电机组运行数据和输变电设备运行数据等相关资料,并在事故调查组成立后将相关材料、资料移交事故调查组。

因抢救人员或者采取恢复电力生产、电网运行和电力供应等紧急措施,需要改变事故现场、移动电力设备的,应当作出标记,绘制现场简图,妥善保存重要痕迹、物证,并作出书面记录。

任何单位和个人不得故意破坏事故现场,不得伪造、隐匿或者毁灭相关证据。

第三章 事故应急处置

第十二条 国务院电力监管机构依照《中华人民共和国突发事件应对法》和《国家突发公共事件总体应急预案》,组织编制国家处置电网大面积停电事件应急预案,报国务院批准。

有关地方人民政府应当依照法律、行政法规和国家处置电网大面积停电事件应急预案,组织制定本行政区域处置电网大面积停电事件应急预案。

处置电网大面积停电事件应急预案应当对应急组织指挥体系及职责,应急处置的各项措施,以及人员、资金、物资、技术等应急保障作出具体规定。

第十三条 电力企业应当按照国家有关规定,制定本企业事故应急预案。

电力监管机构应当指导电力企业加强电力应急救援队伍建设,完善应急物资储备制度。

第十四条 事故发生后,有关电力企业应当立即采取相应的紧急处置措施,控制事故范围,防止发生电网系统性崩溃和瓦解;事故危及人身和设备安全的,发电厂、变电站运行值班人员可以按照有关规定,立即采取停运发电机组和输变电设备等紧急处置措施。

事故造成电力设备、设施损坏的,有关电力企业应当立即组织抢修。

第十五条 根据事故的具体情况,电力调度机构可以发布开启或者关停发电机组、调整发电机组有功和无功负荷、调整电网运行方式、调整供电调度计划等电力调度命令,发电企业、电力用户应当执行。

事故可能导致破坏电力系统稳定和电网大面积停电的,电力调度机构有权决定采取拉限负荷、解列电网、解列发电机组等必要措施。

第十六条 事故造成电网大面积停电的,国务院电力监管机构和国务院其他有关部门、有关地方人民政府、电力企业应当按照国家有关规定,启动相应的应急预案,成立应急指挥机构,尽快恢复电网运行和电力供应,防止各种次生灾害的发生。

第十七条 事故造成电网大面积停电的,有关地方人民政府及有关部门应当立即组织开展下列应急处置工作:

(一)加强对停电地区关系国计民生、国家安全和公共安全的重点单位的安全保卫,防范破坏社会秩序的行为,维护社会稳定;

(二)及时排除因停电发生的各种险情;

(三)事故造成重大人员伤亡或者需要紧急转移、安置受困人员的，及时组织实施救治、转移、安置工作；

（四）加强停电地区道路交通指挥和疏导，做好铁路、民航运输以及通信保障工作；

（五）组织应急物资的紧急生产和调用，保证电网恢复运行所需物资和居民基本生活资料的供给。

第十八条 事故造成重要电力用户供电中断的，重要电力用户应当按照有关技术要求迅速启动自备应急电源；启动自备应急电源无效的，电网企业应当提供必要的支援。

事故造成地铁、机场、高层建筑、商场、影剧院、体育场馆等人员聚集场所停电的，应当迅速启用应急照明，组织人员有序疏散。

第十九条 恢复电网运行和电力供应，应当优先保证重要电厂厂用电源、重要输变电设备、电力主干网架的恢复，优先恢复重要电力用户、重要城市、重点地区的电力供应。

第二十条 事故应急指挥机构或者电力监管机构应当按照有关规定，统一、准确、及时发布有关事故影响范围、处置工作进度、预计恢复供电时间等信息。

第四章 事故调查处理

第二十一条 特别重大事故由国务院或者国务院授权的部门组织事故调查组进行调查。

重大事故由国务院电力监管机构组织事故调查组进行调查。

较大事故、一般事故由事故发生地电力监管机构组织事故调查组进行调查。国务院电力监管机构认为必要的，可以组织事故调查组对较大事故进行调查。

未造成供电用户停电的一般事故，事故发生地电力监管机构也可以委托事故发生单位调查处理。

第二十二条 根据事故的具体情况，事故调查组由电力监管机构、有关地方人民政府、安全生产监督管理部门、负有安全生产监督管理职责的有关部门派人组成；有关人员涉嫌失职、渎职或者涉嫌犯罪的，应当邀请监察机关、公安机关、人民检察院派人参加。

根据事故调查工作的需要，事故调查组可以聘请有关专家协助调查。

事故调查组组长由组织事故调查组的机关指定。

第二十三条 事故调查组应当按照国家有关规定开展事故调查，并在下列期限内向组织事故调查组的机关提交事故调查报告：

（一）特别重大事故和重大事故的调查期限为60日；特殊情况下，经组织事故调查组的机关批准，可以适当延长，但延长的期限不得超过60日。

（二）较大事故和一般事故的调查期限为45日；特殊情况下，经组织事故调查组的机关批准，可以适当延长，但延长的期限不得超过45日。

事故调查期限自事故发生之日起计算。

第二十四条 事故调查报告应当包括下列内容：

（一）事故发生单位概况和事故发生经过；

（二）事故造成的直接经济损失和事故对电网运行、电力（热力）正常供应的影响情况；

（三）事故发生的原因和事故性质；

（四）事故应急处置和恢复电力生产、电网运行的情况；

（五）事故责任认定和对事故责任单位、责任人的处理建议；

（六）事故防范和整改措施。

事故调查报告应当附具有关证据材料和技术分析报告。事故调查组成员应当在事故调查报告上签字。

第二十五条 事故调查报告报经组织事故调查组的机关同意，事故调查工作即告结束；委托事故发生单位调查的一般事故，事故调查报告应当报经事故发生地电力监管机构同意。

有关机关应当依法对事故发生单位和有关人员进行处罚，对负有事故责任的国家工作人员给予处分。

事故发生单位应当对本单位负有事故责任的人员进行处理。

第二十六条 事故发生单位和有关人员应当认真吸取事故教训，落实事故防范和整改措施，防止事故再次发生。

电力监管机构、安全生产监督管理部门和负有安全生产监督管理职责的有关部门应当对事故发生单位和有关人员落实事故防范和整改措施的情况进行监督检查。

第五章 法律责任

第二十七条 发生事故的电力企业主要负责人有下列行为之一的，由电力监管机构处其上一年年收入40%至80%的罚款；属于国家工作人员的，并依法给予处分；构成犯罪的，依法追究刑事责任：

（一）不立即组织事故抢救的；

（二）迟报或者漏报事故的；

（三）在事故调查处理期间擅离职守的。

第二十八条 发生事故的电力企业及其有关人员有下列行为之一的，由电力监管机构对电力企业处100万元以上500万元以下的罚款；对主要负责人、直接负责的主管人员和其他直接责任人员处其上一年年收入60%至100%的罚款，属于国家工作人员的，并依法给予处分；构成违反治安管理行为的，由公安机关依法给予治安管理处罚；构成犯罪的，依法追究刑事责任：

（一）谎报或者瞒报事故的；
（二）伪造或者故意破坏事故现场的；
（三）转移、隐匿资金、财产，或者销毁有关证据、资料的；
（四）拒绝接受调查或者拒绝提供有关情况和资料的；
（五）在事故调查中作伪证或者指使他人作伪证的；
（六）事故发生后逃匿的。

第二十九条 电力企业对事故发生负有责任的，由电力监管机构依照下列规定处以罚款：

（一）发生一般事故的，处10万元以上20万元以下的罚款；
（二）发生较大事故的，处20万元以上50万元以下的罚款；
（三）发生重大事故的，处50万元以上200万元以下的罚款；
（四）发生特别重大事故的，处200万元以上500万元以下的罚款。

第三十条 电力企业主要负责人未依法履行安全生产管理职责，导致事故发生的，由电力监管机构依照下列规定处以罚款；属于国家工作人员的，并依法给予处分；构成犯罪的，依法追究刑事责任：

（一）发生一般事故的，处其上一年年收入30%的罚款；
（二）发生较大事故的，处其上一年年收入40%的罚款；
（三）发生重大事故的，处其上一年年收入60%的罚款；
（四）发生特别重大事故的，处其上一年年收入80%的罚款。

第三十一条 电力企业主要负责人依照本条例第二十七条、第二十八条、第三十条规定受到撤职处分或者刑事处罚的，自受处分之日或者刑罚执行完毕之日起5年内，不得担任任何生产经营单位主要负责人。

第三十二条 电力监管机构、有关地方人民政府以及其他负有安全生产监督管理职责的有关部门有下列行为之一的，对直接负责的主管人员和其他直接责任人员依法给予处分；直接负责的主管人员和其他直接责任人员构成犯罪的，依法追究刑事责任：

（一）不立即组织事故抢救的；
（二）迟报、漏报或者瞒报、谎报事故的；
（三）阻碍、干涉事故调查工作的；
（四）在事故调查中作伪证或者指使他人作伪证的。

第三十三条 参与事故调查的人员在事故调查中有下列行为之一的，依法给予处分；构成犯罪的，依法追究刑事责任：

（一）对事故调查工作不负责任，致使事故调查工作有重大疏漏的；
（二）包庇、袒护负有事故责任的人员或者借机打击报复的。

第六章 附　则

第三十四条 发生本条例规定的事故，同时造成人员伤亡或者直接经济损失，依照本条例确定的事故等级与依照《生产安全事故报告和调查处理条例》确定的事故等级不相同的，按事故等级较高者确定事故等级，依照本条例的规定调查处理；事故造成人员伤亡，构成《生产安全事故报告和调查处理条例》规定的重大事故或者特别重大事故的，依照《生产安全事故报告和调查处理条例》的规定调查处理。

电力生产或者电网运行过程中发生发电设备或者输变电设备损坏，造成直接经济损失的事故，未影响电力系统安全稳定运行以及电力正常供应的，由电力监管机构依照《生产安全事故报告和调查处理条例》的规定组成事故调查组对重大事故、较大事故、一般事故进行调查处理。

第三十五条 本条例对事故报告和调查处理未作规定的，适用《生产安全事故报告和调查处理条例》的规定。

第三十六条 核电厂核事故的应急处置和调查处理，依照《核电厂核事故应急管理条例》的规定执行。

第三十七条 本条例自2011年9月1日起施行。

附：

电力安全事故等级划分标准

事故等级\判定项	造成电网减供负荷的比例	造成城市供电用户停电的比例	发电厂或者变电站因安全故障造成全厂(站)对外停电的影响和持续时间	发电机组因安全故障停运的时间和后果	供热机组对外停止供热的时间
特别重大事故	区域性电网减供负荷30%以上 电网负荷20000兆瓦以上的省、自治区电网，减供负荷30%以上 电网负荷5000兆瓦以上20000兆瓦以下的省、自治区电网，减供负荷40%以上 直辖市电网减供负荷50%以上 电网负荷2000兆瓦以上的省、自治区人民政府所在地城市电网减供负荷60%以上	直辖市60%以上供电用户停电 电网负荷2000兆瓦以上的省、自治区人民政府所在地城市70%以上供电用户停电			
重大事故	区域性电网减供负荷10%以上30%以下 电网负荷20000兆瓦以上的省、自治区电网，减供负荷13%以上30%以下 电网负荷5000兆瓦以上20000兆瓦以下的省、自治区电网，减供负荷16%以上40%以下 电网负荷1000兆瓦以上5000兆瓦以下的省、自治区电网，减供负荷50%以上 直辖市电网减供负荷20%以上50%以下 省、自治区人民政府所在地城市电网减供负荷40%以上（电网负荷2000兆瓦以上的，减供负荷40%以上60%以下） 电网负荷600兆瓦以上的其他设区的市电网减供负荷60%以上	直辖市30%以上60%以下供电用户停电 省、自治区人民政府所在地城市50%以上供电用户停电（电网负荷2000兆瓦以上的，50%以上70%以下） 电网负荷600兆瓦以上的其他设区的市70%以上供电用户停电			
较大事故	区域性电网减供负荷7%以上10%以下 电网负荷20000兆瓦以上的省、自治区电网，减供负荷10%以上13%以下 电网负荷5000兆瓦以上20000兆瓦以下的省、自治区电网，减供负荷12%以上16%以下 电网负荷1000兆瓦以上5000兆瓦以下的省、自治区电网，减供负荷20%以上50%以下 电网负荷1000兆瓦以下的省、自治区电网，减供负荷40%以上 直辖市电网减供负荷10%以上20%以下 省、自治区人民政府所在地城市电网减供负荷20%以上40%以下 其他设区的市电网减供负荷40%以上（电网负荷600兆瓦以上的，减供负荷40%以上60%以下） 电网负荷150兆瓦以上的县级市电网减供负荷60%以上	直辖市15%以上30%以下供电用户停电 省、自治区人民政府所在地城市30%以上50%以下供电用户停电 其他设区的市50%以上供电用户停电（电网负荷600兆瓦以上的，50%以上70%以下） 电网负荷150兆瓦以上的县级市70%以上供电用户停电	发电厂或者220千伏以上变电站因安全故障造成全厂(站)对外停电，导致周边电压监视控制点电压低于调度机构规定的电压曲线值20%并且持续时间30分钟以上，或者导致周边电压监视控制点电压低于调度机构规定的电压曲线值10%并且持续时间1小时以上	发电机组因安全故障停止运行超过行业标准规定的大修时间两周，并导致电网减供负荷	供热机组装机容量200兆瓦以上的热电厂，在当地人民政府规定的采暖期内同时发生2台以上供热机组因安全故障停止运行，造成全厂对外停止供热并且持续时间48小时以上

续表

事故等级 判定项	造成电网减供负荷的比例	造成城市供电用户停电的比例	发电厂或者变电站因安全故障造成全厂（站）对外停电的影响和持续时间	发电机组因安全故障停运的时间和后果	供热机组对外停止供热的时间
一般事故	区域性电网减供负荷4%以上7%以下 电网负荷20000兆瓦以上的省、自治区电网，减供负荷5%以上10%以下 电网负荷5000兆瓦以上20000兆瓦以下的省、自治区电网，减供负荷6%以上12%以下 电网负荷1000兆瓦以上5000兆瓦以下的省、自治区电网，减供负荷10%以上20%以下 电网负荷1000兆瓦以下的省、自治区电网，减供负荷25%以上40%以下 直辖市电网减供负荷5%以上10%以下 省、自治区人民政府所在地城市电网减供负荷10%以上20%以下 其他设区的市电网减供负荷20%以上40%以下 县级市减供负荷40%以上（电网负荷150兆瓦以上的，减供负荷40%以上60%以下）	直辖市10%以上15%以下供电用户停电 省、自治区人民政府所在地城市15%以上30%以下供电用户停电 其他设区的市30%以上50%以下供电用户停电 县级市50%以上供电用户停电（电网负荷150兆瓦以上的，50%以上70%以下）	发电厂或者220千伏以上变电站因安全故障造成全厂（站）对外停电，导致周边电压监视控制点电压低于调度机构规定的电压曲线值5%以上10%以下并且持续时间2小时以上	发电机组因安全故障停止运行超过行业标准规定的小修时间两周，并导致电网减供负荷	供热机组装机容量200兆瓦以上的热电厂，在当地人民政府规定的采暖期内同时发生2台以上供热机组因安全故障停止运行，造成全厂对外停止供热并且持续时间24小时以上

注：1. 符合本表所列情形之一的，即构成相应等级的电力安全事故。

2. 本表中所称的"以上"包括本数，"以下"不包括本数。

3. 本表下列用语的含义：

（1）电网负荷，是指电力调度机构统一调度的电网在事故发生起始时刻的实际负荷；

（2）电网减供负荷，是指电力调度机构统一调度的电网在事故发生期间的实际负荷最大减少量；

（3）全厂对外停电，是指发电厂对外有功负荷降到零（虽电网经发电厂母线传送的负荷没有停止，仍视为全厂对外停电）；

（4）发电机组因安全故障停止运行，是指并网运行的发电机组（包括各种类型的电站锅炉、汽轮机、燃气轮机、水轮机、发电机和主变压器等主要发电设备），在未经电力调度机构允许的情况下，因安全故障需要停止运行的状态。

金属非金属地下矿山企业领导带班下井及监督检查暂行规定

· 2010年10月13日国家安全生产监管总局令第34号公布
· 根据2015年5月26日《国家安全监管总局关于废止和修改非煤矿矿山领域九部规章的决定》修订

第一章 总　则

第一条　为落实金属非金属地下矿山企业领导带班下井制度，强化现场安全管理，及时发现和消除事故隐患，根据《国务院关于进一步加强企业安全生产工作的通知》（国发〔2010〕23号）和国家有关规定，制定本规定。

第二条　金属非金属地下矿山企业（以下简称矿山企业）领导带班下井和县级以上安全生产监督管理部门对其实施监督检查，适用本规定。

第三条　本规定所称的矿山企业，是指金属非金属地下矿山生产企业及其所属各独立生产系统的矿井和新建、改建、扩建、技术改造等建设矿井。

本规定所称的矿山企业领导，是指矿山企业的主要负责人、领导班子成员和副总工程师。

第四条　矿山企业是落实领导带班下井制度的责任主体，必须确保每个班次至少有1名领导在井下现场带班，并与工人同时下井、同时升井。

矿山企业的主要负责人对落实领导带班下井制度全面负责。

第五条　安全生产监督管理部门对矿山企业落实领

导带班下井制度情况进行监督检查，并依法作出现场处理或者实施行政处罚。

有关行业主管部门应当根据《国务院关于进一步加强企业安全生产工作的通知》的要求，按照各自职责做好矿山企业领导带班下井制度的落实工作，配合安全生产监督管理部门开展矿山企业领导带班下井情况的监督检查和考核奖惩等工作。

第六条 任何单位和个人发现矿山企业领导未按照规定执行带班下井制度或者弄虚作假的，均有权向安全生产监督管理部门举报和报告。对举报和报告属实的，给予奖励。

第七条 矿山企业应当建立健全领导带班下井制度，制定领导带班下井考核奖惩办法和月度计划，建立和完善领导带班下井档案。

第二章 带班下井

第八条 矿山企业领导带班下井月度计划，应当明确每个工作班次带班下井的领导名单、下井及升井的时间以及特殊情况下的请假与调换人员审批程序等内容。

领导带班下井月度计划应当在本单位网站和办公楼及矿井井口予以公告，接受群众监督。

第九条 矿山企业应当每月对领导带班下井情况进行考核。领导带班下井情况与其经济收入挂钩，对按照规定带班下井并认真履行职责的，给予奖励；对未按照规定带班下井、冒名顶替下井或者弄虚作假的，按照有关规定予以处理。

矿山企业领导带班下井的月度计划完成情况，应当在矿山企业公示栏公示，接受群众监督。

第十条 矿山企业领导带班下井时，应当履行下列职责：

（一）加强对井下重点部位、关键环节的安全检查及检查巡视，全面掌握井下的安全生产情况；

（二）及时发现和组织消除事故隐患和险情，及时制止违章违纪行为，严禁违章指挥，严禁超能力组织生产；

（三）遇到险情时，立即下达停产撤人命令，组织涉险区域人员及时、有序撤离到安全地点。

第十一条 矿山企业领导应当认真填写带班下井交接班记录，并向接班的领导详细说明井下安全生产状况、存在的主要问题及其处理情况、需要注意的事项等。

第十二条 矿山企业领导升井后，应当及时将下井及升井的时间、地点、经过路线、发现的问题及处理结果等有关情况进行登记，以存档备查。

第十三条 矿山企业从业人员应当遵章守纪，服从带班下井领导的指挥和管理。

矿山企业没有领导带班下井的，矿山企业从业人员有权拒绝下井作业。从业人员在井下作业过程中，发现并确认带班下井领导无故提前升井的，经向班组长或者队长说明后有权提前升井。

矿山企业不得因从业人员依据前款规定拒绝下井或者提前升井而降低从业人员工资、福利等待遇或者解除与其订立的劳动合同。

第三章 监督检查

第十四条 安全生产监督管理部门应当将矿山企业领导带班下井制度的建立、执行、考核、奖惩等情况作为安全监管的重要内容，并将其纳入年度安全监管执法工作计划，定期进行检查。

第十五条 安全生产监督管理部门应当充分发挥电视、广播、报纸、网络等新闻媒体的作用，加强对本行政区域内矿山企业领导带班下井情况的社会监督。

第十六条 安全生产监督管理部门应当建立举报制度，公开举报电话、信箱或者电子邮件地址，受理有关举报；对于受理的举报，应当认真调查核实；经查证属实的，依法从重处罚。

第十七条 安全生产监督管理部门应当定期将矿山企业领导带班下井制度监督检查结果和处罚情况予以公告，接受社会监督。

第四章 法律责任

第十八条 矿山企业未按照规定建立健全领导带班下井制度或者未制定领导带班下井月度计划的，给予警告，并处3万元的罚款；对其主要负责人给予警告，并处1万元的罚款；情节严重的，依法暂扣其安全生产许可证，责令停产整顿。

第十九条 矿山企业存在下列行为之一的，责令限期整改，并处3万元的罚款；对其主要负责人给予警告，并处1万元的罚款：

（一）未制定领导带班下井制度的；

（二）未按照规定公告领导带班下井月度计划的；

（三）未按照规定公示领导带班下井月度计划完成情况的。

第二十条 矿山企业领导未按照规定填写带班下井交接班记录、带班下井登记档案，或者弄虚作假的，给予警告，并处1万元的罚款。

第二十一条 矿山企业领导未按照规定带班下井的，对矿山企业给予警告，处3万元的罚款；情节严重的，依法责令停产整顿;对违反规定的矿山企业领导按照擅离职守处理,并处 1 万元的罚款。

第二十二条 对发生生产安全事故而没有领导带班下井的矿山企业,依法责令停产整顿,暂扣或者吊销安全生产许可证,并依照下列规定处以罚款;情节严重的,提请有关人民政府依法予以关闭:

(一)发生一般事故,处 50 万元的罚款;

(二)发生较大事故,处 100 万元的罚款;

(三)发生重大事故,处 500 万元的罚款;

(四)发生特别重大事故,处 2000 万元的罚款。

第二十三条 对发生生产安全事故而没有领导带班下井的矿山企业,对其主要负责人依法暂扣或者吊销其安全资格证,并依照下列规定处以罚款:

(一)发生一般事故,处上一年年收入 30%的罚款;

(二)发生较大事故,处上一年年收入 40%的罚款;

(三)发生重大事故,处上一年年收入 60%的罚款;

(四)发生特别重大事故,处上一年年收入 80%的罚款。

对重大、特别重大生产安全事故负有主要责任的矿山企业,其主要负责人终身不得担任任何矿山企业的矿长(董事长、总经理)。

第五章 附 则

第二十四条 各省、自治区、直辖市人民政府安全生产监督管理部门可以根据实际情况制定实施细则,报国家安全生产监督管理总局备案。

第二十五条 为矿山企业提供采掘工程服务的采掘施工企业领导带班下井,按照本规定执行。

第二十六条 本办法自 2010 年 11 月 15 日起施行。

金属与非金属矿产资源地质勘探
安全生产监督管理暂行规定

· 2010 年 12 月 3 日国家安全生产监管总局令第 35 号公布
· 根据 2015 年 5 月 26 日《国家安全监管总局关于废止和修改非煤矿矿山领域九部规章的决定》修订

第一章 总 则

第一条 为加强金属与非金属矿产资源地质勘探作业安全的监督管理,预防和减少生产安全事故,根据安全生产法等有关法律、行政法规,制定本规定。

第二条 从事金属与非金属矿产资源地质勘探作业的安全生产及其监督管理,适用本规定。

生产矿山企业的探矿活动不适用本规定。

第三条 本规定所称地质勘探作业,是指在依法批准的勘查作业区范围内从事金属与非金属矿产资源地质勘探的活动。

本规定所称地质勘探单位,是指依法取得地质勘查资质并从事金属与非金属矿产资源地质勘探活动的企事业单位。

第四条 地质勘探单位对本单位地质勘探作业安全生产负主体责任,其主要负责人对本单位的安全生产工作全面负责。

国务院有关部门和省、自治区、直辖市人民政府所属从事矿产地质勘探及管理的企事业法人组织(以下统称地质勘探主管单位),负责对其所属地质勘探单位的安全生产工作进行监督和管理。

第五条 国家安全生产监督管理总局对全国地质勘探作业的安全生产工作实施监督管理。

县级以上地方各级人民政府安全生产监督管理部门对本行政区域内地质勘探作业的安全生产工作实施监督管理。

第二章 安全生产职责

第六条 地质勘探单位应当遵守有关安全生产法律、法规、规章、国家标准以及行业标准的规定,加强安全生产管理,排查治理事故隐患,确保安全生产。

第七条 从事钻探工程、坑探工程施工的地质勘探单位应当取得安全生产许可证。

第八条 地质勘探单位从事地质勘探活动,应当持本单位地质勘查资质证书和地质勘探项目任务批准文件或者合同书,向工作区域所在地县级安全生产监督管理部门书面报告,并接受其监督检查。

第九条 地质勘探单位应当建立健全下列安全生产制度和规程:

(一)主要负责人、分管负责人、安全生产管理人员和职能部门、岗位的安全生产责任制度;

(二)岗位作业安全规程和工种操作规程;

(三)现场安全生产检查制度;

(四)安全生产教育培训制度;

(五)重大危险源检测监控制度;

(六)安全投入保障制度;

(七)事故隐患排查治理制度;

(八)事故信息报告、应急预案管理和演练制度;

(九)劳动防护用品、野外救生用品和野外特殊生活用品配备使用制度;

(十)安全生产考核和奖惩制度;

（十一）其他必须建立的安全生产制度。

第十条 地质勘探单位及其主管单位应当按照下列规定设置安全生产管理机构或者配备专职安全生产管理人员：

（一）地质勘探单位从业人员超过100人的，应当设置安全生产管理机构，并按不低于从业人员1%的比例配备专职安全生产管理人员；从业人员在100人以下的，应当配备不少于2名的专职安全生产管理人员；

（二）所属地质勘探单位从业人员总数在3000人以上的地质勘探主管单位，应当设置安全生产管理机构，并按不低于从业人员总数1‰的比例配备专职安全生产管理人员；从业人员总数在3000人以下的，应当设置安全生产管理机构或者配备不少于1名的专职安全生产管理人员。

专职安全生产管理人员中应当有注册安全工程师。

第十一条 地质勘探单位的主要负责人和安全生产管理人员应当具备与本单位所从事地质勘探活动相适应的安全生产知识和管理能力，并经安全生产监督管理部门考核合格。

地质勘探单位的特种作业人员必须经专门的安全技术培训并考核合格，取得特种作业操作证后，方可上岗作业。

第十二条 地质勘探单位从事坑探工程作业的人员，首次上岗作业前应当接受不少于72小时的安全生产教育和培训，以后每年应当接受不少于20小时的安全生产再培训。

第十三条 地质勘探单位应当按照国家有关规定提取和使用安全生产费用。安全生产费用列入生产成本，并实行专户存储、规范使用。

第十四条 地质勘探工程的设计、施工和安全管理应当符合《地质勘探安全规程》（AQ2004-2005）的规定。

第十五条 坑探工程的设计方案中应当设有安全专篇。安全专篇应当经所在地安全生产监督管理部门审查同意；未经审查同意的，有关单位不得施工。

坑探工程安全专篇的具体审查办法由省、自治区、直辖市人民政府安全生产监督管理部门制定。

第十六条 地质勘探单位不得将其承担的地质勘探工程项目转包给不具备安全生产条件或者相应地质勘查资质的地质勘探单位，不得允许其他单位以本单位的名义从事地质勘探活动。

第十七条 地质勘探单位不得以探矿名义从事非法采矿活动。

第十八条 地质勘探单位应当为从业人员配备必要的劳动防护用品、野外救生用品和野外特殊生活用品。

第十九条 地质勘探单位应当根据本单位实际情况制定野外作业突发事件等安全生产应急预案，建立健全应急救援组织或者与邻近的应急救援组织签订救护协议，配备必要的应急救援器材和设备，按照有关规定组织开展应急演练。

应急预案应当按照有关规定报安全生产监督管理部门和地质勘探主管单位备案。

第二十条 地质勘探主管单位应当按照国家有关规定，定期检查所属地质勘探单位落实安全生产责任制和安全生产费用提取使用、安全生产教育培训、事故隐患排查治理等情况，并组织实施安全生产绩效考核。

第二十一条 地质勘探单位发生生产安全事故后，应当按照有关规定向事故发生地县级以上安全生产监督管理部门和地质勘探主管单位报告。

第三章 监督管理

第二十二条 安全生产监督管理部门应当加强对地质勘探单位安全生产的监督检查，对检查中发现的事故隐患和安全生产违法违规行为，依法作出现场处理或者实施行政处罚。

第二十三条 安全生产监督管理部门应当建立完善地质勘探单位管理制度，及时掌握本行政区域内地质勘探单位的作业情况。

第二十四条 安全生产监督管理部门应当按照本规定的要求开展对坑探工程安全专篇的审查，建立安全专篇审查档案。

第四章 法律责任

第二十五条 地质勘探单位有下列情形之一的，责令限期改正，可以处5万元以下的罚款；逾期未改正的，责令停产停业整顿，并处5万元以上10万元以下的罚款，对其直接负责的主管人员和其他直接责任人员处1万元以上2万元以下的罚款：

（一）未按照本规定设立安全生产管理机构或者配备专职安全生产管理人员的；

（二）特种作业人员未持证上岗作业的；

（三）从事坑探工程作业的人员未按照规定进行安全生产教育和培训的。

第二十六条 地质勘探单位有下列情形之一的，给予警告，并处3万元以下的罚款：

（一）未按照本规定建立有关安全生产制度和规程的；

(二) 未按照规定提取和使用安全生产费用的；

(三) 坑探工程安全专篇未经安全生产监督管理部门审查同意擅自施工的。

第二十七条 地质勘探单位未按照规定向工作区域所在地县级安全生产监督管理部门书面报告的，给予警告，并处2万元以下的罚款。

第二十八条 地质勘探单位将其承担的地质勘探工程项目转包给不具备安全生产条件或者相应资质的地质勘探单位的，责令限期改正，没收违法所得；违法所得10万元以上的，并处违法所得2倍以上5倍以下的罚款；没有违法所得或者违法所得不足10万元的，单处或者并处10万元以上20万元以下的罚款；对其直接负责的主管人员和其他直接责任人员处1万元以上2万元以下的罚款；导致发生生产安全事故给他人造成损害的，与承包方承担连带赔偿责任。

第二十九条 本规定规定的行政处罚由县级以上安全生产监督管理部门实施。

第五章 附则

第三十条 本规定自2011年1月1日起施行。

国务院安委会办公室关于做好关闭不具备安全生产条件非煤矿山工作的通知

- 2019年4月27日
- 安委办〔2019〕9号

各省、自治区、直辖市及新疆生产建设兵团安全生产委员会，国务院安委会有关成员单位：

为认真贯彻落实《国务院安全生产委员会关于印发2019年工作要点的通知》（安委〔2019〕1号）和《国务院安全生产委员会关于认真贯彻落实习近平总书记重要指示精神坚决防范遏制重特大事故的紧急通知》（安委明电〔2019〕1号）要求，确保完成2019年关闭1000处以上不具备安全生产条件非煤矿山（含尾矿库）任务，现就做好关闭不具备安全生产条件非煤矿山工作有关事项通知如下：

一、关闭对象

符合下列条件之一的非煤矿山，纳入重点关闭范围：

(一) 存在重大生产安全事故隐患被依法责令停产整改，逾期不整改或整改后仍达不到法定安全生产条件的。

(二) 违反建设项目安全设施"三同时"规定，拒不执行安全监管指令、逾期未完善相关手续的。

(三) 与煤共（伴）生金属非金属矿山安全生产条件达不到煤矿国家标准或行业标准要求的。

(四) 相邻小型露天采石场开采范围之间最小距离达不到300米的。

(五) 已运行到设计最终标高或不再进行排尾作业的尾矿库。

二、关闭标准

(一) 吊销或注销采矿许可证、安全生产许可证、工商营业执照等相关证照。

(二) 拆除供电、供水、通风、提升、运输等直接用于生产的设施和设备。

(三) 地下矿山要炸毁或填实矿井井筒，露天矿山要完成边坡治理，尾矿库要完成闭库治理并公告销号。

(四) 地表设立明显警示标志。

(五) 清理收缴矿山留存的民用爆炸物品和危险化学品。

三、关闭程序

(一) 确定关闭对象。督促县级以上地方人民政府组织对辖区内非煤矿山进行全面摸底排查，研究确定拟关闭的非煤矿山名单，并在当地主要媒体上向社会公告，接受社会监督。

(二) 依法实施关闭。督促县级以上地方人民政府组织相关部门和企业对照关闭标准，依法实施关闭措施。

(三) 严格检查验收。督促县级以上地方人民政府组织相关部门对照关闭标准，进行检查验收。

四、工作要求

(一) 提高思想认识，积极主动作为。各地区要充分认识关闭不具备安全生产条件的非煤矿山对于防范化解重大安全风险、遏制重特大事故发生、促进非煤矿山安全生产形势持续稳定好转的重要意义，进一步增强责任感和使命感，采取有效措施做好关闭不具备安全生产条件非煤矿山工作。

(二) 明确工作目标，依法依规实施。各地区要根据全国非煤矿山数量和关闭工作目标，结合本地区非煤矿山数量及分布情况，科学合理确定关闭计划，并将目标任务逐级分解落实到各市（州、盟）、县（区、旗）。要督促市、县级地方人民政府严格对照关闭程序和标准落实关闭任务，依法依规组织实施。

(三) 加强沟通协调，形成工作合力。各地区要健全完善政府统一领导、相关部门共同参与的协调联动机制，细化落实各相关部门职责，加强沟通配合，形成工作合力,及时研究、协调解决重点难点问题,确保关闭工作顺利推进。

(四)严格督促检查,确保完成任务。各地区要强化督促指导,定期调度关闭工作进度,及时督促解决工作中存在的主要问题。对责任落实不到位、工作开展不得力、不能按期完成任务的地区,要及时采取约谈、通报批评等措施督促落实。要强化对关闭对象的执法检查,防止企业因关闭前突击生产和超能力、超强度、超定员生产而造成生产安全事故,防止已经关闭的矿山死灰复燃。

请于2019年5月31日前将本地区关闭计划及分解落实情况、2019年12月15日前将关闭工作总结报送国务院安委会办公室(联系人及联系方式:杨凌云,010-64463215,yly@chinasafety.gov.cn)。

典型案例

1. 余某某等人重大劳动安全事故重大责任事故案①

【关键词】

重大劳动安全事故罪 重大责任事故罪 关联案件办理 追诉漏罪漏犯 检察建议

【要旨】

办理危害生产安全刑事案件,要根据案发原因及涉案人员的职责和行为,准确适用重大责任事故罪和重大劳动安全事故罪。要全面审查案件事实证据,依法追诉漏罪漏犯,准确认定责任主体和相关人员责任,并及时移交职务违法犯罪线索。针对事故中暴露出的相关单位安全管理漏洞和监管问题,要及时制发检察建议,督促落实整改。

【基本案情】

被告人余某某,男,湖北A化工集团股份有限公司(简称A化工集团)原董事长、当阳市B矸石发电有限责任公司(简称B矸石发电公司,该公司由A化工集团投资控股)原法定代表人。

被告人张某某,男,A化工集团物资供应公司原副经理。

被告人双某某,男,B矸石发电公司原总经理。

被告人赵某某,男,A化工集团原副总经理、总工程师。

被告人叶某某,男,A化工集团生产部原部长。

被告人赵玉某,男,B矸石发电公司原常务副总经理兼总工程师。

被告人王某某,男,B矸石发电公司原锅炉车间主任。

2015年6月,B矸石发电公司热电联产项目开工建设。施工中,余某某、双某某为了加快建设进度,在采购设备时,未按湖北省发展与改革委员会关于该项目须公开招投标的要求,自行组织邀请招标。张某某收受无生产资质的重庆某仪表有限公司(简称仪表公司)负责人李某某给予的4000元好处费及钓鱼竿等财物,向其采购了质量不合格的"一体焊接式长颈喷嘴"(简称喷嘴),安装在2号、3号锅炉高压主蒸汽管道上。项目建成后,余某某、双某某擅自决定试生产。

2016年8月10日凌晨,B矸石发电公司锅炉车间当班员工巡检时发现集中控制室前楼板滴水、2号锅炉高压主蒸汽管道保温层漏汽。赵玉某、王某某赶到现场,未发现滴水情况和泄漏点,未进一步探查。8月11日11时许,锅炉运行人员发现事故喷嘴附近有泄漏声音且温度比平时高,赵玉某指示当班员工继续加强监控。13时许,2号锅炉主蒸汽管道蒸汽泄漏更加明显且伴随高频啸叫声。赵玉某、王某某未按《锅炉安全技术规程》《锅炉运行规程》等规定下达紧急停炉指令。13时50分至14时20分,叶某某先后三次接到B矸石发电公司生产科副科长和A化工集团生产调度中心调度员电话报告"2号锅炉主蒸汽管道有泄漏,请求停炉"。叶某某既未到现场处置,也未按规定下达停炉指令。14时30分,叶某某向赵某某报告"蒸汽管道泄漏,电厂要求停炉"。赵某某未按规定下达停炉指令,亦未到现场处置。14时49分,2号锅炉高压主蒸汽管道上的喷嘴发生爆裂,致使大量高温蒸汽喷入事故区域,造成22人死亡、4人受伤,直接经济损失2313万元。

【检察机关履职过程】

(一)介入侦查

事故发生后,当阳市公安局以涉嫌重大责任事故罪对余某某、双某某、张某某、赵玉某、王某某、赵某某、叶某某等人立案侦查并采取强制措施。当阳市人民检察院提前介入,参加公安机关案情研讨,从三个方面提出取证重点:一是查明事故企业在立项审批、设备采购、项目建设及招投标过程中是否存在违法违规行为;二是查明余某某等人对企业安全生产的管理职责;三是查明在事故过程中,余

---

① 案例来源:2021年1月27日中华人民共和国最高人民检察院第二十五批指导性案例。

某某等人的履职情况及具体行为。当阳市公安局补充完善上述证据，侦查终结后，于2017年1月23日至2月22日对余某某等7人以涉嫌重大责任事故罪先后向当阳市人民检察院移送起诉。

（二）审查起诉

该事故涉及的系列案件共11件14人，除上述7人外，还包括湖北省特种设备检验检测研究院宜昌分院、当阳市发展与改革局、当阳市质监局工作人员涉嫌的渎职犯罪，A化工集团有关人员涉嫌的帮助毁灭证据犯罪以及仪表公司涉嫌的生产、销售伪劣产品犯罪。当阳市人民检察院按照案件类型成立多个办案组，根据案件的难易程度调配力量，保证各办案组的审查起诉工作协调推进。由于不同罪名的案情存在密切关联，为使各办案组掌握全部案情，办案部门定期召开检察官联席会议，统一协调系列案件的办理。

当阳市人民检察院审查认为：本次事故发生的最主要原因是B矸石发电公司所采购的喷嘴系质量不合格的劣质产品，直接原因是主蒸汽管道蒸汽泄漏形成重大安全隐患时，相关管理人员没有按照操作规程及时停炉，作出正确处置。余某某、双某某作为A化工集团负责人和B矸石发电公司管理者，在热电联产项目设备采购过程中，未按审批内容公开招标，自行组织邀请招标，监督管理不到位，致使采购人员采购了质量不合格的喷嘴；张某某作为A化工集团电气设备采购负责人，收受投标人好处费，怠于履行职责，未严格审查投标单位是否具备相关生产资质，采购了无资质厂家生产的存在严重安全隐患的劣质产品，3人的主要责任均在于未依法依规履职，致使B矸石发电公司的安全生产设施和条件不符合国家规定，从而导致本案事故的发生，涉嫌构成重大劳动安全事故罪。赵某某作为A化工集团副总经理、总工程师，叶某某作为该集团生产部部长，赵玉某作为B矸石发电公司的副总经理，王某某作为该公司锅炉车间主任，对B矸石发电公司的安全生产均负有直接管理职责，4人在高压蒸汽管道出现漏汽、温度异常并伴随高频啸叫声的危险情况下，未按操作规程采取紧急停炉措施，导致重大伤亡事故发生，4人的主要责任在于生产、作业过程中违反有关安全管理规定，涉嫌构成重大责任事故罪。

同时，当阳市人民检察院在办案中发现，赵某某在事故发生后同意A化工集团安全部部长孙某某（以帮助毁灭证据罪另案处理）将集团办公系统中储存的13万余份关于集团内部岗位职责的电子数据（该数据对查清公司高层管理人员在事故中的责任具有重要作用）删除，涉嫌帮助毁灭证据罪，遂依法予以追加起诉。

2017年5月至6月，当阳市人民检察院先后以余某某、双某某、张某某涉嫌重大劳动安全事故罪，赵玉某、王某某、叶某某涉嫌重大责任事故罪，赵某某涉嫌重大责任事故罪、帮助毁灭证据罪向当阳市人民法院提起公诉。

（三）指控与证明犯罪

当阳市人民法院分别于2017年6月20日、7月4日、7月20日公开开庭审理上述案件。各被告人对公诉指控的犯罪事实及出示的证据均不持异议，当庭认罪。余某某的辩护人提出余某某不构成犯罪，理由是：(1)A化工集团虽然是B矸石发电公司的控股股东，余某某是法定代表人，但只负责B矸石发电公司的投资和重大技改。B矸石发电公司作为独立的企业法人实行总经理负责制，人员招聘任免、日常管理生产、设备采购均由B矸石发电公司自己负责。(2)该事故系多因一果，原因包括设计不符合标准规范要求、事故喷嘴是质量不合格的劣质产品，不能将设计方及不合格产品生产方的责任转嫁由B矸石发电公司承担。公诉人针对辩护意见答辩：(1)A化工集团作为B矸石发电公司的控股股东，对B矸石发电公司实行人力资源、财务、物资采购、生产调度的"四统一"管理。余某某既是A化工集团的董事长，又是B矸石发电公司的法定代表人，是企业安全生产的第一责任人。其违规决定采取邀请招标的方式采购设备，致使B矸石发电公司采购了质量不合格的喷嘴。(2)本案事故发生的主要原因为喷嘴质量不合格，同时相关管理人员在生产、作业中违反安全管理规定，操作不当，各方都应当在自己职责范围内承担相应的法律责任，不能因为追究其中一方的责任就减轻或免除其他人的责任。因此，应以重大劳动安全事故罪追究余某某的刑事责任。

（四）处理结果

2018年8月21日，当阳市人民法院以重大劳动安全事故罪分别判处被告人余某某、双某某、张某某有期徒刑五年、四年、五年；以重大责任事故罪、帮助毁灭证据罪分别判处被告人赵某某有期徒刑四年、六个月，数罪并罚决定执行四年三个月；以重大责任事故罪分别判处被告人叶某某、赵玉某、王某某有期徒刑四年、五年、四年。各被告人均未上诉，判决已生效。

（五）办理关联案件

一是依法惩处生产、销售不符合安全标准的产品犯罪。本案事故发生的最主要原因是安装在主蒸汽管道上的喷嘴质量不合格。2017年2月17日，当阳市公安局对喷嘴生产企业仪表公司负责人李某某以涉嫌生产、销售伪劣产品罪向当阳市人民检察院移送起诉。当阳市人民检察院经审查认为，李某某明知生产的喷嘴将被安装于高压蒸汽管道上，直接影响生产安全和他人人身、财产安全，但其为追求经济利益，在不具备生产高温高压设备资质和条件的情况下，通过查看书籍、网上查询的方法自行设计、制造了喷嘴，并伪造产品检测报告和合格证，销售给B矸石发电公司，其行为属于生产、销售不符合保障人身、财产安全国家标准、行业标准的产品，造成特别严重后果的情况。本案中的喷嘴既属于伪劣产品，也属于不符合安全标准的产品，李某某的行为同时构成生产、销售伪劣产品罪和生产、销售不符合安全标准的产品罪，根据刑法第149条第2款规定，应当依照处罚较重的生产、销售不符合安全标准的产品罪定罪处罚。5月22日，当阳市人民检察院以该罪对李某某提起公诉。同时，追加起诉了仪表公司为单位犯罪。后李某某及仪表公司被以生产、销售不符合安全标准的产品罪判处刑罚。

二是依法追究职务犯罪。当阳市人民检察院办理本案过程中，依照当时的法定权限深挖事故背后的国家工作人员职务犯罪。查明：当阳市发展和改革局原副局长杨某未落实省、市发展与改革委员会文件要求，未对B矸石发电公司设备采购招投标工作进行监管，致使该公司自行组织邀标，采购了质量严重不合格的喷嘴；当阳市质量技术监督局特监科原科长赵某怠于履行监管职责，未对B矸石发电公司特种设备的安装、使用进行监督检查；宜昌市特种设备检验检测研究院技术负责人韩某、压力管道室主任饶某、副主任洪某在对发生事故的高压主蒸汽管道安装安全质量监督检验工作中，未严格执行国家行业规范，对项目建设和管道安装过程中的违法违规问题没有监督纠正，致使存在严重质量缺陷和安全隐患的高压主蒸汽管道顺利通过监督检验并运行。2017年3月至5月，当阳市人民检察院分别对5人以玩忽职守罪提起公诉（另，饶某还涉嫌构成挪用公款罪）。2018年8月21日，当阳市人民法院分别以玩忽职守罪判处5人有期徒刑三年六个月至有期徒刑三年缓刑四年不等。后5人均提出上诉，宜昌市中级人民法院裁定驳回上诉，维持原判。判决已生效。

（六）制发检察建议

针对本案反映出的当阳市人民政府及有关职能部门怠于履行职责、相关工作人员责任意识不强、相关企业安全生产观念淡薄等问题，2017年8月16日，当阳市人民检察院向当阳市人民政府及市发展和改革局、市质量技术监督局分别发出检察建议，提出组织相关部门联合执法、在全市范围内开展安全生产大检查、加强对全市重大项目工程建设和招投标工作的监督管理、加强对全市特种设备及相关人员的监督管理、加大对企业安全生产知识的宣传等

有针对性的意见建议。被建议单位高度重视，通过开展重点行业领域专项整治活动、联合执法等措施，认真整改落实。检察建议促进当地政府有关部门加强了安全生产监管，相关企业提升了安全生产管理水平。

【指导意义】

（一）准确适用重大责任事故罪与重大劳动安全事故罪。两罪主体均为生产经营活动的从业者，法定最高刑均为七年以下有期徒刑。两罪的差异主要在于行为特征不同，重大责任事故罪是行为人"在生产、作业中违反有关安全管理的规定"；重大劳动安全事故罪是生产经营单位的"安全生产设施或者安全生产条件不符合国家规定"。实践中，安全生产事故发生的原因如果仅为生产、作业中违反有关安全管理的规定，或者仅为提供的安全生产设施或条件不符合国家规定，罪名较易确定；如果事故发生系上述两方面混合因素所致，两罪则会出现竞合，此时，应当根据相关涉案人员的工作职责和具体行为来认定其罪名。具体而言，对企业安全生产负有责任的人员，在生产、作业过程中违反安全管理规定的，应认定为重大责任事故罪；对企业安全生产设施或者安全生产条件不符合国家规定负有责任的人员，应认定为重大劳动安全事故罪；如果行为人的行为同时包括在生产、作业中违反有关安全管理的规定和提供安全生产设施或条件不符合国家规定，为全面评价其行为，应认定为重大责任事故罪。

（二）准确界定不同责任人员和责任单位的罪名，依法追诉漏罪漏犯，向相关部门移交职务违法犯罪线索。安全生产刑事案件，有的涉案人员较多，既有一线的直接责任人员，也有管理层的实际控制人，还有负责审批监管的国家工作人员；有的涉及罪名较广，包括生产、销售不符合安全标准的产品罪、玩忽职守罪、受贿罪、帮助毁灭证据罪等；除了自然人犯罪，有的还包括单位犯罪。检察机关办案中，要注重深挖线索，准确界定相关人员责任，发现漏罪漏犯要及时追诉。对负有监管职责的国家工作人员，涉嫌渎职犯罪或者违纪违法的，及时将线索移交相关部门处理。

（三）充分发挥检察建议作用，以办案促安全生产治理。安全生产事关企业健康发展，人民群众人身财产安全，社会和谐稳定。党的十九大报告指出，要"树立安全发展理念，弘扬生命至上、安全第一的思想，健全公共安全体系，完善安全生产责任制，坚决遏制重特大安全事故，提升防灾减灾救灾能力"。检察机关要认真贯彻落实，充分履行检察职能，在依法严厉打击危害企业安全

生产犯罪的同时，针对办案中发现的安全生产方面的监管漏洞或怠于履行职责等问题，要积极主动作为，在充分了解有关部门职能范围的基础上，有针对性地制发检察建议，并持续跟踪落实情况，引导企业树牢安全发展理念，督促政府相关部门加强安全生产监管，实现以办案促进治理，为安全生产保驾护航。

【相关规定】

《中华人民共和国刑法》第一百三十四条、第一百三十五条、第一百四十六条、第一百四十九条、第三百零七条第二款、第三百九十七条

《最高人民法院、最高人民检察院关于办理危害生产安全刑事案件适用法律若干问题的解释》第一条、第三条

《最高人民法院关于进一步加强危害生产安全刑事案件审判工作的意见》

2. 宋某某等人重大责任事故案①

【关键词】

事故调查报告　证据审查　责任划分　不起诉　追诉漏犯

【要旨】

对相关部门出具的安全生产事故调查报告，要综合全案证据进行审查，准确认定案件事实和相关人员责任。要正确区分相关涉案人员的责任和追责方式，发现漏犯及时追诉，对不符合起诉条件的，依法作出不起诉处理。

【基本案情】

被告人宋某某，男，山西A煤业公司(隶属于山西B煤业公司)原矿长。

被告人杨某，男，A煤业公司原总工程师。

被不起诉人赵某某，男，A煤业公司原工人。

2016年5月，宋某某作为A煤业公司矿长，在3号煤层配采项目建设过程中，违反《关于加强煤炭建设项目管理的通知》(发改能源〔2006〕1039号)要求，在没有施工单位和监理单位的情况下，即开始自行组织工人进行施工，并与周某某(以伪造公司印章罪另案处理)签订虚假的施工、监理合同以应付相关单位的验收。杨某作为该矿的总工程师，违反《煤矿安全规程》(国家安全监管总局令第87号)要求，未结合实际情况加强设计和制订安全措施，在3号煤层配采施工遇到旧巷时仍然采用常规设计，且部分设计数据与相关要求不符，导致旧巷扩刷工程对顶煤支护的力度不够。2017年3月9日3时50分许，该矿施工工人赵某某带领4名工人在3101综采工作面运输顺槽和联络巷交岔口处清煤时，发生顶部支护板塌落事故，导致上覆煤层坍塌，造成3名工人死亡，赵某某及另一名工人受伤，直接经济损失635.9万元。

【检察机关履职过程】

(一)补充侦查

2017年5月5日，长治市事故联合调查组认定宋某某、赵某某分别负事故的主要责任、直接责任，二人行为涉嫌重大责任事故罪，建议由公安机关依法处理，并建议对杨某等相关人员给予党政纪处分或行政处罚。2018年3月18日，长治市公安局上党分局对赵某某、宋某某以涉嫌重大责任事故罪立案侦查，并于5月31日移送长治市上党区(案发时为长治县)人民检察院审查起诉。

上党区人民检察院审查认为，该案相关人员责任不明、部分事实不清，公安机关结合事故调查报告作出的一些结论性事实认定缺乏证据支撑。如调查报告和公安机关均认定赵某某在发现顶板漏煤的情况下未及时组织人员撤离，其涉嫌构成重大责任事故罪。检察机关审查发现，认定该事实的证据主要是工人冯某某的证言，但其说法前后不一，现有证据不足以认定该事实。为查清赵某某的责任，上党区人民检察院开展自行侦查，调查核实相关证人证言等证据。再如调查报告和公安机关均认定总工程师杨某"在运输顺槽遇到旧巷时仍然采用常规设计，未结合实际情况及时修改作业规程或补充安全技术措施"，但是公安机关移送的案卷材料中，没有杨某的设计图纸，也没有操作规程的相关规定。针对上述问题检察机关二次退回补充侦查，要求补充杨某的设计图纸、相关操作规程等证据材料；并就全案提出补充施工具体由谁指挥、宋某某和股东代表是否有过商议、安检站站长以及安检员职责等补查意见，以查清相关人员具体行为和责任。后公安机关补充完善了上述证据，查清了相关人员责任等案件事实。

(二)准确认定相关人员责任

上党区人民检察院经审查，认为事故发生的主要原因有：一是该矿违反规定自行施工，项目安全管理不到位；二是项目扩刷支护工程设计不符合行业标准要求。在分清主要和次要原因、直接和间接原因的基础上，上党区人民检察院对事故责任人进行了准确区分，作出相应处理。

第一，依法追究主要责任人宋某某的刑事责任。检察机关审查认为，《关于加强煤炭建设项目管理的通知》要求建设单位要按有关规定，通过招投标方式，结合煤矿建设施

---

① 案例来源：2021年1月27日中华人民共和国最高人民检察院第二十五批指导性案例。

工的灾害特点,确定施工和监理单位。宋某某作为建设单位 A 煤业公司的矿长,是矿井安全生产第一责任人,负责全矿安全生产工作,为节约成本,其违反上述通知要求,在没有施工单位和监理单位(均要求具备相关资质)的情况下,弄虚作假应付验收,无资质情况下自行组织工人施工,长期危险作业,最终发生该起事故,其对事故的发生负主要责任。且事故发生后,其对事故的迟报负直接责任。遂对宋某某以重大责任事故罪向上党区人民法院提起公诉。

第二,依法对赵某某作出不起诉决定。事故调查报告认定赵某某对事故的发生负直接责任,认为赵某某在发现漏煤时未组织人员撤离而是继续清煤导致了事故的发生,公安机关对其以重大责任事故罪移送起诉。检察机关审查起诉过程中,经自行侦查,发现案发地点当时是否出现过顶板漏煤的情况存在疑点,赵某某、冯某某和其他案发前经过此处及上一班工人的证言,均不能印证现场存在漏煤的事实,不能证明赵某某对危害结果的发生有主观认识,无法确定赵某某的责任。因此,依据刑事诉讼法第 175 条第 4 款规定,对赵某某作出不起诉决定。

第三,依法追诉漏犯杨某。公安机关未对杨某移送起诉,检察机关认为,《煤矿安全规程》要求,在采煤工作面遇过断层、过老空区时应制定安全措施,采用锚杆、锚索等支护形式加强支护。杨某作为 A 煤业公司总工程师,负责全矿技术工作,其未按照上述规程要求,加强安全设计,履行岗位职责不到位,对事故的发生负主要责任。虽然事故调查报告建议"吊销其安全生产管理人员安全生产知识和管理能力考核合格证",但行政处罚不能代替刑事处罚。因此,依法对杨某以涉嫌重大责任事故罪予以追诉。

(三)指控与证明犯罪

庭审中,被告人宋某某辩称,是 A 煤业公司矿委会集体决定煤矿自行组织工人施工的,并非其一个人的责任。公诉人答辩指出,虽然自行组织施工的决定是由矿委会作出的,但是宋某某作为矿长,是矿井安全生产的第一责任人,明知施工应当由有资质的施工单位进行且应在监理单位监理下施工,仍自行组织工人施工,且在工程日常施工过程中安全管理不到位,最终导致了该起事故的发生,其对事故的发生负主要责任,应当以重大责任事故罪追究其刑事责任。

(四)处理结果

2018 年 12 月 21 日,上党区人民法院作出一审判决,认定宋某某、杨某犯重大责任事故罪,考虑到二人均当庭认罪悔罪,如实供述自己的犯罪事实,具有坦白情节,且 A 煤业公司积极对被害方进行赔偿,分别判处二人有期徒刑三年,缓刑三年。二被告人均未提出上诉,判决已生效。

事故发生后,主管部门对 A 煤业公司作出责令停产整顿四个月、暂扣《安全生产许可证》、罚款 270 万元的行政处罚。对宋某某开除党籍,吊销矿长安全资格证,给予其终生不得担任矿长职务、处年收入 80% 罚款等处罚;对杨某给予吊销安全生产知识和管理能力考核合格证的处罚。对 A 煤业公司生产副矿长、安全副矿长等 5 人分别予以吊销安全生产知识和管理能力考核合格证、撤销职务、留党察看、罚款或解除合同等处理;对 B 煤业公司董事长、总经理、驻 A 煤业公司安检员等 9 人分别给予相应的党政纪处分及行政处罚;对长治市上党区原煤炭工业局总工程师、煤炭工业局驻 A 煤业公司原安检员等 10 人分别给予相应的党政纪处分。对时任长治县县委书记、县长等 4 人也给予相应的党政纪处分。

【指导意义】

(一)安全生产事故调查报告在刑事诉讼中可以作为证据使用,应结合全案证据进行审查。安全生产事故发生后,相关部门作出的事故调查报告,与收集调取的物证、书证、视听资料、电子数据等相关证据材料一并移送给司法机关后,调查报告和这些证据材料在刑事诉讼中可以作为证据使用。调查报告对事故原因、事故性质、责任认定、责任者处理等提出的具体意见和建议,是检察机关办案中是否追究相关人员刑事责任的重要参考,但不应直接作为定案的依据,检察机关应结合全案证据进行审查,准确认定案件事实和涉案人员责任。对于调查报告中未建议移送司法机关处理,侦查(调查)机关也未移送起诉的人员,检察机关审查后认为应当追究刑事责任的,要依法追诉。对于调查报告建议移送司法机关处理,侦查(调查)机关移送起诉的涉案人员,检察机关审查后认为证据不足或者不应当追究刑事责任的,应依法作出不起诉决定。

(二)通过补充侦查完善证据体系,查清涉案人员的具体行为和责任大小。危害生产安全刑事案件往往涉案人员较多,案发原因复杂,检察机关应当根据案件特点,从案发直接原因和间接原因、主要原因和次要原因、涉案人员岗位职责、履职过程、违反有关管理规定的具体表现和事故发生后的施救经过、违规行为与结果之间的因果关系等方面进行审查,证据有欠缺的,应当通过自行侦查或退回补充侦查,补充完善证据,准确区分和认定各涉案人员的责任,做到不枉不纵。

(三)准确区分责任,注重多层次、多手段惩治相关涉案人员。对涉案人员身份多样的案件,要按照各涉案人员在事故中有无主观过错、违反了哪方面职责和规定、具体行为表现及对事故发生所起的作用等,确定其是否需要承担刑事责任。对于不予追究刑事责任的涉案人员,相关部门也未进行处理的,发现需要追究党政纪责任,禁止其从事相关行业,或者应对其作出行政处罚的,要及时向有关部门移送线索,提出意见和建议。确保多层次的追责方式能起到惩戒犯罪、预防再犯、促进安全生产的作用。

【相关规定】

《中华人民共和国刑法》第一百三十四条第一款

《中华人民共和国刑事诉讼法》第一百七十一条、第一百七十五条

《人民检察院刑事诉讼规则》第三百五十六条、三百六十七条

《最高人民法院、最高人民检察院关于办理危害生产安全刑事案件适用法律若干问题的解释》第一条、第六条

《最高人民法院关于进一步加强危害生产安全刑事案件审判工作的意见》第四条、第六条、第八条

3. 黄某某等人重大责任事故、谎报安全事故案①

【关键词】

谎报安全事故罪　引导侦查取证　污染处置　化解社会矛盾

【要旨】

检察机关要充分运用行政执法和刑事司法衔接工作机制,通过积极履职,加强对线索移送和立案的法律监督。认定谎报安全事故罪,要重点审查谎报行为与贻误事故抢救结果之间的因果关系。对同时构成重大责任事故罪和谎报安全事故罪的,应当数罪并罚。应注重督促涉事单位或有关部门及时赔偿被害人损失,有效化解社会矛盾。安全生产事故涉及生态环境污染等公益损害的,刑事检察部门要和公益诉讼检察部门加强协作配合,督促协同行政监管部门,统筹运用法律、行政、经济等手段严格落实企业主体责任,修复受损公益,防控安全风险。

【基本案情】

被告人黄某某,男,福建A石油化工实业有限公司(简称A公司)原法定代表人兼执行董事。

被告人雷某某,男,A公司原副总经理。

被告人陈某某,男,A公司原常务副总经理兼安全生产管理委员会主任。

被告人陈小某,男,A公司码头原操作工。

被告人刘某某,男,A公司码头原操作班长。

被告人林某某,男,B船务有限公司(简称B公司)"天桐1"船舶原水手。

被告人叶某某,男,B公司"天桐1"船舶原水手长。

被告人徐某某,男,A公司原安全环保部经理。

2018年3月,C材料科技有限公司(简称C公司)与A公司签订货品仓储租赁合同,租用A公司3005#、3006#储罐用于存储其向福建某石油化工有限公司购买的工业用裂解碳九(简称碳九)。同年,B公司与C公司签订船舶运输合同,委派"天桐1"船舶到A公司码头装载碳九。

同年11月3日16时许,"天桐1"船舶靠泊在A公司2000吨级码头,准备接运A公司3005#储罐内的碳九。18时30分许,当班的刘某某、陈小某开始碳九装船作业,因码头吊机自2018年以来一直处于故障状态,二人便违规操作,人工拖拽输油软管,将岸上输送碳九的管道终端阀门和船舶货油总阀门相连接。陈小某用绳索把输油软管固定在岸上操作平台的固定支脚上,船上值班人员将船上的输油软管固定在船舶的右舷护栏上。19时许,刘某某、陈小某打开码头输油阀门开始输送碳九。其间,被告人徐某某作为值班经理,刘某某、陈小某作为现场操作班长及操作工,叶某某、林某某作为值班水手长及水手,均未按规定在各自职责范围内对装船情况进行巡查。4日凌晨,输油软管因两端被绳索固定致下拉长度受限而破裂,约69.1吨碳九泄漏,造成A公司码头附近海域水体、空气等受到污染,周边69名居民身体不适接受治疗。泄漏的碳九越过围油栏扩散至附近海域网箱养殖区,部分浮体被碳九溶解,导致网箱下沉。

事故发生后,雷某某到达现场向A公司生产运行部副经理卢某和计量员庄某核实碳九泄漏量,在得知实际泄漏量约有69.1吨的情况后,要求船方隐瞒事故原因和泄漏量。黄某某、雷某某、陈某某等人经商议,决定在对外通报及向相关部门书面报告中谎报事故发生的原因是法兰垫片老化、碳九泄漏量为6.97吨。A公司也未按照海上溢油事故专项应急预案等有关规定启动一级应急响应程序,导致不能及时有效地组织应急处置人员开展事故抢救工作,直接贻误事故抢救时机,进一步扩大事故危害后果,并造成不良的社会影响。经审计,事故造成直接经济损失672.73万元。经泉州市生态环境局委托,生态环境部华南环境科学研究所作出技术评估报告,认定该起事故泄露的碳九是一种组分复杂的混合物,其中含量最高的双环戊二烯为低毒化学品,长期接触会刺激眼睛、皮肤、呼吸道及消化道系统,遇明火、高热或与氧化剂接触,有引起燃烧爆炸的危险。本次事故泄露的碳九对海水水质的影响天数为

---

① 案例来源:2021年1月27日中华人民共和国最高人民检察院第二十五批指导性案例。

25 天，对海洋沉积物及潮间带泥滩的影响天数为 100 天，对海洋生物质量的影响天数为 51 天，对海洋生态影响的最大时间以潮间带残留污染物全部挥发计，约 100 天。

【检察机关履职过程】

（一）介入侦查

经事故调查组认定，该事故为企业生产管理责任不落实引发的化学品泄漏事故。事故发生后，泉州市泉港区人民检察院与泉州市及泉港区原安监部门、公安机关等共同就事故定性与侦查取证方向问题进行会商。泉港区人民检察院根据已掌握的情况并听取省、市两级检察院指导意见，提出涉案人员可能涉嫌重大责任事故罪、谎报安全事故罪。2018 年 11 月 10 日、11 月 23 日，泉港公安分局分别以涉嫌上述两罪对黄某某等 8 人立案侦查。泉港区人民检察院提前介入引导侦查，提出取证方向和重点：尽快固定现场证据，调取能体现涉案人员违规操作及未履行日常隐患排查和治理职责的相关证据，及船舶安全管理文件、复合软管使用操作规程、油船码头安全作业规程、A 公司操作规程等证据材料；根据案件定性，加强对犯罪现场的勘验，强化勘验现场与言词证据的印证关系；注重客观证据的收集，全面调取监控视频、语音通话、短信、聊天记录等电子证据。侦查过程中，持续跟进案件办理，就事实认定、强制措施适用、办案程序规范等进一步提出意见建议。11 月 24 日，泉港区人民检察院对相关责任人员批准逮捕后，发出《逮捕案件继续侦查取证意见书》，要求公安机关及时调取事故调查报告，收集固定直接经济损失、人员受损、环境污染等相关证据，委托相关机构出具涉案碳九属性的检验报告，调取 A 公司谎报事故发生原因、泄漏量以及谎报贻误抢救时机等相关证据材料，并全程跟踪、引导侦查取证工作。上述证据公安机关均补充到位，为后续案件办理奠定了扎实的基础。

（二）审查起诉

案件移送起诉后，泉港区人民检察院成立以检察长为主办检察官的办案组，针对被告人陈某某及其辩护人提出的陈某某虽被任命为常务副总经理职务，但并未实际参与安全生产，也未履行安全生产工作职责，其不构成重大责任事故罪的意见，及时要求公安机关调取 A 公司内部有关材料，证实了陈某某实际履行 A 公司安全生产职责，系安全生产第一责任人的事实。针对公安机关出具的陈某某、刘某某、陈小某系主动投案的到案经过说明与案件实际情况不符等问题，通过讯问被告人、向事故调查组核实等方式自行侦查进行核实。经查，公安机关根据掌握的线索，先后将陈某某、刘某某、陈小某带至办案中心进行审查，3 人均不具备到案的主动性。本案未经退回补充侦查，2019 年 6 月 6 日，泉港区人民检察院以黄某某、雷某某、陈某某涉嫌重大责任事故罪、谎报安全事故罪，以陈小某等 5 人涉嫌重大责任事故罪向泉港区人民法院提起公诉，并分别提出量刑建议。

（三）指控与证明犯罪

鉴于该案重大复杂，泉港区人民检察院建议法院召开庭前会议，充分听取被告人、辩护人的意见。2019 年 7 月 5 日，泉港区人民法院开庭审理此案。庭审中，部分被告人及辩护人提出黄某某、雷某某、陈某某的谎报行为为未贻误抢救时机，不构成谎报安全事故罪；被告人陈某某不具有安全生产监管责任，不构成重大责任事故罪；对部分被告人应当适用缓刑等辩解和辩护意见。公诉人针对上述辩护意见有针对性地对各被告人展开讯问，并全面出示证据，充分证实了检察机关指控的各被告人的犯罪事实清楚、证据确实充分。针对黄某某等人的行为不构成谎报安全事故罪的辩解，公诉人答辩指出，黄某某等人合谋并串通他人瞒报碳九泄露数量，致使 A 公司未能采取最高级别的一级响应（溢油量 50 吨以上），而只是采取最低级别的三级响应（溢油量 10 吨以下）。按照规定，一级响应需要全公司和社会力量参与应急，三级响应则仅需运行部门和协议单位参与应急。黄某某等人的谎报行为贻误了事故救援时机，导致直接经济损失扩大，同时造成了恶劣社会影响，依法构成谎报安全事故罪。针对陈某某不构成重大责任事故罪的辩解，公诉人指出，根据补充调取的书证及相关证人证言、被告人供述和辩解等证据，足以证实陈某某在案发前被任命为常务副总经理兼安全生产管理委员会主任，并已实际履行职务，系 A 公司安全生产第一责任人，其未在责任范围内有效履行安全生产管理职责，未发现并制止企业日常经营中长期存在的违规操作行为，致使企业在生产、作业过程中存在重大安全隐患，最终导致本案事故的发生，其应当对事故的发生承担主要责任，构成重大责任事故罪。针对应当对部分被告人适用缓刑的辩护意见，公诉人指出，本案性质恶劣，后果严重，不应对被告人适用缓刑。公诉人在庭审中的意见均得到一、二审法院的采纳。

（四）处理结果

2019 年 10 月 8 日，泉港区人民法院作出一审判决，采纳检察机关指控的事实、罪名及量刑建议。对被告人黄某某以重大责任事故罪、谎报安全事故罪分别判处有期徒刑三年六个月、一年六个月，数罪并罚决定执行四年六个月；对被告人雷某某以重大责任事故罪、谎报安全事故罪分别判处有期徒刑二年六个月、二年三个月，数罪并罚决定执行四年三个月；对被告人陈某某以重大责任事故罪、谎报安全事故罪分别判处有期徒刑一年六个月，数罪并罚决定执行二年六个月。对陈小某等5名被告人,以重大责任事故罪判处有期徒刑一年六个月至二年三个月不等。禁止黄某某、雷某某在判决规定期限内从事与安全生产相关的职业。雷某某等6人不服一审判决,提出上诉。2019年12月2日,泉州市中级人民法院裁定驳回上诉,维持原判。判决已生效。

(五)污染处置

该起事故造成码头附近海域及海上网箱养殖区被污染,部分区域空气刺鼻,当地医院陆续接治接触泄漏碳九的群众69名,其中留院观察11名。泄漏的碳九越过围油栏扩散至网箱养殖区约300亩,直接影响海域面积约0.6平方公里,受损网箱养殖区涉及养殖户152户、养殖面积99单元。针对事故造成的危害后果,泉港区人民检察院认真听取被害人的意见和诉求,积极协调政府相关职能部门督促A公司赔偿事故周边群众的经济损失。在一审判决前,A公司向受损养殖户回购了受污染的网箱养殖鲍鱼等海产品,及时弥补了养殖户损失,化解了社会矛盾。

泉港区人民检察院在提前介入侦查过程中,发现事故对附近海域及大气造成污染,刑事检察部门与公益诉讼检察部门同步介入,密切协作配合,根据当地行政执法与刑事司法衔接工作规定,及时启动重大案件会商机制,联系环保、海洋与渔业等部门,实地查看污染现场,了解事件进展情况。并针对案件性质、可能导致的后果等情况进行风险评估研判,就污染监测鉴定、公私财产损失计算、海域污染清理、修复等事宜对公安机关侦查和环保部门取证工作提出意见建议。前期取证工作,为泉州市生态环境局向厦门海事法院提起海洋自然资源与生态环境损害赔偿诉讼,奠定了良好基础。

【指导意义】

(一)准确认定谎报安全事故罪。一是本罪主体为特殊主体,是指对安全事故负有报告职责的人员,一般为发生安全事故的单位中负有组织、指挥或者管理职责的负责人、管理人员、实际控制人、投资人以及其他负有报告职责的人员,不包括没有法定或者职务要求报告义务的普通工人。二是认定本罪,应重点审查谎报事故的行为与贻误事故抢救结果之间是否存在刑法上的因果关系。只有谎报事故的行为造成贻误事故抢救的后果,即造成事故后果扩大或致使不能及时有效开展事故抢救,才可能构成本罪。如果事故已经完成抢救,或者没有抢救时机(危害结果不可能加重或扩大),则不构成本罪。构成重大责任事故罪,同时又构成谎报安全事故罪的,应当数罪并罚。

(二)健全完善行政执法与刑事司法衔接工作机制,提升法律监督实效。检察机关要认真贯彻落实国务院《行政执法机关移送涉嫌犯罪案件的规定》和中共中央办公厅、国务院办公厅转发的原国务院法制办等八部门《关于加强行政执法与刑事司法衔接工作的意见》以及应急管理部、公安部、最高人民法院、最高人民检察院联合制定的《安全生产行政执法与刑事司法衔接工作办法》,依照本地有关细化规定,加强相关执法司法信息交流、规范案件移送、加强法律监督。重大安全生产事故发生后,检察机关可通过查阅案件资料、参与案件会商等方式及时了解案情,从案件定性、证据收集、法律适用等方面提出意见建议,发现涉嫌犯罪的要及时建议相关行政执法部门向公安机关或者监察机关移送线索,着力解决安全生产事故有案不移、以罚代刑、有案不立等问题,形成查处和治理重大安全生产事故的合力。

(三)重视被害人权益保障,化解社会矛盾。一些重大安全生产事故影响范围广泛,被害人人数众多,人身损害和财产损失交织。检察机关办案中应高度重视维护被害人合法权益,注重听取被害人意见,全面掌握被害人诉求。要加强与相关职能部门的沟通配合,督促事故单位尽早赔偿被害人损失,及时回应社会关切,有效化解社会矛盾,确保实现办案政治效果、法律效果和社会效果相统一。

(四)安全生产事故涉及生态环境污染的,刑事检察部门要和公益诉讼检察部门加强协作配合,减少公共利益损害。化工等领域的安全生产事故,造成生态环境污染破坏的,刑事检察部门和公益诉讼检察部门要加强沟通,探索"一案双查",提高效率,及时通报情况、移送线索,需要进行公益损害鉴定的,及时引导公安机关在侦查过程中进行鉴定。要积极与行政机关磋商,协同追究事故企业刑事、民事、生态损害赔偿责任。推动建立健全刑事制裁、民事赔偿和生态补偿有机衔接的生态环境修复责任制度。依托办理安全生产领域刑事案件,同步办好所涉及的生态环境和资源保护等领域公益诉讼案件,积极稳妥推进安全生产等新领域公益诉讼检察工作。

【相关法律规定】

《中华人民共和国刑法》第二十五条、第六十九条、第一百三十四条第一款、第一百三十九条之一

《最高人民法院、最高人民检察院关于办理危害生产安全刑事案件适用法律若干问题的解释》第一条、第四条、第六条、第七条、第八条、第十六条

国务院《行政执法机关移送涉嫌犯罪案件的规定》

中共中央办公厅、国务院办公厅转发的原国务院法制办等八部门《关于加强行政执法与刑事司法衔接工作的意见》

应急管理部、公安部、最高人民法院、最高人民检察院《安全生产行政执法与刑事司法衔接工作办法》

三、交通运输安全

1. 航空运输安全

中华人民共和国民用航空法

- 1995年10月30日第八届全国人民代表大会常务委员会第十六次会议通过
- 根据2009年8月27日第十一届全国人民代表大会常务委员会第十次会议《关于修改部分法律的决定》第一次修正
- 根据2015年4月24日第十二届全国人民代表大会常务委员会第十四次会议《关于修改〈中华人民共和国计量法〉等五部法律的决定》第二次修正
- 根据2016年11月7日第十二届全国人民代表大会常务委员会第二十四次会议《关于修改〈中华人民共和国对外贸易法〉等十二部法律的决定》第三次修正
- 根据2017年11月4日第十二届全国人民代表大会常务委员会第三十次会议《关于修改〈中华人民共和国会计法〉等十一部法律的决定》第四次修正
- 根据2018年12月29日第十三届全国人民代表大会常务委员会第七次会议《关于修改〈中华人民共和国劳动法〉等七部法律的决定》第五次修正
- 根据2021年4月29日第十三届全国人民代表大会常务委员会第二十八次会议《关于修改〈中华人民共和国道路交通安全法〉等八部法律的决定》第六次修正

第一章 总 则

第一条 为了维护国家的领空主权和民用航空权利,保障民用航空活动安全和有秩序地进行,保护民用航空活动当事人各方的合法权益,促进民用航空事业的发展,制定本法。

第二条 中华人民共和国的领陆和领水之上的空域为中华人民共和国领空。中华人民共和国对领空享有完全的、排他的主权。

第三条 国务院民用航空主管部门对全国民用航空活动实施统一监督管理;根据法律和国务院的决定,在本部门的权限内,发布有关民用航空活动的规定、决定。

国务院民用航空主管部门设立的地区民用航空管理机构依照国务院民用航空主管部门的授权,监督管理各该地区的民用航空活动。

第四条 国家扶持民用航空事业的发展,鼓励和支持发展民用航空的科学研究和教育事业,提高民用航空科学技术水平。

国家扶持民用航空器制造业的发展,为民用航空活动提供安全、先进、经济、适用的民用航空器。

第二章 民用航空器国籍

第五条 本法所称民用航空器,是指除用于执行军事、海关、警察飞行任务外的航空器。

第六条 经中华人民共和国国务院民用航空主管部门依法进行国籍登记的民用航空器,具有中华人民共和国国籍,由国务院民用航空主管部门发给国籍登记证书。

国务院民用航空主管部门设立中华人民共和国民用航空器国籍登记簿,统一记载民用航空器的国籍登记事项。

第七条 下列民用航空器应当进行中华人民共和国国籍登记:

(一)中华人民共和国国家机构的民用航空器;

(二)依照中华人民共和国法律设立的企业法人的民用航空器;企业法人的注册资本中有外商出资的,其机构设置、人员组成和中方投资人的出资比例,应当符合行政法规的规定;

(三)国务院民用航空主管部门准予登记的其他民用航空器。

自境外租赁的民用航空器,承租人符合前款规定,该民用航空器的机组人员由承租人配备的,可以申请登记中华人民共和国国籍,但是必须先予注销该民用航空器原国籍登记。

第八条 依法取得中华人民共和国国籍的民用航空器,应当标明规定的国籍标志和登记标志。

第九条 民用航空器不得具有双重国籍。未注销外国国籍的民用航空器不得在中华人民共和国申请国籍登记。

第三章 民用航空器权利

第一节 一般规定

第十条 本章规定的对民用航空器的权利,包括对民用航空器构架、发动机、螺旋桨、无线电设备和其他一切为了在民用航空器上使用的，无论安装于其上或者暂时拆离的物品的权利。

第十一条 民用航空器权利人应当就下列权利分别向国务院民用航空主管部门办理权利登记：

（一）民用航空器所有权；

（二）通过购买行为取得并占有民用航空器的权利；

（三）根据租赁期限为六个月以上的租赁合同占有民用航空器的权利；

（四）民用航空器抵押权。

第十二条 国务院民用航空主管部门设立民用航空器权利登记簿。同一民用航空器的权利登记事项应当记载于同一权利登记簿中。

民用航空器权利登记事项，可以供公众查询、复制或者摘录。

第十三条 除民用航空器经依法强制拍卖外，在已经登记的民用航空器权利得到补偿或者民用航空器权利人同意之前，民用航空器的国籍登记或者权利登记不得转移至国外。

第二节 民用航空器所有权和抵押权

第十四条 民用航空器所有权的取得、转让和消灭，应当向国务院民用航空主管部门登记；未经登记的，不得对抗第三人。

民用航空器所有权的转让，应当签订书面合同。

第十五条 国家所有的民用航空器，由国家授予法人经营管理或者使用的，本法有关民用航空器所有人的规定适用于该法人。

第十六条 设定民用航空器抵押权，由抵押权人和抵押人共同向国务院民用航空主管部门办理抵押权登记；未经登记的，不得对抗第三人。

第十七条 民用航空器抵押权设定后，未经抵押权人同意，抵押人不得将被抵押民用航空器转让他人。

第三节 民用航空器优先权

第十八条 民用航空器优先权，是指债权人依照本法第十九条规定，向民用航空器所有人、承租人提出赔偿请求，对产生该赔偿请求的民用航空器具有优先受偿的权利。

第十九条 下列各项债权具有民用航空器优先权：

（一）援救该民用航空器的报酬；

（二）保管维护该民用航空器的必需费用。

前款规定的各项债权，后发生的先受偿。

第二十条 本法第十九条规定的民用航空器优先权，其债权人应当自援救或者保管维护工作终了之日起三个月内，就其债权向国务院民用航空主管部门登记。

第二十一条 为了债权人的共同利益，在执行人民法院判决以及拍卖过程中产生的费用，应当从民用航空器拍卖所得价款中先行拨付。

第二十二条 民用航空器优先权先于民用航空器抵押权受偿。

第二十三条 本法第十九条规定的债权转移的，其民用航空器优先权随之转移。

第二十四条 民用航空器优先权应当通过人民法院扣押产生优先权的民用航空器行使。

第二十五条 民用航空器优先权自援救或者保管维护工作终了之日起满三个月时终止；但是，债权人就其债权已经依照本法第二十条规定登记，并具有下列情形之一的除外：

（一）债权人、债务人已经就此项债权的金额达成协议；

（二）有关此项债权的诉讼已经开始。

民用航空器优先权不因民用航空器所有权的转让而消灭；但是，民用航空器经依法强制拍卖的除外。

第四节 民用航空器租赁

第二十六条 民用航空器租赁合同，包括融资租赁合同和其他租赁合同，应当以书面形式订立。

第二十七条 民用航空器的融资租赁，是指出租人按照承租人对供货方和民用航空器的选择，购得民用航空器，出租给承租人使用，由承租人定期交纳租金。

第二十八条 融资租赁期间，出租人依法享有民用航空器所有权，承租人依法享有民用航空器的占有、使用、收益权。

第二十九条 融资租赁期间，出租人不得干扰承租人依法占有、使用民用航空器；承租人应当适当地保管民用航空器，使之处于原交付时的状态，但是合理损耗和经出租人同意的对民用航空器的改变除外。

第三十条 融资租赁期满，承租人应当将符合本法第二十九条规定状态的民用航空器退还出租人；但是，承租人依照合同行使购买民用航空器的权利或者为继续租赁而占有民用航空器的除外。

第三十一条 民用航空器融资租赁中的供货方，不就同一损害同时对出租人和承租人承担责任。

第三十二条 融资租赁期间，经出租人同意，在不损害第三人利益的情况下，承租人可以转让其对民用航空器的占有权或者租赁合同约定的其他权利。

第三十三条 民用航空器的融资租赁和租赁期限为六个月以上的其他租赁,承租人应当就其对民用航空器的占有权向国务院民用航空主管部门办理登记;未经登记的,不得对抗第三人。

第四章 民用航空器适航管理

第三十四条 设计民用航空器及其发动机、螺旋桨和民用航空器上设备,应当向国务院民用航空主管部门申请领取型号合格证书。经审查合格的,发给型号合格证书。

第三十五条 生产、维修民用航空器及其发动机、螺旋桨和民用航空器上设备,应当向国务院民用航空主管部门申请领取生产许可证书、维修许可证书。经审查合格的,发给相应的证书。

第三十六条 外国制造人生产的任何型号的民用航空器及其发动机、螺旋桨和民用航空器上设备,首次进口中国的,该外国制造人应当向国务院民用航空主管部门申请领取型号认可证书。经审查合格的,发给型号认可证书。

已取得外国颁发的型号合格证书的民用航空器及其发动机、螺旋桨和民用航空器上设备,首次在中国境内生产的,该型号合格证书的持有人应当向国务院民用航空主管部门申请领取型号认可证书。经审查合格的,发给型号认可证书。

第三十七条 具有中华人民共和国国籍的民用航空器,应当持有国务院民用航空主管部门颁发的适航证书,方可飞行。

出口民用航空器及其发动机、螺旋桨和民用航空器上设备,制造人应当向国务院民用航空主管部门申请领取出口适航证书。经审查合格的,发给出口适航证书。

租用的外国民用航空器,应当经国务院民用航空主管部门对其原国籍登记国发给的适航证书审查认可或者另发适航证书,方可飞行。

民用航空器适航管理规定,由国务院制定。

第三十八条 民用航空器的所有人或者承租人应当按照适航证书规定的使用范围使用民用航空器,做好民用航空器的维修保养工作,保证民用航空器处于适航状态。

第五章 航空人员

第一节 一般规定

第三十九条 本法所称航空人员,是指下列从事民用航空活动的空勤人员和地面人员:

(一)空勤人员,包括驾驶员、飞行机械人员、乘务员;

(二)地面人员,包括民用航空器维修人员、空中交通管制员、飞行签派员、航空电台通信员。

第四十条 航空人员应当接受专门训练,经考核合格,取得国务院民用航空主管部门颁发的执照,方可担任其执照载明的工作。

空勤人员和空中交通管制员在取得执照前,还应当接受国务院民用航空主管部门认可的体格检查单位的检查,并取得国务院民用航空主管部门颁发的体格检查合格证书。

第四十一条 空勤人员在执行飞行任务时,应当随身携带执照和体格检查合格证书,并接受国务院民用航空主管部门的查验。

第四十二条 航空人员应当接受国务院民用航空主管部门定期或者不定期的检查和考核;经检查、考核合格的,方可继续担任其执照载明的工作。

空勤人员还应当参加定期的紧急程序训练。

空勤人员间断飞行的时间超过国务院民用航空主管部门规定时限的,应当经过检查和考核;乘务员以外的空勤人员还应当经过带飞。经检查、考核、带飞合格的,方可继续担任其执照载明的工作。

第二节 机 组

第四十三条 民用航空器机组由机长和其他空勤人员组成。机长应当由具有独立驾驶该型号民用航空器的技术和经验的驾驶员担任。

机组的组成和人员数额,应当符合国务院民用航空主管部门的规定。

第四十四条 民用航空器的操作由机长负责,机长应当严格履行职责,保护民用航空器及其所载人员和财产的安全。

机长在其职权范围内发布的命令,民用航空器所载人员都应当执行。

第四十五条 飞行前,机长应当对民用航空器实施必要的检查;未经检查,不得起飞。

机长发现民用航空器、机场、气象条件等不符合规定,不能保证飞行安全的,有权拒绝起飞。

第四十六条 飞行中,对于任何破坏民用航空器、扰乱民用航空器内秩序、危害民用航空器所载人员或者财产安全以及其他危及飞行安全的行为,在保证安全的前提下,机长有权采取必要的适当措施。

飞行中,遇到特殊情况时,为保证民用航空器及其所载人员的安全,机长有权对民用航空器作出处置。

第四十七条 机长发现机组人员不适宜执行飞行任务的,为保证飞行安全,有权提出调整。

第四十八条 民用航空器遇险时,机长有权采取一切必要措施,并指挥机组人员和航空器上其他人员采取抢救措施。在必须撤离遇险民用航空器的紧急情况下,机长必须采取措施,首先组织旅客安全离开民用航空器;未经机长允许,机组人员不得擅自离开民用航空器;机长应当最后离开民用航空器。

第四十九条 民用航空器发生事故,机长应当直接或者通过空中交通管制单位,如实将事故情况及时报告国务院民用航空主管部门。

第五十条 机长收到船舶或者其他航空器的遇险信号,或者发现遇险的船舶、航空器及其人员,应当将遇险情况及时报告就近的空中交通管制单位并给予可能的合理的援助。

第五十一条 飞行中,机长因故不能履行职务的,由仅次于机长职务的驾驶员代理机长;在下一个经停地起飞前,民用航空器所有人或者承租人应当指派新机长接任。

第五十二条 只有一名驾驶员,不需配备其他空勤人员的民用航空器,本节对机长的规定,适用于该驾驶员。

第六章 民用机场

第五十三条 本法所称民用机场,是指专供民用航空器起飞、降落、滑行、停放以及进行其他活动使用的划定区域,包括附属的建筑物、装置和设施。

本法所称民用机场不包括临时机场。

军民合用机场由国务院、中央军事委员会另行制定管理办法。

第五十四条 民用机场的建设和使用应当统筹安排、合理布局,提高机场的使用效率。

全国民用机场的布局和建设规划,由国务院民用航空主管部门会同国务院其他有关部门制定,并按照国家规定的程序,经批准后组织实施。

省、自治区、直辖市人民政府应当根据全国民用机场的布局和建设规划,制定本行政区域内的民用机场建设规划,并按照国家规定的程序报经批准后,将其纳入本级国民经济和社会发展规划。

第五十五条 民用机场建设规划应当与城市建设规划相协调。

第五十六条 新建、改建和扩建民用机场,应当符合依法制定的民用机场布局和建设规划,符合民用机场标准,并按照国家规定报经有关主管机关批准并实施。

不符合依法制定的民用机场布局和建设规划的民用机场建设项目,不得批准。

第五十七条 新建、扩建民用机场,应当由民用机场所在地县级以上地方人民政府发布公告。

前款规定的公告应当在当地主要报纸上刊登,并在拟新建、扩建机场周围地区张贴。

第五十八条 禁止在依法划定的民用机场范围内和按照国家规定划定的机场净空保护区域内从事下列活动:

(一)修建可能在空中排放大量烟雾、粉尘、火焰、废气而影响飞行安全的建筑物或者设施;

(二)修建靶场、强烈爆炸物仓库等影响飞行安全的建筑物或者设施;

(三)修建不符合机场净空要求的建筑物或者设施;

(四)设置影响机场目视助航设施使用的灯光、标志或者物体;

(五)种植影响飞行安全或者影响机场助航设施使用的植物;

(六)饲养、放飞影响飞行安全的鸟类动物和其他物体;

(七)修建影响机场电磁环境的建筑物或者设施。

禁止在依法划定的民用机场范围内放养牲畜。

第五十九条 民用机场新建、扩建的公告发布前,在依法划定的民用机场范围内和按照国家规定划定的机场净空保护区域内存在的可能影响飞行安全的建筑物、构筑物、树木、灯光和其他障碍物体,应当在规定的期限内清除;对由此造成的损失,应当给予补偿或者依法采取其他补救措施。

第六十条 民用机场新建、扩建的公告发布后,任何单位和个人违反本法和有关行政法规的规定,在依法划定的民用机场范围内和按照国家规定划定的机场净空保护区域内修建、种植或者设置影响飞行安全的建筑物、构筑物、树木、灯光和其他障碍物体的,由机场所在地县级以上地方人民政府责令清除;由此造成的损失,由修建、种植或者设置该障碍物体的人承担。

第六十一条 在民用机场及其按国家规定划定的净空保护区域以外,对可能影响飞行安全的高大建筑物或者设施,应当按照国家有关规定设置飞行障碍灯和标志,并使其保持正常状态。

第六十二条 国务院民用航空主管部门规定的对公众开放的民用机场应当取得机场使用许可证,方可开放使用。其他民用机场应当按照国务院民用航空主管部门的规定进行备案。

申请取得机场使用许可证,应当具备下列条件,并按照国家规定经验收合格：

（一）具备与其运营业务相适应的飞行区、航站区、工作区以及服务设施和人员；

（二）具备能够保障飞行安全的空中交通管制、通信导航、气象等设施和人员；

（三）具备符合国家规定的安全保卫条件；

（四）具备处理特殊情况的应急计划以及相应的设施和人员；

（五）具备国务院民用航空主管部门规定的其他条件。

国际机场还应当具备国际通航条件,设立海关和其他口岸检查机关。

第六十三条 民用机场使用许可证由机场管理机构向国务院民用航空主管部门申请,经国务院民用航空主管部门审查批准后颁发。

第六十四条 设立国际机场,由机场所在地省级人民政府报请国务院审查批准。

国际机场的开放使用,由国务院民用航空主管部门对外公告；国际机场资料由国务院民用航空主管部门统一对外提供。

第六十五条 民用机场应当按照国务院民用航空主管部门的规定,采取措施,保证机场内人员和财产的安全。

第六十六条 供运输旅客或者货物的民用航空器使用的民用机场,应当按照国务院民用航空主管部门规定的标准,设置必要设施,为旅客和货物托运人、收货人提供良好服务。

第六十七条 民用机场管理机构应当依照环境保护法律、行政法规的规定,做好机场环境保护工作。

第六十八条 民用航空器使用民用机场及其助航设施的,应当缴纳使用费、服务费；使用费、服务费的收费标准,由国务院民用航空主管部门制定。

第六十九条 民用机场废弃或者改作他用,民用机场管理机构应当依照国家规定办理报批手续。

第七章 空中航行

第一节 空域管理

第七十条 国家对空域实行统一管理。

第七十一条 划分空域,应当兼顾民用航空和国防安全的需要以及公众的利益,使空域得到合理、充分、有效的利用。

第七十二条 空域管理的具体办法,由国务院、中央军事委员会制定。

第二节 飞行管理

第七十三条 在一个划定的管制空域内,由一个空中交通管制单位负责该空域内的航空器的空中交通管制。

第七十四条 民用航空器在管制空域内进行飞行活动,应当取得空中交通管制单位的许可。

第七十五条 民用航空器应当按照空中交通管制单位指定的航路和飞行高度飞行；因故确需偏离指定的航路或者改变飞行高度飞行的,应当取得空中交通管制单位的许可。

第七十六条 在中华人民共和国境内飞行的航空器,必须遵守统一的飞行规则。

进行目视飞行的民用航空器,应当遵守目视飞行规则,并与其他航空器、地面障碍物体保持安全距离。

进行仪表飞行的民用航空器,应当遵守仪表飞行规则。

飞行规则由国务院、中央军事委员会制定。

第七十七条 民用航空器机组人员的飞行时间、执勤时间不得超过国务院民用航空主管部门规定的时限。

民用航空器机组人员受到酒类饮料、麻醉剂或者其他药物的影响,损及工作能力的,不得执行飞行任务。

第七十八条 民用航空器除按照国家规定经特别批准外,不得飞入禁区；除遵守规定的限制条件外,不得飞入限制区。

前款规定的禁区和限制区,依照国家规定划定。

第七十九条 民用航空器不得飞越城市上空；但是,有下列情形之一的除外：

（一）起飞、降落或者指定的航路所必需的；

（二）飞行高度足以使该航空器在发生紧急情况时离开城市上空,而不致危及地面上的人员、财产安全的；

（三）按照国家规定的程序获得批准的。

第八十条 飞行中,民用航空器不得投掷物品；但是,有下列情形之一的除外：

（一）飞行安全所必需的；

（二）执行救助任务或者符合社会公共利益的其他飞行任务所必需的。

第八十一条 民用航空器未经批准不得飞出中华人民共和国领空。

对未经批准正在飞离中华人民共和国领空的民用航空器,有关部门有权根据具体情况采取必要措施,予以制止。

第三节 飞行保障

第八十二条 空中交通管制单位应当为飞行中的民用航空器提供空中交通服务,包括空中交通管制服务、飞行情报服务和告警服务。

提供空中交通管制服务,旨在防止民用航空器同航空器、民用航空器同障碍物体相撞,维持并加速空中交通的有秩序的活动。

提供飞行情报服务,旨在提供有助于安全和有效地实施飞行的情报和建议。

提供告警服务,旨在当民用航空器需要搜寻援救时,通知有关部门,并根据要求协助该有关部门进行搜寻援救。

第八十三条 空中交通管制单位发现民用航空器偏离指定航路、迷失航向时,应当迅速采取一切必要措施,使其回归航路。

第八十四条 航路上应当设置必要的导航、通信、气象和地面监视设备。

第八十五条 航路上影响飞行安全的自然障碍物体,应当在航图上标明;航路上影响飞行安全的人工障碍物体,应当设置飞行障碍灯和标志,并使其保持正常状态。

第八十六条 在距离航路边界三十公里以内的地带,禁止修建靶场和其他可能影响飞行安全的设施;但是,平射轻武器靶场除外。

在前款规定地带以外修建固定的或者临时性对空发射场,应当按照国家规定获得批准;对空发射场的发射方向,不得与航路交叉。

第八十七条 任何可能影响飞行安全的活动,应当依法获得批准,并采取确保飞行安全的必要措施,方可进行。

第八十八条 国务院民用航空主管部门应当依法对民用航空无线电台和分配给民用航空系统使用的专用频率实施管理。

任何单位或者个人使用的无线电台和其他仪器、装置,不得妨碍民用航空无线电专用频率的正常使用。对民用航空无线电专用频率造成有害干扰的,有关单位或者个人应当迅速排除干扰;未排除干扰前,应当停止使用该无线电台或者其他仪器、装置。

第八十九条 邮电通信企业应当对民用航空电信传递优先提供服务。

国家气象机构应当对民用航空气象机构提供必要的气象资料。

第四节 飞行必备文件

第九十条 从事飞行的民用航空器,应当携带下列文件:

(一)民用航空器国籍登记证书;

(二)民用航空器适航证书;

(三)机组人员相应的执照;

(四)民用航空器航行记录簿;

(五)装有无线电设备的民用航空器,其无线电台执照;

(六)载有旅客的民用航空器,其所载旅客姓名及其出发地点和目的地点的清单;

(七)载有货物的民用航空器,其所载货物的舱单和明细的申报单;

(八)根据飞行任务应当携带的其他文件。

民用航空器未按规定携带前款所列文件的,国务院民用航空主管部门或者其授权的地区民用航空管理机构可以禁止该民用航空器起飞。

第八章 公共航空运输企业

第九十一条 公共航空运输企业,是指以营利为目的,使用民用航空器运送旅客、行李、邮件或者货物的企业法人。

第九十二条 企业从事公共航空运输,应当向国务院民用航空主管部门申请领取经营许可证。

第九十三条 取得公共航空运输经营许可,应当具备下列条件:

(一)有符合国家规定的适应保证飞行安全要求的民用航空器;

(二)有必需的依法取得执照的航空人员;

(三)有不少于国务院规定的最低限额的注册资本;

(四)法律、行政法规规定的其他条件。

第九十四条 公共航空运输企业的组织形式、组织机构适用公司法的规定。

本法施行前设立的公共航空运输企业,其组织形式、组织机构不完全符合公司法规定的,可以继续沿用原有的规定,适用前款规定的日期由国务院规定。

第九十五条 公共航空运输企业应当以保证飞行安全和航班正常,提供良好服务为准则,采取有效措施,提高运输服务质量。

公共航空运输企业应当教育和要求本企业职工严格履行职责,以文明礼貌、热情周到的服务态度,认真做好旅客和货物运输的各项服务工作。

旅客运输航班延误的,应当在机场内及时通告有关情况。

第九十六条 公共航空运输企业申请经营定期航班运输(以下简称航班运输)的航线,暂停、终止经营航线,应当报经国务院民用航空主管部门批准。

公共航空运输企业经营航班运输,应当公布班期时刻。

第九十七条 公共航空运输企业的营业收费项目,由国务院民用航空主管部门确定。

国内航空运输的运价管理办法,由国务院民用航空主管部门会同国务院物价主管部门制定,报国务院批准后执行。

国际航空运输运价的制定按照中华人民共和国政府与外国政府签订的协定、协议的规定执行;没有协定、协议的,参照国际航空运输市场价格确定。

第九十八条 公共航空运输企业从事不定期运输,应当经国务院民用航空主管部门批准,并不得影响航班运输的正常经营。

第九十九条 公共航空运输企业应当依照国务院制定的公共航空运输安全保卫规定,制定安全保卫方案,并报国务院民用航空主管部门备案。

第一百条 公共航空运输企业不得运输法律、行政法规规定的禁运物品。

公共航空运输企业未经国务院民用航空主管部门批准,不得运输作战军火、作战物资。

禁止旅客随身携带法律、行政法规规定的禁运物品乘坐民用航空器。

第一百零一条 公共航空运输企业运输危险品,应当遵守国家有关规定。

禁止以非危险品品名托运危险品。

禁止旅客随身携带危险品乘坐民用航空器。除因执行公务并按照国家规定经过批准外,禁止旅客携带枪支、管制刀具乘坐民用航空器。禁止违反国务院民用航空主管部门的规定将危险品作为行李托运。

危险品品名由国务院民用航空主管部门规定并公布。

第一百零二条 公共航空运输企业不得运输拒绝接受安全检查的旅客,不得违反国家规定运输未经安全检查的行李。

公共航空运输企业必须按照国务院民用航空主管部门的规定,对承运的货物进行安全检查或者采取其他保证安全的措施。

第一百零三条 公共航空运输企业从事国际航空运输的民用航空器及其所载人员、行李、货物应当接受边防、海关等主管部门的检查;但是,检查时应当避免不必要的延误。

第一百零四条 公共航空运输企业应当依照有关法律、行政法规的规定优先运输邮件。

第一百零五条 公共航空运输企业应当投保地面第三人责任险。

第九章 公共航空运输

第一节 一般规定

第一百零六条 本章适用于公共航空运输企业使用民用航空器经营的旅客、行李或者货物的运输,包括公共航空运输企业使用民用航空器办理的免费运输。

本章不适用于使用民用航空器办理的邮件运输。

对多式联运方式的运输,本章规定适用于其中的航空运输部分。

第一百零七条 本法所称国内航空运输,是指根据当事人订立的航空运输合同,运输的出发地点、约定的经停地点和目的地点均在中华人民共和国境内的运输。

本法所称国际航空运输,是指根据当事人订立的航空运输合同,无论运输有无间断或者有无转运,运输的出发地点、目的地点或者约定的经停地点之一不在中华人民共和国境内的运输。

第一百零八条 航空运输合同各方认为几个连续的航空运输承运人办理的运输是一项单一业务活动的,无论其形式是以一个合同订立或者数个合同订立,应当视为一项不可分割的运输。

第二节 运输凭证

第一百零九条 承运人运送旅客,应当出具客票。旅客乘坐民用航空器,应当交验有效客票。

第一百一十条 客票应当包括的内容由国务院民用航空主管部门规定,至少应当包括以下内容:

(一)出发地点和目的地点;

(二)出发地点和目的地点均在中华人民共和国境内,而在境外有一个或者数个约定的经停地点的,至少注明一个经停地点;

(三)旅客航程的最终目的地点、出发地点或者约定的经停地点之一不在中华人民共和国境内,依照所适用的国际航空运输公约的规定，应当在客票上声明此项运输适用该公约的，客票上应当载有该项声明。

第一百一十一条 客票是航空旅客运输合同订立和运输合同条件的初步证据。

旅客未能出示客票、客票不符合规定或者客票遗失，不影响运输合同的存在或者有效。

在国内航空运输中，承运人同意旅客不经其出票而乘坐民用航空器的，承运人无权援用本法第一百二十八条有关赔偿责任限制的规定。

在国际航空运输中，承运人同意旅客不经其出票而乘坐民用航空器的，或者客票上未依照本法第一百一十条第（三）项的规定声明的，承运人无权援用本法第一百二十九条有关赔偿责任限制的规定。

第一百一十二条 承运人载运托运行李时，行李票可以包含在客票之内或者与客票相结合。除本法第一百一十条的规定外，行李票还应当包括下列内容：

（一）托运行李的件数和重量；

（二）需要声明托运行李在目的地点交付时的利益的，注明声明金额。

行李票是行李托运和运输合同条件的初步证据。

旅客未能出示行李票、行李票不符合规定或者行李票遗失，不影响运输合同的存在或者有效。

在国内航空运输中，承运人载运托运行李而不出具行李票的，承运人无权援用本法第一百二十八条有关赔偿责任限制的规定。

在国际航空运输中，承运人载运托运行李而不出具行李票的，或者行李票上未依照本法第一百一十条第（三）项的规定声明的，承运人无权援用本法第一百二十九条有关赔偿责任限制的规定。

第一百一十三条 承运人有权要求托运人填写航空货运单，托运人有权要求承运人接受该航空货运单。托运人未能出示航空货运单、航空货运单不符合规定或者航空货运单遗失，不影响运输合同的存在或者有效。

第一百一十四条 托运人应当填写航空货运单正本一式三份，连同货物交给承运人。

航空货运单第一份注明"交承运人"，由托运人签字、盖章；第二份注明"交收货人"，由托运人和承运人签字、盖章；第三份由承运人在接受货物后签字、盖章，交给托运人。

承运人根据托运人的请求填写航空货运单的，在没有相反证据的情况下，应当视为代托运人填写。

第一百一十五条 航空货运单应当包括的内容由国务院民用航空主管部门规定，至少应当包括以下内容：

（一）出发地点和目的地点；

（二）出发地点和目的地点均在中华人民共和国境内，而在境外有一个或者数个约定的经停地点的，至少注明一个经停地点；

（三）货物运输的最终目的地点、出发地点或者约定的经停地点之一不在中华人民共和国境内，依照所适用的国际航空运输公约的规定，应当在货运单上声明此项运输适用该公约的，货运单上应当载有该项声明。

第一百一十六条 在国内航空运输中，承运人同意未经填具航空货运单而载运货物的，承运人无权援用本法第一百二十八条有关赔偿责任限制的规定。

在国际航空运输中，承运人同意未经填具航空货运单而载运货物的，或者航空货运单上未依照本法第一百一十五条第（三）项的规定声明的，承运人无权援用本法第一百二十九条有关赔偿责任限制的规定。

第一百一十七条 托运人应当对航空货运单上所填关于货物的说明和声明的正确性负责。

因航空货运单上所填的说明和声明不符合规定、不正确或者不完全，给承运人或者承运人对之负责的其他人造成损失的，托运人应当承担赔偿责任。

第一百一十八条 航空货运单是航空货物运输合同订立和运输条件以及承运人接受货物的初步证据。

航空货运单上关于货物的重量、尺寸、包装和包装件数的说明具有初步证据的效力。除经过承运人和托运人当面查对并在航空货运单上注明经过查对或者书写关于货物的外表情况的说明外，航空货运单上关于货物的数量、体积和情况的说明不能构成不利于承运人的证据。

第一百一十九条 托运人在履行航空货物运输合同规定的义务的条件下，有权在出发地机场或者目的地机场将货物提回，或者在途中经停时中止运输，或者在目的地点或者途中要求将货物交给非航空货运单上指定的收货人，或者要求将货物运回出发地机场；但是，托运人不得因行使此种权利而使承运人或者其他托运人遭受损失，并应当偿付由此产生的费用。

托运人的指示不能执行的，承运人应当立即通知托运人。

承运人按照托运人的指示处理货物，没有要求托运人出示其所收执的航空货运单，给该航空货运单的合法持有人造成损失的，承运人应当承担责任，但是不妨碍承运人向托运人追偿。

收货人的权利依照本法第一百二十条规定开始时，

托运人的权利即告终止；但是，收货人拒绝接受航空货运单或者货物，或者承运人无法同收货人联系的，托运人恢复其对货物的处置权。

第一百二十条　除本法第一百一十九条所列情形外，收货人于货物到达目的地点，并在缴付应付款项和履行航空货运单上所列运输条件后，有权要求承运人移交航空货运单并交付货物。

除另有约定外，承运人应当在货物到达后立即通知收货人。

承运人承认货物已经遗失，或者货物在应当到达之日起七日后仍未到达的，收货人有权向承运人行使航空货物运输合同所赋予的权利。

第一百二十一条　托运人和收货人在履行航空货物运输合同规定的义务的条件下，无论为本人或者他人的利益，可以以本人的名义分别行使本法第一百一十九条和第一百二十条所赋予的权利。

第一百二十二条　本法第一百一十九条、第一百二十条和第一百二十一条的规定，不影响托运人同收货人之间的相互关系，也不影响从托运人或者收货人获得权利的第三人之间的关系。

任何与本法第一百一十九条、第一百二十条和第一百二十一条规定不同的合同条款，应当在航空货运单上载明。

第一百二十三条　托运人应当提供必需的资料和文件，以便在货物交付收货人前完成法律、行政法规规定的有关手续；因没有此种资料、文件，或者此种资料、文件不充足或者不符合规定造成的损失，除由于承运人或者其受雇人、代理人的过错造成的外，托运人应当对承运人承担责任。

除法律、行政法规另有规定外，承运人没有对前款规定的资料或者文件进行检查的义务。

第三节　承运人的责任

第一百二十四条　因发生在民用航空器上或者在旅客上、下民用航空器过程中的事件，造成旅客人身伤亡的，承运人应当承担责任；但是，旅客的人身伤亡完全是由于旅客本人的健康状况造成的，承运人不承担责任。

第一百二十五条　因发生在民用航空器上或者在旅客上、下民用航空器过程中的事件，造成旅客随身携带物品毁灭、遗失或者损坏的，承运人应当承担责任。因发生在航空运输期间的事件，造成旅客的托运行李毁灭、遗失或者损坏的，承运人应当承担责任。

旅客随身携带物品或者托运行李的毁灭、遗失或者损坏完全是由于行李本身的自然属性、质量或者缺陷造成的，承运人不承担责任。

本章所称行李，包括托运行李和旅客随身携带的物品。

因发生在航空运输期间的事件，造成货物毁灭、遗失或者损坏的，承运人应当承担责任；但是，承运人证明货物的毁灭、遗失或者损坏完全是由于下列原因之一造成的，不承担责任：

（一）货物本身的自然属性、质量或者缺陷；

（二）承运人或者其受雇人、代理人以外的人包装货物的，货物包装不良；

（三）战争或者武装冲突；

（四）政府有关部门实施的与货物入境、出境或者过境有关的行为。

本条所称航空运输期间，是指在机场内、民用航空器上或者机场外降落的任何地点，托运行李、货物处于承运人掌管之下的全部期间。

航空运输期间，不包括机场外的任何陆路运输、海上运输、内河运输过程；但是，此种陆路运输、海上运输、内河运输是为了履行航空运输合同而装载、交付或者转运，在没有相反证据的情况下，所发生的损失视为在航空运输期间发生的损失。

第一百二十六条　旅客、行李或者货物在航空运输中因延误造成的损失，承运人应当承担责任；但是，承运人证明本人或者其受雇人、代理人为了避免损失的发生，已经采取一切必要措施或者不可能采取此种措施的，不承担责任。

第一百二十七条　在旅客、行李运输中，经承运人证明，损失是由索赔人的过错造成或者促成的，应当根据造成或者促成此种损失的过错的程度，相应免除或者减轻承运人的责任。旅客以外的其他人就旅客死亡或者受伤提出赔偿请求时，经承运人证明，死亡或者受伤是旅客本人的过错造成或者促成的，同样应当根据造成或者促成此种损失的过错的程度，相应免除或者减轻承运人的责任。

在货物运输中，经承运人证明，损失是由索赔人或者代行权利人的过错造成或者促成的，应当根据造成或者促成此种损失的过错的程度，相应免除或者减轻承运人的责任。

第一百二十八条　国内航空运输承运人的赔偿责任限额由国务院民用航空主管部门制定，报国务院批准后公布执行。

旅客或者托运人在交运托运行李或者货物时,特别声明在目的地点交付时的利益,并在必要时支付附加费的,除承运人证明旅客或者托运人声明的金额高于托运行李或者货物在目的地点交付时的实际利益外,承运人应当在声明金额范围内承担责任;本法第一百二十九条的其他规定,除赔偿责任限额外,适用于国内航空运输。

第一百二十九条 国际航空运输承运人的赔偿责任限额按照下列规定执行:

(一)对每名旅客的赔偿责任限额为16600计算单位;但是,旅客可以同承运人书面约定高于本项规定的赔偿责任限额。

(二)对托运行李或者货物的赔偿责任限额,每公斤为17计算单位。旅客或者托运人在交运托运行李或者货物时,特别声明在目的地点交付时的利益,并在必要时支付附加费的,除承运人证明旅客或者托运人声明的金额高于托运行李或者货物在目的地点交付时的实际利益外,承运人应当在声明金额范围内承担责任。

托运行李或者货物的一部分或者托运行李、货物中的任何物件毁灭、遗失、损坏或者延误的,用以确定承运人赔偿责任限额的重量,仅为该一包件或者数包件的总重量;但是,因托运行李或者货物的一部分或者托运行李、货物中的任何物件的毁灭、遗失、损坏或者延误,影响同一份行李票或者同一份航空货运单所列其他包件的价值的,确定承运人的赔偿责任限额时,此种包件的总重量也应当考虑在内。

(三)对每名旅客随身携带的物品的赔偿责任限额为332计算单位。

第一百三十条 任何旨在免除本法规定的承运人责任或者降低本法规定的赔偿责任限额的条款,均属无效;但是,此种条款的无效,不影响整个航空运输合同的效力。

第一百三十一条 有关航空运输中发生的损失的诉讼,不论其根据如何,只能依照本法规定的条件和赔偿责任限额提出,但是不妨碍谁有权提起诉讼以及他们各自的权利。

第一百三十二条 经证明,航空运输中的损失是由于承运人或者其受雇人、代理人的故意或者明知可能造成损失而轻率地作为或者不作为造成的,承运人无权援用本法第一百二十八条、第一百二十九条有关赔偿责任限制的规定;证明承运人的受雇人、代理人有此种作为或者不作为的,还应当证明该受雇人、代理人是在受雇、代理范围内行事。

第一百三十三条 就航空运输中的损失向承运人的受雇人、代理人提起诉讼时,该受雇人、代理人证明他是在受雇、代理范围内行事的,有权援用本法第一百二十八条、第一百二十九条有关赔偿责任限制的规定。

在前款规定情形下,承运人及其受雇人、代理人的赔偿总额不得超过法定的赔偿责任限额。

经证明,航空运输中的损失是由于承运人的受雇人、代理人的故意或者明知可能造成损失而轻率地作为或者不作为造成的,不适用本条第一款和第二款的规定。

第一百三十四条 旅客或者收货人收受托运行李或者货物而未提出异议,为托运行李或者货物已经完好交付并与运输凭证相符的初步证据。

托运行李或者货物发生损失的,旅客或者收货人应当在发现损失后向承运人提出异议。托运行李发生损失的,至迟应当自收到托运行李之日起七日内提出;货物发生损失的,至迟应当自收到货物之日起十四日内提出。托运行李或者货物发生延误的,至迟应当自托运行李或者货物交付旅客或者收货人处置之日起二十一日内提出。

任何异议均应当在前款规定的期间内写在运输凭证上或者另以书面提出。

除承运人有欺诈行为外,旅客或者收货人未在本条第二款规定的期间内提出异议的,不能向承运人提出索赔诉讼。

第一百三十五条 航空运输的诉讼时效期间为二年,自民用航空器到达目的地点、应当到达目的地点或者运输终止之日起计算。

第一百三十六条 由几个航空承运人办理的连续运输,接受旅客、行李或者货物的每一个承运人应当受本法规定的约束,并就其根据合同办理的运输区段作为运输合同的订约一方。

对前款规定的连续运输,除合同明文约定第一承运人应当对全程运输承担责任外,旅客或者其继承人只能对发生事故或者延误的运输区段的承运人提起诉讼。

托运行李或者货物的毁灭、遗失、损坏或者延误,旅客或者托运人有权对第一承运人提起诉讼,旅客或者收货人有权对最后承运人提起诉讼,旅客、托运人和收货人均可以对发生毁灭、遗失、损坏或者延误的运输区段的承运人提起诉讼。上述承运人应当对旅客、托运人或者收货人承担连带责任。

第四节 实际承运人履行航空运输的特别规定

第一百三十七条 本节所称缔约承运人,是指以本人名义与旅客或者托运人,或者与旅客或者托运人的代理人,订立本章调整的航空运输合同的人。

本节所称实际承运人,是指根据缔约承运人的授权,履行前款全部或者部分运输的人,不是指本章规定的连续承运人;在没有相反证明时,此种授权被认为是存在的。

第一百三十八条 除本节另有规定外,缔约承运人和实际承运人都应当受本章规定的约束。缔约承运人应当对合同约定的全部运输负责。实际承运人应当对其履行的运输负责。

第一百三十九条 实际承运人的作为和不作为,实际承运人的受雇人、代理人在受雇、代理范围内的作为和不作为,关系到实际承运人履行的运输的,应当视为缔约承运人的作为和不作为。

缔约承运人的作为和不作为,缔约承运人的受雇人、代理人在受雇、代理范围内的作为和不作为,关系到实际承运人履行的运输的,应当视为实际承运人的作为和不作为;但是,实际承运人承担的责任不因此种作为或者不作为而超过法定的赔偿责任限额。

任何有关缔约承运人承担本章未规定的义务或者放弃本章赋予的权利的特别协议,或者任何有关依照本法第一百二十八条、第一百二十九条规定所作的在目的地点交付时利益的特别声明,除经实际承运人同意外,均不得影响实际承运人。

第一百四十条 依照本章规定提出的索赔或者发出的指示,无论是向缔约承运人还是向实际承运人提出或者发出的,具有同等效力;但是,本法第一百一十九条规定的指示,只在向缔约承运人发出时,方有效。

第一百四十一条 实际承运人的受雇人、代理人或者缔约承运人的受雇人、代理人,证明他是在受雇、代理范围内行事的,就实际承运人履行的运输而言,有权援用本法第一百二十八条、第一百二十九条有关赔偿责任限制的规定,但是依照本法规定不得援用赔偿责任限制规定的除外。

第一百四十二条 对于实际承运人履行的运输,实际承运人、缔约承运人以及他们的在受雇、代理范围内行事的受雇人、代理人的赔偿总额不得超过依照本法得以从缔约承运人或者实际承运人获得赔偿的最高数额;但是,其中任何人都不承担超过对他适用的赔偿责任限额。

第一百四十三条 对实际承运人履行的运输提起的诉讼,可以分别对实际承运人或者缔约承运人提起,也可以同时对实际承运人和缔约承运人提起;被提起诉讼的承运人有权要求另一承运人参加应诉。

第一百四十四条 除本法第一百四十三条规定外,本节规定不影响实际承运人和缔约承运人之间的权利、义务。

第十章 通用航空

第一百四十五条 通用航空,是指使用民用航空器从事公共航空运输以外的民用航空活动,包括从事工业、农业、林业、渔业和建筑业的作业飞行以及医疗卫生、抢险救灾、气象探测、海洋监测、科学实验、教育训练、文化体育等方面的飞行活动。

第一百四十六条 从事通用航空活动,应当具备下列条件:

(一) 有与所从事的通用航空活动相适应、符合保证飞行安全要求的民用航空器;

(二) 有必需的依法取得执照的航空人员;

(三) 符合法律、行政法规规定的其他条件。

从事经营性通用航空,限于企业法人。

第一百四十七条 从事非经营性通用航空的,应当向国务院民用航空主管部门备案。

从事经营性通用航空的,应当向国务院民用航空主管部门申请领取通用航空经营许可证。

第一百四十八条 通用航空企业从事经营性通用航空活动,应当与用户订立书面合同,但是紧急情况下的救护或者救灾飞行除外。

第一百四十九条 组织实施作业飞行时,应当采取有效措施,保证飞行安全,保护环境和生态平衡,防止对环境、居民、作物或者牲畜等造成损害。

第一百五十条 从事通用航空活动的,应当投保地面第三人责任险。

第十一章 搜寻援救和事故调查

第一百五十一条 民用航空器遇到紧急情况时,应当发送信号,并向空中交通管制单位报告,提出援救请求;空中交通管制单位应当立即通知搜寻援救协调中心。民用航空器在海上遇到紧急情况时,还应当向船舶和国家海上搜寻援救组织发送信号。

第一百五十二条 发现民用航空器遇到紧急情况或者收听到民用航空器遇到紧急情况的信号的单位或者个人,应当立即通知有关的搜寻援救协调中心、海上搜寻援救组织或者当地人民政府。

第一百五十三条 收到通知的搜寻援救协调中心、地方人民政府和海上搜寻援救组织,应当立即组织搜寻援救。

收到通知的搜寻援救协调中心,应当设法将已经采取的搜寻援救措施通知遇到紧急情况的民用航空器。

搜寻援救民用航空器的具体办法,由国务院规定。

第一百五十四条 执行搜寻援救任务的单位或者个人,应当尽力抢救民用航空器所载人员,按照规定对民用航空器采取抢救措施并保护现场,保存证据。

第一百五十五条 民用航空器事故的当事人以及有关人员在接受调查时,应当如实提供现场情况和与事故有关的情节。

第一百五十六条 民用航空器事故调查的组织和程序,由国务院规定。

第十二章 对地面第三人损害的赔偿责任

第一百五十七条 因飞行中的民用航空器或者从飞行中的民用航空器上落下的人或者物,造成地面(包括水面,下同)上的人身伤亡或者财产损害的,受害人有权获得赔偿;但是,所受损害并非造成损害的事故的直接后果,或者所受损害仅是民用航空器依照国家有关的空中交通规则在空中通过造成的,受害人无权要求赔偿。

前款所称飞行中,是指自民用航空器为实际起飞而使用动力时起至着陆冲程终了时止;就轻于空气的民用航空器而言,飞行中是指自其离开地面时起至其重新着地时止。

第一百五十八条 本法第一百五十七条规定的赔偿责任,由民用航空器的经营人承担。

前款所称经营人,是指损害发生时使用民用航空器的人。民用航空器的使用权已经直接或者间接地授予他人,本人保留对该民用航空器的航行控制权的,本人仍被视为经营人。

经营人的受雇人、代理人在受雇、代理过程中使用民用航空器,无论是否在其受雇、代理范围内行事,均视为经营人使用民用航空器。

民用航空器登记的所有人应当被视为经营人,并承担经营人的责任;除非在判定其责任的诉讼中,所有人证明经营人是他人,并在法律程序许可的范围内采取适当措施使该人成为诉讼当事人之一。

第一百五十九条 未经对民用航空器有航行控制权的人同意而使用民用航空器,对地面第三人造成损害的,有航行控制权的人除证明本人已经适当注意防止此种使用外,应当与该非法使用人承担连带责任。

第一百六十条 损害是武装冲突或者骚乱的直接后果,依照本章规定应当承担责任的人不承担责任。

依照本章规定应当承担责任的人对民用航空器的使用权业经国家机关依法剥夺的,不承担责任。

第一百六十一条 依照本章规定应当承担责任的人证明损害是完全由于受害人或者其受雇人、代理人的过错造成的,免除其赔偿责任;应当承担责任的人证明损害是部分由于受害人或者其受雇人、代理人的过错造成的,相应减轻其赔偿责任。但是,损害是由于受害人的受雇人、代理人的过错造成时,受害人证明其受雇人、代理人的行为超出其所授权的范围的,不免除或者不减轻应当承担责任的人的赔偿责任。

一人对另一人的死亡或者伤害提起诉讼,请求赔偿时,损害是该另一人或者其受雇人、代理人的过错造成的,适用前款规定。

第一百六十二条 两个以上的民用航空器在飞行中相撞或者相扰,造成本法第一百五十七条规定的应当赔偿的损害,或者两个以上的民用航空器共同造成此种损害的,各有关民用航空器均应当被认为已经造成此种损害,各有关民用航空器的经营人均应当承担责任。

第一百六十三条 本法第一百五十八条第四款和第一百五十九条规定的人,享有依照本章规定经营人所能援用的抗辩权。

第一百六十四条 除本章有明确规定外,经营人、所有人和本法第一百五十九条规定的应当承担责任的人,以及他们的受雇人、代理人,对于飞行中的民用航空器或者从飞行中的民用航空器上落下的人或者物造成的地面上的损害不承担责任,但是故意造成此种损害的人除外。

第一百六十五条 本章不妨碍依照本章规定应当对损害承担责任的人向他人追偿的权利。

第一百六十六条 民用航空器的经营人应当投保地面第三人责任险或者取得相应的责任担保。

第一百六十七条 保险人和担保人除享有与经营人相同的抗辩权,以及对伪造证件进行抗辩的权利外,对依照本章规定提出的赔偿请求只能进行下列抗辩:

(一)损害发生在保险或者担保终止有效后;然而保险或者担保在飞行中期满的,该项保险或者担保在飞行计划中所载下一次降落前继续有效,但是不得超过二十四小时;

(二)损害发生在保险或者担保所指定的地区范围外,除非飞行超出该范围是由于不可抗力、援助他人所必需,或者驾驶、航行或者领航上的差错造成的。

前款关于保险或者担保继续有效的规定,只在对受害人有利时适用。

第一百六十八条 仅在下列情形下,受害人可以直接对保险人或者担保人提起诉讼,但是不妨碍受害人根据有关保险合同或者担保合同的法律规定提起直接诉讼的权利：

（一）根据本法第一百六十七条第（一）项、第（二）项规定，保险或者担保继续有效的；

（二）经营人破产的。

除本法第一百六十七条第一款规定的抗辩权，保险人或者担保人对受害人依照本章规定提起的直接诉讼不得以保险或者担保的无效或者追溯力终止为由进行抗辩。

第一百六十九条 依照本法第一百六十六条规定提供的保险或者担保，应当被专门指定优先支付本章规定的赔偿。

第一百七十条 保险人应当支付给经营人的款项，在本章规定的第三人的赔偿请求未满足前，不受经营人的债权人的扣留和处理。

第一百七十一条 地面第三人损害赔偿的诉讼时效期间为二年，自损害发生之日起计算；但是，在任何情况下，时效期间不得超过自损害发生之日起三年。

第一百七十二条 本章规定不适用于下列损害：

（一）对飞行中的民用航空器或者对该航空器上的人或者物造成的损害；

（二）为受害人同经营人或者同发生损害时对民用航空器有使用权的人订立的合同所约束，或者为适用两方之间的劳动合同的法律有关职工赔偿的规定所约束的损害；

（三）核损害。

第十三章 对外国民用航空器的特别规定

第一百七十三条 外国人经营的外国民用航空器，在中华人民共和国境内从事民用航空活动，适用本章规定；本章没有规定的，适用本法其他有关规定。

第一百七十四条 外国民用航空器根据其国籍登记国政府与中华人民共和国政府签订的协定、协议的规定，或者经中华人民共和国国务院民用航空主管部门批准或者接受，方可飞入、飞出中华人民共和国领空和在中华人民共和国境内飞行、降落。

对不符合前款规定，擅自飞入、飞出中华人民共和国领空的外国民用航空器，中华人民共和国有关机关有权采取必要措施，令其在指定的机场降落；对虽然符合前款规定，但是有合理的根据认为需要对其进行检查的，有关机关有权令其在指定的机场降落。

第一百七十五条 外国民用航空器飞入中华人民共和国领空，其经营人应当提供有关证明书，证明其已经投保地面第三人责任险或者已经取得相应的责任担保；其经营人未提供有关证明书的，中华人民共和国国务院民用航空主管部门有权拒绝其飞入中华人民共和国领空。

第一百七十六条 外国民用航空器的经营人经其本国政府指定，并取得中华人民共和国国务院民用航空主管部门颁发的经营许可证，方可经营中华人民共和国政府与该外国政府签订的协定、协议规定的国际航班运输；外国民用航空器的经营人经其本国政府批准，并获得中华人民共和国国务院民用航空主管部门批准，方可经营中华人民共和国境内一地和境外一地之间的不定期航空运输。

前款规定的外国民用航空器经营人，应当依照中华人民共和国法律、行政法规的规定，制定相应的安全保卫方案，报中华人民共和国国务院民用航空主管部门备案。

第一百七十七条 外国民用航空器的经营人，不得经营中华人民共和国境内两点之间的航空运输。

第一百七十八条 外国民用航空器，应当按照中华人民共和国国务院民用航空主管部门批准的班期时刻或者飞行计划飞行；变更班期时刻或者飞行计划的，其经营人应当获得中华人民共和国国务院民用航空主管部门的批准；因故变更或者取消飞行的，其经营人应当及时报告中华人民共和国国务院民用航空主管部门。

第一百七十九条 外国民用航空器应当在中华人民共和国国务院民用航空主管部门指定的设关机场起飞或者降落。

第一百八十条 中华人民共和国国务院民用航空主管部门和其他主管机关，有权在外国民用航空器降落或者飞出时查验本法第九十条规定的文件。

外国民用航空器及其所载人员、行李、货物，应当接受中华人民共和国有关主管机关依法实施的入境出境、海关、检疫等检查。

实施前两款规定的查验、检查，应当避免不必要的延误。

第一百八十一条 外国民用航空器国籍登记国发给或者核准的民用航空器适航证书、机组人员合格证书和执照，中华人民共和国政府承认其有效；但是，发给或者核准此项证书或者执照的要求，应当等于或者高于国际民用航空组织制定的最低标准。

第一百八十二条 外国民用航空器在中华人民共和国搜寻援救区内遇险，其所有人或者国籍登记国参加搜寻援救工作，应当经中华人民共和国国务院民用航空主管部门批准或者按照两国政府协议进行。

第一百八十三条 外国民用航空器在中华人民共和国境内发生事故，其国籍登记国和其他有关国家可以指派观察员参加事故调查。事故调查报告和调查结果，由中华人民共和国国务院民用航空主管部门告知该外国民用航空器的国籍登记国和其他有关国家。

第十四章 涉外关系的法律适用

第一百八十四条 中华人民共和国缔结或者参加的国际条约同本法有不同规定的，适用国际条约的规定；但是，中华人民共和国声明保留的条款除外。

中华人民共和国法律和中华人民共和国缔结或者参加的国际条约没有规定的，可以适用国际惯例。

第一百八十五条 民用航空器所有权的取得、转让和消灭，适用民用航空器国籍登记国法律。

第一百八十六条 民用航空器抵押权适用民用航空器国籍登记国法律。

第一百八十七条 民用航空器优先权适用受理案件的法院所在地法律。

第一百八十八条 民用航空运输合同当事人可以选择合同适用的法律，但是法律另有规定的除外；合同当事人没有选择的，适用与合同有最密切联系的国家的法律。

第一百八十九条 民用航空器对地面第三人的损害赔偿，适用侵权行为地法律。

民用航空器在公海上空对水面第三人的损害赔偿，适用受理案件的法院所在地法律。

第一百九十条 依照本章规定适用外国法律或者国际惯例，不得违背中华人民共和国的社会公共利益。

第十五章 法律责任

第一百九十一条 以暴力、胁迫或者其他方法劫持航空器的，依照刑法有关规定追究刑事责任。

第一百九十二条 对飞行中的民用航空器上的人员使用暴力，危及飞行安全的，依照刑法有关规定追究刑事责任。

第一百九十三条 违反本法规定，隐匿携带炸药、雷管或者其他危险品乘坐民用航空器，或者以非危险品品名托运危险品的，依照刑法有关规定追究刑事责任。

企业事业单位犯前款罪的，判处罚金，并对直接负责的主管人员和其他直接责任人员依照前款规定追究刑事责任。

隐匿携带枪支子弹、管制刀具乘坐民用航空器的，依照刑法有关规定追究刑事责任。

第一百九十四条 公共航空运输企业违反本法第一百零一条的规定运输危险品的，由国务院民用航空主管部门没收违法所得，可以并处违法所得一倍以下的罚款。

公共航空运输企业有前款行为，导致发生重大事故的，没收违法所得，判处罚金；并对直接负责的主管人员和其他直接责任人员依照刑法有关规定追究刑事责任。

第一百九十五条 故意在使用中的民用航空器上放置危险品或者唆使他人放置危险品，足以毁坏该民用航空器，危及飞行安全的，依照刑法有关规定追究刑事责任。

第一百九十六条 故意传递虚假情报，扰乱正常飞行秩序，使公私财产遭受重大损失的，依照刑法有关规定追究刑事责任。

第一百九十七条 盗窃或者故意损毁、移动使用中的航行设施，危及飞行安全，足以使民用航空器发生坠落、毁坏危险的，依照刑法有关规定追究刑事责任。

第一百九十八条 聚众扰乱民用机场秩序的，依照刑法有关规定追究刑事责任。

第一百九十九条 航空人员玩忽职守，或者违反规章制度，导致发生重大飞行事故，造成严重后果的，依照刑法有关规定追究刑事责任。

第二百条 违反本法规定，尚不够刑事处罚，应当给予治安管理处罚的，依照治安管理处罚法的规定处罚。

第二百零一条 违反本法第三十七条的规定，民用航空器无适航证书而飞行，或者租用的外国民用航空器未经国务院民用航空主管部门对其原国籍登记国发给的适航证书审查认可或者另发适航证书而飞行的，由国务院民用航空主管部门责令停止飞行，没收违法所得，可以并处违法所得一倍以上五倍以下的罚款；没有违法所得的，处以十万元以上一百万元以下的罚款。

适航证书失效或者超过适航证书规定范围飞行的，依照前款规定处罚。

第二百零二条 违反本法第三十四条、第三十六条第二款的规定，将未取得型号合格证书、型号认可证书的民用航空器及其发动机、螺旋桨或者民用航空器上的设备投入生产的，由国务院民用航空主管部门责令停止生产，没收违法所得，可以并处违法所得一倍以下的罚款；没有违法所得的，处以五万元以上五十万元以下的罚款。

第二百零三条 违反本法第三十五条的规定，未取得生产许可证书、维修许可证书而从事生产、维修活动的，违反本法第九十二条、第一百四十七条第二款的规定，未取得公共航空运输经营许可证或者通用航空经营许可证而从事公共航空运输或者从事经营性通用航空的,国务院民用航空主管部门可以责令停止生产、维修或者经营活动。

第二百零四条 已取得本法第三十五条规定的生产许可证书、维修许可证书的企业,因生产、维修的质量问题造成严重事故的,国务院民用航空主管部门可以吊销其生产许可证书或者维修许可证书。

第二百零五条 违反本法第四十条的规定,未取得航空人员执照、体格检查合格证书而从事相应的民用航空活动的,由国务院民用航空主管部门责令停止民用航空活动,在国务院民用航空主管部门规定的限期内不得申领有关执照和证书,对其所在单位处以二十万元以下的罚款。

第二百零六条 有下列违法情形之一的,由国务院民用航空主管部门对民用航空器的机长给予警告或者吊扣执照一个月至六个月的处罚,情节较重的,可以给予吊销执照的处罚:
(一)机长违反本法第四十五条第一款的规定,未对民用航空器实施检查而起飞的;
(二)民用航空器违反本法第七十五条的规定,未按照空中交通管制单位指定的航路和飞行高度飞行,或者违反本法第七十九条的规定飞越城市上空的。

第二百零七条 违反本法第七十四条的规定,民用航空器未经空中交通管制单位许可进行飞行活动的,由国务院民用航空主管部门责令停止飞行,对该民用航空器所有人或者承租人处以一万元以上十万元以下的罚款;对该民用航空器的机长给予警告或者吊扣执照一个月至六个月的处罚,情节较重的,可以给予吊销执照的处罚。

第二百零八条 民用航空器的机长或者机组其他人员有下列行为之一的,由国务院民用航空主管部门给予警告或者吊扣执照一个月至六个月的处罚;有第(二)项或者第(三)项所列行为的,可以给予吊销执照的处罚:
(一)在执行飞行任务时,不按照本法第四十一条的规定携带执照和体格检查合格证书的;
(二)民用航空器遇险时,违反本法第四十八条的规定离开民用航空器的;
(三)违反本法第七十七条第二款的规定执行飞行任务的。

第二百零九条 违反本法第八十条的规定,民用航空器在飞行中投掷物品的,由国务院民用航空主管部门给予警告,可以对直接责任人员处以二千元以上二万元以下的罚款。

第二百一十条 违反本法第六十二条的规定,未取得机场使用许可证开放使用民用机场的,由国务院民用航空主管部门责令停止开放使用;没收违法所得,可以并处违法所得一倍以下的罚款。

第二百一十一条 公共航空运输企业、通用航空企业违反本法规定,情节较重的,除依照本法规定处罚外,国务院民用航空主管部门可以吊销其经营许可证。

从事非经营性通用航空未向国务院民用航空主管部门备案的,由国务院民用航空主管部门责令改正;逾期未改正的,处三万元以下罚款。

第二百一十二条 国务院民用航空主管部门和地区民用航空管理机构的工作人员,玩忽职守、滥用职权、徇私舞弊,构成犯罪的,依法追究刑事责任;尚不构成犯罪的,依法给予行政处分。

第十六章 附 则

第二百一十三条 本法所称计算单位,是指国际货币基金组织规定的特别提款权;其人民币数额为法院判决之日、仲裁机构裁决之日或者当事人协议之日,按照国家外汇主管机关规定的国际货币基金组织的特别提款权对人民币的换算办法计算得出的人民币数额。

第二百一十四条 国务院、中央军事委员会对无人驾驶航空器的管理另有规定的,从其规定。

第二百一十五条 本法自1996年3月1日起施行。

公共航空旅客运输飞行中安全保卫工作规则

· 2017年2月7日交通运输部令2017年第3号公布
· 自2017年3月10日起施行

第一章 总 则

第一条 为了规范公共航空旅客运输飞行中的安全保卫工作,加强民航反恐怖主义工作,保障民用航空安全和秩序,根据《中华人民共和国民用航空法》《中华人民共和国安全生产法》《中华人民共和国反恐怖主义法》和《中华人民共和国民用航空安全保卫条例》的有关规定,制定本规则。

第二条 本规则适用于中华人民共和国境内设立的公共航空运输企业从事公共航空旅客运输的航空器飞行中驾驶舱和客舱的安全保卫工作。

前款规定的公共航空运输企业及其工作人员和旅客应当遵守本规则。

第三条 中国民用航空局(以下简称民航局)对全国范围内公共航空旅客运输飞行中的安全保卫工作实施

指导、监督和检查。

中国民用航空地区管理局（以下简称地区管理局）对本辖区内公共航空旅客运输飞行中安全保卫工作实施指导、监督和检查。

第四条 公共航空运输企业对其从事旅客运输的航空器飞行中安全保卫工作承担主体责任。

第二章 工作职责

第五条 公共航空运输企业应当设立或指定专门的航空安保机构，负责飞行中安全保卫工作。

公共航空运输企业的分公司应当设立或指定相应的航空安保机构，基地等分支机构也应当设立或指定相应机构或配备人员，负责飞行中安全保卫工作。

第六条 公共航空运输企业应当按照相关规定配备和管理航空安全员队伍。

公共航空运输企业应当建立航空安全员技术等级制度，对航空安全员实行技术等级管理。

第七条 公共航空运输企业应当按照相关规定派遣航空安全员。

在航空安全员飞行值勤期，公共航空运输企业不得安排其从事其他岗位工作。

第八条 公共航空运输企业应当建立并严格执行飞行中安全保卫工作经费保障制度。经费保障应当满足飞行中安全保卫工作运行、培训、质量控制以及设施设备等方面的需要。

涉及到民航反恐怖主义工作的，应满足反恐怖主义专项经费保障制度的要求。

第九条 公共航空运输企业应当按照相关规定，为航空安全员配备装备，并对装备实施统一管理，明确管理责任，建立管理工作制度，确保装备齐全有效。

装备管理工作记录应当保留12个月以上。

第十条 机长在履行飞行中安全保卫职责时，行使下列权力：

（一）在航空器起飞前，发现未依法对航空器采取安全保卫措施的，有权拒绝起飞；

（二）对扰乱航空器内秩序，妨碍机组成员履行职责，不听劝阻的，可以要求机组成员对行为人采取必要的管束措施，或在起飞前、降落后要求其离机；

（三）对航空器上的非法干扰行为等严重危害飞行安全的行为，可以要求机组成员启动相应处置程序，采取必要的制止、制服措施；

（四）处置航空器上的扰乱行为或者非法干扰行为，必要时请求旅客协助；

（五）在航空器上出现扰乱行为或者非法干扰行为等严重危害飞行安全行为时，根据需要改变原定飞行计划或对航空器做出适当处置。

第十一条 机长统一负责飞行中的安全保卫工作。航空安全员在机长领导下，承担飞行中安全保卫的具体工作。机组其他成员应当协助机长、航空安全员共同做好飞行中安全保卫工作。

机组成员应当按照相关规定，履行下列职责：

（一）按照分工对航空器驾驶舱和客舱实施安保检查；

（二）根据安全保卫工作需要查验旅客及机组成员以外的工作人员的登机凭证；

（三）制止未经授权的人员或物品进入驾驶舱或客舱；

（四）对扰乱航空器内秩序或妨碍机组成员履行职责，且不听劝阻的，采取必要的管束措施，或在起飞前、降落后要求其离机；

（五）对严重危害飞行安全的行为，采取必要的措施；

（六）实施运输携带武器人员、押解犯罪嫌疑人、遣返人员等任务的飞行中安保措施；

（七）法律、行政法规和规章规定的其他职责。

第十二条 旅客应当遵守相关规定，保持航空器内的良好秩序；发现航空器上可疑情况时，可以向机组成员举报。旅客在协助机组成员处置扰乱行为或者非法干扰行为时，应当听从机组成员指挥。

第三章 工作措施

第十三条 公共航空运输企业应当根据本规则及其他相关规定，制定飞行中安全保卫措施，明确机组成员飞行中安全保卫职责，并纳入本单位航空安全保卫方案。

第十四条 公共航空运输企业应当建立并严格执行飞行中安全保卫工作值班制度和备勤制度，保证信息传递畅通，确保可以根据飞行中安全保卫工作的需要调整和增派人员。

第十五条 公共航空运输企业应当按照相关规定，在飞行中的航空器内配备安保资料，包括：

（一）适合本机型的客舱安保搜查单；

（二）发现爆炸物或可疑物时的处置程序；

（三）本机型航空器最低风险爆炸位置的相关资料；

（四）航空器客舱安保检查单；

（五）航班机组报警单；

（六）其他规定的安保资料。

机上安保资料应当注意妥善保管,严防丢失被盗;机组成员应当熟知机上安保资料的存放位置和使用要求。

第十六条 公共航空运输企业应当为航空安全员在航空器上预留座位,座位的安排应当紧邻过道以便于航空安全员执勤为原则,固定位置最长不得超过6个月。

第十七条 公共航空运输企业应当建立航前协同会制度。

机长负责召集机组全体成员参加航前协同会,明确飞行中安全保卫应急处置预案。

第十八条 公共航空运输企业应当建立并严格执行飞行中安全保卫工作执勤日志管理制度。

第十九条 国家警卫对象乘机时,公共航空运输企业应当按照国家相关规定采取飞行中安全保卫措施。

第二十条 携带武器人员、押解犯罪嫌疑人或遣返人员乘机的,公共航空运输企业应当按照国家相关规定,采取飞行中安全保卫措施。

第二十一条 公共航空运输企业应当严格控制航空器上含酒精饮料的供应量,避免机上人员饮酒过量。

第二十二条 航空器驾驶舱和客舱的安保检查由机组成员在旅客登机前、下机后共同实施,防止航空器上留有未经授权的人员和武器、爆炸物等危险违禁物品。

第二十三条 机组成员应当对飞行中的航空器驾驶舱采取保护措施,除下列人员外,任何人不得进入飞行中的航空器驾驶舱:

(一)机组成员;

(二)正在执行任务的民航局或者地区管理局的监察员或委任代表;

(三)得到机长允许并且其进入驾驶舱对于安全运行是必需或者有益的人员;

(四)经机长允许,并经公共航空运输企业特别批准的其他人员。

第二十四条 机组成员应当按照机长授权处置扰乱行为和非法干扰行为。

根据机上案(事)件处置程序,发生扰乱行为时,机组成员应当口头予以制止,制止无效的,应当采取管束措施;发生非法干扰行为时,机组成员应当采取一切必要处置措施。

第二十五条 出现严重危害航空器及所载人员生命安全的紧急情况,机组成员无法与机长联系时,应当立即采取必要处置措施。

第二十六条 机组成员对扰乱行为或非法干扰行为处置,应当依照规定及时报案,移交证据材料。

第二十七条 国内民用航空旅客运输中发生非法干扰行为时,公共航空运输企业应当立即向民航局、企业所在地和事发地民航地区管理局报告,并在处置结束后15个工作日内按照相关规定书面报告民航地区管理局。

航空器起飞后发生的事件,提交给最先降落地机场所在地民航地区管理局;航空器未起飞时发生的事件,提交给起飞地机场所在地民航地区管理局。

国际民用航空旅客运输中发生非法干扰行为时,公共航空运输企业应当立即报告民航局,并在处置结束后15个工作日内将书面报告提交给民航局。

第二十八条 航空安全员应当按照相关规定,携带齐全并妥善保管执勤装备、证件及安保资料。

第二十九条 航空安全员在饮用含酒精饮料之后的8小时之内,或其呼出气体中所含酒精浓度达到或者超过0.04克/210升,或处在酒精作用状态之下,或受到药物影响损及工作能力时,不得在航空器上履行职责。

公共航空运输企业不得派遣存在前款所列情况的航空安全员在其航空器上履行飞行中安全保卫职责。

第三十条 航空安全员值勤、飞行值勤期、休息期的定义,飞行值勤期限制、累积飞行时间、值勤时间限制和休息时间的附加要求,依照《大型飞机公共航空运输承运人运行合格审定规则》中对客舱乘务员的规定执行。

其中,飞行值勤期限制规定中,航空安全员最低数量配备标准应当执行相关派遣规定的要求。

第三十一条 公共航空运输企业不得派遣航空安全员在超出本规定的值勤期限制、飞行时间限制或不符合休息期要求的情况下执勤。

航空安全员不得接受超出规定范围的执勤派遣。

第四章 培训质量控制

第三十二条 公共航空运输企业应当按照国家民用航空安全保卫培训方案和国家民用航空安全保卫质量控制计划,落实飞行中安全保卫工作的培训和质量控制要求。

公共航空运输企业每年至少应当组织一次驾驶员、乘务员和航空安全员共同参与的飞行中安全保卫实战演练。

第三十三条 公共航空运输企业应当按照相关规定,提供满足机组成员飞行中安全保卫工作培训需要的场所、装备器械、设施、设备、教材、人员及其他保障。

第三十四条 公共航空运输企业应当按照相关规定,组织新招录航空安全员进行实习飞行。

实习飞行应当由经民航局培训的教员指导实施。

第三十五条 公共航空运输企业应当建立飞行中安全保卫业务培训考核机制，并为机组成员建立和保存飞行中安全保卫业务培训记录，该培训记录保存至少36个日历月。

航空安全员不再服务于该企业时，公共航空运输企业应当自其离职之日起，将前款要求的培训记录保存至少12个日历月。航空安全员自离职之日起11个日历月内提出要求时，公共航空运输企业应当在1个日历月之内向其提供飞行中安全保卫培训记录复印件。

第五章 法律责任

第三十六条 公共航空运输企业有下列行为之一的，由地区管理局责令限期改正，逾期未改正的，处以警告或一万元以下罚款：

（一）违反本规则第五条第二款，公共航空运输企业分公司或基地，未按规定设立或指定航空安保机构，配备人员的；

（二）违反本规则第九条第二款，未按规定保存航空安全员装备管理工作记录的；

（三）违反本规则第十五条第一款，未按规定配备齐全安保资料的；

（四）违反本规则第十六条，未按规定为航空安全员在航空器上预留座位的；

（五）违反本规则第三十三条，未按规定提供满足机组成员飞行中安全保卫工作培训需要的场所、装备器械、设施、设备、教材、人员及其他保障的；

（六）违反本规则第三十四条，未按规定组织实习飞行，或从事实习飞行带飞的教员不符合相关规定要求的；

（七）违反本规则第三十五条第二款，未按规定提供航空安全员飞行中安全保卫培训记录复印件的。

第三十七条 公共航空运输企业有下列行为之一的，由地区管理局责令限期改正，逾期未改正的，处以一万元以上三万元以下罚款：

（一）违反本规则第五条第一款，公共航空运输企业未按规定设立或指定专门航空安保机构的；

（二）违反本规则第六条，未按规定配备和管理航空安全员队伍，或未建立航空安全员技术等级制度的；

（三）违反本规则第十三条，未按规定制定飞行中安全保卫措施并将其纳入本单位航空安全保卫方案的；

（四）违反本规则第十四条，未建立有关值班制度和备勤制度或未严格执行的；

（五）违反本规则第十七条第一款，未建立航前协同会制度的；

（六）违反本规则第十八条，未按规定建立飞行中安全保卫工作执勤日志管理制度或未严格执行的。

第三十八条 公共航空运输企业违反本规则第七条第二款，在航空安全员飞行值勤期间，安排其从事其他岗位工作的；由地区管理局责令其停止违法行为，并处以警告或者一万元以下罚款。

第三十九条 公共航空运输企业有下列行为之一的，由地区管理局责令其停止违法行为，处以一万元以上三万元以下罚款：

（一）违反本规则第二十九条第二款，派遣不符合规定的航空安全员在航空器上履行飞行中安全保卫职责的；

（二）违反本规则第三十条、第三十一条第一款，未按规定执行航空安全员飞行值勤期限制、累积飞行时间、值勤时间限制和休息时间的。

第四十条 公共航空运输企业违反本规则第二十七条，迟报、漏报或者隐瞒不报信息的，由民航行政机关予以警告并处以一万元以上三万元以下罚款。

第四十一条 公共航空运输企业违反本规则第七条第一款，未按规定派遣航空安全员的，处以一万元以上三万元以下罚款；未按规定派遣航空安全员，且造成事故隐患的，由民航行政机关依据《中华人民共和国安全生产法》第九十九条责令公共航空运输企业立即消除或者限期消除；公共航空运输企业拒不执行的，责令停产停业整顿，并处十万元以上五十万元以下的罚款，对其直接负责的主管人员和其他直接责任人员处二万元以上五万元以下的罚款。

第四十二条 公共航空运输企业违反本规则第八条第一款，不能保证飞行中安全保卫工作经费，致使公共航空运输企业不具备安全运行条件的，由民航行政机关依据《中华人民共和国安全生产法》第九十条责令限期改正，提供必需的资金；逾期未改正的，责令停产停业整顿。

第四十三条 公共航空运输企业违反本规则第八条第二款、第九条第一款，安保经费保障未达到反恐怖主义工作专项经费保障制度相关要求的，或未按规定配备安保人员和相应设备设施，由具有管辖权公安机关，按照《中华人民共和国反恐怖主义法》第八十八条给予警告、并责令改正，拒不改正的，处十万元以下罚款，并对其直接负责的主管人员和其他直接责任人员处一万元以下罚款。

第四十四条 公共航空运输企业有下列情形之一的，由民航行政机关依据《中华人民共和国安全生产法》

第九十四条 责令公共航空运输企业限期改正,可以处五万元以下罚款;逾期未改正的,责令停产停业整顿,并处五万元以上十万元以下罚款,对其直接负责的主管人员和其他直接责任人员处一万元以上二万元以下罚款:

（一）违反本规则第三十二条第一款,未进行航空安保培训的;

（二）违反本规则第三十二条第二款,未按规定组织飞行中安全保卫实战演练的;

（三）违反本规则第三十五条第一款,未如实记录航空安保培训情况的。

第四十五条 机组成员违反本规则第十一条、第十五条第二款、第十七条第二款、第二十二条、第二十三条、第二十九条第一款,未按照本规则规定履行安全保卫职责的,由地区管理局处以警告或一千元以下罚款。

第四十六条 航空安全员有下列行为之一的,由地区管理局处以一千元以下罚款:

（一）违反本规则第二十八条,未按规定携带齐全、妥善保管执勤装备和安保资料的;

（二）违反本规则第三十一条第二款,接受超出规定范围的执勤派遣。

航空安全员违反本规则第二十八条未按规定携带证件,按照《中华人民共和国民用航空法》相关规定进行处罚。

第四十七条 旅客违反本规则有关规定,由具有管辖权的公安机关依据《中华人民共和国治安管理处罚法》给予处罚。

第四十八条 对公共航空运输企业的行政处罚、行政强制等处理措施及其执行情况记入守法信用信息记录,并按照有关规定进行公示。

第六章 附 则

第四十九条 本规则使用的部分术语定义如下:

飞行中,是指航空器从装载完毕、机舱外部各门均已关闭时起,直至打开任一机舱门以便卸载时为止。航空器强迫降落时,在主管当局接管对该航空器及其所载人员和财产的责任前,应当被认为仍在飞行中。

机组成员,是指在飞行中民用航空器上执行任务的驾驶员、乘务员、航空安全员和其他空勤人员。

航空安全员,是指为了保证航空器及其所载人员安全,在民用航空器上执行安全保卫任务,具有航空安全员资质的人员。

非法干扰行为,是指危害民用航空安全的行为或未遂行为,主要包括:

（一）非法劫持航空器;

（二）毁坏使用中的航空器;

（三）在航空器上或机场扣留人质;

（四）强行闯入航空器、机场或航空设施场所;

（五）为犯罪目的而将武器或危险装置、材料带入航空器或机场;

（六）利用使用中的航空器造成死亡、严重人身伤害,或对财产或环境的严重破坏;

（七）散播危害飞行中或地面上的航空器、机场或民航设施场所内的旅客、机组、地面人员或大众安全的虚假信息。

扰乱行为,是指在民用机场或在航空器上不遵守规定,或不听从机场工作人员或机组成员指示,从而扰乱机场或航空器上良好秩序的行为。航空器上的扰乱行为主要包括:

（一）强占座位、行李架的;

（二）打架斗殴、寻衅滋事的;

（三）违规使用手机或其他禁止使用的电子设备的;

（四）盗窃、故意损坏或者擅自移动救生物品等航空设施设备或强行打开应急舱门的;

（五）吸烟（含电子香烟）、使用火种的;

（六）猥亵客舱内人员或性骚扰的;

（七）传播淫秽物品及其他非法印制物的;

（八）妨碍机组成员履行职责的;

（九）扰乱航空器上秩序的其他行为。

第五十条 本规则自 2017 年 3 月 10 日起施行。2016 年 4 月 4 日起施行的《公共航空旅客运输飞行中安全保卫工作规则》（交通运输部令 2016 年第 5 号）同时废止。

公共航空运输企业航空安全保卫规则

· 2016 年 4 月 21 日交通运输部令 2016 年第 49 号公布
· 2018 年 11 月 16 日根据《交通运输部关于修改〈公共航空运输企业航空安全保卫规则〉的决定》修订

第一章 总 则

第一条 为了规范公共航空运输企业航空安全保卫工作,保证旅客、机组、航空器和公众的安全,根据《中华人民共和国民用航空安全保卫条例》,制定本规则。

第二条 本规则适用于在中华人民共和国境内依法设立的公共航空运输企业,在中华人民共和国境内从事公共航空运输的外国航空运输企业,以及与公共航空运输活动有关的单位和个人。

第三条 中国民用航空局(以下简称民航局)对公共航空运输企业航空安全保卫(以下简称航空安保)工作实施监督管理。其主要职责包括：

(一)督促和指导公共航空运输企业实施《国家民用航空安全保卫规划》，建立和运行航空安保管理体系；

(二)督促和指导公共航空运输企业的航空安保方案符合航空安保法规标准；

(三)规定公共航空运输企业航空安保职责，指导公共航空运输企业与机场管理机构等民航运营单位建立协调和沟通的渠道；

(四)督促公共航空运输企业为其航空安保工作提供必需的资源保障；

(五)指导、检查公共航空运输企业基础设施与建筑的设计及建设符合航空安保法规标准；

(六)指导公共航空运输企业制定航空安保培训计划，并监督执行；

(七)对公共航空运输企业及其所属单位的安保工作运行的有效性进行评估，查找并指出漏洞和缺陷，提出整改意见；

(八)收集、核实、分析关于潜在威胁和已发生事件的信息，负责对航空安全进行威胁评估，并指导、部署分级防范工作；

(九)开发和推广使用先进的管理和技术措施，促进公共航空运输企业及其航空安保部门采用这些措施；

(十)按规定组织或参与调查处理涉及公共航空运输企业的航空安保事件或其他重大事故。

第四条 民航地区管理局对本辖区公共航空运输企业航空安保工作实施指导、检查和监督，对违法、违规行为进行查处。其主要职责包括：

(一)对辖区内的公共航空运输企业执行航空安保法规标准的情况实施监督检查；

(二)审查公共航空运输企业航空安保方案并监督执行；

(三)审查辖区内公共航空运输企业预防和处置劫机、爆炸或其他严重非法干扰事件的预案，对落实情况进行监督检查；

(四)按规定组织或参与调查处理辖区内涉及公共航空运输企业的航空安保事件或其他重大事故；

(五)指导、监督和检查辖区内公共航空运输企业承担的民用航空安全检查工作；

(六)审查公共航空运输企业制定的航空安保质量控制方案和培训方案，并监督执行。

第五条 公共航空运输企业在运输过程中对其运输的旅客、行李、货物和邮件的航空安保工作承担直接责任。

第二章 一般规定

第一节 组织和管理

第六条 公共航空运输企业应当指定一名负责航空安保工作的副总经理，负责协调有关部门执行航空安保方案。

公共航空运输企业应当设置专门的航空安保机构，具体负责协调本企业航空安保工作。

公共航空运输企业应当设置满足航空安保工作需要的岗位并配备足够的人员。

第七条 公共航空运输企业的分公司应当设立相应的航空安保机构，基地等分支机构也应当设置相应机构或配备人员履行航空安保职责。

第八条 公共航空运输企业承担航空安保职责的人员应当按照《国家民用航空安全保卫培训方案》规定经过相应的培训，并培训合格。

第九条 公共航空运输企业应当在通航的机场指定或通过航空安保协议指定一名航空安保协调员，履行航空安保协调、信息通报等职责。

第十条 机长是航空器飞行中安全保卫工作的负责人，代表公共航空运输企业履行其航空安保方案中规定的相关职责。

第二节 航空安保管理体系

第十一条 公共航空运输企业应当建立、运行并维护符合民航局要求的航空安保管理体系，其内容应当包括目标管理体系、组织保障体系、风险管理体系和质量控制体系。

第十二条 航空安保管理体系应当在本企业航空安保方案中作出规定。

第十三条 公共航空运输企业应当根据其运行的实际情况，适时组织评估航空安保管理体系的符合性和有效性，及时调整完善。

第三节 质量控制

第十四条 公共航空运输企业应当按照《国家民用航空安全保卫质量控制计划》，制定、维护和执行本企业航空安保质量控制方案，并在航空安保方案中列明。

第十五条 公共航空运输企业应当按照民航局背景调查规定制定程序和措施，并在安保方案中列明。

第十六条　公共航空运输企业应当按照《国家民用航空安全保卫培训方案》要求，制定、维护和执行本企业安保培训方案，并在航空安保方案中列明。

第十七条　公共航空运输企业应当组织航空安保管理人员和新招录航空安保人员进行岗前培训，并定期进行岗位培训。

第十八条　公共航空运输企业从事航空安保培训的部门或委托的机构、教员和课程应当符合《国家民用航空安全保卫培训方案》的要求。

第四节　经费保障

第十九条　公共航空运输企业应当建立航空安保经费投入和保障制度，并在航空安保方案中列明。

第二十条　公共航空运输企业的经费保障应当满足航空安保运行、演练、培训以及设施设备等方面的需要。

第三章　航空安保方案

第一节　航空安保方案的制定

第二十一条　公共航空运输企业运行应当根据本规则及其他航空安保法规标准制定航空安保方案，并适时修订。

公共航空运输企业分公司应当根据公共航空运输企业的航空安保方案，制定相应的实施程序。

第二十二条　从事国际、地区和特殊管理航线运营的公共航空运输企业，其航空安保方案还应当符合相应规定。

第二节　航空安保方案的形式和内容

第二十三条　公共航空运输企业航空安保方案应当由企业法定代表人或其授权人员签署，并以书面形式独立成册、采用易于修订的活页形式，在修订过的每一页上注有最后一次修订的日期。

第二十四条　航空安保方案的内容应当包括：

（一）公共航空运输企业的基本情况；

（二）航空安保组织机构及职责，包括负责航空安保工作的公司副总经理及其替代人员、航空安保机构负责人的姓名，以及24小时联系方式；

（三）为满足本规则第二章、第三章、第四章、第五章规定内容所制定的制度及程序；

（四）为满足民用航空货物运输安保工作要求所制定的制度及程序；

（五）为满足其他航空安保法规标准要求所制定的制度及程序。

第三节　航空安保方案的报送

第二十五条　公共航空运输企业的航空安保方案应当符合民航局和民航地区管理局的规定。

第二十六条　公共航空运输企业分公司为执行本企业航空安保方案制定的实施程序应当报分公司所在地民航地区管理局备案。

第二十七条　新成立的公共航空运输企业的航空安保方案应当在申请运行合格证时一并报送。

第二十八条　民航地区管理局审查公共航空运输企业运行合格证时，一并审查公共航空运输企业安保方案。

第二十九条　民航局接到民航地区管理局审查意见后，应当在20个工作日内予以备案。

第三十条　航空安保方案具有约束力，公共航空运输企业及有关单位应当执行。

第四节　航空安保方案的修订

第三十一条　公共航空运输企业应当在下列情形下对航空安保方案进行修订，以确保其持续有效：

（一）负责公共航空运输企业安保工作的组织机构或其职责发生重大变更的；

（二）发生重大威胁或事件的；

（三）航空安保法规标准发生重大变化的。

第三十二条　为了保护国家安全和公共利益的需要，民航局可以要求公共航空运输企业对其航空安保方案作出紧急修订。公共航空运输企业应当在收到通知后10个工作日内完成修订。

第三十三条　公共航空运输企业根据本规则第三十一条、第三十二条对航空安保方案作出修订的，应当在修订内容实施前至少5个工作日报民航地区管理局备案。

公共航空运输企业对航空安保方案作出其他修订的，应当在修订内容实施前至少20个工作日报民航地区管理局备案。

第五节　航空安保方案的保存和分发

第三十四条　公共航空运输企业在其运营基地至少保存一份完整的航空安保方案，在其每个通航的机场有一份可供随时查阅的航空安保方案或者相关部分。

第三十五条　公共航空运输企业应当向其通航的机场管理机构提交其航空安保方案的有关部分。

第三十六条　公共航空运输企业应当根据工作需要，将航空安保方案的相关内容分发给公共航空运输企业相关部门以及其他有安保业务关系的单位。

第三十七条　公共航空运输企业将安保业务外包给

航空安保服务机构的,应当将方案中与外包安保业务相关的部分提供给航空安保服务机构。

第三十八条 公共航空运输企业应当将航空安保方案文本保存在便于安保工作人员查阅的地方。

第三十九条 航空安保方案为敏感信息,应当对其进行编号并做好登记,妥善保存。

第四十条 航空安保方案的分发、查阅范围必须受到限制,只限于履行职责需要此种信息的应知人员。

第六节 航空安保协议

第四十一条 公共航空运输企业应当与通航的境内机场、航空配餐、地面服务代理等签订航空安保协议,以便本企业航空安保方案中列明的措施和程序得到有效执行。

第四十二条 公共航空运输企业将安保业务外包的,应当签订航空安保协议,内容至少包括:
(一)航空安保责任的划分;
(二)对有关工作人员的安保要求;
(三)监督检查和质量控制程序。

公共航空运输企业签订的代码共享、湿租等协议,应当包含以上内容。

第四十三条 航空安保协议应当妥善保存,以便民航局、民航地区管理局检查。

第四章 运行安保措施

第一节 旅客订座和离港信息

第四十四条 公共航空运输企业应当将使用的旅客订座和离港信息系统的类型、供应商信息向民航地区管理局备案。

第四十五条 旅客订座和离港信息应当受到保护,不得被随意对外提供。

公共航空运输企业应当采取相应安保措施,防止旅客信息被窃取或非法泄露。

第四十六条 公共航空运输企业旅客订座系统应当按规定设置获取旅客身份证件信息的程序。

第二节 办理乘机手续

第四十七条 旅客办理乘机手续时,公共航空运输企业及其代理人应当采取措施核对乘机人的身份证件和行李。

第四十八条 公共航空运输企业应当制定程序,核对加入机组人员的身份证件、工作证件和乘机证明文件,确保人证相符。

第四十九条 旅客办理乘机手续时,公共航空运输企业及其代理人应当告知其相关安全保卫规定。

第三节 旅客及其手提行李

第五十条 公共航空运输企业应当制定程序,确保旅客及其手提行李在登机前经过安全检查。

第五十一条 公共航空运输企业不得运输拒绝接受安全检查的旅客,不得违反航空安保法规标准运输未经安全检查的行李。

第五十二条 旅客登机时,公共航空运输企业或其地面服务代理应当查验登机凭证,核对旅客人数。

第五十三条 已经安全检查和未经安全检查的人员不得相混或接触。如发生相混或接触,公共航空运输企业应当要求机场管理机构采取以下措施:
(一)对相应隔离区进行清场和检查;
(二)对相应旅客及其手提行李再次进行安全检查;
(三)如果旅客已进入航空器,应当对该航空器客舱实施安保搜查。

第五十四条 公共航空运输企业应当采取措施,防止旅客下机时将物品遗留在航空器上。

第四节 托运行李

第五十五条 公共航空运输企业应当确保只接收旅客本人的托运行李,以及公共航空运输企业的代理人或授权代表接收的托运行李。

第五十六条 对通过安全检查的托运行李,公共航空运输企业应当采取措施或要求机场管理机构采取措施,防止未经授权的人员接触,直至在目的地交还旅客或移交给另一承运人。

第五十七条 在机场办理乘机手续柜台以外地点托运的行李,已经过安全检查的,必须从托运地点开始实施安保控制直至装上航空器,防止未经授权的人员接触;未经过安全检查的,应当在机场采取相应的安检措施。

第五十八条 公共航空运输企业应当采取措施,对已经过安全检查的托运行李在地面存储和运输期间,保证有专人监管,防止未经授权的人员接触。

第五十九条 公共航空运输企业和机场管理机构应当采取措施,确保行李分拣、存放、装卸区仅允许授权人员持证进入,在装机前应当核对行李标签及数量,防止非本航班承运的行李装上航空器。

第六十条 公共航空运输企业及其地面服务代理人对转机的托运行李应当采取安保控制措施。

第六十一条 错运行李和无人认领行李的存放场所

应当采取安保控制措施，直到行李被运走、认领或者处理完毕。

对国际航班到达的错运行李和无人认领行李在存放和装机前，应当进行安全检查。

第六十二条 公共航空运输企业对已经办理乘机手续而未登机旅客的行李，不得装入或者留在航空器上。旅客在航空器飞行中途中止旅行时，必须将其行李卸下。

第六十三条 对非旅客本人原因产生的无人陪伴行李经过安全检查后，承运人可以运输。

第六十四条 因安保原因或因拒绝接受安全检查而不准登机的旅客，其托运行李应当从航空器上卸下。

第五节 托运枪支弹药

第六十五条 无枪支运输许可证件的，公共航空运输企业不得接收托运枪支弹药。

第六十六条 公共航空运输企业运输托运的枪支弹药时应当：

（一）查验枪支弹药准运凭证；

（二）确认枪支和弹药分离；

（三）确认枪支弹药放置在安全可靠的封闭包装中，并保持锁闭；

（四）弹药运输应当符合危险品运输条件。

第六十七条 托运的枪支弹药在装卸期间实行专人全程安保监控，在运输途中应当存放在旅客接触不到的区域。

第六节 押解和遣返人员

第六十八条 公共航空运输企业运输因司法或行政强制措施而被押解的人员，应按照国家有关规定执行。

第六十九条 机场公安机关应当提前将押解计划通知公共航空运输企业航空安保部门。

第七十条 公共航空运输企业应当制定程序，确保：

（一）在接到押解计划后及时将该信息通报机长；

（二）被押解人员在其他旅客登机前登机，在其他旅客下机后下机；

（三）被押解人员的座位应当安排在客舱后部，位于押解人员之间，且不得靠近过道、紧急出口等位置；

（四）在航空器内不向被押解人员提供金属餐具和含酒精饮料；未经押解人员允许，不向被押解人员提供食品、饮料。

第七十一条 公共航空运输企业应当对遣返非法入境人员的运输申请进行安保评估，决定是否运输或是否在运输中采取额外的航空安保措施。

对不准入境人员的遣返运输，应当采取必要的航空安保措施。

运送遣返人员，应当在运输 24 小时前通知公共航空运输企业。

第七节 携带武器乘机

第七十二条 公共航空运输企业应当按照航空安保方案规定的程序，防止未经授权人员携带武器乘机。

第七十三条 除非同时满足以下条件，任何人员不得携带武器乘机：

（一）经国家警卫部门确定的警卫对象的警卫人员；

（二）持有工作证、持枪证、持枪证明信。

第七十四条 在接到警卫人员乘坐航空器的通知后，公共航空运输企业应当做好下列工作：

（一）在登机前告知警卫人员必须随时保管好其武器，不得将武器放在行李箱内，并遵守携带武器乘机的相关规定；

（二）通知机长航空器上警卫人员的数量及每个警卫人员的位置；

（三）不得向警卫人员提供含酒精饮料。

外方警卫人员在没有中方人员陪同乘坐境内公共航空运输企业航班的，应当遵守携带武器乘机的相关规定。

第八节 过站和转机

第七十五条 公共航空运输企业在其航空安保方案中应当包括适当措施，管控过站和转机旅客及其手提行李，防止过站和转机旅客将物品遗留在航空器上。

第七十六条 公共航空运输企业应当采取措施，防止过站和转机的人员与未经安全检查的其他人员接触。如果发生接触，则相关人员重新登机前必须再次经过安全检查。

第七十七条 乘坐国际、地区航线班机在境内机场过站和转机的人员及其行李，应当进行安全检查。但与中国签订互认航空安保标准条款的除外。

第九节 航空器地面的安保措施

第七十八条 公共航空运输企业应当采取措施，以便航空器执行飞行任务期间在地面停放时得到有效监护，监护措施及监护机构应当在其航空安保方案或者安保协议中列明。

第七十九条 公共航空运输企业应当采取措施，以便航空器在机场过夜或未执行航班飞行任务停放期间得到有效守护，守护机构及守护措施应当在其航空安保方案或者安保协议中列明。

第八十条 公共航空运输企业应当与航空器监护部门、机务维修部门、武警守卫部队等单位之间建立航空器监护和守护交接制度，并在其航空安保方案中列明。

第八十一条 对于未使用而长期停场的航空器，应当将所有进出口关闭，将舱口梯或者旅客登机桥撤走，防止未经授权人员接触航空器。

第八十二条 公共航空运输企业应当采取适当措施，确保每日始发和每航段的航空器经过航空器安保检查。

第十节 航空器清洁工作的安保措施

第八十三条 公共航空运输企业航空器清洁部门应当制定航空安保措施，其内容主要包括：

（一）对工作人员的安保培训；
（二）对清洁用品的安保措施；
（三）明确重点部位及检查程序；
（四）对旅客遗留物品的检查程序；
（五）发现可疑情况时的报告程序。

第八十四条 航空器清洁工作外包的，外包协议中应当包含上述安保要求，并存档备查。

第十一节 航空配餐和机上供应品

第八十五条 公共航空运输企业应当对航空配餐和机上供应品执行航空安保措施，并在其航空安保方案中列明。

第八十六条 航空配餐企业应当制定符合规定的航空安保方案，报民航地区管理局备案。

第八十七条 航空配餐企业航空安保措施的内容主要包括：

（一）对配餐工作区域实行分区封闭管理和通行管制，并实施有效监控，对进入人员、物品应当进行安全检查；
（二）对成餐和送餐库实施安保控制；
（三）提供航空配餐的企业应当对其采购的原材料和供应品实施安全检查；
（四）机上餐车应当加签封，封条应当有编号；运输餐食、供应品的车辆在运输过程中应当全程锁闭加签封，并有专人押运；
（五）地处机场控制区外的航空配餐企业应当采取航空安保措施，确保配餐供应品在制作、存储、运往机场途中受到保护。

第八十八条 机上供应品的储存和配送应采取相应的航空安保措施。

第八十九条 公共航空运输企业应当制定机组人员核对航空配餐和机上供应品的程序，确保程序得到有效实施。

第十二节 航线评估

第九十条 公共航空运输企业开通国际航线的，应当对拟飞往机场的安全状况作出安保评估，并报民航地区管理局备案。

第九十一条 公共航空运输企业应当对开航的国外机场进行持续的安保评估，根据评估，补充修改航空安保方案。

第九十二条 公共航空运输企业驻外运营机构应当密切关注通航机场安保情况，并及时上报公共航空运输企业。

第十三节 对外国航空运输企业的安保要求

第九十三条 通航我国的外国航空运输企业应当遵守双边通航协议中设定的航空安保条款。

第九十四条 通航我国的外国航空运输企业应当根据我国航空安保法规标准，制定本企业飞往中国境内航线航班的航空安保方案，并将方案及其中文版本报通航机场所在地民航地区管理局审查，民航地区管理局审查通过后报民航局备案。

第九十五条 外国航空运输企业空中安全保卫人员执行通航中国航班任务，按照双方签订的安保合作协议执行。

第九十六条 民航局、民航地区管理局应当依据面临的安保威胁，对通航我国的外国航空运输企业及相关机场实施持续的安保考察和评估。

第十四节 信息报告

第九十七条 公共航空运输企业应当建立航空安保信息报告制度。

第九十八条 发生以下情况之一，公共航空运输企业应当立即报告民航地区管理局：

（一）非法干扰事件；
（二）因安保原因造成的安全事故；
（三）重要威胁信息；
（四）重大空防安全隐患；
（五）其他紧急事件。

上述情况处理完毕后，公共航空运输企业应当在15个工作日内按照相关规定书面报告民航地区管理局。

第九十九条 公共航空运输企业应当每月向民航地区管理局报告以下情况：

（一）安保运行情况；
（二）非法干扰行为、扰乱行为以及其他违规行为情况；
（三）航空安保方案的执行和修订状况；
（四）其他应当报告的内容。

第一百条 公共航空运输企业在运行中发现机场、空管等单位不符合安保标准或要求，或者安保设施达不到标准时，应当及时通报机场管理机构、空管部门并报告其所在地民航地区管理局。

第十五节 其他规定

第一百零一条 公共航空运输企业承担的安全检查工作，按照《中国民用航空安全检查规则》执行。

第一百零二条 航空器驾驶舱和客舱的安保应当按照《公共航空旅客运输飞行中安全保卫规则》及公共航空运输企业航空安保方案规定的程序规定执行。

第一百零三条 威胁增加时的航空安保措施，按照安保等级管理有关规定执行。

第一百零四条 公共航空运输企业接受国际组织或机构、外国政府部门安保审计、评估、考察的，应当在活动开始前至少20个工作日内报告民航局，并按照局方有关规定执行。

公共航空运输企业接受外国航空运输企业、机场安保考察的，应当在活动开始前至少20个工作日内报告民航地区管理局，并按照局方有关规定执行。

公共航空运输企业应当在活动结束后15个工作日内将相关情况上报。

第五章 安保应急处置

第一百零五条 公共航空运输企业应当制定安保应急处置预案，并保证实施预案所需的设备、人员、资金等条件。

公共航空运输企业应当确保预案中包含的所有信息及时更新，并将更新内容告知相关单位、人员；公共航空运输企业应当按照其航空安保方案的规定，定期演练应急处置预案。

第一百零六条 公共航空运输企业应当制定程序，按照本企业所在地区和航线航班飞往地区的威胁等级，启动相应级别的航空安保措施。

第一百零七条 航空器受到非法干扰威胁时，公共航空运输企业应当采取以下措施：

（一）立即将威胁信息、对威胁的初步评估以及将要采取的措施通知给民航局和民航地区管理局、相关机场管理机构和相关航班机长；

（二）要求机长将威胁信息、对威胁的评估以及将要采取的措施通知所有机组成员；

（三）航空器降落后，立即通知机场管理机构组织对航空器实施安保搜查。

第一百零八条 民航局根据威胁评估结果或针对民用航空的具体威胁，有权发布安保指令和信息通告，采取应对措施。

公共航空运输企业应当遵守并执行民航局发布的安保指令和信息通告。

公共航空运输企业在收到安保指令和信息通告后，应当制定执行安保指令和信息通告各项措施的具体方法。

第一百零九条 公共航空运输企业没有能力执行安保指令中的措施的，应当在安保指令规定的时间内向民航地区管理局提交替代措施。

第一百一十条 公共航空运输企业可以向民航局提交相关证明材料，对安保指令提出修改意见。

第一百一十一条 公共航空运输企业以及收到安保指令或信息通告的人员应当对安保指令或信息通告中所含限制性信息采取保密措施，未经民航局书面同意，不得把安保指令、信息通告中所含信息透露给无关人员。

第一百一十二条 民航局发现有危及航空运输安全、需要立即采取行动的紧急情况，可以发布特别工作措施。

第一百一十三条 公共航空运输企业应当制定传递非法干扰行为机密信息的程序，不得擅自泄露信息。

第一百一十四条 公共航空运输企业应当采取适当措施，确保受到非法干扰的航空器上的旅客和机组的安全，直到其能够继续旅行。

第六章 监督管理

第一百一十五条 民航局、民航地区管理局依据职责对公共航空运输企业实施监督检查，以确保其符合：

（一）本规则的规定；
（二）本企业航空安保方案的规定；
（三）其他法规标准中有关航空安保的规定。

第一百一十六条 民航局、民航地区管理局实施监督检查，应当遵循公平、公正、公开的原则，不得妨碍公共航空运输企业正常的经营活动，不得索取或者收受公共航空运输企业的财物或者谋取其他利益，不得泄漏公共航空运输企业的商业秘密。

第一百一十七条 公共航空运输企业应当对民航局、民航地区管理局执法人员的监督检查给予积极配合，不得向执法人员隐瞒情况或者提供虚假情况。

第一百一十八条 民航局、民航地区管理局在对公共航空运输企业进行监督检查的过程中，发现其违反本规则有关规定的，可以先行召集其有关部门负责人进行警示谈话，或者行政约见其主要负责人或上级主管部门负责人。

第一百一十九条 民航局、民航地区管理局在检查中发现存在事故隐患的，依照《中华人民共和国安全生产法》规定执行。

第一百二十条 任何单位或者个人发现公共航空运输企业未按照规定执行航空安保措施的，均有权向民航局、民航地区管理局报告或者举报。

第七章 法律责任

第一百二十一条 违反本规则第六条、第七条、第八条、第九条规定，公共航空运输企业未按规定设置航空安保机构、配备安保人员、培训安保管理人员或指定安保协调员的，由民航地区管理局责令限期改正；逾期未改正的，处以1万元以上3万元以下罚款。

第一百二十二条 违反本规则规定，公共航空运输企业、航空配餐企业未按规定制定并实施航空安保方案，由民航地区管理局责令限期改正；逾期未改正的，处以1万元以上3万元以下罚款。

第一百二十三条 违反本规则第十四条规定，公共航空运输企业未按规定制定并实施质量控制方案的，由民航地区管理局责令限期改正，处以1万元以上3万元以下罚款。

第一百二十四条 违反本规则第十七条规定，公共航空运输企业未对从事航空安保工作人员进行初训、复训的或者未对航空安保管理人员或新招录的航空安保人员进行岗前培训的，责令限期改正；逾期未改正的，予以警告或处以1万元以上3万元以下罚款。

第一百二十五条 违反本规则第四十一条、第四十二条、第八十四条规定，公共航空运输企业不与有关单位签署航空安保协议，或者协议内容不符合本规则要求的，由民航地区管理局责令限期改正；逾期未改正的，处以1万元以上3万元以下罚款。

第一百二十六条 违反本规则第四十四条，公共航空运输企业未按规定备案的，由民航地区管理局责令限期改正。

第一百二十七条 违反本规则第四十五条，公共航空运输企业未采取相应航空安保措施，造成非法泄露旅客订座和离港信息的，由民航地区管理局责令限期改正；逾期未改正的，予以警告，情节严重的，可以并处1万元以上3万元以下罚款。

第一百二十八条 违反本规则第四十七条、第五十二条、第五十九条规定，不核对旅客登机凭证、旅客人数和行李的，由民航地区管理局责令改正；逾期未改正的，可以依照《中华人民共和国民用航空安全保卫条例》并处5万元以下罚款。

第一百二十九条 违反本规则第四十九条规定，未告知旅客相关安全保卫规定的，由民航地区管理局责令限期改正；逾期未改正的，予以警告，情节严重的，可以并处1万元以上3万元以下罚款。

第一百三十条 违反本规则第七十八条、第七十九条、第八十条规定，造成航空器失控的，由民航地区管理局责令限期改正；逾期未改正的，可以依照《中华人民共和国民用航空安全保卫条例》并处5万元以下罚款。

第一百三十一条 违反本规则第八十一条规定，未将所有进出口关闭，将舱口梯或者旅客登机桥撤走的，由民航地区管理局责令限期改正；逾期未改正的，予以警告，情节严重的，可以并处1万元以上3万元以下罚款。

第一百三十二条 违反本规则规定，对装入航空器的机上供应品未按规定采取航空安保措施的，由民航地区管理局责令限期改正；逾期未改正的，可以依照《中华人民共和国民用航空安全保卫条例》并处5万元以下罚款；情节严重的，停业整顿。

第一百三十三条 违反本规则规定，对装入航空器配餐未按规定采取航空安保措施的，由民航地区管理局责令限期改正；逾期未改正的，予以警告，情节严重的，可以并处1万元以上3万元以下罚款。

第一百三十四条 违反本规则第九十四条规定，未按规定提供航空安保方案的，由民航地区管理局责令限期改正；逾期不提供的或提供的方案不能满足安全要求的，处以1万元以上3万元以下罚款。

第一百三十五条 违反本规则第九十八条规定，迟报、漏报或者隐瞒不报信息的，由民航地区管理局予以警告并处以1万元以上3万元以下罚款。

第一百三十六条 违反本规则第一百零四条规定，未按规定接受审计、评估、考察，或未按规定报告情况的，由民航地区管理局对公共航空运输企业予以警告；情节严重的，处以1万元以上3万元以下罚款。

第一百三十七条 违反本规则第一百零五条规定，未按规定制定应急处置预案、配备相应设施设备并定期开展演练的，由民航地区管理局责令限期改正；逾期未改正的,处以 1 万元以上 3 万元以下罚款。

第一百三十八条 违反本规则第一百一十七条规定,不接受、不配合监督检查的,由民航局、民航地区管理局予以警告;情节严重的,处以 1 万元以上 3 万元以下罚款。

第一百三十九条 违反本规则有关规定,不执行安保指令和信息通告的,由民航地区管理局责令限期改正。

第一百四十条 民航局、民航地区管理局工作人员工作过程中,有滥用职权、玩忽职守行为的,由有关部门依法予以处分。

第一百四十一条 违反本规则有关规定,构成犯罪的,依法追究刑事责任。

第八章 附 则

第一百四十二条 本规则中下列用语的含义:

非法干扰行为,是指危害民用航空安全的行为或未遂行为,包括但不限于:

(一)非法劫持航空器;

(二)毁坏使用中的航空器;

(三)在航空器上或机场扣留人质;

(四)强行闯入航空器、机场或航空设施场所;

(五)为犯罪目的而将武器或危险装置、材料带入航空器或机场;

(六)利用使用中的航空器造成死亡、严重人身伤害,或对财产或环境的严重破坏;

(七)散播危害飞行中或地面上的航空器、机场或民航设施场所内的旅客、机组、地面人员或大众安全的虚假信息。

扰乱行为,是指在民用机场或在航空器上不遵守规定,或不听从机场工作人员或机组人员指示,从而扰乱机场或航空器上良好秩序的行为。

航空器安保检查,是指对旅客可能进入的航空器内部进行的检查,目的在于发现可疑物品、武器或其他危险的装置和物品。

航空器安保搜查,是指对航空器内部、外部的搜查,目的在于发现可疑物品、武器或其他危险的装置和物品。

第一百四十三条 香港特别行政区、澳门特别行政区和台湾地区的公共航空运输企业,参照本规则有关外国航空运输企业安保要求的规定执行。香港、澳门和台湾航线的安保要求,参照本规则有关国际和地区航线安保要求的规定执行。

第一百四十四条 本规则自 2016 年 5 月 22 日起施行。

中华人民共和国民用航空安全保卫条例

· 1996 年 7 月 6 日中华人民共和国国务院令第 201 号发布
· 根据 2011 年 1 月 8 日《国务院关于废止和修改部分行政法规的决定》修订

第一章 总 则

第一条 为了防止对民用航空活动的非法干扰,维护民用航空秩序,保障民用航空安全,制定本条例。

第二条 本条例适用于在中华人民共和国领域内的一切民用航空活动以及与民用航空活动有关的单位和个人。

在中华人民共和国领域外从事民用航空活动的具有中华人民共和国国籍的民用航空器适用本条例;但是,中华人民共和国缔结或者参加的国际条约另有规定的除外。

第三条 民用航空安全保卫工作实行统一管理、分工负责的原则。

民用航空公安机关(以下简称民航公安机关)负责对民用航空安全保卫工作实施统一管理、检查和监督。

第四条 有关地方人民政府与民用航空单位应当密切配合,共同维护民用航空安全。

第五条 旅客、货物托运人和收货人以及其他进入机场的人员,应当遵守民用航空安全管理的法律、法规和规章。

第六条 民用机场经营人和民用航空器经营人应当履行下列职责:

(一)制定本单位民用航空安全保卫方案,并报国务院民用航空主管部门备案;

(二)严格实行有关民用航空安全保卫的措施;

(三)定期进行民用航空安全保卫训练,及时消除危及民用航空安全的隐患。

与中华人民共和国通航的外国民用航空企业,应当向国务院民用航空主管部门报送民用航空安全保卫方案。

第七条 公民有权向民航公安机关举报预谋劫持、破坏民用航空器或者其他危害民用航空安全的行为。

第八条 对维护民用航空安全做出突出贡献的单位或者个人,由有关人民政府或者国务院民用航空主管部门给予奖励。

第二章 民用机场的安全保卫

第九条 民用机场(包括军民合用机场中的民用部分,下同)的新建、改建或者扩建,应当符合国务院民用航空主管部门关于民用机场安全保卫设施建设的规定。

第十条 民用机场开放使用,应当具备下列安全保卫条件:

(一)设有机场控制区并配备专职警卫人员;

(二)设有符合标准的防护围栏和巡逻通道;

(三)设有安全保卫机构并配备相应的人员和装备;

(四)设有安全检查机构并配备与机场运输量相适应的人员和检查设备;

(五)设有专职消防组织并按照机场消防等级配备人员和设备;

(六)订有应急处置方案并配备必要的应急援救设备。

第十一条 机场控制区应当根据安全保卫的需要,划定为候机隔离区、行李分检装卸区、航空器活动区和维修区、货物存放区等,并分别设置安全防护设施和明显标志。

第十二条 机场控制区应当有严密的安全保卫措施,实行封闭式分区管理。具体管理办法由国务院民用航空主管部门制定。

第十三条 人员与车辆进入机场控制区,必须佩带机场控制区通行证并接受警卫人员的检查。

机场控制区通行证,由民航公安机关按照国务院民用航空主管部门的有关规定制发和管理。

第十四条 在航空器活动区和维修区内的人员、车辆必须按照规定路线行进,车辆、设备必须在指定位置停放,一切人员、车辆必须避让航空器。

第十五条 停放在机场的民用航空器必须有专人警卫;各有关部门及其工作人员必须严格执行航空器警卫交接制度。

第十六条 机场内禁止下列行为:

(一)攀(钻)越、损毁机场防护围栏及其他安全防护设施;

(二)在机场控制区内狩猎、放牧、晾晒谷物、教练驾驶车辆;

(三)无机场控制区通行证进入机场控制区;

(四)随意穿越航空器跑道、滑行道;

(五)强行登、占航空器;

(六)谎报险情、制造混乱;

(七)扰乱机场秩序的其他行为。

第三章 民用航空营运的安全保卫

第十七条 承运人及其代理人出售客票,必须符合国务院民用航空主管部门的有关规定;对不符合规定的,不得售予客票。

第十八条 承运人办理承运手续时,必须核对乘机人和行李。

第十九条 旅客登机时,承运人必须核对旅客人数。

对已经办理登机手续而未登机的旅客的行李,不得装入或者留在航空器内。

旅客在航空器飞行中途中止旅行时,必须将其行李卸下。

第二十条 承运人对承运的行李、货物,在地面存储和运输期间,必须有专人监管。

第二十一条 配制、装载供应品的单位对装入航空器的供应品,必须保证其安全性。

第二十二条 航空器在飞行中的安全保卫工作由机长统一负责。

航空安全员在机长领导下,承担安全保卫的具体工作。

机长、航空安全员和机组其他成员,应当严格履行职责,保护民用航空器及其所载人员和财产的安全。

第二十三条 机长在执行职务时,可以行使下列权力:

(一)在航空器起飞前,发现有关方面对航空器未采取本条例规定的安全措施的,拒绝起飞;

(二)在航空器飞行中,对扰乱航空器内秩序,干扰机组人员正常工作而不听劝阻的人,采取必要的管束措施;

(三)在航空器飞行中,对劫持、破坏航空器或者其他危及安全的行为,采取必要的措施;

(四)在航空器飞行中遇到特殊情况时,对航空器的处置作最后决定。

第二十四条 禁止下列扰乱民用航空营运秩序的行为:

(一)倒卖购票证件、客票和航空运输企业的有效订座凭证;

(二)冒用他人身份证件购票、登机;

(三)利用客票交运或者捎带非旅客本人的行李物品;

(四)将未经安全检查或者采取其他安全措施的物品装入航空器。

第二十五条 航空器内禁止下列行为:

(一)在禁烟区吸烟;

(二)抢占座位、行李舱(架);

(三)打架、酗酒、寻衅滋事;

（四）盗窃、故意损坏或者擅自移动救生物品和设备；
（五）危及飞行安全和扰乱航空器内秩序的其他行为。

第四章 安全检查

第二十六条 乘坐民用航空器的旅客和其他人员及其携带的行李物品，必须接受安全检查；但是，国务院规定免检的除外。

拒绝接受安全检查的，不准登机，损失自行承担。

第二十七条 安全检查人员应当查验旅客客票、身份证件和登机牌，使用仪器或者手工对旅客及其行李物品进行安全检查，必要时可以从严检查。

已经安全检查的旅客应当在候机隔离区等待登机。

第二十八条 进入候机隔离区的工作人员（包括机组人员）及其携带的物品，应当接受安全检查。

接送旅客的人员和其他人员不得进入候机隔离区。

第二十九条 外交邮袋免予安全检查。外交信使及其随身携带的其他物品应当接受安全检查；但是，中华人民共和国缔结或者参加的国际条约另有规定的除外。

第三十条 空运的货物必须经过安全检查或者对其采取的其他安全措施。

货物托运人不得伪报品名托运或者在货物中夹带危险物品。

第三十一条 航空邮件必须经过安全检查。发现可疑邮件时，安全检查部门应当会同邮政部门开包查验处理。

第三十二条 除国务院另有规定的外，乘坐民用航空器的，禁止随身携带或者交运下列物品：

（一）枪支、弹药、军械、警械；
（二）管制刀具；
（三）易燃、易爆、有毒、腐蚀性、放射性物品；
（四）国家规定的其他禁运物品。

第三十三条 除本条例第三十二条规定的物品外，其他可以用于危害航空安全的物品，旅客不得随身携带，但是可以作为行李交运或者按照国务院民用航空主管部门的有关规定由机组人员带到目的地后交还。

对含有易燃物质的生活用品实行限量携带。限量携带的物品及其数量，由国务院民用航空主管部门规定。

第五章 罚 则

第三十四条 违反本条例第十四条的规定或者有本条例第十六条、第二十四条第一项、第二十五条所列行为，构成违反治安管理行为的，由民航公安机关依照《中华人民共和国治安管理处罚法》有关规定予以处罚；有本条例第二十四条第二项所列行为的，由民航公安机关依照《中华人民共和国居民身份证法》有关规定予以处罚。

第三十五条 违反本条例的有关规定，由民航公安机关按照下列规定予以处罚：

（一）有本条例第二十四条第四项所列行为的，可以处以警告或者3000元以下的罚款；
（二）有本条例第二十四条第三项所列行为的，可以处以警告、没收非法所得或者5000元以下罚款；
（三）违反本条例第三十条第二款、第三十二条的规定，尚未构成犯罪的，可以处以5000元以下罚款、没收或者扣留非法携带的物品。

第三十六条 违反本条例的规定，有下列情形之一的，民用航空主管部门可以对有关单位处以警告、停业整顿或者5万元以下的罚款；民航公安机关可以对直接责任人员处以警告或者500元以下的罚款：

（一）违反本条例第十五条的规定，造成航空器失控的；
（二）违反本条例第十七条的规定，出售客票的；
（三）违反本条例第十八条的规定，承运人办理承运手续时，不核对乘机人和行李的；
（四）违反本条例第十九条的规定的；
（五）违反本条例第二十条、第二十一条、第三十条第一款、第三十一条的规定，对收运、装入航空器的物品不采取安全措施的。

第三十七条 违反本条例的有关规定，构成犯罪的，依法追究刑事责任。

第三十八条 违反本条例规定的，除依照本章的规定予以处罚外，给单位或者个人造成财产损失的，应当依法承担赔偿责任。

第六章 附 则

第三十九条 本条例下列用语的含义：

"机场控制区"，是指根据安全需要在机场内划定的进出受到限制的区域。

"候机隔离区"，是指根据安全需要在候机楼（室）内划定的供已经安全检查的出港旅客等待登机的区域及登机通道、摆渡车。

"航空器活动区"，是指机场内用于航空器起飞、着陆以及与此有关的地面活动区域，包括跑道、滑行道、联络道、客机坪。

第四十条 本条例自发布之日起施行。

民用航空空中交通管理运行单位安全管理规则

- 2016年3月17日交通运输部令2016年第17号公布
- 自2016年4月17日起施行

第一章 总 则

第一条 为了规范对民用航空空中交通管理(以下简称民航空管)运行单位的安全监督和管理,降低空中交通安全风险,提高空中交通运行安全水平,保障飞行安全,依据《中华人民共和国安全生产法》、《中华人民共和国民用航空法》和《中华人民共和国飞行基本规则》等法律法规,制定本规则。

第二条 在中华人民共和国领域内从事民用航空空中交通服务、航空情报服务、通信导航监视服务、航空气象服务的单位(以下简称民航空管运行单位)和个人,应当遵守本规则。

本规则所指的民航空管运行单位包括中国民用航空局空中交通管理局及其所属的地区空中交通管理局、空中交通管理分局、空中交通管理站和机场管理机构及其下属的民航空管运行部门。

第三条 民航空管运行单位安全管理应当坚持安全第一、预防为主、综合治理的工作方针。

第四条 中国民用航空局(以下简称民航局)负责监督管理全国民航空管安全管理工作,民航地区管理局(以下简称地区管理局)负责监督管理本地区民航空管安全管理工作。

第五条 民航空管运行单位负责组织与实施本单位民航空管运行安全管理工作。

第六条 民航空管安全管理工作实行安全事故责任追究制度,依据有关法律、法规和本规则的规定,追究安全生产事故责任人的责任。

第七条 民航局鼓励和支持民航空管安全管理的科学技术研究、先进技术和先进管理方式的推广应用,提高民航空管安全管理水平。

第二章 机构和人员

第八条 民航局负责统一制定民航空管安全管理的政策、规章和标准,制定安全工作规划,确定安全管理目标,组织实施民航空管安全审计,指导监督民航空管安全管理体系建设,监督、检查和指导民航空管安全工作及安全管理措施的落实情况。

第九条 地区管理局负责监督检查本地区民航空管运行单位贯彻落实民航空管安全管理的政策、法规、规章和标准;监督检查安全工作规划和安全管理措施落实、安全管理目标执行和安全管理体系建设的情况,监督检查民航空管运行单位的安全评估工作,承办民航空管安全审计工作。

第十条 民航空管运行单位贯彻落实民航空管安全管理的政策、法规、规章和标准,落实安全工作规划、安全管理目标,建立健全安全管理体系,实施对本单位运行状况的经常性检查,定期评价安全状况,组织落实安全管理措施,收集、统计、分析本单位的安全信息,对民航空管不安全事件制定并落实整改措施,制定本单位安全培训计划,组织开展安全生产教育、培训工作,记录培训考核情况;组织实施民航空管安全评估;按规定上报本单位的安全状况和信息。

第十一条 民航空管运行单位应当根据下列要求设置运行安全管理部门或者配备安全管理人员。

(一)从业人员超过150人(含)的,应当设置专门的安全管理部门;

(二)从业人员少于150人的,应当按照不小于50比1的比例设置专职安全管理人员;

(三)从业人员少于50人的,应当至少有一名专职或兼职的安全管理人员。

民航空管运行单位安全管理部门或安全管理人员负责本单位的安全管理体系的组织与实施工作。

第十二条 民航空管运行单位的主要负责人对本单位运行安全管理全面负责,组织实施下列安全管理工作:

(一)建立健全本单位安全生产责任制;

(二)组织制定本单位安全管理的规章制度和操作规程;

(三)保证本单位的安全管理投入;

(四)督促、检查本单位的安全管理工作,及时消除民航空管运行安全隐患;

(五)组织制定并实施本单位的应急预案;

(六)及时、如实地报告民航空管不安全事件。

第十三条 民航空管运行单位应当倡导积极的安全文化,采取多种形式加强对民航空管安全的法律、法规、规章、标准和民航空管安全知识的宣传,向从业人员充分告知安全风险,教育和督促从业人员严格遵守安全生产规章制度,执行操作规程,提高职工的安全意识。

第十四条 民用航空空中交通管制员、航空情报员、航空电信人员、航空气象人员等专业人员应当按照有关规定取得相应的专业人员执照,并保持有效。

前款所述从业人员在身体不适合履行岗位职责时,应当主动向本单位报告,民航空管运行单位应当及时予以调整工作岗位。

第十五条 民航空管运行单位的从业人员应当服从

安全管理，严格遵守本单位的安全生产规章制度和操作规程，有权拒绝违章操作。

从业人员有义务对民航空管安全管理工作提出建议，发现安全隐患或者其他不安全因素，应当立即向安全管理部门或者安全管理人员报告。

第十六条　民航空管运行中凡涉及人员派遣、工作代理、设备租赁和信息服务的，相关单位和人员应当以协议的形式明确安全责任。

第十七条　在同一运行区域内或在相邻运行区域运行时，各民航空管运行单位之间，民航空管运行单位与航空营运人、机场管理机构等有关单位之间，应当通过协议明确各自的安全职责和措施。

第三章　民航空管安全管理

第十八条　民航空管运行单位应当建立和健全民航空管安全管理体系。民航空管安全管理体系应当包括安全管理的组织机构、人员及其职责，安全管理的方针、政策和目标，安全管理的标准以及规章制度，安全绩效考核制度，安全监督和检查机制，安全评估制度，应急管理制度，安全教育和培训制度，安全信息报告制度，安全风险管理机制，安全奖惩机制，安全问责制度，文档管理要求等。民航空管安全管理体系应当做到有计划、有落实、有检查、有跟踪的闭环管理。

第十九条　民航空管运行单位应当定期召开安全形势分析会，分析和判断安全生产形势，对前一阶段的工作进行总结，并对以后的工作进行部署。

当出现不利于民航空管安全运行的因素或者已经发生影响民航空管运行的严重事件时，民航空管运行单位应当及时召开会议，研究制定针对性措施。

第二十条　民航空管运行单位应当建立安全评估机制。安全评估分为事前评估和跟踪评估。事前评估是对预计实施事项的可行性、安全性和可靠性以及安全应对措施是否满足可接受的安全风险水平的评估；跟踪评估是对评估事项实施后是否满足预定的安全指标水平以及未来的安全发展态势所进行的评估。

民航空管运行单位在遇有下列情况之一，应当进行安全评估：

（一）降低最低飞行间隔；

（二）变更管制方式；

（三）新技术首次应用；

（四）实施新的飞行程序或管制程序；

（五）调整空域范围或空域结构；

（六）新建、改建、扩建民航空管运行设施设备等建设项目；

（七）其他可能影响安全风险水平的情况。

民航空管运行单位应当对运行环境或方式改变后的运行安全情况进行持续监控。

第二十一条　民航空管运行单位应当将评估情况报所在地的地区管理局备案。

第二十二条　民航空管运行单位应当建立定期和不定期的内部安全检查制度，对检查中发现的问题，制定切实可行的安全措施。

第二十三条　民航空管运行单位应当建立健全风险管理机制，将影响民航空管运行安全的风险降低到可接受的程度。民航空管运行单位应当对在运行中可能发生或者出现的下列情况进行分析和控制：

（一）小于最小飞行间隔；

（二）低于最低安全高度；

（三）民航空管雷达自动化系统出现低高度告警或短时飞行冲突告警；

（四）非法侵入跑道；

（五）地空通信失效；

（六）无线电干扰；

（七）影响民航空管运行安全的设备故障；

（八）其他可能危及民航空管运行安全的情况。

第二十四条　民航空管运行单位应当按照民航安全目标，确立民航空管运行安全指标。民航空管运行安全指标应当包括：

（一）民航空管原因航空器事故征候和严重事故征候的事件数量和万架次率；

（二）民航空管通信、导航、监视、航空气象和航空情报等设备的运行正常率和完好率；

（三）民航空管设施设备故障等原因影响民航空管运行的不正常事件以及其持续时间、影响范围和程度；

（四）重要天气预报准确率和气象地面观测错情率；

（五）航空情报资料发布以及更新的准确率；

（六）其他可能影响实现民航安全目标的工作指标。

第二十五条　民航空管运行单位应当按照规定制定应急处置预案，并定期组织演练。

第二十六条　民航空管运行单位应当建立安全建议和意见的收集、分析及反馈制度，鼓励民航空管从业人员主动提出安全建议和意见。

第四章　民航空管不安全事件的报告、调查和处理

第二十七条　发生或者发现民航空管不安全事件，事件发生地的民航空管运行单位应当按照规定及时

报告。

第二十八条 民航空管运行单位应当按规定制定民航空管不安全事件的报告程序。

第二十九条 民航空管不安全事件调查应当客观公正，全面深入地查找、分析事件发生的原因，明确责任，提出并落实改进建议和措施，防止类似事件再次发生。

第三十条 对民航局或者地区管理局组织的民航空管不安全事件调查，民航空管运行单位应当积极配合。民航空管运行单位应当将本单位组织的民航空管不安全事件的调查情况，按规定及时报告所在地的地区管理局。

第三十一条 未经民航局许可，民航空管运行单位及其从业人员不得对外发布民航空管不安全事件信息。

第五章 安全教育和培训

第三十二条 民航空管运行单位的主要负责人和安全管理人员应当经过相应的民航局安全管理培训，取得相应培训证书，具备相应的安全知识和安全管理能力。

第三十三条 民航空管运行单位应当制定安全教育和培训计划，对从业人员进行安全教育、培训和考核。

安全教育和培训可以单独或者与相关培训机构联合进行。

第三十四条 民航空管运行单位应当将安全教育和培训经费纳入本单位年度计划，为安全教育和培训提供所需条件。

第三十五条 民航空管从业人员应当接受安全教育和培训，未经安全教育和培训，或者经教育和培训后考核不合格的从业人员，不得上岗作业。

第三十六条 民航空管安全培训分为岗前、年度、专项培训。

岗前培训是对民航空管新从业人员和转岗人员的安全培训；年度培训是每年对民航空管从业人员的安全培训；专项培训是针对采用新技术或使用新设备等特定目的所进行的安全培训。

上述培训可以单独或者结合相关专业培训一并进行。

第三十七条 对民航空管新从业人员和转岗人员应当进行岗前培训。岗前安全培训主要内容：

（一）国家、民航的安全生产方针、政策；
（二）有关安全生产的法律、法规、规章和标准；
（三）安全管理概念和安全管理体系知识；
（四）专业安全生产管理和安全生产技术；
（五）民用航空器事故、事故征候、民航空管不安全事件的报告以及处理；
（六）典型航空不安全事件的案例分析；
（七）岗位安全职责和操作规程；
（八）其他履行岗位安全职责所需的内容。

第三十八条 民航空管从业人员年度培训应当在岗前培训内容的基础上，根据年度安全管理工作特点和要求，结合本单位实际，增加有关风险管理、应急处置、案例分析、安全形势等培训事项。

第三十九条 当出现下列情况时，民航空管运行单位应当进行专项安全培训：

（一）管理体制和生产任务发生重大变化；
（二）相关法律、法规、规章、标准、程序发生重大变化；
（三）采用新技术、使用新设备；
（四）运行环境变化且存在安全风险。

第四十条 民航空管从业人员岗前安全培训的时间不得少于24小时，年度培训的时间不得少于12小时，专项培训时间根据实际情况确定。

第六章 安全信息和文档的管理

第四十一条 民航空管运行单位应当建立安全信息和文档管理制度，对涉及安全管理工作的情况、运行状况和相关数据、民航空管不安全事件以及资料等应当分类归档，妥善保存。

民航空管运行单位不得擅自修改相关数据和文档记录。

第四十二条 民航空管运行单位应当对下列涉及民航空管安全管理工作的数据和文档保存不得少于6年：

（一）年度安全工作管理目标、指标、计划及完成情况；
（二）安全教育和培训及其考核档案；
（三）安全管理会议的有关记录；
（四）安全审计、安全评估、安全检查及整改情况；
（五）本单位发生的民航空管不安全事件；
（六）安全奖励和处罚。

第四十三条 民航空管运行单位对超过保存期限的安全信息和文档，应当按照规定处理。

第七章 监督检查

第四十四条 地区管理局对民航空管运行单位遵守有关法律、法规、规章和标准等情况进行定期和不定期监督检查。

民航空管运行单位以及个人对监督检查活动应当予以配合，不得拒绝、阻挠。

监督检查不得妨碍被监督检查单位的正常工作。

第四十五条 地区管理局履行监督检查职责时可以依法采取下列措施：

（一）制止违法行为；

（二）巡视、检查民航空管运行现场（包括证件、资料、设施、设备等）和民航空管从业人员的工作过程；

（三）约见或者询问民航空管运行单位主要负责人和其他有关人员；

（四）调阅、摘抄、复制、封存、扣押有关资料、物品；

（五）抽样取证。

第四十六条 地区管理局对民航空管运行单位进行监督检查中发现的重大安全隐患，应当责令有关单位立即排除；对监督检查中发现的安全管理缺陷或安全隐患，应当向有关单位提出限期整改建议；对监督检查中发现的违法行为，应当立即制止，依法进行处罚。

第八章 法律责任

第四十七条 民航空管运行单位违反本规则第十条规定的，由地区管理局责令限期改正；逾期未改正的，对其主要负责人处以警告或者人民币二百元以上一千元以下罚款，并对单位处以警告或者一万元以上三万元以下罚款。

第四十八条 相关单位违反本规则第十六条、第十七条规定的，由地区管理局责令限期改正；逾期未改正的，对其主要负责人处以警告或者人民币二百元以上一千元以下罚款，并对单位处以警告或一万元以上三万元以下罚款。

第四十九条 民航空管运行单位违反本规则第四十一条规定的，由地区管理局责令限期改正；逾期未改正的，对单位处以警告或者五千元以上一万元以下罚款。

第九章 附 则

第五十条 本规则自2016年4月17日起施行。

民用航空运输机场航空安全保卫规则

· 2016年4月21日交通运输部令2016年第48号公布
· 自2016年5月22日起施行

第一章 总 则

第一条 为了规范民用航空运输机场航空安全保卫（以下简称航空安保）工作，保证旅客、工作人员、公众和机场设施设备的安全，根据《中华人民共和国民用航空安全保卫条例》，制定本规则。

第二条 本规则适用于中华人民共和国境内民用航空运输机场（含军民合用机场民用部分，以下简称机场）的安全保卫工作，与机场安全保卫活动有关的单位和个人应当遵守本规则。

第三条 中国民用航空局（以下简称民航局）对机场航空安保工作实行监督管理。主要职责包括：

（一）督促和指导机场实施《国家民用航空安全保卫规划》，建立和运行航空安保管理体系；

（二）督促和指导机场及其他民用航空有关单位的航空安保方案符合航空安保法规标准；

（三）确定并划分机场及航空安保部门的职责，确定和建立不同单位之间协调的方法和渠道；

（四）督促机场管理机构为其航空安保部门提供必需的资源保障，包括人员、经费、办公场地及设施设备等；

（五）指导、检查机场基础设施与建筑的设计及建设符合航空安保法规标准；

（六）指导机场制定航空安保培训计划，并监督执行；

（七）对机场以及其他相关单位的航空安保工作运行的有效性进行指导、检查、监督；

（八）收集、核实、分析潜在威胁和已发生事件的信息，负责对航空安全进行威胁评估，并指导、部署分级防范工作；

（九）开发和推广使用先进的管理和技术措施，促进机场及其航空安保部门采用这些措施；

（十）按规定组织或参与调查处理涉及机场的航空安保事件及其他重大事故。

第四条 民航地区管理局负责航空安保法规标准在本地区机场的贯彻执行，对违法、违规行为进行查处。主要职责包括：

（一）对辖区内的机场执行航空安保法规标准的情况实施监督检查；

（二）按规定审查机场及其他民用航空有关单位的航空安保方案，并监督实施和督促及时修订；

（三）审查辖区内机场预防和处置劫机、爆炸或其他严重非法干扰事件的预案，对落实情况进行监督检查；

（四）按规定组织或参与调查处理辖区内涉及机场的航空安保事件及其他重大事故；

（五）指导、检查和监督辖区内民用航空安全检查工作；

（六）检查、监督机场安保设施、设备的符合性和有效性；

（七）指导机场按照《国家民用航空安全保卫质量控

制计划》制定安保质量控制方案；

（八）指导机场按照《国家民用航空安全保卫培训方案》制定安保培训方案。

第五条 机场管理机构对机场航空安保工作承担直接责任，负责实施有关航空安保法规标准。其主要职责包括：

（一）制定和适时修订机场航空安保方案，并确保方案的适当和有效；

（二）配备与机场旅客吞吐量相适应的航空安保人员和设施设备，并按照标准提供工作和办公场地，使之能够具体承担并完成相应的航空安保工作；

（三）执行安检设备管理有关规定，确保安检设备的效能和质量；

（四）将航空安保需求纳入机场新建、改建和扩建的设计和建设中；

（五）按照《国家民用航空安全保卫培训方案》对员工进行培训；

（六）制定、维护和执行本机场航空安保质量控制方案；

（七）按规定及时上报非法干扰信息和事件；

（八）机场管理机构应当承担的其他职责。

第六条 旅客以及其他进入机场的人员，应当遵守有关航空安保规定。

第二章 一般规定

第一节 组织和管理

第七条 机场管理机构应当接受民航局、民航地区管理局的行业管理。

第八条 机场管理机构应当指定一名负责航空安保工作的副总经理，负责协调有关部门执行航空安保方案，并直接向总经理负责。

机场应当设置专门的航空安保机构，具体负责协调本机场航空安保工作。

机场应当按照本机场旅客吞吐量，设置满足航空安保需要的岗位并配备足够的人员。

机场承担安保职责的人员应当按照《国家民用航空安全保卫培训方案》规定，经过相应的培训，并取得相应的资格认定。

第九条 公共航空运输企业及油料、空管、配餐等驻场民航单位应当设置航空安保机构或配备航空安保人员，并将航空安保机构的设置和人员的配备情况报所在地机场公安机关和民航地区管理局备案。

第十条 有驻场单位的机场应当成立机场航空安保委员会，该委员会应当为各方讨论影响机场及其用户的航空安保问题提供平台，为民航地区管理局和与机场航空安保工作直接相关人员提供沟通途径。其主要职责是：

（一）协调航空安保法规标准在本机场的实施；

（二）监督机场管理机构、公共航空运输企业和其他驻场民航单位实施机场航空安保方案；

（三）确定机场航空安保工作和设施设备的薄弱环节和要害部位清单及相应的航空安保措施，并适时审查更新；

（四）协调机场安保检查、审计、考察等工作；

（五）督促有关单位落实改进航空安保措施和程序的建议。

第十一条 机场航空安保委员会成员应当包括机场管理机构、公共航空运输企业、民航地区管理局或监管局、机场公安机关、空管部门、油料企业、联检单位、驻武警等机构的代表。其负责人应当由机场总经理担任。

第十二条 机场航空安保委员会章程应列入机场航空安保方案。章程内容应当包括委员会的组成、职权范围和运作程序。

第二节 航空安保管理体系

第十三条 机场应当建立、运行并维护符合民航局要求的航空安保管理体系，其内容应当包括目标管理体系、组织保障体系、风险管理体系和质量控制体系。

第十四条 航空安保管理体系应当在本机场航空安保方案中作出规定。

第十五条 机场应根据其运行的实际情况，适时组织评估航空安保管理体系的符合性和有效性，及时调整完善。

第三节 质量控制

第十六条 机场管理机构应当按照《国家民用航空安全保卫质量控制计划》要求，制定、维护和执行本机场航空安保质量控制方案，并在航空安保方案中列明。

第十七条 机场管理机构应当按照《国家民用航空安全保卫培训方案》要求，制定、维护和执行本机场航空安保培训方案，并在航空安保方案中列明。

对航空安保人员进行初训和复训的措施和程序应当在航空安保方案中列明。

第十八条 机场管理机构应当组织航空安保管理人员和新招录航空安保人员进行岗前培训，并定期进行岗位培训。

第十九条 机场从事航空安保培训的部门或委托的机构、教员和课程应当符合《国家民用航空安全保卫培训方案》的要求。

第二十条 机场管理机构及驻场民航单位应当按照民航局有关规定，制定背景调查程序和措施，对相关人员进行背景调查。

背景调查程序和措施应当在其航空安保方案中列明。

第四节 经费保障

第二十一条 机场管理机构应当建立航空安保经费投入和保障制度，并在航空安保方案中列明。

机场的经费保障应当满足航空安保运行需要，主要包括：

（一）业务用房和工作场地；
（二）必要的网络、通讯设备和交通工具；
（三）处置非法干扰行为和扰乱行为设备和装备；
（四）检查、审计、测试、考察、演练工作；
（五）安保设施设备的购置、维护与更新；
（六）安保培训；
（七）奖励。

第三章 航空安保方案

第一节 航空安保方案的制定

第二十二条 机场运行应当具备符合规定的航空安保方案。

第二十三条 航空安保方案应当根据本规则及其他航空安保法规标准制定并适时修订。

第二节 航空安保方案的形式和内容

第二十四条 航空安保方案应当由机场法定代表人或者其授权人员签署，并以书面形式独立成册，采用易于修订的活页形式，在修订过的每一页上注有最后一次修订的日期。

第二十五条 航空安保方案的内容应当包括：

（一）机场及机场管理机构的基本情况；
（二）机场管理机构及有关航空安保部门的职责及分工；
（三）负责航空安保工作的副总经理及其替代人员，航空安保机构的设置及其负责人的姓名和24小时联系方式；
（四）机场航空安保委员会的组成、章程及成员名单和联系方式；
（五）为满足本规则第二章、第三章、第四章和第五章规定内容所制定的制度及程序；
（六）为满足《中国民用航空安全检查规则》规定内容所制定的制度及程序；
（七）为满足民用航空货物运输安保工作要求所制定的制度及程序；
（八）为满足其他航空安保法规标准要求所制定的制度及程序。

第三节 航空安保方案的报送

第二十六条 机场的航空安保方案应当符合民航局和民航地区管理局的规定。

第二十七条 新建或改扩建的机场的航空安保方案应当在机场开放使用前，与机场使用许可的申请材料共同报送民航地区管理局。

第二十八条 民航地区管理局审查机场使用许可申请时，一并审查机场安保方案。

第二十九条 航空安保方案具有约束力，机场管理机构及有关单位应当执行。

第四节 航空安保方案的修订

第三十条 机场管理机构应当在下列情形下对航空安保方案进行修订，以确保其持续有效：

（一）负责机场安保工作的组织机构或者其职责发生重大变更的；
（二）发生重大威胁或事件的；
（三）航空安保法规标准发生重大变化的。

第三十一条 为了保护国家安全和公共利益的需要，民航局可要求机场对其航空安保方案作出紧急修订，机场管理机构应当在收到通知后10个工作日内完成修订。

第三十二条 机场管理机构根据本规则第三十条、第三十一条对航空安保方案作出修订的，应当在修订内容实施前至少5个工作日报民航地区管理局备案。

机场管理机构对航空安保方案作出其他修订的，应当在修订内容实施前至少20个工作日报民航地区管理局备案。

第五节 航空安保方案的保存和分发

第三十三条 机场管理机构应当根据工作需要，将航空安保方案的相关部分分发给机场相关部门以及有关驻场单位。

第三十四条 机场管理机构将安保业务外包给航空

安保服务机构的,应当将航空安保方案中与外包安保业务相关的部分提供给航空安保服务机构。

第三十五条 机场管理机构应当将航空安保方案文本保存在便于安保工作人员查阅的地方。

第三十六条 航空安保方案为敏感信息文件,应当进行编号并做好登记,妥善保存。

第三十七条 航空安保方案的分发、查阅范围必须受到限制,只限于履行职责需要此种信息的应知人员。

第六节 航空安保协议

第三十八条 机场管理机构应当与公共航空运输企业、通用航空企业、航空配餐企业以及地面服务代理等机构签订航空安保协议,以便本机场航空安保方案中列明的措施和程序得到有效执行。

第三十九条 机场管理机构将安保业务外包的,应当签订航空安保协议,内容至少包括:
(一)航空安保责任的划分;
(二)对有关工作人员的安保要求;
(三)监督检查和质量控制程序;
(四)其他需要明确的事项。

第四十条 航空安保协议应当妥善保存,以便民航地区管理局检查。

第四章 运行航空安保措施

第一节 机场开放使用的安保要求

第四十一条 机场根据年旅客吞吐量以及受威胁程度划分安保等级,实行分级管理。

第四十二条 机场的新建、改建和扩建,应当符合《民用航空运输机场安全保卫设施》(MH/T7003)规定。

第四十三条 机场的开放使用,应当满足下列安保条件:
(一)设有机场控制区以及符合标准的防护围栏、巡逻通道,并配备专门的值守人员;
(二)派驻有机场公安机构并配备与机场运输量相适应的人员和装备;
(三)设有安全检查机构并配备与机场运输量相适应的人员和设备;
(四)设有专职消防组织并按照机场消防等级配备人员和设备;
(五)制定有航空安保应急处置预案并配备必要的设施设备;
(六)具有符合规定的航空安保方案;
(七)其他应当具备的条件。

第四十四条 申请换发民用机场使用许可证,应当同时报送下列文件资料:
(一)符合规定的航空安保方案;
(二)航空安保审计结论为符合的证明文件;
(三)其他需要报送的文件资料。

第二节 机场控制区的划分

第四十五条 机场管理机构应当按照规定,会同相关驻场单位划定机场控制区。

第四十六条 机场控制区根据安保需要,划分为候机隔离区、行李分拣装卸区、航空器活动区和维修区、货物存放区等。机场控制区的具体划分情况应当在航空安保方案中列明。

第四十七条 机场控制区应当有严密的航空安保措施,实行封闭式分区管理。

从航空器维修区、货物存放区通向其他控制区的道口,应当采取相应的安保控制措施。

第四十八条 机场管理机构应当设置受到非法干扰威胁的航空器隔离停放区,并在航空安保方案中列明。

第三节 机场控制区的安保设施

第四十九条 机场管理机构应当保持机场控制区防护围栏处于持续良好状态,并配备相应人员进行巡逻检查,及时发现并消除安全隐患。

第五十条 进出机场控制区的道口应当具有与防护围栏同等隔离效果的设施保护。

第五十一条 进出机场控制区道口的安全检查应当符合民航局及民航地区管理局的相关规定。

第五十二条 机场控制区的安保设施设备应当符合《民用航空运输机场安全保卫设施》(MH/T7003)及相关规定的要求。

第四节 机场控制区通行证

第五十三条 机场控制区应当实行通行管制,进入机场控制区的工作人员、车辆应当持有机场控制区通行证。

第五十四条 机场控制区人员通行证应当包含以下信息:
(一)持证人近期照片;
(二)有效起止日期;
(三)可进入的控制区区域;
(四)持证人姓名;
(五)持证人单位;
(六)证件编号;

（七）发证机构；
（八）防伪标识等其他技术要求。

第五十五条 申办机场控制区人员通行证，应当同时具备下列条件：
（一）确需进入机场控制区工作；
（二）通过背景调查；
（三）由所在单位提出书面申请。
申办控制区通行证人员应当通过证件使用和管理的培训。

第五十六条 对因工作需要一次性进入机场控制区的人员，凭驻场接待单位出具的证明信，经发证机构审查合格后为其办理一次性通行证。
申办一次性通行证的人员范围、管理程序及证件信息应当在航空安保方案中列明。

第五十七条 因工作需要进入机场航空器活动区的车辆，应当办理机场控制区车辆通行证，车辆通行证应当包含以下信息：
（一）车辆类型及牌号；
（二）有效起止日期；
（三）可进入的控制区区域；
（四）准许通行的道口；
（五）车辆使用单位；
（六）证件编号；
（七）发证机构；
（八）其他技术要求。

第五十八条 机场控制区人员、车辆通行证的制作应符合有关制作技术标准。
机场控制区人员、车辆通行证使用期限一般不超过3年。

第五十九条 发证机构应当按照民航局及民航地区管理局的有关规定对办证申请进行审核，严格控制证件发放范围和数量，防止无关人员、车辆进入机场控制区。

第六十条 发证机构应当定期核查持证人背景调查资料，确保持证人员持续符合要求。
发证机构应当保存持证人员的申办资料备查，保存期限一般不低于4年。

第六十一条 机场控制区人员、车辆通行证的发证机构和管理规定，应当在航空安保方案中列明。

第五节 机场控制区通行管制

第六十二条 机场管理机构应当制定措施和程序，并配备符合标准的人员和设施设备，对进入机场控制区的人员、车辆进行安全检查，防止未经许可的人员、车辆进入。

第六十三条 乘机旅客应当通过安全检查通道进入指定的区域候机和登机。
工作人员进入机场控制区应当佩戴机场控制区通行证件，经过核对及安全检查，方可进入指定的控制区域。

第六十四条 民用航空监察员凭民航局或地区管理局颁发的通行证进入机场控制区。

第六十五条 空勤人员执行飞行任务时凭空勤登机证进入机场控制区。

第六十六条 持机场控制区一次性通行证的人员，应当在发证机构指定人员引领下进入机场控制区。

第六十七条 车辆进入机场控制区应当停车接受道口值守人员对车辆、驾驶员、搭乘人员和车辆证件及所载物品的检查。
机场控制区车辆通行证应当置于明显位置。

第六十八条 进入机场控制区的车辆应当由合格的驾驶员驾驶，在机场控制区内行驶的车辆应当按照划定的路线行驶，在划定的位置停放。

第六十九条 对进入机场控制区的工具、物料和器材应当实施安保控制措施。道口和安检通道值守人员应当对工作人员进出机场控制区所携带的工具、物料和器材进行检查、核对和登记，带出时予以核销。使用单位应当明确专人负责工具、物料和器材在机场控制区内的管理。
控制区内使用的刀具等对航空安全有潜在威胁的物品，应当编号并登记造册。

第七十条 运输航空配餐和机上供应品的车辆进入机场控制区应当全程签封，道口安检人员应当查验签封是否完好并核对签封编号。

第六节 候机隔离区的航空安保措施

第七十一条 候机隔离区应当封闭管理，凡与非隔离区相毗邻的门、窗、通道等部位，应采取有效的隔离措施。

第七十二条 机场应当配备与旅客吞吐量相适应的安检通道及安检人员和设备，确保所有进入候机隔离区的人员及物品经过安全检查。

第七十三条 机场应当建立符合标准的安检信息管理系统，及时收集、存储旅客安检信息。

第七十四条 已经通过安全检查的人员离开候机隔离区再次进入的，应当重新接受安全检查。

第七十五条 已经通过安全检查和未经安全检查的人员不得相混或接触。如发生相混或接触，机场管理机构应当采取以下措施：
（一）对相应隔离区进行清场和检查；
（二）对相应出港旅客及其手提行李再次进行安全检查；
（三）如旅客已进入航空器，对该航空器客舱进行安保搜查。

第七十六条 机场管理机构应当采取措施，确保过站和转机旅客受到有效的安保控制。

机场管理机构应当制定程序，确保乘坐入境航班在境内机场过站或转机的旅客及其行李，在未重新进行安全检查前，不得与其他出港旅客接触。但是，与中国签订互认航空安保标准条款的除外。

第七十七条 机场受公共航空运输企业委托，开展值机、托运行李、过站等地面代理服务的，其航空安保措施应当符合《公共航空运输企业航空安全保卫规则》相关规定。

第七十八条 安全检查业务外包的，机场管理机构应当与服务提供商签订安保协议，并对候机隔离区实施有效控制。

第七节 携带武器乘机或托运枪支弹药的航空安保措施

第七十九条 除非同时满足以下条件，任何人员不得携带武器乘机：
（一）经国家警卫部门确定的警卫对象的警卫人员；
（二）持有工作证、持枪证、持枪证明信。

第八十条 对警卫人员随身携带的武器进行安全检查时，应当：
（一）查验工作证、持枪证、持枪证明信；
（二）书面通知公共航空运输企业。

第八十一条 对公共航空运输企业收运的枪支弹药进行安全检查时，应当确认枪支和弹药分离。

第八节 航空器在地面的航空安保措施

第八十二条 航空器在地面的安保应当明确划分责任，并分别在机场、公共航空运输企业航空安保方案中列明。

第八十三条 执行航班飞行任务的民用航空器在机坪短暂停留期间，由机场管理机构负责监护。

航空器在机场过夜或未执行航班飞行任务停放期间，应当由专人守护。

第八十四条 航空器监护人员接收和移交监护任务时，应当与机务人员办理交接手续，填写记录，双方签字。

第八十五条 航空器停放区域应当有充足的照明，确保守护人员及巡逻人员能够及时发现未经授权的非法接触。

航空器隔离停放位置的照明应当充足且不间断。

第八十六条 当发生下列情况时，机场管理机构应组织机场公安、安检等相关部门对航空器进行安保搜查：
（一）航空器停场期间被非法接触；
（二）有合理理由怀疑该航空器在机场被放置违禁物品或者爆炸装置；
（三）其他需要进行安保搜查的情形。

机场管理机构应当对实施安保搜查的人员开展相关业务培训。

第九节 要害部位的航空安保措施

第八十七条 下列设施和部位应划定为要害部位，并实施相应的航空安保措施：
（一）塔台、区域管制中心；
（二）导航设施；
（三）机场供油设施；
（四）机场主备用电源；
（五）其他如遭受破坏将对机场功能产生重大损害的设施和部位。

第八十八条 要害部位的安全保卫应当明确主责单位，并由其制定安保制度和应急处置预案，采取相应的航空安保措施。

要害部位的航空安保措施应当在机场航空安保方案中列明。

第八十九条 要害部位应当至少采取下列航空安保措施：
（一）对塔台、区域管制中心等对空指挥要害部位应当实行严密的航空安保措施，非工作需要或未经授权者严禁入内；
（二）对进入或接近要害部位的人员应当采取通行管制等航空安保措施；
（三）导航设施和其他要害部位应当有足够的安全防护设施或人员保护；
（四）在威胁增加情况下，应当及时通知有关单位强化航空安保措施，并按应急处置预案做好备用设备的启动准备。

第十节 机场非控制区的航空安保措施

第九十条 机场非控制区的航空安保措施应当符合航空安保法规标准的要求，其内容应当纳入机场、公共航空运输企业航空安保方案。

第九十一条 机场公安机关应当保持足够警力在机场候机楼、停车场等公共区域巡逻。

第九十二条 候机楼前人行道应当设置相应的安全防护设施,防止车辆冲击候机楼。

第九十三条 候机楼内售票柜台及其他办理登机手续设施的结构应当能够防止旅客和公众进入工作区。所有客票和登机牌、行李标牌等应当采取航空安保措施,防止被盗或者滥用。

第九十四条 候机楼广播、电视系统应定时通告,告知旅客和公众应当遵守的基本安保事项和程序。在候机楼内、售票处、办理乘机手续柜台、安检通道等位置应当设置适当的安保告示牌。

第九十五条 设在候机楼内的小件物品寄存场所,其寄存的物品应当经过安全检查。

第九十六条 无人看管行李、无人认领行李和错运行李应存放在机场的指定区域,并采取相应的航空安保措施。

第九十七条 机场管理机构应当对保洁员等候机楼内工作人员进行培训,制定对候机楼内卫生间、垃圾箱等隐蔽部位的检查措施以及发现可疑物品的报告程序。

第九十八条 机场管理机构应当组织制定对候机楼、停车场等公共区域发现的无主可疑或可疑车辆的处置程序并配备相应的防爆设备。

第九十九条 候机楼地下不得设置公共停车场;候机楼地下已设有公共停车场的,应在入口处配置爆炸物探测设备,对进入车辆进行安全检查。

第一百条 机场非控制区可以俯视航空器、安检现场的区域以及穿越机场控制区下方的通道,应当采取以下措施:

(一)配备相应的视频监控系统,并适时有人员巡查;

(二)设置物理隔离措施,防止未经许可进入或者向停放的航空器或安保控制区域投掷物体;

(三)对可以观看到安全检查现场的区域应当采取非透明隔离措施。

第一百零一条 机场要客服务区域应当采取适当的航空安保措施,防止未经授权人员进入。

第十一节 机场租户的航空安保措施

第一百零二条 机场租户应当与机场管理机构签订航空安保协议,协议中应当包含以下内容:

(一)安保责任的划分;

(二)航空安保措施和程序;

(三)对租户工作人员的安保培训;

(四)质量控制措施;

(五)其他需要明确的事项。

第一百零三条 机场租户应当根据机场航空安保方案,制定相应的航空安保措施,并报机场管理机构备案。

第一百零四条 机场租户人员、物品进入机场控制区,应当经过安全检查。

机场租户应明确专人负责保管控制区内使用的刀具及其他对航空安全有潜在威胁的物品。

第一百零五条 机场租户应当履行所在机场航空安保方案所规定的责任,对员工进行航空安保法规标准培训。

第一百零六条 机场租户所租地构成控制区与非控制区界线的一部分,或者经其可以从非控制区进入控制区者,应当配合机场管理机构对通过其区域的进出实施控制,防止未经授权和未经安全检查的人员、物品进入控制区。

第十二节 驻场单位的航空安保措施

第一百零七条 机场联检部门应当对工作人员进行航空安保法规标准的培训,维护民用航空安全。其工作场地构成控制区与非控制区界线的一部分,或经其可从非控制区进入控制区者,应当负责对通过其区域的进出实施控制,防止未经授权和未经安全检查的人员、物品进入控制区。

第一百零八条 空管部门、航空油料和地面服务代理等其他驻场民航单位应当制定并实施相应的航空安保方案,并报机场所在地民航地区管理局备案。

第十三节 信息报告

第一百零九条 机场管理机构应当建立航空安保信息报告制度,发生以下情况应当立即报告民航地区管理局:

(一)非法干扰事件;

(二)因安保原因造成的安全事故;

(三)重要威胁信息;

(四)重大空防安全隐患;

(五)其他紧急事件。

上述情况处理完毕后,机场管理机构应当在15个工作日内按相关规定书面报告民航地区管理局。

第一百一十条 机场管理机构应当每月向民航地区管理局报告以下情况:

(一)安保运行情况；
(二)非法干扰行为、扰乱行为及其他违规行为情况；
(三)航空安保方案的执行和修订情况；
(四)其他应当报告的内容。

第一百一十一条 机场管理机构在运行中发现公共航空运输企业、空管部门等单位的航空安保措施或安保设施不符合法规标准要求的，应当及时通报公共航空运输企业、空管部门并报告民航地区管理局。

第十四节 其他规定

第一百一十二条 机场管理机构接受国际组织或机构、外国政府部门航空安保审计、评估、考察的，应当在活动开始前至少20个工作日内报告民航局，并按照局方有关规定执行。

机场管理机构接受外国航空运输企业、机场航空安保考察的，应当在活动开始前至少20个工作日内报告民航地区管理局，并按照局方有关规定执行。

机场管理机构应当在活动结束后15个工作日内将相关情况上报。

第一百一十三条 机场安全检查工作，按照有关安全检查规定执行。

第一百一十四条 威胁增加时的航空安保措施，按照威胁等级管理办法的有关规定执行。

第五章 安保应急处置

第一百一十五条 机场管理机构应当制定安保应急处置预案，并保证实施预案所需的设备、人员、资金等条件。

机场管理机构应当确保预案中包含的所有信息及时更新，并将更新内容告知相关单位、人员。

机场管理机构应当按照航空安保方案的规定，定期演练应急处置预案。

第一百一十六条 安保应急处置预案应当包含按民航局、民航地区管理局要求，启动相应等级应急处置预案的程序。

第一百一十七条 机场管理机构应当制定程序，按照本机场所在地区的威胁等级，启动相应级别的航空安保措施。

根据民航局、民航地区管理局发布的威胁评估结果，机场管理机构对从高风险机场出发的进港航班旅客及其行李，可以采取必要的航空安保措施。

第一百一十八条 机场管理机构接到航空器受到炸弹威胁或劫机威胁的消息时，应当采取以下措施：

(一)立即通知民航地区管理局、公共航空运输企业等单位关于威胁的情况、对威胁的初步评估以及将采取的措施；
(二)引导航空器在隔离停放区停放；
(三)按照安保应急处置预案，采取相应航空安保措施。

第一百一十九条 机场公安机关、驻场民航单位等部门应当按照职责制定各自的安保应急处置预案。

第一百二十条 民航局根据威胁评估结果或针对民用航空的具体威胁，有权发布安保指令和信息通告，规定应对措施。

机场管理机构应当执行民航局向机场管理机构发布的安保指令和信息通告。

机场管理机构在收到安保指令和信息通告后，应当制定执行安保指令和信息通告各项措施的具体办法。

第一百二十一条 机场管理机构没有能力执行安保指令中的措施的，应当在安保指令规定的时间内向民航地区管理局提交替代措施。

第一百二十二条 机场管理机构可以通过向民航局提交数据、观点或论证，对安保指令提出意见。民航局可以根据收到的意见修改安保指令，但是提交的意见并不改变安保指令的生效。

第一百二十三条 机场管理机构以及收到安保指令或信息通告的人员应当对安保指令或信息通告中所含限制性信息采取保密措施，未经民航局书面同意，不得把安保指令、信息通告中所含信息透露给无关人员。

第一百二十四条 民航局发现有危及航空运输安全，需要立即采取行动的紧急情况，可以发布特别工作措施。

第一百二十五条 机场管理机构应当制定传递非法干扰行为机密信息的程序，不得擅自泄露信息。

第一百二十六条 机场管理机构应当采取适当措施，保证受到非法干扰的航空器上的旅客和机组能够继续行程。

第六章 监督管理

第一百二十七条 民航局、民航地区管理局依据职责对机场管理机构实施监督检查，以确保其符合：

(一)本规则的规定；
(二)本单位航空安保方案的规定；
(三)其他法规标准中有关航空安保的规定。

第一百二十八条 民航局、民航地区管理局实施监督检查，应当遵循公平、公正、公开的原则，不得妨碍机场管理机构正常的经营活动,不得索取或者收受机场管理机构的财物或者谋取其他利益,不得泄漏机场管理机构的商业秘密。

第一百二十九条 机场管理机构应当对民航局、民航地区管理局执法人员的监督检查给予积极配合,不得向执法人员隐瞒情况或者提供虚假情况。

第一百三十条 民航局、民航地区管理局应加强机场安保工作的检查,发现机场管理机构和驻场民航单位违反本规则有关内容的,可以先行召集其负责人进行警示谈话,或者由民航局、民航地区管理局行政约见其主要负责人或上级主管部门负责人。

第一百三十一条 民航局、民航地区管理局在检查中发现存在事故隐患的,依照《中华人民共和国安全生产法》规定执行。

第一百三十二条 任何单位或者个人发现机场管理机构未按规定执行航空安保措施的,均有权向民航局、民航地区管理局报告或者举报。

第七章 法律责任

第一百三十三条 违反本规则第八条、第九条,机场管理机构、驻场民航单位未按规定设置航空安保机构、配备和培训航空安保人员的,由民航地区管理局责令限期改正;逾期未改正的,对机场管理机构、驻场民航单位处以3万元罚款。

第一百三十四条 违反本规则第十条、第十一条,机场管理机构未按规定成立机场航空安保委员会的,由民航地区管理局责令限期改正;逾期未改正的,处以1万元以上3万元以下罚款。

第一百三十五条 违反本规则规定,机场管理机构未按规定制定并实施航空安保方案的,由民航地区管理局责令限期改正;逾期未改正的,处以1万元以上3万元以下罚款。

第一百三十六条 违反本规则第十六条规定,机场管理机构未制定并实施质量控制方案的,由民航地区管理局责令限期改正;逾期未改正的,处以1万元罚款。

第一百三十七条 违反本规则第十七条、第十八条规定,机场未对从事航空安保人员进行初训、复训的,未对航空安保管理人员或新招录的航空安保人员进行岗前培训的,由民航地区管理局责令限期改正;逾期未改正的,予以警告或处以1万元以上3万元以下罚款。

第一百三十八条 违反本规则第二十一条规定,机场未建立完善的航空安保经费投入和保障制度或机场的经费保障不能达到航空安保运行需要的,由民航地区管理局责令限期改正;逾期不改正的,处以1万元以上3万元以下罚款。

第一百三十九条 违反本规则第三十八条、第三十九条、第七十八条、第一百零二条规定,机场管理机构不与有关单位签署航空安保协议、有关单位不与机场管理机构签署航空安保协议,或者航空安保协议内容不符合本规则要求的,由民航地区管理局责令责任方限期改正;逾期不改正的,处以1万元以上3万元以下罚款。

第一百四十条 机场开放使用后,机场管理机构违反本规则第四十二条或第四十三条第一项和第三项至第六项要求,未按规定配备相应设施设备的,由民航地区管理局责令限期改正;逾期未改正的,处以1万元以上3万元以下罚款。

第一百四十一条 违反本规则第四十九条、第五十条规定,机场管理机构对发生入侵机场控制区事件未及时制止的,由民航地区管理局对机场管理机构处以1万元以上3万元以下罚款;造成运输机场地面事故、民用航空器飞行事故或者严重事故征候的,依据《民用机场管理条例》进行处罚。

第一百四十二条 违反本规则第五十九条规定,发证机构、申办单位不按规定要求办理机场控制区通行证件的,由民航地区管理局责令限期改正,并对直接负责的主管人员和其他责任人员依法予以行政处分。

第一百四十三条 违反本规则第六十二条规定,机场管理机构未制定机场控制区通行管制措施并配备符合要求的人员和设施设备的,由民航地区管理局责令限期改正;逾期未改正的,处以1万元罚款;造成未经授权人员和车辆进入机场控制区的,处以3万元罚款并对直接负责的主管人员和其他责任人员依法予以行政处分。

第一百四十四条 违反本规则第六十九条、第七十条规定,机场管理机构未对进出机场控制区工作人员携带的工具、器材、物料或配餐、机上供应品车辆采取安保控制措施的,由民航地区管理局处以1万元罚款并对直接负责的主管人员和其他责任人员依法予以行政处分。

第一百四十五条 机场管理机构违反本规则第四章第六节候机隔离区航空安保措施有关规定的,由民航地区管理局责令限期改正;逾期未改正的,予以警告或处以1万元以上3万元以下罚款。

第一百四十六条 违反本规则第八十三条、第八十四条规定,机场管理机构未对航空器实施有效监护的,由民航地区管理局依照《中华人民共和国民用航空安保条例》对有关单位处以警告、5万元以下罚款并对直接责任人员依法予以行政处分；情节严重造成恶劣后果的，责令停业整顿。

第一百四十七条 违反本规则第八十五条规定，航空器停放区域照明不符合要求的，由民航地区管理局责令机场管理机构限期改正；逾期未改正的，处以1万元以上3万元以下罚款。

第一百四十八条 违反本规则第八十八条、第八十九条规定，机场管理机构未制定要害部位安保制度和应急处置预案的，或未采取相应航空安保措施的，由民航地区管理局责令限期改正；逾期未改正的，处以1万元以上3万元以下罚款。

第一百四十九条 违反本规则第四章第十节、第十一节规定，相关机构未采取相应措施的，由民航地区管理局责令限期改正；逾期未改正的，予以警告。

第一百五十条 机场联检部门违反本规则第一百零七条规定，造成航空安保事件的，由民航地区管理局通报其上级主管部门。

第一百五十一条 违反本规则第一百零八条规定，相关机构未按规定制定或未有效实施航空安保方案的，由民航地区管理局责令限期改正；逾期未改正的，处以1万元以上3万元以下罚款。

第一百五十二条 违反本规则第一百零九条规定，机场管理机构迟报、漏报或者隐瞒不报信息的，由民航地区管理局予以警告并处以1万元以上3万元以下罚款；造成恶劣后果的，并对有关单位负责人和相关责任人员依法给予行政处分。

第一百五十三条 违反本规则第一百一十二条规定，机场管理机构未按规定接受审计、评估、考察，或未按规定报告情况的，由民航地区管理局对机场管理机构予以警告；情节严重的，处以1万元以上3万元以下罚款。

第一百五十四条 违反本规则第一百一十五条规定，机场管理机构未按规定制定应急处置预案、配备相应设施设备并按期开展演练的，由民航地区管理局责令限期改正；逾期未改正的，处以1万元以上3万元以下罚款。

第一百五十五条 违反本规则第一百二十条规定，机场管理机构不执行安保指令和信息通告的，由民航地区管理局责令限期改正。

第一百五十六条 违反本规则第一百二十九条规定，机场管理机构、驻场民航单位不接受、不配合民航局、民航地区管理局监督检查的，或不提供有关记录档案的，予以警告；情节严重的，处以1万元以上3万元以下罚款。

第一百五十七条 民航局、民航地区管理局工作人员不依法履行监督检查职责，或有滥用职权、玩忽职守行为的，由有关部门依法予以行政处分。

第一百五十八条 违反本规则构成犯罪的，依法追究刑事责任。

第八章 附则

第一百五十九条 本规则下列用语的含义：

非法干扰行为，是指危害民用航空安全的行为或未遂行为，包括但不限于：

（一）非法劫持航空器；

（二）毁坏使用中的航空器；

（三）在航空器上或机场扣留人质；

（四）强行闯入航空器、机场或航空设施场所；

（五）为犯罪目的而将武器或危险装置、材料带入航空器或机场；

（六）利用使用中的航空器造成死亡、严重人身伤害，或对财产或环境的严重破坏；

（七）散播危害飞行中或地面上的航空器、机场或民航设施场所内的旅客、机组、地面人员或大众安全的虚假信息。

扰乱行为，是指在民用机场或在航空器上不遵守规定，或不听从机场工作人员或机组人员指示，从而扰乱机场或航空器上良好秩序的行为。

机场控制区，是指根据安全需要在机场内划定的进出受到限制的区域。

货物存放区，是指存放已经安全检查等候装入航空器的货物的区域。

航空器安保搜查，是指对航空器内部、外部的搜查，目的在于发现可疑物品、武器和其他危险的装置和物品。

第一百六十条 本规则自2016年5月22日起施行。

民用航空安全检查规则

· 2016年9月2日交通运输部令2016年第76号公布
· 自2017年1月1日起施行

第一章 总则

第一条 为了规范民用航空安全检查工作，防止对民用航空活动的非法干扰，维护民用航空运输安全，依据《中华人民共和国民用航空法》《中华人民共和国民用航空安全保卫条例》等有关法律、行政法规，制定本规则。

第二条 本规则适用于在中华人民共和国境内的民用运输机场进行的民用航空安全检查工作。

第三条 民用航空安全检查机构（以下简称"民航安检机构"）按照有关法律、行政法规和本规则，通过实施民用航空安全检查工作（以下简称"民航安检工作"），防止未经允许的危及民用航空安全的危险品、违禁品进入民用运输机场控制区。

第四条 进入民用运输机场控制区的旅客及其行李物品，航空货物、航空邮件应当接受安全检查。拒绝接受安全检查的，不得进入民用运输机场控制区。国务院规定免检的除外。

旅客、航空货物托运人、航空货运销售代理人、航空邮件托运人应当配合民航安检机构开展工作。

第五条 中国民用航空局、中国民用航空地区管理局（以下统称"民航行政机关"）对民航安检工作进行指导、检查和监督。

第六条 民航安检工作坚持安全第一、严格检查、规范执勤的原则。

第七条 承运人按照相关规定交纳安检费用，费用标准按照有关规定执行。

第二章 民航安检机构

第八条 民用运输机场管理机构应当设立专门的民航安检机构从事民航安检工作。

公共航空运输企业从事航空货物、邮件和进入相关航空货运区人员、车辆、物品的安全检查工作的，应当设立专门的民航安检机构。

第九条 设立民航安检机构的民用运输机场管理机构、公共航空运输企业（以下简称"民航安检机构设立单位"）对民航安检工作承担安全主体责任，提供符合中国民用航空局（以下简称"民航局"）规定的人员、经费、场地及设施设备等保障，提供符合国家标准或者行业标准要求的劳动防护用品，保护民航安检从业人员劳动安全，确保民航安检机构的正常运行。

第十条 民航安检机构的运行条件应当包括：

（一）符合民用航空安全保卫设施行业标准要求的工作场地、设施设备和民航安检信息管理系统；

（二）符合民用航空安全检查设备管理要求的民航安检设备；

（三）符合民用航空安全检查员定员定额等标准要求的民航安全检查员；

（四）符合本规则和《民用航空安全检查工作手册》要求的民航安检工作运行管理文件；

（五）符合民航局规定的其他条件。

第十一条 民航行政机关审核民用机场使用许可、公共航空运输企业运行合格审定申请时，应当对其设立的民航安检机构的运行条件进行审查。

第十二条 民航安检机构应当根据民航局规定，制定并实施民航安检工作质量控制和培训管理制度，并建立相应的记录。

第十三条 民航安检机构应当根据工作实际，适时调整本机构的民航安检工作运行管理文件，以确保持续有效。

第三章 民航安全检查员

第十四条 民航安检机构应当使用符合以下条件的民航安全检查员从事民航安检工作：

（一）具备相应岗位民航安全检查员国家职业资格要求的理论和技能水平；

（二）通过民用航空背景调查；

（三）完成民航局民航安检培训管理规定要求的培训。

对不适合继续从事民航安检工作的人员，民航安检机构应当及时将其调离民航安检工作岗位。

第十五条 民航安检现场值班领导岗位管理人员应当具备民航安全检查员国家职业资格三级以上要求的理论和技能水平。

第十六条 民航安全检查员执勤时应当着民航安检制式服装，佩戴民航安检专门标志。民航安检制式服装和专门标志式样和使用由民航局统一规定。

第十七条 民航安全检查员应当依据本规则和本机构民航安检工作运行管理文件的要求开展工作，执勤时不得从事与民航安检工作无关的活动。

第十八条 X射线安检仪操作检查员连续操机工作时间不得超过30分钟，再次操作X射线安检仪间隔时间不得少于30分钟。

第十九条 民航安检机构设立单位应当根据国家和民航局、地方人民政府有关规定，为民航安全检查员提供相应的岗位补助、津贴和工种补助。

第二十条 民航安检机构设立单位或民航安检机构应当为安全检查员提供以下健康保护：

（一）每年不少于一次的体检并建立健康状况档案；

（二）除法定假期外，每年不少于两周的带薪休假；

（三）为怀孕期和哺乳期的女工合理安排工作。

第四章 民航安检设备

第二十一条 民航安检设备实行使用许可制度。用于民航安检工作的民航安检设备应当取得"民用航空安全检查设备使用许可证书"并在"民用航空安全检查设备使用许可证书"规定的范围内使用。

第二十二条 民航安检机构设立单位应当按照民航局规定，建立并运行民航安检设备的使用验收、维护、定期检测、改造及报废等管理制度，确保未经使用验收检测合格、未经定期检测合格的民航安检设备不得用于民航安检工作。

第二十三条 民航安检机构设立单位应当按照民航局规定，上报民航安检设备使用验收检测、定期检测、报废等相关信息。

第二十四条 从事民航安检设备使用验收检测、定期检测的人员应当通过民航局规定的培训。

第五章 民航安检工作实施

第一节 一般性规定

第二十五条 民航安检机构应当按照本机构民航安检工作运行管理文件组织实施民航安检工作。

第二十六条 公共航空运输企业、民用运输机场管理机构应当在售票、值机环节和民航安检工作现场待检区域，采用多媒体、实物展示等多种方式，告知公众民航安检工作的有关要求、通告。

第二十七条 民航安检机构应当按照民航局要求，实施民航安全检查安全信用制度。对有民航安检违规记录的人员和单位进行安全检查时，采取从严检查措施。

第二十八条 民航安检机构设立单位应当在民航安检工作现场设置禁止拍照、摄像警示标识。

第二节 旅客及其行李物品的安全检查

第二十九条 旅客及其行李物品的安全检查包括证件检查、人身检查、随身行李物品检查、托运行李检查等。安全检查方式包括设备检查、手工检查及民航局规定的其他安全检查方式。

第三十条 旅客不得携带或者在行李中夹带民航禁止运输物品，不得违规携带或者在行李中夹带民航限制运输物品。民航禁止运输物品、限制运输物品的具体内容由民航局制定并发布。

第三十一条 乘坐国内航班的旅客应当出示有效乘机身份证件和有效乘机凭证。对旅客、有效乘机身份证件、有效乘机凭证信息一致的，民航安检机构应当加注验讫标识。

有效乘机身份证件的种类包括：中国大陆地区居民的居民身份证、临时居民身份证、护照、军官证、文职干部证、义务兵证、士官证、文职人员证、职工证、武警警官证、武警士兵证、海员证，香港、澳门地区居民的港澳居民来往内地通行证，台湾地区居民的台湾居民来往大陆通行证；外籍旅客的护照、外交部签发的驻华外交人员证、外国人永久居留证；民航局规定的其他有效乘机身份证件。

十六周岁以下的中国大陆地区居民的有效乘机身份证件，还包括出生医学证明、户口簿、学生证或户口所在地公安机关出具的身份证明。

第三十二条 旅客应当依次通过人身安检设备接受人身检查。对通过人身安检设备检查报警的旅客，民航安全检查员应当对其采取重复通过人身安检设备或手工人身检查的方法进行复查，排除疑点后方可放行。对通过人身安检设备检查不报警的旅客可以随机抽查。

旅客在接受人身检查前，应当将随身携带的可能影响检查效果的物品，包括金属物品、电子设备、外套等取下。

第三十三条 手工人身检查一般由与旅客同性别的民航安全检查员实施；对女性旅客的手工人身检查，应当由女性民航安全检查员实施。

第三十四条 残疾旅客应当接受与其他旅客同样标准的安全检查。接受安全检查前，残疾旅客应当向公共航空运输企业确认具备乘机条件。

残疾旅客的助残设备、服务犬等应当接受安全检查。服务犬接受安全检查前，残疾旅客应当为其佩戴防咬人、防吠叫装置。

第三十五条 对要求在非公开场所进行安全检查的旅客，如携带贵重物品、植入心脏起搏器的旅客和残疾旅客等，民航安检机构可以对其实施非公开检查。检查一般由两名以上与旅客同性别的民航安全检查员实施。

第三十六条 对有下列情形的，民航安检机构应当实施从严检查措施：

（一）经过人身检查复查后仍有疑点的；

（二）试图逃避安全检查的；

（三）旅客有其他可疑情形，正常检查无法排除疑点的。

从严检查措施应当由两名以上与旅客同性别的民航安全检查员在特别检查室实施。

第三十七条 旅客的随身行李物品应当经过民航行李安检设备检查。发现可疑物品时，民航安检机构应当实施开箱包检查等措施，排除疑点后方可放行。对没有疑点的随身行李物品可以实施开箱包抽查。实施开箱包检查时，旅客应当在场并确认箱包归属。

第三十八条 旅客的托运行李应当经过民航行李安检设备检查。发现可疑物品时，民航安检机构应当实施开箱包检查等措施,排除疑点后方可放行。对没有疑点的托运行李可以实施开箱抽查。实施开箱包检查时旅客应当在场并确认箱包归属,但是公共航空运输企业与旅客有特殊约定的除外。

第三十九条 根据国家有关法律法规和民航危险品运输管理规定等相关要求,属于经公共航空运输企业批准方能作为随身行李物品或者托运行李运输的特殊物品,旅客凭公共航空运输企业同意承运证明,经安全检查确认安全后放行。

公共航空运输企业应当向旅客通告特殊物品目录及批准程序,并与民航安检机构明确特殊物品批准和信息传递程序。

第四十条 对液体、凝胶、气溶胶等液态物品的安全检查,按照民航局规定执行。

第四十一条 对禁止旅客随身携带但可以托运的物品,民航安检机构应当告知旅客可作为行李托运、自行处置或者暂存处理。

对于旅客提出需要暂存的物品,民用运输机场管理机构应当为其提供暂存服务。暂存物品的存放期限不超过 30 天。

民用运输机场管理机构应当提供条件,保管或处理旅客在民航安检工作中暂存、自弃、遗留的物品。

第四十二条 对来自境外,且在境内民用运输机场过站或中转的旅客及其行李物品,民航安检机构应当实施安全检查。但与中国签订互认航空安保标准条款的除外。

第四十三条 对来自境内,且在境内民用运输机场过站或中转的旅客及其行李物品,民航安检机构不再实施安全检查。但旅客及其行李物品离开候机隔离区或与未经安全检查的人员、物品相混或者接触的除外。

第四十四条 经过安全检查的旅客进入候机隔离区以前,民航安检机构应当对候机隔离区实施清场,实施民用运输机场控制区 24 小时持续安保管制的机场除外。

第三节 航空货物、航空邮件的安全检查

第四十五条 航空货物应当依照民航局规定,经过安全检查或者采取其他安全措施。

第四十六条 对航空货物实施安全检查前,航空货物托运人、航空货运销售代理人应当提交航空货物安检申报清单和经公共航空运输企业或者其地面服务代理人审核的航空货运单等民航局规定的航空货物运输文件资料。

第四十七条 航空货物应当依照航空货物安检要求通过民航货物安检设备检查。检查无疑点的,民航安检机构应当加注验讫标识放行。

第四十八条 对通过民航货物安检设备检查有疑点、图像不清或者图像显示与申报不符的航空货物,民航安检机构应当采取开箱包检查等措施,排除疑点后加注验讫标识放行。无法排除疑点的,应当加注退运标识作退运处理。

开箱包检查时,托运人或者其代理人应当在场。

第四十九条 对单体超大、超重等无法通过航空货物安检设备检查的航空货物,装入航空器前应当采取隔离停放至少 24 小时安全措施,并实施爆炸物探测检查。

第五十条 对航空邮件实施安全检查前,邮政企业应当提交经公共航空运输企业或其地面服务代理人审核的邮包路单和详细邮件品名、数量清单等文件资料或者电子数据。

第五十一条 航空邮件应当依照航空邮件安检要求通过民航货物安检设备检查,检查无疑点的,民航安检机构应当加注验讫标识放行。

第五十二条 航空邮件通过民航货物安检设备检查有疑点、图像不清或者图像显示与申报不符的,民航安检机构应当会同邮政企业采取开箱包检查等措施,排除疑点后加注验讫标识放行。无法开箱包检查或无法排除疑点的,应当加注退运标识退回邮政企业。

第四节 其他人员、物品及车辆的安全检查

第五十三条 进入民用运输机场控制区的其他人员、物品及车辆,应当接受安全检查。拒绝接受安全检查的,不得进入民用运输机场控制区。

对其他人员及物品的安全检查方法与程序应当与对旅客及行李物品检查方法和程序一致,有特殊规定的除外。

第五十四条 对进入民用运输机场控制区的工作人员,民航安检机构应当核查民用运输机场控制区通行证件,并对其人身及携带物品进行安全检查。

第五十五条 对进入民用运输机场控制区的车辆,民航安检机构应当核查民用运输机场控制区车辆通行证件,并对其车身、车底及车上所载物品进行安全检查。

第五十六条 对进入民用运输机场控制区的工具、物料或者器材,民航安检机构应当根据相关单位提交的工具、物料或者器材清单进行安全检查、核对和登记,带出时予以核销。工具、物料和器材含有民航禁止运输品或限制运输物品的,民航安检机构应当要求其同时提供民用运输机场管理机构同意证明。

第五十七条 执行飞行任务的机组人员进入民用运

输机场控制区的,民航安检机构应当核查其民航空勤通行证件和民航局规定的其他文件,并对其人身及物品进行安全检查。

第五十八条 对进入民用运输机场控制区的民用航空监察员,民航安检机构应当核查其民航行政机关颁发的通行证并对其人身及物品进行安全检查。

第五十九条 对进入民用运输机场控制区的航空配餐和机上供应品,民航安检机构应当核查车厢是否锁闭,签封是否完好,签封编号与运输台账记录是否一致。必要时可以进行随机抽查。

第六十条 民用运输机场管理机构应当对进入民用运输机场控制区的商品进行安全备案并进行监督检查,防止进入民用运输机场控制区内的商品含有危害民用航空安全的物品。

对进入民用运输机场控制区的商品,民航安检机构应当核对商品清单和民用运输机场商品安全备案目录一致,并对其进行安全检查。

第六章 民航安检工作特殊情况处置

第六十一条 民航安检机构应当依照本机构突发事件处置预案,定期实施演练。

第六十二条 已经安全检查的人员、行李、物品与未经安全检查的人员、行李、物品不得相混或接触。如发生相混或接触,民用运输机场管理机构应当采取以下措施:

(一)对民用运输机场控制区相关区域进行清场和检查;

(二)对相关出港旅客及其随身行李物品再次安全检查;

(三)如旅客已进入航空器,应当对航空器客舱进行航空器安保检查。

第六十三条 有下列情形之一的,民航安检机构应当报告公安机关:

(一)使用伪造、变造的乘机身份证件或者乘机凭证的;

(二)冒用他人乘机身份证件或者乘机凭证的;

(三)随身携带或者托运属于国家法律法规规定的危险品、违禁品、管制物品的;

(四)随身携带或者托运本条第三项规定以外民航禁止运输、限制运输物品,经民航安检机构发现提示仍拒不改正,扰乱秩序的;

(五)在行李物品中隐匿携带本条第三项规定以外民航禁止运输、限制运输物品,扰乱秩序的;

(六)伪造、变造、冒用危险品航空运输条件鉴定报告或者使用伪造、变造的危险品航空运输条件鉴定报告的;

(七)伪报品名运输或者在航空货物中夹带危险品、违禁品、管制物品的;

(八)在航空邮件中隐匿、夹带运输危险品、违禁品、管制物品的;

(九)故意散播虚假非法干扰信息的;

(十)对民航安检工作现场及民航安检工作进行拍照、摄像,经民航安检机构警示拒不改正的;

(十一)逃避安全检查或者殴打辱骂民航安全检查员或者其他妨碍民航安检工作正常开展,扰乱民航安检工作现场秩序的;

(十二)清场、航空器安保检查、航空器安保搜查中发现可疑人员或者物品的;

(十三)发现民用机场公安机关布控的犯罪嫌疑人的;

(十四)其他危害民用航空安全或者违反治安管理行为的。

第六十四条 有下列情形之一的,民航安检机构应当采取紧急处置措施,并立即报告公安机关:

(一)发现爆炸物品、爆炸装置或者其他重大危险源的;

(二)冲闯、堵塞民航安检通道或者民用运输机场控制区安检道口的;

(三)在民航安检工作现场向民用运输机场控制区内传递物品的;

(四)破坏、损毁、占用民航安检设备设施、场地的;

(五)其他威胁民用航空安全,需要采取紧急处置措施行为的。

第六十五条 有下列情形之一的,民航安检机构应当报告有关部门处理:

(一)发现涉嫌走私人员或者物品的;

(二)发现违规运输航空货物的;

(三)发现不属于公安机关管理的危险品、违禁品、管制物品的。

第六十六条 威胁增加时,民航安检机构应当按照威胁等级管理办法的有关规定调整安全检查措施。

第六十七条 民航安检机构应当根据本机构实际情况,与相关单位建立健全应急信息传递及报告工作程序,并建立记录。

第七章 监督检查

第六十八条 民航行政机关及民用航空监察员依法

对民航安检工作实施监督检查,行使以下职权:

(一)审查并持续监督民航安检机构的运行条件符合民航局有关规定;

(二)制定民航安检工作年度监督检查计划,并依据监督检查计划开展监督检查工作;

(三)进入民航安检机构及其设立单位进行检查,调阅有关资料,向有关单位和人员了解情况;

(四)对检查中发现的问题,当场予以纠正或者规定限期改正;对依法应当给予行政处罚的行为,依法作出行政处罚决定;

(五)对检查中发现的安全隐患,规定有关单位及时处理,对重大安全隐患实施挂牌督办;

(六)对有根据认为不符合国家标准或者行业标准的设施、设备予以查封或者扣押,并依法作出处理决定;

(七)依法对民航安检机构及其设立单位的主要负责人、直接责任人进行行政约见或者警示性谈话。

第六十九条 民航安检机构及其设立单位应当积极配合民航行政机关依法履行监督检查职责,不得拒绝、阻挠。对民航行政机关依法作出的监督检查书面记录,被检查单位负责人应当签字,拒绝签字的,民用航空监察员应当将情况记录在案,并向民航行政机关报告。

第七十条 民航行政机关应当建立民航安检工作违法违规行为信息库,如实记录民航安检机构及其设立单位的违法行为信息。对违法行为情节严重的单位,应当纳入行业安全评价体系,并通报其上级政府主管部门。

第七十一条 民航行政机关应当建立民航安检工作奖励制度,对保障空防安全、地面安全以及在突发事件处置、应急救援等方面有突出贡献的集体和个人,按贡献给予不同级别的奖励。

第七十二条 民航行政机关应当建立举报制度,公开举报电话、信箱或者电子邮件地址,受理并负责调查民航安检工作违法违规行为的举报。

任何单位和个人发现民航安检机构运行存在安全隐患或者未按照规定实施民航安检工作的,有权向民航行政机关报告或者举报。

民航行政机关应当依照国家有关奖励办法,对报告重大安全隐患或者举报民航安检工作违法违规行为的有功人员,给予奖励。

第八章 法律责任

第七十三条 违反本规则第十条规定,民用运输机场管理机构设立的民航安检机构运行条件不符合本规则要求的,由民航行政机关责令民用运输机场限期改正;逾期不改正的或者经改正仍不符合要求的,由民航行政机关依据《民用机场管理条例》第六十八条对民用运输机场作出限制使用的决定,情节严重的,吊销民用运输机场使用许可证。

第七十四条 民航安检机构设立单位的决策机构、主要负责人不能保证民航安检机构正常运行所必需资金投入,致使民航安检机构不具备运行条件的,由民航行政机关依据《中华人民共和国安全生产法》第九十条责令限期改正,提供必需的资金;逾期未改正的,责令停产停业整顿。

第七十五条 有下列情形之一的,由民航行政机关依据《中华人民共和国安全生产法》第九十四条责令民航安检机构设立单位改正,可以处五万元以下的罚款;逾期未改正的,责令停产停业整顿,并处五万元以上十万元以下的罚款,对其直接负责的主管人员和其他直接责任人员处一万元以上二万元以下的罚款:

(一)违反第十二条规定,未按要求开展培训工作或者未如实记录民航安检培训情况的;

(二)违反第十四、十五条规定,民航安全检查员未按要求经过培训并具备岗位要求的理论和技能水平,上岗执勤的;

(三)违反第二十四条规定,人员未按要求经过培训,从事民航安检设备使用验收检测、定期检测工作的;

(四)违反第六十一条规定,未按要求制定突发事件处置预案或者未定期实施演练的。

第七十六条 有下列情形之一的,由民航行政机关依据《中华人民共和国安全生产法》第九十六条责令民航安检机构设立单位限期改正,可以处五万元以下的罚款;逾期未改正的,处五万元以上二十万元以下的罚款,对其直接负责的主管人员和其他直接责任人员处一万元以上二万元以下的罚款;情节严重的,责令停产停业整顿:

(一)违反第二十一、二十二条规定,民航安检设备的安装、使用、检测、改造不符合国家标准或者行业标准;

(二)违反本规则第二十二条规定,使用定期检测不合格的民航安检设备的;

(三)违反第二十二条规定,未按要求对民航安检设备进行使用验收、维护、定期检测的。

第七十七条 违反本规则有关规定,民航安检机构或者民航安检机构设立单位未采取措施消除安全隐患的,由民航行政机关依据《中华人民共和国安全生产法》第九十九条责令民航安检机构设立单位立即消除或者限期消除;民航安检机构设立单位拒不执行的,责令停产停业整顿,并处十万元以上五十万元以下的罚款,对其直接负责的主管人员和其他直接责任人员处二万元以上五万元以下的罚款。

第七十八条 违反本规则第六十九条规定,民航安检机构或者民航安检机构设立单位拒绝、阻碍民航行政机关依法开展监督检查的,由民航行政机关依据《中华人民共和国安全生产法》第一百零五条责令改正;拒不改正的,处二万元以上二十万元以下的罚款;对其直接负责的主管人员和其他直接责任人员处一万元以上二万元以下的罚款。

第七十九条 有下列情形之一的,由民航行政机关责令民航安检机构设立单位限期改正,处一万元以下的罚款;逾期未改正的,处一万元以上三万元以下的罚款:

(一)违反第八条规定,未设置专门的民航安检机构的;

(二)违反第十二条规定,未依法制定或者实施民航安检工作质量控制管理制度或者未如实记录质量控制工作情况的;

(三)违反第十三条规定,未根据实际适时调整民航安检工作运行管理手册的;

(四)违反第十四条第二款规定,未及时调离不适合继续从事民航安检工作人员的;

(五)违反第十八条规定,X射线安检仪操作检查员工作时间制度不符合要求的;

(六)违反第十九、二十条规定,未依法提供劳动健康保护的;

(七)违反第二十三条规定,未按规定上报民航安检设备信息的;

(八)违反第二十五条规定,未按照民航安检工作运行管理手册组织实施民航安检工作的;

(九)违反第二十八条规定,未在民航安检工作现场设置禁止拍照、摄像警示标识的;

(十)违反第六十二、六十三、六十四、六十五、六十六条规定,未按要求采取民航安检工作特殊情况处置措施的;

(十一)违反第六十七条规定,未按要求建立或者运行应急信息传递及报告程序或者未按要求记录应急信息的。

第八十条 违反第二十六条规定,公共航空运输企业、民用运输机场管理机构未按要求宣传、告知民航安检工作规定的,由民航行政机关责令限期改正,处一万元以下的罚款;逾期未改正的,处一万元以上三万元以下的罚款。

第八十一条 违反第三十九条第二款规定,公共航空运输企业未按要求向旅客通告特殊物品目录及批准程序或者未按要求与民航安检机构建立特殊物品和信息传递程序的,由民航行政机关责令限期改正,处一万元以下的罚款;逾期未改正的,处一万元以上三万元以下的罚款。

第八十二条 有下列情形之一的,由民航行政机关责令民用运输机场管理机构限期改正,可以处一万元以上三万元以下的罚款;逾期未改正的,处一万元以上三万元以下的罚款:

(一)违反第四十一条第二款规定,民用运输机场管理机构未按要求向旅客提供暂存服务的;

(二)违反第四十一条第三款规定,民用运输机场管理机构未按要求提供条件,保管或者处理旅客暂存、自弃、遗留物品的;

(三)违反第六十条第一款规定,民用运输机场管理机构未按要求履行监督检查管理职责的。

第八十三条 有下列情形之一的,由民航安检机构予以纠正,民航安检机构不履行职责的,由民航行政机关责令改正,并处一万元以上三万元以下的罚款:

(一)违反第十六条规定,民航安全检查员执勤时着装或者佩戴标志不符合要求的;

(二)违反第十七条规定,民航安全检查员执勤时从事与民航安检工作无关活动的;

(三)违反第五章第二、三、四节规定,民航安全检查员不服从管理,违反规章制度或者操作规程的。

第八十四条 有下列情形之一的,由民航行政机关的上级部门或者监察机关责令改正,并根据情节对直接负责的主管人员和其他直接责任人员依法给予处分:

(一)违反第十一条规定,未按要求审核民航安检机构运行条件或者提供虚假审核意见的;

(二)违反第六十八条规定,未按要求有效履行监督检查职能的;

(三)违反第七十条规定,未按要求建立民航安检工作违法违规行为信息库的;

(四)违反第七十一条规定,未按要求建立或者运行民航安检工作奖励制度的;

(五)违反第七十二条规定,未按要求建立或者运行民航安检工作违法违规行为举报制度的。

第八十五条 民航安检机构设立单位及民航安全检查员违规开展民航安检工作,造成安全事故的,按照国家有关规定追究相关单位和责任人员的法律责任。

第八十六条 违反本规则有关规定，行为构成犯罪的，依法追究刑事责任。

第八十七条 违反本规则有关规定，行为涉及民事权利义务纠纷的，依民事权利义务法律法规处理。

第九章 附 则

第八十八条 本规则下列用语定义：

（一）"民用运输机场"，是指为从事旅客、货物运输等公共航空运输活动的民用航空器提供起飞、降落等服务的机场。包括民航运输机场和军民合用机场的民用部分。

（二）"民用航空安全检查工作"，是指对进入民用运输机场控制区的旅客及其行李物品，其他人员、车辆及物品和航空货物、航空邮件等进行安全检查的活动。

（三）"航空货物"，是指除航空邮件、凭"客票及行李票"运输的行李、航空危险品外，已由或者将由民用航空运输的物品，包括普通货物、特种货物、航空快件、凭航空货运单运输的行李等。

（四）"航空邮件"，是指邮政企业通过航空运输方式寄递的信件、包裹等。

（五）"民航安全检查员"，是指持有民航安全检查员国家职业资格证书并从事民航安检工作的人员。

（六）"民航安检现场值班领导岗位管理人员"，是指在民航安检工作现场，负责民航安检勤务实施管理和应急处置管理工作的岗位。民航安检工作现场包括旅客人身及随身行李物品安全检查工作现场、托运行李安全检查工作现场、航空货邮安全检查工作现场、其他人员安全检查工作现场及民用运输机场控制区道口安全检查工作现场等。

（七）"旅客"，是指经公共航空运输企业同意在民用航空器上载运的除机组成员以外的任何人。

（八）"其他人员"，是指除旅客以外的，因工作需要，经安全检查进入机场控制区或者民用航空器的人员，包括但不限于机组成员、工作人员、民用航空监察员等。

（九）"行李物品"，是指旅客在旅行中为了穿着、使用、舒适或者方便的需要而携带的物品和其他个人财物。包括随身行李物品、托运行李。

（十）"随身行李物品"，是指经公共航空运输企业同意，由旅客自行负责照管的行李和自行携带的零星小件物品。

（十一）"托运行李"，是指旅客交由公共航空运输企业负责照管和运输并填开行李票的行李。

（十二）"液态物品"，包括液体、凝胶、气溶胶等形态的液态物品。其包括但不限于水和其他饮料、汤品、糖浆、炖品、酱汁、酱膏；盖浇食品或汤类食品；油膏、乳液、化妆品和油类；香水；喷剂；发胶和沐浴胶等凝胶；剃须泡沫、其他泡沫和除臭剂等高压罐装物品（例如气溶胶）；牙膏等膏状物品；凝固体合剂；睫毛膏；唇彩或唇膏；或室温下稠度类似的任何其他物品。

（十三）"重大危险源"，是指具有严重破坏能力且必须立即采取防范措施的物质。

（十四）"航空器安保检查"，是指对旅客可能已经进入的航空器内部的检查和对货舱的检查，目的在于发现可疑物品、武器、爆炸物或其他装置、物品和物质。

（十五）"航空器安保搜查"，是指对航空器内部和外部进行彻底检查，目的在于发现可疑物品、武器、爆炸物或其他危险装置、物品和物质。

第八十九条 危险品航空运输按照民航局危险品航空运输有关规定执行。

第九十条 在民用运输机场运行的公务航空运输活动的安全检查，由民航局另行规定。

第九十一条 在民用运输机场控制区以外区域进行的安全检查活动，参照本规则有关规定执行。

第九十二条 本规则自 2017 年 1 月 1 日起施行。1999 年 6 月 1 日起施行的《中国民用航空安全检查规则》（民航总局令第 85 号）同时废止。

2. 铁路运输安全

中华人民共和国铁路法

- 1990 年 9 月 7 日第七届全国人民代表大会常务委员会第十五次会议通过
- 根据 2009 年 8 月 27 日第十一届全国人民代表大会常务委员会第十次会议《关于修改部分法律的决定》第一次修正
- 根据 2015 年 4 月 24 日第十二届全国人民代表大会常务委员会第十四次会议《关于修改〈中华人民共和国义务教育法〉等五部法律的决定》第二次修正

第一章 总 则

第一条 为了保障铁路运输和铁路建设的顺利进行，适应社会主义现代化建设和人民生活的需要，制定本法。

第二条 本法所称铁路，包括国家铁路、地方铁路、专用铁路和铁路专用线。

国家铁路是指由国务院铁路主管部门管理的铁路。

地方铁路是指由地方人民政府管理的铁路。

专用铁路是指由企业或者其他单位管理，专为本企业或者本单位内部提供运输服务的铁路。

铁路专用线是指由企业或者其他单位管理的与国家铁路或者其他铁路线路接轨的岔线。

第三条 国务院铁路主管部门主管全国铁路工作，对国家铁路实行高度集中、统一指挥的运输管理体制，对地方铁路、专用铁路和铁路专用线进行指导、协调、监督和帮助。

国家铁路运输企业行使法律、行政法规授予的行政管理职能。

第四条 国家重点发展国家铁路，大力扶持地方铁路的发展。

第五条 铁路运输企业必须坚持社会主义经营方向和为人民服务的宗旨，改善经营管理，切实改进路风，提高运输服务质量。

第六条 公民有爱护铁路设施的义务。禁止任何人破坏铁路设施，扰乱铁路运输的正常秩序。

第七条 铁路沿线各级地方人民政府应当协助铁路运输企业保证铁路运输安全畅通，车站、列车秩序良好，铁路设施完好和铁路建设顺利进行。

第八条 国家铁路的技术管理规程，由国务院铁路主管部门制定，地方铁路、专用铁路的技术管理办法，参照国家铁路的技术管理规程制定。

第九条 国家鼓励铁路科学技术研究，提高铁路科学技术水平。对在铁路科学技术研究中有显著成绩的单位和个人给予奖励。

第二章 铁路运输营业

第十条 铁路运输企业应当保证旅客和货物运输的安全，做到列车正点到达。

第十一条 铁路运输合同是明确铁路运输企业与旅客、托运人之间权利义务关系的协议。

旅客车票、行李票、包裹票和货物运单是合同或者合同的组成部分。

第十二条 铁路运输企业应当保证旅客按车票载明的日期、车次乘车，并到达目的站。因铁路运输企业的责任造成旅客不能按车票载明的日期、车次乘车的，铁路运输企业应当按照旅客的要求，退还全部票款或者安排改乘到达相同目的站的其他列车。

第十三条 铁路运输企业应当采取有效措施做好旅客运输服务工作，做到文明礼貌、热情周到，保持车站和车厢内的清洁卫生，提供饮用开水，做好列车上的饮食供应工作。

铁路运输企业应当采取措施，防止对铁路沿线环境的污染。

第十四条 旅客乘车应当持有效车票。对无票乘车或者持失效车票乘车的，应当补收票款，并按照规定加收票款；拒不交付的，铁路运输企业可以责令下车。

第十五条 国家铁路和地方铁路根据发展生产、搞活流通的原则，安排货物运输计划。

对抢险救灾物资和国家规定需要优先运输的其他物资，应予优先运输。

地方铁路运输的物资需要经由国家铁路运输的，其运输计划应当纳入国家铁路的运输计划。

第十六条 铁路运输企业应当按照合同约定的期限或者国务院铁路主管部门规定的期限，将货物、包裹、行李运到目的站；逾期运到的，铁路运输企业应当支付违约金。

铁路运输企业逾期三十日仍未将货物、包裹、行李交付收货人或者旅客的，托运人、收货人或者旅客有权按货物、包裹、行李灭失向铁路运输企业要求赔偿。

第十七条 铁路运输企业应当对承运的货物、包裹、行李自接受承运时起到交付时止发生的灭失、短少、变质、污染或者损坏，承担赔偿责任：

（一）托运人或者旅客根据自愿申请办理保价运输的，按照实际损失赔偿，但最高不超过保价额。

（二）未按保价运输承运的，按照实际损失赔偿，但最高不超过国务院铁路主管部门规定的赔偿限额；如果损失是由于铁路运输企业的故意或者重大过失造成的，不适用赔偿限额的规定，按照实际损失赔偿。

托运人或者旅客根据自愿可以向保险公司办理货物运输保险，保险公司按照保险合同的约定承担赔偿责任。

托运人或者旅客根据自愿，可以办理保价运输，也可以办理货物运输保险；还可以既不办理保价运输，也不办理货物运输保险。不得以任何方式强迫办理保价运输或者货物运输保险。

第十八条 由于下列原因造成的货物、包裹、行李损失的，铁路运输企业不承担赔偿责任：

（一）不可抗力。

（二）货物或者包裹、行李中的物品本身的自然属性，或者合理损耗。

（三）托运人、收货人或者旅客的过错。

第十九条 托运人应当如实填报托运单，铁路运输企业有权对填报的货物和包裹的品名、重量、数量进行检查。经检查，申报与实际不符的，检查费用由托运人承担；申报与实际相符的，检查费用由铁路运输企业承担，因检查对货物和包裹中的物品造成的损坏由铁路运输企业赔偿。

托运人因申报不实而少交的运费和其他费用应当补交，铁路运输企业按照国务院铁路主管部门的规定加收运费和其他费用。

第二十条 托运货物需要包装的，托运人应当按照国家包装标准或者行业包装标准包装；没有国家包装标准或者行业包装标准的，应当妥善包装，使货物在运输途中不因包装原因而受损坏。

铁路运输企业对承运的容易腐烂变质的货物和活动物，应当按照国务院铁路主管部门的规定和合同的约定，采取有效的保护措施。

第二十一条 货物、包裹、行李到站后，收货人或者旅客应当按照国务院铁路主管部门规定的期限及时领取，并支付托运人未付或者少付的运费和其他费用；逾期领取的，收货人或者旅客应当按照规定交付保管费。

第二十二条 自铁路运输企业发出领取货物通知之日起满三十日仍无人领取的货物，或者收货人书面通知铁路运输企业拒绝领取的货物，铁路运输企业应当通知托运人，托运人自接到通知之日起满三十日未作答复的，由铁路运输企业变卖；所得价款在扣除保管等费用后尚有余款的，应当退还托运人，无法退还、自变卖之日起一百八十日内托运人又未领回的，上缴国库。

自铁路运输企业发出领取通知之日起满九十日仍无人领取的包裹或者到站后满九十日仍无人领取的行李，铁路运输企业应当公告，公告满九十日仍无人领取的，可以变卖；所得价款在扣除保管等费用后尚有余款的，托运人、收货人或者旅客可以自变卖之日起一百八十日内领回，逾期不领回的，上缴国库。

对危险物品和规定限制运输的物品，应当移交公安机关或者有关部门处理，不得自行变卖。

对不宜长期保存的物品，可以按照国务院铁路主管部门的规定缩短处理期限。

第二十三条 因旅客、托运人或者收货人的责任给铁路运输企业造成财产损失的，由旅客、托运人或者收货人承担赔偿责任。

第二十四条 国家鼓励专用铁路兼办公共旅客、货物运输营业；提倡铁路专用线与有关单位按照协议共用。

专用铁路兼办公共旅客、货物运输营业的，应当报经省、自治区、直辖市人民政府批准。

专用铁路兼办公共旅客、货物运输营业的，适用本法关于铁路运输企业的规定。

第二十五条 铁路的旅客票价率和货物、行李的运价率实行政府指导价或者政府定价，竞争性领域实行市场调节价。政府指导价、政府定价的定价权限和具体适用范围以中央政府和地方政府的定价目录为依据。铁路旅客、货物运输杂费的收费项目和收费标准，以及铁路包裹运价率由铁路运输企业自主制定。

第二十六条 铁路的旅客票价，货物、包裹、行李的运价，旅客和货物运输杂费的收费项目和收费标准，必须公告；未公告的不得实施。

第二十七条 国家铁路、地方铁路和专用铁路印制使用的旅客、货物运输票证，禁止伪造和变造。

禁止倒卖旅客车票和其他铁路运输票证。

第二十八条 托运、承运货物、包裹、行李，必须遵守国家关于禁止或者限制运输物品的规定。

第二十九条 铁路运输企业与公路、航空或者水上运输企业相互间实行国内旅客、货物联运，依照国家有关规定办理；国家没有规定的，依照有关各方的协议办理。

第三十条 国家铁路、地方铁路参加国际联运，必须经国务院批准。

第三十一条 铁路军事运输依照国家有关规定办理。

第三十二条 发生铁路运输合同争议的，铁路运输企业和托运人、收货人或者旅客可以通过调解解决；不愿意调解解决或者调解不成的，可以依据合同中的仲裁条款或者事后达成的书面仲裁协议，向国家规定的仲裁机构申请仲裁。

当事人一方在规定的期限内不履行仲裁机构的仲裁决定的，另一方可以申请人民法院强制执行。

当事人没有在合同中订立仲裁条款，事后又没有达成书面仲裁协议的，可以向人民法院起诉。

第三章 铁路建设

第三十三条 铁路发展规划应当依据国民经济和社会发展以及国防建设的需要制定，并与其他方式的交通运输发展规划相协调。

第三十四条 地方铁路、专用铁路、铁路专用线的建设计划必须符合全国铁路发展规划，并征得国务院铁路主管部门或者国务院铁路主管部门授权的机构的同意。

第三十五条 在城市规划区范围内，铁路的线路、车站、枢纽以及其他有关设施的规划，应当纳入所在城市的总体规划。

铁路建设用地规划，应当纳入土地利用总体规划。

为远期扩建、新建铁路需要的土地,由县级以上人民政府在土地利用总体规划中安排。

第三十六条　铁路建设用地,依照有关法律、行政法规的规定办理。

有关地方人民政府应当支持铁路建设,协助铁路运输企业做好铁路建设征收土地工作和拆迁安置工作。

第三十七条　已经取得使用权的铁路建设用地,应当依照批准的用途使用,不得擅自改作他用;其他单位或者个人不得侵占。

侵占铁路建设用地的,由县级以上地方人民政府土地管理部门责令停止侵占、赔偿损失。

第三十八条　铁路的标准轨距为1435毫米。新建国家铁路必须采用标准轨距。

窄轨铁路的轨距为762毫米或者1000毫米。

新建和改建铁路的其他技术要求应当符合国家标准或者行业标准。

第三十九条　铁路建成后,必须依照国家基本建设程序的规定,经验收合格,方能交付正式运行。

第四十条　铁路与道路交叉处,应当优先考虑设置立体交叉;未设立体交叉的,可以根据国家有关规定设置平交道口或者人行过道。在城市规划区内设置平交道口或者人行过道,由铁路运输企业或者建有专用铁路、铁路专用线的企业或者其他单位和城市规划主管部门共同决定。

拆除已经设置的平交道口或者人行过道,由铁路运输企业或者建有专用铁路、铁路专用线的企业或者其他单位和当地人民政府商定。

第四十一条　修建跨越河流的铁路桥梁,应当符合国家规定的防洪、通航和水流的要求。

第四章　铁路安全与保护

第四十二条　铁路运输企业必须加强对铁路的管理和保护,定期检查、维修铁路运输设施,保证铁路运输设施完好,保障旅客和货物运输安全。

第四十三条　铁路公安机关和地方公安机关分工负责共同维护铁路治安秩序。车站和列车内的治安秩序,由铁路公安机关负责维护;铁路沿线的治安秩序,由地方公安机关和铁路公安机关共同负责维护,以地方公安机关为主。

第四十四条　电力主管部门应当保证铁路牵引用电以及铁路运营用电中重要负荷的电力供应。铁路运营用电中重要负荷的供应范围由国务院铁路主管部门和国务院电力主管部门商定。

第四十五条　铁路线路两侧地界以外的山坡地当地人民政府作为水土保持的重点进行整治。铁路隧道顶上的山坡地由铁路运输企业协助当地人民政府进行整治。铁路地界以内的山坡地由铁路运输企业进行整治。

第四十六条　在铁路线路和铁路桥梁、涵洞两侧一定距离内,修建山塘、水库、堤坝,开挖河道、干渠,采石挖砂,打井取水,影响铁路路基稳定或者危害铁路桥梁、涵洞安全的,由县级以上地方人民政府责令停止建设或者采挖、打井等活动,限期恢复原状或者责令采取必要的安全防护措施。

在铁路线路上架设电力、通讯线路,埋置电缆、管道设施,穿凿通过铁路路基的地下坑道,必须经铁路运输企业同意,并采取安全防护措施。

在铁路弯道内侧、平交道口和人行过道附近,不得修建妨碍行车瞭望的建筑物和种植妨碍行车瞭望的树木。修建妨碍行车瞭望的建筑物的,由县级以上地方人民政府责令限期拆除。种植妨碍行车瞭望的树木的,由县级以上地方人民政府责令有关单位或者个人限期迁移或者修剪、砍伐。

违反前三款的规定,给铁路运输企业造成损失的单位或者个人,应当赔偿损失。

第四十七条　禁止擅自在铁路线路上铺设平交道口和人行过道。

平交道口和人行过道必须按照规定设置必要的标志和防护设施。

行人和车辆通过铁路平交道口和人行过道时,必须遵守有关通行的规定。

第四十八条　运输危险品必须按照国务院铁路主管部门的规定办理,禁止以非危险品品名托运危险品。

禁止旅客携带危险品进站上车。铁路公安人员和国务院铁路主管部门规定的铁路职工,有权对旅客携带的物品进行运输安全检查。实施运输安全检查的铁路职工应当佩戴执勤标志。

危险品的品名由国务院铁路主管部门规定并公布。

第四十九条　对损毁、移动铁路信号装置及其他行车设施或者在铁路线路上放置障碍物的,铁路职工有权制止,可以扭送公安机关处理。

第五十条　禁止偷乘货车、攀附行进中的列车或者击打列车。对偷乘货车、攀附行进中的列车或者击打列车的,铁路职工有权制止。

第五十一条　禁止在铁路线路上行走、坐卧。对在铁路线路上行走、坐卧的,铁路职工有权制止。

第五十二条　禁止在铁路线路两侧二十米以内或者

铁路防护林地内放牧。对在铁路线路两侧二十米以内或者铁路防护林地内放牧的，铁路职工有权制止。

第五十三条 对聚众拦截列车或者聚众冲击铁路行车调度机构的，铁路职工有权制止；不听制止的，公安人员现场负责人有权命令解散；拒不解散的，公安人员现场负责人有权依照国家有关规定决定采取必要手段强行驱散，并对拒不服从的人员强行带离现场或者予以拘留。

第五十四条 对哄抢铁路运输物资的，铁路职工有权制止，可以扭送公安机关处理；现场公安人员可以予以拘留。

第五十五条 在列车内，寻衅滋事，扰乱公共秩序，危害旅客人身、财产安全的，铁路职工有权制止，铁路公安人员可以予以拘留。

第五十六条 在车站和旅客列车内，发生法律规定需要检疫的传染病时，由铁路卫生检疫机构进行检疫；根据铁路卫生检疫机构的请求，地方卫生检疫机构应予协助。

货物运输的检疫，依照国家规定办理。

第五十七条 发生铁路交通事故，铁路运输企业应当依照国务院和国务院有关主管部门关于事故调查处理的规定办理，并及时恢复正常行车，任何单位和个人不得阻碍铁路线路开通和列车运行。

第五十八条 因铁路行车事故及其他铁路运营事故造成人身伤亡的，铁路运输企业应当承担赔偿责任；如果人身伤亡是因不可抗力或者由于受害人自身的原因造成的，铁路运输企业不承担赔偿责任。

违章通过平交道口或者人行过道，或者在铁路线路上行走、坐卧造成的人身伤亡，属于受害人自身的原因造成的人身伤亡。

第五十九条 国家铁路的重要桥梁和隧道，由中国人民武装警察部队负责守卫。

第五章 法律责任

第六十条 违反本法规定，携带危险品进站上车或者以非危险品品名托运危险品，导致发生重大事故的，依照刑法有关规定追究刑事责任。企业事业单位、国家机关、社会团体犯本款罪的，处以罚金，对其主管人员和直接责任人员依法追究刑事责任。

携带炸药、雷管或者非法携带枪支子弹、管制刀具进站上车的，依照刑法有关规定追究刑事责任。

第六十一条 故意损毁、移动铁路行车信号装置或者在铁路线路上放置足以使列车倾覆的障碍物的，依照刑法有关规定追究刑事责任。

第六十二条 盗窃铁路线路上行车设施的零件、部件或者铁路线路上的器材，危及行车安全的，依照刑法有关规定追究刑事责任。

第六十三条 聚众拦截列车、冲击铁路行车调度机构不听制止的，对首要分子和骨干分子依照刑法有关规定追究刑事责任。

第六十四条 聚众哄抢铁路运输物资的，对首要分子和骨干分子依照刑法有关规定追究刑事责任。

铁路职工与其他人员勾结犯前款罪的，从重处罚。

第六十五条 在列车内，抢劫旅客财物，伤害旅客的，依照刑法有关规定从重处罚。

在列车内，寻衅滋事，侮辱妇女，情节恶劣的，依照刑法有关规定追究刑事责任；敲诈勒索旅客财物的，依照刑法有关规定追究刑事责任。

第六十六条 倒卖旅客车票，构成犯罪的，依照刑法有关规定追究刑事责任。铁路职工倒卖旅客车票或者与其他人员勾结倒卖旅客车票的，依照刑法有关规定追究刑事责任。

第六十七条 违反本法规定，尚不够刑事处罚，应当给予治安管理处罚的，依照治安管理处罚法的规定处罚。

第六十八条 擅自在铁路线路上铺设平交道口、人行过道的，由铁路公安机关或者地方公安机关责令限期拆除，可以并处罚款。

第六十九条 铁路运输企业违反本法规定，多收运费、票款或者旅客、货物运输杂费的，必须将多收的费用退还付款人，无法退还的上缴国库。将多收的费用据为己有或者侵吞私分的，依照刑法有关规定追究刑事责任。

第七十条 铁路职工利用职务之便走私的，或者与其他人员勾结走私的，依照刑法有关规定追究刑事责任。

第七十一条 铁路职工玩忽职守、违反规章制度造成铁路运营事故的，滥用职权、利用办理运输业务之便谋取私利的，给予行政处分；情节严重、构成犯罪的，依照刑法有关规定追究刑事责任。

第六章 附 则

第七十二条 本法所称国家铁路运输企业是指铁路局和铁路分局。

第七十三条 国务院根据本法制定实施条例。

第七十四条 本法自1991年5月1日起施行。

铁路交通事故应急救援和调查处理条例

- 2007年7月11日中华人民共和国国务院令第501号公布
- 根据2012年11月9日《国务院关于修改和废止部分行政法规的决定》修订

第一章 总 则

第一条 为了加强铁路交通事故的应急救援工作，规范铁路交通事故调查处理，减少人员伤亡和财产损失，保障铁路运输安全和畅通，根据《中华人民共和国铁路法》和其他有关法律的规定，制定本条例。

第二条 铁路机车车辆在运行过程中与行人、机动车、非机动车、牲畜及其他障碍物相撞，或者铁路机车车辆发生冲突、脱轨、火灾、爆炸等影响铁路正常行车的铁路交通事故（以下简称事故）的应急救援和调查处理，适用本条例。

第三条 国务院铁路主管部门应当加强铁路运输安全监督管理，建立健全事故应急救援和调查处理的各项制度，按照国家规定的权限和程序，负责组织、指挥、协调事故的应急救援和调查处理工作。

第四条 铁路管理机构应当加强日常的铁路运输安全监督检查，指导、督促铁路运输企业落实事故应急救援的各项规定，按照规定的权限和程序，组织、参与、协调本辖区内事故的应急救援和调查处理工作。

第五条 国务院其他有关部门和有关地方人民政府应当按照各自的职责和分工，组织、参与事故的应急救援和调查处理工作。

第六条 铁路运输企业和其他有关单位、个人应当遵守铁路运输安全管理的各项规定，防止和避免事故的发生。

事故发生后，铁路运输企业和其他有关单位应当及时、准确地报告事故情况，积极开展应急救援工作，减少人员伤亡和财产损失，尽快恢复铁路正常行车。

第七条 任何单位和个人不得干扰、阻碍事故应急救援、铁路线路开通、列车运行和事故调查处理。

第二章 事故等级

第八条 根据事故造成的人员伤亡、直接经济损失、列车脱轨辆数、中断铁路行车时间等情形，事故等级分为特别重大事故、重大事故、较大事故和一般事故。

第九条 有下列情形之一的，为特别重大事故：

（一）造成30人以上死亡，或者100人以上重伤（包括急性工业中毒，下同），或者1亿元以上直接经济损失的；

（二）繁忙干线客运列车脱轨18辆以上并中断铁路行车48小时以上的；

（三）繁忙干线货运列车脱轨60辆以上并中断铁路行车48小时以上的；

第十条 有下列情形之一的，为重大事故：

（一）造成10人以上30人以下死亡，或者50人以上100人以下重伤，或者5000万元以上1亿元以下直接经济损失的；

（二）客运列车脱轨18辆以上的；

（三）货运列车脱轨60辆以上的；

（四）客运列车脱轨2辆以上18辆以下，并中断繁忙干线铁路行车24小时以上或者中断其他线路铁路行车48小时以上的；

（五）货运列车脱轨6辆以上60辆以下，并中断繁忙干线铁路行车24小时以上或者中断其他线路铁路行车48小时以上的。

第十一条 有下列情形之一的，为较大事故：

（一）造成3人以上10人以下死亡，或者10人以上50人以下重伤，或者1000万元以上5000万元以下直接经济损失的；

（二）客运列车脱轨2辆以上18辆以下的；

（三）货运列车脱轨6辆以上60辆以下的；

（四）中断繁忙干线铁路行车6小时以上的；

（五）中断其他线路铁路行车10小时以上的。

第十二条 造成3人以下死亡，或者10人以下重伤，或者1000万元以下直接经济损失的，为一般事故。

除前款规定外，国务院铁路主管部门可以对一般事故的其他情形作出补充规定。

第十三条 本章所称的"以上"包括本数，所称的"以下"不包括本数。

第三章 事故报告

第十四条 事故发生后，事故现场的铁路运输企业工作人员或者其他人员应当立即报告邻近铁路车站、列车调度员或者公安机关。有关单位和人员接到报告后，应当立即将事故情况报告事故发生地铁路管理机构。

第十五条 铁路管理机构接到事故报告，应当尽快核实有关情况，并立即报告国务院铁路主管部门；对特别重大事故、重大事故，国务院铁路主管部门应当立即报告国务院并通报国家安全生产监督管理等有关部门。

发生特别重大事故、重大事故、较大事故或者有人员伤亡的一般事故，铁路管理机构还应当通报事故发生地县级以上地方人民政府及其安全生产监督管理部门。

第十六条　事故报告应当包括下列内容：

（一）事故发生的时间、地点、区间（线名、公里、米）、事故相关单位和人员；

（二）发生事故的列车种类、车次、部位、计长、机车型号、牵引辆数、吨数；

（三）承运旅客人数或者货物品名、装载情况；

（四）人员伤亡情况，机车车辆、线路设施、道路车辆的损坏情况，对铁路行车的影响情况；

（五）事故原因的初步判断；

（六）事故发生后采取的措施及事故控制情况；

（七）具体救援请求。

事故报告后出现新情况的，应当及时补报。

第十七条　国务院铁路主管部门、铁路管理机构和铁路运输企业应当向社会公布事故报告值班电话，受理事故报告和举报。

第四章　事故应急救援

第十八条　事故发生后，列车司机或者运转车长应当立即停车，采取紧急处置措施；对无法处置的，应当立即报告邻近铁路车站、列车调度员进行处置。

为保障铁路旅客安全或者因特殊运输需要不宜停车的，可以不停车；但是，列车司机或者运转车长应当立即将事故情况报告邻近铁路车站、列车调度员，接到报告的邻近铁路车站、列车调度员应当立即进行处置。

第十九条　事故造成中断铁路行车的，铁路运输企业应当立即组织抢修，尽快恢复铁路正常行车；必要时，铁路运输调度指挥部门应当调整运输径路，减少事故影响。

第二十条　事故发生后，国务院铁路主管部门、铁路管理机构、事故发生地县级以上地方人民政府或者铁路运输企业应当根据事故等级启动相应的应急预案；必要时，成立现场应急救援机构。

第二十一条　现场应急救援机构根据事故应急救援工作的实际需要，可以借用有关单位和个人的设施、设备和其他物资。借用单位使用完毕应当及时归还，并支付适当费用；造成损失的，应当赔偿。

有关单位和个人应当积极支持、配合救援工作。

第二十二条　事故造成重大人员伤亡或者需要紧急转移、安置铁路旅客和沿线居民的，事故发生地县级以上地方人民政府应当及时组织开展救治和转移、安置工作。

第二十三条　国务院铁路主管部门、铁路管理机构或者事故发生地县级以上地方人民政府根据事故救援的实际需要，可以请求当地驻军、武装警察部队参与事故救援。

第二十四条　有关单位和个人应当妥善保护事故现场以及相关证据，并在事故调查组成立后将相关证据移交事故调查组。因事故救援、尽快恢复铁路正常行车需要改变事故现场的，应当做出标记、绘制现场示意图、制作现场视听资料，并做出书面记录。

任何单位和个人不得破坏事故现场，不得伪造、隐匿或者毁灭相关证据。

第二十五条　事故中死亡人员的尸体经法定机构鉴定后，应当及时通知死者家属认领；无法查找死者家属的，按照国家有关规定处理。

第五章　事故调查处理

第二十六条　特别重大事故由国务院或者国务院授权的部门组织事故调查组进行调查。

重大事故由国务院铁路主管部门组织事故调查组进行调查。

较大事故和一般事故由事故发生地铁路管理机构组织事故调查组进行调查；国务院铁路主管部门认为必要时，可以组织事故调查组对较大事故和一般事故进行调查。

根据事故的具体情况，事故调查组由有关人民政府、公安机关、安全生产监督管理部门、监察机关等单位派人组成，并应当邀请人民检察院派人参加。事故调查组认为必要时，可以聘请有关专家参与事故调查。

第二十七条　事故调查组应当按照国家有关规定开展事故调查，并在下列调查期限内向组织事故调查组的机关或者铁路管理机构提交事故调查报告：

（一）特别重大事故的调查期限为60日；

（二）重大事故的调查期限为30日；

（三）较大事故的调查期限为20日；

（四）一般事故的调查期限为10日。

事故调查期限自事故发生之日起计算。

第二十八条　事故调查处理，需要委托有关机构进行技术鉴定或者对铁路设备、设施及其他财产损失状况以及中断铁路行车造成的直接经济损失进行评估的，事故调查组应当委托具有国家规定资质的机构进行技术鉴定或者评估。技术鉴定或者评估所需时间不计入事故调查期限。

第二十九条　事故调查报告形成后，报经组织事故调查组的机关或者铁路管理机构同意，事故调查工作即告结束。组织事故调查组的机关或者铁路管理机构应当自事故调查组工作结束之日起15日内，根据事故调查报告,制作事故认定书。

事故认定书是事故赔偿、事故处理以及事故责任追究的依据。

第三十条 事故责任单位和有关人员应当认真吸取事故教训,落实防范和整改措施,防止事故再次发生。

国务院铁路主管部门、铁路管理机构以及其他有关行政机关应当对事故责任单位和有关人员落实防范和整改措施的情况进行监督检查。

第三十一条 事故的处理情况,除依法应当保密的外,应当由组织事故调查组的机关或者铁路管理机构向社会公布。

第六章 事故赔偿

第三十二条 事故造成人身伤亡的,铁路运输企业应当承担赔偿责任;但是人身伤亡是不可抗力或者受害人自身原因造成的,铁路运输企业不承担赔偿责任。

违章通过平交道口或者人行过道,或者在铁路线路上行走、坐卧造成的人身伤亡,属于受害人自身的原因造成的人身伤亡。

第三十三条 事故造成铁路旅客人身伤亡和自带行李损失的,铁路运输企业对每名铁路旅客人身伤亡的赔偿责任限额为人民币15万元,对每名铁路旅客自带行李损失的赔偿责任限额为人民币2000元。

铁路运输企业与铁路旅客可以书面约定高于前款规定的赔偿责任限额。(2012年11月9日删除)

第三十四条 事故造成铁路运输企业承运的货物、包裹、行李损失的,铁路运输企业应当依照《中华人民共和国铁路法》的规定承担赔偿责任。

第三十五条 除本条例第三十三条、第三十四条的规定外,事故造成其他人身伤亡或者财产损失的,依照国家有关法律、行政法规的规定赔偿。

第三十六条 事故当事人对事故损害赔偿有争议的,可以通过协商解决,或者请求组织事故调查组的机关或者铁路管理机构组织调解,也可以直接向人民法院提起民事诉讼。

第七章 法律责任

第三十七条 铁路运输企业及其职工违反法律、行政法规的规定,造成事故的,由国务院铁路主管部门或者铁路管理机构依法追究行政责任。

第三十八条 违反本条例的规定,铁路运输企业及其职工不立即组织救援,或者迟报、漏报、瞒报、谎报事故的,对单位,由国务院铁路主管部门或者铁路管理机构处10万元以上50万元以下的罚款;对个人,由国务院铁路主管部门或者铁路管理机构处4000元以上2万元以下的罚款;属于国家工作人员的,依法给予处分;构成犯罪的,依法追究刑事责任。

第三十九条 违反本条例的规定,国务院铁路主管部门、铁路管理机构以及其他行政机关未立即启动应急预案,或者迟报、漏报、瞒报、谎报事故的,对直接负责的主管人员和其他直接责任人员依法给予处分;构成犯罪的,依法追究刑事责任。

第四十条 违反本条例的规定,干扰、阻碍事故救援、铁路线路开通、列车运行和事故调查处理的,对单位,由国务院铁路主管部门或者铁路管理机构处4万元以上20万元以下的罚款;对个人,由国务院铁路主管部门或者铁路管理机构处2000元以上1万元以下的罚款;情节严重的,对单位,由国务院铁路主管部门或者铁路管理机构处20万元以上100万元以下的罚款;对个人,由国务院铁路主管部门或者铁路管理机构处1万元以上5万元以下的罚款;属于国家工作人员的,依法给予处分;构成违反治安管理行为的,由公安机关依法给予治安管理处罚;构成犯罪的,依法追究刑事责任。

第八章 附 则

第四十一条 本条例于2007年9月1日起施行。1979年7月16日国务院批准发布的《火车与其他车辆碰撞和铁路路外人员伤亡事故处理暂行规定》和1994年8月13日国务院批准发布的《铁路旅客运输损害赔偿规定》同时废止。

铁路安全管理条例

- 2013年7月24日国务院第18次常务会议通过
- 2013年8月17日中华人民共和国国务院令第639号公布
- 自2014年1月1日起施行

第一章 总 则

第一条 为了加强铁路安全管理,保障铁路运输安全和畅通,保护人身安全和财产安全,制定本条例。

第二条 铁路安全管理坚持安全第一、预防为主、综合治理的方针。

第三条 国务院铁路行业监督管理部门负责全国铁路安全监督管理工作,国务院铁路行业监督管理部门设立的铁路监督管理机构负责辖区内的铁路安全监督管理工作。国务院铁路行业监督管理部门和铁路监督管理机构统称铁路监管部门。

国务院有关部门依照法律和国务院规定的职责，负责铁路安全管理的有关工作。

第四条 铁路沿线地方各级人民政府和县级以上地方人民政府有关部门应当按照各自职责，加强保障铁路安全的教育，落实护路联防责任制，防范和制止危害铁路安全的行为，协调和处理保障铁路安全的有关事项，做好保障铁路安全的有关工作。

第五条 从事铁路建设、运输、设备制造维修的单位应当加强安全管理，建立健全安全生产管理制度，落实企业安全生产主体责任，设置安全管理机构或者配备安全管理人员，执行保障生产安全和产品质量安全的国家标准、行业标准，加强对从业人员的安全教育培训，保证安全生产所必需的资金投入。

铁路建设、运输、设备制造维修单位的工作人员应当严格执行规章制度，实行标准化作业，保证铁路安全。

第六条 铁路监管部门、铁路运输企业等单位应当按照国家有关规定制定突发事件应急预案，并组织应急演练。

第七条 禁止扰乱铁路建设、运输秩序。禁止损坏或者非法占用铁路设施设备、铁路标志和铁路用地。

任何单位或者个人发现损坏或者非法占用铁路设施设备、铁路标志、铁路用地以及其他影响铁路安全的行为，有权报告铁路运输企业，或者向铁路监管部门、公安机关或者其他有关部门举报。接到报告的铁路运输企业、接到举报的部门应当根据各自职责及时处理。

对维护铁路安全作出突出贡献的单位或者个人，按照国家有关规定给予表彰奖励。

第二章 铁路建设质量安全

第八条 铁路建设工程的勘察、设计、施工、监理以及建设物资、设备的采购，应当依法进行招标。

第九条 从事铁路建设工程勘察、设计、施工、监理活动的单位应当依法取得相应资质，并在其资质等级许可的范围内从事铁路工程建设活动。

第十条 铁路建设单位应当选择具备相应资质等级的勘察、设计、施工、监理单位进行工程建设，并对建设工程的质量安全进行监督检查，制作检查记录留存备查。

第十一条 铁路建设工程的勘察、设计、施工、监理应当遵守法律、行政法规关于建设工程质量和安全管理的规定，执行国家标准、行业标准和技术规范。

铁路建设工程的勘察、设计、施工单位依法对勘察、设计、施工的质量负责，监理单位依法对施工质量承担监理责任。

高速铁路和地质构造复杂的铁路建设工程实行工程地质勘察监理制度。

第十二条 铁路建设工程的安全设施应当与主体工程同时设计、同时施工、同时投入使用。安全设施投资应当纳入建设项目概算。

第十三条 铁路建设工程使用的材料、构件、设备等产品，应当符合有关产品质量的强制性国家标准、行业标准。

第十四条 铁路建设工程的建设工期，应当根据工程地质条件、技术复杂程度等因素，按照国家标准、行业标准和技术规范合理确定、调整。

任何单位和个人不得违反前款规定要求铁路建设、设计、施工单位压缩建设工期。

第十五条 铁路建设工程竣工，应当按照国家有关规定组织验收，并由铁路运输企业进行运营安全评估。经验收、评估合格，符合运营安全要求的，方可投入运营。

第十六条 在铁路线路及其邻近区域进行铁路建设工程施工，应当执行铁路营业线施工安全管理规定。铁路建设单位应当会同相关铁路运输企业和工程设计、施工单位制定安全施工方案，按照方案进行施工。施工完毕应当及时清理现场，不得影响铁路运营安全。

第十七条 新建、改建设计开行时速120公里以上列车的铁路或者设计运输量达到国务院铁路行业监督管理部门规定的较大运量标准的铁路，需要与道路交叉的，应当设置立体交叉设施。

新建、改建高速公路、一级公路或者城市道路中的快速路，需要与铁路交叉的，应当设置立体交叉设施，并优先选择下穿铁路的方案。

已建成的属于前两款规定情形的铁路、道路为平面交叉的，应当逐步改造为立体交叉。

新建、改建高速铁路需要与普通铁路、道路、渡槽、管线等设施交叉的，应当优先选择高速铁路上跨方案。

第十八条 设置铁路与道路立体交叉设施及其附属安全设施所需费用的承担，按照下列原则确定：

（一）新建、改建铁路与既有道路交叉的，由铁路方承担建设费用；道路方要求超过既有道路建设标准建设所增加的费用，由道路方承担；

（二）新建、改建道路与既有铁路交叉的，由道路方承担建设费用；铁路方要求超过既有铁路线路建设标准建设所增加的费用，由铁路方承担；

（三）同步建设的铁路和道路需要设置立体交叉设

施以及既有铁路道口改造为立体交叉的,由铁路方和道路方按照公平合理的原则分担建设费用。

第十九条 铁路与道路立体交叉设施及其附属安全设施竣工验收合格后,应当按照国家有关规定移交有关单位管理、维护。

第二十条 专用铁路、铁路专用线需要与公用铁路网接轨的,应当符合国家有关铁路建设、运输的安全管理规定。

第三章 铁路专用设备质量安全

第二十一条 设计、制造、维修或者进口新型铁路机车车辆,应当符合国家标准、行业标准,并分别向国务院铁路行业监督管理部门申请领取型号合格证、制造许可证、维修许可证或者进口许可证,具体办法由国务院铁路行业监督管理部门制定。

铁路机车车辆的制造、维修、使用单位应当遵守有关产品质量的法律、行政法规以及国家其他有关规定,确保投入使用的机车车辆符合安全运营要求。

第二十二条 生产铁路道岔及其转辙设备、铁路信号控制软件和控制设备、铁路通信设备、铁路牵引供电设备的企业,应当符合下列条件并经国务院铁路行业监督管理部门依法审查批准:

(一)有按照国家标准、行业标准检测、检验合格的专业生产设备;

(二)有相应的专业技术人员;

(三)有完善的产品质量保证体系和安全管理制度;

(四)法律、行政法规规定的其他条件。

第二十三条 铁路机车车辆以外的直接影响铁路运输安全的铁路专用设备,依法应当进行产品认证的,经认证合格方可出厂、销售、进口、使用。

第二十四条 用于危险化学品和放射性物品运输的铁路罐车、专用车辆以及其他容器的生产和检测、检验,依照有关法律、行政法规的规定执行。

第二十五条 用于铁路运输的安全检测、监控、防护设施设备,集装箱和集装化用具等运输器具,专用装卸机械、索具、篷布、装载加固材料或者装置,以及运输包装、货物装载加固等,应当符合国家标准、行业标准和技术规范。

第二十六条 铁路机车车辆以及其他铁路专用设备存在缺陷,即由于设计、制造、标识等原因导致同一批次、型号或者类别的铁路专用设备普遍存在不符合保障人身、财产安全的国家标准、行业标准的情形或者其他危及人身、财产安全的不合理危险的,应当立即停止生产、销售、进口、使用;设备制造者应当召回缺陷产品,采取措施消除缺陷。具体办法由国务院铁路行业监督管理部门制定。

第四章 铁路线路安全

第二十七条 铁路线路两侧应当设立铁路线路安全保护区。铁路线路安全保护区的范围,从铁路线路路堤坡脚、路堑坡顶或者铁路桥梁(含铁路、道路两用桥,下同)外侧起向外的距离分别为:

(一)城市市区高速铁路为 10 米,其他铁路为 8 米;

(二)城市郊区居民居住区高速铁路为 12 米,其他铁路为 10 米;

(三)村镇居民居住区高速铁路为 15 米,其他铁路为 12 米;

(四)其他地区高速铁路为 20 米,其他铁路为 15 米。

前款规定距离不能满足铁路运输安全保护需要的,由铁路建设单位或者铁路运输企业提出方案,铁路监督管理机构或者县级以上地方人民政府依照本条第三款规定程序划定。

在铁路用地范围内划定铁路线路安全保护区的,由铁路监督管理机构组织铁路建设单位或者铁路运输企业划定并公告。在铁路用地范围外划定铁路线路安全保护区的,由县级以上地方人民政府根据保障铁路运输安全和节约用地的原则,组织有关铁路监督管理机构、县级以上地方人民政府国土资源等部门划定并公告。

铁路线路安全保护区与公路建筑控制区、河道管理范围、水利工程管理和保护范围、航道保护范围或者石油、电力以及其他重要设施保护区重叠的,由县级以上地方人民政府组织有关部门依照法律、行政法规的规定协商划定并公告。

新建、改建铁路的铁路线路安全保护区范围,应当自铁路建设工程初步设计批准之日起 30 日内,由县级以上地方人民政府依照本条例的规定划定并公告。铁路建设单位或者铁路运输企业应当根据工程竣工资料进行勘界,绘制铁路线路安全保护区平面图,并根据平面图设立标桩。

第二十八条 设计开行时速 120 公里以上列车的铁路应当实行全封闭管理。铁路建设单位或者铁路运输企业应当按照国务院铁路行业监督管理部门的规定在铁路用地范围内设置封闭设施和警示标志。

第二十九条 禁止在铁路线路安全保护区内烧荒、放养牲畜、种植影响铁路线路安全和行车瞭望的树木等植物。

禁止向铁路线路安全保护区排污、倾倒垃圾以及其他危害铁路安全的物质。

第三十条 在铁路线路安全保护区内建造建筑物、构筑物等设施，取土、挖砂、挖沟、采空作业或者堆放、悬挂物品，应当征得铁路运输企业同意并签订安全协议，遵守保证铁路安全的国家标准、行业标准和施工安全规范，采取措施防止影响铁路运输安全。铁路运输企业应当派员对施工现场实行安全监督。

第三十一条 铁路线路安全保护区内既有的建筑物、构筑物危及铁路运输安全的，应当采取必要的安全防护措施；采取安全防护措施后仍不能保证安全的，依照有关法律的规定拆除。

拆除铁路线路安全保护区内的建筑物、构筑物，清理铁路线路安全保护区内的植物，或者对他人在铁路线路安全保护区内已依法取得的采矿权等合法权利予以限制，给他人造成损失的，应当依法给予补偿或者采取必要的补救措施。但是，拆除非法建设的建筑物、构筑物的除外。

第三十二条 在铁路线路安全保护区及其邻近区域建造或者设置的建筑物、构筑物、设备等，不得进入国家规定的铁路建筑限界。

第三十三条 在铁路线路两侧建造、设立生产、加工、储存或者销售易燃、易爆或者放射性物品等危险物品的场所、仓库，应当符合国家标准、行业标准规定的安全防护距离。

第三十四条 在铁路线路两侧从事采矿、采石或者爆破作业，应当遵守有关采矿和民用爆破的法律法规，符合国家标准、行业标准和铁路安全保护要求。

在铁路线路路堤坡脚、路堑坡顶、铁路桥梁外侧起向外各1000米范围内，以及在铁路隧道上方中心线两侧各1000米范围内，确需从事露天采矿、采石或者爆破作业的，应当与铁路运输企业协商一致，依照有关法律法规的规定报县级以上地方人民政府有关部门批准，采取安全防护措施后方可进行。

第三十五条 高速铁路线路路堤坡脚、路堑坡顶或者铁路桥梁外侧起向外各200米范围内禁止抽取地下水。

在前款规定范围外，高速铁路线路经过的区域属于地面沉降区域，抽取地下水危及高速铁路安全的，应当设置地下水禁止开采区或者限制开采区，具体范围由铁路监督管理机构会同县级以上地方人民政府水行政主管部门提出方案，报省、自治区、直辖市人民政府批准并公告。

第三十六条 在电气化铁路附近从事排放粉尘、烟尘及腐蚀性气体的生产活动，超过国家规定的排放标准，危及铁路运输安全的，由县级以上地方人民政府有关部门依法责令整改，消除安全隐患。

第三十七条 任何单位和个人不得擅自在铁路桥梁跨越处河道上下游各1000米范围内围垦造田、拦河筑坝、架设浮桥或者修建其他影响铁路桥梁安全的设施。

因特殊原因确需在前款规定的范围内进行围垦造田、拦河筑坝、架设浮桥等活动的，应当进行安全论证，负责审批的机关在批准前应当征求有关铁路运输企业的意见。

第三十八条 禁止在铁路桥梁跨越处河道上下游的下列范围内采砂、淘金：

（一）跨河桥长500米以上的铁路桥梁，河道上游500米，下游3000米；

（二）跨河桥长100米以上不足500米的铁路桥梁，河道上游500米，下游2000米；

（三）跨河桥长不足100米的铁路桥梁，河道上游500米，下游1000米。

有关部门依法在铁路桥梁跨越处河道上下游划定的禁采范围大于前款规定的禁采范围的，按照划定的禁采范围执行。

县级以上地方人民政府水行政主管部门、国土资源主管部门应当按照各自职责划定禁采区域、设置禁采标志，制止非法采砂、淘金行为。

第三十九条 在铁路桥梁跨越处河道上下游各500米范围内进行疏浚作业，应当进行安全技术评价，有关河道、航道管理部门应当征求铁路运输企业的意见，确认安全或者采取安全技术措施后，方可批准进行疏浚作业。但是，依法进行河道、航道日常养护、疏浚作业的除外。

第四十条 铁路、道路两用桥由所在地铁路运输企业和道路管理部门或者道路经营企业定期检查、共同维护，保证桥梁处于安全的技术状态。

铁路、道路两用桥的墩、梁等共用部分的检测、维修由铁路运输企业和道路管理部门或者道路经营企业共同负责，所需费用按照公平合理的原则分担。

第四十一条 铁路的重要桥梁和隧道按照国家有关规定由中国人民武装警察部队负责守卫。

第四十二条 船舶通过铁路桥梁应当符合桥梁的通航净空高度并遵守航行规则。

桥区航标中的桥梁航标、桥柱标、桥梁水尺标由铁路运输企业负责设置、维护，水面航标由铁路运输企业负责设置，航道管理部门负责维护。

第四十三条 下穿铁路桥梁、涵洞的道路应当按照国家标准设置车辆通过限高、限宽标志和限高防护架。城市道路的限高、限宽标志由当地人民政府指定的部门设置并维护，公路的限高、限宽标志由公路管理部门设置并维护。限高防护架在铁路桥梁、涵洞、道路建设时设置，由铁路运输企业负责维护。

机动车通过下穿铁路桥梁、涵洞的道路，应当遵守限高、限宽规定。

下穿铁路涵洞的管理单位负责涵洞的日常管理、维护，防止淤塞、积水。

第四十四条 铁路线路安全保护区内的道路和铁路线路路堑上的道路、跨越铁路线路的道路桥梁，应当按照国家有关规定设置防止车辆以及其他物体进入、坠入铁路线路的安全防护设施和警示标志，并由道路管理部门或者道路经营企业维护、管理。

第四十五条 架设、铺设铁路信号和通信线路、杆塔应当符合国家标准、行业标准和铁路安全防护要求。铁路运输企业、为铁路运输提供服务的电信企业应当加强对铁路信号和通信线路、杆塔的维护和管理。

第四十六条 设置或者拓宽铁路道口、铁路人行过道，应当征得铁路运输企业的同意。

第四十七条 铁路与道路交叉的无人看守道口应当按照国家标准设置警示标志；有人看守道口应当设置移动栏杆、列车接近报警装置、警示灯、警示标志、铁路道口路段标线等安全防护设施。

道口移动栏杆、列车接近报警装置、警示灯等安全防护设施由铁路运输企业设置、维护；警示标志、铁路道口路段标线由铁路道口所在地的道路管理部门设置、维护。

第四十八条 机动车或者非机动车在铁路道口内发生故障或者装载物掉落的，应当立即将故障车辆或者掉落的装载物移至铁路道口停止线以外或者铁路线路最外侧钢轨 5 米以外的安全地点。无法立即移至安全地点的，应当立即报告铁路道口看守人员；在无人看守道口，应当立即在道口两端采取措施拦停列车，并就近通知铁路车站或者公安机关。

第四十九条 履带车辆等可能损坏铁路设施设备的车辆、物体通过铁路道口，应当提前通知铁路道口管理单位，在其协助、指导下通过，并采取相应的安全防护措施。

第五十条 在下列地点，铁路运输企业应当按照国家标准、行业标准设置易于识别的警示、保护标志：

（一）铁路桥梁、隧道的两端；

（二）铁路信号、通信光（电）缆的埋设、铺设地点；

（三）电气化铁路接触网、自动闭塞供电线路和电力贯通线路等电力设施附近易发生危险的地点。

第五十一条 禁止毁坏铁路线路、站台等设施设备和铁路路基、护坡、排水沟、防护林木、护坡草坪、铁路线路封闭网及其他铁路防护设施。

第五十二条 禁止实施下列危及铁路通信、信号设施安全的行为：

（一）在埋有地下光（电）缆设施的地面上方进行钻探、堆放重物、垃圾、焚烧物品、倾倒腐蚀性物质；

（二）在地下光（电）缆两侧各 1 米的范围内建造、搭建建筑物、构筑物等设施；

（三）在地下光（电）缆两侧各 1 米的范围内挖砂、取土；

（四）在过河光（电）缆两侧各 100 米的范围内挖砂、抛锚或者进行其他危及光（电）缆安全的作业。

第五十三条 禁止实施下列危害电气化铁路设施的行为：

（一）向电气化铁路接触网抛掷物品；

（二）在铁路电力线路导线两侧各 500 米的范围内升放风筝、气球等低空飘浮物体；

（三）攀登铁路电力线路杆塔或者在杆塔上架设、安装其他设施设备；

（四）在铁路电力线路杆塔、拉线周围 20 米范围内取土、打桩、钻探或者倾倒有害化学物品；

（五）触碰电气化铁路接触网。

第五十四条 县级以上各级人民政府及其有关部门、铁路运输企业应当依照地质灾害防治法律法规的规定，加强铁路沿线地质灾害的预防、治理和应急处理等工作。

第五十五条 铁路运输企业应当对铁路线路、铁路防护设施和警示标志进行经常性巡查和维护；对巡查中发现的安全问题应当立即处理，不能立即处理的应当及时报告铁路监督管理机构。巡查和处理情况应当记录留存。

第五章 铁路运营安全

第五十六条 铁路运输企业应当依照法律、行政法规和国务院铁路行业监督管理部门的规定，制定铁路运输安全管理制度，完善相关作业程序，保障铁路旅客和货物运输安全。

第五十七条 铁路机车车辆的驾驶人员应当参加国务院铁路行业监督管理部门组织的考试，考试合格方可上岗。具体办法由国务院铁路行业监督管理部门制定。

第五十八条 铁路运输企业应当加强铁路专业技术岗位和主要行车工种岗位从业人员的业务培训和安全培训,提高从业人员的业务技能和安全意识。

第五十九条 铁路运输企业应当加强运输过程中的安全防护,使用的运输工具、装载加固设备以及其他专用设施设备应当符合国家标准、行业标准和安全要求。

第六十条 铁路运输企业应当建立健全铁路设施设备的检查防护制度,加强对铁路设施设备的日常维护检修,确保铁路设施设备性能完好和安全运行。

铁路运输企业的从业人员应当按照操作规程使用、管理铁路设施设备。

第六十一条 在法定假日和传统节日等铁路运输高峰期或者恶劣气象条件下,铁路运输企业应当采取必要的安全应急管理措施,加强铁路运输安全检查,确保运输安全。

第六十二条 铁路运输企业应当在列车、车站等场所公告旅客、列车工作人员以及其他进站人员遵守的安全管理规定。

第六十三条 公安机关应当按照职责分工,维护车站、列车等铁路场所和铁路沿线的治安秩序。

第六十四条 铁路运输企业应当按照国务院铁路行业监督管理部门的规定实施火车票实名购买、查验制度。

实施火车票实名购买、查验制度的,旅客应当凭有效身份证件购票乘车;对车票所记载身份信息与所持身份证件或者真实身份不符的持票人,铁路运输企业有权拒绝其进站乘车。

铁路运输企业应当采取有效措施为旅客实名购票、乘车提供便利,并加强对旅客身份信息的保护。铁路运输企业工作人员不得窃取、泄露旅客身份信息。

第六十五条 铁路运输企业应当依照法律、行政法规和国务院铁路行业监督管理部门的规定,对旅客及其随身携带、托运的行李物品进行安全检查。

从事安全检查的工作人员应当佩戴安全检查标志,依法履行安全检查职责,并有权拒绝不接受安全检查的旅客进站乘车和托运行李物品。

第六十六条 旅客应当接受并配合铁路运输企业在车站、列车实施的安全检查,不得违法携带、夹带管制器具,不得违法携带、托运烟花爆竹、枪支弹药等危险物品或者其他违禁物品。

禁止或者限制携带的物品种类及其数量由国务院铁路行业监督管理部门会同公安机关规定,并在车站、列车等场所公布。

第六十七条 铁路运输托运人托运货物、行李、包裹,不得有下列行为:

(一)匿报、谎报货物品名、性质、重量;

(二)在普通货物中夹带危险货物,或者在危险货物中夹带禁止配装的货物;

(三)装车、装箱超过规定重量。

第六十八条 铁路运输企业应当对承运的货物进行安全检查,并不得有下列行为:

(一)在非危险货物办理站办理危险货物承运手续;

(二)承运未接受安全检查的货物;

(三)承运不符合安全规定、可能危害铁路运输安全的货物。

第六十九条 运输危险货物应当依照法律法规和国家其他有关规定使用专用的设施设备,托运人应当配备必要的押运人员和应急处理器材、设备以及防护用品,并使危险货物始终处于押运人员的监管之下;危险货物发生被盗、丢失、泄漏等情况,应当按照国家有关规定及时报告。

第七十条 办理危险货物运输业务的工作人员和装卸人员、押运人员,应当掌握危险货物的性质、危害特性、包装容器的使用特性和发生意外的应急措施。

第七十一条 铁路运输企业和托运人应当按照操作规程包装、装卸、运输危险货物,防止危险货物泄漏、爆炸。

第七十二条 铁路运输企业和托运人应当依照法律法规和国家其他有关规定包装、装载、押运特殊药品,防止特殊药品在运输过程中被盗、被劫或者发生丢失。

第七十三条 铁路管理信息系统及其设施的建设和使用,应当符合法律法规和国家其他有关规定的安全技术要求。

铁路运输企业应当建立网络与信息安全应急保障体系,并配备相应的专业技术人员负责网络和信息系统的安全管理工作。

第七十四条 禁止使用无线电台(站)以及其他仪器、装置干扰铁路运营指挥调度无线电频率的正常使用。

铁路运营指挥调度无线电频率受到干扰的,铁路运输企业应当立即采取排查措施并报告无线电管理机构、铁路监管部门;无线电管理机构、铁路监管部门应当依法排除干扰。

第七十五条 电力企业应当依法保障铁路运输所需电力的持续供应,并保证供电质量。

铁路运输企业应当加强用电安全管理,合理配置供电电源和应急自备电源。

遇有特殊情况影响铁路电力供应的,电力企业和铁路运输企业应当按照各自职责及时组织抢修,尽快恢复正常供电。

第七十六条 铁路运输企业应当加强铁路运营食品安全管理,遵守有关食品安全管理的法律法规和国家其他有关规定,保证食品安全。

第七十七条 禁止实施下列危害铁路安全的行为:

(一)非法拦截列车、阻断铁路运输;

(二)扰乱铁路运输指挥调度机构以及车站、列车的正常秩序;

(三)在铁路线路上放置、遗弃障碍物;

(四)击打列车;

(五)擅自移动铁路线路上的机车车辆,或者擅自开启列车车门、违规操纵列车紧急制动设备;

(六)拆盗、损毁或者擅自移动铁路设施设备、机车车辆配件、标桩、防护设施和安全标志;

(七)在铁路线路上行走、坐卧或者在未设道口、人行过道的铁路线路上通过;

(八)擅自进入铁路线路封闭区域或者在未设置行人通道的铁路桥梁、隧道通行;

(九)擅自开启、关闭列车的货车阀、盖或者破坏施封状态;

(十)擅自开启列车中的集装箱箱门、破坏箱体、阀、盖或者施封状态;

(十一)擅自松动、拆解、移动列车中的货物装载加固材料、装置和设备;

(十二)钻车、扒车、跳车;

(十三)从列车上抛扔杂物;

(十四)在动车组列车上吸烟或者在其他列车的禁烟区域吸烟;

(十五)强行登乘或者以拒绝下车等方式强占列车;

(十六)冲击、堵塞、占用进出站通道或者候车区、站台。

第六章 监督检查

第七十八条 铁路监管部门应当对从事铁路建设、运输、设备制造维修的企业执行本条例的情况实施监督检查,依法查处违反本条例规定的行为,依法组织或者参与铁路安全事故的调查处理。

铁路监管部门应当建立企业违法行为记录和公告制度,对违反本条例被依法追究法律责任的从事铁路建设、运输、设备制造维修的企业予以公布。

第七十九条 铁路监管部门应当加强对铁路运输高峰期和恶劣气象条件下运输安全的监督管理,加强对铁路运输的关键环节、重要设施设备的安全状况以及铁路运输突发事件应急预案的建立和落实情况的监督检查。

第八十条 铁路监管部门和县级以上人民政府安全生产监督管理部门应当建立信息通报制度和运输安全生产协调机制。发现重大安全隐患,铁路运输企业难以自行排除的,应当及时向铁路监管部门和有关地方人民政府报告。地方人民政府获悉铁路沿线有危及铁路运输安全的重要情况,应当及时通报有关的铁路运输企业和铁路监管部门。

第八十一条 铁路监管部门发现安全隐患,应当责令有关单位立即排除。重大安全隐患排除前或者排除过程中无法保证安全的,应当责令从危险区域内撤出人员、设备,停止作业;重大安全隐患排除后方可恢复作业。

第八十二条 实施铁路安全监督检查的人员执行监督检查任务时,应当佩戴标志或者出示证件。任何单位和个人不得阻碍、干扰安全监督检查人员依法履行安全检查职责。

第七章 法律责任

第八十三条 铁路建设单位和铁路建设的勘察、设计、施工、监理单位违反本条例关于铁路建设质量安全管理的规定的,由铁路监管部门依照有关工程建设、招标投标管理的法律、行政法规的规定处罚。

第八十四条 铁路建设单位未对高速铁路和地质构造复杂的铁路建设工程实行工程地质勘察监理,或者在铁路线路及其邻近区域进行铁路建设工程施工不执行铁路营业线施工安全管理规定,影响铁路运营安全的,由铁路监管部门责令改正,处10万元以上50万元以下的罚款。

第八十五条 依法应当进行产品认证的铁路专用设备未经认证合格,擅自出厂、销售、进口、使用的,依照《中华人民共和国认证认可条例》的规定处罚。

第八十六条 铁路机车车辆以及其他专用设备制造者未按规定召回缺陷产品,采取措施消除缺陷的,由国务院铁路行业监督管理部门责令改正;拒不改正的,处缺陷产品货值金额1%以上10%以下的罚款;情节严重的,由国务院铁路行业监督管理部门吊销相应的许可证件。

第八十七条 有下列情形之一的,由铁路监督管理机构责令改正,处2万元以上10万元以下的罚款:

(一)用于铁路运输的安全检测、监控、防护设施设备,集装箱和集装化用具等运输器具、专用装卸机械、索具、篷布、装载加固材料或者装置、运输包装、货物装载加固等，不符合国家标准、行业标准和技术规范；

（二）不按照国家有关规定和标准设置、维护铁路封闭设施、安全防护设施；

（三）架设、铺设铁路信号和通信线路、杆塔不符合国家标准、行业标准和铁路安全防护要求，或者未对铁路信号和通信线路、杆塔进行维护和管理；

（四）运输危险货物不依照法律法规和国家其他有关规定使用专用的设施设备。

第八十八条 在铁路线路安全保护区内烧荒、放养牲畜、种植影响铁路线路安全和行车瞭望的树木等植物，或者向铁路线路安全保护区排污、倾倒垃圾以及其他危害铁路安全的物质的，由铁路监督管理机构责令改正，对单位可以处5万元以下的罚款，对个人可以处2000元以下的罚款。

第八十九条 未经铁路运输企业同意或者未签订安全协议，在铁路线路安全保护区内建造建筑物、构筑物等设施，取土、挖砂、挖沟、采空作业或者堆放、悬挂物品，或者违反保证铁路安全的国家标准、行业标准和施工安全规范，影响铁路运输安全的，由铁路监督管理机构责令改正，可以处10万元以下的罚款。

铁路运输企业未派员对铁路线路安全保护区内施工现场进行安全监督的，由铁路监督管理机构责令改正，可以处3万元以下的罚款。

第九十条 在铁路线路安全保护区及其邻近区域建造或者设置的建筑物、构筑物、设备等进入国家规定的铁路建筑限界，或者在铁路线路两侧建造、设立生产、加工、储存或者销售易燃、易爆或者放射性物品等危险物品的场所、仓库不符合国家标准、行业标准规定的安全防护距离的，由铁路监督管理机构责令改正，对单位处5万元以上20万元以下的罚款，对个人处1万元以上5万元以下的罚款。

第九十一条 有下列行为之一的，分别由铁路沿线所在地县级以上地方人民政府水行政主管部门、国土资源主管部门或者无线电管理机构等依照有关水资源管理、矿产资源管理、无线电管理等法律、行政法规的规定处罚：

（一）未经批准在铁路线路两侧各1000米范围内从事露天采矿、采石或者爆破作业的；

（二）在地下水禁止开采区或者限制开采区抽取地下水；

（三）在铁路桥梁跨越处河道上下游各1000米范围内围垦造田、拦河筑坝、架设浮桥或者修建其他影响铁路桥梁安全的设施；

（四）在铁路桥梁跨越处河道上下游禁止采砂、淘金的范围内采砂、淘金；

（五）干扰铁路运营指挥调度无线电频率正常使用。

第九十二条 铁路运输企业、道路管理部门或者道路经营企业未履行铁路、道路两用桥检查、维护职责的，由铁路监督管理机构或者上级道路管理部门责令改正；拒不改正的，由铁路监督管理机构或者上级道路管理部门指定其他单位进行养护和维修，养护和维修费用由拒不履行义务的铁路运输企业、道路管理部门或者道路经营企业承担。

第九十三条 机动车通过下穿铁路桥梁、涵洞的道路未遵守限高、限宽规定的，由公安机关依照道路交通安全管理法律、行政法规的规定处罚。

第九十四条 违反本条例第四十八条、第四十九条关于铁路道口安全管理的规定的，由铁路监督管理机构责令改正，处1000元以上5000元以下的罚款。

第九十五条 违反本条例第五十一条、第五十二条、第五十三条、第七十七条规定的，由公安机关责令改正，对单位处1万元以上5万元以下的罚款，对个人处500元以上2000元以下的罚款。

第九十六条 铁路运输托运人托运货物、行李、包裹时匿报、谎报货物品名、性质、重量，或者装车、装箱超过规定重量的，由铁路监督管理机构责令改正，可以处2000元以下的罚款；情节较重的，处2000元以上2万元以下的罚款；将危险化学品谎报或者匿报为普通货物托运的，处10万元以上20万元以下的罚款。

铁路运输托运人在普通货物中夹带危险货物，或者在危险货物中夹带禁止配装的货物的，由铁路监督管理机构责令改正，处3万元以上20万元以下的罚款。

第九十七条 铁路运输托运人运输危险货物未配备必要的应急处理器材、设备、防护用品，或者未按照操作规程包装、装卸、运输危险货物的，由铁路监督管理机构责令改正，处1万元以上5万元以下的罚款。

第九十八条 铁路运输托运人运输危险货物不按照规定配备必要的押运人员，或者发生危险货物被盗、丢失、泄漏等情况不按照规定及时报告的，由公安机关责令改正，处1万元以上5万元以下的罚款。

第九十九条 旅客违法携带、夹带管制器具或者违法携带、托运烟花爆竹、枪支弹药等危险物品或者其他违禁物品的，由公安机关依法给予治安管理处罚。

第一百条 铁路运输企业有下列情形之一的，由铁路监管部门责令改正，处 2 万元以上 10 万元以下的罚款：

（一）在非危险货物办理站办理危险货物承运手续的；

（二）承运未接受安全检查的货物的；

（三）承运不符合安全规定、可能危害铁路运输安全的货物的；

（四）未按照操作规程包装、装卸、运输危险货物的。

第一百零一条 铁路监管部门及其工作人员应当严格按照本条例规定的处罚种类和幅度，根据违法行为的性质和具体情节行使行政处罚权，具体办法由国务院铁路行业监督管理部门制定。

第一百零二条 铁路运输企业工作人员窃取、泄露旅客身份信息的，由公安机关依法处罚。

第一百零三条 从事铁路建设、运输、设备制造维修的单位违反本条例规定，对直接负责的主管人员和其他直接责任人员依法给予处分。

第一百零四条 铁路监管部门及其工作人员不依照本条例规定履行职责的，对负有责任的领导人员和直接责任人员依法给予处分。

第一百零五条 违反本条例规定，给铁路运输企业或者其他单位、个人财产造成损失的，依法承担民事责任。

违反本条例规定，构成违反治安管理行为的，由公安机关依法给予治安管理处罚；构成犯罪的，依法追究刑事责任。

第八章 附 则

第一百零六条 专用铁路、铁路专用线的安全管理参照本条例的规定执行。

第一百零七条 本条例所称高速铁路，是指设计开行时速 250 公里以上（含预留），并且初期运营时速 200 公里以上的客运列车专线铁路。

第一百零八条 本条例自 2014 年 1 月 1 日起施行。2004 年 12 月 27 日国务院公布的《铁路运输安全保护条例》同时废止。

铁路旅客运输安全检查管理办法

·2023 年 12 月 1 日第 27 次部务会议通过
·2023 年 12 月 17 日中华人民共和国交通运输部令第 21 号公布
·自 2024 年 2 月 1 日起施行

第一章 总 则

第一条 为了保障铁路旅客运输安全和人身财产安全，加强和规范铁路旅客运输安全检查工作，根据《中华人民共和国反恐怖主义法》《中华人民共和国铁路法》《铁路安全管理条例》等法律、行政法规，制定本办法。

第二条 本办法适用于中华人民共和国境内的铁路旅客运输安全检查工作。

第三条 本办法所称铁路旅客运输安全检查，是指铁路运输企业在车站、乘降所、旅客列车对旅客及其随身携带、托运的物品进行禁限物品检查的活动。

本办法所称禁限物品，是指国家铁路局会同公安部规定并公布的《铁路旅客禁止、限制携带和托运物品目录》中的物品。

第四条 铁路运输企业应当在企业网站、车站和旅客列车内通过多种方式公告《铁路旅客禁止、限制携带和托运物品目录》，宣传铁路禁止、限制携带和托运物品等规定。

第五条 国家铁路局负责全国铁路旅客运输安全检查的监督管理工作。地区铁路监督管理局负责辖区内铁路旅客运输安全检查的监督管理工作。

国家铁路局和地区铁路监督管理局统称铁路监管部门。

第二章 基本要求

第六条 铁路运输企业是铁路旅客运输安全检查的责任主体，应当按照法律、行政法规、规章规定，组织实施铁路旅客运输安全检查工作，保障资金投入，制定管理制度，完善作业程序，落实作业标准，确保旅客运输安全。

不同铁路运输企业之间应当实现安全检查互认。铁路运输企业与其他交通运输企业实现安全检查互认或者单向认可的，按照双方约定办理。

第七条 铁路运输企业应当采取有效措施，加强车站安全管理，为安全检查提供必要的场地和作业条件，提供临时存放、专门处置禁限物品的场所。

禁限物品临时存放场所应当远离候车室等人员密集区域，设置灭火器材等相关设施。

第八条 铁路运输企业应当在高速铁路车站和普速铁路三等及以上车站配备安全检查仪、通过式金属探测门、手持式金属探测器、液体检测仪、防爆罐、防爆毯等设备；其他车站根据实际配备安全检查仪或者手持式金属探测器等设备。

在不具备站场封闭条件的乘降所办理乘降作业的旅客列车应当配备手持式金属探测器。

第九条 铁路运输企业使用的安全检查设备应当符合国家标准、行业标准和安全、环保等要求，不得使用应当淘汰的危及生产安全和人身安全的安全检查设备。

铁路运输企业应当加强安全检查设备经常性维护、保养，按照规定进行定期检测，保障其性能稳定、运行安全。未经检测合格的安全检查设备不得用于铁路旅客运输安全检查工作。

第十条 铁路运输企业安装的视频监控设备应当覆盖车站安全检查区域，并保障设备正常运行。采集的视频图像信息保存期限应当符合法律、行政法规的规定。

第十一条 铁路运输企业应当在车站和旅客列车根据安全检查需要，配备必要的安全检查人员。

在配有安全检查仪的车站应当配备值机、手检、处置等安全检查人员。

在不具备站场封闭条件的乘降所办理乘降作业的旅客列车，应当配备安全检查人员；仅在车站办理乘降作业的旅客列车，可以不配备安全检查人员。

第十二条 铁路运输企业应当对安全检查人员进行教育和培训，如实记录教育和培训情况。未经教育和培训合格的人员，不得上岗作业。对不适合继续从事安全检查工作的人员，铁路运输企业应当及时将其调离安全检查工作岗位。

安全检查人员应当具备禁限物品识别和处置、安全检查设备操作、放射性防护等必要的专业知识，熟悉有关规章制度和操作规程，掌握本岗位的操作技能和应急处理措施。

第十三条 从事安全检查的人员应当统一着装，佩戴安全检查标志，依法履行安全检查职责，爱惜被检查的物品。

严禁非安全检查人员操作安全检查设备。

第十四条 铁路运输企业应当为安全检查人员提供必要的健康保护，值机人员连续值机工作时间和再次值机间隔时间应当有利于保护身体健康，有利于提高安全检查工作质量和效率。

第十五条 铁路运输企业应当结合铁路旅客运输安全检查实际，针对客流高峰、恶劣气象及设备故障等突发情况，制定有效的应急预案或者应急措施，并定期实施应急演练。

第十六条 铁路运输企业应当积极推进安全检查工作信息化、数字化、智能化建设，逐步提升安全检查工作质量和效率，为旅客出行提供便利。

第十七条 旅客应当接受并配合铁路运输企业依法开展的安全检查工作。旅客随身携带和托运物品应当遵守国家禁止或者限制运输的相关规定，不得夹带国家规定的危险物品或者其他违禁物品。

旅客不接受或者拒绝配合安全检查，或者不听从铁路运输企业工作人员劝阻，坚持携带、夹带禁止或者超过规格、数量限制随身携带的物品的，铁路运输企业应当拒绝运输。

依照法律、行政法规和国家铁路局的规定可以免检的物品和人员，从其规定。

第三章 安全检查实施

第十八条 铁路运输企业应当对旅客及其随身携带或者托运的物品进行安全检查。旅客及其随身携带或者托运的物品应当经安全检查设备检查。

旅客随身携带或者托运的物品因尺寸、形状、重量等原因无法经安全检查设备检查的，应当实施人工检查。人工检查应当在视频监控设备覆盖的场所实施。

第十九条 对旅客进行人身检查时，应当依法保障旅客合法权益不受侵害。对女性旅客进行人身检查，应当由女性安全检查人员实施。

第二十条 安全检查人员发现可疑物品时应当实施人工检查。人工检查时，一般由旅客自行出示携带或者托运物品，必要时可以由安全检查人员检查，但旅客应当在场。

安全检查人员认为不适合公开检查或者旅客申明不宜公开检查的，可以根据实际，移至适当场合检查。

第二十一条 铁路运输企业应当根据实际及时调整车站安全检查通道的开放数量，确保旅客进站畅通，日常旅客安全检查等候一般不超过5分钟。

第二十二条 对在不具备站场封闭条件的乘降所上车的人员，旅客列车上的安全检查人员应当对其及其携带物品进行安全检查。

对已经在车站通过安全检查的人员，旅客列车上的安全检查人员可以对其及其携带物品进行必要的安全检查。

对实施安全检查的旅客列车，铁路运输企业应当加强日常安全管理，指定专人组织实施安全检查，对发现的可疑物品及时检查处置。

第二十三条 铁路运输企业应当为老幼病残孕旅客提供安全检查优先服务，对不能通过安全检查仪的婴儿车、轮椅等物品实施人工检查。

第二十四条 随视力残疾旅客进站乘车的导盲犬应当接受安全检查。导盲犬接受安全检查前，铁路运输企业应当提醒旅客协助控制好导盲犬，为其佩戴防咬人装置。

第二十五条 铁路运输企业应当采取有效措施，确保已安全检查区域与未安全检查区域分区隔离。旅客临时离开已安全检查区域，返回时应当重新接受安全检查。

对未离开已安全检查区域的中转换乘旅客，铁路运输企业可以不再对其及其随身携带物品实施安全检查。

第二十六条　鼓励铁路与城市轨道交通、民航、道路、水路等有序衔接，在综合客运枢纽设置封闭、连续的联运旅客换乘通道，签订合作协议，明确合作事项，完善设施设备，优化换乘流程，界定各方责任，实现安全检查互认。

第二十七条　对及时发现旅客携带禁止或者超过规格、数量限制随身携带的物品，或者托运禁止托运的物品，有效避免、减少旅客运输安全事故的单位和个人，依法给予表彰奖励。

第四章　禁限物品处理

第二十八条　安全检查中发现旅客携带禁止或者超过规格、数量限制随身携带的物品，或者托运禁止托运的物品时，安全检查人员应当向旅客告知铁路旅客运输安全检查有关规定。

第二十九条　安全检查中发现旅客托运和随身携带枪支子弹、爆炸物品、管制器具、易燃易爆物品、毒害品、腐蚀性物品、放射性物品、感染性物质，或者旅客声称本人托运和随身携带上述禁限物品的，铁路运输企业应当按照法律、行政法规、规章的规定采取必要的先期处置措施；涉嫌违反治安管理或者犯罪的，及时报告公安机关。

鞭炮、发令纸、摔炮、拉炮等爆炸物品应当按照规定处理。

旅客自弃物品中发现上述禁限物品的，铁路运输企业应当按照本条第一款规定处理。

第三十条　车站安全检查中发现旅客随身携带属于禁止随身携带但可以托运的物品，或者超过规格、数量限制随身携带的物品，可以由旅客选择交送行人员带回、办理托运、交车站保管或者自弃等方式处理。

第三十一条　旅客列车上发现禁止托运和随身携带的物品，或者超过规格、数量限制随身携带的物品时，应当妥善处置，并移交前方停车站。

第三十二条　铁路运输企业应当为旅客办理托运提供便利。对旅客办理托运的物品，铁路运输企业应当安排随旅客所乘列车或者就近列车运送。

对暂不具备办理托运条件的车站，鼓励铁路运输企业与快递企业合作，方便旅客寄递物品。

第三十三条　对旅客提出需要交车站保管的物品，车站应当为其提供保管服务，免费保管期限一般不超过3天。铁路运输企业与旅客另有约定的，按照其约定。

对旅客自弃、超过保管期限的物品，铁路运输企业应当按照国家规定及时处理；国家没有规定的，可以按照铁路运输企业规定或者铁路运输企业与旅客的约定及时处理。

第三十四条　对查获的枪支子弹、爆炸物品、管制器具、易燃易爆物品、毒害品、腐蚀性物品、放射性物品、感染性物质，铁路运输企业应当按照国家有关规定及时处理。

第三十五条　任何单位和个人严禁擅自调换、变卖、私拿私藏、私自处置安全检查发现或者旅客自弃的禁止托运和随身携带的物品以及超过规格、数量限制随身携带的物品。

第五章　监督管理

第三十六条　铁路监管部门应当对铁路旅客运输安全检查工作进行指导、检查和监督，并依法处理安全检查过程中发现的违法违规行为。

第三十七条　铁路监管部门应当积极处理有关安全检查的投诉举报，加强对铁路运输企业落实旅客运输安全检查管理制度、规范操作安全检查设备、安全检查知识培训，以及识别、发现和处置禁限物品等情况的监督检查。

第三十八条　铁路运输企业应当积极配合铁路监管部门依法履行监督检查职责，不得拒绝、阻挠。

第六章　法律责任

第三十九条　在安全检查过程中，发生殴打、辱骂安全检查人员，冲闯、堵塞安全检查通道，破坏、损毁、占用安全检查设备、场地等扰乱安全检查工作秩序、妨碍安全检查人员正常工作行为的，铁路运输企业应当予以制止；发生涉嫌违反治安管理行为或者犯罪行为的，及时报告公安机关。

第四十条　铁路运输企业未提供安全检查场地和作业条件，或者未提供临时存放、专门处置禁限物品场所的，由铁路监管部门责令限期改正，处1万元以下的罚款；逾期未改正的，处1万元以上3万元以下的罚款。

第四十一条　铁路运输企业有下列行为之一的，由铁路监管部门依照《中华人民共和国安全生产法》第九十九条规定处理：

（一）安全检查设备的使用、检测不符合国家标准或者行业标准的；

（二）未对安全检查设备进行经常性维护、保养和定期检测的；

（三）使用应当淘汰的危及生产安全和人身安全的安全检查设备的。

第四十二条 铁路运输企业有下列行为之一的，由铁路监管部门依照《中华人民共和国安全生产法》第九十七条规定处理：

（一）未对安全检查人员进行教育和培训的；

（二）未如实记录教育和培训情况的。

第四十三条 旅客托运行李时匿报、谎报物品品名、性质、重量的，由地区铁路监督管理局依照《铁路安全管理条例》第九十六条规定处理。

第四十四条 铁路运输企业拒不配合铁路监管部门对旅客运输安全检查依法开展监督管理等安全防范工作的，由铁路监管部门依照《中华人民共和国反恐怖主义法》第九十一条规定处理。

第四十五条 铁路运输企业及其工作人员违反本办法其他有关安全检查管理规定的，铁路监管部门应当责令改正。

第四十六条 铁路运输企业因安全检查工作损毁旅客物品的，依法承担民事责任。

旅客违法携带、夹带或者托运时夹带禁限物品，将禁止托运的物品匿报、谎报为其他物品托运，造成人身伤害或者财产损失的，依法承担民事责任。

第四十七条 铁路监管部门的工作人员对旅客运输安全检查情况实施监督检查、处理投诉举报时，应当恪尽职守、廉洁自律、秉公执法。对失职、渎职的，依法给予处分；构成犯罪的，依法追究刑事责任。

第七章 附 则

第四十八条 在特定区域、特定时间，需要提升铁路旅客运输安全检查查控标准的，按照国家有关部门或者国家铁路局有关规定执行。

第四十九条 铁路运输企业应当对其他进站人员及其随身携带的物品实施安全检查。

铁路运输企业应当对进入车站已安全检查区域内商铺的商品进行安全检查，车站已安全检查区域内和旅客列车上不得销售禁止和超过规格、数量限制随身携带的物品。

第五十条 具备站场封闭条件的乘降所、实施安全检查的铁路无轨站的安全检查工作，按照本办法执行。

第五十一条 随旅客列车运输包裹的安全检查工作，参照本办法执行。

第五十二条 本办法自2024年2月1日起施行。

交通运输部于2014年12月8日以交通运输部令2014年第21号公布的《铁路旅客运输安全检查管理办法》同时废止。

铁路安全生产违法行为公告办法

· 2015年5月19日
· 国铁安监〔2015〕20号

第一条 为规范铁路安全监管行为，促进生产经营单位依法守信，强化社会监督，依据《安全生产法》、《铁路安全管理条例》等法律法规和相关规定，制定本办法。

第二条 国家铁路局及地区铁路监督管理局(以下统称铁路监管部门)依法履职过程中，如实记录生产经营单位涉及铁路安全的违法行为信息，并建立信息库；对违法行为情节严重的，向社会公告，并将公告信息通报该生产经营单位的上级单位和相关主管部门。

第三条 铁路监管部门应当坚持职权法授、程序法定、行为法限、责任法究，认真履行监督检查、行政处罚、事故调查、处理投诉举报等职责，对相关生产经营单位违法行为公告应当做到公平公正、客观真实，并主动接受社会监督。

第四条 违法行为公告工作中涉及国家秘密、商业秘密、个人隐私的内容不得公开。但经权利人同意公开或者铁路监管部门认为不公开可能对公共利益造成重大影响的涉及商业秘密、个人隐私的内容，可以公开。

第五条 国家铁路局政府网站设铁路安全生产违法行为公告平台。对生产经营单位的下列违法行为信息，由国家铁路局、各地区铁路监督管理局按照"谁执法、谁公告"的原则进行公告。

（一）因违法行为造成铁路交通较大及以上事故的，应当于事故结案20个工作日内，向社会公告违法单位名称、违法行为、处理情况、处理依据和实施机关等。

（二）受到行政处罚的，应当于处罚结案20个工作日内，向社会公告违法单位名称、违法行为、处罚决定、处罚依据和处罚实施机关等。

（三）在监督检查中或者处理投诉举报中发现的情节严重的违法行为，经核实无误的，应当定期向社会公告违法单位名称、违法行为、处理情况、处理依据和实施机关等。

（四）对于法律法规或国家规定公告的其他事项，依照其规定进行公告。

第六条 被公告的生产经营单位认为公告信息与实际处理决定内容不符的，可向实施公告的铁路监管部门提出书面更正意见，并提供相关证据。铁路监管部门接到书面材料后，应在20个工作日内核查完毕，将核查结果告知当事人，经核查应当更正的及时给予更正。铁路监管部门在作出答复前不停止对违法行为的公告。

第七条 违法行为公告期一般不少于半年。被公告的生产经营单位应当向实施公告的铁路监管部门报告整改情况。达到整改要求的，实施公告的铁路监管部门应当在公告期限届满后撤销违法行为公告信息。未达到整改要求的，继续保留公告信息，直至整改合格。

第八条 行政处罚决定被依法变更、撤销或者停止执行的，铁路监管部门应当及时对相关公告信息予以变更或者撤销，并在公告平台上予以声明。

第九条 按照国家安全生产诚信体系建设的有关规定，生产经营单位的违法行为符合国家管理的安全生产诚信"黑名单"不良行为的，由国家铁路局提报国务院安全生产委员会办公室，由其依法向社会公告；符合省级管理的安全生产诚信"黑名单"不良行为的，由地区铁路监督管理局提报违法生产经营单位所在地的省级地方人民政府安全生产委员会办公室，由其依法向社会公告。

第十条 铁路监管部门工作人员在生产经营单位违法行为公告信息制作、发布中有玩忽职守、弄虚作假或者徇私舞弊等行为的，由其所在单位或者上级主管机关予以通报批评，并依纪依法追究直接责任人和有关领导的责任；构成犯罪的，移送司法机关依法追究刑事责任。

第十一条 本办法自发布之日起施行。

最高人民法院关于审理铁路运输人身损害赔偿纠纷案件适用法律若干问题的解释

- 2010年1月4日最高人民法院审判委员会第1482次会议通过
- 根据2020年12月23日最高人民法院审判委员会第1823次会议通过的《最高人民法院关于修改〈最高人民法院关于在民事审判工作中适用〈中华人民共和国工会法〉若干问题的解释〉等二十七件民事类司法解释的决定》第一次修正
- 根据2021年11月24日最高人民法院审判委员会第1853次会议通过的《最高人民法院关于修改〈最高人民法院关于审理铁路运输人身损害赔偿纠纷案件适用法律若干问题的解释〉的决定》第二次修正
- 2021年12月8日最高人民法院公告公布

为正确审理铁路运输人身损害赔偿纠纷案件，依法维护各方当事人的合法权益，根据《中华人民共和国民法典》《中华人民共和国铁路法》《中华人民共和国民事诉讼法》等法律的规定，结合审判实践，就有关适用法律问题作如下解释：

第一条 人民法院审理铁路行车事故及其他铁路运营事故造成的铁路运输人身损害赔偿纠纷案件，适用本解释。

铁路运输企业在客运合同履行过程中造成旅客人身损害的赔偿纠纷案件，不适用本解释；与铁路运输企业建立劳动合同关系或者形成劳动关系的铁路职工在执行职务中发生的人身损害，依照有关调整劳动关系的法律规定及其他相关法律规定处理。

第二条 铁路运输人身损害的受害人以及死亡受害人的近亲属为赔偿权利人，有权请求赔偿。

第三条 赔偿权利人要求对方当事人承担侵权责任的，由事故发生地、列车最先到达地或者被告住所地铁路运输法院管辖。

前款规定的地区没有铁路运输法院的，由高级人民法院指定的其他人民法院管辖。

第四条 铁路运输造成人身损害的，铁路运输企业应当承担赔偿责任；法律另有规定的，依照其规定。

第五条 铁路行车事故及其他铁路运营事故造成人身损害，有下列情形之一的，铁路运输企业不承担赔偿责任：

（一）不可抗力造成的；

（二）受害人故意以卧轨、碰撞等方式造成的；

（三）法律规定铁路运输企业不承担赔偿责任的其他情形造成的。

第六条 因受害人的过错行为造成人身损害，依照法律规定应当由铁路运输企业承担赔偿责任的，根据受害人的过错程度可以适当减轻铁路运输企业的赔偿责任，并按照以下情形分别处理：

（一）铁路运输企业未充分履行安全防护、警示等义务，铁路运输企业承担事故主要责任的，应当在全部损害的百分之九十至百分之六十之间承担赔偿责任；铁路运输企业承担事故同等责任的，应当在全部损害的百分之六十至百分之五十之间承担赔偿责任；铁路运输企业承担事故次要责任的，应当在全部损害的百分之四十至百分之十之间承担赔偿责任；

（二）铁路运输企业已充分履行安全防护、警示等义务，受害人仍施以过错行为的，铁路运输企业应当在全部损害的百分之十以内承担赔偿责任。

铁路运输企业已充分履行安全防护、警示等义务，受害人不听从值守人员劝阻强行通过铁路平交道口、人行过道,或者明知危险后果仍然无视警示规定沿铁路线路纵向行走、坐卧故意造成人身损害,铁路运输企业不承担赔偿责任,但是有证据证明并非受害人故意造成损害的除外。

第七条 铁路运输造成无民事行为能力人人身损害的,铁路运输企业应当承担赔偿责任;监护人有过错的,按照过错程度减轻铁路运输企业的赔偿责任。

铁路运输造成限制民事行为能力人人身损害的,铁路运输企业应当承担赔偿责任;监护人或者受害人自身有过错的,按照过错程度减轻铁路运输企业的赔偿责任。

第八条 铁路机车车辆与机动车发生碰撞造成机动车驾驶人员以外的人人身损害的,由铁路运输企业与机动车一方对受害人承担连带赔偿责任。铁路运输企业与机动车一方之间的责任份额根据各自责任大小确定;难以确定责任大小的,平均承担责任。对受害人实际承担赔偿责任超出应当承担份额的一方,有权向另一方追偿。

铁路机车车辆与机动车发生碰撞造成机动车驾驶人员人身损害的,按照本解释第四条至第六条的规定处理。

第九条 在非铁路运输企业实行监护的铁路无人看守道口发生事故造成人身损害的,由铁路运输企业按照本解释的有关规定承担赔偿责任。道口管理单位有过错的,铁路运输企业对赔偿权利人承担赔偿责任后,有权向道口管理单位追偿。

第十条 对于铁路桥梁、涵洞等设施负有管理、维护等职责的单位,因未尽职责使该铁路桥梁、涵洞等设施不能正常使用,导致行人、车辆穿越铁路线路造成人身损害的,铁路运输企业按照本解释有关规定承担赔偿责任后,有权向该单位追偿。

第十一条 有权作出事故认定的组织依照《铁路交通事故应急救援和调查处理条例》等有关规定制作的事故认定书,经庭审质证,对于事故认定书所认定的事实,当事人没有相反证据和理由足以推翻的,人民法院应当作为认定事实的根据。

第十二条 在专用铁路及铁路专用线上因运输造成人身损害,依法应当由肇事工具或者设备的所有人、使用人或者管理人承担赔偿责任的,适用本解释。

第十三条 本院以前发布的司法解释与本解释不一致的,以本解释为准。

3. 道路交通运输安全

中华人民共和国道路交通安全法

- 2003年10月28日第十届全国人民代表大会常务委员会第五次会议通过
- 根据2007年12月29日第十届全国人民代表大会常务委员会第三十一次会议《关于修改〈中华人民共和国道路交通安全法〉的决定》第一次修正
- 根据2011年4月22日第十一届全国人民代表大会常务委员会第二十次会议《关于修改〈中华人民共和国道路交通安全法〉的决定》第二次修正
- 根据2021年4月29日第十三届全国人民代表大会常务委员会第二十八次会议《关于修改〈中华人民共和国道路交通安全法〉等八部法律的决定》第三次修正

第一章 总 则

第一条 【立法宗旨】为了维护道路交通秩序,预防和减少交通事故,保护人身安全,保护公民、法人和其他组织的财产安全及其他合法权益,提高通行效率,制定本法。

第二条 【适用范围】中华人民共和国境内的车辆驾驶人、行人、乘车人以及与道路交通活动有关的单位和个人,都应当遵守本法。

第三条 【基本原则】道路交通安全工作,应当遵循依法管理、方便群众的原则,保障道路交通有序、安全、畅通。

第四条 【道路交通安全管理规划及实施】各级人民政府应当保障道路交通安全管理工作与经济建设和社会发展相适应。

县级以上地方各级人民政府应当适应道路交通发展的需要,依据道路交通安全法律、法规和国家有关政策,制定道路交通安全管理规划,并组织实施。

第五条 【道路交通安全工作的管辖】国务院公安部门负责全国道路交通安全管理工作。县级以上地方各级人民政府公安机关交通管理部门负责本行政区域内的道路交通安全管理工作。

县级以上各级人民政府交通、建设管理部门依据各自职责,负责有关的道路交通工作。

第六条 【道路交通安全宣传】各级人民政府应当经常进行道路交通安全教育,提高公民的道路交通安全意识。

公安机关交通管理部门及其交通警察执行职务时,应当加强道路交通安全法律、法规的宣传,并模范遵守道路交通安全法律、法规。

机关、部队、企业事业单位、社会团体以及其他组织，应当对本单位的人员进行道路交通安全教育。

教育行政部门、学校应当将道路交通安全教育纳入法制教育的内容。

新闻、出版、广播、电视等有关单位，有进行道路交通安全教育的义务。

第七条 【道路交通安全管理的发展要求】对道路交通安全管理工作，应当加强科学研究，推广、使用先进的管理方法、技术、设备。

第二章 车辆和驾驶人

第一节 机动车、非机动车

第八条 【机动车登记制度】国家对机动车实行登记制度。机动车经公安机关交通管理部门登记后，方可上道路行驶。尚未登记的机动车，需要临时上道路行驶的，应当取得临时通行牌证。

第九条 【注册登记】申请机动车登记，应当提交以下证明、凭证：

（一）机动车所有人的身份证明；

（二）机动车来历证明；

（三）机动车整车出厂合格证明或者进口机动车进口凭证；

（四）车辆购置税的完税证明或者免税凭证；

（五）法律、行政法规规定应当在机动车登记时提交的其他证明、凭证。

公安机关交通管理部门应当自受理申请之日起五个工作日内完成机动车登记审查工作，对符合前款规定条件的，应当发放机动车登记证书、号牌和行驶证；对不符合前款规定条件的，应当向申请人说明不予登记的理由。

公安机关交通管理部门以外的任何单位或者个人不得发放机动车号牌或者要求机动车悬挂其他号牌，本法另有规定的除外。

机动车登记证书、号牌、行驶证的式样由国务院公安部门规定并监制。

第十条 【机动车应符合国家安全技术标准】准予登记的机动车应当符合机动车国家安全技术标准。申请机动车登记时，应当接受对该机动车的安全技术检验。但是，经国家机动车产品主管部门依据机动车国家安全技术标准认定的企业生产的机动车型，该车型的新车在出厂时经检验符合机动车国家安全技术标准，获得检验合格证的，免予安全技术检验。

第十一条 【机动车上道行驶手续和号牌悬挂】驾驶机动车上道路行驶，应当悬挂机动车号牌，放置检验合格标志、保险标志，并随车携带机动车行驶证。

机动车号牌应当按照规定悬挂并保持清晰、完整，不得故意遮挡、污损。

任何单位和个人不得收缴、扣留机动车号牌。

第十二条 【变更登记】有下列情形之一的，应当办理相应的登记：

（一）机动车所有权发生转移的；

（二）机动车登记内容变更的；

（三）机动车用作抵押的；

（四）机动车报废的。

第十三条 【机动车安检】对登记后上道路行驶的机动车，应当依照法律、行政法规的规定，根据车辆用途、载客载货数量、使用年限等不同情况，定期进行安全技术检验。对提供机动车行驶证和机动车第三者责任强制保险单的，机动车安全技术检验机构应当予以检验，任何单位不得附加其他条件。对符合机动车国家安全技术标准的，公安机关交通管理部门应当发给检验合格标志。

对机动车的安全技术检验实行社会化。具体办法由国务院规定。

机动车安全技术检验实行社会化的地方，任何单位不得要求机动车到指定的场所进行检验。

公安机关交通管理部门、机动车安全技术检验机构不得要求机动车到指定的场所进行维修、保养。

机动车安全技术检验机构对机动车检验收取费用，应当严格执行国务院价格主管部门核定的收费标准。

第十四条 【强制报废制度】国家实行机动车强制报废制度，根据机动车的安全技术状况和不同用途，规定不同的报废标准。

应当报废的机动车必须及时办理注销登记。

达到报废标准的机动车不得上道路行驶。报废的大型客、货车及其他营运车辆应当在公安机关交通管理部门的监督下解体。

第十五条 【特种车辆标志图案的喷涂和警报器、标志灯具的安装、使用】警车、消防车、救护车、工程救险车应当按照规定喷涂标志图案，安装警报器、标志灯具。其他机动车不得喷涂、安装、使用上述车辆专用的或者与其相类似的标志图案、警报器或者标志灯具。

警车、消防车、救护车、工程救险车应当严格按照规定的用途和条件使用。

公路监督检查的专用车辆，应当依照公路法的规定，设置统一的标志和示警灯。

第十六条 【禁止拼装、改变、伪造、变造等违法行为】任何单位或者个人不得有下列行为：

（一）拼装机动车或者擅自改变机动车已登记的结构、构造或者特征；

（二）改变机动车型号、发动机号、车架号或者车辆识别代号；

（三）伪造、变造或者使用伪造、变造的机动车登记证书、号牌、行驶证、检验合格标志、保险标志；

（四）使用其他机动车的登记证书、号牌、行驶证、检验合格标志、保险标志。

第十七条 【机动车第三者责任强制保险制度和道路交通事故社会救助基金】国家实行机动车第三者责任强制保险制度，设立道路交通事故社会救助基金。具体办法由国务院规定。

第十八条 【非机动车的管理】依法应当登记的非机动车，经公安机关交通管理部门登记后，方可上道路行驶。

依法应当登记的非机动车的种类，由省、自治区、直辖市人民政府根据当地实际情况规定。

非机动车的外形尺寸、质量、制动器、车铃和夜间反光装置，应当符合非机动车安全技术标准。

第二节 机动车驾驶人

第十九条 【驾驶证】驾驶机动车，应当依法取得机动车驾驶证。

申请机动车驾驶证，应当符合国务院公安部门规定的驾驶许可条件；经考试合格后，由公安机关交通管理部门发给相应类别的机动车驾驶证。

持有境外机动车驾驶证的人，符合国务院公安部门规定的驾驶许可条件，经公安机关交通管理部门考核合格的，可以发给中国的机动车驾驶证。

驾驶人应当按照驾驶证载明的准驾车型驾驶机动车；驾驶机动车时，应当随身携带机动车驾驶证。

公安机关交通管理部门以外的任何单位或者个人，不得收缴、扣留机动车驾驶证。

第二十条 【驾驶培训】机动车的驾驶培训实行社会化，由交通运输主管部门对驾驶培训学校、驾驶培训班实行备案管理，并对驾驶培训活动加强监督，其中专门的拖拉机驾驶培训学校、驾驶培训班由农业（农业机械）主管部门实行监督管理。

驾驶培训学校、驾驶培训班应当严格按照国家有关规定，对学员进行道路交通安全法律、法规、驾驶技能的培训，确保培训质量。

任何国家机关以及驾驶培训和考试主管部门不得举办或者参与举办驾驶培训学校、驾驶培训班。

第二十一条 【上路行驶前的安全检查】驾驶人驾驶机动车上道路行驶前，应当对机动车的安全技术性能进行认真检查；不得驾驶安全设施不全或者机件不符合技术标准等具有安全隐患的机动车。

第二十二条 【机动车驾驶人应当安全驾驶】机动车驾驶人应当遵守道路交通安全法律、法规的规定，按照操作规范安全驾驶、文明驾驶。

饮酒、服用国家管制的精神药品或者麻醉药品，或者患有妨碍安全驾驶机动车的疾病，或者过度疲劳影响安全驾驶的，不得驾驶机动车。

任何人不得强迫、指使、纵容驾驶人违反道路交通安全法律、法规和机动车安全驾驶要求驾驶机动车。

第二十三条 【机动车驾驶证定期审验】公安机关交通管理部门依照法律、行政法规的规定，定期对机动车驾驶证实施审验。

第二十四条 【累积记分制度】公安机关交通管理部门对机动车驾驶人违反道路交通安全法律、法规的行为，除依法给予行政处罚外，实行累积记分制度。公安机关交通管理部门对累积记分达到规定分值的机动车驾驶人，扣留其机动车驾驶证，对其进行道路交通安全法律、法规教育，重新考试；考试合格的，发还其机动车驾驶证。

对遵守道路交通安全法律、法规，在一年内无累积记分的机动车驾驶人，可以延长机动车驾驶证的审验期。具体办法由国务院公安部门规定。

第三章 道路通行条件

第二十五条 【道路交通信号和分类】全国实行统一的道路交通信号。

交通信号包括交通信号灯、交通标志、交通标线和交通警察的指挥。

交通信号灯、交通标志、交通标线的设置应当符合道路交通安全、畅通的要求和国家标准，并保持清晰、醒目、准确、完好。

根据通行需要，应当及时增设、调换、更新道路交通信号。增设、调换、更新限制性的道路交通信号，应当提前向社会公告，广泛进行宣传。

第二十六条 【交通信号灯分类和示义】交通信号灯由红灯、绿灯、黄灯组成。红灯表示禁止通行，绿灯表示准许通行，黄灯表示警示。

第二十七条 【铁路道口的警示标志】铁路与道路

平面交叉的道口，应当设置警示灯、警示标志或者安全防护设施。无人看守的铁路道口，应当在距道口一定距离处设置警示标志。

第二十八条 【道路交通信号的保护】任何单位和个人不得擅自设置、移动、占用、损毁交通信号灯、交通标志、交通标线。

道路两侧及隔离带上种植的树木或者其他植物，设置的广告牌、管线等，应当与交通设施保持必要的距离，不得遮挡路灯、交通信号灯、交通标志，不得妨碍安全视距，不得影响通行。

第二十九条 【公共交通的规划、设计、建设和对交通安全隐患的防范】道路、停车场和道路配套设施的规划、设计、建设，应当符合道路交通安全、畅通的要求，并根据交通需求及时调整。

公安机关交通管理部门发现已经投入使用的道路存在交通事故频发路段，或者停车场、道路配套设施存在交通安全严重隐患的，应当及时向当地人民政府报告，并提出防范交通事故、消除隐患的建议，当地人民政府应当及时作出处理决定。

第三十条 【道路或交通信号毁损的处置措施】道路出现坍塌、坑漕、水毁、隆起等损毁或者交通信号灯、交通标志、交通标线等交通设施损毁、灭失的，道路、交通设施的养护部门或者管理部门应当设置警示标志并及时修复。

公安机关交通管理部门发现前款情形，危及交通安全，尚未设置警示标志的，应当及时采取安全措施，疏导交通，并通知道路、交通设施的养护部门或者管理部门。

第三十一条 【未经许可不得占道从事非交通活动】未经许可，任何单位和个人不得占用道路从事非交通活动。

第三十二条 【占用道路施工的处置措施】因工程建设需要占用、挖掘道路，或者跨越、穿越道路架设、增设管线设施，应当事先征得道路主管部门的同意；影响交通安全的，还应当征得公安机关交通管理部门的同意。

施工作业单位应当在经批准的路段和时间内施工作业，并在距离施工作业地点来车方向安全距离处设置明显的安全警示标志，采取防护措施；施工作业完毕，应当迅速清除道路上的障碍物，消除安全隐患，经道路主管部门和公安机关交通管理部门验收合格，符合通行要求后，方可恢复通行。

对未中断交通的施工作业道路，公安机关交通管理部门应当加强交通安全监督检查，维护道路交通秩序。

第三十三条 【停车场、停车泊位的设置】新建、改建、扩建的公共建筑、商业街区、居住区、大（中）型建筑等，应当配建、增建停车场；停车泊位不足的，应当及时改建或者扩建；投入使用的停车场不得擅自停止使用或者改作他用。

在城市道路范围内，在不影响行人、车辆通行的情况下，政府有关部门可以施划停车泊位。

第三十四条 【行人过街设施、盲道的设置】学校、幼儿园、医院、养老院门前的道路没有行人过街设施的，应当施划人行横道线，设置提示标志。

城市主要道路的人行道，应当按照规划设置盲道。盲道的设置应当符合国家标准。

第四章 道路通行规定
第一节 一般规定

第三十五条 【右侧通行】机动车、非机动车实行右侧通行。

第三十六条 【车道划分和通行规则】根据道路条件和通行需要，道路划分为机动车道、非机动车道和人行道的，机动车、非机动车、行人实行分道通行。没有划分机动车道、非机动车道和人行道的，机动车在道路中间通行，非机动车和行人在道路两侧通行。

第三十七条 【专用车道只准许规定车辆通行】道路划设专用车道的，在专用车道内，只准许规定的车辆通行，其他车辆不得进入专用车道内行驶。

第三十八条 【遵守交通信号】车辆、行人应当按照交通信号通行；遇有交通警察现场指挥时，应当按照交通警察的指挥通行；在没有交通信号的道路上，应当在确保安全、畅通的原则下通行。

第三十九条 【交通管理部门可根据情况采取管理措施并提前公告】公安机关交通管理部门根据道路和交通流量的具体情况，可以对机动车、非机动车、行人采取疏导、限制通行、禁止通行等措施。遇有大型群众性活动、大范围施工等情况，需要采取限制交通的措施，或者作出与公众的道路交通活动直接有关的决定，应当提前向社会公告。

第四十条 【交通管制】遇有自然灾害、恶劣气象条件或者重大交通事故等严重影响交通安全的情形，采取其他措施难以保证交通安全时，公安机关交通管理部门可以实行交通管制。

第四十一条 【授权国务院规定道路通行的其他具体规定】有关道路通行的其他具体规定，由国务院规定。

第二节 机动车通行规定

第四十二条 【机动车行驶速度】机动车上道路行驶，不得超过限速标志标明的最高时速。在没有限速标志的路段，应当保持安全车速。

夜间行驶或者在容易发生危险的路段行驶，以及遇有沙尘、冰雹、雨、雪、雾、结冰等气象条件时，应当降低行驶速度。

第四十三条 【不得超车的情形】同车道行驶的机动车，后车应当与前车保持足以采取紧急制动措施的安全距离。有下列情形之一的，不得超车：

（一）前车正在左转弯、掉头、超车的；

（二）与对面来车有会车可能的；

（三）前车为执行紧急任务的警车、消防车、救护车、工程救险车的；

（四）行经铁路道口、交叉路口、窄桥、弯道、陡坡、隧道、人行横道、市区交通流量大的路段等没有超车条件的。

第四十四条 【交叉路口通行规则】机动车通过交叉路口，应当按照交通信号灯、交通标志、交通标线或者交通警察的指挥通过；通过没有交通信号灯、交通标志、交通标线或者交通警察指挥的交叉路口时，应当减速慢行，并让行人和优先通行的车辆先行。

第四十五条 【交通不畅条件下的行驶】机动车遇有前方车辆停车排队等候或者缓慢行驶时，不得借道超车或者占用对面车道，不得穿插等候的车辆。

在车道减少的路段、路口，或者在没有交通信号灯、交通标志、交通标线或者交通警察指挥的交叉路口遇到停车排队等候或者缓慢行驶时，机动车应当依次交替通行。

第四十六条 【铁路道口通行规则】机动车通过铁路道口时，应当按照交通信号或者管理人员的指挥通行；没有交通信号或者管理人员的，应当减速或者停车，在确认安全后通过。

第四十七条 【避让行人】机动车行经人行横道时，应当减速行驶；遇行人正在通过人行横道，应当停车让行。

机动车行经没有交通信号的道路时，遇行人横过道路，应当避让。

第四十八条 【机动车载物】机动车载物应当符合核定的载质量，严禁超载；载物的长、宽、高不得违反装载要求，不得遗洒、飘散载运物。

机动车运载超限的不可解体的物品，影响交通安全的，应当按照公安机关交通管理部门指定的时间、路线、速度行驶，悬挂明显标志。在公路上运载超限的不可解体的物品，并应当依照公路法的规定执行。

机动车载运爆炸物品、易燃易爆化学物品以及剧毒、放射性等危险物品，应当经公安机关批准后，按指定的时间、路线、速度行驶，悬挂警示标志并采取必要的安全措施。

第四十九条 【机动车载人】机动车载人不得超过核定的人数，客运机动车不得违反规定载货。

第五十条 【货运车运营规则】禁止货运机动车载客。

货运机动车需要附载作业人员的，应当设置保护作业人员的安全措施。

第五十一条 【安全带及安全头盔的使用】机动车行驶时，驾驶人、乘坐人员应当按规定使用安全带，摩托车驾驶人及乘坐人员应当按规定戴安全头盔。

第五十二条 【机动车故障处置】机动车在道路上发生故障，需要停车排除故障时，驾驶人应当立即开启危险报警闪光灯，将机动车移至不妨碍交通的地方停放；难以移动的，应当持续开启危险报警闪光灯，并在来车方向设置警告标志等措施扩大示警距离，必要时迅速报警。

第五十三条 【特种车辆的优先通行权】警车、消防车、救护车、工程救险车执行紧急任务时，可以使用警报器、标志灯具；在确保安全的前提下，不受行驶路线、行驶方向、行驶速度和信号灯的限制，其他车辆和行人应当让行。

警车、消防车、救护车、工程救险车非执行紧急任务时，不得使用警报器、标志灯具，不享有前款规定的道路优先通行权。

第五十四条 【养护、工程作业等车辆的作业通行权】道路养护车辆、工程作业车进行作业时，在不影响过往车辆通行的前提下，其行驶路线和方向不受交通标志、标线限制，过往车辆和人员应当注意避让。

洒水车、清扫车等机动车应当按照安全作业标准作业；在不影响其他车辆通行的情况下，可以不受车辆分道行驶的限制，但是不得逆向行驶。

第五十五条 【拖拉机的通行和营运】高速公路、大中城市中心城区内的道路，禁止拖拉机通行。其他禁止拖拉机通行的道路，由省、自治区、直辖市人民政府根据当地实际情况规定。

在允许拖拉机通行的道路上，拖拉机可以从事货运，但是不得用于载人。

第五十六条 【机动车的停泊】机动车应当在规定地点停放。禁止在人行道上停放机动车；但是，依照本法第三十三条规定施划的停车泊位除外。

在道路上临时停车的，不得妨碍其他车辆和行人通行。

第三节 非机动车通行规定

第五十七条 【非机动车通行规则】驾驶非机动车在道路上行驶应当遵守有关交通安全的规定。非机动车应当在非机动车道内行驶；在没有非机动车道的道路上，应当靠车行道的右侧行驶。

第五十八条 【非机动车行驶速度限制】残疾人机动轮椅车、电动自行车在非机动车道内行驶时，最高时速不得超过十五公里。

第五十九条 【非机动车的停放】非机动车应当在规定地点停放。未设停放地点的，非机动车停放不得妨碍其他车辆和行人通行。

第六十条 【畜力车使用规则】驾驭畜力车，应当使用驯服的牲畜；驾驭畜力车横过道路时，驾驭人应当下车牵引牲畜；驾驭人离开车辆时，应当拴系牲畜。

第四节 行人和乘车人通行规定

第六十一条 【行人通行规则】行人应当在人行道内走，没有人行道的靠路边行走。

第六十二条 【行人横过道路规则】行人通过路口或者横过道路，应当走人行横道或者过街设施；通过有交通信号灯的人行横道，应当按照交通信号灯指示通行；通过没有交通信号灯、人行横道的路口，或者在没有过街设施的路段横过道路，应当在确认安全后通过。

第六十三条 【行人禁止行为】行人不得跨越、倚坐道路隔离设施，不得扒车、强行拦车或者实施妨碍道路交通安全的其他行为。

第六十四条 【特殊行人通行规则】学龄前儿童以及不能辨认或者不能控制自己行为的精神疾病患者、智力障碍者在道路上通行，应当由其监护人、监护人委托的人或者对其负有管理、保护职责的人带领。

盲人在道路上通行，应当使用盲杖或者采取其他导盲手段，车辆应当避让盲人。

第六十五条 【行人通过铁路道口规则】行人通过铁路道口时，应当按照交通信号或者管理人员的指挥通行；没有交通信号和管理人员的，应当在确认无火车驶临后，迅速通过。

第六十六条 【乘车规则】乘车人不得携带易燃易爆等危险物品，不得向车外抛洒物品，不得有影响驾驶人安全驾驶的行为。

第五节 高速公路的特别规定

第六十七条 【高速公路通行规则、时速限制】行人、非机动车、拖拉机、轮式专用机械车、铰接式客车、全挂拖斗车以及其他设计最高时速低于七十公里的机动车，不得进入高速公路。高速公路限速标志标明的最高时速不得超过一百二十公里。

第六十八条 【故障处理】机动车在高速公路上发生故障时，应当依照本法第五十二条的有关规定办理；但是，警告标志应当设置在故障车来车方向一百五十米以外，车上人员应当迅速转移到右侧路肩上或者应急车道内，并且迅速报警。

机动车在高速公路上发生故障或者交通事故，无法正常行驶的，应当由救援车、清障车拖曳、牵引。

第六十九条 【不得在高速公路上拦截车辆】任何单位、个人不得在高速公路上拦截检查行驶的车辆，公安机关的人民警察依法执行紧急公务除外。

第五章 交通事故处理

第七十条 【交通事故处理及报警】在道路上发生交通事故，车辆驾驶人应当立即停车，保护现场；造成人身伤亡的，车辆驾驶人应当立即抢救受伤人员，并迅速报告执勤的交通警察或者公安机关交通管理部门。因抢救受伤人员变动现场的，应当标明位置。乘车人、过往车辆驾驶人、过往行人应当予以协助。

在道路上发生交通事故，未造成人身伤亡，当事人对事实及成因无争议的，可以即行撤离现场，恢复交通，自行协商处理损害赔偿事宜；不即行撤离现场的，应当迅速报告执勤的交通警察或者公安机关交通管理部门。

在道路上发生交通事故，仅造成轻微财产损失，并且基本事实清楚的，当事人应当先撤离现场再进行协商处理。

第七十一条 【交通事故逃逸的处理】车辆发生交通事故后逃逸的，事故现场目击人员和其他知情人员应当向公安机关交通管理部门或者交通警察举报。举报属实的，公安机关交通管理部门应当给予奖励。

第七十二条 【交警处理交通事故程序】公安机关交通管理部门接到交通事故报警后，应当立即派交通警察赶赴现场，先组织抢救受伤人员，并采取措施，尽快恢复交通。

交通警察应当对交通事故现场进行勘验、检查，收集证据；因收集证据的需要，可以扣留事故车辆，但是应当妥善保管，以备核查。

对当事人的生理、精神状况等专业性较强的检验，公安机关交通管理部门应当委托专门机构进行鉴定。鉴定结论应当由鉴定人签名。

第七十三条 【交通事故认定书】公安机关交通管

理部门应当根据交通事故现场勘验、检查、调查情况和有关的检验、鉴定结论，及时制作交通事故认定书，作为处理交通事故的证据。交通事故认定书应当载明交通事故的基本事实、成因和当事人的责任，并送达当事人。

第七十四条 【交通事故的调解或起诉】对交通事故损害赔偿的争议，当事人可以请求公安机关交通管理部门调解，也可以直接向人民法院提起民事诉讼。

经公安机关交通管理部门调解，当事人未达成协议或者调解书生效后不履行的，当事人可以向人民法院提起民事诉讼。

第七十五条 【受伤人员的抢救及费用承担】医疗机构对交通事故中的受伤人员应当及时抢救，不得因抢救费用未及时支付而拖延救治。肇事车辆参加机动车第三者责任强制保险的，由保险公司在责任限额范围内支付抢救费用；抢救费用超过责任限额的，未参加机动车第三者责任强制保险或者肇事后逃逸的，由道路交通事故社会救助基金先行垫付部分或者全部抢救费用，道路交通事故社会救助基金管理机构有权向交通事故责任人追偿。

第七十六条 【交通事故赔偿责任】机动车发生交通事故造成人身伤亡、财产损失的，由保险公司在机动车第三者责任强制保险责任限额范围内予以赔偿；不足的部分，按照下列规定承担赔偿责任：

（一）机动车之间发生交通事故的，由有过错的一方承担赔偿责任；双方都有过错的，按照各自过错的比例分担责任。

（二）机动车与非机动车驾驶人、行人之间发生交通事故，非机动车驾驶人、行人没有过错的，由机动车一方承担赔偿责任；有证据证明非机动车驾驶人、行人有过错的，根据过错程度适当减轻机动车一方的赔偿责任；机动车一方没有过错的，承担不超过百分之十的赔偿责任。

交通事故的损失是由非机动车驾驶人、行人故意碰撞机动车造成的，机动车一方不承担赔偿责任。

第七十七条 【道路外交通事故处理】车辆在道路以外通行时发生的事故，公安机关交通管理部门接到报案的，参照本法有关规定办理。

第六章 执法监督

第七十八条 【交警管理及考核上岗】公安机关交通管理部门应当加强对交通警察的管理，提高交通警察的素质和管理道路交通的水平。

公安机关交通管理部门应当对交通警察进行法制和交通安全管理业务培训、考核。交通警察经考核不合格的，不得上岗执行职务。

第七十九条 【依法履行法定职责】公安机关交通管理部门及其交通警察实施道路交通安全管理，应当依据法定的职权和程序，简化办事手续，做到公正、严格、文明、高效。

第八十条 【执行职务要求】交通警察执行职务时，应当按照规定着装，佩带人民警察标志，持有人民警察证件，保持警容严整，举止端庄，指挥规范。

第八十一条 【收费标准】依照本法发放牌证等收取工本费，应当严格执行国务院价格主管部门核定的收费标准，并全部上缴国库。

第八十二条 【处罚和收缴分离原则】公安机关交通管理部门依法实施罚款的行政处罚，应当依照有关法律、行政法规的规定，实施罚款决定与罚款收缴分离；收缴的罚款以及依法没收的违法所得，应当全部上缴国库。

第八十三条 【回避制度】交通警察调查处理道路交通安全违法行为和交通事故，有下列情形之一的，应当回避：

（一）是本案的当事人或者当事人的近亲属；

（二）本人或者其近亲属与本案有利害关系；

（三）与本案当事人有其他关系，可能影响案件的公正处理。

第八十四条 【执法监督】公安机关交通管理部门及其交通警察的行政执法活动，应当接受行政监察机关依法实施的监督。

公安机关督察部门应当对公安机关交通管理部门及其交通警察执行法律、法规和遵守纪律的情况依法进行监督。

上级公安机关交通管理部门应当对下级公安机关交通管理部门的执法活动进行监督。

第八十五条 【举报、投诉制度】公安机关交通管理部门及其交通警察执行职务，应当自觉接受社会和公民的监督。

任何单位和个人都有权对公安机关交通管理部门及其交通警察不严格执法以及违法违纪行为进行检举、控告。收到检举、控告的机关，应当依据职责及时查处。

第八十六条 【交警执法保障】任何单位不得给公安机关交通管理部门下达或者变相下达罚款指标；公安机关交通管理部门不得以罚款数额作为考核交通警察的标准。

公安机关交通管理部门及其交通警察对超越法律、法规规定的指令，有权拒绝执行，并同时向上级机关报告。

第七章　法律责任

第八十七条　【交通管理部门的职权】公安机关交通管理部门及其交通警察对道路交通安全违法行为，应当及时纠正。

公安机关交通管理部门及其交通警察应当依据事实和本法的有关规定对道路交通安全违法行为予以处罚。对于情节轻微，未影响道路通行的，指出违法行为，给予口头警告后放行。

第八十八条　【处罚种类】对道路交通安全违法行为的处罚种类包括：警告、罚款、暂扣或者吊销机动车驾驶证、拘留。

第八十九条　【对违法行人、乘车人、非机动车驾驶人的处罚】行人、乘车人、非机动车驾驶人违反道路交通安全法律、法规关于道路通行规定的，处警告或者五元以上五十元以下罚款；非机动车驾驶人拒绝接受罚款处罚的，可以扣留其非机动车。

第九十条　【对违法机动车驾驶人的处罚】机动车驾驶人违反道路交通安全法律、法规关于道路通行规定的，处警告或者二十元以上二百元以下罚款。本法另有规定的，依照规定处罚。

第九十一条　【饮酒、醉酒驾车处罚】饮酒后驾驶机动车的，处暂扣六个月机动车驾驶证，并处一千元以上二千元以下罚款。因饮酒后驾驶机动车被处罚，再次饮酒后驾驶机动车的，处十日以下拘留，并处一千元以上二千元以下罚款，吊销机动车驾驶证。

醉酒驾驶机动车的，由公安机关交通管理部门约束至酒醒，吊销机动车驾驶证，依法追究刑事责任；五年内不得重新取得机动车驾驶证。

饮酒后驾驶营运机动车的，处十五日拘留，并处五千元罚款，吊销机动车驾驶证，五年内不得重新取得机动车驾驶证。

醉酒驾驶营运机动车的，由公安机关交通管理部门约束至酒醒，吊销机动车驾驶证，依法追究刑事责任；十年内不得重新取得机动车驾驶证，重新取得机动车驾驶证后，不得驾驶营运机动车。

饮酒后或者醉酒驾驶机动车发生重大交通事故，构成犯罪的，依法追究刑事责任，并由公安机关交通管理部门吊销机动车驾驶证，终生不得重新取得机动车驾驶证。

第九十二条　【超载行为处罚】公路客运车辆载客超过额定乘员的，处二百元以上五百元以下罚款；超过额定乘员百分之二十或者违反规定载货的，处五百元以上二千元以下罚款。

货运机动车超过核定载质量的，处二百元以上五百元以下罚款；超过核定载质量百分之三十或者违反规定载客的，处五百元以上二千元以下罚款。

有前两款行为的，由公安机关交通管理部门扣留机动车至违法状态消除。

运输单位的车辆有本条第一款、第二款规定的情形，经处罚不改的，对直接负责的主管人员处二千元以上五千元以下罚款。

第九十三条　【对违法泊车的处理及拖车规则】对违反道路交通安全法律、法规关于机动车停放、临时停车规定的，可以指出违法行为，并予以口头警告，令其立即驶离。

机动车驾驶人不在现场或者虽在现场但拒绝立即驶离，妨碍其他车辆、行人通行的，处二十元以上二百元以下罚款，并可以将该机动车拖移至不妨碍交通的地点或者公安机关交通管理部门指定的地点停放。公安机关交通管理部门拖车不得向当事人收取费用，并应当及时告知当事人停放地点。

因采取不正确的方法拖车造成机动车损坏的，应当依法承担补偿责任。

第九十四条　【对机动车安检机构的管理】机动车安全技术检验机构实施机动车安全技术检验超过国务院价格主管部门核定的收费标准收取费用的，退还多收取的费用，并由价格主管部门依照《中华人民共和国价格法》的有关规定给予处罚。

机动车安全技术检验机构不按照机动车国家安全技术标准进行检验，出具虚假检验结果的，由公安机关交通管理部门处所收检验费用五倍以上十倍以下罚款，并依法撤销其检验资格；构成犯罪的，依法追究刑事责任。

第九十五条　【未悬挂号牌、未放置标志、未携带证件、未合理安放号牌的处理】上道路行驶的机动车未悬挂机动车号牌，未放置检验合格标志、保险标志，或者未随车携带行驶证、驾驶证的，公安机关交通管理部门应当扣留机动车，通知当事人提供相应的牌证、标志或者补办相应手续，并可以依照本法第九十条的规定予以处罚。当事人提供相应的牌证、标志或者补办相应手续的，应当及时退还机动车。

故意遮挡、污损或者不按规定安装机动车号牌的，依照本法第九十条的规定予以处罚。

第九十六条　【对伪造、变造行为的处罚】伪造、变造或者使用伪造、变造的机动车登记证书、号牌、行驶证、驾驶证的，由公安机关交通管理部门予以收缴，扣留该机动车,处十五日以下拘留,并处二千元以上五千元以下罚款;构成犯罪的,依法追究刑事责任。

伪造、变造或者使用伪造、变造的检验合格标志、保险标志的,由公安机关交通管理部门予以收缴,扣留该机动车,处十日以下拘留,并处一千元以上三千元以下罚款;构成犯罪的,依法追究刑事责任。

使用其他车辆的机动车登记证书、号牌、行驶证、检验合格标志、保险标志的,由公安机关交通管理部门予以收缴,扣留该机动车,处二千元以上五千元以下罚款。

当事人提供相应的合法证明或者补办相应手续的,应当及时退还机动车。

第九十七条 【对非法安装警报器、标志灯具的处罚】非法安装警报器、标志灯具的,由公安机关交通管理部门强制拆除,予以收缴,并处二百元以上二千元以下罚款。

第九十八条 【对未投保交强险的处罚】机动车所有人、管理人未按照国家规定投保机动车第三者责任强制保险的,由公安机关交通管理部门扣留车辆至依照规定投保后,并处依照规定投保最低责任限额应缴纳的保险费的二倍罚款。

依照前款缴纳的罚款全部纳入道路交通事故社会救助基金。具体办法由国务院规定。

第九十九条 【其他违法行为的处罚】有下列行为之一的,由公安机关交通管理部门处二百元以上二千元以下罚款:

(一)未取得机动车驾驶证、机动车驾驶证被吊销或者机动车驾驶证被暂扣期间驾驶机动车的;

(二)将机动车交由未取得机动车驾驶证或者机动车驾驶证被吊销、暂扣的人驾驶的;

(三)造成交通事故后逃逸,尚不构成犯罪的;

(四)机动车行驶超过规定时速百分之五十的;

(五)强迫机动车驾驶人违反道路交通安全法律、法规和机动车安全驾驶要求驾驶机动车,造成交通事故,尚不构成犯罪的;

(六)违反交通管制的规定强行通行,不听劝阻的;

(七)故意损毁、移动、涂改交通设施,造成危害后果,尚不构成犯罪的;

(八)非法拦截、扣留机动车辆,不听劝阻,造成交通严重阻塞或者较大财产损失的。

行为人有前款第二项、第四项情形之一的,可以并处吊销机动车驾驶证;有第一项、第三项、第五项至第八项情形之一的,可以并处十五日以下拘留。

第一百条 【驾驶拼装及应报废机动车的处理】驾驶拼装的机动车或者已达到报废标准的机动车上道路行驶的,公安机关交通管理部门应当予以收缴,强制报废。

对驾驶前款所列机动车上道路行驶的驾驶人,处二百元以上二千元以下罚款,并吊销机动车驾驶证。

出售已达到报废标准的机动车的,没收违法所得,处销售金额等额的罚款,对该机动车依照本条第一款的规定处理。

第一百零一条 【交通事故刑事责任及终身禁驾规定】违反道路交通安全法律、法规的规定,发生重大交通事故,构成犯罪的,依法追究刑事责任,并由公安机关交通管理部门吊销机动车驾驶证。

造成交通事故后逃逸的,由公安机关交通管理部门吊销机动车驾驶证,且终生不得重新取得机动车驾驶证。

第一百零二条 【对专业运输单位的管理】对六个月内发生二次以上特大交通事故负有主要责任或者全部责任的专业运输单位,由公安机关交通管理部门责令消除安全隐患,未消除安全隐患的机动车,禁止上道路行驶。

第一百零三条 【机动车的生产和销售管理】国家机动车产品主管部门未按照机动车国家安全技术标准严格审查,许可不合格机动车型投入生产的,对负有责任的主管人员和其他直接责任人员给予降级或者撤职的行政处分。

机动车生产企业经国家机动车产品主管部门许可生产的机动车型,不执行机动车国家安全技术标准或者不严格进行机动车成品质量检验,致使质量不合格的机动车出厂销售的,由质量技术监督部门依照《中华人民共和国产品质量法》的有关规定给予处罚。

擅自生产、销售未经国家机动车产品主管部门许可生产的机动车型的,没收非法生产、销售的机动车成品及配件,可以并处非法产品价值三倍以上五倍以下罚款;有营业执照的,由工商行政管理部门吊销营业执照,没有营业执照的,予以查封。

生产、销售拼装的机动车或者生产、销售擅自改装的机动车的,依照本条第三款的规定处罚。

有本条第二款、第三款、第四款所列违法行为,生产或者销售不符合机动车国家安全技术标准的机动车,构成犯罪的,依法追究刑事责任。

第一百零四条 【擅自挖掘、占用道路的处理】未经批准,擅自挖掘道路、占用道路施工或者从事其他影响道路交通安全活动的,由道路主管部门责令停止违法行为,并恢复原状，可以依法给予罚款；致使通行的人员、车辆及其他财产遭受损失的，依法承担赔偿责任。

有前款行为，影响道路交通安全活动的，公安机关交通管理部门可以责令停止违法行为，迅速恢复交通。

第一百零五条 【道路施工、管理单位未履行职责的责任】道路施工作业或者道路出现损毁，未及时设置警示标志、未采取防护措施，或者应当设置交通信号灯、交通标志、交通标线而没有设置或者应当及时变更交通信号灯、交通标志、交通标线而没有及时变更，致使通行的人员、车辆及其他财产遭受损失的，负有相关职责的单位应当依法承担赔偿责任。

第一百零六条 【对妨碍交通标志行为的管理】在道路两侧及隔离带上种植树木、其他植物或者设置广告牌、管线等，遮挡路灯、交通信号灯、交通标志，妨碍安全视距的，由公安机关交通管理部门责令行为人排除妨碍；拒不执行的，处二百元以上二千元以下罚款，并强制排除妨碍，所需费用由行为人负担。

第一百零七条 【当场处罚】对道路交通违法行为人予以警告、二百元以下罚款，交通警察可以当场作出行政处罚决定，并出具行政处罚决定书。

行政处罚决定书应当载明当事人的违法事实、行政处罚的依据、处罚内容、时间、地点以及处罚机关名称，并由执法人员签名或者盖章。

第一百零八条 【罚款的缴纳】当事人应当自收到罚款的行政处罚决定书之日起十五日内，到指定的银行缴纳罚款。

对行人、乘车人和非机动车驾驶人的罚款，当事人无异议的，可以当场予以收缴罚款。

罚款应当开具省、自治区、直辖市财政部门统一制发的罚款收据；不出具财政部门统一制发的罚款收据的，当事人有权拒绝缴纳罚款。

第一百零九条 【逾期不缴纳罚款的处理】当事人逾期不履行行政处罚决定的，作出行政处罚决定的行政机关可以采取下列措施：

（一）到期不缴纳罚款的，每日按罚款数额的百分之三加处罚款；

（二）申请人民法院强制执行。

第一百一十条 【扣留机动车驾驶证的规则】执行职务的交通警察认为应当对道路交通违法行为人给予暂扣或者吊销机动车驾驶证处罚的，可以先予扣留机动车驾驶证，并在二十四小时内将案件移交公安机关交通管理部门处理。

道路交通违法行为人应当在十五日内到公安机关交通管理部门接受处理。无正当理由逾期未接受处理的，吊销机动车驾驶证。

公安机关交通管理部门暂扣或者吊销机动车驾驶证的，应当出具行政处罚决定书。

第一百一十一条 【有权作出拘留裁决的机关】对违反本法规定予以拘留的行政处罚，由县、市公安局、公安分局或者相当于县一级的公安机关裁决。

第一百一十二条 【扣留车辆的规则】公安机关交通管理部门扣留机动车、非机动车，应当当场出具凭证，并告知当事人在规定期限内到公安机关交通管理部门接受处理。

公安机关交通管理部门对被扣留的车辆应当妥善保管，不得使用。

逾期不来接受处理，并且经公告三个月仍不来接受处理的，对扣留的车辆依法处理。

第一百一十三条 【暂扣、吊销的期限】暂扣机动车驾驶证的期限从处罚决定生效之日起计算；处罚决定生效前先予扣留机动车驾驶证的，扣留一日折抵暂扣期限一日。

吊销机动车驾驶证后重新申请领取机动车驾驶证的期限，按照机动车驾驶证管理规定办理。

第一百一十四条 【根据技术监控记录进行的处罚】公安机关交通管理部门根据交通技术监控记录资料，可以对违法的机动车所有人或者管理人依法予以处罚。对能够确定驾驶人的，可以依照本法的规定依法予以处罚。

第一百一十五条 【对交警及交管部门违法行为的处理】交通警察有下列行为之一的，依法给予行政处分：

（一）为不符合法定条件的机动车发放机动车登记证书、号牌、行驶证、检验合格标志的；

（二）批准不符合法定条件的机动车安装、使用警车、消防车、救护车、工程救险车的警报器、标志灯具，喷涂标志图案的；

（三）为不符合驾驶许可条件、未经考试或者考试不合格人员发放机动车驾驶证的；

（四）不执行罚款决定与罚款收缴分离制度或者不按规定将依法收取的费用、收缴的罚款及没收的违法所得全部上缴国库的；

（五）举办或者参与举办驾驶学校或者驾驶培训班、机动车修理厂或者收费停车场等经营活动的；

（六）利用职务上的便利收受他人财物或者谋取其

他利益的；

（七）违法扣留车辆、机动车行驶证、驾驶证、车辆号牌的；

（八）使用依法扣留的车辆的；

（九）当场收取罚款不开具罚款收据或者不如实填写罚款额的；

（十）徇私舞弊，不公正处理交通事故的；

（十一）故意刁难，拖延办理机动车牌证的；

（十二）非执行紧急任务时使用警报器、标志灯具的；

（十三）违反规定拦截、检查正常行驶的车辆的；

（十四）非执行紧急公务时拦截搭乘机动车的；

（十五）不履行法定职责的。

公安机关交通管理部门有前款所列行为之一的，对直接负责的主管人员和其他直接责任人员给予相应的行政处分。

第一百一十六条　【对违规交警的处分】依照本法第一百一十五条的规定，给予交通警察行政处分的，在作出行政处分决定前，可以停止其执行职务；必要时，可以予以禁闭。

依照本法第一百一十五条的规定，交通警察受到降级或者撤职行政处分的，可以予以辞退。

交通警察受到开除处分或者被辞退的，应当取消警衔；受到撤职以下行政处分的交通警察，应当降低警衔。

第一百一十七条　【对构成犯罪的交警追究刑事责任】交通警察利用职权非法占有公共财物，索取、收受贿赂，或者滥用职权、玩忽职守，构成犯罪的，依法追究刑事责任。

第一百一十八条　【公安交管部门、交警违法赔偿责任】公安机关交通管理部门及其交通警察有本法第一百一十五条所列行为之一，给当事人造成损失的，应当依法承担赔偿责任。

第八章　附　则

第一百一十九条　【本法用语含义】本法中下列用语的含义：

（一）"道路"，是指公路、城市道路和虽在单位管辖范围但允许社会机动车通行的地方，包括广场、公共停车场等用于公众通行的场所。

（二）"车辆"，是指机动车和非机动车。

（三）"机动车"，是指以动力装置驱动或者牵引，上道路行驶的供人员乘用或者用于运送物品以及进行工程专项作业的轮式车辆。

（四）"非机动车"，是指以人力或者畜力驱动，上道路行驶的交通工具，以及虽有动力装置驱动但设计最高时速、空车质量、外形尺寸符合有关国家标准的残疾人机动轮椅车、电动自行车等交通工具。

（五）"交通事故"，是指车辆在道路上因过错或者意外造成的人身伤亡或者财产损失的事件。

第一百二十条　【军警机动车管理】中国人民解放军和中国人民武装警察部队在编机动车牌证、在编机动车检验以及机动车驾驶人考核工作，由中国人民解放军、中国人民武装警察部队有关部门负责。

第一百二十一条　【拖拉机管理】对上道路行驶的拖拉机，由农业（农业机械）主管部门行使本法第八条、第九条、第十三条、第十九条、第二十三条规定的公安机关交通管理部门的管理职权。

农业（农业机械）主管部门依照前款规定行使职权，应当遵守本法有关规定，并接受公安机关交通管理部门的监督；对违反规定的，依照本法有关规定追究法律责任。

本法施行前由农业（农业机械）主管部门发放的机动车牌证，在本法施行后继续有效。

第一百二十二条　【境外车辆入境管理】国家对入境的境外机动车的道路交通安全实施统一管理。

第一百二十三条　【授权制定执行具体标准】省、自治区、直辖市人民代表大会常务委员会可以根据本地区的实际情况，在本法规定的罚款幅度内，规定具体的执行标准。

第一百二十四条　【生效日期】本法自2004年5月1日起施行。

中华人民共和国道路交通安全法实施条例

- 2004年4月30日中华人民共和国国务院令第405号公布
- 根据2017年10月7日《国务院关于修改部分行政法规的决定》修订

第一章　总　则

第一条　根据《中华人民共和国道路交通安全法》（以下简称道路交通安全法）的规定，制定本条例。

第二条　中华人民共和国境内的车辆驾驶人、行人、乘车人以及与道路交通活动有关的单位和个人，应当遵守道路交通安全法和本条例。

第三条　县级以上地方各级人民政府应当建立、健全道路交通安全工作协调机制，组织有关部门对城市建设项目进行交通影响评价，制定道路交通安全管理规划，确定管理目标，制定实施方案。

第二章 车辆和驾驶人
第一节 机动车

第四条 机动车的登记,分为注册登记、变更登记、转移登记、抵押登记和注销登记。

第五条 初次申领机动车号牌、行驶证的,应当向机动车所有人住所地的公安机关交通管理部门申请注册登记。

申请机动车注册登记,应当交验机动车,并提交以下证明、凭证:

(一)机动车所有人的身份证明;

(二)购车发票等机动车来历证明;

(三)机动车整车出厂合格证明或者进口机动车进口凭证;

(四)车辆购置税完税证明或者免税凭证;

(五)机动车第三者责任强制保险凭证;

(六)法律、行政法规规定应当在机动车注册登记时提交的其他证明、凭证。

不属于国务院机动车产品主管部门规定免于安全技术检验的车型的,还应当提供机动车安全技术检验合格证明。

第六条 已注册登记的机动车有下列情形之一的,机动车所有人应当向登记该机动车的公安机关交通管理部门申请变更登记:

(一)改变机动车车身颜色的;

(二)更换发动机的;

(三)更换车身或者车架的;

(四)因质量有问题,制造厂更换整车的;

(五)营运机动车改为非营运机动车或者非营运机动车改为营运机动车的;

(六)机动车所有人的住所迁出或者迁入公安机关交通管理部门管辖区域的。

申请机动车变更登记,应当提交下列证明、凭证,属于前款第(一)项、第(二)项、第(三)项、第(四)项、第(五)项情形之一的,还应当交验机动车;属于前款第(二)项、第(三)项情形之一的,还应当同时提交机动车安全技术检验合格证明:

(一)机动车所有人的身份证明;

(二)机动车登记证书;

(三)机动车行驶证。

机动车所有人的住所在公安机关交通管理部门管辖区域内迁移、机动车所有人的姓名(单位名称)或者联系方式变更的,应当向登记该机动车的公安机关交通管理部门备案。

第七条 已注册登记的机动车所有权发生转移的,应当及时办理转移登记。

申请机动车转移登记,当事人应当向登记该机动车的公安机关交通管理部门交验机动车,并提交以下证明、凭证:

(一)当事人的身份证明;

(二)机动车所有权转移的证明、凭证;

(三)机动车登记证书;

(四)机动车行驶证。

第八条 机动车所有人将机动车作为抵押物抵押的,机动车所有人应当向登记该机动车的公安机关交通管理部门申请抵押登记。

第九条 已注册登记的机动车达到国家规定的强制报废标准的,公安机关交通管理部门应当在报废期满的2个月前通知机动车所有人办理注销登记。机动车所有人应当在报废期满前将机动车交售给机动车回收企业,由机动车回收企业将报废的机动车登记证书、号牌、行驶证交公安机关交通管理部门注销。机动车所有人逾期不办理注销登记的,公安机关交通管理部门应当公告该机动车登记证书、号牌、行驶证作废。

因机动车灭失申请注销登记的,机动车所有人应当向公安机关交通管理部门提交本人身份证明,交回机动车登记证书。

第十条 办理机动车登记的申请人提交的证明、凭证齐全、有效的,公安机关交通管理部门应当当场办理登记手续。

人民法院、人民检察院以及行政执法部门依法查封、扣押的机动车,公安机关交通管理部门不予办理机动车登记。

第十一条 机动车登记证书、号牌、行驶证丢失或者损毁,机动车所有人申请补发的,应当向公安机关交通管理部门提交本人身份证明和申请材料。公安机关交通管理部门经与机动车登记档案核实后,在收到申请之日起15日内补发。

第十二条 税务部门、保险机构可以在公安机关交通管理部门的办公场所集中办理与机动车有关的税费缴纳、保险合同订立等事项。

第十三条 机动车号牌应当悬挂在车前、车后指定位置,保持清晰、完整。重型、中型载货汽车及其挂车、拖拉机及其挂车的车身或者车厢后部应当喷涂放大的牌号,字样应当端正并保持清晰。

机动车检验合格标志、保险标志应当粘贴在机动车前窗右上角。

机动车喷涂、粘贴标识或者车身广告的,不得影响安全驾驶。

第十四条 用于公路营运的载客汽车、重型载货汽车、半挂牵引车应当安装、使用符合国家标准的行驶记录仪。交通警察可以对机动车行驶速度、连续驾驶时间以及其他行驶状态信息进行检查。安装行驶记录仪可以分步实施,实施步骤由国务院机动车产品主管部门会同有关部门规定。

第十五条 机动车安全技术检验由机动车安全技术检验机构实施。机动车安全技术检验机构应当按照国家机动车安全技术检验标准对机动车进行检验,对检验结果承担法律责任。

质量技术监督部门负责对机动车安全技术检验机构实行计量认证管理,对机动车安全技术检验设备进行检定,对执行国家机动车安全技术检验标准的情况进行监督。

机动车安全技术检验项目由国务院公安部门会同国务院质量技术监督部门规定。

第十六条 机动车应当从注册登记之日起,按照下列期限进行安全技术检验:

(一)营运载客汽车5年以内每年检验1次;超过5年的,每6个月检验1次;

(二)载货汽车和大型、中型非营运载客汽车10年以内每年检验1次;超过10年的,每6个月检验1次;

(三)小型、微型非营运载客汽车6年以内每2年检验1次;超过6年的,每年检验1次;超过15年的,每6个月检验1次;

(四)摩托车4年以内每2年检验1次;超过4年的,每年检验1次;

(五)拖拉机和其他机动车每年检验1次。

营运机动车在规定检验期限内经安全技术检验合格的,不再重复进行安全技术检验。

第十七条 已注册登记的机动车进行安全技术检验时,机动车行驶证记载的登记内容与该机动车的有关情况不符,或者未按照规定提供机动车第三者责任强制保险凭证的,不予通过检验。

第十八条 警车、消防车、救护车、工程救险车标志图案的喷涂以及警报器、标志灯具的安装、使用规定,由国务院公安部门制定。

第二节 机动车驾驶人

第十九条 符合国务院公安部门规定的驾驶许可条件的人,可以向公安机关交通管理部门申请机动车驾驶证。

机动车驾驶证由国务院公安部门规定式样并监制。

第二十条 学习机动车驾驶,应当先学习道路交通安全法律、法规和相关知识,考试合格后,再学习机动车驾驶技能。

在道路上学习驾驶,应当按照公安机关交通管理部门指定的路线、时间进行。在道路上学习机动车驾驶技能应当使用教练车,在教练员随车指导下进行,与教学无关的人员不得乘坐教练车。学员在学习驾驶中有道路交通安全违法行为或者造成交通事故的,由教练员承担责任。

第二十一条 公安机关交通管理部门应当对申请机动车驾驶证的人进行考试,对考试合格的,在5日内核发机动车驾驶证;对考试不合格的,书面说明理由。

第二十二条 机动车驾驶证的有效期为6年,本条例另有规定的除外。

机动车驾驶人初次申领机动车驾驶证后的12个月为实习期。在实习期内驾驶机动车的,应当在车身后部粘贴或者悬挂统一式样的实习标志。

机动车驾驶人在实习期内不得驾驶公共汽车、营运客车或者执行任务的警车、消防车、救护车、工程救险车以及载有爆炸物品、易燃易爆化学物品、剧毒或者放射性等危险物品的机动车;驾驶的机动车不得牵引挂车。

第二十三条 公安机关交通管理部门对机动车驾驶人的道路交通安全违法行为除给予行政处罚外,实行道路交通安全违法行为累积记分(以下简称记分)制度,记分周期为12个月。对在一个记分周期内记分达到12分的,由公安机关交通管理部门扣留其机动车驾驶证,该机动车驾驶人应当按照规定参加道路交通安全法律、法规的学习并接受考试。考试合格的,记分予以清除,发还机动车驾驶证;考试不合格的,继续参加学习和考试。

应当给予记分的道路交通安全违法行为及其分值,由国务院公安部门根据道路交通安全违法行为的危害程度规定。

公安机关交通管理部门应当提供记分查询方式供机动车驾驶人查询。

第二十四条 机动车驾驶人在一个记分周期内记分未达到12分,所处罚款已经缴纳的,记分予以清除;记分虽未达到12分,但尚有罚款未缴纳的,记分转入下一记分周期。

机动车驾驶人在一个记分周期内记分 2 次以上达到 12 分的,除按照第二十三条的规定扣留机动车驾驶证、参加学习、接受考试外,还应当接受驾驶技能考试。考试合格的,记分予以清除,发还机动车驾驶证;考试不合格的,继续参加学习和考试。

接受驾驶技能考试的,按照本人机动车驾驶证载明的最高准驾车型考试。

第二十五条　机动车驾驶人记分达到 12 分,拒不参加公安机关交通管理部门通知的学习,也不接受考试的,由公安机关交通管理部门公告其机动车驾驶证停止使用。

第二十六条　机动车驾驶人在机动车驾驶证的 6 年有效期内,每个记分周期均未达到 12 分的,换发 10 年有效期的机动车驾驶证;在机动车驾驶证的 10 年有效期内,每个记分周期均未达到 12 分的,换发长期有效的机动车驾驶证。

换发机动车驾驶证时,公安机关交通管理部门应当对机动车驾驶证进行审验。

第二十七条　机动车驾驶证丢失、损毁,机动车驾驶人申请补发的,应当向公安机关交通管理部门提交本人身份证明和申请材料。公安机关交通管理部门经与机动车驾驶证档案核实后,在收到申请之日起 3 日内补发。

第二十八条　机动车驾驶人在机动车驾驶证丢失、损毁、超过有效期或者被依法扣留、暂扣期间以及记分达到 12 分的,不得驾驶机动车。

第三章　道路通行条件

第二十九条　交通信号灯分为:机动车信号灯、非机动车信号灯、人行横道信号灯、车道信号灯、方向指示信号灯、闪光警告信号灯、道路与铁路平面交叉道口信号灯。

第三十条　交通标志分为:指示标志、警告标志、禁令标志、指路标志、旅游区标志、道路施工安全标志和辅助标志。

道路交通标线分为:指示标线、警告标线、禁止标线。

第三十一条　交通警察的指挥分为:手势信号和使用器具的交通指挥信号。

第三十二条　道路交叉路口和行人横过道路较为集中的路段应当设置人行横道、过街天桥或者过街地下通道。

在盲人通行较为集中的路段,人行横道信号灯应当设置声响提示装置。

第三十三条　城市人民政府有关部门可以在不影响行人、车辆通行的情况下,在城市道路上施划停车泊位,并规定停车泊位的使用时间。

第三十四条　开辟或者调整公共汽车、长途汽车的行驶路线或者车站,应当符合交通规划和安全、畅通的要求。

第三十五条　道路养护施工单位在道路上进行养护、维修时,应当按照规定设置规范的安全警示标志和安全防护设施。道路养护施工作业车辆、机械应当安装示警灯,喷涂明显的标志图案,作业时应当开启示警灯和危险报警闪光灯。对未中断交通的施工作业道路,公安机关交通管理部门应当加强交通安全监督检查。发生交通阻塞时,及时做好分流、疏导,维护交通秩序。

道路施工需要车辆绕行的,施工单位应当在绕行处设置标志;不能绕行的,应当修建临时通道,保证车辆和行人通行。需要封闭道路中断交通的,除紧急情况外,应当提前 5 日向社会公告。

第三十六条　道路或者交通设施养护部门、管理部门应当在急弯、陡坡、临崖、临水等危险路段,按照国家标准设置警告标志和安全防护设施。

第三十七条　道路交通标志、标线不规范,机动车驾驶人容易发生辨认错误的,交通标志、标线的主管部门应当及时予以改善。

道路照明设施应当符合道路建设技术规范,保持照明功能完好。

第四章　道路通行规定

第一节　一般规定

第三十八条　机动车信号灯和非机动车信号灯表示:

(一)绿灯亮时,准许车辆通行,但转弯的车辆不得妨碍被放行的直行车辆、行人通行;

(二)黄灯亮时,已越过停止线的车辆可以继续通行;

(三)红灯亮时,禁止车辆通行。

在未设置非机动车信号灯和人行横道信号灯的路口,非机动车和行人应当按照机动车信号灯的表示通行。

红灯亮时,右转弯的车辆在不妨碍被放行的车辆、行人通行的情况下,可以通行。

第三十九条　人行横道信号灯表示:

(一)绿灯亮时,准许行人通过人行横道;

(二)红灯亮时,禁止行人进入人行横道,但是已经进入人行横道的,可以继续通过或者在道路中心线处停留等候。

第四十条 车道信号灯表示：

（一）绿色箭头灯亮时，准许本车道车辆按指示方向通行；

（二）红色叉形灯或者箭头灯亮时，禁止本车道车辆通行。

第四十一条 方向指示信号灯的箭头方向向左、向上、向右分别表示左转、直行、右转。

第四十二条 闪光警告信号灯为持续闪烁的黄灯，提示车辆、行人通行时注意瞭望，确认安全后通过。

第四十三条 道路与铁路平面交叉道口有两个红灯交替闪烁或者一个红灯亮时，表示禁止车辆、行人通行；红灯熄灭时，表示允许车辆、行人通行。

第二节 机动车通行规定

第四十四条 在道路同方向划有2条以上机动车道的，左侧为快速车道，右侧为慢速车道。在快速车道行驶的机动车应当按照快速车道规定的速度行驶，未达到快速车道规定的行驶速度的，应当在慢速车道行驶。摩托车应当在最右侧车道行驶。有交通标志标明行驶速度的，按照标明的行驶速度行驶。慢速车道内的机动车超越前车时，可以借用快速车道行驶。

在道路同方向划有2条以上机动车道的，变更车道的机动车不得影响相关车道内行驶的机动车的正常行驶。

第四十五条 机动车在道路上行驶不得超过限速标志、标线标明的速度。在没有限速标志、标线的道路上，机动车不得超过下列最高行驶速度：

（一）没有道路中心线的道路，城市道路为每小时30公里，公路为每小时40公里；

（二）同方向只有1条机动车道的道路，城市道路为每小时50公里，公路为每小时70公里。

第四十六条 机动车行驶中遇有下列情形之一的，最高行驶速度不得超过每小时30公里，其中拖拉机、电瓶车、轮式专用机械车不得超过每小时15公里：

（一）进出非机动车道，通过铁路道口、急弯路、窄路、窄桥时；

（二）掉头、转弯、下陡坡时；

（三）遇雾、雨、雪、沙尘、冰雹，能见度在50米以内时；

（四）在冰雪、泥泞的道路上行驶时；

（五）牵引发生故障的机动车时。

第四十七条 机动车超车时，应当提前开启左转向灯、变换使用远、近光灯或者鸣喇叭。在没有道路中心线或者同方向只有1条机动车道的道路上，前车遇后车发出超车信号时，在条件许可的情况下，应当降低速度、靠右让路。后车应当在确认有充足的安全距离后，从前车的左侧超越，在与被超车辆拉开必要的安全距离后，开启右转向灯，驶回原车道。

第四十八条 在没有中心隔离设施或者没有中心线的道路上，机动车遇相对方向来车时应当遵守下列规定：

（一）减速靠右行驶，并与其他车辆、行人保持必要的安全距离；

（二）在有障碍的路段，无障碍的一方先行；但有障碍的一方已驶入障碍路段而无障碍的一方未驶入时，有障碍的一方先行；

（三）在狭窄的坡路，上坡的一方先行；但下坡的一方已行至中途而上坡的一方未上坡时，下坡的一方先行；

（四）在狭窄的山路，不靠山体的一方先行；

（五）夜间会车应当在距相对方向来车150米以外改用近光灯，在窄路、窄桥与非机动车会车时应当使用近光灯。

第四十九条 机动车在有禁止掉头或者禁止左转弯标志、标线的地点以及在铁路道口、人行横道、桥梁、急弯、陡坡、隧道或者容易发生危险的路段，不得掉头。

机动车在没有禁止掉头或者没有禁止左转弯标志、标线的地点可以掉头，但不得妨碍正常行驶的其他车辆和行人的通行。

第五十条 机动车倒车时，应当察明车后情况，确认安全后倒车。不得在铁路道口、交叉路口、单行路、桥梁、急弯、陡坡或者隧道中倒车。

第五十一条 机动车通过有交通信号灯控制的交叉路口，应当按照下列规定通行：

（一）在划有导向车道的路口，按所需行进方向驶入导向车道；

（二）准备进入环形路口的让已在路口内的机动车先行；

（三）向左转弯时，靠路口中心点左侧转弯。转弯时开启转向灯，夜间行驶开启近光灯；

（四）遇放行信号时，依次通过；

（五）遇停止信号时，依次停在停止线以外。没有停止线的，停在路口以外；

（六）向右转弯遇有同车道前车正在等候放行信号时，依次停车等候；

（七）在没有方向指示信号灯的交叉路口，转弯的机动车让直行的车辆、行人先行。相对方向行驶的右转弯机动车让左转弯车辆先行。

第五十二条 机动车通过没有交通信号灯控制也没有交通警察指挥的交叉路口,除应当遵守第五十一条第(二)项、第(三)项的规定外,还应当遵守下列规定:

(一)有交通标志、标线控制的,让优先通行的一方先行;

(二)没有交通标志、标线控制的,在进入路口前停车瞭望,让右方道路的来车先行;

(三)转弯的机动车让直行的车辆先行;

(四)相对方向行驶的右转弯的机动车让左转弯的车辆先行。

第五十三条 机动车遇有前方交叉路口交通阻塞时,应当依次停在路口以外等候,不得进入路口。

机动车在遇有前方机动车停车排队等候或者缓慢行驶时,应当依次排队,不得从前方车辆两侧穿插或者超越行驶,不得在人行横道、网状线区域内停车等候。

机动车在车道减少的路口、路段,遇有前方机动车停车排队等候或者缓慢行驶的,应当每车道一辆依次交替驶入车道减少后的路口、路段。

第五十四条 机动车载物不得超过机动车行驶证上核定的载质量,装载长度、宽度不得超出车厢,并应当遵守下列规定:

(一)重型、中型载货汽车,半挂车载物,高度从地面起不得超过 4 米,载运集装箱的车辆不得超过 4.2 米;

(二)其他载货的机动车载物,高度从地面起不得超过 2.5 米;

(三)摩托车载物,高度从地面起不得超过 1.5 米,长度不得超出车身 0.2 米。两轮摩托车载物宽度左右各不得超出车把 0.15 米;三轮摩托车载物宽度不得超过车身。

载客汽车除车身外部的行李架和内置的行李箱外,不得载货。载客汽车行李架载货,从车顶起高度不得超过 0.5 米,从地面起高度不得超过 4 米。

第五十五条 机动车载人应当遵守下列规定:

(一)公路载客汽车不得超过核定的载客人数,但按照规定免票的儿童除外,在载客人数已满的情况下,按照规定免票的儿童不得超过核定载客人数的 10%;

(二)载货汽车车厢不得载人。在城市道路上,货运机动车在留有安全位置的情况下,车厢内可以附载临时作业人员 1 人至 5 人;载物高度超过车厢栏板时,货物上不得载人;

(三)摩托车后座不得乘坐未满 12 周岁的未成年人,轻便摩托车不得载人。

第五十六条 机动车牵引挂车应当符合下列规定:

(一)载货汽车、半挂牵引车、拖拉机只允许牵引 1 辆挂车。挂车的灯光信号、制动、连接、安全防护等装置应当符合国家标准;

(二)小型载客汽车只允许牵引旅居挂车或者总质量 700 千克以下的挂车。挂车不得载人;

(三)载货汽车所牵引挂车的载质量不得超过载货汽车本身的载质量。

大型、中型载客汽车,低速载货汽车,三轮汽车以及其他机动车不得牵引挂车。

第五十七条 机动车应当按照下列规定使用转向灯:

(一)向左转弯、向左变更车道、准备超车、驶离停车地点或者掉头时,应当提前开启左转向灯;

(二)向右转弯、向右变更车道、超车完毕驶回原车道、靠路边停车时,应当提前开启右转向灯。

第五十八条 机动车在夜间没有路灯、照明不良或者遇有雾、雨、雪、沙尘、冰雹等低能见度情况下行驶时,应当开启前照灯、示廓灯和后位灯,但同方向行驶的后车与前车近距离行驶时,不得使用远光灯。机动车雾天行驶应当开启雾灯和危险报警闪光灯。

第五十九条 机动车在夜间通过急弯、坡路、拱桥、人行横道或者没有交通信号灯控制的路口时,应当交替使用远近光灯示意。

机动车驶近急弯、坡道顶端等影响安全视距的路段以及超车或者遇有紧急情况时,应当减速慢行,并鸣喇叭示意。

第六十条 机动车在道路上发生故障或者发生交通事故,妨碍交通又难以移动的,应当按照规定开启危险报警闪光灯并在车后 50 米至 100 米处设置警告标志,夜间还应当同时开启示廓灯和后位灯。

第六十一条 牵引故障机动车应当遵守下列规定:

(一)被牵引的机动车除驾驶人外不得载人,不得拖带挂车;

(二)被牵引的机动车宽度不得大于牵引机动车的宽度;

(三)使用软连接牵引装置时,牵引车与被牵引车之间的距离应当大于 4 米小于 10 米;

(四)对制动失效的被牵引车,应当使用硬连接牵引装置牵引;

(五)牵引车和被牵引车均应当开启危险报警闪

光灯。

汽车吊车和轮式专用机械车不得牵引车辆。摩托车不得牵引车辆或者被其他车辆牵引。

转向或者照明、信号装置失效的故障机动车,应当使用专用清障车拖曳。

第六十二条 驾驶机动车不得有下列行为:

(一)在车门、车厢没有关好时行车;

(二)在机动车驾驶室的前后窗范围内悬挂、放置妨碍驾驶人视线的物品;

(三)拨打接听手持电话、观看电视等妨碍安全驾驶的行为;

(四)下陡坡时熄火或者空挡滑行;

(五)向道路上抛撒物品;

(六)驾驶摩托车手离车把或者在车把上悬挂物品;

(七)连续驾驶机动车超过4小时未停车休息或者停车休息时间少于20分钟;

(八)在禁止鸣喇叭的区域或者路段鸣喇叭。

第六十三条 机动车在道路上临时停车,应当遵守下列规定:

(一)在设有禁停标志、标线的路段,在机动车道与非机动车道、人行道之间设有隔离设施的路段以及人行横道、施工地段,不得停车;

(二)交叉路口、铁路道口、急弯路、宽度不足4米的窄路、桥梁、陡坡、隧道以及距离上述地点50米以内的路段,不得停车;

(三)公共汽车站、急救站、加油站、消防栓或者消防队(站)门前以及距离上述地点30米以内的路段,除使用上述设施的以外,不得停车;

(四)车辆停稳前不得开车门和上下人员,开关车门不得妨碍其他车辆和行人通行;

(五)路边停车应当紧靠道路右侧,机动车驾驶人不得离车,上下人员或者装卸物品后,立即驶离;

(六)城市公共汽车不得在站点以外的路段停车上下乘客。

第六十四条 机动车行经漫水路或者漫水桥时,应当停车察明水情,确认安全后,低速通过。

第六十五条 机动车载运超限物品行经铁路道口的,应当按照当地铁路部门指定的铁路道口、时间通过。

机动车行经渡口,应当服从渡口管理人员指挥,按照指定地点依次待渡。机动车上下渡船时,应当低速慢行。

第六十六条 警车、消防车、救护车、工程救险车在执行紧急任务遇交通受阻时,可以断续使用警报器,并遵守下列规定:

(一)不得在禁止使用警报器的区域或者路段使用警报器;

(二)夜间在市区不得使用警报器;

(三)列队行驶时,前车已经使用警报器的,后车不再使用警报器。

第六十七条 在单位院内、居民居住区内,机动车应当低速行驶,避让行人;有限速标志的,按照限速标志行驶。

第三节 非机动车通行规定

第六十八条 非机动车通过有交通信号灯控制的交叉路口,应当按照下列规定通行:

(一)转弯的非机动车让直行的车辆、行人优先通行;

(二)遇有前方路口交通阻塞时,不得进入路口;

(三)向左转弯时,靠路口中心点的右侧转弯;

(四)遇有停止信号时,应当依次停在路口停止线以外。没有停止线的,停在路口以外;

(五)向右转弯遇有同方向前车正在等候放行信号时,在本车道内能够转弯的,可以通行;不能转弯的,依次等候。

第六十九条 非机动车通过没有交通信号灯控制也没有交通警察指挥的交叉路口,除应当遵守第六十八条第(一)项、第(二)项和第(三)项的规定外,还应当遵守下列规定:

(一)有交通标志、标线控制的,让优先通行的一方先行;

(二)没有交通标志、标线控制的,在路口外慢行或者停车瞭望,让右方道路的来车先行;

(三)相对方向行驶的右转弯的非机动车让左转弯的车辆先行。

第七十条 驾驶自行车、电动自行车、三轮车在路段上横过机动车道,应当下车推行,有人行横道或者行人过街设施的,应当从人行横道或者行人过街设施通过;没有人行横道、没有行人过街设施或者不便使用行人过街设施的,在确认安全后直行通过。

因非机动车道被占用无法在本车道内行驶的非机动车,可以在受阻的路段借用相邻的机动车道行驶,并在驶过被占用路段后迅速驶回非机动车道。机动车遇此情况应当减速让行。

第七十一条 非机动车载物,应当遵守下列规定:

(一)自行车、电动自行车、残疾人机动轮椅车载物,高度从地面起不得超过 1.5 米，宽度左右各不得超出车把 0.15 米，长度前端不得超出车轮，后端不得超出车身 0.3 米；

（二）三轮车、人力车载物，高度从地面起不得超过 2 米，宽度左右各不得超出车身 0.2 米，长度不得超出车身 1 米；

（三）畜力车载物，高度从地面起不得超过 2.5 米，宽度左右各不得超出车身 0.2 米，长度前端不得超出车辕，后端不得超出车身 1 米。

自行车载人的规定，由省、自治区、直辖市人民政府根据当地实际情况制定。

第七十二条 在道路上驾驶自行车、三轮车、电动自行车、残疾人机动轮椅车应当遵守下列规定：

（一）驾驶自行车、三轮车必须年满 12 周岁；

（二）驾驶电动自行车和残疾人机动轮椅车必须年满 16 周岁；

（三）不得醉酒驾驶；

（四）转弯前应当减速慢行，伸手示意，不得突然猛拐，超越前车时不得妨碍被超越的车辆行驶；

（五）不得牵引、攀扶车辆或者被其他车辆牵引，不得双手离把或者手中持物；

（六）不得扶身并行、互相追逐或者曲折竞驶；

（七）不得在道路上骑独轮自行车或者 2 人以上骑行的自行车；

（八）非下肢残疾的人不得驾驶残疾人机动轮椅车；

（九）自行车、三轮车不得加装动力装置；

（十）不得在道路上学习驾驶非机动车。

第七十三条 在道路上驾驭畜力车应当年满 16 周岁，并遵守下列规定：

（一）不得醉酒驾驭；

（二）不得并行，驾驭人不得离开车辆；

（三）行经繁华路段、交叉路口、铁路道口、人行横道、急弯路、宽度不足 4 米的窄路或者窄桥、陡坡、隧道或者容易发生危险的路段，不得超车。驾驭两轮畜力车应当下车牵引牲畜；

（四）不得使用未经驯服的牲畜驾车，随车幼畜须拴系；

（五）停放车辆应当拉紧车闸，拴系牲畜。

第四节 行人和乘车人通行规定

第七十四条 行人不得有下列行为：

（一）在道路上使用滑板、旱冰鞋等滑行工具；

（二）在车行道内坐卧、停留、嬉闹；

（三）追车、抛物击车等妨碍道路交通安全的行为。

第七十五条 行人横过机动车道，应当从人行过街设施通过；没有人行过街设施的，应当从人行横道通过；没有人行横道的，应当观察来往车辆的情况，确认安全后直行通过，不得在车辆临近时突然加速横穿或者中途倒退、折返。

第七十六条 行人列队在道路上通行，每横列不得超过 2 人，但在已经实行交通管制的路段不受限制。

第七十七条 乘坐机动车应当遵守下列规定：

（一）不得在机动车道上拦乘机动车；

（二）在机动车道上不得从机动车左侧上下车；

（三）开关车门不得妨碍其他车辆和行人通行；

（四）机动车行驶中，不得干扰驾驶，不得将身体任何部分伸出车外，不得跳车；

（五）乘坐两轮摩托车应当正向骑坐。

第五节 高速公路的特别规定

第七十八条 高速公路应当标明车道的行驶速度，最高车速不得超过每小时 120 公里，最低车速不得低于每小时 60 公里。

在高速公路上行驶的小型载客汽车最高车速不得超过每小时 120 公里，其他机动车不得超过每小时 100 公里，摩托车不得超过每小时 80 公里。

同方向有 2 条车道的，左侧车道的最低车速为每小时 100 公里；同方向有 3 条以上车道的，最左侧车道的最低车速为每小时 110 公里，中间车道的最低车速为每小时 90 公里。道路限速标志标明的车速与上述车道行驶车速的规定不一致的，按照道路限速标志标明的车速行驶。

第七十九条 机动车从匝道驶入高速公路，应当开启左转向灯，在不妨碍已在高速公路内的机动车正常行驶的情况下驶入车道。

机动车驶离高速公路时，应当开启右转向灯，驶入减速车道，降低车速后驶离。

第八十条 机动车在高速公路上行驶，车速超过每小时 100 公里时，应当与同车道前车保持 100 米以上的距离，车速低于每小时 100 公里时，与同车道前车距离可以适当缩短，但最小距离不得少于 50 米。

第八十一条 机动车在高速公路上行驶，遇有雾、雨、雪、沙尘、冰雹等低能见度气象条件时，应当遵守下列规定：

（一）能见度小于 200 米时，开启雾灯、近光灯、示廓灯和前后位灯，车速不得超过每小时 60 公里，与同车道前车保持 100 米以上的距离；

（二）能见度小于 100 米时，开启雾灯、近光灯、示廓灯、前后位灯和危险报警闪光灯，车速不得超过每小时 40 公里，与同车道前车保持 50 米以上的距离；

（三）能见度小于 50 米时，开启雾灯、近光灯、示廓灯、前后位灯和危险报警闪光灯，车速不得超过每小时 20 公里，并从最近的出口尽快驶离高速公路。

遇有前款规定情形时，高速公路管理部门应当通过显示屏等方式发布速度限制、保持车距等提示信息。

第八十二条　机动车在高速公路上行驶，不得有下列行为：

（一）倒车、逆行、穿越中央分隔带掉头或者在车道内停车；

（二）在匝道、加速车道或者减速车道上超车；

（三）骑、轧车行道分界线或者在路肩上行驶；

（四）非紧急情况时在应急车道行驶或者停车；

（五）试车或者学习驾驶机动车。

第八十三条　在高速公路上行驶的载货汽车车厢不得载人。两轮摩托车在高速公路行驶时不得载人。

第八十四条　机动车通过施工作业路段时，应当注意警示标志，减速行驶。

第八十五条　城市快速路的道路交通安全管理，参照本节的规定执行。

高速公路、城市快速路的道路交通安全管理工作，省、自治区、直辖市人民政府公安机关交通管理部门可以指定设区的市人民政府公安机关交通管理部门或者相当于同级的公安机关交通管理部门承担。

第五章　交通事故处理

第八十六条　机动车与机动车、机动车与非机动车在道路上发生未造成人身伤亡的交通事故，当事人对事实及成因无争议的，在记录交通事故的时间、地点、对方当事人的姓名和联系方式、机动车牌号、驾驶证号、保险凭证号、碰撞部位，并共同签名后，撤离现场，自行协商损害赔偿事宜。当事人对交通事故事实及成因有争议的，应当迅速报警。

第八十七条　非机动车与非机动车或者行人在道路上发生交通事故，未造成人身伤亡，且基本事实及成因清楚的，当事人应当先撤离现场，再自行协商处理损害赔偿事宜。当事人对交通事故事实及成因有争议的，应当迅速报警。

第八十八条　机动车发生交通事故，造成道路、供电、通讯等设施损毁的，驾驶人应当报警等候处理，不得

驶离。机动车可以移动的，应当将机动车移至不妨碍交通的地点。公安机关交通管理部门应当将事故有关情况通知有关部门。

第八十九条　公安机关交通管理部门或者交通警察接到交通事故报警，应当及时赶赴现场，对未造成人身伤亡、事实清楚，并且机动车可以移动的，应当在记录事故情况后责令当事人撤离现场，恢复交通。对拒不撤离现场的，予以强制撤离。

对属于前款规定情况的道路交通事故，交通警察可以适用简易程序处理，并当场出具事故认定书。当事人共同请求调解的，交通警察可以当场对损害赔偿争议进行调解。

对道路交通事故造成人员伤亡和财产损失需要勘验、检查现场的，公安机关交通管理部门应当按照勘查现场工作规范进行。现场勘查完毕，应当组织清理现场，恢复交通。

第九十条　投保机动车第三者责任强制保险的机动车发生交通事故，因抢救受伤人员需要保险公司支付抢救费用的，由公安机关交通管理部门通知保险公司。

抢救受伤人员需要道路交通事故救助基金垫付费用的，由公安机关交通管理部门通知道路交通事故社会救助基金管理机构。

第九十一条　公安机关交通管理部门应当根据交通事故当事人的行为对发生交通事故所起的作用以及过错的严重程度，确定当事人的责任。

第九十二条　发生交通事故后当事人逃逸的，逃逸的当事人承担全部责任。但是，有证据证明对方当事人也有过错的，可以减轻责任。

当事人故意破坏、伪造现场、毁灭证据的，承担全部责任。

第九十三条　公安机关交通管理部门对经过勘验、检查现场的交通事故应当在勘查现场之日起 10 日内制作交通事故认定书。对需要进行检验、鉴定的，应当在检验、鉴定结果确定之日起 5 日内制作交通事故认定书。

第九十四条　当事人对交通事故损害赔偿有争议，各方当事人一致请求公安机关交通管理部门调解的，应当在收到交通事故认定书之日起 10 日内提出书面调解申请。

对交通事故致死的，调解从办理丧葬事宜结束之日起开始；对交通事故致伤的，调解从治疗终结或者定残之日起开始；对交通事故造成财产损失的，调解从确定损失之日起开始。

第九十五条　公安机关交通管理部门调解交通事故损害赔偿争议的期限为 10 日。调解达成协议的，公安机关交通管理部门应当制作调解书送交各方当事人，调解书经各方当事人共同签字后生效；调解未达成协议的，公安机关交通管理部门应当制作调解终结书送交各方当事人。

交通事故损害赔偿项目和标准依照有关法律的规定执行。

第九十六条　对交通事故损害赔偿的争议，当事人向人民法院提起民事诉讼的，公安机关交通管理部门不再受理调解申请。

公安机关交通管理部门调解期间，当事人向人民法院提起民事诉讼的，调解终止。

第九十七条　车辆在道路以外发生交通事故，公安机关交通管理部门接到报案的，参照道路交通安全法和本条例的规定处理。

车辆、行人与火车发生的交通事故以及在渡口发生的交通事故，依照国家有关规定处理。

第六章　执法监督

第九十八条　公安机关交通管理部门应当公开办事制度、办事程序，建立警风警纪监督员制度，自觉接受社会和群众的监督。

第九十九条　公安机关交通管理部门及其交通警察办理机动车登记，发放号牌，对驾驶人考试、发证，处理道路交通安全违法行为，处理道路交通事故，应当严格遵守有关规定，不得越权执法，不得延迟履行职责，不得擅自改变处罚的种类和幅度。

第一百条　公安机关交通管理部门应当公布举报电话，受理群众举报投诉，并及时调查核实，反馈查处结果。

第一百零一条　公安机关交通管理部门应当建立执法质量考核评议、执法责任制和执法过错追究制度，防止和纠正道路交通安全执法中的错误或者不当行为。

第七章　法律责任

第一百零二条　违反本条例规定的行为，依照道路交通安全法和本条例的规定处罚。

第一百零三条　以欺骗、贿赂等不正当手段取得机动车登记或者驾驶许可的，收缴机动车登记证书、号牌、行驶证或者机动车驾驶证，撤销机动车登记或者机动车驾驶许可；申请人在 3 年内不得申请机动车登记或者机动车驾驶许可。

第一百零四条　机动车驾驶人有下列行为之一，又无其他机动车驾驶人即时替代驾驶的，公安机关交通管理部门除依法给予处罚外，可以将其驾驶的机动车移至不妨碍交通的地点或者有关部门指定的地点停放：

（一）不能出示本人有效驾驶证的；

（二）驾驶的机动车与驾驶证载明的准驾车型不符的；

（三）饮酒、服用国家管制的精神药品或者麻醉药品、患有妨碍安全驾驶的疾病，或者过度疲劳仍继续驾驶的；

（四）学习驾驶人员没有教练人员随车指导单独驾驶的。

第一百零五条　机动车驾驶人有饮酒、醉酒、服用国家管制的精神药品或者麻醉药品嫌疑的，应当接受测试、检验。

第一百零六条　公路客运载客汽车超过核定乘员、载货汽车超过核定载质量的，公安机关交通管理部门依法扣留机动车后，驾驶人应当将超载的乘车人转运、将超载的货物卸载，费用由超载机动车的驾驶人或者所有人承担。

第一百零七条　依照道路交通安全法第九十二条、第九十五条、第九十六条、第九十八条的规定被扣留的机动车，驾驶人或者所有人、管理人 30 日内没有提供被扣留机动车的合法证明，没有补办相应手续，或者不前来接受处理，经公安机关交通管理部门通知并且经公告 3 个月仍不前来接受处理的，由公安机关交通管理部门将该机动车送交有资格的拍卖机构拍卖，所得价款上缴国库；非法拼装的机动车予以拆除；达到报废标准的机动车予以报废；机动车涉及其他违法犯罪行为的，移交有关部门处理。

第一百零八条　交通警察按照简易程序当场作出行政处罚的，应当告知当事人道路交通安全违法行为的事实、处罚的理由和依据，并将行政处罚决定书当场交付被处罚人。

第一百零九条　对道路交通安全违法行为人处以罚款或者暂扣驾驶证处罚的，由违法行为发生地的县级以上人民政府公安机关交通管理部门或者相当于同级的公安机关交通管理部门作出决定；对处以吊销机动车驾驶证处罚的，由设区的市人民政府公安机关交通管理部门或者相当于同级的公安机关交通管理部门作出决定。

公安机关交通管理部门对非本辖区机动车的道路交通安全违法行为没有当场处罚的，可以由机动车登记地的公安机关交通管理部门处罚。

第一百一十条　当事人对公安机关交通管理部门及

其交通警察的处罚有权进行陈述和申辩，交通警察应当充分听取当事人的陈述和申辩，不得因当事人陈述、申辩而加重其处罚。

第八章 附 则

第一百一十一条 本条例所称上道路行驶的拖拉机，是指手扶拖拉机等最高设计行驶速度不超过每小时20公里的轮式拖拉机和最高设计行驶速度不超过每小时40公里、牵引挂车方可从事道路运输的轮式拖拉机。

第一百一十二条 农业（农业机械）主管部门应当定期向公安机关交通管理部门提供拖拉机登记、安全技术检验以及拖拉机驾驶证发放的资料、数据。公安机关交通管理部门对拖拉机驾驶人作出暂扣、吊销驾驶证处罚或者记分处理的，应当定期将处罚决定书和记分情况通报有关的农业（农业机械）主管部门。吊销驾驶证的，还应当将驾驶证送交有关的农业（农业机械）主管部门。

第一百一十三条 境外机动车入境行驶，应当向入境地的公安机关交通管理部门申请临时通行号牌、行驶证。临时通行号牌、行驶证应当根据行驶需要，载明有效日期和允许行驶的区域。

入境的境外机动车申请临时通行号牌、行驶证以及境外人员申请机动车驾驶许可的条件、考试办法由国务院公安部门规定。

第一百一十四条 机动车驾驶许可考试的收费标准，由国务院价格主管部门规定。

第一百一十五条 本条例自2004年5月1日起施行。1960年2月11日国务院批准、交通部发布的《机动车管理办法》，1988年3月9日国务院发布的《中华人民共和国道路交通管理条例》，1991年9月22日国务院发布的《道路交通事故处理办法》，同时废止。

最高人民法院关于审理道路交通事故损害赔偿案件适用法律若干问题的解释

· 2012年9月17日最高人民法院审判委员会第1556次会议通过
· 根据2020年12月23日最高人民法院审判委员会第1823次会议通过的《最高人民法院关于修改〈最高人民法院关于在民事审判工作中适用〈中华人民共和国工会法〉若干问题的解释〉等二十七件民事类司法解释的决定》修正
· 2020年12月29日最高人民法院公告公布

为正确审理道路交通事故损害赔偿案件，根据《中华人民共和国民法典》《中华人民共和国道路交通安全法》《中华人民共和国保险法》《中华人民共和国民事诉讼法》等法律的规定，结合审判实践，制定本解释。

一、关于主体责任的认定

第一条 机动车发生交通事故造成损害，机动车所有人或者管理人有下列情形之一，人民法院应当认定其对损害的发生有过错，并适用民法典第一千二百零九条的规定确定其相应的赔偿责任：

（一）知道或者应当知道机动车存在缺陷，且该缺陷是交通事故发生原因之一的；

（二）知道或者应当知道驾驶人无驾驶资格或者未取得相应驾驶资格的；

（三）知道或者应当知道驾驶人因饮酒、服用国家管制的精神药品或者麻醉药品，或者患有妨碍安全驾驶机动车的疾病等依法不能驾驶机动车的；

（四）其它应当认定机动车所有人或者管理人有过错的。

第二条 被多次转让但是未办理登记的机动车发生交通事故造成损害，属于该机动车一方责任，当事人请求由最后一次转让并交付的受让人承担赔偿责任的，人民法院应予支持。

第三条 套牌机动车发生交通事故造成损害，属于该机动车一方责任，当事人请求由套牌机动车的所有人或者管理人承担赔偿责任的，人民法院应予支持；被套牌机动车所有人或者管理人同意套牌的，应当与套牌机动车的所有人或者管理人承担连带责任。

第四条 拼装车、已达到报废标准的机动车或者依法禁止行驶的其他机动车被多次转让，并发生交通事故造成损害，当事人请求由所有的转让人和受让人承担连带责任的，人民法院应予支持。

第五条 接受机动车驾驶培训的人员，在培训活动中驾驶机动车发生交通事故造成损害，属于该机动车一方责任，当事人请求驾驶培训单位承担赔偿责任的，人民法院应予支持。

第六条 机动车试乘过程中发生交通事故造成试乘人损害，当事人请求提供试乘服务者承担赔偿责任的，人民法院应予支持。试乘人有过错的，应当减轻提供试乘服务者的赔偿责任。

第七条 因道路管理维护缺陷导致机动车发生交通事故造成损害，当事人请求道路管理者承担相应赔偿责任的，人民法院应予支持。但道路管理者能够证明已经依照法律、法规、规章的规定，或者按照国家标准、行业标准、地方标准的要求尽到安全防护、警示等管理维护义务的除外。

依法不得进入高速公路的车辆、行人，进入高速公路发生交通事故造成自身损害，当事人请求高速公路管理者承担赔偿责任的，适用民法典第一千二百四十三条的规定。

第八条 未按照法律、法规、规章或者国家标准、行业标准、地方标准的强制性规定设计、施工，致使道路存在缺陷并造成交通事故，当事人请求建设单位与施工单位承担相应赔偿责任的，人民法院应予支持。

第九条 机动车存在产品缺陷导致交通事故造成损害，当事人请求生产者或者销售者依照民法典第七编第四章的规定承担赔偿责任的，人民法院应予支持。

第十条 多辆机动车发生交通事故造成第三人损害，当事人请求多个侵权人承担赔偿责任的，人民法院应当区分不同情况，依照民法典第一千一百七十条、第一千一百七十一条、第一千一百七十二条的规定，确定侵权人承担连带责任或者按份责任。

二、关于赔偿范围的认定

第十一条 道路交通安全法第七十六条规定的"人身伤亡"，是指机动车发生交通事故侵害被侵权人的生命权、身体权、健康权等人身权益所造成的损害，包括民法典第一千一百七十九条和第一千一百八十三条规定的各项损害。

道路交通安全法第七十六条规定的"财产损失"，是指因机动车发生交通事故侵害被侵权人的财产权益所造成的损失。

第十二条 因道路交通事故造成下列财产损失，当事人请求侵权人赔偿的，人民法院应予支持：

（一）维修被损坏车辆所支出的费用、车辆所载物品的损失、车辆施救费用；

（二）因车辆灭失或者无法修复，为购买交通事故发生时与被损坏车辆价值相当的车辆重置费用；

（三）依法从事货物运输、旅客运输等经营性活动的车辆，因无法从事相应经营活动所产生的合理停运损失；

（四）非经营性车辆因无法继续使用，所产生的通常替代性交通工具的合理费用。

三、关于责任承担的认定

第十三条 同时投保机动车第三者责任强制保险（以下简称"交强险"）和第三者责任商业保险（以下简称"商业三者险"）的机动车发生交通事故造成损害，当事人同时起诉侵权人和保险公司的，人民法院应当依照民法典第一千二百一十三条的规定，确定赔偿责任。

被侵权人或者其近亲属请求承保交强险的保险公司优先赔偿精神损害的，人民法院应予支持。

第十四条 投保人允许的驾驶人驾驶机动车致使投保人遭受损害，当事人请求承保交强险的保险公司在责任限额范围内予以赔偿的，人民法院应予支持，但投保人为本车上人员的除外。

第十五条 有下列情形之一导致第三人人身损害，当事人请求保险公司在交强险责任限额范围内予以赔偿，人民法院应予支持：

（一）驾驶人未取得驾驶资格或者未取得相应驾驶资格的；

（二）醉酒、服用国家管制的精神药品或者麻醉药品后驾驶机动车发生交通事故的；

（三）驾驶人故意制造交通事故的。

保险公司在赔偿范围内向侵权人主张追偿权的，人民法院应予支持。追偿权的诉讼时效期间自保险公司实际赔偿之日起计算。

第十六条 未依法投保交强险的机动车发生交通事故造成损害，当事人请求投保义务人在交强险责任范围内予以赔偿的，人民法院应予支持。

投保义务人和侵权人不是同一人，当事人请求投保义务人和侵权人在交强险责任限额范围内承担相应责任的，人民法院应予支持。

第十七条 具有从事交强险业务资格的保险公司违法拒绝承保、拖延承保或者违法解除交强险合同，投保义务人在向第三人承担赔偿责任后，请求该保险公司在交强险责任限额范围内承担相应赔偿责任的，人民法院应予支持。

第十八条 多辆机动车发生交通事故造成第三人损害，损失超出各机动车交强险责任限额之和的，由各保险公司在各自责任限额范围内承担赔偿责任；损失未超出各机动车交强险责任限额之和，当事人请求由各保险公司按照其责任限额与责任限额之和的比例承担赔偿责任的，人民法院应予支持。

依法分别投保交强险的牵引车和挂车连接使用时发生交通事故造成第三人损害，当事人请求由各保险公司在各自的责任限额范围内平均赔偿的，人民法院应予支持。

多辆机动车发生交通事故造成第三人损害，其中部分机动车未投保交强险，当事人请求先由已承保交强险的保险公司在责任限额范围内予以赔偿的，人民法院应予支持。保险公司就超出其应承担的部分向未投保交强险的投保义务人或者侵权人行使追偿权的，人民法院应予支持。

第十九条　同一交通事故的多个被侵权人同时起诉的，人民法院应当按照各被侵权人的损失比例确定交强险的赔偿数额。

第二十条　机动车所有权在交强险合同有效期内发生变动，保险公司在交通事故发生后，以该机动车未办理交强险合同变更手续为由主张免除赔偿责任的，人民法院不予支持。

机动车在交强险合同有效期内发生改装、使用性质改变等导致危险程度增加的情形，发生交通事故后，当事人请求保险公司在责任限额范围内予以赔偿的，人民法院应予支持。

前款情形下，保险公司另行起诉请求投保义务人按照重新核定后的保险费标准补足当期保险费的，人民法院应予支持。

第二十一条　当事人主张交强险人身伤亡保险金请求权转让或者设定担保的行为无效的，人民法院应予支持。

四、关于诉讼程序的规定

第二十二条　人民法院审理道路交通事故损害赔偿案件，应当将承保交强险的保险公司列为共同被告。但该保险公司已经在交强险责任限额范围内予以赔偿且当事人无异议的除外。

人民法院审理道路交通事故损害赔偿案件，当事人请求将承保商业三者险的保险公司列为共同被告的，人民法院应予准许。

第二十三条　被侵权人因道路交通事故死亡，无近亲属或者近亲属不明，未经法律授权的机关或者有关组织向人民法院起诉主张死亡赔偿金的，人民法院不予受理。

侵权人以已向未经法律授权的机关或者有关组织支付死亡赔偿金为理由，请求保险公司在交强险责任限额范围内予以赔偿的，人民法院不予支持。

被侵权人因道路交通事故死亡，无近亲属或者近亲属不明，支付被侵权人医疗费、丧葬费等合理费用的单位或者个人，请求保险公司在交强险责任限额范围内予以赔偿的，人民法院应予支持。

第二十四条　公安机关交通管理部门制作的交通事故认定书，人民法院应依法审查并确认其相应的证明力，但有相反证据推翻的除外。

五、关于适用范围的规定

第二十五条　机动车在道路以外的地方通行时引发的损害赔偿案件，可以参照适用本解释的规定。

第二十六条　本解释施行后尚未终审的案件，适用本解释；本解释施行前已经终审，当事人申请再审或者按照审判监督程序决定再审的案件，不适用本解释。

4. 水路运输安全

中华人民共和国海上交通安全法

- 1983年9月2日第六届全国人民代表大会常务委员会第二次会议通过
- 根据2016年11月7日第十二届全国人民代表大会常务委员会第二十四次会议《关于修改〈中华人民共和国对外贸易法〉等十二部法律的决定》修正
- 2021年4月29日第十三届全国人民代表大会常务委员会第二十八次会议修订

第一章　总　则

第一条　为了加强海上交通管理，维护海上交通秩序，保障生命财产安全，维护国家权益，制定本法。

第二条　在中华人民共和国管辖海域内从事航行、停泊、作业以及其他与海上交通安全相关的活动，适用本法。

第三条　国家依法保障交通用海。

海上交通安全工作坚持安全第一、预防为主、便利通行、依法管理的原则，保障海上交通安全、有序、畅通。

第四条　国务院交通运输主管部门主管全国海上交通安全工作。

国家海事管理机构统一负责海上交通安全监督管理工作，其他各级海事管理机构按照职责具体负责辖区内的海上交通安全监督管理工作。

第五条　各级人民政府及有关部门应当支持海上交通安全工作，加强海上交通安全的宣传教育，提高全社会的海上交通安全意识。

第六条　国家依法保障船员的劳动安全和职业健康，维护船员的合法权益。

第七条　从事船舶、海上设施航行、停泊、作业以及其他与海上交通相关活动的单位、个人，应当遵守有关海上交通安全的法律、行政法规、规章以及强制性标准和技术规范；依法享有获得航海保障和海上救助的权利，承担维护海上交通安全和保护海洋生态环境的义务。

第八条　国家鼓励和支持先进科学技术在海上交通

安全工作中的应用,促进海上交通安全现代化建设,提高海上交通安全科学技术水平。

第二章 船舶、海上设施和船员

第九条 中国籍船舶、在中华人民共和国管辖海域设置的海上设施、船运集装箱,以及国家海事管理机构确定的关系海上交通安全的重要船用设备、部件和材料,应当符合有关法律、行政法规、规章以及强制性标准和技术规范的要求,经船舶检验机构检验合格,取得相应证书、文书。证书、文书的清单由国家海事管理机构制定并公布。

设立船舶检验机构应当经国家海事管理机构许可。船舶检验机构设立条件、程序及其管理等依照有关船舶检验的法律、行政法规的规定执行。

持有相关证书、文书的单位应当按照规定的用途使用船舶、海上设施、船运集装箱以及重要船用设备、部件和材料,并应当依法定期进行安全技术检验。

第十条 船舶依照有关船舶登记的法律、行政法规的规定向海事管理机构申请船舶国籍登记、取得国籍证书后,方可悬挂中华人民共和国国旗航行、停泊、作业。

中国籍船舶灭失或者报废的,船舶所有人应当在国务院交通运输主管部门规定的期限内申请办理注销国籍登记;船舶所有人逾期不申请注销国籍登记的,海事管理机构可以发布关于拟强制注销船舶国籍登记的公告。船舶所有人自公告发布之日起六十日内未提出异议的,海事管理机构可以注销该船舶的国籍登记。

第十一条 中国籍船舶所有人、经营人或者管理人应当建立并运行安全营运和防治船舶污染管理体系。

海事管理机构经对前款规定的管理体系审核合格的,发给符合证明和相应的船舶安全管理证书。

第十二条 中国籍国际航行船舶的所有人、经营人或者管理人应当依照国务院交通运输主管部门的规定建立船舶保安制度,制定船舶保安计划,并按照船舶保安计划配备船舶保安设备,定期开展演练。

第十三条 中国籍船员和海上设施上的工作人员应当接受海上交通安全以及相应岗位的专业教育、培训。

中国籍船员应当依照有关船员管理的法律、行政法规的规定向海事管理机构申请取得船员适任证书,并取得健康证明。

外国籍船员在中国籍船舶上工作的,按照有关船员管理的法律、行政法规的规定执行。

船员在船舶上工作,应当符合船员适任证书载明的船舶、航区、职务的范围。

第十四条 中国籍船舶的所有人、经营人或者管理人应当为其国际航行船舶向海事管理机构申请取得海事劳工证书。船舶取得海事劳工证书应当符合下列条件:

(一)所有人、经营人或者管理人依法招用船员,与其签订劳动合同或者就业协议,并为船舶配备符合要求的船员;

(二)所有人、经营人或者管理人已保障船员在船舶上的工作环境、职业健康保障和安全防护、工作和休息时间、工资报酬、生活条件、医疗条件、社会保险等符合国家有关规定;

(三)所有人、经营人或者管理人已建立符合要求的船员投诉和处理机制;

(四)所有人、经营人或者管理人已就船员遣返费用以及在船就业期间发生伤害、疾病或者死亡依法应当支付的费用提供相应的财务担保或者投保相应的保险。

海事管理机构商人力资源社会保障行政部门,按照各自职责对申请人及其船舶是否符合前款规定条件进行审核。经审核符合规定条件的,海事管理机构应当自受理申请之日起十个工作日内颁发海事劳工证书;不符合规定条件的,海事管理机构应当告知申请人并说明理由。

海事劳工证书颁发及监督检查的具体办法由国务院交通运输主管部门会同国务院人力资源社会保障行政部门制定并公布。

第十五条 海事管理机构依照有关船员管理的法律、行政法规的规定,对单位从事海船船员培训业务进行管理。

第十六条 国务院交通运输主管部门和其他有关部门、有关县级以上地方人民政府应当建立健全船员境外突发事件预警和应急处置机制,制定船员境外突发事件应急预案。

船员境外突发事件应急处置由船员派出单位所在地的省、自治区、直辖市人民政府负责,船员户籍所在地的省、自治区、直辖市人民政府予以配合。

中华人民共和国驻外国使馆、领馆和相关海事管理机构应当协助处置船员境外突发事件。

第十七条 本章第九条至第十二条、第十四条规定适用的船舶范围由有关法律、行政法规具体规定,或者由国务院交通运输主管部门拟定并报国务院批准后公布。

第三章 海上交通条件和航行保障

第十八条 国务院交通运输主管部门统筹规划和管理海上交通资源,促进海上交通资源的合理开发和有效利用。

海上交通资源规划应当符合国土空间规划。

第十九条 海事管理机构根据海域的自然状况、海上交通状况以及海上交通安全管理的需要，划定、调整并及时公布船舶定线区、船舶报告区、交通管制区、禁航区、安全作业区和港外锚地等海上交通功能区域。

海事管理机构划定或者调整船舶定线区、港外锚地以及对其他海洋功能区域或者用海活动造成影响的安全作业区，应当征求渔业渔政、生态环境、自然资源等有关部门的意见。为了军事需要划定、调整禁航区的，由负责划定、调整禁航区的军事机关作出决定，海事管理机构予以公布。

第二十条 建设海洋工程、海岸工程影响海上交通安全的，应当根据情况配备防止船舶碰撞的设施、设备并设置专用航标。

第二十一条 国家建立完善船舶定位、导航、授时、通信和远程监测等海上交通支持服务系统，为船舶、海上设施提供信息服务。

第二十二条 任何单位、个人不得损坏海上交通支持服务系统或者妨碍其工作效能。建设建筑物、构筑物，使用设施设备可能影响海上交通支持服务系统正常使用的，建设单位、所有人或者使用人应当与相关海上交通支持服务系统的管理单位协商，作出妥善安排。

第二十三条 国务院交通运输主管部门应当采取必要的措施，保障海上交通安全无线电通信设施的合理布局和有效覆盖，规划本系统(行业)海上无线电台(站)的建设布局和台址，核发船舶制式无线电台执照及电台识别码。

国务院交通运输主管部门组织本系统(行业)的海上无线电监测系统建设并对其无线电信号实施监测，会同国家无线电管理机构维护海上无线电波秩序。

第二十四条 船舶在中华人民共和国管辖海域内通信需要使用岸基无线电台(站)转接的，应当通过依法设置的境内海岸无线电台(站)或者卫星关口站进行转接。

承担无线电通信任务的船员和岸基无线电台(站)的工作人员应当遵守海上无线电通信规则，保持海上交通安全通信频道的值守和畅通，不得使用海上交通安全通信频率交流与海上交通安全无关的内容。

任何单位、个人不得违反国家有关规定使用无线电台识别码，影响海上搜救的身份识别。

第二十五条 天文、气象、海洋等有关单位应当及时预报、播发和提供航海天文、世界时、海洋气象、海浪、海流、潮汐、冰情等信息。

第二十六条 国务院交通运输主管部门统一布局、建设和管理公用航标。海洋工程、海岸工程的建设单位、所有人或者经营人需要设置、撤除专用航标，移动专用航标位置或者改变航标灯光、功率等的，应当报经海事管理机构同意。需要设置临时航标的，应当符合海事管理机构确定的航标设置点。

自然资源主管部门依法保障航标设施和装置的用地、用海、用岛，并依法为其办理有关手续。

航标的建设、维护、保养应当符合有关强制性标准和技术规范的要求。航标维护单位和专用航标的所有人应当对航标进行巡查和维护保养，保证航标处于良好适用状态。航标发生位移、损坏、灭失的，航标维护单位或者专用航标的所有人应当及时予以恢复。

第二十七条 任何单位、个人发现下列情形之一的，应当立即向海事管理机构报告；涉及航道管理机构职责或者专用航标的，海事管理机构应当及时通报航道管理机构或者专用航标的所有人：

(一)助航标志或者导航设施位移、损坏、灭失；

(二)有妨碍海上交通安全的沉没物、漂浮物、搁浅物或者其他碍航物；

(三)其他妨碍海上交通安全的异常情况。

第二十八条 海事管理机构应当依据海上交通安全管理的需要，就具有紧迫性、危险性的情况发布航行警告，就其他影响海上交通安全的情况发布航行通告。

海事管理机构应当将航行警告、航行通告，以及船舶定线区的划定、调整情况通报海军航海保证部门，并及时提供有关资料。

第二十九条 海事管理机构应当及时向船舶、海上设施播发海上交通安全信息。

船舶、海上设施在定线区、交通管制区或者通航船舶密集的区域航行、停泊、作业时，海事管理机构应当根据其请求提供相应的安全信息服务。

第三十条 下列船舶在国务院交通运输主管部门划定的引航区内航行、停泊或者移泊的，应当向引航机构申请引航：

(一)外国籍船舶，但国务院交通运输主管部门经报国务院批准后规定可以免除的除外；

(二)核动力船舶、载运放射性物质的船舶、超大型油轮；

(三)可能危及港口安全的散装液化气船、散装危险化学品船；

(四)长、宽、高接近相应航道通航条件限值的船舶。

前款第三项、第四项船舶的具体标准,由有关海事管理机构根据港口实际情况制定并公布。

船舶自愿申请引航的,引航机构应当提供引航服务。

第三十一条 引航机构应当及时派遣具有相应能力、经验的引航员为船舶提供引航服务。

引航员应当根据引航机构的指派,在规定的水域登离被引领船舶,安全谨慎地执行船舶引航任务。被引领船舶应当配备符合规定的登离装置,并保障引航员在登离船舶及在船上引航期间的安全。

引航员引领船舶时,不解除船长指挥和管理船舶的责任。

第三十二条 国务院交通运输主管部门根据船舶、海上设施和港口面临的保安威胁情形,确定并及时发布保安等级。船舶、海上设施和港口应当根据保安等级采取相应的保安措施。

第四章 航行、停泊、作业

第三十三条 船舶航行、停泊、作业,应当持有有效的船舶国籍证书及其他法定证书、文书,配备依照有关规定出版的航海图书资料,悬挂相关国家、地区或者组织的旗帜,标明船名、船舶识别号、船籍港、载重线标志。

船舶应当满足最低安全配员要求,配备持有合格有效证书的船员。

海上设施停泊、作业,应当持有法定证书、文书,并按规定配备掌握避碰、信号、通信、消防、救生等专业技能的人员。

第三十四条 船长应当在船舶开航前检查并在开航时确认船员适任、船舶适航、货物适载,并了解气象和海况信息以及海事管理机构发布的航行通告、航行警告及其他警示信息,落实相应的应急措施,不得冒险开航。

船舶所有人、经营人或者管理人不得指使、强令船员违章冒险操作、作业。

第三十五条 船舶应当在其船舶检验证书载明的航区内航行、停泊、作业。

船舶航行、停泊、作业时,应当遵守相关航行规则,按照有关规定显示信号、悬挂标志,保持足够的富余水深。

第三十六条 船舶在航行中应当按照有关规定开启船舶的自动识别、航行数据记录、远程识别和跟踪、通信等与航行安全、保安、防治污染相关的装置,并持续进行显示和记录。

任何单位、个人不得拆封、拆解、初始化、再设置航行数据记录装置或者读取其记录的信息,但法律、行政法规另有规定的除外。

第三十七条 船舶应当配备航海日志、轮机日志、无线电记录簿等航行记录,按照有关规定全面、真实、及时记录涉及海上交通安全的船舶操作以及船舶航行、停泊、作业中的重要事件,并妥善保管相关记录簿。

第三十八条 船长负责管理和指挥船舶。在保障海上生命安全、船舶保安和防治船舶污染方面,船长有权独立作出决定。

船长应当采取必要的措施,保护船舶、在船人员、船舶航行文件、货物以及其他财产的安全。船长在其职权范围内发布的命令,船员、乘客及其他在船人员应当执行。

第三十九条 为了保障船舶和在船人员的安全,船长有权在职责范围内对涉嫌在船上进行违法犯罪活动的人员采取禁闭或者其他必要的限制措施,并防止其隐匿、毁灭、伪造证据。

船长采取前款措施,应当制作案情报告书,由其和两名以上在船人员签字。中国籍船舶抵达我国港口后,应当及时将相关人员移送有关主管部门。

第四十条 发现在船人员患有或者疑似患有严重威胁他人健康的传染病的,船长应当立即启动相应的应急预案,在职责范围内对相关人员采取必要的隔离措施,并及时报告有关主管部门。

第四十一条 船长在航行中死亡或者因故不能履行职责的,应当由驾驶员中职务最高的人代理船长职务;船舶在下一个港口开航前,其所有人、经营人或者管理人应当指派新船长接任。

第四十二条 船员应当按照有关航行、值班的规章制度和操作规程以及船长的指令操纵、管理船舶,保持安全值班,不得擅离职守。船员履行在船值班职责前和值班期间,不得摄入可能影响安全值班的食品、药品或者其他物品。

第四十三条 船舶进出港口、锚地或者通过桥区水域、海峡、狭水道、重要渔业水域、通航船舶密集的区域、船舶定线区、交通管制区,应当加强瞭望、保持安全航速,并遵守前述区域的特殊航行规则。

前款所称重要渔业水域由国务院渔业渔政主管部门征求国务院交通运输主管部门意见后划定并公布。

船舶穿越航道不得妨碍航道内船舶的正常航行,不得抢越他船船艏。超过桥梁通航尺度的船舶禁止进入桥区水域。

第四十四条 船舶不得违反规定进入或者穿越禁航区。

船舶进出船舶报告区,应当向海事管理机构报告船位和动态信息。

在安全作业区、港外锚地范围内,禁止从事养殖、种植、捕捞以及其他影响海上交通安全的作业或者活动。

第四十五条 船舶载运或者拖带超长、超高、超宽、半潜的船舶、海上设施或者其他物体航行,应当采取拖曳部位加强、护航等特殊的安全保障措施,在开航前向海事管理机构报告航行计划,并按有关规定显示信号、悬挂标志;拖带移动式平台、浮船坞等大型海上设施的,还应当依法交验船舶检验机构出具的拖航检验证书。

第四十六条 国际航行船舶进出口岸,应当依法向海事管理机构申请许可并接受海事管理机构及其他口岸查验机构的监督检查。海事管理机构应当自受理申请之日起五个工作日内作出许可或者不予许可的决定。

外国籍船舶临时进入非对外开放水域,应当依照国务院关于船舶进出口岸的规定取得许可。

国内航行船舶进出港口、港外装卸站,应当向海事管理机构报告船舶的航次计划、适航状态、船员配备和客货载运等情况。

第四十七条 船舶应当在符合安全条件的码头、泊位、装卸站、锚地、安全作业区停泊。船舶停泊不得危及其他船舶、海上设施的安全。

船舶进出港口、港外装卸站,应当符合靠泊条件和关于潮汐、气象、海况等航行条件的要求。

超长、超高、超宽的船舶或者操纵能力受到限制的船舶进出港口、港外装卸站可能影响海上交通安全的,海事管理机构应当对船舶进出港安全条件进行核查,并可以要求船舶采取加配拖轮、乘潮进港等相应的安全措施。

第四十八条 在中华人民共和国管辖海域内进行施工作业,应当经海事管理机构许可,并核定相应安全作业区。取得海上施工作业许可,应当符合下列条件:

(一)施工作业的单位、人员、船舶、设施符合安全航行、停泊、作业的要求;

(二)有施工作业方案;

(三)有符合海上交通安全和防治船舶污染海洋环境要求的保障措施、应急预案和责任制度。

从事施工作业的船舶应当在核定的安全作业区内作业,并落实海上交通安全管理措施。其他无关船舶、海上设施不得进入安全作业区。

在港口水域内进行采掘、爆破等可能危及港口安全的作业,适用港口管理的法律规定。

第四十九条 从事体育、娱乐、演练、试航、科学观测等水上水下活动,应当遵守海上交通安全管理规定;可能影响海上交通安全的,应当提前十个工作日将活动涉及的海域范围报告海事管理机构。

第五十条 海上施工作业或者水上水下活动结束后,有关单位、个人应当及时消除可能妨碍海上交通安全的隐患。

第五十一条 碍航物的所有人、经营人或者管理人应当按照有关强制性标准和技术规范的要求及时设置警示标志,向海事管理机构报告碍航物的名称、形状、尺寸、位置和深度,并在海事管理机构限定的期限内打捞清除。碍航物的所有人放弃所有权的,不免除其打捞清除义务。

不能确定碍航物的所有人、经营人或者管理人的,海事管理机构应当组织设置标志、打捞或者采取相应措施,发生的费用纳入部门预算。

第五十二条 有下列情形之一,对海上交通安全有较大影响的,海事管理机构应当根据具体情况采取停航、限速或者划定交通管制区等相应交通管制措施并向社会公告:

(一)天气、海况恶劣;

(二)发生影响航行的海上险情或者海上交通事故;

(三)进行军事训练、演习或者其他相关活动;

(四)开展大型水上水下活动;

(五)特定海域通航密度接近饱和;

(六)其他对海上交通安全有较大影响的情形。

第五十三条 国务院交通运输主管部门为维护海上交通安全、保护海洋环境,可以会同有关主管部门采取必要措施,防止和制止外国籍船舶在领海的非无害通过。

第五十四条 下列外国籍船舶进出中华人民共和国领海,应当向海事管理机构报告:

(一)潜水器;

(二)核动力船舶;

(三)载运放射性物质或者其他有毒有害物质的船舶;

(四)法律、行政法规或者国务院规定的可能危及中华人民共和国海上交通安全的其他船舶。

前款规定的船舶通过中华人民共和国领海,应当持有有关证书,采取符合中华人民共和国法律、行政法规和规章规定的特别预防措施,并接受海事管理机构的指令和监督。

第五十五条 除依照本法规定获得进入口岸许可外,外国籍船舶不得进入中华人民共和国内水;但是,因人员病急、机件故障、遇难、避风等紧急情况未及获得许可的可以进入。

外国籍船舶因前款规定的紧急情况进入中华人民共和国内水的，应当在进入的同时向海事管理机构紧急报告，接受海事管理机构的指令和监督。海事管理机构应当及时通报管辖海域的海警机构、就近的出入境边防检查机关和当地公安机关、海关等其他主管部门。

第五十六条　中华人民共和国军用船舶执行军事任务、公务船舶执行公务，遇有紧急情况，在保证海上交通安全的前提下，可以不受航行、停泊、作业有关规则的限制。

第五章　海上客货运输安全

第五十七条　除进行抢险或者生命救助外，客船应当按照船舶检验证书核定的载客定额载运乘客，货船载运货物应当符合船舶检验证书核定的载重线和载货种类，不得载运乘客。

第五十八条　客船载运乘客不得同时载运危险货物。

乘客不得随身携带或者在行李中夹带法律、行政法规或者国务院交通运输主管部门规定的危险物品。

第五十九条　客船应当在显著位置向乘客明示安全须知，设置安全标志和警示，并向乘客介绍救生用具的使用方法以及在紧急情况下应当采取的应急措施。乘客应当遵守安全乘船要求。

第六十条　海上渡口所在地的县级以上地方人民政府应当建立健全渡口安全管理责任制，制定海上渡口的安全管理办法，监督、指导海上渡口经营者落实安全主体责任，维护渡运秩序，保障渡运安全。

海上渡口的渡运线路由渡口所在地的县级以上地方人民政府交通运输主管部门会同海事管理机构划定。渡船应当按照划定的线路安全渡运。

遇有恶劣天气、海况，县级以上地方人民政府或者其指定的部门应当发布停止渡运的公告。

第六十一条　船舶载运货物，应当按照有关法律、行政法规、规章以及强制性标准和技术规范的要求安全装卸、积载、隔离、系固和管理。

第六十二条　船舶载运危险货物，应当持有有效的危险货物适装证书，并根据危险货物的特性和应急措施的要求，编制危险货物应急处置预案，配备相应的消防、应急设备和器材。

第六十三条　托运人托运危险货物，应当将其正式名称、危险性质以及应当采取的防护措施通知承运人，并按照有关法律、行政法规、规章以及强制性标准和技术规范的要求妥善包装，设置明显的危险品标志和标签。

托运人不得在托运的普通货物中夹带危险货物或者将危险货物谎报为普通货物托运。

托运人托运的货物为国际海上危险货物运输规则和国家危险货物品名表上未列明但具有危险特性的货物的，托运人还应当提交有关专业机构出具的表明该货物危险特性以及应当采取的防护措施等情况的文件。

货物危险特性的判断标准由国家海事管理机构制定并公布。

第六十四条　船舶载运危险货物进出港口，应当符合下列条件，经海事管理机构许可，并向海事管理机构报告进出港口和停留的时间等事项：

（一）所载运的危险货物符合海上安全运输要求；

（二）船舶的装载符合所持有的证书、文书的要求；

（三）拟靠泊或者进行危险货物装卸作业的港口、码头、泊位具备有关法律、行政法规规定的危险货物作业经营资质。

海事管理机构应当自收到申请之时起二十四小时内作出许可或者不予许可的决定。

定船舶、定航线并且定货种的船舶可以申请办理一定期限内多次进出港口许可，期限不超过三十日。海事管理机构应当自收到申请之日起五个工作日内作出许可或者不予许可的决定。

海事管理机构予以许可的，应当通报港口行政管理部门。

第六十五条　船舶、海上设施从事危险货物运输或者装卸、过驳作业，应当编制作业方案，遵守有关强制性标准和安全作业操作规程，采取必要的预防措施，防止发生安全事故。

在港口水域外从事散装液体危险货物过驳作业的，还应当符合下列条件，经海事管理机构许可并核定安全作业区：

（一）拟进行过驳作业的船舶或者海上设施符合海上交通安全与防治船舶污染海洋环境的要求；

（二）拟过驳的货物符合安全过驳要求；

（三）参加过驳作业的人员具备法律、行政法规规定的过驳作业能力；

（四）拟作业水域及其底质、周边环境适宜开展过驳作业；

（五）过驳作业对海洋资源以及附近的军事目标、重要民用目标不构成威胁；

（六）有符合安全要求的过驳作业方案、安全保障措施和应急预案。

对单航次作业的船舶,海事管理机构应当自收到申请之时起二十四小时内作出许可或者不予许可的决定;对在特定水域多航次作业的船舶,海事管理机构应当自收到申请之日起五个工作日内作出许可或者不予许可的决定。

第六章 海上搜寻救助

第六十六条 海上遇险人员依法享有获得生命救助的权利。生命救助优先于环境和财产救助。

第六十七条 海上搜救工作应当坚持政府领导、统一指挥、属地为主、专群结合、就近快速的原则。

第六十八条 国家建立海上搜救协调机制,统筹全国海上搜救应急反应工作,研究解决海上搜救工作中的重大问题,组织协调重大海上搜救应急行动。协调机制由国务院有关部门、单位和有关军事机关组成。

中国海上搜救中心和有关地方人民政府设立的海上搜救中心或者指定的机构(以下统称海上搜救中心)负责海上搜救的组织、协调、指挥工作。

第六十九条 沿海县级以上地方人民政府应当安排必要的海上搜救资金,保障搜救工作的正常开展。

第七十条 海上搜救中心各成员单位应当在海上搜救中心统一组织、协调、指挥下,根据各自职责,承担海上搜救应急、抢险救灾、支持保障、善后处理等工作。

第七十一条 国家设立专业海上搜救队伍,加强海上搜救力量建设。专业海上搜救队伍应当配备专业搜救装备,建立定期演练和日常培训制度,提升搜救水平。

国家鼓励社会力量建立海上搜救队伍,参与海上搜救行动。

第七十二条 船舶、海上设施、航空器及人员在海上遇险的,应当立即报告海上搜救中心,不得瞒报、谎报海上险情。

船舶、海上设施、航空器及人员误发遇险报警信号的,除立即向海上搜救中心报告外,还应当采取必要措施消除影响。

其他任何单位、个人发现或者获悉海上险情的,应当立即报告海上搜救中心。

第七十三条 发生碰撞事故的船舶、海上设施,应当互通名称、国籍和登记港,在不严重危及自身安全的情况下尽力救助对方人员,不得擅自离开事故现场水域或者逃逸。

第七十四条 遇险的船舶、海上设施及其所有人、经营人或者管理人应当采取有效措施防止、减少生命财产损失和海洋环境污染。

船舶遇险时,乘客应当服从船长指挥,配合采取相关应急措施。乘客有权获知必要的险情信息。

船长决定弃船时,应当组织乘客、船员依次离船,并尽力抢救法定航行资料。船长应当最后离船。

第七十五条 船舶、海上设施、航空器收到求救信号或者发现有人遭遇生命危险的,在不严重危及自身安全的情况下,应当尽力救助遇险人员。

第七十六条 海上搜救中心接到险情报告后,应当立即进行核实,及时组织、协调、指挥政府有关部门、专业搜救队伍、社会有关单位等各方力量参加搜救,并指定现场指挥。参加搜救的船舶、海上设施、航空器及人员应当服从现场指挥,及时报告搜救动态和搜救结果。

搜救行动的中止、恢复、终止决定由海上搜救中心作出。未经海上搜救中心同意,参加搜救的船舶、海上设施、航空器及人员不得擅自退出搜救行动。

军队参加海上搜救,依照有关法律、行政法规的规定执行。

第七十七条 遇险船舶、海上设施、航空器或者遇险人员应当服从海上搜救中心和现场指挥的指令,及时接受救助。

遇险船舶、海上设施、航空器不配合救助的,现场指挥根据险情危急情况,可以采取相应救助措施。

第七十八条 海上事故或者险情发生后,有关地方人民政府应当及时组织医疗机构为遇险人员提供紧急医疗救助,为获救人员提供必要的生活保障,并组织有关方面采取善后措施。

第七十九条 在中华人民共和国缔结或者参加的国际条约规定由我国承担搜救义务的海域内开展搜救,依照本章规定执行。

中国籍船舶在中华人民共和国管辖海域以及海上搜救责任区域以外的其他海域发生险情的,中国海上搜救中心接到信息后,应当依据中华人民共和国缔结或者参加的国际条约的规定开展国际协作。

第七章 海上交通事故调查处理

第八十条 船舶、海上设施发生海上交通事故,应当及时向海事管理机构报告,并接受调查。

第八十一条 海上交通事故根据造成的损害后果分为特别重大事故、重大事故、较大事故和一般事故。事故等级划分的人身伤亡标准依照有关安全生产的法律、行政法规的规定确定;事故等级划分的直接经济损失标准,由国务院交通运输主管部门会同国务院有关部门根据海上交通事故中的特殊情况确定,报国务院批准后公布施行。

第八十二条 特别重大海上交通事故由国务院或者国务院授权的部门组织事故调查组进行调查,海事管理机构应当参与或者配合开展调查工作。

其他海上交通事故由海事管理机构组织事故调查组进行调查,有关部门予以配合。国务院认为有必要的,可以直接组织或者授权有关部门组织事故调查组进行调查。

海事管理机构进行事故调查,事故涉及执行军事运输任务的,应当会同有关军事机关进行调查;涉及渔业船舶的,渔业渔政主管部门、海警机构应当参与调查。

第八十三条 调查海上交通事故,应当全面、客观、公正、及时,依法查明事故事实和原因,认定事故责任。

第八十四条 海事管理机构可以根据事故调查处理需要拆封、拆解当事船舶的航行数据记录装置或者读取其记录的信息,要求船舶驶向指定地点或者禁止其离港,扣留船舶或者海上设施的证书、文书、物品、资料等并妥善保管。有关人员应当配合事故调查。

第八十五条 海上交通事故调查组应当自事故发生之日起九十日内提交海上交通事故调查报告;特殊情况下,经负责组织事故调查组的部门负责人批准,提交事故调查报告的期限可以适当延长,但延长期限最长不得超过九十日。事故技术鉴定所需时间不计入事故调查期限。

海事管理机构应当自收到海上交通事故调查报告之日起十五个工作日内作出事故责任认定书,作为处理海上交通事故的证据。

事故损失较小、事实清楚、责任明确的,可以依照国务院交通运输主管部门的规定适用简易调查程序。

海上交通事故调查报告、事故责任认定书应当依照有关法律、行政法规的规定向社会公开。

第八十六条 中国籍船舶在中华人民共和国管辖海域外发生海上交通事故的,应当及时向海事管理机构报告事故情况并接受调查。

外国籍船舶在中华人民共和国管辖海域外发生事故,造成中国公民重伤或者死亡的,海事管理机构根据中华人民共和国缔结或者参加的国际条约的规定参与调查。

第八十七条 船舶、海上设施在海上遭遇恶劣天气、海况以及意外事故,造成或者可能造成损害,需要说明并记录时间、海域以及所采取的应对措施等具体情况的,可以向海事管理机构申请办理海事声明签注。海事管理机构应当依照规定提供签注服务。

第八章 监督管理

第八十八条 海事管理机构对在中华人民共和国管辖海域内从事航行、停泊、作业以及其他与海上交通安全相关的活动,依法实施监督检查。

海事管理机构依照中华人民共和国法律、行政法规以及中华人民共和国缔结或者参加的国际条约对外国籍船舶实施港口国、沿岸国监督检查。

海事管理机构工作人员执行公务时,应当按照规定着装,佩戴职衔标志,出示执法证件,并自觉接受监督。

海事管理机构依法履行监督检查职责,有关单位、个人应当予以配合,不得拒绝、阻碍依法实施的监督检查。

第八十九条 海事管理机构实施监督检查可以采取登船检查、查验证书、现场检查、询问有关人员、电子监控等方式。

载运危险货物的船舶涉嫌存在瞒报、谎报危险货物等情况的,海事管理机构可以采取开箱查验等方式进行检查。海事管理机构应当将开箱查验情况通报有关部门。港口经营人和有关单位、个人应当予以协助。

第九十条 海事管理机构对船舶、海上设施实施监督检查时,应当避免、减少对其正常作业的影响。

除法律、行政法规另有规定或者不立即实施监督检查可能造成严重后果外,不得拦截正在航行中的船舶进行检查。

第九十一条 船舶、海上设施对港口安全具有威胁的,海事管理机构应当责令立即或者限期改正、限制操作,责令驶往指定地点、禁止进港或者将其驱逐出港。

船舶、海上设施处于不适航或者不适拖状态,船员、海上设施上的相关人员未持有有效的法定证书、文书,或者存在其他严重危害海上交通安全、污染海洋环境的隐患的,海事管理机构应当根据情况禁止有关船舶、海上设施进出港,暂扣有关证书、文书或者责令其停航、改航、驶往指定地点或者停止作业。船舶超载的,海事管理机构可以依法对船舶进行强制减载。因强制减载发生的费用由违法船舶所有人、经营人或者管理人承担。

船舶、海上设施发生海上交通事故、污染事故,未结清国家规定的税费、滞纳金且未提供担保或者未履行其他法定义务的,海事管理机构应当责令改正,并可以禁止其离港。

第九十二条 外国籍船舶可能威胁中华人民共和国内水、领海安全的,海事管理机构有权责令其离开。

外国籍船舶违反中华人民共和国海上交通安全或者防治船舶污染的法律、行政法规的,海事管理机构可以依法行使紧追权。

第九十三条 任何单位、个人有权向海事管理机构举报妨碍海上交通安全的行为。海事管理机构接到举报后,应当及时进行核实、处理。

第九十四条　海事管理机构在监督检查中,发现船舶、海上设施有违反其他法律、行政法规行为的,应当依法及时通报或者移送有关主管部门处理。

第九章　法律责任

第九十五条　船舶、海上设施未持有有效的证书、文书的,由海事管理机构责令改正,对违法船舶或者海上设施的所有人、经营人或者管理人处三万元以上三十万元以下的罚款,对船长和有关责任人员处三千元以上三万元以下的罚款;情节严重的,暂扣船长、责任船员的船员适任证书十八个月至三十个月,直至吊销船员适任证书;对船舶持有的伪造、变造证书、文书,予以没收;对存在严重安全隐患的船舶,可以依法予以没收。

第九十六条　船舶或者海上设施有下列情形之一的,由海事管理机构责令改正,对违法船舶或者海上设施的所有人、经营人或者管理人处二万元以上二十万元以下的罚款,对船长和有关责任人员处二千元以上二万元以下的罚款;情节严重的,吊销违法船舶所有人、经营人或者管理人的有关证书、文书,暂扣船长、责任船员的船员适任证书十二个月至二十四个月,直至吊销船员适任证书:

（一）船舶、海上设施的实际状况与持有的证书、文书不符;

（二）船舶未依法悬挂国旗,或者违法悬挂其他国家、地区或者组织的旗帜;

（三）船舶未按规定标明船名、船舶识别号、船籍港、载重线标志;

（四）船舶、海上设施的配员不符合最低安全配员要求。

第九十七条　在船舶上工作未持有船员适任证书、船员健康证明或者所持船员适任证书、健康证明不符合要求的,由海事管理机构对船舶的所有人、经营人或者管理人处一万元以上十万元以下的罚款,对责任船员处三千元以上三万元以下的罚款;情节严重的,对船舶的所有人、经营人或者管理人处三万元以上三十万元以下的罚款,暂扣责任船员的船员适任证书六个月至十二个月,直至吊销船员适任证书。

第九十八条　以欺骗、贿赂等不正当手段为中国籍船舶取得相关证书、文书的,由海事管理机构撤销有关许可,没收相关证书、文书,对船舶所有人、经营人或者管理人处四万元以上四十万元以下的罚款。

以欺骗、贿赂等不正当手段取得船员适任证书的,由海事管理机构撤销有关许可,没收船员适任证书,对责任人员处五千元以上五万元以下的罚款。

第九十九条　船员未保持安全值班,违反规定摄入可能影响安全值班的食品、药品或者其他物品,或者有其他违反海上船员值班规则的行为的,由海事管理机构对船长、责任船员处一千元以上一万元以下的罚款,或者暂扣船员适任证书三个月至十二个月;情节严重的,吊销船长、责任船员的船员适任证书。

第一百条　有下列情形之一的,由海事管理机构责令改正;情节严重的,处三万元以上十万元以下的罚款:

（一）建设海洋工程、海岸工程未按规定配备相应的防止船舶碰撞的设施、设备并设置专用航标;

（二）损坏海上交通支持服务系统或者妨碍其工作效能;

（三）未经海事管理机构同意设置、撤除专用航标,移动专用航标位置或者改变航标灯光、功率等其他状况,或者设置临时航标不符合海事管理机构确定的航标设置点;

（四）在安全作业区、港外锚地范围内从事养殖、种植、捕捞以及其他影响海上交通安全的作业或者活动。

第一百零一条　有下列情形之一的,由海事管理机构责令改正,对有关责任人员处三万元以下的罚款;情节严重的,处三万元以上十万元以下的罚款,并暂扣责任船员的船员适任证书一个月至三个月:

（一）承担无线电通信任务的船员和岸基无线电台（站）的工作人员未保持海上交通安全通信频道的值守和畅通,或者使用海上交通安全通信频率交流与海上交通安全无关的内容;

（二）违反国家有关规定使用无线电台识别码,影响海上搜救的身份识别;

（三）其他违反海上无线电通信规则的行为。

第一百零二条　船舶未依照本法规定申请引航的,由海事管理机构对违法船舶的所有人、经营人或者管理人处五万元以上五十万元以下的罚款,对船长处一千元以上一万元以下的罚款;情节严重的,暂扣有关船舶证书三个月至十二个月,暂扣船长的船员适任证书一个月至三个月。

引航机构派遣引航员存在过失,造成船舶损失的,由海事管理机构对引航机构处三万元以上三十万元以下的罚款。

未经引航机构指派擅自提供引航服务的,由海事管理机构对引领船舶的人员处三千元以上三万元以下的罚款。

第一百零三条 船舶在海上航行、停泊、作业,有下列情形之一的,由海事管理机构责令改正,对违法船舶的所有人、经营人或者管理人处二万元以上二十万元以下的罚款,对船长、责任船员处二千元以上二万元以下的罚款,暂扣船员适任证书三个月至十二个月;情节严重的,吊销船长、责任船员的船员适任证书:

(一)船舶进出港口、锚地或者通过桥区水域、海峡、狭水道、重要渔业水域、通航船舶密集的区域、船舶定线区、交通管制区时,未加强瞭望、保持安全航速并遵守前述区域的特殊航行规则;

(二)未按照有关规定显示信号、悬挂标志或者保持足够的富余水深;

(三)不符合安全开航条件冒险开航,违章冒险操作、作业,或者未按照船舶检验证书载明的航区航行、停泊、作业;

(四)未按照有关规定开启船舶的自动识别、航行数据记录、远程识别和跟踪、通信等与航行安全、保安、防治污染相关的装置,并持续进行显示和记录;

(五)擅自拆封、拆解、初始化、再设置航行数据记录装置或者读取其记录的信息;

(六)船舶穿越航道妨碍航道内船舶的正常航行,抢越他船船艏或者超过桥梁通航尺度进入桥区水域;

(七)船舶违反规定进入或者穿越禁航区;

(八)船舶载运或者拖带超长、超高、超宽、半潜的船舶、海上设施或者其他物体航行,未采取特殊的安全保障措施,未在开航前向海事管理机构报告航行计划,未按规定显示信号、悬挂标志,或者拖带移动式平台、浮船坞等大型海上设施未依法交验船舶检验机构出具的拖航检验证书;

(九)船舶在不符合安全条件的码头、泊位、装卸站、锚地、安全作业区停泊,或者停泊危及其他船舶、海上设施的安全;

(十)船舶违反规定超过检验证书核定的载客定额、载重线、载货种类载运乘客、货物,或者客船载运乘客同时载运危险货物;

(十一)客船未向乘客明示安全须知、设置安全标志和警示;

(十二)未按照有关法律、行政法规、规章以及强制性标准和技术规范的要求安全装卸、积载、隔离、系固和管理货物;

(十三)其他违反海上航行、停泊、作业规则的行为。

第一百零四条 国际航行船舶未经许可进出口岸的,由海事管理机构对违法船舶的所有人、经营人或者管理人处三千元以上三万元以下的罚款,对船长、责任船员或者其他责任人员,处二千元以上二万元以下的罚款;情节严重的,吊销船长、责任船员的船员适任证书。

国内航行船舶进出港口、港外装卸站未依法向海事管理机构报告的,由海事管理机构对违法船舶的所有人、经营人或者管理人处三千元以上三万元以下的罚款,对船长、责任船员或者其他责任人员处五百元以上五千元以下的罚款。

第一百零五条 船舶、海上设施未经许可从事海上施工作业,或者未按照许可要求、超出核定的安全作业区进行作业的,由海事管理机构责令改正,对违法船舶、海上设施的所有人、经营人或者管理人处三万元以上三十万元以下的罚款,对船长、责任船员处三千元以上三万元以下的罚款,或者暂扣船员适任证书六个月至十二个月;情节严重的,吊销船长、责任船员的船员适任证书。

从事可能影响海上交通安全的水上水下活动,未按规定提前报告海事管理机构的,由海事管理机构对违法船舶、海上设施的所有人、经营人或者管理人处一万元以上三万元以下的罚款,对船长、责任船员处二千元以上二万元以下的罚款。

第一百零六条 碍航物的所有人、经营人或者管理人有下列情形之一的,由海事管理机构责令改正,处二万元以上二十万元以下的罚款;逾期未改正的,海事管理机构有权依法实施代履行,代履行的费用由碍航物的所有人、经营人或者管理人承担:

(一)未按照有关强制性标准和技术规范的要求及时设置警示标志;

(二)未向海事管理机构报告碍航物的名称、形状、尺寸、位置和深度;

(三)未在海事管理机构限定的期限内打捞清除碍航物。

第一百零七条 外国籍船舶进出中华人民共和国内水、领海违反本法规定的,由海事管理机构对违法船舶的所有人、经营人或者管理人处五万元以上五十万元以下的罚款,对船长处一万元以上三万元以下的罚款。

第一百零八条 载运危险货物的船舶有下列情形之一的,海事管理机构应当责令改正,对违法船舶的所有人、经营人或者管理人处五万元以上五十万元以下的罚款,对船长、责任船员或者其他责任人员,处五千元以上五万元以下的罚款;情节严重的,责令停止作业或者航行,暂扣船长、责任船员的船员适任证书六个月至十二个

月,直至吊销船员适任证书:

(一)未经许可进出港口或者从事散装液体危险货物过驳作业;

(二)未按规定编制相应的应急处置预案,配备相应的消防、应急设备和器材;

(三)违反有关强制性标准和安全作业操作规程的要求从事危险货物装卸、过驳作业。

第一百零九条 托运人托运危险货物,有下列情形之一的,由海事管理机构责令改正,处五万元以上三十万元以下的罚款:

(一)未将托运的危险货物的正式名称、危险性质以及应当采取的防护措施通知承运人;

(二)未按照有关法律、行政法规、规章以及强制性标准和技术规范的要求对危险货物妥善包装,设置明显的危险品标志和标签;

(三)在托运的普通货物中夹带危险货物或者将危险货物谎报为普通货物托运;

(四)未依法提交有关专业机构出具的表明该货物危险特性以及应当采取的防护措施等情况的文件。

第一百一十条 船舶、海上设施遇险或者发生海上交通事故后未履行报告义务,或者存在瞒报、谎报情形的,由海事管理机构对违法船舶、海上设施的所有人、经营人或者管理人处三千元以上三万元以下的罚款,对船长、责任船员处二千元以上二万元以下的罚款,暂扣船员适任证书六个月至二十四个月;情节严重的,对违法船舶、海上设施的所有人、经营人或者管理人处一万元以上十万元以下的罚款,吊销船长、责任船员的船员适任证书。

第一百一十一条 船舶发生海上交通事故后逃逸的,由海事管理机构对违法船舶的所有人、经营人或者管理人处十万元以上五十万元以下的罚款,对船长、责任船员处五千元以上五万元以下的罚款并吊销船员适任证书,受处罚者终身不得重新申请。

第一百一十二条 船舶、海上设施不依法履行海上救助义务,不服从海上搜救中心指挥的,由海事管理机构对船舶、海上设施的所有人、经营人或者管理人处三万元以上三十万元以下的罚款,暂扣船长、责任船员的船员适任证书六个月至十二个月,直至吊销船员适任证书。

第一百一十三条 有关单位、个人拒绝、阻碍海事管理机构监督检查,或者在接受监督检查时弄虚作假的,由海事管理机构处二千元以上二万元以下的罚款,暂扣船长、责任船员的船员适任证书六个月至二十四个月,直至吊销船员适任证书。

第一百一十四条 交通运输主管部门、海事管理机构及其他有关部门的工作人员违反本法规定,滥用职权、玩忽职守、徇私舞弊的,依法给予处分。

第一百一十五条 因海上交通事故引发民事纠纷的,当事人可以依法申请仲裁或者向人民法院提起诉讼。

第一百一十六条 违反本法规定,构成违反治安管理行为的,依法给予治安管理处罚;造成人身、财产损害的,依法承担民事责任;构成犯罪的,依法追究刑事责任。

第十章 附 则

第一百一十七条 本法下列用语的含义是:

船舶,是指各类排水或者非排水的船、艇、筏、水上飞行器、潜水器、移动式平台以及其他移动式装置。

海上设施,是指水上水下各种固定或者浮动建筑、装置和固定平台,但是不包括码头、防波堤等港口设施。

内水,是指中华人民共和国领海基线向陆地一侧至海岸线的海域。

施工作业,是指勘探、采掘、爆破、构筑、维修、拆除水上水下构筑物或者设施,航道建设、疏浚(航道养护疏浚除外)作业,打捞沉船沉物。

海上交通事故,是指船舶、海上设施在航行、停泊、作业过程中发生的,由于碰撞、搁浅、触礁、触碰、火灾、风灾、浪损、沉没等原因造成人员伤亡或者财产损失的事故。

海上险情,是指对海上生命安全、水域环境构成威胁,需立即采取措施规避、控制、减轻和消除的各种情形。

危险货物,是指国际海上危险货物运输规则和国家危险货物品名表上列明的,易燃、易爆、有毒、有腐蚀性、有放射性、有污染危害性等,在船舶载运过程中可能造成人身伤害、财产损失或者环境污染而需要采取特别防护措施的货物。

海上渡口,是指海上岛屿之间、海上岛屿与大陆之间,以及隔海相望的大陆与大陆之间,专用于渡船渡运人员、行李、车辆的交通基础设施。

第一百一十八条 公务船舶检验、船员配备的具体办法由国务院交通运输主管部门会同有关主管部门另行制定。

体育运动船舶的登记、检验办法由国务院体育主管部门另行制定。训练、比赛期间的体育运动船舶的海上交通安全监督管理由体育主管部门负责。

渔业船员、渔业无线电、渔业航标的监督管理,渔业船舶的登记管理,渔港水域内的海上交通安全管理,渔业船舶(含外国籍渔业船舶)之间交通事故的调查处理,由县级以上人民政府渔业渔政主管部门负责。法律、行政法规或者国务院对渔业船舶之间交通事故的调查处理另有规定的,从其规定。

除前款规定外,渔业船舶的海上交通安全管理由海事管理机构负责。渔业船舶的检验及其监督管理,由海事管理机构依照有关法律、行政法规的规定执行。

浮式储油装置等海上石油、天然气生产设施的检验适用有关法律、行政法规的规定。

第一百一十九条 海上军事管辖区和军用船舶、海上设施的内部海上交通安全管理,军用航标的设立和管理,以及为军事目的进行作业或者水上水下活动的管理,由中央军事委员会另行制定管理办法。

划定、调整海上交通功能区或者领海内特定水域,划定海上渡口的渡运线路,许可海上施工作业,可能对军用船舶的战备、训练、执勤等行动造成影响的,海事管理机构应当事先征求有关军事机关的意见。

执行军事运输任务有特殊需要的,有关军事机关应当及时向海事管理机构通报相关信息。海事管理机构应当给予必要的便利。

海上交通安全管理涉及国防交通、军事设施保护的,依照有关法律的规定执行。

第一百二十条 外国籍公务船舶在中华人民共和国领海航行、停泊、作业,违反中华人民共和国法律、行政法规的,依照有关法律、行政法规的规定处理。

在中华人民共和国管辖海域内的外国籍军用船舶的管理,适用有关法律的规定。

第一百二十一条 中华人民共和国缔结或者参加的国际条约同本法有不同规定的,适用国际条约的规定,但中华人民共和国声明保留的条款除外。

第一百二十二条 本法自2021年9月1日起施行。

中华人民共和国内河交通安全管理条例

- 2002年6月28日中华人民共和国国务院令第355号公布
- 根据2011年1月8日《国务院关于废止和修改部分行政法规的决定》第一次修订
- 根据2017年3月1日《国务院关于修改和废止部分行政法规的决定》第二次修订
- 根据2019年3月2日《国务院关于修改部分行政法规的决定》第三次修订

第一章 总 则

第一条 为了加强内河交通安全管理,维护内河交通秩序,保障人民群众生命、财产安全,制定本条例。

第二条 在中华人民共和国内河通航水域从事航行、停泊和作业以及与内河交通安全有关的活动,必须遵守本条例。

第三条 内河交通安全管理遵循安全第一、预防为主、方便群众、依法管理的原则,保障内河交通安全、有序、畅通。

第四条 国务院交通主管部门主管全国内河交通安全管理工作。国家海事管理机构在国务院交通主管部门的领导下,负责全国内河交通安全监督管理工作。

国务院交通主管部门在中央管理水域设立的海事管理机构和省、自治区、直辖市人民政府在中央管理水域以外的其他水域设立的海事管理机构(以下统称海事管理机构)依据各自的职责权限,对所辖内河通航水域实施水上交通安全监督管理。

第五条 县级以上地方各级人民政府应当加强本行政区域内的内河交通安全管理工作,建立、健全内河交通安全管理责任制。

乡(镇)人民政府对本行政区域内的内河交通安全管理履行下列职责:

(一)建立、健全行政村和船主的船舶安全责任制;

(二)落实渡口船舶、船员、旅客定额的安全管理责任制;

(三)落实船舶水上交通安全管理的专门人员;

(四)督促船舶所有人、经营人和船员遵守有关内河交通安全的法律、法规和规章。

第二章 船舶、浮动设施和船员

第六条 船舶具备下列条件,方可航行:

(一)经海事管理机构认可的船舶检验机构依法检验并持有合格的船舶检验证书;

(二)经海事管理机构依法登记并持有船舶登记证书;

(三)配备符合国务院交通主管部门规定的船员;

(四)配备必要的航行资料。

第七条 浮动设施具备下列条件,方可从事有关活动:

(一)经海事管理机构认可的船舶检验机构依法检验并持有合格的检验证书;

(二)经海事管理机构依法登记并持有登记证书;

(三)配备符合国务院交通主管部门规定的掌握水上交通安全技能的船员。

第八条 船舶、浮动设施应当保持适于安全航行、停泊或者从事有关活动的状态。

船舶、浮动设施的配载和系固应当符合国家安全技术规范。

第九条　船员经水上交通安全专业培训,其中客船和载运危险货物船舶的船员还应当经相应的特殊培训,并经海事管理机构考试合格,取得相应的适任证书或者其他适任证件,方可担任船员职务。严禁未取得适任证书或者其他适任证件的船员上岗。

船员应当遵守职业道德,提高业务素质,严格依法履行职责。

第十条　船舶、浮动设施的所有人或者经营人,应当加强对船舶、浮动设施的安全管理,建立、健全相应的交通安全管理制度,并对船舶、浮动设施的交通安全负责;不得聘用无适任证书或者其他适任证件的人员担任船员;不得指使、强令船员违章操作。

第十一条　船舶、浮动设施的所有人或者经营人,应当根据船舶、浮动设施的技术性能、船员状况、水域和水文气象条件,合理调度船舶或者使用浮动设施。

第十二条　按照国家规定必须取得船舶污染损害责任、沉船打捞责任的保险文书或者财务保证书的船舶,其所有人或者经营人必须取得相应的保险文书或者财务担保证明,并随船携带其副本。

第十三条　禁止伪造、变造、买卖、租借、冒用船舶检验证书、船舶登记证书、船员适任证书或者其他适任证件。

第三章　航行、停泊和作业

第十四条　船舶在内河航行,应当悬挂国旗,标明船名、船籍港、载重线。

按照国家规定应当报废的船舶、浮动设施,不得航行或者作业。

第十五条　船舶在内河航行,应当保持瞭望,注意观察,并采用安全航速航行。船舶安全航速应当根据能见度、通航密度、船舶操纵性能和风、浪、水流、航路状况以及周围环境等主要因素决定。使用雷达的船舶,还应当考虑雷达设备的特性、效率和局限性。

船舶在限制航速的区域和汛期高水位期间,应当按照海事管理机构规定的航速航行。

第十六条　船舶在内河航行时,上行船舶应当沿缓流或者航路一侧航行,下行船舶应当沿主流或者航路中间航行;在潮流河段、湖泊、水库、平流区域,应当尽可能沿本船右舷一侧航路航行。

第十七条　船舶在内河航行时,应当谨慎驾驶,保障安全;对来船动态不明、声号不统一或者遇有紧迫情况时,应当减速、停车或者倒车,防止碰撞。

船舶相遇,各方应当注意避让。按照船舶航行规则应当让路的船舶,必须主动避让被让路船舶;被让路船舶应当注意让路船舶的行动,并适时采取措施,协助避让。

船舶避让时,各方避让意图经统一后,任何一方不得擅自改变避让行动。

船舶航行、避让和信号显示的具体规则,由国务院交通主管部门制定。

第十八条　船舶进出内河港口,应当向海事管理机构报告船舶的航次计划、适航状态、船员配备和载货载客等情况。

第十九条　下列船舶在内河航行,应当向引航机构申请引航:

（一）外国籍船舶;

（二）1000总吨以上的海上机动船舶,但船长驾驶同一类型的海上机动船舶在同一内河通航水域航行与上一航次间隔2个月以内的除外;

（三）通航条件受限制的船舶;

（四）国务院交通主管部门规定应当申请引航的客船、载运危险货物的船舶。

第二十条　船舶进出港口和通过交通管制区、通航密集区或者航行条件受限制的区域,应当遵守海事管理机构发布的有关通航规定。

任何船舶不得擅自进入或者穿越海事管理机构公布的禁航区。

第二十一条　从事货物或者旅客运输的船舶,必须符合船舶强度、稳性、吃水、消防和救生等安全技术要求和国务院交通主管部门规定的载货或者载客条件。

任何船舶不得超载运输货物或者旅客。

第二十二条　船舶在内河通航水域载运或者拖带超重、超长、超高、超宽、半潜的物体,必须在装船或者拖带前24小时报海事管理机构核定拟航行的航路、时间,并采取必要的安全措施,保障船舶载运或者拖带安全。船舶需要护航的,应当向海事管理机构申请护航。

第二十三条　遇有下列情形之一时,海事管理机构可以根据情况采取限时航行、单航、封航等临时性限制、疏导交通的措施,并予公告:

（一）恶劣天气;

（二）大范围水上施工作业;

（三）影响航行的水上交通事故;

（四）水上大型群众性活动或者体育比赛;

（五）对航行安全影响较大的其他情形。

第二十四条　船舶应当在码头、泊位或者依法公布的锚地、停泊区、作业区停泊;遇有紧急情况,需要在其他水域停泊的，应当向海事管理机构报告。

船舶停泊，应当按照规定显示信号，不得妨碍或者危及其他船舶航行、停泊或者作业的安全。

船舶停泊，应当留有足以保证船舶安全的船员值班。

第二十五条 在内河通航水域或者岸线上进行下列可能影响通航安全的作业或者活动的，应当在进行作业或者活动前报海事管理机构批准：

（一）勘探、采掘、爆破；

（二）构筑、设置、维修、拆除水上水下构筑物或者设施；

（三）架设桥梁、索道；

（四）铺设、检修、拆除水上水下电缆或者管道；

（五）设置系船浮筒、浮趸、缆桩等设施；

（六）航道建设、航道、码头前沿水域疏浚；

（七）举行大型群众性活动、体育比赛。

进行前款所列作业或者活动，需要进行可行性研究的，在进行可行性研究时应当征求海事管理机构的意见；依照法律、行政法规的规定，需经其他有关部门审批的，还应当依法办理有关审批手续。

第二十六条 海事管理机构审批本条例第二十五条规定的作业或者活动，应当自收到申请之日起30日内作出批准或者不批准的决定，并书面通知申请人。

遇有紧急情况，需要对航道进行修复或者对航道、码头前沿水域进行疏浚的，作业人可以边申请边施工。

第二十七条 航道内不得养殖、种植植物、水生物和设置永久性固定设施。

划定航道，涉及水产养殖区的，航道主管部门应当征求渔业行政主管部门的意见；设置水产养殖区，涉及航道的，渔业行政主管部门应当征求航道主管部门和海事管理机构的意见。

第二十八条 在内河通航水域进行下列可能影响通航安全的作业，应当在进行作业前向海事管理机构备案：

（一）气象观测、测量、地质调查；

（二）航道日常养护；

（三）大面积清除水面垃圾；

（四）可能影响内河通航水域交通安全的其他行为。

第二十九条 进行本条例第二十五条、第二十八条规定的作业或者活动时，应当在作业或者活动区域设置标志和显示信号，并按照海事管理机构的规定，采取相应的安全措施，保障通航安全。

前款作业或者活动完成后，不得遗留任何妨碍航行的物体。

第四章 危险货物监管

第三十条 从事危险货物装卸的码头、泊位，必须符合国家有关安全规范要求，并征求海事管理机构的意见，经验收合格后，方可投入使用。

禁止在内河运输法律、行政法规以及国务院交通主管部门规定禁止运输的危险货物。

第三十一条 载运危险货物的船舶，必须持有经海事管理机构认可的船舶检验机构依法检验并颁发的危险货物适装证书，并按照国家有关危险货物运输的规定和安全技术规范进行配载和运输。

第三十二条 船舶装үй、过驳危险货物或者载运危险货物进出港口，应当将危险货物的名称、特性、包装、装卸或者过驳的时间、地点以及进出港时间等事项，事先报告海事管理机构和港口管理机构，经其同意后，方可进行装卸、过驳作业或者进出港口；但是，定船、定线、定货的船舶可以定期报告。

第三十三条 载运危险货物的船舶，在航行、装卸或者停泊时，应当按照规定显示信号；其他船舶应当避让。

第三十四条 从事危险货物装卸的码头、泊位和载运危险货物的船舶，必须编制危险货物事故应急预案，并配备相应的应急救援设备和器材。

第五章 渡口管理

第三十五条 设置或者撤销渡口，应当经渡口所在地的县级人民政府审批；县级人民政府审批前，应当征求当地海事管理机构的意见。

第三十六条 渡口的设置应当具备下列条件：

（一）选址应当在水流平缓、水深足够、坡岸稳定、视野开阔、适宜船舶停靠的地点，并远离危险物品生产、堆放场所；

（二）具备货物装卸、旅客上下的安全设施；

（三）配备必要的救生设备和专门管理人员。

第三十七条 渡口经营者应当在渡口设置明显的标志，维护渡运秩序，保障渡运安全。

渡口所在地县级人民政府应当建立、健全渡口安全管理责任制，指定有关部门负责对渡口和渡运安全实施监督检查。

第三十八条 渡口工作人员应当经培训、考试合格，并取得渡口所在地县级人民政府指定的部门颁发的合格证书。

渡口船舶应当持有合格的船舶检验证书和船舶登记证书。

第三十九条 渡口载客船舶应当有符合国家规定的识别标志,并在明显位置标明载客定额、安全注意事项。

渡口船舶应当按照渡口所在地的县级人民政府核定的路线渡运,并不得超载;渡运时,应当注意避让过往船舶,不得抢航或者强行横越。

遇有洪水或者大风、大雾、大雪等恶劣天气,渡口应当停止渡运。

第六章 通航保障

第四十条 内河通航水域的航道、航标和其他标志的规划、建设、设置、维护,应当符合国家规定的通航安全要求。

第四十一条 内河航道发生变迁,水深、宽度发生变化,或者航标发生位移、损坏、灭失,影响通航安全的,航道、航标主管部门必须及时采取措施,使航道、航标保持正常状态。

第四十二条 内河通航水域内可能影响航行安全的沉没物、漂流物、搁浅物,其所有人和经营人,必须按照国家有关规定设置标志,向海事管理机构报告,并在海事管理机构限定的时间内打捞清除;没有所有人或者经营人的,由海事管理机构打捞清除或者采取其他相应措施,保障通航安全。

第四十三条 在内河通航水域中拖放竹、木等物体,应当在拖放前24小时报经海事管理机构同意,按照核定的时间、路线拖放,并采取必要的安全措施,保障拖放安全。

第四十四条 任何单位和个人发现下列情况,应当迅速向海事管理机构报告:

(一)航道变迁,航道水深、宽度发生变化;

(二)妨碍通航安全的物体;

(三)航标发生位移、损坏、灭失;

(四)妨碍通航安全的其他情况。

海事管理机构接到报告后,应当根据情况发布航行通告或者航行警告,并通知航道、航标主管部门。

第四十五条 海事管理机构划定或者调整禁航区、交通管制区、港区外锚地、停泊区和安全作业区,以及对进行本条例第二十五条、第二十八条规定的作业或者活动,需要发布航行通告、航行警告的,应当及时发布。

第七章 救 助

第四十六条 船舶、浮动设施遇险,应当采取一切有效措施进行自救。

船舶、浮动设施发生碰撞等事故,任何一方应当在不危及自身安全的情况下,积极救助遇险的他方,不得逃逸。

船舶、浮动设施遇险,必须迅速将遇险的时间、地点、遇险状况、遇险原因、救助要求,向遇险地海事管理机构以及船舶、浮动设施所有人、经营人报告。

第四十七条 船员、浮动设施上的工作人员或者其他人员发现其他船舶、浮动设施遇险,或者收到求救信号后,必须尽力救助遇险人员,并将有关情况及时向遇险地海事管理机构报告。

第四十八条 海事管理机构收到船舶、浮动设施遇险求救信号或者报告后,必须立即组织力量救助遇险人员,同时向遇险地县级以上地方人民政府和上级海事管理机构报告。

遇险地县级以上地方人民政府收到海事管理机构的报告后,应当对救助工作进行领导和协调,动员各方力量积极参与救助。

第四十九条 船舶、浮动设施遇险时,有关部门和人员必须积极协助海事管理机构做好救助工作。

遇险现场和附近的船舶、人员,必须服从海事管理机构的统一调度和指挥。

第八章 事故调查处理

第五十条 船舶、浮动设施发生交通事故,其所有人或者经营人必须立即向交通事故发生地海事管理机构报告,并做好现场保护工作。

第五十一条 海事管理机构接到内河交通事故报告后,必须立即派员前往现场,进行调查和取证。

海事管理机构进行内河交通事故调查和取证,应当全面、客观、公正。

第五十二条 接受海事管理机构调查、取证的有关人员,应当如实提供有关情况和证据,不得谎报或者隐匿、毁灭证据。

第五十三条 海事管理机构应当在内河交通事故调查、取证结束后30日内,依据调查事实和证据作出调查结论,并书面告知内河交通事故当事人。

第五十四条 海事管理机构在调查处理内河交通事故过程中,应当采取有效措施,保证航路畅通,防止发生其他事故。

第五十五条 地方人民政府应当依照国家有关规定积极做好内河交通事故的善后工作。

第五十六条 特大内河交通事故的报告、调查和处理,按照国务院有关规定执行。

第九章 监督检查

第五十七条 在旅游、交通运输繁忙的湖泊、水库,在气候恶劣的季节，在法定或者传统节日、重大集会、集市、农忙、学生放学放假等交通高峰期间，县级以上地方各级人民政府应当加强对维护内河交通安全的组织、协调工作。

第五十八条　海事管理机构必须建立、健全内河交通安全监督检查制度，并组织落实。

第五十九条　海事管理机构必须依法履行职责，加强对船舶、浮动设施、船员和通航安全环境的监督检查。发现内河交通安全隐患时，应当责令有关单位和个人立即消除或者限期消除；有关单位和个人不立即消除或者逾期不消除的，海事管理机构必须采取责令其临时停航、停止作业、禁止进港、离港等强制性措施。

第六十条　对内河交通密集区域、多发事故水域以及货物装卸、乘客上下比较集中的港口，对客渡船、滚装客船、高速客轮、旅游船和载运危险货物的船舶，海事管理机构必须加强安全巡查。

第六十一条　海事管理机构依照本条例实施监督检查时，可以根据情况对违反本条例有关规定的船舶，采取责令临时停航、驶向指定地点、禁止进港、离港、强制卸载、拆除动力装置、暂扣船舶等保障通航安全的措施。

第六十二条　海事管理机构的工作人员依法在内河通航水域对船舶、浮动设施进行内河交通安全监督检查，任何单位和个人不得拒绝或者阻挠。

有关单位或者个人应当接受海事管理机构依法实施的安全监督检查，并为其提供方便。

海事管理机构的工作人员依照本条例实施监督检查时，应当出示执法证件，表明身份。

第十章　法律责任

第六十三条　违反本条例的规定，应当报废的船舶、浮动设施在内河航行或者作业的，由海事管理机构责令停航或者停止作业，并对船舶、浮动设施予以没收。

第六十四条　违反本条例的规定，船舶、浮动设施未持有合格的检验证书、登记证书或者船舶未持有必要的航行资料，擅自航行或者作业的，由海事管理机构责令停止航行或者作业；拒不停止的，暂扣船舶、浮动设施；情节严重的，予以没收。

第六十五条　违反本条例的规定，船舶未按照国务院交通主管部门的规定配备船员擅自航行，或者浮动设施未按照国务院交通主管部门的规定配备掌握水上交通安全技能的船员擅自作业的，由海事管理机构责令限期改正，对船舶、浮动设施所有人或者经营人处1万元以上10万元以下的罚款；逾期不改正的，责令停航或者停止作业。

第六十六条　违反本条例的规定，未经考试合格并取得适任证书或者其他适任证件的人员擅自从事船舶航行的，由海事管理机构责令其立即离岗，对直接责任人员处2000元以上2万元以下的罚款，并对聘用单位处1万元以上10万元以下的罚款。

第六十七条　违反本条例的规定，按照国家规定必须取得船舶污染损害责任、沉船打捞责任的保险文书或者财务保证书的船舶的所有人或者经营人，未取得船舶污染损害责任、沉船打捞责任保险文书或者财务担保证明的，由海事管理机构责令限期改正；逾期不改正的，责令停航，并处1万元以上10万元以下的罚款。

第六十八条　违反本条例的规定，船舶在内河航行时，有下列情形之一的，由海事管理机构责令改正，处5000元以上5万元以下的罚款；情节严重的，禁止船舶进出港口或者责令停航，并可以对责任船员给予暂扣适任证书或者其他适任证件3个月至6个月的处罚：

（一）未按照规定悬挂国旗、标明船名、船籍港、载重线的；

（二）未按照规定向海事管理机构报告船舶的航次计划、适航状态、船员配备和载货载客等情况的；

（三）未按照规定申请引航的；

（四）擅自进出内河港口，强行通过交通管制区、通航密集区、航行条件受限制区域或者禁航区的；

（五）载运或者拖带超重、超长、超高、超宽、半潜的物体，未申请或者未按照核定的航路、时间航行的。

第六十九条　违反本条例的规定，船舶未在码头、泊位或者依法公布的锚地、停泊区、作业区停泊的，由海事管理机构责令改正；拒不改正的，予以强行拖离，因拖离发生的费用由船舶所有人或者经营人承担。

第七十条　违反本条例的规定，在内河通航水域或者岸线上进行有关作业或者活动未经批准或者备案，或者未设置标志、显示信号的，由海事管理机构责令改正，处5000元以上5万元以下的罚款。

第七十一条　违反本条例的规定，从事危险货物作业，有下列情形之一的，由海事管理机构责令停止作业或者航行，对负有责任的主管人员或者其他直接责任人员处2万元以上10万元以下的罚款；属于船员的，并给予暂扣适任证书或者其他适任证件6个月以上直至吊销适任证书或者其他适任证件的处罚：

（一）从事危险货物运输的船舶，未编制危险货物事故应急预案或者未配备相应的应急救援设备和器材的；

（二）船舶装卸、过驳危险货物或者载运危险货物进出港口未经海事管理机构、港口管理机构同意的。

未持有危险货物适装证书擅自载运危险货物或者未按照安全技术规范进行配载和运输的,依照《危险化学品安全管理条例》的规定处罚。

第七十二条 违反本条例的规定,未经批准擅自设置或者撤销渡口的,由渡口所在地县级人民政府指定的部门责令限期改正;逾期不改正的,予以强制拆除或者恢复,因强制拆除或者恢复发生的费用分别由设置人、撤销人承担。

第七十三条 违反本条例的规定,渡口船舶未标明识别标志、载客定额、安全注意事项的,由渡口所在地县级人民政府指定的部门责令改正,处2000元以上1万元以下的罚款;逾期不改正的,责令停航。

第七十四条 违反本条例的规定,在内河通航水域的航道内养殖、种植植物、水生物或者设置永久性固定设施的,由海事管理机构责令限期改正;逾期不改正的,予以强制清除,因清除发生的费用由其所有人或者经营人承担。

第七十五条 违反本条例的规定,内河通航水域中的沉没物、漂流物、搁浅物的所有人或者经营人,未按照国家有关规定设置标志或者未在规定的时间内打捞清除的,由海事管理机构责令限期改正;逾期不改正的,海事管理机构强制设置标志或者组织打捞清除;需要立即组织打捞清除的,海事管理机构应当及时组织打捞清除。海事管理机构因设置标志或者打捞清除发生的费用,由沉没物、漂流物、搁浅物的所有人或者经营人承担。

第七十六条 违反本条例的规定,船舶、浮动设施遇险后未履行报告义务或者不积极施救的,由海事管理机构给予警告,并可以对责任船员给予暂扣适任证书或者其他适任证件3个月至6个月直至吊销适任证书或者其他适任证件的处罚。

第七十七条 违反本条例的规定,船舶、浮动设施发生内河交通事故的,除依法承担相应的法律责任外,由海事管理机构根据调查结论,对责任船员给予暂扣适任证书或者其他适任证件6个月以上直至吊销适任证书或者其他适任证件的处罚。

第七十八条 违反本条例的规定,遇险现场和附近的船舶、船员不服从海事管理机构的统一调度和指挥的,由海事管理机构给予警告,并可以对责任船员给予暂扣适任证书或者其他适任证件3个月至6个月直至吊销适任证书或者其他适任证件的处罚。

第七十九条 违反本条例的规定,伪造、变造、买卖、转借、冒用船舶检验证书、船舶登记证书、船员适任证书或者其他适任证件的,由海事管理机构没收有关的证书或者证件;有违法所得的,没收违法所得,并处违法所得2倍以上5倍以下的罚款;没有违法所得或者违法所得不足2万元的,处1万元以上5万元以下的罚款;触犯刑律的,依照刑法关于伪造、变造、买卖国家机关公文、证件罪或者其他罪的规定,依法追究刑事责任。

第八十条 违反本条例的规定,船舶、浮动设施的所有人或者经营人指使、强令船员违章操作的,由海事管理机构给予警告,处1万元以上5万元以下的罚款,并可以责令停航或者停止作业;造成重大伤亡事故或者严重后果的,依照刑法关于重大责任事故罪或者其他罪的规定,依法追究刑事责任。

第八十一条 违反本条例的规定,船舶在内河航行、停泊或者作业,不遵守航行、避让和信号显示规则的,由海事管理机构责令改正,处1000元以上1万元以下的罚款;情节严重的,对责任船员给予暂扣适任证书或者其他适任证件3个月至6个月直至吊销适任证书或者其他适任证件的处罚;造成重大内河交通事故的,依照刑法关于交通肇事罪或者其他罪的规定,依法追究刑事责任。

第八十二条 违反本条例的规定,船舶不具备安全技术条件从事货物、旅客运输,或者超载运输货物、旅客的,由海事管理机构责令改正,处2万元以上10万元以下的罚款,可以对责任船员给予暂扣适任证书或者其他适任证件6个月以上直至吊销适任证书或者其他适任证件的处罚,并对超载运输的船舶强制卸载,因卸载而发生的卸货费、存货费、旅客安置费和船舶监管费由船舶所有人或者经营人承担;发生重大伤亡事故或者造成其他严重后果的,依照刑法关于重大劳动安全事故罪或者其他罪的规定,依法追究刑事责任。

第八十三条 违反本条例的规定,船舶、浮动设施发生内河交通事故后逃逸的,由海事管理机构对责任船员给予吊销适任证书或者其他适任证件的处罚;证书或者证件吊销后,5年内不得重新从业;触犯刑律的,依照刑法关于交通肇事罪或者其他罪的规定,依法追究刑事责任。

第八十四条 违反本条例的规定,阻碍、妨碍内河交通事故调查取证,或者谎报、隐匿、毁灭证据的,由海事管理机构给予警告,并对直接责任人员处1000元以上1万元以下的罚款;属于船员的,并给予暂扣适任证书或者其他适任证件12个月以上直至吊销适任证书或者其他适任证件的处罚；以暴力、威胁方法阻碍内河交通事故调查取证的，依照刑法关于妨害公务罪的规定，依法追究刑事责任。

第八十五条　违反本条例的规定，海事管理机构不依据法定的安全条件进行审批、许可的，对负有责任的主管人员和其他直接责任人员根据不同情节，给予降级或者撤职的行政处分；造成重大内河交通事故或者致使公共财产、国家和人民利益遭受重大损失的，依照刑法关于滥用职权罪、玩忽职守罪或者其他罪的规定，依法追究刑事责任。

第八十六条　违反本条例的规定，海事管理机构对审批、许可的安全事项不实施监督检查的，对负有责任的主管人员和其他直接责任人员根据不同情节，给予记大过、降级或者撤职的行政处分；造成重大内河交通事故或者致使公共财产、国家和人民利益遭受重大损失的，依照刑法关于滥用职权罪、玩忽职守罪或者其他罪的规定，依法追究刑事责任。

第八十七条　违反本条例的规定，海事管理机构发现船舶、浮动设施不再具备安全航行、停泊、作业条件而不及时撤销批准或者许可并予以处理的，对负有责任的主管人员和其他直接责任人员根据不同情节，给予记大过、降级或者撤职的行政处分；造成重大内河交通事故或者致使公共财产、国家和人民利益遭受重大损失的，依照刑法关于滥用职权罪、玩忽职守罪或者其他罪的规定，依法追究刑事责任。

第八十八条　违反本条例的规定，海事管理机构对未经审批、许可擅自从事旅客、危险货物运输的船舶不实施监督检查，或者发现内河交通安全隐患不及时依法处理，或者对违法行为不依法予以处罚的，对负有责任的主管人员和其他直接责任人员根据不同情节，给予降级或者撤职的行政处分；造成重大内河交通事故或者致使公共财产、国家和人民利益遭受重大损失的，依照刑法关于滥用职权罪、玩忽职守罪或者其他罪的规定，依法追究刑事责任。

第八十九条　违反本条例的规定，渡口所在地县级人民政府指定的部门，有下列情形之一的，根据不同情节，对负有责任的主管人员和其他直接责任人员，给予降级或者撤职的行政处分；造成重大内河交通事故或者致使公共财产、国家和人民利益遭受重大损失的，依照刑法关于滥用职权罪、玩忽职守罪或者其他罪的规定，依法追究刑事责任：

（一）对县级人民政府批准的渡口不依法实施监督检查的；

（二）对未经县级人民政府批准擅自设立的渡口不予以查处的；

（三）对渡船超载、人与大牲畜混载、人与爆炸品、压缩气体和液化气体、易燃液体、易燃固体、自燃物品和遇湿易燃物品、氧化剂和有机过氧化物、有毒品和腐蚀品等危险品混载以及其他危及安全的行为不及时纠正并依法处理的。

第九十条　违反本条例的规定，触犯《中华人民共和国治安管理处罚法》，构成违反治安管理行为的，由公安机关给予治安管理处罚。

第十一章　附　则

第九十一条　本条例下列用语的含义：

（一）内河通航水域，是指由海事管理机构认定的可供船舶航行的江、河、湖泊、水库、运河等水域。

（二）船舶，是指各类排水或者非排水的船、艇、筏、水上飞行器、潜水器、移动式平台以及其他水上移动装置。

（三）浮动设施，是指采用缆绳或者锚链等非刚性固定方式系固并漂浮或者潜于水中的建筑、装置。

（四）交通事故，是指船舶、浮动设施在内河通航水域发生的碰撞、触碰、触礁、浪损、搁浅、火灾、爆炸、沉没等引起人身伤亡和财产损失的事件。

第九十二条　军事船舶在内河通航水域航行，应当遵守内河航行、避让和信号显示规则。军事船舶的检验、登记和船员的考试、发证等管理办法，按照国家有关规定执行。

第九十三条　渔船的登记以及进出渔港报告，渔船船员的考试、发证，渔船之间交通事故的调查处理，以及渔港水域内渔船的交通安全管理办法，由国务院渔业行政主管部门依据本条例另行规定。

渔业船舶的检验及相关监督管理，由国务院交通运输主管部门按照相关渔业船舶检验的行政法规执行。

第九十四条　城市园林水域水上交通安全管理的具体办法，由省、自治区、直辖市人民政府制定；但是，有关船舶检验、登记和船员管理，依照国家有关规定执行。

第九十五条　本条例自2002年8月1日起施行。1986年12月16日国务院发布的《中华人民共和国内河交通安全管理条例》同时废止。

中华人民共和国渔港水域交通安全管理条例

- 1989年7月3日中华人民共和国国务院令第38号发布
- 根据2011年1月8日《国务院关于废止和修改部分行政法规的决定》第一次修订
- 根据2017年10月7日《国务院关于修改部分行政法规的决定》第二次修订
- 根据2019年3月2日《国务院关于修改部分行政法规的决定》第三次修订

第一条 根据《中华人民共和国海上交通安全法》第四十八条的规定,制定本条例。

第二条 本条例适用于在中华人民共和国沿海以渔业为主的渔港和渔港水域(以下简称"渔港"和"渔港水域")航行、停泊、作业的船舶、设施和人员以及船舶、设施的所有者、经营者。

第三条 中华人民共和国渔政渔港监督管理机关是对渔港水域交通安全实施监督管理的主管机关,并负责沿海水域渔业船舶之间交通事故的调查处理。

第四条 本条例下列用语的含义是:

渔港是指主要为渔业生产服务和供渔业船舶停泊、避风、装卸渔获物和补充渔需物资的人工港口或者自然港湾。

渔港水域是指渔港的港池、锚地、避风湾和航道。

渔业船舶是指从事渔业生产的船舶以及属于水产系统为渔业生产服务的船舶,包括捕捞船、养殖船、水产运销船、冷藏加工船、油船、供应船、渔业指导船、科研调查船、教学实习船、渔港工程船、拖轮、交通船、驳船、渔政船和渔监船。

第五条 对渔港认定有不同意见的,依照港口隶属关系由县级以上人民政府确定。

第六条 船舶进出渔港必须遵守渔港管理章程以及国际海上避碰规则,并依照规定向渔政渔港监督管理机关报告,接受安全检查。

渔港内的船舶必须服从渔政渔港监督管理机关对水域交通安全秩序的管理。

第七条 船舶在渔港内停泊、避风和装卸物资,不得损坏渔港的设施装备;造成损坏的应当向渔政渔港监督管理机关报告,并承担赔偿责任。

第八条 船舶在渔港内装卸易燃、易爆、有毒等危险货物,必须遵守国家关于危险货物管理的规定,并事先向渔政渔港监督管理机关提出申请,经批准后在指定的安全地点装卸。

第九条 在渔港内新建、改建、扩建各种设施,或者进行其他水上、水下施工作业,除依照国家规定履行审批手续外,应当报请渔政渔港监督管理机关批准。渔政渔港监督管理机关批准后,应当事先发布航行通告。

第十条 在渔港内的航道、港池、锚地和停泊区,禁止从事有碍海上交通安全的捕捞、养殖等生产活动。

第十一条 国家公务船舶在执行公务时进出渔港,经通报渔政渔港监督管理机关,可免于检查。渔政渔港监督管理机关应当对执行海上巡视任务的国家公务船舶的靠岸、停泊和补给提供方便。

第十二条 渔业船舶在向渔政渔港监督管理机关申请船舶登记,并取得渔业船舶国籍证书或者渔业船舶登记证书后,方可悬挂中华人民共和国国旗航行。

第十三条 渔业船舶必须经船舶检验部门检验合格,取得船舶技术证书,方可从事渔业生产。

第十四条 渔业船舶的船长、轮机长、驾驶员、轮机员、电机员、无线电报务员、话务员,必须经渔政渔港监督管理机关考核合格,取得职务证书,其他人员应当经过相应的专业训练。

第十五条 地方各级人民政府应当加强本行政区域内渔业船舶船员的技术培训工作。国营、集体所有的渔业船舶,其船员的技术培训由渔业船舶所属单位负责;个人所有的渔业船舶,其船员的技术培训由当地人民政府渔业行政主管部门负责。

第十六条 渔业船舶之间发生交通事故,应当向就近的渔政渔港监督管理机关报告,并在进入第一个港口48小时之内向渔政渔港监督管理机关递交事故报告书和有关材料,接受调查处理。

第十七条 渔政渔港监督管理机关对渔港水域内的交通事故和其他沿海水域渔业船舶之间的交通事故,应当及时查明原因,判明责任,作出处理决定。

第十八条 渔港内的船舶、设施有下列情形之一的,渔政渔港监督管理机关有权禁止其离港,或者令其停航、改航、停止作业:

(一)违反中华人民共和国法律、法规或者规章的;

(二)处于不适航或者不适拖状态的;

(三)发生交通事故,手续未清的;

(四)未向渔政渔港监督管理机关或者有关部门交付应当承担的费用,也未提供担保的;

(五)渔政渔港监督管理机关认为有其他妨害或者可能妨害海上交通安全的。

第十九条 渔港内的船舶、设施发生事故,对海上交通安全造成或者可能造成危害,渔政渔港监督管理机关有权对其采取强制性处置措施。

第二十条 船舶进出渔港依照规定应当向渔政渔港监督管理机关报告而未报告的，或者在渔港内不服从渔政渔港监督管理机关对水域交通安全秩序管理的，由渔政渔港监督管理机关责令改正，可以并处警告、罚款；情节严重的，扣留或者吊销船长职务证书（扣留职务证书时间最长不超过6个月，下同）。

第二十一条 违反本条例规定，有下列行为之一的，由渔政渔港监督管理机关责令停止违法行为，可以并处警告、罚款；造成损失的，应当承担赔偿责任；对直接责任人员由其所在单位或者上级主管机关给予行政处分：

（一）未经渔政渔港监督管理机关批准或者未按照批准文件的规定，在渔港内装卸易燃、易爆、有毒等危险货物的；

（二）未经渔政渔港监督管理机关批准，在渔港内新建、改建、扩建各种设施或者进行其他水上、水下施工作业的；

（三）在渔港内的航道、港池、锚地和停泊区从事有碍海上交通安全的捕捞、养殖等生产活动的。

第二十二条 违反本条例规定，未持有船舶证书或者未配齐船员的，由渔政渔港监督管理机关责令改正，可以并处罚款。

第二十三条 违反本条例规定，不执行渔政渔港监督管理机关作出的离港、停航、改航、停止作业的决定，或者在执行中违反上述决定的，由渔政渔港监督管理机关责令改正，可以并处警告、罚款；情节严重的，扣留或者吊销船长职务证书。

第二十四条 当事人对渔政渔港监督管理机关作出的行政处罚决定不服的，可以在接到处罚通知之日起15日内向人民法院起诉；期满不起诉又不履行的，由渔政渔港监督管理机关申请人民法院强制执行。

第二十五条 因渔港水域内发生的交通事故或者其他沿海水域发生的渔业船舶之间的交通事故引起的民事纠纷，可以由渔政渔港监督管理机关调解处理；调解不成或者不愿意调解的，当事人可以向人民法院起诉。

第二十六条 拒绝、阻碍渔政渔港监督管理工作人员依法执行公务，应当给予治安管理处罚的，由公安机关依照《中华人民共和国治安管理处罚法》有关规定处罚；构成犯罪的，由司法机关依法追究刑事责任。

第二十七条 渔政渔港监督管理工作人员，在渔港和渔港水域交通安全监督管理工作中，玩忽职守、滥用职权、徇私舞弊的，由其所在单位或者上级主管机关给予行政处分；构成犯罪的，由司法机关依法追究刑事责任。

第二十八条 本条例实施细则由农业农村部制定。

第二十九条 本条例自1989年8月1日起施行。

海上滚装船舶安全监督管理规定

·2019年7月1日交通运输部令第23号公布
·自2019年9月1日起施行

第一章 总　则

第一条 为了加强海上滚装船舶安全监督管理，保障海上人命和财产安全，依据《中华人民共和国海上交通安全法》《中华人民共和国船舶和海上设施检验条例》等法律、行政法规，制定本规定。

第二条 在中华人民共和国管辖海域内对滚装船舶的安全监督管理活动，适用本规定。

第三条 交通运输部主管海上滚装船舶安全管理工作。

国家海事管理机构负责海上滚装船舶安全监督管理工作。

其他各级海事管理机构按照职责权限具体负责海上滚装船舶安全监督管理工作。

第二章 滚装船舶、船员

第四条 滚装船舶应当依法由船舶检验机构检验，取得相应检验证书、文书。

船舶检验机构实施滚装船舶检验，应当注重对以下内容进行测定或者核定：

（一）滚装船舶船艏、船艉和舷侧水密门的性能；

（二）滚装船舶装车处所的承载能力，包括装车处所甲板的装载能力及每平方米的承载能力；

（三）滚装船舶装车处所、客舱等重要部位的消防系统和电路系统；

（四）滚装船舶系索、地铃、天铃及其他系固附属设备的最大系固负荷；

（五）滚装船舶车辆和货物系固手册；

（六）滚装船舶救生系统和应急系统。

第五条 滚装船舶开航前，应当按照滚装船舶船艏部、艉部及舷侧水密门安全操作程序和有关要求，对乘客、货物、车辆情况及滚装船舶的安全设备、水密门等情况进行全面检查，并如实记录。

中国籍滚装船舶按照前款规定完成检查并确认符合有关安全要求的，由船长签署船舶开航前安全自查清单。

第六条 滚装船舶在航行中应当加强巡检。发现安全隐患的,应当及时采取有效措施予以消除;不能及时消除的,应当向滚装船舶经营人、管理人报告。必要时,还应当向海事管理机构报告。

第七条 滚装船舶在航行中遭遇恶劣天气和海况时,应当谨慎操纵和作业,加强巡查,加固货物、车辆,防止货物、车辆位移或者碰撞,并及时向滚装船舶经营人、管理人报告。必要时,还应当向海事管理机构报告。

第八条 滚装船舶应当对装车处所、装货处所进行有效通风,并根据相关技术规范确定闭式滚装处所和特种处所每小时换气次数。

第九条 装车处所应当使用明显标志标明车辆装载位置,并合理积载,保持装载平衡。

第十条 滚装客船应当在明显位置标明乘客定额和客舱处所。

严禁滚装客船超出核定乘客定额出售客票。

禁止在滚装船舶的船员起居处、装车处所、安全通道及其他非客舱处所载运乘客。

第十一条 滚装客船开航后,应当立即向司机、乘客说明安全须知所处位置和应急通道及有关应急措施。

第十二条 滚装船舶载运危险货物或者装载危险货物的车辆,还应当遵守《船舶载运危险货物安全监督管理规定》。

第十三条 滚装船舶的船员,应当熟悉所在船舶的下列内容:

(一)安全管理体系或者安全管理制度;
(二)职责范围内安全操作程序;
(三)应急反应程序和应急措施。

第三章 滚装船舶经营人、管理人

第十四条 滚装船舶经营人、管理人应当制定滚装船舶艏部、艉部及舷侧水密门安全操作程序,并指定专人负责滚装船舶水密门的开启和关闭。

第十五条 滚装船舶经营人、管理人应当在船舶的公共场所,使用明显标志标明消防和救生设备设施、应急通道以及有关应急措施,并配备适量的安全须知,供船员、乘客阅览。

第十六条 滚装船舶经营人、管理人应当制定航行、停泊和作业巡检制度,明确巡检范围、巡检程序、安全隐患报告程序和应急情况处理措施以及巡检人员的岗位责任。

第十七条 滚装船舶经营人、管理人应当综合考虑滚装船舶装车处所的承载能力、系固能力,明确滚装船舶系固的具体方案和要求,制定系固手册。

滚装船舶应当按照系固手册系固车辆,并符合船舶检验机构核定的装车处所的承载能力、装载尺度。

第十八条 滚装客船经营人、管理人应当根据航区自然环境、航行时间、气象条件和航行特点,合理调度和使用滚装客船。

中国籍滚装客船应当由船舶检验机构核定船舶抗风等级并在船舶检验证书中明确。船舶开航前或者拟航经水域风力超过抗风等级的,不得开航或者航经该水域。

第十九条 中国籍滚装客船经营人、管理人应当对船舶进行动态监控,及时掌握滚装客船的航行、停泊、作业等动态,并配备航行数据记录仪。

第二十条 滚装船舶经营人、管理人应当定期组织滚装船舶的船员及相关工作人员,按照国际条约或者船舶检验相关规则的规定进行应急演练与培训。

第四章 车辆、货物和乘客

第二十一条 搭乘滚装船舶的车辆,应当向滚装船舶和港口经营人如实提供车辆号牌及驾驶员联系方式等信息。货运车辆还应当如实提供其装载货物的名称、性质、重量和体积等信息。

搭乘滚装船舶的车辆应当按照规定在港口接受安全检查。对检查发现有谎报、瞒报危险货物行为的车辆,不得允许其上船。

中国籍滚装船舶应当指定专人对车辆装载的安全状况进行检查,并填写车辆安全装载记录。车辆安全装载记录应当随船留存至少1个月。

第二十二条 搭乘滚装船舶的车辆,应当将所载货物绑扎牢固,在船舶航行期间处于制动状态,以适合水路滚装运输的需要。

第二十三条 搭乘滚装船舶的车辆,应当处于良好技术状态,并按照指定的区域、类型和抵达港口先后次序排队停放,等候装船。

第二十四条 车辆拟驶上或者驶离船舶时,滚装船舶和港口经营人应当检查码头与滚装船舶的连接情况,保证上下船舶的车辆安全。车辆应当听从港口经营人、滚装船舶的指挥,遵守港口经营人规定的安全速度并按照顺序行驶。

第二十五条 车辆及司机、乘客应当遵守下列规定:

(一)车辆应当进入船舱指定位置,在船舶航行期间关闭发动机;
(二)司机在船舶航行期间不得留在车内,也不得在装货处所和装车处所随意走动、停留;
(三)乘客在上下船及船舶航行过程中不得留在车内,也不得在装货处所和装车处所随意走动、停留。

旅客列车、救护车、押运车、冷藏车、活鲜运输车辆等特殊车辆除外。

第二十六条　搭载旅客列车的滚装船舶应当加强旅客列车在船期间的安全管理,制定旅客应急撤离程序,并及时告知旅客列车经营人。

发生紧急情况的,滚装船舶应当按照应急撤离程序组织旅客安全撤离。旅客列车经营人应当予以配合。

第五章　监督检查

第二十七条　海事管理机构应当按照《中华人民共和国船舶安全监督规则》的规定,对滚装船舶实施船舶现场监督和船舶安全检查。

海事管理机构应当根据选船标准选择实施现场监督和安全检查的滚装船舶。其中,短途固定航线的滚装客船现场监督每周不得少于一次。

第二十八条　滚装船舶有下列情形之一的,海事管理机构应当责令立即纠正或者开航前纠正:

(一)不符合安全适航条件的;

(二)不符合本规定有关载客或者载货要求的。

第二十九条　县级以上人民政府交通运输主管部门对滚装船舶乘客和车辆的售票等情况进行检查,不符合国家有关规定的,应当责令其改正。

第三十条　海事管理机构和县级以上人民政府交通运输主管部门依法对滚装船舶监督检查和安全管理,任何单位和个人不得拒绝、阻挠或者隐瞒有关情况。

第六章　法律责任

第三十一条　违反本规定有关海上交通安全管理的规定,由海事管理机构按照有关法律、行政法规和交通运输部规章给予行政处罚。

第三十二条　违反本规定,滚装客船超额出售客票的,由交通运输主管部门责令改正,处以2000元以上2万元以下的罚款。

第三十三条　违反本规定,车辆搭乘滚装船舶不如实提供车辆、货物信息或者不听从港口经营人、滚装船舶指挥的,由交通运输主管部门责令改正,属于非经营性的,处以1000元以下的罚款;属于经营性的,处以1000元以上3万元以下的罚款。

第三十四条　违反本规定,滚装客船在风力超过船舶抗风等级情况下,仍然开航或者航经该水域的,由海事管理机构责令改正,处以1万元以上3万元以下的罚款。

第三十五条　海事管理机构、交通运输主管部门的工作人员滥用职权、徇私舞弊、玩忽职守等严重失职的,由所在单位或者上级机关给予行政处分;构成犯罪的,依法追究刑事责任。

第七章　附则

第三十六条　本规定下列用语的含义是:

(一)滚装船舶,是指具有滚装装货处所或者装车处所的船舶。

(二)滚装客船,是指具有乘客定额证书且核定乘客定额(包括车辆驾驶员)12人以上的滚装船舶。

(三)装货处所,是指滚装船舶内可供滚装方式装载货物的处所,以及通往该处所的围壁通道。

(四)装车处所,是指滚装船舶的有隔离舱壁的甲板以上或者甲板以下用作装载机动车、非机动车并可以让车辆进出的围蔽处所。

第三十七条　本规定自2019年9月1日起施行。2002年5月30日以交通部令2002年第1号公布的《海上滚装船舶安全监督管理规定》、2017年5月23日以交通运输部令2017年第18号公布的《交通运输部关于修改〈海上滚装船舶安全监督管理规定〉的决定》同时废止。

公路水路行业安全生产工作考核评价办法

· 2017年8月4日
· 交办安监〔2017〕114号

第一条　为严格落实安全生产责任,深化平安交通建设,提高安全发展水平,按照"党政同责、一岗双责、齐抓共管、失职追责"和"管行业必须管安全、管业务必须管安全、管生产经营必须管安全"的要求,根据《中华人民共和国安全生产法》等法律法规和有关规定,制定本办法。

第二条　本办法适用于各省(自治区、直辖市)和新疆生产建设兵团交通运输主管部门(以下统称省级交通运输主管部门)以及长江航务管理局、部直属海事局(以下统称部属单位),对省级交通运输主管部门开展平安交通建设评价,对部属单位开展安全生产工作考核。

第三条　考核评价工作由交通运输部安全委员会(以下简称部安委会)负责组织,部安全委员会办公室(以下简称部安委办)负责实施。

第四条　考核评价工作坚持客观公正、科学合理、公开透明、注重实效的原则。

第五条　考核评价指标包括省级交通运输主管部门平安交通建设评价指标和部属单位安全生产工作考核指标。

第六条 考核评价内容包括安全责任、法规制度、体制机制、预防控制、支撑保障、事故和重大隐患情况等。

第七条 考核评价实行千分制，按指标逐项评分。

第八条 考核评价结果分为4个等级(以上包括本数，以下不括本数)：

得分900分以上为优秀；

得分800分以上900分以下为良好；

得分600分以上800分以下为合格；

得分600分以下为不合格。

第九条 发生负有责任的特别重大安全生产事故扣400分；每发生一起负有责任的重大安全生产事故扣100分，最高扣400分。

第十条 各省级交通运输主管部门及部属单位每年1月底前报送上一年度自评报告和自评情况。部安委办组织核查。

第十一条 考核评价结果经部安委会审定后，由部安委办向被考核评价单位反馈。考核评价结果为优秀的予以表扬。省级交通运输主管部门评价结果不合格的，视情况通报省级人民政府。部属单位考核结果通报部人事教育司。

第十二条 对在考核评价工作中弄虚作假、瞒报谎报的单位，视情节轻重给予责令整改、通报批评、降低考核等次等惩处，造成不良影响的依法依规追究有关人员责任。

第十三条 依据本办法，《省级交通运输主管部门平安交通建设评价指标》和《交通运输部所属单位安全生产工作考核指标》由部安委办另行制定发布，并根据需要适时进行调整。

第十四条 各省级交通运输主管部门及部属单位应结合实际，制定和实施考核评价办法。

第十五条 本办法由部安委办负责解释，自2018年1月1日起施行。

附件1:省级交通运输主管部门平安交通建设评价指标(略)

附件2:部属单位安全生产工作考核指标(略)

公路水运工程安全生产监督管理办法

· 2017年6月12日交通运输部令2017年第25号公布
· 自2017年8月1日起施行

第一章 总 则

第一条 为了加强公路水运工程安全生产监督管理，防止和减少生产安全事故，保障人民群众生命和财产安全，根据《中华人民共和国安全生产法》《建设工程安全生产管理条例》《生产安全事故报告和调查处理条例》等法律、行政法规，制定本办法。

第二条 公路水运工程建设活动的安全生产行为及对其实施监督管理，应当遵守本办法。

第三条 本办法所称公路水运工程，是指经依法审批、核准或者备案的公路、水运基础设施的新建、改建、扩建等建设项目。

本办法所称从业单位，是指从事公路、水运工程建设、勘察、设计、施工、监理、试验检测、安全服务等工作的单位。

第四条 公路水运工程安全生产工作应当以人民为中心，坚持安全第一、预防为主、综合治理的方针，强化和落实从业单位的主体责任，建立从业单位负责、职工参与、政府监管、行业自律和社会监督的机制。

第五条 交通运输部负责全国公路水运工程安全生产的监督管理工作。

长江航务管理局承担长江干线航道工程安全生产的监督管理工作。

县级以上地方人民政府交通运输主管部门按照规定的职责负责本行政区域内的公路水运工程安全生产监督管理工作。

第六条 交通运输主管部门应当按照保障安全生产的要求，依法制修订公路水运工程安全应急标准体系。

第七条 交通运输主管部门应当建立公路水运工程从业单位和从业人员安全生产违法违规行为信息库，实行安全生产失信黑名单制度，并按规定将有关信用信息及时纳入交通运输和相关统一信用信息共享平台，依法向社会公开。

第八条 有关行业协会依照法律、法规、规章和协会章程，为从业单位提供有关安全生产信息、培训等服务，发挥行业自律作用，促进从业单位加强安全生产管理。

第九条 国家鼓励和支持公路水运工程安全生产科学技术研究成果和先进技术的推广应用，鼓励从业单位运用科技和信息化等手段对存在重大安全风险的施工部位加强监控。

第十条 在改善项目安全生产条件、防止生产安全事故、参加抢险救援等方面取得显著成绩的单位和个人，交通运输主管部门依法给予奖励。

第二章 安全生产条件

第十一条 从业单位从事公路水运工程建设活动，应当具备法律、法规、规章和工程建设强制性标准规定的安全生产条件。任何单位和个人不得降低安全生产条件。

第十二条 公路水运工程应当坚持先勘察后设计再施工的程序。施工图设计文件依法经审批后方可使用。

第十三条 公路水运工程施工招标文件及施工合同中应当载明项目安全管理目标、安全生产职责、安全生产条件、安全生产信用情况及专职安全生产管理人员配备的标准等要求。

第十四条 施工单位从事公路水运工程建设活动，应当取得安全生产许可证及相应等级的资质证书。施工单位的主要负责人和安全生产管理人员应当经交通运输主管部门对其安全生产知识和管理能力考核合格。

施工单位应当设置安全生产管理机构或者配备专职安全生产管理人员。施工单位应当根据工程施工作业特点、安全风险以及施工组织难度，按照年度施工产值配备专职安全生产管理人员，不足 5000 万元的至少配备 1 名；5000 万元以上不足 2 亿元的按每 5000 万元不少于 1 名的比例配备；2 亿元以上的不少于 5 名，且按专业配备。

第十五条 从业单位应当依法对从业人员进行安全生产教育和培训。未经安全生产教育和培训合格的从业人员，不得上岗作业。

第十六条 公路水运工程从业人员中的特种作业人员应当按照国家有关规定取得相应资格，方可上岗作业。

第十七条 施工中使用的施工机械、设施、机具以及安全防护用品、用具和配件等应当具有生产(制造)许可证、产品合格证或者法定检验检测合格证明，并设立专人查验、定期检查和更新，建立相应的资料档案。无查验合格记录的不得投入使用。

第十八条 特种设备使用单位应当依法取得特种设备使用登记证书，建立特种设备安全技术档案，并将登记标志置于该特种设备的显著位置。

第十九条 翻模、滑(爬)模等自升式架设设施，以及自行设计、组装或者改装的施工挂(吊)篮、移动模架等设施在投入使用前，施工单位应当组织有关单位进行验收，或者委托具有相应资质的检验检测机构进行验收。验收合格后方可使用。

第二十条 对严重危及公路水运工程生产安全的工艺、设备和材料，应当依法予以淘汰。交通运输主管部门可以会同安全生产监督管理部门联合制定严重危及公路水运工程施工安全的工艺、设备和材料的淘汰目录并对外公布。

从业单位不得使用已淘汰的危及生产安全的工艺、设备和材料。

第二十一条 从业单位应当保证本单位所应具备的安全生产条件必需的资金投入。

建设单位在编制工程招标文件及项目概预算时，应当确定保障安全作业环境及安全施工措施所需的安全生产费用，并不得低于国家规定的标准。

施工单位在工程投标报价中应当包含安全生产费用并单独计提，不得作为竞争性报价。

安全生产费用应当经监理工程师审核签认，并经建设单位同意后，在项目建设成本中据实列支，严禁挪用。

第二十二条 公路水运工程施工现场的办公、生活区与作业区应当分开设置，并保持安全距离。办公、生活区的选址应当符合安全性要求，严禁在已发现的泥石流影响区、滑坡体等危险区域设置施工驻地。

施工作业区应当根据施工安全风险辨识结果，确定不同风险等级的管理要求，合理布设。在风险等级较高的区域应当设置警戒区和风险告知牌。

施工作业点应当设置明显的安全警示标志，按规定设置安全防护设施。施工便道便桥、临时码头应当满足通行和安全作业要求，施工便桥和临时码头还应当提供临边防护和水上救生等设施。

第二十三条 施工单位与从业人员订立的劳动合同，应当载明有关保障从业人员劳动安全、防止职业危害等事项。施工单位还应当向从业人员书面告知危险岗位的操作规程。

施工单位应当向作业人员提供符合标准的安全防护用品，监督、教育从业人员按照使用规则佩戴、使用。

第二十四条 公路水运工程建设应当实施安全生产风险管理，按规定开展设计、施工安全风险评估。

设计单位应当依据风险评估结论，对设计方案进行修改完善。

施工单位应当依据风险评估结论，对风险等级较高的分部分项工程编制专项施工方案，并附安全验算结果，经施工单位技术负责人签字后报监理工程师批准执行。

必要时，施工单位应当组织专家对专项施工方案进行论证、审核。

第二十五条 建设、施工等单位应当针对工程项目特点和风险评估情况分别制定项目综合应急预案、合同段施工专项应急预案和现场处置方案，告知相关人员紧急避险措施，并定期组织演练。

施工单位应当依法建立应急救援组织或者指定工程

现场兼职的、具有一定专业能力的应急救援人员,配备必要的应急救援器材、设备和物资,并进行经常性维护、保养。

第二十六条 从业单位应当依法参加工伤保险,为从业人员缴纳保险费。

鼓励从业单位投保安全生产责任保险和意外伤害保险。

第三章 安全生产责任

第二十七条 从业单位应当建立健全安全生产责任制,明确各岗位的责任人员、责任范围和考核标准等内容。从业单位应当建立相应的机制,加强对安全生产责任制落实情况的监督考核。

第二十八条 建设单位对公路水运工程安全生产负管理责任。依法开展项目安全生产条件审核,按规定组织风险评估和安全生产检查。根据项目风险评估等级,在工程沿线受影响区域作出相应风险提示。

建设单位不得对勘察、设计、监理、施工、设备租赁、材料供应、试验检测、安全服务等单位提出不符合安全生产法律、法规和工程建设强制性标准规定的要求。不得违反或者擅自简化基本建设程序。不得随意压缩工期。工期确需调整的,应当对影响安全的风险进行论证和评估,经合同双方协商一致,提出相应的施工组织和安全保障措施。

第二十九条 勘察单位应当按照法律、法规、规章、工程建设强制性标准和合同文件进行实地勘察,针对不良地质、特殊性岩土、有毒有害气体等不良情形或者其他可能引发工程生产安全事故的情形加以说明并提出防治建议。

勘察单位提交的勘察文件必须真实、准确,满足公路水运工程安全生产的需要。

勘察单位及勘察人员对勘察结论负责。

第三十条 设计单位应当按照法律、法规、规章、工程建设强制性标准和合同文件进行设计,防止因设计不合理导致生产安全事故的发生。

设计单位应当考虑施工安全操作和防护的需要,对涉及施工安全的重点部位和环节在设计文件中加以注明,提出安全防范意见。依据设计风险评估结论,对存在较高安全风险的工程部位还应当增加专项设计,并组织专家进行论证。

采用新结构、新工艺、新材料的工程和特殊结构工程,设计单位应当在设计文件中提出保障施工作业人员安全和预防生产安全事故的措施建议。

设计单位和设计人员应当对其设计负责,并按合同要求做好安全技术交底和现场服务。

第三十一条 监理单位应当按照法律、法规、规章、工程建设强制性标准和合同文件进行监理,对工程安全生产承担监理责任。

监理单位应当审核施工项目安全生产条件,审查施工组织设计中安全措施和专项施工方案。在实施监理过程中,发现存在安全事故隐患的,应当要求施工单位整改;情节严重的,应当下达工程暂停令,并及时报告建设单位。施工单位拒不整改或者不停止施工的,监理单位应当及时向有关主管部门书面报告,并有权拒绝计量支付审核。

监理单位应当如实记录安全事故隐患和整改验收情况,对有关文字、影像资料应当妥善保存。

第三十二条 依合同承担试验检测或者施工监测的单位应当按照法律、法规、规章、工程建设强制性标准和合同文件开展工作。所提交的试验检测或者施工监测数据应当真实、准确,数据出现异常时应当及时向合同委托方报告。

第三十三条 依法设立的为安全生产提供技术、管理服务的机构,依照法律、法规、规章和执业准则,接受从业单位的委托为其安全生产工作提供技术、管理服务。

从业单位委托前款规定的机构提供安全生产技术、管理服务的,保障安全生产的责任仍由本单位负责。

第三十四条 施工单位应当按照法律、法规、规章、工程建设强制性标准和合同文件组织施工,保障项目施工安全生产条件,对施工现场的安全生产负主体责任。施工单位主要负责人依法对项目安全生产工作全面负责。

建设工程实行施工总承包的,由总承包单位对施工现场的安全生产负总责。分包单位应当服从总承包单位的安全生产管理,分包单位不服从管理导致生产安全事故的,由分包单位承担主要责任。

第三十五条 施工单位应当书面明确本单位的项目负责人,代表本单位组织实施项目施工生产。

项目负责人对项目安全生产工作负有下列职责:

(一)建立项目安全生产责任制,实施相应的考核与奖惩;

(二)按规定配足项目专职安全生产管理人员;

(三)结合项目特点,组织制定项目安全生产规章制度和操作规程;

(四)组织制定项目安全生产教育和培训计划;

（五）督促项目安全生产费用的规范使用；

（六）依据风险评估结论，完善施工组织设计和专项施工方案；

（七）建立安全预防控制体系和隐患排查治理体系，督促、检查项目安全生产工作，确认重大事故隐患整改情况；

（八）组织制定本合同段施工专项应急预案和现场处置方案，并定期组织演练；

（九）及时、如实报告生产安全事故并组织自救。

第三十六条 施工单位的专职安全生产管理人员履行下列职责：

（一）组织或者参与拟订本单位安全生产规章制度、操作规程，以及合同段施工专项应急预案和现场处置方案；

（二）组织或者参与本单位安全生产教育和培训，如实记录安全生产教育和培训情况；

（三）督促落实本单位施工安全风险管控措施；

（四）组织或者参与本合同段施工应急救援演练；

（五）检查施工现场安全生产状况，做好检查记录，提出改进安全生产标准化建设的建议；

（六）及时排查、报告安全事故隐患，并督促落实事故隐患治理措施；

（七）制止和纠正违章指挥、违章操作和违反劳动纪律的行为。

第三十七条 施工单位应当推进本企业承接项目的施工场地布置、现场安全防护、施工工艺操作、施工安全管理活动记录等方面的安全生产标准化建设，并加强对安全生产标准化实施情况的自查自纠。

第三十八条 施工单位应当根据施工规模和现场消防重点建立施工现场消防安全责任制度，确定消防安全责任人，制定消防管理制度和操作规程，设置消防通道，配备相应的消防设施、物资和器材。

施工单位对施工现场临时用火、用电的重点部位及爆破作业各环节应当加强消防安全检查。

第三十九条 施工单位应当将专业分包单位、劳务合作单位的作业人员及实习人员纳入本单位统一管理。

新进人员和作业人员进入新的施工现场或者转入新的岗位前，施工单位应当对其进行安全生产培训考核。

施工单位采用新技术、新工艺、新设备、新材料的，应当对作业人员进行相应的安全生产教育培训，生产作业前还应当开展岗位风险提示。

第四十条 施工单位应当建立健全安全生产技术分级交底制度，明确安全技术分级交底的原则、内容、方法及确认手续。

分项工程实施前，施工单位负责项目管理的技术人员应当按规定对有关安全施工的技术要求向施工作业班组、作业人员详细说明，并由双方签字确认。

第四十一条 施工单位应当按规定开展安全事故隐患排查治理，建立职工参与的工作机制，对隐患排查、登记、治理等全过程闭合管理情况予以记录。事故隐患排查治理情况应当向从业人员通报，重大事故隐患还应当按规定上报和专项治理。

第四十二条 事故发生单位应当依法如实向项目建设单位和负有安全生产监督管理职责的有关部门报告。不得隐瞒不报、谎报或者迟报。

发生生产安全事故，施工单位负责人接到事故报告后，应当迅速组织抢救，减少人员伤亡，防止事故扩大。组织抢救时，应当妥善保护现场，不得故意破坏事故现场、毁灭有关证据。

事故调查处置期间，事故发生单位的负责人、项目主要负责人和有关人员应当配合事故调查，不得擅离职守。

第四十三条 作业人员应当遵守安全施工的规章制度和操作规程，正确使用安全防护用具、机械设备。发现安全事故隐患或者其他不安全因素，应当向现场专（兼）职安全生产管理人员或者本单位项目负责人报告。

作业人员有权了解其作业场所和工作岗位存在的风险因素、防范措施及事故应急措施，有权对施工现场存在的安全问题提出检举和控告，有权拒绝违章指挥和强令冒险作业。

在施工中发生可能危及人身安全的紧急情况时，作业人员有权立即停止作业或者在采取可能的应急措施后撤离危险区域。

第四章 监督管理

第四十四条 交通运输主管部门应当对公路水运工程安全生产行为和下级交通运输主管部门履行安全生产监督管理职责情况进行监督检查。

交通运输主管部门应当依照安全生产法律、法规、规章及工程建设强制性标准，制定年度监督检查计划，确定检查重点、内容、方式和频次。加强与其他安全生产监管部门的合作，推进联合检查执法。

第四十五条 交通运输主管部门对公路水运工程安全生产行为的监督检查主要包括下列内容：

（一）被检查单位执行法律、法规、规章及工程建设强制性标准情况；

（二）本办法规定的项目安全生产条件落实情况；

（三）施工单位在施工场地布置、现场安全防护、施工工艺操作、施工安全管理活动记录等方面的安全生产标准化建设推进情况。

第四十六条 交通运输主管部门在职责范围内开展安全生产监督检查时，有权采取下列措施：

（一）进入被检查单位进行检查，调阅有关工程安全管理的文件和相关照片、录像及电子文本等资料，向有关单位和人员了解情况；

（二）进入被检查单位施工现场进行监督抽查；

（三）责令相关单位立即或者限期停止、改正违法行为；

（四）法律、行政法规规定的其他措施。

第四十七条 交通运输主管部门对监督检查中发现的安全问题或者安全事故隐患，应当根据情况作出如下处理：

（一）被检查单位存在安全管理问题需要整改的，以书面方式通知存在问题的单位限期整改；

（二）发现严重安全生产违法行为的，予以通报，并按规定依法实施行政处罚或者移交有关部门处理；

（三）被检查单位存在安全事故隐患的，责令立即排除；重大事故隐患排除前或者排除过程中无法保证安全的，责令其从危险区域撤出作业人员，暂时停止施工，并按规定专项治理，纳入重点监管的失信黑名单；

（四）被检查单位拒不执行交通运输主管部门依法作出的相关行政决定，有发生生产安全事故的现实危险的，在保证安全的前提下，经本部门负责人批准，可以提前24小时以书面方式通知有关单位和被检查单位，采取停止供电、停止供应民用爆炸物品等措施，强制被检查单位履行决定；

（五）因建设单位违规造成重大生产安全事故的，对全部或者部分使用财政性资金的项目，可以建议相关职能部门暂停项目执行或者暂缓资金拨付；

（六）督促负有直接监督管理职责的交通运输主管部门，对存在安全事故隐患整改不到位的被检查单位主要负责人约谈警示；

（七）对违反本办法有关规定的行为实行相应的安全生产信用记录，对列入失信黑名单的单位及主要责任人按规定向社会公布；

（八）法律、行政法规规定的其他措施。

第四十八条 交通运输主管部门执行监督检查任务时，应当将检查的时间、地点、内容、发现的问题及其处理情况作出书面记录，并由检查人员和被检查单位的负责人签字。被检查单位负责人拒绝签字的，检查人员应当将情况记录在案，向本单位领导报告，并抄告被检查单位所在的企业法人。

第四十九条 交通运输主管部门对有下列情形之一的从业单位及其直接负责的主管人员和其他直接责任人员给予违法违规行为失信记录并对外公开，公开期限一般自公布之日起12个月：

（一）因违法违规行为导致工程建设项目发生一般及以上等级的生产安全责任事故并承担主要责任的；

（二）交通运输主管部门在监督检查中，发现因从业单位违法违规行为导致工程建设项目存在安全事故隐患的；

（三）存在重大事故隐患，经交通运输主管部门指出或者责令限期消除，但从业单位拒不采取措施或者未按要求消除隐患的；

（四）对举报或者新闻媒体报道的违法违规行为，经交通运输主管部门查实的；

（五）交通运输主管部门依法认定的其他违反安全生产相关法律法规的行为。

对违法违规行为情节严重的从业单位及主要责任人员，应当列入安全生产失信黑名单，将具体情节抄送相关行业主管部门。

第五十条 交通运输主管部门在专业性较强的监督检查中，可以委托具备相应资质能力的机构或者专家开展检查、检测和评估，所需费用按照本级政府购买服务的相关程序要求进行申请。

第五十一条 交通运输主管部门应当健全工程建设安全监制制度，协调有关部门依法保障监督执法经费和装备，加强对监督管理人员的教育培训，提高执法水平。

监督管理人员应当忠于职守，秉公执法，坚持原则。

第五十二条 交通运输主管部门在进行安全生产责任追究时，被问责部门及其工作人员按照法律、法规、规章和工程建设强制性标准规定的方式、程序、计划已经履行安全生产督查职责，但仍有下列情形之一的，可不承担责任：

（一）对发现的安全生产违法行为和安全事故隐患已经依法查处，因从业单位及其从业人员拒不执行导致生产安全责任事故的；

（二）从业单位非法生产或者经责令停工整顿后仍不具备安全生产条件，已经依法提请县级以上地方人民政府决定中止或者取缔施工的；

(三)对拒不执行行政处罚决定的从业单位,已经依法申请人民法院强制执行的;

(四)工程项目中止施工后发生生产安全责任事故的;

(五)因自然灾害等不可抗力导致生产安全事故的;

(六)依法不承担责任的其他情形。

第五十三条 交通运输主管部门应当建立举报制度,及时受理对公路水运工程生产安全事故、事故隐患以及监督检查人员违法行为的检举、控告和投诉。

任何单位或者个人对安全事故隐患、安全生产违法行为或者事故险情等,均有权向交通运输主管部门报告或者举报。

第五章 法律责任

第五十四条 从业单位及相关责任人违反本办法规定,国家有关法律、行政法规对其法律责任有规定的,适用其规定;没有规定的,由交通运输主管部门根据各自的职责按照本办法规定进行处罚。

第五十五条 从业单位及相关责任人违反本办法规定,有下列行为之一的,责令限期改正;逾期未改正的,对从业单位处 1 万元以上 3 万元以下的罚款;构成犯罪的,依法移送司法部门追究刑事责任:

(一)从业单位未全面履行安全生产责任,导致重大事故隐患的;

(二)未按规定开展设计、施工安全风险评估,或者风险评估结论与实际情况严重不符,导致重大事故隐患未被及时发现的;

(三)未按批准的专项施工方案进行施工,导致重大事故隐患的;

(四)在已发现的泥石流影响区、滑坡体等危险区域设置施工驻地,导致重大事故隐患的。

第五十六条 施工单位有下列行为之一的,责令限期改正,可以处 5 万元以下的罚款;逾期未改正的,责令停产停业整顿,并处 5 万元以上 10 万元以下的罚款,对其直接负责的主管人员和其他直接责任人员处 1 万元以上 2 万元以下的罚款:

(一)未按照规定设置安全生产管理机构或者配备安全生产管理人员的;

(二)主要负责人和安全生产管理人员未按照规定经考核合格的。

第五十七条 交通运输主管部门及其工作人员违反本办法规定,有下列情形之一的,对直接负责的主管人员和其他直接责任人员依法给予行政处分;构成犯罪的,依法移送司法部门追究刑事责任:

(一)发现公路水运工程重大事故隐患、生产安全事故不予查处的;

(二)对涉及施工安全的重大检举、投诉不依法及时处理的;

(三)在监督检查过程中索取或者接受他人财物,或者谋取其他利益的。

第六章 附 则

第五十八条 地方人民政府对农村公路建设的安全生产另有规定的,适用其规定。

第五十九条 本办法自 2017 年 8 月 1 日起施行。交通部于 2007 年 2 月 14 日以交通部令 2007 年第 1 号发布、交通运输部于 2016 年 3 月 7 日以交通运输部令 2016 年第 9 号修改的《公路水运工程安全生产监督管理办法》同时废止。

公路水运建设工程质量安全督查办法

· 2016 年 5 月 10 日
· 交安监发〔2016〕86 号

第一章 总 则

第一条 为进一步规范公路水运建设工程质量与安全监督抽查工作,提高督查的科学性,促进行业质量与安全管理水平提升,根据《建设工程质量管理条例》《建设工程安全生产管理条例》以及有关公路水运建设工程质量和安全生产管理规章,制定本办法。

第二条 本办法适用于交通运输部组织对省级交通运输主管部门公路水运建设工程质量安全监管工作情况和列入国家基本建设计划的公路水运工程建设项目开展的质量安全监督抽查活动。

第三条 部通过开展质量安全督查工作,旨在指导和督促省级交通运输主管部门掌握公路水运建设工程质量和安全生产管理状况,加强工程质量安全监督管理,促进工程质量安全管理水平不断提升。

第四条 质量安全督查工作依据:

(一)国家和行业有关公路水运建设工程质量安全政策、法律法规、部门规章和规范性文件;

(二)国家和行业公路水运建设工程有关技术标准及强制性条文。

第五条 质量安全督查工作由部安全与质量监督管理部门组织实施。具体督查工作实行督查组负责制,督查组由部组织行业有关专家组成。督查组成员对督查意见和评分负责,并在督查记录表上签注。

第六条 质量安全督查工作应坚持依法、科学、客观、公正、廉洁的原则。督查组成员应自觉遵守各项廉政规定。

第二章 督查分类和内容

第七条 质量安全督查分为综合督查和专项督查两类,通过查看现场、查阅资料、询问核查、对单检查、随机抽检等方式开展。

第八条 综合督查是指对省级交通运输主管部门落实国家公路水运建设工程质量安全政策、法律法规,开展工程质量安全监管和相关专项工作等情况的抽查,以及对工程项目建设和监理、设计、施工等主要参建单位的工程质量安全管理行为、施工工艺、现场安全生产状况、工程实体质量情况等的抽查。

督查内容、抽检指标等见附件1-6,督查项目工程建设质量安全督查计分方法见附件7。

第九条 专项督查是指根据国家统一部署或行业监管重点,对公路水运工程建设存在的突出质量安全问题所采取的针对性抽查。

第三章 督查程序和要求

第十条 部根据各省、自治区、直辖市公路水运工程建设规模和质量安全总体情况,制订年度督查省份计划。每年督查省份一般不少于10个。

第十一条 对于每个督查省份,可根据其工程类别、建设规模、工程进度等情况,抽查1至2个督查项目。

公路工程每个综合督查项目宜抽查不少于3个合同段或在建工程的30%;每个专项督查项目宜抽查不少于2个合同段或具体结构物。

水运工程综合督查项目抽查应以水工主体结构物为主,专项督查项目宜抽查不少于1个主要合同段或具体结构物。

第十二条 督查工作按下列程序进行:

(一)根据督查省份的年度公路或水运工程在建项目情况,确定督查项目;

(二)针对督查项目的工程专业内容,从专家库中抽取督查专家,组成督查组;

(三)印发督查通知,督查组赴督查省份开展督查工作;

(四)召开预备会,督查组专家分工,随机确定抽查合同段或结构物;

(五)督查组了解督查省份工程建设质量安全监管状况以及督查项目工程质量安全管理情况,抽查省级交通运输主管部门有关资料;

(六)督查组抽查工程项目有关资料、施工工艺、工地现场安全、工程实体质量;

(七)督查组汇总评议,形成督查意见;

(八)督查组反馈督查意见;

(九)印发督查意见书。

第十三条 采取突击检查、随机抽查方式开展督查的,应从督查省份的年度公路水运工程在建项目汇总表中随机抽取工程项目和标段,针对督查项目的工程专业内容,从专家库中随机抽取督查专家,组成督查组。督查情况由被检查单位负责人签字确认。

第十四条 部安全与质量监督管理部门按照就近、回避、专业能力适应的原则,根据部有关政府购买服务的规定,委托具有甲级检测能力等级且信用优良的检测机构承担相应工程实体抽检任务。

检测机构根据确定的检测内容,对督查项目工程实体进行随机抽检,按规定时限提交检测数据和报告。

第十五条 检测机构应按照诚信、科学、客观、严谨的原则,依据公路水运工程试验检测相关规程开展抽检工作,提交正式的检测报告,并对所提交的检测数据、报告的真实性、准确性负责。

第十六条 督查项目确定后,项目建设单位应向督查组提交下列资料:

(一)项目基本情况;

(二)项目施工平面布置(示意)图。图中应标注主体工程施工与监理合同段划分(里程桩号)及主要结构物、施工项目部、监理驻地、拌和站、预制场、试验室位置等;

(三)交通运输主管部门、项目质量监督机构组织的监督抽查发现的工程质量安全主要问题清单及整改落实情况。

第四章 督查结果处理

第十七条 督查完成后,督查组及时向督查省份交通运输主管部门反馈督查意见,提出整改要求。部督查意见一般于督查组工作结束后10个工作日内印发。

第十八条 省级交通运输主管部门根据督查组反馈意见提出整改方案,于督查反馈会后15个工作日内书面报部,并负责督促相关单位按方案确定的时限和内容逐一整改落实,结果及时报部;对一时难以整改的问题应书面说明,采取保证工程质量和安全的必要措施,并负责督促落实到位。

第十九条 对督查发现的重大质量缺陷问题或重大

事故隐患,督查组应将该问题移交省级交通运输主管部门负责及时处理。

第二十条 对督查发现的违法违规行为,省级交通运输主管部门应确认,并依法对相关单位给予相应的行政处罚并曝光,按规定进行信用评价。

第二十一条 对督查中发现省级交通运输主管部门或工程建设项目存在突出问题的,按规定约谈省级交通主管部门相关负责人,并可视情况将督查意见抄告相应的省级人民政府。

第二十二条 部对年度建设工程质量安全督查情况进行汇总分析,对于共性问题、存在重大事故隐患,或质量安全督查评分排名靠后的项目或参建单位,部将在行业内进行通报。

第二十三条 督查专家现场记录、评价资料等应交由部安全与质量监督管理部门统一保存,一般保存3年。

检测数据、报告由检测机构交督查项目的质量监督机构存档。

第五章 附 则

第二十四条 本办法由交通运输部安全与质量监督管理司负责解释。

第二十五条 本办法自2016年5月10日起施行,有效期5年,《交通运输部关于印发〈公路水运工程质量安全督查办法〉的通知》(交安监发〔2014〕122号,同时废止。

附件:(略)

中华人民共和国船舶安全监督规则

· 2017年5月23日交通运输部公布
· 根据2020年3月16日《交通运输部关于修改〈中华人民共和国船舶安全监督规则〉的决定》第一次修正
· 根据2022年9月26日《交通运输部关于修改〈中华人民共和国船舶安全监督规则〉的决定》第二次修正

第一章 总 则

第一条 为了保障水上人命、财产安全,防止船舶造成水域污染,规范船舶安全监督工作,根据《中华人民共和国海上交通安全法》《中华人民共和国海洋环境保护法》《中华人民共和国港口法》《中华人民共和国内河交通安全管理条例》《中华人民共和国船员条例》等法律法规和我国缔结或者加入的有关国际公约的规定,制定本规则。

第二条 本规则适用于对中国籍船舶和水上设施以及航行、停泊、作业于我国管辖水域的外国籍船舶实施的安全监督工作。

本规则不适用于军事船舶、渔业船舶和体育运动船艇。

第三条 船舶安全监督管理遵循依法、公正、诚信、便民的原则。

第四条 交通运输部主管全国船舶安全监督工作。

国家海事管理机构统一负责全国船舶安全监督工作。

各级海事管理机构按照职责和授权开展船舶安全监督工作。

第五条 本规则所称船舶安全监督,是指海事管理机构依法对船舶及其从事的相关活动是否符合法律、法规、规章以及有关国际公约和港口国监督区域性合作组织的规定而实施的安全监督管理活动。船舶安全监督分为船舶现场监督和船舶安全检查。

船舶现场监督,是指海事管理机构对船舶实施的日常安全监督抽查活动。

船舶安全检查,是指海事管理机构按照一定的时间间隔对船舶的安全和防污染技术状况、船员配备及适任状况、海事劳工条件实施的安全监督检查活动,包括船旗国监督检查和港口国监督检查。

第六条 海事管理机构应当配备必要的人员、装备、资料等,以满足船舶安全监督管理工作的需要。

第七条 船舶现场监督应当由具备相应职责的海事行政执法人员实施。

第八条 从事船舶安全检查的海事行政执法人员应当取得相应等级的资格证书,并不断更新知识。

第九条 海事管理机构应当建立对船舶安全状况的社会监督机制,公布举报、投诉渠道,完善举报和投诉处理机制。

海事管理机构应当为举报人、投诉人保守秘密。

第二章 船舶进出港报告

第十条 中国籍船舶在我国管辖水域内航行应当按照规定实施船舶进出港报告。

第十一条 船舶应当在预计离港或者抵港4小时前向将要离港或者抵达港口的海事管理机构报告进出港信息。航程不足4小时的,在驶离上一港口时报告。

船舶在固定航线航行且单次航程不超过2小时的,可以每天至少报告一次进出港信息。

船舶应当对报告的完整性和真实性负责。

第十二条 船舶报告的进出港信息应当包括航次

动态、在船人员信息、客货载运信息、拟抵离时间和地点等。

第十三条 船舶可以通过互联网、传真、短信等方式报告船舶进出港信息，并在船舶航海或者航行日志内作相应的记载。

第十四条 海事管理机构与水路运输管理部门应当建立信息平台，共享船舶进出港信息。

第三章 船舶综合质量管理

第十五条 海事管理机构应当建立统一的船舶综合质量管理信息平台，收集、处理船舶相关信息，建立船舶综合质量档案。

第十六条 船舶综合质量管理信息平台应当包括下列信息：

（一）船舶基本信息；
（二）船舶安全与防污染管理相关规定落实情况；
（三）水上交通事故情况和污染事故情况；
（四）水上交通安全违法行为被海事管理机构行政处罚情况；
（五）船舶接受安全监督的情况；
（六）航运公司和船舶的安全诚信情况；
（七）船舶进出港报告或者办理进出港手续情况；
（八）按照相关规定缴纳相关费税情况；
（九）船舶检验技术状况。

第十七条 海事管理机构应当按照第十六条所述信息开展船舶综合质量评定，综合质量评定结果应当向社会公开。

第四章 船舶安全监督

第一节 安全监督目标船舶的选择

第十八条 海事管理机构对船舶实施安全监督，应当减少对船舶正常生产作业造成的不必要影响。

第十九条 国家海事管理机构应当制定安全监督目标船舶选择标准。

海事管理机构应当结合辖区实际情况，按照全面覆盖、重点突出、公开便利的原则，依据我国加入的港口国监督区域性合作组织和国家海事管理机构规定的目标船舶选择标准，综合考虑船舶类型、船龄、以往接受船舶安全监督的缺陷、航运公司安全管理情况等，按照规定的时间间隔，选择船舶实施船舶安全监督。

第二十条 按照目标船舶选择标准未列入选船目标的船舶，海事管理机构原则上不登轮实施船舶安全监督，但按照第二十一条规定开展专项检查的除外。

第二十一条 国家重要节假日、重大活动期间，或者针对特定水域、特定安全事项、特定船舶需要进行检查的，海事管理机构可以综合运用船舶安全检查和船舶现场监督等形式，开展专项检查。

第二节 船舶安全监督

第二十二条 船舶现场监督的内容包括：
（一）中国籍船舶自查情况；
（二）法定证书文书配备及记录情况；
（三）船员配备情况；
（四）客货载运及货物系固绑扎情况；
（五）船舶防污染措施落实情况；
（六）船舶航行、停泊、作业情况；
（七）船舶进出港报告或者办理进出港手续情况；
（八）按照相关规定缴纳相关费税情况。

第二十三条 船舶安全检查的内容包括：
（一）船舶配员情况；
（二）船舶、船员配备和持有有关法定证书文书及相关资料情况；
（三）船舶结构、设施和设备情况；
（四）客货载运及货物系固绑扎情况；
（五）船舶保安相关情况；
（六）船员履行其岗位职责的情况，包括对其岗位职责相关的设施、设备的维护保养和实际操作能力等；
（七）海事劳工条件；
（八）船舶安全管理体系运行情况；
（九）法律、法规、规章以及我国缔结、加入的有关国际公约要求的其他检查内容。

第二十四条 海事管理机构应当按照船舶安全监督的内容，制定相应的工作程序，规范船舶安全监督活动。

第二十五条 海事管理机构完成船舶安全监督后应当签发相应的《船舶现场监督报告》《船旗国监督检查报告》或者《港口国监督检查报告》，由船长或者履行船长职责的船员签名。

《船舶现场监督报告》《船旗国监督检查报告》《港口国监督检查报告》一式两份，一份由海事管理机构存档，一份留船备查。

第二十六条 船舶现场监督中发现船舶存在危及航行安全、船员健康、水域环境的缺陷或者水上交通安全违法行为的，应当按照规定进行处置。

发现存在需要进一步进行安全检查的船舶安全缺陷的，应当启动船舶安全检查程序。

第三节　船舶安全缺陷处理

第二十七条　海事行政执法人员在船舶安全监督过程中发现船舶存在缺陷的，应当按照相关法律、法规、规章和公约的规定，提出下列处理意见：

（一）警示教育；

（二）开航前纠正缺陷；

（三）在开航后限定的期限内纠正缺陷；

（四）滞留；

（五）禁止船舶进港；

（六）限制船舶操作；

（七）责令船舶驶向指定区域；

（八）责令船舶离港。

第二十八条　安全检查发现的船舶缺陷不能在检查港纠正时，海事管理机构可以允许该船驶往最近的可以修理的港口，并及时通知修理港口的海事管理机构。

修理港口超出本港海事管理机构管辖范围的，本港海事管理机构应当通知修理港口海事管理机构进行跟踪检查。

修理港口海事管理机构在收到跟踪检查通知后，应当对船舶缺陷的纠正情况进行验证，并及时将验证结果反馈至发出通知的海事管理机构。

第二十九条　海事管理机构采取本规则第二十七条第（四）（五）（八）项措施的，应当将采取措施的情况及时通知中国籍船舶的船籍港海事管理机构，或者外国籍船舶的船旗国政府。

第三十条　由于存在缺陷，被采取本规则第二十七条第（四）（五）（六）（八）项措施的船舶，应当在相应的缺陷纠正后向海事管理机构申请复查。被采取其他措施的船舶，可以在相应缺陷纠正后向海事管理机构申请复查，不申请复查的，在下次船舶安全检查时由海事管理机构进行复查。海事管理机构收到复查申请后，决定不予本港复查的，应当及时通知申请人在下次船舶安全检查时接受复查。

复查合格的，海事管理机构应当及时解除相应的处理措施。

第三十一条　船舶有权对海事行政执法人员提出的缺陷和处理意见进行陈述和申辩。船舶对于缺陷和处理意见有异议的，海事行政执法人员应当告知船舶申诉的途径和程序。

第三十二条　海事管理机构在实施船舶安全监督中，发现航运公司安全管理存在问题的，应当要求航运公司改正，并将相关情况通报航运公司注册地海事管理机构。

第三十三条　海事管理机构应当将影响安全的重大船舶安全缺陷以及导致船舶被滞留的缺陷，通知航运公司、相关船舶检验机构或者组织。

船舶存在缺陷或者隐患，以及船舶安全管理存在较为严重问题，可能影响其运输资质条件的，海事管理机构应当将有关情况通知相关水路运输管理部门，水路运输管理部门应当将处理情况反馈相应的海事管理机构。

水路运输管理部门在市场监管中，发现可能影响到船舶安全的问题，应当将有关情况通知相应海事管理机构，海事管理机构应当将处理情况反馈相应水路运输管理部门。

第三十四条　船舶以及相关人员，应当按照海事管理机构签发的《船舶现场监督报告》《船旗国监督检查报告》《港口国监督检查报告》等的要求，对存在的缺陷进行纠正。

航运公司应当督促船舶按时纠正缺陷，并将纠正情况及时反馈实施检查的海事管理机构。

船舶检验机构应当核实有关缺陷纠正情况，需要进行临时检验的，应当将检验报告及时反馈实施检查的海事管理机构。

第三十五条　中国籍船舶的船长应当对缺陷纠正情况进行检查，并在航行或者航海日志中进行记录。

第三十六条　船舶应当妥善保管《船舶现场监督报告》《船旗国监督检查报告》《港口国监督检查报告》，在船上保存至少 2 年。

第三十七条　除海事管理机构外，任何单位和个人不得扣留、没缴《船舶现场监督报告》《船旗国监督检查报告》《港口国监督检查报告》，或者在上述报告中进行签注。

第三十八条　任何单位和个人，不得擅自涂改、故意损毁、伪造、变造、租借、骗取和冒用《船舶现场监督报告》《船旗国监督检查报告》《港口国监督检查报告》。

第三十九条　《船舶现场监督报告》《船旗国监督检查报告》《港口国监督检查报告》的格式由国家海事管理机构统一制定。

第四十条　中国籍船舶在境外发生水上交通事故，或者被滞留、禁止进港、禁止入境、驱逐出港（境）的，航运公司应当及时将相关情况向船籍港海事管理机构报告，海事管理机构应当做好相应的沟通协调和给予必要的协助。

第五章　船舶安全责任

第四十一条　航运公司应当履行安全管理与防止污

染的主体责任,建立、健全船舶安全与防污染制度,对船舶及其设备进行有效维护和保养,确保船舶处于良好状态,保障船舶安全,防止船舶污染环境,为船舶配备满足最低安全配员要求的适任船员。

第四十二条 中国籍船舶应当建立开航前自查制度。船舶在离泊前应当对船舶安全技术状况和货物装载情况进行自查,按照国家海事管理机构规定的格式填写《船舶开航前安全自查清单》,并在开航前由船长签字确认。

船舶在固定航线航行且单次航程不超过 2 小时的,无须每次开航前均进行自查,但一天内应当至少自查一次。

《船舶开航前安全自查清单》应当在船上保存至少 2 年。

第四十三条 船长应当妥善安排船舶值班,遵守船舶航行、停泊、作业的安全规定。

第四十四条 船舶应当遵守港口所在地有关管理机构关于恶劣天气限制开航的规定。

航行于内河水域的船舶应当遵守海事管理机构发布的关于枯水季节通航限制的通告。

第四十五条 船舶检验机构应当确保检验的全面性、客观性、准确性和有效性,保证检验合格的船舶具备安全航行、安全作业的技术条件,并对出具的检验证书负责。

第四十六条 配备自动识别系统等通信、导助航设备的船舶应当始终保持相关设备处于正常工作状态,准确完整显示本船信息,并及时更新抵、离港名称和时间等相关信息。相关设备发生故障的,应当及时向抵达港海事管理机构报告。

第四十七条 拟交付船舶国际运输的载货集装箱,其托运人应当在交付船舶运输前,采取整体称重法或者累加计算法对集装箱的重量进行验证,确保集装箱的验证重量不超过其标称的最大营运总质量,与实际重量的误差不超过 5%且最大误差不超过 1 吨,并在运输单据上注明验证重量、验证方法和验证声明等验证信息,提供给承运人、港口经营人。

采取累加计算法的托运人,应当制定符合交通运输部规定的重量验证程序,并按照程序进行载货集装箱重量验证。

未取得验证信息或者验证重量超过最大营运总质量的集装箱,承运人不得装船。

第四十八条 海事管理机构应当加强对船舶国际运输集装箱托运人、承运人的监督检查,发现存在违反本规则情形的,应当责令改正。

第四十九条 任何单位和个人不得阻挠、妨碍海事行政执法人员对船舶进行船舶安全监督。

第五十条 海事行政执法人员在开展船舶安全监督时,船长应当指派人员配合。指派的配合人员应当如实回答询问,并按照要求测试和操纵船舶设施、设备。

第五十一条 海事管理机构通过抽查实施船舶安全监督,不能代替或者免除航运公司、船舶、船员、船舶检验机构及其他相关单位和个人在船舶安全、防污染、海事劳工条件和保安等方面应当履行的法律责任和义务。

第六章 法律责任

第五十二条 违反本规则,有下列行为之一的,由海事管理机构对违法船舶所有人或者船舶经营人处 1000 元以上 1 万元以下罚款;情节严重的,处 1 万元以上 3 万元以下罚款。对船长或者其他责任人员处 100 元以上 1000 元以下罚款;情节严重的,处 1000 元以上 3000 元以下罚款:

(一)弄虚作假欺骗海事行政执法人员的;

(二)未按照《船舶现场监督报告》《船旗国监督检查报告》《港口国监督检查报告》的处理意见纠正缺陷或者采取措施的;

(三)按照第三十条第一款规定应当申请复查而未申请的。

第五十三条 船舶未按照规定开展自查或者未随船保存船舶自查记录的,对船舶所有人或者船舶经营人处 1000 元以上 1 万元以下罚款。

第五十四条 船舶进出内河港口,未按照规定向海事管理机构报告船舶进出港信息的,对船舶所有人或者船舶经营人处 5000 元以上 5 万元以下罚款。

船舶进出沿海港口,未按照规定向海事管理机构报告船舶进出港信息的,对船舶所有人或者船舶经营人、管理人处 3000 元以上 3 万元以下罚款。

第五十五条 违反本规则,在船舶国际集装箱货物运输经营活动中,有下列情形之一的,由海事管理机构处 1000 元以上 3 万元以下罚款:

(一)托运人提供的验证重量与实际重量的误差超过 5%或者 1 吨的;

(二)承运人载运未取得验证信息或者验证重量超过最大营运总质量的集装箱的。

第五十六条 实施船舶安全检查中发现船舶存在的缺陷与船舶检验机构有关的,海事管理机构应当按照相关规定进行处罚。

因船舶检验机构人员滥用职权、徇私舞弊、玩忽职守、严重失职，造成已签发检验证书的船舶存在严重缺陷或者发生重大事故，海事管理机构应当撤销其检验资格。

第五十七条 海事管理机构工作人员不依法履行职责进行监督检查，有滥用职权、徇私舞弊、玩忽职守等行为的，由其所在机构或者上级机构依法给予行政处分；构成犯罪的，由司法机关依法追究刑事责任。

第七章 附 则

第五十八条 本规则所称船舶和相关设施的含义，与《中华人民共和国海上交通安全法》《中华人民共和国内河交通安全管理条例》中的船舶、水上设施含义相同。

本规则所称法定证书文书，是指船舶国籍证书、船舶配员证书、船舶检验证书、船舶营运证件、航海或者航行日志以及其他按照法律法规、技术规范及公约要求必须配备的证书文书。

本规则所称航运公司，是指船舶的所有人、经营人和管理人。

本规则所称最大营运总质量，是指在营运中允许的包括所载货物等在内的集装箱整体最大总质量，并在集装箱安全合格牌照上标注。

第五十九条 本规则自 2017 年 7 月 1 日起施行。2009 年 11 月 30 日以交通运输部令 2009 年第 15 号公布的《中华人民共和国船舶安全检查规则》同时废止。

中华人民共和国船舶最低安全配员规则

- 2004 年 6 月 30 日交通部发布
- 根据 2014 年 9 月 5 日《交通运输部关于修改〈中华人民共和国船舶最低安全配员规则〉的决定》第一次修正
- 根据 2018 年 11 月 28 日《交通运输部关于修改〈中华人民共和国船舶最低安全配员规则〉的决定》第二次修正

第一章 总 则

第一条 为确保船舶的船员配备，足以保证船舶安全航行、停泊和作业，防治船舶污染环境，依据《中华人民共和国海上交通安全法》《中华人民共和国内河交通安全管理条例》和中华人民共和国缔结或者参加的有关国际条约，制定本规则。

第二条 中华人民共和国国籍的机动船舶的船员配备和管理，适用本规则。

本规则对外国籍船舶作出规定的，从其规定。

军用船舶、渔船、体育运动船艇以及非营业的游艇，不适用本规则。

第三条 中华人民共和国海事局是船舶安全配员管理的主管机关。各级海事管理机构依照职责负责本辖区内的船舶安全配员的监督管理工作。

第四条 本规则所要求的船舶安全配员标准是船舶配备船员的最低要求。

第五条 船舶所有人（或者其船舶经营人、船舶管理人，下同）应当按照本规则的要求，为所属船舶配备合格的船员，但是并不免除船舶所有人为保证船舶安全航行和作业增加必要船员的责任。

第二章 最低安全配员原则

第六条 确定船舶最低安全配员标准应综合考虑船舶的种类、吨位、技术状况、主推进动力装置功率、航区、航程、航行时间、通航环境和船员值班、休息制度等因素。

第七条 船舶在航行期间，应配备不低于按本规则附录一、附录二、附录三所确定的船员构成及数量。高速客船的船员最低安全配备应符合交通部颁布的《高速客船安全管理规则》（交通部令1996年第13号）的要求。

第八条 本规则附录一、附录二、附录三列明的减免规定是根据各类船舶在一般情况下制定的，海事管理机构在核定具体船舶的最低安全配员数额时，如认为配员减免后无法保证船舶安全时，可不予减免或者不予足额减免。

第九条 船舶所有人可以根据需要增配船员，但船上总人数不得超过经中华人民共和国海事局认可的船舶检验机构核定的救生设备定员标准。

第三章 最低安全配员管理

第十条 中国籍船舶配备外国籍船员应当符合以下规定：

（一）在中国籍船舶上工作的外国籍船员，应当依照法律、行政法规和国家其他有关规定取得就业许可；

（二）外国籍船员持有合格的船员证书，且所持船员证书的签发国与我国签订了船员证书认可协议；

（三）雇佣外国籍船员的航运公司已承诺承担船员权益维护的责任。

第十一条 中国籍船舶应当按照本规则的规定，持有海事管理机构颁发的《船舶最低安全配员证书》。

在中华人民共和国内水、领海及管辖海域的外国籍船舶，应当按照中华人民共和国缔结或者参加的有关国际条约的规定，持有其船旗国政府主管机关签发的《船舶最低安全配员证书》或者等效文件。

第十二条 船舶所有人应当在申请船舶国籍登记时,按照本规则的规定,对其船舶的最低安全配员如何适用本规则附录相应标准予以陈述,并可以包括对减免配员的特殊说明。

海事管理机构应当在依法对船舶国籍登记进行审核时,核定船舶的最低安全配员,并在核发船舶国籍证书时,向当事船舶配发《船舶最低安全配员证书》。

第十三条 在境外建造或者购买并交接的船舶,船舶所有人应当向所辖的海事管理机构提交船舶买卖合同或者建造合同及交接文件、船舶技术和其他相关资料办理《船舶最低安全配员证书》。

第十四条 海事管理机构核定船舶最低安全配员时,除查验有关船舶证书、文书外,可以就本规则第六条所述的要素对船舶的实际状况进行现场核查。

第十五条 船舶在航行、停泊、作业时,必须将《船舶最低安全配员证书》妥善存放在船备查。

船舶不得使用涂改、伪造以及采用非法途径或者舞弊手段取得的《船舶最低安全配员证书》。

第十六条 船舶所有人应当按照本规则的规定和《船舶最低安全配员证书》载明的船员配备要求,为船舶配备合格的船员。

第十七条 船舶所有人应当在《船舶最低安全配员证书》有效期截止前1年以内,或者在船舶国籍证书重新核发或者相关内容发生变化时,凭原证书向船籍港的海事管理机构办理换发证书手续。

第十八条 证书污损不能辨认的,视为无效,船舶所有人应当向所辖的海事管理机构申请换发。证书遗失的,船舶所有人应当书面说明理由,附具有关证明文件,向船籍港的海事管理机构办理补发证书手续。

换发或者补发的《船舶最低安全配员证书》的有效期,不超过原发的《船舶最低安全配员证书》的有效期。

第十九条 船舶状况发生变化需改变证书所载内容时,船舶所有人应当向船籍港的海事管理机构重新办理《船舶最低安全配员证书》。

第二十条 在特殊情况下,船舶需要在船籍港以外换发或补发《船舶最低安全配员证书》,经船籍港海事管理机构同意,船舶当时所在港口的海事管理机构可以按照本规定予以办理并通报船籍港海事管理机构。

第四章 监督检查

第二十一条 中国籍、外国籍船舶在办理进、出港口或者口岸手续时,应当交验《船舶最低安全配员证书》。

第二十二条 中国籍、外国籍船舶在停泊期间,均应配备足够的掌握相应安全知识并具有熟练操作能力能够保持对船舶及设备进行安全操纵的船员。

无论何时,500总吨及以上(或者750千瓦及以上)海船、600总吨及以上(或者441千瓦及以上)内河船舶的船长和大副,轮机长和大管轮不得同时离船。

第二十三条 船舶未持有《船舶最低安全配员证书》或者实际配员低于《船舶最低安全配员证书》要求的,对中国籍船舶,海事管理机构应当禁止其离港直至船舶满足本规则要求;对外国籍船舶,海事管理机构应当禁止其离港,直至船舶按照《船舶最低安全配员证书》的要求配齐人员,或者向海事管理机构提交由其船旗国主管当局对其实际配员作出的书面认可。

第二十四条 对违反本规则的船舶和人员,依法应当给予行政处罚的,由海事管理机构依据有关法律、行政法规和规章的规定给予相应的处罚。

第二十五条 海事管理机构的工作人员滥用职权、徇私舞弊、玩忽职守的,由所在单位或者上级机关给予行政处分;构成犯罪的,依法追究刑事责任。

第五章 附 则

第二十六条 《船舶最低安全配员证书》由中华人民共和国海事局统一印制。

《船舶最低安全配员证书》的编号应与船舶国籍证书的编号一致。《船舶最低安全配员证书》有效期的截止日期与船舶国籍证书有效期的截止日期相同。

第二十七条 本规则附录一、附录二、附录三的内容,可由中华人民共和国海事局根据有关法律、行政法规和相关国际公约进行修改。

第二十八条 本规则自2004年8月1日起施行。

中华人民共和国高速客船安全管理规则

· 2006年2月24日交通部发布
· 根据2017年5月23日《交通运输部关于修改〈中华人民共和国高速客船安全管理规则〉的决定》第一次修正
· 根据2022年7月8日《交通运输部关于修改〈中华人民共和国高速客船安全管理规则〉的决定》第二次修正
· 根据2023年11月17日《交通运输部关于修改〈中华人民共和国高速客船安全管理规则〉的决定》第三次修正

第一章 总 则

第一条 为加强对高速客船的安全监督管理,维护水上交通秩序,保障人命财产安全,依据《中华人民共和国海上交通安全法》、《中华人民共和国内河交通安全管理条例》等有关法律和行政法规，制定本规则。

第二条 本规则适用于在中华人民共和国通航水域航行、停泊和从事相关活动的高速客船及船舶所有人、经营人和相关人员。

第三条 交通运输部海事局是实施本规则的主管机关。

各海事管理机构负责在本辖区内实施本规则。

第二章 船公司

第四条 经营高速客船的船公司应依法取得相应的经营资质。

第五条 船公司从境外购置或光租的二手外国籍高速客船应满足《老旧运输船舶管理规定》的要求。

第六条 船公司在高速客船开始营运前，应编制下列资料：

（一）航线运行手册；

（二）船舶操作手册；

（三）船舶维修及保养手册；

（四）培训手册；

（五）安全营运承诺书。

上述各项手册所应包含的内容由主管机关确定。安全营运承诺书应包括船舶名称、船舶所有人、经营人或者管理人、营运水域或者航线等信息，并承诺依法合规安全营运。高速客船确需夜航的，还应当在安全营运承诺书中载明关于符合夜航安全管理要求的承诺。

船公司应将拟投入营运的高速客船在取得船舶国籍登记证书7日内，向主要营运地的海事管理机构备案，并附送本条第一款所列材料。

第七条 海事管理机构收到高速客船备案材料后，对材料齐全且符合要求的，应当向社会公布已备案的高速客船名单和相关信息并及时更新，便于社会查询和监督。

对材料不全或者不符合要求的，海事管理机构应当场或者自收到备案材料之日起5日内一次性书面通知备案人需要补充的全部内容。

第八条 高速客船备案事项发生变化的，应当向原办理备案的海事管理机构办理备案变更。

高速客船终止经营的，应当在终止经营之日30日前告知主要营运地的海事管理机构。

第九条 经营高速客船的船公司应当建立适合高速客船营运特点的安全管理制度，包括为防止船员疲劳的船员休息制度。

第三章 船舶

第十条 高速客船须经船舶检验合格，并办理船舶登记手续，持有有效的船舶证书。

第十一条 高速客船应随船携带最新的适合于本船的航线运行手册、船舶操作手册、船舶维修及保养手册和培训手册。

第十二条 高速客船必须按规定要求配备号灯、号型、声响信号、无线电通信设备、消防设备、救生设备和应急设备等。高速客船上所有的设备和设施均应处于完好备用状态。

第四章 船员

第十三条 在高速客船任职的船员应符合下列要求：

（一）经主管机关认可的基本安全培训并取得培训合格证，其中船长、驾驶员、轮机长、轮机员以及被指定为负有安全操作和旅客安全职责的普通船员还必须通过主管机关认可的特殊培训并取得特殊培训合格证。

（二）船长、驾驶员、轮机长、轮机员按规定持有相应的职务适任证书。

（三）在内河船舶上任职的船长、驾驶员、轮机长、轮机员在正式任职前见习航行时间不少于10小时和20个单航次；在海船上任职的船长、驾驶员、轮机长、轮机员见习航行时间不少于1个月或者50个单航次。

（四）男性船长、驾驶员的年龄不超过60周岁，女性船长、驾驶员的年龄不超过55周岁。

在非高速客船上任职的船员申请高速客船船长、大副、轮机长职务适任证书时的年龄不超过45周岁。

（五）船长、驾驶员的健康状况，尤其是视力、听力和口语表达能力应符合相应的要求。

第十四条 主管机关授权的海事管理机构负责高速客船船员的培训管理和考试、发证工作。有关培训、考试、发证的规定由主管机关颁布实施。

第十五条 高速客船应向办理船舶登记手续的海事管理机构申领最低安全配员证书。高速客船的最低配员标准应满足本规则附录的要求。

第十六条 高速客船驾驶人员连续驾驶值班时间不得超过两个小时，两次驾驶值班之间应有足够的间隔休息时间，具体时间要求由当地海事管理机构确定。

第五章 航行安全

第十七条 高速客船航行时应使用安全航速，以防止发生碰撞和浪损。高速客船进出港口及航经特殊航段时,应遵守当地海事管理机构有关航速的规定。

高速客船在航时,须显示黄色闪光灯。

第十八条　高速客船在航时,值班船员必须在各自岗位上严格按职责要求做好安全航行工作。驾驶台负责了望的人员必须保持正规的了望。无关人员禁止进入驾驶台。

第十九条　除在港口及内河通航水域航行时,高速客船应主动让清所有非高速船舶外,高速客船航行时,应按避碰规则的规定采取措施。高速客船在特殊航段航行时,应遵守海事管理机构公布的特别航行规定。

第二十条　海事管理机构认为必要时可为高速客船推荐或指定航路。高速客船必须遵守海事管理机构有关航路的规定。

第二十一条　遇有恶劣天气或能见度不良时,海事管理机构可建议高速客船停航。

第二十二条　高速客船应按规定的乘客定额载客,禁止超载。高速客船禁止在未经批准的站、点上下旅客。

第六章　安全保障

第二十三条　高速客船应靠泊符合下列条件的码头:

(一)满足船舶安全靠泊的基本要求;

(二)高速客船靠泊时不易对他船造成浪损;

(三)避开港口通航密集区和狭窄航段;

(四)上下旅客设施符合安全条件;

(五)夜间有足够的照明;

(六)冬季有采取防冻防滑的安全保护措施。

第二十四条　海事管理机构应当定期公布符合上述条件的码头,督促高速客船在符合条件的码头靠泊,并落实各项安全管理措施。

第二十五条　高速客船对旅客携带物品应有尺度和数量限制,旅客的行李物品不得堵塞通道。严禁高速客船载运危险物品或旅客携带危险物品。

第二十六条　高速客船应按照国际公约或者海事管理机构相关规定组织船员及相关工作人员进行应急演练与培训,并做好记录;每次开航前,应向旅客讲解有关安全须知。

第二十七条　高速客船应建立开航前安全自查制度,制定开航前安全自查表并进行对照检查,海事管理机构可对开航前安全自查表进行监督抽查。

第二十八条　国内航行的高速客船应当按规定办理进出港报告手续,固定航线或者固定水域范围内航行且单次航程不超过2个小时的,可采取日报形式进行。国际航行的高速客船可申请不超过7天的定期进出口岸许可证。

高速客船不得夜航。但航行特殊水域的高速客船确需夜航的,应当配备符合船舶检验技术规范要求的夜视、雷达等设备,严格遵守海事管理机构关于夜航布置和操作程序的规定。海事管理机构应当加强对高速客船夜航的监督管理。

第二十九条　高速客船及人员遇险,应采取措施积极自救,同时立即向就近水上搜救中心报告。

第七章　法律责任

第三十条　违反本规则的,由海事管理机构依照有关法律、行政法规以及交通运输部的有关规定进行处罚。

第三十一条　高速客船违反本规则经海事管理机构处罚仍不改正的,海事管理机构可责令其停航。

第三十二条　海事管理机构工作人员违反规定,滥用职权,玩忽职守,给人民生命财产造成损失的,由所在单位或上级主管机关给予行政处分;构成犯罪的,依法追究其刑事责任。

第八章　附　则

第三十三条　本规则所述"高速客船"系指载客12人以上,最大航速(米/秒)等于或大于以下数值的船舶: $3.7 \nabla 0.1667$,式中"∇"系指对应设计水线的排水体积(米³)。船长不足20米的,最大航速还应当大于10节。但不包括在非排水状态下船体由地效应产生的气动升力完全支承在水面上的船舶。

本规则所述"船公司"系指船舶所有人、经营人或者管理人以及其他已从船舶所有人处接受船舶的营运责任并承担船舶安全与防污染管理的所有义务和责任的组织。

第三十四条　外国籍高速客船不适用本规则第二、三、四章的规定,但应满足船旗国主管当局的要求。

第三十五条　本规则未尽事宜,按国家其他有关法规和我国加入的国际公约执行。

第三十六条　本规则自2006年6月1日起施行。交通部1996年12月24日发布的《中华人民共和国高速客船安全管理规则》(交通部令1996年第13号)同时废止。

5. 危险物品运输安全

放射性物品运输安全管理条例

- 2009年9月14日国务院令第562号公布
- 自2010年1月1日起施行

第一章 总 则

第一条 为了加强对放射性物品运输的安全管理,保障人体健康,保护环境,促进核能、核技术的开发与和平利用,根据《中华人民共和国放射性污染防治法》,制定本条例。

第二条 放射性物品的运输和放射性物品运输容器的设计、制造等活动,适用本条例。

本条例所称放射性物品,是指含有放射性核素,并且其活度和比活度均高于国家规定的豁免值的物品。

第三条 根据放射性物品的特性及其对人体健康和环境的潜在危害程度,将放射性物品分为一类、二类和三类。

一类放射性物品,是指Ⅰ类放射源、高水平放射性废物、乏燃料等释放到环境后对人体健康和环境产生重大辐射影响的放射性物品。

二类放射性物品,是指Ⅱ类和Ⅲ类放射源、中等水平放射性废物等释放到环境后对人体健康和环境产生一般辐射影响的放射性物品。

三类放射性物品,是指Ⅳ类和Ⅴ类放射源、低水平放射性废物、放射性药品等释放到环境后对人体健康和环境产生较小辐射影响的放射性物品。

放射性物品的具体分类和名录,由国务院核安全监管部门会同国务院公安、卫生、海关、交通运输、铁路、民航、核工业行业主管部门制定。

第四条 国务院核安全监管部门对放射性物品运输的核与辐射安全实施监督管理。

国务院公安、交通运输、铁路、民航等有关主管部门依照本条例规定和各自的职责,负责放射性物品运输安全的有关监督管理工作。

县级以上地方人民政府环境保护主管部门和公安、交通运输等有关主管部门,依照本条例规定和各自的职责,负责本行政区域放射性物品运输安全的有关监督管理工作。

第五条 运输放射性物品,应当使用专用的放射性物品运输包装容器(以下简称运输容器)。

放射性物品的运输和放射性物品运输容器的设计、制造,应当符合国家放射性物品运输安全标准。

国家放射性物品运输安全标准,由国务院核安全监管部门制定,由国务院核安全监管部门和国务院标准化主管部门联合发布。国务院核安全监管部门制定国家放射性物品运输安全标准,应当征求国务院公安、卫生、交通运输、铁路、民航、核工业行业主管部门的意见。

第六条 放射性物品运输容器的设计、制造单位应当建立健全责任制度,加强质量管理,并对所从事的放射性物品运输容器的设计、制造活动负责。

放射性物品的托运人(以下简称托运人)应当制定核与辐射事故应急方案,在放射性物品运输中采取有效的辐射防护和安全保卫措施,并对放射性物品运输中的核与辐射安全负责。

第七条 任何单位和个人对违反本条例规定的行为,有权向国务院核安全监管部门或者其他依法履行放射性物品运输安全监督管理职责的部门举报。

接到举报的部门应当依法调查处理,并为举报人保密。

第二章 放射性物品运输容器的设计

第八条 放射性物品运输容器设计单位应当建立健全和有效实施质量保证体系,按照国家放射性物品运输安全标准进行设计,并通过试验验证或者分析论证等方式,对设计的放射性物品运输容器的安全性能进行评价。

第九条 放射性物品运输容器设计单位应当建立健全档案制度,按照质量保证体系的要求,如实记录放射性物品运输容器的设计和安全性能评价过程。

进行一类放射性物品运输容器设计,应当编制设计安全评价报告书;进行二类放射性物品运输容器设计,应当编制设计安全评价报告表。

第十条 一类放射性物品运输容器的设计,应当在首次用于制造前报国务院核安全监管部门审查批准。

申请批准一类放射性物品运输容器的设计,设计单位应当向国务院核安全监管部门提出书面申请,并提交下列材料:

(一)设计总图及其设计说明书;

(二)设计安全评价报告书;

(三)质量保证大纲。

第十一条 国务院核安全监管部门应当自受理申请之日起45个工作日内完成审查,对符合国家放射性物品运输安全标准的,颁发一类放射性物品运输容器设计批准书,并公告批准文号;对不符合国家放射性物品运输安全标准的,书面通知申请单位并说明理由。

第十二条 设计单位修改已批准的一类放射性物品

运输容器设计中有关安全内容的,应当按照原申请程序向国务院核安全监管部门重新申请领取一类放射性物品运输容器设计批准书。

第十三条　二类放射性物品运输容器的设计,设计单位应当在首次用于制造前,将设计总图及其设计说明书、设计安全评价报告表报国务院核安全监管部门备案。

第十四条　三类放射性物品运输容器的设计,设计单位应当编制设计符合国家放射性物品运输安全标准的证明文件并存档备查。

第三章　放射性物品运输容器的制造与使用

第十五条　放射性物品运输容器制造单位,应当按照设计要求和国家放射性物品运输安全标准,对制造的放射性物品运输容器进行质量检验,编制质量检验报告。

未经质量检验或者经检验不合格的放射性物品运输容器,不得交付使用。

第十六条　从事一类放射性物品运输容器制造活动的单位,应当具备下列条件:

(一)有与所从事的制造活动相适应的专业技术人员;

(二)有与所从事的制造活动相适应的生产条件和检测手段;

(三)有健全的管理制度和完善的质量保证体系。

第十七条　从事一类放射性物品运输容器制造活动的单位,应当申请领取一类放射性物品运输容器制造许可证(以下简称制造许可证)。

申请领取制造许可证的单位,应当向国务院核安全监管部门提出书面申请,并提交其符合本条例第十六条规定条件的证明材料和申请制造的运输容器型号。

禁止无制造许可证或者超出制造许可证规定的范围从事一类放射性物品运输容器的制造活动。

第十八条　国务院核安全监管部门应当自受理申请之日起45个工作日内完成审查,对符合条件的,颁发制造许可证,并予以公告;对不符合条件的,书面通知申请单位并说明理由。

第十九条　制造许可证应当载明下列内容:

(一)制造单位名称、住所和法定代表人;

(二)许可制造的运输容器的型号;

(三)有效期限;

(四)发证机关、发证日期和证书编号。

第二十条　一类放射性物品运输容器制造单位变更单位名称、住所或者法定代表人的,应当自工商变更登记之日起20日内,向国务院核安全监管部门办理制造许可证变更手续。

一类放射性物品运输容器制造单位变更制造的运输容器型号的,应当按照原申请程序向国务院核安全监管部门重新申请领取制造许可证。

第二十一条　制造许可证有效期为5年。

制造许可证有效期届满,需要延续的,一类放射性物品运输容器制造单位应当于制造许可证有效期届满6个月前,向国务院核安全监管部门提出延续申请。

国务院核安全监管部门应当在制造许可证有效期届满前作出是否准予延续的决定。

第二十二条　从事二类放射性物品运输容器制造活动的单位,应当在首次制造活动开始30日前,将其具备与所从事的制造活动相适应的专业技术人员、生产条件、检测手段,以及具有健全的管理制度和完善的质量保证体系的证明材料,报国务院核安全监管部门备案。

第二十三条　一类、二类放射性物品运输容器制造单位,应当按照国务院核安全监管部门制定的编码规则,对其制造的一类、二类放射性物品运输容器统一编码,并于每年1月31日前将上一年度的运输容器编码清单报国务院核安全监管部门备案。

第二十四条　从事三类放射性物品运输容器制造活动的单位,应当于每年1月31日前将上一年度制造的运输容器的型号和数量报国务院核安全监管部门备案。

第二十五条　放射性物品运输容器使用单位应当对其使用的放射性物品运输容器定期进行保养和维护,并建立保养和维护档案;放射性物品运输容器达到设计使用年限,或者发现放射性物品运输容器存在安全隐患的,应当停止使用,进行处理。

一类放射性物品运输容器使用单位还应当对其使用的一类放射性物品运输容器每两年进行一次安全性能评价,并将评价结果报国务院核安全监管部门备案。

第二十六条　使用境外单位制造的一类放射性物品运输容器的,应当在首次使用前报国务院核安全监管部门审查批准。

申请使用境外单位制造的一类放射性物品运输容器的单位,应当向国务院核安全监管部门提出书面申请,并提交下列材料:

(一)设计单位所在国核安全监管部门颁发的设计批准文件的复印件;

(二)设计安全评价报告书;

(三)制造单位相关业绩的证明材料;

(四)质量合格证明;

（五）符合中华人民共和国法律、行政法规规定，以及国家放射性物品运输安全标准或者经国务院核安全监管部门认可的标准的说明材料。

国务院核安全监管部门应当自受理申请之日起45个工作日内完成审查，对符合国家放射性物品运输安全标准的，颁发使用批准书；对不符合国家放射性物品运输安全标准的，书面通知申请单位并说明理由。

第二十七条 使用境外单位制造的二类放射性物品运输容器的，应当在首次使用前将运输容器质量合格证明和符合中华人民共和国法律、行政法规规定，以及国家放射性物品运输安全标准或者经国务院核安全监管部门认可的标准的说明材料，报国务院核安全监管部门备案。

第二十八条 国务院核安全监管部门办理使用境外单位制造的一类、二类放射性物品运输容器审查批准和备案手续，应当同时为运输容器确定编码。

第四章 放射性物品的运输

第二十九条 托运放射性物品的，托运人应当持有生产、销售、使用或者处置放射性物品的有效证明，使用与所托运的放射性物品类别相适应的运输容器进行包装，配备必要的辐射监测设备、防护用品和防盗、防破坏设备，并编制运输说明书、核与辐射事故应急响应指南、装卸作业方法、安全防护指南。

运输说明书应当包括放射性物品的品名、数量、物理化学形态、危害风险等内容。

第三十条 托运一类放射性物品的，托运人应当委托有资质的辐射监测机构对其表面污染和辐射水平实施监测，辐射监测机构应当出具辐射监测报告。

托运二类、三类放射性物品的，托运人应当对其表面污染和辐射水平实施监测，并编制辐射监测报告。

监测结果不符合国家放射性物品运输安全标准的，不得托运。

第三十一条 承运放射性物品应当取得国家规定的运输资质。承运人的资质管理，依照有关法律、行政法规和国务院交通运输、铁路、民航、邮政主管部门的规定执行。

第三十二条 托运人和承运人应当对直接从事放射性物品运输的工作人员进行运输安全和应急响应知识的培训，并进行考核；考核不合格的，不得从事相关工作。

托运人和承运人应当按照国家放射性物品运输安全标准和国家有关规定，在放射性物品运输容器和运输工具上设置警示标志。

国家利用卫星定位系统对一类、二类放射性物品运输工具的运输过程实行在线监控。具体办法由国务院核安全监管部门会同国务院有关部门制定。

第三十三条 托运人和承运人应当按照国家职业病防治的有关规定，对直接从事放射性物品运输的工作人员进行个人剂量监测，建立个人剂量档案和职业健康监护档案。

第三十四条 托运人应当向承运人提交运输说明书、辐射监测报告、核与辐射事故应急响应指南、装卸作业方法、安全防护指南，承运人应当查验、收存。托运人提交文件不齐全的，承运人不得承运。

第三十五条 托运一类放射性物品的，托运人应当编制放射性物品运输的核与辐射安全分析报告书，报国务院核安全监管部门审查批准。

放射性物品运输的核与辐射安全分析报告书应当包括放射性物品的品名、数量、运输容器型号、运输方式、辐射防护措施、应急措施等内容。

国务院核安全监管部门应当自受理申请之日起45个工作日内完成审查，对符合国家放射性物品运输安全标准的，颁发核与辐射安全分析报告批准书；对不符合国家放射性物品运输安全标准的，书面通知申请单位并说明理由。

第三十六条 放射性物品运输的核与辐射安全分析报告批准书应当载明下列主要内容：

（一）托运人的名称、地址、法定代表人；

（二）运输放射性物品的品名、数量；

（三）运输放射性物品的运输容器型号和运输方式；

（四）批准日期和有效期限。

第三十七条 一类放射性物品启运前，托运人应当将放射性物品运输的核与辐射安全分析报告批准书、辐射监测报告，报启运地的省、自治区、直辖市人民政府环境保护主管部门备案。

收到备案材料的环境保护主管部门应当及时将有关情况通报放射性物品运输的途经地和抵达地的省、自治区、直辖市人民政府环境保护主管部门。

第三十八条 通过道路运输放射性物品的，应当经公安机关批准，按照指定的时间、路线、速度行驶，并悬挂警示标志，配备押运人员，使放射性物品处于押运人员的监管之下。

通过道路运输核反应堆乏燃料的，托运人应当报国务院公安部门批准。通过道路运输其他放射性物品的，托运人应当报启运地县级以上人民政府公安机关批准。具体办法由国务院公安部门商国务院核安全监管部门制定。

第三十九条 通过水路运输放射性物品的,按照水路危险货物运输的法律、行政法规和规章的有关规定执行。

通过铁路、航空运输放射性物品的,按照国务院铁路、民航主管部门的有关规定执行。

禁止邮寄一类、二类放射性物品。邮寄三类放射性物品的,按照国务院邮政管理部门的有关规定执行。

第四十条 生产、销售、使用或者处置放射性物品的单位,可以依照《中华人民共和国道路运输条例》的规定,向设区的市级人民政府道路运输管理机构申请非营业性道路危险货物运输资质,运输本单位的放射性物品,并承担本条例规定的托运人和承运人的义务。

申请放射性物品非营业性道路危险货物运输资质的单位,应当具备下列条件:

(一)持有生产、销售、使用或者处置放射性物品的有效证明;

(二)有符合本条例规定要求的放射性物品运输容器;

(三)有具备辐射防护与安全防护知识的专业技术人员和经考试合格的驾驶人员;

(四)有符合放射性物品运输安全防护要求,并经检测合格的运输工具、设施和设备;

(五)配备必要的防护用品和依法经定期检定合格的监测仪器;

(六)有运输安全和辐射防护管理规章制度以及核与辐射事故应急措施。

放射性物品非营业性道路危险货物运输资质的具体条件,由国务院交通运输主管部门会同国务院核安全监管部门制定。

第四十一条 一类放射性物品从境外运抵中华人民共和国境内,或者途经中华人民共和国境内运输的,托运人应当编制放射性物品运输的核与辐射安全分析报告书,报国务院核安全监管部门审查批准。审查批准程序依照本条例第三十五条第三款的规定执行。

二类、三类放射性物品从境外运抵中华人民共和国境内,或者途经中华人民共和国境内运输的,托运人应当编制放射性物品运输的辐射监测报告,报国务院核安全监管部门备案。

托运人、承运人或者其代理人向海关办理有关手续,应当提交国务院核安全监管部门颁发的放射性物品运输的核与辐射安全分析报告批准书或者放射性物品运输的辐射监测报告备案证明。

第四十二条 县级以上人民政府组织编制的突发环境事件应急预案,应当包括放射性物品运输中可能发生的核与辐射事故应急响应的内容。

第四十三条 放射性物品运输中发生核与辐射事故的,承运人、托运人应当按照核与辐射事故应急响应指南的要求,做好事故应急工作,并立即报告事故发生地的县级以上人民政府环境保护主管部门。接到报告的环境保护主管部门应当立即派人赶赴现场,进行现场调查,采取有效措施控制事故影响,并及时向本级人民政府报告,通报同级公安、卫生、交通运输等有关主管部门。

接到报告的县级以上人民政府及其有关主管部门应当按照应急预案做好应急工作,并按照国家突发事件分级报告的规定及时上报核与辐射事故信息。

核反应堆乏燃料运输的核事故应急准备与响应,还应当遵守国家核应急的有关规定。

第五章 监督检查

第四十四条 国务院核安全监管部门和其他依法履行放射性物品运输安全监督管理职责的部门,应当依据各自职责对放射性物品运输安全实施监督检查。

国务院核安全监管部门应当将其已批准或者备案的一类、二类、三类放射性物品运输容器的设计、制造情况和放射性物品运输情况通报设计、制造单位所在地和运输途经地的省、自治区、直辖市人民政府环境保护主管部门。省、自治区、直辖市人民政府环境保护主管部门应当加强对本行政区域放射性物品运输安全的监督检查和监督性监测。

被检查单位应当予以配合,如实反映情况,提供必要的资料,不得拒绝和阻碍。

第四十五条 国务院核安全监管部门和省、自治区、直辖市人民政府环境保护主管部门以及其他依法履行放射性物品运输安全监督管理职责的部门进行监督检查,监督检查人员不得少于2人,并应当出示有效的行政执法证件。

国务院核安全监管部门和省、自治区、直辖市人民政府环境保护主管部门以及其他依法履行放射性物品运输安全监督管理职责的部门的工作人员,对监督检查中知悉的商业秘密负有保密义务。

第四十六条 监督检查中发现经批准的一类放射性物品运输容器设计确有重大设计安全缺陷的,由国务院核安全监管部门责令停止该型号运输容器的制造或者使用,撤销一类放射性物品运输容器设计批准书。

第四十七条 监督检查中发现放射性物品运输活动

有不符合国家放射性物品运输安全标准情形的,或者一类放射性物品运输容器制造单位有不符合制造许可证规定条件情形的,应当责令限期整改;发现放射性物品运输活动可能对人体健康和环境造成核与辐射危害的,应当责令停止运输。

第四十八条　国务院核安全监管部门和省、自治区、直辖市人民政府环境保护主管部门以及其他依法履行放射性物品运输安全监督管理职责的部门,对放射性物品运输活动实施监测,不得收取监测费用。

国务院核安全监管部门和省、自治区、直辖市人民政府环境保护主管部门以及其他依法履行放射性物品运输安全监督管理职责的部门,应当加强对监督管理人员辐射防护与安全防护知识的培训。

第六章　法律责任

第四十九条　国务院核安全监管部门和省、自治区、直辖市人民政府环境保护主管部门或者其他依法履行放射性物品运输安全监督管理职责的部门有下列行为之一的,对直接负责的主管人员和其他直接责任人员依法给予处分;直接负责的主管人员和其他直接责任人员构成犯罪的,依法追究刑事责任:

(一)未依照本条例规定作出行政许可或者办理批准文件的;

(二)发现违反本条例规定的行为不予查处,或者接到举报不依法处理的;

(三)未依法履行放射性物品运输核与辐射事故应急职责的;

(四)对放射性物品运输活动实施监测收取监测费用的;

(五)其他不依法履行监督管理职责的行为。

第五十条　放射性物品运输容器设计、制造单位有下列行为之一的,由国务院核安全监管部门责令停止违法行为,处50万元以上100万元以下的罚款;有违法所得的,没收违法所得:

(一)将未取得设计批准书的一类放射性物品运输容器设计用于制造的;

(二)修改已批准的一类放射性物品运输容器设计中有关安全内容,未重新取得设计批准书即用于制造的。

第五十一条　放射性物品运输容器设计、制造单位有下列行为之一的,由国务院核安全监管部门责令停止违法行为,处5万元以上10万元以下的罚款;有违法所得的,没收违法所得:

(一)将不符合国家放射性物品运输安全标准的二类、三类放射性物品运输容器设计用于制造的;

(二)将未备案的二类放射性物品运输容器设计用于制造的。

第五十二条　放射性物品运输容器设计单位有下列行为之一的,由国务院核安全监管部门责令限期改正;逾期不改正的,处1万元以上5万元以下的罚款:

(一)未对二类、三类放射性物品运输容器的设计进行安全性能评价的;

(二)未如实记录二类、三类放射性物品运输容器设计和安全性能评价过程的;

(三)未编制三类放射性物品运输容器设计符合国家放射性物品运输安全标准的证明文件并存档备查的。

第五十三条　放射性物品运输容器制造单位有下列行为之一的,由国务院核安全监管部门责令停止违法行为,处50万元以上100万元以下的罚款;有违法所得的,没收违法所得:

(一)未取得制造许可证从事一类放射性物品运输容器制造活动的;

(二)制造许可证有效期届满,未按照规定办理延续手续,继续从事一类放射性物品运输容器制造活动的;

(三)超出制造许可证规定的范围从事一类放射性物品运输容器制造活动的;

(四)变更制造的一类放射性物品运输容器型号,未按照规定重新领取制造许可证的;

(五)将未经质量检验或者经检验不合格的一类放射性物品运输容器交付使用的。

有前款第(三)项、第(四)项和第(五)项行为之一,情节严重的,吊销制造许可证。

第五十四条　一类放射性物品运输容器制造单位变更单位名称、住所或者法定代表人,未依法办理制造许可证变更手续的,由国务院核安全监管部门责令限期改正;逾期不改正的,处2万元的罚款。

第五十五条　放射性物品运输容器制造单位有下列行为之一的,由国务院核安全监管部门责令停止违法行为,处5万元以上10万元以下的罚款;有违法所得的,没收违法所得:

(一)在二类放射性物品运输容器首次制造活动开始前,未按照规定将有关证明材料报国务院核安全监管部门备案的;

(二)将未经质量检验或者经检验不合格的二类、三类放射性物品运输容器交付使用的。

第五十六条　放射性物品运输容器制造单位有下列

行为之一的,由国务院核安全监管部门责令限期改正;逾期不改正的,处1万元以上5万元以下的罚款:

（一）未按照规定对制造的一类、二类放射性物品运输容器统一编码的;

（二）未按照规定将制造的一类、二类放射性物品运输容器编码清单报国务院核安全监管部门备案的;

（三）未按照规定将制造的三类放射性物品运输容器的型号和数量报国务院核安全监管部门备案的。

第五十七条　放射性物品运输容器使用单位未按照规定对使用的一类放射性物品运输容器进行安全性能评价,或者未将评价结果报国务院核安全监管部门备案的,由国务院核安全监管部门责令限期改正;逾期不改正的,处1万元以上5万元以下的罚款。

第五十八条　未按照规定取得使用批准书使用境外单位制造的一类放射性物品运输容器的,由国务院核安全监管部门责令停止违法行为,处50万元以上100万元以下的罚款。

未按照规定办理备案手续使用境外单位制造的二类放射性物品运输容器的,由国务院核安全监管部门责令停止违法行为,处5万元以上10万元以下的罚款。

第五十九条　托运人未按照规定编制放射性物品运输说明书、核与辐射事故应急响应指南、装卸作业方法、安全防护指南的,由国务院核安全监管部门责令限期改正;逾期不改正的,处1万元以上5万元以下的罚款。

托运人未按照规定将放射性物品运输的核与辐射安全分析报告批准书、辐射监测报告备案的,由启运地的省、自治区、直辖市人民政府环境保护主管部门责令限期改正;逾期不改正的,处1万元以上5万元以下的罚款。

第六十条　托运人或者承运人在放射性物品运输活动中,有违反有关法律、行政法规关于危险货物运输管理规定行为的,由交通运输、铁路、民航等有关主管部门依法予以处罚。

违反有关法律、行政法规规定邮寄放射性物品的,由公安机关和邮政管理部门依法予以处罚。在邮寄进境物品中发现放射性物品的,由海关依照有关法律、行政法规的规定处理。

第六十一条　托运人未取得放射性物品运输的核与辐射安全分析报告批准书托运一类放射性物品的,由国务院核安全监管部门责令停止违法行为,处50万元以上100万元以下的罚款。

第六十二条　通过道路运输放射性物品,有下列行为之一的,由公安机关责令限期改正,处2万元以上10万元以下的罚款;构成犯罪的,依法追究刑事责任:

（一）未经公安机关批准通过道路运输放射性物品的;

（二）运输车辆未按照指定的时间、路线、速度行驶或者未悬挂警示标志的;

（三）未配备押运人员或者放射性物品脱离押运人员监管的。

第六十三条　托运人有下列行为之一的,由启运地的省、自治区、直辖市人民政府环境保护主管部门责令停止违法行为,处5万元以上20万元以下的罚款:

（一）未按照规定对托运的放射性物品表面污染和辐射水平实施监测的;

（二）将经监测不符合国家放射性物品运输安全标准的放射性物品交付托运的;

（三）出具虚假辐射监测报告的。

第六十四条　未取得放射性物品运输的核与辐射安全分析报告批准书或者放射性物品运输的辐射监测报告备案证明,将境外的放射性物品运抵中华人民共和国境内,或者途经中华人民共和国境内运输的,由海关责令托运人退运该放射性物品,并依照海关法律、行政法规给予处罚;构成犯罪的,依法追究刑事责任。托运人不明的,由承运人承担退运该放射性物品的责任,或者承担该放射性物品的处置费用。

第六十五条　违反本条例规定,在放射性物品运输中造成核与辐射事故的,由县级以上地方人民政府环境保护主管部门处以罚款,罚款数额按照核与辐射事故造成的直接损失的20%计算;构成犯罪的,依法追究刑事责任。

托运人、承运人未按照核与辐射事故应急响应指南的要求,做好事故应急工作并报告事故的,由县级以上地方人民政府环境保护主管部门处5万元以上20万元以下的罚款。

因核与辐射事故造成他人损害的,依法承担民事责任。

第六十六条　拒绝、阻碍国务院核安全监管部门或者其他依法履行放射性物品运输安全监督管理职责的部门进行监督检查,或者在接受监督检查时弄虚作假的,由监督检查部门责令改正,处1万元以上2万元以下的罚款;构成违反治安管理行为的,由公安机关依法给予治安管理处罚;构成犯罪的,依法追究刑事责任。

第七章　附　则

第六十七条　军用放射性物品运输安全的监督管理,依照《中华人民共和国放射性污染防治法》第六十条的规定执行。

第六十八条 本条例自 2010 年 1 月 1 日起施行。

放射性物品道路运输管理规定

- 2010 年 10 月 27 日交通运输部发布
- 根据 2016 年 9 月 2 日《交通运输部关于修改〈放射性物品道路运输管理规定〉的决定》第一次修正
- 根据 2023 年 11 月 10 日《交通运输部关于修改〈放射性物品道路运输管理规定〉的决定》第二次修正

第一章 总 则

第一条 为了规范放射性物品道路运输活动,保障人民生命财产安全,保护环境,根据《道路运输条例》和《放射性物品运输安全管理条例》,制定本规定。

第二条 从事放射性物品道路运输活动的,应当遵守本规定。

第三条 本规定所称放射性物品,是指含有放射性核素,并且其活度和比活度均高于国家规定的豁免值的物品。

本规定所称放射性物品道路运输专用车辆(以下简称专用车辆),是指满足特定技术条件和要求,用于放射性物品道路运输的载货汽车。

本规定所称放射性物品道路运输,是指使用专用车辆通过道路运送放射性物品的作业过程。

第四条 根据放射性物品的特性及其对人体健康和环境的潜在危害程度,将放射性物品分为一类、二类和三类。

一类放射性物品,是指Ⅰ类放射源、高水平放射性废物、乏燃料等释放到环境后对人体健康和环境产生重大辐射影响的放射性物品。

二类放射性物品,是指Ⅱ类和Ⅲ类放射源、中等水平放射性废物等释放到环境后对人体健康和环境产生一般辐射影响的放射性物品。

三类放射性物品,是指Ⅳ类和Ⅴ类放射源、低水平放射性废物、放射性药品等释放到环境后对人体健康和环境产生较小辐射影响的放射性物品。

放射性物品的具体分类和名录,按照国务院核安全监管部门会同国务院公安、卫生、海关、交通运输、铁路、民航、核工业行业主管部门制定的放射性物品具体分类和名录执行。

第五条 从事放射性物品道路运输应当保障安全,依法运输,诚实信用。

第六条 国务院交通运输主管部门主管全国放射性物品道路运输管理工作。

县级以上地方人民政府交通运输主管部门(以下简称交通运输主管部门)负责本行政区域放射性物品道路运输管理工作。

第二章 运输资质许可

第七条 申请从事放射性物品道路运输经营的,应当具备下列条件:

(一)有符合要求的专用车辆和设备。

1. 专用车辆要求。

(1)专用车辆的技术要求应当符合《道路运输车辆技术管理规定》有关规定;

(2)车辆为企业自有,且数量为 5 辆以上;

(3)核定载质量在 1 吨及以下的车辆为厢式或者封闭货车;

(4)车辆配备满足在线监控要求,且具有行驶记录仪功能的卫星定位系统。

2. 设备要求。

(1)配备有效的通讯工具;

(2)配备必要的辐射防护用品和依法经定期检定合格的监测仪器。

(二)有符合要求的从业人员。

1. 专用车辆的驾驶人员取得相应机动车驾驶证,年龄不超过 60 周岁;

2. 从事放射性物品道路运输的驾驶人员、装卸管理人员、押运人员经所在地设区的市级人民政府交通运输主管部门考试合格,取得注明从业资格类别为"放射性物品道路运输"的道路运输从业资格证(以下简称道路运输从业资格证);

3. 有具备辐射防护与相关安全知识的安全管理人员。

(三)有健全的安全生产管理制度。

1. 有关安全生产应急预案;

2. 从业人员、车辆、设备及停车场地安全管理制度;

3. 安全生产作业规程和辐射防护管理措施;

4. 安全生产监督检查和责任制度。

第八条 生产、销售、使用或者处置放射性物品的单位(含在放射性废物收贮过程中的从事放射性物品运输的省、自治区、直辖市城市放射性废物库营运单位),符合下列条件的,可以使用自备专用车辆从事为本单位服务的非经营性放射性物品道路运输活动:

(一)持有有关部门依法批准的生产、销售、使用、处置放射性物品的有效证明;

（二）有符合国家规定要求的放射性物品运输容器；

（三）有具备辐射防护与安全防护知识的专业技术人员；

（四）具备满足第七条规定条件的驾驶人员、专用车辆、设备和安全生产管理制度，但专用车辆的数量可以少于5辆。

第九条 国家鼓励技术力量雄厚、设备和运输条件好的生产、销售、使用或者处置放射性物品的单位按照第八条规定的条件申请从事非经营性放射性物品道路运输。

第十条 申请从事放射性物品道路运输经营的企业，应当向所在地设区的市级交通运输主管部门提出申请，并提交下列材料：

（一）《放射性物品道路运输经营申请表》，包括申请人基本信息、拟申请运输的放射性物品范围（类别或者品名）等内容；

（二）企业负责人身份证明及复印件，经办人身份证明及复印件和委托书；

（三）证明专用车辆、设备情况的材料，包括：

1.未购置车辆的，应当提交拟投入车辆承诺书。内容包括拟购车辆数量、类型、技术等级、总质量、核定载质量、车轴数以及车辆外廓尺寸等有关情况；

2.已购置车辆的，应当提供车辆行驶证、车辆技术等级评定结论及复印件等有关材料；

3.对辐射防护用品、监测仪器等设备配置情况的说明材料。

（四）有关驾驶人员、装卸管理人员、押运人员的道路运输从业资格证及复印件，驾驶人员的驾驶证及复印件，安全管理人员的工作证明；

（五）企业经营方案及相关安全生产管理制度文本。

第十一条 申请从事非经营性放射性物品道路运输的单位，向所在地设区的市级交通运输主管部门提出申请时，除提交第十条第（三）项、第（五）项规定的材料外，还应当提交下列材料：

（一）《放射性物品道路运输申请表》，包括申请人基本信息、拟申请运输的放射性物品范围（类别或者品名）等内容；

（二）单位负责人身份证明及复印件，经办人身份证明及复印件和委托书；

（三）有关部门依法批准生产、销售、使用或者处置放射性物品的有效证明；

（四）放射性物品运输容器、监测仪器检测合格证明；

（五）对放射性物品运输需求的说明材料；

（六）有关驾驶人员的驾驶证、道路运输从业资格证及复印件；

（七）有关专业技术人员的工作证明，依法应当取得相关从业资格证件的，还应当提交有效的从业资格证件及复印件。

第十二条 设区的市级交通运输主管部门应当按照《道路运输条例》和《交通行政许可实施程序规定》以及本规定规范的程序实施行政许可。

决定准予许可的，应当向被许可人作出准予行政许可的书面决定，并在10日内向放射性物品道路运输经营申请人发放《道路运输经营许可证》，向非经营性放射性物品道路运输申请人颁发《放射性物品道路运输许可证》。决定不予许可的，应当书面通知申请人并说明理由。

第十三条 对申请时未购置专用车辆，但提交拟投入车辆承诺书的，被许可人应当自收到《道路运输经营许可证》或者《放射性物品道路运输许可证》之日起半年内落实拟投入车辆承诺书。做出许可决定的交通运输主管部门对被许可人落实拟投入车辆承诺书的落实情况进行核实，符合许可要求的，应当为专用车辆配发《道路运输证》。

对申请时已购置专用车辆，且按照第十条、第十一条规定提交了专用车辆有关材料的，做出许可决定的交通运输主管部门应当对专用车辆情况进行核实，符合许可要求的，应当在向被许可人颁发《道路运输经营许可证》或者《放射性物品道路运输许可证》的同时，为专用车辆配发《道路运输证》。

做出许可决定的交通运输主管部门应当在《道路运输证》有关栏目内注明允许运输放射性物品的范围（类别或者品名）。对从事非经营性放射性物品道路运输的，还应当在《道路运输证》上加盖"非经营性放射性物品道路运输专用章"。

第十四条 放射性物品道路运输企业或者单位终止放射性物品运输业务的，应当在终止之日30日前书面告知做出原许可决定的交通运输主管部门。属于经营性放射性物品道路运输业务的，做出原许可决定的交通运输主管部门应当在接到书面告知之日起10日内将放射性道路运输企业终止放射性物品运输业务的有关情况向社会公布。

放射性物品道路运输企业或者单位应当在终止放射

性物品运输业务之日起10日内将相关许可证件缴回原发证机关。

第三章 专用车辆、设备管理

第十五条 放射性物品道路运输企业或者单位应当按照有关车辆及设备管理的标准和规定，维护、检测、使用和管理专用车辆和设备，确保专用车辆和设备技术状况良好。

第十六条 设区的市级交通运输主管部门应当按照《道路运输车辆技术管理规定》的规定定期对专用车辆是否符合第七条、第八条规定的许可条件进行审验，每年审验一次。

第十七条 设区的市级交通运输主管部门应当对监测仪器定期检定合格证明和专用车辆投保危险货物承运人责任险情况进行检查。检查可以结合专用车辆定期审验的频率一并进行。

第十八条 禁止使用报废的、擅自改装的、检测不合格的或者其他不符合国家规定要求的车辆、设备从事放射性物品道路运输活动。

第十九条 禁止专用车辆用于非放射性物品运输，但集装箱运输车（包括牵引车、挂车）、甩挂运输的牵引车以及运输放射性药品的专用车辆除外。

按照本条第一款规定使用专用车辆运输非放射性物品的，不得将放射性物品与非放射性物品混装。

第四章 放射性物品运输

第二十条 道路运输放射性物品的托运人（以下简称托运人）应当制定核与辐射事故应急方案，在放射性物品运输中采取有效的辐射防护和安全保卫措施，并对放射性物品运输中的核与辐射安全负责。

第二十一条 道路运输放射性物品的承运人（以下简称承运人）应当取得相应的放射性物品道路运输资质，并对承运事项是否符合本企业或者单位放射性物品运输资质许可的运输范围负责。

第二十二条 非经营性放射性物品道路运输单位应当按照《放射性物品运输安全管理条例》《道路运输条例》和本规定的要求履行托运人和承运人的义务，并负相应责任。

非经营性放射性物品道路运输单位不得从事放射性物品道路运输经营活动。

第二十三条 承运人与托运人订立放射性物品道路运输合同前，应当查验、收存托运人提交的下列材料：

（一）运输说明书，包括放射性物品的品名、数量、物理化学形态、危害风险等内容；

（二）辐射监测报告，其中一类放射性物品的辐射监测报告由托运人委托有资质的辐射监测机构出具；二、三类放射性物品的辐射监测报告由托运人出具；

（三）核与辐射事故应急响应指南；

（四）装卸作业方法指南；

（五）安全防护指南。

托运人将本条第一款第（四）项、第（五）项要求的内容在运输说明书中一并作出说明的，可以不提交第（四）项、第（五）项要求的材料。

托运人提交材料不齐全的，或者托运的物品经监测不符合国家放射性物品运输安全标准的，承运人不得与托运人订立放射性物品道路运输合同。

第二十四条 一类放射性物品启运前，承运人应当向托运人查验国务院核安全监管部门关于核与辐射安全分析报告书的审批文件以及公安部门关于准予道路运输放射性物品的审批文件。

二、三类放射性物品启运前，承运人应当向托运人查验公安部门关于准予道路运输放射性物品的审批文件。

第二十五条 托运人应当按照《放射性物质安全运输规程》（GB 11806）等有关国家标准和规定，在放射性物品运输容器上设置警示标志。

第二十六条 专用车辆运输放射性物品过程中，应当悬挂符合国家标准《道路运输危险货物车辆标志》（GB 13392）要求的警示标志。

第二十七条 专用车辆不得违反国家有关规定超载、超限运输放射性物品。

第二十八条 在放射性物品道路运输过程中，除驾驶人员外，还应当在专用车辆上配备押运人员，确保放射性物品处于押运人员监管之下。运输一类放射性物品的，承运人必要时可以要求托运人随车提供技术指导。

第二十九条 驾驶人员、装卸管理人员和押运人员上岗时应当随身携带道路运输从业资格证，专用车辆驾驶人员还应当随车携带《道路运证》。

第三十条 驾驶人员、装卸管理人员和押运人员应当按照托运人所提供的资料了解所运输的放射性物品的性质、危害特性、包装物或者容器的使用要求、装卸要求以及发生突发事件时的处置措施。

第三十一条 放射性物品运输中发生核与辐射事故的，承运人、托运人应当按照核与辐射事故应急响应指南的要求，结合本企业安全生产应急预案的有关内容，做好事故应急工作，并立即报告事故发生地的县级以上人民政府生态环境主管部门。

第三十二条 放射性物品道路运输企业或者单位应当聘用具有相应道路运输从业资格证的驾驶人员、装卸管理人员和押运人员，并定期对驾驶人员、装卸管理人员和押运人员进行运输安全生产和基本应急知识等方面的培训，确保驾驶人员、装卸管理人员和押运人员熟悉有关安全生产法规、标准以及相关操作规程等业务知识和技能。

放射性物品道路运输企业或者单位应当对驾驶人员、装卸管理人员和押运人员进行运输安全生产和基本应急知识等方面的考核；考核不合格的，不得从事相关工作。

第三十三条 放射性物品道路运输企业或者单位应当按照国家职业病防治的有关规定，对驾驶人员、装卸管理人员和押运人员进行个人剂量监测，建立个人剂量档案和职业健康监护档案。

第三十四条 放射性物品道路运输企业或者单位应当投保危险货物承运人责任险。

第三十五条 放射性物品道路运输企业或者单位不得转让、出租、出借放射性物品道路运输许可证件。

第三十六条 交通运输主管部门应当督促放射性物品道路运输企业或者单位对专用车辆、设备及安全生产制度等安全条件建立相应的自检制度，并加强监督检查。

交通运输主管部门工作人员依法对放射性物品道路运输活动进行监督检查的，应当按照劳动保护规定配备必要的安全防护设备。

第五章 法律责任

第三十七条 拒绝、阻碍交通运输主管部门依法履行放射性物品运输安全监督检查，或者在接受监督检查时弄虚作假的，由交通运输主管部门责令改正，处1万元以上2万元以下的罚款；构成违反治安管理行为的，交由公安机关依法给予治安管理处罚；构成犯罪的，依法追究刑事责任。

第三十八条 违反本规定，未取得有关放射性物品道路运输资质许可，有下列情形之一的，由交通运输主管部门责令停止运输，违法所得超过2万元的，没收违法所得，处违法所得2倍以上10倍以下的罚款；没有违法所得或者违法所得不足2万元的，处3万元以上10万元以下的罚款。构成犯罪的，依法追究刑事责任：

（一）无资质许可擅自从事放射性物品道路运输的；

（二）使用失效、伪造、变造、被注销等无效放射性物品道路运输许可证件从事放射性物品道路运输的；

（三）超越资质许可事项，从事放射性物品道路运输的；

（四）非经营性放射性物品道路运输单位从事放射性物品道路运输经营的。

第三十九条 违反本规定，放射性物品道路运输企业或者单位擅自改装已取得《道路运输证》的专用车辆的，由交通运输主管部门责令改正，处5000元以上2万元以下的罚款。

第四十条 放射性物品道路运输活动中，由不符合本规定第七条、第八条规定条件的人员驾驶专用车辆的，由交通运输主管部门责令改正，处200元以上2000元以下的罚款；构成犯罪的，依法追究刑事责任。

第四十一条 违反本规定，放射性物品道路运输企业或者单位有下列行为之一的，由交通运输主管部门责令限期投保；拒不投保的，由原许可的设区的市级交通运输主管部门吊销《道路运输经营许可证》或者《放射性物品道路运输许可证》，或者在许可证件上注销相应的许可范围：

（一）未投保危险货物承运人责任险的；

（二）投保的危险货物承运人责任险已过期，未继续投保的。

第四十二条 违反本规定，放射性物品道路运输企业或者单位非法转让、出租放射性物品道路运输许可证件的，由交通运输主管部门责令停止违法行为，收缴有关证件，处2000元以上1万元以下的罚款；有违法所得的，没收违法所得。

第四十三条 违反本规定，放射性物品道路运输企业或者单位已不具备许可要求的有关安全条件，存在重大运输安全隐患的，由交通运输主管部门依照《中华人民共和国安全生产法》的规定，给予罚款、停产停业整顿、吊销相关许可证件等处罚。

第四十四条 交通运输主管部门工作人员在实施道路运输监督检查过程中，发现放射性物品道路运输企业或者单位有违规情形，且按照《放射性物品运输安全管理条例》等有关法律法规的规定，应当由公安部门、核安全监管部门或者生态环境等部门处罚情形的，应当通报有关部门依法处理。

第六章 附 则

第四十五条 军用放射性物品道路运输不适用于本规定。

第四十六条 本规定自2011年1月1日起施行。

放射性物品运输安全监督管理办法

- 2016年3月14日环境保护部令第38号公布
- 自2016年5月1日起施行

第一章 总 则

第一条 为加强对放射性物品运输安全的监督管理,依据《放射性物品运输安全管理条例》,制定本办法。

第二条 本办法适用于对放射性物品运输和放射性物品运输容器的设计、制造和使用过程的监督管理。

第三条 国务院核安全监管部门负责对全国放射性物品运输的核与辐射安全实施监督管理,具体职责为:

(一)负责对放射性物品运输容器的设计、制造和使用等进行监督检查;

(二)负责对放射性物品运输过程中的核与辐射事故应急给予支持和指导;

(三)负责对放射性物品运输安全监督管理人员进行辐射防护与安全防护知识培训。

第四条 省、自治区、直辖市环境保护主管部门负责对本行政区域内放射性物品运输的核与辐射安全实施监督管理,具体职责为:

(一)负责对本行政区域内放射性物品运输活动的监督检查;

(二)负责在本行政区域内放射性物品运输过程中的核与辐射事故的应急准备和应急响应工作;

(三)负责对本行政区域内放射性物品运输安全监督管理人员进行辐射防护与安全防护知识培训。

第五条 放射性物品运输单位和放射性物品运输容器的设计、制造和使用单位,应当对其活动负责,并配合国务院核安全监管部门和省、自治区、直辖市环境保护主管部门进行监督检查,如实反映情况,提供必要的资料。

第六条 监督检查人员应当依法实施监督检查,并为被检查者保守商业秘密。

第二章 放射性物品运输容器设计活动的监督管理

第七条 放射性物品运输容器设计单位应当具备与设计工作相适应的设计人员、工作场所和设计手段,按照放射性物品运输容器设计的相关规范和标准从事设计活动,并为其设计的放射性物品运输容器的制造和使用单位提供必要的技术支持。从事一类放射性物品运输容器设计的单位应当依法取得设计批准书。

放射性物品运输容器设计单位应当在设计阶段明确首次使用前对运输容器的结构、包容、屏蔽、传热和核临界安全功能进行检查的方法和要求。

第八条 放射性物品运输容器设计单位应当加强质量管理,建立健全质量保证体系,编制质量保证大纲并有效实施。

放射性物品运输容器设计单位对其所从事的放射性物品运输容器设计活动负责。

第九条 放射性物品运输容器设计单位应当通过试验验证或者分析论证等方式,对其设计的放射性物品运输容器的安全性能进行评价。

安全性能评价应当贯穿整个设计过程,保证放射性物品运输容器的设计满足所有的安全要求。

第十条 放射性物品运输容器设计单位应当按照国务院核安全监管部门规定的格式和内容编制设计安全评价文件。

设计安全评价文件应当包括结构评价、热评价、包容评价、屏蔽评价、临界评价、货包(放射性物品运输容器与其放射性内容物)操作规程、验收试验和维修大纲,以及运输容器的工程图纸等内容。

第十一条 放射性物品运输容器设计单位对其设计的放射性物品运输容器进行试验验证的,应当在验证开始前至少二十个工作日提请国务院核安全监管部门进行试验见证,并提交下列文件:

(一)初步设计说明书和计算报告;

(二)试验验证方式和试验大纲;

(三)试验验证计划。

国务院核安全监管部门应当及时组织对设计单位的试验验证过程进行见证,并做好相应的记录。

开展特殊形式和低弥散放射性物品设计试验验证的单位,应当依照本条第一款的规定提请试验见证。

第十二条 国务院核安全监管部门应当对放射性物品运输容器设计活动进行监督检查。

申请批准一类放射性物品运输容器的设计,国务院核安全监管部门原则上应当对该设计活动进行一次现场检查;对于二类、三类放射性物品运输容器的设计,国务院核安全监管部门应当结合试验见证情况进行现场抽查。

国务院核安全监管部门可以结合放射性物品运输容器的制造和使用情况,对放射性物品运输容器设计单位进行监督检查。

第十三条 国务院核安全监管部门对放射性物品运输容器设计单位进行监督检查时,应当检查质量保证大纲和试验验证的实施情况、人员配备、设计装备、设计文件、安全性能评价过程记录、以往监督检查发现问题的整改落实情况等。

第十四条　一类放射性物品运输容器设计批准书颁发前的监督检查中，发现放射性物品运输容器设计单位的设计活动不符合法律法规要求的，国务院核安全监管部门应当暂缓或者不予颁发设计批准书。

监督检查中发现经批准的一类放射性物品运输容器设计确有重大设计安全缺陷的，国务院核安全监管部门应当责令停止该型号运输容器的制造或者使用，撤销一类放射性物品运输容器设计批准书。

第三章　放射性物品运输容器制造活动的监督管理

第十五条　放射性物品运输容器制造单位应当具备与制造活动相适应的专业技术人员、生产条件和检测手段，采用经设计单位确认的设计图纸和文件。一类放射性物品运输容器制造单位应当依法取得一类放射性物品运输容器制造许可证后，方可开展制造活动。

放射性物品运输容器制造单位应当在制造活动开始前，依据设计提出的技术要求编制制造过程工艺文件，并严格执行；采用特种工艺的，应当进行必要的工艺试验或者工艺评定。

第十六条　放射性物品运输容器制造单位应当加强质量管理，建立健全质量保证体系，编制质量保证大纲并有效实施。

放射性物品运输容器制造单位对其所从事的放射性物品运输容器制造质量负责。

第十七条　放射性物品运输容器制造单位应当按照设计要求和有关标准，对放射性物品运输容器的零部件和整体容器进行质量检验，编制质量检验报告。未经质量检验或者经检验不合格的放射性物品运输容器，不得交付使用。

第十八条　一类、二类放射性物品运输容器制造单位，应当按照本办法规定的编码规则，对其制造的一类、二类放射性物品运输容器进行统一编码。

一类、二类放射性物品运输容器制造单位，应当于每年1月31日前将上一年度制造的运输容器的编码清单报国务院核安全监管部门备案。

三类放射性物品运输容器制造单位，应当于每年1月31日前将上一年度制造的运输容器的型号及其数量、设计总图报国务院核安全监管部门备案。

第十九条　一类放射性物品运输容器制造单位应当在每次制造活动开始前至少三十日，向国务院核安全监管部门提交制造质量计划。国务院核安全监管部门应当根据制造活动的特点选取检查点并通知制造单位。

一类放射性物品运输容器制造单位应当根据制造活动的实际进度，在国务院核安全监管部门选取的检查点制造活动开始前，至少提前十个工作日书面报告国务院核安全监管部门。

第二十条　国务院核安全监管部门应当对放射性物品运输容器的制造过程进行监督检查。

对一类放射性物品运输容器的制造活动应当至少组织一次现场检查；对二类放射性物品运输容器的制造，应当对制造过程进行不定期抽查；对三类放射性物品运输容器的制造，应当根据每年的备案情况进行不定期抽查。

第二十一条　国务院核安全监管部门对放射性物品运输容器制造单位进行现场监督检查时，应当检查以下内容：

（一）一类放射性物品运输容器制造单位遵守制造许可证的情况；

（二）质量保证体系的运行情况；

（三）人员资格情况；

（四）生产条件和检测手段与所从事制造活动的适应情况；

（五）编制的工艺文件与采用的技术标准以及有关技术文件的符合情况；

（六）工艺过程的实施情况以及零部件采购过程中的质量保证情况；

（七）制造过程记录；

（八）重大质量问题的调查和处理，以及整改要求的落实情况等。

第二十二条　国务院核安全监管部门在监督检查中，发现一类放射性物品运输容器制造单位有不符合制造许可证规定情形的，由国务院核安全监管部门责令限期整改。

监督检查中发现放射性物品运输容器制造确有重大质量问题或者违背设计要求的，由国务院核安全监管部门责令停止该型号运输容器的制造或者使用。

第二十三条　一类放射性物品运输容器的使用单位在采购境外单位制造的运输容器时，应当在对外贸易合同中明确运输容器的设计、制造符合我国放射性物品运输安全法律法规要求，以及境外单位配合国务院核安全监管部门监督检查的义务。

采购境外单位制造的一类放射性物品运输容器的使用单位，应当在相应制造活动开始前至少三个月通知国务院核安全监管部门，并配合国务院核安全监管部门对境外单位一类放射性物品运输容器制造活动实施监督检查。

采购境外单位制造的一类放射性物品运输容器成品的使用单位,应当在使用批准书申请时提交相应的文件,证明该容器质量满足设计要求。

第四章 放射性物品运输活动的监督管理

第二十四条 托运人对放射性物品运输的核与辐射安全和应急工作负责,对拟托运物品的合法性负责,并依法履行各项行政审批手续。托运一类放射性物品的托运人应当依法取得核与辐射安全分析报告批复后方可从事运输活动。托运人应当对直接从事放射性物品运输的工作人员进行运输安全和应急响应知识的培训和考核,并建立职业健康档案。

承运人应当对直接从事放射性物品运输的工作人员进行运输安全和应急响应知识的培训和考核,并建立职业健康档案。对托运人提交的有关资料,承运人应当进行查验、收存,并配合托运人做好运输过程中的安全保卫和核与辐射事故应急工作。

放射性物品运输应当有明确并且具备核与辐射安全法律法规规定条件的接收人。接收人应当对所接收的放射性物品进行核对验收,发现异常应当及时通报托运人和承运人。

第二十五条 托运人应当根据拟托运放射性物品的潜在危害建立健全应急响应体系,针对具体运输活动编制应急响应指南,并在托运前提交承运人。

托运人应当会同承运人定期开展相应的应急演练。

第二十六条 托运人应当对每个放射性物品运输容器在制造完成后、首次使用前进行详细检查,确保放射性物品运输容器的包容、屏蔽、传热、核临界安全功能符合设计要求。

第二十七条 托运人应当按照运输容器的特点,制定每次启运前检查或者试验程序,并按照程序进行检查。检查时应当核实内容物符合性,并对运输容器的吊装设备、密封性能、温度、压力等进行检测和检查,确保货包的热和压力已达到平衡、稳定状态,密闭性能完好。

对装有易裂变材料的放射性物品运输容器,还应当检查中子毒物和其他临界控制措施是否符合要求。

每次检查或者试验应当由获得托运人授权的操作人员进行,并制作书面记录。

检查不符合要求的,不得启运。

第二十八条 托运一类放射性物品的,托运人应当委托有资质的辐射监测机构在启运前对其表面污染和辐射水平实施监测,辐射监测机构应当出具辐射监测报告。

托运二类、三类放射性物品的,托运人应当对其表面污染和辐射水平实施监测,并编制辐射监测报告,存档备查。

监测结果不符合国家放射性物品运输安全标准的,不得托运。

第二十九条 托运人应当根据放射性物品运输安全标准,限制单个运输工具上放射性物品货包的数量。

承运人应当按照托运人的要求运输货包。放射性物品运输和中途贮存期间,承运人应当妥善堆放,采取必要的隔离措施,并严格执行辐射防护和监测要求。

第三十条 托运人和承运人应当采取措施,确保货包和运输工具外表面的非固定污染不超过放射性物品运输安全标准的要求。

在运输途中货包受损、发生泄漏或者有泄漏可能的,托运人和承运人应当立即采取措施保护现场,限制非专业人员接近,并由具备辐射防护与安全防护知识的专业技术人员按放射性物品运输安全标准要求评定货包的污染程度和辐射水平,消除或者减轻货包泄漏、损坏造成的后果。

经评定,货包泄漏量超过放射性物品运输安全标准要求的,托运人和承运人应当立即报告事故发生地的县级以上环境保护主管部门,并在环境保护主管部门监督下将货包移至临时场所。货包完成修理和去污之后,方可向外发送。

第三十一条 放射性物品运输中发生核与辐射安全事故时,托运人和承运人应当根据核与辐射事故应急响应指南的要求,做好事故应急工作,并立即报告事故发生地的县级以上环境保护主管部门。相关部门应当按照应急预案做好事故应急响应工作。

第三十二条 一类放射性物品启运前,托运人应当将放射性物品运输的核与辐射安全分析报告批准书、辐射监测报告,报启运地的省、自治区、直辖市环境保护主管部门备案。

启运地的省、自治区、直辖市环境保护主管部门收到托运人的备案材料后,应当将一类放射性物品运输辐射监测备案表及时通报途经地和抵达地的省、自治区、直辖市环境保护主管部门。

第三十三条 对一类放射性物品的运输,启运地的省、自治区、直辖市环境保护主管部门应当在启运前对放射性物品运输托运人的运输准备情况进行监督检查。

对运输频次比较高、运输活动比较集中的地区,可以根据实际情况制定监督检查计划,原则上检查频次每月不少于一次;对二类放射性物品的运输,可以根据实际情况开展抽查,原则上检查频次每季度不少于一次;对三类放射性物品的运输,可以根据实际情况实施抽查,原则上检查频次每年不少于一次。

途经地和抵达地的省、自治区、直辖市环境保护主管部门不得中途拦截检查;发生特殊情况的除外。

第三十四条 省、自治区、直辖市环境保护主管部门应当根据运输货包的类别和数量,按照放射性物品运输安全标准对本行政区域内放射性物品运输货包的表面污染和辐射水平开展启运前的监督性监测。监督性监测不得收取费用。

辐射监测机构和托运人应当妥善保存原始记录和监测报告,并配合省、自治区、直辖市环境保护主管部门进行监督性监测。

第三十五条 放射性物品从境外运抵中华人民共和国境内,或者途经中华人民共和国境内运输的,应当根据放射性物品的分类,分别按照法律法规规定的一类、二类、三类放射性物品运输的核与辐射安全监督管理要求进行运输。

第三十六条 放射性物品运输容器使用单位应当按照放射性物品运输安全标准和设计要求制定容器的维修和维护程序,严格按照程序进行维修和维护,并建立维修、维护和保养档案。放射性物品运输容器达到设计使用年限,或者发现放射性物品运输容器存在安全隐患的,应当停止使用,进行处理。

第三十七条 一类放射性物品运输容器使用单位应当对其使用的一类放射性物品运输容器每两年进行一次安全性能评价。安全性能评价应当在两年使用期届满前至少三个月进行,并在使用期届满前至少两个月编制定期安全性能评价报告。

定期安全性能评价报告,应当包括运输容器的运行历史和现状、检查和检修及发现问题的处理情况、定期检查和试验等内容。使用单位应当做好接受监督检查的准备。必要时,国务院核安全监管部门可以根据运输容器使用特点和使用情况,选取检查点并组织现场检查。

一类放射性物品运输容器使用单位应当于两年使用期届满前至少三十日,将安全性能评价结果报国务院核安全监管部门备案。

第三十八条 放射性物品启运前的监督检查包括以下内容:

(一)运输容器及放射性内容物:检查运输容器的日常维修和维护记录、定期安全性能评价记录(限一类放射性物品运输容器)、编码(限一类、二类放射性物品运输容器)等,确保运输容器及内容物均符合设计的要求;

(二)托运人启运前辐射监测情况,以及随车辐射监测设备的配备;

(三)表面污染和辐射水平;

(四)标记、标志和标牌是否符合要求;

(五)运输说明书,包括特殊的装卸作业要求、安全防护指南、放射性物品的品名、数量、物理化学形态、危害风险以及必要的运输路线的指示等;

(六)核与辐射事故应急响应指南;

(七)核与辐射安全分析报告批准书、运输容器设计批准书等相关证书的持有情况;

(八)直接从事放射性物品运输的工作人员的运输安全、辐射防护和应急响应知识的培训和考核情况;

(九)直接从事放射性物品运输的工作人员的辐射防护管理情况。

对一类、二类放射性物品运输的监督检查,还应当包括卫星定位系统的配备情况。

对重要敏感的放射性物品运输活动,国务院核安全监管部门应当根据核与辐射安全分析报告及其批复的要求加强监督检查。

第三十九条 国务院核安全监管部门和省、自治区、直辖市环境保护主管部门在监督检查中发现放射性物品运输活动有不符合国家放射性物品运输安全标准情形的,应当责令限期整改;发现放射性物品运输活动可能对人体健康和环境造成核与辐射危害的,应当责令停止运输。

第五章 附 则

第四十条 本办法自 2016 年 5 月 1 日起施行。

附

放射性物品运输容器统一编码规则

1.1 一类、二类放射性物品运输容器编码规则

CN / XXX / X - XX - (NNSA)

其中:

第 1—2 位:国家或地区代码,CN 代表中国。

第 3 位:"/",隔离符。

第 4-6 位：主管部门为该设计指定的设计批准编号或备案编号。

第 7 位："/"，隔离符。

第 8 位：批准书类型或容器类型：

一类放射性物品运输容器设计批准书类型：

AF：易裂变 A 型运输容器设计批准书

B(U)：B(U)型运输容器设计批准书

B(U)F：易裂变材料 B(U)型运输容器设计批准书

B(M)：B(M)型运输容器设计批准书

B(M)F：易裂变材料 B(M)型运输容器设计批准书

C：C 型运输容器设计批准书

CF：易裂变材料 C 型运输容器设计批准书

IF：易裂变材料工业运输容器设计批准书

H：非易裂变物质或除六氟化铀以外的易裂变物质运输容器的设计批准书。

二类放射性物品运输容器类型有 A,IP3 等。

第 9 位："-"。

第 10-11 位：依据 IAEA 标准的版本，用年份后 2 位数字表示。如 1996 年版本，则填写 96。

第 12 位："-"。

第 13 位：(NNSA)作为一位，代表国务院核安全监管部门批准的一类放射性物品运输容器和备案的二类放射性物品运输容器。

一类、二类运输容器编码规则，应当在国务院核安全监管部门设计批准或备案编号的基础上增加制造单位名称(用代码表示，按照申请的顺序从 001 开始，以此类推，100 代表境外单位制造)和流水号(No. 01、No. 02、No. 03 …依次类推)。

1.2 一类、二类放射性物品运输容器编码卡格式

1. 字体均为宋体，应当为刻印，不得手写。
2. 编码卡材料要适合存档和长期保存。
3. 编码卡尺寸可根据容器大小按比例调整尺寸，但应当以便于识别为准。

一类、二类放射性物品运输容器制造编码卡应当至少包括下列内容：

容器名称	
容器编码	
容器外形尺寸	
制造单位	
出厂日期	

填写说明：

1. 容器编码为按一类、二类放射性物品运输容器编码规则进行的编码。
2. 容器外形尺寸填写容器的最大形状尺寸。如：圆柱体，Φ4m×10m，长方体，2m×3m×5m。
3. 本卡不能留空，不清楚的项目填"未知"。

道路危险货物运输管理规定

- 2013 年 1 月 23 日交通运输部发布
- 根据 2016 年 4 月 11 日《交通运输部关于修改〈道路危险货物运输管理规定〉的决定》第一次修正
- 根据 2019 年 11 月 28 日《交通运输部关于修改〈道路危险货物运输管理规定〉的决定》第二次修正
- 根据 2023 年 11 月 10 日《交通运输部关于修改〈道路危险货物运输管理规定〉的决定》第三次修正

第一章 总 则

第一条 为规范道路危险货物运输市场秩序，保障人民生命财产安全，保护环境，维护道路危险货物运输各方当事人的合法权益，根据《中华人民共和国道路运输条例》和《危险化学品安全管理条例》等有关法律、行政法规，制定本规定。

第二条 从事道路危险货物运输活动，应当遵守本规定。军事危险货物运输除外。

法律、行政法规对民用爆炸物品、烟花爆竹、放射性物品等特定种类危险货物的道路运输另有规定的，从其规定。

第三条 本规定所称危险货物，是指具有爆炸、易燃、毒害、感染、腐蚀等危险特性，在生产、经营、运输、储存、使用和处置中，容易造成人身伤亡、财产损毁或者环境污染而需要特别防护的物质和物品。危险货物以列入《危险货物道路运输规则》(JT/T 617)的为准，未列入《危险货物道路运输规则》(JT/T 617)的，以有关法律、行政法规的规定或者国务院有关部门公布的结果为准。

本规定所称道路危险货物运输，是指使用载货汽车通过道路运输危险货物的作业全过程。

本规定所称道路危险货物运输车辆，是指满足特定技术条件和要求，从事道路危险货物运输的载货汽车(以下简称专用车辆)。

第四条 危险货物的分类、分项、品名和品名编号应当按照《危险货物道路运输规则》(JT/T 617)执行。危险货物的危险程度依据《危险货物道路运输规则》(JT/T 617)，分为Ⅰ、Ⅱ、Ⅲ等级。

第五条 从事道路危险货物运输应当保障安全，依法运输，诚实信用。

第六条 国家鼓励技术力量雄厚、设备和运输条件好的大型专业危险化学品生产企业从事道路危险货物运输，鼓励道路危险货物运输企业实行集约化、专业化经营，鼓励使用厢式、罐式和集装箱等专用车辆运输危险货物。

第七条 交通运输部主管全国道路危险货物运输管理工作。

县级以上地方人民政府交通运输主管部门（以下简称交通运输主管部门）负责本行政区域的道路危险货物运输管理工作。

第二章 道路危险货物运输许可

第八条 申请从事道路危险货物运输经营，应当具备下列条件：

（一）有符合下列要求的专用车辆及设备：

1. 自有专用车辆（挂车除外）5 辆以上；运输剧毒化学品、爆炸品的，自有专用车辆（挂车除外）10 辆以上。

2. 专用车辆的技术要求应当符合《道路运输车辆技术管理规定》有关规定。

3. 配备有效的通讯工具。

4. 专用车辆应当安装具有行驶记录功能的卫星定位装置。

5. 运输剧毒化学品、爆炸品、易制爆危险化学品的，应当配备罐式、厢式专用车辆或者压力容器等专用容器。

6. 罐式专用车辆的罐体应经检验合格，且罐体载货后总质量与专用车辆核定载质量相匹配。运输爆炸品、强腐蚀性危险货物的罐式专用车辆的罐体容积不得超过 20 立方米，运输剧毒化学品的罐式专用车辆的罐体容积不得超过 10 立方米，但符合国家有关标准的罐式集装箱除外。

7. 运输剧毒化学品、爆炸品、强腐蚀性危险货物的非罐式专用车辆，核定载质量不得超过 10 吨，但符合国家有关标准的集装箱运输专用车辆除外。

8. 配备与运输的危险货物性质相适应的安全防护、环境保护和消防设施设备。

（二）有符合下列要求的停车场地：

1. 自有或者租借期限为 3 年以上，且与经营范围、规模相适应的停车场地，停车场地应当位于企业注册地市级行政区域内。

2. 运输剧毒化学品、爆炸品专用车辆以及罐式专用车辆，数量为 20 辆（含）以下的，停车场地面积不低于车辆正投影面积的 1.5 倍，数量为 20 辆以上的，超过部分，每辆车的停车场地面积不低于车辆正投影面积；运输其他危险货物的，专用车辆数量为 10 辆（含）以下的，停车场地面积不低于车辆正投影面积的 1.5 倍；数量为 10 辆以上的，超过部分，每辆车的停车场地面积不低于车辆正投影面积。

3. 停车场地应当封闭并设立明显标志，不得妨碍居民生活和威胁公共安全。

（三）有符合下列要求的从业人员和安全管理人员：

1. 专用车辆的驾驶人员取得相应机动车驾驶证，年龄不超过 60 周岁。

2. 从事道路危险货物运输的驾驶人员、装卸管理人员、押运人员应当经所在地设区的市级人民政府交通运输主管部门考试合格，并取得相应的从业资格证；从事剧毒化学品、爆炸品道路运输的驾驶人员、装卸管理人员、押运人员，应当经考试合格，取得注明为"剧毒化学品运输"或者"爆炸品运输"类别的从业资格证。

3. 企业应当配备专职安全管理人员。

（四）有健全的安全生产管理制度：

1. 企业主要负责人、安全管理部门负责人、专职安全管理人员安全生产责任制度。

2. 从业人员安全生产责任制度。

3. 安全生产监督检查制度。

4. 安全生产教育培训制度。

5. 从业人员、专用车辆、设备及停车场地安全管理制度。

6. 应急救援预案制度。

7. 安全生产作业规程。

8. 安全生产考核与奖惩制度。

9. 安全事故报告、统计与处理制度。

第九条 符合下列条件的企事业单位，可以使用自备专用车辆从事为本单位服务的非经营性道路危险货物运输：

（一）属于下列企事业单位之一：

1. 省级以上应急管理部门批准设立的生产、使用、储存危险化学品的企业。

2. 有特殊需求的科研、军工等企事业单位。

（二）具备第八条规定的条件，但自有专用车辆（挂车除外）的数量可以少于 5 辆。

第十条 申请从事道路危险货物运输经营的企业，应当依法向市场监督管理部门办理有关登记手续后，向所在地设区的市级交通运输主管部门提出申请，并提交以下材料：

（一）《道路危险货物运输经营申请表》，包括申请人基本信息、申请运输的危险货物范围（类别、项别或品名，如果为剧毒化学品应当标注"剧毒"）等内容。

（二）拟担任企业法定代表人的投资人或者负责人的身份证明及其复印件，经办人身份证明及其复印件和书面委托书。

（三）企业章程文本。

（四）证明专用车辆、设备情况的材料，包括：

1. 未购置专用车辆、设备的，应当提交拟投入专用车辆、设备承诺书。承诺书内容应当包括车辆数量、类型、技术等级、总质量、核定载质量、车轴数以及车辆外廓尺寸；通讯工具和卫星定位装置配备情况；罐式专用车辆的罐体容积；罐式专用车辆罐体载货后的总质量与车辆核定载质量相匹配情况；运输剧毒化学品、爆炸品、易制爆危险化学品的专用车辆核定载质量等有关情况。承诺期限不得超过1年。

2. 已购置专用车辆、设备的，应当提供车辆行驶证、车辆技术等级评定结论；通讯工具和卫星定位装置配备；罐式专用车辆的罐体检测合格证或者检测报告及复印件等有关材料。

（五）拟聘用专职安全管理人员、驾驶人员、装卸管理人员、押运人员的，应当提交拟聘用承诺书，承诺期限不得超过1年；已聘用的应当提交从业资格证及其复印件以及驾驶证及其复印件。

（六）停车场地的土地使用证、租借合同、场地平面图等材料。

（七）相关安全防护、环境保护、消防设施设备的配备情况清单。

（八）有关安全生产管理制度文本。

第十一条 申请从事非经营性道路危险货物运输的单位，向所在地设区的市级交通运输主管部门提出申请时，除提交第十条第（四）项至第（八）项规定的材料外，还应当提交以下材料：

（一）《道路危险货物运输申请表》，包括申请人基本信息、申请运输的物品范围（类别、项别或品名，如果为剧毒化学品应当标注"剧毒"）等内容。

（二）下列形式之一的单位基本情况证明：

1. 省级以上应急管理部门颁发的危险化学品生产、使用等证明。

2. 能证明科研、军工等企事业单位性质或者业务范围的有关材料。

（三）特殊运输需求的说明材料。

（四）经办人的身份证明及其复印件以及书面委托书。

第十二条 设区的市级交通运输主管部门应当按照《中华人民共和国道路运输条例》和《交通行政许可实施程序规定》，以及本规定所明确的程序和时限实施道路危险货物运输行政许可，并进行实地核查。

决定准予许可的，应当向被许可人出具《道路危险货物运输行政许可决定书》，注明许可事项，具体内容应当包括运输危险货物的范围（类别、项别或品名，如果为剧毒化学品应当标注"剧毒"）、专用车辆数量、要求以及运输性质，并在10日内向道路危险货物运输经营申请人发放《道路运输经营许可证》，向非经营性道路危险货物运输申请人发放《道路危险货物运输许可证》。

市级交通运输主管部门应当将准予许可的企业或单位的许可事项等，及时以书面形式告知县级交通运输主管部门。

决定不予许可的，应当向申请人出具《不予交通行政许可决定书》。

第十三条 被许可人已获得其他道路运输经营许可的，设区的市级交通运输主管部门应当为其换发《道路运输经营许可证》，并在经营范围中加注新许可的事项。如果原《道路运输经营许可证》是由省级交通运输主管部门发放的，由原许可机关按照上述要求予以换发。

第十四条 被许可人应当按照承诺期限落实拟投入的专用车辆、设备。

原许可机关应当对被许可人落实的专用车辆、设备予以核实，对符合许可条件的专用车辆配发《道路运输证》，并在《道路运输证》经营范围栏内注明允许运输的危险货物类别、项别或者品名，如果为剧毒化学品应标注"剧毒"；对从事非经营性道路危险货物运输的车辆，还应当加盖"非经营性危险货物运输专用章"。

被许可人未在承诺期限内落实专用车辆、设备的，原许可机关应当撤销许可决定，并收回已核发的许可证明文件。

第十五条 被许可人应当按照承诺期限落实拟聘用的专职安全管理人员、驾驶人员、装卸管理人员和押运人员。

被许可人未在承诺期限内按照承诺聘用专职安全管理人员、驾驶人员、装卸管理人员和押运人员的，原许可机关应当撤销许可决定，并收回已核发的许可证明文件。

第十六条 交通运输主管部门不得许可一次性、临时性的道路危险货物运输。

第十七条 道路危险货物运输企业设立子公司从事道路危险货物运输的，应当向子公司注册地设区的市级交通运输主管部门申请运输许可。设立分公司的，应当向分公司注册地设区的市级交通运输主管部门备案。

第十八条 道路危险货物运输企业或者单位需要变更许可事项的，应当向原许可机关提出申请，按照本章有关许可的规定办理。

道路危险货物运输企业或者单位变更法定代表人、名称、地址等工商登记事项的，应当在30日内向原许可机关备案。

第十九条 道路危险货物运输企业或者单位终止危险货物运输业务的，应当在终止之日的30日前告知原许可机关，并在停业后10日内将《道路运输经营许可证》或者《道路危险货物运输许可证》以及《道路运输证》交回原许可机关。

第三章 专用车辆、设备管理

第二十条 道路危险货物运输企业或者单位应当按照《道路运输车辆技术管理规定》中有关车辆管理的规定，维护、检测、使用和管理专用车辆，确保专用车辆技术状况良好。

第二十一条 设区的市级交通运输主管部门应当定期对专用车辆进行审验，每年审验一次。审验按照《道路运输车辆技术管理规定》进行，并增加以下审验项目：

（一）专用车辆投保危险货物承运人责任险情况；

（二）必需的应急处理器材、安全防护设施设备和专用车辆标志的配备情况；

（三）具有行驶记录功能的卫星定位装置的配备情况。

第二十二条 禁止使用报废的、擅自改装的、检测不合格的、车辆技术等级达不到一级的和其他不符合国家规定的车辆从事道路危险货物运输。

除铰接列车、具有特殊装置的大型物件运输专用车辆外，严禁使用货车列车从事危险货物运输；倾卸式车辆只能运输散装硫磺、萘饼、粗蒽、煤焦沥青等危险货物。

禁止使用移动罐体（罐式集装箱除外）从事危险货物运输。

第二十三条 罐式专用车辆的常压罐体应当符合国家标准《道路运输液体危险货物罐式车辆第1部分：金属常压罐体技术要求》（GB 18564.1）、《道路运输液体危险货物罐式车辆第2部分：非金属常压罐体技术要求》（GB 18564.2）等有关技术要求。

使用压力容器运输危险货物的，应当符合国家特种设备安全监督管理部门制订并公布的《移动式压力容器安全技术监察规程》（TSG R0005）等有关技术要求。

压力容器和罐式专用车辆应当在压力容器或者罐体检验合格的有效期内承运危险货物。

第二十四条 道路危险货物运输企业或者单位对重复使用的危险货物包装物、容器，在重复使用前应当进行检查；发现存在安全隐患的，应当维修或者更换。

道路危险货物运输企业或者单位应当对检查情况作出记录，记录的保存期限不得少于2年。

第二十五条 道路危险货物运输企业或者单位应当到具有污染物处理能力的机构对常压罐体进行清洗（置换）作业，将废气、污水等污染物集中收集，消除污染，不得随意排放，污染环境。

第四章 道路危险货物运输

第二十六条 道路危险货物运输企业或者单位应当严格按照交通运输主管部门决定的许可事项从事道路危险货物运输活动，不得转让、出租道路危险货物运输许可证件。

严禁非经营性道路危险货物运输单位从事道路危险货物运输经营活动。

第二十七条 危险货物托运人应当委托具有道路危险货物运输资质的企业承运。

危险货物托运人应当对托运的危险货物种类、数量和承运人等相关信息予以记录，记录的保存期限不得少于1年。

第二十八条 危险货物托运人应当严格按照国家有关规定妥善包装并在外包装设置标志，并向承运人说明危险货物的品名、数量、危害、应急措施等情况。需要添加抑制剂或者稳定剂的，托运人应当按照规定添加，并告知承运人相关注意事项。

危险货物托运人托运危险化学品的，还应当提交与托运的危险化学品完全一致的安全技术说明书和安全标签。

第二十九条 不得使用罐式专用车辆或者运输有毒、感染性、腐蚀性危险货物的专用车辆运输普通货物。

其他专用车辆可以从事食品、生活用品、药品、医疗器具以外的普通货物运输，但应当由运输企业对专用车辆进行消除危害处理，确保不对普通货物造成污染、损害。

不得将危险货物与普通货物混装运输。

第三十条 专用车辆应当按照国家标准《道路运输

危险货物车辆标志》(GB 13392)的要求悬挂标志。

第三十一条 运输剧毒化学品、爆炸品的企业或者单位,应当配备专用停车区域,并设立明显的警示标牌。

第三十二条 专用车辆应当配备符合有关国家标准以及与所载运的危险货物相适应的应急处理器材和安全防护设备。

第三十三条 道路危险货物运输企业或者单位不得运输法律、行政法规禁止运输的货物。

法律、行政法规规定的限运、凭证运输货物,道路危险货物运输企业或者单位应当按照有关规定办理相关运输手续。

法律、行政法规规定托运人必须办理有关手续后方可运输的危险货物,道路危险货物运输企业应当查验有关手续齐全有效后方可承运。

第三十四条 道路危险货物运输企业或者单位应当采取必要措施,防止危险货物脱落、扬散、丢失以及燃烧、爆炸、泄漏等。

第三十五条 驾驶人员应当随车携带《道路运输证》。驾驶人员或者押运人员应当按照《危险货物道路运输规则》(JT/T 617)的要求,随车携带《道路运输危险货物安全卡》。

第三十六条 在道路危险货物运输过程中,除驾驶人员外,还应当在专用车辆上配备押运人员,确保危险货物处于押运人员监管之下。

第三十七条 道路危险货物运输途中,驾驶人员不得随意停车。

因住宿或者发生影响正常运输的情况需要较长时间停车的,驾驶人员、押运人员应当设置警戒带,并采取相应的安全防范措施。

运输剧毒化学品或者易制爆危险化学品需要较长时间停车的,驾驶人员或者押运人员应当向当地公安机关报告。

第三十八条 危险货物的装卸作业应当遵守安全作业标准、规程和制度,并在装卸管理人员的现场指挥或者监控下进行。

危险货物运输托运人和承运人应当按照合同约定指派装卸管理人员;若合同未予约定,则由负责装卸作业的一方指派装卸管理人员。

第三十九条 驾驶人员、装卸管理人员和押运人员上岗时应当随身携带从业资格证。

第四十条 严禁专用车辆违反国家有关规定超载、超限运输。

道路危险货物运输企业或者单位使用罐式专用车辆运输货物时,罐体载货后的总质量应当和专用车辆核定载质量相匹配;使用牵引车运输货物时,挂车载货后的总质量应当与牵引车的准牵引总质量相匹配。

第四十一条 道路危险货物运输企业或者单位应当要求驾驶人员和押运人员在运输危险货物时,严格遵守有关部门关于危险货物运输线路、时间、速度方面的有关规定,并遵守有关部门关于剧毒、爆炸危险品道路运输车辆在重大节日假日通行高速公路的相关规定。

第四十二条 道路危险货物运输企业或者单位应当通过卫星定位监控平台或者监控终端及时纠正和处理超速行驶、疲劳驾驶、不按规定线路行驶等违法违规驾驶行为。

监控数据应当至少保存6个月,违法驾驶信息及处理情况应当至少保存3年。

第四十三条 道路危险货物运输从业人员必须熟悉有关安全生产的法规、技术标准和安全生产规章制度、安全操作规程,了解所装运危险货物的性质、危害特性、包装物或者容器的使用要求和发生意外事故时的处置措施,并严格执行《危险货物道路运输规则》(JT/T 617)等标准,不得违章作业。

第四十四条 道路危险货物运输企业或者单位应当通过岗前培训、例会、定期学习等方式,对从业人员进行经常性安全生产、职业道德、业务知识和操作规程的教育培训。

第四十五条 道路危险货物运输企业或者单位应当加强安全生产管理,制定突发事件应急预案,配备应急救援人员和必要的应急救援器材、设备,并定期组织应急救援演练,严格落实各项安全制度。

第四十六条 道路危险货物运输企业或者单位应当委托具备资质条件的机构,对本企业或单位的安全管理情况每3年至少进行一次安全评估,出具安全评估报告。

第四十七条 在危险货物运输过程中发生燃烧、爆炸、污染、中毒或者被盗、丢失、流散、泄漏等事故,驾驶人员、押运人员应当立即根据应急预案和《道路运输危险货物安全卡》的要求采取应急处置措施,并向事故发生地公安部门、交通运输主管部门和本运输企业或者单位报告。运输企业或者单位接到事故报告后,应当按照本单位危险货物应急预案组织救援,并向事故发生地应急管理部门和生态环境、卫生健康主管部门报告。

交通运输主管部门应当公布事故报告电话。

第四十八条 在危险货物装卸过程中,应当根据危险货物的性质,轻装轻卸,堆码整齐,防止混杂、撒漏、破损,不得与普通货物混合堆放。

第四十九条 道路危险货物运输企业或者单位应当为其承运的危险货物投保承运人责任险。

第五十条 道路危险货物运输企业异地经营(运输线路起讫点均不在企业注册地市域内)累计3个月以上的,应当向经营地设区的市级交通运输主管部门备案并接受其监管。

第五章 监督检查

第五十一条 道路危险货物运输监督检查按照《道路货物运输及站场管理规定》执行。

交通运输主管部门工作人员应当定期或者不定期对道路危险货物运输企业或者单位进行现场检查。

第五十二条 交通运输主管部门工作人员对在异地取得从业资格的人员监督检查时,可以向原发证机关申请提供相应的从业资格档案资料,原发证机关应当予以配合。

第五十三条 交通运输主管部门在实施监督检查过程中,经本部门主要负责人批准,可以对没有随车携带《道路运输证》又无法当场提供其他有效证明文件的危险货物运输专用车辆予以扣押。

第五十四条 任何单位和个人对违反本规定的行为,有权向交通运输主管部门举报。

交通运输主管部门应当公布举报电话,并在接到举报后及时依法处理;对不属于本部门职责的,应当及时移送有关部门处理。

第六章 法律责任

第五十五条 违反本规定,有下列情形之一的,由交通运输主管部门责令停止运输经营,违法所得超过2万元的,没收违法所得,处违法所得2倍以上10倍以下的罚款;没有违法所得或者违法所得不足2万元的,处3万元以上10万元以下的罚款;构成犯罪的,依法追究刑事责任:

(一)未取得道路危险货物运输许可,擅自从事道路危险货物运输的;

(二)使用失效、伪造、变造、被注销等无效道路危险货物运输许可证件从事道路危险货物运输的;

(三)超越许可事项,从事道路危险货物运输的;

(四)非经营性道路危险货物运输单位从事道路危险货物运输经营的。

第五十六条 违反本规定,道路危险货物运输企业或者单位非法转让、出租道路危险货物运输许可证件的,由交通运输主管部门责令停止违法行为,收缴有关证件,处2000元以上1万元以下的罚款;有违法所得的,没收违法所得。

第五十七条 违反本规定,道路危险货物运输企业或者单位有下列行为之一,由交通运输主管部门责令限期投保;拒不投保的,由原许可机关吊销《道路运输经营许可证》或者《道路危险货物运输许可证》,或者吊销相应的经营范围:

(一)未投保危险货物承运人责任险的;

(二)投保的危险货物承运人责任险已过期,未继续投保的。

第五十八条 违反本规定,道路危险货物运输企业或者单位以及托运人有下列情形之一的,由交通运输主管部门责令改正,并处5万元以上10万元以下的罚款,拒不改正的,责令停产停业整顿;构成犯罪的,依法追究刑事责任:

(一)驾驶人员、装卸管理人员、押运人员未取得从业资格上岗作业的;

(二)托运人不向承运人说明所托运的危险化学品的种类、数量、危险特性以及发生危险情况的应急处置措施,或者未按照国家有关规定对所托运的危险化学品妥善包装并在外包装上设置相应标志的;

(三)未根据危险化学品的危险特性采取相应的安全防护措施,或者未配备必要的防护用品和应急救援器材的;

(四)运输危险化学品需要添加抑制剂或者稳定剂,托运人未添加或者未将有关情况告知承运人的。

第五十九条 违反本规定,道路危险货物运输企业或者单位未配备专职安全管理人员的,由交通运输主管部门依照《中华人民共和国安全生产法》的规定进行处罚。

第六十条 违反本规定,道路危险化学品运输托运人有下列行为之一的,由交通运输主管部门责令改正,处10万元以上20万元以下的罚款,有违法所得的,没收违法所得;拒不改正的,责令停产停业整顿;构成犯罪的,依法追究刑事责任:

(一)委托未依法取得危险货物道路运输许可的企业承运危险化学品的;

(二)在托运的普通货物中夹带危险化学品,或者将危险化学品谎报或者瞒报为普通货物托运的。

第六十一条 违反本规定,道路危险货物运输企业擅自改装已取得《道路运输证》的专用车辆及罐式专用车辆罐体的,由交通运输主管部门责令改正,并处5000元以上2万元以下的罚款。

第七章 附 则

第六十二条 本规定对道路危险货物运输经营未作规定的,按照《道路货物运输及站场管理规定》执行;对非经营性道路危险货物运输未作规定的,参照《道路货物运输及站场管理规定》执行。

第六十三条 道路危险货物运输许可证件和《道路运输证》工本费的具体收费标准由省、自治区、直辖市人民政府财政、价格主管部门会同同级交通运输主管部门核定。

第六十四条 交通运输部可以根据相关行业协会的申请,经组织专家论证后,统一公布可以按照普通货物实施道路运输管理的危险货物。

第六十五条 本规定自2013年7月1日起施行。交通部2005年发布的《道路危险货物运输管理规定》(交通部令2005年第9号)及交通运输部2010年发布的《关于修改〈道路危险货物运输管理规定〉的决定》(交通运输部令2010年第5号)同时废止。

港口危险货物安全监督检查工作指南

- 2016年9月5日
- 交办水〔2016〕122号

1 范 围

本指南规定了对危险货物港口经营人实施安全生产监督检查的机构、人员、检查方式和频次、检查方法、检查程序、检查内容及相关要求,以规范安全监督检查的内容和行为,指导港口行政管理部门履职尽责。所在地港口行政管理部门可根据本地实际制定细则。

本指南适用于所在地港口行政管理部门对危险货物港口经营人实施危险货物港口作业安全监督检查的活动。其他港口行政管理部门开展港口危险货物安全监督检查活动可参照执行。

按本指南要求开展安全生产监督检查,还应严格遵守和执行国家有关法律法规和标准规范。

2 规范性引用文件

凡是注日期的引用文件,仅所注日期的版本适用于本指南。凡是不注日期的引用文件,其最新版本(包括所有的修改单)适用于本指南。

《港口法》
《安全生产法》
《危险化学品安全管理条例》
《生产安全事故报告和调查处理条例》
《港口危险货物安全管理规定》
《港口经营管理规定》
《危险货物水路运输从业人员考核和从业资格管理规定》
《港口大型机械防阵风防台风管理规定》
《港口设施保安规则》
《劳动防护用品监督管理规定》
《危险化学品重大危险源辨识》(GB 18218)
《危险货物集装箱港口作业安全规程》(JT 397)
《港口危险货物经营企业安全生产标准化规范》(JT/T 947)
《港口危险货物重大危险源监督管理办法(试行)》
《港口安全设施目录》等。

3 术语和定义

下列术语和定义适用于本指南。

3.1 监督检查人员

港口行政管理部门取得交通运输行政执法证,依据相关法律法规和标准规范对危险货物港口经营人实施安全监督检查的人员。

3.2 隐患

危险货物港口经营人违反安全生产法律法规、标准规范和安全生产管理制度的规定,或者因其他因素在生产经营活动中存在的可能导致事故发生的物的不安全状态、人的不安全行为、环境不利因素和管理上的缺陷。

3.3 一般事故隐患

危害和整改难度较小,发现后能够立即整改排除的隐患。

3.4 重大事故隐患

危害和整改难度较大,应当全部或者局部停产停业,并经过一定时间整改治理方能排除的隐患,或者因外部因素影响致使生产经营单位自身难以排除的隐患。

3.5 综合检查

港口行政管理部门依法对辖区内危险货物港口经营人执行有关安全生产法律法规、标准规范和安全生产管理制度的情况及行为进行全面监督检查的活动。

3.6 专项检查

港口行政管理部门依法对辖区内危险货物港口经营人安全生产的一类或几类特定事项进行监督检查的活动。

3.7 重大危险源

按GB 18218和《港口危险货物重大危险源监督管理

办法(试行)》辨识确定,港口区域内储存危险货物的数量等于或者超过临界量的单元(包括场所和设施)。

4 监督检查机构

4.1 港口行政管理部门应制定年度安全生产监督检查计划,按照年度安全生产监督检查计划,参照本指南提出的监督检查内容和方法(参见附录1),进行监督检查,建立监督检查档案。

4.2 港口行政管理部门应根据安全监督检查结果,依法查处安全生产违法行为,实施行政处罚(参见附录2),对检查中发现的事故隐患,应及时处理。

4.3 港口行政管理部门应定期向上级主管部门汇报监督检查情况,及时上报重大事故隐患及安全生产事故情况,对违法行为情节严重的,应通过违法违规行为曝光台及时曝光。

5 监督检查人员

5.1 监督检查人员应当忠于职守,坚持原则,秉公执法,认真履行安全监督检查职责,正确行使安全监督检查权限。

5.2 监督检查人员应取得交通运输行政执法证,掌握国家和行业相关法律法规、规章制度、标准规范,参加并通过安全监督检查岗前培训。

5.3 监督检查人员应保守被监督检查单位的工作秘密和商业秘密,遵守被监督检查单位的有关规章制度,不得影响被监督检查单位的正常生产经营活动,现场监督检查过程中发生突发事件时,应执行被监督检查单位的应急预案。

6 监督检查方式和频次

6.1 监督检查方式

6.1.1 监督检查按检查内容可分为综合检查、专项检查等,检查方式可以采取定期或者不定期检查,明查或者暗访。

6.1.2 监督检查方式主要采用现场检查,也可采用信息化手段进行非现场检查。

6.1.3 监督检查可会同其他负有安全生产监督管理职责的部门联合检查。必要时可以聘请第三方专业机构或者专家参与检查,专家宜从安全生产专家库中抽选。

6.2 监督检查频次

6.2.1 港口行政管理部门应根据危险货物港口经营人的储存和装卸能力、危险货物的火灾危险性、毒性和重大危险源级别等因素,将危险货物港口经营人的安全风险进行分类,根据确定的安全风险类别确定危险货物港口经营人综合检查、专项检查和巡查的频次。按安全风险分类分级管理原则,将高风险类别的危险货物港口经营人作为安全监督检查的重点,并相应提高检查频次。

6.2.2 本年度存在重大事故隐患或发生较大事故(含)以上或发生人员死亡事故的危险货物港口经营人,所在地港口行政管理部门将其列入最高安全风险类别实施安全监督检查;本年度发生一般事故(不含人员死亡)的危险货物港口经营人,按安全风险类别调升一级实施安全监督检查。危险货物港口经营人消除事故隐患后,方可恢复至原定安全风险类别。

7 监督检查方法

根据安全监督检查的方式、内容等,可分别采用资料、档案、记录核对,人员询问,现场查看和查证等方法开展安全监督检查。

8 监督检查程序

8.1 监督检查准备

8.1.1 港口行政管理部门应根据年度安全监督检查计划成立监督检查组,熟悉被检查单位的情况,编制现场检查表,准备检查装备。

8.1.2 监督检查组应配备不少于2名持有执法证件的安全监督检查人员。根据实际需要,可聘请第三方专业机构或专家参与检查。

8.2 现场监督检查程序

8.2.1 监督检查人员执行监督检查工作时,应当出示执法证件;按照检查计划实施监督检查,填写现场检查表,如实记录检查的时间、地点、内容、发现的问题及其处理情况等,保存提取的证据。

8.2.2 监督检查人员应会同被检查单位对检查结果予以确认,现场检查表由监督检查人员和被检查单位的负责人共同签字;被检查单位的负责人拒绝签字的,监督检查人员应当将情况记录在案,并及时向所在地港口行政管理部门报告。

8.3 监督检查结果处理

8.3.1 监督检查组根据现场检查和检查记录编写、提交监督检查报告,提出隐患整改和行政处罚意见建议。

8.3.2 港口行政管理部门对安全监督检查过程中发现的事故隐患,应当责令立即排除。

8.3.3 对安全监督检查中发现的安全生产违法行为,当场予以纠正或者要求限期改正;对依法应当给予行政处罚的行为,依法作出行政处罚决定(参见附录2)。

8.3.4 对安全监督检查中发现的重大事故隐患,必要时报告同级人民政府,实行挂牌督办;在重大事故隐患排除前或者排除过程中无法保证安全的,应当责令危险货物港口经营人从危险区域内撤出作业人员,责令暂时停产停业或者停止使用相关设施、设备;对有根据认为不符合国家或者行业标准的设施、设备、器材以及违法装卸、储存的危险货物予以查封或者扣押,对违法装卸、储存、经营的危险货物作业场所予以查封,并依法作出处理决定。

8.3.5 安全监督检查中,发现存在的安全问题应由其他有关部门进行处理的,应及时移送其他有关部门并形成记录备查。

8.4 **跟踪督查**

8.4.1 港口行政管理部门对监督检查过程中发现的事故隐患的整改情况进行跟踪督查,督促危险货物港口经营人上报事故隐患整改情况报告。

8.4.2 对整改不到位的事故隐患再次督促危险货物港口经营人整改,对事故隐患整改不力的危险货物港口经营人要进行通报;对拒不执行整改措施的危险货物港口经营人,责令停产停业整顿,并依法进行处罚。经停产停业整顿仍不具备安全生产条件的,报请县级以上人民政府按照国务院规定的权限予以关闭。

8.4.3 重大事故隐患整改过程中,暂时停产停业或者相关设施、设备停止使用的,重大事故隐患排除后,经审查同意,危险货物港口经营人方可恢复生产经营和使用。

9 监督检查内容

所在地港口行政管理部门对危险货物港口经营人开展安全监督综合检查包括但不限于下列内容。

9.1 **经营资质与文件**

9.1.1 经营资质:港口经营许可证、港口危险货物作业附证、港口设施保安符合证书(仅限对外开放港口设施)等相关资质证书应在有效期内,经营品种和数量应在许可范围之内。

9.1.2 安全评价:按规定开展危险货物港口作业、重大危险源等相关安全评价,并委托有资质的安全评价机构出具安全评价报告,报告书在有效期内,报告中提出的整改措施应落实到位,报告书及整改方案的落实情况应报港口行政管理部门备案。

9.1.3 剧毒化学品及重大危险源备案:对剧毒化学品以及储存数量构成重大危险源的其他危险货物,危险货物港口经营人按规定将其储存数量、储存地点以及管理措施、管理人员等情况,报所在地港口行政管理部门备案。

9.1.4 港口经营出租与承包:不得将生产经营项、场所、设备发包或者出租给不具备安全生产条件或者相应资质的单位或者个人。港口经营项目、场所发包或者出租给其他单位的,港口经营单位应当与承包单位、承租单位签订专门的安全生产管理协议,或者在承包合同、租赁合同中约定各自的安全生产管理职责;港口经营单位对承包单位、承租单位的安全生产工作统一协调、管理,定期进行安全检查,发现安全问题的,应当及时督促整改。

9.2 **安全生产管理机构与人员资质**

9.2.1 安全生产管理机构:按规定设置安全生产管理机构或配备专职安全生产管理人员。

9.2.2 人员资质:主要负责人、安全管理人员经安全生产知识和管理能力考核合格。危险化学品港口经营人的装卸管理人员等从业人员应依法取得相应的从业资格证书。

9.3 **安全管理制度和规程**

9.3.1 安全生产责任制:建立完善的安全生产责任制,明确各部门、各岗位安全职责,危险货物港口经营人主要负责人为安全生产第一责任人。建立安全生产责任考核制度和考核记录、奖惩记录,对各部门、管理人员及从业人员安全生产职责的履行情况进行定期考核,并予以奖惩。

9.3.2 安全生产规章制度:按规定建立健全安全生产规章制度,并符合实际,按规定进行修订,发生重大变更及时修订。

9.3.3 安全生产操作规程:根据港口危险货物装卸储存工艺、设备设施的特点和装卸储存货物的种类及危险特性、危险有害因素辨识、风险评估的结果等,制定安全生产操作规程,按规定进行修订,发生重大变更及时修订。

9.3.4 制度和规程执行:严格执行各项安全管理制度和规程。

9.4 **教育培训**

9.4.1 培训与管理:按规定制定年度安全生产教育培训计划,按照计划对从业人员开展安全教育培训并建立档案,如实记录教育培训的时间、内容、参加人员及考核结果等情况。

9.4.2 持证上岗人员培训:依法应持证上岗的人员,应按规定经过专门的安全作业培训,取得相应资格,并按规定进行继续教育培训。

9.4.3 相关方培训:相关方进港人员应接受相应的安全教育,了解进港有关安全规定及安全注意事项。

9.5 **设备设施**

9.5.1 工艺与工艺设备设施:根据总平面布置、装卸储存货种、吞吐量、储存方式等情况选择符合规范要求的装卸储运工艺，配备符合安全要求的设备设施，建立设备设施台账、档案，制定检维修计划，定期维护保养，保证设备设施的正常使用。

9.5.2　工艺控制：按规范要求设置装卸储存工艺控制系统，具备超限报警、紧急制动、防止误操作等安全防护功能。

9.5.3　安全设备设施、强检设备、特种设备：按照国家标准、行业标准或者国家有关规定配备完善的安全设备设施，并进行经常性维护、保养，强检设备、特种设备按照国家有关规定经检验检定合格，取得安全使用证或者安全标志，并注册登记。

9.5.4　安全管理信息系统：建立安全管理信息系统，并有效运行。

9.5.5　危险货物作业场所与员工宿舍等安全间距：危险货物作业场所不得与员工宿舍在同一座建筑物内，并应当与员工宿舍保持安全距离。危险货物作业场所和员工宿舍应当设有符合紧急疏散要求、标志明显、保持畅通的出口。禁止锁闭、封堵危险货物作业场所或者员工宿舍的出口。危险货物作业场所与其他场所、设施的间距等应符合有关法律法规以及《建筑设计防火规范》《海港总体设计规范》《石油库设计规范》《石油化工企业设计防火规范》等标准规范关于安全间距、紧急疏散、安全标志出入口等方面要求。

9.6　**安全投入**

按规定提取和使用安全生产费用，建立安全生产费用台账，跟踪、监督安全生产费用使用情况，确保安全生产费用专项用于安全生产。

9.7　**个体防护**

9.7.1　个体防护用品配备和使用：根据接触危害的种类、强度，为从业人员提供符合国家标准或行业标准的个体防护用品和器具，并教育、监督从业人员正确佩戴、使用。

9.7.2　个体防护用品管理：建立个体防护用品管理台账，加强对个体防护用品使用、保管等情况的管理和检查监督。

9.8　**作业与现场管理**

9.8.1　作业申报：按规定开展港口危险货物作业申报，不得瞒报、谎报、漏报。未经所在地港口行政管理部门批准的，不得进行港口危险货物作业。

9.8.2　作业合规要求：港口危险货物作业应当符合《危险货物集装箱港口作业安全规程》等有关安全作业标准、规程和制度，并在装卸管理人员的现场指挥或者监控下进行。不违章指挥、不违章作业、不违反劳动纪律。

9.8.3　安全检查：严格执行安全检查管理制度，定期或不定期进行安全检查。

9.8.4　危险作业管理：国家和有关部门规定的危险作业活动，港口经营人应当安排专门人员进行现场安全管理，确保操作规程的遵守和安全措施的落实，并实施内部许可管理。

9.8.5　危及管道的施工作业：在港区内进行可能危及危险货物输送管道安全的施工作业，施工单位应当在开工的7日前书面通知管道所属单位，并与管道所属单位共同制定应急预案，采取相应的安全防护措施。管道所属单位应当指派专门人员到现场进行管道安全保护指导。

9.9　**重大危险源管理**

9.9.1　评估分级：按规定对重大危险源进行辨识评估并确定重大危险源等级，进行分级管理。其中，有以下情况的重新组织辨识评估：安全评价报告满三年；重大危险源的装置、设施或场所进行新改扩建；危险货物种类、数量、生产、使用工艺或储存方式及重要设备设施、外部环境发生变化，影响重大危险源级别和风险程度的。

9.9.2　登记建档备案：按规定对重大危险源登记建档，报所在地港口行政管理部门和相关部门备案。

9.9.3　监控与管理：制订实施重大危险源安全管理与监控方案，重大危险源与周边场所、设施、区域的安全间距，重大危险源安全防护设施与安全监控报警，重大危险源所在场所的安全警示标志等，满足法规标准规范的要求。

9.10　**隐患排查治理**

9.10.1　隐患排查：定期组织事故隐患排查工作，建立隐患排查方案，对排查出的事故隐患，按事故隐患等级进行登记。

9.10.2　隐患治理：对隐患排查中发现的事故隐患，及时组织隐患治理，做到定治理措施、定负责人、定资金来源、定治理期限，及时消除事故隐患。重大事故隐患应制定并实施治理方案，治理方案应包括目标和任务、方法和措施、经费和物资、机构和人员、时限和要求、安全措施和应急预案等。

9.10.3　备案：按规定将重大事故隐患的排查和处理情况及时报所在地港口行政管理部门备案。

9.10.4　建档和通报：建立事故隐患排查治理档案，及时向从业人员通报。

9.11　**应急管理**

9.11.1　应急预案：按规定建立包括总体应急预案、专项应急预案、现场处置方案的应急预案体系，报所在地港口行政管理部门和相关部门备案,应急预案按规定修订,并根据应急演练结果及时进行补充完善。

9.11.2 应急组织与人员:按规定建立应急救援组织,配备应急人员,或指定兼职的应急救援人员,明确人员职责。

9.11.3 应急设备物资:配备必要的应急救援器材、设备和物资,并进行经常性维护、保养,保证正常运转。

9.11.4 应急演练:按规定组织应急演练,其中,对于一级、二级港口重大危险源危险货物港口经营人,每季度至少进行一次;其他类危险货物港口经营人,每半年至少进行一次。

9.12 事故/事件管理

9.12.1 事故上报:按规定及时上报发生的安全生产事故情况。

9.12.2 事故调查处理:配合事故调查或受委托组织事故调查组进行调查,按时提交事故调查报告,分析事故原因和处理意见以及事故防范和整改措施,并落实。

9.12.3 事故/事件管理:建立事故/事件档案和事故/事件管理台账,对事故、事件进行统计分析,将事件、一般事故、需要上报的事故分类管理。

10 相关要求

10.1 档案管理

10.1.1 港口行政管理部门应建立安全生产监督检查档案,并归档保存,做到"一企一档"。监督检查档案主要包括:

安全监督检查计划;

现场检查记录表;

安全监督检查相关证据(包括图片、视频、书证等);

安全监督检查报告;

事故隐患整改相关材料;

行政处罚决定相关材料;

受理举报情况记录(包括举报内容、调查核实情况、整改落实情况等)。

10.1.2 安全监督检查档案应及时录入港口安全监管信息系统,实现纸质和电子档的双重存档。

10.2 其他

10.2.1 港口行政管理部门负责安全监督检查工作的宣传、培训、考核、奖惩等管理工作。

10.2.2 港口行政管理部门应加强与所辖区域内海事、安监、环保、质检、公安与消防等有关部门的合作,发现存在的安全问题应由其他有关部门进行处理的,应及时移送其他有关部门并形成记录备查,接受其他部门移送的安全问题应及时进行处理。

附录1:港口危险货物安全监督检查主要内容和方法(略)

附录2:危险货物港口经营人行政处罚内容(略)

港口危险货物安全管理规定

· 2017年9月4日交通运输部发布
· 根据2019年11月28日《交通运输部关于修改〈港口危险货物安全管理规定〉的决定》第一次修正
· 根据2023年8月3日《交通运输部关于修改〈港口危险货物安全管理规定〉的决定》第二次修正

第一章 总 则

第一条 为了加强港口危险货物安全管理,预防和减少危险货物事故,保障人民生命、财产安全,保护环境,根据《港口法》《安全生产法》《危险化学品安全管理条例》等有关法律、行政法规,制定本规定。

第二条 在中华人民共和国境内,新建、改建、扩建储存、装卸危险货物的港口建设项目(以下简称危险货物港口建设项目)和进行危险货物港口作业,适用本规定。

前款所称危险货物港口作业包括在港区内装卸、过驳、仓储危险货物等行为。

第三条 港口危险货物安全管理坚持安全第一、预防为主、综合治理的方针,强化和落实危险货物港口建设项目的建设单位和港口经营人安全生产主体责任。

危险货物港口建设项目的建设单位和港口经营人应当建立健全全员安全生产责任制和安全生产规章制度,加大对安全生产资金、物资、技术、人员的投入保障力度,改善安全生产条件,加强安全生产标准化、信息化建设,构建安全风险分级管控和隐患排查治理双重预防机制,健全风险防范化解机制,提高安全生产水平,确保安全生产。

第四条 交通运输部主管全国港口危险货物安全行业管理工作。

省、自治区、直辖市交通运输主管部门主管本辖区的港口危险货物安全监督管理工作。

省、市、县级港口行政管理部门在职责范围内负责具体实施港口危险货物安全监督管理工作。

第二章 建设项目安全审查

第五条 危险货物港口建设项目应当由港口行政管理部门进行安全条件审查。

未通过安全条件审查,危险货物港口建设项目不得开工建设。

第六条 省级港口行政管理部门负责下列港口建设项目的安全条件审查：

（一）涉及储存或者装卸剧毒化学品的港口建设项目；

（二）沿海 50000 吨级以上、长江干线 3000 吨级以上、其他内河 1000 吨级以上的危险货物码头；

（三）沿海罐区总容量 100000 立方米以上、内河罐区总容量 5000 立方米以上的危险货物仓储设施。

其他危险货物港口建设项目由项目所在地设区的市级港口行政管理部门负责安全条件审查。

第七条 危险货物港口建设项目的建设单位，应当在可行性研究阶段按照国家有关规定委托有资质的安全评价机构对该建设项目进行安全评价，并编制安全预评价报告。安全预评价报告应当符合有关安全生产法律、法规、规章、国家标准、行业标准和港口建设的有关规定。

第八条 涉及危险化学品的港口建设项目，建设单位还应当进行安全条件论证，并编制安全条件论证报告。安全条件论证的内容应当包括：

（一）建设项目内在的危险和有害因素对安全生产的影响；

（二）建设项目与周边设施或者单位、人员密集区、敏感性设施和敏感环境区域在安全方面的相互影响；

（三）自然条件对建设项目的影响。

第九条 建设单位应当向危险货物建设项目所在地港口行政管理部门申请安全条件审查，并提交以下材料：

（一）建设项目安全条件审查申请书；

（二）建设项目安全预评价报告；

（三）建设项目安全条件论证报告（涉及危险化学品的提供）；

（四）依法需取得的建设项目规划选址文件。

所在地港口行政管理部门应当核查文件是否齐全，不齐全的告知申请人予以补正。对材料齐全的申请应当予以受理；对不属于本级审查权限的，应当在受理后 5 日内将申请材料转报有审查权限的港口行政管理部门。转报时间应当计入审查期限。

第十条 负责安全条件审查的港口行政管理部门应当自受理申请之日起 45 日内作出审查决定。

有下列情形之一的，安全条件审查不予通过：

（一）安全预评价报告存在重大缺陷、漏项的，包括对建设项目主要危险、有害因素的辨识和评价不全面或者不准确的；

（二）对安全预评价报告中安全设施设计提出的对策与建议不符合有关安全生产法律、法规、规章和国家标准、行业标准的；

（三）建设项目与周边场所、设施的距离或者拟建场址自然条件不符合有关安全生产法律、法规、规章和国家标准、行业标准的；

（四）主要技术、工艺未确定，或者不符合有关安全生产法律、法规、规章和国家标准、行业标准的；

（五）未依法进行安全条件论证和安全评价的；

（六）隐瞒有关情况或者提供虚假文件、资料的。

港口行政管理部门在安全条件审查过程中，应当对申请材料进行审查，并对现场进行核查。必要时可以组织相关专家进行咨询论证。

第十一条 港口行政管理部门对符合安全条件的，应当予以通过，并将审查决定送达申请人。对未通过安全条件审查的，应当说明理由并告知申请人。建设单位经过整改后可以重新申请安全条件审查。

第十二条 已经通过安全条件审查的危险货物港口建设项目有下列情形之一的，建设单位应当按照本规定的有关要求重新进行安全条件论证和安全评价，并重新申请安全条件审查：

（一）变更建设地址的；

（二）建设项目周边环境因素发生重大变化导致安全风险增加的；

（三）建设项目规模进行调整导致安全风险增加或者安全性能降低的；

（四）建设项目平面布置、作业货种、工艺、设备设施等发生重大变化导致安全风险增加或者安全性能降低的。

第十三条 建设单位应当在危险货物港口建设项目初步设计阶段按照国家有关规定委托设计单位对安全设施进行设计。

安全设施设计应当符合有关安全生产和港口建设的法律、法规、规章以及国家标准、行业标准，并包括以下主要内容：

（一）该建设项目涉及的危险、有害因素和程度及周边环境安全分析；

（二）采用的安全设施和措施，预期效果以及存在的问题与建议；

（三）对安全预评价报告中有关安全设施设计的对策与建议的采纳情况说明；

（四）可能出现的事故预防及应急救援措施。

第十四条　由港口行政管理部门负责初步设计审批的危险货物港口建设项目，在初步设计审批中对安全设施设计进行审查。

前款规定之外的其他危险货物港口建设项目，由负责安全条件审查的港口行政管理部门进行安全设施设计审查。

建设单位在申请安全设施设计审查时应当提交以下材料：

（一）安全设施设计审查申请书；

（二）设计单位的基本情况及资信情况；

（三）安全设施设计。

港口行政管理部门应当自受理申请之日起20日内对申请材料进行审查，作出审查决定，并告知申请人；20日内不能作出决定的，经本部门负责人批准，可以延长10日，并应当将延长期限的理由告知申请人。

第十五条　有下列情形之一的，安全设施设计审查不予通过：

（一）设计单位资质不符合相关规定的；

（二）未按照有关法律、法规、规章和国家标准、行业标准的规定进行设计的；

（三）对未采纳安全预评价报告中的安全对策和建议，未作充分论证说明的；

（四）隐瞒有关情况或者提供虚假文件、资料的。

安全设施设计审查未通过的，建设单位经过整改后可以重新申请安全设施设计审查。

第十六条　已经通过审查的危险货物港口建设项目安全设施设计有下列情形之一的，建设单位应当报原审查部门重新申请安全设施设计审查：

（一）改变安全设施设计且可能导致安全性能降低的；

（二）在施工期间重新设计的。

第十七条　危险货物港口建设项目的建设单位应当在施工期间组织落实经批准的安全设施设计的有关内容，并加强对施工质量的监测和管理，建立相应的台账。施工单位应当按照批准的设计施工。

第十八条　危险货物港口建设项目的安全设施应当与主体工程同时建成，并由建设单位组织验收。验收前建设单位应当按照国家有关规定委托有资质的安全评价机构对建设项目及其安全设施进行安全验收评价，并编制安全验收评价报告。安全验收评价报告应当符合国家标准、行业标准和港口建设的有关规定。

建设单位进行安全设施验收时，应当组织专业人员对该建设项目进行现场检查，并对安全设施施工报告及监理报告、安全验收评价报告等进行审查，作出是否通过验收的结论。参加验收人员的专业能力应当涵盖该建设项目涉及的所有专业内容。

安全设施验收未通过的，建设单位经过整改后可以再次组织安全设施验收。

第十九条　安全设施验收合格后，建设单位应当将验收过程中涉及的文件、资料存档。港口行政管理部门应当加强对建设单位验收活动和验收结果的监督核查。

第二十条　安全评价机构的安全评价活动应当遵守有关法律、法规、规章和保障安全生产的国家标准或者行业标准的规定。

港口行政管理部门应当对违法违规开展港口安全评价的机构予以曝光，并通报同级应急管理部门。

第三章　经营人资质

第二十一条　从事危险货物港口作业的经营人（以下简称危险货物港口经营人）除满足《港口经营管理规定》规定的经营许可条件外，还应当具备以下条件：

（一）设有安全生产管理机构或者配备专职安全生产管理人员；

（二）具有健全的安全管理制度、岗位安全责任制度和操作规程；

（三）有符合国家规定的危险货物港口作业设施设备；

（四）有符合国家规定且经专家审查通过的事故应急预案和应急设施设备；

（五）从事危险化学品作业的，还应当具有取得从业资格证书的装卸管理人员。

第二十二条　申请危险货物港口经营人资质，除按《港口经营管理规定》的要求提交相关文件和材料外，还应当向所在地港口行政管理部门提交以下文件和材料：

（一）危险货物港口经营申请表，包括拟申请危险货物作业的具体场所、作业方式、危险货物品名（集装箱和包装货物载明到"项别"）；

（二）符合国家规定的应急设施、设备清单；

（三）装卸管理人员的从业资格证书（涉及危险化学品的提供）；

（四）新建、改建、扩建储存、装卸危险货物港口设施的，提交安全设施验收合格证明材料（包括安全设施施工报告及监理报告、安全验收评价报告、验收结论和隐患整改报告）；使用现有港口设施的，提交对现状的安全评价报告。

第二十三条　所在地港口行政管理部门应当自受理

申请之日起30日内作出许可或者不予许可的决定。符合许可条件的，应当颁发《港口经营许可证》，并对每个具体的危险货物作业场所配发《港口危险货物作业附证》(见附件)。

《港口经营许可证》应当载明危险货物港口经营人的名称与办公地址、法定代表人或者负责人、经营地域、准予从事的业务范围、附证事项、发证日期、许可证有效期和证书编号。

《港口危险货物作业附证》应当载明危险货物港口经营人、作业场所、作业方式、作业危险货物品名(集装箱和包装货物载明到"项别")、发证机关、发证日期、有效期和证书编号。

所在地港口行政管理部门应当依法向社会公开有关信息，并及时向所在地海事管理机构和同级应急管理部门、生态环境主管部门、公安机关通报。

第二十四条　《港口经营许可证》有效期为3年，《港口危险货物作业附证》有效期不得超过《港口经营许可证》的有效期。

第二十五条　危险货物港口经营人应当在《港口经营许可证》或者《港口危险货物作业附证》有效期届满之日30日以前，向发证机关申请办理延续手续。

申请办理《港口经营许可证》及《港口危险货物作业附证》延续手续，除按《港口经营管理规定》的要求提交相关文件和材料外，还应当提交下列材料：

(一)除本规定第二十二条第(一)项之外的其他证明材料；

(二)本规定第二十八条规定的安全评价报告及落实情况。

第二十六条　危险货物港口经营人发生变更或者其经营范围发生变更的，应当按照本规定第二十二条的规定重新申请《港口经营许可证》及《港口危险货物作业附证》。

第二十七条　危险货物港口经营人应当在依法取得许可的范围内从事危险货物港口作业，依法提取和使用安全生产经费，聘用注册安全工程师从事安全生产管理工作，对从业人员进行安全生产教育、培训并如实记录相关情况，按照相关规定投保安全生产责任保险。相关从业人员应当按照《危险货物水路运输从业人员考核和从业资格管理规定》的要求，经考核合格或者取得相应从业资格。

危险货物港口经营人应当向从业人员如实告知作业场所和工作岗位存在的危险因素、防范措施以及事故应急措施，提供符合国家标准或者行业标准的劳动防护用品，并关注身体、心理状况和行为习惯，加强心理疏导、精神慰藉，严格落实岗位安全生产责任。

危险货物港口经营人接收中等职业学校、高等学校学生实习的，应当对实习学生进行相应的安全生产教育和培训，提供必要的劳动防护用品。

第二十八条　危险货物港口经营人应当在取得经营资质后，按照国家有关规定委托有资质的安全评价机构，对本单位的安全生产条件每3年进行一次安全评价，提出安全评价报告。安全评价报告的内容应当包括对事故隐患的整改情况、遗留隐患和安全条件改进建议。

危险货物港口经营人应当将安全评价报告以及落实情况报所在地港口行政管理部门备案。

第二十九条　出现下列情形之一的，危险货物港口经营人应当重新进行安全评价，并按照本规定第二十八条的规定进行备案：

(一)增加作业的危险货物品种；

(二)作业的危险货物数量增加，构成重大危险源或者重大危险源等级提高的；

(三)发生火灾、爆炸或者危险货物泄漏，导致人员死亡、重伤或者事故等级达到较大事故以上的；

(四)周边环境因素发生重大变化，可能对港口安全生产带来重大影响的。

增加作业的危险货物品种或者数量，涉及变更经营范围的，除应当符合环保、消防、职业卫生等方面相关主管部门的要求外，还应当按照本规定第二十六条的规定重新申请《港口经营许可证》及《港口危险货物作业附证》。

现有设施需要进行改扩建的，除应当履行改扩建手续外，还应当履行本规定第二章安全审查的有关规定。

第四章　作业管理

第三十条　危险货物港口经营人应当根据《港口危险货物作业附证》上载明的危险货物品名，依据其危险特性，在作业场所设置相应的监测、监控、通风、防晒、调温、防火、灭火、防爆、泄压、防毒、中和、防潮、防雷、防静电、防腐、防泄漏以及防护围堤或者隔离操作等安全设施、设备，并保持正常、正确使用。

第三十一条　危险货物港口经营人应当按照保障安全生产的国家标准或者行业标准对其危险货物作业场所的安全设施、设备进行经常性维护、保养，并定期进行检测、检验，及时更新不合格的设施、设备，保证正常运转。维护、保养、检测、检验应当做好记录，并由有关人员签字。

第三十二条 危险货物港口经营人应当在其作业场所和安全设施、设备上设置明显的安全警示标志；同时还应当在其作业场所设置通信、报警装置，并保证其处于适用状态。

第三十三条 危险货物专用库场、储罐应当符合保障安全生产的国家标准或者行业标准，设置明显标志，并依据相关标准定期安全检测维护。

第三十四条 危险货物港口作业使用特种设备的，应当符合国家特种设备管理的有关规定，并按要求进行检验。

第三十五条 危险货物港口经营人使用管道输送危险货物的，应当建立输送管道安全技术档案，具备管道分布图，并对输送管道定期进行检查、检测，设置明显标志。

在港区内进行可能危及危险货物输送管道安全的施工作业，施工单位应当在开工的7日前书面通知管道所属单位，并与管道所属单位共同制定应急预案，采取相应的安全防护措施。管道所属单位应当指派专门人员到现场进行管道安全保护指导。

第三十六条 危险货物港口经营人不得关闭、破坏直接关系生产安全的监控、报警、防护、救生设施、设备，或者篡改、隐瞒、销毁其相关数据、信息。

第三十七条 危险货物港口作业委托人应当向危险货物港口经营人提供委托人身份信息和完整准确的危险货物品名、联合国编号、危险性分类、包装、数量、应急措施及安全技术说明书等资料；危险性质不明的危险货物，应当提供具有相应资质的专业机构出具的危险货物危险特性鉴定技术报告。法律、行政法规规定必须办理有关手续后方可进行水路运输的危险货物，还应当办理有关手续，并向港口经营人提供相关证明材料。

危险货物港口作业委托人不得在委托作业的普通货物中夹带危险货物，不得匿报、谎报危险货物。

第三十八条 危险货物港口经营人不得装卸、储存未按本规定第三十七条规定提交相关资料的危险货物。对涉嫌在普通货物中夹带危险货物，或者将危险货物匿报或者谎报为普通货物的，所在地港口行政管理部门或者海事管理机构可以依法开拆查验，危险货物港口经营人应当予以配合。港口行政管理部门和海事管理机构应当将查验情况相互通报，避免重复开拆。

第三十九条 发生下列情形之一的，危险货物港口经营人应当及时处理并报告所在地港口行政管理部门：

（一）发现未申报或者申报不实、申报有误的危险货物；

（二）在普通货物或者集装箱中发现夹带危险货物；

（三）在危险货物中发现性质相抵触的危险货物，且不满足国家标准及行业标准中有关积载、隔离、堆码要求。

对涉及船舶航行、作业安全的相关信息，港口行政管理部门应当及时通报所在地海事管理机构。

第四十条 在港口作业的包装危险货物应当妥善包装，并在外包装上设置相应的标志。包装物、容器的材质以及包装的型式、规格、方法应当与所包装的货物性质、运输装卸要求相适应。材质、型式、规格、方法以及包装标志应当符合我国加入并已生效的有关国际条约、国家标准和相关规定的要求。

第四十一条 危险货物港口经营人应当对危险货物包装和标志进行检查，发现包装和标志不符合国家有关规定的，不得予以作业，并应当及时通知或者退回作业委托人处理。

第四十二条 船舶载运危险货物进出港口，应当按照有关规定向海事管理机构办理申报手续。海事管理机构应当及时将有关申报信息通报所在地港口行政管理部门。

第四十三条 船舶危险货物装卸作业前，危险货物港口经营人应当与作业船舶按照有关规定进行安全检查，确认作业的安全状况和应急措施。

第四十四条 不得在港口装卸国家禁止通过水路运输的危险货物。

第四十五条 在港口内从事危险货物添加抑制剂或者稳定剂作业的单位，作业前应当将有关情况告知相关危险货物港口经营人和作业船舶。

第四十六条 危险货物港口经营人在危险货物港口装卸、过驳作业开始24小时前，应当将作业委托人以及危险货物品名、数量、理化性质、作业地点和时间、安全防范措施等事项向所在地港口行政管理部门报告。所在地港口行政管理部门应当在接到报告后24小时内作出是否同意作业的决定，通知报告人，并及时将有关信息通报海事管理机构。报告人在取得作业批准后72小时内未开始作业的，应当重新报告。未经所在地港口行政管理部门批准的，不得进行危险货物港口作业。

时间、内容和方式固定的危险货物港口装卸、过驳作业，经所在地港口行政管理部门同意，可以实行定期申报。

第四十七条 危险货物港口作业应当符合有关安全

作业标准、规程和制度，并在具有从业资格的装卸管理人员现场指挥或者监控下进行。

第四十八条 两个以上危险货物港口经营人在同一港口作业区内进行危险货物港口作业，可能危及对方生产安全的，应当签订安全生产管理协议，明确各自的安全生产管理职责和应当采取的安全措施，并指定专职安全生产管理人员进行安全检查与协调。

第四十九条 危险货物港口经营人进行爆炸品、气体、易燃液体、易燃固体、易于自燃的物质、遇水放出易燃气体的物质、氧化性物质、有机过氧化物、毒性物质、感染性物质、放射性物质、腐蚀性物质的港口作业，应当划定作业区域，明确责任人并实行封闭式管理。作业区域应当设置明显标志，禁止无关人员进入和无关船舶停靠。

第五十条 危险货物港口经营人进行吊装、动火、临时用电以及国务院应急管理部门会同国务院有关部门规定的其他危险作业，应当安排专门人员进行现场安全管理，确保遵守操作规程和落实安全措施。

第五十一条 危险货物应当储存在港区专用的库场、储罐，并由专人负责管理；剧毒化学品以及储存数量构成重大危险源的其他危险货物，应当单独存放，并实行双人收发、双人保管制度。

危险货物的储存方式、方法以及储存数量，包括危险货物集装箱直装直取和限时限量存放，应当符合国家标准、行业标准或者国家有关规定。

第五十二条 危险货物港口经营人经营仓储业务的，应当建立危险货物出入库核查、登记制度。

对储存剧毒化学品以及储存数量构成重大危险源的其他危险货物的，危险货物港口经营人应当将其储存数量、储存地点以及管理措施、管理人员等情况，依法报所在地港口行政管理部门和相关部门备案。

第五十三条 危险货物港口经营人应当建立危险货物作业信息系统，实时记录危险货物作业基础数据，包括作业的危险货物种类及数量、储存地点、理化特性、货主信息、安全和应急措施等，并在作业场所外异地备份。有关危险货物作业信息应按要求及时准确提供相关管理部门。

第五十四条 危险货物港口经营人应当建立安全风险分级管控制度，开展安全生产风险辨识、评估，针对不同风险，制定具体的分级管控措施，落实管控责任。

第五十五条 危险货物港口经营人应当根据有关规定，进行重大危险源辨识，确定重大危险源级别，实施分级管理，并登记建档。危险货物港口经营人应当建立健全重大危险源安全管理规章制度，制定实施危险货物重大危险源安全管理与监控方案，制定应急预案，告知相关人员在紧急情况下应当采取的应急措施，定期对重大危险源进行检测、评估、监控。

第五十六条 危险货物港口经营人应当将本单位的重大危险源及有关安全措施、应急措施依法报送所在地港口行政管理部门和相关部门备案。

第五十七条 危险货物港口经营人在重大危险源出现本规定第二十九条规定的情形之一，可能影响重大危险源级别和风险程度的，应当对重大危险源重新进行辨识、分级、安全评估、修改档案，并及时报送所在地港口行政管理部门和相关部门重新备案。

第五十八条 危险货物港口经营人应当建立健全并落实事故隐患排查治理制度，定期开展事故隐患排查，及时消除隐患，事故隐患排查治理情况应当如实记录，并通过职工大会或者职工代表大会、信息公示栏等方式向从业人员通报。

危险货物港口经营人应当将重大事故隐患的排查治理情况及时向所在地港口行政管理部门和职工大会或者职工代表大会报告。

所在地港口行政管理部门应当建立健全重大事故隐患治理督办制度，督促危险货物港口经营人消除重大事故隐患。

第五章 应急管理

第五十九条 所在地港口行政管理部门应当建立危险货物事故应急体系，制定港口危险货物事故应急预案。应急预案应当依法经当地人民政府批准后向社会公布。

所在地港口行政管理部门应当在当地人民政府的领导下推进专业化应急队伍建设和应急资源储备，定期组织开展应急培训和应急救援演练，提高应急能力。

第六十条 危险货物港口经营人应当制定本单位危险货物事故专项应急预案和现场处置方案，依法配备应急救援人员和必要的应急救援器材、设备，每半年至少组织一次应急救援培训和演练并如实记录，根据演练结果对应急预案进行修订。应急预案应当具有针对性和可操作性，并与所在地港口行政管理部门公布的港口危险货物事故应急预案相衔接。

危险货物港口经营人应当将其应急预案及其修订情况报所在地港口行政管理部门备案，并向本单位从业人员公布。

第六十一条 危险货物港口作业发生险情或者事故时，港口经营人应当立即启动应急预案，采取应急行动，排除事故危害，控制事故进一步扩散，并按照有关规定向港口行政管理部门和有关部门报告。

危险货物港口作业发生事故时，所在地港口行政管理部门应当按规定向上级行政管理部门、当地人民政府及有关部门报告，并及时组织救助。

第六章 安全监督与管理

第六十二条 所在地港口行政管理部门应当采取随机抽查、年度核查等方式对危险货物港口经营人的经营资质进行监督检查，发现其不再具备安全生产条件的，应当依法撤销其经营许可。

第六十三条 所在地港口行政管理部门应当依法对危险货物港口作业和装卸、储存区域实施监督检查，并明确检查内容、方式、频次以及有关要求等。实施监督检查时，可以行使下列职权：

（一）进入并检查危险货物港口作业场所，查阅、抄录、复印相关的文件或者资料，提出整改意见；

（二）发现危险货物港口作业和设施、设备、装置、器材、运输工具不符合法律、法规、规章规定和保障安全生产的国家标准或者行业标准要求的，责令立即停止使用；

（三）对危险货物包装和标志进行抽查，对不符合有关规定的，责令港口经营人停止作业，及时通知或者退回作业委托人处理；

（四）检查中发现事故隐患的，应当责令危险货物港口经营人立即排除；重大事故隐患排除前或者排除过程中无法保证安全的，应当责令从危险区域内撤出作业人员并暂时停产停业或者停止使用相关设施、设备；重大事故隐患排除后，经其审查同意，方可恢复作业；

（五）发现违法违章作业行为，应当当场予以纠正或者责令限期改正；

（六）对应急演练进行抽查，发现不符合要求的，当场予以纠正或者要求限期改正；

（七）经本部门主要负责人批准，依法查封违法储存危险货物的场所，扣押违法储存的危险货物。

港口行政管理部门依法进行监督检查，监督检查人员不得少于2人，并应当出示执法证件，将执法情况书面记录。监督检查不得影响被检查单位的正常生产经营活动。

第六十四条 有关单位和个人对依法进行的监督检查应当予以配合，不得拒绝、阻碍。港口行政管理部门依法对存在重大事故隐患作出停产停业的决定，危险货物港口经营人应当依法执行，及时消除隐患。危险货物港口经营人拒不执行，有发生生产安全事故的现实危险的，在保证安全的前提下，经本部门主要负责人批准，港口行政管理部门可以依法采取通知有关单位停止供电等措施，强制危险货物港口经营人履行决定。

港口行政管理部门依照前款规定采取停止供电措施，除有危及生产安全的紧急情形外，应当提前24小时通知危险货物港口经营人。危险货物港口经营人履行决定、采取相应措施消除隐患的，港口行政管理部门应当及时解除停止供电措施。

第六十五条 所在地港口行政管理部门应当加强对重大危险源的监管和应急准备，建立健全本辖区内重大危险源的档案，组织开展重大危险源风险分析，建立重大危险源安全检查制度，定期对存在重大危险源的港口经营人进行安全检查，对检查中发现的事故隐患，督促港口经营人进行整改。

第六十六条 港口行政管理部门应当建立举报制度，公开举报电话、信箱或者电子邮件地址等网络举报平台，受理各类违法违规从事危险货物港口作业的投诉和举报并进行调查核实，形成书面材料；需要落实整改措施的，应当报经有关负责人签字并督促落实。

港口行政管理部门在处理投诉和举报过程中，应当接受社会监督，及时曝光违法违规行为。

第六十七条 港口行政管理部门应当加强监管队伍建设，建立健全安全教育培训制度，依法规范行政执法行为。

第六十八条 所在地港口行政管理部门应当配备必要的危险货物港口安全检查装备，建立危险货物港口安全监管信息系统，具备危险货物港口安全监督管理能力。

所在地港口行政管理部门应当将重大事故隐患、重大危险源相关信息纳入危险货物港口安全监管信息系统，并按规定与同级地方人民政府应急管理部门实现信息共享。

第六十九条 港口行政管理部门应当建立港口危险货物管理专家库。专家库应由熟悉港口安全相关法律法规和技术标准、危险货物港口作业、港口安全技术、港口工程、港口安全管理和港口应急救援等相关专业人员组成。

港口行政管理部门在组织安全条件审查、安全设施设计审查或者其他港口危险货物管理工作时，需要吸收专家参加或者听取专家意见的，应当从专家库中抽取。

第七十条 所在地港口行政管理部门应当建立健全安全生产诚信管理制度，建立安全生产违法行为信息库，如实记录危险货物港口经营人及其有关从业人员的安全生产违法行为信息,并纳入交通运输和相关统一信用信息共享平台。

第七章 法律责任

第七十一条 未经安全条件审查,新建、改建、扩建危险货物港口建设项目的,由所在地港口行政管理部门责令停止建设,限期改正;逾期未改正的,处五十万元以上一百万元以下的罚款。

第七十二条 危险货物港口建设项目有下列行为之一的,由所在地港口行政管理部门责令停止建设或者停产停业整顿,限期改正,并处十万元以上五十万元以下的罚款,对其直接负责的主管人员和其他直接责任人员处二万元以上五万元以下的罚款;逾期未改正的,处五十万元以上一百万元以下的罚款,对其直接负责的主管人员和其他直接责任人员处五万元以上十万元以下的罚款:

(一)未按照规定对危险货物港口建设项目进行安全评价的;

(二)没有安全设施设计或者安全设施设计未按照规定报经港口行政管理部门审查同意的;

(三)施工单位未按照批准的安全设施设计施工的;

(四)安全设施未经验收合格,擅自从事危险货物港口作业的。

第七十三条 未依法取得相应的港口经营许可证,或者超越许可范围从事危险货物港口经营的,由所在地港口行政管理部门责令停止违法经营,没收违法所得;违法所得十万元以上的,并处违法所得二倍以上五倍以下的罚款;违法所得不足十万元的,处五万元以上二十万元以下的罚款。

第七十四条 危险货物港口经营人未依法提取和使用安全生产经费导致不具备安全生产条件的,由所在地港口行政管理部门责令限期改正;逾期未改正的,责令停产停业整顿。

第七十五条 危险货物港口经营人有下列行为之一的,由所在地港口行政管理部门责令限期改正,处十万元以下的罚款;逾期未改正的,责令停产停业整顿,并处十万元以上二十万元以下的罚款,对其直接负责的主管人员和其他直接责任人员处二万元以上五万元以下的罚款:

(一)未按照规定设置安全生产管理机构或者配备安全生产管理人员、注册安全工程师的;

(二)未依法对从业人员、实习学生进行安全生产教育、培训,未按照规定如实告知有关的安全生产事项,或者未如实记录安全生产教育、培训情况的;

(三)未将事故隐患排查治理情况如实记录或者未向从业人员通报的;

(四)未按照规定制定危险货物事故应急救援预案或者未定期组织演练的。

第七十六条 危险货物港口经营人有下列行为之一的,由所在地港口行政管理部门责令限期改正,处十万元以下的罚款;逾期未改正的,责令停产停业整顿,并处十万元以上二十万元以下的罚款,对其直接负责的主管人员和其他直接责任人员处二万元以上五万元以下的罚款:

(一)危险货物港口作业未建立专门安全管理制度、未采取可靠的安全措施的;

(二)对重大危险源未登记建档,未进行定期检测、评估、监控,未制定应急预案,或者未告知应急措施的;

(三)未建立安全风险分级管控制度或者未按照安全风险分级采取相应管控措施的;

(四)未建立事故隐患排查治理制度,或者重大事故隐患排查治理情况未按照规定报告的;

(五)进行吊装、动火、临时用电以及国务院应急管理部门会同国务院有关部门规定的其他危险作业,未安排专门人员进行现场安全管理的。

第七十七条 危险货物港口经营人有下列情形之一的,由所在地港口行政管理部门责令改正,处五万元以下的罚款;逾期未改正的,处五万元以上二十万元以下的罚款,对其直接负责的主管人员和其他直接责任人员处一万元以上二万元以下的罚款;情节严重的,责令停产停业整顿:

(一)未在生产作业场所和安全设施、设备上设置明显的安全警示标志的;

(二)未按照国家标准、行业标准安装、使用安全设备或者未进行经常性维护、保养和定期检测的;

(三)关闭、破坏直接关系生产安全的监控、报警、防护、救生设施、设备,或者篡改、隐瞒、销毁其相关数据、信息的;

(四)未为从业人员提供符合国家标准或者行业标准的劳动防护用品的。

第七十八条 危险货物港口经营人有下列情形之一的,由所在地港口行政管理部门责令改正,可以处五万元以下的罚款;逾期未改正的,处五万元以上十万元以下的罚款;情节严重的,责令停产停业整顿:

(一)未对其铺设的危险货物管道设置明显的标志,或者未对危险货物管道定期检查、检测的;

(二)危险货物专用库场、储罐未设专人负责管理,或者对储存的剧毒化学品以及储存数量构成重大危险源的其他危险货物未实行双人收发、双人保管制度的;

(三)未建立危险货物出入库核查、登记制度的;

(四)装卸、储存没有安全技术说明书的危险货物或者外包装没有相应标志的包装危险货物的;

(五)未在作业场所设置通信、报警装置的。

在港口进行可能危及危险货物管道安全的施工作业,施工单位未按照规定书面通知管道所属单位,或者未与管道所属单位共同制定应急预案、采取相应的安全防护措施,或者管道所属单位未指派专门人员到现场进行管道安全保护指导的,由所在地港口行政管理部门按照前款规定的处罚金额进行处罚。

第七十九条 危险货物港口经营人有下列情形之一的,由所在地港口行政管理部门责令改正,处五万元以上十万元以下的罚款;逾期未改正的,责令停产停业整顿;除第(一)项情形外,情节严重的,还可以吊销其港口经营许可证件:

(一)未在取得从业资格的装卸管理人员现场指挥或者监控下进行作业的;

(二)未依照本规定对其安全生产条件定期进行安全评价的;

(三)未将危险货物储存在专用库场、储罐内,或者未将剧毒化学品以及储存数量构成重大危险源的其他危险货物在专用库场、储罐内单独存放的;

(四)危险货物的储存方式、方法或者储存数量不符合国家标准或者国家有关规定的;

(五)危险货物专用库场、储罐不符合国家标准、行业标准的要求的。

第八十条 危险货物港口经营人有下列情形之一的,由所在地港口行政管理部门责令改正,可以处一万元以下的罚款;逾期未改正的,处一万元以上五万元以下的罚款:

(一)未将安全评价报告以及落实情况报港口行政管理部门备案的;

(二)未将剧毒化学品以及储存数量构成重大危险源的其他危险货物的储存数量、储存地点以及管理人员等情况报港口行政管理部门备案的。

第八十一条 两个以上危险货物港口经营人在同一港口作业区内从事可能危及对方生产安全的危险货物港口作业,未签订安全生产管理协议或者未指定专职安全管理人员进行安全检查和协调的,由所在地港口行政管理部门责令限期改正,处一万元以下的罚款,对其直接负责的主管人员和其他直接责任人员处三千元以下的罚款;情节严重的,处一万元以上五万元以下的罚款,对其直接负责的主管人员和其他直接责任人员处三千元以上一万元以下的罚款;逾期未改正的,责令停产停业整顿。

第八十二条 危险货物港口经营人未采取措施消除事故隐患的,由所在地港口行政管理部门责令立即消除或者限期消除,处五万元以下的罚款;拒不执行的,责令停产停业整顿,对其直接负责的主管人员和其他直接责任人员处五万元以上十万元以下的罚款。

第八十三条 未按照本规定报告并经同意进行危险货物装卸、过驳作业的,由所在地港口行政管理部门责令停止作业,并处五千元以上五万元以下的罚款。

第八十四条 危险货物港口经营人有下列行为之一的,由所在地港口行政管理部门责令改正,并处三万元以下的罚款:

(一)装卸国家禁止通过该港口水域水路运输的危险货物的;

(二)未如实记录危险货物作业基础数据的;

(三)发现危险货物的包装和安全标志不符合相关规定仍进行作业的;

(四)未具备其作业使用的危险货物输送管道分布图、安全技术档案的。

在港口从事危险货物添加抑制剂或者稳定剂作业前,未将有关情况告知相关危险货物港口经营人和作业船舶的,由所在地港口行政管理部门责令改正,并对相关单位处三万元以下的罚款。

危险货物港口经营人未将生产安全事故应急预案报送备案的,由所在地港口行政管理部门责令限期改正;逾期未改正的,处三万元以上五万元以下的罚款,对直接负责的主管人员和其他直接责任人员处一万元以上二万元以下的罚款。

第八十五条 港口作业委托人未按规定向港口经营人提供所托运的危险货物有关资料的,由所在地港口行政管理部门责令改正,处五万元以上十万元以下的罚款。港口作业委托人在托运的普通货物中夹带危险货物,或者将危险货物谎报或者匿报为普通货物托运的,由所在地港口行政管理部门责令改正,处十万元以上二十万元以下的罚款,有违法所得的,没收违法所得。

第八十六条 危险货物港口经营人拒绝、阻碍港口行政管理部门依法实施安全监督检查的,由港口行政管理部门责令改正;逾期未改正的,处二万元以上二十万元以下的罚款；对其直接负责的主管人员和其他直接责任人员处一万元以上二万元以下的罚款。

第八十七条 危险货物港口经营人未按照国家规定投保安全生产责任保险的，港口行政管理部门应当责令限期改正，处五万元以上十万元以下的罚款；逾期未改正的，处十万元以上二十万元以下的罚款。

第八十八条 危险货物港口经营人存在下列情形之一的，港口行政管理部门应当提请地方人民政府予以关闭，依法吊销其经营许可。危险货物港口经营人的主要负责人五年内不得担任任何生产经营单位的主要负责人；情节严重的，终身不得担任港口经营人的主要负责人：

（一）存在重大事故隐患，一百八十日内三次或者一年内四次受到《中华人民共和国安全生产法》规定的行政处罚的；

（二）经停产停业整顿，仍不具备法律、行政法规和保障安全生产的国家标准或者行业标准规定的安全生产条件的；

（三）不具备法律、行政法规和保障安全生产的国家标准或者行业标准规定的安全生产条件，导致发生重大、特别重大生产安全事故的；

（四）拒不执行港口行政管理部门作出的停产停业整顿决定的。

第八十九条 危险货物港口经营人违反《中华人民共和国安全生产法》规定，被责令改正且受到罚款处罚，拒不改正的，港口行政管理部门可以自作出责令改正之日的次日起，按照原处罚数额按日连续处罚。

第九十条 港口行政管理部门的工作人员有下列行为之一的，对直接负责的主管人员和其他直接责任人员给予行政处分；构成犯罪的，依法追究刑事责任：

（一）未按照规定的条件、程序和期限实施行政许可的；

（二）发现违法行为未依法予以制止、查处，情节严重的；

（三）未履行本规定设定的监督管理职责，造成严重后果的；

（四）有其他滥用职权、玩忽职守、徇私舞弊行为的。

第九十一条 违反本规定的其他规定应当进行处罚的，按照《港口法》《安全生产法》《危险化学品安全管理条例》等法律法规执行。

第八章 附 则

第九十二条 本规定所称危险货物，是指具有爆炸、易燃、毒害、腐蚀、放射性等危险特性，在港口作业过程中容易造成人身伤亡、财产毁损或者环境污染而需要特别防护的物质、材料或者物品，包括：

（一）《国际海运危险货物规则》（IMDG code）第 3 部分危险货物一览表中列明的包装危险货物，以及未列明但经评估具有安全危险的其他包装货物；

（二）《国际海运固体散装货物规则》（IMSBC code）附录一 B 组中含有联合国危险货物编号的固体散装货物，以及经评估具有安全危险的其他固体散装货物；

（三）《经 1978 年议定书修订的 1973 年国际防止船舶造成污染公约》（MARPOL73/78 公约）附则 I 附录 1 中列明的散装油类，以及国际海事组织通过文件强制要求各缔约国按照 MARPOL73/78 公约附则 I 管理的散装油类；

（四）《国际散装危险化学品船舶构造和设备规则》（IBC code）第 17 章中列明的散装液体化学品，以及未列明但经评估具有安全危险的其他散装液体化学品，港口储存环节仅包含上述中具有安全危害性的散装液体化学品；

（五）《国际散装液化气体船舶构造和设备规则》（IGC code）第 19 章列明的散装液化气体，以及未列明但经评估具有安全危险的其他散装液化气体；

（六）我国加入或者缔结的国际条约、国家标准规定的其他危险货物；

（七）《危险化学品目录》中列明的危险化学品。

第九十三条 本规定自 2017 年 10 月 15 日起施行。2012 年 12 月 11 日交通运输部发布的《港口危险货物安全管理规定》（交通运输部令 2012 年第 9 号）同时废止。

附件

港口危险货物作业附证

编号：

港口经营人：
作业场所：
作业方式：
作业危险货物品名：

发证机关：
发证日期：
有效期至：

港口危险货物作业附证填写说明

一、《港口危险货物作业附证》纸张大小设定为 A4 格式，外观设计背景加国徽、底纹等。

二、附证编号：由各地港口行政管理部门按照《港口经营许可证》号后加"—"再加具体的码头（泊位）（M 表示）、储罐（C 表示）、装卸车台（T 表示）、堆场（D 表示）、仓库（K 表示）、过驳（B 表示）汉语拼音字母缩写表示。例：（苏宁）港经证（00026）号—M001；（苏宁）港经证（00026）号—C001；（苏宁）港经证（00026）号—T001；（苏宁）港经证（00026）号—D001；（苏宁）港经证（00026）号—K001；（苏宁）港经证（00026）号—B001。

三、作业场所：由港口行政管理部门和港口经营人共同确定，分为码头（泊位）、单个储罐、装卸车台、堆场、仓库、过驳区等六种作业场所，分别发放附证，并明确作业区域的位置，以及泊位等级、储罐容量（公称容积）、装卸车线数量、堆场面积、仓库面积、过驳水域面积等。例：南京港××港区××作业区 608 码头（5000 吨级）；南京港××港区××作业区××储罐区××号储罐（5 万立方）；南京港××港区××作业区××储罐区（或××码头）××号装卸车台（×条装卸车线）；南京港××港区××作业区××危险货物堆场（1 万平方米），南京港××港区××作业区××危险货物仓库（1 万平方米），南京港××港区××水域××过驳锚地（5 平方公里）。

四、作业方式：如船—管道，船—管道—储罐，储罐—管道—船，船—船等方式。

五、作业危险货物品名：根据《国际海运危险货物规则》《国际海运固体散装货物规则》《经 1978 年议定书修订的 1973 年国际防止船舶造成污染公约》《国际散装危险化学品船舶构造和设备规则》《国际散装液化气体船舶构造和设备规则》《危险化学品目录》最新版填写具体的作业品种名称（集装箱和包装货载明到"项别"）。

交通运输部办公厅关于印发《危险货物港口作业重大事故隐患判定标准》的通知

· 2024 年 7 月 8 日
· 交办水〔2024〕34 号

各省、自治区、直辖市交通运输厅（委）：

为贯彻落实习近平总书记关于安全生产的重要论述，深入排查治理危险货物港口作业重大事故隐患，根据《中华人民共和国安全生产法》《中华人民共和国港口法》《危险化学品安全管理条例》《港口经营管理规定》《港口危险货物安全管理规定》等有关法律法规规章和标准，我部组织编制了《危险货物港口作业重大事故隐患判定标准》，现印发给你们，请遵照执行。执行中的重要情况，请及时向部水运局反映。

危险货物港口作业重大事故隐患判定标准

第一条 为了准确判定、及时消除危险货物港口作业重大事故隐患（以下简称重大事故隐患），根据《中华人民共和国安全生产法》《中华人民共和国港口法》《危险化学品安全管理条例》《港口经营管理规定》《港口危险货物安全管理规定》等法律、行政法规、规章和交通运输部有关安全生产事故隐患治理的规定，制定本标准。

第二条 本标准适用于危险货物港口经营人港口作业重大事故隐患判定工作。

第三条 危险货物港口作业重大事故隐患包括以下 5 个方面：

（一）存在超范围、超能力、超期限作业情况，或者危险货物存放不符合作业安全要求的；

（二）危险货物港口作业设备设施不满足作业安全要求的；

（三）危险货物港口作业场所的安全设施配备不满足作业安全要求的；

（四）危险货物港口作业场所或储运设备设施的安全距离（间距）不符合规定的；

（五）安全管理存在重大缺陷的。

第四条 "存在超范围、超能力、超期限作业情况，或者危险货物存放不符合作业安全要求的"重大事故隐患，是指有下列情形之一的：

（一）超出《港口经营许可证》《港口危险货物作业附证》许可范围从事易燃易爆、毒性、放射性等危险特性的危险货物作业的；

（二）超出储罐的设计温度、压力、液位储存危险货物或者超出介质储存温度储存危险货物，且未及时处理的；超出管道的设计温度、压力输送危险货物或者超出介质的输送温度、安全流速输送危险货物，且未及时处理的；

（三）危险货物作业码头按照有关规定检测评估后，明确应当停止或者限制使用，但未停止或者限制使用的；

港口危险货物储罐经检查、检测，不具备安全生产条件，但未停止使用的；使用国家明令淘汰或者已经报废的港口大型装卸机械的；

（四）《危险货物分类和品名编号》（GB 6944）和《国际海运危险货物规则》规定的1.1项、1.2项爆炸品和硝酸铵类物质的危险货物集装箱未按照规定实行直装直取作业的；

（五）《危险货物分类和品名编号》（GB 6944）和《国际海运危险货物规则》规定的第1类爆炸品（除1.1项、1.2项以外）、第2类气体和第7类放射性物质的危险货物集装箱超时、超量等违规存放的；

（六）危险货物未根据理化特性和灭火方式分区、分类、分库隔离储存的；危险货物的隔离间距、堆存高度、堆存数量不符合规定，或者存在禁忌物违规混存情况的。

第五条 "危险货物港口作业设备设施不满足作业安全要求的"重大事故隐患，是指有下列情形之一的：

（一）液体散货码头装卸设备与管道未按装卸及检修要求设置排空系统，或者排空系统功能失效的；装卸甲、乙类散装液体危险货物的装卸臂、软管和工艺管道选择的吹扫介质不满足作业安全要求的；

（二）输送危险货物的压力管道未按规定定期检测，或者检测不合格仍继续使用的；

（三）储罐未根据储存危险货物的危险有害特性要求，采取氮气密封保护系统、添加抗氧化剂或阻聚剂、保温储存等特殊安全措施的；

（四）储罐（罐区）、管道的选型、布置及防火堤（隔堤）的设置不符合规定的。

第六条 "危险货物港口作业场所的安全设施配备不满足作业安全要求的"重大事故隐患，是指有下列情形之一的：

（一）爆炸危险区域安装使用非防爆电气设备的；未按强制性标准配备相应保护级别的防爆电气设备，或者防爆电气设备防爆功能失效的；

（二）液化天然气和液化石油气码头、涉及可燃或有毒气体泄漏的重大危险源罐区以及涉及重点监管危险化学品的罐区按照强制性标准应设置可燃或有毒气体检测报警装置，但未设置的；或者可燃或有毒气体检测报警装置功能失效的；

（三）储存易燃易爆危险货物的储罐防雷装置缺失，或者防雷装置检测不合格，仍继续使用的；

（四）储存易燃可燃液体、可燃气体的罐区按照强制性标准应设置固定灭火、冷却、火灾报警设施，但未设置的；或者固定灭火、冷却、火灾报警设施功能失效的；

（五）危险货物作业场所的消防控制室、中心控制室等重要场所按照强制性标准应设置通信装置、报警装置，但未设置的；或者设置的通信装置、报警装置功能失效的；

（六）构成一级、二级重大危险源罐区按照强制性标准应设置温度、压力、液位等信息自动监测系统，但未设置的，或者系统功能失效的；构成一级、二级重大危险源未设置视频监控系统或者视频监控系统不能正常运行的；

（七）构成一级、二级重大危险源和涉及重点监管危险化学品的罐区未设置紧急切断、自动联锁等自动化控制系统，或者系统不能正常运行的；涉及毒性气体、液化气体、剧毒液体的一级、二级重大危险源罐区未设置独立安全仪表系统，或者系统不能正常运行的。

第七条 "危险货物港口作业场所或储运设备设施的安全距离（间距）不符合规定的"重大事故隐患，是指有下列情形之一的：

（一）涉及重大危险源的储存设备设施外部安全防护距离不符合强制性标准要求的；

（二）危险货物储罐、危险货物集装箱堆场、危险货物仓库与港口外的居住区、公共建筑物等外部建构筑物的安全距离（间距）、防火距离（间距）不符合强制性标准要求的；

（三）危险货物储罐、危险货物集装箱堆场、危险货物仓库与其办公用房、中心控制室、宿舍、食堂等人员集中（密集）场所的安全距离（间距）、防火距离（间距）不符合强制性标准要求的。

第八条 "安全管理存在重大缺陷的"重大事故隐患，是指有下列情形之一的：

（一）未建立全员安全生产责任制、安全风险分级管控和隐患排查治理双重预防机制的；未制定爆炸危险区域内作业人员防火防爆安全管理制度的；

（二）从事易燃易爆、毒性、放射性等危险特性的危险货物港口作业未按规定对安全生产条件定期进行安全评价的；

（三）主要负责人和安全生产管理人员未按规定经考核合格的；装卸管理人员、特种作业人员未持证上岗的；未将劳务派遣和灵活用工人员纳入本单位从业人员安全生产的统一管理，且未对其进行岗位安全操作规程和安全操作技能教育培训的；

（四）受限空间作业、火灾爆炸危险场所动火作业未办理审批手续的；储存易燃易爆危险货物的重大危险源罐区防火堤内动火作业未按特级动火作业办理审批手续的；受限空间作业、火灾爆炸危险场所动火作业未按规定进行气体分析的；受限空间作业、火灾爆炸危险场所动火作业过程无人监护，或者监护人未经专项培训考试合格的；

（五）内浮顶储罐确需浮盘落底时，未制定专项操作规程的；未开展安全风险辨识，或者未采取风险管控措施的；未办理作业审批手续，或者未对全过程进行监控的。

第九条 本标准第四条至第八条所列情形的判定存在困难时，各单位可结合作业实际，组织5名以上（单数）相关领域专家，依据安全生产法律、行政法规、规章、国家标准和行业标准，综合考虑同类型事故案例，论证分析、综合判定。

第十条 危险货物港口作业中涉及特种设备、消防、防雷等领域的重大事故隐患判定另有规定的，适用其规定。

第十一条 依照本标准判定为重大事故隐患的，应依法依规采取相应处置措施。

第十二条 本标准下列用语的含义：

易燃易爆、毒性、放射性等危险特性的危险货物，是指《危险货物分类和品名编号》（GB 6944）和《国际海运危险货物运输规则》中的第1类爆炸品、第2.1项易燃气体、第2.3项毒性气体中兼有易燃气体、第3类易燃液体、第4.1项易燃固体和自反应物质及固态退敏爆炸品、第4.2项易自燃物质、第4.3项遇水放出易燃气体的物质、第5.1项中氧化性物质、第5.2项有机过氧化物、第6.1项毒性物质、第7类放射性物质。

第十三条 本标准自印发之日起实施。《交通运输部办公厅关于印发〈危险货物港口作业重大事故隐患判定指南〉的通知》（交办水〔2016〕178号）同时废止。

铁路危险货物运输安全监督管理规定

·2022年9月26日交通运输部令第24号公布
·自2022年12月1日起施行

第一章 总 则

第一条 为了加强铁路危险货物运输安全管理，保障公众生命财产安全，保护环境，根据《中华人民共和国安全生产法》《中华人民共和国铁路法》《中华人民共和国反恐怖主义法》《铁路安全管理条例》《危险化学品安全管理条例》《放射性物品运输安全管理条例》等法律、行政法规，制定本规定。

第二条 本规定所称危险货物，是指列入铁路危险货物品名表，具有爆炸、易燃、毒害、感染、腐蚀、放射性等危险特性，在铁路运输过程中，容易造成人身伤亡、财产损毁或者环境污染而需要特别防护的物质和物品。

未列入铁路危险货物品名表，依据有关法律、行政法规、规章或者《危险货物分类和品名编号》（GB6944）等标准确定为危险货物的，按照本规定办理运输。

第三条 禁止运输下列物品：

（一）法律、行政法规禁止生产和运输的危险物品；

（二）危险性质不明、可能存在安全隐患的物品；

（三）未采取安全措施的过度敏感物品；

（四）未采取安全措施的能自发反应而产生危险的物品。

高速铁路、城际铁路等客运专线及旅客列车禁止运输危险货物，法律、行政法规等另有规定的除外。

第四条 铁路危险货物运输安全管理坚持安全第一、预防为主、综合治理的方针。铁路危险货物运输相关单位（以下统称运输单位）为运输安全责任主体，应当依据有关法律、行政法规和标准等规定，落实运输条件，加强运输管理，确保运输安全。

本规定所称运输单位，包括铁路运输企业、托运人、专用铁路、铁路专用线产权单位、管理单位和使用单位等。

第五条 国家铁路局负责全国铁路危险货物运输安全监督管理工作。地区铁路监督管理局负责辖区内的铁路危险货物运输安全监督管理工作。

国家铁路局和地区铁路监督管理局统称铁路监管部门。

第六条 鼓励采用有利于提高安全保障水平的先进技术和管理方法，鼓励规模化、集约化、专业化和发展专用车辆、专用集装箱运输危险货物。支持开展铁路危险货物运输安全技术以及对安全、环保有重大影响的项目研究。

第二章 运输条件

第七条 运输危险货物应当在符合法律、行政法规和有关标准规定，具备相应品名办理条件的车站、专用铁路、铁路专用线间发到。

铁路运输企业应当将办理危险货物的车站名称、作业地点（包括货场、专用铁路、铁路专用线名称，下同）、办理品名及铁危编号、装运方式等信息及时向社会公布，并同时报送所在地的地区铁路监督管理局。前述信息发生变化的，应当重新公布并报送。

第八条 运输危险货物应当依照法律法规和国家其他有关规定使用专用的设施设备。

运输危险货物所使用的设施设备依法应当进行产品认证、检验检测的，经认证、检验检测合格方可使用。

第九条 危险货物装卸、储存场所和设施应当符合下列要求：

（一）装卸、储存专用场地和安全设施设备封闭管理并设立明显的安全警示标志。设施设备布局、作业区域划分、安全防护距离等符合有关技术要求。

（二）设置有与办理货物危险特性相适应，经相关部门验收合格的仓库、雨棚、场地等设施，配置相应的计量、检测、监控、通信、报警、通风、防火、灭火、防爆、防雷、防静电、防腐蚀、防泄漏、防中毒等安全设施设备，并进行经常性维护、保养和定期检测，保证设施设备的正常使用。维护、保养、检测应当作好记录，并由有关人员签字。

（三）装卸设备符合安全要求，易燃、易爆的危险货物装卸设备应当采取防爆措施，罐车装运危险货物应当使用栈桥、鹤管等专用装卸设施，危险货物集装箱装卸作业应当使用集装箱专用装卸机械。

（四）法律、行政法规、有关标准和安全技术规范规定的其他要求。

第十条 运输单位应当按照《中华人民共和国安全生产法》《危险化学品安全管理条例》等国家有关法律、行政法规的规定，对本单位危险货物装卸、储存作业场所和设施等安全生产条件进行安全评价。新建、改建危险货物装卸、储存作业场所和设施；在既有作业场所增加办理危险货物品类，以及危险货物新品名、新包装和首次使用铁路罐车、集装箱、专用车辆装载危险货物，改变作业场所和设施安全生产条件的，应当及时进行安全评价。

法律、行政法规规定需要委托相关机构进行安全评价的，运输单位应当委托符合国家规定的机构进行。

第十一条 装载和运输危险货物的铁路车辆、集装箱和其他容器应当符合下列要求：

（一）制造、维修、检测、检验和使用、管理符合有关标准和规定；

（二）牢固、清晰地标明危险货物包装标志和警示标志；

（三）铁路罐车、罐式集装箱以及其他容器应当封口严密，安全附件设置准确、起闭灵活、状态完好，能够防止运输过程中因温度、湿度或者压力的变化发生渗漏、洒漏；

（四）压力容器应当符合国务院负责特种设备安全监督管理的部门关于移动式压力容器、气瓶等安全监管要求；

（五）法律、行政法规、有关标准和安全技术规范规定的其他要求。

第十二条 运输危险货物包装应当符合下列要求：

（一）包装物、容器、衬垫物的材质以及包装型式、规格、方法和单件质量（重量），应当与所包装的危险货物的性质和用途相适应；

（二）包装能够抗御运输、储存和装卸过程中正常的冲击、振动、堆码和挤压，并便于装卸和搬运；

（三）所使用的包装物、容器，须按《中华人民共和国安全生产法》《中华人民共和国工业产品生产许可证管理条例》等国家有关规定，由专业生产单位生产，并经具有专业资质的检测、检验机构检测、检验合格；

（四）包装外表面应当牢固、清晰地标明危险货物包装标志和包装储运图示标志；

（五）法律、行政法规、有关标准和安全技术规范规定的其他要求。

第十三条 运输新品名、新包装或者改变包装、尚未明确安全运输条件的危险货物时，发送货物的铁路运输企业应当组织托运人、收货人和货物运输全程涉及的其他铁路运输企业共同商定安全运输条件，签订安全协议并组织试运，试运方案应当报所在地的地区铁路监督管理局。危险货物试运应当符合法律、行政法规、规章和有关标准的规定。

第三章 运输安全管理

第十四条 托运人应当按照铁路危险货物品名表确定危险货物的类别、项别、品名、铁危编号、包装等，遵守相关特殊规定要求。

需采取添加抑制剂或者稳定剂等特殊措施的危险货物，托运人应当采取相应措施，保证货物在运输过程中稳定，并将有关情况告知铁路运输企业。

第十五条 托运人应当在铁路运输企业公布办理相应品名的危险货物办理站办理危险货物托运手续。托运时，应当向铁路运输企业如实说明所托运危险货物的品名、数量（重量）、危险特性以及发生危险情况时的应急处置措施等。对国家规定实行许可管理、需凭证运输或者采取特殊措施的危险货物，托运人应当向铁路运输企业如实提交相关证明。不得将危险货物匿报或者谎报品名进行托运；不得在托运的普通货物中夹带危险货物，或者在危险货物中夹带禁止配装的货物。

托运人托运危险化学品的，还应当提交与托运的危险化学品相符的安全技术说明书，并在货物运输包装上粘贴或者涂打安全标签。

托运人托运危险废物的，应当主动向铁路运输企业告知托运的货物属于危险废物。运输时，还应当提交生态环境主管部门发放的电子或者纸质形式的危险废物转移联单。

第十六条 危险货物的运单应当载明危险货物的托运人、收货人，发送运输企业及发送站、装车场所，到达运输企业及到达站、卸车场所，货物名称、铁危编号、包装、装载数量（重量）、车种车号、箱型箱号，应急联系人及联系电话等信息。

运输单位应当妥善保存危险货物运单，保存期限不得少于24个月。

第十七条 托运人应当在危险货物运输期间保持应急联系电话畅通。

第十八条 铁路运输企业应当实行安全查验制度，对托运人身份进行查验，对承运的货物进行安全检查。不得在非危险货物办理站办理危险货物承运手续，不得承运未接受安全检查的货物，不得承运不符合安全规定、可能危害铁路运输安全的货物。

有下列情形之一的，铁路运输企业应当查验托运人提供的相关证明材料，并留存不少于24个月：

（一）国家对生产、经营、储存、使用等实行许可管理的危险货物；

（二）国家规定需要凭证运输的危险货物；

（三）需要添加抑制剂、稳定剂和采取其他特殊措施方可运输的危险货物；

（四）运输包装、容器列入国家生产许可证制度的工业产品目录的危险货物；

（五）法律、行政法规及国家规定的其他情形。

铁路运输企业应当告知托运人有关注意事项，并在网上受理页面、营业场所或者运输有关单据上明示违规托运的法律责任。

第十九条 运输单位应当建立托运人身份和运输货物登记制度，如实记录托运经办人身份信息和运输的危险货物品名及铁危编号、装载数量（重量）、发到站、作业地点、装运方式、车（箱）号、托运人、收货人、押运人等信息，并采取必要的安全防范措施，防止危险货物丢失或者被盗；发现爆炸品、易制爆危险化学品、剧毒化学品丢失或者被盗、被抢的，应当立即采取相应的警示措施和安全措施，按照《民用爆炸物品安全管理条例》《危险化学品安全管理条例》等国家有关规定及时报告。

第二十条 运输放射性物品时，托运人应当持有生产、销售、使用或者处置放射性物品的有效证明，配置必要的辐射监测设备、防护用品和防盗、防破坏设备。运输的放射性物品及其运输容器、运输车辆、辐射监测、安全保卫、应急响应、装卸作业、押运、职业卫生、人员培训、审查批准等应当符合《放射性物品运输安全管理条例》《放射性物品安全运输规程》等法律、行政法规和有关标准的要求。

托运时，托运人应当向铁路运输企业提交运输说明书、辐射监测报告、核与辐射事故应急响应指南、装卸作业方法、安全防护指南，铁路运输企业应当查验、收存。托运人提交文件不齐全的，铁路运输企业不得承运。托运人应当在运输中采取有效的辐射防护和安全保卫措施，对运输中的核与辐射安全负责。

第二十一条 铁路运输危险货物的储存方式、方法以及储存数量、隔离等应当符合规定。专用仓库、专用场地等应当由专人负责管理。运输单位应当按照《中华人民共和国安全生产法》《危险化学品安全管理条例》及国家其他有关规定建立重大危险源管理制度。剧毒化学品以及储存数量构成重大危险源的其他危险货物，应当单独存放，并实行双人收发、双人保管制度。

第二十二条 危险货物运输装载加固以及使用的铁路车辆、集装箱、其他容器、集装化用具、装载加固材料或者装置等应当符合有关标准和安全技术规范的要求。不得使用技术状态不良、未按规定检修（验）或者达到报废年限的设施设备，禁止超设计范围装运危险货物。

货物装车（箱）不得超载、偏载、偏重、集重。货物性质相抵触、消防方法不同、易造成污染的货物不得装载在同一铁路车辆、集装箱内。禁止将危险货物与普通货物在同一铁路车辆、集装箱内混装运输。

第二十三条 危险货物装卸作业应当遵守安全作业标准、规程和制度，并在装卸管理人员的现场指挥或者监控下进行。

第二十四条 运输危险货物时，托运人应当配备必要的押运人员和应急处理器材、设备和防护用品，并使危险货物始终处于押运人员监管之下。托运人应当负责对押运人员的培训教育。押运人员应当了解所押运货物的特性，熟悉应急处置措施，携带所需安全防护、消防、通讯、检测、维护等工具。

铁路运输企业应当告知托运人有关铁路运输安全规定，检查押运人员、备品、设施及押运工作情况，并为押运人员提供必要的工作、生活条件。

押运人员应当遵守铁路运输安全规定，检查押运的货物及其装载加固状态，按操作规程使用押运备品和设施。在途中发现异常情况时，及时采取可靠的应急处置措施，并向铁路运输企业报告。

第二十五条 铁路运输企业应当与办理危险货物运输的专用铁路、铁路专用线产权单位、管理单位和使用单位共同签订危险货物运输安全协议，明确各方的安全生产管理职责、作业内容及其安全保证措施等。

运输单位间应当按照约定的交接地点、方式、内容、条件和安全责任等办理危险货物交接。

第二十六条 危险货物车辆编组、调车等技术作业应当执行有关标准和管理办法。

运输危险货物的车辆途中停留时，应当远离客运列车及停留期间有乘降作业的客运站台等人员密集场所和设施，并采取安全防范措施。装运剧毒化学品、爆炸品、放射性物品和气体等危险货物的车辆途中停留时，铁路运输企业应当派人看守，押运人员应当加强看守。

第二十七条 装运过危险货物的车辆、集装箱，卸后应当清扫洗刷干净，确保不会对其他货物和作业人员造成污染、损害。洗刷废水、废物处理应当符合环保要求。

第二十八条 铁路运输企业应当按照《中华人民共和国反恐怖主义法》等的规定，通过定位系统对运营中的危险货物运输工具实行监控，对危险货物运输全程跟踪和实时查询，按照铁路监管部门的规定预留安全监管数据接口，并按时向铁路监管部门报送。

第二十九条 运输单位应当按照《中华人民共和国安全生产法》《中华人民共和国职业病防治法》《放射性物品运输安全管理条例》等关于劳动安全、职业卫生的规定，为从业人员配备符合国家标准或者行业标准的劳动防护用品等设施设备，建立从业人员职业健康监护档案，预防人身伤害。

第三十条 运输单位应当建立健全岗位安全责任、教育培训、安全检查、安全风险分级管控、隐患排查治理、安全投入保障、劳动保护、责任追究、应急管理等危险货物运输安全管理制度，完善危险货物包装、装卸、押运、运输等操作规程和标准化作业管理办法。

第三十一条 运输单位应当对本单位危险货物运输从业人员进行经常性安全、法制教育和岗位技术培训，经考核合格后方可上岗。开展危险货物运输岗位技术培训应当制定培训大纲，设置培训课程，明确培训具体内容、学时和考试要求并及时修订和更新。危险货物运输培训课程及教材、资料应当符合国家法律、行政法规、规章和有关标准的规定。

运输单位应当建立安全生产教育和培训档案，如实记录安全生产教育和培训的时间、内容、参加人员以及考核结果等情况，安全生产教育和培训记录应当保存36个月以上。

第三十二条 危险货物运输从业人员应当具备必要的安全知识，熟悉有关的安全规章制度和安全操作规程，掌握本岗位的安全操作技能，知悉自身在安全方面的权利和义务，掌握所运输危险货物的危险特性及其运输工具、包装物、容器的使用要求和出现危险情况时的应急处置方法。

第三十三条 运输单位应当经常性开展危险货物运输安全隐患排查治理，隐患排查治理情况应当如实记录，重大事故隐患排查治理情况要向所在地的地区铁路监督管理局报告。

第三十四条 运输单位在法定假日和传统节日等运输高峰期或者恶劣气象条件下，以及国家重大活动期间，应当采取安全应急管理措施，加强铁路危险货物运输安全检查，确保运输安全。

在特定区域、特定时间，国务院有关主管部门或者省级人民政府决定对危险化学品、民用爆炸物品等危险物物铁路运输实施管制的，铁路运输企业应当予以配合。

第三十五条 运输单位应当针对本单位危险货物运输可能发生的事故特点和危害，制定铁路危险货物运输事故应急预案，并与相应层级、相关部门预案衔接。应急预案应当按照国家有关规定进行评审或者论证、公布，并至少每半年组织1次应急演练。铁路危险货物运输事故应急预案及应急演练情况应当报送所在地的地区铁路监督管理局。

运输单位应当按照《中华人民共和国安全生产法》《生产安全事故应急条例》等规定建立应急救援队伍或者配备应急救援人员；配备必要的应急救援器材、设备和物资，并进行经常性维护、保养，保证正常运转；建立应急值班制度，配备应急值班人员。

第三十六条 危险货物运输过程中发生燃烧、爆炸、环境污染、中毒或者被盗、丢失、泄漏等情况，押运人员和现场有关人员应当按照国家有关规定及时报告，并按照应急预案开展先期处置。运输单位负责人接到报告后，应当迅速采取有效措施，组织抢救，防止事故扩大，减少人员伤亡和财产损失，并报告所在地的地区铁路监督管理局及其他有关部门，不得隐瞒不报、谎报或者迟报，不得故意破坏事故现场、毁灭有关证据。

第三十七条 铁路运输企业应当实时掌握本单位危险货物运输状况,并按要求向所在地的地区铁路监督管理局报告危险货物运量、办理站点、设施设备、安全等信息。

第四章 监督检查

第三十八条 铁路监管部门依法对运输单位执行有关危险货物运输安全的法律、行政法规、规章和标准的情况进行监督检查,重点监督检查下列内容:

(一)危险货物运输安全责任制、规章制度和操作规程的建立、完善情况;

(二)危险货物运输从业人员教育、培训及考核情况;

(三)保证本单位危险货物运输安全生产投入情况;

(四)危险货物运输安全风险分级管控和安全隐患排查治理情况;

(五)危险货物运输设施设备配置、使用、管理及检测、检验和安全评价情况;

(六)危险货物办理站信息公布情况;

(七)承运危险货物安全检查情况;

(八)危险货物运输作业环节安全管理情况;

(九)重大危险源安全管理措施落实情况;

(十)危险货物运输事故应急预案制定、应急救援设备和器材配置、应急救援演练等情况;

(十一)危险货物运输事故报告情况;

(十二)依法应当监督检查的其他情况。

第三十九条 铁路监管部门进行监督检查时,可以依法采取下列措施:

(一)进入铁路危险货物运输作业场所检查,调阅有关资料,向有关单位和人员了解情况;

(二)纠正或者要求限期改正危险货物运输安全违法违规行为;对依法应当给予行政处罚的行为,依照法律、行政法规、规章的规定作出行政处罚决定;

(三)责令立即排除危险货物运输事故隐患;重大事故隐患排除前或者排除过程中无法保证安全的,应当责令撤出危险区域内的作业人员,责令暂时停运或者停止使用相关设施、设备;

(四)责令立即停止使用不符合规定的设施、设备、装置、器材、运输工具等;

(五)依法查封或者扣押有根据认为不符合有关标准的设施、设备、器材,并作出处理决定;

(六)法律、行政法规规定的其他措施。

第四十条 铁路监管部门行政执法人员应当忠于职守、秉公执法,遵守执法规范;对监督检查过程中知悉的商业秘密负有保密义务。行政执法人员依法履行监督检查职责时,应当出示有效执法证件。

被监督检查单位和个人对铁路监管部门依法进行的监督检查应当予以配合,如实提供有关情况或者资料,不得拒绝、阻挠。

第四十一条 铁路监管部门应当建立健全危险货物运输安全监督检查制度,加强行政执法人员危险货物运输安全知识培训,配备必要的安全检查装备,应用信息化手段和先进技术,不断提高监管水平。

铁路监管部门监督检查时,可以聘请熟悉铁路危险货物运输、化学化工、安全技术管理、应急救援等的专家和专业人员提供技术支撑。

第四十二条 任何单位和个人均有权向铁路监管部门举报危险货物运输违法违规行为。

铁路监管部门接到举报,应当及时依法处理;对不属于本部门职责的,应当及时移送有关部门处理。

第四十三条 铁路监管部门应当建立危险货物运输违法行为信息库,如实记录运输单位的违法行为信息,并将行政处罚信息依法纳入全国信用信息共享平台、国家企业信用信息公示系统。对无正当理由拒绝接受监督检查、故意隐瞒事实或者提供虚假材料以及受到行政处罚等违法情节严重的单位及其有关从业人员依法予以公开。

第五章 法律责任

第四十四条 违反本规定,《中华人民共和国安全生产法》《中华人民共和国反恐怖主义法》《铁路安全管理条例》《放射性物品运输安全管理条例》等法律、行政法规对其处罚有明确规定的,从其规定。

违反法律、行政法规规定运输危险货物,造成铁路交通事故或者其他事故的,依法追究相关单位及其主要负责人、工作人员的行政责任;涉嫌犯罪的,依法移送司法机关处理。

第四十五条 铁路运输企业违反本规定运输危险货物,有下列行为之一的,由所在地的地区铁路监督管理局责令限期改正,可以处1万元以下的罚款;逾期未改正的,处1万元以上3万元以下的罚款:

(一)违反规定在高速铁路、城际铁路等客运专线及旅客列车运输危险货物的;

(二)办理危险货物的车站名称、作业地点、办理品名及铁危编号、装运方式等信息未按规定公布,或者未向所在地的地区铁路监督管理局报送的;

(三)运输新品名、新包装或者改变包装、尚未明确

安全运输条件的危险货物,未按照规定组织开展试运的,或者试运方案未报所在地的地区铁路监督管理局的;

(四)未按照规定对危险货物车辆途中停留采取安全防范措施的;

(五)未告知托运人有关托运注意事项,或者未在网上受理页面、营业场所或者运输有关单据上明示违规托运的法律责任的;

(六)未按照规定向所在地的地区铁路监督管理局报告危险货物运量、办理站点、设施设备、安全等信息的。

第四十六条 托运人违反本规定运输危险货物,有下列行为之一的,由所在地的地区铁路监督管理局责令限期改正,可以处1万元以下的罚款;逾期未改正或者情节严重的,处1万元以上3万元以下的罚款:

(一)在不具备相应品名危险货物办理条件的车站、专用铁路、铁路专用线间发到危险货物的;

(二)托运危险货物未如实说明所托运的货物的危险特性、采取添加抑制剂或者稳定剂等特殊措施情况、发生危险情况时的应急处置措施,或者未按规定提交相关证明材料,或者提交虚假证明材料的;

(三)未准确确定危险货物的类别、项别、品名、铁危编号等的;

(四)押运人员未检查押运的货物及其装载加固状态,或者未按操作规程使用押运备品和设施,或者在途中发现异常情况时,未及时采取可靠的应急处置措施并向铁路运输企业报告的。

第四十七条 运输单位有下列行为之一的,由所在地的地区铁路监督管理局责令限期改正,可以处1万元以下的罚款;逾期未改正或者情节严重的,处1万元以上3万元以下的罚款:

(一)因未按规定进行安全评价导致未及时发现安全生产条件存在的问题,或者未及时对有关问题进行整改,仍进行危险货物运输的;

(二)危险货物的运单未按规定载明相关信息,或者未按规定期限保存的;

(三)未按规定签订危险货物运输安全协议,或者未按照约定的交接地点、方式、内容、条件和安全责任等办理危险货物交接的;

(四)使用技术状态不良、未按规定检修(验)或者达到报废年限的设施设备,或者超设计范围装运危险货物的;

(五)货物装车(箱)违反本规定要求的;

(六)装运过危险货物的车辆、集装箱,卸后未按规定清扫洗刷干净的。

第四十八条 铁路监管部门工作人员在铁路危险货物运输监管工作中滥用职权、玩忽职守、徇私舞弊的,依法进行处理;构成犯罪的,依法追究刑事责任。

第六章 附 则

第四十九条 具有下列情形之一的物质或者物品,不属于本规定第二条规定的危险货物:

(一)根据铁路运输设备设施有关规定,作为铁路车辆或者集装箱的组成部分;

(二)根据铁路运输有关规定,对所运输货物进行监测或者应急处置的装置和器材。

第五十条 运输的危险货物有下列情形之一的,不受本规定的限制:

(一)运输时采取保证安全的措施,数量、包装、装载等符合相应技术条件,铁路危险货物品名表特殊规定不作为危险货物运输的;

(二)在紧急情况下,为保障国家安全和公共利益的需要,国家铁路局公布应急运输的危险货物。

第五十一条 军事运输危险货物依照国家有关规定办理。

第五十二条 本规定自2022年12月1日起施行。

四、建筑施工安全

中华人民共和国建筑法

- 1997年11月1日第八届全国人民代表大会常务委员会第二十八次会议通过
- 根据2011年4月22日第十一届全国人民代表大会常务委员会第二十次会议《关于修改〈中华人民共和国建筑法〉的决定》第一次修正
- 根据2019年4月23日第十三届全国人民代表大会常务委员会第十次会议《关于修改〈中华人民共和国建筑法〉等八部法律的决定》第二次修正

第一章 总 则

第一条 为了加强对建筑活动的监督管理，维护建筑市场秩序，保证建筑工程的质量和安全，促进建筑业健康发展，制定本法。

第二条 在中华人民共和国境内从事建筑活动，实施对建筑活动的监督管理，应当遵守本法。

本法所称建筑活动，是指各类房屋建筑及其附属设施的建造和与其配套的线路、管道、设备的安装活动。

第三条 建筑活动应当确保建筑工程质量和安全，符合国家的建筑工程安全标准。

第四条 国家扶持建筑业的发展，支持建筑科学技术研究，提高房屋建筑设计水平，鼓励节约能源和保护环境，提倡采用先进技术、先进设备、先进工艺、新型建筑材料和现代管理方式。

第五条 从事建筑活动应当遵守法律、法规，不得损害社会公共利益和他人的合法权益。

任何单位和个人都不得妨碍和阻挠依法进行的建筑活动。

第六条 国务院建设行政主管部门对全国的建筑活动实施统一监督管理。

第二章 建筑许可

第一节 建筑工程施工许可

第七条 建筑工程开工前，建设单位应当按照国家有关规定向工程所在地县级以上人民政府建设行政主管部门申请领取施工许可证；但是，国务院建设行政主管部门确定的限额以下的小型工程除外。

按照国务院规定的权限和程序批准开工报告的建筑工程，不再领取施工许可证。

第八条 申请领取施工许可证，应当具备下列条件：

（一）已经办理该建筑工程用地批准手续；

（二）依法应当办理建设工程规划许可证的，已经取得建设工程规划许可证；

（三）需要拆迁的，其拆迁进度符合施工要求；

（四）已经确定建筑施工企业；

（五）有满足施工需要的资金安排、施工图纸及技术资料；

（六）有保证工程质量和安全的具体措施。

建设行政主管部门应当自收到申请之日起七日内，对符合条件的申请颁发施工许可证。

第九条 建设单位应当自领取施工许可证之日起三个月内开工。因故不能按期开工的，应当向发证机关申请延期；延期以两次为限，每次不超过三个月。既不开工又不申请延期或者超过延期时限的，施工许可证自行废止。

第十条 在建的建筑工程因故中止施工的，建设单位应当自中止施工之日起一个月内，向发证机关报告，并按照规定做好建筑工程的维护管理工作。

建筑工程恢复施工时，应当向发证机关报告；中止施工满一年的工程恢复施工前，建设单位应当报发证机关核验施工许可证。

第十一条 按照国务院有关规定批准开工报告的建筑工程，因故不能按期开工或者中止施工的，应当及时向批准机关报告情况。因故不能按期开工超过六个月的，应当重新办理开工报告的批准手续。

第二节 从业资格

第十二条 从事建筑活动的建筑施工企业、勘察单位、设计单位和工程监理单位，应当具备下列条件：

（一）有符合国家规定的注册资本；

（二）有与其从事的建筑活动相适应的具有法定执业资格的专业技术人员；

（三）有从事相关建筑活动所应有的技术装备；

（四）法律、行政法规规定的其他条件。

第十三条 从事建筑活动的建筑施工企业、勘察单位、设计单位和工程监理单位，按照其拥有的注册资本、专业技术人员、技术装备和已完成的建筑工程业绩等资质条件，划分为不同的资质等级，经资质审查合格，取得相应等级的资质证书后，方可在其资质等级许可的范围内从事建筑活动。

第十四条 从事建筑活动的专业技术人员，应当依法取得相应的执业资格证书，并在执业资格证书许可的范围内从事建筑活动。

第三章 建筑工程发包与承包

第一节 一般规定

第十五条 建筑工程的发包单位与承包单位应当依法订立书面合同，明确双方的权利和义务。

发包单位和承包单位应当全面履行合同约定的义务。不按照合同约定履行义务的，依法承担违约责任。

第十六条 建筑工程发包与承包的招标投标活动，应当遵循公开、公正、平等竞争的原则，择优选择承包单位。

建筑工程的招标投标，本法没有规定的，适用有关招标投标法律的规定。

第十七条 发包单位及其工作人员在建筑工程发包中不得收受贿赂、回扣或者索取其他好处。

承包单位及其工作人员不得利用向发包单位及其工作人员行贿、提供回扣或者给予其他好处等不正当手段承揽工程。

第十八条 建筑工程造价应当按照国家有关规定，由发包单位与承包单位在合同中约定。公开招标发包的，其造价的约定，须遵守招标投标法律的规定。

发包单位应当按照合同的约定，及时拨付工程款项。

第二节 发 包

第十九条 建筑工程依法实行招标发包，对不适于招标发包的可以直接发包。

第二十条 建筑工程实行公开招标的，发包单位应当依照法定程序和方式，发布招标公告，提供载有招标工程的主要技术要求、主要的合同条款、评标的标准和方法以及开标、评标、定标的程序等内容的招标文件。

开标应当在招标文件规定的时间、地点公开进行。开标后应当按照招标文件规定的评标标准和程序对标书进行评价、比较，在具备相应资质条件的投标者中，择优选定中标者。

第二十一条 建筑工程招标的开标、评标、定标由建设单位依法组织实施，并接受有关行政主管部门的监督。

第二十二条 建筑工程实行招标发包的，发包单位应当将建筑工程发包给依法中标的承包单位。建筑工程实行直接发包的，发包单位应当将建筑工程发包给具有相应资质条件的承包单位。

第二十三条 政府及其所属部门不得滥用行政权力，限定发包单位将招标发包的建筑工程发包给指定的承包单位。

第二十四条 提倡对建筑工程实行总承包，禁止将建筑工程肢解发包。

建筑工程的发包单位可以将建筑工程的勘察、设计、施工、设备采购一并发包给一个工程总承包单位，也可以将建筑工程勘察、设计、施工、设备采购的一项或者多项发包给一个工程总承包单位；但是，不得将应当由一个承包单位完成的建筑工程肢解成若干部分发包给几个承包单位。

第二十五条 按照合同约定，建筑材料、建筑构配件和设备由工程承包单位采购的，发包单位不得指定承包单位购入用于工程的建筑材料、建筑构配件和设备或者指定生产厂、供应商。

第三节 承 包

第二十六条 承包建筑工程的单位应当持有依法取得的资质证书，并在其资质等级许可的业务范围内承揽工程。

禁止建筑施工企业超越本企业资质等级许可的业务范围或者以任何形式用其他建筑施工企业的名义承揽工程。禁止建筑施工企业以任何形式允许其他单位或者个人使用本企业的资质证书、营业执照，以本企业的名义承揽工程。

第二十七条 大型建筑工程或者结构复杂的建筑工程，可以由两个以上的承包单位联合共同承包。共同承包的各方对承包合同的履行承担连带责任。

两个以上不同资质等级的单位实行联合共同承包的，应当按照资质等级低的单位的业务许可范围承揽工程。

第二十八条 禁止承包单位将其承包的全部建筑工程转包给他人，禁止承包单位将其承包的全部建筑工程肢解以后以分包的名义分别转包给他人。

第二十九条 建筑工程总承包单位可以将承包工程中的部分工程发包给具有相应资质条件的分包单位；但是，除总承包合同中约定的分包外，必须经建设单位认可。施工总承包的,建筑工程主体结构的施工必须由总承包单位自行完成。

建筑工程总承包单位按照总承包合同的约定对建设单位负责;分包单位按照分包合同的约定对总承包单位负责。总承包单位和分包单位就分包工程对建设单位承担连带责任。

禁止总承包单位将工程分包给不具备相应资质条件的单位。禁止分包单位将其承包的工程再分包。

第四章 建筑工程监理

第三十条 国家推行建筑工程监理制度。

国务院可以规定实行强制监理的建筑工程的范围。

第三十一条 实行监理的建筑工程,由建设单位委托具有相应资质条件的工程监理单位监理。建设单位与其委托的工程监理单位应当订立书面委托监理合同。

第三十二条 建筑工程监理应当依照法律、行政法规及有关的技术标准、设计文件和建筑工程承包合同,对承包单位在施工质量、建设工期和建设资金使用等方面,代表建设单位实施监督。

工程监理人员认为工程施工不符合工程设计要求、施工技术标准和合同约定的,有权要求建筑施工企业改正。

工程监理人员发现工程设计不符合建筑工程质量标准或者合同约定的质量要求的,应当报告建设单位要求设计单位改正。

第三十三条 实施建筑工程监理前,建设单位应当将委托的工程监理单位、监理的内容及监理权限,书面通知被监理的建筑施工企业。

第三十四条 工程监理单位应当在其资质等级许可的监理范围内,承担工程监理业务。

工程监理单位应当根据建设单位的委托,客观、公正地执行监理任务。

工程监理单位与被监理工程的承包单位以及建筑材料、建筑构配件和设备供应单位不得有隶属关系或者其他利害关系。

工程监理单位不得转让工程监理业务。

第三十五条 工程监理单位不按照委托监理合同的约定履行监理义务,对应当监督检查的项目不检查或者不按照规定检查,给建设单位造成损失的,应当承担相应的赔偿责任。

工程监理单位与承包单位串通,为承包单位谋取非法利益,给建设单位造成损失的,应当与承包单位承担连带赔偿责任。

第五章 建筑安全生产管理

第三十六条 建筑工程安全生产管理必须坚持安全第一、预防为主的方针,建立健全安全生产的责任制度和群防群治制度。

第三十七条 建筑工程设计应当符合按照国家规定制定的建筑安全规程和技术规范,保证工程的安全性能。

第三十八条 建筑施工企业在编制施工组织设计时,应当根据建筑工程的特点制定相应的安全技术措施;对专业性较强的工程项目,应当编制专项安全施工组织设计,并采取安全技术措施。

第三十九条 建筑施工企业应当在施工现场采取维护安全、防范危险、预防火灾等措施;有条件的,应当对施工现场实行封闭管理。

施工现场对毗邻的建筑物、构筑物和特殊作业环境可能造成损害的,建筑施工企业应当采取安全防护措施。

第四十条 建设单位应当向建筑施工企业提供与施工现场相关的地下管线资料,建筑施工企业应当采取措施加以保护。

第四十一条 建筑施工企业应当遵守有关环境保护和安全生产的法律、法规的规定,采取控制和处理施工现场的各种粉尘、废气、废水、固体废物以及噪声、振动对环境的污染和危害的措施。

第四十二条 有下列情形之一的,建设单位应当按照国家有关规定办理申请批准手续:

(一)需要临时占用规划批准范围以外场地的;

(二)可能损坏道路、管线、电力、邮电通讯等公共设施的;

(三)需要临时停水、停电、中断道路交通的;

(四)需要进行爆破作业的;

(五)法律、法规规定需要办理报批手续的其他情形。

第四十三条 建设行政主管部门负责建筑安全生产的管理,并依法接受劳动行政主管部门对建筑安全生产的指导和监督。

第四十四条 建筑施工企业必须依法加强对建筑安全生产的管理,执行安全生产责任制度,采取有效措施,防止伤亡和其他安全生产事故的发生。

建筑施工企业的法定代表人对本企业的安全生产负责。

第四十五条 施工现场安全由建筑施工企业负责。实行施工总承包的,由总承包单位负责。分包单位向总承包单位负责,服从总承包单位对施工现场的安全生产管理。

第四十六条 建筑施工企业应当建立健全劳动安全生产教育培训制度,加强对职工安全生产的教育培训;未经安全生产教育培训的人员,不得上岗作业。

第四十七条 建筑施工企业和作业人员在施工过程中,应当遵守有关安全生产的法律、法规和建筑行业安全规章、规程,不得违章指挥或者违章作业。作业人员有权对影响人身健康的作业程序和作业条件提出改进意见,有权获得安全生产所需的防护用品。作业人员对危及生命安全和人身健康的行为有权提出批评、检举和控告。

第四十八条 建筑施工企业应当依法为职工参加工伤保险缴纳工伤保险费。鼓励企业为从事危险作业的职工办理意外伤害保险,支付保险费。

第四十九条 涉及建筑主体和承重结构变动的装修工程,建设单位应当在施工前委托原设计单位或者具有相应资质条件的设计单位提出设计方案;没有设计方案的,不得施工。

第五十条 房屋拆除应当由具备保证安全条件的建筑施工单位承担,由建筑施工单位负责人对安全负责。

第五十一条 施工中发生事故时,建筑施工企业应当采取紧急措施减少人员伤亡和事故损失,并按照国家有关规定及时向有关部门报告。

第六章 建筑工程质量管理

第五十二条 建筑工程勘察、设计、施工的质量必须符合国家有关建筑工程安全标准的要求,具体管理办法由国务院规定。

有关建筑工程安全的国家标准不能适应确保建筑安全的要求时,应当及时修订。

第五十三条 国家对从事建筑活动的单位推行质量体系认证制度。从事建筑活动的单位根据自愿原则可以向国务院产品质量监督管理部门或者国务院产品质量监督管理部门授权的部门认可的认证机构申请质量体系认证。经认证合格的,由认证机构颁发质量体系认证证书。

第五十四条 建设单位不得以任何理由,要求建筑设计单位或者建筑施工企业在工程设计或者施工作业中,违反法律、行政法规和建筑工程质量、安全标准,降低工程质量。

建筑设计单位和建筑施工企业对建设单位违反前款规定提出的降低工程质量的要求,应当予以拒绝。

第五十五条 建筑工程实行总承包的,工程质量由工程总承包单位负责,总承包单位将建筑工程分包给其他单位的,应当对分包工程的质量与分包单位承担连带责任。分包单位应当接受总承包单位的质量管理。

第五十六条 建筑工程的勘察、设计单位必须对其勘察、设计的质量负责。勘察、设计文件应当符合有关法律、行政法规的规定和建筑工程质量、安全标准、建筑工程勘察、设计技术规范以及合同的约定。设计文件选用的建筑材料、建筑构配件和设备,应当注明其规格、型号、性能等技术指标,其质量要求必须符合国家规定的标准。

第五十七条 建筑设计单位对设计文件选用的建筑材料、建筑构配件和设备,不得指定生产厂、供应商。

第五十八条 建筑施工企业对工程的施工质量负责。

建筑施工企业必须按照工程设计图纸和施工技术标准施工,不得偷工减料。工程设计的修改由原设计单位负责,建筑施工企业不得擅自修改工程设计。

第五十九条 建筑施工企业必须按照工程设计要求、施工技术标准和合同的约定,对建筑材料、建筑构配件和设备进行检验,不合格的不得使用。

第六十条 建筑物在合理使用寿命内,必须确保地基基础工程和主体结构的质量。

建筑工程竣工时,屋顶、墙面不得留有渗漏、开裂等质量缺陷;对已发现的质量缺陷,建筑施工企业应当修复。

第六十一条 交付竣工验收的建筑工程,必须符合规定的建筑工程质量标准,有完整的工程技术经济资料和经签署的工程保修书,并具备国家规定的其他竣工条件。

建筑工程竣工经验收合格后,方可交付使用;未经验收或者验收不合格的,不得交付使用。

第六十二条 建筑工程实行质量保修制度。

建筑工程的保修范围应当包括地基基础工程、主体结构工程、屋面防水工程和其他土建工程,以及电气管线、上下水管线的安装工程,供热、供冷系统工程等项目;保修的期限应当按照保证建筑物合理寿命年限内正常使用,维护使用者合法权益的原则确定。具体的保修范围和最低保修期限由国务院规定。

第六十三条 任何单位和个人对建筑工程的质量事故、质量缺陷都有权向建设行政主管部门或者其他有关部门进行检举、控告、投诉。

第七章 法律责任

第六十四条 违反本法规定,未取得施工许可证或者开工报告未经批准擅自施工的,责令改正,对不符合开工条件的责令停止施工,可以处以罚款。

第六十五条 发包单位将工程发包给不具有相应资

质条件的承包单位的,或者违反本法规定将建筑工程肢解发包的,责令改正,处以罚款。

超越本单位资质等级承揽工程的,责令停止违法行为,处以罚款,可以责令停业整顿,降低资质等级;情节严重的,吊销资质证书;有违法所得的,予以没收。

未取得资质证书承揽工程的,予以取缔,并处罚款;有违法所得的,予以没收。

以欺骗手段取得资质证书的,吊销资质证书,处以罚款;构成犯罪的,依法追究刑事责任。

第六十六条 建筑施工企业转让、出借资质证书或者以其他方式允许他人以本企业的名义承揽工程的,责令改正,没收违法所得,并处罚款,可以责令停业整顿,降低资质等级;情节严重的,吊销资质证书。对因该项承揽工程不符合规定的质量标准造成的损失,建筑施工企业与使用本企业名义的单位或者个人承担连带赔偿责任。

第六十七条 承包单位将承包的工程转包的,或者违反本法规定进行分包的,责令改正,没收违法所得,并处罚款,可以责令停业整顿,降低资质等级;情节严重的,吊销资质证书。

承包单位有前款规定的违法行为的,对因转包工程或者违法分包的工程不符合规定的质量标准造成的损失,与接受转包或者分包的单位承担连带赔偿责任。

第六十八条 在工程发包与承包中索贿、受贿、行贿,构成犯罪的,依法追究刑事责任;不构成犯罪的,分别处以罚款,没收贿赂的财物,对直接负责的主管人员和其他直接责任人员给予处分。

对在工程承包中行贿的承包单位,除依照前款规定处罚外,可以责令停业整顿,降低资质等级或者吊销资质证书。

第六十九条 工程监理单位与建设单位或者建筑施工企业串通,弄虚作假、降低工程质量的,责令改正,处以罚款,降低资质等级或者吊销资质证书;有违法所得的,予以没收;造成损失的,承担连带赔偿责任;构成犯罪的,依法追究刑事责任。

工程监理单位转让监理业务的,责令改正,没收违法所得,可以责令停业整顿,降低资质等级;情节严重的,吊销资质证书。

第七十条 违反本法规定,涉及建筑主体或者承重结构变动的装修工程擅自施工的,责令改正,处以罚款;造成损失的,承担赔偿责任;构成犯罪的,依法追究刑事责任。

第七十一条 建筑施工企业违反本法规定,对建筑安全事故隐患不采取措施予以消除的,责令改正,可以处以罚款;情节严重的,责令停业整顿,降低资质等级或者吊销资质证书;构成犯罪的,依法追究刑事责任。

建筑施工企业的管理人员违章指挥、强令职工冒险作业,因而发生重大伤亡事故或者造成其他严重后果的,依法追究刑事责任。

第七十二条 建设单位违反本法规定,要求建筑设计单位或者建筑施工企业违反建筑工程质量、安全标准,降低工程质量的,责令改正,可以处以罚款;构成犯罪的,依法追究刑事责任。

第七十三条 建筑设计单位不按照建筑工程质量、安全标准进行设计的,责令改正,处以罚款;造成工程质量事故的,责令停业整顿,降低资质等级或者吊销资质证书,没收违法所得,并处罚款;造成损失的,承担赔偿责任;构成犯罪的,依法追究刑事责任。

第七十四条 建筑施工企业在施工中偷工减料的,使用不合格的建筑材料、建筑构配件和设备的,或者有其他不按照工程设计图纸或者施工技术标准施工的行为的,责令改正,处以罚款;情节严重的,责令停业整顿,降低资质等级或者吊销资质证书;造成建筑工程质量不符合规定的质量标准的,负责返工、修理,并赔偿因此造成的损失;构成犯罪的,依法追究刑事责任。

第七十五条 建筑施工企业违反本法规定,不履行保修义务或者拖延履行保修义务的,责令改正,可以处罚款,并对在保修期内因屋顶、墙面渗漏、开裂等质量缺陷造成的损失,承担赔偿责任。

第七十六条 本法规定的责令停业整顿、降低资质等级和吊销资质证书的行政处罚,由颁发资质证书的机关决定;其他行政处罚,由建设行政主管部门或者有关部门依照法律和国务院规定的职权范围决定。

依照本法规定被吊销资质证书的,由工商行政管理部门吊销其营业执照。

第七十七条 违反本法规定,对不具备相应资质等级条件的单位颁发该等级资质证书的,由其上级机关责令收回所发的资质证书,对直接负责的主管人员和其他直接责任人员给予行政处分;构成犯罪的,依法追究刑事责任。

第七十八条 政府及其所属部门的工作人员违反本法规定,限定发包单位将招标发包的工程发包给指定的承包单位的,由上级机关责令改正;构成犯罪的,依法追究刑事责任。

第七十九条 负责颁发建筑工程施工许可证的部门

及其工作人员对不符合施工条件的建筑工程颁发施工许可证的,负责工程质量监督检查或者竣工验收的部门及其工作人员对不合格的建筑工程出具质量合格文件或者按合格工程验收的,由上级机关责令改正,对责任人员给予行政处分;构成犯罪的,依法追究刑事责任;造成损失的,由该部门承担相应的赔偿责任。

第八十条 在建筑物的合理使用寿命内,因建筑工程质量不合格受到损害的,有权向责任者要求赔偿。

第八章 附 则

第八十一条 本法关于施工许可、建筑施工企业资质审查和建筑工程发包、承包、禁止转包,以及建筑工程监理、建筑工程安全和质量管理的规定,适用于其他专业建筑工程的建筑活动,具体办法由国务院规定。

第八十二条 建设行政主管部门和其他有关部门在对建筑活动实施监督管理中,除按照国务院有关规定收取费用外,不得收取其他费用。

第八十三条 省、自治区、直辖市人民政府确定的小型房屋建筑工程的建筑活动,参照本法执行。

依法核定作为文物保护的纪念建筑物和古建筑等的修缮,依照文物保护的有关法律规定执行。

抢险救灾及其他临时性房屋建筑和农民自建低层住宅的建筑活动,不适用本法。

第八十四条 军用房屋建筑工程建筑活动的具体管理办法,由国务院、中央军事委员会依据本法制定。

第八十五条 本法自1998年3月1日起施行。

建设工程质量管理条例

- 2000年1月30日国务院令第279号发布
- 根据2017年10月7日《国务院关于修改部分行政法规的决定》第一次修订
- 根据2019年4月23日《国务院关于修改部分行政法规的决定》第二次修订

第一章 总 则

第一条 为了加强对建设工程质量的管理,保证建设工程质量,保护人民生命和财产安全,根据《中华人民共和国建筑法》,制定本条例。

第二条 凡在中华人民共和国境内从事建设工程的新建、扩建、改建等有关活动及实施对建设工程质量监督管理的,必须遵守本条例。

本条例所称建设工程,是指土木工程、建筑工程、线路管道和设备安装工程及装修工程。

第三条 建设单位、勘察单位、设计单位、施工单位、工程监理单位依法对建设工程质量负责。

第四条 县级以上人民政府建设行政主管部门和其他有关部门应当加强对建设工程质量的监督管理。

第五条 从事建设工程活动,必须严格执行基本建设程序,坚持先勘察、后设计、再施工的原则。

县级以上人民政府及其有关部门不得超越权限审批建设项目或者擅自简化基本建设程序。

第六条 国家鼓励采用先进的科学技术和管理方法,提高建设工程质量。

第二章 建设单位的质量责任和义务

第七条 建设单位应当将工程发包给具有相应资质等级的单位。

建设单位不得将建设工程肢解发包。

第八条 建设单位应当依法对工程建设项目的勘察、设计、施工、监理以及与工程建设有关的重要设备、材料等的采购进行招标。

第九条 建设单位必须向有关的勘察、设计、施工、工程监理等单位提供与建设工程有关的原始资料。

原始资料必须真实、准确、齐全。

第十条 建设工程发包单位不得迫使承包方以低于成本的价格竞标,不得任意压缩合理工期。

建设单位不得明示或者暗示设计单位或者施工单位违反工程建设强制性标准,降低建设工程质量。

第十一条 施工图设计文件审查的具体办法,由国务院建设行政主管部门、国务院其他有关部门制定。

施工图设计文件未经审查批准的,不得使用。

第十二条 实行监理的建设工程,建设单位应当委托具有相应资质等级的工程监理单位进行监理,也可以委托具有工程监理相应资质等级并与被监理工程的施工承包单位没有隶属关系或者其他利害关系的该工程的设计单位进行监理。

下列建设工程必须实行监理:

(一)国家重点建设工程;

(二)大中型公用事业工程;

(三)成片开发建设的住宅小区工程;

(四)利用外国政府或者国际组织贷款、援助资金的工程;

(五)国家规定必须实行监理的其他工程。

第十三条 建设单位在开工前,应当按照国家有关规定办理工程质量监督手续,工程质量监督手续可以与施工许可证或者开工报告合并办理。

第十四条 按照合同约定,由建设单位采购建筑材料、建筑构配件和设备的,建设单位应当保证建筑材料、建筑构配件和设备符合设计文件和合同要求。

建设单位不得明示或者暗示施工单位使用不合格的建筑材料、建筑构配件和设备。

第十五条 涉及建筑主体和承重结构变动的装修工程,建设单位应当在施工前委托原设计单位或者具有相应资质等级的设计单位提出设计方案;没有设计方案的,不得施工。

房屋建筑使用者在装修过程中,不得擅自变动房屋建筑主体和承重结构。

第十六条 建设单位收到建设工程竣工报告后,应当组织设计、施工、工程监理等有关单位进行竣工验收。

建设工程竣工验收应当具备下列条件:

(一)完成建设工程设计和合同约定的各项内容;

(二)有完整的技术档案和施工管理资料;

(三)有工程使用的主要建筑材料、建筑构配件和设备的进场试验报告;

(四)有勘察、设计、施工、工程监理等单位分别签署的质量合格文件;

(五)有施工单位签署的工程保修书。

建设工程经验收合格的,方可交付使用。

第十七条 建设单位应当严格按照国家有关档案管理的规定,及时收集、整理建设项目各环节的文件资料,建立、健全建设项目档案,并在建设工程竣工验收后,及时向建设行政主管部门或者其他有关部门移交建设项目档案。

第三章 勘察、设计单位的质量责任和义务

第十八条 从事建设工程勘察、设计的单位应当依法取得相应等级的资质证书,并在其资质等级许可的范围内承揽工程。

禁止勘察、设计单位超越其资质等级许可的范围或者以其他勘察、设计单位的名义承揽工程。禁止勘察、设计单位允许其他单位或者个人以本单位的名义承揽工程。

勘察、设计单位不得转包或者违法分包所承揽的工程。

第十九条 勘察、设计单位必须按照工程建设强制性标准进行勘察、设计,并对其勘察、设计的质量负责。

注册建筑师、注册结构工程师等注册执业人员应当在设计文件上签字,对设计文件负责。

第二十条 勘察单位提供的地质、测量、水文等勘察成果必须真实、准确。

第二十一条 设计单位应当根据勘察成果文件进行建设工程设计。

设计文件应当符合国家规定的设计深度要求,注明工程合理使用年限。

第二十二条 设计单位在设计文件中选用的建筑材料、建筑构配件和设备,应当注明规格、型号、性能等技术指标,其质量要求必须符合国家规定的标准。

除有特殊要求的建筑材料、专用设备、工艺生产线等外,设计单位不得指定生产厂、供应商。

第二十三条 设计单位应当就审查合格的施工图设计文件向施工单位作出详细说明。

第二十四条 设计单位应当参与建设工程质量事故分析,并对因设计造成的质量事故,提出相应的技术处理方案。

第四章 施工单位的质量责任和义务

第二十五条 施工单位应当依法取得相应等级的资质证书,并在其资质等级许可的范围内承揽工程。

禁止施工单位超越本单位资质等级许可的业务范围或者以其他施工单位的名义承揽工程。禁止施工单位允许其他单位或者个人以本单位的名义承揽工程。

施工单位不得转包或者违法分包工程。

第二十六条 施工单位对建设工程的施工质量负责。

施工单位应当建立质量责任制,确定工程项目的项目经理、技术负责人和施工管理负责人。

建设工程实行总承包的,总承包单位应当对全部建设工程质量负责;建设工程勘察、设计、施工、设备采购的一项或者多项实行总承包的,总承包单位应当对其承包的建设工程或者采购的设备的质量负责。

第二十七条 总承包单位依法将建设工程分包给其他单位的,分包单位应当按照分包合同的约定对其分包工程的质量向总承包单位负责,总承包单位与分包单位对分包工程的质量承担连带责任。

第二十八条 施工单位必须按照工程设计图纸和施工技术标准施工,不得擅自修改工程设计,不得偷工减料。

施工单位在施工过程中发现设计文件和图纸有差错的,应当及时提出意见和建议。

第二十九条 施工单位必须按照工程设计要求、施工技术标准和合同约定,对建筑材料、建筑构配件、设备和商品混凝土进行检验,检验应当有书面记录和专人签

字;未经检验或者检验不合格的,不得使用。

第三十条 施工单位必须建立、健全施工质量的检验制度,严格工序管理,作好隐蔽工程的质量检查和记录。隐蔽工程在隐蔽前,施工单位应当通知建设单位和建设工程质量监督机构。

第三十一条 施工人员对涉及结构安全的试块、试件以及有关材料,应当在建设单位或者工程监理单位监督下现场取样,并送具有相应资质等级的质量检测单位进行检测。

第三十二条 施工单位对施工中出现质量问题的建设工程或者竣工验收不合格的建设工程,应当负责返修。

第三十三条 施工单位应当建立、健全教育培训制度,加强对职工的教育培训;未经教育培训或者考核不合格的人员,不得上岗作业。

第五章 工程监理单位的质量责任和义务

第三十四条 工程监理单位应当依法取得相应等级的资质证书,并在其资质等级许可的范围内承担工程监理业务。

禁止工程监理单位超越本单位资质等级许可的范围或者以其他工程监理单位的名义承担工程监理业务。禁止工程监理单位允许其他单位或者个人以本单位的名义承担工程监理业务。

工程监理单位不得转让工程监理业务。

第三十五条 工程监理单位与被监理工程的施工承包单位以及建筑材料、建筑构配件和设备供应单位有隶属关系或者其他利害关系的,不得承担该项建设工程的监理业务。

第三十六条 工程监理单位应当依照法律、法规以及有关技术标准、设计文件和建设工程承包合同,代表建设单位对施工质量实施监理,并对施工质量承担监理责任。

第三十七条 工程监理单位应当选派具备相应资格的总监理工程师和监理工程师进驻施工现场。

未经监理工程师签字,建筑材料、建筑构配件和设备不得在工程上使用或者安装,施工单位不得进行下一道工序的施工。未经总监理工程师签字,建设单位不拨付工程款,不进行竣工验收。

第三十八条 监理工程师应当按照工程监理规范的要求,采取旁站、巡视和平行检验等形式,对建设工程实施监理。

第六章 建设工程质量保修

第三十九条 建设工程实行质量保修制度。

建设工程承包单位在向建设单位提交工程竣工验收报告时,应当向建设单位出具质量保修书。质量保修书中应当明确建设工程的保修范围、保修期限和保修责任等。

第四十条 在正常使用条件下,建设工程的最低保修期限为:

(一)基础设施工程、房屋建筑的地基基础工程和主体结构工程,为设计文件规定的该工程的合理使用年限;

(二)屋面防水工程、有防水要求的卫生间、房间和外墙面的防渗漏,为5年;

(三)供热与供冷系统,为2个采暖期、供冷期;

(四)电气管线、给排水管道、设备安装和装修工程,为2年。

其他项目的保修期限由发包方与承包方约定。

建设工程的保修期,自竣工验收合格之日起计算。

第四十一条 建设工程在保修范围和保修期限内发生质量问题的,施工单位应当履行保修义务,并对造成的损失承担赔偿责任。

第四十二条 建设工程在超过合理使用年限后需要继续使用的,产权所有人应当委托具有相应资质等级的勘察、设计单位鉴定,并根据鉴定结果采取加固、维修等措施,重新界定使用期。

第七章 监督管理

第四十三条 国家实行建设工程质量监督管理制度。

国务院建设行政主管部门对全国的建设工程质量实施统一监督管理。国务院铁路、交通、水利等有关部门按照国务院规定的职责分工,负责对全国的有关专业建设工程质量的监督管理。

县级以上地方人民政府建设行政主管部门对本行政区域内的建设工程质量实施监督管理。县级以上地方人民政府交通、水利等有关部门在各自的职责范围内,负责对本行政区域内的专业建设工程质量的监督管理。

第四十四条 国务院建设行政主管部门和国务院铁路、交通、水利等有关部门应当加强对有关建设工程质量的法律、法规和强制性标准执行情况的监督检查。

第四十五条 国务院发展计划部门按照国务院规定的职责,组织稽察特派员,对国家出资的重大建设项目实施监督检查。

国务院经济贸易主管部门按照国务院规定的职责,对国家重大技术改造项目实施监督检查。

第四十六条 建设工程质量监督管理,可以由建设行政主管部门或者其他有关部门委托的建设工程质量监督机构具体实施。

从事房屋建筑工程和市政基础设施工程质量监督的机构，必须按照国家有关规定经国务院建设行政主管部门或者省、自治区、直辖市人民政府建设行政主管部门考核；从事专业建设工程质量监督的机构，必须按照国家有关规定经国务院有关部门或者省、自治区、直辖市人民政府有关部门考核。经考核合格后，方可实施质量监督。

第四十七条 县级以上地方人民政府建设行政主管部门和其他有关部门应当加强对有关建设工程质量的法律、法规和强制性标准执行情况的监督检查。

第四十八条 县级以上人民政府建设行政主管部门和其他有关部门履行监督检查职责时，有权采取下列措施：

（一）要求被检查的单位提供有关工程质量的文件和资料；

（二）进入被检查单位的施工现场进行检查；

（三）发现有影响工程质量的问题时，责令改正。

第四十九条 建设单位应当自建设工程竣工验收合格之日起15日内，将建设工程竣工验收报告和规划、公安消防、环保等部门出具的认可文件或者准许使用文件报建设行政主管部门或者其他有关部门备案。

建设行政主管部门或者其他有关部门发现建设单位在竣工验收过程中有违反国家有关建设工程质量管理规定行为的，责令停止使用，重新组织竣工验收。

第五十条 有关单位和个人对县级以上人民政府建设行政主管部门和其他有关部门进行的监督检查应当支持与配合，不得拒绝或者阻碍建设工程质量监督检查人员依法执行职务。

第五十一条 供水、供电、供气、公安消防等部门或者单位不得明示或者暗示建设单位、施工单位购买其指定的生产供应单位的建筑材料、建筑构配件和设备。

第五十二条 建设工程发生质量事故，有关单位应当在24小时内向当地建设行政主管部门和其他有关部门报告。对重大质量事故，事故发生地的建设行政主管部门和其他有关部门应当按照事故类别和等级向当地人民政府和上级建设行政主管部门和有关部门报告。

特别重大质量事故的调查程序按照国务院有关规定办理。

第五十三条 任何单位和个人对建设工程的质量事故、质量缺陷都有权检举、控告、投诉。

第八章 罚 则

第五十四条 违反本条例规定，建设单位将建设工程发包给不具有相应资质等级的勘察、设计、施工单位或者委托给不具有相应资质等级的工程监理单位的，责令改正，处50万元以上100万元以下的罚款。

第五十五条 违反本条例规定，建设单位将建设工程肢解发包的，责令改正，处工程合同价款0.5%以上1%以下的罚款；对全部或者部分使用国有资金的项目，并可以暂停项目执行或者暂停资金拨付。

第五十六条 违反本条例规定，建设单位有下列行为之一的，责令改正，处20万元以上50万元以下的罚款：

（一）迫使承包方以低于成本的价格竞标的；

（二）任意压缩合理工期的；

（三）明示或者暗示设计单位或者施工单位违反工程建设强制性标准，降低工程质量的；

（四）施工图设计文件未经审查或者审查不合格，擅自施工的；

（五）建设项目必须实行工程监理而未实行工程监理的；

（六）未按照国家规定办理工程质量监督手续的；

（七）明示或者暗示施工单位使用不合格的建筑材料、建筑构配件和设备的；

（八）未按照国家规定将竣工验收报告、有关认可文件或者准许使用文件报送备案的。

第五十七条 违反本条例规定，建设单位未取得施工许可证或者开工报告未经批准，擅自施工的，责令停止施工，限期改正，处工程合同价款1%以上2%以下的罚款。

第五十八条 违反本条例规定，建设单位有下列行为之一的，责令改正，处工程合同价款2%以上4%以下的罚款；造成损失的，依法承担赔偿责任：

（一）未组织竣工验收，擅自交付使用的；

（二）验收不合格，擅自交付使用的；

（三）对不合格的建设工程按照合格工程验收的。

第五十九条 违反本条例规定，建设工程竣工验收后，建设单位未向建设行政主管部门或者其他有关部门移交建设项目档案的，责令改正，处1万元以上10万元以下的罚款。

第六十条 违反本条例规定，勘察、设计、施工、工程监理单位超越本单位资质等级承揽工程的，责令停止违法行为，对勘察、设计单位或者工程监理单位处合同约定的勘察费、设计费或者监理酬金1倍以上2倍以下的罚款；对施工单位处工程合同价款2%以上4%以下的罚款，可以责令停业整顿，降低资质等级；情节严重的，吊销资质证书；有违法所得的，予以没收。

未取得资质证书承揽工程的，予以取缔，依照前款规定处以罚款；有违法所得的，予以没收。

以欺骗手段取得资质证书承揽工程的，吊销资质证书，依照本条第一款规定处以罚款；有违法所得的，予以没收。

第六十一条 违反本条例规定，勘察、设计、施工、工程监理单位允许其他单位或者个人以本单位名义承揽工程的，责令改正，没收违法所得，对勘察、设计单位和工程监理单位处合同约定的勘察费、设计费和监理酬金1倍以上2倍以下的罚款；对施工单位处工程合同价款2%以上4%以下的罚款；可以责令停业整顿，降低资质等级；情节严重的，吊销资质证书。

第六十二条 违反本条例规定，承包单位将承包的工程转包或者违法分包的，责令改正，没收违法所得，对勘察、设计单位处合同约定的勘察费、设计费25%以上50%以下的罚款；对施工单位处工程合同价款0.5%以上1%以下的罚款；可以责令停业整顿，降低资质等级；情节严重的，吊销资质证书。

工程监理单位转让工程监理业务的，责令改正，没收违法所得，处合同约定的监理酬金25%以上50%以下的罚款；可以责令停业整顿，降低资质等级；情节严重的，吊销资质证书。

第六十三条 违反本条例规定，有下列行为之一的，责令改正，处10万元以上30万元以下的罚款：

（一）勘察单位未按照工程建设强制性标准进行勘察的；

（二）设计单位未根据勘察成果文件进行工程设计的；

（三）设计单位指定建筑材料、建筑构配件的生产厂、供应商的；

（四）设计单位未按照工程建设强制性标准进行设计的。

有前款所列行为，造成工程质量事故的，责令停业整顿，降低资质等级；情节严重的，吊销资质证书；造成损失的，依法承担赔偿责任。

第六十四条 违反本条例规定，施工单位在施工中偷工减料的，使用不合格的建筑材料、建筑构配件和设备的，或者有不按照工程设计图纸或者施工技术标准施工的其他行为的，责令改正，处工程合同价款2%以上4%以下的罚款；造成建设工程质量不符合规定的质量标准的，负责返工、修理，并赔偿因此造成的损失；情节严重的，责令停业整顿，降低资质等级或者吊销资质证书。

第六十五条 违反本条例规定，施工单位未对建筑材料、建筑构配件、设备和商品混凝土进行检验，或者未对涉及结构安全的试块、试件以及有关材料取样检测的，责令改正，处10万元以上20万元以下的罚款；情节严重的，责令停业整顿，降低资质等级或吊销资质证书；造成损失的，依法承担赔偿责任。

第六十六条 违反本条例规定，施工单位不履行保修义务或者拖延履行保修义务的，责令改正，处10万元以上20万元以下的罚款，并对在保修期内因质量缺陷造成的损失承担赔偿责任。

第六十七条 工程监理单位有下列行为之一的，责令改正，处50万元以上100万元以下的罚款，降低资质等级或者吊销资质证书；有违法所得的，予以没收；造成损失的，承担连带赔偿责任：

（一）与建设单位或者施工单位串通，弄虚作假、降低工程质量的；

（二）将不合格的建设工程、建筑材料、建筑构配件和设备按照合格签字的。

第六十八条 违反本条例规定，工程监理单位与被监理工程的施工承包单位以及建筑材料、建筑构配件和设备供应单位有隶属关系或者其他利害关系承担该项建设工程的监理业务的，责令改正，处5万元以上10万元以下的罚款，降低资质等级或者吊销资质证书；有违法所得的，予以没收。

第六十九条 违反本条例规定，涉及建筑主体或者承重结构变动的装修工程，没有设计方案擅自施工的，责令改正，处50万元以上100万元以下的罚款；房屋建筑使用者在装修过程中擅自变动房屋建筑主体和承重结构的，责令改正，处5万元以上10万元以下的罚款。

有前款所列行为，造成损失的，依法承担赔偿责任。

第七十条 发生重大工程质量事故隐瞒不报、谎报或者拖延报告期限的，对直接负责的主管人员和其他责任人员依法给予行政处分。

第七十一条 违反本条例规定，供水、供电、供气、公安消防等部门或者单位明示或者暗示建设单位或者施工单位购买其指定的生产供应单位的建筑材料、建筑构配件和设备的，责令改正。

第七十二条 违反本条例规定，注册建筑师、注册结构工程师、监理工程师等注册执业人员因过错造成质量事故的，责令停止执业1年；造成重大质量事故的，吊销执业资格证书，5年以内不予注册；情节特别恶劣的，终身不予注册。

第七十三条 依照本条例规定，给予单位罚款处罚的，对单位直接负责的主管人员和其他直接责任人员处单位罚款数额5%以上10%以下的罚款。

第七十四条 建设单位、设计单位、施工单位、工程监理单位违反国家规定，降低工程质量标准，造成重大安全事故，构成犯罪的，对直接责任人员依法追究刑事责任。

第七十五条 本条例规定的责令停业整顿、降低资质等级和吊销资质证书的行政处罚，由颁发资质证书的机关决定；其他行政处罚，由建设行政主管部门或者其他有关部门依照法定职权决定。

依照本条例规定被吊销资质证书的，由工商行政管理部门吊销其营业执照。

第七十六条 国家机关工作人员在建设工程质量监督管理工作中玩忽职守、滥用职权、徇私舞弊，构成犯罪的，依法追究刑事责任；尚不构成犯罪的，依法给予行政处分。

第七十七条 建设、勘察、设计、施工、工程监理单位的工作人员因调动工作、退休等原因离开该单位后，被发现在该单位工作期间违反国家有关建设工程质量管理规定，造成重大工程质量事故的，仍应当依法追究法律责任。

第九章 附 则

第七十八条 本条例所称肢解发包，是指建设单位将应当由一个承包单位完成的建设工程分解成若干部分发包给不同的承包单位的行为。

本条例所称违法分包，是指下列行为：

（一）总承包单位将建设工程分包给不具备相应资质条件的单位的；

（二）建设工程总承包合同中未有约定，又未经建设单位认可，承包单位将其承包的部分建设工程交由其他单位完成的；

（三）施工总承包单位将建设工程主体结构的施工分包给其他单位的；

（四）分包单位将其承包的建设工程再分包的。

本条例所称转包，是指承包单位承包建设工程后，不履行合同约定的责任和义务，将其承包的全部建设工程转给他人或者将其承包的全部建设工程肢解以后以分包的名义分别转给其他单位承包的行为。

第七十九条 本条例规定的罚款和没收的违法所得，必须全部上缴国库。

第八十条 抢险救灾及其他临时性房屋建筑和农民自建低层住宅的建设活动，不适用本条例。

第八十一条 军事建设工程的管理，按照中央军委员会的有关规定执行。

第八十二条 本条例自发布之日起施行。

建设工程安全生产管理条例

· 2003年11月24日国务院令第393号公布
· 自2004年2月1日起施行

第一章 总 则

第一条 为了加强建设工程安全生产监督管理，保障人民群众生命和财产安全，根据《中华人民共和国建筑法》、《中华人民共和国安全生产法》，制定本条例。

第二条 在中华人民共和国境内从事建设工程的新建、扩建、改建和拆除等有关活动及实施对建设工程安全生产的监督管理，必须遵守本条例。

本条例所称建设工程，是指土木工程、建筑工程、线路管道和设备安装工程及装修工程。

第三条 建设工程安全生产管理，坚持安全第一、预防为主的方针。

第四条 建设单位、勘察单位、设计单位、施工单位、工程监理单位及其他与建设工程安全生产有关的单位，必须遵守安全生产法律、法规的规定，保证建设工程安全生产，依法承担建设工程安全生产责任。

第五条 国家鼓励建设工程安全生产的科学技术研究和先进技术的推广应用，推进建设工程安全生产的科学管理。

第二章 建设单位的安全责任

第六条 建设单位应当向施工单位提供施工现场及毗邻区域内供水、排水、供电、供气、供热、通信、广播电视等地下管线资料，气象和水文观测资料，相邻建筑物和构筑物、地下工程的有关资料，并保证资料的真实、准确、完整。

建设单位因建设工程需要，向有关部门或者单位查询前款规定的资料时，有关部门或者单位应当及时提供。

第七条 建设单位不得对勘察、设计、施工、工程监理等单位提出不符合建设工程安全生产法律、法规和强制性标准规定的要求，不得压缩合同约定的工期。

第八条 建设单位在编制工程概算时,应当确定建设工程安全作业环境及安全施工措施所需费用。

第九条 建设单位不得明示或者暗示施工单位购买、租赁、使用不符合安全施工要求的安全防护用具、机械设备、施工机具及配件、消防设施和器材。

第十条 建设单位在申请领取施工许可证时,应当提供建设工程有关安全施工措施的资料。

依法批准开工报告的建设工程,建设单位应当自开工报告批准之日起15日内,将保证安全施工的措施报送建设工程所在地的县级以上地方人民政府建设行政主管部门或者其他有关部门备案。

第十一条 建设单位应当将拆除工程发包给具有相应资质等级的施工单位。

建设单位应当在拆除工程施工15日前,将下列资料报送建设工程所在地的县级以上地方人民政府建设行政主管部门或者其他有关部门备案:

(一)施工单位资质等级证明;

(二)拟拆除建筑物、构筑物及可能危及毗邻建筑的说明;

(三)拆除施工组织方案;

(四)堆放、清除废弃物的措施。

实施爆破作业的,应当遵守国家有关民用爆炸物品管理的规定。

第三章 勘察、设计、工程监理及其他有关单位的安全责任

第十二条 勘察单位应当按照法律、法规和工程建设强制性标准进行勘察,提供的勘察文件应当真实、准确,满足建设工程安全生产的需要。

勘察单位在勘察作业时,应当严格执行操作规程,采取措施保证各类管线、设施和周边建筑物、构筑物的安全。

第十三条 设计单位应当按照法律、法规和工程建设强制性标准进行设计,防止因设计不合理导致生产安全事故的发生。

设计单位应当考虑施工安全操作和防护的需要,对涉及施工安全的重点部位和环节在设计文件中注明,并对防范生产安全事故提出指导意见。

采用新结构、新材料、新工艺的建设工程和特殊结构的建设工程,设计单位应当在设计中提出保障施工作业人员安全和预防生产安全事故的措施建议。

设计单位和注册建筑师等注册执业人员应当对其设计负责。

第十四条 工程监理单位应当审查施工组织设计中的安全技术措施或者专项施工方案是否符合工程建设强制性标准。

工程监理单位在实施监理过程中,发现存在安全事故隐患的,应当要求施工单位整改;情况严重的,应当要求施工单位暂时停止施工,并及时报告建设单位。施工单位拒不整改或者不停止施工的,工程监理单位应当及时向有关主管部门报告。

工程监理单位和监理工程师应当按照法律、法规和工程建设强制性标准实施监理,并对建设工程安全生产承担监理责任。

第十五条 为建设工程提供机械设备和配件的单位,应当按照安全施工的要求配备齐全有效的保险、限位等安全设施和装置。

第十六条 出租的机械设备和施工机具及配件,应当具有生产(制造)许可证、产品合格证。

出租单位应当对出租的机械设备和施工机具及配件的安全性能进行检测,在签订租赁协议时,应当出具检测合格证明。

禁止出租检测不合格的机械设备和施工机具及配件。

第十七条 在施工现场安装、拆卸施工起重机械和整体提升脚手架、模板等自升式架设设施,必须由具有相应资质的单位承担。

安装、拆卸施工起重机械和整体提升脚手架、模板等自升式架设设施,应当编制拆装方案、制定安全施工措施,并由专业技术人员现场监督。

施工起重机械和整体提升脚手架、模板等自升式架设设施安装完毕后,安装单位应当自检,出具自检合格证明,并向施工单位进行安全使用说明,办理验收手续并签字。

第十八条 施工起重机械和整体提升脚手架、模板等自升式架设设施的使用达到国家规定的检验检测期限的,必须经具有专业资质的检验检测机构检测。经检测不合格的,不得继续使用。

第十九条 检验检测机构对检测合格的施工起重机械和整体提升脚手架、模板等自升式架设设施,应当出具安全合格证明文件,并对检测结果负责。

第四章 施工单位的安全责任

第二十条 施工单位从事建设工程的新建、扩建、改建和拆除等活动,应当具备国家规定的注册资本、专业技术人员、技术装备和安全生产等条件,依法取得相应等级的资质证书,并在其资质等级许可的范围内承揽工程。

第二十一条 施工单位主要负责人依法对本单位的安全生产工作全面负责。施工单位应当建立健全安全生

产责任制度和安全生产教育培训制度，制定安全生产规章制度和操作规程，保证本单位安全生产条件所需资金的投入，对所承担的建设工程进行定期和专项安全检查，并做好安全检查记录。

施工单位的项目负责人应当由取得相应执业资格的人员担任，对建设工程项目的安全施工负责，落实安全生产责任制度、安全生产规章制度和操作规程，确保安全生产费用的有效使用，并根据工程的特点组织制定安全施工措施，消除安全事故隐患，及时、如实报告生产安全事故。

第二十二条 施工单位对列入建设工程概算的安全作业环境及安全施工措施所需费用，应当用于施工安全防护用具及设施的采购和更新、安全施工措施的落实、安全生产条件的改善，不得挪作他用。

第二十三条 施工单位应当设立安全生产管理机构，配备专职安全生产管理人员。

专职安全生产管理人员负责对安全生产进行现场监督检查。发现安全事故隐患，应当及时向项目负责人和安全生产管理机构报告；对于违章指挥、违章操作的，应当立即制止。

专职安全生产管理人员的配备办法由国务院建设行政主管部门会同国务院其他有关部门制定。

第二十四条 建设工程实行施工总承包的，由总承包单位对施工现场的安全生产负总责。

总承包单位应当自行完成建设工程主体结构的施工。

总承包单位依法将建设工程分包给其他单位的，分包合同中应当明确各自的安全生产方面的权利、义务。总承包单位和分包单位对分包工程的安全生产承担连带责任。

分包单位应当服从总承包单位的安全生产管理，分包单位不服从管理导致生产安全事故的，由分包单位承担主要责任。

第二十五条 垂直运输机械作业人员、安装拆卸工、爆破作业人员、起重信号工、登高架设作业人员等特种作业人员，必须按照国家有关规定经过专门的安全作业培训，并取得特种作业操作资格证书后，方可上岗作业。

第二十六条 施工单位应当在施工组织设计中编制安全技术措施和施工现场临时用电方案，对下列达到一定规模的危险性较大的分部分项工程编制专项施工方案，并附具安全验算结果，经施工单位技术负责人、总监理工程师签字后实施，由专职安全生产管理人员进行现场监督：

（一）基坑支护与降水工程；
（二）土方开挖工程；
（三）模板工程；
（四）起重吊装工程；
（五）脚手架工程；
（六）拆除、爆破工程；
（七）国务院建设行政主管部门或者其他有关部门规定的其他危险性较大的工程。

对前款所列工程中涉及深基坑、地下暗挖工程、高大模板工程的专项施工方案，施工单位还应当组织专家进行论证、审查。

本条第一款规定的达到一定规模的危险性较大工程的标准，由国务院建设行政主管部门会同国务院其他有关部门制定。

第二十七条 建设工程施工前，施工单位负责项目管理的技术人员应当对有关安全施工的技术要求向施工作业班组、作业人员作出详细说明，并由双方签字确认。

第二十八条 施工单位应当在施工现场入口处、施工起重机械、临时用电设施、脚手架、出入通道口、楼梯口、电梯井口、孔洞口、桥梁口、隧道口、基坑边沿、爆破物及有害危险气体和液体存放处等危险部位，设置明显的安全警示标志。安全警示标志必须符合国家标准。

施工单位应当根据不同施工阶段和周围环境及季节、气候的变化，在施工现场采取相应的安全施工措施。施工现场暂时停止施工的，施工单位应当做好现场防护，所需费用由责任方承担，或者按照合同约定执行。

第二十九条 施工单位应当将施工现场的办公、生活区与作业区分开设置，并保持安全距离；办公、生活区的选址应当符合安全性要求。职工的膳食、饮水、休息场所等应当符合卫生标准。施工单位不得在尚未竣工的建筑物内设置员工集体宿舍。

施工现场临时搭建的建筑物应当符合安全使用要求。施工现场使用的装配式活动房屋应当具有产品合格证。

第三十条 施工单位对因建设工程施工可能造成损害的毗邻建筑物、构筑物和地下管线等，应当采取专项防护措施。

施工单位应当遵守有关环境保护法律、法规的规定，在施工现场采取措施，防止或者减少粉尘、废气、废水、固体废物、噪声、振动和施工照明对人和环境的危害和污染。

在城市市区内的建设工程，施工单位应当对施工现场实行封闭围挡。

第三十一条 施工单位应当在施工现场建立消防安全责任制度，确定消防安全责任人，制定用火、用电、使用易燃易爆材料等各项消防安全管理制度和操作规程，设置消防通道、消防水源，配备消防设施和灭火器材，并在施工现场入口处设置明显标志。

第三十二条 施工单位应当向作业人员提供安全防护用具和安全防护服装，并书面告知危险岗位的操作规程和违章操作的危害。

作业人员有权对施工现场的作业条件、作业程序和作业方式中存在的安全问题提出批评、检举和控告，有权拒绝违章指挥和强令冒险作业。

在施工中发生危及人身安全的紧急情况时，作业人员有权立即停止作业或者在采取必要的应急措施后撤离危险区域。

第三十三条 作业人员应当遵守安全施工的强制性标准、规章制度和操作规程，正确使用安全防护用具、机械设备等。

第三十四条 施工单位采购、租赁的安全防护用具、机械设备、施工机具及配件，应当具有生产（制造）许可证、产品合格证，并在进入施工现场前进行查验。

施工现场的安全防护用具、机械设备、施工机具及配件必须由专人管理，定期进行检查、维修和保养，建立相应的资料档案，并按照国家有关规定及时报废。

第三十五条 施工单位在使用施工起重机械和整体提升脚手架、模板等自升式架设设施前，应当组织有关单位进行验收，也可以委托具有相应资质的检验检测机构进行验收；使用承租的机械设备和施工机具及配件的，由施工总承包单位、分包单位、出租单位和安装单位共同进行验收。验收合格的方可使用。

《特种设备安全监察条例》规定的施工起重机械，在验收前应当经有相应资质的检验检测机构监督检验合格。

施工单位应当自施工起重机械和整体提升脚手架、模板等自升式架设设施验收合格之日起30日内，向建设行政主管部门或者其他有关部门登记。登记标志应当置于或者附着于该设备的显著位置。

第三十六条 施工单位的主要负责人、项目负责人、专职安全生产管理人员应当经建设行政主管部门或者其他有关部门考核合格后方可任职。

施工单位应当对管理人员和作业人员每年至少进行一次安全生产教育培训，其教育培训情况记入个人工作档案。安全生产教育培训考核不合格的人员，不得上岗。

第三十七条 作业人员进入新的岗位或者新的施工现场前，应当接受安全生产教育培训。未经教育培训或者教育培训考核不合格的人员，不得上岗作业。

施工单位在采用新技术、新工艺、新设备、新材料时，应当对作业人员进行相应的安全生产教育培训。

第三十八条 施工单位应当为施工现场从事危险作业的人员办理意外伤害保险。

意外伤害保险费由施工单位支付。实行施工总承包的，由总承包单位支付意外伤害保险费。意外伤害保险期限自建设工程开工之日起至竣工验收合格止。

第五章 监督管理

第三十九条 国务院负责安全生产监督管理的部门依照《中华人民共和国安全生产法》的规定，对全国建设工程安全生产工作实施综合监督管理。

县级以上地方人民政府负责安全生产监督管理的部门依照《中华人民共和国安全生产法》的规定，对本行政区域内建设工程安全生产工作实施综合监督管理。

第四十条 国务院建设行政主管部门对全国的建设工程安全生产实施监督管理。国务院铁路、交通、水利等有关部门按照国务院规定的职责分工，负责有关专业建设工程安全生产的监督管理。

县级以上地方人民政府建设行政主管部门对本行政区域内的建设工程安全生产实施监督管理。县级以上地方人民政府交通、水利等有关部门在各自的职责范围内，负责本行政区域内的专业建设工程安全生产的监督管理。

第四十一条 建设行政主管部门和其他有关部门应当将本条例第十条、第十一条规定的有关资料的主要内容抄送同级负责安全生产监督管理的部门。

第四十二条 建设行政主管部门在审核发放施工许可证时，应当对建设工程是否有安全施工措施进行审查，对没有安全施工措施的，不得颁发施工许可证。

建设行政主管部门或者其他有关部门对建设工程是否有安全施工措施进行审查时，不得收取费用。

第四十三条 县级以上人民政府负有建设工程安全生产监督管理职责的部门在各自的职责范围内履行安全监督检查职责时，有权采取下列措施：

（一）要求被检查单位提供有关建设工程安全生产的文件和资料；

（二）进入被检查单位施工现场进行检查；

（三）纠正施工中违反安全生产要求的行为；

（四）对检查中发现的安全事故隐患，责令立即排除；重大安全事故隐患排除前或者排除过程中无法保证安全的，责令从危险区域内撤出作业人员或者暂时停止施工。

第四十四条 建设行政主管部门或者其他有关部门可以将施工现场的监督检查委托给建设工程安全监督机构具体实施。

第四十五条 国家对严重危及施工安全的工艺、设备、材料实行淘汰制度。具体目录由国务院建设行政主管部门会同国务院其他有关部门制定并公布。

第四十六条 县级以上人民政府建设行政主管部门和其他有关部门应当及时受理对建设工程生产安全事故及安全事故隐患的检举、控告和投诉。

第六章 生产安全事故的应急救援和调查处理

第四十七条 县级以上地方人民政府建设行政主管部门应当根据本级人民政府的要求，制定本行政区域内建设工程特大生产安全事故应急救援预案。

第四十八条 施工单位应当制定本单位生产安全事故应急救援预案，建立应急救援组织或者配备应急救援人员，配备必要的应急救援器材、设备，并定期组织演练。

第四十九条 施工单位应当根据建设工程施工的特点、范围，对施工现场易发生重大事故的部位、环节进行监控，制定施工现场生产安全事故应急救援预案。实行施工总承包的，由总承包单位统一组织编制建设工程生产安全事故应急救援预案，工程总承包单位和分包单位按照应急救援预案，各自建立应急救援组织或者配备应急救援人员，配备救援器材、设备，并定期组织演练。

第五十条 施工单位发生生产安全事故，应当按照国家有关伤亡事故报告和调查处理的规定，及时、如实地向负责安全生产监督管理的部门、建设行政主管部门或者其他有关部门报告；特种设备发生事故的，还应当同时向特种设备安全监督管理部门报告。接到报告的部门应当按照国家有关规定，如实上报。

实行施工总承包的建设工程，由总承包单位负责上报事故。

第五十一条 发生生产安全事故后，施工单位应当采取措施防止事故扩大，保护事故现场。需要移动现场物品时，应当做出标记和书面记录，妥善保管有关证物。

第五十二条 建设工程生产安全事故的调查、对事故责任单位和责任人的处罚与处理，按照有关法律、法规的规定执行。

第七章 法律责任

第五十三条 违反本条例的规定，县级以上人民政府建设行政主管部门或者其他有关行政管理部门的工作人员，有下列行为之一的，给予降级或者撤职的行政处分；构成犯罪的，依照刑法有关规定追究刑事责任：

（一）对不具备安全生产条件的施工单位颁发资质证书的；

（二）对没有安全施工措施的建设工程颁发施工许可证的；

（三）发现违法行为不予查处的；

（四）不依法履行监督管理职责的其他行为。

第五十四条 违反本条例的规定，建设单位未提供建设工程安全生产作业环境及安全施工措施所需费用的，责令限期改正；逾期未改正的，责令该建设工程停止施工。

建设单位未将保证安全施工的措施或者拆除工程的有关资料报送有关部门备案的，责令限期改正，给予警告。

第五十五条 违反本条例的规定，建设单位有下列行为之一的，责令限期改正，处 20 万元以上 50 万元以下的罚款；造成重大安全事故，构成犯罪的，对直接责任人员，依照刑法有关规定追究刑事责任；造成损失的，依法承担赔偿责任：

（一）对勘察、设计、施工、工程监理等单位提出不符合安全生产法律、法规和强制性标准规定的要求的；

（二）要求施工单位压缩合同约定的工期的；

（三）将拆除工程发包给不具有相应资质等级的施工单位的。

第五十六条 违反本条例的规定，勘察单位、设计单位有下列行为之一的，责令限期改正，处 10 万元以上 30 万元以下的罚款；情节严重的，责令停业整顿，降低资质等级，直至吊销资质证书；造成重大安全事故，构成犯罪的，对直接责任人员，依照刑法有关规定追究刑事责任；造成损失的，依法承担赔偿责任：

（一）未按照法律、法规和工程建设强制性标准进行勘察、设计的；

（二）采用新结构、新材料、新工艺的建设工程和特殊结构的建设工程，设计单位未在设计中提出保障施工作业人员安全和预防生产安全事故的措施建议的。

第五十七条 违反本条例的规定，工程监理单位有下列行为之一的,责令限期改正;逾期未改正的,责令停业整顿,并处10万元以上30万元以下的罚款;情节严重的,降低资质等级,直至吊销资质证书;造成重大安全事故,构成犯罪的,对直接责任人员,依照刑法有关规定追究刑事责任;造成损失的,依法承担赔偿责任:

（一）未对施工组织设计中的安全技术措施或者专项施工方案进行审查的;

（二）发现安全事故隐患未及时要求施工单位整改或者暂时停止施工的;

（三）施工单位拒不整改或者不停止施工,未及时向有关主管部门报告的;

（四）未依照法律、法规和工程建设强制性标准实施监理的。

第五十八条 注册执业人员未执行法律、法规和工程建设强制性标准的,责令停止执业3个月以上1年以下;情节严重的,吊销执业资格证书,5年内不予注册;造成重大安全事故的,终身不予注册;构成犯罪的,依照刑法有关规定追究刑事责任。

第五十九条 违反本条例的规定,为建设工程提供机械设备和配件的单位,未按照安全施工的要求配备齐全有效的保险、限位等安全设施和装置的,责令限期改正,处合同价款1倍以上3倍以下的罚款;造成损失的,依法承担赔偿责任。

第六十条 违反本条例的规定,出租单位出租未经安全性能检测或者经检测不合格的机械设备和施工机具及配件的,责令停业整顿,并处5万元以上10万元以下的罚款;造成损失的,依法承担赔偿责任。

第六十一条 违反本条例的规定,施工起重机械和整体提升脚手架、模板等自升式架设设施安装、拆卸单位有下列行为之一的,责令限期改正,处5万元以上10万元以下的罚款;情节严重的,责令停业整顿,降低资质等级,直至吊销资质证书;造成损失的,依法承担赔偿责任:

（一）未编制拆装方案、制定安全施工措施的;

（二）未由专业技术人员现场监督的;

（三）未出具自检合格证明或者出具虚假证明的;

（四）未向施工单位进行安全使用说明,办理移交手续的。

施工起重机械和整体提升脚手架、模板等自升式架设设施安装、拆卸单位有前款规定的第（一）项、第（三）项行为,经有关部门或者单位职工提出后,对事故隐患仍不采取措施,因而发生重大伤亡事故或者造成其他严重后果,构成犯罪的,对直接责任人员,依照刑法有关规定追究刑事责任。

第六十二条 违反本条例的规定,施工单位有下列行为之一的,责令限期改正;逾期未改正的,责令停业整顿,依照《中华人民共和国安全生产法》的有关规定处以罚款;造成重大安全事故,构成犯罪的,对直接责任人员,依照刑法有关规定追究刑事责任:

（一）未设立安全生产管理机构、配备专职安全生产管理人员或者分部分项工程施工时无专职安全生产管理人员现场监督的;

（二）施工单位的主要负责人、项目负责人、专职安全生产管理人员、作业人员或者特种作业人员,未经安全教育培训或者经考核不合格即从事相关工作的;

（三）未在施工现场的危险部位设置明显的安全警示标志,或者未按照国家有关规定在施工现场设置消防通道、消防水源、配备消防设施和灭火器材的;

（四）未向作业人员提供安全防护用具和安全防护服装的;

（五）未按照规定在施工起重机械和整体提升脚手架、模板等自升式架设设施验收合格后登记的;

（六）使用国家明令淘汰、禁止使用的危及施工安全的工艺、设备、材料的。

第六十三条 违反本条例的规定,施工单位挪用列入建设工程概算的安全生产作业环境及安全施工措施所需费用的,责令限期改正,处挪用费用20%以上50%以下的罚款;造成损失的,依法承担赔偿责任。

第六十四条 违反本条例的规定,施工单位有下列行为之一的,责令限期改正;逾期未改正的,责令停业整顿,并处5万元以上10万元以下的罚款;造成重大安全事故,构成犯罪的,对直接责任人员,依照刑法有关规定追究刑事责任:

（一）施工前未对有关安全施工的技术要求作出详细说明的;

（二）未根据不同施工阶段和周围环境及季节、气候的变化,在施工现场采取相应的安全施工措施,或者在城市市区内的建设工程的施工现场未实行封闭围挡的;

（三）在尚未竣工的建筑物内设置员工集体宿舍的;

（四）施工现场临时搭建的建筑物不符合安全使用要求的;

（五）未对因建设工程施工可能造成损害的毗邻建筑物、构筑物和地下管线等采取专项防护措施的。

施工单位有前款规定第（四）项、第（五）项行为,造成损失的,依法承担赔偿责任。

第六十五条 违反本条例的规定,施工单位有下列行为之一的,责令限期改正;逾期未改正的,责令停业整顿,并处 10 万元以上 30 万元以下的罚款;情节严重的,降低资质等级,直至吊销资质证书;造成重大安全事故,构成犯罪的,对直接责任人员,依照刑法有关规定追究刑事责任;造成损失的,依法承担赔偿责任:

(一)安全防护用具、机械设备、施工机具及配件在进入施工现场前未经查验或者查验不合格即投入使用的;

(二)使用未经验收或者验收不合格的施工起重机械和整体提升脚手架、模板等自升式架设设施的;

(三)委托不具有相应资质的单位承担施工现场安装、拆卸施工起重机械和整体提升脚手架、模板等自升式架设设施的;

(四)在施工组织设计中未编制安全技术措施、施工现场临时用电方案或者专项施工方案的。

第六十六条 违反本条例的规定,施工单位的主要负责人、项目负责人未履行安全生产管理职责的,责令限期改正;逾期未改正的,责令施工单位停业整顿;造成重大安全事故、重大伤亡事故或者其他严重后果,构成犯罪的,依照刑法有关规定追究刑事责任。

作业人员不服管理、违反规章制度和操作规程冒险作业造成重大伤亡事故或者其他严重后果,构成犯罪的,依照刑法有关规定追究刑事责任。

施工单位的主要负责人、项目负责人有前款违法行为,尚不够刑事处罚的,处 2 万元以上 20 万元以下的罚款或者按照管理权限给予撤职处分;自刑罚执行完毕或者受处分之日起,5 年内不得担任任何施工单位的主要负责人、项目负责人。

第六十七条 施工单位取得资质证书后,降低安全生产条件的,责令限期改正;经整改仍未达到与其资质等级相适应的安全生产条件的,责令停业整顿,降低其资质等级直至吊销资质证书。

第六十八条 本条例规定的行政处罚,由建设行政主管部门或者其他有关部门依照法定职权决定。

违反消防安全管理规定的行为,由公安消防机构依法处罚。

有关法律、行政法规对建设工程安全生产违法行为的行政处罚决定机关另有规定的,从其规定。

第八章 附 则

第六十九条 抢险救灾和农民自建低层住宅的安全生产管理,不适用本条例。

第七十条 军事建设工程的安全生产管理,按照中央军事委员会的有关规定执行。

第七十一条 本条例自 2004 年 2 月 1 日起施行。

高层民用建筑消防安全管理规定

· 2020 年 12 月 28 日应急管理部第 39 次部务会议审议通过
· 2021 年 6 月 21 日中华人民共和国应急管理部令第 5 号公布
· 自 2021 年 8 月 1 日起施行

第一章 总 则

第一条 为了加强高层民用建筑消防安全管理,预防火灾和减少火灾危害,根据《中华人民共和国消防法》等法律、行政法规和国务院有关规定,制定本规定。

第二条 本规定适用于已经建成且依法投入使用的高层民用建筑(包括高层住宅建筑和高层公共建筑)的消防安全管理。

第三条 高层民用建筑消防安全管理贯彻预防为主、防消结合的方针,实行消防安全责任制。

建筑高度超过 100 米的高层民用建筑应当实行更加严格的消防安全管理。

第二章 消防安全职责

第四条 高层民用建筑的业主、使用人是高层民用建筑消防安全责任主体,对高层民用建筑的消防安全负责。高层民用建筑的业主、使用人是单位的,其法定代表人或者主要负责人是本单位的消防安全责任人。

高层民用建筑的业主、使用人可以委托物业服务企业或者消防技术服务机构等专业服务单位(以下统称消防服务单位)提供消防安全服务,并应当在服务合同中约定消防安全服务的具体内容。

第五条 同一高层民用建筑有两个及以上业主、使用人的,各业主、使用人对其专有部分的消防安全负责,对共有部分的消防安全共同负责。

同一高层民用建筑有两个及以上业主、使用人的,应当共同委托物业服务企业,或者明确一个业主、使用人为统一管理人,对共有部分的消防安全实行统一管理,协调、指导业主、使用人共同做好整栋建筑的消防安全工作,并通过书面形式约定各方消防安全责任。

第六条 高层民用建筑以承包、租赁或者委托经营、管理等形式交由承包人、承租人、经营管理人使用的,当事人在订立承包、租赁、委托管理等合同时,应当明确各方消防安全责任。委托方、出租方依照法律规定,可以对承包方、承租方、受托方的消防安全工作统一协调、管理。

实行承包、租赁或者委托经营、管理时,业主应当提供符合消防安全要求的建筑物,督促使用人加强消防安全管理。

第七条 高层公共建筑的业主单位、使用单位应当履行下列消防安全职责:

(一)遵守消防法律法规,建立和落实消防安全管理制度;

(二)明确消防安全管理机构或者消防安全管理人员;

(三)组织开展防火巡查、检查,及时消除火灾隐患;

(四)确保疏散通道、安全出口、消防车通道畅通;

(五)对建筑消防设施、器材定期进行检验、维修,确保完好有效;

(六)组织消防宣传教育培训,制定灭火和应急疏散预案,定期组织消防演练;

(七)按照规定建立专职消防队、志愿消防队(微型消防站)等消防组织;

(八)法律、法规规定的其他消防安全职责。

委托物业服务企业,或者明确统一管理人实施消防安全管理的,物业服务企业或者统一管理人应当按照约定履行前款规定的消防安全职责,业主单位、使用单位应当督促并配合物业服务企业或者统一管理人做好消防安全工作。

第八条 高层公共建筑的业主、使用人、物业服务企业或者统一管理人应当明确专人担任消防安全管理人,负责整栋建筑的消防安全管理工作,并在建筑显著位置公示其姓名、联系方式和消防安全管理职责。

高层公共建筑的消防安全管理人应当履行下列消防安全管理职责:

(一)拟订年度消防工作计划,组织实施日常消防安全管理工作;

(二)组织开展防火检查、巡查和火灾隐患整改工作;

(三)组织实施对建筑共用消防设施设备的维护保养;

(四)管理专职消防队、志愿消防队(微型消防站)等消防组织;

(五)组织开展消防安全的宣传教育和培训;

(六)组织编制灭火和应急疏散综合预案并开展演练。

高层公共建筑的消防安全管理人应当具备与其职责相适应的消防安全知识和管理能力。对建筑高度超过100米的高层公共建筑,鼓励有关单位聘用相应级别的注册消防工程师或者相关工程类中级及以上专业技术职务的人员担任消防安全管理人。

第九条 高层住宅建筑的业主、使用人应当履行下列消防安全义务:

(一)遵守住宅小区防火安全公约和管理规约约定的消防安全事项;

(二)按照不动产权属证书载明的用途使用建筑;

(三)配合消防服务单位做好消防安全工作;

(四)按照法律规定承担消防服务费用以及建筑消防设施维修、更新和改造的相关费用;

(五)维护消防安全,保护消防设施,预防火灾,报告火警,成年人参加有组织的灭火工作;

(六)法律、法规规定的其他消防安全义务。

第十条 接受委托的高层住宅建筑的物业服务企业应当依法履行下列消防安全职责:

(一)落实消防安全责任,制定消防安全制度,拟订年度消防安全工作计划和组织保障方案;

(二)明确具体部门或者人员负责消防安全管理工作;

(三)对管理区域内的共用消防设施、器材和消防标志定期进行检测、维护保养,确保完好有效;

(四)组织开展防火巡查、检查,及时消除火灾隐患;

(五)保障疏散通道、安全出口、消防车通道畅通,对占用、堵塞、封闭疏散通道、安全出口、消防车通道等违规行为予以制止;制止无效的,及时报告消防救援机构等有关行政管理部门依法处理;

(六)督促业主、使用人履行消防安全义务;

(七)定期向所在住宅小区业主委员会和业主、使用人通报消防安全情况,提示消防安全风险;

(八)组织开展经常性的消防宣传教育;

(九)制定灭火和应急疏散预案,并定期组织演练;

(十)法律、法规规定和合同约定的其他消防安全职责。

第十一条 消防救援机构和其他负责消防监督检查的机构依法对高层民用建筑进行消防监督检查,督促业主、使用人、受委托的消防服务单位等落实消防安全责任;对监督检查中发现的火灾隐患,通知有关单位或者个人立即采取措施消除隐患。

消防救援机构应当加强高层民用建筑消防安全法律、法规的宣传,督促、指导有关单位做好高层民用建筑消防安全宣传教育工作。

第十二条 村民委员会、居民委员会应当依法组织制定防火安全公约,对高层民用建筑进行防火安全检查,协助人民政府和有关部门加强消防宣传教育;对老年人、未成年人、残疾人等开展有针对性的消防宣传教育,加强消防安全帮扶。

第十三条 供水、供电、供气、供热、通信、有线电视等专业运营单位依法对高层民用建筑内由其管理的设施设备消防安全负责,并定期进行检查和维护。

第三章 消防安全管理

第十四条 高层民用建筑施工期间,建设单位应当与施工单位明确施工现场的消防安全责任。施工期间应当严格落实现场防范措施,配置消防器材,指定专人监护,采取防火分隔措施,不得影响其他区域的人员安全疏散和建筑消防设施的正常使用。

高层民用建筑的业主、使用人不得擅自变更建筑使用功能、改变防火防烟分区,不得违反消防技术标准使用易燃、可燃装修装饰材料。

第十五条 高层民用建筑的业主、使用人或者物业服务企业、统一管理人应当对动用明火作业实行严格的消防安全管理,不得在具有火灾、爆炸危险的场所使用明火;因施工等特殊情况需要进行电焊、气焊等明火作业的,应当按照规定办理动火审批手续,落实现场监护人,配备消防器材,并在建筑主入口和作业现场显著位置公告。作业人员应当依法持证上岗,严格遵守消防安全规定,清除周围及下方的易燃、可燃物,采取防火隔离措施。作业完毕后,应当进行全面检查,消除遗留火种。

高层公共建筑内的商场、公共娱乐场所不得在营业期间动火施工。

高层公共建筑内应当确定禁火禁烟区域,并设置明显标志。

第十六条 高层民用建筑内电器设备的安装使用及其线路敷设、维护保养和检测应当符合消防技术标准及管理规定。

高层民用建筑业主、使用人或者消防服务单位,应当安排专业机构或者电工定期对管理区域内由其管理的电器设备及线路进行检查;对不符合安全要求的,应当及时维修、更换。

第十七条 高层民用建筑内燃气用具的安装使用及其管路敷设、维护保养和检测应当符合消防技术标准及管理规定。禁止违反燃气安全使用规定,擅自安装、改装、拆除燃气设备和用具。

高层民用建筑使用燃气应当采用管道供气方式。禁止在高层民用建筑地下部分使用液化石油气。

第十八条 禁止在高层民用建筑内违反国家规定生产、储存、经营甲、乙类火灾危险性物品。

第十九条 设有建筑外墙外保温系统的高层民用建筑,其管理单位应当在主入口及周边相关显著位置,设置提示性和警示性标识,标示外墙外保温材料的燃烧性能、防火要求。对高层民用建筑外墙外保温系统破损、开裂和脱落的,应当及时修复。高层民用建筑在进行外墙外保温系统施工时,建设单位应当采取必要的防火隔离以及限制住人和使用的措施,确保建筑内人员安全。

禁止使用易燃、可燃材料作为高层民用建筑外墙外保温材料。禁止在其建筑内及周边禁放区域燃放烟花爆竹;禁止在其外墙周围堆放可燃物。对于使用难燃外墙外保温材料或者采用与基层墙体、装饰层之间有空腔的建筑外墙外保温系统的高层民用建筑,禁止在其外墙动火用电。

第二十条 高层民用建筑的电缆井、管道井等竖向管井和电缆桥架应当在每层楼板处进行防火封堵,管井检查门应当采用防火门。

禁止占用电缆井、管道井,或者在电缆井、管道井等竖向管井堆放杂物。

第二十一条 高层民用建筑的户外广告牌、外装饰不得采用易燃、可燃材料,不得妨碍防烟排烟、逃生和灭火救援,不得改变或者破坏建筑立面防火结构。

禁止在高层民用建筑外窗设置影响逃生和灭火救援的障碍物。

建筑高度超过50米的高层民用建筑外墙上设置的装饰、广告牌应当采用不燃材料并易于破拆。

第二十二条 禁止在消防车通道、消防车登高操作场地设置构筑物、停车泊位、固定隔离桩等障碍物。

禁止在消防车通道上方、登高操作面设置妨碍消防车作业的架空管线、广告牌、装饰物等障碍物。

第二十三条 高层公共建筑内餐饮场所的经营单位应当及时对厨房灶具和排油烟罩设施进行清洗,排油烟管道每季度至少进行一次检查、清洗。

高层住宅建筑的公共排油烟管道应当定期检查,并采取防火措施。

第二十四条 除为满足高层民用建筑的使用功能所设置的自用物品暂存库房、档案室和资料室等附属库房外,禁止在高层民用建筑内设置其他库房。

高层民用建筑的附属库房应当采取相应的防火分隔措施,严格遵守有关消防安全管理规定。

第二十五条 高层民用建筑内的锅炉房、变配电室、空调机房、自备发电机房、储油间、消防水泵房、消防水箱间、防排烟风机房等设备用房应当按照消防技术标准设置，确定为消防安全重点部位，设置明显的防火标志，实行严格管理，并不得占用和堆放杂物。

第二十六条　高层民用建筑消防控制室应当由其管理单位实行24小时值班制度，每班不应少于2名值班人员。

消防控制室值班操作人员应当依法取得相应等级的消防行业特有工种职业资格证书，熟练掌握火警处置程序和要求，按照有关规定检查自动消防设施、联动控制设备运行情况，确保其处于正常工作状态。

消防控制室内应当保存高层民用建筑总平面布局图、平面布置图和消防设施系统图及控制逻辑关系说明、建筑消防设施维修保养记录和检测报告等资料。

第二十七条　高层公共建筑内有关单位、高层住宅建筑所在社区居民委员会或者物业服务企业按照规定建立的专职消防队、志愿消防队（微型消防站）等消防组织，应当配备必要的人员、场所和器材、装备，定期进行消防技能培训和演练，开展防火巡查、消防宣传，及时处置、扑救初起火灾。

第二十八条　高层民用建筑的疏散通道、安全出口应当保持畅通，禁止堆放物品、锁闭出口、设置障碍物。平时需要控制人员出入或者设有门禁系统的疏散门，应当保证发生火灾时易于开启，并在现场显著位置设置醒目的提示和使用标识。

高层民用建筑的常闭式防火门应当保持常闭，闭门器、顺序器等部件应当完好有效；常开式防火门应当保证发生火灾时自动关闭并反馈信号。

禁止圈占、遮挡消火栓，禁止在消火栓箱内堆放杂物，禁止在防火卷帘下堆放物品。

第二十九条　高层民用建筑内应当在显著位置设置标识，指示避难层（间）的位置。

禁止占用高层民用建筑避难层（间）和避难走道或者堆放杂物，禁止锁闭避难层（间）和避难走道出入口。

第三十条　高层公共建筑的业主、使用人应当按照国家标准、行业标准配备灭火器材以及自救呼吸器、逃生缓降器、逃生绳等逃生疏散设施器材。

高层住宅建筑应当在公共区域的显著位置摆放灭火器材，有条件的配置自救呼吸器、逃生绳、救援哨、疏散用手电筒等逃生疏散设施器材。

鼓励高层住宅建筑的居民家庭制定火灾疏散逃生计划，并配置必要的灭火和逃生疏散器材。

第三十一条　高层民用建筑的消防车通道、消防车登高操作场地、灭火救援窗、灭火救援破拆口、消防车取水口、室外消火栓、消防水泵接合器、常闭式防火门等应当设置明显的提示性、警示性标识。消防车通道、消防车登高操作场地、防火卷帘下方还应当在地面标识出禁止占用的区域范围。消火栓箱、灭火器箱上应当张贴使用方法的标识。

高层民用建筑的消防设施配电柜电源开关、消防设备用房内管道阀门等应当标识开、关状态；对需要保持常开或者常闭状态的阀门，应当采取铅封等限位措施。

第三十二条　不具备自主维护保养检测能力的高层民用建筑业主、使用人或者物业服务企业应当聘请具备从业条件的消防技术服务机构或者消防设施施工安装企业对建筑消防设施进行维护保养和检测；存在故障、缺损的，应当立即组织维修、更换，确保完好有效。

因维修等需要停用建筑消防设施的，高层民用建筑的管理单位应当严格履行内部审批手续，制定应急方案，落实防范措施，并在建筑入口处等显著位置公告。

第三十三条　高层公共建筑消防设施的维修、更新、改造的费用，由业主、使用人按照有关法律规定承担，共有部分按照专有部分建筑面积所占比例承担。

高层住宅建筑的消防设施日常运行、维护和维修、更新、改造费用，由业主依照法律规定承担；委托消防服务单位的，消防设施的日常运行、维护和检测费用应当纳入物业服务或者消防技术服务专项费用。共用消防设施的维修、更新、改造费用，可以依法从住宅专项维修资金列支。

第三十四条　高层民用建筑应当进行每日防火巡查，并填写巡查记录。其中，高层公共建筑内公众聚集场所在营业期间应当至少每2小时进行一次防火巡查，医院、养老院、寄宿制学校、幼儿园应当进行白天和夜间防火巡查，高层住宅建筑和高层公共建筑内的其他场所可以结合实际确定防火巡查的频次。

防火巡查应当包括下列内容：

（一）用火、用电、用气有无违章情况；

（二）安全出口、疏散通道、消防车通道畅通情况；

（三）消防设施、器材完好情况，常闭式防火门关闭情况；

（四）消防安全重点部位人员在岗在位等情况。

第三十五条　高层住宅建筑应当每月至少开展一次防火检查，高层公共建筑应当每半个月至少开展一次防火检查，并填写检查记录。

防火检查应当包括下列内容：
（一）安全出口和疏散设施情况；
（二）消防车通道、消防车登高操作场地和消防水源情况；
（三）灭火器材配置及有效情况；
（四）用火、用电、用气和危险品管理制度落实情况；
（五）消防控制室值班和消防设施运行情况；
（六）人员教育培训情况；
（七）重点部位管理情况；
（八）火灾隐患整改以及防范措施的落实等情况。

第三十六条 对防火巡查、检查发现的火灾隐患，高层民用建筑的业主、使用人、受委托的消防服务单位，应当立即采取措施予以整改。

对不能当场改正的火灾隐患，应当明确整改责任、期限，落实整改措施，整改期间应当采取临时防范措施，确保消防安全；必要时，应当暂时停止使用危险部位。

第三十七条 禁止在高层民用建筑公共门厅、疏散走道、楼梯间、安全出口停放电动自行车或者为电动自行车充电。

鼓励在高层住宅小区内设置电动自行车集中存放和充电的场所。电动自行车存放、充电场所应当独立设置，并与高层民用建筑保持安全距离；确需设置在高层民用建筑内的，应当与该建筑的其他部分进行防火分隔。

电动自行车存放、充电场所应当配备必要的消防器材，充电设施应当具备充满自动断电功能。

第三十八条 鼓励高层民用建筑推广应用物联网和智能化技术手段对电气、燃气消防安全和消防设施运行等进行监控和预警。

未设置自动消防设施的高层住宅建筑，鼓励因地制宜安装火灾报警和喷水灭火系统、火灾应急广播以及可燃气体探测、无线手动火灾报警、无线声光火灾警报等消防设施。

第三十九条 高层民用建筑的业主、使用人或者消防服务单位、统一管理人应当每年至少组织开展一次整栋建筑的消防安全评估。消防安全评估报告应当包括存在的消防安全问题、火灾隐患以及改进措施等内容。

第四十条 鼓励、引导高层公共建筑的业主、使用人投保火灾公众责任保险。

第四章 消防宣传教育和灭火疏散预案

第四十一条 高层公共建筑内的单位应当每半年至少对员工开展一次消防安全教育培训。

高层公共建筑内的单位应当对本单位员工进行上岗前消防安全培训，并对消防安全管理人员、消防控制室值班人员和操作人员、电工、保安员等重点岗位人员组织专门培训。

高层住宅建筑的物业服务企业应当每年至少对居住人员进行一次消防安全教育培训，进行一次疏散演练。

第四十二条 高层民用建筑应当在每层的显著位置张贴安全疏散示意图，公共区域电子显示屏应当播放消防安全提示和消防安全知识。

高层公共建筑除遵守本条第一款规定外，还应当在首层显著位置提示公众注意火灾危险，以及安全出口、疏散通道和灭火器材的位置。

高层住宅小区除遵守本条第一款规定外，还应当在显著位置设置消防安全宣传栏，在高层住宅建筑单元入口处提示安全用火、用电、用气，以及电动自行车存放、充电等消防安全常识。

第四十三条 高层民用建筑应当结合场所特点，分级分类编制灭火和应急疏散预案。

规模较大或者功能业态复杂，且有两个及以上业主、使用人或者多个职能部门的高层公共建筑，有关单位应当编制灭火和应急疏散总预案，各单位或者职能部门应当根据场所、功能分区、岗位实际编制专项灭火和应急疏散预案或者现场处置方案（以下统称分预案）。

灭火和应急疏散预案应当明确应急组织机构，确定承担通信联络、灭火、疏散和救护任务的人员及其职责，明确报警、联络、灭火、疏散等处置程序和措施。

第四十四条 高层民用建筑的业主、使用人、受委托的消防服务单位应当结合实际，按照灭火和应急疏散总预案和分预案分别组织实施消防演练。

高层民用建筑应当每年至少进行一次全要素综合演练，建筑高度超过100米的高层公共建筑应当每半年至少进行一次全要素综合演练。编制分预案的，有关单位和职能部门应当每季度至少进行一次综合演练或者专项灭火、疏散演练。

演练前，有关单位应当告知演练范围内的人员并进行公告；演练时，应当设置明显标识；演练结束后，应当进行总结评估，并及时对预案进行修订和完善。

第四十五条 高层公共建筑内的人员密集场所应当按照楼层、区域确定疏散引导员，负责在火灾发生时组织、引导在场人员安全疏散。

第四十六条 火灾发生时，发现火灾的人员应当立即拨打119电话报警。

火灾发生后，高层民用建筑的业主、使用人、消防服务单位应当迅速启动灭火和应急疏散预案,组织人员疏散,扑救初起火灾。

火灾扑灭后,高层民用建筑的业主、使用人、消防服务单位应当组织保护火灾现场,协助火灾调查。

第五章 法律责任

第四十七条 违反本规定,有下列行为之一的,由消防救援机构责令改正,对经营性单位和个人处 2000 元以上 10000 元以下罚款,对非经营性单位和个人处 500 元以上 1000 元以下罚款:

(一)在高层民用建筑内进行电焊、气焊等明火作业,未履行动火审批手续、进行公告,或者未落实消防现场监护措施的;

(二)高层民用建筑设置的户外广告牌、外装饰妨碍防烟排烟、逃生和灭火救援,或者改变、破坏建筑立面防火结构的;

(三)未设置外墙外保温材料提示性和警示性标识,或者未及时修复破损、开裂和脱落的外墙外保温系统的;

(四)未按照规定落实消防控制室值班制度,或者安排不具备相应条件的人员值班的;

(五)未按照规定建立专职消防队、志愿消防队等消防组织的;

(六)因维修等需要停用建筑消防设施未进行公告、未制定应急预案或者未落实防范措施的;

(七)在高层民用建筑的公共门厅、疏散走道、楼梯间、安全出口停放电动自行车或者为电动自行车充电,拒不改正的。

第四十八条 违反本规定的其他消防安全违法行为,依照《中华人民共和国消防法》第六十条、第六十一条、第六十四条、第六十五条、第六十六条、第六十七条、第六十八条、第六十九条和有关法律法规予以处罚;构成犯罪的,依法追究刑事责任。

第四十九条 消防救援机构及其工作人员在高层民用建筑消防监督检查中,滥用职权、玩忽职守、徇私舞弊的,对直接负责的主管人员和其他直接责任人员依法给予处分;构成犯罪的,依法追究刑事责任。

第六章 附 则

第五十条 本规定下列用语的含义:

(一)高层住宅建筑,是指建筑高度大于 27 米的住宅建筑。

(二)高层公共建筑,是指建筑高度大于 24 米的非单层公共建筑,包括宿舍建筑、公寓建筑、办公建筑、科研建筑、文化建筑、商业建筑、体育建筑、医疗建筑、交通建筑、旅游建筑、通信建筑等。

(三)业主,是指高层民用建筑的所有权人,包括单位和个人。

(四)使用人,是指高层民用建筑的承租人和其他实际使用人,包括单位和个人。

第五十一条 本规定自 2021 年 8 月 1 日起施行。

建筑施工企业安全生产许可证管理规定

- 2004 年 7 月 5 日建设部令第 128 号公布
- 2015 年 1 月 22 日根据《住房和城乡建设部关于修改〈市政公用设施抗灾设防管理规定〉等部门规章的决定》修订

第一章 总 则

第一条 为了严格规范建筑施工企业安全生产条件,进一步加强安全生产监督管理,防止和减少生产安全事故,根据《安全生产许可证条例》《建设工程安全生产管理条例》等有关行政法规,制定本规定。

第二条 国家对建筑施工企业实行安全生产许可制度。

建筑施工企业未取得安全生产许可证的,不得从事建筑施工活动。

本规定所称建筑施工企业,是指从事土木工程、建筑工程、线路管道和设备安装工程及装修工程的新建、扩建、改建和拆除等有关活动的企业。

第三条 国务院住房城乡住房城乡建设主管部门负责对全国建筑施工企业安全生产许可证的颁发和管理工作进行监督指导。

省、自治区、直辖市人民政府住房城乡住房城乡建设主管部门负责本行政区域内建筑施工企业安全生产许可证的颁发和管理工作。

市、县人民政府住房城乡建设主管部门负责本行政区域内建筑施工企业安全生产许可证的监督管理,并将监督检查中发现的企业违法行为及时报告安全生产许可证颁发管理机关。

第二章 安全生产条件

第四条 建筑施工企业取得安全生产许可证,应当具备下列安全生产条件:

(一)建立、健全安全生产责任制,制定完备的安全生产规章制度和操作规程;

(二)保证本单位安全生产条件所需资金的投入;

（三）设置安全生产管理机构，按照国家有关规定配备专职安全生产管理人员；

（四）主要负责人、项目负责人、专职安全生产管理人员经住房城乡建设主管部门或者其他有关部门考核合格；

（五）特种作业人员经有关业务主管部门考核合格，取得特种作业操作资格证书；

（六）管理人员和作业人员每年至少进行一次安全生产教育培训并考核合格；

（七）依法参加工伤保险，依法为施工现场从事危险作业的人员办理意外伤害保险，为从业人员交纳保险费；

（八）施工现场的办公、生活区及作业场所和安全防护具、机械设备、施工机具及配件符合有关安全生产法律、法规、标准和规程的要求；

（九）有职业危害防治措施，并为作业人员配备符合国家标准或者行业标准的安全防护用具和安全防护服装；

（十）有对危险性较大的分部分项工程及施工现场易发生重大事故的部位、环节的预防、监控措施和应急预案；

（十一）有生产安全事故应急救援预案、应急救援组织或者应急救援人员，配备必要的应急救援器材、设备；

（十二）法律、法规规定的其他条件。

第三章 安全生产许可证的申请与颁发

第五条 建筑施工企业从事建筑施工活动前，应当依照本规定向企业注册所在地省、自治区、直辖市人民政府住房城乡建设主管部门申请领取安全生产许可证。

第六条 建筑施工企业申请安全生产许可证时，应当向住房城乡建设主管部门提供下列材料：

（一）建筑施工企业安全生产许可证申请表；

（二）企业法人营业执照；

（三）第四条规定的相关文件、材料。

建筑施工企业申请安全生产许可证，应当对申请材料实质内容的真实性负责，不得隐瞒有关情况或者提供虚假材料。

第七条 住房城乡建设主管部门应当自受理建筑施工企业的申请之日起 45 日内审查完毕；经审查符合安全生产条件的，颁发安全生产许可证；不符合安全生产条件的，不予颁发安全生产许可证，书面通知企业并说明理由。企业自接到通知之日起应当进行整改，整改合格后方可再次提出申请。

住房城乡建设主管部门审查建筑施工企业安全生产许可证申请，涉及铁路、交通、水利等有关专业工程时，可以征求铁路、交通、水利等有关部门的意见。

第八条 安全生产许可证的有效期为 3 年。安全生产许可证有效期满需要延期的，企业应当于期满前 3 个月向原安全生产许可证颁发管理机关申请办理延期手续。

企业在安全生产许可证有效期内，严格遵守有关安全生产的法律法规，未发生死亡事故的，安全生产许可证有效期届满时，经原安全生产许可证颁发管理机关同意，不再审查，安全生产许可证有效期延期 3 年。

第九条 建筑施工企业变更名称、地址、法定代表人等，应当在变更后 10 日内，到原安全生产许可证颁发管理机关办理安全生产许可证变更手续。

第十条 建筑施工企业破产、倒闭、撤销的，应当将安全生产许可证交回原安全生产许可证颁发管理机关予以注销。

第十一条 建筑施工企业遗失安全生产许可证，应当立即向原安全生产许可证颁发管理机关报告，并在公众媒体上声明作废后，方可申请补办。

第十二条 安全生产许可证申请表采用建设部规定的统一式样。

安全生产许可证采用国务院安全生产监督管理部门规定的统一式样。

安全生产许可证分正本和副本，正、副本具有同等法律效力。

第四章 监督管理

第十三条 县级以上人民政府住房城乡建设主管部门应当加强对建筑施工企业安全生产许可证的监督管理。住房城乡建设主管部门在审核发放施工许可证时，应当对已经确定的建筑施工企业是否有安全生产许可证进行审查，对没有取得安全生产许可证的，不得颁发施工许可证。

第十四条 跨省从事建筑施工活动的建筑施工企业有违反本规定行为的，由工程所在地的省级人民政府住房城乡建设主管部门将建筑施工企业在本地区的违法事实、处理结果和处理建议抄告原安全生产许可证颁发管理机关。

第十五条 建筑施工企业取得安全生产许可证后，不得降低安全生产条件，并应当加强日常安全生产管理，接受住房城乡建设主管部门的监督检查。安全生产许可证颁发管理机关发现企业不再具备安全生产条件的，应当暂扣或者吊销安全生产许可证。

第十六条　安全生产许可证颁发管理机关或者其上级行政机关发现有下列情形之一的,可以撤销已经颁发的安全生产许可证:

(一)安全生产许可证颁发管理机关工作人员滥用职权、玩忽职守颁发安全生产许可证的;

(二)超越法定职权颁发安全生产许可证的;

(三)违反法定程序颁发安全生产许可证的;

(四)对不具备安全生产条件的建筑施工企业颁发安全生产许可证的;

(五)依法可以撤销已经颁发的安全生产许可证的其他情形。

依照前款规定撤销安全生产许可证,建筑施工企业的合法权益受到损害的,住房城乡建设主管部门应当依法给予赔偿。

第十七条　安全生产许可证颁发管理机关应当建立、健全安全生产许可证档案管理制度,定期向社会公布企业取得安全生产许可证的情况,每年向同级安全生产监督管理部门通报建筑施工企业安全生产许可证颁发和管理情况。

第十八条　建筑施工企业不得转让、冒用安全生产许可证或者使用伪造的安全生产许可证。

第十九条　住房城乡建设主管部门工作人员在安全生产许可证颁发、管理和监督检查工作中,不得索取或者接受建筑施工企业的财物,不得谋取其他利益。

第二十条　任何单位或者个人对违反本规定的行为,有权向安全生产许可证颁发管理机关或者监察机关等有关部门举报。

第五章　罚　则

第二十一条　违反本规定,住房城乡建设主管部门工作人员有下列行为之一的,给予降级或者撤职的行政处分;构成犯罪的,依法追究刑事责任:

(一)向不符合安全生产条件的建筑施工企业颁发安全生产许可证的;

(二)发现建筑施工企业未依法取得安全生产许可证擅自从事建筑施工活动,不依法处理的;

(三)发现取得安全生产许可证的建筑施工企业不再具备安全生产条件,不依法处理的;

(四)接到对违反本规定行为的举报后,不及时处理的;

(五)在安全生产许可证颁发、管理和监督检查工作中,索取或者接受建筑施工企业的财物,或者谋取其他利益的。

由于建筑施工企业弄虚作假,造成前款第(一)项行为的,对住房城乡建设主管部门工作人员不予处分。

第二十二条　取得安全生产许可证的建筑施工企业,发生重大安全事故的,暂扣安全生产许可证并限期整改。

第二十三条　建筑施工企业不再具备安全生产条件的,暂扣安全生产许可证并限期整改;情节严重的,吊销安全生产许可证。

第二十四条　违反本规定,建筑施工企业未取得安全生产许可证擅自从事建筑施工活动的,责令其在建项目停止施工,没收违法所得,并处10万元以上50万元以下的罚款;造成重大安全事故或者其他严重后果,构成犯罪的,依法追究刑事责任。

第二十五条　违反本规定,安全生产许可证有效期满未办理延期手续,继续从事建筑施工活动的,责令其在建项目停止施工,限期补办延期手续,没收违法所得,并处5万元以上10万元以下的罚款;逾期仍不办理延期手续,继续从事建筑施工活动的,依照本规定第二十四条的规定处罚。

第二十六条　违反本规定,建筑施工企业转让安全生产许可证的,没收违法所得,处10万元以上50万元以下的罚款,并吊销安全生产许可证;构成犯罪的,依法追究刑事责任;接受转让的,依照本规定第二十四条的规定处罚。

冒用安全生产许可证或者使用伪造的安全生产许可证的,依照本规定第二十四条的规定处罚。

第二十七条　违反本规定,建筑施工企业隐瞒有关情况或者提供虚假材料申请安全生产许可证的,不予受理或者不予颁发安全生产许可证,并给予警告,1年内不得申请安全生产许可证。

建筑施工企业以欺骗、贿赂等不正当手段取得安全生产许可证的,撤销安全生产许可证,3年内不得再次申请安全生产许可证;构成犯罪的,依法追究刑事责任。

第二十八条　本规定的暂扣、吊销安全生产许可证的行政处罚,由安全生产许可证的颁发管理机关决定;其他行政处罚,由县级以上地方人民政府住房城乡建设主管部门决定。

第六章　附　则

第二十九条　本规定施行前已依法从事建筑施工活动的建筑施工企业,应当自《安全生产许可证条例》施行之日起(2004年1月13日起)1年内向住房城乡建设主管部门申请办理建筑施工企业安全生产许可证;逾期不办理安全生产许可证,或者经审查不符合本规定的安全生产条件，未取得安全生产许可证，继续进行建筑施工活动的，依照本规定第二十四条的规定处罚。

第三十条 本规定自公布之日起施行。

建筑起重机械安全监督管理规定

· 2008年1月28日建设部令第166号公布
· 自2008年6月1日起施行

第一条 为了加强建筑起重机械的安全监督管理，防止和减少生产安全事故，保障人民群众生命和财产安全，依据《建设工程安全生产管理条例》、《特种设备安全监察条例》、《安全生产许可证条例》，制定本规定。

第二条 建筑起重机械的租赁、安装、拆卸、使用及其监督管理，适用本规定。

本规定所称建筑起重机械，是指纳入特种设备目录，在房屋建筑工地和市政工程工地安装、拆卸、使用的起重机械。

第三条 国务院建设主管部门对全国建筑起重机械的租赁、安装、拆卸、使用实施监督管理。

县级以上地方人民政府建设主管部门对本行政区域内的建筑起重机械的租赁、安装、拆卸、使用实施监督管理。

第四条 出租单位出租的建筑起重机械和使用单位购置、租赁、使用的建筑起重机械应当具有特种设备制造许可证、产品合格证、制造监督检验证明。

第五条 出租单位在建筑起重机械首次出租前，自购建筑起重机械的使用单位在建筑起重机械首次安装前，应当持建筑起重机械特种设备制造许可证、产品合格证和制造监督检验证明到本单位工商注册所在地县级以上地方人民政府建设主管部门办理备案。

第六条 出租单位应当在签订的建筑起重机械租赁合同中，明确租赁双方的安全责任，并出具建筑起重机械特种设备制造许可证、产品合格证、制造监督检验证明、备案证明和自检合格证明，提交安装使用说明书。

第七条 有下列情形之一的建筑起重机械，不得出租、使用：

（一）属国家明令淘汰或者禁止使用的；

（二）超过安全技术标准或者制造厂家规定的使用年限的；

（三）经检验达不到安全技术标准规定的；

（四）没有完整安全技术档案的；

（五）没有齐全有效的安全保护装置的。

第八条 建筑起重机械有本规定第七条第（一）、（二）、（三）项情形之一的，出租单位或者自购建筑起重机械的使用单位应当予以报废，并向原备案机关办理注销手续。

第九条 出租单位、自购建筑起重机械的使用单位，应当建立建筑起重机械安全技术档案。

建筑起重机械安全技术档案应当包括以下资料：

（一）购销合同、制造许可证、产品合格证、制造监督检验证明、安装使用说明书、备案证明等原始资料；

（二）定期检验报告、定期自行检查记录、定期维护保养记录、维修和技术改造记录、运行故障和生产安全事故记录、累计运转记录等运行资料；

（三）历次安装验收资料。

第十条 从事建筑起重机械安装、拆卸活动的单位（以下简称安装单位）应当依法取得建设主管部门颁发的相应资质和建筑施工企业安全生产许可证，并在其资质许可范围内承揽建筑起重机械安装、拆卸工程。

第十一条 建筑起重机械使用单位和安装单位应当在签订的建筑起重机械安装、拆卸合同中明确双方的安全生产责任。

实行施工总承包的，施工总承包单位应当与安装单位签订建筑起重机械安装、拆卸工程安全协议书。

第十二条 安装单位应当履行下列安全职责：

（一）按照安全技术标准及建筑起重机械性能要求，编制建筑起重机械安装、拆卸工程专项施工方案，并由本单位技术负责人签字；

（二）按照安全技术标准及安装使用说明书等检查建筑起重机械及现场施工条件；

（三）组织安全施工技术交底并签字确认；

（四）制定建筑起重机械安装、拆卸工程生产安全事故应急救援预案；

（五）将建筑起重机械安装、拆卸工程专项施工方案，安装、拆卸人员名单，安装、拆卸时间等材料报施工总承包单位和监理单位审核后，告知工程所在地县级以上地方人民政府建设主管部门。

第十三条 安装单位应当按照建筑起重机械安装、拆卸工程专项施工方案及安全操作规程组织安装、拆卸作业。

安装单位的专业技术人员、专职安全生产管理人员应当进行现场监督，技术负责人应当定期巡查。

第十四条 建筑起重机械安装完毕后，安装单位应当按照安全技术标准及安装使用说明书的有关要求对建筑起重机械进行自检、调试和试运转。自检合格的，应当出具自检合格证明，并向使用单位进行安全使用说明。

第十五条　安装单位应当建立建筑起重机械安装、拆卸工程档案。

建筑起重机械安装、拆卸工程档案应当包括以下资料：

（一）安装、拆卸合同及安全协议书；

（二）安装、拆卸工程专项施工方案；

（三）安全施工技术交底的有关资料；

（四）安装工程验收资料；

（五）安装、拆卸工程生产安全事故应急救援预案。

第十六条　建筑起重机械安装完毕后，使用单位应当组织出租、安装、监理等有关单位进行验收，或者委托具有相应资质的检验检测机构进行验收。建筑起重机械经验收合格后方可投入使用，未经验收或者验收不合格的不得使用。

实行施工总承包的，由施工总承包单位组织验收。

建筑起重机械在验收前应当经有相应资质的检验检测机构监督检验合格。

检验检测机构和检验检测人员对检验检测结果、鉴定结论依法承担法律责任。

第十七条　使用单位应当自建筑起重机械安装验收合格之日起30日内，将建筑起重机械安装验收资料、建筑起重机械安全管理制度、特种作业人员名单等，向工程所在地县级以上地方人民政府建设主管部门办理建筑起重机械使用登记。登记标志置于或者附着于该设备的显著位置。

第十八条　使用单位应当履行下列安全职责：

（一）根据不同施工阶段、周围环境以及季节、气候的变化，对建筑起重机械采取相应的安全防护措施；

（二）制定建筑起重机械生产安全事故应急救援预案；

（三）在建筑起重机械活动范围内设置明显的安全警示标志，对集中作业区做好安全防护；

（四）设置相应的设备管理机构或者配备专职的设备管理人员；

（五）指定专职设备管理人员、专职安全生产管理人员进行现场监督检查；

（六）建筑起重机械出现故障或者发生异常情况的，立即停止使用，消除故障和事故隐患后，方可重新投入使用。

第十九条　使用单位应当对在用的建筑起重机械及其安全保护装置、吊具、索具等进行经常性和定期的检查、维护和保养，并做好记录。

使用单位在建筑起重机械租期结束后，应当将定期检查、维护和保养记录移交出租单位。

建筑起重机械租赁合同对建筑起重机械的检查、维护、保养另有约定的，从其约定。

第二十条　建筑起重机械在使用过程中需要附着的，使用单位应当委托原安装单位或者具有相应资质的安装单位按照专项施工方案实施，并按照本规定第十六条规定组织验收。验收合格后方可投入使用。

建筑起重机械在使用过程中需要顶升的，使用单位委托原安装单位或者具有相应资质的安装单位按照专项施工方案实施后，即可投入使用。

禁止擅自在建筑起重机械上安装非原制造厂制造的标准节和附着装置。

第二十一条　施工总承包单位应当履行下列安全职责：

（一）向安装单位提供拟安装设备位置的基础施工资料，确保建筑起重机械进场安装、拆卸所需的施工条件；

（二）审核建筑起重机械的特种设备制造许可证、产品合格证、制造监督检验证明、备案证明等文件；

（三）审核安装单位、使用单位的资质证书、安全生产许可证和特种作业人员的特种作业操作资格证书；

（四）审核安装单位制定的建筑起重机械安装、拆卸工程专项施工方案和生产安全事故应急救援预案；

（五）审核使用单位制定的建筑起重机械生产安全事故应急救援预案；

（六）指定专职安全生产管理人员监督检查建筑起重机械安装、拆卸、使用情况；

（七）施工现场有多台塔式起重机作业时，应当组织制定并实施防止塔式起重机相互碰撞的安全措施。

第二十二条　监理单位应当履行下列安全职责：

（一）审核建筑起重机械特种设备制造许可证、产品合格证、制造监督检验证明、备案证明等文件；

（二）审核建筑起重机械安装单位、使用单位的资质证书、安全生产许可证和特种作业人员的特种作业操作资格证书；

（三）审核建筑起重机械安装、拆卸工程专项施工方案；

（四）监督安装单位执行建筑起重机械安装、拆卸工程专项施工方案情况；

（五）监督检查建筑起重机械的使用情况；

（六）发现存在生产安全事故隐患的，应当要求安装单位、使用单位限期整改，对安装单位、使用单位拒不整改的，及时向建设单位报告。

第二十三条 依法发包给两个及两个以上施工单位的工程，不同施工单位在同一施工现场使用多台塔式起重机作业时，建设单位应当协调组织制定防止塔式起重机相互碰撞的安全措施。

安装单位、使用单位拒不整改生产安全事故隐患的，建设单位接到监理单位报告后，应当责令安装单位、使用单位立即停工整改。

第二十四条 建筑起重机械特种作业人员应当遵守建筑起重机械安全操作规程和安全管理制度，在作业中有权拒绝违章指挥和强令冒险作业，有权在发生危及人身安全的紧急情况时立即停止作业或者采取必要的应急措施后撤离危险区域。

第二十五条 建筑起重机械安装拆卸工、起重信号工、起重司机、司索工等特种作业人员应当经建设主管部门考核合格，并取得特种作业操作资格证书后，方可上岗作业。

省、自治区、直辖市人民政府建设主管部门负责组织实施建筑施工企业特种作业人员的考核。

特种作业人员的特种作业操作资格证书由国务院建设主管部门规定统一的样式。

第二十六条 建设主管部门履行安全监督检查职责时，有权采取下列措施：

（一）要求被检查的单位提供有关建筑起重机械的文件和资料；

（二）进入被检查单位和被检查单位的施工现场进行检查；

（三）对检查中发现的建筑起重机械生产安全事故隐患，责令立即排除；重大生产安全事故隐患排除前或者排除过程中无法保证安全的，责令从危险区域撤出作业人员或者暂时停止施工。

第二十七条 负责办理备案或者登记的建设主管部门应当建立本行政区域内的建筑起重机械档案，按照有关规定对建筑起重机械进行统一编号，并定期向社会公布建筑起重机械的安全状况。

第二十八条 违反本规定，出租单位、自购建筑起重机械的使用单位，有下列行为之一的，由县级以上地方人民政府建设主管部门责令限期改正，予以警告，并处以5000元以上1万元以下罚款：

（一）未按照规定办理备案的；

（二）未按照规定办理注销手续的；

（三）未按照规定建立建筑起重机械安全技术档案的。

第二十九条 违反本规定，安装单位有下列行为之一的，由县级以上地方人民政府建设主管部门责令限期改正，予以警告，并处以5000元以上3万元以下罚款：

（一）未履行第十二条第（二）、（四）、（五）项安全职责的；

（二）未按照规定建立建筑起重机械安装、拆卸工程档案的；

（三）未按照建筑起重机械安装、拆卸工程专项施工方案及安全操作规程组织安装、拆卸作业的。

第三十条 违反本规定，使用单位有下列行为之一的，由县级以上地方人民政府建设主管部门责令限期改正，予以警告，并处以5000元以上3万元以下罚款：

（一）未履行第十八条第（一）、（二）、（四）、（六）项安全职责的；

（二）未指定专职设备管理人员进行现场监督检查的；

（三）擅自在建筑起重机械上安装非原制造厂制造的标准节和附着装置的。

第三十一条 违反本规定，施工总承包单位未履行第二十一条第（一）、（三）、（四）、（五）、（七）项安全职责的，由县级以上地方人民政府建设主管部门责令限期改正，予以警告，并处以5000元以上3万元以下罚款。

第三十二条 违反本规定，监理单位未履行第二十二条第（一）、（二）、（四）、（五）项安全职责的，由县级以上地方人民政府建设主管部门责令限期改正，予以警告，并处以5000元以上3万元以下罚款。

第三十三条 违反本规定，建设单位有下列行为之一的，由县级以上地方人民政府建设主管部门责令限期改正，予以警告，并处以5000元以上3万元以下罚款；逾期未改的，责令停止施工：

（一）未按照规定协调组织制定防止多台塔式起重机相互碰撞的安全措施的；

（二）接到监理单位报告后，未责令安装单位、使用单位立即停工整改的。

第三十四条 违反本规定，建设主管部门的工作人员有下列行为之一的，依法给予处分；构成犯罪的，依法追究刑事责任：

（一）发现违反本规定的违法行为不依法查处的；

（二）发现在用的建筑起重机械存在严重生产安全

事故隐患不依法处理的；

（三）不依法履行监督管理职责的其他行为。

第三十五条 本规定自2008年6月1日起施行。

关于进一步加强隧道工程安全管理的指导意见

- 2023年2月17日
- 安委办〔2023〕2号

各省、自治区、直辖市及新疆生产建设兵团安委会、住房和城乡建设厅（局、委）、交通运输厅（局、委）、水利厅（局）、国资委，各地区铁路监管局，民航各地区管理局，各铁路局集团公司、各铁路公司，有关中央企业：

当前我国隧道（洞）建设规模巨大，但工程本质安全水平不高，坍塌、火灾等事故时有发生，安全生产形势严峻。为深入贯彻落实习近平总书记关于安全生产的重要论述精神，深刻吸取近年来隧道施工安全事故教训，全面加强隧道工程安全管理，有效防控重大安全风险，现提出如下意见。

一、总体要求

以习近平新时代中国特色社会主义思想为指导，全面贯彻党的二十大精神，坚持以人民为中心的发展思想，统筹发展和安全，贯彻"安全第一、预防为主、综合治理"的方针，坚持超前预控、全过程动态管理理念，进一步压实安全生产责任，健全制度体系，强化重大风险管控，夯实安全生产基础，有效防范隧道施工安全事故发生，更好保障重大项目高质量建设，助力经济高质量发展，切实保障人民群众生命财产安全。

二、压实安全生产责任

（一）严格落实建设单位首要责任。各地各有关部门要研究制定建设单位安全生产首要责任的具体规定，督促建设单位加强事前预防管控，牵头组织各参建单位建立全过程风险管控制度，健全参建单位考核检查管理制度，强化对勘察、设计、施工、监理、监测、检测单位的安全生产履约管理。建设单位不具备项目管理条件的，应当委托专业机构和人员进行管理和服务。政府投资项目建设单位应当将履行基本建设程序、质量安全风险管控、合理工期、造价等事项纳入"三重一大"集体决策范围，强化监督检查和责任追究。

（二）严格落实参建企业主体责任。施工总承包单位依法对施工现场安全生产负总责，建立健全项目管理机构和现场安全生产管理体系，落实全员安全生产责任制，完善安全生产条件，组织开展施工现场风险管控和隐患排查治理。隧道项目负责人必须在岗履职，按要求带班作业，危大工程等关键节点施工时必须指派专职安全生产管理人员到场指挥监督。总承包单位要与分包单位签订安全生产管理协议，强化管理措施并承担连带责任，不得转包或违法分包。鼓励施工企业和项目配备安全总监，并赋予相应职权。严格落实勘察设计单位安全责任，依据相关标准规范，在设计阶段采取合理措施降低隧道安全风险，在施工图中提出应对风险的工程措施和施工安全注意事项，在施工过程中做好设计安全交底、施工配合和设计巡查等工作。严格落实监理单位安全责任，认真审查专项施工方案，督促施工单位落实法律法规、规范标准和设计有关要求，加强日常安全检查。

（三）强化属地和部门监管责任。各地各有关部门要进一步提高思想认识，把隧道施工安全工作放在重要位置来抓，定期组织分析研判安全风险，组织有关部门按照职责分工，对本行政区域内容易发生重大生产安全事故的单位进行严格检查，及时采取针对性措施强化隧道施工安全。住房和城乡建设、交通运输、水利、铁路、民航等行业主管部门要按照"三个必须"的要求，依法加强本行业领域隧道施工安全生产监管，建立与公安、国资委、市场监管等部门协同联动机制，强化联合检查，严格执法处罚，定期公布典型执法案例，依法落实失信行为认定记录公布等信用监管制度，实现精准监管和有效监管。各级安委会要把隧道施工安全纳入对地方政府和有关部门安全生产考核巡查的重要内容，按照规定对隧道施工安全事故进行挂牌督办，对事故有关责任企业和部门进行约谈通报。

三、健全制度体系

（四）完善法规标准。各地各有关部门要推动地方性法规、规章制修订工作，明确EPC、BOT、PPP、代建及其他模式下各参建单位安全管理职责，构建以建设单位为主导、以施工单位为主体、以施工现场为核心的安全生产管理体系，加大对违法违规行为的处罚力度。研究制定隧道工程项目管理人员的配备规定和从业规范，提高现场安全管理能力。加强软岩大变形、复合地层、高地应力、高地温、富水、高瓦斯、高寒高海拔、穿越超大城市中心城区等复杂地质环境条件公路、铁路等隧道安全标准制修订。加快制定完善隧道施工风险清单和重大事故隐患判定标准。

（五）建立合理工期和造价保障机制。指导建设单位依法改进评标方法，严格限定最低投标价法的适用范围，合理界定成本价格，解决低质低价中标带来的安全生产投入不足的问题。对技术风险高、施工难度大的隧道工程项目，应提高安全生产费用提取标准。要从保证工程安全和质量的角度，科学确定合理工期及每个阶段所需的合理时间，及时协调解决影响工程进度的各类问题。严格执行建设工期，不得随意压缩合理工期。确需调整工期的，必须经过充分论证，并采取相应措施，优化施工组织，确保工程安全质量。

（六）完善现场安全管理制度。督促施工现场建立隧道关键工序或工序调整施工前核查验收制度，落实关键工序施工前的参建各方审查责任。建立健全施工方案落实监督和纠正机制，强化施工单位项目管理班子对作业班组的穿透式管理，严格施工现场监理监督检查，防止施工方案和现场施工"两张皮"。依法制定风险分级管控和隐患排查治理、项目安全风险管理、重大生产安全事故隐患报告以及安全教育培训等制度，规范管控行为。严格控制进洞人员数量和洞内高危点位人员数量，严防人员聚集增大事故风险。

（七）优化分包安全管理手段。鼓励施工总承包单位建立分包单位"红名单""黑名单"，加强对进场施工分包单位和从业人员的资质资格审核，杜绝无资质队伍和无上岗能力的人员进场施工。将专业分包单位和劳务分包队伍纳入总承包单位安全生产管理体系统一管理，严格执行施工人员实名制管理。分包单位应严格落实施工专业技术人员配备标准。对于特长隧道、特大断面隧道以及地质条件复杂隧道工程，总承包单位必须采取更加严格措施强化分包单位选择和现场作业管理。

四、提升重大风险防范化解能力

（八）加强勘察设计源头风险防范。严格按照法律法规和强制性标准进行勘察和设计，确保地质、水文等勘察成果真实准确，隧道断面、支护措施和设计概算等科学合理，从勘察设计源头防范化解安全风险，防止因勘察工作错误或设计不合理造成生产安全事故。高风险隧道应开展专项安全设计和综合风险评估，确定合理工期指标、设计充分辅助措施、科学制定施工工期，实施过程中做好超前地质预报，突水突泥等风险区段应严格落实有疑必探、先探后挖、不探不挖。加强施工现场勘察、设计单位配合，强化动态设计，关键节点施工前参与检查和验收，并做好工程施工过程的后评估，对揭示地质条件与勘察设计不符的，动态调整开挖方案、支护参数、辅助设施、施工资源等综合风险应对措施。

（九）严格施工现场重大风险管控。严格安全风险评估制度，建立风险工点管理清单。组织制定专项施工方案，落实方案审批及专家论证流程，规范施工工序管理，按照方案开展交底、施工和验收工作，落实锚喷支护施作的质量和及时性、控制施工步距和开挖循环进尺、强化监控量测反馈预警等措施规定。严格落实方案变更论证审查程序，严防通过"设计优化""工艺变更""材料替代"等形式降低标准，增大安全风险。强化进洞施工人员管控和安全技术交底，加强对作业人员岗位安全生产和应急避险知识的培训教育，以及典型事故案例警示教育，对超前处理、钻孔、爆破、找顶、支护、衬砌、动火、铺轨等关键作业工序，监理人员应加强监督，项目部管理人员必须进行旁站监督。对于按照规定需要进行第三方监测的危大工程，建设单位应当委托独立的第三方单位进行监测。

（十）深化事故隐患排查治理。按照隐患动态"清零"的原则，督促加强施工现场"日检、周检、月检"等常态化排查治理，开展季节性、节假日、重大活动等专项排查，及时制止和纠正违章指挥、强令冒险作业、违反操作规程的行为。建立重大隐患举报奖励和挂牌督办制度，充分运用信息化手段，实施问题隐患清单化管理和闭环管理。

（十一）提高应急处置水平。针对地区环境、隧道类型、地质水文条件和风险类别等特点，指导参建单位制定综合应急预案、专项应急预案和现场处置方案。加强应急演练，制定演练计划，每半年至少组织一次应急预案演练，使所有参建人员熟悉应急处置和逃生方式。与临近救援力量签订救助协议，按规定配备应急物资、装备，定期进行检测维护，使其处于适用状态。与当地气象、水利、自然资源、地震等部门建立联动工作机制，开展项目营地、场站、临时作业场所环境风险评估，遇重大事故或自然灾害前兆，及时发布预警，采取停止作业、撤离人员等方式，严禁冒险作业。事故发生后，有关地区应当充分发挥多部门协同作用，做好应急处置和事故调查工作。

五、夯实安全生产基础

（十二）加快培养隧道施工安全管理人才。加快培养隧道工程技术、施工生产、安全管理人员，培育成熟、稳定、专业的人才队伍。加强常态化技能培训，采取绩效和奖励挂钩机制，鼓励一线管理人员考取相应职业资格，提升安全管理知识和技能。大力推进校企合作，鼓励企业根据隧道施工实际需求，采取订单式培养方式，培养隧道施工专业人才。

（十三）推进核心技术工人队伍建设。鼓励施工企业通过培育自有建筑工人、吸纳高技能技术工人和职业院校毕业生等方式,建立相对稳定的核心技术工人队伍。鼓励发包人在同等条件下优先选择自有建筑工人占比大的施工企业。建立健全建筑工人终身职业技能培训和考核评价体系,建立企业间培训教育互认平台,避免重复无效培训。营造职业技能等级与劳动报酬挂钩的市场环境,增强工人接受安全培训教育的积极性。

(十四)加大先进工艺技术推广应用。大力实施"科技兴安",推进"机械化换人、自动化减人",加大机械化、信息化及先进技术推广应用,鼓励采用TBM、盾构、矿山法全工序机械化配套等施工工艺工法,加快推进先进施工装备、智能设备的研发、制造和应用,提高机械化施工程度。推动提升隧道工程项目信息化、智能化和精细化管理水平。加快淘汰严重危及安全的施工工艺、设备和材料。

六、强化支撑保障

(十五)注重示范引导。各地各有关部门要及时总结和推广典型经验和做法,加强隧道施工企业、隧道建设项目安全生产示范创建工作,推动新技术、新装备、新工艺、新管理模式的应用,形成一批可复制、可推广的创新成果。对安全管理规范、三年内未发生生产安全事故和涉险事件的参建企业,可给予提高安全生产措施费拨付比例、依法适当减少执法检查频次、支持申请政策性资金和各类评优评先等激励措施。有关中央企业要强化示范引领,带动全行业安全管理水平提升。

(十六)充分发挥市场机制作用。依法推行安全生产责任险,切实发挥保险机构参与风险评估和事故预防作用。培育壮大安全咨询行业,鼓励建设单位、施工企业聘用第三方专业服务机构参与安全管理,破解部分企业自身安全管理能力不足的难题。鼓励各行业主管部门通过政府购买服务等方式,弥补监管人员力量不足的短板,强化隧道施工安全监管专业能力。

五、消防安全

中华人民共和国消防法

- 1998年4月29日第九届全国人民代表大会常务委员会第二次会议通过
- 2008年10月28日第十一届全国人民代表大会常务委员会第五次会议修订
- 根据2019年4月23日第十三届全国人民代表大会常务委员会第十次会议《关于修改〈中华人民共和国建筑法〉等八部法律的决定》第一次修正
- 根据2021年4月29日第十三届全国人民代表大会常务委员会第二十八次会议《关于修改〈中华人民共和国道路交通安全法〉等八部法律的决定》第二次修正

第一章 总 则

第一条 【立法目的】为了预防火灾和减少火灾危害，加强应急救援工作，保护人身、财产安全，维护公共安全，制定本法。

第二条 【消防工作的方针、原则】消防工作贯彻预防为主、防消结合的方针，按照政府统一领导、部门依法监管、单位全面负责、公民积极参与的原则，实行消防安全责任制，建立健全社会化的消防工作网络。

第三条 【各级人民政府的消防工作职责】国务院领导全国的消防工作。地方各级人民政府负责本行政区域内的消防工作。

各级人民政府应当将消防工作纳入国民经济和社会发展计划，保障消防工作与经济社会发展相适应。

第四条 【消防工作监督管理体制】国务院应急管理部门对全国的消防工作实施监督管理。县级以上地方人民政府应急管理部门对本行政区域内的消防工作实施监督管理，并由本级人民政府消防救援机构负责实施。军事设施的消防工作，由其主管单位监督管理，消防救援机构协助；矿井地下部分、核电厂、海上石油天然气设施的消防工作，由其主管单位监督管理。

县级以上人民政府其他有关部门在各自的职责范围内，依照本法和其他相关法律、法规的规定做好消防工作。

法律、行政法规对森林、草原的消防工作另有规定的，从其规定。

第五条 【单位、个人的消防义务】任何单位和个人都有维护消防安全、保护消防设施、预防火灾、报告火警的义务。任何单位和成年人都有参加有组织的灭火工作的义务。

第六条 【消防宣传教育义务】各级人民政府应当组织开展经常性的消防宣传教育，提高公民的消防安全意识。

机关、团体、企业、事业等单位，应当加强对本单位人员的消防宣传教育。

应急管理部门及消防救援机构应当加强消防法律、法规的宣传，并督促、指导、协助有关单位做好消防宣传教育工作。

教育、人力资源行政主管部门和学校、有关职业培训机构应当将消防知识纳入教育、教学、培训的内容。

新闻、广播、电视等有关单位，应当有针对性地面向社会进行消防宣传教育。

工会、共产主义青年团、妇女联合会等团体应当结合各自工作对象的特点，组织开展消防宣传教育。

村民委员会、居民委员会应当协助人民政府以及公安机关、应急管理等部门，加强消防宣传教育。

第七条 【鼓励支持消防事业，表彰奖励有突出贡献的单位、个人】国家鼓励、支持消防科学研究和技术创新，推广使用先进的消防和应急救援技术、设备；鼓励、支持社会力量开展消防公益活动。

对在消防工作中有突出贡献的单位和个人，应当按照国家有关规定给予表彰和奖励。

第二章 火灾预防

第八条 【消防规划】地方各级人民政府应当将包括消防安全布局、消防站、消防供水、消防通信、消防车通道、消防装备等内容的消防规划纳入城乡规划，并负责组织实施。

城乡消防安全布局不符合消防安全要求的，应当调整、完善；公共消防设施、消防装备不足或者不适应实际需要的，应当增建、改建、配置或者进行技术改造。

第九条 【消防设计施工的要求】建设工程的消防

设计、施工必须符合国家工程建设消防技术标准。建设、设计、施工、工程监理等单位依法对建设工程的消防设计、施工质量负责。

第十条 【消防设计审查验收制度】对按照国家工程建设消防技术标准需要进行消防设计的建设工程，实行建设工程消防设计审查验收制度。

第十一条 【消防设计审查】国务院住房和城乡建设主管部门规定的特殊建设工程，建设单位应当将消防设计文件报送住房和城乡建设主管部门审查，住房和城乡建设主管部门依法对审查的结果负责。

前款规定以外的其他建设工程，建设单位申请领取施工许可证或者申请批准开工报告时应当提供满足施工需要的消防设计图纸及技术资料。

第十二条 【消防设计未经审核或者消防设计不合格的法律后果】特殊建设工程未经消防设计审查或者审查不合格的，建设单位、施工单位不得施工；其他建设工程，建设单位未提供满足施工需要的消防设计图纸及技术资料的，有关部门不得发放施工许可证或者批准开工报告。

第十三条 【消防验收和备案、抽查】国务院住房和城乡建设主管部门规定应当申请消防验收的建设工程竣工，建设单位应当向住房和城乡建设主管部门申请消防验收。

前款规定以外的其他建设工程，建设单位在验收后应当报住房和城乡建设主管部门备案，住房和城乡建设主管部门应当进行抽查。

依法应当进行消防验收的建设工程，未经消防验收或者消防验收不合格的，禁止投入使用；其他建设工程经依法抽查不合格的，应当停止使用。

第十四条 【消防设计审核、消防验收、备案和抽查的具体办法】建设工程消防设计审查、消防验收、备案和抽查的具体办法，由国务院住房和城乡建设主管部门规定。

第十五条 【公众聚集场所的消防安全检查】公众聚集场所投入使用、营业前消防安全检查实行告知承诺管理。公众聚集场所在投入使用、营业前，建设单位或者使用单位应当向场所所在地的县级以上地方人民政府消防救援机构申请消防安全检查，作出场所符合消防技术标准和管理规定的承诺，提交规定的材料，并对其承诺和材料的真实性负责。

消防救援机构对申请人提交的材料进行审查；申请材料齐全、符合法定形式的，应当予以许可。消防救援机构应当根据消防技术标准和管理规定，及时对作出承诺的公众聚集场所进行核查。

申请人选择不采用告知承诺方式办理的，消防救援机构应当自受理申请之日起十个工作日内，根据消防技术标准和管理规定，对该场所进行检查。经检查符合消防安全要求的，应当予以许可。

公众聚集场所未经消防救援机构许可的，不得投入使用、营业。消防安全检查的具体办法，由国务院应急管理部门制定。

第十六条 【单位的消防安全职责】机关、团体、企业、事业等单位应当履行下列消防安全职责：

（一）落实消防安全责任制，制定本单位的消防安全制度、消防安全操作规程，制定灭火和应急疏散预案；

（二）按照国家标准、行业标准配置消防设施、器材，设置消防安全标志，并定期组织检验、维修，确保完好有效；

（三）对建筑消防设施每年至少进行一次全面检测，确保完好有效，检测记录应当完整准确，存档备查；

（四）保障疏散通道、安全出口、消防车通道畅通，保证防火防烟分区、防火间距符合消防技术标准；

（五）组织防火检查，及时消除火灾隐患；

（六）组织进行有针对性的消防演练；

（七）法律、法规规定的其他消防安全职责。

单位的主要负责人是本单位的消防安全责任人。

第十七条 【消防安全重点单位的消防安全职责】县级以上地方人民政府消防救援机构应当将发生火灾可能性较大以及发生火灾可能造成重大的人身伤亡或者财产损失的单位，确定为本行政区域内的消防安全重点单位，并由应急管理部门报本级人民政府备案。

消防安全重点单位除应当履行本法第十六条规定的职责外，还应当履行下列消防安全职责：

（一）确定消防安全管理人，组织实施本单位的消防安全管理工作；

（二）建立消防档案，确定消防安全重点部位，设置防火标志，实行严格管理；

（三）实行每日防火巡查，并建立巡查记录；

（四）对职工进行岗前消防安全培训，定期组织消防安全培训和消防演练。

第十八条 【共用建筑物的消防安全责任】同一建筑物由两个以上单位管理或者使用的，应当明确各方的消防安全责任，并确定责任人对共用的疏散通道、安全出口、建筑消防设施和消防车通道进行统一管理。

住宅区的物业服务企业应当对管理区域内的共用消防设施进行维护管理,提供消防安全防范服务。

第十九条　【易燃易爆危险品生产经营场所的设置要求】生产、储存、经营易燃易爆危险品的场所不得与居住场所设置在同一建筑物内,并应当与居住场所保持安全距离。

生产、储存、经营其他物品的场所与居住场所设置在同一建筑物内的,应当符合国家工程建设消防技术标准。

第二十条　【大型群众性活动的消防安全】举办大型群众性活动,承办人应当依法向公安机关申请安全许可,制定灭火和应急疏散预案并组织演练,明确消防安全责任分工,确定消防安全管理人员,保持消防设施和消防器材配置齐全、完好有效,保证疏散通道、安全出口、疏散指示标志、应急照明和消防车通道符合消防技术标准和管理规定。

第二十一条　【特殊场所和特种作业防火要求】禁止在具有火灾、爆炸危险的场所吸烟、使用明火。因施工等特殊情况需要使用明火作业的,应当按照规定事先办理审批手续,采取相应的消防安全措施;作业人员应当遵守消防安全规定。

进行电焊、气焊等具有火灾危险作业的人员和自动消防系统的操作人员,必须持证上岗,并遵守消防安全操作规程。

第二十二条　【危险物品生产经营单位设置的消防安全要求】生产、储存、装卸易燃易爆危险品的工厂、仓库和专用车站、码头的设置,应当符合消防技术标准。易燃易爆气体和液体的充装站、供应站、调压站,应当设置在符合消防安全要求的位置,并符合防火防爆要求。

已经设置的生产、储存、装卸易燃易爆危险品的工厂、仓库和专用车站、码头,易燃易爆气体和液体的充装站、供应站、调压站,不再符合前款规定的,地方人民政府应当组织、协调有关部门、单位限期解决,消除安全隐患。

第二十三条　【易燃易爆危险品和可燃物资仓库管理】生产、储存、运输、销售、使用、销毁易燃易爆危险品,必须执行消防技术标准和管理规定。

进入生产、储存易燃易爆危险品的场所,必须执行消防安全规定。禁止非法携带易燃易爆危险品进入公共场所或者乘坐公共交通工具。

储存可燃物资仓库的管理,必须执行消防技术标准和管理规定。

第二十四条　【消防产品标准、强制性产品认证和技术鉴定制度】消防产品必须符合国家标准;没有国家标准的,必须符合行业标准。禁止生产、销售或者使用不合格的消防产品以及国家明令淘汰的消防产品。

依法实行强制性产品认证的消防产品,由具有法定资质的认证机构按照国家标准、行业标准的强制性要求认证合格后,方可生产、销售、使用。实行强制性产品认证的消防产品目录,由国务院产品质量监督部门会同国务院应急管理部门制定并公布。

新研制的尚未制定国家标准、行业标准的消防产品,应当按照国务院产品质量监督部门会同国务院应急管理部门规定的办法,经技术鉴定符合消防安全要求的,方可生产、销售、使用。

依照本条规定经强制性产品认证合格或者技术鉴定合格的消防产品,国务院应急管理部门应当予以公布。

第二十五条　【对消防产品质量的监督检查】产品质量监督部门、工商行政管理部门、消防救援机构应当按照各自职责加强对消防产品质量的监督检查。

第二十六条　【建筑构件、建筑材料和室内装修、装饰材料的防火要求】建筑构件、建筑材料和室内装修、装饰材料的防火性能必须符合国家标准;没有国家标准的,必须符合行业标准。

人员密集场所室内装修、装饰,应当按照消防技术标准的要求,使用不燃、难燃材料。

第二十七条　【电器产品、燃气用具产品标准及其安装、使用的消防安全要求】电器产品、燃气用具的产品标准,应当符合消防安全的要求。

电器产品、燃气用具的安装、使用及其线路、管路的设计、敷设、维护保养、检测,必须符合消防技术标准和管理规定。

第二十八条　【保护消防设施、器材,保障消防通道畅通】任何单位、个人不得损坏、挪用或者擅自拆除、停用消防设施、器材,不得埋压、圈占、遮挡消火栓或者占用防火间距,不得占用、堵塞、封闭疏散通道、安全出口、消防车通道。人员密集场所的门窗不得设置影响逃生和灭火救援的障碍物。

第二十九条　【公共消防设施的维护】负责公共消防设施维护管理的单位,应当保持消防供水、消防通信、消防车通道等公共消防设施的完好有效。在修建道路以及停电、停水、截断通信线路时有可能影响消防队灭火救援的,有关单位必须事先通知当地消防救援机构。

第三十条　【加强农村消防工作】地方各级人民政府应当加强对农村消防工作的领导,采取措施加强公共消防设施建设,组织建立和督促落实消防安全责任制。

第三十一条 【重要防火时期的消防工作】在农业收获季节、森林和草原防火期间、重大节假日期间以及火灾多发季节，地方各级人民政府应当组织开展有针对性的消防宣传教育，采取防火措施，进行消防安全检查。

第三十二条 【基层组织的群众性消防工作】乡镇人民政府、城市街道办事处应当指导、支持和帮助村民委员会、居民委员会开展群众性的消防工作。村民委员会、居民委员会应当确定消防安全管理人，组织制定防火安全公约，进行防火安全检查。

第三十三条 【火灾公众责任保险】国家鼓励、引导公众聚集场所和生产、储存、运输、销售易燃易爆危险品的企业投保火灾公众责任保险；鼓励保险公司承保火灾公众责任保险。

第三十四条 【对消防安全技术服务的规范】消防设施维护保养检测、消防安全评估等消防技术服务机构应当符合从业条件，执业人员应当依法获得相应的资格；依照法律、行政法规、国家标准、行业标准和执业准则，接受委托提供消防技术服务，并对服务质量负责。

第三章 消防组织

第三十五条 【消防组织建设】各级人民政府应当加强消防组织建设，根据经济社会发展的需要，建立多种形式的消防组织，加强消防技术人才培养，增强火灾预防、扑救和应急救援的能力。

第三十六条 【政府建立消防队】县级以上地方人民政府应当按照国家规定建立国家综合性消防救援队、专职消防队，并按照国家标准配备消防装备，承担火灾扑救工作。

乡镇人民政府应当根据当地经济发展和消防工作的需要，建立专职消防队、志愿消防队，承担火灾扑救工作。

第三十七条 【应急救援职责】国家综合性消防救援队、专职消防队按国家规定承担重大灾害事故和其他以抢救人员生命为主的应急救援工作。

第三十八条 【消防队的能力建设】国家综合性消防救援队、专职消防队应当充分发挥火灾扑救和应急救援专业力量的骨干作用；按照国家规定，组织实施专业技能训练，配备并维护保养装备器材，提高火灾扑救和应急救援的能力。

第三十九条 【单位建立专职消防队】下列单位应当建立单位专职消防队，承担本单位的火灾扑救工作：

（一）大型核设施单位、大型发电厂、民用机场、主要港口；

（二）生产、储存易燃易爆危险品的大型企业；

（三）储备可燃的重要物资的大型仓库、基地；

（四）第一项、第二项、第三项规定以外的火灾危险性较大、距离国家综合性消防救援队较远的其他大型企业；

（五）距离国家综合性消防救援队较远、被列为全国重点文物保护单位的古建筑群的管理单位。

第四十条 【专职消防队的验收及队员福利待遇】专职消防队的建立，应当符合国家有关规定，并报当地消防救援机构验收。

专职消防队的队员依法享受社会保险和福利待遇。

第四十一条 【群众性消防组织】机关、团体、企业、事业等单位以及村民委员会、居民委员会根据需要，建立志愿消防队等多种形式的消防组织，开展群众性自防自救工作。

第四十二条 【消防救援机构与专职消防队、志愿消防队等消防组织的关系】消防救援机构应当对专职消防队、志愿消防队等消防组织进行业务指导；根据扑救火灾的需要，可以调动指挥专职消防队参加火灾扑救工作。

第四章 灭火救援

第四十三条 【火灾应急预案、应急反应和处置机制】县级以上地方人民政府应当组织有关部门针对本行政区域内的火灾特点制定应急预案，建立应急反应和处置机制，为火灾扑救和应急救援工作提供人员、装备等保障。

第四十四条 【火灾报警；现场疏散、扑救；消防队接警出动】任何人发现火灾都应当立即报警。任何单位、个人都应当无偿为报警提供便利，不得阻拦报警。严禁谎报火警。

人员密集场所发生火灾，该场所的现场工作人员应当立即组织、引导在场人员疏散。

任何单位发生火灾，必须立即组织力量扑救。邻近单位应当给予支援。

消防队接到火警，必须立即赶赴火灾现场，救助遇险人员，排除险情，扑灭火灾。

第四十五条 【组织火灾现场扑救及火灾现场总指挥的权限】消防救援机构统一组织和指挥火灾现场扑救，应当优先保障遇险人员的生命安全。

火灾现场总指挥根据扑救火灾的需要，有权决定下列事项：

（一）使用各种水源；

（二）截断电力、可燃气体和可燃液体的输送，限制用火用电；

（三）划定警戒区，实行局部交通管制；

（四）利用临近建筑物和有关设施；

（五）为了抢救人员和重要物资，防止火势蔓延，拆除或者破损毗邻火灾现场的建筑物、构筑物或者设施等；

（六）调动供水、供电、供气、通信、医疗救护、交通运输、环境保护等有关单位协助灭火救援。

根据扑救火灾的紧急需要，有关地方人民政府应当组织人员、调集所需物资支援灭火。

第四十六条　【重大灾害事故应急救援实行统一领导】国家综合性消防救援队、专职消防队参加火灾以外的其他重大灾害事故的应急救援工作，由县级以上人民政府统一领导。

第四十七条　【消防交通优先】消防车、消防艇前往执行火灾扑救或者应急救援任务，在确保安全的前提下，不受行驶速度、行驶路线、行驶方向和指挥信号的限制，其他车辆、船舶以及行人应当让行，不得穿插超越；收费公路、桥梁免收车辆通行费。交通管理指挥人员应当保证消防车、消防艇迅速通行。

赶赴火灾现场或者应急救援现场的消防人员和调集的消防装备、物资，需要铁路、水路或者航空运输的，有关单位应当优先运送。

第四十八条　【消防设施、器材严禁挪作他用】消防车、消防艇以及消防器材、装备和设施，不得用于与消防和应急救援工作无关的事项。

第四十九条　【扑救火灾、应急救援免收费用】国家综合性消防救援队、专职消防队扑救火灾、应急救援，不得收取任何费用。

单位专职消防队、志愿消防队参加扑救外单位火灾所损耗的燃料、灭火剂和器材、装备等，由火灾发生地的人民政府给予补偿。

第五十条　【医疗抚恤】对因参加扑救火灾或者应急救援受伤、致残或者死亡的人员，按照国家有关规定给予医疗、抚恤。

第五十一条　【火灾事故调查】消防救援机构有权根据需要封闭火灾现场，负责调查火灾原因，统计火灾损失。

火灾扑灭后，发生火灾的单位和相关人员应当按照消防救援机构的要求保护现场，接受事故调查，如实提供与火灾有关的情况。

消防救援机构根据火灾现场勘验、调查情况和有关的检验、鉴定意见，及时制作火灾事故认定书，作为处理火灾事故的证据。

第五章　监督检查

第五十二条　【人民政府的监督检查】地方各级人民政府应当落实消防工作责任制，对本级人民政府有关部门履行消防安全职责的情况进行监督检查。

县级以上地方人民政府有关部门应当根据本系统的特点，有针对性地开展消防安全检查，及时督促整改火灾隐患。

第五十三条　【消防救援机构的监督检查】消防救援机构应当对机关、团体、企业、事业等单位遵守消防法律、法规的情况依法进行监督检查。公安派出所可以负责日常消防监督检查、开展消防宣传教育，具体办法由国务院公安部门规定。

消防救援机构、公安派出所的工作人员进行消防监督检查，应当出示证件。

第五十四条　【消除火灾隐患】消防救援机构在消防监督检查中发现火灾隐患的，应当通知有关单位或者个人立即采取措施消除隐患；不及时消除隐患可能严重威胁公共安全的，消防救援机构应当依照规定对危险部位或者场所采取临时查封措施。

第五十五条　【重大消防隐患的发现及处理】消防救援机构在消防监督检查中发现城乡消防安全布局、公共消防设施不符合消防安全要求，或者发现本地区存在影响公共安全的重大火灾隐患的，应当由应急管理部门书面报告本级人民政府。

接到报告的人民政府应当及时核实情况，组织或者责成有关部门、单位采取措施，予以整改。

第五十六条　【住房和城乡建设主管部门、消防救援机构及其工作人员应当遵循的执法原则】住房和城乡建设主管部门、消防救援机构及其工作人员应当按照法定的职权和程序进行消防设计审查、消防验收、备案抽查和消防安全检查，做到公正、严格、文明、高效。

住房和城乡建设主管部门、消防救援机构及其工作人员进行消防设计审查、消防验收、备案抽查和消防安全检查等，不得收取费用，不得利用职务谋取利益；不得利用职务为用户、建设单位指定或者变相指定消防产品的品牌、销售单位或者消防技术服务机构、消防设施施工单位。

第五十七条　【对住房和城乡建设主管部门、消防救援机构及其工作人员的社会和公民监督】住房和城乡建设主管部门、消防救援机构及其工作人员执行职务，应当自觉接受社会和公民的监督。

任何单位和个人都有权对住房和城乡建设主管部

门、消防救援机构及其工作人员在执法中的违法行为进行检举、控告。收到检举、控告的机关，应当按照职责及时查处。

第六章 法律责任

第五十八条 【对不符合消防设计审查、消防验收、消防安全检查要求的行为的处罚】违反本法规定，有下列行为之一的，由住房和城乡建设主管部门、消防救援机构按照各自职权责令停止施工、停止使用或者停产停业，并处三万元以上三十万元以下罚款：

（一）依法应当进行消防设计审查的建设工程，未经依法审查或者审查不合格，擅自施工的；

（二）依法应当进行消防验收的建设工程，未经消防验收或者消防验收不合格，擅自投入使用的；

（三）本法第十三条规定的其他建设工程验收后经依法抽查不合格，不停止使用的；

（四）公众聚集场所未经消防救援机构许可，擅自投入使用、营业的，或者经核查发现场所使用、营业情况与承诺内容不符的。

核查发现公众聚集场所使用、营业情况与承诺内容不符，经责令限期改正，逾期不整改或者整改后仍达不到要求的，依法撤销相应许可。

建设单位未依照本法规定在验收后报住房和城乡建设主管部门备案的，由住房和城乡建设主管部门责令改正，处五千元以下罚款。

第五十九条 【对不按消防技术标准设计、施工的行为的处罚】违反本法规定，有下列行为之一的，由住房和城乡建设主管部门责令改正或者停止施工，并处一万元以上十万元以下罚款：

（一）建设单位要求建筑设计单位或者建筑施工企业降低消防技术标准设计、施工的；

（二）建筑设计单位不按照消防技术标准强制性要求进行消防设计的；

（三）建筑施工企业不按照消防设计文件和消防技术标准施工，降低消防施工质量的；

（四）工程监理单位与建设单位或者建筑施工企业串通，弄虚作假，降低消防施工质量的。

第六十条 【对违背消防安全职责行为的处罚】单位违反本法规定，有下列行为之一的，责令改正，处五千元以上五万元以下罚款：

（一）消防设施、器材或者消防安全标志的配置、设置不符合国家标准、行业标准，或者未保持完好有效的；

（二）损坏、挪用或者擅自拆除、停用消防设施、器材的；

（三）占用、堵塞、封闭疏散通道、安全出口或者有其他妨碍安全疏散行为的；

（四）埋压、圈占、遮挡消火栓或者占用防火间距的；

（五）占用、堵塞、封闭消防车通道，妨碍消防车通行的；

（六）人员密集场所在门窗上设置影响逃生和灭火救援的障碍物的；

（七）对火灾隐患经消防救援机构通知后不及时采取措施消除的。

个人有前款第二项、第三项、第四项、第五项行为之一的，处警告或者五百元以下罚款。

有本条第一款第三项、第四项、第五项、第六项行为，经责令改正拒不改正的，强制执行，所需费用由违法行为人承担。

第六十一条 【对易燃易爆危险品生产经营场所设置不符合规定的处罚】生产、储存、经营易燃易爆危险品的场所与居住场所设置在同一建筑物内，或者未与居住场所保持安全距离的，责令停产停业，并处五千元以上五万元以下罚款。

生产、储存、经营其他物品的场所与居住场所设置在同一建筑物内，不符合消防技术标准的，依照前款规定处罚。

第六十二条 【对涉及消防的违反治安管理行为的处罚】有下列行为之一的，依照《中华人民共和国治安管理处罚法》的规定处罚：

（一）违反有关消防技术标准和管理规定生产、储存、运输、销售、使用、销毁易燃易爆危险品的；

（二）非法携带易燃易爆危险品进入公共场所或者乘坐公共交通工具的；

（三）谎报火警的；

（四）阻碍消防车、消防艇执行任务的；

（五）阻碍消防救援机构的工作人员依法执行职务的。

第六十三条 【对违反危险场所消防管理规定行为的处罚】违反本法规定，有下列行为之一的，处警告或者五百元以下罚款；情节严重的，处五日以下拘留：

（一）违反消防安全规定进入生产、储存易燃易爆危险品场所的；

（二）违反规定使用明火作业或者在具有火灾、爆炸危险的场所吸烟、使用明火的。

第六十四条 【对过失引起火灾、阻拦报火警等行为

的处罚】违反本法规定,有下列行为之一,尚不构成犯罪的,处十日以上十五日以下拘留,可以并处五百元以下罚款;情节较轻的,处警告或者五百元以下罚款:

（一）指使或者强令他人违反消防安全规定,冒险作业的;

（二）过失引起火灾的;

（三）在火灾发生后阻拦报警,或者负有报告职责的人员不及时报警的;

（四）扰乱火灾现场秩序,或者拒不执行火灾现场指挥员指挥,影响灭火救援的;

（五）故意破坏或者伪造火灾现场的;

（六）擅自拆封或者使用被消防救援机构查封的场所、部位的。

第六十五条　【对生产、销售、使用不合格或国家明令淘汰的消防产品行为的处理】违反本法规定,生产、销售不合格的消防产品或者国家明令淘汰的消防产品的,由产品质量监督部门或者工商行政管理部门依照《中华人民共和国产品质量法》的规定从重处罚。

人员密集场所使用不合格的消防产品或者国家明令淘汰的消防产品的,责令限期改正;逾期不改正的,处五千元以上五万元以下罚款,并对其直接负责的主管人员和其他直接责任人员处五百元以上二千元以下罚款;情节严重的,责令停产停业。

消防救援机构对于本条第二款规定的情形,除依法对使用者予以处罚外,应当将发现不合格的消防产品和国家明令淘汰的消防产品的情况通报产品质量监督部门、工商行政管理部门。产品质量监督部门、工商行政管理部门应当对生产者、销售者依法及时查处。

第六十六条　【对电器产品、燃气用具的安装、使用等不符合消防技术标准和管理规定的处罚】电器产品、燃气用具的安装、使用及其线路、管路的设计、敷设、维护保养、检测不符合消防技术标准和管理规定的,责令限期改正;逾期不改正的,责令停止使用,可以并处一千元以上五千元以下罚款。

第六十七条　【单位未履行消防安全职责的法律责任】机关、团体、企业、事业等单位违反本法第十六条、第十七条、第十八条、第二十一条第二款规定的,责令限期改正;逾期不改正的,对其直接负责的主管人员和其他直接责任人员依法给予处分或者给予警告处罚。

第六十八条　【人员密集场所现场工作人员不履行职责的法律责任】人员密集场所发生火灾,该场所的现场工作人员不履行组织、引导在场人员疏散的义务,情节严重,尚不构成犯罪的,处五日以上十日以下拘留。

第六十九条　【消防技术服务机构失职的法律责任】消防设施维护保养检测、消防安全评估等消防技术服务机构,不具备从业条件从事消防技术服务活动或者出具虚假文件的,由消防救援机构责令改正,处五万元以上十万元以下罚款,并对直接负责的主管人员和其他直接责任人员处一万元以上五万元以下罚款;不按照国家标准、行业标准开展消防技术服务活动的,责令改正,处五万元以下罚款,并对直接负责的主管人员和其他直接责任人员处一万元以下罚款;有违法所得的,并处没收违法所得;给他人造成损失的,依法承担赔偿责任;情节严重的,依法责令停止执业或者吊销相应资格;造成重大损失的,由相关部门吊销营业执照,并对有关责任人员采取终身市场禁入措施。

前款规定的机构出具失实文件,给他人造成损失的,依法承担赔偿责任;造成重大损失的,由消防救援机构依法责令停止执业或者吊销相应资格,由相关部门吊销营业执照,并对有关责任人员采取终身市场禁入措施。

第七十条　【对违反消防法行为的处罚程序】本法规定的行政处罚,除应当由公安机关依照《中华人民共和国治安管理处罚法》的有关规定决定的外,由住房和城乡建设主管部门、消防救援机构按照各自职权决定。

被责令停止施工、停止使用、停产停业的,应当在整改后向作出决定的部门或者机构报告,经检查合格,方可恢复施工、使用、生产、经营。

当事人逾期不执行停产停业、停止使用、停止施工决定的,由作出决定的部门或者机构强制执行。

责令停产停业,对经济和社会生活影响较大的,由住房和城乡建设主管部门或者应急管理部门报请本级人民政府依法决定。

第七十一条　【有关主管部门的工作人员滥用职权、玩忽职守、徇私舞弊的法律责任】住房和城乡建设主管部门、消防救援机构的工作人员滥用职权、玩忽职守、徇私舞弊,有下列行为之一,尚不构成犯罪的,依法给予处分:

（一）对不符合消防安全要求的消防设计文件、建设工程、场所准予审查合格、消防验收合格、消防安全检查合格的;

（二）无故拖延消防设计审查、消防验收、消防安全检查,不在法定期限内履行职责的;

（三）发现火灾隐患不及时通知有关单位或者个人整改的;

（四）利用职务为用户、建设单位指定或者变相指定消防产品的品牌、销售单位或者消防技术服务机构、消防设施施工单位的；

（五）将消防车、消防艇以及消防器材、装备和设施用于与消防和应急救援无关的事项的；

（六）其他滥用职权、玩忽职守、徇私舞弊的行为。

产品质量监督、工商行政管理等其他有关行政主管部门的工作人员在消防工作中滥用职权、玩忽职守、徇私舞弊，尚不构成犯罪的，依法给予处分。

第七十二条 【违反消防法构成犯罪的刑事责任】违反本法规定，构成犯罪的，依法追究刑事责任。

第七章 附 则

第七十三条 【专门用语的含义】本法下列用语的含义：

（一）消防设施，是指火灾自动报警系统、自动灭火系统、消火栓系统、防烟排烟系统以及应急广播和应急照明、安全疏散设施等。

（二）消防产品，是指专门用于火灾预防、灭火救援和火灾防护、避难、逃生的产品。

（三）公众聚集场所，是指宾馆、饭店、商场、集贸市场、客运车站候车室、客运码头候船厅、民用机场航站楼、体育场馆、会堂以及公共娱乐场所等。

（四）人员密集场所，是指公众聚集场所，医院的门诊楼、病房楼，学校的教学楼、图书馆、食堂和集体宿舍，养老院、福利院，托儿所、幼儿园，公共图书馆的阅览室，公共展览馆、博物馆的展示厅，劳动密集型企业的生产加工车间和员工集体宿舍，旅游、宗教活动场所等。

第七十四条 【生效日期】本法自2009年5月1日起施行。

中华人民共和国消防救援衔条例

- 2018年10月26日第十三届全国人民代表大会常务委员会第六次会议通过
- 2018年10月26日中华人民共和国主席令第十四号公布
- 自2018年10月27日起施行

第一章 总 则

第一条 为了加强国家综合性消防救援队伍正规化、专业化、职业化建设，增强消防救援人员的责任感、荣誉感和组织纪律性，有利于国家综合性消防救援队伍的指挥、管理和依法履行职责，根据宪法，制定本条例。

第二条 国家综合性消防救援队伍实行消防救援衔制度。

消防救援衔授予对象为纳入国家行政编制、由国务院应急管理部门统一领导管理的综合性消防救援队伍在职人员。

第三条 消防救援衔是表明消防救援人员身份、区分消防救援人员等级的称号和标志，是国家给予消防救援人员的荣誉和相应待遇的依据。

第四条 消防救援衔高的人员对消防救援衔低的人员，消防救援衔高的为上级。消防救援衔高的人员在职务上隶属于消防救援衔低的人员时，担任领导职务或者领导职务高的为上级。

第五条 国务院应急管理部门主管消防救援衔工作。

第二章 消防救援衔等级的设置

第六条 消防救援衔按照管理指挥人员、专业技术人员和消防员分别设置。

第七条 管理指挥人员消防救援衔设下列三等十一级：

（一）总监、副总监、助理总监；

（二）指挥长：高级指挥长、一级指挥长、二级指挥长、三级指挥长；

（三）指挥员：一级指挥员、二级指挥员、三级指挥员、四级指挥员。

第八条 专业技术人员消防救援衔设下列二等八级，在消防救援衔前冠以"专业技术"：

（一）指挥长：高级指挥长、一级指挥长、二级指挥长、三级指挥长；

（二）指挥员：一级指挥员、二级指挥员、三级指挥员、四级指挥员。

第九条 消防员消防救援衔设下列三等八级：

（一）高级消防员：一级消防长、二级消防长、三级消防长；

（二）中级消防员：一级消防士、二级消防士；

（三）初级消防员：三级消防士、四级消防士、预备消防士。

第三章 消防救援衔等级的编制

第十条 管理指挥人员按照下列职务等级编制消防救援衔：

（一）国务院应急管理部门正职：总监；

（二）国务院应急管理部门消防救援队伍领导指挥机构、森林消防队伍领导指挥机构正职：副总监；

（三）国务院应急管理部门消防救援队伍领导指挥

机构、森林消防队伍领导指挥机构副职:助理总监;
（四）总队级正职:高级指挥长;
（五）总队级副职:一级指挥长;
（六）支队级正职:二级指挥长;
（七）支队级副职:三级指挥长;
（八）大队级正职:一级指挥员;
（九）大队级副职:二级指挥员;
（十）站（中队）级正职:三级指挥员;
（十一）站（中队）级副职:四级指挥员。

第十一条 专业技术人员按照下列职务等级编制消防救援衔:
（一）高级专业技术职务:高级指挥长至三级指挥长;
（二）中级专业技术职务:一级指挥长至二级指挥员;
（三）初级专业技术职务:三级指挥长至四级指挥员。

第十二条 消防员按照下列工作年限编制消防救援衔:
（一）工作满二十四年的:一级消防长;
（二）工作满二十年的:二级消防长;
（三）工作满十六年的:三级消防长;
（四）工作满十二年的:一级消防士;
（五）工作满八年的:二级消防士;
（六）工作满五年的:三级消防士;
（七）工作满二年的:四级消防士;
（八）工作二年以下的:预备消防士。

第四章 消防救援衔的首次授予

第十三条 授予消防救援衔,以消防救援人员现任职务、德才表现、学历学位、任职时间和工作年限为依据。

第十四条 初任管理指挥人员、专业技术人员,按照下列规定首次授予消防救援衔:
（一）从普通高等学校毕业生中招录,取得大学专科、本科学历的,授予四级指挥员消防救援衔;取得硕士学位的研究生,授予三级指挥员消防救援衔;取得博士学位的研究生,授予一级指挥员消防救援衔。
（二）从消防员选拔任命为管理指挥人员、专业技术人员的,按照所任命的职务等级授予相应的消防救援衔;
（三）从国家机关或者其他救援队伍调入的,或者从符合条件的社会人员中招录的,按照所任命的职务等级授予相应的消防救援衔。

第十五条 初任消防员,按照下列规定首次授予消防救援衔:
（一）从高中毕业生、普通高等学校在校生或者毕业生中招录的,授予预备消防士;
（二）从退役士兵中招录的,其服役年限计入工作时间,按照本条例第十二条的规定,授予相应的消防救援衔;
（三）从其他救援队伍或者具备专业技能的社会人员中招录的,根据其从事相关专业工作时间,比照国家综合性消防救援队伍中同等条件人员,授予相应的消防救援衔。

第十六条 首次授予管理指挥人员、专业技术人员消防救援衔,按照下列规定的权限予以批准:
（一）授予总监、副总监、助理总监,由国务院总理批准;
（二）授予高级指挥长、一级指挥长、二级指挥长,由国务院应急管理部门正职领导批准;
（三）授予三级指挥长、一级指挥员,报省、自治区、直辖市人民政府应急管理部门同意后由总队级单位正职领导批准,其中森林消防队伍人员由国务院应急管理部门森林消防队伍领导指挥机构正职领导批准;
（四）授予二级指挥员、三级指挥员、四级指挥员,由总队级单位正职领导批准。

第十七条 首次授予消防员消防救援衔,按照下列规定的权限予以批准:
（一）授予一级消防长、二级消防长、三级消防长,由国务院应急管理部门消防救援队伍领导指挥机构、森林消防队伍领导指挥机构正职领导批准;
（二）授予一级消防士、二级消防士、三级消防士、四级消防士、预备消防士,由总队级单位正职领导批准。

第五章 消防救援衔的晋级

第十八条 消防救援衔一般根据职务等级调整情况或者工作年限逐级晋升。

消防救援人员晋升上一级消防救援衔,应当胜任本职工作,遵纪守法,廉洁奉公,作风正派。

消防救援人员经培训合格后,方可晋升上一级消防救援衔。

第十九条 管理指挥人员、专业技术人员的消防救援衔晋升,一般与其职务等级晋升一致。

消防员的消防救援衔晋升,按照本条例第十二条的规定执行。通过全国普通高等学校招生统一考试、取得全日制大学专科以上学历的消防员晋升消防救援衔,其按照规定学制在普通高等学校学习的时间视同工作时间,但不计入工龄。

第二十条 管理指挥人员、专业技术人员消防救援衔晋升,按照下列规定的权限予以批准:

(一)晋升为总监、副总监、助理总监,由国务院总理批准;

(二)晋升为高级指挥长、一级指挥长,由国务院应急管理部门正职领导批准;

(三)晋升为二级指挥长,报省、自治区、直辖市人民政府应急管理部门同意后由总队级单位正职领导批准,其中森林消防队伍人员由国务院应急管理部门森林消防队伍领导指挥机构正职领导批准;

(四)晋升为三级指挥长、一级指挥员,由总队级单位正职领导批准;

(五)晋升为二级指挥员、三级指挥员,由支队级单位正职领导批准。

第二十一条 消防员消防救援衔晋升,按照下列规定的权限予以批准:

(一)晋升为一级消防长、二级消防长、三级消防长,由国务院应急管理部门消防救援队伍领导指挥机构、森林消防队伍领导指挥机构正职领导批准;

(二)晋升为一级消防士、二级消防士,由总队级单位正职领导批准;

(三)晋升为三级消防士、四级消防士,由支队级单位正职领导批准。

第二十二条 消防救援人员在消防救援工作中做出重大贡献、德才表现突出的,其消防救援衔可以提前晋升。

第六章 消防救援衔的保留、降级和取消

第二十三条 消防救援人员退休后,其消防救援衔予以保留。

消防救援人员按照国家规定退出消防救援队伍,或者调离、辞职、被辞退的,其消防救援衔不予保留。

第二十四条 消防救援人员因不胜任现任职务被调任下级职务的,其消防救援衔应当调整至相应衔级,调整的批准权限与原衔级的批准权限相同。

第二十五条 消防救援人员受到降级、撤职处分的,应当相应降低消防救援衔,降级的批准权限与原衔级的批准权限相同。

消防救援衔降级不适用于四级指挥员和预备消防士。

第二十六条 消防救援人员受到开除处分的,以及因犯罪被依法判处剥夺政治权利或者有期徒刑以上刑罚的,其消防救援衔相应取消。

消防救援人员退休后犯罪的,适用前款规定。

第七章 附 则

第二十七条 消防救援衔标志式样和佩带办法,由国务院制定。

第二十八条 本条例自 2018 年 10 月 27 日起施行。

消防安全责任制实施办法

- 2017 年 10 月 29 日
- 国办发〔2017〕87 号

第一章 总 则

第一条 为深入贯彻《中华人民共和国消防法》、《中华人民共和国安全生产法》和党中央、国务院关于安全生产及消防安全的重要决策部署,按照政府统一领导、部门依法监管、单位全面负责、公民积极参与的原则,坚持党政同责、一岗双责、齐抓共管、失职追责,进一步健全消防安全责任制,提高公共消防安全水平,预防火灾和减少火灾危害,保障人民群众生命财产安全,制定本办法。

第二条 地方各级人民政府负责本行政区域内的消防工作,政府主要负责人为第一责任人,分管负责人为主要责任人,班子其他成员对分管范围内的消防工作负领导责任。

第三条 国务院公安部门对全国的消防工作实施监督管理。县级以上地方人民政府公安机关对本行政区域内的消防工作实施监督管理。县级以上人民政府其他有关部门按照管行业必须管安全、管业务必须管安全、管生产经营必须管安全的要求,在各自职责范围内依法依规做好本行业、本系统的消防安全工作。

第四条 坚持安全自查、隐患自除、责任自负。机关、团体、企业、事业等单位是消防安全的责任主体,法定代表人、主要负责人或实际控制人是本单位、本场所消防安全责任人,对本单位、本场所消防安全全面负责。

消防安全重点单位应当确定消防安全管理人,组织实施本单位的消防安全管理工作。

第五条 坚持权责一致、依法履职、失职追责。对不履行或不按规定履行消防安全职责的单位和个人,依法依规追究责任。

第二章 地方各级人民政府消防工作职责

第六条 县级以上地方各级人民政府应当落实消防工作责任制,履行下列职责:

(一)贯彻执行国家法律法规和方针政策,以及上级

党委、政府关于消防工作的部署要求,全面负责本地区消防工作,每年召开消防工作会议,研究部署本地区消防工作重大事项。每年向上级人民政府专题报告本地区消防工作情况。健全由政府主要负责人或分管负责人牵头的消防工作协调机制,推动落实消防工作责任。

(二)将消防工作纳入经济社会发展总体规划,将包括消防安全布局、消防站、消防供水、消防通信、消防车通道、消防装备等内容的消防规划纳入城乡规划,并负责组织实施,确保消防工作与经济社会发展相适应。

(三)督促所属部门和下级人民政府落实消防安全责任制,在农业收获季节、森林和草原防火期间、重大节假日和重要活动期间以及火灾多发季节,组织开展消防安全检查。推动消防科学研究和技术创新,推广使用先进消防和应急救援技术、设备。组织开展经常性的消防宣传工作。大力发展消防公益事业。采取政府购买公共服务等方式,推进消防教育培训、技术服务和物防、技防等工作。

(四)建立常态化火灾隐患排查整治机制,组织实施重大火灾隐患和区域性火灾隐患整治工作。实行重大火灾隐患挂牌督办制度。对报请挂牌督办的重大火灾隐患和停产停业整改报告,在7个工作日内作出同意或不同意的决定,并组织有关部门督促隐患单位采取措施予以整改。

(五)依法建立公安消防队和政府专职消防队。明确政府专职消防队公益属性,采取招聘、购买服务等方式招录政府专职消防员,建设营房,配齐装备;按规定落实其工资、保险和相关福利待遇。

(六)组织领导火灾扑救和应急救援工作。组织制定灭火救援应急预案,定期组织开展演练;建立灭火救援社会联动和应急反应处置机制,落实人员、装备、经费和灭火药剂等保障,根据需要调集灭火救援所需工程机械和特殊装备。

(七)法律、法规、规章规定的其他消防工作职责。

第七条 省、自治区、直辖市人民政府除履行第六条规定的职责外,还应当履行下列职责:

(一)定期召开政府常务会议、办公会议,研究部署消防工作。

(二)针对本地区消防安全特点和实际情况,及时提请同级人大及其常委会制定、修订地方性法规,组织制定、修订政府规章、规范性文件。

(三)将消防安全的总体要求纳入城市总体规划,并严格审核。

(四)加大消防投入,保障消防事业发展所需经费。

第八条 市、县级人民政府除履行第六条规定的职责外,还应当履行下列职责:

(一)定期召开政府常务会议、办公会议,研究部署消防工作。

(二)科学编制和严格落实城乡消防规划,预留消防队站、训练设施等建设用地。加强消防水源建设,按照规定建设市政消防供水设施,制定市政消防水源管理办法,明确建设、管理维护部门和单位。

(三)在本级政府预算中安排必要的资金,保障消防站、消防供水、消防通信等公共消防设施和消防装备建设,促进消防事业发展。

(四)将消防公共服务事项纳入政府民生工程或为民办实事工程;在社会福利机构、幼儿园、托儿所、居民家庭、小旅馆、群租房以及住宿与生产、储存、经营合用的场所推广安装简易喷淋装置、独立式感烟火灾探测报警器。

(五)定期分析评估本地区消防安全形势,组织开展火灾隐患排查整治工作;对重大火灾隐患,应当组织有关部门制定整改措施,督促限期消除。

(六)加强消防宣传教育培训,有计划地建设公益性消防科普教育基地,开展消防科普教育活动。

(七)按照立法权限,针对本地区消防安全特点和实际情况,及时提请同级人大及其常委会制定、修订地方性法规,组织制定、修订地方政府规章、规范性文件。

第九条 乡镇人民政府消防工作职责:

(一)建立消防安全组织,明确专人负责消防工作,制定消防安全制度,落实消防安全措施。

(二)安排必要的资金,用于公共消防设施建设和业务经费支出。

(三)将消防安全内容纳入镇总体规划、乡规划,并严格组织实施。

(四)根据当地经济发展和消防工作的需要建立专职消防队、志愿消防队,承担火灾扑救、应急救援等职能,并开展消防宣传、防火巡查、隐患查改。

(五)因地制宜落实消防安全"网格化"管理的措施和要求,加强消防宣传和应急疏散演练。

(六)部署消防安全整治,组织开展消防安全检查,督促整改火灾隐患。

(七)指导村(居)民委员会开展群众性的消防工作,确定消防安全管理人,制定防火安全公约,根据需要建立志愿消防队或微型消防站,开展防火安全检查、消防宣传教育和应急疏散演练,提高城乡消防安全水平。

街道办事处应当履行前款第(一)、(四)、(五)、(六)、(七)项职责,并保障消防工作经费。

第十条 开发区管理机构、工业园区管理机构等地方人民政府的派出机关,负责管理区域内的消防工作,按照本办法履行同级别人民政府的消防工作职责。

第十一条 地方各级人民政府主要负责人应当组织实施消防法律法规、方针政策和上级部署要求,定期研究部署消防工作,协调解决本行政区域内的重大消防安全问题。

地方各级人民政府分管消防安全的负责人应当协助主要负责人,综合协调本行政区域内的消防工作,督促检查各有关部门、下级政府落实消防工作的情况。班子其他成员要定期研究部署分管领域的消防工作,组织工作督查,推动分管领域火灾隐患排查整治。

第三章 县级以上人民政府工作部门消防安全职责

第十二条 县级以上人民政府工作部门应当按照谁主管、谁负责的原则,在各自职责范围内履行下列职责:

(一)根据本行业、本系统业务工作特点,在行业安全生产法规政策、规划计划和应急预案中纳入消防安全内容,提高消防安全管理水平。

(二)依法督促本行业、本系统相关单位落实消防安全责任制,建立消防安全管理制度,确定专(兼)职消防安全管理人员,落实消防工作经费;开展针对性消防安全检查治理,消除火灾隐患;加强消防宣传教育培训,每年组织应急演练,提高行业从业人员消防安全意识。

(三)法律、法规和规章规定的其他消防安全职责。

第十三条 具有行政审批职能的部门,对审批事项中涉及消防安全的法定条件要依法严格审批,凡不符合法定条件的,不得核发相关许可证照或批准开办。对已经依法取得批准的单位,不再具备消防安全条件的应当依法予以处理。

(一)公安机关负责对消防工作实施监督管理,指导、督促机关、团体、企业、事业等单位履行消防工作职责。依法实施建设工程消防设计审核、消防验收,开展消防监督检查,组织针对性消防安全专项治理,实施消防行政处罚。组织和指挥火灾现场扑救,承担或参加重大灾害事故和其他以抢救人员生命为主的应急救援工作。依法组织或参与火灾事故调查处理工作,办理失火罪和消防责任事故罪案件。组织开展消防宣传教育培训和应急疏散演练。

(二)教育部门负责学校、幼儿园管理中的行业消防安全。指导学校消防安全教育宣传工作,将消防安全教育纳入学校安全教育活动统筹安排。

(三)民政部门负责社会福利、特困人员供养、救助管理、未成年人保护、婚姻、殡葬、救灾物资储备、烈士纪念、军休军供、优抚医院、光荣院、养老机构等民政服务机构审批或管理中的行业消防安全。

(四)人力资源社会保障部门负责职业培训机构、技工院校审批或管理中的行业消防安全。做好政府专职消防队员、企业专职消防队员依法参加工伤保险工作。将消防法律法规和消防知识纳入公务员培训、职业培训内容。

(五)城乡规划管理部门依据城乡规划配合制定消防设施布局专项规划,依据规划预留消防站规划用地,并负责监督实施。

(六)住房城乡建设部门负责依法督促建设工程责任单位加强对房屋建筑和市政基础设施工程建设的安全管理,在组织制定工程建设规范以及推广新技术、新材料、新工艺时,应充分考虑消防安全因素,满足有关消防安全性能及要求。

(七)交通运输部门负责在客运车站、港口、码头及交通工具管理中依法督促有关单位落实消防安全主体责任和有关消防工作制度。

(八)文化部门负责文化娱乐场所审批或管理中的行业消防安全工作,指导、监督公共图书馆、文化馆(站)、剧院等文化单位履行消防安全职责。

(九)卫生计生部门负责医疗卫生机构、计划生育技术服务机构审批或管理中的行业消防安全。

(十)工商行政管理部门负责依法对流通领域消防产品质量实施监督管理,查处流通领域消防产品质量违法行为。

(十一)质量技术监督部门负责依法督促特种设备生产单位加强特种设备生产过程中的消防安全管理,在组织制定特种设备产品及使用标准时,应充分考虑消防安全因素,满足有关消防安全性能及要求,积极推广消防新技术在特种设备产品中的应用。按照职责分工对消防产品质量实施监督管理,依法查处消防产品质量违法行为。做好消防安全相关标准制修订工作,负责消防相关产品质量认证监督管理工作。

(十二)新闻出版广电部门负责指导新闻出版广播影视机构消防安全管理,协助监督管理印刷业、网络视听节目服务机构消防安全。督促新闻媒体发布针对性消防安全提示,面向社会开展消防宣传教育。

(十三)安全生产监督管理部门要严格依法实施有

关行政审批,凡不符合法定条件的,不得核发有关安全生产许可。

第十四条 具有行政管理或公共服务职能的部门,应当结合本部门职责为消防工作提供支持和保障。

(一)发展改革部门应当将消防工作纳入国民经济和社会发展中长期规划。地方发展改革部门应当将公共消防设施建设列入地方固定资产投资计划。

(二)科技部门负责将消防科技进步纳入科技发展规划和中央财政科技计划(专项、基金等)并组织实施。组织指导消防安全重大科技攻关、基础研究和应用研究,会同有关部门推动消防科研成果转化应用。将消防知识纳入科普教育内容。

(三)工业和信息化部门负责指导督促通信业、通信设施建设以及民用爆炸物品生产、销售的消防安全管理。依据职责负责危险化学品生产、储存的行业规划和布局。将消防产业纳入应急产业同规划、同部署、同发展。

(四)司法行政部门负责指导监督监狱系统、司法行政系统强制隔离戒毒场所的消防安全管理。将消防法律法规纳入普法教育内容。

(五)财政部门负责按规定对消防资金进行预算管理。

(六)商务部门负责指导、督促商贸行业的消防安全管理工作。

(七)房地产管理部门负责指导、督促物业服务企业按照合同约定做好住宅小区共用消防设施的维护管理工作,并指导业主依照有关规定使用住宅专项维修资金对住宅小区共用消防设施进行维修、更新、改造。

(八)电力管理部门依法对电力企业和用户执行电力法律、行政法规的情况进行监督检查,督促企业严格遵守国家消防技术标准,落实企业主体责任。推广采用先进的火灾防范技术设施,引导用户规范用电。

(九)燃气管理部门负责加强城镇燃气安全监督管理工作,督促燃气经营者指导用户安全用气并对燃气设施定期进行安全检查、排除隐患,会同有关部门制定燃气安全事故应急预案,依法查处燃气经营者和燃气用户等各方主体的燃气违法行为。

(十)人防部门负责对人民防空工程的维护管理进行监督检查。

(十一)文物部门负责文物保护单位、世界文化遗产和博物馆的行业消防安全管理。

(十二)体育、宗教事务、粮食等部门负责加强体育类场馆、宗教活动场所、储备粮储存环节等消防安全管理,指导开展消防安全标准化管理。

(十三)银行、证券、保险等金融监管机构负责督促银行业金融机构、证券业机构、保险机构及服务网点、派出机构落实消防安全管理。保险监管机构负责指导保险公司开展火灾公众责任保险业务,鼓励保险机构发挥火灾风险评估管控和火灾事故预防功能。

(十四)农业、水利、交通运输等部门应当将消防水源、消防车通道等公共消防设施纳入相关基础设施建设工程。

(十五)互联网信息、通信管理等部门应当指导网站、移动互联网媒体等开展公益性消防安全宣传。

(十六)气象、水利、地震部门应当及时将重大灾害事故预警信息通报公安消防部门。

(十七)负责公共消防设施维护管理的单位应当保持消防供水、消防通信、消防车通道等公共消防设施的完好有效。

第四章 单位消防安全职责

第十五条 机关、团体、企业、事业等单位应当落实消防安全主体责任,履行下列职责:

(一)明确各级、各岗位消防安全责任人及其职责,制定本单位的消防安全制度、消防安全操作规程、灭火和应急疏散预案。定期组织开展灭火和应急疏散演练,进行消防工作检查考核,保证各项规章制度落实。

(二)保证防火检查巡查、消防设施器材维护保养、建筑消防设施检测、火灾隐患整改、专职或志愿消防队和微型消防站建设等消防工作所需资金的投入。生产经营单位安全费用应当保证适当比例用于消防工作。

(三)按照相关标准配备消防设施、器材,设置消防安全标志,定期检验维修,对建筑消防设施每年至少进行一次全面检测,确保完好有效。设有消防控制室的,实行24小时值班制度,每班不少于2人,并持证上岗。

(四)保障疏散通道、安全出口、消防车通道畅通,保证防火防烟分区、防火间距符合消防技术标准。人员密集场所的门窗不得设置影响逃生和灭火救援的障碍物。保证建筑构件、建筑材料和室内装修装饰材料等符合消防技术标准。

(五)定期开展防火检查、巡查,及时消除火灾隐患。

(六)根据需要建立专职或志愿消防队、微型消防站,加强队伍建设,定期组织训练演练,加强消防装备配备和灭火药剂储备,建立与公安消防队联勤联动机制,提高扑救初起火灾能力。

(七)消防法律、法规、规章以及政策文件规定的其他职责。

第十六条 消防安全重点单位除履行第十五条规定的职责外，还应当履行下列职责：

（一）明确承担消防安全管理工作的机构和消防安全管理人并报知当地公安消防部门，组织实施本单位消防安全管理。消防安全管理人应当经过消防培训。

（二）建立消防档案，确定消防安全重点部位，设置防火标志，实行严格管理。

（三）安装、使用电器产品、燃气用具和敷设电气线路、管线必须符合相关标准和用电、用气安全管理规定，并定期维护保养、检测。

（四）组织员工进行岗前消防安全培训，定期组织消防安全培训和疏散演练。

（五）根据需要建立微型消防站，积极参与消防安全区域联防联控，提高自防自救能力。

（六）积极应用消防远程监控、电气火灾监测、物联网技术等技防物防措施。

第十七条 对容易造成群死群伤火灾的人员密集场所、易燃易爆单位和高层、地下公共建筑等火灾高危单位，除履行第十五条、第十六条规定的职责外，还应当履行下列职责：

（一）定期召开消防安全工作例会，研究本单位消防工作，处理涉及消防经费投入、消防设施设备购置、火灾隐患整改等重大问题。

（二）鼓励消防安全管理人取得注册消防工程师执业资格，消防安全责任人和特有工种人员须经消防安全培训；自动消防设施操作人员应取得建（构）筑物消防员资格证书。

（三）专职消防队或微型消防站应当根据本单位火灾危险特性配备相应的消防装备器材，储备足够的灭火救援药剂和物资，定期组织消防业务学习和灭火技能训练。

（四）按照国家标准配备应急逃生设施设备和疏散引导器材。

（五）建立消防安全评估制度，由具有资质的机构定期开展评估，评估结果向社会公开。

（六）参加火灾公众责任保险。

第十八条 同一建筑物由两个以上单位管理或使用的，应当明确各方的消防安全责任，并确定责任人对共用的疏散通道、安全出口、建筑消防设施和消防车通道进行统一管理。

物业服务企业应当按照合同约定提供消防安全防范服务，对管理区域内的共用消防设施和疏散通道、安全出口、消防车通道进行维护管理，及时劝阻和制止占用、堵塞、封闭疏散通道、安全出口、消防车通道等行为，劝阻和制止无效的，立即向公安机关等主管部门报告。定期开展防火检查巡查和消防宣传教育。

第十九条 石化、轻工等行业组织应当加强行业消防安全自律管理，推动本行业消防工作，引导行业单位落实消防安全主体责任。

第二十条 消防设施检测、维护保养和消防安全评估、咨询、监测等消防技术服务机构和执业人员应当依法获得相应的资质、资格，依法依规提供消防安全技术服务，并对服务质量负责。

第二十一条 建设工程的建设、设计、施工和监理等单位应当遵守消防法律、法规、规章和工程建设消防技术标准，在工程设计使用年限内对工程的消防设计、施工质量承担终身责任。

第五章 责任落实

第二十二条 国务院每年组织对省级人民政府消防工作完成情况进行考核，考核结果交由中央干部主管部门，作为对各省级人民政府主要负责人和领导班子综合考核评价的重要依据。

第二十三条 地方各级人民政府应当建立健全消防工作考核评价体系，明确消防工作目标责任，纳入日常检查、政务督查的重要内容，组织年度消防工作考核，确保消防安全责任落实。加强消防工作考核结果运用，建立与主要负责人、分管负责人和直接责任人履职评定、奖励惩处相挂钩的制度。

第二十四条 地方各级消防安全委员会、消防安全联席会议等消防工作协调机制应当定期召开成员单位会议，分析研判消防安全形势，协调指导消防工作开展，督促解决消防工作重大问题。

第二十五条 各有关部门应当建立单位消防安全信用记录，纳入全国信用信息共享平台，作为信用评价、项目核准、用地审批、金融扶持、财政奖补等方面的参考依据。

第二十六条 公安机关及其工作人员履行法定消防工作职责时，应当做到公正、严格、文明、高效。

公安机关及其工作人员进行消防设计审核、消防验收和消防安全检查等，不得收取费用，不得谋取利益，不得利用职务指定或者变相指定消防产品的品牌、销售单位或者消防技术服务机构、消防设施施工单位。

国务院公安部门要加强对各地公安机关及其工作人

员进行消防设计审核、消防验收和消防安全检查等行为的监督管理。

第二十七条 地方各级人民政府和有关部门不依法履行职责，在涉及消防安全行政审批、公共消防设施建设、重大火灾隐患整改、消防力量发展等方面工作不力、失职渎职的，依法依规追究有关人员的责任，涉嫌犯罪的，移送司法机关处理。

第二十八条 因消防安全责任不落实发生一般及以上火灾事故的，依法依规追究单位直接责任人、法定代表人、主要负责人或实际控制人的责任，对履行职责不力、失职渎职的政府及有关部门负责人和工作人员实行问责，涉嫌犯罪的，移送司法机关处理。

发生造成人员死亡或产生社会影响的一般火灾事故的，由事故发生地县级人民政府负责组织调查处理；发生较大火灾事故的，由事故发生地设区的市级人民政府负责组织调查处理；发生重大火灾事故的，由事故发生地省级人民政府负责组织调查处理；发生特别重大火灾事故的，由国务院或国务院授权有关部门负责组织调查处理。

第六章 附则

第二十九条 具有固定生产经营场所的个体工商户，参照本办法履行单位消防安全职责。

第三十条 微型消防站是单位、社区组建的有人员、有装备，具备扑救初起火灾能力的志愿消防队。具体标准由公安消防部门确定。

第三十一条 本办法自印发之日起施行。地方各级人民政府、国务院有关部门等可结合实际制定具体实施办法。

建设工程消防设计审查验收管理暂行规定

· 2020年4月1日住房和城乡建设部令第51号公布
· 根据2023年8月21日住房和城乡建设部令第58号修正

第一章 总则

第一条 为了加强建设工程消防设计审查验收管理，保证建设工程消防设计、施工质量，根据《中华人民共和国建筑法》《中华人民共和国消防法》《建设工程质量管理条例》等法律、行政法规，制定本规定。

第二条 特殊建设工程的消防设计审查、消防验收，以及其他建设工程的消防验收备案（以下简称备案）、抽查，适用本规定。

本规定所称特殊建设工程，是指本规定第十四条所列的建设工程。

本规定所称其他建设工程，是指特殊建设工程以外的其他按照国家工程建设消防技术标准需要进行消防设计的建设工程。

第三条 国务院住房和城乡建设主管部门负责指导监督全国建设工程消防设计审查验收工作。

县级以上地方人民政府住房和城乡建设主管部门（以下简称消防设计审查验收主管部门）依职责承担本行政区域内建设工程的消防设计审查、消防验收、备案和抽查工作。

跨行政区域建设工程的消防设计审查、消防验收、备案和抽查工作，由该建设工程所在行政区域消防设计审查验收主管部门共同的上一级主管部门指定负责。

第四条 消防设计审查验收主管部门应当运用互联网技术等信息化手段开展消防设计审查、消防验收、备案和抽查工作，建立健全有关单位和从业人员的信用管理制度，不断提升政务服务水平。

第五条 消防设计审查验收主管部门实施消防设计审查、消防验收、备案和抽查工作所需经费，按照《中华人民共和国行政许可法》等有关法律法规的规定执行。

第六条 消防设计审查验收主管部门应当及时将消防验收、备案和抽查情况告知消防救援机构，并与消防救援机构共享建筑平面图、消防设施平面布置图、消防设施系统图等资料。

第七条 从事建设工程消防设计审查验收的工作人员，以及建设、设计、施工、工程监理、技术服务等单位的从业人员，应当具备相应的专业技术能力，定期参加职业培训。

第二章 有关单位的消防设计、施工质量责任与义务

第八条 建设单位依法对建设工程消防设计、施工质量负首要责任。设计、施工、工程监理、技术服务等单位依法对建设工程消防设计、施工质量负主体责任。建设、设计、施工、工程监理、技术服务等单位的从业人员依法对建设工程消防设计、施工质量承担相应的个人责任。

第九条 建设单位应当履行下列消防设计、施工质量责任和义务：

（一）不得明示或者暗示设计、施工、工程监理、技术服务等单位及其从业人员违反建设工程法律法规和国家工程建设消防技术标准，降低建设工程消防设计、施工质量；

（二）依法申请建设工程消防设计审查、消防验收，办理备案并接受抽查；

（三）实行工程监理的建设工程，依法将消防施工质

量委托监理；

（四）委托具有相应资质的设计、施工、工程监理单位；

（五）按照工程消防设计要求和合同约定，选用合格的消防产品和满足防火性能要求的建筑材料、建筑构配件和设备；

（六）组织有关单位进行建设工程竣工验收时，对建设工程是否符合消防要求进行查验；

（七）依法及时向档案管理机构移交建设工程消防有关档案。

第十条　设计单位应当履行下列消防设计、施工质量责任和义务：

（一）按照建设工程法律法规和国家工程建设消防技术标准进行设计，编制符合要求的消防设计文件，不得违反国家工程建设消防技术标准强制性条文；

（二）在设计文件中选用的消防产品和具有防火性能要求的建筑材料、建筑构配件和设备，应当注明规格、性能等技术指标，符合国家规定的标准；

（三）参加建设单位组织的建设工程竣工验收，对建设工程消防设计实施情况签章确认，并对建设工程消防设计质量负责。

第十一条　施工单位应当履行下列消防设计、施工质量责任和义务：

（一）按照建设工程法律法规、国家工程建设消防技术标准，以及经消防设计审查合格或者满足工程需要的消防设计文件组织施工，不得擅自改变消防设计进行施工，降低消防施工质量；

（二）按照消防设计要求、施工技术标准和合同约定检验消防产品和具有防火性能要求的建筑材料、建筑构配件和设备的质量，使用合格产品，保证消防施工质量；

（三）参加建设单位组织的建设工程竣工验收，对建设工程消防施工质量签章确认，并对建设工程消防施工质量负责。

第十二条　工程监理单位应当履行下列消防设计、施工质量责任和义务：

（一）按照建设工程法律法规、国家工程建设消防技术标准，以及经消防设计审查合格或者满足工程需要的消防设计文件实施工程监理；

（二）在消防产品和具有防火性能要求的建筑材料、建筑构配件和设备使用、安装前，核查产品质量证明文件，不得同意使用或者安装不合格的消防产品和防火性能不符合要求的建筑材料、建筑构配件和设备；

（三）参加建设单位组织的建设工程竣工验收，对建设工程消防施工质量签章确认，并对建设工程消防施工质量承担监理责任。

第十三条　提供建设工程消防设计图纸技术审查、消防设施检测或者建设工程消防验收现场评定等服务的技术服务机构，应当按照建设工程法律法规、国家工程建设消防技术标准和国家有关规定提供服务，并对出具的意见或者报告负责。

第三章　特殊建设工程的消防设计审查

第十四条　具有下列情形之一的建设工程是特殊建设工程：

（一）总建筑面积大于二万平方米的体育场馆、会堂，公共展览馆、博物馆的展示厅；

（二）总建筑面积大于一万五千平方米的民用机场航站楼、客运车站候车室、客运码头候船厅；

（三）总建筑面积大于一万平方米的宾馆、饭店、商场、市场；

（四）总建筑面积大于二千五百平方米的影剧院，公共图书馆的阅览室，营业性室内健身、休闲场馆，医院的门诊楼，大学的教学楼、图书馆、食堂，劳动密集型企业的生产加工车间，寺庙、教堂；

（五）总建筑面积大于一千平方米的托儿所、幼儿园的儿童用房，儿童游乐厅等室内儿童活动场所，养老院、福利院，医院、疗养院的病房楼，中小学校的教学楼、图书馆、食堂，学校的集体宿舍，劳动密集型企业的员工集体宿舍；

（六）总建筑面积大于五百平方米的歌舞厅、录像厅、放映厅、卡拉 OK 厅、夜总会、游艺厅、桑拿浴室、网吧、酒吧，具有娱乐功能的餐馆、茶馆、咖啡厅；

（七）国家工程建设消防技术标准规定的一类高层住宅建筑；

（八）城市轨道交通、隧道工程，大型发电、变配电工程；

（九）生产、储存、装卸易燃易爆危险物品的工厂、仓库和专用车站、码头，易燃易爆气体和液体的充装站、供应站、调压站；

（十）国家机关办公楼、电力调度楼、电信楼、邮政楼、防灾指挥调度楼、广播电视楼、档案楼；

（十一）设有本条第一项至第六项所列情形的建设工程；

（十二）本条第十项、第十一项规定以外的单体建筑面积大于四万平方米或者建筑高度超过五十米的公共建筑。

第十五条 对特殊建设工程实行消防设计审查制度。

特殊建设工程的建设单位应当向消防设计审查验收主管部门申请消防设计审查,消防设计审查验收主管部门依法对审查的结果负责。

特殊建设工程未经消防设计审查或者审查不合格的,建设单位、施工单位不得施工。

第十六条 建设单位申请消防设计审查,应当提交下列材料:

(一)消防设计审查申请表;

(二)消防设计文件;

(三)依法需要办理建设工程规划许可的,应当提交建设工程规划许可文件;

(四)依法需要批准的临时性建筑,应当提交批准文件。

第十七条 特殊建设工程具有下列情形之一的,建设单位除提交本规定第十六条所列材料外,还应当同时提交特殊消防设计技术资料:

(一)国家工程建设消防技术标准没有规定的;

(二)消防设计文件拟采用的新技术、新工艺、新材料不符合国家工程建设消防技术标准规定的;

(三)因保护利用历史建筑、历史文化街区需要,确实无法满足国家工程建设消防技术标准要求的。

前款所称特殊消防设计技术资料,应当包括特殊消防设计文件,以及两个以上有关的应用实例、产品说明等资料。

特殊消防设计涉及采用国际标准或者境外工程建设消防技术标准的,还应当提供相应的中文文本。

第十八条 特殊消防设计文件应当包括特殊消防设计必要性论证、特殊消防设计方案、火灾数值模拟分析等内容,重大工程、火灾危险等级高的应当包括实体试验验证内容。

特殊消防设计方案应当对两种以上方案进行比选,从安全性、经济性、可实施性等方面进行综合分析后形成。

火灾数值模拟分析应当科学设定火灾场景和模拟参数,实体试验应当与实际场景相符。火灾数值模拟分析结论和实体试验结论应当一致。

第十九条 消防设计审查验收主管部门收到建设单位提交的消防设计审查申请后,对申请材料齐全的,应当出具受理凭证;申请材料不齐全的,应当一次性告知需要补正的全部内容。

第二十条 对具有本规定第十七条情形之一的建设工程,消防设计审查验收主管部门应当自受理消防设计审查申请之日起五个工作日内,将申请材料报送省、自治区、直辖市人民政府住房和城乡建设主管部门组织专家评审。

第二十一条 省、自治区、直辖市人民政府住房和城乡建设主管部门应当建立由具有工程消防、建筑等专业高级技术职称人员组成的专家库,制定专家库管理制度。

第二十二条 省、自治区、直辖市人民政府住房和城乡建设主管部门应当在收到申请材料之日起十个工作日内组织召开专家评审会,对建设单位提交的特殊消防设计技术资料进行评审。

评审专家从专家库随机抽取,对于技术复杂、专业性强或者国家有特殊要求的项目,可以直接邀请相应专业的中国科学院院士、中国工程院院士、全国工程勘察设计大师以及境外具有相应资历的专家参加评审;与特殊建设工程设计单位有利害关系的专家不得参加评审。

评审专家应当符合相关专业要求,总数不得少于七人,且独立出具同意或者不同意的评审意见。特殊消防设计技术资料经四分之三以上评审专家同意即为评审通过,评审专家有不同意见的,应当注明。省、自治区、直辖市人民政府住房和城乡建设主管部门应当将专家评审意见,书面通知报请评审的消防设计审查验收主管部门。

第二十三条 消防设计审查验收主管部门应当自受理消防设计审查申请之日起十五个工作日内出具书面审查意见。依照本规定需要组织专家评审的,专家评审时间不超过二十个工作日。

第二十四条 对符合下列条件的,消防设计审查验收主管部门应当出具消防设计审查合格意见:

(一)申请材料齐全、符合法定形式;

(二)设计单位具有相应资质;

(三)消防设计文件符合国家工程建设消防技术标准(具有本规定第十七条情形之一的特殊建设工程,特殊消防设计技术资料通过专家评审)。

对不符合前款规定条件的,消防设计审查验收主管部门应当出具消防设计审查不合格意见,并说明理由。

第二十五条 实行施工图设计文件联合审查的,应当将建设工程消防设计的技术审查并入联合审查。

第二十六条 建设、设计、施工单位不得擅自修改经审查合格的消防设计文件。确需修改的,建设单位应当依照本规定重新申请消防设计审查。

第四章 特殊建设工程的消防验收

第二十七条 对特殊建设工程实行消防验收制度。

特殊建设工程竣工验收后,建设单位应当向消防设计审查验收主管部门申请消防验收;未经消防验收或者消防验收不合格的,禁止投入使用。

第二十八条 建设单位组织竣工验收时,应当对建设工程是否符合下列要求进行查验：

（一）完成工程消防设计和合同约定的消防各项内容；

（二）有完整的工程消防技术档案和施工管理资料（含涉及消防的建筑材料、建筑构配件和设备的进场试验报告）；

（三）建设单位对工程涉及消防的各分部分项工程验收合格;施工、设计、工程监理、技术服务等单位确认工程消防质量符合有关标准；

（四）消防设施性能、系统功能联调联试等内容检测合格。

经查验不符合前款规定的建设工程,建设单位不得编制工程竣工验收报告。

第二十九条 建设单位申请消防验收,应当提交下列材料：

（一）消防验收申请表；

（二）工程竣工验收报告；

（三）涉及消防的建设工程竣工图纸。

消防设计审查验收主管部门收到建设单位提交的消防验收申请后,对申请材料齐全的,应当出具受理凭证；申请材料不齐全的,应当一次性告知需要补正的全部内容。

第三十条 消防设计审查验收主管部门受理消防验收申请后,应当按照国家有关规定,对特殊建设工程进行现场评定。现场评定包括对建筑物防(灭)火设施的外观进行现场抽样查看;通过专业仪器设备对涉及距离、高度、宽度、长度、面积、厚度等可测量的指标进行现场抽样测量;对消防设施的功能进行抽样测试、联调联试消防设施的系统功能等内容。

第三十一条 消防设计审查验收主管部门应当自受理消防验收申请之日起十五日内出具消防验收意见。对符合下列条件的,应当出具消防验收合格意见：

（一）申请材料齐全、符合法定形式；

（二）工程竣工验收报告内容完备；

（三）涉及消防的建设工程竣工图纸与经审查合格的消防设计文件相符；

（四）现场评定结论合格。

对不符合前款规定条件的,消防设计审查验收主管部门应当出具消防验收不合格意见,并说明理由。

第三十二条 实行规划、土地、消防、人防、档案等事项联合验收的建设工程,消防验收意见由地方人民政府指定的部门统一出具。

第五章 其他建设工程的消防设计、备案与抽查

第三十三条 其他建设工程,建设单位申请施工许可或者申请批准开工报告时,应当提供满足施工需要的消防设计图纸及技术资料。

未提供满足施工需要的消防设计图纸及技术资料的,有关部门不得发放施工许可证或者批准开工报告。

第三十四条 对其他建设工程实行备案抽查制度,分类管理。

其他建设工程经依法抽查不合格的,应当停止使用。

第三十五条 省、自治区、直辖市人民政府住房和城乡建设主管部门应当制定其他建设工程分类管理目录清单。

其他建设工程应当依据建筑所在区域环境、建筑使用功能、建筑规模和高度、建筑耐火等级、疏散能力、消防设施设备配置水平等因素分为一般项目、重点项目等两类。

第三十六条 其他建设工程竣工验收合格之日起五个工作日内,建设单位应当报消防设计审查验收主管部门备案。

建设单位办理备案,应当提交下列材料：

（一）消防验收备案表；

（二）工程竣工验收报告；

（三）涉及消防的建设工程竣工图纸。

本规定第二十八条有关建设单位竣工验收消防查验的规定,适用于其他建设工程。

第三十七条 消防设计审查验收主管部门收到建设单位备案材料后,对备案材料齐全的,应当出具备案凭证;备案材料不齐全的,应当一次性告知需要补正的全部内容。

一般项目可以采用告知承诺制的方式申请备案,消防设计审查验收主管部门依据承诺书出具备案凭证。

第三十八条 消防设计审查验收主管部门应当对备案的其他建设工程进行抽查,加强对重点项目的抽查。

抽查工作推行"双随机、一公开"制度,随机抽取检查对象,随机选派检查人员。抽取比例由省、自治区、直辖市人民政府住房和城乡建设主管部门,结合辖区内消

防设计、施工质量情况确定,并向社会公示。

第三十九条 消防设计审查验收主管部门应当自其他建设工程被确定为检查对象之日起十五个工作日内,按照建设工程消防验收有关规定完成检查,制作检查记录。检查结果应当通知建设单位,并向社会公示。

第四十条 建设单位收到检查不合格整改通知后,应当停止使用建设工程,并组织整改,整改完成后,向消防设计审查验收主管部门申请复查。

消防设计审查验收主管部门应当自收到书面申请之日起七个工作日内进行复查,并出具复查意见。复查合格后方可使用建设工程。

第六章 附 则

第四十一条 违反本规定的行为,依照《中华人民共和国建筑法》《中华人民共和国消防法》《建设工程质量管理条例》等法律法规给予处罚;构成犯罪的,依法追究刑事责任。

建设、设计、施工、工程监理、技术服务等单位及其从业人员违反有关建设工程法律法规和国家工程建设消防技术标准,除依法给予处罚或者追究刑事责任外,还应当依法承担相应的民事责任。

第四十二条 建设工程消防设计审查验收规则和执行本规定所需要的文书式样,由国务院住房和城乡建设主管部门制定。

第四十三条 新颁布的国家工程建设消防技术标准实施之前,建设工程的消防设计已经依法审查合格的,按原审查意见的标准执行。

第四十四条 住宅室内装饰装修、村民自建住宅、救灾和非人员密集场所的临时性建筑的建设活动,不适用本规定。

第四十五条 省、自治区、直辖市人民政府住房和城乡建设主管部门可以根据有关法律法规和本规定,结合本地实际情况,制定实施细则。

第四十六条 本规定自2020年6月1日起施行。

消防监督检查规定

- 2009年4月30日公安部令第107号公布
- 根据2012年7月17日《公安部关于修改〈消防监督检查规定〉的决定》修订

第一章 总 则

第一条 为了加强和规范消防监督检查工作,督促机关、团体、企业、事业等单位(以下简称单位)履行消防安全职责,依据《中华人民共和国消防法》,制定本规定。

第二条 本规定适用于公安机关消防机构和公安派出所依法对单位遵守消防法律、法规情况进行消防监督检查。

第三条 直辖市、市(地区、州、盟)、县(市辖区、县级市、旗)公安机关消防机构具体实施消防监督检查,确定本辖区内的消防安全重点单位并由所属公安机关报本级人民政府备案。

公安派出所可以对居民住宅区的物业服务企业、居民委员会、村民委员会履行消防安全职责的情况和上级公安机关确定的单位实施日常消防监督检查。

公安派出所日常消防监督检查的单位范围由省级公安机关消防机构、公安派出所工作主管部门共同研究拟定,报省级公安机关确定。

第四条 上级公安机关消防机构应当对下级公安机关消防机构实施消防监督检查的情况进行指导和监督。

公安机关消防机构应当与公安派出所共同做好辖区消防监督工作,并对公安派出所开展日常消防监督检查工作进行指导,定期对公安派出所民警进行消防监督业务培训。

第五条 对消防监督检查的结果,公安机关消防机构可以通过适当方式向社会公告;对检查发现的影响公共安全的火灾隐患应当定期公布,提示公众注意消防安全。

第二章 消防监督检查的形式和内容

第六条 消防监督检查的形式有:
(一)对公众聚集场所在投入使用、营业前的消防安全检查;
(二)对单位履行法定消防安全职责情况的监督抽查;
(三)对举报投诉的消防安全违法行为的核查;
(四)对大型群众性活动举办前的消防安全检查;
(五)根据需要进行的其他消防监督检查。

第七条 公安机关消防机构根据本地区火灾规律、特点等消防安全需要组织监督抽查;在火灾多发季节,重大节日、重大活动前或者期间,应当组织监督抽查。

消防安全重点单位应当作为监督抽查的重点,非消防安全重点单位必须在监督抽查的单位数量中占有一定比例。对属于人员密集场所的消防安全重点单位每年至少监督检查一次。

第八条 公众聚集场所在投入使用、营业前,建设单位或者使用单位应当向场所所在地的县级以上人民政府

公安机关消防机构申请消防安全检查,并提交下列材料:

（一）消防安全检查申报表;

（二）营业执照复印件或者工商行政管理机关出具的企业名称预先核准通知书;

（三）依法取得的建设工程消防验收或者进行竣工验收消防备案的法律文件复印件;

（四）消防安全制度、灭火和应急疏散预案、场所平面布置图;

（五）员工岗前消防安全教育培训记录和自动消防系统操作人员取得的消防行业特有工种职业资格证书复印件;

（六）法律、行政法规规定的其他材料。

依照《建设工程消防监督管理规定》不需要进行竣工验收消防备案的公众聚集场所申请消防安全检查的,还应当提交场所室内装修消防设计施工图、消防产品质量合格证明文件,以及装修材料防火性能符合消防技术标准的证明文件、出厂合格证。

公安机关消防机构对消防安全检查的申请,应当按照行政许可有关规定受理。

第九条 对公众聚集场所投入使用、营业前进行消防安全检查,应当检查下列内容:

（一）建筑物或者场所是否依法通过消防验收合格或者进行竣工验收消防备案抽查合格;依法进行竣工验收消防备案但没有进行备案抽查的建筑物或者场所是否符合消防技术标准;

（二）消防安全制度、灭火和应急疏散预案是否制定;

（三）自动消防系统操作人员是否持证上岗,员工是否经过岗前消防安全培训;

（四）消防设施、器材是否符合消防技术标准并完好有效;

（五）疏散通道、安全出口和消防车通道是否畅通;

（六）室内装修材料是否符合消防技术标准;

（七）外墙门窗上是否设置影响逃生和灭火救援的障碍物。

第十条 对单位履行法定消防安全职责情况的监督抽查,应当根据单位的实际情况检查下列内容:

（一）建筑物或者场所是否依法通过消防验收或者进行竣工验收消防备案,公众聚集场所是否通过投入使用、营业前的消防安全检查;

（二）建筑物或者场所的使用情况是否与消防验收或者进行竣工验收消防备案时确定的使用性质相符;

（三）消防安全制度、灭火和应急疏散预案是否制定;

（四）消防设施、器材和消防安全标志是否定期组织维修保养,是否完好有效;

（五）电器线路、燃气管路是否定期维护保养、检测;

（六）疏散通道、安全出口、消防车通道是否畅通,防火分区是否改变,防火间距是否被占用;

（七）是否组织防火检查、消防演练和员工消防安全教育培训,自动消防系统操作人员是否持证上岗;

（八）生产、储存、经营易燃易爆危险品的场所是否与居住场所设置在同一建筑物内;

（九）生产、储存、经营其他物品的场所与居住场所设置在同一建筑物内的,是否符合消防技术标准;

（十）其他依法需要检查的内容。

对人员密集场所还应当抽查室内装修材料是否符合消防技术标准、外墙门窗上是否设置影响逃生和灭火救援的障碍物。

第十一条 对消防安全重点单位履行法定消防安全职责情况的监督抽查,除检查本规定第十条规定的内容外,还应当检查下列内容:

（一）是否确定消防安全管理人;

（二）是否开展每日防火巡查并建立巡查记录;

（三）是否定期组织消防安全培训和消防演练;

（四）是否建立消防档案、确定消防安全重点部位。

对属于人员密集场所的消防安全重点单位,还应当检查单位灭火和应急疏散预案中承担灭火和组织疏散任务的人员是否确定。

第十二条 在大型群众性活动举办前对活动现场进行消防安全检查,应当重点检查下列内容:

（一）室内活动使用的建筑物(场所)是否依法通过消防验收或者进行竣工验收消防备案,公众聚集场所是否通过使用、营业前的消防安全检查;

（二）临时搭建的建筑物是否符合消防安全要求;

（三）是否制定灭火和应急疏散预案并组织演练;

（四）是否明确消防安全责任分工并确定消防安全管理人员;

（五）活动现场消防设施、器材是否配备齐全并完好有效;

（六）活动现场的疏散通道、安全出口和消防车通道是否畅通;

（七）活动现场的疏散指示标志和应急照明是否符合消防技术标准并完好有效。

第十三条 对大型的人员密集场所和其他特殊建设工程的施工现场进行消防监督检查，应当重点检查施工单位履行下列消防安全职责的情况：

（一）是否明确施工现场消防安全管理人员，是否制定施工现场消防安全制度、灭火和应急疏散预案；

（二）在建工程内是否设置人员住宿、可燃材料及易燃易爆危险品储存等场所；

（三）是否设置临时消防给水系统、临时消防应急照明，是否配备消防器材，并确保完好有效；

（四）是否设有消防车通道并畅通；

（五）是否组织员工消防安全教育培训和消防演练；

（六）施工现场人员宿舍、办公用房的建筑构件燃烧性能、安全疏散是否符合消防技术标准。

第三章 消防监督检查的程序

第十四条 公安机关消防机构实施消防监督检查时，检查人员不得少于两人，并出示执法身份证件。

消防监督检查应当填写检查记录，如实记录检查情况。

第十五条 对公众聚集场所投入使用、营业前的消防安全检查，公安机关消防机构应当自受理申请之日起十个工作日内进行检查，自检查之日起三个工作日内作出同意或者不同意投入使用或者营业的决定，并送达申请人。

第十六条 对大型群众性活动现场在举办前进行的消防安全检查，公安机关消防机构应当在接到本级公安机关治安部门书面通知之日起三个工作日内进行检查，并将检查记录移交本级公安机关治安部门。

第十七条 公安机关消防机构接到对消防安全违法行为的举报投诉，应当及时受理、登记，并按照《公安机关办理行政案件程序规定》的相关规定处理。

第十八条 公安机关消防机构应当按照下列时限，对举报投诉的消防安全违法行为进行实地核查：

（一）对举报投诉占用、堵塞、封闭疏散通道、安全出口或者其他妨碍安全疏散行为，以及擅自停用消防设施的，应当在接到举报投诉后二十四小时内进行核查；

（二）对举报投诉本款第一项以外的消防安全违法行为，应当在接到举报投诉之日起三个工作日内进行核查。

核查后，对消防安全违法行为应当依法处理。处理情况应当及时通知举报投诉人；无法通知的，应当在受理登记中注明。

第十九条 在消防监督检查中，公安机关消防机构对发现的依法应当责令立即改正的消防安全违法行为，应当当场制作、送达责令立即改正通知书，并依法予以处罚；对依法应当责令限期改正的，应当自检查之日起三个工作日内制作、送达责令限期改正通知书，并依法予以处罚。

对违法行为轻微并当场改正完毕，依法可以不予行政处罚的，可以口头责令改正，并在检查记录上注明。

第二十条 对依法责令限期改正的，应当根据改正违法行为的难易程度合理确定改正期限。

公安机关消防机构应当在责令限期改正期限届满或者收到当事人的复查申请之日起三个工作日内进行复查。对逾期不改正的，依法予以处罚。

第二十一条 在消防监督检查中，发现城乡消防安全布局、公共消防设施不符合消防安全要求，或者发现本地区存在影响公共安全的重大火灾隐患的，公安机关消防机构应当组织集体研究确定，自检查之日起七个工作日内提出处理意见，由所属公安机关书面报告本级人民政府解决；对影响公共安全的重大火灾隐患，还应当在确定之日起三个工作日内制作、送达重大火灾隐患整改通知书。

重大火灾隐患判定涉及复杂或者疑难技术问题的，公安机关消防机构应当在确定前组织专家论证。组织专家论证的，前款规定的期限可以延长十个工作日。

第二十二条 公安机关消防机构在消防监督检查中发现火灾隐患，应当通知有关单位或者个人立即采取措施消除；对具有下列情形之一，不及时消除可能严重威胁公共安全的，应当对危险部位或者场所予以临时查封：

（一）疏散通道、安全出口数量不足或者严重堵塞，已不具备安全疏散条件的；

（二）建筑消防设施严重损坏，不再具备防火灭火功能的；

（三）人员密集场所违反消防安全规定，使用、储存易燃易爆危险品的；

（四）公众聚集场所违反消防技术标准，采用易燃、可燃材料装修，可能导致重大人员伤亡的；

（五）其他可能严重威胁公共安全的火灾隐患。

临时查封期限不得超过三十日。临时查封期限届满后，当事人仍未消除火灾隐患的，公安机关消防机构可以再次依法予以临时查封。

第二十三条 临时查封应当由公安机关消防机构负责人组织集体研究决定。决定临时查封的，应当研究确定查封危险部位或者场所的范围、期限和实施方法，并自检查之日起三个工作日内制作、送达临时查封决定书。

情况紧急、不当场查封可能严重威胁公共安全的，消防监督检查人员可以在口头报请公安机关消防机构负责人同意后当场对危险部位或者场所实施临时查封，并在临时查封后二十四小时内由公安机关消防机构负责人组织集体研究，制作、送达临时查封决定书。经集体研究认为不应当采取临时查封措施的，应当立即解除。

第二十四条　临时查封由公安机关消防机构负责人组织实施。需要公安机关其他部门或者公安派出所配合的，公安机关消防机构应当报请所属公安机关组织实施。

实施临时查封应当遵守下列规定：

（一）实施临时查封时，通知当事人到场，当场告知当事人采取临时查封的理由、依据以及当事人依法享有的权利、救济途径，听取当事人的陈述和申辩；

（二）当事人不到场的，邀请见证人到场，由见证人和消防监督检查人员在现场笔录上签名或者盖章；

（三）在危险部位或者场所及其有关设施、设备上加贴封条或者采取其他措施，使危险部位或者场所停止生产、经营或者使用；

（四）对实施临时查封情况制作现场笔录，必要时，可以进行现场照相或者录音录像。

实施临时查封后，当事人请求进入被查封的危险部位或者场所整改火灾隐患的，应当允许。但不得在被查封的危险部位或者场所生产、经营或者使用。

第二十五条　火灾隐患消除后，当事人应当向作出临时查封决定的公安机关消防机构申请解除临时查封。公安机关消防机构应当自收到申请之日起三个工作日内进行检查，自检查之日起三个工作日内作出是否同意解除临时查封的决定，并送达当事人。

对检查确认火灾隐患已消除的，应当作出解除临时查封的决定。

第二十六条　对当事人有《中华人民共和国消防法》第六十条第一款第三项、第四项、第五项、第六项规定的消防安全违法行为，经责令改正拒不改正的，公安机关消防机构应当按照《中华人民共和国行政强制法》第五十一条、第五十二条的规定组织强制清除或者拆除相关障碍物、妨碍物，所需费用由违法行为人承担。

第二十七条　当事人不执行公安机关消防机构作出的停产停业、停止使用、停止施工决定的，作出决定的公安机关消防机构应当自履行期限届满之日起三个工作日内催告当事人履行义务。当事人收到催告书后有权进行陈述和申辩。公安机关消防机构应当充分听取当事人的意见，记录、复核当事人提出的事实、理由和证据。当事人提出的事实、理由或者证据成立的，应当采纳。

经催告，当事人逾期仍不履行义务且无正当理由的，公安机关消防机构负责人应当组织集体研究强制执行方案，确定执行的方式和时间。强制执行决定书应当自决定之日起三个工作日内制作、送达当事人。

第二十八条　强制执行由作出决定的公安机关消防机构负责人组织实施。需要公安机关其他部门或者公安派出所配合的，公安机关消防机构应当报请所属公安机关组织实施；需要其他行政部门配合的，公安机关消防机构应当提出意见，并由所属公安机关报请本级人民政府组织实施。

实施强制执行应当遵守下列规定：

（一）实施强制执行时，通知当事人到场，当场向当事人宣读强制执行决定，听取当事人的陈述和申辩；

（二）当事人不到场的，邀请见证人到场，由见证人和消防监督检查人员在现场笔录上签名或者盖章；

（三）对实施强制执行过程制作现场笔录，必要时，可以进行现场照相或者录音录像；

（四）除情况紧急外，不得在夜间或者法定节假日实施强制执行；

（五）不得对居民生活采取停止供水、供电、供热、供燃气等方式迫使当事人履行义务。

有《中华人民共和国行政强制法》第三十九条、第四十条规定的情形之一的，中止执行或者终结执行。

第二十九条　对被责令停止施工、停止使用、停产停业处罚的当事人申请恢复施工、使用、生产、经营的，公安机关消防机构应当自收到书面申请之日起三个工作日内进行检查，自检查之日起三个工作日内作出决定，送达当事人。

对当事人已改正消防安全违法行为、具备消防安全条件的，公安机关消防机构应当同意恢复施工、使用、生产、经营；对违法行为尚未改正、不具备消防安全条件的，应当不同意恢复施工、使用、生产、经营，并说明理由。

第四章　公安派出所日常消防监督检查

第三十条　公安派出所对其日常监督检查范围的单位，应当每年至少进行一次日常消防监督检查。

公安派出所对群众举报投诉的消防安全违法行为，应当及时受理，依法处理；对属于公安机关消防机构管辖的，应当依照《公安机关办理行政案件程序规定》在受理后及时移送公安机关消防机构处理。

第三十一条　公安派出所对单位进行日常消防监督

检查,应当检查下列内容:

(一)建筑物或者场所是否依法通过消防验收或者进行竣工验收消防备案,公众聚集场所是否依法通过投入使用、营业前的消防安全检查;

(二)是否制定消防安全制度;

(三)是否组织防火检查、消防安全宣传教育培训、灭火和应急疏散演练;

(四)消防车通道、疏散通道、安全出口是否畅通,室内消火栓、疏散指示标志、应急照明、灭火器是否完好有效;

(五)生产、储存、经营易燃易爆危险品的场所是否与居住场所设置在同一建筑物内。

对设有建筑消防设施的单位,公安派出所还应当检查单位是否对建筑消防设施定期组织维修保养。

对居民住宅区的物业服务企业进行日常消防监督检查,公安派出所除检查本条第一款第(二)至(四)项内容外,还应当检查物业服务企业对管理区域内共用消防设施是否进行维护管理。

第三十二条 公安派出所对居民委员会、村民委员会进行日常消防监督检查,应当检查下列内容:

(一)消防安全管理人是否确定;

(二)消防安全工作制度、村(居)民防火安全公约是否制定;

(三)是否开展消防宣传教育、防火安全检查;

(四)是否对社区、村庄消防水源(消火栓)、消防车通道、消防器材进行维护管理;

(五)是否建立志愿消防队等多种形式消防组织。

第三十三条 公安派出所民警在日常消防监督检查时,发现被检查单位有下列行为之一的,应当责令依法改正:

(一)未制定消防安全制度、未组织防火检查和消防安全教育培训、消防演练的;

(二)占用、堵塞、封闭疏散通道、安全出口的;

(三)占用、堵塞、封闭消防车通道,妨碍消防车通行的;

(四)埋压、圈占、遮挡消火栓或者占用防火间距的;

(五)室内消火栓、灭火器、疏散指示标志和应急照明未保持完好有效的;

(六)人员密集场所在外墙门窗上设置影响逃生和灭火救援的障碍物的;

(七)违反消防安全规定进入生产、储存易燃易爆危险品场所的;

(八)违反规定使用明火作业或者在具有火灾、爆炸危险的场所吸烟、使用明火的;

(九)生产、储存和经营易燃易爆危险品的场所与居住场所设置在同一建筑物内的;

(十)未对建筑消防设施定期组织维修保养的。

公安派出所发现被检查单位的建筑物未依法通过消防验收,或者进行竣工验收消防备案,擅自投入使用的;公众聚集场所未依法通过使用、营业前的消防安全检查,擅自使用、营业的,应当在检查之日起五个工作日内书面移交公安机关消防机构处理。

公安派出所民警进行日常消防监督检查,应当填写检查记录,记录发现的消防安全违法行为、责令改正的情况。

第三十四条 公安派出所在日常消防监督检查中,发现存在严重威胁公共安全的火灾隐患,应当在责令改正的同时书面报告乡镇人民政府或者街道办事处和公安机关消防机构。

第五章 执法监督

第三十五条 公安机关消防机构应当健全消防监督检查工作制度,建立执法档案,定期进行执法质量考评,落实执法过错责任追究。

公安机关消防机构及其工作人员进行消防监督检查,应当自觉接受单位和公民的监督。

第三十六条 公安机关消防机构及其工作人员在消防监督检查中有下列情形的,对直接负责的主管人员和其他直接责任人员应当依法给予处分;构成犯罪的,依法追究刑事责任:

(一)不按规定制作、送达法律文书,不按照本规定履行消防监督检查职责,拒不改正的;

(二)对不符合消防安全条件的公众聚集场所准予消防安全检查合格的;

(三)无故拖延消防安全检查,不在法定期限内履行职责的;

(四)未按照本规定组织开展消防监督抽查的;

(五)发现火灾隐患不及时通知有关单位或者个人整改的;

(六)利用消防监督检查职权为用户指定消防产品的品牌、销售单位或者指定消防技术服务机构、消防设施施工、维修保养单位的;

(七)接受被检查单位、个人财物或者其他不正当利益的;

(八)其他滥用职权、玩忽职守、徇私舞弊的行为。

第三十七条 公安机关消防机构工作人员的近亲属

严禁在其管辖的区域或者业务范围内经营消防公司、承揽消防工程、推销消防产品。

违反前款规定的,按照有关规定对公安机关消防机构工作人员予以处分。

第六章 附 则

第三十八条 具有下列情形之一的,应当确定为火灾隐患:

(一)影响人员安全疏散或者灭火救援行动,不能立即改正的;

(二)消防设施未保持完好有效,影响防火灭火功能的;

(三)擅自改变防火分区,容易导致火势蔓延、扩大的;

(四)在人员密集场所违反消防安全规定,使用、储存易燃易爆危险品,不能立即改正的;

(五)不符合城市消防安全布局要求,影响公共安全的;

(六)其他可能增加火灾实质危险性或者危害性的情形。

重大火灾隐患按照国家有关标准认定。

第三十九条 有固定生产经营场所且具有一定规模的个体工商户,应当纳入消防监督检查范围。具体标准由省、自治区、直辖市公安机关消防机构确定并公告。

第四十条 铁路、港航、民航公安机关和国有林区的森林公安机关在管辖范围内实施消防监督检查参照本规定执行。

第四十一条 执行本规定所需要的法律文书式样,由公安部制定。

第四十二条 本规定自 2009 年 5 月 1 日起施行。2004 年 6 月 9 日发布的《消防监督检查规定》(公安部令第 73 号)同时废止。

社会消防安全教育培训规定

· 2009 年 4 月 13 日公安部、教育部、民政部、人力资源和社会保障部、住房和城乡建设部、文化部、国家广播电影电视总局、国家安全生产监督管理总局、国家旅游局令第 109 号公布

· 自 2009 年 6 月 1 日起施行

第一章 总 则

第一条 为了加强社会消防安全教育培训工作,提高公民消防安全素质,有效预防火灾,减少火灾危害,根据《中华人民共和国消防法》等有关法律法规,制定本规定。

第二条 机关、团体、企业、事业等单位(以下统称单位)、社区居民委员会、村民委员会依照本规定开展消防安全教育培训工作。

第三条 公安、教育、民政、人力资源和社会保障、住房和城乡建设、文化、广电、安全监管、旅游、文物等部门应当按照各自职能,依法组织和监督管理消防安全教育培训工作,并纳入相关工作检查、考评。

各部门应当建立协作机制,定期研究、共同做好消防安全教育培训工作。

第四条 消防安全教育培训的内容应当符合全国统一的消防安全教育培训大纲的要求,主要包括:

(一)国家消防工作方针、政策;

(二)消防法律法规;

(三)火灾预防知识;

(四)火灾扑救、人员疏散逃生和自救互救知识;

(五)其他应当教育培训的内容。

第二章 管理职责

第五条 公安机关应当履行下列职责,并由公安机关消防机构具体实施:

(一)掌握本地区消防安全教育培训工作情况,向本级人民政府及相关部门提出工作建议;

(二)协调有关部门指导和监督社会消防安全教育培训工作;

(三)会同教育行政部门、人力资源和社会保障部门对消防安全专业培训机构实施监督管理;

(四)定期对社区居民委员会、村民委员会的负责人和专(兼)职消防队、志愿消防队的负责人开展消防安全培训。

第六条 教育行政部门应当履行下列职责:

(一)将学校消防安全教育培训工作纳入教育培训规划,并进行教育督导和工作考核;

(二)指导和监督学校将消防安全知识纳入教学内容;

(三)将消防安全知识纳入学校管理人员和教师在职培训内容;

(四)依法在职责范围内对消防安全专业培训机构进行审批和监督管理。

第七条 民政部门应当履行下列职责:

(一)将消防安全教育培训工作纳入减灾规划并组织实施,结合救灾、扶贫济困和社会优抚安置、慈善等工作开展消防安全教育;

(二)指导社区居民委员会、村民委员会和各类福利

机构开展消防安全教育培训工作；

（三）负责消防安全专业培训机构的登记，并实施监督管理。

第八条 人力资源和社会保障部门应当履行下列职责：

（一）指导和监督机关、企业和事业单位将消防安全知识纳入干部、职工教育、培训内容；

（二）依法在职责范围内对消防安全专业培训机构进行审批和监督管理。

第九条 住房和城乡建设行政部门应当指导和监督勘察设计单位、施工单位、工程监理单位、施工图审查机构、城市燃气企业、物业服务企业、风景名胜区经营管理单位和城市公园绿地管理单位等开展消防安全教育培训工作，将消防法律法规和工程建设消防技术标准纳入建设行业相关执业人员的继续教育和从业人员的岗位培训及考核内容。

第十条 文化、文物行政部门应当积极引导创作优秀消防安全文化产品，指导和监督文物保护单位、公共娱乐场所和公共图书馆、博物馆、文化馆、文化站等文化单位开展消防安全教育培训工作。

第十一条 广播影视行政部门应当指导和协调广播影视制作机构和广播电视播出机构，制作、播出相关消防安全节目，开展公益性消防安全宣传教育，指导和监督电影院开展消防安全教育培训工作。

第十二条 安全生产监督管理部门应当履行下列职责：

（一）指导、监督矿山、危险化学品、烟花爆竹等生产经营单位开展消防安全教育培训工作；

（二）将消防安全知识纳入安全生产监管监察人员和矿山、危险化学品、烟花爆竹等生产经营单位主要负责人、安全生产管理人员以及特种作业人员培训考核内容；

（三）将消防法律法规和有关消防技术标准纳入注册安全工程师培训及执业资格考试内容。

第十三条 旅游行政部门应当指导和监督相关旅游企业开展消防安全教育培训工作，督促旅行社加强对游客的消防安全教育，并将消防安全条件纳入旅游饭店、旅游景区等相关行业标准，将消防安全知识纳入旅游从业人员的岗位培训及考核内容。

第三章 消防安全教育培训

第十四条 单位应当根据本单位的特点，建立健全消防安全教育培训制度，明确机构和人员，保障教育培训工作经费，按照下列规定对职工进行消防安全教育培训：

（一）定期开展形式多样的消防安全宣传教育；

（二）对新上岗和进入新岗位的职工进行上岗前消防安全培训；

（三）对在岗的职工每年至少进行一次消防安全培训；

（四）消防安全重点单位每半年至少组织一次、其他单位每年至少组织一次灭火和应急疏散演练。

单位对职工的消防安全教育培训应当将本单位的火灾危险性、防火灭火措施、消防设施及灭火器材的操作使用方法、人员疏散逃生知识等作为培训的重点。

第十五条 各级各类学校应当开展下列消防安全教育工作：

（一）将消防安全知识纳入教学内容；

（二）在开学初、放寒（暑）假前、学生军训期间，对学生普遍开展专题消防安全教育；

（三）结合不同课程实验课的特点和要求，对学生进行有针对性的消防安全教育；

（四）组织学生到当地消防站参观体验；

（五）每学年至少组织学生开展一次应急疏散演练；

（六）对寄宿学生开展经常性的安全用火用电教育和应急疏散演练。

各级各类学校应当至少确定一名熟悉消防安全知识的教师担任消防安全课教员，并选聘消防专业人员担任学校的兼职消防辅导员。

第十六条 中小学校和学前教育机构应当针对不同年龄阶段学生认知特点，保证课时或者采取学科渗透、专题教育的方式，每学期对学生开展消防安全教育。

小学阶段应当重点开展火灾危险及危害性、消防安全标志标识、日常生活防火、火灾报警、火场自救逃生常识等方面的教育。

初中和高中阶段应当重点开展消防法律法规、防火灭火基本知识和灭火器材使用等方面的教育。

学前教育机构应当采取游戏、儿歌等寓教于乐的方式，对幼儿开展消防安全常识教育。

第十七条 高等学校应当每学年至少举办一次消防安全专题讲座，在校园网络、广播、校内报刊等开设消防安全教育栏目，对学生进行消防法律法规、防火灭火知识、火灾自救他救知识和火灾案例教育。

第十八条 国家支持和鼓励有条件的普通高等学校和中等职业学校根据经济社会发展需要，设置消防类专业或者开设消防类课程，培养消防专业人才，并依法面向社会开展消防安全培训。

人民警察训练学校应当根据教育培训对象的特点，

科学安排培训内容,开设消防基础理论和消防管理课程,并列入学生必修课程。

师范院校应当将消防安全知识列入学生必修内容。

第十九条　社区居民委员会、村民委员会应当开展下列消防安全教育工作:

(一)组织制定防火安全公约;

(二)在社区、村庄的公共活动场所设置消防宣传栏,利用文化活动站、学习室等场所,对居民、村民开展经常性的消防安全宣传教育;

(三)组织志愿消防队、治安联防队和灾害信息员、保安人员等开展消防安全宣传教育;

(四)利用社区、乡村广播、视频设备定时播放消防安全常识,在火灾多发季节、农业收获季节、重大节日和乡村民俗活动期间,有针对性地开展消防安全宣传教育。

社区居民委员会、村民委员会应当确定至少一名专(兼)职消防安全员,具体负责消防安全宣传教育工作。

第二十条　物业服务企业应当在物业服务工作范围内,根据实际情况积极开展经常性消防安全宣传教育,每年至少组织一次本单位员工和居民参加的灭火和应急疏散演练。

第二十一条　由两个以上单位管理或者使用的同一建筑物,负责公共消防安全管理的单位应当对建筑物内的单位和职工进行消防安全宣传教育,每年至少组织一次灭火和应急疏散演练。

第二十二条　歌舞厅、影剧院、宾馆、饭店、商场、集贸市场、体育场馆、会堂、医院、客运车站、客运码头、民用机场、公共图书馆和公共展览馆等公共场所应当按照下列要求对公众开展消防安全宣传教育:

(一)在安全出口、疏散通道和消防设施等处的醒目位置设置消防安全标志、标识等;

(二)根据需要编印场所消防安全宣传资料供公众取阅;

(三)利用单位广播、视频设备播放消防安全知识。

养老院、福利院、救助站等单位,应当对服务对象开展经常性的用火用电和火场自救逃生安全教育。

第二十三条　旅游景区、城市公园绿地的经营管理单位、大型群众性活动主办单位应当在景区、公园绿地、活动场所醒目位置设置疏散路线、消防设施示意图和消防安全警示标识,利用广播、视频设备、宣传栏等开展消防安全宣传教育。

导游人员、旅游景区工作人员应当向游客介绍景区消防安全常识和管理要求。

第二十四条　在建工程的施工单位应当开展下列消防安全教育工作:

(一)建设工程施工前应当对施工人员进行消防安全教育;

(二)在建设工地醒目位置、施工人员集中住宿场所设置消防安全宣传栏,悬挂消防安全挂图和消防安全警示标识;

(三)对明火作业人员进行经常性的消防安全教育;

(四)组织灭火和应急疏散演练。

在建工程的建设单位应当配合施工单位做好上述消防安全教育工作。

第二十五条　新闻、广播、电视等单位应当积极开设消防安全教育栏目,制作节目,对公众开展公益性消防安全宣传教育。

第二十六条　公安、教育、民政、人力资源和社会保障、住房和城乡建设、安全监管、旅游部门管理的培训机构,应当根据教育培训对象特点和实际需要进行消防安全教育培训。

第四章　消防安全培训机构

第二十七条　国家机构以外的社会组织或者个人利用非国家财政性经费,举办消防安全专业培训机构,面向社会从事消防安全专业培训的,应当经省级教育行政部门或者人力资源和社会保障部门依法批准,并到省级民政部门申请民办非企业单位登记。

第二十八条　成立消防安全专业培训机构应当符合下列条件:

(一)具有法人条件,有规范的名称和必要的组织机构;

(二)注册资金或者开办费一百万元以上;

(三)有健全的组织章程和培训、考试制度;

(四)具有与培训规模和培训专业相适应的专(兼)职教员队伍;

(五)有同时培训二百人以上规模的固定教学场所、训练场地,具有满足技能培训需要的消防设施、设备和器材;

(六)消防安全专业培训需要的其他条件。

前款第(四)项所指专(兼)职教员队伍中,专职教员应当不少于教员总数的二分之一;具有建筑、消防等相关专业中级以上职称,并有五年以上消防相关工作经历的教员不少于十人;消防安全管理、自动消防设施、灭火救援等专业课程应当分别配备理论教员和实习操作教员不少于两人。

第二十九条 申请成立消防安全专业培训机构,依照国家有关法律法规,应当向省级教育行政部门或者人力资源和社会保障部门申请。

省级教育行政部门或者人力资源和社会保障部门受理申请后,可以征求同级公安机关消防机构的意见。

省级公安机关消防机构收到省级教育行政部门或者人力资源和社会保障部门移送的申请材料后,应当配合对申请成立消防安全培训专业机构的师资条件、场地和设施、设备、器材等进行核查,并出具书面意见。

教育行政部门或者人力资源和社会保障部门根据有关民办职业培训机构的规定,并综合公安机关消防机构出具的书面意见进行评定,符合条件的予以批准,并向社会公告。

第三十条 消防安全专业培训机构应当按照有关法律法规、规章和章程规定,开展消防安全专业培训,保证培训质量。

消防安全专业培训机构开展消防安全专业培训,应当将消防安全管理、建筑防火和自动消防设施施工、操作、检测、维护技能作为培训的重点,对经理论和技能操作考核合格的人员,颁发培训证书。

消防安全专业培训的收费标准,应当符合国家有关规定,并向社会公布。

第三十一条 省级教育行政部门或者人力资源和社会保障部门应当依法对消防安全专业培训机构进行管理、监督、指导消防安全专业培训机构依法开展活动。

省级教育行政部门或者人力资源和社会保障部门应当对消防安全专业培训机构定期组织质量评估,并向社会公布监督评估情况。省级教育行政部门或者人力资源和社会保障部门在对消防安全专业培训机构进行质量评估时,可以邀请公安机关消防机构专业人员参加。

第五章 奖 惩

第三十二条 地方各级人民政府及有关部门对在消防安全教育培训工作中有突出贡献或者成绩显著的单位和个人,应当给予表彰奖励。

单位对消防安全教育培训工作成绩突出的职工,应当给予表彰奖励。

第三十三条 地方各级人民政府公安、教育、民政、人力资源和社会保障、住房和城乡建设、文化、广电、安全监管、旅游、文物等部门不依法履行消防安全教育培训工作职责的,上级部门应当给予批评;对直接责任人员由上级部门和所在单位视情节轻重,根据权限依法给予批评教育或者建议有权部门给予处分。

公安机关消防机构工作人员在协助审查消防安全专业培训机构的工作中疏于职守的,由上级机关责令改正;情节严重的,对直接负责的主管人员和其他直接责任人员依法给予处分。

第三十四条 学校未按照本规定第十五条、第十六条、第十七条、第十八条规定开展消防安全教育工作的,教育、公安、人力资源和社会保障等主管部门应当按照职责分工责令其改正,并视情对学校负责人和其他直接责任人员给予处分。

第三十五条 单位违反本规定,构成违反消防管理行为的,由公安机关消防机构依照《中华人民共和国消防法》予以处罚。

第三十六条 社会组织或者个人未经批准擅自举办消防安全专业培训机构的,或者消防安全专业培训机构在培训活动中有违法违规行为的,由教育、人力资源和社会保障、民政等部门依据各自职责依法予以处理。

第六章 附 则

第三十七条 全国统一的消防安全教育培训大纲由公安部会同教育部、人力资源和社会保障部共同制定。

火灾事故调查规定

· 2009年4月30日公安部令第108号公布
· 根据2012年7月17日《公安部关于修改〈火灾事故调查规定〉的决定》修订

第一章 总 则

第一条 为了规范火灾事故调查,保障公安机关消防机构依法履行职责,保护火灾当事人的合法权益,根据《中华人民共和国消防法》,制定本规定。

第二条 公安机关消防机构调查火灾事故,适用本规定。

第三条 火灾事故调查的任务是调查火灾原因,统计火灾损失,依法对火灾事故作出处理,总结火灾教训。

第四条 火灾事故调查应当坚持及时、客观、公正、合法的原则。

任何单位和个人不得妨碍和非法干预火灾事故调查。

第二章 管 辖

第五条 火灾事故调查由县级以上人民政府公安机关主管,并由本级公安机关消防机构实施;尚未设立公安机关消防机构的,由县级人民政府公安机关实施。

公安派出所应当协助公安机关火灾事故调查部门维

护火灾现场秩序,保护现场,控制火灾肇事嫌疑人。

铁路、港航、民航公安机关和国有林区的森林公安机关消防机构负责调查其消防监督范围内发生的火灾。

第六条 火灾事故调查由火灾发生地公安机关消防机构按照下列分工进行:

(一)一次火灾死亡十人以上的,重伤二十人以上或者死亡、重伤二十人以上的,受灾五十户以上的,由省、自治区人民政府公安机关消防机构负责组织调查;

(二)一次火灾死亡一人以上的,重伤十人以上的,受灾三十户以上的,由设区的市或者相当于同级的人民政府公安机关消防机构负责组织调查;

(三)一次火灾重伤十人以下或者受灾三十户以下的,由县级人民政府公安机关消防机构负责调查。

直辖市人民政府公安机关消防机构负责组织调查一次火灾死亡三人以上的,重伤二十人以上或者死亡、重伤二十人以上的,受灾五十户以上的火灾事故,直辖市的区、县级人民政府公安机关消防机构负责调查其他火灾事故。

仅有财产损失的火灾事故调查,由省级人民政府公安机关结合本地实际作出管辖规定,报公安部备案。

第七条 跨行政区域的火灾,由最先起火地的公安机关消防机构按照本规定第六条的分工负责调查,相关行政区域的公安机关消防机构予以协助。

对管辖权发生争议的,报请共同的上一级公安机关消防机构指定管辖。县级人民政府公安机关负责实施的火灾事故调查管辖权发生争议的,由共同的上一级主管公安机关指定。

第八条 上级公安机关消防机构应当对下级公安机关消防机构火灾事故调查工作进行监督和指导。

上级公安机关消防机构认为必要时,可以调查下级公安机关消防机构管辖的火灾。

第九条 公安机关消防机构接到火灾报警,应当及时派员赶赴现场,并指派火灾事故调查人员开展火灾事故调查工作。

第十条 具有下列情形之一的,公安机关消防机构应当立即报告主管公安机关通知具有管辖权的公安机关刑侦部门,公安机关刑侦部门接到通知后应当立即派员赶赴现场参加调查;涉嫌放火罪的,公安机关刑侦部门应当依法立案侦查,公安机关消防机构予以协助:

(一)有人员死亡的火灾;

(二)国家机关、广播电台、电视台、学校、医院、养老院、托儿所、幼儿园、文物保护单位、邮政和通信、交通枢纽等部门和单位发生的社会影响大的火灾;

(三)具有放火嫌疑的火灾。

第十一条 军事设施发生火灾需要公安机关消防机构协助调查的,由省级人民政府公安机关消防机构或者公安部消防局调派火灾事故调查专家协助。

第三章 简易程序

第十二条 同时具有下列情形的火灾,可以适用简易调查程序:

(一)没有人员伤亡的;

(二)直接财产损失轻微的;

(三)当事人对火灾事故事实没有异议的;

(四)没有放火嫌疑的。

前款第二项的具体标准由省级人民政府公安机关确定,报公安部备案。

第十三条 适用简易调查程序的,可以由一名火灾事故调查人员调查,并按照下列程序实施:

(一)表明执法身份,说明调查依据;

(二)调查走访当事人、证人,了解火灾发生过程、火灾烧损的主要物品及建筑物受损等与火灾有关的情况;

(三)查看火灾现场并进行照相或者录像;

(四)告知当事人调查的火灾事故事实,听取当事人的意见,当事人提出的事实、理由或者证据成立的,应当采纳;

(五)当场制作火灾事故简易调查认定书,由火灾事故调查人员、当事人签字或者捺指印后交付当事人。

火灾事故调查人员应当在二日内将火灾事故简易调查认定书报所属公安机关消防机构备案。

第四章 一般程序

第一节 一般规定

第十四条 除依照本规定适用简易调查程序的外,公安机关消防机构对火灾进行调查时,火灾事故调查人员不得少于两人。必要时,可以聘请专家或者专业人员协助调查。

第十五条 公安部和省级人民政府公安机关应当成立火灾事故调查专家组,协助调查复杂、疑难的火灾。专家组的专家协助调查火灾的,应当出具专家意见。

第十六条 火灾发生地的县级公安机关消防机构应当根据火灾现场情况,排除现场险情,保障现场调查人员的安全,并初步划定现场封闭范围,设置警戒标志,禁止无关人员进入现场,控制火灾肇事嫌疑人。

公安机关消防机构应当根据火灾事故调查需要,及时调整现场封闭范围,并在现场勘验结束后及时解除现场封闭。

第十七条 封闭火灾现场的,公安机关消防机构应当在火灾现场对封闭的范围、时间和要求等予以公告。

第十八条 公安机关消防机构应当自接到火灾报警之日起三十日内作出火灾事故认定;情况复杂、疑难的,经上一级公安机关消防机构批准,可以延长三十日。

火灾事故调查中需要进行检验、鉴定的,检验、鉴定时间不计入调查期限。

第二节 现场调查

第十九条 火灾事故调查人员应当根据调查需要,对发现、扑救火灾人员,熟悉起火场所、部位和生产工艺人员,火灾肇事嫌疑人和被侵害人等知情人员进行询问。对火灾肇事嫌疑人可以依法传唤。必要时,可以要求被询问人到火灾现场进行指认。

询问应当制作笔录,由火灾事故调查人员和被询问人签名或者捺指印。被询问人拒绝签名和捺指印的,应当在笔录中注明。

第二十条 勘验火灾现场应当遵循火灾现场勘验规则,采取现场照相或者录像、录音,制作现场勘验笔录和绘制现场图等方法记录现场情况。

对有人员死亡的火灾现场进行勘验的,火灾事故调查人员应当对尸体表面进行观察并记录,对尸体在火灾现场的位置进行调查。

现场勘验笔录应当由火灾事故调查人员、证人或者当事人签名。证人、当事人拒绝签名或者无法签名的,应当在现场勘验笔录上注明。现场图应当由制图人、审核人签字。

第二十一条 现场提取痕迹、物品,应当按照下列程序实施:

(一)量取痕迹、物品的位置、尺寸,并进行照相或者录像;

(二)填写火灾痕迹、物品提取清单,由提取人、证人或者当事人签名;证人、当事人拒绝签名或者无法签名的,应当在清单上注明;

(三)封装痕迹、物品,粘贴标签,标明火灾名称和封装痕迹、物品的名称、编号及其提取时间,由封装人、证人或者当事人签名;证人、当事人拒绝签名或者无法签名的,应当在标签上注明。

提取的痕迹、物品,应当妥善保管。

第二十二条 根据调查需要,经负责火灾事故调查的公安机关消防机构负责人批准,可以进行现场实验。

现场实验应当照相或者录像,制作现场实验报告,并由实验人员签字。现场实验报告应当载明下列事项:

(一)实验的目的;
(二)实验时间、环境和地点;
(三)实验使用的仪器或者物品;
(四)实验过程;
(五)实验结果;
(六)其他与现场实验有关的事项。

第三节 检验、鉴定

第二十三条 现场提取的痕迹、物品需要进行专门性技术鉴定的,公安机关消防机构应当委托依法设立的鉴定机构进行,并与鉴定机构约定鉴定期限和鉴定检材的保管期限。

公安机关消防机构可以根据需要委托依法设立的价格鉴证机构对火灾直接财产损失进行鉴定。

第二十四条 有人员死亡的火灾,为了确定死因,公安机关消防机构应当立即通知本级公安机关刑事科学技术部门进行尸体检验。公安机关刑事科学技术部门应当出具尸体检验鉴定文书,确定死亡原因。

第二十五条 卫生行政主管部门许可的医疗机构具有执业资格的医生出具的诊断证明,可以作为公安机关消防机构认定人身伤害程度的依据。但是,具有下列情形之一的,应当由法医进行伤情鉴定:

(一)受伤程度较重,可能构成重伤的;
(二)火灾受伤人员要求作鉴定的;
(三)当事人对伤害程度有争议的;
(四)其他应当进行鉴定的情形。

第二十六条 对受损单位和个人提供的由价格鉴证机构出具的鉴定意见,公安机关消防机构应当审查下列事项:

(一)鉴证机构、鉴证人是否具有资质、资格;
(二)鉴证机构、鉴证人是否盖章签名;
(三)鉴定意见依据是否充分;
(四)鉴定是否存在其他影响鉴定意见正确性的情形。

对符合规定的,可以作为证据使用;对不符合规定的,不予采信。

第四节 火灾损失统计

第二十七条 受损单位和个人应当于火灾扑灭之日起七日内向火灾发生地的县级公安机关消防机构如实申报火灾直接财产损失,并附有效证明材料。

第二十八条　公安机关消防机构应当根据受损单位和个人的申报、依法设立的价格鉴证机构出具的火灾直接财产损失鉴定意见以及调查核实情况，按照有关规定，对火灾直接经济损失和人员伤亡进行如实统计。

第五节　火灾事故认定

第二十九条　公安机关消防机构应当根据现场勘验、调查询问和有关检验、鉴定意见等调查情况，及时作出起火原因的认定。

第三十条　对起火原因已经查清的，应当认定起火时间、起火部位、起火点和起火原因；对起火原因无法查清的，应当认定起火时间、起火点或者起火部位以及有证据能够排除和不能排除的起火原因。

第三十一条　公安机关消防机构在作出火灾事故认定前，应当召集当事人到场，说明拟认定的起火原因，听取当事人意见；当事人不到场的，应当记录在案。

第三十二条　公安机关消防机构应当制作火灾事故认定书，自作出之日起七日内送达当事人，并告知当事人申请复核的权利。无法送达的，可以在作出火灾事故认定之日起七日内公告送达。公告期为二十日，公告期满即视为送达。

第三十三条　对较大以上的火灾事故或者特殊的火灾事故，公安机关消防机构应当开展消防技术调查，形成消防技术调查报告，逐级上报至省级人民政府公安机关消防机构，重大以上的火灾事故调查报告报公安部消防局备案。调查报告应当包括下列内容：

（一）起火场所概况；
（二）起火经过和火灾扑救情况；
（三）火灾造成的人员伤亡、直接经济损失统计情况；
（四）起火原因和灾害成因分析；
（五）防范措施。

火灾事故等级的确定标准按照公安部的有关规定执行。

第三十四条　公安机关消防机构作出火灾事故认定后，当事人可以申请查阅、复制、摘录火灾事故认定书、现场勘验笔录和检验、鉴定意见，公安机关消防机构应当自接到申请之日起七日内提供，但涉及国家秘密、商业秘密、个人隐私或者移交公安机关其他部门处理的依法不予提供，并说明理由。

第六节　复　核

第三十五条　当事人对火灾事故认定有异议的，可以自火灾事故认定书送达之日起十五日内，向上一级公安机关消防机构提出书面复核申请；对省级人民政府公安机关消防机构作出的火灾事故认定有异议的，向省级人民政府公安机关提出书面复核申请。

复核申请应当载明申请人的基本情况，被申请人的名称，复核请求，申请复核的主要事实、理由和证据，申请人的签名或者盖章，申请复核的日期。

第三十六条　复核机构应当自收到复核申请之日起七日内作出是否受理的决定并书面通知申请人。有下列情形之一的，不予受理：

（一）非火灾当事人提出复核申请的；
（二）超过复核申请期限的；
（三）复核机构维持原火灾事故认定或者直接作出火灾事故复核认定的；
（四）适用简易调查程序作出火灾事故认定的。

公安机关消防机构受理复核申请的，应当书面通知其他当事人，同时通知原认定机构。

第三十七条　原认定机构应当自接到通知之日起十日内，向复核机构作出书面说明，并提交火灾事故调查案卷。

第三十八条　复核机构应当对复核申请和原火灾事故认定进行书面审查，必要时，可以向有关人员进行调查；火灾现场尚存且未被破坏的，可以进行复核勘验。

复核审查期间，复核申请人撤回复核申请的，公安机关消防机构应当终止复核。

第三十九条　复核机构应当自受理复核申请之日起三十日内，作出复核决定，并按照本规定第三十二条规定的时限送达申请人、其他当事人和原认定机构。对需要向有关人员进行调查或者火灾现场复核勘验的，经复核机构负责人批准，复核期限可以延长三十日。

原火灾事故认定主要事实清楚、证据确实充分、程序合法，起火原因认定正确的，复核机构应当维持原火灾事故认定。

原火灾事故认定具有下列情形之一的，复核机构应当直接作出火灾事故复核认定或者责令原认定机构重新作出火灾事故认定，并撤销原认定机构作出的火灾事故认定：

（一）主要事实不清，或者证据不确实充分的；
（二）违反法定程序，影响结果公正的；
（三）认定行为存在明显不当，或者起火原因认定错误的；
（四）超越或者滥用职权的。

第四十条 原认定机构接到重新作出火灾事故认定的复核决定后,应当重新调查,在十五日内重新作出火灾事故认定。

复核机构直接作出火灾事故认定和原认定机构重新作出火灾事故认定前,应当向申请人、其他当事人说明重新认定情况;原认定机构重新作出的火灾事故认定书,应当按照本规定第三十二条规定的时限送达当事人,并报复核机构备案。

复核以一次为限。当事人对原认定机构重新作出的火灾事故认定,可以按照本规定第三十五条的规定申请复核。

第五章 火灾事故调查的处理

第四十一条 公安机关消防机构在火灾事故调查过程中,应当根据下列情况分别作出处理:

(一)涉嫌失火罪、消防责任事故罪的,按照《公安机关办理刑事案件程序规定》立案侦查;涉嫌其他犯罪的,及时移送有关主管部门办理;

(二)涉嫌消防安全违法行为的,按照《公安机关办理行政案件程序规定》调查处理;涉嫌其他违法行为的,及时移送有关主管部门调查处理;

(三)依照有关规定应当给予处分的,移交有关主管部门处理。

对经过调查不属于火灾事故的,公安机关消防机构应当告知当事人处理途径并记录在案。

第四十二条 公安机关消防机构向有关主管部门移送案件的,应当在本级公安机关消防机构负责人批准后的二十四小时内移送,并根据案件需要附下列材料:

(一)案件移送通知书;

(二)案件调查情况;

(三)涉案物品清单;

(四)询问笔录、现场勘验笔录、检验、鉴定意见以及照相、录像、录音等资料;

(五)其他相关材料。

构成放火罪需要移送公安机关刑侦部门处理的,火灾现场应当一并移交。

第四十三条 公安机关其他部门应当自接受公安机关消防机构移送的涉嫌犯罪案件之日起十日内,进行审查并作出决定。依法决定立案的,应当书面通知移送案件的公安机关消防机构;依法不予立案的,应当说明理由,并书面通知移送案件的公安机关消防机构,退回案卷材料。

第四十四条 公安机关消防机构及其工作人员有下列行为之一的,依照有关规定给予责任人员处分;构成犯罪的,依法追究刑事责任:

(一)指使他人错误认定或者故意错误认定起火原因的;

(二)瞒报火灾、火灾直接经济损失、人员伤亡情况的;

(三)利用职务上的便利,索取或者非法收受他人财物的;

(四)其他滥用职权、玩忽职守、徇私舞弊的行为。

第六章 附则

第四十五条 本规定中下列用语的含义:

(一)"当事人",是指与火灾发生、蔓延和损失有直接利害关系的单位和个人。

(二)"户",用于统计居民、村民住宅火灾,按照公安机关登记的家庭户统计。

(三)本规定中十五日以内(含本数)期限的规定是指工作日,不含法定节假日。

(四)本规定所称的"以上"含本数、本级,"以下"不含本数。

第四十六条 火灾事故调查中有关回避、证据、调查取证、鉴定等要求,本规定没有规定的,按照《公安机关办理行政案件程序规定》执行。

第四十七条 执行本规定所需要的法律文书式样,由公安部制定。

第四十八条 本规定自 2009 年 5 月 1 日起施行。1999 年 3 月 15 日发布施行的《火灾事故调查规定》(公安部令第 37 号)和 2008 年 3 月 18 日发布施行的《火灾事故调查规定修正案》(公安部令第 100 号)同时废止。

森林防火条例

· 1988 年 1 月 16 日国务院公布
· 2008 年 11 月 19 日国务院第 36 次常务会议修订通过
· 2008 年 12 月 1 日国务院令第 541 号公布
· 自 2009 年 1 月 1 日起施行

第一章 总则

第一条 为了有效预防和扑救森林火灾,保障人民生命财产安全,保护森林资源,维护生态安全,根据《中华人民共和国森林法》,制定本条例。

第二条 本条例适用于中华人民共和国境内森林火灾的预防和扑救。但是,城市市区的除外。

第三条 森林防火工作实行预防为主、积极消灭的方针。

第四条 国家森林防火指挥机构负责组织、协调和指导全国的森林防火工作。

国务院林业主管部门负责全国森林防火的监督和管理工作，承担国家森林防火指挥机构的日常工作。

国务院其他有关部门按照职责分工，负责有关的森林防火工作。

第五条 森林防火工作实行地方各级人民政府行政首长负责制。

县级以上地方人民政府根据实际需要设立的森林防火指挥机构，负责组织、协调和指导本行政区域的森林防火工作。

县级以上地方人民政府林业主管部门负责本行政区域森林防火的监督和管理工作，承担本级人民政府森林防火指挥机构的日常工作。

县级以上地方人民政府其他有关部门按照职责分工，负责有关的森林防火工作。

第六条 森林、林木、林地的经营单位和个人，在其经营范围内承担森林防火责任。

第七条 森林防火工作涉及两个以上行政区域的，有关地方人民政府应当建立森林防火联防机制，确定联防区域，建立联防制度，实行信息共享，并加强监督检查。

第八条 县级以上人民政府应当将森林防火基础设施建设纳入国民经济和社会发展规划，将森林防火经费纳入本级财政预算。

第九条 国家支持森林防火科学研究，推广和应用先进的科学技术，提高森林防火科技水平。

第十条 各级人民政府、有关部门应当组织经常性的森林防火宣传活动，普及森林防火知识，做好森林火灾预防工作。

第十一条 国家鼓励通过保险形式转移森林火灾风险，提高林业防灾减灾能力和灾后自我救助能力。

第十二条 对在森林防火工作中作出突出成绩的单位和个人，按照国家有关规定，给予表彰和奖励。

对在扑救重大、特别重大森林火灾中表现突出的单位和个人，可以由森林防火指挥机构当场给予表彰和奖励。

第二章 森林火灾的预防

第十三条 省、自治区、直辖市人民政府林业主管部门应当按照国务院林业主管部门制定的森林火险区划等级标准，以县为单位确定本行政区域的森林火险区划等级，向社会公布，并报国务院林业主管部门备案。

第十四条 国务院林业主管部门应当根据全国森林火险区划等级和实际工作需要，编制全国森林防火规划，报国务院或者国务院授权的部门批准后组织实施。

县级以上地方人民政府林业主管部门根据全国森林防火规划，结合本地实际，编制本行政区域的森林防火规划，报本级人民政府批准后组织实施。

第十五条 国务院有关部门和县级以上地方人民政府应当按照森林防火规划，加强森林防火基础设施建设，储备必要的森林防火物资，根据实际需要整合、完善森林防火指挥信息系统。

国务院和省、自治区、直辖市人民政府根据森林防火实际需要，充分利用卫星遥感技术和现有军用、民用航空基础设施，建立相关单位参与的航空护林协作机制，完善航空护林基础设施，并保障航空护林所需经费。

第十六条 国务院林业主管部门应当按照有关规定编制国家重大、特别重大森林火灾应急预案，报国务院批准。

县级以上地方人民政府林业主管部门应当按照有关规定编制森林火灾应急预案，报本级人民政府批准，并报上一级人民政府林业主管部门备案。

县级人民政府应当组织乡（镇）人民政府根据森林火灾应急预案制定森林火灾应急处置办法；村民委员会应当按照森林火灾应急预案和森林火灾应急处置办法的规定，协助做好森林火灾应急处置工作。

县级以上人民政府及其有关部门应当组织开展必要的森林火灾应急预案的演练。

第十七条 森林火灾应急预案应当包括下列内容：

（一）森林火灾应急组织指挥机构及其职责；

（二）森林火灾的预警、监测、信息报告和处理；

（三）森林火灾的应急响应机制和措施；

（四）资金、物资和技术等保障措施；

（五）灾后处置。

第十八条 在林区依法开办工矿企业、设立旅游区或者新建开发区的，其森林防火设施应当与该建设项目同步规划、同步设计、同步施工、同步验收；在林区成片造林的，应当同时配套建设森林防火设施。

第十九条 铁路的经营单位应当负责本单位所属地的防火工作，并配合县级以上地方人民政府做好铁路沿线森林火灾危险地段的防火工作。

电力、电信线路和石油天然气管道的森林防火责任单位，应当在森林火灾危险地段开设防火隔离带，并组织人员进行巡护。

第二十条　森林、林木、林地的经营单位和个人应当按照林业主管部门的规定，建立森林防火责任制，划定森林防火责任区，确定森林防火责任人，并配备森林防火设施和设备。

第二十一条　地方各级人民政府和国有林业企业、事业单位应当根据实际需要，成立森林火灾专业扑救队伍；县级以上地方人民政府应当指导森林经营单位和林区的居民委员会、村民委员会、企业、事业单位建立森林火灾群众扑救队伍。专业的和群众的火灾扑救队伍应当定期进行培训和演练。

第二十二条　森林、林木、林地的经营单位配备的兼职或者专职护林员负责巡护森林，管理野外用火，及时报告火情，协助有关机关调查森林火灾案件。

第二十三条　县级以上地方人民政府应当根据本行政区域内森林资源分布状况和森林火灾发生规律，划定森林防火区，规定森林防火期，并向社会公布。

森林防火期内，各级人民政府森林防火指挥机构和森林、林木、林地的经营单位和个人，应当根据森林火险预报，采取相应的预防和应急准备措施。

第二十四条　县级以上人民政府森林防火指挥机构，应当组织有关部门对森林防火区内有关单位的森林防火组织建设、森林防火责任制落实、森林防火设施建设等情况进行检查；对检查中发现的森林火灾隐患，县级以上地方人民政府林业主管部门应当及时向有关单位下达森林火灾隐患整改通知书，责令限期整改，消除隐患。

被检查单位应当积极配合，不得阻挠、妨碍检查活动。

第二十五条　森林防火期内，禁止在森林防火区野外用火。因防治病虫鼠害、冻害等特殊情况确需野外用火的，应当经县级人民政府批准，并按照要求采取防火措施，严防失火；需要进入森林防火区进行实弹演习、爆破等活动，应当经省、自治区、直辖市人民政府林业主管部门批准，并采取必要的防火措施；中国人民解放军和中国人民武装警察部队因处置突发事件和执行其他紧急任务需要进入森林防火区的，应当经其上级主管部门批准，并采取必要的防火措施。

第二十六条　森林防火期内，森林、林木、林地的经营单位应当设置森林防火警示宣传标志，并对进入其经营范围的人员进行森林防火安全宣传。

森林防火期内，进入森林防火区的各种机动车辆应当按照规定安装防火装置，配备灭火器材。

第二十七条　森林防火期内，经省、自治区、直辖市人民政府批准，林业主管部门、国务院确定的重点国有林区的管理机构可以设立临时性的森林防火检查站，对进入森林防火区的车辆和人员进行森林防火检查。

第二十八条　森林防火期内，预报有高温、干旱、大风等高火险天气的，县级以上地方人民政府应当划定森林高火险区，规定森林高火险期。必要时，县级以上地方人民政府可以根据需要发布命令，严禁一切野外用火；对可能引起森林火灾的居民生活用火应当严格管理。

第二十九条　森林高火险期内，进入森林高火险区的，应当经县级以上地方人民政府批准，严格按照批准的时间、地点、范围活动，并接受县级以上地方人民政府林业主管部门的监督管理。

第三十条　县级以上人民政府林业主管部门和气象主管机构应当根据森林防火需要，建设森林火险监测和预报台站，建立联合会商机制，及时制作发布森林火险预警预报信息。

气象主管机构应当无偿提供森林火险天气预报服务。广播、电视、报纸、互联网等媒体应当及时播发或者刊登森林火险天气预报。

第三章　森林火灾的扑救

第三十一条　县级以上地方人民政府应当公布森林火警电话，建立森林防火值班制度。

任何单位和个人发现森林火灾，应当立即报告。接到报告的当地人民政府或者森林防火指挥机构应当立即派人赶赴现场，调查核实，采取相应的扑救措施，并按照有关规定逐级报上级人民政府和森林防火指挥机构。

第三十二条　发生下列森林火灾，省、自治区、直辖市人民政府森林防火指挥机构应当立即报告国家森林防火指挥机构，由国家森林防火指挥机构按照规定报告国务院，并及时通报国务院有关部门：

（一）国界附近的森林火灾；

（二）重大、特别重大森林火灾；

（三）造成3人以上死亡或者10人以上重伤的森林火灾；

（四）威胁居民区或者重要设施的森林火灾；

（五）24小时尚未扑灭明火的森林火灾；

（六）未开发原始林区的森林火灾；

（七）省、自治区、直辖市交界地区危险性大的森林火灾；

（八）需要国家支援扑救的森林火灾。

本条第一款所称"以上"包括本数。

第三十三条　发生森林火灾，县级以上地方人民政府森林防火指挥机构应当按照规定立即启动森林火灾应急预案;发生重大、特别重大森林火灾,国家森林防火指挥机构应当立即启动重大、特别重大森林火灾应急预案。

森林火灾应急预案启动后,有关森林防火指挥机构应当在核实火灾准确位置、范围以及风力、风向、火势的基础上,根据火灾现场天气、地理条件,合理确定扑救方案,划分扑救地段,确定扑救责任人,并指定负责人及时到达森林火灾现场具体指挥森林火灾的扑救。

第三十四条 森林防火指挥机构应当按照森林火灾应急预案,统一组织和指挥森林火灾的扑救。

扑救森林火灾,应当坚持以人为本、科学扑救,及时疏散、撤离受火灾威胁的群众,并做好火灾扑救人员的安全防护,尽最大可能避免人员伤亡。

第三十五条 扑救森林火灾应当以专业火灾扑救队伍为主要力量;组织群众扑救队伍扑救森林火灾的,不得动员残疾人、孕妇和未成年人以及其他不适宜参加森林火灾扑救的人员参加。

第三十六条 武装警察森林部队负责执行国家赋予的森林防火任务。武装警察森林部队执行森林火灾扑救任务,应当接受火灾发生地县级以上地方人民政府森林防火指挥机构的统一指挥;执行跨省、自治区、直辖市森林火灾扑救任务的,应当接受国家森林防火指挥机构的统一指挥。

中国人民解放军执行森林火灾扑救任务的,依照《军队参加抢险救灾条例》的有关规定执行。

第三十七条 发生森林火灾,有关部门应当按照森林火灾应急预案和森林防火指挥机构的统一指挥,做好扑救森林火灾的有关工作。

气象主管机构应当及时提供火灾地区天气预报和相关信息,并根据天气条件适时开展人工增雨作业。

交通运输主管部门应当优先组织运送森林火灾扑救人员和扑救物资。

通信主管部门应当组织提供应急通信保障。

民政部门应当及时设置避难场所和救灾物资供应点,紧急转移并妥善安置灾民,开展受灾群众救助工作。

公安机关应当维护治安秩序,加强治安管理。

商务、卫生等主管部门应当做好物资供应、医疗救护和卫生防疫等工作。

第三十八条 因扑救森林火灾的需要,县级以上人民政府森林防火指挥机构可以决定采取开设防火隔离带、清除障碍物、应急取水、局部交通管制等应急措施。

因扑救森林火灾需要征用物资、设备、交通运输工具的,由县级以上人民政府决定。扑火工作结束后,应当及时返还被征用的物资、设备和交通工具,并依照有关法律规定给予补偿。

第三十九条 森林火灾扑灭后,火灾扑救队伍应当对火灾现场进行全面检查,清理余火,并留有足够人员看守火场,经当地人民政府森林防火指挥机构检查验收合格,方可撤出看守人员。

第四章 灾后处置

第四十条 按照受害森林面积和伤亡人数,森林火灾分为一般森林火灾、较大森林火灾、重大森林火灾和特别重大森林火灾:

(一)一般森林火灾:受害森林面积在1公顷以下或者其他林地起火的,或者死亡1人以上3人以下的,或者重伤1人以上10人以下的;

(二)较大森林火灾:受害森林面积在1公顷以上100公顷以下的,或者死亡3人以上10人以下的,或者重伤10人以上50人以下的;

(三)重大森林火灾:受害森林面积在100公顷以上1000公顷以下的,或者死亡10人以上30人以下的,或者重伤50人以上100人以下的;

(四)特别重大森林火灾:受害森林面积在1000公顷以上的,或者死亡30人以上的,或者重伤100人以上的。

本条第一款所称"以上"包括本数,"以下"不包括本数。

第四十一条 县级以上人民政府林业主管部门应当会同有关部门及时对森林火灾发生原因、肇事者、受害森林面积和蓄积、人员伤亡、其他经济损失等情况进行调查和评估,向当地人民政府提出调查报告;当地人民政府应当根据调查报告,确定森林火灾责任单位和责任人,并依法处理。

森林火灾损失评估标准,由国务院林业主管部门会同有关部门制定。

第四十二条 县级以上地方人民政府林业主管部门应当按照有关要求对森林火灾情况进行统计,报上级人民政府林业主管部门和本级人民政府统计机构,并及时通报本级人民政府有关部门。

森林火灾统计报告表由国务院林业主管部门制定,报国家统计局备案。

第四十三条 森林火灾信息由县级以上人民政府森林防火指挥机构或者林业主管部门向社会发布。重大、特别重大森林火灾信息由国务院林业主管部门发布。

第四十四条 对因扑救森林火灾负伤、致残或者死亡的人员,按照国家有关规定给予医疗、抚恤。

第四十五条 参加森林火灾扑救的人员的误工补贴和生活补助以及扑救森林火灾所发生的其他费用，按照省、自治区、直辖市人民政府规定的标准，由火灾肇事单位或者个人支付；起火原因不清的，由起火单位支付；火灾肇事单位、个人或者起火单位确实无力支付的部分，由当地人民政府支付。误工补贴和生活补助以及扑救森林火灾所发生的其他费用，可以由当地人民政府先行支付。

第四十六条 森林火灾发生后，森林、林木、林地的经营单位和个人应当及时采取更新造林措施，恢复火烧迹地森林植被。

第五章 法律责任

第四十七条 违反本条例规定，县级以上地方人民政府及其森林防火指挥机构、县级以上人民政府林业主管部门或者其他有关部门及其工作人员，有下列行为之一的，由其上级行政机关或者监察机关责令改正；情节严重的，对直接负责的主管人员和其他直接责任人员依法给予处分；构成犯罪的，依法追究刑事责任：

（一）未按照有关规定编制森林火灾应急预案的；

（二）发现森林火灾隐患未及时下达森林火灾隐患整改通知书的；

（三）对不符合森林防火要求的野外用火或者实弹演习、爆破等活动予以批准的；

（四）瞒报、谎报或者故意拖延报告森林火灾的；

（五）未及时采取森林火灾扑救措施的；

（六）不依法履行职责的其他行为。

第四十八条 违反本条例规定，森林、林木、林地的经营单位或者个人未履行森林防火责任的，由县级以上地方人民政府林业主管部门责令改正，对个人处500元以上5000元以下罚款，对单位处1万元以上5万元以下罚款。

第四十九条 违反本条例规定，森林防火区内的有关单位或者个人拒绝接受森林防火检查或者接到森林火灾隐患整改通知书逾期不消除火灾隐患的，由县级以上地方人民政府林业主管部门责令改正，给予警告，对个人并处200元以上2000元以下罚款，对单位并处5000元以上1万元以下罚款。

第五十条 违反本条例规定，森林防火期内未经批准擅自在森林防火区内野外用火的，由县级以上地方人民政府林业主管部门责令停止违法行为，给予警告，对个人并处200元以上3000元以下罚款，对单位并处1万元以上5万元以下罚款。

第五十一条 违反本条例规定，森林防火期内未经批准在森林防火区内进行实弹演习、爆破等活动的，由县级以上地方人民政府林业主管部门责令停止违法行为，给予警告，并处5万元以上10万元以下罚款。

第五十二条 违反本条例规定，有下列行为之一的，由县级以上地方人民政府林业主管部门责令改正，给予警告，对个人并处200元以上2000元以下罚款，对单位并处2000元以上5000元以下罚款：

（一）森林防火期内，森林、林木、林地的经营单位未设置森林防火警示宣传标志的；

（二）森林防火期内，进入森林防火区的机动车辆未安装森林防火装置的；

（三）森林高火险期内，未经批准擅自进入森林高火险区活动的。

第五十三条 违反本条例规定，造成森林火灾，构成犯罪的，依法追究刑事责任；尚不构成犯罪的，除依照本条例第四十八条、第四十九条、第五十条、第五十一条、第五十二条的规定追究法律责任外，县级以上地方人民政府林业主管部门可以责令责任人补种树木。

第六章 附 则

第五十四条 森林消防专用车辆应当按照规定喷涂标志图案，安装警报器、标志灯具。

第五十五条 在中华人民共和国边境地区发生的森林火灾，按照中华人民共和国政府与有关国家政府签订的有关协定开展扑救工作；没有协定的，由中华人民共和国政府和有关国家政府协商办理。

第五十六条 本条例自2009年1月1日起施行。

草原防火条例

- 1993年10月5日国务院令第130号公布
- 2008年11月19日国务院第36次常务会议修订通过
- 2008年11月29日国务院令第542号公布
- 自2009年1月1日起施行

第一章 总 则

第一条 为了加强草原防火工作，积极预防和扑救草原火灾，保护草原，保障人民生命和财产安全，根据《中华人民共和国草原法》，制定本条例。

第二条 本条例适用于中华人民共和国境内草原火灾的预防和扑救。但是，林区和城市市区的除外。

第三条 草原防火工作实行预防为主、防消结合的方针。

第四条 县级以上人民政府应当加强草原防火工作

的组织领导，将草原防火所需经费纳入本级财政预算，保障草原火灾预防和扑救工作的开展。

草原防火工作实行地方各级人民政府行政首长负责制和部门、单位领导负责制。

第五条 国务院草原行政主管部门主管全国草原防火工作。

县级以上地方人民政府确定的草原防火主管部门主管本行政区域内的草原防火工作。

县级以上人民政府其他有关部门在各自的职责范围内做好草原防火工作。

第六条 草原的经营使用单位和个人，在其经营使用范围内承担草原防火责任。

第七条 草原防火工作涉及两个以上行政区域或者涉及森林防火、城市消防的，有关地方人民政府及有关部门应当建立联防制度，确定联防区域，制定联防措施，加强信息沟通和监督检查。

第八条 各级人民政府或者有关部门应当加强草原防火宣传教育活动，提高公民的草原防火意识。

第九条 国家鼓励和支持草原火灾预防和扑救的科学技术研究，推广先进的草原火灾预防和扑救技术。

第十条 对在草原火灾预防和扑救工作中有突出贡献或者成绩显著的单位、个人，按照国家有关规定给予表彰和奖励。

第二章 草原火灾的预防

第十一条 国务院草原行政主管部门根据草原火灾发生的危险程度和影响范围等，将全国草原划分为极高、高、中、低四个等级的草原火险区。

第十二条 国务院草原行政主管部门根据草原火险区划和草原防火工作的实际需要，编制全国草原防火规划，报国务院或者国务院授权的部门批准后组织实施。

县级以上地方人民政府草原防火主管部门根据全国草原防火规划，结合本地实际，编制本行政区域的草原防火规划，报本级人民政府批准后组织实施。

第十三条 草原防火规划应当主要包括下列内容：

（一）草原防火规划制定的依据；
（二）草原防火组织体系建设；
（三）草原防火基础设施和装备建设；
（四）草原防火物资储备；
（五）保障措施。

第十四条 县级以上人民政府应当组织有关部门和单位，按照草原防火规划，加强草原火情瞭望和监测设施、防火隔离带、防火道路、防火物资储备库（站）等基础设施建设，配备草原防火交通工具、灭火器械、观察和通信器材等装备，储存必要的防火物资，建立和完善草原防火指挥信息系统。

第十五条 国务院草原行政主管部门负责制订全国草原火灾应急预案，报国务院批准后组织实施。

县级以上地方人民政府草原防火主管部门负责制订本行政区域的草原火灾应急预案，报本级人民政府批准后组织实施。

第十六条 草原火灾应急预案应当主要包括下列内容：

（一）草原火灾应急组织机构及其职责；
（二）草原火灾预警与预防机制；
（三）草原火灾报告程序；
（四）不同等级草原火灾的应急处置措施；
（五）扑救草原火灾所需物资、资金和队伍的应急保障；
（六）人员财产撤离、医疗救治、疾病控制等应急方案。

草原火灾根据受害草原面积、伤亡人数、受灾牲畜数量以及对城乡居民点、重要设施、名胜古迹、自然保护区的威胁程度等，分为特别重大、重大、较大、一般四个等级。具体划分标准由国务院草原行政主管部门制定。

第十七条 县级以上地方人民政府应当根据草原火灾发生规律，确定本行政区域的草原防火期，并向社会公布。

第十八条 在草原防火期内，因生产活动需要在草原上野外用火的，应当经县级人民政府草原防火主管部门批准。用火单位或者个人应当采取防火措施，防止失火。

在草原防火期内，因生活需要在草原上用火的，应当选择安全地点，采取防火措施，用火后彻底熄灭余火。

除本条第一款、第二款规定的情形外，在草原防火期内，禁止在草原上野外用火。

第十九条 在草原防火期内，禁止在草原上使用枪械狩猎。

在草原防火期内，在草原上进行爆破、勘察和施工等活动的，应当经县级以上地方人民政府草原防火主管部门批准，并采取防火措施，防止失火。

在草原防火期内，部队在草原上进行实弹演习、处置突发性事件和执行其他任务，应当采取必要的防火措施。

第二十条 在草原防火期内，在草原上作业或者行驶的机动车辆，应当安装防火装置，严防漏火、喷火和闸瓦脱落引起火灾。在草原上行驶的公共交通工具上的司机和乘务人员，应当对旅客进行草原防火宣传。司机、乘务人员和旅客不得丢弃火种。

在草原防火期内，对草原上从事野外作业的机械设备，应当采取防火措施；作业人员应当遵守防火安全操作规程，防止失火。

第二十一条 在草原防火期内，经本级人民政府批准，草原防火主管部门应当对进入草原、存在火灾隐患的车辆以及可能引发草原火灾的野外作业活动进行草原防火安全检查。发现存在火灾隐患的，应当告知有关责任人员采取措施消除火灾隐患；拒不采取措施消除火灾隐患的，禁止进入草原或者在草原上从事野外作业活动。

第二十二条 在草原防火期内，出现高温、干旱、大风等高火险天气时，县级以上地方人民政府应当将极高草原火险区、高草原火险区以及一旦发生草原火灾可能造成人身重大伤亡或者财产重大损失的区域划为草原防火管制区，规定管制期限，及时向社会公布，并报上一级人民政府备案。

在草原防火管制区内，禁止一切野外用火。对可能引起草原火灾的非野外用火，县级以上地方人民政府或者草原防火主管部门应当按照管制要求，严格管理。

进入草原防火管制区的车辆，应当取得县级以上地方人民政府草原防火主管部门颁发的草原防火通行证，并服从防火管制。

第二十三条 草原上的农（牧）场、工矿企业和其他生产经营单位，以及驻军单位、自然保护区管理单位和农村集体经济组织等，应当在县级以上地方人民政府的领导和草原防火主管部门的指导下，落实草原防火责任制，加强火源管理，消除火灾隐患，做好本单位的草原防火工作。

铁路、公路、电力和电信线路以及石油天然气管道等的经营单位，应当在其草原防火责任区内，落实防火措施，防止发生草原火灾。

承包经营草原的个人对其承包经营的草原，应当加强火源管理，消除火灾隐患，履行草原防火义务。

第二十四条 省、自治区、直辖市人民政府可以根据本地的实际情况划定重点草原防火区，报国务院草原行政主管部门备案。

重点草原防火区的县级以上地方人民政府和自然保护区管理单位，应当根据需要建立专业扑火队；有关乡（镇）、村应当建立群众扑火队。扑火队应当进行专业培训，并接受县级以上地方人民政府的指挥、调动。

第二十五条 县级以上人民政府草原防火主管部门和气象主管机构，应当联合建立草原火险预报预警制度。气象主管机构应当根据草原防火的实际需要，做好草原火险气象等级预报和发布工作；新闻媒体应当及时播报草原火险气象等级预报。

第三章 草原火灾的扑救

第二十六条 从事草原火情监测以及在草原上从事生产经营活动的单位和个人，发现草原火情的，应当采取必要措施，并及时向当地人民政府或者草原防火主管部门报告。其他发现草原火情的单位和个人，也应当及时向当地人民政府或者草原防火主管部门报告。

当地人民政府或者草原防火主管部门接到报告后，应当立即组织人员赶赴现场，核实火情，采取控制和扑救措施，防止草原火灾扩大。

第二十七条 当地人民政府或者草原防火主管部门应当及时将草原火灾发生时间、地点、估测过火面积、火情发展趋势等情况报上级人民政府及其草原防火主管部门；境外草原火灾威胁到我国草原安全的，还应当报告境外草原火灾距我国边境距离、沿边境蔓延长度以及对我国草原的威胁程度等情况。

禁止瞒报、谎报或者授意他人瞒报、谎报草原火灾。

第二十八条 县级以上地方人民政府应当根据草原火灾发生情况确定火灾等级，并及时启动草原火灾应急预案。特别重大、重大草原火灾以及境外草原火灾威胁到我国草原安全的，国务院草原行政主管部门应当及时启动草原火灾应急预案。

第二十九条 草原火灾应急预案启动后，有关地方人民政府应当按照草原火灾应急预案的要求，立即组织、指挥草原火灾的扑救工作。

扑救草原火灾应当首先保障人民群众的生命安全，有关地方人民政府应当及时动员受到草原火灾威胁的居民以及其他人员转移到安全地带，并予以妥善安置；情况紧急时，可以强行组织避灾疏散。

第三十条 县级以上人民政府有关部门应当按照草原火灾应急预案的分工，做好相应的草原火灾应急工作。

气象主管机构应当做好气象监测和预报工作，及时向当地人民政府提供气象信息，并根据天气条件适时实施人工增雨。

民政部门应当及时设置避难场所和救济物资供应点，开展受灾群众救助工作。

卫生主管部门应当做好医疗救护、卫生防疫工作。

铁路、交通、航空等部门应当优先运送救灾物资、设备、药物、食品。

通信主管部门应当组织提供应急通信保障。

公安部门应当及时查处草原火灾案件,做好社会治安维护工作。

第三十一条 扑救草原火灾应当组织和动员专业扑火队和受过专业培训的群众扑火队;接到扑救命令的单位和个人,必须迅速赶赴指定地点,投入扑救工作。

扑救草原火灾,不得动员残疾人、孕妇、未成年人和老年人参加。

需要中国人民解放军和中国人民武装警察部队参加草原火灾扑救的,依照《军队参加抢险救灾条例》的有关规定执行。

第三十二条 根据扑救草原火灾的需要,有关地方人民政府可以紧急征用物资、交通工具和相关的设施、设备;必要时,可以采取清除障碍物、建设隔离带、应急取水、局部交通管制等应急管理措施。

因救灾需要,紧急征用单位和个人的物资、交通工具、设施、设备或者占用其房屋、土地的,事后应当及时返还,并依照有关法律规定给予补偿。

第三十三条 发生特别重大、重大草原火灾的,国务院草原行政主管部门应当立即派员赶赴火灾现场,组织、协调、督导火灾扑救,并做好跨省、自治区、直辖市草原防火物资的调用工作。

发生威胁林区安全的草原火灾的,有关草原防火主管部门应当及时通知有关林业主管部门。

境外草原火灾威胁到我国草原安全的,国务院草原行政主管部门应当立即派员赶赴有关现场,组织、协调、督导火灾预防,并及时将有关情况通知外交部。

第三十四条 国家实行草原火灾信息统一发布制度。特别重大、重大草原火灾以及威胁到我国草原安全的境外草原火灾信息,由国务院草原行政主管部门发布;其他草原火灾信息,由省、自治区、直辖市人民政府草原防火主管部门发布。

第三十五条 重点草原防火区的县级以上地方人民政府可以根据草原火灾应急预案的规定,成立草原防火指挥部,行使本章规定的本级人民政府在草原火灾扑救中的职责。

第四章 灾后处置

第三十六条 草原火灾扑灭后,有关地方人民政府草原防火主管部门或者其指定的单位应当对火灾现场进行全面检查,清除余火,并留有足够的人员看守火场。经草原防火主管部门检查验收合格,看守人员方可撤出。

第三十七条 草原火灾扑灭后,有关地方人民政府应当组织有关部门及时做好灾民安置和救助工作,保障灾民的基本生活条件,做好卫生防疫工作,防止传染病的发生和传播。

第三十八条 草原火灾扑灭后,有关地方人民政府应当组织有关部门及时制定草原恢复计划,组织实施补播草籽和人工种草等技术措施,恢复草场植被,并做好畜禽检疫工作,防止动物疫病的发生。

第三十九条 草原火灾扑灭后,有关地方人民政府草原防火主管部门应当及时会同公安等有关部门,对火灾发生时间、地点、原因以及肇事人等进行调查并提出处理意见。

草原防火主管部门应当对受灾草原面积、受灾畜禽种类和数量、受灾珍稀野生动植物种类和数量、人员伤亡以及物资消耗和其他经济损失等情况进行统计,对草原火灾给城乡居民生活、工农业生产、生态环境造成的影响进行评估,并按照国务院草原行政主管部门的规定上报。

第四十条 有关地方人民政府草原防火主管部门应当严格按照草原火灾统计报表的要求,进行草原火灾统计,向上一级人民政府草原防火主管部门报告,并抄送同级公安部门、统计机构。草原火灾统计报表由国务院草原行政主管部门会同国务院公安部门制定,报国家统计部门备案。

第四十一条 对因参加草原火灾扑救受伤、致残或者死亡的人员,按照国家有关规定给予医疗、抚恤。

第五章 法律责任

第四十二条 违反本条例规定,县级以上人民政府草原防火主管部门或者其他有关部门及其工作人员,有下列行为之一的,由其上级行政机关或者监察机关责令改正;情节严重的,对直接负责的主管人员和其他直接责任人员依法给予处分;构成犯罪的,依法追究刑事责任:

(一)未按照规定制订草原火灾应急预案的;

(二)对不符合草原防火要求的野外用火或者爆破、勘察和施工等活动予以批准的;

(三)对不符合条件的车辆发放草原防火通行证的;

(四)瞒报、谎报或者授意他人瞒报、谎报草原火灾的;

(五)未及时采取草原火灾扑救措施的;

(六)不依法履行职责的其他行为。

第四十三条 截留、挪用草原防火资金或者侵占、挪用草原防火物资的,依照有关财政违法行为处罚处分的法律、法规进行处理;构成犯罪的,依法追究刑事责任。

第四十四条 违反本条例规定,有下列行为之一的,由县级以上地方人民政府草原防火主管部门责令停止违法行为,采取防火措施,并限期补办有关手续,对有关责任人员处2000元以上5000元以下罚款,对有关责任单位处5000元以上2万元以下罚款:

(一)未经批准在草原上野外用火或者进行爆破、勘察和施工等活动的;

(二)未取得草原防火通行证进入草原防火管制区的。

第四十五条 违反本条例规定,有下列行为之一的,由县级以上地方人民政府草原防火主管部门责令停止违法行为,采取防火措施,消除火灾隐患,并对有关责任人员处200元以上2000元以下罚款,对有关责任单位处2000元以上2万元以下罚款;拒不采取防火措施、消除火灾隐患的,由县级以上地方人民政府草原防火主管部门代为采取防火措施、消除火灾隐患,所需费用由违法单位或者个人承担:

(一)在草原防火期内,经批准的野外用火未采取防火措施的;

(二)在草原上作业和行驶的机动车辆未安装防火装置或者存在火灾隐患的;

(三)在草原上行驶的公共交通工具上的司机、乘务人员或者旅客丢弃火种的;

(四)在草原上从事野外作业的机械设备作业人员不遵守防火安全操作规程或者对野外作业的机械设备未采取防火措施的;

(五)在草原防火管制区内未按照规定用火的。

第四十六条 违反本条例规定,草原上的生产经营等单位未建立或者未落实草原防火责任制的,由县级以上地方人民政府草原防火主管部门责令改正,对有关责任单位处5000元以上2万元以下罚款。

第四十七条 违反本条例规定,故意或者过失引发草原火灾,构成犯罪的,依法追究刑事责任。

第六章 附 则

第四十八条 草原消防车辆应当按照规定喷涂标志图案,安装警报器、标志灯具。

第四十九条 本条例自2009年1月1日起施行。

应急管理部关于印发《消防救援机构办理行政案件程序规定》《消防行政法律文书式样》的通知

· 2021年10月15日
· 应急〔2021〕77号

各省、自治区、直辖市应急管理厅(局)、消防救援总队,新疆生产建设兵团应急管理局:

为贯彻落实《中华人民共和国行政处罚法》《中华人民共和国行政强制法》《中华人民共和国消防法》和中共中央办公厅、国务院办公厅印发的《关于深化消防执法改革的意见》,进一步规范消防救援机构办理行政案件程序及其配套法律文书,应急管理部制定了《消防救援机构办理行政案件程序规定》和《消防行政法律文书式样》,已经2021年9月29日应急管理部第31次部务会议审议通过。现印发给你们,自2021年11月9日起施行。

消防救援机构办理行政案件程序规定

第一章 总 则

第一条 为了规范消防救援机构办理行政案件程序,保障消防救援机构在办理行政案件中正确履行职责,促进严格规范公正文明执法,保护公民、法人或者其他组织的合法权益,根据《中华人民共和国行政处罚法》《中华人民共和国行政强制法》《中华人民共和国消防法》等法律法规,结合消防执法工作实际,制定本规定。

第二条 本规定所称行政案件,是指消防救援机构依照法律、法规、规章的规定对消防安全违法行为实施行政处罚以及行政强制执行的案件。

消防行政许可、消防监督检查、消防产品监督检查、行政强制措施、火灾事故调查中有关管辖、回避、期间、送达、调查取证等一般性程序参照本规定执行。法律、法规、规章另有规定的,从其规定。

第三条 本规定所称执法人员是指具有消防行政执法资格的消防救援机构在编在职工作人员。

第四条 办理行政案件应当以事实为依据,遵循合法、公正、公开、及时的原则,尊重和保障人权,保护公民的人格尊严。

第五条 办理行政案件应当坚持处罚与教育相结合,教育公民、法人或者其他组织自觉守法。

办理行政案件,在少数民族聚居或者多民族共同居住的地区,应当使用当地通用的语言进行询问。对不通晓当地通用语言文字的当事人,应当为其提供翻译。

第六条 消防救援机构及其执法人员对办理行政案件过程中知悉的国家秘密、商业秘密或者个人隐私,应当依法予以保密。

第七条 本规定所称的行政处罚种类包括:
(一)警告;
(二)罚款;
(三)没收违法所得;
(四)责令停产停业、责令停止使用;
(五)责令停止执业、吊销资格;
(六)法律、行政法规规定的其他行政处罚。

第八条 消防救援机构执法人员在办案中玩忽职守、徇私舞弊、滥用职权、索取或者收受他人财物的,依法给予处分;构成犯罪的,依法追究刑事责任。

第九条 消防救援机构依照法律、法规、规章在法定权限内书面委托实施行政处罚的组织在办理行政案件时,适用本规定。

法律、法规授权的履行消防监督管理职能的组织,以及按照国家综合行政执法制度相对集中行使包括消防在内的行政处罚权的组织,在办理行政案件时,可以参照本规定。

第十条 消防救援机构在实施行政处罚、行政强制时,执法人员不得少于两人。法律另有规定的除外。

第十一条 执法人员在调查或者进行检查时,应当主动向当事人或者有关人员出示执法证件。

第十二条 消防救援机构在办理行政案件时,应当按照规定执行行政执法公示、执法全过程记录、重大执法决定法制审核制度。

公开的行政处罚决定被依法变更、撤销、确认违法或者确认无效的,应当在三日内撤回行政处罚决定信息并公开说明理由。

第十三条 消防救援机构应当加强执法信息化建设,提高执法效率和规范化水平。

第二章 一般规定
第一节 管 辖

第十四条 行政案件由违法行为发生地的消防救援机构管辖。违法行为有连续、持续或者继续状态的,违法行为连续、持续或者继续实施的地方都属于违法行为发生地。

第十五条 行政案件由直辖市、市(地区、州、盟)、县(市辖区、县级市、旗)消防救援机构按照法律、行政法规、部门规章规定和管辖分工办理。

第十六条 两个以上消防救援机构都有权管辖的行政案件,由最先立案的消防救援机构管辖。必要时,可以由主要违法行为发生地消防救援机构管辖。

第十七条 对管辖发生争议的,应当协商解决,协商不成的,报请共同的上一级消防救援机构指定管辖;也可以直接由共同的上一级消防救援机构指定管辖。

对于重大、复杂的案件,上级消防救援机构可以直接办理或者指定管辖。

上级消防救援机构直接办理或者指定管辖的,应当通知被指定管辖的消防救援机构和其他有关的消防救援机构。

原办理案件的消防救援机构自收到上级消防救援机构通知之日起不再行使管辖权,并在二日内将案卷材料移送直接办理的上级消防救援机构或者被指定管辖的消防救援机构,及时通知当事人。

第二节 回 避

第十八条 消防救援机构负责人、执法人员有下列情形之一的,应当主动提出回避申请,当事人及其法定代理人有权对其提出回避申请:
(一)是本案当事人近亲属的;
(二)本人或者其近亲属与本案有直接利害关系的;
(三)与本案有其他关系,可能影响案件公正处理的。

第十九条 执法人员的回避,由其所属的消防救援机构负责人决定;消防救援机构负责人的回避,由上一级消防救援机构负责人决定。

第二十条 当事人及其法定代理人要求消防救援机构负责人、执法人员回避的,应当以书面或者口头形式提出申请,并说明理由;口头提出申请的,消防救援机构应当记录在案。

消防救援机构应当在收到申请之日起二日内作出决定并通知申请人。

第二十一条 消防救援机构负责人、执法人员具有应当回避的情形,本人没有申请回避,当事人及其法定代理人也没有申请其回避的,有权决定其回避的消防救援机构可以指令其回避。

第二十二条 在行政案件调查过程中,鉴定人、翻译人员需要回避的,适用本章的规定。

鉴定人、翻译人员的回避,由指派或者聘请的消防救援机构决定。

第二十三条 在消防救援机构作出回避决定前,执法人员不得停止对行政案件的调查。

作出回避决定后,被决定回避的消防救援机构负责人、执法人员不得再参与该行政案件的调查、审核和审批工作。

第二十四条 被决定回避的消防救援机构负责人、执法人员、鉴定人和翻译人员,在回避决定作出前所进行的与案件有关的活动是否有效,由作出回避决定的消防救援机构根据是否影响案件依法公正处理等情况决定。

第三节 时效、期间和送达

第二十五条 违法行为在二年内未被发现的,不再给予行政处罚;涉及公民生命健康安全、金融安全且有危害后果的,上述期限延长至五年。法律另有规定的除外。

前款规定的期限,从违法行为发生之日起计算;违法行为有连续或者继续状态的,从行为终了之日起计算。

第二十六条 期间以时、日、月、年计算,期间开始之时或者日不计算在内。法律文书送达的期间不包括在途时间。期间的最后一日是节假日的,以节假日后的第一日为期满日期。

第二十七条 消防救援机构依照简易程序作出当场行政处罚决定的,应当将决定书当场交付当事人,并由当事人在决定书上签名或者捺指印;当事人拒绝签收的,由执法人员在行政处罚决定书上注明。

除简易程序外的其他行政处罚决定,应当在作出决定的七日内将决定书送达当事人。

强制执行决定,应当自决定之日起三日内送达当事人。

法律、法规、规章对法律文书送达期间有专门规定的,按照有关规定执行。

第二十八条 送达法律文书应当首先采取直接送达方式,当场交付受送达人,由受送达人在附卷的法律文书或者送达回证上注明收到日期,并签名、捺指印或者盖章,受送达人的签收日期为送达日期。

受送达人是公民且本人不在场的,交其同住并具有行为能力的成年家属签收;受送达人是法人或者其他组织,应当由法人的法定代表人、该组织的主要负责人或者办公室、收发室、值班室等负责收件的人员签收或者盖章;当事人指定代收人的,交代收人签收。

受送达人的同住成年家属,法人或者其他组织负责收件的人员或者代收人在附卷法律文书上签收的日期为送达日期。

第二十九条 受送达人拒绝接收的,消防救援机构可以邀请受送达人住所地的居民委员会、村民委员会等基层组织的工作人员或者受送达人所在单位的工作人员作见证人,说明情况,在送达回证上注明拒收事由和日期,由执法人员、见证人签名或者盖章,将法律文书留在受送达人的住所;也可以把法律文书留在受送达人的住所,并采取拍照、录像等方式记录送达过程,即视为送达。

第三十条 直接送达有困难的,消防救援机构可以邮寄送达或者委托其他消防救援机构代为送达。

邮寄送达的,以回执上注明的收件日期为送达日期。法律文书在期满前交邮的,不算过期。

委托送达的,受委托的消防救援机构按照直接送达或者留置送达方式送达法律文书,并及时将送达回证交回委托的消防救援机构。

第三十一条 经受送达人同意,消防救援机构可以采用传真、电子邮件、移动通信、互联网通讯工具等能够确认其即时收悉的特定系统,电子送达法律文书,但法律法规规定不能电子送达的除外。受送达人同意采用电子送达的,应当在电子送达地址确认书中予以确认。

采取电子送达方式送达的,以系统显示发送成功的日期为送达日期,但受送达人证明到达其确认的特定系统的日期与消防救援机构系统显示发送成功的日期不一致,以受送达人证明到达其特定系统的日期为准。

第三十二条 受送达人下落不明或者用上述方式无法送达的,消防救援机构采取公告方式送达,说明公告送达的原因,并在案卷中记明原因和经过。公告送达的范围和方式应当便于公民知晓,可以在受送达人住所地张贴公告,也可以在报纸、消防救援机构门户网站、信息网络等媒体上刊登公告,发出公告日期以最后张贴或者刊登的日期为准,经过六十日公告期满,即视为送达。在受送达人住所地张贴公告的,应当采取拍照、录像等方式记录张贴过程。

法律、法规、规章对公告送达的期限有专门规定的,按照有关规定执行。

第三章 调查取证

第一节 基本要求

第三十三条 消防救援机构办理行政案件进行调查时,应当全面、客观、公正地收集、调取证据材料,并依法予以审查、核实。

第三十四条 需要调查的案件事实包括：

（一）当事人的基本情况；

（二）违法行为是否存在；

（三）违法行为是否为当事人实施；

（四）实施违法行为的时间、地点、手段、后果以及其他情节；

（五）当事人有无法定从重、从轻、减轻以及不予行政处罚的情形；

（六）与案件有关的其他事实。

第三十五条 需要向有关单位和个人调取证据的，经消防救援机构负责人批准，开具调取证据通知书，明确调取的证据和提供时限，并依法制作清单。

被调取人应当在通知书上盖章或者签名（捺指印），被调取人拒绝的，消防救援机构应当注明。必要时，消防救援机构应当采用录音、录像等方式固定证据内容及取证过程。

第三十六条 可以用于证明案件事实的材料，都是证据。消防救援机构办理行政案件的证据包括：

（一）书证；

（二）物证；

（三）视听资料；

（四）电子数据；

（五）证人证言；

（六）当事人陈述和申辩；

（七）鉴定意见；

（八）勘验笔录、检查笔录、现场笔录。

证据必须经查证属实，方可作为认定案件事实的根据。

第三十七条 书证应当符合下列要求：

（一）书证应当为原件。收集原件确有困难的，可以收集与原件核对无误的复制件、影印件或者抄录件；

（二）证明同一内容的多页书证的复制件、影印件、抄录件，应当由持有人加盖骑缝章或者逐页签名或者捺指印，并注明总页数；

（三）取得书证原件的节录本的，应当保持文件内容的完整性，注明出处和节录地点、日期，并有节录人的签名或者捺指印；

（四）书证的复制件、影印件或者抄录件，应当注明出具时间、证据来源，经核对无异后标明"经核对与原件一致"，并由被调查对象或者证据提供人签名、捺指印或者盖章；

（五）有关部门出具的证明材料作为证据的，证明材料上应当加盖出具部门的印章并注明日期；

（六）当事人或者证据提供人拒绝在证据复制件、各式笔录及其他需要其确认的证据材料上签名或者盖章的，应当采用拍照、录像等方式记录，在相关证据材料上注明拒绝情况和日期，由执法人员签名或者盖章。

书证有更改不能作出合理解释的，或者书证的副本、复制件不能反映书证原件及其内容的，不能作为证据使用。

其他部门收集并移交消防救援机构的证人证言、当事人陈述和申辩等言词证据，按照书证的有关要求执行。

第三十八条 物证应当符合下列要求：

（一）物证应当为原物。在原物不便搬运、不易保存或者依法应当由有关部门保管、处理或者依法应当返还时，可以拍摄或者制作足以反映原物外形或者内容的照片、录像，经与原物核实无误或者经鉴定证明为真实的，可以作为证据使用；

（二）原物为数量较多的种类物，可以收集其中的一部分，也可以采用拍照、抽样等方式收集。拍照取证的，应当对物证的现场方位、全貌以及重点部位特征等进行拍照或者录像；抽样取证的，应当通知当事人到场，当事人拒不到场或者暂时难以确定当事人的，可以由在场的无利害关系人见证；

（三）收集物证，应当载明获取该物证的时间、原物存放地点、发现地点等要素，并对现场尽可能以拍照、录像等方式予以同步记录；

（四）拍摄物证的照片或者录像应当存入案卷。

第三十九条 视听资料应当符合下列要求：

（一）应为视听资料的原始载体；

（二）注明制作的时间和方法、制作人、证明对象等；

（三）声音资料还应当附有该声音内容的文字记录。

收集视听资料原始载体确有困难的，可以收集与原件核对无误的复制件。视听资料的复制件，应当注明制作过程、制作时间等，并由执法人员、制作人、原件持有人签名或者盖章。持有人无法或者拒绝签名的，应当注明情况。

第四十条 电子数据应当符合下列要求：

（一）应为电子数据的原始载体；

（二）注明制作时间和方法、制作人、证明对象等；

（三）收集原始载体确有困难的，可以采用拷贝复制、打印、拍照、录像等方式提取或者固定电子数据。

提取电子数据应当制作笔录,载明有关原因、制作过程和方法、制作时间等情况,并附电子数据清单,由执法人员、制作人、电子数据持有人签名。持有人无法或者拒绝签名的,应当注明情况。

消防救援机构可以利用互联网信息系统或者电子技术设备收集、固定消防安全违法行为证据。用来收集、固定消防安全违法行为证据的互联网信息系统或者电子技术设备应当符合相关规定,保证所收集、固定电子数据的真实性、完整性。

第四十一条 证人证言应当符合下列要求:
(一)载明证人的姓名、年龄、性别、身份证件种类及号码、职业、住址等基本情况;
(二)证人应当逐页签名或者捺指印;
(三)注明出具日期;
(四)附有居民身份证复印件等证明证人身份的文件。

证人口头陈述的,执法人员应当制作询问笔录。

第四十二条 当事人陈述和申辩应当符合下列要求:
(一)口头主张的,执法人员应当在询问笔录或者行政处罚告知笔录中记录;
(二)自行提供书面材料的,当事人应当在其提供书面材料的结尾处签名、捺指印或者盖章,对打印的书面材料应当逐页签名、捺指印或者盖章,并附有居民身份证复印件等证明当事人身份的文件;执法人员收到书面材料后,应当在首页写明收到日期,并签名。

第四十三条 鉴定意见应当符合下列要求:
(一)载明委托人和委托鉴定的事项,提交鉴定的相关材料;
(二)载明鉴定的依据和使用的科学技术手段,结论性意见;
(三)有鉴定人的签名,鉴定机构的盖章,载明鉴定时间;
(四)通过分析获得的鉴定意见,应当说明分析过程;
(五)附鉴定机构和鉴定人的资质证明或者其他证明文件。

多人参加鉴定,对鉴定意见有不同意见的,应当注明。

第四十四条 勘验笔录应当符合下列要求:
(一)载明勘验时间、现场地点、勘验人员、气象条件、现场保护情况等;
(二)客观记录现场方位、建筑结构和周围环境,现场勘验情况,有关的痕迹和物品的情况,尸体的位置、特征和数量等;
(三)载明提取痕迹、物品情况,制图和照相的情况;
(四)由勘验人员、当事人或者见证人签名。当事人、见证人拒绝签名或者无法签名的,应当在现场勘验笔录上注明。现场图应当由制图人、审核人签名。

第四十五条 检查笔录应当符合下列要求:
(一)载明检查的时间、地点;
(二)客观记录检查情况;
(三)由执法人员、当事人或者见证人签名。当事人拒绝或者不能签名的,应当在笔录中注明原因。

检查中提取物证、书证的,应当在检查笔录中反映其名称、特征、数量、来源及处理情况,并依法制作清单。

进行多次检查的,应当在制作首次检查笔录后,逐次制作补充检查笔录。

第四十六条 现场笔录应当符合下列要求:
(一)载明事件发生的时间和地点,执法人员、当事人或者见证人的基本情况;
(二)客观记录执法人员现场工作的事由和目的、过程和结果等情况;
(三)由执法人员、当事人或者见证人签名。当事人拒绝或者不能签名的,应当在笔录中注明原因。

实施行政强制措施时制作现场笔录的,还应当记录执法人员告知当事人采取行政强制措施的理由、依据以及当事人依法享有的权利、救济途径,并听取其陈述和申辩的情况。

第四十七条 立案前核查或者监督检查过程中依法取得的证据材料,可以作为案件的证据。

对于移送的案件,移送机关依职权调查收集的证据材料,可以作为案件的证据。

第二节 询 问

第四十八条 执法人员在调查时,可以询问当事人及其他有关人员。执法人员不得少于两人,并应当向当事人或者有关人员出示执法证件。询问应当个别进行,并制作笔录。

第四十九条 询问当事人,可以在现场、到其住所或者单位进行,也可以书面、电话或者当场通知其到消防救援机构或者其他指定地点进行。当事人是单位的,应当依法对其直接负责的主管人员和其他直接责任人员进行询问。

询问其他人员,可以在现场进行,也可以到其单位、学校、住所、居住地居(村)民委员会或者其提出的地点进行。必要时,也可以书面、电话或者当场通知其到消防救援机构提供证言。

第五十条　首次询问时,应当问明被询问人的姓名、出生日期、户籍所在地、现住址、身份证件种类及号码,对违法嫌疑人还应当询问是否受过消防行政处罚;必要时,还可以载明其家庭主要成员、工作单位、文化程度、民族等情况。

被询问人为外国人的,首次询问时还应当问明其国籍、出入境证件种类及号码、签证种类等情况;必要时,还可以载明其在华关系人、入境时间、入境事由等情况。

第五十一条　询问时,应当采取制作权利义务告知书方式或者直接在询问笔录中以问答的方式,告知被询问人必须如实提供证据、证言和故意作伪证或者隐匿证据应负的法律责任,对与本案无关的问题有拒绝回答的权利。

询问当事人时,应当听取当事人的陈述和申辩。对当事人的陈述和申辩,应当核查。

被询问人请求自行提供书面材料的,应当准许。必要时,执法人员可以要求当事人和其他有关人员自行书写。

第五十二条　询问未成年人时,应当通知其父母或者其他监护人到场,其父母或者其他监护人不能到场的,也可以通知未成年人的其他成年亲属,所在学校、单位、居住地基层组织或者未成年人保护组织的代表到场,并将有关情况记录在案。确实无法通知或者通知后未到场的,应当在询问笔录中注明。

第五十三条　询问聋哑人时,应当有通晓手语的人提供帮助,并在询问笔录中注明被询问人的聋哑情况以及翻译人员的姓名、住址、工作单位和联系方式。

对不通晓当地通用的语言文字的被询问人,应当为其配备翻译人员,并在询问笔录中注明翻译人员的姓名、住址、工作单位和联系方式。

询问精神病人、智力残疾人或者有其他交流障碍的人员时,应当在被询问人的成年亲属或者监护人见证下进行询问,并在询问笔录中注明。

第五十四条　询问笔录应当如实地记录询问过程和询问内容,对询问人提出的问题,被询问人拒绝回答的,应当注明。

询问笔录应当交被询问人核对,对阅读有困难的,应当向其宣读。记录有误或者遗漏的,应当允许被询问人更正或者补充,修改和补充部分应当由被询问人捺指印。

被询问人确认执法人员制作的笔录无误的,应当在询问笔录上逐页签名或者捺指印。被询问人确认自行书写的笔录无误的,应当在结尾处签名或者捺指印。拒绝签名或者捺指印的,执法人员应当在询问笔录中注明。

执法人员应当在询问笔录上签名,翻译人员应当在询问笔录的结尾处签名。

第三节　抽样取证

第五十五条　执法人员实施抽样取证时,应符合以下要求:

(一)采用随机的方式,抽取样品的数量以能够认定本品的品质特征为限;

(二)有被抽样物品的持有人或者见证人在场,并查点清楚,制作抽样单;

(三)对抽样取证的现场、被抽样物品及被抽取的样品进行拍照或者对抽样过程进行录像。

第五十六条　消防救援机构对抽取的样品,应当及时进行检验。检验结果应当及时告知当事人。

对抽样取证检验结果有异议的,可以按照有关规定进行复检。

对抽取的样品,经检验不属于证据的,应当及时返还;样品因检验造成破坏或者损耗而无法退还的,应当向被检查人说明情况。

第四节　先行登记保存

第五十七条　证据可能灭失或者以后难以取得的,经消防救援机构负责人批准,可以依法先行登记保存。

第五十八条　先行登记保存有关证据,应当当场清点,制作先行登记保存清单,由当事人和执法人员签名或者盖章,当场交当事人一份,并当场交付先行登记保存决定书。必要时,应当对采取证据保全措施的证据进行拍照或者对采取证据保全的过程进行录像。

先行登记保存期间,当事人或者有关人员不得损坏、销毁或者转移证据。

第五十九条　对先行登记保存的证据,消防救援机构应当于先行登记保存之日起七日内采取以下措施:

(一)及时采取记录、复制、拍照、录像等证据保全措施;

(二)需要鉴定、检验的,及时送交有关部门鉴定、检验;

(三)不再需要采取登记保存措施的,通知当事人解除先行登记保存措施。

逾期未作出处理决定的，视为先行登记保存措施自动解除。

第五节 勘验、检查

第六十条 对于火灾现场和其他场所进行勘验，应当提取与案件有关的证据材料，确定调查方向和范围。

现场勘验参照火灾事故调查现场勘验的有关规定执行。

第六十一条 消防救援机构在办理行政案件过程中，为了查清违法事实，固定和补充证据，可以对与违法行为有关的场所、物品进行检查，并制作检查笔录。

消防救援机构依法开展的消防监督检查，依照法律、法规、规章的规定执行。

第六十二条 检查场所或者物品时，应当避免对被检查物品造成不必要的损坏。

检查时，应当有当事人或者其他见证人在场。

第六十三条 检查笔录由执法人员、当事人或者见证人签名；当事人不在场或者拒绝签名的，执法人员应当在检查笔录中注明。

进行多次检查的，应当在首次制作检查笔录后，逐次补充制作检查笔录。

检查时的全程录音录像可以替代检查笔录，但应当对视听资料的关键内容和相应时间段等作文字说明。

第六节 鉴 定

第六十四条 为了查明案情，需要对执法中专门性技术问题进行鉴定的，应当委托具有法定鉴定资格的机构或者指派、聘请具有专门知识的人员进行鉴定。

没有法定鉴定机构的，可以委托其他具备鉴定条件的机构进行鉴定。

需要聘请消防救援机构以外的人进行鉴定的，应当制作鉴定聘请书。

第六十五条 消防救援机构应当为鉴定提供必要的条件，及时送交有关检材和比对样本等原始材料，介绍与鉴定有关的情况，明确提出要求鉴定解决的问题。

禁止强迫或者暗示鉴定人作出某种鉴定意见。

第六十六条 消防救援机构认为必要时，可以决定重新鉴定。

同一行政案件的同一事项重新鉴定以一次为限。

第六十七条 存在下列情形之一的，应当进行重新鉴定：

（一）鉴定程序违法或者违反相关专业技术要求，可能影响鉴定意见正确性的；

（二）鉴定机构和鉴定人不具备相应资质和条件的；

（三）鉴定意见明显依据不足的；

（四）故意作虚假鉴定的；

（五）应当回避而没有回避的；

（六）检材虚假或者被损坏的；

（七）其他应当重新鉴定的。

重新鉴定的，消防救援机构应当另行委托鉴定机构或者指派、聘请鉴定人。

第七节 证据审查

第六十八条 消防救援机构应当对证据进行审查，进行全面、客观和公正的分析判断，审查证据的合法性、客观性、关联性，判断证据的证明力。

第六十九条 消防救援机构应当从以下方面审查证据的合法性：

（一）证据是否符合法定形式；

（二）证据的取得是否符合法律、法规、规章和司法解释的要求；

（三）影响证据合法性的其他因素。

第七十条 消防救援机构应当从以下方面审查证据的客观性：

（一）证据形成的原因和发现、收集证据时的客观环境；

（二）证据是否为原件，复制件与原件是否相符；

（三）提供证据的人或者证人与当事人是否具有利害关系；

（四）影响证据客观性的其他因素。

第七十一条 消防救援机构应当从以下方面审查证据的关联性：

（一）证据的证明对象是否与案件事实有内在联系，以及关联程度；

（二）证据证明的事实对案件主要情节和案件性质的影响程度；

（三）证据之间是否互相印证，形成证据链。

第七十二条 下列证据材料不能作为定案的根据：

（一）以非法手段取得的证据；

（二）被进行技术处理而无法辨明真伪的证据材料；

（三）不能正确表达意志的证人提供的证言；

（四）不具备合法性和真实性的其他证据材料。

第四章 简易程序和快速办理

第一节 简易程序

第七十三条 违法事实确凿并有法定依据，对公民处以二百元以下、对法人或者其他组织处以三千元以下罚款或者警告的行政处罚的，可以当场作出行政处罚决定。法律另有规定的，从其规定。

第七十四条 当场行政处罚，应当按照下列程序实施：

（一）向当事人出示执法证件；

（二）收集证据；

（三）口头告知当事人拟作出行政处罚决定内容及事实、理由和依据，并告知当事人依法享有的陈述权和申辩权；

（四）充分听取当事人的陈述和申辩。当事人提出的事实、理由或者证据成立的，应当采纳；

（五）填写预定格式、编有号码的当场行政处罚决定书并交付当事人。

前款规定的行政处罚决定书应当载明当事人的违法行为，行政处罚的种类和依据、罚款数额、时间、地点，申请行政复议、提起行政诉讼的途径和期限以及作出行政处罚决定的消防救援机构名称，并由执法人员签名或者盖章。

第七十五条 执法人员当场作出行政处罚决定的，应当在作出决定之日起二日内将行政处罚决定书报所属消防救援机构备案。

第二节 快速办理

第七十六条 对不适用简易程序，但事实清楚，当事人自愿认错认罚，且对违法事实和法律适用没有异议的行政处罚案件，消防救援机构可以通过简化取证方式和审核审批手续等措施快速办理。

第七十七条 行政处罚案件具有下列情形之一的，不适用快速办理：

（一）对个人处两千元以上罚款的，对单位处一万元以上罚款的；

（二）当事人系盲、聋、哑人，未成年人或者疑似精神病人、智力残疾人的；

（三）依法适用听证程序的；

（四）依法可能没收违法所得的；

（五）其他不宜快速办理的。

第七十八条 消防救援机构快速办理行政处罚案件，应当符合以下规定：

（一）通过快速办理案件权利义务告知书告知当事人快速办理的相关规定，征得其同意，并由其签名确认；

（二）当事人在自行书写材料或者询问笔录中承认违法事实、认错认罚，并有视音频记录、电子数据、消防监督检查记录等关键证据能够相互印证的，消防救援机构可以不再开展其他调查取证工作；

（三）行政处罚决定由执法人员提出处理意见，可以经法制审核后，报消防救援机构负责人审批；

（四）履行处罚前告知程序。可以采用口头方式，由执法人员在案卷材料中注明告知情况，并由当事人签名确认；

（五）制作处罚决定书并送达当事人。

第七十九条 对快速办理的行政处罚案件，消防救援机构可以根据当事人认错悔改、积极主动改正违法行为等情节，依法对当事人从轻、减轻处罚或者不予行政处罚。

第八十条 快速办理的行政处罚案件应当填写立案登记表，自立案之日起七日内作出处理决定。

第八十一条 消防救援机构快速办理行政处罚案件时，发现不适宜快速办理的，应当告知当事人。快速办理阶段依法收集的证据，可以作为定案的根据。

第五章 普通程序

第一节 立 案

第八十二条 消防救援机构在消防监督管理工作中，或者通过其他部门移送等途径，发现公民、法人或者其他组织有依法应当给予行政处罚的消防安全违法行为的，应当及时立案。

第八十三条 立案应当填写立案审批表，载明案件基本情况，由消防救援机构负责人批准。

第二节 处罚决定

第八十四条 适用普通程序办理的行政处罚案件，承办人在调查结束后，认为案件事实清楚，主要证据齐全的，应当提出处理意见，经法制审核后，报消防救援机构负责人审批，作出决定。

按照规定需要承办部门负责人审核的，应当在法制审核前完成。

第八十五条 法制审核后，法制部门或者法制员应当根据不同情况，分别作出以下处理：

（一）经审核合格的，提出审核意见，报消防救援机构负责人审批；

（二）事实不清、证据不足、文书不完备或者需要查清、补充有关事项的，提出工作建议或者意见，退回承办部门或者承办人补充办理；

（三）定性不准、处理意见不适当或者严重违反法定程序的，提出处理意见，退回承办部门或者承办人依法处理。

初次从事行政处罚决定法制审核的人员，应当通过国家统一法律职业资格考试取得法律职业资格。

第八十六条 对情节复杂或者给予较大数额罚款、责令停止使用、责令停产停业、责令停止执业、吊销资格、没收较大数额违法所得等行政处罚，消防救援机构负责人应当组织集体讨论决定。

第八十七条 消防救援机构在作出行政处罚决定之前，应当告知当事人拟作出的行政处罚内容及事实、理由、依据，并告知当事人依法享有的陈述、申辩、要求听证等权利。

第八十八条 当事人有权进行陈述和申辩。消防救援机构必须充分听取当事人的意见，对当事人提出的事实、理由和证据，应当进行复核；当事人提出的事实、理由或者证据成立的，消防救援机构应当采纳。

消防救援机构不得因当事人陈述、申辩而给予更重的处罚。

第八十九条 消防救援机构根据行政处罚案件的不同情况分别作出下列决定：

（一）确有应受行政处罚的违法行为的，根据情节轻重及具体情况，作出行政处罚决定；

（二）确有违法行为，但有依法不予行政处罚情形的，作出不予行政处罚决定；

（三）违法事实不能成立的，作出不予行政处罚决定；

（四）违法行为涉嫌构成犯罪的，移送司法机关。

第九十条 消防救援机构作出行政处罚决定，应当制作行政处罚决定书。行政处罚决定书应当载明下列事项：

（一）当事人的姓名或者名称、地址等基本情况；

（二）违反法律、法规、规章的事实和证据；

（三）行政处罚的种类和依据；

（四）行政处罚的履行方式和期限；

（五）申请行政复议或者提起行政诉讼的途径和期限；

（六）作出行政处罚决定的消防救援机构名称和作出决定的日期。

行政处罚决定书应当盖有作出行政处罚决定的消防救援机构的印章。

第九十一条 一个当事人有两种以上违法行为的，分别决定，合并执行，可以制作一份决定书，分别写明对每种违法行为的处理内容和合并执行的内容。

一个案件有多个违法行为人的，分别决定，可以制作一式多份决定书，写明给予每个人的处理决定，分别送达每一个违法行为人。

第九十二条 行政处罚案件应当自立案之日起六十日内作出行政处罚决定；案情复杂、期限届满不能终结的案件，经消防救援机构负责人同意，可以延长三十日。

办理其他行政案件，有法定办案期限的，按照相关法律法规办理。

为了查明案情进行鉴定、检验的期间，不计入办案期限。

第六章　听证程序

第九十三条 消防救援机构拟作出下列行政处罚决定，应当告知当事人有要求举行听证的权利：

（一）较大数额罚款；

（二）没收较大数额违法所得；

（三）责令停止执业、吊销资格；

（四）责令停止使用、停产停业；

（五）法律、法规、规章规定当事人可以要求举行听证的其他情形。

前款第一项所称"较大数额罚款"，是指对个人处以二千元以上罚款，对单位处以三万元以上罚款。对依照地方性法规或者地方政府规章作出的罚款处罚，适用听证的罚款数额按照地方规定执行。前款第二项所称的"较大数额违法所得"适用较大数额罚款的规定。

第九十四条 对适用听证程序的行政处罚案件，消防救援机构在提出处理意见后，应当告知当事人拟作出的行政处罚和有要求举行听证的权利。

当事人要求听证的，应当在消防救援机构告知后五日内提出申请。逾期视为放弃要求听证的权利。

当事人明确放弃听证权利的，消防救援机构可以直接作出行政处罚或者不予行政处罚决定。当事人放弃听证权利应当在行政处罚告知笔录中载明，并且由当事人或者其代理人签字或者盖章确认。

第九十五条 消防救援机构对符合听证条件的，应当自收到听证申请之日起十日内举行。

第九十六条　消防救援机构应当在举行听证的七日前将举行听证通知书送达听证申请人，并将举行听证的时间、地点通知其他听证参加人。

第九十七条　听证申请人不能按期参加听证的，可以申请延期，是否准许，由听证主持人决定。

消防救援机构变更听证日期或者场所的，应当按照前条规定通知或者公告。

第九十八条　听证由消防救援机构法制部门组织实施。

未设置法制部门的，由非本案承办人员组织听证。必要时，可以由上级消防救援机构派员组织听证。

第九十九条　听证设听证主持人一名，负责组织听证；记录员一名，具体承担听证准备和制作听证笔录工作。必要时，可以设听证员一至二名，协助听证主持人进行听证。

听证主持人由消防救援机构负责人指定；记录员由听证主持人指定。

本案承办人员不得担任听证主持人、听证员或者记录员。

第一百条　听证主持人在听证活动中履行下列职责：

（一）决定举行听证的时间、地点；

（二）决定听证是否公开举行；

（三）要求听证参加人到场参加听证、提供或者补充证据；

（四）就案件的事实、理由、证据、程序、处罚依据等相关内容组织质证和辩论；

（五）决定听证的延期、中止或者终止；

（六）维持听证秩序，对违反听证会场纪律的，应当警告制止；对不听制止，干扰听证正常进行的旁听人员，责令其退场；

（七）听证员、记录员的回避；

（八）其他有关职责。

第一百零一条　听证参加人包括：

（一）当事人及其代理人；

（二）本案承办人员；

（三）证人、鉴定人；

（四）翻译人员；

（五）其他有关人员。

第一百零二条　当事人在听证活动中享有下列权利：

（一）申请回避；

（二）参加听证，也可以委托一至二人代理参加听证；

（三）进行陈述、申辩和质证；

（四）核对、补正听证笔录；

（五）依法享有的其他权利。

第一百零三条　与听证案件处理结果有直接利害关系的其他公民、法人或者其他组织，作为第三人申请参加听证的，应当允许。为查明案情，必要时，听证主持人可以通知其参加听证。

第一百零四条　除涉及国家秘密、商业秘密或者个人隐私依法予以保密外，听证应当公开举行。

第一百零五条　听证按照下列程序进行：

（一）宣布案由和听证纪律；核对听证参加人是否到场，并核实身份；宣布听证员、记录员和翻译人员名单，告知当事人有申请回避、申辩和质证的权利；对不公开听证的，宣布不公开听证的理由；

（二）承办人员提出当事人的违法事实、出示证据，说明拟作出的行政处罚的内容及法律依据；

（三）当事人或者其委托代理人对案件的事实、证据、适用的法律等进行陈述、申辩和质证，提交新的证据材料；第三人可以陈述事实，提供证据；

（四）听证主持人就案件的有关问题向当事人或者其委托代理人、承办人员、证人询问；

（五）承办人员、当事人或者其委托代理人进行辩论与质证；

（六）当事人或者其委托代理人、第三人和承办人员作最后陈述；

（七）听证主持人宣布听证结束。

第一百零六条　有下列情形之一，应当中止听证：

（一）需要通知新的证人到会、调取新的证据或者需要重新鉴定的；

（二）因回避致使听证不能继续进行的；

（三）当事人因不可抗力或者有其他正当理由暂时无法继续参加听证的；

（四）其他需要中止听证的。

中止听证，应当在听证笔录中写明情况，由听证主持人签名。中止听证的情形消除后，听证主持人应当及时恢复听证。

第一百零七条　有下列情形之一，应当终止听证：

（一）听证申请人撤回听证申请的；

（二）听证申请人及其代理人无正当理由拒不出席

或者未经听证主持人允许,中途退出听证的;

（三）听证申请人死亡或者作为听证申请人的法人或者其他组织被撤销、解散的,没有权利、义务承受人的;

（四）听证过程中,听证申请人或者其代理人扰乱听证秩序,不听劝阻,致使听证无法正常进行的;

（五）其他需要终止听证的。

听证终止,应当在听证笔录中写明情况,由听证主持人签名。

第一百零八条 记录员应当将举行听证的情况记入听证笔录。听证笔录应当载明下列内容:

（一）案由;

（二）听证的时间、地点和方式;

（三）听证人员和听证参加人的身份情况;

（四）承办人员陈述的事实、证据和法律依据以及行政处罚意见;

（五）听证申请人或者其代理人的陈述和申辩;

（六）第三人陈述的事实和理由;

（七）承办人员、听证申请人或者其代理人、第三人辩论与质证的内容;

（八）证人陈述的事实;

（九）听证申请人、第三人、承办人员的最后陈述意见;

（十）其他事项。

听证笔录经听证参加人审核无误或者补正后,由听证参加人当场签名或者盖章;拒绝签名或者盖章的,在听证笔录中注明情况。

听证笔录经听证主持人审阅后,由听证主持人、听证员和记录员签名。

第一百零九条 听证结束后,听证主持人应当写出听证报告书,提出处理意见和建议,连同听证笔录一并报送消防救援机构负责人。

听证报告书应当包括下列内容:

（一）案由;

（二）听证人员和听证参加人的基本情况;

（三）听证的时间、地点和方式;

（四）听证会的基本情况;

（五）案件事实;

（六）处理意见和建议。

第一百一十条 听证结束后,消防救援机构应当根据听证笔录,依照本规定第八十六条、第八十九条的规定,作出决定。

第七章 执 行
第一节 一般规定

第一百一十一条 消防救援机构依法作出行政处理决定后,被处理人应当在行政决定的期限内予以履行。

被处理人逾期不履行的,作出行政处理决定的消防救援机构依法强制执行或者申请人民法院强制执行。

第一百一十二条 当事人对行政处理决定不服,申请行政复议或者提起行政诉讼的,行政处理决定不停止执行,但法律另有规定的除外。

第一百一十三条 消防救援机构在依法作出强制执行决定或者申请人民法院强制执行前,应当事先催告当事人履行行政决定。催告以书面形式作出,并直接送达当事人。当事人拒绝接受或者无法直接送达当事人的,依照本规定第二章的有关规定送达。

催告书应当载明下列事项:

（一）履行义务的期限;

（二）履行义务的方式;

（三）涉及金钱给付的,应当有明确的金额和给付方式;

（四）当事人依法享有的陈述权和申辩权。

第一百一十四条 当事人收到催告书后有权进行陈述和申辩。消防救援机构应当充分听取当事人的意见,记录、复核当事人提出的事实、理由和证据。当事人提出的事实、理由或者证据成立的,应当采纳。

第一百一十五条 经催告,当事人无正当理由逾期仍不履行行政决定,法律规定由消防救援机构强制执行的,消防救援机构可以作出强制执行决定。

强制执行决定应当以书面形式作出,并载明下列事项:

（一）当事人的姓名或者名称、地址;

（二）强制执行的理由和依据;

（三）强制执行的方式和时间;

（四）申请行政复议或者提起行政诉讼的途径和期限;

（五）作出决定的消防救援机构名称、印章和日期。

第一百一十六条 具有下列情形之一的,中止强制执行:

（一）当事人履行行政决定确有困难或者暂无履行能力的;

（二）第三人对执行标的主张权利,确有理由的;

（三）执行可能造成难以弥补的损失，且中止执行不损害公共利益的；

（四）其他需要中止执行的。

中止执行的情形消失后，消防救援机构应当恢复执行。对没有明显社会危害，当事人确无能力履行，中止执行满三年未恢复执行的，不再执行。

第一百一十七条　具有下列情形之一的，终结强制执行：

（一）公民死亡，无遗产可供执行，又无义务承受人的；

（二）单位终止，无财产可供执行，又无义务承受人的；

（三）执行标的灭失的；

（四）据以执行的行政决定被撤销的；

（五）其他需要终结执行的。

第一百一十八条　在执行中或者执行完毕后，据以执行的行政决定被撤销、变更，或者执行错误，应当恢复原状或者退还财物；不能恢复原状或者退还财物的，依法给予赔偿。

第一百一十九条　消防救援机构不得在夜间或者法定节假日实施行政强制执行。但是，情况紧急的除外。

消防救援机构不得对居民生活采取停止供水、供电、供热、供燃气等方式迫使当事人履行相关行政决定。

第二节　罚款的执行

第一百二十条　消防救援机构作出罚款决定，被处罚人应当自收到行政处罚决定书之日起十五日内，到指定的银行缴纳罚款；具备条件的，也可以通过网上支付等方式缴纳罚款。

第一百二十一条　当场作出行政处罚决定，符合《中华人民共和国行政处罚法》规定当场收缴罚款情形的，可以当场收缴罚款。

第一百二十二条　消防救援机构及其执法人员当场收缴罚款的，必须向当事人出具国务院财政部门或者省、自治区、直辖市人民政府财政部门统一制发的专用票据；不出具财政部门统一制发的专用票据的，当事人有权拒绝缴纳罚款。

第一百二十三条　执法人员当场收缴的罚款，应当自收缴罚款之日起二日内，交至所属消防救援机构；消防救援机构应当在二日内将罚款缴付指定的银行。

第一百二十四条　当事人确有经济困难，经当事人申请和作出处罚决定的消防救援机构批准，可以暂缓或者分期缴纳罚款。

第一百二十五条　当事人未在规定期限内缴纳罚款的，消防救援机构可以每日按罚款数额的百分之三加处罚款。加处罚款的标准应当告知被处罚人。

加处罚款的数额不得超出原罚款的数额。

当事人申请行政复议或者提起行政诉讼的，加处罚款的数额在行政复议或者行政诉讼期间不予计算。

第一百二十六条　当事人在法定期限内不申请行政复议或者提起行政诉讼，又不履行行政决定的，消防救援机构可以自期限届满之日起三个月内，依法申请人民法院强制执行。

消防救援机构批准延期、分期缴纳罚款的，申请人民法院强制执行的期限，自暂缓或者分期缴纳罚款期限结束之日起计算。

申请人民法院强制执行前，消防救援机构应当催告当事人履行义务，催告书送达十日后当事人仍未履行义务的，消防救援机构可以向人民法院申请强制执行。

第一百二十七条　消防救援机构向人民法院申请强制执行，应当提供下列材料：

（一）强制执行申请书；

（二）行政处罚决定书及作出决定的事实、理由和依据；

（三）当事人的意见及消防救援机构催告情况；

（四）申请强制执行标的情况；

（五）法律、法规规定的其他材料。

强制执行申请书应当由作出处理决定的消防救援机构负责人签名，加盖消防救援机构印章，并注明日期。

第一百二十八条　消防救援机构对人民法院不予受理强制执行申请、不予强制执行的裁定有异议的，可以在十五日内向上一级人民法院申请复议。

第三节　其他处理决定的执行

第一百二十九条　消防救援机构作出吊销资格处罚的，应当对被吊销的资格证书予以收缴。当事人拒不缴销证件的，可以公告宣布作废。

第一百三十条　消防救援机构作出没收违法所得行政处罚的，除依法应当退赔的外，应当依法予以没收，并按照国家有关规定上缴。

第一百三十一条　当事人不执行消防救援机构作出的责令停产停业、停止使用决定的，作出决定的消防救援机构应当自履行期限届满之日起三日内催告当事人履行义务。当事人收到催告书后有权进行陈述和申辩。消防救援机构应当充分听取当事人的意见,记录、复核当事人提出的事实、理由和证据。当事人提出的事实、理由或者证据成立的,应当采纳。

经催告,当事人逾期仍不履行义务且无正当理由的,消防救援机构负责人应当组织集体研究强制执行方案,确定执行的方式和时间。强制执行决定书应当自决定之日起三日内制作、送达当事人。

第一百三十二条 消防救援机构实施强制执行应当遵守下列规定:

(一)实施强制执行时,通知当事人到场,当场向当事人宣读强制执行决定,听取当事人的陈述和申辩;

(二)当事人不到场的,邀请见证人到场,由见证人和现场执法人员在现场笔录上签名或者盖章;

(三)对实施强制执行过程制作现场笔录,必要时,可以进行现场拍照或者录音录像。

第一百三十三条 对当事人有《中华人民共和国消防法》第六十条第一款第三项、第四项、第五项、第六项规定的消防安全违法行为,经责令改正拒不改正的,消防救援机构应当按照有关法律法规规定实施代履行或者委托没有利害关系的第三人代履行。

第一百三十四条 消防救援机构实施代履行的,应当自责令改正拒不改正之日起三日内催告当事人履行义务。

第一百三十五条 代履行应当遵守下列规定:

(一)代履行前送达决定书,代履行决定书应当载明当事人的姓名或者名称、地址,代履行的理由和依据、方式和时间、标的、费用预算以及代履行人;

(二)代履行三日前,催告当事人履行,当事人履行的,停止代履行;

(三)代履行时,作出决定的消防救援机构应当派员到场监督,并制作现场笔录;

(四)代履行完毕,消防救援机构到场监督的工作人员、代履行人和当事人或者见证人应当在执行文书上签名或者盖章。

代履行的费用按照成本合理确定,由当事人承担。但是,法律另有规定的除外。

代履行不得采用暴力、胁迫以及其他非法方式。

第一百三十六条 需要立即清除疏散通道、消防车通道等影响逃生和灭火救援的障碍物,当事人不能清除的,消防救援机构可以决定立即实施代履行;当事人不在场的,消防救援机构应当在事后立即通知当事人,并依法作出处理。

第八章 案件终结

第一百三十七条 行政案件具有下列情形之一的,应当予以结案:

(一)作出不予行政处罚决定的;

(二)作出行政处罚等处理决定,且已执行的;

(三)作出终止案件调查决定的;

(四)案件移送有管辖权的行政机关、司法机关或者监察机关的;

(五)作出处理决定后,因执行对象灭失、死亡、终止等客观原因导致无法执行或者无需执行的;

(六)其他应予结案的情形。

申请人民法院强制执行,人民法院受理的,按照结案处理。人民法院强制执行完毕后,消防救援机构应当及时将相关案卷材料归档。

第一百三十八条 经过调查,发现行政案件具有下列情形之一的,经消防救援机构负责人批准,作出终止案件调查决定:

(一)违法行为已过追责期限的;

(二)涉嫌违法的公民死亡,或者法人、其他组织终止的;

(三)没有违法事实的;

(四)其他需要终止调查的情形。

第一百三十九条 对在办理行政案件过程中形成的文书材料,应当按照"一案一卷"原则建立案卷,并按照有关规定在结案后将案卷妥善存档保管。

第九章 案件移送

第一百四十条 消防救援机构发现所查处的案件不属于本部门管辖的,应当移送有管辖权的其他部门。

第一百四十一条 消防救援机构发现消防安全违法行为涉嫌犯罪的,应当按照有关规定依法移送司法机关。

第十章 附 则

第一百四十二条 本规定所称"以上"、"以下"、"内"皆包括本数或者本级。

本规定中十日以内期限的规定是指工作日,不含法定节假日。

第一百四十三条 消防救援机构办理涉外案件,应当按照国家有关办理涉外案件的法律、法规、规章的规定执行。

第一百四十四条 执行本规定所需要的法律文书式样,由应急管理部统一制定。办理行政案件中需要的其他法律文书,由各省、自治区、直辖市消防救援机构统一制定。

第一百四十五条 法律、法规、规章对办理行政案件程序另有规定的,从其规定。

第一百四十六条 本规定自 2021 年 11 月 9 日起施行。

消防行政法律文书式样

消防行政法律文书制作与使用说明

一、一般要求

1. 本说明中所称文书,是指与《消防救援机构办理行政案件程序规定》相配套的消防行政法律文书式样。

2. 文书由各省、自治区、直辖市消防救援总队按照规定的式样自行印制,并由法制部门监制和管理。尽可能使用计算机制作。采用计算机制作文书的,阿拉伯数字字体用 Times New Roman;除《当场行政处罚决定书》外,文书名称字体用 2 号小标宋简体,正文文字字体一般用 3 号仿宋。

文书制作时统一使用国际标准 A4 型纸,《当场行政处罚决定书》可以采用 130 毫米×160 毫米的版心尺寸制作。

3. 制作文书应当完整、准确、规范,符合相应的要求。

4. 文书上方注明的"(**此处印制消防救援机构名称**)"处,印制使用该文书的消防救援机构名称。依法不具有独立执法主体资格的消防救援机构内设部门使用文书时应当以其所属消防救援机构的名义,所使用的文书应当印制其所属消防救援机构的名称。

5. 文书填写应当使用钢笔(碳素笔)和能够长期保持字迹的墨水,做到字迹清楚、文字规范、文面整洁。文书设定的栏目,应当逐项填写;摘要填写的,应当简明、准确;不需要填写的,应当划去,不能留白。签名和注明日期,必须清楚无误。

6. 文书所留空白不够记录时,可加附页。所加附页也应当按照文书所列项目要求制作,由相关人员签名或者捺指印,并按顺序编页码。

7.《当场行政处罚决定书》《先行登记保存清单》等当场出具的文书可以采用复写形式。

8. 文书中的记录内容应当准确、具体、详细,涉及案件关键事实和重要线索的,应当尽量记录原话。描述时间、方位、状态等的记录,应当依次有序、准确清楚。记录中应当避免使用推测性词句,防止发生词句歧义。

9. 文书文号,即"X 消 字〔 〕第 号"处,应当按照以下要求填写:"X"处填写制作文书的消防救援机构代字;"**消 字**"间的空白处填写文书类别的简称,如:立案审、立案登、移案、询通、调证、登保决、鉴聘、听通、当罚决、不罚决、行罚决、行罚缴决、催、强执决、代履决、强执申、送证、电送确、终决等;"〔 〕"处填写年度;"**第 号**"处填写该文书的顺序编号。

10. 文书中所称"**姓名**",是指公民法定身份证件或者居民户口簿上载明的姓名。对外国人,应当填写其合法身份证件上的姓名,必要时,注明汉语译名。

11. 文书中所称"**出生日期**"以公历(阳历)为准,除有特别说明外,一律具体到日。"**年龄**"以公历(阳历)周岁为准。

12. 文书中所称"**工作单位**",是指机关、团体、企业、事业等单位或个体工商户的名称,填写时应当写登记核准的全称。

13. 文书中所称"**文化程度**",是指国家承认的学历,分为研究生(博士、硕士)、大学、大专、中专、高中、初中、小学、文盲等。

14. 文书中所称的"**身份证件种类及号码**",是指居民身份证、驾驶证、军官证、护照等法定身份证件的种类及号码。

15. 文书中所称"**现住址**",是指现在的经常居住地。

16. 文书中"____ 一案"的横线处填写案件名称,即:"**当事人**"加上"**违法行为名称**",违法行为名称应填写规范名称。

17. 文书中"现查明____"的横线处填写违法事实情况。

18. 文书中的证据应当写明证据名称。为保护证人,对外使用的文书中,证人证言可以不写明证人姓名。

19. 填写法律依据时,应当写明所依据的法律、法规、规章的全称并具体到条、款、项。

20. 文书落款处注明的"(**消防救援机构名称及印章**)"处,应当印制消防救援机构名称,并加盖消防救援机构印章。各类清单中注明的"(**消防救援机构印章**)"处,应当加盖消防救援机构印章,可以不印制消防救援机构名称。

21. 需要当事人签名确认的文书应当由其本人签名,不能签名的,可以捺指印;当事人是单位的,由法定代表人、主要负责人或者其授权的人员签名,或者加盖单位印章。

22. 文书中的"/"表示其前后内容可供选择,在使用中应当将不用的部分划去或者不打印。

23. 文书中"□"表示其内容供选择,在使用中应当在选定的"□"中打勾。

24. 文书中的法律救济途径告知部分,应当在相应的横线处写明当事人申请行政复议的具体行政复议机关名称或者提起行政诉讼的具体法院名称。

25. 各类清单中"**编号**"栏一律使用阿拉伯数字填写,按材料、物品的排列顺序从"1"开始逐次填写;"**名称**"栏填写材料、物品的名称;"**数量**"栏填写材料、物品的数量,使用阿拉伯数字填写;"**特征**"栏填写物品的品牌、型号、颜色、新旧、规格等特点。表格多余部分应当斜对角线划去。

26. 《询问笔录》《行政处罚告知笔录》《听证笔录》中内容的记录采取问答形式,每段应当以"**问:**""**答:**"为句首开始,回答的内容以第一人称"**我**"记录。

27. 文书内容不得涂改,必须更正的,应当由当事人签名或者捺指印确认,或者重新制作。

二、具体要求

28. 《立案审批表》(附《接受证据清单》)(式样一),是消防救援机构立案时使用的文书。《接受证据清单》作为《立案审批表》的附件,用于在立案时登记举报人提交、其他单位移送等情况时取得的证据。"**案件来源**"栏由执法人员在相应的"□"中打勾选定。"**简要案情**"栏填写简要案情基本情况,主要包括违法行为时间、地点、简要过程、后果和现状;接受证据的,应当在该栏中注明"**接受证据情况见所附《接受证据清单》**",并按照要求制作《接受证据清单》。"**立案意见**"是执法人员在初步判定案件性质、管辖权限以及可否追究法律责任等情况后提出的处理建议,由执法人员在相应的"□"内打勾选定,选择"**其他**"情形的,应当在其后横线处注明具体情况。"**立案审批**"栏由消防救援机构负责人签署审批意见,根据具体情况填写"**同意**"或者其他处理意见,并指定两名以上执法人员作为承办人负责调查处理,签名并注明日期。有承办部门的,承办部门意见也签署在此栏。

29. 《立案登记表》(附《接受证据清单》)(式样二),是消防救援机构快速办理行政处罚案件立案时使用的文书。《接受证据清单》作为《立案登记表》的附件,用于在立案时登记举报人提交、其他单位移送等情况时取得的证据。"**案件来源**"栏由执法人员在相应的"□"中打勾选定。"**简要案情**"栏填写简要案情基本情况,主要包括违法行为时间、地点、简要过程、后果和现状;接受证据的,应当在该栏中注明"**接受证据情况见所附《接受证据清单》**",并按照要求制作《接受证据清单》。"**立案意见**"是执法人员在初步判定案件性质、管辖权限以及可否追究法律责任等情况后提出的处理建议,由执法人员在相应的"□"内打勾选定,选择"**其他**"情形的,应当在其后横线处注明具体情况。

30. 《移送案件通知书》(附《移送证据清单》)(式样三),是消防救援机构将不属于本单位管辖的案件,移送给其他单位处理时使用的文书。

31. 《询问通知书》(式样四),是消防救援机构通知当事人接受询问时使用的文书。消防救援机构可以在询问前根据需要使用该文书。文书抬头部分横线处填写当事人姓名,当事人是单位的,填写法定代表人、主要负责人或者其授权的人员姓名。

32. 《询问笔录》(附《权利义务告知书》)(式样五),是消防救援机构执法人员询问当事人(违法嫌疑人)、其他有关人员(证人),记载询问经过时使用的文书。询问笔录应当全面、准确记录案件事实,着重记录消防违法行为的时间、地点、情节、后果及证据。询问时,执法人员应当告知被询问人依法享有的权利和承担的义务,可以采取制作《权利义务告知书》方式或者直接在《询问笔录》中以问答方式予以体现。

首次询问时,应当问明被询问人的姓名、性别、年龄、出生日期、身份证件种类及号码、户籍所在地、现住址、联系方式;询问违法嫌疑人时还应当问明是否受过消防行政处罚,注明曾经被处罚时间、案由及种类;必要时,还应当问明其家庭主要成员、工作单位、文化程度、民族、身体状况等情况。当事人为外国人的,首次询问时还应当问明其国籍、出入境证件种类及号码、签证种类等情况;必要时,还应当问明其在华关系人、入境时间、入境事由情况。

"**第____次**"的横线处填写中文数字,"**第____页共____页**"的横线处填写阿拉伯数字。《询问笔录》应当由被询问人逐页签字或者捺指印,末尾应当由被询问人写明"**以上笔录我看过,与我说的相符**"。笔录中记录被询问人回答的内容有改动的,应当由被询问人在改动处捺指印确认。询问人员应当在《询问笔录》上签名。翻译人员应当在《询问笔录》的结尾处签名。

33.《检查/现场笔录》（式样六）。《检查笔录》是消防救援机构在办理行政案件过程中，为了查清违法事实，固定和补充证据，对与违法行为有关的场所、物品进行检查时所做的笔录。《现场笔录》是消防救援机构实施行政强制时记录实施过程及内容制作的笔录。

文书名称中横线处选择填写"**检查**"或者"**现场**"字样。"**检查对象**"处填写被检查、临时查封、强制执行的单位或者个体工商户名称。"**当事人/见证人基本情况**"处填写当事人或者见证人的姓名、性别、身份证件种类及号码，并由执法人员、当事人或者见证人在笔录末尾签名；被检查人或者当事人在场的，不需要见证人。"**事由和目的**"处根据具体情况填写，如：《检查笔录》中可以填写"XX一案，通过检查进一步查清案件事实，收集违法证据"；《现场笔录》中可以填写"实施临时查封或者强制执行，记录实施过程及现场情况"。"**过程和结果**"处根据实际情况填写。

制作《检查笔录》时，应当写明是否当场检查，记录检查的过程以及发现涉及案件事实的有关情况；检查中提取物证、书证的，应当在《检查笔录》中反映其名称、特征、数量、来源及处理情况；进行多次检查的，应当在制作首次检查笔录后，逐次补充制作笔录。制作《现场笔录》时，应当写明现场概况、现场人员情况，客观记录执法人员现场工作的过程和结果。

34.《调取证据通知书》（附《调取证据清单》）（式样七），是消防救援机构向有关单位或者个人调取与案件有关的证据时使用的文书。《调取证据清单》是消防救援机构使用《调取证据通知书》调取到证据后，给证据持有人开具的清单。

35.《先行登记保存决定书》（附《先行登记保存清单》）（式样八），适用于先行登记保存证据保全措施。《先行登记保存清单》应与《先行登记保存决定书》配套使用。

36.《鉴定聘请书》（式样九），是消防救援机构聘请消防救援机构以外的鉴定人时使用的文书。抬头部分横线处填写被聘请人的单位名称。"**接收人**"后由鉴定人签名，并加盖单位印章。

37.《行政处罚告知笔录》（式样十），是消防救援机构适用普通程序作出行政处罚决定前履行告知义务时使用的文书。该文书分为处罚前告知和听证告知两部分，需完整打印；拟作出的行政处罚不需要听证的，不填写听证告知部分。"**执行告知单位**"处填写消防救援机构名称。"**告知人**"处填写承办人员姓名。"**被告知人**"处填写被告知人的姓名或者单位名称。"**单位法定代表人/主要负责人**"处填写被告知单位的法定代表人或者主要负责人姓名。"**现将拟作出行政处罚决定的内容及事实、理由、依据告知如下**"处填写行政处罚的种类，如"责令停产停业"等；罚款应当告知具体金额，如"罚款三万元"等。"**向____提出**"的横线处填写受理听证申请的消防救援机构名称。被告知人不要求听证的，应在"**听证告知**"部分写明"**我不要求听证**"；被告知人主动放弃听证权利的，应在"**听证告知**"部分写明"**我不要求听证，并且主动放弃对本案要求听证的权利**"。

38.《快速办理案件权利义务告知书》（附《自行书写材料》）（式样十一），对行政案件适用快速办理程序，当事人自愿认错认罚，消防救援机构告知当事人快速办理案件的程序和其权利义务等内容的文书。末尾横线处应当由当事人写明"**我已阅读上述告知事项，同意适用快速办理程序**"。当事人是单位的，应当由法定代表人或者主要负责人书写。

《自行书写材料》，是消防救援机构快速办理行政案件中，通过简化取证方式，以当事人自行书写的材料替代普通程序中的《询问笔录》所使用的格式文本。当事人是单位的，应当由法定代表人或者主要负责人书写。

39.《举行听证通知书》（式样十二），是消防救援机构通知听证申请人及有关人员参加听证时使用的文书。抬头部分横线处填写被通知人的姓名或者单位名称，以下内容依次填写举行听证的时间、地点和案件名称。

40.《听证笔录》（式样十三），是对听证过程和内容的记录。"**听证主持人**""**听证员**""**记录员**""**承办人员**"处填写上述人员的姓名、工作单位及职务。"**听证申请人**"处，听证申请人是个人的，填写其姓名、性别、年龄、现住址和工作单位；是单位的，填写单位名称和地址。"**法定代表人**"处填写法定代表人的姓名、性别、年龄。听证申请人有委托代理人的，应当在"**委托代理人**"处填写委托代理人的姓名、性别、年龄和工作单位。"**第三人**"处填写第三人的姓名、性别、年龄、现住址和工作单位，并注明与本案是何种利害关系。第三人有委托代理人的，在"**第三人的委托代理人**"处填写代理人的姓名、性别、年龄和工作单位。

41.《听证报告书》（式样十四），是听证结束后，听证主持人就听证情况以及对该案的处理意见和建议向消防救援机构负责人报告时使用的文书。该文书相关项目的填写应当与《听证笔录》一致。"**听证会基本情况**"处填写听证会的基本情况,当事人和案件承办人员的主要理由;听证员有不同意见的,也应当注明。"**听证后认定的案件事实及处理意见和建议**"处填写听证会查明的案件主要事实、对该听证案件的具体处理意见和建议,包括建议采用原处理意见,或者提出新的处理意见等。

42.《当场行政处罚决定书》(式样十五),是消防救援机构进行当场行政处罚时使用的文书。"**违法行为人**"处,违法行为人是个人的,填写其姓名、性别、年龄、出生日期、身份证件种类及号码、户籍所在地、现住址等基本信息;是单位的,填写单位名称、地址、法定代表人、统一社会信用代码等基本信息。"**现查明____**"的横线处填写具体违法事实和违反的法律条款。"**以上事实有____**"的横线处填写存在违法事实的证据情况。"**根据____**"的横线处填写法律依据。"**决定给予____**"的横线处填写决定的内容,包括处罚种类、罚款金额。"**执行方式**"处应当勾选具体的执行方式。附卷的《当场行政处罚决定书》应当由被处罚人签名或者盖章,写明"**当场行政处罚决定书已向我宣告并送达**"的,可以不再使用《送达回证》。拒绝签名、盖章的,由承办人员在文书上注明。

43.《不予行政处罚决定书》(式样十六),是消防救援机构依法作出不予行政处罚决定时使用的文书。"**当事人**"处,当事人是个人的,填写其姓名、性别、年龄、出生日期、身份证件种类及号码、户籍所在地、现住址等基本信息;是单位的,填写单位名称、地址、法定代表人、统一社会信用代码等基本信息。"**现查明____**"的横线处填写违法事实不能成立,或者确有违法行为但有依法不予行政处罚情形的具体情况。"**以上事实有____**"的横线处填写不予行政处罚的证据情况。"**根据____**"的横线处填写法律依据,根据具体情况填写《中华人民共和国行政处罚法》第三十条、第三十一条、第三十三条等。附卷的《不予行政处罚决定书》应当由当事人签名或者盖章,写明"**不予行政处罚决定书已向我宣告并送达**"的,可以不再使用《送达回证》。拒绝签名、盖章的,由承办人员在文书上注明。

44.《行政处罚决定书》(附《没收违法所得清单》)(式样十七),是消防救援机构对被处罚人予以行政处罚时使用的文书。"**违法行为人**"处,被处罚人是个人的,填写其姓名、性别、年龄、出生日期、身份证件种类及号码、户籍所在地、现住址等基本信息;是单位的,填写单位名称、地址、法定代表人、统一社会信用代码等基本信息。"**现查明____**"的横线处填写具体违法事实和违反的法律条款。"**以上事实有____**"的横线处填写存在违法事实的证据情况。"**根据____**"的横线处填写法律依据。"**现决定**"处填写决定内容,包括处罚种类、罚款金额。"**执行方式和期限____**"的横线处应当注明具体的方式和期限。同时没收违法所得的,应当附《没收违法所得清单》,并在《行政处罚决定书》中注明。附卷的《行政处罚决定书》应当由被处罚人签名或者盖章,写明"**行政处罚决定书已向我宣告并送达**"的,可以不再使用《送达回证》。拒绝签名、盖章的,由承办人员在文书上注明。

45.《行政处罚延期/分期缴纳罚款决定书》(式样十八),是消防救援机构作出行政处罚罚款决定后,被处罚人确有经济困难,向作出处罚决定的消防救援机构提出暂缓或者分期缴纳罚款的申请,消防救援机构对其申请作出决定时使用的文书。"**被处罚人**"处,被处罚人是个人的,填写其姓名、性别、年龄、出生日期、身份证件种类及号码、户籍所在地、现住址等基本信息;是单位的,填写单位名称、地址、法定代表人、统一社会信用代码等基本信息。同意延期缴纳罚款的,勾选"**同意你(单位)延期缴纳罚款**",并写明同意延长的具体期限;同意分期缴纳罚款的,勾选"**同意你(单位)分期缴纳罚款**",并写明分期缴纳罚款的期数和每期缴纳的具体期限和金额。不同意延期/分期缴纳罚款的,勾选"**你(单位)不符合《中华人民共和国行政处罚法》第六十六条第二款之规定,不同意你(单位)延期/分期缴纳罚款**"。

46.《催告书》(式样十九),是消防救援机构在作出强制执行决定或者向法院申请强制执行前,依法催告当事人履行行政决定义务时使用的文书。主要适用于消防救援机构强制执行停产停业、停止使用决定和代履行清除或者拆除相关障碍物、妨碍物前的催告程序,以及申请法院强制执行罚款、没收违法所得决定前的催告程序。

"**当事人**"处,当事人是个人的,填写其姓名、性别、年龄、出生日期、身份证件种类及号码、户籍所在地、现住址等基本信息;是单位的,填写单位名称、地址、法定代表人、统一社会信用代码等基本信息。"**消防救援机构于____年____月____日作出的____决定,文书名称及文号为____**"栏,根据消防救援机构前期发出的相应《行政处罚决定书》《责令立即改正通知书》《责令限期改正通知书》等法律文书的具体内容填写。"**履行方式____**"的横线处填写停产停业、停止使用、拆除、清除妨碍物、障碍物、缴纳罚款及加处的罚款等具体要求。

47.《行政强制执行决定书》(式样二十)，是消防救援机构依法决定强制执行时使用的文书。"**被处理人**"处，被处理人是个人的，填写其姓名、性别、年龄、出生日期、身份证件种类及号码、户籍所在地、现住址等基本信息；是单位的，填写单位名称、地址、法定代表人、统一社会信用代码等基本信息。"**强制执行方式____**"的横线处填写强制执行的具体方式、方法、手段，强制执行停产停业、停止使用的方式一般为张贴封条、上锁、封堵，以及其他能够确保当事人停产停业、停止使用的措施。

48.《代履行决定书》(式样二十一)，是消防救援机构决定代履行时使用的文书。对当事人有《中华人民共和国消防法》第六十条第一款第三项、第四项、第五项、第六项规定的消防安全违法行为，经责令改正拒不改正的，消防救援机构应当按照《中华人民共和国消防法》第六十条第三款的规定决定代履行，使用本文书。

"**当事人**"处，当事人是个人的，填写其姓名、性别、年龄、出生日期、身份证件种类及号码、户籍所在地、现住址等基本信息；是单位的，填写单位名称、地址、法定代表人、统一社会信用代码等基本信息。"**作出____**"的横线处，根据消防救援机构前期发出的相应《责令立即改正通知书》《责令限期改正通知书》等法律文书填写。"**要求你(单位)____**"的横线处填写当事人需要承担的具体义务，即具体履行措施。勾选"**经催告后你(单位)仍不履行**"的为代履行一般规定，应当在代履行三日前催告当事人履行义务，当事人履行的，停止代履行。勾选"**需要立即清除疏散通道、消防车通道影响逃生和灭火救援的障碍物**"的为立即实施代履行，消防救援机构可以决定立即实施代履行。"**决定由____**"的横线处填写执行代履行的单位名称，为消防救援机构或者没有利害关系的第三人。"**代履行方式**"处填写拟采取的具体行政强制执行的方式、方法、手段等。

49.《强制执行申请书》(式样二十二)，是消防救援机构依法申请法院强制执行时使用的文书。"**____法院**"的横线处填写管辖法院的名称。"**特申请你院对以下事项强制执行____**"的横线处填写被执行人基本情况、强制执行罚款、没收违法所得的数额，如有加处罚款的，说明执行总数额。

50.《送达回证》(式样二十三)，是消防救援机构在送达法律文书时使用的文书。可以用于直接送达、留置送达、委托送达、邮寄送达、公告送达等方式，填写时在相应的"□"中打勾选定。采取直接送达方式的，可以由受送达人在附卷的法律文书上注明收到日期，并签名、捺指印或者盖章，也可以使用《送达回证》。

51.《电子送达地址确认书》(式样二十四)，是消防救援机构在受送达人同意可以采用电子邮件、传真、微信、短信等送达媒介电子送达法律文书时，由受送达人填写电子送达地址并进行确认时使用的文书。

52.《终止案件调查决定书》(式样二十五)，是消防救援机构依法终止案件调查时使用的文书。

消防行政法律文书式样目录

1. 立案审批表(附：接受证据清单)
2. 立案登记表(附：接受证据清单)
3. 移送案件通知书(附：移送证据清单)
4. 询问通知书
5. 询问笔录(附：权利义务告知书)
6. 检查/现场笔录
7. 调取证据通知书(附：调取证据清单)
8. 先行登记保存决定书(附：先行登记保存清单)
9. 鉴定聘请书
10. 行政处罚告知笔录
11. 快速办理案件权利义务告知书(附：自行书写材料)
12. 举行听证通知书
13. 听证笔录
14. 听证报告书
15. 当场行政处罚决定书
16. 不予行政处罚决定书
17. 行政处罚决定书(附：没收违法所得清单)
18. 行政处罚延期/分期缴纳罚款决定书
19. 催告书
20. 行政强制执行决定书
21. 代履行决定书
22. 强制执行申请书
23. 送达回证
24. 电子送达地址确认书
25. 终止案件调查决定书

式样一

立案审批表

(消防救援机构名称及印章)　　　　X消立案审字〔　　〕第　　号

案件来源	□1. 消防监督管理工作中发现 □2. 公民、法人或者其他组织举报经核实的 □3. 移送 □4. 其他：_____				
案由					
当事人基本情况	个人	姓名		性别		出生日期	
:::	:::	身份证件种类		证件号码			
:::	:::	住址				联系方式	
:::	单位	名称				法定代表人	
:::	:::	地址				联系方式	
:::	:::	统一社会信用代码					
简要案情：				
立案意见	□属我单位管辖的行政案件，建议及时调查处理。 □不属于我单位管辖，建议移送_____处理。 □不属于消防救援机构职责范围，不予调查处理。 □其他：_____ 执法人员：　　　　　　　　　　　　　　　　年　月　日				
立案审批	消防救援机构负责人：　　　　　　　　　　　年　月　日				

此文书附卷。

接受证据清单

编号	名称	数量	特征	备注

提交人：	保管人：	执法人员：
		（消防救援机构印章）
年 月 日	年 月 日	年 月 日

一式三份，一份交提交人，一份交保管人，一份附卷。

式样二

立案登记表

（消防救援机构名称及印章）　　　　X消立案登字〔　　〕第　　号

案件来源	☐1. 消防监督管理工作中发现 ☐2. 公民、法人或者其他组织举报经核实的 ☐3. 移送 ☐4. 其他：_____					
案由						
当事人基本情况	个人	姓名		性别		出生日期	
:::	:::	身份证件种类		证件号码			
:::	:::	住址				联系方式	
:::	单位	名称				法定代表人	
:::	:::	地址				联系方式	
:::	:::	统一社会信用代码					
简要案情：							
立案意见	☐属我单位管辖的行政案件，建议及时调查处理。 ☐不属于我单位管辖，建议移送_____处理。 ☐不属于消防救援机构职责范围，不予调查处理。 ☐其他：_____ 执法人员：　　　　　　　　　　　　　　年　　月　　日					

此文书附卷。

接受证据清单

编号	名称	数量	特征	备注

提交人：	保管人：	执法人员：
		（消防救援机构印章）
年　月　日	年　月　日	年　月　日

一式三份，一份交提交人，一份交保管人，一份附卷。

式样三

（此处印制消防救援机构名称）
移送案件通知书

X消移案字〔　　〕第　　号

　　_____：

　　我单位于_____年___月___日对_____
_____一案立案调查，在调查中发现_____
_____,该案属于你单位管辖范围。

　　根据_____之规定，现移送你单位处理。

　　附：移送证据清单

（消防救援机构名称及印章）
年　　月　　日

接收单位：
　　　年　　月　　日

一式两份，一份交接收单位，一份附卷。

移送证据清单

编号	名称	数量	特征	备注

接收人：	保管人：	执法人员：
		（消防救援机构印章）
年　月　日	年　月　日	年　月　日

一式三份，一份交持有人，一份交保管人，一份附卷。

式样四

（此处印制消防救援机构名称）

询问通知书

X 消询通字〔　　〕第　　号

_____：

　　为调查了解_____
_____一案,请你于_____年___月
___日___时___分,到_____
_____接受询问调查。依据《中华人民共和国行政处罚法》第五十五条之规定,你有如实回答询问、协助调查的义务。

　　请携带以下材料：

　　1._____；
　　2._____；
　　3._____。

　　执法人员：_____、_____
　　联系方式：_____

（消防救援机构名称及印章）
年　　月　　日

　　本通知书已收到。

　　当事人：

　　　　　年　　月　　日

一式两份,一份交当事人,一份附卷。

式样五

第____次

询 问 笔 录

时间：_____年____月____日____时____分至_____年____月____日____时____分
地点：_____
询问人(签名)：_____、工作单位：_____
记录人(签名)：_____工作单位：_____
被询问人姓名：_____性别：_____年龄：_____出生日期：_____
身份证件种类及号码：_____
户籍所在地：_____
现住址：_____联系方式：_____
问：_____
答：_____
_____
_____
_____
_____
_____
_____

第____页共____页

(此处印制消防救援机构名称)
权利义务告知书

根据有关法律法规，你享有以下权利：
一、消防救援机构负责人、办案人员、鉴定人和翻译人有下列情形之一的，你有权要求回避：
(一)是本案的当事人或者当事人的近亲属；
(二)本人或其近亲属与本案有直接利害关系；
(三)与本案当事人有其他关系，可能影响案件公正处理。
二、有陈述和申辩的权利。
三、对与本案无关的问题，有拒绝回答的权利。
四、对询问笔录记载有遗漏或差错的，有提出补充或者更正的权利。
五、对消防救援机构及办案人员侵犯当事人权利的行为，有申诉、控告的权利。
根据有关法律法规，你应履行下列义务：
一、必须如实提供证据、证言，作伪证或者隐匿证据的，依法承担相应法律责任。
二、确认笔录无误后，应当逐页签名或捺指印。
本告知书于_____年___月___日___时___分向我告知。

被告知人：

式样六

第____次记录

（此处印制消防救援机构名称）

检查/现场笔录

时间：_____年____月____日____时____分至_____年____月____日____时____分
地点：_____
执法人员姓名及工作单位：_____
检查对象：_____
当事人/见证人基本情况（姓名、性别、身份证件种类及号码）：_____
　　事由和目的：_____
_____
_____
　　过程和结果：_____
_____
_____
_____
_____
_____
_____
_____

执法人员：　　　　　　　　　　　　　　　　　　　　　　　　　年　　月　　日
当事人或者见证人：　　　　　　　　　　　　　　　　　　　　　年　　月　　日

式样七

(此处印制消防救援机构名称)

调取证据通知书

X 消调证字〔　　〕第　　号

_____：

根据《中华人民共和国行政处罚法》等规定,现调取与_____一案有关的下列证据:_____。

请你(单位)自收到本通知书之日起__日内配合消防救援机构完成调取证据工作。伪造、隐匿或者毁灭证据的,将受法律追究。

附:调取证据清单

(消防救援机构名称及印章)
年　　月　　日

本通知书已收到。

证据持有人:

年　　月　　日

一式两份,一份交证据持有人,一份附卷。

调取证据清单

编号	名称	数量	特征	备注

持有人：

　　　　　　　　　　年　月　日

保管人：

　　　　　　　　　　年　月　日

执法人员：

（消防救援机构印章）
　　　　　　　　　　年　月　日

一式三份，一份交持有人，一份交保管人，一份附卷。

式样八

(此处印制消防救援机构名称)
先行登记保存决定书

X消登保决字〔　　〕第　　号

当事人(姓名、身份证件种类及号码/单位名称、法定代表人、统一社会信用代码及其姓名)：_____
_____
_____

地址及联系方式：_____

因调查_____
_____一案,根据《中华人民共和国行政处罚法》第五十六条之规定,决定对先行登记保存清单中的物品予以先行登记保存____日(自_____年___月___日至_____年___月___日),保存地点____
_____,在此期间,当事人或者有关人员不得销毁或者转移证据。

如不服本决定,可以在收到本决定书之日起六十日内向_____
_____申请行政复议或者在六个月内依法向_____
_____法院提起行政诉讼。

附:先行登记保存清单

(消防救援机构名称及印章)
年　月　日

当事人：

年　月　日

一式两份,一份交当事人,一份附卷。

先行登记保存清单

编号	名称	数量	物品特征或者场所地址	备注

当事人或者见证人：	保管人：	执法人员：
		（消防救援机构印章）
年　月　日	年　月　日	年　月　日

一式三份，一份交当事人，一份交保管人，一份附卷。

式样九

（此处印制消防救援机构名称）

鉴 定 聘 请 书

X消鉴聘字〔　　〕第　号

_____：

　　为了查明_____

_____一案,特聘请你(单位)对_____

_____进行鉴定。请于_____

年___月___日前将书面鉴定意见送交我单位。

（消防救援机构名称及印章）
年　月　日

本聘请书已收到。

接收人：

　　　　年　月　日

一式两份,一份交被聘请人,一份附卷。

式样十

(此处印制消防救援机构名称)

行政处罚告知笔录

执行告知单位:＿＿＿＿＿＿＿＿＿＿＿＿＿＿＿ 告知人:＿＿＿＿＿＿＿＿＿＿＿＿＿＿＿＿＿＿

被告知人:＿＿＿＿＿＿＿＿＿＿＿＿＿＿＿＿＿＿ 单位法定代表人/主要负责人:＿＿＿＿＿＿＿＿＿

告知内容:

　　□处罚前告知

　　根据《中华人民共和国行政处罚法》第四十四条之规定,现将拟作出行政处罚决定的内容及事实、理由、依据告知如下:＿＿＿

　　问:对上述告知事项,你(单位)是否提出陈述和申辩?(对被告知人的陈述和申辩可附页记录,被告知人提供书面陈述、申辩材料的,应当附上,并在本告知笔录中注明)

　　答:＿＿＿

　　对你提出的陈述和申辩,消防救援机构将进行复核。

被告知人:

年　　月　　日　　时　　分

　　□听证告知

　　根据《中华人民共和国行政处罚法》第六十三条之规定,你(单位)有权要求听证。如果要求听证,你(单位)应在被告知后五日内向＿＿＿＿＿＿＿＿＿＿＿＿＿＿＿＿提出,逾期视为放弃要求听证权利。

　　问:对上述告知事项,你是否要求听证?

　　答:＿＿＿

　　消防救援机构对符合听证条件的,自收到听证申请之日起十日内举行听证;对放弃听证的,依法作出处理决定。

被告知人:

年　　月　　日　　时　　分

式样十一

（此处印制消防救援机构名称）

快速办理案件权利义务告知书

因本案件符合消防行政案件快速办理的相关条件，我单位拟采用快速办理的方式进行办理，现将有关事项告知如下：
一、消防救援机构采用以下形式进行调查取证：
（一）由当事人自行书写材料或通过格式化询问笔录等方式进行询问；
（二）通过录音录像方式调查取证。
二、案件办理过程中，当事人有以下权利和义务：
（一）申请回避的权利、使用本民族语言文字接受询问的权利、不通晓当地通用的语言文字的被询问人有要求配备翻译人员的权利、聋哑人有要求通晓手语的人提供帮助的权利；
（二）对案件事实有如实陈述的义务，诬告或者作伪证应当承担相应的法律责任；
（三）有陈述和申辩的权利；
（四）有核对询问笔录的权利，认为笔录有遗漏、差错的，有权要求补充或者更正。没有阅读能力的被询问人有要求办案人员如实宣读询问笔录的权利。被询问人应当在询问笔录上逐页签名或者捺指印；
（五）书写的内容涉及国家秘密、商业秘密或者个人隐私，消防救援机构将予以保密；
（六）对消防救援机构及其执法人员的违法违纪行为，有权向上一级消防救援机构或者人民检察院、监察机关检举、控告。

当事人：
年　月　日

自 行 书 写 材 料

　　一、当事人的基本情况：(姓名、性别、年龄、出生日期、身份证件种类及号码、户籍所在地、现住址、联系方式/单位名称、地址、法定代表人、统一社会信用代码、联系方式)
_____
_____
_____

　　二、关于违法经过的叙述：(当事人书写时应简明扼要，写清楚违法行为发生的时间、地点、起因、经过、结果，对消防救援机构处理该案件的态度及意见或者建议等)
_____
_____
_____
_____
_____
_____
_____

书写时间：____年____月____日____时____分至____年____月____日____时____分
书写地点：_____
书写人：　　　　　　　　　　　　　　　　　　　　　　　年　月　日
执法人员：　　　　　　　　　　　　　　　　　　　　　　年　月　日

式样十二

（此处印制消防救援机构名称）
举行听证通知书

X 消听通字〔　　〕第　　号

_____：

　　根据《中华人民共和国行政处罚法》第六十四条之规定,我单位定于_____年___月___日___时___分在_____就_____一案举行听证会,请按时出席。听证申请人(代理人)无正当理由拒不出席的,终止听证。

　　特此通知。

（消防救援机构名称及印章）
年　月　日

申请人：

　　　　年　月　日

一式两份,一份交听证申请人,一份附卷。

式样十三

（此处印制消防救援机构名称）

听 证 笔 录

案由：_____

时间：_____年____月____日____时____分至_____年____月____日____时____分

地点：_____举行方式：_____

听证主持人：_____

听证员：_____

记录员：_____

听证申请人：_____

法定代表人：_____

委托代理人：_____

证人：_____鉴定人：_____

翻译人员：_____其他有关人员：_____

第三人：_____

第三人的委托代理人：_____

承办人员(签名)：_____

听证内容记录(可加页)：_____

_____

_____

_____

_____

_____

_____

_____

听证申请人或者其委托代理人(签名)：_____

第三人或者其委托代理人(签名)：_____

证人(签名)：_____鉴定人(签名)：_____

翻译人员(签名)：_____听证员(签名)：_____

听证主持人(签名)：_____记录员(签名)：_____

年　月　日

第___页共___页

式样十四

(此处印制消防救援机构名称)

听 证 报 告 书

案由：_____
时间：_____年_____月_____日_____时_____分至_____年_____月_____日_____时_____分
地点：_____
举行方式：_____
听证主持人：_____　听证员：_____　记录员：_____
听证申请人：_____
法定代表人：_____委托代理人：_____
第三人及其委托代理人：_____
本案承办人员：_____
听证会基本情况：_____
_____
_____
_____
_____
_____
_____

听证后认定的案件事实及处理意见和建议：_____
_____
_____

听证主持人：

年　月　日

第___页共___页

式样十五

```
┌─────────────────────────────────────────────────────────────┐
│                    （此处印制消防救援机构名称）                │
│                      **当场行政处罚决定书**                    │
│                                    X 消当罚决字〔   〕第    号│
│                                                               │
│    违法行为人(姓名、性别、年龄、出生日期、身份证件种类及号码、户籍所在地、现住址/单位名称、地址、法定代表人、统一社会信用代码)：_____
│    _____
│    现查明_____
│    _____
│    _____，
│    上事实有_____
│    _____等证据证实。
│    根据_____
│    _____之规定，现决定_____
│    _____的处罚。
│    执行方式：□警告 □当场收缴罚款 □被处罚人持本决定书在十五日内到_____银行缴纳罚款。逾期不缴纳的，每日按罚款数额的百分之三加处罚款，加处罚款的数额不超过罚款的数额。
│    如不服本决定，可以在收到本决定书之日起六十日内向_____申请行政复议或者在六个月内依法向_____法院提起行政诉讼。
│    处罚地点：_____
│    执法人员：_____
│                                        （消防救援机构名称及印章）
│                                               年    月    日
│
│    处罚前已口头告知违法行为人拟作出处罚的内容及事实、理由和依据，并告知违法行为人依法享有陈述权和申辩权。
│    当场行政处罚决定书已向我宣告并送达。
│    被处罚人：
│          年    月    日
└─────────────────────────────────────────────────────────────┘
```

一式两份，一份交被处罚人，一份交所属消防救援机构备案。

式样十六

(此处印制消防救援机构名称)
不予行政处罚决定书

X消不罚决字〔　　〕第　　号

　　当事人(姓名、性别、年龄、出生日期、身份证件种类及号码、户籍所在地、现住址/单位名称、地址、法定代表人、统一社会信用代码)：_____

_____

　　现查明_____

_____，

　　以上事实有_____

_____等证据证实。

　　根据_____

之规定，现决定不予行政处罚。

　　如不服本决定，可以在收到本决定书之日起六十日内向_____申请行政复议或者在六个月内依法向_____法院提起行政诉讼。

(消防救援机构名称及印章)
年　　月　　日

　　不予行政处罚决定书已向我宣告并送达。

当事人：

　　　　年　　月　　日

一式两份，一份交当事人，一份附卷。

式样十七

（此处印制消防救援机构名称）

行政处罚决定书

X 消行罚决字〔　　〕第　　号

　　违法行为人（姓名、性别、年龄、出生日期、身份证件种类及号码、户籍所在地、现住址/单位名称、地址、法定代表人、统一社会信用代码）：_____
_____

　　现查明_____
_____

　　以上事实有_____
_____等证据证实。

　　根据_____之规定，现决定_____
_____。

　　执行方式和期限：_____
_____。

　　逾期不缴纳罚款的，每日按罚款数额的百分之三加处罚款，加处罚款的数额不超过罚款的数额。

　　如不服本决定，可以在收到本决定书之日起六十日内向_____申请行政复议或者在六个月内依法向_____法院提起行政诉讼。

　　附：_____清单

（消防救援机构名称及印章）

年　　月　　日

　　行政处罚决定书已向我宣告并送达。

　　被处罚人：

年　　月　　日

　　一式三份，被处罚人和执行单位各一份，一份附卷。

没收违法所得清单

编号	名称	金额	特征	备注

被处罚人：	保管人：	执法人员：
		（消防救援机构印章）
年　月　日	年　月　日	年　月　日

一式三份，一份交被处罚人，一份交保管人，一份附卷。

式样十八

(此处印制消防救援机构名称)

行政处罚延期/分期缴纳罚款决定书

X 消行罚缴决字〔　　〕第　　号

　　被处罚人(姓名、性别、年龄、出生日期、身份证件种类及号码、户籍所在地、现住址/单位名称、地址、法定代表人、统一社会信用代码)：_____

_____

_____

　　_____年___月___日,我单位向你(单位)送达了《行政处罚决定书》(X 消行罚决字〔　　〕第　　号),依法对你(单位)作出罚款的决定,根据你(单位)的申请,我单位依据《中华人民共和国行政处罚法》第六十六条第二款之规定,现决定：

　　□同意你(单位)延期缴纳罚款。延长至_____年___月___日。

　　□同意你(单位)分___期缴纳罚款。第___期至_____年___月___日前,缴纳罚款_____元(大写),第___期至_____年___月___日前,缴纳罚款_____元(大写)。

　　□你(单位)不符合《中华人民共和国行政处罚法》第六十六条第二款之规定,不同意你(单位)延期/分期缴纳罚款。

　　逾期不缴纳罚款的,每日按罚款数额的百分之三加处罚款,加处罚款的数额不超过罚款的数额。

(消防救援机构名称及印章)
年　　月　　日

　　延期/分期缴纳罚款决定书已向我宣告并送达。

　　被处罚人：

　　　　　年　　月　　日

　　一式三份,被处罚人和执行单位各一份,一份附卷。

式样十九

(此处印制消防救援机构名称)

催 告 书

X消催字〔　　〕第　　号

　　当事人(姓名、性别、年龄、出生日期、身份证件种类及号码、户籍所在地、现住址/单位名称、地址、法定代表人、统一社会信用代码)：_____
_____
_____

　　根据《中华人民共和国行政强制法》第三十五条和第五十四条之规定,限你(单位)于_____年___月___日前履行消防救援机构于_____年___月___日作出的_____决定,文书名称及文号为：_____。
　　履行方式：_____
_____(涉及金钱给付的,应当注明金额和给付方式)。
　　对以上事项,你(单位)有权进行陈述和申辩,无正当理由逾期不履行的,将依法强制执行。

(消防救援机构名称及印章)
年　　月　　日

被催告人：

年　　月　　日

　　一式两份,一份交当事人,一份附卷。

式样二十

(此处印制消防救援机构名称)
行政强制执行决定书

X 消强执决字〔　　〕第　　号

　　被处理人(姓名、性别、年龄、出生日期、身份证件种类及号码、户籍所在地、现住址/单位名称、地址、法定代表人、统一社会信用代码)：_____
_____
_____

　　因你(单位)经催告无正当理由逾期未履行消防救援机构于_____年___月____日作出的行政处罚决定(决定书文号：X 消行罚决字〔　　〕第　　号)。

　　根据《中华人民共和国消防法》_____
_____之规定,决定于_____年___月___日强制执行。

　　强制执行方式：_____

　　如不服本决定,可以在收到本决定书之日起六十日内向_____申请行政复议或者六个月内依法向_____法院提起行政诉讼。

(消防救援机构名称及印章)

年　月　日

被执行人：

年　月　日

　　一式两份,一份交被执行人,一份附卷。

式样二十一

(此处印制消防救援机构名称)

代履行决定书

X 消代履决字〔　　〕第　　号

当事人(姓名、性别、年龄、出生日期、身份证件种类及号码、户籍所在地、现住址/单位名称、地址、法定代表人、统一社会信用代码)：_____
_____
_____

我单位于____年___月___日作出_____(文书文号：_____)，要求你(单位)_____。

□经催告后你(单位)仍不履行。依据《中华人民共和国消防法》第六十条第三款之规定，决定由_____于_____年___月___日代履行。

□需要立即清除疏散通道、消防车通道影响逃生和灭火救援的障碍物，因你(单位)不能清除，依据《中华人民共和国行政强制法》第五十二条之规定，决定由_____立即代履行。

代履行方式：_____

代履行费用(预算)：_____元(大写：_____元)，根据《中华人民共和国行政强制法》第五十一条第二款之规定，由你(单位)承担。

请你(单位)在收到本决定书后_____日内预付代履行预算费用(开户行：_____账号：_____)。代履行费用据实决算后，多退少补。

如不服本决定，可以在收到决定书之日起六十日内向_____申请行政复议或者六个月内依法向_____法院提起行政诉讼。

(消防救援机构名称及印章)
　　　年　　月　　日

当事人：

　　　年　　月　　日

一式两份，一份交当事人，一份附卷。

式样二十二

（此处印制消防救援机构名称）

强制执行申请书

X 消强执申字〔　　〕第　　号

_____法院：

我单位于_____年___月___日对_____作出_____的行政处罚决定(X 消行罚决字〔　　〕第　　号)，经依法催告(X 消催字〔　　〕第　　号)，当事人无正当理由逾期仍未履行义务。

根据《中华人民共和国行政强制法》第五十三条和第五十四条之规定，特申请你院对以下事项强制执行：

_____

_____。

附：1. 行政处罚决定书　　　2. 当事人的意见
　　3. 催告书　　　　　　4. 申请强制执行标的情况
　　5. 法律、行政法规规定的其他材料：_____

（消防救援机构名称及印章）
年　月　日

消防救援机构负责人：

　　年　月　日

一式两份，一份交法院，一份附卷。

式样二十三

（此处印制消防救援机构名称）

送 达 回 证

X消送证字〔　　〕第　号

送达的文书名称及文号	
受送达人	
送达地点	
送达人单位及送达人签名	
送达方式	□1. 直接送达　□2. 留置送达　□3. 委托送达 □4. 邮寄送达　□5. 公告送达
签收人	□1. 受送达人　□2. 委托代理人 □3. 代收人（与受送达人关系＿＿＿＿＿） 　　　　　＿＿＿＿＿＿（签名）
送达时间	年　月　日　时　分
见证人及其单位或住址	＿＿＿＿＿＿＿＿＿＿＿＿＿＿＿＿＿＿＿ ＿＿＿＿＿＿＿（签名）　　年　月　日
备注	

此文书附卷。

式样二十四

（此处印制消防救援机构名称）

电子送达地址确认书

X 消电送确字〔　　〕第　　号

受送达人		身份证件种类及号码	
受送达人提供的电子送达地址	请选具体的电子送达方式： □电子邮件,邮箱地址：＿＿＿＿＿＿＿＿＿＿＿＿＿＿ □传真,传真号码：＿＿＿＿＿＿＿＿＿＿＿＿＿＿＿ □微信,微信号：＿＿＿＿＿＿＿＿＿＿＿＿＿＿＿＿ □短信,手机号：＿＿＿＿＿＿＿＿＿＿＿＿＿＿＿＿ □其他途径：＿＿＿＿＿＿＿＿＿＿＿＿＿＿＿＿＿		
受送达人确认	本人同意消防救援机构以上述方式向我(单位)送达有关文书,并保证上述送达地址真实、准确、有效,本人通过上述途径均能知悉有关送达内容。 　　　　　　　　　　　　　　　　　　当事人： 　　　　　　　　　　　　　　　　　　　　　年　　月　　日		
执法人员签名	年　　月　　日		
备注			

此文书附卷。

式样二十五

（此处印制消防救援机构名称）
终止案件调查决定书

X消终决字〔　　〕第　　号

因_____一案具有

☐违法行为已过追究时效

☐涉嫌违法的公民死亡，或者法人、其他组织终止

☐没有违法事实的

☐其他：_____

的情形，现决定终止调查。

（消防救援机构名称及印章）
年　　月　　日

当事人：

年　　月　　日

一式两份，一份交当事人，一份附卷。

六、危险化学品安全

关于全面加强危险化学品安全生产工作的意见

· 2020 年 2 月 26 日

为深刻吸取一些地区发生的重特大事故教训，举一反三，全面加强危险化学品安全生产工作，有力防范化解系统性安全风险，坚决遏制重特大事故发生，有效维护人民群众生命财产安全，现提出如下意见。

一、总体要求

以习近平新时代中国特色社会主义思想为指导，全面贯彻党的十九大和十九届二中、三中、四中全会精神，紧紧围绕统筹推进"五位一体"总体布局和协调推进"四个全面"战略布局，坚持总体国家安全观，按照高质量发展要求，以防控系统性安全风险为重点，完善和落实安全生产责任和管理制度，建立安全隐患排查和安全预防控制体系，加强源头治理、综合治理、精准治理，着力解决基础性、源头性、瓶颈性问题，加快实现危险化学品安全生产治理体系和治理能力现代化，全面提升安全发展水平，推动安全生产形势持续稳定好转，为经济社会发展营造安全稳定环境。

二、强化安全风险管控

（一）深入开展安全风险排查。按照《化工园区安全风险排查治理导则（试行）》和《危险化学品企业安全风险隐患排查治理导则》等相关制度规范，全面开展安全风险排查和隐患治理。严格落实地方党委和政府领导责任，结合实际细化排查标准，对危险化学品企业、化工园区或化工集中区（以下简称化工园区），组织实施精准化安全风险排查评估，分类建立完善安全风险数据库和信息管理系统，区分"红、橙、黄、蓝"四级安全风险，突出一、二级重大危险源和有毒有害、易燃易爆化工企业，按照"一企一策"、"一园一策"原则，实施最严格的治理整顿。制定实施方案，深入组织开展危险化学品安全三年提升行动。

（二）推进产业结构调整。完善和推动落实化工产业转型升级的政策措施。严格落实国家产业结构调整指导目录，及时修订公布淘汰落后安全技术工艺、设备目录，各地区结合实际制定修订并严格落实危险化学品"禁限控"目录，结合深化供给侧结构性改革，依法淘汰不符合安全生产国家标准、行业标准条件的产能，有效防控风险。坚持全国"一盘棋"，严禁已淘汰落后产能异地落户、办厂进园，对违规批建、接收者依法依规追究责任。

（三）严格标准规范。制定化工园区建设标准、认定条件和管理办法。整合化工、石化和化学制药等安全生产标准，解决标准不一致问题，建立健全危险化学品安全生产标准体系。完善化工和涉及危险化学品的工程设计、施工和验收标准。提高化工和涉及危险化学品的生产装置设计、制造和维护标准。加快制定化工过程安全管理导则和精细化工反应安全风险评估标准等技术规范。鼓励先进化工企业对标国际标准和国外先进标准，制定严于国家标准或行业标准的企业标准。

三、强化全链条安全管理

（四）严格安全准入。各地区要坚持有所为、有所不为，确定化工产业发展定位，建立发展改革、工业和信息化、自然资源、生态环境、住房城乡建设和应急管理等部门参与的化工产业发展规划编制协调沟通机制。新建化工园区由省级政府组织开展安全风险评估、论证并完善和落实管控措施。涉及"两重点一重大"（重点监管的危险化工工艺、重点监管的危险化学品和危险化学品重大危险源）的危险化学品建设项目由设区的市级以上政府相关部门联合建立安全风险防控机制。建设内有化工园区的高新技术产业开发区、经济技术开发区或独立设置化工园区，有关部门应依据上下游产业链完备性、人才基础和管理能力等因素，完善落实安全防控措施。完善并严格落实化学品鉴定评估与登记有关规定，科学准确鉴定评估化学品的物理危险性、毒性，严禁未落实风险防控措施就投入生产。

（五）加强重点环节安全管控。对现有化工园区全面开展评估和达标认定。对新开发化工工艺进行安全性审查。2020 年年底前实现涉及"两重点一重大"的化工装置或储运设施自动化控制系统装备率、重大危险源在线监测监控率均达到 100%。加强全国油气管道发展规划与国土空间、交通运输等其他专项规划衔接。督促企业大力推进油气输送管道完整性管理,加快完善油气输送管道地理信息系统,强化油气输送管道高后果区管控。严格落实油气管道法定检验制度,提升油气管道法定检验覆盖率。加强涉及危险化学品的停车场安全管理,纳入信息化监管平台。强化托运、承运、装卸、车辆运行等危险货物运输全链条安全监管。提高危险化学品储罐等贮存设备设计标准。研究建立常压危险货物储罐强制监测制度。严格特大型公路桥梁、特长公路隧道、饮用水源地危险货物运输车辆通行管控。加强港口、机场、铁路站场等危险货物配套存储场所安全管理。加强相关企业及医院、学校、科研机构等单位危险化学品使用安全管理。

（六）强化废弃危险化学品等危险废物监管。全面开展废弃危险化学品等危险废物（以下简称危险废物）排查,对属性不明的固体废物进行鉴别鉴定,重点整治化工园区、化工企业、危险化学品单位等可能存在的违规堆存、随意倾倒、私自填埋危险废物等问题,确保危险废物贮存、运输、处置安全。加快制定危险废物贮存安全技术标准。建立完善危险废物由产生到处置各环节联单制度。建立部门联动、区域协作、重大案件会商督办制度,形成覆盖危险废物产生、收集、贮存、转移、运输、利用、处置等全过程的监管体系,加大打击故意隐瞒、偷放偷排或违法违规处置危险废物违法犯罪行为力度。加快危险废物综合处置技术装备研发,合理规划布点处置企业,加快处置设施建设,消除处置能力瓶颈。督促企业对重点环保设施和项目组织安全风险评估论证和隐患排查治理。

四、强化企业主体责任落实

（七）强化法治措施。积极研究修改刑法相关条款,严格责任追究。推进制定危险化学品安全和危险货物运输相关法律,修改安全生产法、安全生产许可证条例等,强化法治力度。严格执行执法公示制度、执法全过程记录制度和重大执法决定法制审核制度,细化安全生产行政处罚自由裁量标准,强化精准严格执法。落实职工及家属和社会公众对企业安全生产隐患举报奖励制度,依法严格查处举报案件。

（八）加大失信约束力度。危险化学品生产贮存企业主要负责人（法定代表人）必须认真履责,并作出安全承诺;因未履行安全生产职责受刑事处罚或撤职处分的,依法对其实施职业禁入;企业管理和技术团队必须具备相应的履职能力,做到责任到人、工作到位,对安全隐患排查治理不力、风险防控措施不落实的,依法依规追究相关责任人责任。对存在以隐蔽、欺骗或阻碍等方式逃避、对抗安全生产监管和环境保护监管,违章指挥、违章作业产生重大安全隐患,违规更改工艺流程,破坏监测监控设施,夹带、谎报、瞒报、匿报危险物品等严重危害人民群众生命财产安全的主观故意行为的单位及主要责任人,依法依规将其纳入信用记录,加强失信惩戒,从严监管。

（九）强化激励措施。全面推进危险化学品企业安全生产标准化建设,对一、二级标准化企业扩产扩能、进区入园等,在同等条件下分别给予优先考虑并减少检查频次。对国家鼓励发展的危险化学品项目,在投资总额内进口的自用先进危险品检测检验设备按照现行政策规定免征进口关税。落实安全生产专用设备投资抵免企业所得税优惠。提高危险化学品生产贮存企业安全生产费用提取标准。推动危险化学品企业建立安全生产内审机制和承诺制度,完善风险分级管控和隐患排查治理预防机制,并纳入安全生产标准化等级评审条件。

五、强化基础支撑保障

（十）提高科技与信息化水平。强化危险化学品安全研究支撑,加强危险化学品安全相关国家级科技创新平台建设,开展基础性、前瞻性研究。研究建立危险化学品全生命周期信息监管系统,综合利用电子标签、大数据、人工智能等高新技术,对生产、贮存、运输、使用、经营、废弃处置等各环节进行全过程信息化管理和监控,实现危险化学品来源可循、去向可溯、状态可控,做到企业、监管部门、执法部门及应急救援部门之间互联互通。将安全生产行政处罚信息统一纳入监管执法信息化系统,实现信息共享,取代层层备案。加强化工危险工艺本质安全、大型储罐安全保障、化工园区安全环保一体化风险防控等技术及装备研发。推进化工园区安全生产信息化智能化平台建设,实现对园区内企业、重点场所、重大危险源、基础设施实时风险监控预警。加快建成应急管理部门与辖区内化工园区和危险化学品企业联网的远程监控系统。

（十一）加强专业人才培养。实施安全技能提升行动计划,将化工、危险化学品企业从业人员作为高危行业领域职业技能提升行动的重点群体。危险化学品生产企业主要负责人、分管安全生产负责人必须具有化工类专业大专及以上学历和一定实践经验,专职安全管理人员至少具备中级及以上化工专业技术职称或化工安全类注册安全工程师资格,新招一线岗位从业人员必须具有化工职业教育背景或普通高中及以上学历并接受危险化学品安全培训,经考核合格后方能上岗。企业通过内部培养或外部聘用形式建立化工专业技术团队。化工重点地区扶持建设一批化工相关职业院校（含技工院校），依托重点化工企业、化工园区或第三方专业机构建立实习实训基地。把化工过程安全管理知识纳入相关高校化工与制药类专业核心课程体系。

（十二）规范技术服务协作机制。加快培育一批专业能力强、社会信誉好的技术服务龙头企业，引入市场机制，为涉及危险化学品企业提供管理和技术服务。建立专家技术服务规范，分级分类开展精准指导帮扶。安全生产责任保险覆盖所有危险化学品企业。对安全评价、检测检验等中介机构和环境评价文件编制单位出具虚假报告和证明的，依法依规吊销其相关资质或资格；构成犯罪的，依法追究刑事责任。

（十三）加强危险化学品救援队伍建设。统筹国家综合性消防救援力量、危险化学品专业救援力量，合理规划布局建设立足化工园区、辐射周边、覆盖主要贮存区域的危险化学品应急救援基地。强化长江干线危险化学品应急处置能力建设。加强应急救援装备配备，健全应急救援预案，开展实训演练，提高区域协同救援能力。推进实施危险化学品事故应急指南，指导企业提高应急处置能力。

六、强化安全监管能力

（十四）完善监管体制机制。将涉恐涉爆涉毒危险化学品重大风险纳入国家安全管控范围，健全监管制度，加强重点监督。进一步调整完善危险化学品安全生产监督管理体制。按照"管行业必须管安全、管业务必须管安全、管生产经营必须管安全"和"谁主管谁负责"原则，严格落实相关部门危险化学品各环节安全监管责任，实施全主体、全品种、全链条安全监管。应急管理部门负责危险化学品安全生产监管工作和危险化学品安全监管综合工作；按照《危险化学品安全管理条例》规定，应急管理、交通运输、公安、铁路、民航、生态环境等部门分别承担危险化学品生产、贮存、使用、经营、运输、处置等环节相关安全监管责任；在相关安全监管职责未明确部门的情况下，应急管理部门承担危险化学品安全综合监督管理兜底责任。生态环境部门依法对危险废物的收集、贮存、处置等进行监督管理。应急管理部门和生态环境部门以及其他有关部门建立监管协作和联合执法工作机制，密切协调配合，实现信息及时、充分、有效共享，形成工作合力，共同做好危险化学品安全监管各项工作。完善国务院安全生产委员会工作机制，及时研究解决危险化学品安全突出问题，加强对相关单位履职情况的监督检查和考核通报。

（十五）健全执法体系。建立健全省、市、县三级安全生产执法体系。省级应急管理部门原则上不设执法队伍，由内设机构承担安全生产监管执法责任，市、县级应急管理部门一般实行"局队合一"体制。危险化学品重点县（市、区、旗）、危险化学品贮存量大的港区，以及各类开发区特别是内设化工园区的开发区，应强化危险化学品安全生产监管职责，落实落细监管执法责任，配齐配强专业执法力量。具体由地方党委和政府研究确定，按程序审批。

（十六）提升监管效能。严把危险化学品监管执法人员进人关，进一步明确资格标准，严格考试考核，突出专业素质，择优录用；可通过公务员聘任制方式选聘专业人才，到2022年年底具有安全生产相关专业学历和实践经验的执法人员数量不低于在职人员的75%。完善监管执法人员培训制度，入职培训不少于3个月，每年参加为期不少于2周的复训。实行危险化学品重点县（市、区、旗）监管执法人员到国有大型化工企业进行岗位实训。深化"放管服"改革，加强和规范事中事后监管，在对涉及危险化学品企业进行全覆盖监管基础上，实施分级分类动态严格监管，运用"两随机一公开"进行重点抽查、突击检查。严厉打击非法建设生产经营行为。省、市、县级应急管理部门对同一企业确定一个执法主体，避免多层多头重复执法。加强执法监督，既严格执法，又避免简单化、"一刀切"。大力推行"互联网+监管"、"执法+专家"模式，及时发现风险隐患，及早预警防范。各地区根据工作需要，面向社会招聘执法辅助人员并健全相关管理制度。

各地区各有关部门要加强组织领导，认真落实党政同责、一岗双责、齐抓共管、失职追责安全生产责任制，整合一切条件，尽最大努力，加快推进危险化学品安全生产各项工作措施落地见效，重要情况及时向党中央、国务院报告。

危险化学品安全管理条例

- 2002年1月26日国务院令第344号公布
- 2011年3月2日国务院令第591号修订通过
- 根据2013年12月7日《国务院关于修改部分行政法规的决定》修订

第一章 总 则

第一条 为了加强危险化学品的安全管理，预防和减少危险化学品事故，保障人民群众生命财产安全，保护环境,制定本条例。

第二条 危险化学品生产、储存、使用、经营和运输的安全管理,适用本条例。

废弃危险化学品的处置,依照有关环境保护的法律、行政法规和国家有关规定执行。

第三条 本条例所称危险化学品,是指具有毒害、腐蚀、爆炸、燃烧、助燃等性质,对人体、设施、环境具有危害的剧毒化学品和其他化学品。

危险化学品目录,由国务院安全生产监督管理部门会同国务院工业和信息化、公安、环境保护、卫生、质量监督检验检疫、交通运输、铁路、民用航空、农业主管部门,根据化学品危险特性的鉴别和分类标准确定、公布,并适时调整。

第四条 危险化学品安全管理,应当坚持安全第一、预防为主、综合治理的方针,强化和落实企业的主体责任。

生产、储存、使用、经营、运输危险化学品的单位(以下统称危险化学品单位)的主要负责人对本单位的危险化学品安全管理工作全面负责。

危险化学品单位应当具备法律、行政法规规定和国家标准、行业标准要求的安全条件,建立、健全安全管理规章制度和岗位安全责任制度,对从业人员进行安全教育、法制教育和岗位技术培训。从业人员应当接受教育和培训,考核合格后上岗作业;对有资格要求的岗位,应当配备依法取得相应资格的人员。

第五条 任何单位和个人不得生产、经营、使用国家禁止生产、经营、使用的危险化学品。

国家对危险化学品的使用有限制性规定的,任何单位和个人不得违反限制性规定使用危险化学品。

第六条 对危险化学品的生产、储存、使用、经营、运输实施安全监督管理的有关部门(以下统称负有危险化学品安全监督管理职责的部门),依照下列规定履行职责:

(一)安全生产监督管理部门负责危险化学品安全监督管理综合工作,组织确定、公布、调整危险化学品目录,对新建、改建、扩建生产、储存危险化学品(包括使用长输管道输送危险化学品,下同)的建设项目进行安全条件审查,核发危险化学品安全生产许可证、危险化学品安全使用许可证和危险化学品经营许可证,并负责危险化学品登记工作。

(二)公安机关负责危险化学品的公共安全管理,核发剧毒化学品购买许可证、剧毒化学品道路运输通行证,并负责危险化学品运输车辆的道路交通安全管理。

(三)质量监督检验检疫部门负责核发危险化学品及其包装物、容器(不包括储存危险化学品的固定式大型储罐,下同)生产企业的工业产品生产许可证,并依法对其产品质量实施监督,负责对进出口危险化学品及其包装实施检验。

(四)环境保护主管部门负责废弃危险化学品处置的监督管理,组织危险化学品的环境危害性鉴定和环境风险程度评估,确定实施重点环境管理的危险化学品,负责危险化学品环境管理登记和新化学物质环境管理登记;依照职责分工调查相关危险化学品环境污染事故和生态破坏事件,负责危险化学品事故现场的应急环境监测。

(五)交通运输主管部门负责危险化学品道路运输、水路运输的许可以及运输工具的安全管理,对危险化学品水路运输安全实施监督,负责危险化学品道路运输企业、水路运输企业驾驶人员、船员、装卸管理人员、押运人员、申报人员、集装箱装箱现场检查员的资格认定。铁路监管部门负责危险化学品铁路运输及其运输工具的安全管理。民用航空主管部门负责危险化学品航空运输以及航空运输企业及其运输工具的安全管理。

(六)卫生主管部门负责危险化学品毒性鉴定的管理,负责组织、协调危险化学品事故受伤人员的医疗卫生救援工作。

(七)工商行政管理部门依据有关部门的许可证件,核发危险化学品生产、储存、经营、运输企业营业执照,查处危险化学品经营企业违法采购危险化学品的行为。

(八)邮政管理部门负责依法查处寄递危险化学品的行为。

第七条 负有危险化学品安全监督管理职责的部门依法进行监督检查,可以采取下列措施:

(一)进入危险化学品作业场所实施现场检查,向有关单位和人员了解情况,查阅、复制有关文件、资料;

(二)发现危险化学品事故隐患,责令立即消除或者限期消除;

(三)对不符合法律、行政法规、规章规定或者国家标准、行业标准要求的设施、设备、装置、器材、运输工具,责令立即停止使用;

(四)经本部门主要负责人批准,查封违法生产、储存、使用、经营危险化学品的场所,扣押违法生产、储存、使用、经营、运输的危险化学品以及用于违法生产、使用、运输危险化学品的原材料、设备、运输工具;

（五）发现影响危险化学品安全的违法行为，当场予以纠正或者责令限期改正。

负有危险化学品安全监督管理职责的部门依法进行监督检查，监督检查人员不得少于2人，并应当出示执法证件；有关单位和个人对依法进行的监督检查应当予以配合，不得拒绝、阻碍。

第八条 县级以上人民政府应当建立危险化学品安全监督管理工作协调机制，支持、督促负有危险化学品安全监督管理职责的部门依法履行职责，协调、解决危险化学品安全监督管理工作中的重大问题。

负有危险化学品安全监督管理职责的部门应当相互配合、密切协作，依法加强对危险化学品的安全监督管理。

第九条 任何单位和个人对违反本条例规定的行为，有权向负有危险化学品安全监督管理职责的部门举报。负有危险化学品安全监督管理职责的部门接到举报，应当及时依法处理；对不属于本部门职责的，应当及时移送有关部门处理。

第十条 国家鼓励危险化学品生产企业和使用危险化学品从事生产的企业采用有利于提高安全保障水平的先进技术、工艺、设备以及自动控制系统，鼓励对危险化学品实行专门储存、统一配送、集中销售。

第二章 生产、储存安全

第十一条 国家对危险化学品的生产、储存实行统筹规划、合理布局。

国务院工业和信息化主管部门以及国务院其他有关部门依据各自职责，负责危险化学品生产、储存的行业规划和布局。

地方人民政府组织编制城乡规划，应当根据本地区的实际情况，按照确保安全的原则，规划适当区域专门用于危险化学品的生产、储存。

第十二条 新建、改建、扩建生产、储存危险化学品的建设项目（以下简称建设项目），应当由安全生产监督管理部门进行安全条件审查。

建设单位应当对建设项目进行安全条件论证，委托具备国家规定的资质条件的机构对建设项目进行安全评价，并将安全条件论证和安全评价的情况报告报建设项目所在地设区的市级以上人民政府安全生产监督管理部门；安全生产监督管理部门应当自收到报告之日起45日内作出审查决定，并书面通知建设单位。具体办法由国务院安全生产监督管理部门制定。

新建、改建、扩建储存、装卸危险化学品的港口建设项目，由港口行政管理部门按照国务院交通运输主管部门的规定进行安全条件审查。

第十三条 生产、储存危险化学品的单位，应当对其铺设的危险化学品管道设置明显标志，并对危险化学品管道定期检查、检测。

进行可能危及危险化学品管道安全的施工作业，施工单位应当在开工的7日前书面通知管道所属单位，并与管道所属单位共同制定应急预案，采取相应的安全防护措施。管道所属单位应当指派专门人员到现场进行管道安全保护指导。

第十四条 危险化学品生产企业进行生产前，应当依照《安全生产许可证条例》的规定，取得危险化学品安全生产许可证。

生产列入国家实行生产许可证制度的工业产品目录的危险化学品的企业，应当依照《中华人民共和国工业产品生产许可证管理条例》的规定，取得工业产品生产许可证。

负责颁发危险化学品安全生产许可证、工业产品生产许可证的部门，应当将其颁发许可证的情况及时向同级工业和信息化主管部门、环境保护主管部门和公安机关通报。

第十五条 危险化学品生产企业应当提供与其生产的危险化学品相符的化学品安全技术说明书，并在危险化学品包装（包括外包装件）上粘贴或者拴挂与包装内危险化学品相符的化学品安全标签。化学品安全技术说明书和化学品安全标签所载明的内容应当符合国家标准的要求。

危险化学品生产企业发现其生产的危险化学品有新的危险特性的，应当立即公告，并及时修订其化学品安全技术说明书和化学品安全标签。

第十六条 生产实施重点环境管理的危险化学品的企业，应当按照国务院环境保护主管部门的规定，将该危险化学品向环境中释放等相关信息向环境保护主管部门报告。环境保护主管部门可以根据情况采取相应的环境风险控制措施。

第十七条 危险化学品的包装应当符合法律、行政法规、规章的规定以及国家标准、行业标准的要求。

危险化学品包装物、容器的材质以及危险化学品包装的型式、规格、方法和单件质量（重量），应当与所包装的危险化学品的性质和用途相适应。

第十八条 生产列入国家实行生产许可证制度的工业产品目录的危险化学品包装物、容器的企业，应当依照

《中华人民共和国工业产品生产许可证管理条例》的规定，取得工业产品生产许可证；其生产的危险化学品包装物、容器经国务院质量监督检验检疫部门认定的检验机构检验合格，方可出厂销售。

运输危险化学品的船舶及其配载的容器，应当按照国家船舶检验规范进行生产，并经海事管理机构认定的船舶检验机构检验合格，方可投入使用。

对重复使用的危险化学品包装物、容器，使用单位在重复使用前应当进行检查；发现存在安全隐患的，应当维修或者更换。使用单位应当对检查情况作出记录，记录的保存期限不得少于2年。

第十九条 危险化学品生产装置或者储存数量构成重大危险源的危险化学品储存设施（运输工具加油站、加气站除外），与下列场所、设施、区域的距离应当符合国家有关规定：

（一）居住区以及商业中心、公园等人员密集场所；

（二）学校、医院、影剧院、体育场（馆）等公共设施；

（三）饮用水源、水厂以及水源保护区；

（四）车站、码头（依法经许可从事危险化学品装卸作业的除外）、机场以及通信干线、通信枢纽、铁路线路、道路交通干线、水路交通干线、地铁风亭以及地铁站出入口；

（五）基本农田保护区、基本草原、畜禽遗传资源保护区、畜禽规模化养殖区（养殖小区）、渔业水域以及种子、种畜禽、水产苗种生产基地；

（六）河流、湖泊、风景名胜区、自然保护区；

（七）军事禁区、军事管理区；

（八）法律、行政法规规定的其他场所、设施、区域。

已建的危险化学品生产装置或者储存数量构成重大危险源的危险化学品储存设施不符合前款规定的，由所在地设区的市级人民政府安全生产监督管理部门会同有关部门监督其所属单位在规定期限内进行整改；需要转产、停产、搬迁、关闭的，由本级人民政府决定并组织实施。

储存数量构成重大危险源的危险化学品储存设施的选址，应当避开地震活动断层和容易发生洪灾、地质灾害的区域。

本条例所称重大危险源，是指生产、储存、使用或者搬运危险化学品，且危险化学品的数量等于或者超过临界量的单元（包括场所和设施）。

第二十条 生产、储存危险化学品的单位，应当根据其生产、储存的危险化学品的种类和危险特性，在作业场所设置相应的监测、监控、通风、防晒、调温、防火、灭火、防爆、泄压、防毒、中和、防潮、防雷、防静电、防腐、防泄漏以及防护围堤或者隔离操作等安全设施、设备，并按照国家标准、行业标准或者国家有关规定对安全设施、设备进行经常性维护、保养，保证安全设施、设备的正常使用。

生产、储存危险化学品的单位，应当在其作业场所和安全设施、设备上设置明显的安全警示标志。

第二十一条 生产、储存危险化学品的单位，应当在其作业场所设置通讯、报警装置，并保证处于适用状态。

第二十二条 生产、储存危险化学品的企业，应当委托具备国家规定的资质条件的机构，对本企业的安全生产条件每3年进行一次安全评价，提出安全评价报告。安全评价报告的内容应当包括对安全生产条件存在的问题进行整改的方案。

生产、储存危险化学品的企业，应当将安全评价报告以及整改方案的落实情况报所在地县级人民政府安全生产监督管理部门备案。在港区内储存危险化学品的企业，应当将安全评价报告以及整改方案的落实情况报港口行政管理部门备案。

第二十三条 生产、储存剧毒化学品或者国务院公安部门规定的可用于制造爆炸物品的危险化学品（以下简称易制爆危险化学品）的单位，应当如实记录其生产、储存的剧毒化学品、易制爆危险化学品的数量、流向，并采取必要的安全防范措施，防止剧毒化学品、易制爆危险化学品丢失或者被盗；发现剧毒化学品、易制爆危险化学品丢失或者被盗的，应当立即向当地公安机关报告。

生产、储存剧毒化学品、易制爆危险化学品的单位，应当设置治安保卫机构，配备专职治安保卫人员。

第二十四条 危险化学品应当储存在专用仓库、专用场地或者专用储存室（以下统称专用仓库）内，并由专人负责管理；剧毒化学品以及储存数量构成重大危险源的其他危险化学品，应当在专用仓库内单独存放，并实行双人收发、双人保管制度。

危险化学品的储存方式、方法以及储存数量应当符合国家标准或者国家有关规定。

第二十五条 储存危险化学品的单位应当建立危险化学品出入库核查、登记制度。

对剧毒化学品以及储存数量构成重大危险源的其他危险化学品，储存单位应当将其储存数量、储存地点以及管理人员的情况，报所在地县级人民政府安全生产监督管理部门（在港区内储存的，报港口行政管理部门）和公安机关备案。

第二十六条　危险化学品专用仓库应当符合国家标准、行业标准的要求，并设置明显的标志。储存剧毒化学品、易制爆危险化学品的专用仓库，应当按照国家有关规定设置相应的技术防范设施。

储存危险化学品的单位应当对其危险化学品专用仓库的安全设施、设备定期进行检测、检验。

第二十七条　生产、储存危险化学品的单位转产、停产、停业或者解散的，应当采取有效措施，及时、妥善处置其危险化学品生产装置、储存设施以及库存的危险化学品，不得丢弃危险化学品；处置方案应当报所在地县级人民政府安全生产监督管理部门、工业和信息化主管部门、环境保护主管部门和公安机关备案。安全生产监督管理部门应当会同环境保护主管部门和公安机关对处置情况进行监督检查，发现未依照规定处置的，应当责令其立即处置。

第三章　使用安全

第二十八条　使用危险化学品的单位，其使用条件（包括工艺）应当符合法律、行政法规的规定和国家标准、行业标准的要求，并根据所使用的危险化学品的种类、危险特性以及使用量和使用方式，建立、健全使用危险化学品的安全管理规章制度和安全操作规程，保证危险化学品的安全使用。

第二十九条　使用危险化学品从事生产并且使用量达到规定数量的化工企业（属于危险化学品生产企业的除外，下同），应当依照本条例的规定取得危险化学品安全使用许可证。

前款规定的危险化学品使用量的数量标准，由国务院安全生产监督管理部门会同国务院公安部门、农业主管部门确定并公布。

第三十条　申请危险化学品安全使用许可证的化工企业，除应当符合本条例第二十八条的规定外，还应当具备下列条件：

（一）有与所使用的危险化学品相适应的专业技术人员；

（二）有安全管理机构和专职安全管理人员；

（三）有符合国家规定的危险化学品事故应急预案和必要的应急救援器材、设备；

（四）依法进行了安全评价。

第三十一条　申请危险化学品安全使用许可证的化工企业，应当向所在地设区的市级人民政府安全生产监督管理部门提出申请，并提交其符合本条例第三十条规定条件的证明材料。设区的市级人民政府安全生产监督管理部门应当依法进行审查，自收到证明材料之日起45日内作出批准或者不予批准的决定。予以批准的，颁发危险化学品安全使用许可证；不予批准的，书面通知申请人并说明理由。

安全生产监督管理部门应当将其颁发危险化学品安全使用许可证的情况及时向同级环境保护主管部门和公安机关通报。

第三十二条　本条例第十六条关于生产实施重点环境管理的危险化学品的企业的规定，适用于使用实施重点环境管理的危险化学品从事生产的企业；第二十条、第二十一条、第二十三条第一款、第二十七条关于生产、储存危险化学品的单位的规定，适用于使用危险化学品的单位；第二十二条关于生产、储存危险化学品的企业的规定，适用于使用危险化学品从事生产的企业。

第四章　经营安全

第三十三条　国家对危险化学品经营（包括仓储经营，下同）实行许可制度。未经许可，任何单位和个人不得经营危险化学品。

依法设立的危险化学品生产企业在其厂区范围内销售本企业生产的危险化学品，不需要取得危险化学品经营许可。

依照《中华人民共和国港口法》的规定取得港口经营许可证的港口经营人，在港区内从事危险化学品仓储经营，不需要取得危险化学品经营许可。

第三十四条　从事危险化学品经营的企业应当具备下列条件：

（一）有符合国家标准、行业标准的经营场所，储存危险化学品的，还应当有符合国家标准、行业标准的储存设施；

（二）从业人员经过专业技术培训并经考核合格；

（三）有健全的安全管理规章制度；

（四）有专职安全管理人员；

（五）有符合国家规定的危险化学品事故应急预案和必要的应急救援器材、设备；

（六）法律、法规规定的其他条件。

第三十五条　从事剧毒化学品、易制爆危险化学品经营的企业，应当向所在地设区的市级人民政府安全生产监督管理部门提出申请，从事其他危险化学品经营的企业，应当向所在地县级人民政府安全生产监督管理部门提出申请（有储存设施的，应当向所在地设区的市级人民政府安全生产监督管理部门提出申请）。申请人应当提交其符合本条例第三十四条规定条件的证明材料。设区的市级人民政府安全生产监督管理部门或者县级人民政府安全生产监督管理部门应当依法进行审查，并对申请人的经营场所、储存设施进行现场核查，自收到证明材料之日起 30 日内作出批准或者不予批准的决定。予以批准的，颁发危险化学品经营许可证；不予批准的，书面通知申请人并说明理由。

设区的市级人民政府安全生产监督管理部门和县级人民政府安全生产监督管理部门应当将其颁发危险化学品经营许可证的情况及时向同级环境保护主管部门和公安机关通报。

申请人持危险化学品经营许可证向工商行政管理部门办理登记手续后，方可从事危险化学品经营活动。法律、行政法规或者国务院规定经营危险化学品还需要经其他有关部门许可的，申请人向工商行政管理部门办理登记手续时还应当持相应的许可证件。

第三十六条 危险化学品经营企业储存危险化学品的，应当遵守本条例第二章关于储存危险化学品的规定。危险化学品商店内只能存放民用小包装的危险化学品。

第三十七条 危险化学品经营企业不得向未经许可从事危险化学品生产、经营活动的企业采购危险化学品，不得经营没有化学品安全技术说明书或者化学品安全标签的危险化学品。

第三十八条 依法取得危险化学品安全生产许可证、危险化学品安全使用许可证、危险化学品经营许可证的企业，凭相应的许可证件购买剧毒化学品、易制爆危险化学品。民用爆炸物品生产企业凭民用爆炸物品生产许可证购买易制爆危险化学品。

前款规定以外的单位购买剧毒化学品的，应当向所在地县级人民政府公安机关申请取得剧毒化学品购买许可证；购买易制爆危险化学品的，应当持本单位出具的合法用途说明。

个人不得购买剧毒化学品(属于剧毒化学品的农药除外)和易制爆危险化学品。

第三十九条 申请取得剧毒化学品购买许可证，申请人应当向所在地县级人民政府公安机关提交下列材料：

(一)营业执照或者法人证书(登记证书)的复印件；
(二)拟购买的剧毒化学品品种、数量的说明；
(三)购买剧毒化学品用途的说明；
(四)经办人的身份证明。

县级人民政府公安机关应当自收到前款规定的材料之日起 3 日内，作出批准或者不予批准的决定。予以批准的，颁发剧毒化学品购买许可证；不予批准的，书面通知申请人并说明理由。

剧毒化学品购买许可证管理办法由国务院公安部门制定。

第四十条 危险化学品生产企业、经营企业销售剧毒化学品、易制爆危险化学品，应当查验本条例第三十八条第一款、第二款规定的相关许可证件或者证明文件，不得向不具有相关许可证件或者证明文件的单位销售剧毒化学品、易制爆危险化学品。对持剧毒化学品购买许可证购买剧毒化学品的，应当按照许可证载明的品种、数量销售。

禁止向个人销售剧毒化学品(属于剧毒化学品的农药除外)和易制爆危险化学品。

第四十一条 危险化学品生产企业、经营企业销售剧毒化学品、易制爆危险化学品，应当如实记录购买单位的名称、地址、经办人的姓名、身份证号码以及所购买的剧毒化学品、易制爆危险化学品的品种、数量、用途。销售记录以及经办人的身份证明复印件、相关许可证件复印件或者证明文件的保存期限不得少于 1 年。

剧毒化学品、易制爆危险化学品的销售企业、购买单位应当在销售、购买后 5 日内，将所销售、购买的剧毒化学品、易制爆危险化学品的品种、数量以及流向信息报所在地县级人民政府公安机关备案，并输入计算机系统。

第四十二条 使用剧毒化学品、易制爆危险化学品的单位不得出借、转让其购买的剧毒化学品、易制爆危险化学品；因转产、停产、搬迁、关闭等确需转让的，应当向具有本条例第三十八条第一款、第二款规定的相关许可证件或者证明文件的单位转让，并在转让后将有关情况及时向所在地县级人民政府公安机关报告。

第五章 运输安全

第四十三条 从事危险化学品道路运输、水路运输的，应当分别依照有关道路运输、水路运输的法律、行政法规的规定，取得危险货物道路运输许可、危险货物水路运输许可，并向工商行政管理部门办理登记手续。

危险化学品道路运输企业、水路运输企业应当配备专职安全管理人员。

第四十四条 危险化学品道路运输企业、水路运输企业的驾驶人员、船员、装卸管理人员、押运人员、申报人员、集装箱装箱现场检查员应当经交通运输主管部门考核合格，取得从业资格。具体办法由国务院交通运输主管部门制定。

危险化学品的装卸作业应当遵守安全作业标准、规程和制度,并在装卸管理人员的现场指挥或者监控下进行。水路运输危险化学品的集装箱装箱作业应当在集装箱装箱现场检查员的指挥或者监控下进行,并符合积载、隔离的规范和要求;装箱作业完毕后,集装箱装箱现场检查员应当签署装箱证明书。

第四十五条 运输危险化学品,应当根据危险化学品的危险特性采取相应的安全防护措施,并配备必要的防护用品和应急救援器材。

用于运输危险化学品的槽罐以及其他容器应当封口严密,能够防止危险化学品在运输过程中因温度、湿度或者压力的变化发生渗漏、洒漏;槽罐以及其他容器的溢流和泄压装置应当设置准确、起闭灵活。

运输危险化学品的驾驶人员、船员、装卸管理人员、押运人员、申报人员、集装箱装箱现场检查员,应当了解所运输的危险化学品的危险特性及其包装物、容器的使用要求和出现危险情况时的应急处置方法。

第四十六条 通过道路运输危险化学品的,托运人应当委托依法取得危险货物道路运输许可的企业承运。

第四十七条 通过道路运输危险化学品的,应当按照运输车辆的核定载质量装载危险化学品,不得超载。

危险化学品运输车辆应当符合国家标准要求的安全技术条件,并按照国家有关规定定期进行安全技术检验。

危险化学品运输车辆应当悬挂或者喷涂符合国家标准要求的警示标志。

第四十八条 通过道路运输危险化学品的,应当配备押运人员,并保证所运输的危险化学品处于押运人员的监控之下。

运输危险化学品途中因住宿或者发生影响正常运输的情况,需要较长时间停车的,驾驶人员、押运人员应当采取相应的安全防范措施;运输剧毒化学品或者易制爆危险化学品的,还应当向当地公安机关报告。

第四十九条 未经公安机关批准,运输危险化学品的车辆不得进入危险化学品运输车辆限制通行的区域。危险化学品运输车辆限制通行的区域由县级人民政府公安机关划定,并设置明显的标志。

第五十条 通过道路运输剧毒化学品的,托运人应当向运输始发地或者目的地县级人民政府公安机关申请剧毒化学品道路运输通行证。

申请剧毒化学品道路运输通行证,托运人应当向县级人民政府公安机关提交下列材料:

(一)拟运输的剧毒化学品品种、数量的说明;

(二)运输始发地、目的地、运输时间和运输路线的说明;

(三)承运人取得危险货物道路运输许可、运输车辆取得营运证以及驾驶人员、押运人员取得上岗资格的证明文件;

(四)本条例第三十八条第一款、第二款规定的购买剧毒化学品的相关许可证件,或者海关出具的进出口证明文件。

县级人民政府公安机关应当自收到前款规定的材料之日起7日内,作出批准或者不予批准的决定。予以批准的,颁发剧毒化学品道路运输通行证;不予批准的,书面通知申请人并说明理由。

剧毒化学品道路运输通行证管理办法由国务院公安部门制定。

第五十一条 剧毒化学品、易制爆危险化学品在道路运输途中丢失、被盗、被抢或者出现流散、泄漏等情况的,驾驶人员、押运人员应当立即采取相应的警示措施和安全措施,并向当地公安机关报告。公安机关接到报告后,应当根据实际情况立即向安全生产监督管理部门、环境保护主管部门、卫生主管部门通报。有关部门应当采取必要的应急处置措施。

第五十二条 通过水路运输危险化学品的,应当遵守法律、行政法规以及国务院交通运输主管部门关于危险货物水路运输安全的规定。

第五十三条 海事管理机构应当根据危险化学品的种类和危险特性,确定船舶运输危险化学品的相关安全运输条件。

拟交付船舶运输的化学品的相关安全运输条件不明确的,货物所有人或者代理人应当委托相关技术机构进行评估,明确相关安全运输条件并经海事管理机构确认后,方可交付船舶运输。

第五十四条 禁止通过内河封闭水域运输剧毒化学品以及国家规定禁止通过内河运输的其他危险化学品。

前款规定以外的内河水域,禁止运输国家规定禁止通过内河运输的剧毒化学品以及其他危险化学品。

禁止通过内河运输的剧毒化学品以及其他危险化学品的范围,由国务院交通运输主管部门会同国务院环境保护主管部门、工业和信息化主管部门、安全生产监督管理部门,根据危险化学品的危险特性、危险化学品对人体和水环境的危害程度以及消除危害后果的难易程度等因素规定并公布。

第五十五条 国务院交通运输主管部门应当根据危

险化学品的危险特性,对通过内河运输本条例第五十四条规定以外的危险化学品(以下简称通过内河运输危险化学品)实行分类管理,对各类危险化学品的运输方式、包装规范和安全防护措施等分别作出规定并监督实施。

第五十六条 通过内河运输危险化学品,应当由依法取得危险货物水路运输许可的水路运输企业承运,其他单位和个人不得承运。托运人应当委托依法取得危险货物水路运输许可的水路运输企业承运,不得委托其他单位和个人承运。

第五十七条 通过内河运输危险化学品,应当使用依法取得危险货物适装证书的运输船舶。水路运输企业应当针对所运输的危险化学品的危险特性,制定运输船舶危险化学品事故应急救援预案,并为运输船舶配备充足、有效的应急救援器材和设备。

通过内河运输危险化学品的船舶,其所有人或者经营人应当取得船舶污染损害责任保险证书或者财务担保证明。船舶污染损害责任保险证书或者财务担保证明的副本应当随船携带。

第五十八条 通过内河运输危险化学品,危险化学品包装物的材质、型式、强度以及包装方法应当符合水路运输危险化学品包装规范的要求。国务院交通运输主管部门对单船运输的危险化学品数量有限制性规定的,承运人应当按照规定安排运输数量。

第五十九条 用于危险化学品运输作业的内河码头、泊位应当符合国家有关安全规范,与饮用水取水口保持国家规定的距离。有关管理单位应当制定码头、泊位危险化学品事故应急预案,并为码头、泊位配备充足、有效的应急救援器材和设备。

用于危险化学品运输作业的内河码头、泊位,经交通运输主管部门按照国家有关规定验收合格后方可投入使用。

第六十条 船舶载运危险化学品进出内河港口,应当将危险化学品的名称、危险特性、包装以及进出港时间等事项,事先报告海事管理机构。海事管理机构接到报告后,应当在国务院交通运输主管部门规定的时间内作出是否同意的决定,通知报告人,同时通报港口行政管理部门。定船舶、定航线、定货种的船舶可以定期报告。

在内河港口内进行危险化学品的装卸、过驳作业,应当将危险化学品的名称、危险特性、包装和作业的时间、地点等事项报告港口行政管理部门。港口行政管理部门接到报告后,应当在国务院交通运输主管部门规定的时间内作出是否同意的决定,通知报告人,同时通报海事管理机构。

载运危险化学品的船舶在内河航行,通过过船建筑物的,应当提前向交通运输主管部门申报,并接受交通运输主管部门的管理。

第六十一条 载运危险化学品的船舶在内河航行、装卸或者停泊,应当悬挂专用的警示标志,按照规定显示专用信号。

载运危险化学品的船舶在内河航行,按照国务院交通运输主管部门的规定需要引航的,应当申请引航。

第六十二条 载运危险化学品的船舶在内河航行,应当遵守法律、行政法规和国家其他有关饮用水水源保护的规定。内河航道发展规划应当与依法经批准的饮用水水源保护区划定方案相协调。

第六十三条 托运危险化学品的,托运人应当向承运人说明所托运的危险化学品的种类、数量、危险特性以及发生危险情况的应急处置措施,并按照国家有关规定对所托运的危险化学品妥善包装,在外包装上设置相应的标志。

运输危险化学品需要添加抑制剂或者稳定剂的,托运人应当添加,并将有关情况告知承运人。

第六十四条 托运人不得在托运的普通货物中夹带危险化学品,不得将危险化学品匿报或者谎报为普通货物托运。

任何单位和个人不得交寄危险化学品或者在邮件、快件内夹带危险化学品,不得将危险化学品匿报或者谎报为普通物品交寄。邮政企业、快递企业不得收寄危险化学品。

对涉嫌违反本条第一款、第二款规定的,交通运输主管部门、邮政管理部门可以依法开拆查验。

第六十五条 通过铁路、航空运输危险化学品的安全管理,依照有关铁路、航空运输的法律、行政法规、规章的规定执行。

第六章 危险化学品登记与事故应急救援

第六十六条 国家实行危险化学品登记制度,为危险化学品安全管理以及危险化学品事故预防和应急救援提供技术、信息支持。

第六十七条 危险化学品生产企业、进口企业,应当向国务院安全生产监督管理部门负责危险化学品登记的机构(以下简称危险化学品登记机构)办理危险化学品登记。

危险化学品登记包括下列内容:

(一)分类和标签信息;

（二）物理、化学性质；
（三）主要用途；
（四）危险特性；
（五）储存、使用、运输的安全要求；
（六）出现危险情况的应急处置措施。

对同一企业生产、进口的同一品种的危险化学品，不进行重复登记。危险化学品生产企业、进口企业发现其生产、进口的危险化学品有新的危险特性的，应当及时向危险化学品登记机构办理登记内容变更手续。

危险化学品登记的具体办法由国务院安全生产监督管理部门制定。

第六十八条 危险化学品登记机构应当定期向工业和信息化、环境保护、公安、卫生、交通运输、铁路、质量监督检验检疫等部门提供危险化学品登记的有关信息和资料。

第六十九条 县级以上地方人民政府安全生产监督管理部门应当会同工业和信息化、环境保护、公安、卫生、交通运输、铁路、质量监督检验检疫等部门，根据本地区实际情况，制定危险化学品事故应急预案，报本级人民政府批准。

第七十条 危险化学品单位应当制定本单位危险化学品事故应急预案，配备应急救援人员和必要的应急救援器材、设备，并定期组织应急救援演练。

危险化学品单位应当将其危险化学品事故应急预案报所在地设区的市级人民政府安全生产监督管理部门备案。

第七十一条 发生危险化学品事故，事故单位主要负责人应当立即按照本单位危险化学品应急预案组织救援，并向当地安全生产监督管理部门和环境保护、公安、卫生主管部门报告；道路运输、水路运输过程中发生危险化学品事故的，驾驶人员、船员或者押运人员还应当向事故发生地交通运输主管部门报告。

第七十二条 发生危险化学品事故，有关地方人民政府应当立即组织安全生产监督管理、环境保护、公安、卫生、交通运输等有关部门，按照本地区危险化学品事故应急预案组织实施救援，不得拖延、推诿。

有关地方人民政府及其有关部门应当按照下列规定，采取必要的应急处置措施，减少事故损失，防止事故蔓延、扩大：

（一）立即组织营救和救治受害人员，疏散、撤离或者采取其他措施保护危害区域内的其他人员；
（二）迅速控制危害源，测定危险化学品的性质、事故的危害区域及危害程度；
（三）针对事故对人体、动植物、土壤、水源、大气造成的现实危害和可能产生的危害，迅速采取封闭、隔离、洗消等措施；
（四）对危险化学品事故造成的环境污染和生态破坏状况进行监测、评估，并采取相应的环境污染治理和生态修复措施。

第七十三条 有关危险化学品单位应当为危险化学品事故应急救援提供技术指导和必要的协助。

第七十四条 危险化学品事故造成环境污染的，由设区的市级以上人民政府环境保护主管部门统一发布有关信息。

第七章 法律责任

第七十五条 生产、经营、使用国家禁止生产、经营、使用的危险化学品的，由安全生产监督管理部门责令停止生产、经营、使用活动，处20万元以上50万元以下的罚款，有违法所得的，没收违法所得；构成犯罪的，依法追究刑事责任。

有前款规定行为的，安全生产监督管理部门还应当责令其对所生产、经营、使用的危险化学品进行无害化处理。

违反国家关于危险化学品使用的限制性规定使用危险化学品的，依照本条第一款的规定处理。

第七十六条 未经安全条件审查，新建、改建、扩建生产、储存危险化学品的建设项目的，由安全生产监督管理部门责令停止建设，限期改正；逾期不改正的，处50万元以上100万元以下的罚款；构成犯罪的，依法追究刑事责任。

未经安全条件审查，新建、改建、扩建储存、装卸危险化学品的港口建设项目的，由港口行政管理部门依照前款规定予以处罚。

第七十七条 未依法取得危险化学品安全生产许可证从事危险化学品生产，或者未依法取得工业产品生产许可证从事危险化学品及其包装物、容器生产的，分别依照《安全生产许可证条例》、《中华人民共和国工业产品生产许可证管理条例》的规定处罚。

违反本条例规定，化工企业未取得危险化学品安全使用许可证，使用危险化学品从事生产的，由安全生产监督管理部门责令限期改正，处10万元以上20万元以下的罚款；逾期不改正的，责令停产整顿。

违反本条例规定，未取得危险化学品经营许可证从事危险化学品经营的，由安全生产监督管理部门责令停止经营活动，没收违法经营的危险化学品以及违法所得，并处10万元以上20万元以下的罚款；构成犯罪的，依法追究刑事责任。

第七十八条 有下列情形之一的，由安全生产监督管理部门责令改正，可以处5万元以下的罚款；拒不改正的，处5万元以上10万元以下的罚款；情节严重的，责令停产停业整顿：

（一）生产、储存危险化学品的单位未对其铺设的危险化学品管道设置明显的标志，或者未对危险化学品管道定期检查、检测的；

（二）进行可能危及危险化学品管道安全的施工作业，施工单位未按照规定书面通知管道所属单位，或者未与管道所属单位共同制定应急预案、采取相应的安全防护措施，或者管道所属单位未指派专门人员到现场进行管道安全保护指导的；

（三）危险化学品生产企业未提供化学品安全技术说明书，或者未在包装（包括外包装件）上粘贴、拴挂化学品安全标签的；

（四）危险化学品生产企业提供的化学品安全技术说明书与其生产的危险化学品不相符，或者在包装（包括外包装件）粘贴、拴挂的化学品安全标签与包装内危险化学品不相符，或者化学品安全技术说明书、化学品安全标签所载明的内容不符合国家标准要求的；

（五）危险化学品生产企业发现其生产的危险化学品有新的危险特性不立即公告，或者不及时修订其化学品安全技术说明书和化学品安全标签的；

（六）危险化学品经营企业经营没有化学品安全技术说明书和化学品安全标签的危险化学品的；

（七）危险化学品包装物、容器的材质以及包装的型式、规格、方法和单件质量（重量）与所包装的危险化学品的性质和用途不相适应的；

（八）生产、储存危险化学品的单位未在作业场所和安全设施、设备上设置明显的安全警示标志，或者未在作业场所设置通讯、报警装置的；

（九）危险化学品专用仓库未设专人负责管理，或者对储存的剧毒化学品以及储存数量构成重大危险源的其他危险化学品未实行双人收发、双人保管制度的；

（十）储存危险化学品的单位未建立危险化学品出入库核查、登记制度的；

（十一）危险化学品专用仓库未设置明显标志的；

（十二）危险化学品生产企业、进口企业不办理危险化学品登记，或者发现其生产、进口的危险化学品有新的危险特性不办理危险化学品登记内容变更手续的。

从事危险化学品仓储经营的港口经营人有前款规定情形的，由港口行政管理部门依照前款规定予以处罚。储存剧毒化学品、易制爆危险化学品的专用仓库未按照国家有关规定设置相应的技术防范设施的，由公安机关依照前款规定予以处罚。

生产、储存剧毒化学品、易制爆危险化学品的单位未设置治安保卫机构、配备专职治安保卫人员的，依照《企业事业单位内部治安保卫条例》的规定处罚。

第七十九条 危险化学品包装物、容器生产企业销售未经检验或者经检验不合格的危险化学品包装物、容器的，由质量监督检验检疫部门责令改正，处10万元以上20万元以下的罚款，有违法所得的，没收违法所得；拒不改正的，责令停产停业整顿；构成犯罪的，依法追究刑事责任。

将未经检验合格的运输危险化学品的船舶及其配载的容器投入使用的，由海事管理机构依照前款规定予以处罚。

第八十条 生产、储存、使用危险化学品的单位有下列情形之一的，由安全生产监督管理部门责令改正，处5万元以上10万元以下的罚款；拒不改正的，责令停产停业整顿直至由原发证机关吊销其相关许可证件，并由工商行政管理部门责令其办理经营范围变更登记或者吊销其营业执照；有关责任人员构成犯罪的，依法追究刑事责任：

（一）对重复使用的危险化学品包装物、容器，在重复使用前不进行检查的；

（二）未根据其生产、储存的危险化学品的种类和危险特性，在作业场所设置相关安全设施、设备，或者未按照国家标准、行业标准或者国家有关规定对安全设施、设备进行经常性维护、保养的；

（三）未依照本条例规定对其安全生产条件定期进行安全评价的；

（四）未将危险化学品储存在专用仓库内，或者未将剧毒化学品以及储存数量构成重大危险源的其他危险化学品在专用仓库内单独存放的；

（五）危险化学品的储存方式、方法或者储存数量不符合国家标准或者国家有关规定的；

（六）危险化学品专用仓库不符合国家标准、行业标准的要求的；

（七）未对危险化学品专用仓库的安全设施、设备定期进行检测、检验的。

从事危险化学品仓储经营的港口经营人有前款规定情形的,由港口行政管理部门依照前款规定予以处罚。

第八十一条 有下列情形之一的,由公安机关责令改正,可以处 1 万元以下的罚款;拒不改正的,处 1 万元以上 5 万元以下的罚款:

(一)生产、储存、使用剧毒化学品、易制爆危险化学品的单位不如实记录生产、储存、使用的剧毒化学品、易制爆危险化学品的数量、流向的;

(二)生产、储存、使用剧毒化学品、易制爆危险化学品的单位发现剧毒化学品、易制爆危险化学品丢失或者被盗,不立即向公安机关报告的;

(三)储存剧毒化学品的单位未将剧毒化学品的储存数量、储存地点以及管理人员的情况报所在地县级人民政府公安机关备案的;

(四)危险化学品生产企业、经营企业不如实记录剧毒化学品、易制爆危险化学品购买单位的名称、地址、经办人的姓名、身份证号码以及所购买的剧毒化学品、易制爆危险化学品的品种、数量、用途,或者保存销售记录和相关材料的时间少于 1 年的;

(五)剧毒化学品、易制爆危险化学品的销售企业、购买单位未在规定的时限内将所销售、购买的剧毒化学品、易制爆危险化学品的品种、数量以及流向信息报所在地县级人民政府公安机关备案的;

(六)使用剧毒化学品、易制爆危险化学品的单位依照本条例规定转让其购买的剧毒化学品、易制爆危险化学品,未将有关情况向所在地县级人民政府公安机关报告的。

生产、储存危险化学品的企业或者使用危险化学品从事生产的企业未按照本条例规定将安全评价报告以及整改方案的落实情况报安全生产监督管理部门或者港口行政管理部门备案,或者储存剧毒化学品的单位未将其剧毒化学品以及储存数量构成重大危险源的其他危险化学品的储存数量、储存地点以及管理人员的情况报安全生产监督管理部门或者港口行政管理部门备案的,分别由安全生产监督管理部门或者港口行政管理部门依照前款规定予以处罚。

生产实施重点环境管理的危险化学品的企业或者使用实施重点环境管理的危险化学品从事生产的企业未按照规定将相关信息向环境保护主管部门报告的,由环境保护主管部门依照本条第一款的规定予以处罚。

第八十二条 生产、储存、使用危险化学品的单位转产、停产、停业或者解散,未采取有效措施及时、妥善处置其危险化学品生产装置、储存设施以及库存的危险化学品,或者丢弃危险化学品的,由安全生产监督管理部门责令改正,处 5 万元以上 10 万元以下的罚款;构成犯罪的,依法追究刑事责任。

生产、储存、使用危险化学品的单位转产、停产、停业或者解散,未依照本条例规定将其危险化学品生产装置、储存设施以及库存危险化学品的处置方案报有关部门备案的,分别由有关部门责令改正,可以处 1 万元以下的罚款;拒不改正的,处 1 万元以上 5 万元以下的罚款。

第八十三条 危险化学品经营企业向未经许可违法从事危险化学品生产、经营活动的企业采购危险化学品的,由工商行政管理部门责令改正,处 10 万元以上 20 万元以下的罚款;拒不改正的,责令停业整顿直至由原发证机关吊销其危险化学品经营许可证,并由工商行政管理部门责令其办理经营范围变更登记或者吊销其营业执照。

第八十四条 危险化学品生产企业、经营企业有下列情形之一的,由安全生产监督管理部门责令改正,没收违法所得,并处 10 万元以上 20 万元以下的罚款;拒不改正的,责令停产停业整顿直至吊销其危险化学品安全生产许可证、危险化学品经营许可证,并由工商行政管理部门责令其办理经营范围变更登记或者吊销其营业执照:

(一)向不具有本条例第三十八条第一款、第二款规定的相关许可证件或者证明文件的单位销售剧毒化学品、易制爆危险化学品的;

(二)不按照剧毒化学品购买许可证载明的品种、数量销售剧毒化学品的;

(三)向个人销售剧毒化学品(属于剧毒化学品的农药除外)、易制爆危险化学品的。

不具有本条例第三十八条第一款、第二款规定的相关许可证件或者证明文件的单位购买剧毒化学品、易制爆危险化学品,或者个人购买剧毒化学品(属于剧毒化学品的农药除外)、易制爆危险化学品的,由公安机关没收所购买的剧毒化学品、易制爆危险化学品,可以并处 5000 元以下的罚款。

使用剧毒化学品、易制爆危险化学品的单位出借或者向不具有本条例第三十八条第一款、第二款规定的相关许可证件的单位转让其购买的剧毒化学品、易制爆危险化学品,或者向个人转让其购买的剧毒化学品(属于剧毒化学品的农药除外)、易制爆危险化学品的,由公安机关责令改正,处 10 万元以上 20 万元以下的罚款;拒不改正的,责令停产停业整顿。

第八十五条　未依法取得危险货物道路运输许可、危险货物水路运输许可,从事危险化学品道路运输、水路运输的,分别依照有关道路运输、水路运输的法律、行政法规的规定处罚。

第八十六条　有下列情形之一的,由交通运输主管部门责令改正,处5万元以上10万元以下的罚款;拒不改正的,责令停产停业整顿;构成犯罪的,依法追究刑事责任:

(一)危险化学品道路运输企业、水路运输企业的驾驶人员、船员、装卸管理人员、押运人员、申报人员、集装箱装箱现场检查员未取得从业资格上岗作业的;

(二)运输危险化学品,未根据危险化学品的危险特性采取相应的安全防护措施,或者未配备必要的防护用品和应急救援器材的;

(三)使用未依法取得危险货物适装证书的船舶,通过内河运输危险化学品的;

(四)通过内河运输危险化学品的承运人违反国务院交通运输主管部门对单船运输的危险化学品数量的限制性规定运输危险化学品的;

(五)用于危险化学品运输作业的内河码头、泊位不符合国家有关安全规范,或者未与饮用水取水口保持国家规定的安全距离,或者未经交通运输主管部门验收合格投入使用的;

(六)托运人不向承运人说明所托运的危险化学品的种类、数量、危险特性以及发生危险情况的应急处置措施,或者未按照国家有关规定对所托运的危险化学品妥善包装并在外包装上设置相应标志的;

(七)运输危险化学品需要添加抑制剂或者稳定剂,托运人未添加或者未将有关情况告知承运人的。

第八十七条　有下列情形之一的,由交通运输主管部门责令改正,处10万元以上20万元以下的罚款,有违法所得的,没收违法所得;拒不改正的,责令停产停业整顿;构成犯罪的,依法追究刑事责任:

(一)委托未依法取得危险货物道路运输许可、危险货物水路运输许可的企业承运危险化学品的;

(二)通过内河封闭水域运输剧毒化学品以及国家规定禁止通过内河运输的其他危险化学品的;

(三)通过内河运输国家规定禁止通过内河运输的剧毒化学品以及其他危险化学品的;

(四)在托运的普通货物中夹带危险化学品,或者将危险化学品谎报或者匿报为普通货物托运的。

在邮件、快件内夹带危险化学品,或者将危险化学品谎报为普通物品交寄的,依法给予治安管理处罚;构成犯罪的,依法追究刑事责任。

邮政企业、快递企业收寄危险化学品的,依照《中华人民共和国邮政法》的规定处罚。

第八十八条　有下列情形之一的,由公安机关责令改正,处5万元以上10万元以下的罚款;构成违反治安管理行为的,依法给予治安管理处罚;构成犯罪的,依法追究刑事责任:

(一)超过运输车辆的核定载质量装载危险化学品的;

(二)使用安全技术条件不符合国家标准要求的车辆运输危险化学品的;

(三)运输危险化学品的车辆未经公安机关批准进入危险化学品运输车辆限制通行的区域的;

(四)未取得剧毒化学品道路运输通行证,通过道路运输剧毒化学品的。

第八十九条　有下列情形之一的,由公安机关责令改正,处1万元以上5万元以下的罚款;构成违反治安管理行为的,依法给予治安管理处罚:

(一)危险化学品运输车辆未悬挂或者喷涂警示标志,或者悬挂或者喷涂的警示标志不符合国家标准要求的;

(二)通过道路运输危险化学品,不配备押运人员的;

(三)运输剧毒化学品或者易制爆危险化学品途中需要较长时间停车,驾驶人员、押运人员不向当地公安机关报告的;

(四)剧毒化学品、易制爆危险化学品在道路运输途中丢失、被盗、被抢或者发生流散、泄露等情况,驾驶人员、押运人员不采取必要的警示措施和安全措施,或者不向当地公安机关报告的。

第九十条　对发生交通事故负有全部责任或者主要责任的危险化学品道路运输企业,由公安机关责令消除安全隐患,未消除安全隐患的危险化学品运输车辆,禁止上道路行驶。

第九十一条　有下列情形之一的,由交通运输主管部门责令改正,可以处1万元以下的罚款;拒不改正的,处1万元以上5万元以下的罚款:

(一)危险化学品道路运输企业、水路运输企业未配备专职安全管理人员的;

(二)用于危险化学品运输作业的内河码头、泊位的管理单位未制定码头、泊位危险化学品事故应急救援预案，或者未为码头、泊位配备充足、有效的应急救援器材和设备的。

第九十二条 有下列情形之一的，依照《中华人民共和国内河交通安全管理条例》的规定处罚：

（一）通过内河运输危险化学品的水路运输企业未制定运输船舶危险化学品事故应急救援预案，或者未为运输船舶配备充足、有效的应急救援器材和设备的；

（二）通过内河运输危险化学品的船舶的所有人或者经营人未取得船舶污染损害责任保险证书或者财务担保证明的；

（三）船舶载运危险化学品进出内河港口，未将有关事项事先报告海事管理机构并经其同意的；

（四）载运危险化学品的船舶在内河航行、装卸或者停泊，未悬挂专用的警示标志，或者未按照规定显示专用信号，或者未按照规定申请引航的。

未向港口行政管理部门报告并经其同意，在港口内进行危险化学品的装卸、过驳作业的，依照《中华人民共和国港口法》的规定处罚。

第九十三条 伪造、变造或者出租、出借、转让危险化学品安全生产许可证、工业产品生产许可证，或者使用伪造、变造的危险化学品安全生产许可证、工业产品生产许可证的，分别依照《安全生产许可证条例》、《中华人民共和国工业产品生产许可证管理条例》的规定处罚。

伪造、变造或者出租、出借、转让本条例规定的其他许可证，或者使用伪造、变造的本条例规定的其他许可证的，分别由相关许可证的颁发管理机关处 10 万元以上 20 万元以下的罚款，有违法所得的，没收违法所得；构成违反治安管理行为的，依法给予治安管理处罚；构成犯罪的，依法追究刑事责任。

第九十四条 危险化学品单位发生危险化学品事故，其主要负责人不立即组织救援或者不立即向有关部门报告的，依照《生产安全事故报告和调查处理条例》的规定处罚。

危险化学品单位发生危险化学品事故，造成他人人身伤害或者财产损失的，依法承担赔偿责任。

第九十五条 发生危险化学品事故，有关地方人民政府及其有关部门不立即组织实施救援，或者不采取必要的应急处置措施减少事故损失，防止事故蔓延、扩大的，对直接负责的主管人员和其他直接责任人员依法给予处分；构成犯罪的，依法追究刑事责任。

第九十六条 负有危险化学品安全监督管理职责的部门的工作人员，在危险化学品安全监督管理工作中滥用职权、玩忽职守、徇私舞弊，构成犯罪的，依法追究刑事责任；尚不构成犯罪的，依法给予处分。

第八章 附 则

第九十七条 监控化学品、属于危险化学品的药品和农药的安全管理，依照本条例的规定执行；法律、行政法规另有规定的，依照其规定。

民用爆炸物品、烟花爆竹、放射性物品、核能物质以及用于国防科研生产的危险化学品的安全管理，不适用本条例。

法律、行政法规对燃气的安全管理另有规定的，依照其规定。

危险化学品容器属于特种设备的，其安全管理依照有关特种设备安全的法律、行政法规的规定执行。

第九十八条 危险化学品的进出口管理，依照有关对外贸易的法律、行政法规、规章的规定执行；进口的危险化学品的储存、使用、经营、运输的安全管理，依照本条例的规定执行。

危险化学品环境管理登记和新化学物质环境管理登记，依照有关环境保护的法律、行政法规、规章的规定执行。危险化学品环境管理登记，按照国家有关规定收取费用。

第九十九条 公众发现、捡拾的无主危险化学品，由公安机关接收。公安机关接收或者有关部门依法没收的危险化学品，需要进行无害化处理的，交由环境保护主管部门组织其认定的专业单位进行处理，或者交由有关危险化学品生产企业进行处理。处理所需费用由国家财政负担。

第一百条 化学品的危险特性尚未确定的，由国务院安全生产监督管理部门、国务院环境保护主管部门、国务院卫生主管部门分别负责组织对该化学品的物理危险性、环境危害性、毒理特性进行鉴定。根据鉴定结果，需要调整危险化学品目录的，依照本条例第三条第二款的规定办理。

第一百零一条 本条例施行前已经使用危险化学品从事生产的化工企业，依照本条例规定需要取得危险化学品安全使用许可证的，应当在国务院安全生产监督管理部门规定的期限内，申请取得危险化学品安全使用许可证。

第一百零二条 本条例自 2011 年 12 月 1 日起施行。

中华人民共和国监控化学品管理条例

- 1995年12月27日国务院令第190号发布
- 根据2011年1月8日《国务院关于废止和修改部分行政法规的决定》修订

第一条 为了加强对监控化学品的管理，保障公民的人身安全和保护环境，制定本条例。

第二条 在中华人民共和国境内从事监控化学品的生产、经营和使用活动，必须遵守本条例。

第三条 本条例所称监控化学品，是指下列各类化学品：

第一类：可作为化学武器的化学品；
第二类：可作为生产化学武器前体的化学品；
第三类：可作为生产化学武器主要原料的化学品；
第四类：除炸药和纯碳氢化合物外的特定有机化学品。

前款各类监控化学品的名录由国务院化学工业主管部门提出，报国务院批准后公布。

第四条 国务院化学工业主管部门负责全国监控化学品的管理工作。省、自治区、直辖市人民政府化学工业主管部门负责本行政区域内监控化学品的管理工作。

第五条 生产、经营或者使用监控化学品的，应当依照本条例和国家有关规定向国务院化学工业主管部门或者省、自治区、直辖市人民政府化学工业主管部门申报生产、经营或者使用监控化学品的有关资料、数据和使用目的，接受化学工业主管部门的检查监督。

第六条 国家严格控制第一类监控化学品的生产。

为科研、医疗、制造药物或者防护目的需要生产第一类监控化学品的，应当报国务院化学工业主管部门批准，并在国务院化学工业主管部门指定的小型设施中生产。

严禁在未经国务院化学工业主管部门指定的设施中生产第一类监控化学品。

第七条 国家对第二类、第三类监控化学品和第四类监控化学品中含磷、硫、氟的特定有机化学品的生产，实行特别许可制度；未经特别许可的，任何单位和个人均不得生产。特别许可办法，由国务院化学工业主管部门制定。

第八条 新建、扩建或者改建用于生产第二类、第三类监控化学品和第四类监控化学品中含磷、硫、氟的特定有机化学品的设施，应当向所在地省、自治区、直辖市人民政府化学工业主管部门提出申请，经省、自治区、直辖市人民政府化学工业主管部门审查签署意见，报国务院化学工业主管部门批准后，方可开工建设；工程竣工后，经所在地省、自治区、直辖市人民政府化学工业主管部门验收合格，并报国务院化学工业主管部门批准后，方可投产使用。

新建、扩建或者改建用于生产第四类监控化学品中不含磷、硫、氟的特定有机化学品的设施，应当在开工生产前向所在地省、自治区、直辖市人民政府化学工业主管部门备案。

第九条 监控化学品应当在专用的化工仓库中储存，并设专人管理。监控化学品的储存条件应当符合国家有关规定。

第十条 储存监控化学品的单位，应当建立严格的出库、入库检查制度和登记制度；发现丢失、被盗时，应当立即报告当地公安机关和所在地省、自治区、直辖市人民政府化学工业主管部门；省、自治区、直辖市人民政府化学工业主管部门应当积极配合公安机关进行查处。

第十一条 对变质或者过期失效的监控化学品，应当及时处理。处理方案报所在地省、自治区、直辖市人民政府化学工业主管部门批准后实施。

第十二条 为科研、医疗、制造药物或者防护目的需要使用第一类监控化学品的，应当向国务院化学工业主管部门提出申请，经国务院化学工业主管部门审查批准后，凭批准文件同国务院化学工业主管部门指定的生产单位签订合同，并将合同副本报送国务院化学工业主管部门备案。

第十三条 需要使用第二类监控化学品的，应当向所在地省、自治区、直辖市人民政府化学工业主管部门提出申请，经省、自治区、直辖市人民政府化学工业主管部门审查批准后，凭批准文件同国务院化学工业主管部门指定的经销单位签订合同，并将合同副本报送所在地省、自治区、直辖市人民政府化学工业主管部门备案。

第十四条 国务院化学工业主管部门会同国务院对外经济贸易主管部门指定的单位（以下简称被指定单位），可以从事第一类监控化学品和第二类、第三类监控化学品及其生产技术、专用设备的进出口业务。

需要进口或者出口第一类监控化学品和第二类、第三类监控化学品及其生产技术、专用设备的，应当委托被指定单位代理进口或者出口。除被指定单位外，任何单位和个人均不得从事这类进出口业务。

第十五条 国家严格控制第一类监控化学品的进口和出口。非为科研、医疗、制造药物或者防护目的，不得进口第一类监控化学品。

接受委托进口第一类监控化学品的被指定单位,应当向国务院化学工业主管部门提出申请,并提交产品最终用途的说明和证明;经国务院化学工业主管部门审查签署意见后,报国务院审查批准。被指定单位凭国务院的批准文件向国务院对外经济贸易主管部门申请领取进口许可证。

第十六条 接受委托进口第二类、第三类监控化学品及其生产技术、专用设备的被指定单位,应当向国务院化学工业主管部门提出申请,并提交所进口的化学品、生产技术或者专用设备最终用途的说明和证明;经国务院化学工业主管部门审查批准后,被指定单位凭国务院化学工业主管部门的批准文件向国务院对外经济贸易主管部门申请领取进口许可证。

第十七条 接受委托出口第一类监控化学品的被指定单位,应当向国务院化学工业主管部门提出申请,并提交进口国政府或者政府委托机构出具的所进口的化学品仅用于科研、医疗、制造药物或者防护目的和不转口第三国的保证书;经国务院化学工业主管部门审查签署意见后,报国务院审查批准。被指定单位凭国务院的批准文件向国务院对外经济贸易主管部门申请领取出口许可证。

第十八条 接受委托出口第二类、第三类监控化学品及其生产技术、专用设备的被指定单位,应当向国务院化学工业主管部门提出申请,并提交进口国政府或者政府委托机构出具的所进口的化学品、生产技术、专用设备不用于生产化学武器和不转口第三国的保证书;经国务院化学工业主管部门审查批准后,被指定单位凭国务院化学工业主管部门的批准文件向国务院对外经济贸易主管部门申请领取出口许可证。

第十九条 使用监控化学品的,应当与其申报的使用目的相一致;需要改变使用目的的,应当报原审批机关批准。

第二十条 使用第一类、第二类监控化学品的,应当按照国家有关规定,定期向所在地省、自治区、直辖市人民政府化学工业主管部门报告消耗此类监控化学品的数量和使用此类监控化学品生产最终产品的数量。

第二十一条 违反本条例规定,生产监控化学品的,由省、自治区、直辖市人民政府化学工业主管部门责令限期改正;逾期不改正的,可以处 20 万元以下的罚款;情节严重的,可以提省、自治区、直辖市人民政府责令停产整顿。

第二十二条 违反本条例规定,使用监控化学品的,由省、自治区、直辖市人民政府化学工业主管部门责令限期改正;逾期不改正的,可以处 5 万元以下的罚款。

第二十三条 违反本条例规定,经营监控化学品的,由省、自治区、直辖市人民政府化学工业主管部门没收其违法经营的监控化学品和违法所得,可以并处违法经营额 1 倍以上 2 倍以下的罚款。

第二十四条 违反本条例规定,隐瞒、拒报有关监控化学品的资料、数据,或者妨碍、阻挠化学工业主管部门依照本条例的规定履行检查监督职责的,由省、自治区、直辖市人民政府化学工业主管部门处以 5 万元以下的罚款。

第二十五条 违反本条例规定,构成违反治安管理行为的,依照《中华人民共和国治安管理处罚法》的有关规定处罚;构成犯罪的,依法追究刑事责任。

第二十六条 在本条例施行前已经从事生产、经营或者使用监控化学品的,应当依照本条例的规定,办理有关手续。

第二十七条 本条例自发布之日起施行。

附件:(略)

危险化学品重大危险源监督管理暂行规定

· 2011 年 8 月 5 日国家安全生产监管总局令第 40 号公布
· 根据 2015 年 5 月 27 日《国家安全监管总局关于废止和修改危险化学品等领域七部规章的决定》修订

第一章 总 则

第一条 为了加强危险化学品重大危险源的安全监督管理,防止和减少危险化学品事故的发生,保障人民群众生命财产安全,根据《中华人民共和国安全生产法》和《危险化学品安全管理条例》等有关法律、行政法规,制定本规定。

第二条 从事危险化学品生产、储存、使用和经营的单位(以下统称危险化学品单位)的危险化学品重大危险源的辨识、评估、登记建档、备案、核销及其监督管理,适用本规定。

城镇燃气、用于国防科研生产的危险化学品重大危险源以及港区内危险化学品重大危险源的安全监督管理,不适用本规定。

第三条 本规定所称危险化学品重大危险源(以下简称重大危险源),是指按照《危险化学品重大危险源辨识》(GB18218)标准辨识确定,生产、储存、使用或者搬运危险化学品的数量等于或者超过临界量的单元(包括场所和设施)。

第四条 危险化学品单位是本单位重大危险源安全管理的责任主体,其主要负责人对本单位的重大危险源安全管理工作负责,并保证重大危险源安全生产所必需的安全投入。

第五条 重大危险源的安全监督管理实行属地监管与分级管理相结合的原则。

县级以上地方人民政府安全生产监督管理部门按照有关法律、法规、标准和本规定,对本辖区内的重大危险源实施安全监督管理。

第六条 国家鼓励危险化学品单位采用有利于提高重大危险源安全保障水平的先进适用的工艺、技术、设备以及自动控制系统,推进安全生产监督管理部门重大危险源安全监管的信息化建设。

第二章 辨识与评估

第七条 危险化学品单位应当按照《危险化学品重大危险源辨识》标准,对本单位的危险化学品生产、经营、储存和使用装置、设施或者场所进行重大危险源辨识,并记录辨识过程与结果。

第八条 危险化学品单位应当对重大危险源进行安全评估并确定重大危险源等级。危险化学品单位可以组织本单位的注册安全工程师、技术人员或者聘请有关专家进行安全评估,也可以委托具有相应资质的安全评价机构进行安全评估。

依照法律、行政法规的规定,危险化学品单位需要进行安全评价的,重大危险源安全评估可以与本单位的安全评价一起进行,以安全评价报告代替安全评估报告,也可以单独进行重大危险源安全评估。

重大危险源根据其危险程度,分为一级、二级、三级和四级,一级为最高级别。重大危险源分级方法由本规定附件1列示。

第九条 重大危险源有下列情形之一的,应当委托具有相应资质的安全评价机构,按照有关标准的规定采用定量风险评价方法进行安全评估,确定个人和社会风险值:

(一)构成一级或者二级重大危险源,且毒性气体实际存在(在线)量与其在《危险化学品重大危险源辨识》中规定的临界量比值之和大于或等于1的;

(二)构成一级重大危险源,且爆炸品或液化易燃气体实际存在(在线)量与其在《危险化学品重大危险源辨识》中规定的临界量比值之和大于或等于1的。

第十条 重大危险源安全评估报告应当客观公正、数据准确、内容完整、结论明确、措施可行,并包括下列内容:

(一)评估的主要依据;

(二)重大危险源的基本情况;

(三)事故发生的可能性及危害程度;

(四)个人风险和社会风险值(仅适用定量风险评价方法);

(五)可能受事故影响的周边场所、人员情况;

(六)重大危险源辨识、分级的符合性分析;

(七)安全管理措施、安全技术和监控措施;

(八)事故应急措施;

(九)评估结论与建议。

危险化学品单位以安全评价报告代替安全评估报告的,其安全评价报告中有关重大危险源的内容应当符合本条第一款规定的要求。

第十一条 有下列情形之一的,危险化学品单位应当对重大危险源重新进行辨识、安全评估及分级:

(一)重大危险源安全评估已满三年的;

(二)构成重大危险源的装置、设施或者场所进行新建、改建、扩建的;

(三)危险化学品种类、数量、生产、使用工艺或者储存方式及重要设备、设施等发生变化,影响重大危险源级别或者风险程度的;

(四)外界生产安全环境因素发生变化,影响重大危险源级别和风险程度的;

(五)发生危险化学品事故造成人员死亡,或者10人以上受伤,或者影响到公共安全的;

(六)有关重大危险源辨识和安全评估的国家标准、行业标准发生变化的。

第三章 安全管理

第十二条 危险化学品单位应当建立完善重大危险源安全管理规章制度和安全操作规程,并采取有效措施保证其得到执行。

第十三条 危险化学品单位应当根据构成重大危险源的危险化学品种类、数量、生产、使用工艺(方式)或者相关设备、设施等实际情况,按照下列要求建立健全安全监测监控体系,完善控制措施:

(一)重大危险源配备温度、压力、液位、流量、组份等信息的不间断采集和监测系统以及可燃气体和有毒有害气体泄漏检测报警装置,并具备信息远传、连续记录、事故预警、信息存储等功能;一级或者二级重大危险源,具备紧急停车功能。记录的电子数据的保存时间不少于

30天；

（二）重大危险源的化工生产装置装备满足安全生产要求的自动化控制系统；一级或者二级重大危险源，装备紧急停车系统；

（三）对重大危险源中的毒性气体、剧毒液体和易燃气体等重点设施，设置紧急切断装置；毒性气体的设施，设置泄漏物紧急处置装置。涉及毒性气体、液化气体、剧毒液体的一级或者二级重大危险源，配备独立的安全仪表系统（SIS）；

（四）重大危险源中储存剧毒物质的场所或者设施，设置视频监控系统；

（五）安全监测监控系统符合国家标准或者行业标准的规定。

第十四条 通过定量风险评价确定的重大危险源的个人和社会风险值，不得超过本规定附件2列示的个人和社会可容许风险限值标准。

超过个人和社会可容许风险限值标准的，危险化学品单位应当采取相应的降低风险措施。

第十五条 危险化学品单位应当按照国家有关规定，定期对重大危险源的安全设施和安全监测监控系统进行检测、检验，并进行经常性维护、保养，保证重大危险源的安全设施和安全监测监控系统有效、可靠运行。维护、保养、检测应当作好记录，并由有关人员签字。

第十六条 危险化学品单位应当明确重大危险源中关键装置、重点部位的责任人或者责任机构，并对重大危险源的安全生产状况进行定期检查，及时采取措施消除事故隐患。事故隐患难以立即排除的，应当及时制定治理方案，落实整改措施、责任、资金、时限和预案。

第十七条 危险化学品单位应当对重大危险源的管理和操作岗位人员进行安全操作技能培训，使其了解重大危险源的危险特性，熟悉重大危险源安全管理规章制度和安全操作规程，掌握本岗位的安全操作技能和应急措施。

第十八条 危险化学品单位应当在重大危险源所在场所设置明显的安全警示标志，写明紧急情况下的应急处置办法。

第十九条 危险化学品单位应当将重大危险源可能发生的事故后果和应急措施等信息，以适当方式告知可能受影响的单位、区域及人员。

第二十条 危险化学品单位应当依法制定重大危险源事故应急预案，建立应急救援组织或者配备应急救援人员，配备必要的防护装备及应急救援器材、设备、物资，并保障其完好和方便使用；配合地方人民政府安全生产监督管理部门制定所在地区涉及本单位的危险化学品事故应急预案。

对存在吸入性有毒、有害气体的重大危险源，危险化学品单位应当配备便携式浓度检测设备、空气呼吸器、化学防护服、堵漏器材等应急器材和设备；涉及剧毒气体的重大危险源，还应当配备两套以上（含本数）气密型化学防护服；涉及易燃易爆气体或者易燃液体蒸气的重大危险源，还应当配备一定数量的便携式可燃气体检测设备。

第二十一条 危险化学品单位应当制定重大危险源事故应急预案演练计划，并按照下列要求进行事故应急预案演练：

（一）对重大危险源专项应急预案，每年至少进行一次；

（二）对重大危险源现场处置方案，每半年至少进行一次。

应急预案演练结束后，危险化学品单位应当对应急预案演练效果进行评估，撰写应急预案演练评估报告，分析存在的问题，对应急预案提出修订意见，并及时修订完善。

第二十二条 危险化学品单位应当对辨识确认的重大危险源及时、逐项进行登记建档。

重大危险源档案应当包括下列文件、资料：

（一）辨识、分级记录；

（二）重大危险源基本特征表；

（三）涉及的所有化学品安全技术说明书；

（四）区域位置图、平面布置图、工艺流程图和主要设备一览表；

（五）重大危险源安全管理规章制度及安全操作规程；

（六）安全监测监控系统、措施说明、检测、检验结果；

（七）重大危险源事故应急预案、评审意见、演练计划和评估报告；

（八）安全评估报告或者安全评价报告；

（九）重大危险源关键装置、重点部位的责任人、责任机构名称；

（十）重大危险源场所安全警示标志的设置情况；

（十一）其他文件、资料。

第二十三条 危险化学品单位在完成重大危险源安全评估报告或者安全评价报告后15日内，应当填写重大危险源备案申请表,连同本规定第二十二条规定的重大危险源档案材料(其中第二款第五项规定的文件资料只需提供清单),报送所在地县级人民政府安全生产监督管理部门备案。

县级人民政府安全生产监督管理部门应当每季度将辖区内的一级、二级重大危险源备案材料报送至设区的市级人民政府安全生产监督管理部门。设区的市级人民政府安全生产监督管理部门应当每半年将辖区内的一级重大危险源备案材料报送至省级人民政府安全生产监督管理部门。

重大危险源出现本规定第十一条所列情形之一的,危险化学品单位应当及时更新档案,并向所在地县级人民政府安全生产监督管理部门重新备案。

第二十四条　危险化学品单位新建、改建和扩建危险化学品建设项目,应当在建设项目竣工验收前完成重大危险源的辨识、安全评估和分级、登记建档工作,并向所在地县级人民政府安全生产监督管理部门备案。

第四章　监督检查

第二十五条　县级人民政府安全生产监督管理部门应当建立健全危险化学品重大危险源管理制度,明确责任人员,加强资料归档。

第二十六条　县级人民政府安全生产监督管理部门应当在每年1月15日前,将辖区内上一年度重大危险源的汇总信息报送至设区的市级人民政府安全生产监督管理部门。设区的市级人民政府安全生产监督管理部门应当在每年1月31日前,将辖区内上一年度重大危险源的汇总信息报送至省级人民政府安全生产监督管理部门。省级人民政府安全生产监督管理部门应当在每年2月15日前,将辖区内上一年度重大危险源的汇总信息报送至国家安全生产监督管理总局。

第二十七条　重大危险源经过安全评价或者安全评估不再构成重大危险源的,危险化学品单位应当向所在地县级人民政府安全生产监督管理部门申请核销。

申请核销重大危险源应当提交下列文件、资料:

(一)载明核销理由的申请书;

(二)单位名称、法定代表人、住所、联系人、联系方式;

(三)安全评价报告或者安全评估报告。

第二十八条　县级人民政府安全生产监督管理部门应当自收到申请核销的文件、资料之日起30日内进行审查,符合条件的,予以核销并出具证明文书;不符合条件的,说明理由并书面告知申请单位。必要时,县级人民政府安全生产监督管理部门应当聘请有关专家进行现场核查。

第二十九条　县级人民政府安全生产监督管理部门应当每季度将辖区内一级、二级重大危险源的核销材料报送至设区的市级人民政府安全生产监督管理部门。设区的市级人民政府安全生产监督管理部门应当每半年将辖区内一级重大危险源的核销材料报送至省级人民政府安全生产监督管理部门。

第三十条　县级以上地方各级人民政府安全生产监督管理部门应当加强对存在重大危险源的危险化学品单位的监督检查,督促危险化学品单位做好重大危险源的辨识、安全评估及分级、登记建档、备案、监测监控、事故应急预案编制、核销和安全管理工作。

首次对重大危险源的监督检查应当包括下列主要内容:

(一)重大危险源的运行情况、安全管理规章制度及安全操作规程制定和落实情况;

(二)重大危险源的辨识、分级、安全评估、登记建档、备案情况;

(三)重大危险源的监测监控情况;

(四)重大危险源安全设施和安全监测监控系统的检测、检验以及维护保养情况;

(五)重大危险源事故应急预案的编制、评审、备案、修订和演练情况;

(六)有关从业人员的安全培训教育情况;

(七)安全标志设置情况;

(八)应急救援器材、设备、物资配备情况;

(九)预防和控制事故措施的落实情况。

安全生产监督管理部门在监督检查中发现重大危险源存在事故隐患的,应当责令立即排除;重大事故隐患排除前或者排除过程中无法保证安全的,应当责令从危险区域内撤出作业人员,责令暂时停产停业或者停止使用;重大事故隐患排除后,经安全生产监督管理部门审查同意,方可恢复生产经营和使用。

第三十一条　县级以上地方各级人民政府安全生产监督管理部门应当会同本级人民政府有关部门,加强对工业(化工)园区等重大危险源集中区域的监督检查,确保重大危险源与周边单位、居民区、人员密集场所等重要目标和敏感场所之间保持适当的安全距离。

第五章　法律责任

第三十二条　危险化学品单位有下列行为之一的,由县级以上人民政府安全生产监督管理部门责令限期改正,可以处 10 万元以下的罚款;逾期未改正的,责令停产停业整顿,并处 10 万元以上 20 万元以下的罚款,对其直接负责的主管人员和其他直接责任人员处 2 万元以上 5 万元以下的罚款;构成犯罪的,依照刑法有关规定追究刑事责任:

(一)未按照本规定要求对重大危险源进行安全评估或者安全评价的;

(二)未按照本规定要求对重大危险源进行登记建档的;

(三)未按照本规定及相关标准要求对重大危险源进行安全监测监控的;

(四)未制定重大危险源事故应急预案的。

第三十三条 危险化学品单位有下列行为之一的,由县级以上人民政府安全生产监督管理部门责令限期改正,可以处 5 万元以下的罚款;逾期未改正的,处 5 万元以上 20 万元以下的罚款,对其直接负责的主管人员和其他直接责任人员处 1 万元以上 2 万元以下的罚款;情节严重的,责令停产停业整顿;构成犯罪的,依照刑法有关规定追究刑事责任。

(一)未在构成重大危险源的场所设置明显的安全警示标志的;

(二)未对重大危险源中的设备、设施等进行定期检测、检验的。

第三十四条 危险化学品单位有下列情形之一的,由县级以上人民政府安全生产监督管理部门给予警告,可以并处 5000 元以上 3 万元以下的罚款:

(一)未按照标准对重大危险源进行辨识的;

(二)未按照本规定明确重大危险源中关键装置、重点部位的责任人或者责任机构的;

(三)未按照本规定建立应急救援组织或者配备应急救援人员,以及配备必要的防护装备及器材、设备、物资,并保障其完好的;

(四)未按照本规定进行重大危险源备案或者核销的;

(五)未将重大危险源可能引发的事故后果、应急措施等信息告知可能受影响的单位、区域及人员的;

(六)未按照本规定要求开展重大危险源事故应急预案演练的。

第三十五条 危险化学品单位未按照本规定对重大危险源的安全生产状况进行定期检查,采取措施消除事故隐患的,责令立即消除或者限期消除;危险化学品单位拒不执行的,责令停产停业整顿,并处 10 万元以上 20 万

元以下的罚款,对其直接负责的主管人员和其他直接责任人员处 2 万元以上 5 万元以下的罚款。

第三十六条 承担检测、检验、安全评价工作的机构,出具虚假证明的,没收违法所得;违法所得在 10 万元以上的,并处违法所得 2 倍以上 5 倍以下的罚款;没有违法所得或者违法所得不足 10 万元的,单处或者并处 10 万元以上 20 万元以下的罚款;对其直接负责的主管人员和其他直接责任人员处 2 万元以上 5 万元以下的罚款;给他人造成损害的,与危险化学品单位承担连带赔偿责任;构成犯罪的,依照刑法有关规定追究刑事责任。

对有前款违法行为的机构,依法吊销其相应资质。

第六章 附 则

第三十七条 本规定自 2011 年 12 月 1 日起施行。

附件:1. 危险化学品重大危险源分级方法(略)
　　　2. 可容许风险标准(略)

危险化学品建设项目安全监督管理办法

·2012 年 1 月 30 日国家安全生产监管总局令第 45 号公布
·根据 2015 年 5 月 27 日《国家安全监管总局关于废止和修改危险化学品等领域七部规章的决定》修订

第一章 总 则

第一条 为了加强危险化学品建设项目安全监督管理,规范危险化学品建设项目安全审查,根据《中华人民共和国安全生产法》和《危险化学品安全管理条例》等法律、行政法规,制定本办法。

第二条 中华人民共和国境内新建、改建、扩建危险化学品生产、储存的建设项目以及伴有危险化学品产生的化工建设项目(包括危险化学品长输管道建设项目,以下统称建设项目),其安全管理及其监督管理,适用本办法。

危险化学品的勘探、开采及其辅助的储存,原油和天然气勘探、开采及其辅助的储存、海上输送,城镇燃气的输送及储存等建设项目,不适用本办法。

第三条 本办法所称建设项目安全审查,是指建设项目安全条件审查、安全设施的设计审查。建设项目的安全审查由建设单位申请,安全生产监督管理部门根据本办法分级负责实施。

建设项目安全设施竣工验收由建设单位负责依法组织实施。

建设项目未经安全审查和安全设施竣工验收的,不得开工建设或者投入生产(使用)。

第四条 国家安全生产监督管理总局指导、监督全国建设项目安全审查和建设项目安全设施竣工验收的实施工作，并负责实施下列建设项目的安全审查：

（一）国务院审批（核准、备案）的；

（二）跨省、自治区、直辖市的。

省、自治区、直辖市人民政府安全生产监督管理部门（以下简称省级安全生产监督管理部门）指导、监督本行政区域内建设项目安全审查和建设项目安全设施竣工验收的监督管理工作，确定并公布本部门和本行政区域内由设区的市级人民政府安全生产监督管理部门（以下简称市级安全生产监督管理部门）实施的前款规定以外的建设项目范围，并报国家安全生产监督管理总局备案。

第五条 建设项目有下列情形之一的，应当由省级安全生产监督管理部门负责安全审查：

（一）国务院投资主管部门审批（核准、备案）的；

（二）生产剧毒化学品的；

（三）省级安全生产监督管理部门确定的本办法第四条第一款规定以外的其他建设项目。

第六条 负责实施建设项目安全审查的安全生产监督管理部门根据工作需要，可以将其负责实施的建设项目安全审查工作，委托下一级安全生产监督管理部门实施。委托实施安全审查的，审查结果由委托的安全生产监督管理部门负责。跨省、自治区、直辖市的建设项目和生产剧毒化学品的建设项目，不得委托实施安全审查。

建设项目有下列情形之一的，不得委托县级人民政府安全生产监督管理部门实施安全审查：

（一）涉及国家安全生产监督管理总局公布的重点监管危险化工工艺的；

（二）涉及国家安全生产监督管理总局公布的重点监管危险化学品中的有毒气体、液化气体、易燃液体、爆炸品，且构成重大危险源的。

接受委托的安全生产监督管理部门不得将其受托的建设项目安全审查工作再委托其他单位实施。

第七条 建设项目的设计、施工、监理单位和安全评价机构应当具备相应的资质，并对其工作成果负责。

涉及重点监管危险化工工艺、重点监管危险化学品或者危险化学品重大危险源的建设项目，应当由具有石油化工医药行业相应资质的设计单位设计。

第二章 建设项目安全条件审查

第八条 建设单位应当在建设项目的可行性研究阶段，委托具备相应资质的安全评价机构对建设项目进行安全评价。

安全评价机构应当根据有关安全生产法律、法规、规章和国家标准、行业标准，对建设项目进行安全评价，出具建设项目安全评价报告。安全评价报告应当符合《危险化学品建设项目安全评价细则》的要求。

第九条 建设项目有下列情形之一的，应当由甲级安全评价机构进行安全评价：

（一）国务院及其投资主管部门审批（核准、备案）的；

（二）生产剧毒化学品的；

（三）跨省、自治区、直辖市的；

（四）法律、法规、规章另有规定的。

第十条 建设单位应当在建设项目开始初步设计前，向与本办法第四条、第五条规定相应的安全生产监督管理部门申请建设项目安全条件审查，提交下列文件、资料，并对其真实性负责：

（一）建设项目安全条件审查申请书及文件；

（二）建设项目安全评价报告；

（三）建设项目批准、核准或者备案文件和规划相关文件（复制件）；

（四）工商行政管理部门颁发的企业营业执照或者企业名称预先核准通知书（复制件）。

第十一条 建设单位申请安全条件审查的文件、资料齐全，符合法定形式的，安全生产监督管理部门应当当场予以受理，并书面告知建设单位。

建设单位申请安全条件审查的文件、资料不齐全或者不符合法定形式的，安全生产监督管理部门应当自收到申请文件、资料之日起五个工作日内一次性书面告知建设单位需要补正的全部内容；逾期不告知的，收到申请文件、资料之日起即为受理。

第十二条 对已经受理的建设项目安全条件审查申请，安全生产监督管理部门应当指派有关人员或者组织专家对申请文件、资料进行审查，并自受理申请之日起四十五日内向建设单位出具建设项目安全条件审查意见书。建设项目安全条件审查意见书的有效期为两年。

根据法定条件和程序，需要对申请文件、资料的实质内容进行核实的，安全生产监督管理部门应当指派两名以上工作人员对建设项目进行现场核查。

建设单位整改现场核查发现的有关问题和修改申请文件、资料所需时间不计算在本条规定的期限内。

第十三条 建设项目有下列情形之一的，安全条件审查不予通过：

（一）安全评价报告存在重大缺陷、漏项的，包括建设项目主要危险、有害因素辨识和评价不全或者不准确的；

（二）建设项目与周边场所、设施的距离或者拟建场址自然条件不符合有关安全生产法律、法规、规章和国家标准、行业标准的规定的；

（三）主要技术、工艺未确定，或者不符合有关安全生产法律、法规、规章和国家标准、行业标准的规定的；

（四）国内首次使用的化工工艺，未经省级人民政府有关部门组织的安全可靠性论证的；

（五）对安全设施设计提出的对策与建议不符合法律、法规、规章和国家标准、行业标准的规定的；

（六）未委托具备相应资质的安全评价机构进行安全评价的；

（七）隐瞒有关情况或者提供虚假文件、资料的。

建设项目未通过安全条件审查的，建设单位经过整改后可以重新申请建设项目安全条件审查。

第十四条　已经通过安全条件审查的建设项目有下列情形之一的，建设单位应当重新进行安全评价，并申请审查：

（一）建设项目周边条件发生重大变化的；

（二）变更建设地址的；

（三）主要技术、工艺路线、产品方案或者装置规模发生重大变化的；

（四）建设项目在安全条件审查意见书有效期内未开工建设，期限届满后需要开工建设的。

第三章　建设项目安全设施设计审查

第十五条　设计单位应当根据有关安全生产的法律、法规、规章和国家标准、行业标准以及建设项目安全条件审查意见书，按照《化工建设项目安全设计管理导则》(AQ/T3033)，对建设项目安全设施进行设计，并编制建设项目安全设施设计专篇。建设项目安全设施设计专篇应当符合《危险化学品建设项目安全设施设计专篇编制导则》的要求。

第十六条　建设单位应当在建设项目初步设计完成后、详细设计开始前，向出具建设项目安全条件审查意见书的安全生产监督管理部门申请建设项目安全设施设计审查，提交下列文件、资料，并对其真实性负责：

（一）建设项目安全设施设计审查申请书及文件；

（二）设计单位的设计资质证明文件（复制件）；

（三）建设项目安全设施设计专篇。

第十七条　建设单位申请安全设施设计审查的文件、资料齐全，符合法定形式的，安全生产监督管理部门应当当场予以受理；未经安全条件审查或者审查未通过的，不予受理。受理或者不予受理的情况，安全生产监督管理部门应当书面告知建设单位。

安全设施设计审查申请文件、资料不齐全或者不符合要求的，安全生产监督管理部门应当自收到申请文件、资料之日起五个工作日内一次性书面告知建设单位需要补正的全部内容；逾期不告知的，收到申请文件、资料之日起即为受理。

第十八条　对已经受理的建设项目安全设施设计审查申请，安全生产监督管理部门应当指派有关人员或者组织专家对申请文件、资料进行审查，并在受理申请之日起二十个工作日内作出同意或者不同意建设项目安全设施设计专篇的决定，向建设单位出具建设项目安全设施设计的审查意见书；二十个工作日内不能出具审查意见的，经本部门负责人批准，可以延长十个工作日，并应当将延长的期限和理由告知建设单位。

根据法定条件和程序，需要对申请文件、资料的实质内容进行核实的，安全生产监督管理部门应当指派两名以上工作人员进行现场核查。

建设单位整改现场核查发现的有关问题和修改申请文件、资料所需时间不计算在本条规定的期限内。

第十九条　建设项目安全设施设计有下列情形之一的，审查不予通过：

（一）设计单位资质不符合相关规定的；

（二）未按照有关安全生产的法律、法规、规章和国家标准、行业标准的规定进行设计的；

（三）对未采纳的建设项目安全评价报告中的安全对策和建议，未作充分论证说明的；

（四）隐瞒有关情况或者提供虚假文件、资料的。

建设项目安全设施设计审查未通过的，建设单位经过整改后可以重新申请建设项目安全设施设计的审查。

第二十条　已经审查通过的建设项目安全设施设计有下列情形之一的，建设单位应当向原审查部门申请建设项目安全设施变更设计的审查：

（一）改变安全设施设计且可能降低安全性能的；

（二）在施工期间重新设计的。

第四章　建设项目试生产（使用）

第二十一条　建设项目安全设施施工完成后，建设单位应当按照有关安全生产法律、法规、规章和国家标准、行业标准的规定，对建设项目安全设施进行检验、检测，保证建设项目安全设施满足危险化学品生产、储存的安全要求,并处于正常适用状态。

第二十二条 建设单位应当组织建设项目的设计、施工、监理等有关单位和专家,研究提出建设项目试生产(使用)(以下简称试生产〈使用〉)可能出现的安全问题及对策,并按照有关安全生产法律、法规、规章和国家标准、行业标准的规定,制定周密的试生产(使用)方案。试生产(使用)方案应当包括下列有关安全生产的内容:

(一)建设项目设备及管道试压、吹扫、气密、单机试车、仪表调校、联动试车等生产准备的完成情况;

(二)投料试车方案;

(三)试生产(使用)过程中可能出现的安全问题、对策及应急预案;

(四)建设项目周边环境与建设项目安全试生产(使用)相互影响的确认情况;

(五)危险化学品重大危险源监控措施的落实情况;

(六)人力资源配置情况;

(七)试生产(使用)起止日期。

建设项目试生产期限应当不少于30日,不超过1年。

第二十三条 建设单位在采取有效安全生产措施后,方可将建设项目安全设施与生产、储存、使用的主体装置、设施同时进行试生产(使用)。

试生产(使用)前,建设单位应当组织专家对试生产(使用)方案进行审查。

试生产(使用)时,建设单位应当组织专家对试生产(使用)条件进行确认,对试生产(使用)过程进行技术指导。

第五章 建设项目安全设施竣工验收

第二十四条 建设项目安全设施施工完成后,施工单位应当编制建设项目安全设施施工情况报告。建设项目安全设施施工情况报告应当包括下列内容:

(一)施工单位的基本情况,包括施工单位以往所承担的建设项目施工情况;

(二)施工单位的资质情况(提供相关资质证明材料复印件);

(三)施工依据和执行的有关法律、法规、规章和国家标准、行业标准;

(四)施工质量控制情况;

(五)施工变更情况,包括建设项目在施工和试生产期间有关安全生产的设施改动情况。

第二十五条 建设项目试生产期间,建设单位应当按照本办法的规定委托有相应资质的安全评价机构对建设项目及其安全设施试生产(使用)情况进行安全验收评价,且不得委托在可行性研究阶段进行安全评价的同一安全评价机构。

安全评价机构应当根据有关安全生产的法律、法规、规章和国家标准、行业标准进行评价。建设项目安全验收评价报告应当符合《危险化学品建设项目安全评价细则》的要求。

第二十六条 建设项目投入生产和使用前,建设单位应当组织人员进行安全设施竣工验收,作出建设项目安全设施竣工验收是否通过的结论。参加验收人员的专业能力应当涵盖建设项目涉及的所有专业内容。

建设单位应当向参加验收人员提供下列文件、资料,并组织进行现场检查:

(一)建设项目安全设施施工、监理情况报告;

(二)建设项目安全验收评价报告;

(三)试生产(使用)期间是否发生事故、采取的防范措施以及整改情况报告;

(四)建设项目施工、监理单位资质证书(复制件);

(五)主要负责人、安全生产管理人员、注册安全工程师资格证书(复制件),以及特种作业人员名单;

(六)从业人员安全教育、培训合格的证明材料;

(七)劳动防护用品配备情况说明;

(八)安全生产责任制文件,安全生产规章制度清单、岗位操作安全规程清单;

(九)设置安全生产管理机构和配备专职安全生产管理人员的文件(复制件);

(十)为从业人员缴纳工伤保险费的证明材料(复制件)。

第二十七条 建设项目安全设施有下列情形之一的,建设项目安全设施竣工验收不予通过:

(一)未委托具备相应资质的施工单位施工的;

(二)未按照已经通过审查的建设项目安全设施设计施工或者施工质量未达到建设项目安全设施设计文件要求的;

(三)建设项目安全设施的施工不符合国家标准、行业标准的规定的;

(四)建设项目安全设施竣工后未按照本办法的规定进行检验、检测,或者经检验、检测不合格的;

(五)未委托具备相应资质的安全评价机构进行安全验收评价的;

(六)安全设施和安全生产条件不符合或者未达到有关安全生产法律、法规、规章和国家标准、行业标准的规定的；

（七）安全验收评价报告存在重大缺陷、漏项，包括建设项目主要危险、有害因素辨识和评价不正确的；

（八）隐瞒有关情况或者提供虚假文件、资料的；

（九）未按照本办法规定向参加验收人员提供文件、材料，并组织现场检查的。

建设项目安全设施竣工验收未通过的，建设单位经过整改后可以再次组织建设项目安全设施竣工验收。

第二十八条　建设单位组织安全设施竣工验收合格后，应将验收过程中涉及的文件、资料存档，并按照有关法律法规及其配套规章的规定申请有关危险化学品的其他安全许可。

第六章　监督管理

第二十九条　建设项目在通过安全条件审查之后、安全设施竣工验收之前，建设单位发生变更的，变更后的建设单位应当及时将证明材料和有关情况报送负责建设项目安全审查的安全生产监督管理部门。

第三十条　有下列情形之一的，负责审查的安全生产监督管理部门或者其上级安全生产监督管理部门可以撤销建设项目的安全审查：

（一）滥用职权、玩忽职守的；

（二）超越法定职权的；

（三）违反法定程序的；

（四）申请人不具备申请资格或者不符合法定条件的；

（五）依法可以撤销的其他情形。

建设单位以欺骗、贿赂等不正当手段通过安全审查的，应当予以撤销。

第三十一条　安全生产监督管理部门应当建立健全建设项目安全审查档案及其管理制度，并及时将建设项目的安全审查情况通报有关部门。

第三十二条　各级安全生产监督管理部门应当按照各自职责，依法对建设项目安全审查情况进行监督检查，对检查中发现的违反本办法的情况，应当依法作出处理，并通报实施安全审查的安全生产监督管理部门。

第三十三条　市级安全生产监督管理部门应当在每年1月31日前，将本行政区域内上一年度建设项目安全审查的实施情况报告省级安全生产监督管理部门。

省级安全生产监督管理部门应当在每年2月15日前，将本行政区域内上一年度建设项目安全审查的实施情况报告国家安全生产监督管理总局。

第七章　法律责任

第三十四条　安全生产监督管理部门工作人员徇私舞弊、滥用职权、玩忽职守，未依法履行危险化学品建设项目安全审查和监督管理职责的，依法给予处分。

第三十五条　未经安全条件审查或者安全条件审查未通过，新建、改建、扩建生产、储存危险化学品的建设项目的，责令停止建设，限期改正；逾期不改正的，处50万元以上100万元以下的罚款；构成犯罪的，依法追究刑事责任。

建设项目发生本办法第十五条规定的变化后，未重新申请安全条件审查，以及审查未通过擅自建设的，依照前款规定处罚。

第三十六条　建设单位有下列行为之一的，依照《中华人民共和国安全生产法》有关建设项目安全设施设计审查、竣工验收的法律责任条款给予处罚：

（一）建设项目安全设施设计未经审查或者审查未通过，擅自建设的；

（二）建设项目安全设施设计发生本办法第二十一条规定的情形之一，未经变更设计审查或者变更设计审查未通过，擅自建设的；

（三）建设项目的施工单位未根据批准的安全设施设计施工的；

（四）建设项目安全设施未经竣工验收或者验收不合格，擅自投入生产（使用）的。

第三十七条　建设单位有下列行为之一的，责令改正，可以处1万元以下的罚款；逾期未改正的，处1万元以上3万元以下的罚款：

（一）建设项目安全设施竣工后未进行检验、检测的；

（二）在申请建设项目安全审查时提供虚假文件、资料的；

（三）未组织有关单位和专家研究提出试生产（使用）可能出现的安全问题及对策，或者未制定周密的试生产（使用）方案，进行试生产（使用）的；

（四）未组织有关专家对试生产（使用）方案进行审查、对试生产（使用）条件进行检查确认的。

第三十八条　建设单位隐瞒有关情况或者提供虚假材料申请建设项目安全审查的，不予受理或者审查不予通过，给予警告，并自安全生产监督管理部门发现之日起一年内不得再次申请该审查。

建设单位采用欺骗、贿赂等不正当手段取得建设项目安全审查的，自安全生产监督管理部门撤销建设项目安全审查之日起三年内不得再次申请该审查。

第三十九条　承担安全评价、检验、检测工作的机构出具虚假报告、证明的,依照《中华人民共和国安全生产法》的有关规定给予处罚。

第八章 附 则

第四十条 对于规模较小、危险程度较低和工艺路线简单的建设项目,安全生产监督管理部门可以适当简化建设项目安全审查的程序和内容。

第四十一条 建设项目分期建设的,可以分期进行安全条件审查、安全设施设计审查、试生产及安全设施竣工验收。

第四十二条 本办法所称新建项目,是指有下列情形之一的项目:

(一)新设立的企业建设危险化学品生产、储存装置(设施),或者现有企业建设与现有生产、储存活动不同的危险化学品生产、储存装置(设施)的;

(二)新设立的企业建设伴有危险化学品产生的化学品生产装置(设施),或者现有企业建设与现有生产活动不同的伴有危险化学品产生的化学品生产装置(设施)的。

第四十三条 本办法所称改建项目,是指有下列情形之一的项目:

(一)企业对在役危险化学品生产、储存装置(设施),在原址更新技术、工艺、主要装置(设施)、危险化学品种类的;

(二)企业对在役伴有危险化学品产生的化学品生产装置(设施),在原址更新技术、工艺、主要装置(设施)的。

第四十四条 本办法所称扩建项目,是指有下列情形之一的项目:

(一)企业建设与现有技术、工艺、主要装置(设施)、危险化学品品种相同,但生产、储存装置(设施)相对独立的;

(二)企业建设与现有技术、工艺、主要装置(设施)相同,但生产装置(设施)相对独立的伴有危险化学品产生的。

第四十五条 实施建设项目安全审查所需的有关文书的内容和格式,由国家安全生产监督管理总局另行规定。

第四十六条 省级安全生产监督管理部门可以根据本办法的规定,制定和公布本行政区域内需要简化安全条件审查和分期安全条件审查的建设项目范围及其审查内容,并报国家安全生产监督管理总局备案。

第四十七条 本办法施行后,负责实施建设项目安全审查的安全生产监督管理部门发生变化的(已通过安全设施竣工验收的建设项目除外),原安全生产监督管理部门应当将建设项目安全审查实施情况及档案移交根据本办法负责实施建设项目安全审查的安全生产监督管理部门。

第四十八条 本办法自2012年4月1日起施行。国家安全生产监督管理总局2006年9月2日公布的《危险化学品建设项目安全许可实施办法》同时废止。

危险化学品生产企业安全生产许可证实施办法

· 2011年8月5日国家安全生产监管总局令第41号公布
· 根据2015年5月27日《国家安全监管总局关于废止和修改危险化学品等领域七部规章的决定》第一次修订
· 根据2017年3月6日《国家安全监管总局关于修改和废止部分规章及规范性文件的决定》第二次修订

第一章 总 则

第一条 为了严格规范危险化学品生产企业安全生产条件,做好危险化学品生产企业安全生产许可证的颁发和管理工作,根据《安全生产许可证条例》、《危险化学品安全管理条例》等法律、行政法规,制定本实施办法。

第二条 本办法所称危险化学品生产企业(以下简称企业),是指依法设立且取得工商营业执照或者工商核准文件从事生产最终产品或者中间产品列入《危险化学品目录》的企业。

第三条 企业应当依照本办法的规定取得危险化学品安全生产许可证(以下简称安全生产许可证)。未取得安全生产许可证的企业,不得从事危险化学品的生产活动。

第四条 安全生产许可证的颁发管理工作实行企业申请、两级发证、属地监管的原则。

第五条 国家安全生产监督管理总局指导、监督全国安全生产许可证的颁发管理工作。

省、自治区、直辖市安全生产监督管理部门(以下简称省级安全生产监督管理部门)负责本行政区域内中央企业及其直接控股涉及危险化学品生产的企业(总部)以外的企业安全生产许可证的颁发管理。

第六条 省级安全生产监督管理部门可以将其负责的安全生产许可证颁发工作,委托企业所在地设区的市级或者县级安全生产监督管理部门实施。涉及剧毒化学品生产的企业安全生产许可证颁发工作,不得委托实施。

国家安全生产监督管理总局公布的涉及危险化工工艺和

重点监管危险化学品的企业安全生产许可证颁发工作,不得委托县级安全生产监督管理部门实施。

受委托的设区的市级或者县级安全生产监督管理部门在受委托的范围内,以省级安全生产监督管理部门的名义实施许可,但不得再委托其他组织和个人实施。

国家安全生产监督管理总局、省级安全生产监督管理部门和受委托的设区的市级或者县级安全生产监督管理部门统称实施机关。

第七条 省级安全生产监督管理部门应当将受委托的设区的市级或者县级安全生产监督管理部门以及委托事项予以公告。

省级安全生产监督管理部门应当指导、监督受委托的设区的市级或者县级安全生产监督管理部门颁发安全生产许可证,并对其法律后果负责。

第二章 申请安全生产许可证的条件

第八条 企业选址布局、规划设计以及与重要场所、设施、区域的距离应当符合下列要求:

(一)国家产业政策;当地县级以上(含县级)人民政府的规划和布局;新设立企业建在地方人民政府规划的专门用于危险化学品生产、储存的区域内;

(二)危险化学品生产装置或者储存危险化学品数量构成重大危险源的储存设施,与《危险化学品安全管理条例》第十九条第一款规定的八类场所、设施、区域的距离符合有关法律、法规、规章和国家标准或者行业标准的规定;

(三)总体布局符合《化工企业总图运输设计规范》(GB50489)、《工业企业总平面设计规范》(GB50187)、《建筑设计防火规范》(GB50016)等标准的要求。

石油化工企业除符合本条第一款规定条件外,还应当符合《石油化工企业设计防火规范》(GB50160)的要求。

第九条 企业的厂房、作业场所、储存设施和安全设施、设备、工艺应当符合下列要求:

(一)新建、改建、扩建建设项目经具备国家规定资质的单位设计、制造和施工建设;涉及危险化工工艺、重点监管危险化学品的装置,由具有综合甲级资质或者化工石化专业甲级设计资质的化工石化设计单位设计;

(二)不得采用国家明令淘汰、禁止使用和危及安全生产的工艺、设备;新开发的危险化学品生产工艺必须在小试、中试、工业化试验的基础上逐步放大到工业化生产;国内首次使用的化工工艺,必须经过省人民政府有关部门组织的安全可靠性论证;

(三)涉及危险化工工艺、重点监管危险化学品的装置装设自动化控制系统;涉及危险化工工艺的大型化工装置装设紧急停车系统;涉及易燃易爆、有毒有害气体化学品的场所装设易燃易爆、有毒有害介质泄漏报警等安全设施;

(四)生产区与非生产区分开设置,并符合国家标准或者行业标准规定的距离;

(五)危险化学品生产装置和储存设施之间及其与建(构)筑物之间的距离符合有关标准规范的规定。

同一厂区内的设备、设施及建(构)筑物的布置必须适用同一标准的规定。

第十条 企业应当有相应的职业危害防护设施,并为从业人员配备符合国家标准或者行业标准的劳动防护用品。

第十一条 企业应当依据《危险化学品重大危险源辨识》(GB18218),对本企业的生产、储存和使用装置、设施或者场所进行重大危险源辨识。

对已确定为重大危险源的生产和储存设施,应当执行《危险化学品重大危险源监督管理暂行规定》。

第十二条 企业应当依法设置安全生产管理机构,配备专职安全生产管理人员。配备的专职安全生产管理人员必须能够满足安全生产的需要。

第十三条 企业应当建立全员安全生产责任制,保证每位从业人员的安全生产责任与职务、岗位相匹配。

第十四条 企业应当根据化工工艺、装置、设施等实际情况,制定完善下列主要安全生产规章制度:

(一)安全生产例会等安全生产会议制度;

(二)安全投入保障制度;

(三)安全生产奖惩制度;

(四)安全培训教育制度;

(五)领导干部轮流现场带班制度;

(六)特种作业人员管理制度;

(七)安全检查和隐患排查治理制度;

(八)重大危险源评估和安全管理制度;

(九)变更管理制度;

(十)应急管理制度;

(十一)生产安全事故或者重大事件管理制度;

(十二)防火、防爆、防中毒、防泄漏管理制度;

(十三)工艺、设备、电气仪表、公用工程安全管理制度;

(十四)动火、进入受限空间、吊装、高处、盲板抽堵、动土、断路、设备检维修等作业安全管理制度;

(十五)危险化学品安全管理制度;

（十六）职业健康相关管理制度；
（十七）劳动防护用品使用维护管理制度；
（十八）承包商管理制度；
（十九）安全管理制度及操作规程定期修订制度。

第十五条　企业应当根据危险化学品的生产工艺、技术、设备特点和原辅料、产品的危险性编制岗位操作安全规程。

第十六条　企业主要负责人、分管安全负责人和安全生产管理人员必须具备与其从事的生产经营活动相适应的安全生产知识和管理能力，依法参加安全生产培训，并经考核合格，取得安全合格证书。

企业分管安全负责人、分管生产负责人、分管技术负责人应当具有一定的化工专业知识或者相应的专业学历，专职安全生产管理人员应当具备国民教育化工化学类（或安全工程）中等职业教育以上学历或者化工化学类中级以上专业技术职称。

企业应当有危险物品安全类注册安全工程师从事安全生产管理工作。

特种作业人员应当依照《特种作业人员安全技术培训考核管理规定》，经专门的安全技术培训并考核合格，取得特种作业操作证书。

本条第一、二、四款规定以外的其他从业人员应当按照国家有关规定，经安全教育培训合格。

第十七条　企业应当按照国家规定提取与安全生产有关的费用，并保证安全生产所必须的资金投入。

第十八条　企业应当依法参加工伤保险，为从业人员缴纳保险费。

第十九条　企业应当依法委托具备国家规定资质的安全评价机构进行安全评价，并按照安全评价报告的意见对存在的安全生产问题进行整改。

第二十条　企业应当依法进行危险化学品登记，为用户提供化学品安全技术说明书，并在危险化学品包装（包括外包装件）上粘贴或者拴挂与包装内危险化学品相符的化学品安全标签。

第二十一条　企业应当符合下列应急管理要求：
（一）按照国家有关规定编制危险化学品事故应急预案并报有关部门备案；
（二）建立应急救援组织，规模较小的企业可以不建立应急救援组织，但应指定兼职的应急救援人员；
（三）配备必要的应急救援器材、设备和物资，并进行经常性维护、保养，保证正常运转。

生产、储存和使用氯气、氨气、光气、硫化氢等吸入性有毒有害气体的企业，除符合本条第一款的规定外，还应当配备至少两套以上全封闭防化服；构成重大危险源的，还应当设立气体防护站（组）。

第二十二条　企业除符合本章规定的安全生产条件，还应当符合有关法律、行政法规和国家标准或者行业标准规定的其他安全生产条件。

第三章　安全生产许可证的申请

第二十三条　中央企业及其直接控股涉及危险化学品生产的企业（总部）以外的企业向所在地省级安全生产监督管理部门或其委托的安全生产监督管理部门申请安全生产许可证。

第二十四条　新建企业安全生产许可证的申请，应当在危险化学品生产建设项目安全设施竣工验收通过后10个工作日内提出。

第二十五条　企业申请安全生产许可证时，应当提交下列文件、资料，并对其内容的真实性负责：
（一）申请安全生产许可证的文件及申请书；
（二）安全生产责任制文件，安全生产规章制度、岗位操作安全规程清单；
（三）设置安全生产管理机构，配备专职安全生产管理人员的文件复制件；
（四）主要负责人、分管安全负责人、安全生产管理人员和特种作业人员的安全合格证或者特种作业操作证复制件；
（五）与安全生产有关的费用提取和使用情况报告，新建企业提交有关安全生产费用提取和使用规定的文件；
（六）为从业人员缴纳工伤保险费的证明材料；
（七）危险化学品事故应急救援预案的备案证明文件；
（八）危险化学品登记证复制件；
（九）工商营业执照副本或者工商核准文件复制件；
（十）具备资质的中介机构出具的安全评价报告；
（十一）新建企业的竣工验收报告；
（十二）应急救援组织或者应急救援人员，以及应急救援器材、设备设施清单。

有危险化学品重大危险源的企业，除提交本条第一款规定的文件、资料外，还应当提供重大危险源及其应急预案的备案证明文件、资料。

第四章　安全生产许可证的颁发

第二十六条　实施机关收到企业申请文件、资料后，应当按照下列情况分别作出处理：

（一）申请事项依法不需要取得安全生产许可证的，即时告知企业不予受理；

（二）申请事项依法不属于本实施机关职责范围的，即时作出不予受理的决定，并告知企业向相应的实施机关申请；

（三）申请材料存在可以当场更正的错误的，允许企业当场更正，并受理其申请；

（四）申请材料不齐全或者不符合法定形式的，当场告知或者在5个工作日内出具补正告知书，一次告知企业需要补正的全部内容；逾期不告知的，自收到申请材料之日起即为受理；

（五）企业申请材料齐全、符合法定形式，或者按照实施机关要求提交全部补正材料的，立即受理其申请。

实施机关受理或者不予受理行政许可申请，应当出具加盖本机关专用印章和注明日期的书面凭证。

第二十七条　安全生产许可证申请受理后，实施机关应当组织对企业提交的申请文件、资料进行审查。对企业提交的文件、资料实质内容存在疑问，需要到现场核查的，应当指派工作人员就有关内容进行现场核查。工作人员应当如实提出现场核查意见。

第二十八条　实施机关应当在受理之日起45个工作日内作出是否准予许可的决定。审查过程中的现场核查所需时间不计算在本条规定的期限内。

第二十九条　实施机关作出准予许可决定的，应当自决定之日起10个工作日内颁发安全生产许可证。

实施机关作出不予许可的决定的，应当在10个工作日内书面告知企业并说明理由。

第三十条　企业在安全生产许可证有效期内变更主要负责人、企业名称或者注册地址的，应当自工商营业执照或者隶属关系变更之日起10个工作日内向实施机关提出变更申请，并提交下列文件、资料：

（一）变更后的工商营业执照副本复制件；

（二）变更主要负责人的，还应当提供主要负责人经安全生产监督管理部门考核合格后颁发的安全合格证复制件；

（三）变更注册地址的，还应当提供相关证明材料。

对已经受理的变更申请，实施机关应当在对企业提交的文件、资料审查无误后，方可办理安全生产许可证变更手续。

企业在安全生产许可证有效期内变更隶属关系的，仅需提交隶属关系变更证明材料报实施机关备案。

第三十一条　企业在安全生产许可证有效期内，当原生产装置新增产品或者改变工艺技术对企业的安全生产产生重大影响时，应当对该生产装置或者工艺技术进行专项安全评价，并对安全评价报告中提出的问题进行整改；在整改完成后，向原实施机关提出变更申请，提交安全评价报告。实施机关按照本办法第三十条的规定办理变更手续。

第三十二条　企业在安全生产许可证有效期内，有危险化学品新建、改建、扩建建设项目（以下简称建设项目）的，应当在建设项目安全设施竣工验收合格之日起10个工作日内向原实施机关提出变更申请，并提交建设项目安全设施竣工验收报告等相关文件、资料。实施机关按照本办法第二十七条、第二十八条和第二十九条的规定办理变更手续。

第三十三条　安全生产许可证有效期为3年。企业安全生产许可证有效期届满后继续生产危险化学品的，应当在安全生产许可证有效期届满前3个月提出延期申请，并提交延期申请书和本办法第二十五条规定的申请文件、资料。

实施机关按照本办法第二十六条、第二十七条、第二十八条、第二十九条的规定进行审查，并作出是否准予延期的决定。

第三十四条　企业在安全生产许可证有效期内，符合下列条件的，其安全生产许可证届满时，经原实施机关同意，可不提交第二十五条第一款第二、七、八、十、十一项规定的文件、资料，直接办理延期手续：

（一）严格遵守有关安全生产的法律、法规和本办法的；

（二）取得安全生产许可证后，加强日常安全生产管理，未降低安全生产条件，并达到安全生产标准化等级二级以上的；

（三）未发生死亡事故的。

第三十五条　安全生产许可证分为正、副本，正本为悬挂式，副本为折页式，正、副本具有同等法律效力。

实施机关应当分别在安全生产许可证正、副本上载明编号、企业名称、主要负责人、注册地址、经济类型、许可范围、有效期、发证机关、发证日期等内容。其中，正本上的"许可范围"应当注明"危险化学品生产"，副本上的"许可范围"应当载明生产场所地址和对应的具体品种、生产能力。

安全生产许可证有效期的起始日为实施机关作出许可决定之日，截止日为起始日至三年后同一日期的前一日。有效期内有变更事项的，起始日和截止日不变，载明变更日期。

第三十六条 企业不得出租、出借、买卖或者以其他形式转让其取得的安全生产许可证，或者冒用他人取得的安全生产许可证、使用伪造的安全生产许可证。

第五章 监督管理

第三十七条 实施机关应当坚持公开、公平、公正的原则，依照本办法和有关安全生产行政许可的法律、法规规定，颁发安全生产许可证。

实施机关工作人员在安全生产许可证颁发及其监督管理工作中，不得索取或者接受企业的财物，不得谋取其他非法利益。

第三十八条 实施机关应当加强对安全生产许可证的监督管理，建立、健全安全生产许可证档案管理制度。

第三十九条 有下列情形之一的，实施机关应当撤销已经颁发的安全生产许可证：

(一)超越职权颁发安全生产许可证的；

(二)违反本办法规定的程序颁发安全生产许可证的；

(三)以欺骗、贿赂等不正当手段取得安全生产许可证的。

第四十条 企业取得安全生产许可证后有下列情形之一的，实施机关应当注销其安全生产许可证：

(一)安全生产许可证有效期届满未被批准延续的；

(二)终止危险化学品生产活动的；

(三)安全生产许可证被依法撤销的；

(四)安全生产许可证被依法吊销的。

安全生产许可证注销后，实施机关应当在当地主要新闻媒体或者本机关网站上发布公告，并通报企业所在地人民政府和县级以上安全生产监督管理部门。

第四十一条 省级安全生产监督管理部门应当在每年1月15日前，将本行政区域内上年度安全生产许可证的颁发和管理情况报国家安全生产监督管理总局。

国家安全生产监督管理总局、省级安全生产监督管理部门应当定期向社会公布企业取得安全生产许可的情况，接受社会监督。

第六章 法律责任

第四十二条 实施机关工作人员有下列行为之一的，给予降级或者撤职的处分；构成犯罪的，依法追究刑事责任：

(一)向不符合本办法第二章规定的安全生产条件的企业颁发安全生产许可证的；

(二)发现企业未依法取得安全生产许可证擅自从事危险化学品生产活动，不依法处理的；

(三)发现取得安全生产许可证的企业不再具备本办法第二章规定的安全生产条件，不依法处理的；

(四)接到对违反本办法规定行为的举报后，不及时依法处理的；

(五)在安全生产许可证颁发和监督管理工作中，索取或者接受企业的财物，或者谋取其他非法利益的。

第四十三条 企业取得安全生产许可证后发现其不具备本办法规定的安全生产条件的，依法暂扣其安全生产许可证1个月以上6个月以下；暂扣期满仍不具备本办法规定的安全生产条件的，依法吊销其安全生产许可证。

第四十四条 企业出租、出借或者以其他形式转让安全生产许可证的，没收违法所得，处10万元以上50万元以下的罚款，并吊销安全生产许可证；构成犯罪的，依法追究刑事责任。

第四十五条 企业有下列情形之一的，责令停止生产危险化学品，没收违法所得，并处10万元以上50万元以下的罚款；构成犯罪的，依法追究刑事责任：

(一)未取得安全生产许可证，擅自进行危险化学品生产的；

(二)接受转让的安全生产许可证的；

(三)冒用或者使用伪造的安全生产许可证的。

第四十六条 企业在安全生产许可证有效期届满未办理延期手续，继续进行生产的，责令停止生产，限期补办延期手续，没收违法所得，并处5万元以上10万元以下的罚款；逾期仍不办理延期手续，继续进行生产的，依照本办法第四十五条的规定进行处罚。

第四十七条 企业在安全生产许可证有效期内主要负责人、企业名称、注册地址、隶属关系发生变更或者新增产品、改变工艺技术对企业安全生产产生重大影响，未按照本办法第三十条规定的时限提出安全生产许可证变更申请的，责令限期申请，处1万元以上3万元以下的罚款。

第四十八条 企业在安全生产许可证有效期内，其危险化学品建设项目安全设施竣工验收合格后，未按照本办法第三十二条规定的时限提出安全生产许可证变更申请并且擅自投入运行的，责令停止生产，限期申请，没收违法所得，并处1万元以上3万元以下的罚款。

第四十九条 发现企业隐瞒有关情况或者提供虚假材料申请安全生产许可证的，实施机关不予受理或者不予颁发安全生产许可证,并给予警告,该企业在1年内不得再次申请安全生产许可证。

企业以欺骗、贿赂等不正当手段取得安全生产许可证的,自实施机关撤销其安全生产许可证之日起3年内,该企业不得再次申请安全生产许可证。

第五十条 安全评价机构有下列情形之一的,给予警告,并处1万元以下的罚款;情节严重的,暂停资质半年,并处1万元以上3万元以下的罚款;对相关责任人依法给予处理:

(一)从业人员不到现场开展安全评价活动的;

(二)安全评价报告与实际情况不符,或者安全评价报告存在重大疏漏,但尚未造成重大损失的;

(三)未按照有关法律、法规、规章和国家标准或者行业标准的规定从事安全评价活动的。

第五十一条 承担安全评价、检测、检验的机构出具虚假证明的,没收违法所得;违法所得在10万元以上的,并处违法所得2倍以上5倍以下的罚款;没有违法所得或者违法所得不足10万元的,单处或者并处10万元以上20万元以下的罚款;对其直接负责的主管人员和其他直接责任人员处2万元以上5万元以下的罚款;给他人造成损害的,与企业承担连带赔偿责任;构成犯罪的,依照刑法有关规定追究刑事责任。

对有前款违法行为的机构,依法吊销其相应资质。

第五十二条 本办法规定的行政处罚,由国家安全生产监督管理总局、省级安全生产监督管理部门决定。省级安全生产监督管理部门可以委托设区的市级或者县级安全生产监督管理部门实施。

第七章 附 则

第五十三条 将纯度较低的化学品提纯至纯度较高的危险化学品的,适用本办法。购买某种危险化学品进行分装(包括充装)或者加入非危险化学品的溶剂进行稀释,然后销售或者使用的,不适用本办法。

第五十四条 本办法下列用语的含义:

(一)危险化学品目录,是指国家安全生产监督管理总局会同国务院工业和信息化、公安、环境保护、卫生、质量监督检验检疫、交通运输、铁路、民用航空、农业主管部门,依据《危险化学品安全管理条例》公布的危险化学品目录。

(二)中间产品,是指为满足生产的需要,生产一种或者多种产品为下一个生产过程参与化学反应的原料。

(三)作业场所,是指可能使从业人员接触危险化学品的任何作业活动场所,包括从事危险化学品的生产、操作、处置、储存、装卸等场所。

第五十五条 安全生产许可证由国家安全生产监督管理总局统一印制。

危险化学品安全生产许可的文书、安全生产许可证的格式、内容和编号办法,由国家安全生产监督管理总局另行规定。

第五十六条 省级安全生产监督管理部门可以根据当地实际情况制定安全生产许可证颁发管理的细则,并报国家安全生产监督管理总局备案。

第五十七条 本办法自2011年12月1日起施行。原国家安全生产监督管理局(国家煤矿安全监察局)2004年5月17日公布的《危险化学品生产企业安全生产许可证实施办法》同时废止。

危险化学品经营许可证管理办法

·2012年7月17日国家安全生产监管总局令第55号公布
·根据2015年5月27日《国家安全监管总局关于废止和修改危险化学品等领域七部规章的决定》修订

第一章 总 则

第一条 为了严格危险化学品经营安全条件,规范危险化学品经营活动,保障人民群众生命、财产安全,根据《中华人民共和国安全生产法》和《危险化学品安全管理条例》,制定本办法。

第二条 在中华人民共和国境内从事列入《危险化学品目录》的危险化学品的经营(包括仓储经营)活动,适用本办法。

民用爆炸物品、放射性物品、核能物质和城镇燃气的经营活动,不适用本办法。

第三条 国家对危险化学品经营实行许可制度。经营危险化学品的企业,应当依照本办法取得危险化学品经营许可证(以下简称经营许可证)。未取得经营许可证,任何单位和个人不得经营危险化学品。

从事下列危险化学品经营活动,不需要取得经营许可证:

(一)依法取得危险化学品安全生产许可证的危险化学品生产企业在其厂区范围内销售本企业生产的危险化学品的;

(二)依法取得港口经营许可证的港口经营人在港区内从事危险化学品仓储经营的。

第四条 经营许可证的颁发管理工作实行企业申请、两级发证、属地监管的原则。

第五条　国家安全生产监督管理总局指导、监督全国经营许可证的颁发和管理工作。

省、自治区、直辖市人民政府安全生产监督管理部门指导、监督本行政区域内经营许可证的颁发和管理工作。

设区的市级人民政府安全生产监督管理部门(以下简称市级发证机关)负责下列企业的经营许可证审批、颁发：

(一)经营剧毒化学品的企业；

(二)经营易制爆危险化学品的企业；

(三)经营汽油加油站的企业；

(四)专门从事危险化学品仓储经营的企业；

(五)从事危险化学品经营活动的中央企业所属省级、设区的市级公司(分公司)；

(六)带有储存设施经营除剧毒化学品、易制爆危险化学品以外的其他危险化学品的企业；

县级人民政府安全生产监督管理部门(以下简称县级发证机关)负责本行政区域内本条第三款规定以外企业的经营许可证审批、颁发；没有设立县级发证机关的，其经营许可证由市级发证机关审批、颁发。

第二章　申请经营许可证的条件

第六条　从事危险化学品经营的单位(以下统称申请人)应当依法登记注册为企业，并具备下列基本条件：

(一)经营和储存场所、设施、建筑物符合《建筑设计防火规范》(GB50016)、《石油化工企业设计防火规范》(GB50160)、《汽车加油加气站设计与施工规范》(GB50156)、《石油库设计规范》(GB50074)等相关国家标准、行业标准的规定；

(二)企业主要负责人和安全生产管理人员具备与本企业危险化学品经营活动相适应的安全生产知识和管理能力，经专门的安全生产培训和安全生产监督管理部门考核合格，取得相应安全资格证书；特种作业人员经专门的安全作业培训，取得特种作业操作证；其他从业人员依照有关规定经安全生产教育和专业技术培训合格；

(三)有健全的安全生产规章制度和岗位操作规程；

(四)有符合国家规定的危险化学品事故应急预案，并配备必要的应急救援器材、设备；

(五)法律、法规和国家标准或者行业标准规定的其他安全生产条件。

前款规定的安全生产规章制度，是指全员安全生产责任制度、危险化学品购销管理制度、危险化学品安全管理制度(包括防火、防爆、防中毒、防泄漏管理等内容)、安全投入保障制度、安全生产奖惩制度、安全生产教育培训制度、隐患排查治理制度、安全风险管理制度、应急管理制度、事故管理制度、职业卫生管理制度等。

第七条　申请人经营剧毒化学品的，除符合本办法第六条规定的条件外，还应当建立剧毒化学品双人验收、双人保管、双人发货、双把锁、双本账等管理制度。

第八条　申请人带有储存设施经营危险化学品的，除符合本办法第六条规定的条件外，还应当具备下列条件：

(一)新设立的专门从事危险化学品仓储经营的，其储存设施建立在地方人民政府规划的用于危险化学品储存的专门区域内；

(二)储存设施与相关场所、设施、区域的距离符合有关法律、法规、规章和标准的规定；

(三)依照有关规定进行安全评价，安全评价报告符合《危险化学品经营企业安全评价细则》的要求；

(四)专职安全生产管理人员具备国民教育化工化学类或者安全工程类中等职业教育以上学历，或者化工化学类中级以上专业技术职称，或者危险物品安全类注册安全工程师资格；

(五)符合《危险化学品安全管理条例》、《危险化学品重大危险源监督管理暂行规定》、《常用危险化学品贮存通则》(GB15603)的相关规定。

申请人储存易燃、易爆、有毒、易扩散危险化学品的，除符合本条第一款规定的条件外，还应当符合《石油化工可燃气体和有毒气体检测报警设计规范》(GB50493)的规定。

第三章　经营许可证的申请与颁发

第九条　申请人申请经营许可证，应当依照本办法第五条规定向所在地市级或者县级发证机关(以下统称发证机关)提出申请，提交下列文件、资料，并对其真实性负责：

(一)申请经营许可证的文件及申请书；

(二)安全生产规章制度和岗位操作规程的目录清单；

(三)企业主要负责人、安全生产管理人员、特种作业人员的相关资格证书(复制件)和其他从业人员培训合格的证明材料；

(四)经营场所产权证明文件或者租赁证明文件(复制件)；

(五)工商行政管理部门颁发的企业性质营业执照或者企业名称预先核准文件(复制件)；

（六）危险化学品事故应急预案备案登记表（复制件）。

带有储存设施经营危险化学品的，申请人还应当提交下列文件、资料：

（一）储存设施相关证明文件（复制件）；租赁储存设施的，需要提交租赁证明文件（复制件）；储存设施新建、改建、扩建的，需要提交危险化学品建设项目安全设施竣工验收报告；

（二）重大危险源备案证明材料、专职安全生产管理人员的学历证书、技术职称证书或者危险物品安全类注册安全工程师资格证书（复制件）；

（三）安全评价报告。

第十条 发证机关收到申请人提交的文件、资料后，应当按照下列情况分别作出处理：

（一）申请事项不需要取得经营许可证的，当场告知申请人不予受理；

（二）申请事项不属于本发证机关职责范围的，当场作出不予受理的决定，告知申请人向相应的发证机关申请，并退回申请文件、资料；

（三）申请文件、资料存在可以当场更正的错误的，允许申请人当场更正，并受理其申请；

（四）申请文件、资料不齐全或者不符合要求的，当场告知或者在5个工作日内出具补正告知书，一次告知申请人需要补正的全部内容；逾期不告知的，自收到申请文件、资料之日起即为受理；

（五）申请文件、资料齐全，符合要求，或者申请人按照发证机关要求提交全部补正材料的，立即受理其申请。

发证机关受理或者不予受理经营许可证申请，应当出具加盖本机关印章和注明日期的书面凭证。

第十一条 发证机关受理经营许可证申请后，应当组织对申请人提交的文件、资料进行审查，指派2名以上工作人员对申请人的经营场所、储存设施进行现场核查，并自受理之日起30日内作出是否准予许可的决定。

发证机关现场核查以及申请人整改现场核查发现的有关问题和修改有关申请文件、资料所需时间，不计算在前款规定的期限内。

第十二条 发证机关作出准予许可决定的，应当自决定之日起10个工作日内颁发经营许可证；发证机关作出不予许可决定的，应当在10个工作日内书面告知申请人并说明理由，告知书应当加盖本机关印章。

第十三条 经营许可证分为正本、副本，正本为悬挂式，副本为折页式。正本、副本具有同等法律效力。

经营许可证正本、副本应当分别载明下列事项：

（一）企业名称；

（二）企业住所（注册地址、经营场所、储存场所）；

（三）企业法定代表人姓名；

（四）经营方式；

（五）许可范围；

（六）发证日期和有效期限；

（七）证书编号；

（八）发证机关；

（九）有效期延续情况。

第十四条 已经取得经营许可证的企业变更企业名称、主要负责人、注册地址或者危险化学品储存设施及其监控措施的，应当自变更之日起20个工作日内，向本办法第五条规定的发证机关提出书面变更申请，并提交下列文件、资料：

（一）经营许可证变更申请书；

（二）变更后的工商营业执照副本（复制件）；

（三）变更后的主要负责人安全资格证书（复制件）；

（四）变更注册地址的相关证明材料；

（五）变更后的危险化学品储存设施及其监控措施的专项安全评价报告。

第十五条 发证机关受理变更申请后，应当组织对企业提交的文件、资料进行审查，并自收到申请文件、资料之日起10个工作日内作出是否准予变更的决定。

发证机关作出准予变更决定的，应当重新颁发经营许可证，并收回原经营许可证；不予变更的，应当说明理由并书面通知企业。

经营许可证变更的，经营许可证有效期的起始日和截止日不变，但应当载明变更日期。

第十六条 已经取得经营许可证的企业有新建、改建、扩建危险化学品储存设施建设项目的，应当自建设项目安全设施竣工验收合格之日起20个工作日内，向本办法第五条规定的发证机关提出变更申请，并提交危险化学品建设项目安全设施竣工验收报告等相关文件、资料。发证机关应当按照本办法第十条、第十五条的规定进行审查，办理变更手续。

第十七条 已经取得经营许可证的企业，有下列情形之一的，应当按照本办法的规定重新申请办理经营许可证，并提交相关文件、资料：

（一）不带有储存设施的经营企业变更其经营场所的；

（二）带有储存设施的经营企业变更其储存场所的；

(三)仓储经营的企业异地重建的;
(四)经营方式发生变化的;
(五)许可范围发生变化的。

第十八条 经营许可证的有效期为3年。有效期满后,企业需要继续从事危险化学品经营活动的,应当在经营许可证有效期满3个月前,向本办法第五条规定的发证机关提出经营许可证的延期申请,并提交延期申请书及本办法第九条规定的申请文件、资料。

企业提出经营许可证延期申请时,可以同时提出变更申请,并向发证机关提交相关文件、资料。

第十九条 符合下列条件的企业,申请经营许可证延期时,经发证机关同意,可以不提交本办法第九条规定的文件、资料:
(一)严格遵守有关法律、法规和本办法;
(二)取得经营许可证后,加强日常安全生产管理,未降低安全生产条件;
(三)未发生死亡事故或者对社会造成较大影响的生产安全事故。

带有储存设施经营危险化学品的企业,除符合前款规定条件外,还需要取得并提交危险化学品企业安全生产标准化二级达标证书(复制件)。

第二十条 发证机关受理延期申请后,应当依照本办法第十条、第十一条、第十二条的规定,对延期申请进行审查,并在经营许可证有效期满前作出是否准予延期的决定;发证机关逾期未作出决定的,视为准予延期。

发证机关作出准予延期决定的,经营许可证有效期顺延3年。

第二十一条 任何单位和个人不得伪造、变造经营许可证,或者出租、出借、转让其取得的经营许可证,或者使用伪造、变造的经营许可证。

第四章 经营许可证的监督管理

第二十二条 发证机关应当坚持公开、公平、公正的原则,严格依照法律、法规、规章、国家标准、行业标准和本办法规定的条件及程序,审批、颁发经营许可证。

发证机关及其工作人员在经营许可证的审批、颁发和监督管理工作中,不得索取或者接受当事人的财物,不得谋取其他利益。

第二十三条 发证机关应当加强对经营许可证的监督管理,建立、健全经营许可证审批、颁发档案管理制度,并定期向社会公布企业取得经营许可证的情况,接受社会监督。

第二十四条 发证机关应当及时向同级公安机关、环境保护部门通报经营许可证的发放情况。

第二十五条 安全生产监督管理部门在监督检查中,发现已经取得经营许可证的企业不再具备法律、法规、规章、国家标准、行业标准和本办法规定的安全生产条件,或者存在违反法律、法规、规章和本办法规定的行为的,应当依法作出处理,并及时告知原发证机关。

第二十六条 发证机关发现企业以欺骗、贿赂等不正当手段取得经营许可证的,应当撤销已经颁发的经营许可证。

第二十七条 已经取得经营许可证的企业有下列情形之一的,发证机关应当注销其经营许可证:
(一)经营许可证有效期届满未被批准延期的;
(二)终止危险化学品经营活动的;
(三)经营许可证被依法撤销的;
(四)经营许可证被依法吊销的。

发证机关注销经营许可证后,应当在当地主要新闻媒体或者本机关网站上发布公告,并通报企业所在地人民政府和县级以上安全生产监督管理部门。

第二十八条 县级发证机关应当将本行政区域内上一年度经营许可证的审批、颁发和监督管理情况报告市级发证机关。

市级发证机关应当将本行政区域内上一年度经营许可证的审批、颁发和监督管理情况报告省、自治区、直辖市人民政府安全生产监督管理部门。

省、自治区、直辖市人民政府安全生产监督管理部门应当按照有关统计规定,将本行政区域内上一年度经营许可证的审批、颁发和监督管理情况报告国家安全生产监督管理总局。

第五章 法律责任

第二十九条 未取得经营许可证从事危险化学品经营的,依照《中华人民共和国安全生产法》有关未经依法批准擅自生产、经营、储存危险物品的法律责任条款并处罚款;构成犯罪的,依法追究刑事责任。

企业在经营许可证有效期届满后,仍然从事危险化学品经营的,依照前款规定给予处罚。

第三十条 带有储存设施的企业违反《危险化学品安全管理条例》规定,有下列情形之一的,责令改正,处5万元以上10万元以下的罚款;拒不改正的,责令停产停业整顿;经停产停业整顿仍不具备法律、法规、规章、国家标准和行业标准规定的安全生产条件的,吊销其经营许可证:
(一)对重复使用的危险化学品包装物、容器,在重复使用前不进行检查的；

（二）未根据其储存的危险化学品的种类和危险特性，在作业场所设置相关安全设施、设备，或者未按照国家标准、行业标准或者国家有关规定对安全设施、设备进行经常性维护、保养的；

（三）未将危险化学品储存在专用仓库内，或者未将剧毒化学品以及储存数量构成重大危险源的其他危险化学品在专用仓库内单独存放的；

（四）未对其安全生产条件定期进行安全评价的；

（五）危险化学品的储存方式、方法或者储存数量不符合国家标准或者国家有关规定的；

（六）危险化学品专用仓库不符合国家标准、行业标准的要求的；

（七）未对危险化学品专用仓库的安全设施、设备定期进行检测、检验的。

第三十一条 伪造、变造或者出租、出借、转让经营许可证，或者使用伪造、变造的经营许可证的，处10万元以上20万元以下的罚款，有违法所得的，没收违法所得；构成违反治安管理行为的，依法给予治安管理处罚；构成犯罪的，依法追究刑事责任。

第三十二条 已经取得经营许可证的企业不再具备法律、法规和本办法规定的安全生产条件的，责令改正；逾期不改正的，责令停产停业整顿；经停产停业整顿仍不具备法律、法规、规章、国家标准和行业标准规定的安全生产条件的，吊销其经营许可证。

第三十三条 已经取得经营许可证的企业出现本办法第十四条、第十六条规定的情形之一，未依照本办法的规定申请变更的，责令限期改正，处1万元以下的罚款；逾期仍不申请变更的，处1万元以上3万元以下的罚款。

第三十四条 安全生产监督管理部门的工作人员徇私舞弊、滥用职权、弄虚作假、玩忽职守，未依法履行危险化学品经营许可证审批、颁发和监督管理职责的，依照有关规定给予处分。

第三十五条 承担安全评价的机构和安全评价人员出具虚假评价报告的，依照有关法律、法规、规章的规定给予行政处罚；构成犯罪的，依法追究刑事责任。

第三十六条 本办法规定的行政处罚，由安全生产监督管理部门决定。其中，本办法第三十一条规定的行政处罚和第三十条、第三十二条规定的吊销经营许可证的行政处罚，由发证机关决定。

第六章 附 则

第三十七条 购买危险化学品进行分装、充装或者加入非危险化学品的溶剂进行稀释，然后销售的，依照本办法执行。

本办法所称储存设施，是指按照《危险化学品重大危险源辨识》（GB18218）确定，储存的危险化学品数量构成重大危险源的设施。

第三十八条 本办法施行前已取得经营许可证的企业，在其经营许可证有效期内可以继续从事危险化学品经营；经营许可证有效期届满后需要继续从事危险化学品经营的，应当依照本办法的规定重新申请经营许可证。

本办法施行前取得经营许可证的非企业的单位或者个人，在其经营许可证有效期内可以继续从事危险化学品经营；经营许可证有效期届满后需要继续从事危险化学品经营的，应当先依法登记为企业，再依照本办法的规定申请经营许可证。

第三十九条 经营许可证的式样由国家安全生产监督管理总局制定。

第四十条 本办法自2012年9月1日起施行。原国家经济贸易委员会2002年10月8日公布的《危险化学品经营许可证管理办法》同时废止。

危险化学品安全使用许可证实施办法

- 2012年11月16日国家安全监管总局令第57号公布
- 根据2015年5月27日《国家安全监督总局关于废止和修改危险化学品等领域七部规章的决定》第一次修订
- 根据2017年3月6日《国家安全监督总局关于修改和废止部分规章及规范性文件的决定》第二次修订

第一章 总 则

第一条 为了严格使用危险化学品从事生产的化工企业安全生产条件，规范危险化学品安全使用许可证的颁发和管理工作，根据《危险化学品安全管理条例》和有关法律、行政法规，制定本办法。

第二条 本办法适用于列入危险化学品安全使用许可适用行业目录、使用危险化学品从事生产并且达到危险化学品使用量的数量标准的化工企业（危险化学品生产企业除外，以下简称企业）。

使用危险化学品作为燃料的企业不适用本办法。

第三条 企业应当依照本办法的规定取得危险化学品安全使用许可证（以下简称安全使用许可证）。

第四条 安全使用许可证的颁发管理工作实行企业申请、市级发证、属地监管的原则。

第五条 国家安全生产监督管理总局负责指导、监督全国安全使用许可证的颁发管理工作。

省、自治区、直辖市人民政府安全生产监督管理部门（以下简称省级安全生产监督管理部门）负责指导、监督本行政区域内安全使用许可证的颁发管理工作。

设区的市级人民政府安全生产监督管理部门（以下简称发证机关）负责本行政区域内安全使用许可证的审批、颁发和管理，不得再委托其他单位、组织或者个人实施。

第二章 申请安全使用许可证的条件

第六条 企业与重要场所、设施、区域的距离和总体布局应当符合下列要求，并确保安全：

（一）储存危险化学品数量构成重大危险源的储存设施，与《危险化学品安全管理条例》第十九条第一款规定的八类场所、设施、区域的距离符合国家有关法律、法规、规章和国家标准或者行业标准的规定；

（二）总体布局符合《工业企业总平面设计规范》（GB50187）、《化工企业总图运输设计规范》（GB50489）、《建筑设计防火规范》（GB50016）等相关标准的要求；石油化工企业还应当符合《石油化工企业设计防火规范》（GB50160）的要求；

（三）新建企业符合国家产业政策、当地县级以上（含县级）人民政府的规划和布局。

第七条 企业的厂房、作业场所、储存设施和安全设施、设备、工艺应当符合下列要求：

（一）新建、改建、扩建使用危险化学品的化工建设项目（以下统称建设项目）由具备国家规定资质的设计单位设计和施工单位建设；其中，涉及国家安全生产监督管理总局公布的重点监管危险化工工艺、重点监管危险化学品的装置，由具备石油化工医药行业相应资质的设计单位设计；

（二）不得采用国家明令淘汰、禁止使用和危及安全生产的工艺、设备；新开发的使用危险化学品从事化工生产的工艺（以下简称化工工艺），在小试、中试、工业化试验的基础上逐步放大到工业化生产；国内首次使用的化工工艺，经过省级人民政府有关部门组织的安全可靠性论证；

（三）涉及国家安全生产监督管理总局公布的重点监管危险化工工艺、重点监管危险化学品的装置装设自动化控制系统；涉及国家安全生产监督管理总局公布的重点监管危险化工工艺的大型化工装置装设紧急停车系统；涉及易燃易爆、有毒有害气体化学品的作业场所装设易燃易爆、有毒有害介质泄漏报警等安全设施。

（四）新建企业的生产区与非生产区分开设置，并符合国家标准或者行业标准规定的距离；

（五）新建企业的生产装置和储存设施之间及其建（构）筑物之间的距离符合国家标准或者行业标准的规定。

同一厂区内（生产或者储存区域）的设备、设施及建（构）筑物的布置应当适用同一标准的规定。

第八条 企业应当依法设置安全生产管理机构，按照国家规定配备专职安全生产管理人员。配备的专职安全生产管理人员必须能够满足安全生产的需要。

第九条 企业主要负责人、分管安全负责人和安全生产管理人员必须具备与其从事生产经营活动相适应的安全知识和管理能力，参加安全资格培训，并经考核合格，取得安全合格证书。

特种作业人员应当依照《特种作业人员安全技术培训考核管理规定》，经专门的安全技术培训并考核合格，取得特种作业操作证书。

本条第一款、第二款规定以外的其他从业人员应当按照国家有关规定，经安全教育培训合格。

第十条 企业应当建立全员安全生产责任制，保证每位从业人员的安全生产责任与职务、岗位相匹配。

第十一条 企业根据化工工艺、装置、设施等实际情况，至少应当制定、完善下列主要安全生产规章制度：

（一）安全生产例会等安全生产会议制度；

（二）安全投入保障制度；

（三）安全生产奖惩制度；

（四）安全培训教育制度；

（五）领导干部轮流现场带班制度；

（六）特种作业人员管理制度；

（七）安全检查和隐患排查治理制度；

（八）重大危险源的评估和安全管理制度；

（九）变更管理制度；

（十）应急管理制度；

（十一）生产安全事故或者重大事件管理制度；

（十二）防火、防爆、防中毒、防泄漏管理制度；

（十三）工艺、设备、电气仪表、公用工程安全管理制度；

（十四）动火、进入受限空间、吊装、高处、盲板抽堵、临时用电、动土、断路、设备检维修等作业安全管理制度；

（十五）危险化学品安全管理制度；

（十六）职业健康相关管理制度；

（十七）劳动防护用品使用维护管理制度；

（十八）承包商管理制度；
（十九）安全管理制度及操作规程定期修订制度。

第十二条 企业应当根据工艺、技术、设备特点和原辅料的危险性等情况编制岗位安全操作规程。

第十三条 企业应当依法委托具备国家规定资质条件的安全评价机构进行安全评价，并按照安全评价报告的意见对存在的安全生产问题进行整改。

第十四条 企业应当有相应的职业病危害防护设施，并为从业人员配备符合国家标准或者行业标准的劳动防护用品。

第十五条 企业应当依据《危险化学品重大危险源辨识》（GB18218），对本企业的生产、储存和使用装置、设施或者场所进行重大危险源辨识。

对于已经确定为重大危险源的，应当按照《危险化学品重大危险源监督管理暂行规定》进行安全管理。

第十六条 企业应当符合下列应急管理要求：
（一）按照国家有关规定编制危险化学品事故应急预案，并报送有关部门备案；
（二）建立应急救援组织，明确应急救援人员，配备必要的应急救援器材、设备设施，并按照规定定期进行应急预案演练。

储存和使用氯气、氨气等对皮肤有强烈刺激的吸入性有毒有害气体的企业，除符合本条第一款的规定外，还应当配备至少两套以上全封闭防化服；构成重大危险源的，还应当设立气体防护站（组）。

第十七条 企业除符合本章规定的安全使用条件外，还应当符合有关法律、行政法规和国家标准或者行业标准规定的其他安全使用条件。

第三章 安全使用许可证的申请

第十八条 企业向发证机关申请安全使用许可证时，应当提交下列文件、资料，并对其内容的真实性负责：
（一）申请安全使用许可证的文件及申请书；
（二）新建企业的选址布局符合国家产业政策、当地县级以上人民政府的规划和布局的证明材料复制件；
（三）安全生产责任制文件，安全生产规章制度、岗位安全操作规程清单；
（四）设置安全生产管理机构，配备专职安全生产管理人员的文件复制件；
（五）主要负责人、分管安全负责人、安全生产管理人员安全合格证和特种作业人员操作证复制件；
（六）危险化学品事故应急救援预案的备案证明文件；
（七）由供货单位提供的所使用危险化学品的安全技术说明书和安全标签；
（八）工商营业执照副本或者工商核准文件复制件；
（九）安全评价报告及其整改结果的报告；
（十）新建企业的建设项目安全设施竣工验收报告；
（十一）应急救援组织、应急救援人员，以及应急救援器材、设备设施清单。

有危险化学品重大危险源的企业，除应当提交本条第一款规定的文件、资料外，还应当提交重大危险源的备案证明文件。

第十九条 新建企业安全使用许可证的申请，应当在建设项目安全设施竣工验收通过之日起10个工作日内提出。

第四章 安全使用许可证的颁发

第二十条 发证机关收到企业申请文件、资料后，应当按照下列情况分别作出处理：
（一）申请事项依法不需要取得安全使用许可证的，当场告知企业不予受理；
（二）申请材料存在可以当场更正的错误的，允许企业当场更正；
（三）申请材料不齐全或者不符合法定形式的，当场或者在5个工作日内一次告知企业需要补正的全部内容，并出具补正告知书；逾期不告知的，自收到申请材料之日起即为受理；
（四）企业申请材料齐全、符合法定形式，或者按照发证机关要求提交全部补正申请材料的，立即受理其申请。

发证机关受理或者不予受理行政许可申请，应当出具加盖本机关专用印章和注明日期的书面凭证。

第二十一条 安全使用许可证申请受理后，发证机关应当组织人员对企业提交的申请文件、资料进行审查。对企业提交的文件、资料内容存在疑问，需要到现场核查的，应当指派工作人员对有关内容进行现场核查。工作人员应当如实提出书面核查意见。

第二十二条 发证机关应当在受理之日起45日内作出是否准予许可的决定。发证机关现场核查和企业整改有关问题所需时间不计算在本条规定的期限内。

第二十三条 发证机关作出准予许可的决定的，应当自决定之日起10个工作日内颁发安全使用许可证。

发证机关作出不予许可的决定的，应当在10个工作日内书面告知企业并说明理由。

第二十四条 企业在安全使用许可证有效期内变更

主要负责人、企业名称或者注册地址的，应当自工商营业执照变更之日起10个工作日内提出变更申请，并提交下列文件、资料：

（一）变更申请书；

（二）变更后的工商营业执照副本复制件；

（三）变更主要负责人的，还应当提供主要负责人经安全生产监督管理部门考核合格后颁发的安全合格证复制件；

（四）变更注册地址的，还应当提供相关证明材料。

对已经受理的变更申请，发证机关对企业提交的文件、资料审查无误后，方可办理安全使用许可证变更手续。

企业在安全使用许可证有效期内变更隶属关系的，应当在隶属关系变更之日起10日内向发证机关提交证明材料。

第二十五条　企业在安全使用许可证有效期内，有下列情形之一的，发证机关按照本办法第二十条、第二十一条、第二十二条、第二十三条的规定办理变更手续：

（一）增加使用的危险化学品品种，且达到危险化学品使用量的数量标准规定的；

（二）涉及危险化学品安全使用许可范围的新建、改建、扩建建设项目的；

（三）改变工艺技术对企业的安全生产条件产生重大影响的。

有本条第一款第一项规定情形的企业，应当在增加前提出变更申请。

有本条第一款第二项规定情形的企业，应当在建设项目安全设施竣工验收合格之日起10个工作日内向原发证机关提出变更申请，并提交建设项目安全设施竣工验收报告等相关文件、资料。

有本条第一款第一项、第三项规定情形的企业，应当进行专项安全验收评价，并对安全评价报告中提出的问题进行整改；在整改完成后，向原发证机关提出变更申请并提交安全验收评价报告。

第二十六条　安全使用许可证有效期为3年。企业安全使用许可证有效期届满后需要继续使用危险化学品从事生产、且达到危险化学品使用量的数量标准规定的，应当在安全使用许可证有效期届满前3个月提出延期申请，并提交本办法第十八条规定的文件、资料。

发证机关按照本办法第二十条、第二十一条、第二十二条、第二十三条的规定进行审查，并作出是否准予延期的决定。

第二十七条　企业取得安全使用许可证后，符合下列条件的，其安全使用许可证届满办理延期手续时，经原发证机关同意，可以不提交第十八条第一款第二项、第五项、第九项和第十八条第二款规定的文件、资料，直接办理延期手续：

（一）严格遵守有关法律、法规和本办法的；

（二）取得安全使用许可证后，加强日常安全管理，未降低安全使用条件，并达到安全生产标准化等级二级以上的；

（三）未发生造成人员死亡的生产安全责任事故的。

企业符合本条第一款第二项、第三项规定条件的，应当在延期申请书中予以说明，并出具二级以上安全生产标准化证书复印件。

第二十八条　安全使用许可证分为正本、副本，正本为悬挂式，副本为折页式，正、副本具有同等法律效力。

发证机关应当分别在安全使用许可证正、副本上注明编号、企业名称、主要负责人、注册地址、经济类型、许可范围、有效期、发证机关、发证日期等内容。其中，"许可范围"正本上注明"危险化学品使用"，副本上注明使用危险化学品从事生产的地址和对应的具体品种、年使用量。

第二十九条　企业不得伪造、变造安全使用许可证，或者出租、出借、转让其取得的安全使用许可证，或者使用伪造、变造的安全使用许可证。

第五章　监督管理

第三十条　发证机关应当坚持公开、公平、公正的原则，依照本办法和有关行政许可的法律法规规定，颁发安全使用许可证。

发证机关工作人员在安全使用许可证颁发及其监督管理工作中，不得索取或者接受企业的财物，不得谋取其他非法利益。

第三十一条　发证机关应当加强对安全使用许可证的监督管理，建立、健全安全使用许可证档案管理制度。

第三十二条　有下列情形之一的，发证机关应当撤销已经颁发的安全使用许可证：

（一）滥用职权、玩忽职守颁发安全使用许可证的；

（二）超越职权颁发安全使用许可证的；

（三）违反本办法规定的程序颁发安全使用许可证的；

（四）对不具备申请资格或者不符合法定条件的企业颁发安全使用许可证的；

（五）以欺骗、贿赂等不正当手段取得安全使用许可证的。

第三十三条 企业取得安全使用许可证后有下列情形之一的，发证机关应当注销其安全使用许可证：

（一）安全使用许可证有效期届满未被批准延期的；

（二）终止使用危险化学品从事生产的；

（三）继续使用危险化学品从事生产，但使用量降低后未达到危险化学品使用量的数量标准规定的；

（四）安全使用许可证被依法撤销的；

（五）安全使用许可证被依法吊销的。

安全使用许可证注销后，发证机关应当在当地主要新闻媒体或者本机关网站上予以公告，并向省级和企业所在地县级安全生产监督管理部门通报。

第三十四条 发证机关应当将其颁发安全使用许可证的情况及时向同级环境保护主管部门和公安机关通报。

第三十五条 发证机关应当于每年1月10日前，将本行政区域内上年度安全使用许可证的颁发和管理情况报省级安全生产监督管理部门，并定期向社会公布企业取得安全使用许可证的情况，接受社会监督。

省级安全生产监督管理部门应当于每年1月15日前，将本行政区域内上年度安全使用许可证的颁发和管理情况报国家安全生产监督管理总局。

第六章　法律责任

第三十六条 发证机关工作人员在对危险化学品使用许可证的颁发管理工作中滥用职权、玩忽职守、徇私舞弊，构成犯罪的，依法追究刑事责任；尚不构成犯罪的，依法给予处分。

第三十七条 企业未取得安全使用许可证，擅自使用危险化学品从事生产，且达到危险化学品使用量的数量标准规定的，责令立即停止违法行为并限期改正，处10万元以上20万元以下的罚款；逾期不改正，责令停产整顿。

企业在安全使用许可证有效期届满后未办理延期手续，仍然使用危险化学品从事生产，且达到危险化学品使用量的数量标准规定的，依照前款规定给予处罚。

第三十八条 企业伪造、变造或者出租、出借、转让安全使用许可证，或者使用伪造、变造的安全使用许可证的，处10万元以上20万元以下的罚款，有违法所得的，没收违法所得；构成违反治安管理行为的，依法给予治安管理处罚；构成犯罪的，依法追究刑事责任。

第三十九条 企业在安全使用许可证有效期内主要负责人、企业名称、注册地址、隶属关系发生变更，未按照本办法第二十四条规定的时限提出安全使用许可证变更申请或者将隶属关系变更证明材料报发证机关的，责令限期办理变更手续，处1万元以上3万元以下的罚款。

第四十条 企业在安全使用许可证有效期内有下列情形之一，未按照本办法第二十五条的规定提出变更申请，继续从事生产的，责令限期改正，处1万元以上3万元以下的罚款：

（一）增加使用的危险化学品品种，且达到危险化学品使用量的数量标准规定的；

（二）涉及危险化学品安全使用许可范围的新建、改建、扩建建设项目，其安全设施已经竣工验收合格的；

（三）改变工艺技术对企业的安全生产条件产生重大影响的。

第四十一条 发现企业隐瞒有关情况或者提供虚假文件、资料申请安全使用许可证的，发证机关不予受理或者不予颁发安全使用许可证，并给予警告，该企业在1年内不得再次申请安全使用许可证。

企业以欺骗、贿赂等不正当手段取得安全使用许可证的，自发证机关撤销其安全使用许可证之日起3年内，该企业不得再次申请安全使用许可证。

第四十二条 安全评价机构有下列情形之一的，给予警告，并处1万元以下的罚款；情节严重的，暂停资质6个月，并处1万元以上3万元以下的罚款；对相关责任人依法给予处理：

（一）从业人员不到现场开展安全评价活动的；

（二）安全评价报告与实际情况不符，或者安全评价报告存在重大疏漏，但尚未造成重大损失的；

（三）未按照有关法律、法规、规章和国家标准或者行业标准的规定从事安全评价活动的。

第四十三条 承担安全评价的机构出具虚假证明的，没收违法所得；违法所得在10万元以上的，并处违法所得2倍以上5倍以下的罚款；没有违法所得或者违法所得不足10万元的，单处或者并处10万元以上20万元以下的罚款；对其直接负责的主管人员和其他直接责任人员处2万元以上5万元以下的罚款；给他人造成损害的，与企业承担连带赔偿责任；构成犯罪的，依照刑法有关规定追究刑事责任。

对有前款违法行为的机构，依法吊销其相应资质。

第四十四条 本办法规定的行政处罚，由安全生产监督管理部门决定；但本办法第三十八条规定的行政处罚,由发证机关决定;第四十二条、第四十三条规定的行政处罚,依照《安全评价机构管理规定》执行。

第七章 附 则

第四十五条 本办法下列用语的含义:

(一)危险化学品安全使用许可适用行业目录,是指国家安全生产监督管理总局根据《危险化学品安全管理条例》和有关国家标准、行业标准公布的需要取得危险化学品安全使用许可的化工企业类别;

(二)危险化学品使用量的数量标准,由国家安全生产监督管理总局会同国务院公安部门、农业主管部门根据《危险化学品安全管理条例》公布;

(三)本办法所称使用量,是指企业使用危险化学品的年设计使用量和实际使用量的较大值;

(四)本办法所称大型化工装置,是指按照原建设部《工程设计资质标准》(建市〔2007〕86号)中的《化工石化医药行业建设项目设计规模划分表》确定的大型项目的化工生产装置。

第四十六条 危险化学品安全使用许可的文书、危险化学品安全使用许可证的样式、内容和编号办法,由国家安全生产监督管理总局另行规定。

第四十七条 省级安全生产监督管理部门可以根据当地实际情况制定安全使用许可证管理的细则,并报国家安全生产监督管理总局备案。

第四十八条 本办法施行前已经进行生产的企业,应当自本办法施行之日起18个月内,依照本办法的规定向发证机关申请办理安全使用许可证;逾期不申请办理安全使用许可证,或者经审查不符合本办法规定的安全使用条件,未取得安全使用许可证,继续进行生产的,依照本办法第三十七条的规定处罚。

第四十九条 本办法自2013年5月1日起施行。

危险化学品输送管道安全管理规定

· 2012年1月17日国家安全监管总局令第43号公布
· 根据2015年5月27日《国家安全监督总局关于废止和修改危险化学品等领域七部规章的决定》修订

第一章 总 则

第一条 为了加强危险化学品输送管道的安全管理,预防和减少危险化学品输送管道生产安全事故,保护人民群众生命财产安全,根据《中华人民共和国安全生产法》和《危险化学品安全管理条例》,制定本规定。

第二条 生产、储存危险化学品的单位在厂区外公共区域埋地、地面和架空的危险化学品输送管道及其附属设施(以下简称危险化学品管道)的安全管理,适用本规定。

原油、成品油、天然气、煤层气、煤制气长输管道安全保护和城镇燃气管道的安全管理,不适用本规定。

第三条 对危险化学品管道享有所有权或者运行管理权的单位(以下简称管道单位)应当依照有关安全生产法律法规和本规定,落实安全生产主体责任,建立、健全有关危险化学品管道安全生产的规章制度和操作规程并实施,接受安全生产监督管理部门依法实施的监督检查。

第四条 各级安全生产监督管理部门负责危险化学品管道安全生产的监督检查,并依法对危险化学品管道建设项目实施安全条件审查。

第五条 任何单位和个人不得实施危害危险化学品管道安全生产的行为。

对危害危险化学品管道安全生产的行为,任何单位和个人均有权向安全生产监督管理部门举报。接受举报的安全生产监督管理部门应当依法予以处理。

第二章 危险化学品管道的规划

第六条 危险化学品管道建设应当遵循安全第一、节约用地和经济合理的原则,并按照相关国家标准、行业标准和技术规范进行科学规划。

第七条 禁止光气、氯气等剧毒气体化学品管道穿(跨)越公共区域。

严格控制氨、硫化氢等其他有毒气体的危险化学品管道穿(跨)越公共区域。

第八条 危险化学品管道建设的选线应当避开地震活动断层和容易发生洪灾、地质灾害的区域;确实无法避开的,应当采取可靠的工程处理措施,确保不受地质灾害影响。

危险化学品管道与居民区、学校等公共场所以及建筑物、构筑物、铁路、公路、航道、港口、市政设施、通讯设施、军事设施、电力设施的距离,应当符合有关法律、行政法规和国家标准、行业标准的规定。

第三章 危险化学品管道的建设

第九条 对新建、改建、扩建的危险化学品管道,建设单位应当依照国家安全生产监督管理总局有关危险化学品建设项目安全监督管理的规定,依法办理安全条件审查、安全设施设计审查和安全设施竣工验收手续。

第十条 对新建、改建、扩建的危险化学品管道,建设单位应当依照有关法律、行政法规的规定，委托具备相应资质的设计单位进行设计。

第十一条 承担危险化学品管道的施工单位应当具备有关法律、行政法规规定的相应资质。施工单位应当按照有关法律、法规、国家标准、行业标准和技术规范的规定，以及经过批准的安全设施设计进行施工，并对工程质量负责。

参加危险化学品管道焊接、防腐、无损检测作业的人员应当具备相应的操作资格证书。

第十二条 负责危险化学品管道工程的监理单位应当对管道的总体建设质量进行全过程监督，并对危险化学品管道的总体建设质量负责。管道施工单位应当严格按照有关国家标准、行业标准的规定对管道的焊缝和防腐质量进行检查，并按照设计要求对管道进行压力试验和气密性试验。

对敷设在江、河、湖泊或者其他环境敏感区域的危险化学品管道，应当采取增加管道压力设计等级、增加防护套管等措施，确保危险化学品管道安全。

第十三条 危险化学品管道试生产（使用）前，管道单位应当对有关保护措施进行安全检查，科学制定安全投入生产（使用）方案，并严格按照方案实施。

第十四条 危险化学品管道试压半年后一直未投入生产（使用）的，管道单位应当在其投入生产（使用）前重新进行气密性试验；对敷设在江、河或者其他环境敏感区域的危险化学品管道，应当相应缩短重新进行气密性试验的时间间隔。

第四章 危险化学品管道的运行

第十五条 危险化学品管道应当设置明显标志。发现标志毁损的，管道单位应当及时予以修复或者更新。

第十六条 管道单位应当建立、健全危险化学品管道巡护制度，配备专人进行日常巡护。巡护人员发现危害危险化学品管道安全生产情形的，应当立即报告单位负责人并及时处理。

第十七条 管道单位对危险化学品管道存在的事故隐患应当及时排除；对自身排除确有困难的外部事故隐患，应当向当地安全生产监督管理部门报告。

第十八条 管道单位应当按照有关国家标准、行业标准和技术规范对危险化学品管道进行定期检测、维护，确保其处于完好状态；对安全风险较大的区段和场所，应当进行重点监测、监控；对不符合安全标准的危险化学品管道，应当及时更新、改造或者停止使用，并向当地安全生产监督管理部门报告。对涉及更新、改造的危险化学品管道，还应当按照本办法第九条的规定办理安全条件审查手续。

第十九条 管道单位发现下列危害危险化学品管道安全运行行为的，应当及时予以制止，无法处置时应当向当地安全生产监督管理部门报告：

（一）擅自开启、关闭危险化学品管道阀门；

（二）采用移动、切割、打孔、砸撬、拆卸等手段损坏管道及其附属设施；

（三）移动、毁损、涂改管道标志；

（四）在埋地管道上方和巡查便道上行驶重型车辆；

（五）对埋地、地面管道进行占压，在架空管道线路和管桥上行走或者放置重物；

（六）利用地面管道、架空管道、管架桥等固定其他设施缆绳悬挂广告牌、搭建构筑物；

（七）其他危害危险化学品管道安全运行的行为。

第二十条 禁止在危险化学品管道附属设施的上方架设电力线路、通信线路。

第二十一条 在危险化学品管道及其附属设施外缘两侧各5米地域范围内，管道单位发现下列危害管道安全运行的行为的，应当及时予以制止，无法处置时应当向当地安全生产监督管理部门报告：

（一）种植乔木、灌木、藤类、芦苇、竹子或者其他根系深达管道埋设部位可能损坏管道防腐层的深根植物；

（二）取土、采石、用火、堆放重物、排放腐蚀性物质、使用机械工具进行挖掘施工、工程钻探；

（三）挖塘、修渠、修晒场、修建水产养殖场、建温室、建家畜棚圈、建房以及修建其他建（构）筑物。

第二十二条 在危险化学品管道中心线两侧及危险化学品管道附属设施外缘两侧5米外的周边范围内，管道单位发现下列建（构）筑物与管道线路、管道附属设施的距离不符合国家标准、行业标准要求的，应当及时向当地安全生产监督管理部门报告：

（一）居民小区、学校、医院、餐饮娱乐场所、车站、商场等人口密集的建筑物；

（二）加油站、加气站、储油罐、储气罐等易燃易爆物品的生产、经营、存储场所；

（三）变电站、配电站、供水站等公用设施。

第二十三条 在穿越河流的危险化学品管道线路中心线两侧500米地域范围内，管道单位发现有实施抛锚、拖锚、挖沙、采石、水下爆破等作业的，应当及时予以制止，无法处置时应当向当地安全生产监督管理部门报告。

但在保障危险化学品管道安全的条件下,为防洪和航道通畅而实施的养护疏浚作业除外。

第二十四条 在危险化学品管道专用隧道中心线两侧1000米地域范围内,管道单位发现有实施采石、采矿、爆破等作业的,应当及时予以制止,无法处置时应当向当地安全生产监督管理部门报告。

在前款规定的地域范围内,因修建铁路、公路、水利等公共工程确需实施采石、爆破等作业的,应当按照本规定第二十五条的规定执行。

第二十五条 实施下列可能危及危险化学品管道安全运行的施工作业的,施工单位应当在开工的7日前书面通知管道单位,将施工作业方案报管道单位,并与管道单位共同制定应急预案,采取相应的安全防护措施,管道单位应当指派专人到现场进行管道安全保护指导:

(一)穿(跨)越管道的施工作业;

(二)在管道线路中心线两侧5米至50米和管道附属设施周边100米地域范围内,新建、改建、扩建铁路、公路、河渠,架设电力线路,埋设地下电缆、光缆,设置安全接地体、避雷接地体;

(三)在管道线路中心线两侧200米和管道附属设施周边500米地域范围内,实施爆破、地震法勘探或者工程挖掘、工程钻探、采矿等作业。

第二十六条 施工单位实施本规定第二十四条第二款、第二十五条规定的作业,应当符合下列条件:

(一)已经制定符合危险化学品管道安全运行要求的施工作业方案;

(二)已经制定应急预案;

(三)施工作业人员已经接受相应的危险化学品管道保护知识教育和培训;

(四)具有保障安全施工作业的设备、设施。

第二十七条 危险化学品管道的专用设施、永久防护设施、专用隧道等附属设施不得用于其他用途;确需用于其他用途的,应当征得管道单位的同意,并采取相应的安全防护措施。

第二十八条 管道单位应当按照有关规定制定本单位危险化学品管道事故应急预案,配备相应的应急救援人员和设备物资,定期组织应急演练。

发生危险化学品管道生产安全事故,管道单位应当立即启动应急预案及响应程序,采取有效措施进行紧急处置,消除或者减轻事故危害,并按照国家规定立即向事故发生地县级以上安全生产监督管理部门报告。

第二十九条 对转产、停产、停止使用的危险化学品管道,管道单位应当采取有效措施及时妥善处置,并将处置方案报县级以上安全生产监督管理部门。

第五章 监督管理

第三十条 省级、设区的市级安全生产监督管理部门应当按照国家安全生产监督管理总局有关危险化学品建设项目安全监督管理的规定,对新建、改建、扩建管道建设项目办理安全条件审查、安全设施设计审查、试生产(使用)方案备案和安全设施竣工验收手续。

第三十一条 安全生产监督管理部门接到管道单位依照本规定第十七条、第十九条、第二十一条、第二十二条、第二十三条、第二十四条提交的有关报告后,应当及时依法予以协调、移送有关主管部门处理或者报请本级人民政府组织处理。

第三十二条 县级以上安全生产监督管理部门接到危险化学品管道生产安全事故报告后,应当按照有关规定及时上报事故情况,并根据实际情况采取事故处置措施。

第六章 法律责任

第三十三条 新建、改建、扩建危险化学品管道建设项目未经安全条件审查的,由安全生产监督管理部门责令停止建设,限期改正;逾期不改正的,处50万元以上100万元以下的罚款;构成犯罪的,依法追究刑事责任。

危险化学品管道建设单位将管道建设项目发包给不具备相应资质等级的勘察、设计、施工单位或者委托给不具有相应资质等级的工程监理单位的,由安全生产监督管理部门移送建设行政主管部门依照《建设工程质量管理条例》第五十四条规定予以处罚。

第三十四条 管道单位未对危险化学品管道设置明显的安全警示标志的,由安全生产监督管理部门责令限期改正,可以处5万元以下的罚款;逾期未改正的,处5万元以上20万元以下的罚款,对其直接负责的主管人员和其他直接责任人员处1万元以上2万元以下的罚款;情节严重的,责令停产停业整顿;构成犯罪的,依照刑法有关规定追究刑事责任。

第三十五条 有下列情形之一的,由安全生产监督管理部门责令改正,可以处5万元以下的罚款;拒不改正的,处5万元以上10万元以下的罚款;情节严重的,责令停产停业整顿。

(一)管道单位未按照本规定对管道进行检测、维护的;

(二)进行可能危及危险化学品管道安全的施工作

业、施工单位未按照规定书面通知管道单位,或者未与管道单位共同制定应急预案并采取相应的防护措施,或者管道单位未指派专人到现场进行管道安全保护指导的。

第三十六条 对转产、停产、停止使用的危险化学品管道,管道单位未采取有效措施及时、妥善处置的,由安全生产监督管理部门责令改正,处5万元以上10万元以下的罚款;构成犯罪的,依法追究刑事责任。

对转产、停产、停止使用的危险化学品管道,管道单位未按照本规定将处置方案报县级以上安全生产监督管理部门的,由安全生产监督管理部门责令改正,可以处1万元以下的罚款;拒不改正的,处1万元以上5万元以下的罚款。

第三十七条 违反本规定,采用移动、切割、打孔、砸撬、拆卸等手段实施危害危险化学品管道安全行为,尚不构成犯罪的,由有关主管部门依法给予治安管理处罚。

第七章 附 则

第三十八条 本规定所称公共区域是指厂区(包括化工园区、工业园区)以外的区域。

第三十九条 本规定所称危险化学品管道附属设施包括:

(一)管道的加压站、计量站、阀室、阀井、放空设施、储罐、装卸栈桥、装卸场、分输站、减压站等站场;

(二)管道的水工保护设施、防风设施、防雷设施、抗震设施、通信设施、安全监控设施、电力设施、管堤、管桥以及管道专用涵洞、隧道等穿跨越设施;

(三)管道的阴极保护站、阴极保护测试桩、阳极地床、杂散电流排流站等防腐设施;

(四)管道的其他附属设施。

第四十条 本规定施行前在管道保护距离内已经建成的人口密集场所和易燃易爆物品的生产、经营、存储场所,应当由所在地人民政府根据当地的实际情况,有计划、分步骤地搬迁、清理或者采取必要的防护措施。

第四十一条 本规定自2012年3月1日起施行。

危险化学品登记管理办法

- 2012年7月1日国家安全生产监督管理总局令第53号公布
- 自2012年8月1日起施行

第一章 总 则

第一条 为了加强对危险化学品的安全管理,规范危险化学品登记工作,为危险化学品事故预防和应急救援提供技术、信息支持,根据《危险化学品安全管理条例》,制定本办法。

第二条 本办法适用于危险化学品生产企业、进口企业(以下统称登记企业)生产或者进口《危险化学品目录》所列危险化学品的登记和管理工作。

第三条 国家实行危险化学品登记制度。危险化学品登记实行企业申请、两级审核、统一发证、分级管理的原则。

第四条 国家安全生产监督管理总局负责全国危险化学品登记的监督管理工作。

县级以上地方各级人民政府安全生产监督管理部门负责本行政区域内危险化学品登记的监督管理工作。

第二章 登记机构

第五条 国家安全生产监督管理总局化学品登记中心(以下简称登记中心),承办全国危险化学品登记的具体工作和技术管理工作。

省、自治区、直辖市人民政府安全生产监督管理部门设立危险化学品登记办公室或者危险化学品登记中心(以下简称登记办公室),承办本行政区域内危险化学品登记的具体工作和技术管理工作。

第六条 登记中心履行下列职责:

(一)组织、协调和指导全国危险化学品登记工作;

(二)负责全国危险化学品登记内容审核、危险化学品登记证的颁发和管理工作;

(三)负责管理与维护全国危险化学品登记信息管理系统(以下简称登记系统)以及危险化学品登记信息的动态统计分析工作;

(四)负责管理与维护国家危险化学品事故应急咨询电话,并提供24小时应急咨询服务;

(五)组织化学品危险性评估,对未分类的化学品统一进行危险性分类;

(六)对登记办公室进行业务指导,负责全国登记办公室危险化学品登记人员的培训工作;

(七)定期将危险化学品的登记情况通报国务院有关部门,并向社会公告。

第七条 登记办公室履行下列职责:

(一)组织本行政区域内危险化学品登记工作;

(二)对登记企业申报材料的规范性、内容一致性进行审查;

(三)负责本行政区域内危险化学品登记信息的统计分析工作;

(四)提供危险化学品事故预防与应急救援信息支持;

(五)协助本行政区域内安全生产监督管理部门开

展登记培训,指导登记企业实施危险化学品登记工作。

第八条 登记中心和登记办公室(以下统称登记机构)从事危险化学品登记的工作人员(以下简称登记人员)应当具有化工、化学、安全工程等相关专业大学专科以上学历,并经统一业务培训,取得培训合格证,方可上岗作业。

第九条 登记办公室应当具备下列条件:

(一)有3名以上登记人员;

(二)有严格的责任制度、保密制度、档案管理制度和数据库维护制度;

(三)配备必要的办公设备、设施。

第三章 登记的时间、内容和程序

第十条 新建的生产企业应当在竣工验收前办理危险化学品登记。

进口企业应当在首次进口前办理危险化学品登记。

第十一条 同一企业生产、进口同一品种危险化学品的,按照生产企业进行一次登记,但应当提交进口危险化学品的有关信息。

进口企业进口不同制造商的同一品种危险化学品的,按照首次进口制造商的危险化学品进行一次登记,但应当提交其他制造商的危险化学品的有关信息。

生产企业、进口企业多次进口同一制造商的同一品种危险化学品的,只进行一次登记。

第十二条 危险化学品登记应当包括下列内容:

(一)分类和标签信息,包括危险化学品的危险性类别、象形图、警示词、危险性说明、防范说明等;

(二)物理、化学性质,包括危险化学品的外观与性状、溶解性、熔点、沸点等物理性质,闪点、爆炸极限、自燃温度、分解温度等化学性质;

(三)主要用途,包括企业推荐的产品合法用途、禁止或者限制的用途等;

(四)危险特性,包括危险化学品的物理危险性、环境危害性和毒理特性;

(五)储存、使用、运输的安全要求,其中,储存的安全要求包括对建筑条件、库房条件、安全条件、环境卫生条件、温度和湿度条件的要求,使用的安全要求包括使用时的操作条件、作业人员防护措施、使用现场危害控制措施等,运输的安全要求包括对运输或者输送方式的要求、危害信息向有关运输人员的传递手段、装卸及运输过程中的安全措施等;

(六)出现危险情况的应急处置措施,包括危险化学品在生产、使用、储存、运输过程中发生火灾、爆炸、泄漏、中毒、窒息、灼伤等化学品事故时的应急处理方法,应急咨询服务电话等。

第十三条 危险化学品登记按照下列程序办理:

(一)登记企业通过登记系统提出申请;

(二)登记办公室在3个工作日内对登记企业提出的申请进行初步审查,符合条件的,通过登记系统通知登记企业办理登记手续;

(三)登记企业接到登记办公室通知后,按照有关要求在登记系统中如实填写登记内容,并向登记办公室提交有关纸质登记材料;

(四)登记办公室在收到登记企业的登记材料之日起20个工作日内,对登记材料和登记内容逐项进行审查,必要时可进行现场核查,符合要求的,将登记材料提交给登记中心;不符合要求的,通过登记系统告知登记企业并说明理由;

(五)登记中心在收到登记办公室提交的登记材料之日起15个工作日内,对登记材料和登记内容进行审核,符合要求的,通过登记办公室向登记企业发放危险化学品登记证;不符合要求的,通过登记系统告知登记办公室、登记企业并说明理由。

登记企业修改登记材料和整改问题所需时间,不计算在前款规定的期限内。

第十四条 登记企业办理危险化学品登记时,应当提交下列材料,并对其内容的真实性负责:

(一)危险化学品登记表一式2份;

(二)生产企业的工商营业执照,进口企业的对外贸易经营者备案登记表、中华人民共和国进出口企业资质证书、中华人民共和国外商投资企业批准证书或者台港澳侨投资企业批准证书复制件1份;

(三)与其生产、进口的危险化学品相符并符合国家标准的化学品安全技术说明书、化学品安全标签各1份;

(四)满足本办法第二十二条规定的应急咨询服务电话号码或者应急咨询服务委托书复制件1份;

(五)办理登记的危险化学品产品标准(采用国家标准或者行业标准的,提供所采用的标准编号)。

第十五条 登记企业在危险化学品登记证有效期内,企业名称、注册地址、登记品种、应急咨询服务电话发生变化,或者发现其生产、进口的危险化学品有新的危险特性的,应当在15个工作日内向登记办公室提出变更申请,并按照下列程序办理登记内容变更手续:

(一)通过登记系统填写危险化学品登记变更申请表,并向登记办公室提交涉及变更事项的证明材料1份;

(二)登记办公室初步审查登记企业的登记变更申请,符合条件的,通知登记企业提交变更后的登记材料,并对登记材料进行审查,符合要求的,提交给登记中心;不符合要求的,通过登记系统告知登记企业并说明理由;

(三)登记中心对登记办公室提交的登记材料进行审核,符合要求且属于危险化学品登记证载明事项的,通过登记办公室向登记企业发放登记变更后的危险化学品登记证并收回原证;符合要求但不属于危险化学品登记证载明事项的,通过登记办公室向登记企业提供书面证明文件。

第十六条 危险化学品登记证有效期为3年。登记证有效期满后,登记企业继续从事危险化学品生产或者进口的,应当在登记证有效期届满前3个月提出复核换证申请,并按下列程序办理复核换证:

(一)通过登记系统填写危险化学品复核换证申请表;

(二)登记办公室审查登记企业的复核换证申请,符合条件的,通过登记系统告知登记企业提交本规定第十四条规定的登记材料;不符合条件的,通过登记系统告知登记企业并说明理由;

(三)按照本办法第十三条第一款第三项、第四项、第五项规定的程序办理复核换证手续。

第十七条 危险化学品登记证分为正本、副本,正本为悬挂式,副本为折页式。正本、副本具有同等法律效力。

危险化学品登记证正本、副本应当载明证书编号、企业名称、注册地址、企业性质、登记品种、有效期、发证机关、发证日期等内容。其中,企业性质应当注明危险化学品生产企业、危险化学品进口企业或者危险化学品生产企业(兼进口)。

第四章 登记企业的职责

第十八条 登记企业应当对本企业的各类危险化学品进行普查,建立危险化学品管理档案。

危险化学品管理档案应当包括危险化学品名称、数量、标识信息、危险性分类和化学品安全技术说明书、化学品安全标签等内容。

第十九条 登记企业应当按照规定向登记机构办理危险化学品登记,如实填报登记内容和提交有关材料,并接受安全生产监督管理部门依法进行的监督检查。

第二十条 登记企业应当指定人员负责危险化学品登记的相关工作,配合登记人员在必要时对本企业危险化学品登记内容进行核查。

登记企业从事危险化学品登记的人员应当具备危险化学品登记相关知识和能力。

第二十一条 对危险特性尚未确定的化学品,登记企业应当按照国家关于化学品危险性鉴定的有关规定,委托具有国家规定资质的机构对其进行危险性鉴定;属于危险化学品的,应当依照本办法的规定进行登记。

第二十二条 危险化学品生产企业应当设立由专职人员24小时值守的国内固定服务电话,针对本办法第十二条规定的内容向用户提供危险化学品事故应急咨询服务,为危险化学品事故应急救援提供技术指导和必要的协助。专职值守人员应当熟悉本企业危险化学品的危险特性和应急处置技术,准确回答有关咨询问题。

危险化学品生产企业不能提供前款规定应急咨询服务的,应当委托登记机构代理应急咨询服务。

危险化学品进口企业应当自行或者委托进口代理商、登记机构提供符合本条第一款要求的应急咨询服务,并在其进口的危险化学品安全标签上标明应急咨询服务电话号码。

从事代理应急咨询服务的登记机构,应当设立由专职人员24小时值守的国内固定服务电话,建有完善的化学品应急救援数据库,配备在线数字录音设备和8名以上专业人员,能够同时受理3起以上应急咨询,准确提供化学品泄漏、火灾、爆炸、中毒等事故应急处置有关信息和建议。

第二十三条 登记企业不得转让、冒用或者使用伪造的危险化学品登记证。

第五章 监督管理

第二十四条 安全生产监督管理部门应当将危险化学品登记情况纳入危险化学品安全执法检查内容,对登记企业未按照规定予以登记的,依法予以处理。

第二十五条 登记办公室应当对本行政区域内危险化学品的登记数据及时进行汇总、统计、分析,并报告省、自治区、直辖市人民政府安全生产监督管理部门。

第二十六条 登记中心应当定期向国务院工业和信息化、环境保护、公安、卫生、交通运输、铁路、质量监督检验检疫等部门提供危险化学品登记的有关信息和资料,并向社会公告。

第二十七条 登记办公室应当在每年1月31日前向所属省、自治区、直辖市人民政府安全生产监督管理部门和登记中心书面报告上一年度本行政区域内危险化学品登记的情况。

登记中心应当在每年2月15日前向国家安全生产监督管理总局书面报告上一年度全国危险化学品登记的情况。

第六章 法律责任

第二十八条 登记机构的登记人员违规操作、弄虚作假、滥发证书,在规定期限内无故不予登记且无明确答复,或者泄露登记企业商业秘密的,责令改正,并追究有关责任人员的责任。

第二十九条 登记企业不办理危险化学品登记,登记品种发生变化或者发现其生产、进口的危险化学品有新的危险特性不办理危险化学品登记内容变更手续的,责令改正,可以处5万元以下的罚款;拒不改正的,处5万元以上10万元以下的罚款;情节严重的,责令停产停业整顿。

第三十条 登记企业有下列行为之一的,责令改正,可以处3万元以下的罚款:

(一)未向用户提供应急咨询服务或者应急咨询服务不符合本办法第二十二条规定的;

(二)在危险化学品登记证有效期内企业名称、注册地址、应急咨询服务电话发生变化,未按规定按时办理危险化学品登记变更手续的;

(三)危险化学品登记证有效期满后,未按规定申请复核换证,继续进行生产或者进口的;

(四)转让、冒用或者使用伪造的危险化学品登记证,或者不如实填报登记内容、提交有关材料的;

(五)拒绝、阻挠登记机构对本企业危险化学品登记情况进行现场核查的。

第七章 附 则

第三十一条 本办法所称危险化学品进口企业,是指依法设立且取得工商营业执照,并取得下列证明文件之一,从事危险化学品进口的企业:

(一)对外贸易经营者备案登记表;

(二)中华人民共和国进出口企业资质证书;

(三)中华人民共和国外商投资企业批准证书;

(四)台港澳侨投资企业批准证书。

第三十二条 登记企业在本办法施行前已经取得的危险化学品登记证,其有效期不变;有效期满后继续从事危险化学品生产、进口活动的,应当依照本办法的规定办理危险化学品登记证复核换证手续。

第三十三条 危险化学品登记证由国家安全生产监督管理总局统一印制。

第三十四条 本办法自2012年8月1日起施行。原国家经济贸易委员会2002年10月8日公布的《危险化学品登记管理办法》同时废止。

易制毒化学品管理条例

- 2005年8月26日中华人民共和国国务院令第445号公布
- 根据2014年7月29日《国务院关于修改部分行政法规的决定》第一次修订
- 根据2016年2月6日《国务院关于修改部分行政法规的决定》第二次修订
- 根据2018年9月18日《国务院关于修改部分行政法规的决定》第三次修订

第一章 总 则

第一条 为了加强易制毒化学品管理,规范易制毒化学品的生产、经营、购买、运输和进口、出口行为,防止易制毒化学品被用于制造毒品,维护经济和社会秩序,制定本条例。

第二条 国家对易制毒化学品的生产、经营、购买、运输和进口、出口实行分类管理和许可制度。

易制毒化学品分为三类。第一类是可以用于制毒的主要原料,第二类、第三类是可以用于制毒的化学配剂。易制毒化学品的具体分类和品种,由本条例附表列示。

易制毒化学品的分类和品种需要调整的,由国务院公安部门会同国务院药品监督管理部门、安全生产监督管理部门、商务主管部门、卫生主管部门和海关总署提出方案,报国务院批准。

省、自治区、直辖市人民政府认为有必要在本行政区域内调整分类或者增加本条例规定以外的品种的,应当向国务院公安部门提出,由国务院公安部门会同国务院有关行政主管部门提出方案,报国务院批准。

第三条 国务院公安部门、药品监督管理部门、安全生产监督管理部门、商务主管部门、卫生主管部门、海关总署、价格主管部门、铁路主管部门、交通主管部门、市场监督管理部门、生态环境主管部门在各自的职责范围内,负责全国的易制毒化学品有关管理工作;县级以上地方各级人民政府有关行政主管部门在各自的职责范围内,负责本行政区域内的易制毒化学品有关管理工作。

县级以上地方各级人民政府应当加强对易制毒化学品管理工作的领导,及时协调解决易制毒化学品管理工作中的问题。

第四条 易制毒化学品的产品包装和使用说明书,应当标明产品的名称(含学名和通用名)、化学分子式和成分。

第五条 易制毒化学品的生产、经营、购买、运输和进口、出口，除应当遵守本条例的规定外，属于药品和危险化学品的，还应当遵守法律、其他行政法规对药品和危险化学品的有关规定。

禁止走私或者非法生产、经营、购买、转让、运输易制毒化学品。

禁止使用现金或者实物进行易制毒化学品交易。但是，个人合法购买第一类中的药品类易制毒化学品药品制剂和第三类易制毒化学品的除外。

生产、经营、购买、运输和进口、出口易制毒化学品的单位，应当建立单位内部易制毒化学品管理制度。

第六条 国家鼓励向公安机关等有关行政主管部门举报涉及易制毒化学品的违法行为。接到举报的部门应当为举报者保密。对举报属实的，县级以上人民政府及有关行政主管部门应当给予奖励。

第二章 生产、经营管理

第七条 申请生产第一类易制毒化学品，应当具备下列条件，并经本条例第八条规定的行政主管部门审批，取得生产许可证后，方可进行生产：

（一）属依法登记的化工产品生产企业或者药品生产企业；

（二）有符合国家标准的生产设备、仓储设施和污染物处理设施；

（三）有严格的安全生产管理制度和环境突发事件应急预案；

（四）企业法定代表人和技术、管理人员具有安全生产和易制毒化学品的有关知识，无毒品犯罪记录；

（五）法律、法规、规章规定的其他条件。

申请生产第一类中的药品类易制毒化学品，还应当在仓储场所等重点区域设置电视监控设施以及与公安机关联网的报警装置。

第八条 申请生产第一类中的药品类易制毒化学品的，由省、自治区、直辖市人民政府药品监督管理部门审批；申请生产第一类中的非药品类易制毒化学品的，由省、自治区、直辖市人民政府安全生产监督管理部门审批。

前款规定的行政主管部门应当自收到申请之日起60日内，对申请人提交的申请材料进行审查。对符合规定的，发给生产许可证，或者在企业已经取得的有关生产许可证件上标注；不予许可的，应当书面说明理由。

审查第一类易制毒化学品生产许可申请材料时，根据需要，可以进行实地核查和专家评审。

第九条 申请经营第一类易制毒化学品，应当具备下列条件，并经本条例第十条规定的行政主管部门审批，取得经营许可证后，方可进行经营：

（一）属依法登记的化工产品经营企业或者药品经营企业；

（二）有符合国家规定的经营场所，需要储存、保管易制毒化学品的，还应当有符合国家技术标准的仓储设施；

（三）有易制毒化学品的经营管理制度和健全的销售网络；

（四）企业法定代表人和销售、管理人员具有易制毒化学品的有关知识，无毒品犯罪记录；

（五）法律、法规、规章规定的其他条件。

第十条 申请经营第一类中的药品类易制毒化学品的，由省、自治区、直辖市人民政府药品监督管理部门审批；申请经营第一类中的非药品类易制毒化学品的，由省、自治区、直辖市人民政府安全生产监督管理部门审批。

前款规定的行政主管部门应当自收到申请之日起30日内，对申请人提交的申请材料进行审查。对符合规定的，发给经营许可证，或者在企业已经取得的有关经营许可证件上标注；不予许可的，应当书面说明理由。

审查第一类易制毒化学品经营许可申请材料时，根据需要，可以进行实地核查。

第十一条 取得第一类易制毒化学品生产许可或者依照本条例第十三条第一款规定已经履行第二类、第三类易制毒化学品备案手续的生产企业，可以经销自产的易制毒化学品。但是，在厂外设立销售网点经销第一类易制毒化学品的，应当依照本条例的规定取得经营许可。

第一类中的药品类易制毒化学品药品单方制剂，由麻醉药品定点经营企业经销，且不得零售。

第十二条 取得第一类易制毒化学品生产、经营许可的企业，应当凭生产、经营许可证到市场监督管理部门办理经营范围变更登记。未经变更登记，不得进行第一类易制毒化学品的生产、经营。

第一类易制毒化学品生产、经营许可证被依法吊销的，行政主管部门应当自作出吊销决定之日起5日内通知市场监督管理部门；被吊销许可证的企业，应当及时到市场监督管理部门办理经营范围变更或者企业注销登记。

第十三条 生产第二类、第三类易制毒化学品的，应当自生产之日起30日内，将生产的品种、数量等情况，向所在地的设区的市级人民政府安全生产监督管理部门备案。

经营第二类易制毒化学品的,应当自经营之日起30日内,将经营的品种、数量、主要流向等情况,向所在地的设区的市级人民政府安全生产监督管理部门备案;经营第三类易制毒化学品的,应当自经营之日起30日内,将经营的品种、数量、主要流向等情况,向所在地的县级人民政府安全生产监督管理部门备案。

前两款规定的行政主管部门应当于收到备案材料的当日发给备案证明。

第三章 购买管理

第十四条 申请购买第一类易制毒化学品,应当提交下列证件,经本条例第十五条规定的行政主管部门审批,取得购买许可证:

(一)经营企业提交企业营业执照和合法使用需要证明;

(二)其他组织提交登记证书(成立批准文件)和合法使用需要证明。

第十五条 申请购买第一类中的药品类易制毒化学品的,由所在地的省、自治区、直辖市人民政府药品监督管理部门审批;申请购买第一类中的非药品类易制毒化学品的,由所在地的省、自治区、直辖市人民政府公安机关审批。

前款规定的行政主管部门应当自收到申请之日起10日内,对申请人提交的申请材料和证件进行审查。对符合规定的,发给购买许可证;不予许可的,应当书面说明理由。

审查第一类易制毒化学品购买许可申请材料时,根据需要,可以进行实地核查。

第十六条 持有麻醉药品、第一类精神药品购买印鉴卡的医疗机构购买第一类中的药品类易制毒化学品的,无须申请第一类易制毒化学品购买许可证。

个人不得购买第一类、第二类易制毒化学品。

第十七条 购买第二类、第三类易制毒化学品的,应当在购买前将所需购买的品种、数量,向所在地的县级人民政府公安机关备案。个人自用购买少量高锰酸钾的,无须备案。

第十八条 经营单位销售第一类易制毒化学品时,应当查验购买许可证和经办人的身份证明。对委托代购的,还应当查验购买人持有的委托文书。

经营单位在查验无误、留存上述证明材料的复印件后,方可出售第一类易制毒化学品;发现可疑情况的,应当立即向当地公安机关报告。

第十九条 经营单位应当建立易制毒化学品销售台账,如实记录销售的品种、数量、日期、购买方等情况。销售台账和证明材料复印件应当保存2年备查。

第一类易制毒化学品的销售情况,应当自销售之日起5日内报当地公安机关备案;第一类易制毒化学品的使用单位,应当建立使用台账,并保存2年备查。

第二类、第三类易制毒化学品的销售情况,应当自销售之日起30日内报当地公安机关备案。

第四章 运输管理

第二十条 跨设区的市级行政区域(直辖市为跨市界)或者在国务院公安部门确定的禁毒形势严峻的重点地区跨县级行政区域运输第一类易制毒化学品的,由运出地的设区的市级人民政府公安机关审批;运输第二类易制毒化学品的,由运出地的县级人民政府公安机关审批。经审批取得易制毒化学品运输许可证后,方可运输。

运输第三类易制毒化学品的,应当在运输前向运出地的县级人民政府公安机关备案。公安机关应当于收到备案材料的当日发给备案证明。

第二十一条 申请易制毒化学品运输许可,应当提交易制毒化学品的购销合同,货主是企业的,应当提交营业执照;货主是其他组织的,应当提交登记证书(成立批准文件);货主是个人的,应当提交其个人身份证明。经办人还应当提交本人的身份证明。

公安机关应当自收到第一类易制毒化学品运输许可申请之日起10日内,收到第二类易制毒化学品运输许可申请之日起3日内,对申请人提交的申请材料进行审查。对符合规定的,发给运输许可证;不予许可的,应当书面说明理由。

审查第一类易制毒化学品运输许可申请材料时,根据需要,可以进行实地核查。

第二十二条 对许可运输第一类易制毒化学品的,发给一次有效的运输许可证。

对许可运输第二类易制毒化学品的,发给3个月有效的运输许可证;6个月内运输安全状况良好的,发给12个月有效的运输许可证。

易制毒化学品运输许可证应当载明拟运输的易制毒化学品的品种、数量、运入地、货主及收货人、承运人情况以及运输许可证种类。

第二十三条 运输供教学、科研使用的100克以下的麻黄素样品和供医疗机构制剂配方使用的小包装麻黄素以及医疗机构或者麻醉药品经营企业购买麻黄素片剂6万片以下、注射剂1.5万支以下，货主或者承运人持有依法取得的购买许可证明或者麻醉药品调拨单的，无须申请易制毒化学品运输许可。

第二十四条 接受货主委托运输的，承运人应当查验货主提供的运输许可证或者备案证明，并查验所运货物与运输许可证或者备案证明载明的易制毒化学品品种等情况是否相符；不相符的，不得承运。

运输易制毒化学品，运输人员应当自启运起全程携带运输许可证或者备案证明。公安机关应当在易制毒化学品的运输过程中进行检查。

运输易制毒化学品，应当遵守国家有关货物运输的规定。

第二十五条 因治疗疾病需要，患者、患者近亲属或者患者委托的人凭医疗机构出具的医疗诊断书和本人的身份证明，可以随身携带第一类中的药品类易制毒化学品药品制剂，但是不得超过医用单张处方的最大剂量。

医用单张处方最大剂量，由国务院卫生主管部门规定、公布。

第五章 进口、出口管理

第二十六条 申请进口或者出口易制毒化学品，应当提交下列材料，经国务院商务主管部门或者其委托的省、自治区、直辖市人民政府商务主管部门审批，取得进口或者出口许可证后，方可从事进口、出口活动：

（一）对外贸易经营者备案登记证明复印件；

（二）营业执照副本；

（三）易制毒化学品生产、经营、购买许可证或者备案证明；

（四）进口或者出口合同（协议）副本；

（五）经办人的身份证明。

申请易制毒化学品出口许可的，还应当提交进口方政府主管部门出具的合法使用易制毒化学品的证明或者进口方合法使用的保证文件。

第二十七条 受理易制毒化学品进口、出口申请的商务主管部门应当自收到申请材料之日起20日内，对申请材料进行审查，必要时可以进行实地核查。对符合规定的，发给进口或者出口许可证；不予许可的，应当书面说明理由。

对进口第一类中的药品类易制毒化学品的，有关商务主管部门在作出许可决定前，应当征得国务院药品监督管理部门的同意。

第二十八条 麻黄素等属于重点监控物品范围的易制毒化学品，由国务院商务主管部门会同国务院有关部门核定的企业进口、出口。

第二十九条 国家对易制毒化学品的进口、出口实行国际核查制度。易制毒化学品国际核查目录及核查的具体办法，由国务院商务主管部门会同国务院公安部门规定、公布。

国际核查所用时间不计算在许可期限之内。

对向毒品制造、贩运情形严重的国家或者地区出口易制毒化学品以及本条例规定品种以外的化学品的，可以在国际核查措施以外实施其他管制措施，具体办法由国务院商务主管部门会同国务院公安部门、海关总署等有关部门规定、公布。

第三十条 进口、出口或者过境、转运、通运易制毒化学品的，应当如实向海关申报，并提交进口或者出口许可证。海关凭许可证办理通关手续。

易制毒化学品在境外与保税区、出口加工区等海关特殊监管区域、保税场所之间进出的，适用前款规定。

易制毒化学品在境内与保税区、出口加工区等海关特殊监管区域、保税场所之间进出的，或者在上述海关特殊监管区域、保税场所之间进出的，无须申请易制毒化学品进口或者出口许可证。

进口第一类中的药品类易制毒化学品，还应当提交药品监督管理部门出具的进口药品通关单。

第三十一条 进出境人员随身携带第一类中的药品类易制毒化学品药品制剂和高锰酸钾，应当以自用且数量合理为限，并接受海关监管。

进出境人员不得随身携带前款规定以外的易制毒化学品。

第六章 监督检查

第三十二条 县级以上人民政府公安机关、负责药品监督管理的部门、安全生产监督管理部门、商务主管部门、卫生主管部门、价格主管部门、铁路主管部门、交通主管部门、市场监督管理部门、生态环境主管部门和海关，应当依照本条例和有关法律、行政法规的规定，在各自的职责范围内，加强对易制毒化学品生产、经营、购买、运输、价格以及进口、出口的监督检查；对非法生产、经营、购买、运输易制毒化学品，或者走私易制毒化学品的行为，依法予以查处。

前款规定的行政主管部门在进行易制毒化学品监督检查时，可以依法查看现场、查阅和复制有关资料、记录有关情况、扣押相关的证据材料和违法物品；必要时，可以临时查封有关场所。

被检查的单位或者个人应当如实提供有关情况和材料、物品，不得拒绝或者隐匿。

第三十三条 对依法收缴、查获的易制毒化学品，应当在省、自治区、直辖市或者设区的市级人民政府公安机关、海关或者生态环境主管部门的监督下，区别易制毒化学品的不同情况进行保管、回收，或者依照环境保护法律、行政法规的有关规定，由有资质的单位在生态环境主管部门的监督下销毁。其中，对收缴、查获的第一类中的药品类易制毒化学品，一律销毁。

易制毒化学品违法单位或者个人无力提供保管、回收或者销毁费用的，保管、回收或者销毁的费用在回收所得中开支，或者在有关行政主管部门的禁毒经费中列支。

第三十四条 易制毒化学品丢失、被盗、被抢的，发案单位应当立即向当地公安机关报告，并同时报告当地的县级人民政府负责药品监督管理的部门、安全生产监督管理部门、商务主管部门或者卫生主管部门。接到报案的公安机关应当及时立案查处，并向上级公安机关报告；有关行政主管部门应当逐级上报并配合公安机关的查处。

第三十五条 有关行政主管部门应当将易制毒化学品许可以及依法吊销许可的情况通报有关公安机关和市场监督管理部门；市场监督管理部门应当将生产、经营易制毒化学品企业依法变更或者注销登记的情况通报有关公安机关和行政主管部门。

第三十六条 生产、经营、购买、运输或者进口、出口易制毒化学品的单位，应当于每年3月31日前向许可或者备案的行政主管部门和公安机关报告本单位上年度易制毒化学品的生产、经营、购买、运输或者进口、出口情况；有条件的生产、经营、购买、运输或者进口、出口单位，可以与有关行政主管部门建立计算机联网，及时通报有关经营情况。

第三十七条 县级以上人民政府有关行政主管部门应当加强协调合作，建立易制毒化学品管理情况、监督检查情况以及案件处理情况的通报、交流机制。

第七章 法律责任

第三十八条 违反本条例规定，未经许可或者备案擅自生产、经营、购买、运输易制毒化学品，伪造申请材料骗取易制毒化学品生产、经营、购买或者运输许可证，使用他人的或者伪造、变造、失效的许可证生产、经营、购买、运输易制毒化学品的，由公安机关没收非法生产、经营、购买或者运输的易制毒化学品、用于非法生产易制毒化学品的原料以及非法生产、经营、购买或者运输易制毒化学品的设备、工具，处非法生产、经营、购买或者运输的易制毒化学品货值10倍以上20倍以下的罚款，货值的20倍不足1万元的，按1万元罚款；有违法所得的，没收违法所得；有营业执照的，由市场监督管理部门吊销营业执照；构成犯罪的，依法追究刑事责任。

对有前款规定违法行为的单位或者个人，有关行政主管部门可以自作出行政处罚决定之日起3年内，停止受理其易制毒化学品生产、经营、购买、运输或者进口、出口许可申请。

第三十九条 违反本条例规定，走私易制毒化学品的，由海关没收走私的易制毒化学品；有违法所得的，没收违法所得，并依照海关法律、行政法规给予行政处罚；构成犯罪的，依法追究刑事责任。

第四十条 违反本条例规定，有下列行为之一的，由负有监督管理职责的行政主管部门给予警告，责令限期改正，处1万元以上5万元以下的罚款；对违反规定生产、经营、购买的易制毒化学品可以予以没收；逾期不改正的，责令限期停产停业整顿；逾期整顿不合格的，吊销相应的许可证：

（一）易制毒化学品生产、经营、购买、运输或者进口、出口单位未按规定建立安全管理制度的；

（二）将许可证或者备案证明转借他人使用的；

（三）超出许可的品种、数量生产、经营、购买易制毒化学品的；

（四）生产、经营、购买单位不记录或者不如实记录交易情况，不按规定保存交易记录或者不如实、不及时向公安机关和有关行政主管部门备案销售情况的；

（五）易制毒化学品丢失、被盗、被抢后未及时报告，造成严重后果的；

（六）除个人合法购买第一类中的药品类易制毒化学品药品制剂以及第三类易制毒化学品外，使用现金或者实物进行易制毒化学品交易的；

（七）易制毒化学品的产品包装和使用说明书不符合本条例规定要求的；

（八）生产、经营易制毒化学品的单位不如实或者不按时向有关行政主管部门和公安机关报告年度生产、经销和库存等情况的。

企业的易制毒化学品生产经营许可被依法吊销后，未及时到市场监督管理部门办理经营范围变更或者企业注销登记的，依照前款规定，对易制毒化学品予以没收，并处罚款。

第四十一条 运输的易制毒化学品与易制毒化学品运输许可证或者备案证明载明的品种、数量、运入地、货主及收货人、承运人等情况不符，运输许可证种类不当，或者运输人员未全程携带运输许可证或者备案证明的，由公安机关责令停运整改，处5000元以上5万元以下的罚款；有危险物品运输资质的，运输主管部门可以依法吊销其运输资质。

个人携带易制毒化学品不符合品种、数量规定的，没收易制毒化学品，处1000元以上5000元以下的罚款。

第四十二条 生产、经营、购买、运输或者进口、出口易制毒化学品的单位或者个人拒不接受有关行政主管部门监督检查的，由负有监督管理职责的行政主管部门责令改正，对直接负责的主管人员以及其他直接责任人员给予警告；情节严重的，对单位处1万元以上5万元以下的罚款，对直接负责的主管人员以及其他直接责任人员处1000元以上5000元以下的罚款；有违反治安管理行为的，依法给予治安管理处罚；构成犯罪的，依法追究刑事责任。

第四十三条 易制毒化学品行政主管部门工作人员在管理工作中有应当许可而不许可、不应当许可而滥许可，不依法受理备案，以及其他滥用职权、玩忽职守、徇私舞弊行为的，依法给予行政处分；构成犯罪的，依法追究刑事责任。

第八章 附 则

第四十四条 易制毒化学品生产、经营、购买、运输和进口、出口许可证，由国务院有关行政主管部门根据各自的职责规定式样并监制。

第四十五条 本条例自2005年11月1日起施行。
本条例施行前已经从事易制毒化学品生产、经营、购买、运输或者进口、出口业务的，应当自本条例施行之日起6个月内，依照本条例的规定重新申请许可。

附表：

易制毒化学品的分类和品种目录

第一类

1. 1-苯基-2-丙酮
2. 3,4-亚甲基二氧苯基-2-丙酮
3. 胡椒醛
4. 黄樟素
5. 黄樟油
6. 异黄樟素
7. N-乙酰邻氨基苯酸
8. 邻氨基苯甲酸
9. 麦角酸*
10. 麦角胺*
11. 麦角新碱*
12. 麻黄素、伪麻黄素、消旋麻黄素、去甲麻黄素、甲基麻黄素、麻黄浸膏、麻黄浸膏粉等麻黄素类物质*

第二类

1. 苯乙酸
2. 醋酸酐
3. 三氯甲烷
4. 乙醚
5. 哌啶

第三类

1. 甲苯
2. 丙酮
3. 甲基乙基酮
4. 高锰酸钾
5. 硫酸
6. 盐酸

说明：
一、第一类、第二类所列物质可能存在的盐类，也纳入管制。
二、带有*标记的品种为第一类中的药品类易制毒化学品，第一类中的药品类易制毒化学品包括原料药及其单方制剂。

应急管理部办公厅关于印发危险化学品企业重大危险源安全包保责任制办法（试行）的通知

- 2021年2月4日
- 应急厅〔2021〕12号

各省、自治区、直辖市应急管理厅（局），新疆生产建设兵团应急管理局，有关中央企业：

危险化学品重大危险源（以下简称重大危险源）安全风险防控是危险化学品安全生产工作的重中之重。为认真贯彻落实党中央、国务院关于全面加强危险化学品安全生产工作的决策部署，压实企业安全生产主体责任，规范和强化重大危险源安全风险防控工作，有效遏制重特大事故,应急管理部制定了《危险化学品企业重大危险源安全包保责任制办法(试行)》(以下简称《办法》),现印发给你们,请认真贯彻落实,并就有关事项通知如下：

一、各省级应急管理部门要组织辖区内有关企业建立重大危险源安全包保责任制,督促有关企业于2021年3月31日前通过全国危险化学品登记信息管理系统完成包保责任人有关信息的填报工作,于4月30日前完成在属地应急管理部门报备、企业公示牌设立、安全风险承诺公告内容更新等相关工作,全面落实重大危险源安全包保责任制。

二、全面开展《办法》的宣传培训,采取集中讲座、专题学习等多种形式,指导有关企业进一步提高对重大危险源安全风险防控工作的认识,深刻理解掌握重大危险源安全包保责任落实的要求,强化举措推动《办法》落地实施。

三、结合实际,将《办法》的落实纳入本单位危险化学品安全专项整治三年行动制度措施清单,通过有效施行重大危险源安全包保责任制,抓住企业关键人,加快补齐重大危险源安全管理责任短板,不断提升重大危险源本质安全水平。

四、加强监督指导,将《办法》落实情况纳入监督检查范畴,统筹推进重大危险源安全包保责任制、危险化学品安全生产风险监测预警工作机制、重大危险源企业联合监管机制;注重运用信息化手段加强在线巡查抽查,针对包保责任人优化预警信息推送功能,形成线上线下监管融合,推动构建重大危险源常态化隐患排查治理与安全风险防控的长效机制。

危险化学品企业重大危险源安全包保责任制办法(试行)

第一章　总　则

第一条　为保护人民生命财产安全,强化危险化学品企业安全生产主体责任落实,细化重大安全风险管控责任,防范重特大事故,依据《中华人民共和国安全生产法》《危险化学品安全管理条例》《危险化学品重大危险源监督管理暂行规定》等法律、行政法规、部门规章,制定本办法。

第二条　本办法适用于取得应急管理部门许可的涉及危险化学品重大危险源(以下简称重大危险源)的危险化学品生产企业、经营(带储存)企业、使用危险化学品从事生产的化工企业(以下简称危险化学品企业),不含无生产实体的集团公司总部。

第三条　危险化学品企业应当明确本企业每一处重大危险源的主要负责人、技术负责人和操作负责人,从总体管理、技术管理、操作管理三个层面对重大危险源实行安全包保。

第二章　包保责任

第四条　重大危险源的主要负责人,对所包保的重大危险源负有下列安全职责：

(一)组织建立重大危险源安全包保责任制并指定对重大危险源负有安全包保责任的技术负责人、操作负责人；

(二)组织制定重大危险源安全生产规章制度和操作规程,并采取有效措施保证其得到执行；

(三)组织对重大危险源的管理和操作岗位人员进行安全技能培训；

(四)保证重大危险源安全生产所必需的安全投入；

(五)督促、检查重大危险源安全生产工作；

(六)组织制定并实施重大危险源生产安全事故应急救援预案；

(七)组织通过危险化学品登记信息管理系统填报重大危险源有关信息,保证重大危险源安全监测监控有关数据接入危险化学品安全生产风险监测预警系统。

第五条　重大危险源的技术负责人,对所包保的重大危险源负有下列安全职责：

(一)组织实施重大危险源安全监测监控体系建设,完善控制措施,保证安全监测监控系统符合国家标准或者行业标准的规定；

(二)组织定期对安全设施和监测监控系统进行检测、检验,并进行经常性维护、保养,保证有效、可靠运行；

(三)对于超过个人和社会可容许风险值限值标准的重大危险源,组织采取相应的降低风险措施,直至风险满足可容许风险标准要求；

(四)组织审查涉及重大危险源的外来施工单位及人员的相关资质、安全管理等情况,审查涉及重大危险源的变更管理；

(五)每季度至少组织对重大危险源进行一次针对性安全风险隐患排查,重大活动、重点时段和节假日前必须进行重大危险源安全风险隐患排查,制定管控措施和治理方案并监督落实；

(六)组织演练重大危险源专项应急预案和现场处置方案。

第六条　重大危险源的操作负责人,对所包保的重大危险源负有下列安全职责：

（一）负责督促检查各岗位严格执行重大危险源安全生产规章制度和操作规程；

（二）对涉及重大危险源的特殊作业、检维修作业等进行监督检查，督促落实作业安全管控措施；

（三）每周至少组织一次重大危险源安全风险隐患排查；

（四）及时采取措施消除重大危险源事故隐患。

第三章　管理措施

第七条　危险化学品企业应当在重大危险源安全警示标志位置设立公示牌，写明重大危险源的主要负责人、技术负责人、操作负责人姓名、对应的安全包保职责及联系方式，接受员工监督。

重大危险源安全包保责任人、联系方式应当录入全国危险化学品登记信息管理系统，并向所在地应急管理部门报备，相关信息变更的，应当于变更后5日内在全国危险化学品登记信息管理系统中更新。

第八条　危险化学品企业应当按照《应急管理部关于全面实施危险化学品企业安全风险研判与承诺公告制度的通知》（应急〔2018〕74号）有关要求，向社会承诺公告重大危险源安全风险管控情况，在安全承诺公告牌企业承诺内容中增加落实重大危险源安全包保责任的相关内容。

第九条　危险化学品企业应当建立重大危险源主要负责人、技术负责人、操作负责人的安全包保履职记录，做到可查询、可追溯，企业的安全管理机构应当对包保责任人履职情况进行评估，纳入企业安全生产责任制考核与绩效管理。

第十条　地方各级应急管理部门应当完善危险化学品安全生产风险监测预警机制，保证重大危险源预警信息能够及时推送给对应的安全包保责任人。

第十一条　各级应急管理部门、危险化学品企业应当结合安全生产标准化建设、风险分级管控和隐患排查治理体系建设，运用信息化工具，加强重大危险源安全管理。

第四章　监督检查

第十二条　地方各级应急管理部门应当运用危险化学品安全生产风险监测预警系统，加强对重大危险源安全运行情况的在线巡查抽查，将重大危险源安全包保责任制落实情况纳入监督检查范畴。

第十三条　危险化学品企业未按照相关要求对重大危险源安全进行监测监控的，未明确重大危险源中关键装置、重点部位的责任人的，未对重大危险源的安全生产状况进行定期检查、采取措施消除事故隐患的，以及存在其他违法违规行为的，由县级以上应急管理部门依法依规查处；有关责任人员构成犯罪的，依法追究刑事责任。

第十四条　地方各级应急管理部门应当加强对涉及重大危险源的危险化学品企业的监督检查，督促有关企业做好重大危险源辨识、评估、备案、核销等工作，并及时通过危险化学品登记信息管理系统填报重大危险源有关信息。

第五章　附　则

第十五条　本办法下列用语的含义：

（一）安全包保，是指危险化学品企业按照本办法要求，专门为重大危险源指定主要负责人、技术负责人和操作负责人，并由其包联保证重大危险源安全管理措施落实到位的一种安全生产责任制。

（二）重大危险源的主要负责人，应当由危险化学品企业的主要负责人担任。

（三）重大危险源的技术负责人，应当由危险化学品企业层面技术、生产、设备等分管负责人或者二级单位（分厂）层面有关负责人担任。

（四）重大危险源的操作负责人，应当由重大危险源生产单元、储存单元所在车间、单位的现场直接管理人员担任，例如车间主任。

第十六条　本办法自印发之日起施行，有效期三年。《应急管理部关于实施危险化学品重大危险源源长责任制的通知》（应急〔2018〕89号）同时废止。

附件

重大危险源安全包保公示牌(示例)

重大危险源安全包保公示牌			
<div align="right">编号：</div>			
(危险化学品名称)	主要负责人		(姓名)(手机号码) (在企业的职务)
^^	技术负责人		(姓名)(手机号码) (在企业的职务)
(重大危险源级别) (最大数量/吨)	操作负责人		(姓名)(手机号码) (在企业的职务)
监督举报电话		(企业电话),(企业邮箱),12350	
主要 负责人 职责	1.(包保责任原文) 2. 3. 4. 5. 6. 7.		
技术 负责人 职责	1. 2. 3. 4. 5. 6.		
操作 负责人 职责	1. 2. 3. 4.		

应急管理部关于印发危险化学品企业安全分类整治目录(2020年)的通知

- 2020年10月31日
- 应急〔2020〕84号

各省、自治区、直辖市应急管理厅(局),新疆生产建设兵团应急管理局:

为进一步落实《危险化学品企业安全风险隐患排查治理导则》,推动对安全生产条件不符合要求的企业进行分类整治,现将《危险化学品企业安全分类整治目录(2020年)》(以下简称《目录》)印发给你们,并将有关要求通知如下:

一、全面开展危险化学品企业安全条件精准化排查评估,"一企一策"实施最严格的治理整顿,是中共中央办公厅、国务院办公厅《关于全面加强危险化学品安全生产工作的意见》和国务院安委会《危险化学品安全专项整治三年行动实施方案》明确提出的一项重要任务。各地区应急管理部门要认真学习贯彻习近平总书记关于防范化解重大风险的重要论述精神,坚持人民至上、生命至上,切实把推进安全生产条件不符合要求的危险化学品企业分类整治作为提升整体安全水平的重要举措,把《目录》作为对危险化学品企业安全生产条件进行评估的定性评价标准,同落实《危险化学品企业安全风险隐患排查治理导则》贯通起来,结合实际统筹部署、一体推进,确保工作任务落到实处。

二、各地区应急管理部门要扎实深入开展危险化学品安全专项整治三年行动,通过对危险化学品企业全面排查评估,按照依法依规、分类处置、政策引导、分级实施的工作思路,推动安全生产条件不符合要求的企业规范达标一批、改造提升一批、依法退出一批,建立常态化工作机制,全面提升安全发展水平,实现"从根本上消除事故隐患"、"从根本上解决问题"。

三、《目录》作为对危险化学品企业安全实施分类整治的重要依据,各地区应急管理部门可结合实际研究制定本地区详细目录和实施办法。要严格按照法律、法规、规章、标准的有关具体规定,区分规范达标、改造提升、依法退出三类情况,明确分类内容、违法依据和处理依据。

四、推进安全生产条件不符合要求的企业安全分类整治是一项综合性、政策性很强的工作,要按照省级统筹、市县级抓落实的原则,综合运用安全、环保、质量、节能、土地等政策措施,研究制定配套政策,加强与相关部门协调配合,形成工作合力。

附件:危险化学品企业安全分类整治目录(2020年)

附件

危险化学品企业安全分类整治目录(2020年)

一、暂扣或吊销安全生产许可证类			
序号	分类内容	违法依据	处理依据
1	新建、改建、扩建生产危险化学品的建设项目未经具备国家规定资质的单位设计、制造和施工建设;涉及危险化工工艺、重点监管危险化学品的危险化学品生产装置,未经具有综合甲级资质或者化工石化专业甲级设计资质的化工石化设计单位设计。	《危险化学品生产企业安全生产许可证实施办法》第九条第一款。	《危险化学品生产企业安全生产许可证实施办法》第四十三条。
2	使用国家明令淘汰落后安全技术工艺、设备目录列出的工艺、设备。	《安全生产法》第三十五条;《危险化学品生产企业安全生产许可证实施办法》第九条第二款;《化工和危险化学品生产经营单位重大生产安全事故隐患判定标准(试行)》第十一条。	《安全生产许可证条例》第十四条第二款;《危险化学品生产企业安全生产许可证实施办法》第四十三条。

续表

序号	分类内容	违法依据	处理依据
3	涉及"两重点一重大"的生产装置、储存设施外部安全防护距离不符合国家标准要求,且无法整改的。	《安全生产法》第十七条;《危险化学品生产企业安全生产许可证实施办法》第八条第二款、第九条第五款;《化工和危险化学品生产经营单位重大生产安全事故隐患判定标准(试行)》第三条。	《安全生产许可证条例》第十四条第二款;《危险化学品生产企业安全生产许可证实施办法》第四十三条。
4	涉及重点监管危险化工工艺的装置未装设自动化控制系统。	《危险化学品生产企业安全生产许可证实施办法》第九条第三款;《化工和危险化学品生产经营单位重大生产安全事故隐患判定标准(试行)》第四条。	《安全生产许可证条例》第十四条第二款;《危险化学品生产企业安全生产许可证实施办法》第四十三条。

二、停产停业整顿或暂时停产停业、停止使用相关设施设备类

序号	分类内容	违法依据	处理依据
1	未取得安全生产许可证、安全使用许可证(试生产期间除外)、危险化学品经营许可证或超许可范围从事危险化学品生产经营活动。	《危险化学品安全管理条例》第十四条、第二十九条、第三十三条。	《危险化学品安全管理条例》第七十七条;《危险化学品生产企业安全生产许可证实施办法》第四十五条;《危险化学品安全使用许可证管理办法》第三十七条。
2	新开发的危险化学品生产工艺未经小试、中试、工业化试验直接进行工业化生产,且重大事故隐患排除前或者排除过程中无法保证安全的;国内首次使用的化工工艺,未经过省级人民政府有关部门组织的安全可靠性论证,且重大事故隐患排除前或者排除过程中无法保证安全的。	《安全生产法》第六十二条;《危险化学品生产企业安全生产许可证实施办法》第九条第二款;《化工和危险化学品生产经营单位重大生产安全事故隐患判定标准(试行)》第十九条。	《安全生产法》第六十二条。
3	一级或者二级重大危险源不具备紧急停车功能,对重大危险源中的毒性气体、剧毒液体和易燃气体等重点设施未设置紧急切断装置,涉及毒性气体、液化气体、剧毒液体的一级、二级重大危险源未配备独立的安全仪表系统,且重大事故隐患排除前或者排除过程中无法保证安全的。	《安全生产法》第六十二条;《危险化学品重大危险源监督管理暂行规定》第十三条;《化工和危险化学品生产经营单位重大生产安全事故隐患判定标准(试行)》第五条。	《安全生产法》第六十二条。
4	涉及重点监管危险化工工艺的装置未实现自动化控制,系统未实现紧急停车功能,且重大事故隐患排除前或者排除过程中无法保证安全的;装备的自动化控制系统、紧急停车系统未投入使用,且重大事故隐患排除前或者排除过程中无法保证安全的。	《安全生产法》第六十二条;《危险化学品生产企业安全生产许可证实施办法》第九条第三款;《危险化学品安全使用许可证管理办法》第七条第三款;《化工和危险化学品生产经营单位重大生产安全事故隐患判定标准(试行)》第四条。	《安全生产法》第六十二条;《危险化学品生产企业安全生产许可证实施办法》第四十三条。

续表

5	装置的控制室、机柜间、变配电所、化验室、办公室等不得与设有甲、乙A类设备的房间布置在同一建筑物内。	《危险化学品生产企业安全生产许可证实施办法》第八条第一款第三项;《石油化工企业设计防火标准》(GB 50160-2008)(2018年版)5.2.16。	《危险化学品生产企业安全生产许可证实施办法》第四十三条。
6	爆炸危险场所未按照国家标准安装使用防爆电气设备,且重大事故隐患排除前或者排除过程中无法保证安全的。	《安全生产法》第六十二条;《化工和危险化学品生产经营单位重大生产安全事故隐患判定标准(试行)》第十二条。	《安全生产法》第六十二条。
7	涉及光气、氯气、硫化氢等剧毒气体管道穿越除厂区外的公共区域(包括化工园区、工业园区),且重大事故隐患排除前或者排除过程中无法保证安全的。	《安全生产法》第六十二条;《危险化学品输送管道安全管理规定》第七条;《化工和危险化学品生产经营单位重大生产安全事故隐患判定标准(试行)》第八条。	《安全生产法》第六十二条。
8	全压力式液化烃球形储罐未按国家标准设置注水措施(半冷冻压力式液化烃储罐或遇水发生反应的液化烃储罐除外),且重大事故隐患排除前或者排除过程中无法保证安全的。	《安全生产法》第六十二条;《化工和危险化学品生产经营单位重大生产安全事故隐患判定标准(试行)》第六条。	《安全生产法》第六十二条。
9	液化烃、液氨、液氯等易燃易爆、有毒有害液化气体的充装未使用万向管道充装系统,且重大事故隐患排除前或者排除过程中无法保证安全的。(液氯钢瓶充装、电子级产品充装除外)	《安全生产法》第六十二条;《化工和危险化学品生产经营单位重大生产安全事故隐患判定标准(试行)》第七条。	《安全生产法》第六十二条。
10	氯乙烯气柜的进出口管道未设远程紧急切断阀;氯乙烯气柜的压力(钟罩内)、柜位高度不能实现在线连续监测,未设置气柜压力、柜位等联锁。存在以上三种情形之一,经责令限期改正,逾期未改正且情节严重的。	《危险化学品重大危险源监督管理暂行规定》第十三条第二、三项;《危险化学品企业安全风险隐患排查治理导则》"9重点危险化学品特殊管控安全风险隐患排查清单(六)氯乙烯"第六、十一条。	《安全生产法》第九十六条。
11	危险化学品生产、经营、使用企业主要负责人和安全生产管理人员未依法经考核合格。	《安全生产法》第六十二条;《危险化学品生产企业安全生产许可证实施办法》第十六条;《危险化学品经营许可证管理办法》第六条第一款第二项;《危险化学品安全使用许可证管理办法》第九条;《化工和危险化学品生产经营单位重大生产安全事故隐患判定标准(试行)》第一条。	《安全生产法》第六十二条;《危险化学品生产企业安全生产许可证实施办法》第四十三条。

续表

序号	分类内容	违法依据	处理依据
12	涉及危险化工工艺的特种作业人员未取得特种作业操作证而上岗操作的。	《安全生产法》第六十二条;《特种作业人员安全技术培训考核管理规定》第五条;《化工和危险化学品生产经营单位重大生产安全事故隐患判定标准(试行)》第二条。	《安全生产法》第六十二条。
13	未建立安全生产责任制。	《安全生产法》第六十二条;《化工和危险化学品生产经营单位重大生产安全事故隐患判定标准(试行)》第十六条。	《安全生产法》第六十二条。
14	未编制岗位操作规程,未明确关键工艺控制指标。	《安全生产法》第六十二条;《危险化学品生产企业安全生产许可证实施办法》第四十三条;《化工和危险化学品生产经营单位重大生产安全事故隐患判定标准(试行)》第十七条。	《安全生产法》第六十二条;《危险化学品生产企业安全生产许可证实施办法》第四十三条。
15	动火、进入受限空间等特殊作业管理制度不符合国家标准,实施特殊作业前未办理审批手续或风险控制措施未落实,且重大事故隐患排除前或者排除过程中无法保证安全的。	《安全生产法》第六十二条;《化工和危险化学品生产经营单位重大生产安全事故隐患判定标准(试行)》第十八条。	《安全生产法》第六十二条。
16	列入精细化工反应安全风险评估范围的精细化工生产装置未开展评估,且重大事故隐患排除前或者排除过程中无法保证安全的。	《安全生产法》第六十二条;《化工和危险化学品生产经营单位重大生产安全事故隐患判定标准(试行)》第十九条。	《安全生产法》第六十二条。
17	未按国家标准分区分类储存危险化学品,超量、超品种储存危险化学品,相互禁配物质混放混存,且重大事故隐患排除前或者排除过程中无法保证安全的。	《安全生产法》第六十二条;《化工和危险化学品生产经营单位重大生产安全事故隐患判定标准(试行)》第二十条。	《安全生产法》第六十二条;《危险化学品安全管理条例》第八十条第五款。
三、限期改正类			
序号	分类内容	违法依据	处理依据
1	涉及"两重点一重大"建设项目未按要求组织开展危险与可操作性分析(HAZOP)。	《安全生产法》第三十八条;《危险化学品企业安全风险隐患排查治理导则》3.2.3。	《安全生产法》第九十九条。
2	重大危险源未按国家标准配备温度、压力、液位、流量、组分等信息的不间断采集和监测系统以及可燃气体和有毒有害气体泄漏检测报警装置,并具备信息远传、连续记录、事故预警、信息储存(不少于30天)等功能。	《危险化学品重大危险源监督管理暂行规定》第十三条第一项。	《危险化学品重大危险源监督管理暂行规定》第三十二条第三项。

			续表
3	现有涉及硝化、氯化、氟化、重氮化、过氧化工艺的精细化工生产装置未完成有关产品生产工艺全流程的反应安全风险评估,同时未按照《关于加强精细化工反应安全风险评估工作的指导意见》(安监总管三〔2017〕1号)的有关方法对相关原料、中间产品、产品及副产物进行热稳定性测试和蒸馏、干燥、储存等单元操作的风险评估;已开展反应安全风险评估的企业未根据反应危险度等级和评估建议设置相应的安全设施,补充完善安全管控措施的。	《安全生产法》第六十二条;《化工和危险化学品生产经营单位重大生产安全事故隐患判定标准(试行)》第十九条。	《安全生产法》第六十二条。
4	涉及爆炸危险性化学品的生产装置控制室、交接班室布置在装置区内,且未完成搬迁的;涉及甲乙类火灾危险性的生产装置控制室、交接班室布置在装置区内,但未按照《石油化工控制室抗爆设计规范》(GB50779)完成抗爆设计、建设和加固的。	《安全生产法》第三十八条;《危险化学品生产企业安全生产许可证实施办法》第八条第三款,第九条第四、五款;《危险化学品企业安全风险隐患排查治理导则》附件《安全风险隐患排查表》"2 设计与总图安全风险隐患排查表(二)总图布局"第七项。	《安全生产法》第九十九条。
5	涉及硝化、氯化、氟化、重氮化、过氧化工艺装置的上下游配套装置未实现自动化控制。	《安全生产法》第三十八条;《危险化学品生产企业安全生产许可证实施办法》第九条;《危险化学品安全使用许可证管理办法》第七条第三款。	《安全生产法》第九十九条。
6	控制室或机柜间面向具有火灾、爆炸危险性装置一侧不满足国家标准关于防火防爆的要求。	《安全生产法》第六十二条;《化工和危险化学品生产经营单位重大生产安全事故隐患判定标准(试行)》第十三条。	《安全生产法》第六十二条。
7	未按照标准设置、使用有毒有害、可燃气体泄漏检测报警系统;可燃气体和有毒气体检测报警信号未发送至有人值守的现场控制室、中心控制室等进行显示报警。	《安全生产法》第六十二条;《危险化学品生产企业安全生产许可证实施办法》第九条第一款第三项;《化工和危险化学品生产经营单位重大生产安全事故隐患判定标准(试行)》第十二条。	《安全生产法》第六十二条。
8	地区架空电力线路穿越生产区且不符合国家标准要求。	《安全生产法》第六十二条;《化工和危险化学品生产经营单位重大生产安全事故隐患判定标准(试行)》第九条。	《安全生产法》第六十二条。
9	化工生产装置未按国家标准要求设置双重电源供电。	《安全生产法》第六十二条;《化工和危险化学品生产经营单位重大生产安全事故隐患判定标准(试行)》第十四条;《供配电系统设计规范》(GB50052-2009)3.0.2;《石油化工企业生产装置电力设计技术规范》(SH3038-2000)4.1、4.2。	《安全生产法》第六十二条。

续表

10	涉及"两重点一重大"生产装置和储存设施的企业,新入职的主要负责人和主管生产、设备、技术、安全的负责人及安全生产管理人员不具备化学、化工、安全等相关专业大专及以上学历或化工类中级及以上职称;新入职的涉及重大危险源、重点监管化工工艺的生产装置、储存设施操作人员不具备高中及以上学历或化工类中等及以上职业教育水平;新入职的涉及爆炸危险性化学品的生产装置和储存设施的操作人员不具备化工类大专及以上学历。	中共中央办公厅、国务院办公厅《关于全面加强危险化学品安全生产工作的意见》"十一、加强专业人才培养";《危险化学品生产企业安全生产许可证实施办法》第十六条。	《安全生产法》第九十四条;《危险化学品生产企业安全生产许可证实施办法》第四十三条。
11	未建立安全风险研判与承诺公告制度,董事长或总经理等主要负责人未每天作出安全承诺并向社会公告。	《危险化学品企业安全风险隐患排查治理导则》4.1.5。	《安全生产法》第九十九条。
12	危险化学品生产企业未提供化学品安全技术说明书,未在包装(包括外包装件)上粘贴、拴挂化学品安全标签。	《危险化学品安全管理条例》第十五条。	《危险化学品安全管理条例》第七十八条。
13	未将工艺、设备、生产组织方式等方面发生的变化纳入变更管理,或在变更时未进行安全风险分析。	《危险化学品企业安全风险隐患排查治理导则》4.12。	《安全生产法》第九十九条。
14	未按照《危险化学品单位应急救援物资配备要求》配备应急救援物资。	《安全生产法》第七十九条;《危险化学品单位应急救援物资配备要求》(GB 30077-2013)。	《生产安全事故应急预案管理办法》第四十四条第七款。

注:1. 经评估属于暂扣或吊销安全生产许可证类的,依法暂扣其安全生产许可证1-6个月,暂扣期满仍不具备安全生产条件的,依法吊销其安全生产许可证;属于停产停业整顿或暂时停产停业、停止使用相关设施设备类的,经停产停业整顿或暂时停产停业、停止使用相关设施设备仍不具备安全生产条件的,依法吊销其有关安全许可或给予其他行政处罚;属于限期改正类的,依法责令其限期改正,逾期仍未改正的,依法给予行政处罚。

2. 暂扣或吊销安全生产许可证类第2小类,危险化学品企业的主装置使用国家明令淘汰落后安全技术工艺、设备的,按照暂扣或吊销安全生产许可证类相应要求执行;辅助装置涉及使用使用国家明令淘汰落后安全技术工艺、设备的,按照或暂时停产停业、停止使用相关设施设备相应要求执行。

3. 暂扣或吊销安全许可证类第3小类,涉及爆炸物的危险化学品生产装置和储存设施,要按照《危险化学品生产装置和储存设施外部安全防护距离》(GB/T 37243)确定外部安全防护距离;涉及有毒气体或易燃气体,且其设计最大量与GB18218中规定的临界量比值之和大于或等于1的危险化学品生产装置和储存设施,要按照《危险化学品生产装置和储存设施外部安全防护距离》(GB/T 37243)确定外部安全防护距离;除此以外的危险化学品生产装置和储存设施的外部安全防护距离应满足相关标准规范的距离要求。

非药品类易制毒化学品生产、经营许可办法

- 2006年4月5日国家安全生产监督管理总局令第5号公布
- 自2006年4月15日起施行

第一章 总 则

第一条 为加强非药品类易制毒化学品管理,规范非药品类易制毒化学品生产、经营行为,防止非药品类易制毒化学品被用于制造毒品,维护经济和社会秩序,根据《易制毒化学品管理条例》(以下简称《条例》)和有关法律、行政法规,制定本办法。

第二条 本办法所称非药品类易制毒化学品,是指《条例》附表确定的可以用于制毒的非药品类主要原料和化学配剂。

非药品类易制毒化学品的分类和品种,见本办法附表《非药品类易制毒化学品分类和品种目录》。

《条例》附表《易制毒化学品的分类和品种目录》调整或者《危险化学品目录》调整涉及本办法附表时,《非药品类易制毒化学品分类和品种目录》随之进行调整并公布。

第三条 国家对非药品类易制毒化学品的生产、经营实行许可制度。对第一类非药品类易制毒化学品的生产、经营实行许可证管理,对第二类、第三类易制毒化学品的生产、经营实行备案证明管理。

省、自治区、直辖市人民政府安全生产监督管理部门负责本行政区域内第一类非药品类易制毒化学品生产、经营的审批和许可证的颁发工作。

设区的市级人民政府安全生产监督管理部门负责本行政区域内第二类非药品类易制毒化学品生产、经营和第三类非药品类易制毒化学品生产的备案证明颁发工作。

县级人民政府安全生产监督管理部门负责本行政区域内第三类非药品类易制毒化学品经营的备案证明颁发工作。

第四条 国家安全生产监督管理总局监督、指导全国非药品类易制毒化学品生产、经营许可和备案管理工作。

县级以上人民政府安全生产监督管理部门负责本行政区域内执行非药品类易制毒化学品生产、经营许可制度的监督管理工作。

第二章 生产、经营许可

第五条 生产、经营第一类非药品类易制毒化学品的,必须取得非药品类易制毒化学品生产、经营许可证方可从事生产、经营活动。

第六条 生产、经营第一类非药品类易制毒化学品的,应当分别符合《条例》第七条、第九条规定的条件。

第七条 生产单位申请非药品类易制毒化学品生产许可证,应当向所在地的省级人民政府安全生产监督管理部门提交下列文件、资料,并对其真实性负责:

(一)非药品类易制毒化学品生产许可证申请书(一式两份);

(二)生产设备、仓储设施和污染物处理设施情况说明材料;

(三)易制毒化学品管理制度和环境突发事件应急预案;

(四)安全生产管理制度;

(五)单位法定代表人或者主要负责人和技术、管理人员具有相应安全生产知识的证明材料;

(六)单位法定代表人或者主要负责人和技术、管理人员具有相应易制毒化学品知识的证明材料及无毒品犯罪记录证明材料;

(七)工商营业执照副本(复印件);

(八)产品包装说明和使用说明书。

属于危险化学品生产单位的,还应当提交危险化学品生产企业安全生产许可证和危险化学品登记证(复印件),免于提交本条第(四)、(五)、(七)项所要求的文件、资料。

第八条 经营单位申请非药品类易制毒化学品经营许可证,应当向所在地的省级人民政府安全生产监督管理部门提交下列文件、资料,并对其真实性负责:

(一)非药品类易制毒化学品经营许可证申请书(一式两份);

(二)经营场所、仓储设施情况说明材料;

(三)易制毒化学品经营管理制度和包括销售机构、销售代理商、用户等内容的销售网络文件;

(四)单位法定代表人或者主要负责人和销售、管理人员具有相应易制毒化学品知识的证明材料及无毒品犯罪记录证明材料;

(五)工商营业执照副本(复印件);

(六)产品包装说明和使用说明书。

属于危险化学品经营单位的,还应当提交危险化学品经营许可证(复印件),免于提交本条第(五)项所要求的文件、资料。

第九条 省、自治区、直辖市人民政府安全生产监督管理部门对申请人提交的申请书及文件、资料,应当按照

下列规定分别处理:

(一)申请事项不属于本部门职权范围的,应当即时出具不予受理的书面凭证;

(二)申请材料存在可以当场更正的错误的,应当允许或者要求申请人当场更正;

(三)申请材料不齐全或者不符合要求的,应当当场或者在5个工作日内书面一次告知申请人需要补正的全部内容,逾期不告知的,自收到申请材料之日起即为受理;

(四)申请材料齐全、符合要求或者按照要求全部补正的,自收到申请材料或者全部补正材料之日起为受理。

第十条 对已经受理的申请材料,省、自治区、直辖市人民政府安全生产监督管理部门应当进行审查,根据需要可以进行实地核查。

第十一条 自受理之日起,对非药品类易制毒化学品的生产许可证申请在60个工作日内、对经营许可证申请在30个工作日内,省、自治区、直辖市人民政府安全生产监督管理部门应当作出颁发或者不予颁发许可证的决定。

对决定颁发的,应当自决定之日起10个工作日内送达或者通知申请人领取许可证;对不予颁发的,应当在10个工作日内书面通知申请人并说明理由。

第十二条 非药品类易制毒化学品生产、经营许可证有效期为3年。许可证有效期满后需继续生产、经营第一类非药品类易制毒化学品的,应当于许可证有效期满前3个月内向原许可证颁发管理部门提出换证申请并提交相应资料,经审查合格后换领新证。

第十三条 第一类非药品类易制毒化学品生产、经营单位在非药品类易制毒化学品生产、经营许可证有效期内出现下列情形之一的,应当向原许可证颁发管理部门申请变更许可证:

(一)单位法定代表人或者主要负责人改变;

(二)单位名称改变;

(三)许可品种主要流向改变;

(四)需要增加许可品种、数量。

属于本条第(一)、(三)项的变更,应当自发生改变之日起20个工作日内提出申请;属于本条第(二)项的变更,应当自工商营业执照变更后提出申请。

申请本条第(一)项的变更,应当提供变更后的法定代表人或者主要负责人符合本办法第七条第(五)、(六)项或第八条第(四)项要求的有关证明材料;申请本条第(二)项的变更,应当提供变更后的工商营业执照副本(复印件);申请本条第(三)项的变更,生产、经营单位应当分别提供主要流向改变说明、第八条第(三)项要求的有关资料;申请本条第(四)项的变更,应当提供本办法第七条第(二)、(三)、(八)项或第八条第(二)、(三)、(六)项要求的有关资料。

第十四条 对已经受理的本办法第十三条第(一)、(二)、(三)项的变更申请,许可证颁发管理部门在对申请人提交的文件、资料审核后,即可办理非药品类易制毒化学品生产、经营许可证变更手续。

对已经受理的本办法第十三条第(四)项的变更申请,许可证颁发管理部门应当按照本办法第十条、第十一条的规定,办理非药品类易制毒化学品生产、经营许可证变更手续。

第十五条 非药品类易制毒化学品生产、经营单位原有技术或者销售人员、管理人员变动的,变动人员应当具有相应的安全生产和易制毒化学品知识。

第十六条 第一类非药品类易制毒化学品生产、经营单位不再生产、经营非药品类易制毒化学品时,应当在停止生产、经营后3个月内办理注销许可手续。

第三章 生产、经营备案

第十七条 生产、经营第二类、第三类非药品类易制毒化学品的,必须进行非药品类易制毒化学品生产、经营备案。

第十八条 生产第二类、第三类非药品类易制毒化学品的,应当自生产之日起30个工作日内,将生产的品种、数量等情况,向所在地的设区的市级人民政府安全生产监督管理部门备案。

经营第二类非药品类易制毒化学品的,应当自经营之日起30个工作日内,将经营的品种、数量、主要流向等情况,向所在地的设区的市级人民政府安全生产监督管理部门备案。

经营第三类非药品类易制毒化学品的,应当自经营之日起30个工作日内,将经营的品种、数量、主要流向等情况,向所在地的县级人民政府安全生产监督管理部门备案。

第十九条 第二类、第三类非药品类易制毒化学品生产单位进行备案时,应当提交下列资料:

(一)非药品类易制毒化学品品种、产量、销售量等情况的备案申请书;

(二)易制毒化学品管理制度;

(三)产品包装说明和使用说明书;

(四)工商营业执照副本(复印件)。

属于危险化学品生产单位的,还应当提交危险化学品生产企业安全生产许可证和危险化学品登记证(复印件),免于提交本条第(四)项所要求的文件、资料。

第二十条 第二类、第三类非药品类易制毒化学品经营单位进行备案时,应当提交下列资料:

(一)非药品类易制毒化学品销售品种、销售量、主要流向等情况的备案申请书;

(二)易制毒化学品管理制度;

(三)产品包装说明和使用说明书;

(四)工商营业执照副本(复印件)。

属于危险化学品经营单位的,还应当提交危险化学品经营许可证,免于提交本条第(四)项所要求的文件、资料。

第二十一条 第二类、第三类非药品类易制毒化学品生产、经营备案主管部门收到本办法第十九条、第二十条规定的备案材料后,应当于当日发给备案证明。

第二十二条 第二类、第三类非药品类易制毒化学品生产、经营备案证明有效期为3年。有效期满后需继续生产、经营的,应当在备案证明有效期满前3个月内重新办理备案手续。

第二十三条 第二类、第三类非药品类易制毒化学品生产、经营单位的法定代表人或者主要负责人、单位名称、单位地址发生变化的,应当自工商营业执照变更之日起30个工作日内重新办理备案手续;生产或者经营的备案品种增加、主要流向改变的,在发生变化后30个工作日内重新办理备案手续。

第二十四条 第二类、第三类非药品类易制毒化学品生产、经营单位不再生产、经营非药品类易制毒化学品时,应当在终止生产、经营后3个月内办理备案注销手续。

第四章 监督管理

第二十五条 县级以上人民政府安全生产监督管理部门应当加强非药品类易制毒化学品生产、经营的监督检查工作。

县级以上人民政府安全生产监督管理部门对非药品类易制毒化学品的生产、经营活动进行监督检查时,可以查看现场、查阅和复制有关资料、记录有关情况、扣押相关的证据材料和违法物品;必要时,可以临时查封有关场所。

被检查的单位或者个人应当如实提供有关情况和资料、物品,不得拒绝或者隐匿。

第二十六条 生产、经营单位应当于每年3月31日前,向许可或者备案的安全生产监督管理部门报告本单位上年度非药品类易制毒化学品生产经营的品种、数量和主要流向等情况。

安全生产监督管理部门应当自收到报告后10个工作日内将本行政区域内上年度非药品类易制毒化学品生产、经营汇总情况报上级安全生产监督管理部门。

第二十七条 各级安全生产监督管理部门应当建立非药品类易制毒化学品许可和备案档案并加强信息管理。

第二十八条 安全生产监督管理部门应当及时将非药品类易制毒化学品生产、经营许可及吊销许可情况,向同级公安机关和工商行政管理部门通报;向商务主管部门通报许可证和备案证明颁发等有关情况。

第五章 罚则

第二十九条 对于有下列行为之一的,县级以上人民政府安全生产监督管理部门可以自《条例》第三十八条规定的部门作出行政处罚决定之日起的3年内,停止受理其非药品类易制毒化学品生产、经营许可或备案申请:

(一)未经许可或者备案擅自生产、经营非药品类易制毒化学品的;

(二)伪造申请材料骗取非药品类易制毒化学品生产、经营许可证或者备案证明的;

(三)使用他人的非药品类易制毒化学品生产、经营许可证或者备案证明的;

(四)使用伪造、变造、失效的非药品类易制毒化学品生产、经营许可证或者备案证明的。

第三十条 对于有下列行为之一的,由县级以上人民政府安全生产监督管理部门给予警告,责令限期改正,处1万元以上5万元以下的罚款;对违反规定生产、经营的非药品类易制毒化学品,可以予以没收;逾期不改正的,责令限期停产停业整顿;逾期整顿不合格的,吊销相应的许可证:

(一)易制毒化学品生产、经营单位未按规定建立易制毒化学品的管理制度和安全管理制度的;

(二)将许可证或者备案证明转借他人使用的;

(三)超出许可的品种、数量,生产、经营非药品类易制毒化学品的;

(四)易制毒化学品的产品包装和使用说明书不符合《条例》规定要求的;

(五)生产、经营非药品类易制毒化学品的单位不如实或者不按时向安全生产监督管理部门报告年度生产、经营等情况的。

第三十一条 生产、经营非药品类易制毒化学品的单位或者个人拒不接受安全生产监督管理部门监督检查的,由县级以上人民政府安全生产监督管理部门责令改正,对直接负责的主管人员以及其他直接责任人员给予警告;情节严重的,对单位处1万元以上5万元以下的罚款,对直接负责的主管人员以及其他直接责任人员处1000元以上5000元以下的罚款。

第三十二条 安全生产监督管理部门工作人员在管理工作中,有滥用职权、玩忽职守、徇私舞弊行为或泄露企业商业秘密的,依法给予行政处分;构成犯罪的,依法追究刑事责任。

第六章 附 则

第三十三条 非药品类易制毒化学品生产许可证、经营许可证和备案证明由国家安全生产监督管理总局监制。

非药品类易制毒化学品年度报告表及许可、备案、变更申请书由国家安全生产监督管理总局规定式样。

第三十四条 本办法自2006年4月15日起施行。

附表:

非药品类易制毒化学品分类和品种目录

第一类

1. 1—苯基—2—丙酮
2. 3,4—亚甲基二氧苯基—2—丙酮
3. 胡椒醛
4. 黄樟素
5. 黄樟油
6. 异黄樟素
7. N—乙酰邻氨基苯酸
8. 邻氨基苯甲酸

第二类

1. 苯乙酸
2. 醋酸酐 ☆
3. 三氯甲烷 ☆
4. 乙醚 ☆
5. 哌啶

第三类

1. 甲苯 ☆
2. 丙酮 ☆
3. 甲基乙基酮 ☆
4. 高锰酸钾 ☆
5. 硫酸 ☆
6. 盐酸 ☆

说明:

一、第一类、第二类所列物质可能存在的盐类,也纳入管制。

二、带有☆标记的品种为危险化学品。

中华人民共和国核安全法

- 2017年9月1日第十二届全国人民代表大会常务委员会第二十九次会议通过
- 2017年9月1日中华人民共和国主席令第73号公布
- 自2018年1月1日起施行

第一章 总 则

第一条 为了保障核安全,预防与应对核事故,安全利用核能,保护公众和从业人员的安全与健康,保护生态环境,促进经济社会可持续发展,制定本法。

第二条 在中华人民共和国领域及管辖的其他海域内,对核设施、核材料及相关放射性废物采取充分的预防、保护、缓解和监管等安全措施,防止由于技术原因、人为原因或者自然灾害造成核事故,最大限度减轻核事故情况下的放射性后果的活动,适用本法。

核设施,是指:

(一)核电厂、核热电厂、核供汽供热厂等核动力厂及装置;

(二)核动力厂以外的研究堆、实验堆、临界装置等其他反应堆;

(三)核燃料生产、加工、贮存和后处理设施等核燃料循环设施;

(四)放射性废物的处理、贮存、处置设施。

核材料,是指:

(一)铀-235材料及其制品;

(二)铀-233材料及其制品;

(三)钚-239材料及其制品;

(四)法律、行政法规规定的其他需要管制的核材料。

放射性废物,是指核设施运行、退役产生的,含有放射性核素或者被放射性核素污染,其浓度或者比活度大于国家确定的清洁解控水平,预期不再使用的废弃物。

第三条 国家坚持理性、协调、并进的核安全观,加强核安全能力建设,保障核事业健康发展。

第四条 从事核事业必须遵循确保安全的方针。

核安全工作必须坚持安全第一、预防为主、责任明确、严格管理、纵深防御、独立监管、全面保障的原则。

第五条 核设施营运单位对核安全负全面责任。

为核设施营运单位提供设备、工程以及服务等的单位,应当负相应责任。

第六条 国务院核安全监督管理部门负责核安全的监督管理。

国务院核工业主管部门、能源主管部门和其他有关部门在各自职责范围内负责有关的核安全管理工作。

国家建立核安全工作协调机制,统筹协调有关部门推进相关工作。

第七条 国务院核安全监督管理部门会同国务院有关部门编制国家核安全规划,报国务院批准后组织实施。

第八条 国家坚持从高从严建立核安全标准体系。

国务院有关部门按照职责分工制定核安全标准。核安全标准是强制执行的标准。

核安全标准应当根据经济社会发展和科技进步适时修改。

第九条 国家制定核安全政策,加强核安全文化建设。

国务院核安全监督管理部门、核工业主管部门和能源主管部门应当建立培育核安全文化的机制。

核设施营运单位和为其提供设备、工程以及服务等的单位应当积极培育和建设核安全文化,将核安全文化融入生产、经营、科研和管理的各个环节。

第十条 国家鼓励和支持核安全相关科学技术的研究、开发和利用,加强知识产权保护,注重核安全人才的培养。

国务院有关部门应当在相关科研规划中安排与核设施、核材料安全和辐射环境监测、评估相关的关键技术研究专项,推广先进、可靠的核安全技术。

核设施营运单位和为其提供设备、工程以及服务等的单位,与核安全有关的科研机构等单位,应当持续开发先进、可靠的核安全技术,充分利用先进的科学技术成果,提高核安全水平。

国务院和省、自治区、直辖市人民政府及其有关部门对在科技创新中做出重要贡献的单位和个人,按照有关规定予以表彰和奖励。

第十一条 任何单位和个人不得危害核设施、核材料安全。

公民、法人和其他组织依法享有获取核安全信息的权利,受到核损害的,有依法获得赔偿的权利。

第十二条 国家加强对核设施、核材料的安全保卫工作。

核设施营运单位应当建立和完善安全保卫制度,采取安全保卫措施,防范对核设施、核材料的破坏、损害和盗窃。

第十三条 国家组织开展与核安全有关的国际交流与合作,完善核安全国际合作机制,防范和应对核恐怖主义威胁,履行中华人民共和国缔结或者参加的国际公约所规定的义务。

第二章 核设施安全

第十四条 国家对核设施的选址、建设进行统筹规划,科学论证,合理布局。

国家根据核设施的性质和风险程度等因素,对核设施实行分类管理。

第十五条 核设施营运单位应当具备保障核设施安全运行的能力,并符合下列条件:

(一)有满足核安全要求的组织管理体系和质量保证、安全管理、岗位责任等制度;

(二)有规定数量、合格的专业技术人员和管理人员;

(三)具备与核设施安全相适应的安全评价、资源配置和财务能力;

(四)具备必要的核安全技术支撑和持续改进能力;

(五)具备应急响应能力和核损害赔偿财务保障能力;

(六)法律、行政法规规定的其他条件。

第十六条 核设施营运单位应当依照法律、行政法规和标准的要求,设置核设施纵深防御体系,有效防范技术原因、人为原因和自然灾害造成的威胁,确保核设施安全。

核设施营运单位应当对核设施进行定期安全评价,并接受国务院核安全监督管理部门的审查。

第十七条 核设施营运单位和为其提供设备、工程以及服务等的单位应当建立并实施质量保证体系,有效保证设备、工程和服务等的质量,确保设备的性能满足核安全标准的要求,工程和服务等满足核安全相关要求。

第十八条 核设施营运单位应当严格控制辐射照射,确保有关人员免受超过国家规定剂量限值的辐射照射,确保辐射照射保持在合理、可行和尽可能低的水平。

第十九条 核设施营运单位应当对核设施周围环境中所含的放射性核素的种类、浓度以及核设施流出物中的放射性核素总量实施监测,并定期向国务院环境保护主管部门和所在地省、自治区、直辖市人民政府环境保护主管部门报告监测结果。

第二十条 核设施营运单位应当按照国家有关规定，制定培训计划，对从业人员进行核安全教育和技能培训并进行考核。

核设施营运单位应当为从业人员提供相应的劳动防护和职业健康检查，保障从业人员的安全和健康。

第二十一条 省、自治区、直辖市人民政府应当对国家规划确定的核动力厂等重要核设施的厂址予以保护，在规划期内不得变更厂址用途。

省、自治区、直辖市人民政府应当在核动力厂等重要核设施周围划定规划限制区，经国务院核安全监督管理部门同意后实施。

禁止在规划限制区内建设可能威胁核设施安全的易燃、易爆、腐蚀性物品的生产、贮存设施以及人口密集场所。

第二十二条 国家建立核设施安全许可制度。

核设施营运单位进行核设施选址、建造、运行、退役等活动，应当向国务院核安全监督管理部门申请许可。

核设施营运单位要求变更许可文件规定条件的，应当报国务院核安全监督管理部门批准。

第二十三条 核设施营运单位应当对地质、地震、气象、水文、环境和人口分布等因素进行科学评估，在满足核安全技术评价要求的前提下，向国务院核安全监督管理部门提交核设施选址安全分析报告，经审查符合核安全要求后，取得核设施场址选择审查意见书。

第二十四条 核设施设计应当符合核安全标准，采用科学合理的构筑物、系统和设备参数与技术要求，提供多样保护和多重屏障，确保核设施运行可靠、稳定和便于操作，满足核安全要求。

第二十五条 核设施建造前，核设施营运单位应当向国务院核安全监督管理部门提出建造申请，并提交下列材料：

（一）核设施建造申请书；

（二）初步安全分析报告；

（三）环境影响评价文件；

（四）质量保证文件；

（五）法律、行政法规规定的其他材料。

第二十六条 核设施营运单位取得核设施建造许可证后，应当确保核设施整体性能满足核安全标准的要求。

核设施建造许可证的有效期不得超过十年。有效期届满，需要延期建造的，应当报国务院核安全监督管理部门审查批准。但是，有下列情形之一且经评估不存在安全风险的除外：

（一）国家政策或者行为导致核设施延期建造；

（二）用于科学研究的核设施；

（三）用于工程示范的核设施；

（四）用于乏燃料后处理的核设施。

核设施建造完成后应当进行调试，验证其是否满足设计的核安全要求。

第二十七条 核设施首次装投料前，核设施营运单位应当向国务院核安全监督管理部门提出运行申请，并提交下列材料：

（一）核设施运行申请书；

（二）最终安全分析报告；

（三）质量保证文件；

（四）应急预案；

（五）法律、行政法规规定的其他材料。

核设施营运单位取得核设施运行许可证后，应当按照许可证的规定运行。

核设施运行许可证的有效期为设计寿期。在有效期内，国务院核安全监督管理部门可以根据法律、行政法规和新的核安全标准的要求，对许可证规定的事项作出合理调整。

核设施营运单位调整下列事项的，应当报国务院核安全监督管理部门批准：

（一）作为颁发运行许可证依据的重要构筑物、系统和设备；

（二）运行限值和条件；

（三）国务院核安全监督管理部门批准的与核安全有关的程序和其他文件。

第二十八条 核设施运行许可证有效期届满需要继续运行的，核设施营运单位应当于有效期届满前五年，向国务院核安全监督管理部门提出延期申请，并对其是否符合核安全标准进行论证、验证，经审查批准后，方可继续运行。

第二十九条 核设施终止运行后，核设施营运单位应当采取安全的方式进行停闭管理，保证停闭期间的安全，确保退役所需的基本功能、技术人员和文件。

第三十条 核设施退役前，核设施营运单位应当向国务院核安全监督管理部门提出退役申请，并提交下列材料：

（一）核设施退役申请书；

（二）安全分析报告；

（三）环境影响评价文件；

（四）质量保证文件；

（五）法律、行政法规规定的其他材料。

核设施退役时，核设施营运单位应当按照合理、可行和尽可能低的原则处理、处置核设施场址的放射性物质，将构筑物、系统和设备的放射性水平降低至满足标准的要求。

核设施退役后，核设施所在地省、自治区、直辖市人民政府环境保护主管部门应当对核设施场址及其周围环境中所含的放射性核素的种类和浓度组织监测。

第三十一条　进口核设施，应当满足中华人民共和国有关核安全法律、行政法规和标准的要求，并报国务院核安全监督管理部门审查批准。

出口核设施，应当遵守中华人民共和国有关核设施出口管制的规定。

第三十二条　国务院核安全监督管理部门应当依照法定条件和程序，对核设施安全许可申请组织安全技术审查，满足核安全要求的，在技术审查完成之日起二十日内，依法作出准予许可的决定。

国务院核安全监督管理部门审批核设施建造、运行许可申请时，应当向国务院有关部门和核设施所在地省、自治区、直辖市人民政府征询意见，被征询意见的单位应当在三个月内给予答复。

第三十三条　国务院核安全监督管理部门组织安全技术审查时，应当委托与许可申请单位没有利益关系的技术支持单位进行技术审评。受委托的技术支持单位应当对其技术评价结论的真实性、准确性负责。

第三十四条　国务院核安全监督管理部门成立核安全专家委员会，为核安全决策提供咨询意见。

制定核安全规划和标准，进行核设施重大安全问题技术决策，应当咨询核安全专家委员会的意见。

第三十五条　国家建立核设施营运单位核安全报告制度，具体办法由国务院有关部门制定。

国务院有关部门应当建立核安全经验反馈制度，并及时处理核安全报告信息，实现信息共享。

核设施营运单位应当建立核安全经验反馈体系。

第三十六条　为核设施提供核安全设备设计、制造、安装和无损检验服务的单位，应当向国务院核安全监督管理部门申请许可。境外机构为境内核设施提供核安全设备设计、制造、安装和无损检验服务的，应当向国务院核安全监督管理部门申请注册。

国务院核安全监督管理部门依法对进口的核安全设备进行安全检验。

第三十七条　核设施操纵人员以及核安全设备焊接人员、无损检验人员等特种工艺人员应当按照国家规定取得相应资格证书。

核设施营运单位以及核安全设备制造、安装和无损检验单位应当聘用取得相应资格证书的人员从事与核设施安全专业技术有关的工作。

第三章　核材料和放射性废物安全

第三十八条　核设施营运单位和其他有关单位持有核材料，应当按照规定的条件依法取得许可，并采取下列措施，防止核材料被盗、破坏、丢失、非法转让和使用，保障核材料的安全与合法利用：

（一）建立专职机构或者指定专人保管核材料；

（二）建立核材料衡算制度，保持核材料收支平衡；

（三）建立与核材料保护等级相适应的实物保护系统；

（四）建立信息保密制度，采取保密措施；

（五）法律、行政法规规定的其他措施。

第三十九条　产生、贮存、运输、后处理乏燃料的单位应当采取措施确保乏燃料的安全，并对持有的乏燃料承担核安全责任。

第四十条　放射性废物应当实行分类处置。

低、中水平放射性废物在国家规定的符合核安全要求的场所实行近地表或者中等深度处置。

高水平放射性废物实行集中深地质处置，由国务院指定的单位专营。

第四十一条　核设施营运单位、放射性废物处理处置单位应当对放射性废物进行减量化、无害化处理、处置，确保永久安全。

第四十二条　国务院核工业主管部门会同国务院有关部门和省、自治区、直辖市人民政府编制低、中水平放射性废物处置场所的选址规划，报国务院批准后组织实施。

国务院核工业主管部门会同国务院有关部门编制高水平放射性废物处置场所的选址规划，报国务院批准后组织实施。

放射性废物处置场所的建设应当与核能发展的要求相适应。

第四十三条　国家建立放射性废物管理许可制度。

专门从事放射性废物处理、贮存、处置的单位，应当向国务院核安全监督管理部门申请许可。

核设施营运单位利用与核设施配套建设的处理、贮存设施，处理、贮存本单位产生的放射性废物的，无需申请许可。

第四十四条 核设施营运单位应当对其产生的放射性固体废物和不能经净化排放的放射性废液进行处理，使其转变为稳定的、标准化的固体废物后，及时送交放射性废物处置单位处置。

核设施营运单位应当对其产生的放射性废气进行处理，达到国家放射性污染防治标准后，方可排放。

第四十五条 放射性废物处置单位应当按照国家放射性污染防治标准的要求，对其接收的放射性废物进行处置。

放射性废物处置单位应当建立放射性废物处置情况记录档案，如实记录处置的放射性废物的来源、数量、特征、存放位置等与处置活动有关的事项。记录档案应当永久保存。

第四十六条 国家建立放射性废物处置设施关闭制度。

放射性废物处置设施有下列情形之一的，应当依法办理关闭手续，并在划定的区域设置永久性标记：

（一）设计服役期届满；

（二）处置的放射性废物已经达到设计容量；

（三）所在地区的地质构造或者水文地质等条件发生重大变化，不适宜继续处置放射性废物；

（四）法律、行政法规规定的其他需要关闭的情形。

第四十七条 放射性废物处置设施关闭前，放射性废物处置单位应当编制放射性废物处置设施关闭安全监护计划，报国务院核安全监督管理部门批准。

安全监护计划应当包括下列主要内容：

（一）安全监护责任人及其责任；

（二）安全监护费用；

（三）安全监护措施；

（四）安全监护期限。

放射性废物处置设施关闭后，放射性废物处置单位应当按照经批准的安全监护计划进行安全监护；经国务院核安全监督管理部门会同国务院有关部门批准后，将其交由省、自治区、直辖市人民政府进行监护管理。

第四十八条 核设施营运单位应当按照国家规定缴纳乏燃料处理处置费用，列入生产成本。

核设施营运单位应当预提核设施退役费用、放射性废物处置费用，列入投资概算、生产成本，专门用于核设施退役、放射性废物处置。具体办法由国务院财政部门、价格主管部门会同国务院核安全监督管理部门、核工业主管部门和能源主管部门制定。

第四十九条 国家对核材料、放射性废物的运输实行分类管理，采取有效措施，保障运输安全。

第五十条 国家保障核材料、放射性废物的公路、铁路、水路等运输，国务院有关部门应当加强对公路、铁路、水路等运输的管理，制定具体的保障措施。

第五十一条 国务院核工业主管部门负责协调乏燃料运输管理活动，监督有关保密措施。

公安机关对核材料、放射性废物道路运输的实物保护实施监督，依法处理可能危及核材料、放射性废物安全运输的事故。通过道路运输核材料、放射性废物的，应当报启运地县级以上人民政府公安机关按照规定权限批准；其中，运输乏燃料或者高水平放射性废物的，应当报国务院公安部门批准。

国务院核安全监督管理部门负责批准核材料、放射性废物运输包装容器的许可申请。

第五十二条 核材料、放射性废物的托运人应当在运输中采取有效的辐射防护和安全保卫措施，对运输中的核安全负责。

乏燃料、高水平放射性废物的托运人应当向国务院核安全监督管理部门提交有关核安全分析报告，经审查批准后方可开展运输活动。

核材料、放射性废物的承运人应当依法取得国家规定的运输资质。

第五十三条 通过公路、铁路、水路等运输核材料、放射性废物，本法没有规定的，适用相关法律、行政法规和规章关于放射性物品运输、危险货物运输的规定。

第四章 核事故应急

第五十四条 国家设立核事故应急协调委员会，组织、协调全国的核事故应急管理工作。

省、自治区、直辖市人民政府根据实际需要设立核事故应急协调委员会，组织、协调本行政区域内的核事故应急管理工作。

第五十五条 国务院核工业主管部门承担国家核事故应急协调委员会日常工作，牵头制定国家核事故应急预案，经国务院批准后组织实施。国家核事故应急协调委员会成员单位根据国家核事故应急预案部署，制定本单位核事故应急预案，报国务院核工业主管部门备案。

省、自治区、直辖市人民政府指定的部门承担核事故应急协调委员会的日常工作，负责制定本行政区域内场外核事故应急预案，报国家核事故应急协调委员会审批后组织实施。

核设施营运单位负责制定本单位场内核事故应急预

案,报国务院核工业主管部门、能源主管部门和省、自治区、直辖市人民政府指定的部门备案。

中国人民解放军和中国人民武装警察部队按照国务院、中央军事委员会的规定,制定本系统支援地方的核事故应急工作预案,报国务院核工业主管部门备案。

应急预案制定单位应当根据实际需要和情势变化,适时修订应急预案。

第五十六条 核设施营运单位应当按照应急预案,配备应急设备,开展应急工作人员培训和演练,做好应急准备。

核设施所在地省、自治区、直辖市人民政府指定的部门,应当开展核事故应急知识普及活动,按照应急预案组织有关企业、事业单位和社区开展核事故应急演练。

第五十七条 国家建立核事故应急准备金制度,保障核事故应急准备与响应工作所需经费。核事故应急准备金管理办法,由国务院制定。

第五十八条 国家对核事故应急实行分级管理。

发生核事故时,核设施营运单位应当按照应急预案的要求开展应急响应,减轻事故后果,并立即向国务院核工业主管部门、核安全监督管理部门和省、自治区、直辖市人民政府指定的部门报告核设施状况,根据需要提出场外应急响应行动建议。

第五十九条 国家核事故应急协调委员会按照国家核事故应急预案部署,组织协调国务院有关部门、地方人民政府、核设施营运单位实施核事故应急救援工作。

中国人民解放军和中国人民武装警察部队按照国务院、中央军事委员会的规定,实施核事故应急救援工作。

核设施营运单位应当按照核事故应急救援工作的要求,实施应急响应支援。

第六十条 国务院核工业主管部门或者省、自治区、直辖市人民政府指定的部门负责发布核事故应急信息。

国家核事故应急协调委员会统筹协调核事故应急国际通报和国际救援工作。

第六十一条 各级人民政府及其有关部门、核设施营运单位等应当按照国务院有关规定和授权,组织开展核事故后的恢复行动、损失评估等工作。

核事故的调查处理,由国务院或者其授权的部门负责实施。

核事故场外应急行动的调查处理,由国务院或者其指定的机构负责实施。

第六十二条 核材料、放射性废物运输的应急应当纳入所经省、自治区、直辖市场外核事故应急预案或者辐射应急预案。发生核事故时,由事故发生地省、自治区、直辖市人民政府负责应急响应。

第五章 信息公开和公众参与

第六十三条 国务院有关部门及核设施所在地省、自治区、直辖市人民政府指定的部门应当在各自职责范围内依法公开核安全相关信息。

国务院核安全监督管理部门应当依法公开与核安全有关的行政许可,以及核安全有关活动的安全监督检查报告、总体安全状况、辐射环境质量和核事故等信息。

国务院应当定期向全国人民代表大会常务委员会报告核安全情况。

第六十四条 核设施营运单位应当公开本单位核安全管理制度和相关文件、核设施安全状况、流出物和周围环境辐射监测数据、年度核安全报告等信息。具体办法由国务院核安全监督管理部门制定。

第六十五条 对依法公开的核安全信息,应当通过政府公告、网站以及其他便于公众知晓的方式,及时向社会公开。

公民、法人和其他组织,可以依法向国务院核安全监督管理部门和核设施所在地省、自治区、直辖市人民政府指定的部门申请获取核安全相关信息。

第六十六条 核设施营运单位应当就涉及公众利益的重大核安全事项通过问卷调查、听证会、论证会、座谈会,或者采取其他形式征求利益相关方的意见,并以适当形式反馈。

核设施所在地省、自治区、直辖市人民政府应当就影响公众利益的重大核安全事项举行听证会、论证会、座谈会,或者采取其他形式征求利益相关方的意见,并以适当形式反馈。

第六十七条 核设施营运单位应当采取下列措施,开展核安全宣传活动:

(一)在保证核设施安全的前提下,对公众有序开放核设施;

(二)与学校合作,开展对学生的核安全知识教育活动;

(三)建设核安全宣传场所,印制和发放核安全宣传材料;

(四)法律、行政法规规定的其他措施。

第六十八条 公民、法人和其他组织有权对存在核安全隐患或者违反核安全法律、行政法规的行为,向国务院核安全监督管理部门或者其他有关部门举报。

公民、法人和其他组织不得编造、散布核安全虚假信息。

第六十九条 涉及国家秘密、商业秘密和个人信息的政府信息公开，按照国家有关规定执行。

第六章 监督检查

第七十条 国家建立核安全监督检查制度。

国务院核安全监督管理部门和其他有关部门应当对从事核安全活动的单位遵守核安全法律、行政法规、规章和标准的情况进行监督检查。

国务院核安全监督管理部门可以在核设施集中的地区设立派出机构。国务院核安全监督管理部门或者其派出机构应当向核设施建造、运行、退役等现场派遣监督检查人员，进行核安全监督检查。

第七十一条 国务院核安全监督管理部门和其他有关部门应当加强核安全监管能力建设，提高核安全监管水平。

国务院核安全监督管理部门应当组织开展核安全监管技术研究开发，保持与核安全监督管理相适应的技术评价能力。

第七十二条 国务院核安全监督管理部门和其他有关部门进行核安全监督检查时，有权采取下列措施：

（一）进入现场进行监测、检查或者核查；

（二）调阅相关文件、资料和记录；

（三）向有关人员调查、了解情况；

（四）发现问题，现场要求整改。

国务院核安全监督管理部门和其他有关部门应当将监督检查情况形成报告，建立档案。

第七十三条 对国务院核安全监督管理部门和其他有关部门依法进行的监督检查，从事核安全活动的单位应当予以配合，如实说明情况，提供必要资料，不得拒绝、阻挠。

第七十四条 核安全监督检查人员应当忠于职守，勤勉尽责，秉公执法。

核安全监督检查人员应当具备与监督检查活动相应的专业知识和业务能力，并定期接受培训。

核安全监督检查人员执行监督检查任务，应当出示有效证件，对获知的国家秘密、商业秘密和个人信息，应当依法予以保密。

第七章 法律责任

第七十五条 违反本法规定，有下列情形之一的，对直接负责的主管人员和其他直接责任人员依法给予处分：

（一）国务院核安全监督管理部门或者其他有关部门未依法对许可申请进行审批的；

（二）国务院有关部门或者核设施所在地省、自治区、直辖市人民政府指定的部门未依法公开核安全相关信息的；

（三）核设施所在地省、自治区、直辖市人民政府未就影响公众利益的重大核安全事项征求利益相关方意见的；

（四）国务院核安全监督管理部门或者其他有关部门未将监督检查情况形成报告，或者未建立档案的；

（五）核安全监督检查人员执行监督检查任务，未出示有效证件，或者对获知的国家秘密、商业秘密、个人信息未依法予以保密的；

（六）国务院核安全监督管理部门或者其他有关部门，省、自治区、直辖市人民政府有关部门有其他滥用职权、玩忽职守、徇私舞弊行为的。

第七十六条 违反本法规定，危害核设施、核材料安全，或者编造、散布核安全虚假信息，构成违反治安管理行为的，由公安机关依法给予治安管理处罚。

第七十七条 违反本法规定，有下列情形之一的，由国务院核安全监督管理部门或者其他有关部门责令改正，给予警告；情节严重的，处二十万元以上一百万元以下的罚款；拒不改正的，责令停止建设或者停产整顿：

（一）核设施营运单位未设置核设施纵深防御体系的；

（二）核设施营运单位或者为其提供设备、工程以及服务等的单位未建立或者未实施质量保证体系的；

（三）核设施营运单位未按照要求控制辐射照射剂量的；

（四）核设施营运单位未建立核安全经验反馈体系的；

（五）核设施营运单位未就涉及公众利益的重大核安全事项征求利益相关方意见的。

第七十八条 违反本法规定，在规划限制区内建设可能威胁核设施安全的易燃、易爆、腐蚀性物品的生产、贮存设施或者人口密集场所的，由国务院核安全监督管理部门责令限期拆除，恢复原状，处十万元以上五十万元以下的罚款。

第七十九条 违反本法规定，核设施营运单位有下列情形之一的，由国务院核安全监督管理部门责令改正，处一百万元以上五百万元以下的罚款；拒不改正的，责令停止建设或者停产整顿；有违法所得的，没收违法所得；

造成环境污染的,责令限期采取治理措施消除污染,逾期不采取措施的,指定有能力的单位代为履行,所需费用由污染者承担;对直接负责的主管人员和其他直接责任人员,处五万元以上二十万元以下的罚款:

(一)未经许可,从事核设施建造、运行或者退役等活动的;

(二)未经许可,变更许可文件规定条件的;

(三)核设施运行许可证有效期届满,未经审查批准,继续运行核设施的;

(四)未经审查批准,进口核设施的。

第八十条　违反本法规定,核设施营运单位有下列情形之一的,由国务院核安全监督管理部门责令改正,给予警告;情节严重的,处五十万元以上二百万元以下的罚款;造成环境污染的,责令限期采取治理措施消除污染,逾期不采取措施的,指定有能力的单位代为履行,所需费用由污染者承担:

(一)未对核设施进行定期安全评价,或者不接受国务院核安全监督管理部门审查的;

(二)核设施终止运行后,未采取安全方式进行停闭管理,或者未确保退役所需的基本功能、技术人员和文件的;

(三)核设施退役时,未将构筑物、系统或者设备的放射性水平降低至满足标准的要求的;

(四)未将产生的放射性固体废物或者不能经净化排放的放射性废液转变为稳定的、标准化的固体废物,及时送交放射性废物处置单位处置的;

(五)未对产生的放射性废气进行处理,或者未达到国家放射性污染防治标准排放的。

第八十一条　违反本法规定,核设施营运单位未对核设施周围环境中所含的放射性核素的种类、浓度或者核设施流出物中的放射性核素总量实施监测,或者未按照规定报告监测结果的,由国务院环境保护主管部门或者所在地省、自治区、直辖市人民政府环境保护主管部门责令改正,处十万元以上五十万元以下的罚款。

第八十二条　违反本法规定,受委托的技术支持单位出具虚假技术评价结论的,由国务院核安全监督管理部门处二十万元以上一百万元以下的罚款;有违法所得的,没收违法所得;对直接负责的主管人员和其他直接责任人员处十万元以上二十万元以下的罚款。

第八十三条　违反本法规定,有下列情形之一的,由国务院核安全监督管理部门责令改正,处五十万元以上一百万元以下的罚款;有违法所得的,没收违法所得;对直接负责的主管人员和其他直接责任人员处二万元以上十万元以下的罚款:

(一)未经许可,为核设施提供核安全设备设计、制造、安装或者无损检验服务的;

(二)未经注册,境外机构为境内核设施提供核安全设备设计、制造、安装或者无损检验服务的。

第八十四条　违反本法规定,核设施营运单位或者核安全设备制造、安装、无损检验单位聘用未取得相应资格证书的人员从事与核设施安全专业技术有关的工作的,由国务院核安全监督管理部门责令改正,处十万元以上五十万元以下的罚款;拒不改正的,暂扣或者吊销许可证,对直接负责的主管人员和其他直接责任人员处二万元以上十万元以下的罚款。

第八十五条　违反本法规定,未经许可持有核材料的,由国务院核工业主管部门没收非法持有的核材料,并处十万元以上五十万元以下的罚款;有违法所得的,没收违法所得。

第八十六条　违反本法规定,有下列情形之一的,由国务院核安全监督管理部门责令改正,处十万元以上五十万元以下的罚款;情节严重的,处五十万元以上二百万元以下的罚款;造成环境污染的,责令限期采取治理措施消除污染,逾期不采取措施的,指定有能力的单位代为履行,所需费用由污染者承担:

(一)未经许可,从事放射性废物处理、贮存、处置活动的;

(二)未建立放射性废物处置情况记录档案,未如实记录与处置活动有关的事项,或者未永久保存记录档案的;

(三)对应当关闭的放射性废物处置设施,未依法办理关闭手续的;

(四)关闭放射性废物处置设施,未在划定的区域设置永久性标记的;

(五)未编制放射性废物处置设施关闭安全监护计划的;

(六)放射性废物处置设施关闭后,未按照经批准的安全监护计划进行安全监护的。

第八十七条　违反本法规定,核设施营运单位有下列情形之一的,由国务院核安全监督管理部门责令改正,处十万元以上五十万元以下的罚款;对直接负责的主管人员和其他直接责任人员,处二万元以上五万元以下的罚款:

(一)未按照规定制定场内核事故应急预案的;

(二)未按照应急预案配备应急设备,未开展应急工作人员培训或者演练的;

(三)未按照核事故应急救援工作的要求,实施应急响应支援的。

第八十八条 违反本法规定,核设施营运单位未按照规定公开相关信息的,由国务院核安全监督管理部门责令改正;拒不改正的,处十万元以上五十万元以下的罚款。

第八十九条 违反本法规定,对国务院核安全监督管理部门或者其他有关部门依法进行的监督检查,从事核安全活动的单位拒绝、阻挠的,由国务院核安全监督管理部门或者其他有关部门责令改正,可以处十万元以上五十万元以下的罚款;拒不改正的,暂扣或者吊销其许可证;构成违反治安管理行为的,由公安机关依法给予治安管理处罚。

第九十条 因核事故造成他人人身伤亡、财产损失或者环境损害的,核设施营运单位应当按照国家核损害责任制度承担赔偿责任,但能够证明损害是因战争、武装冲突、暴乱等情形造成的除外。

为核设施营运单位提供设备、工程以及服务等的单位不承担核损害赔偿责任。核设施营运单位与其有约定的,在承担赔偿责任后,可以按照约定追偿。

核设施营运单位应当通过投保责任保险、参加互助机制等方式,作出适当的财务保证安排,确保能够及时、有效履行核损害赔偿责任。

第九十一条 违反本法规定,构成犯罪的,依法追究刑事责任。

第八章 附则

第九十二条 军工、军事核安全,由国务院、中央军事委员会依照本法规定的原则另行规定。

第九十三条 本法中下列用语的含义:

核事故,是指核设施内的核燃料、放射性产物、放射性废物或者运入运出核设施的核材料所发生的放射性、毒害性、爆炸性或者其他危害性事故,或者一系列事故。

纵深防御,是指通过设定一系列递进并且独立的防护、缓解措施或者实物屏障,防止核事故发生、减轻核事故后果。

核设施营运单位,是指在中华人民共和国境内,申请或者持有核设施安全许可证,可以经营和运行核设施的单位。

核安全设备,是指在核设施中使用的执行核安全功能的设备,包括核安全机械设备和核安全电气设备。

乏燃料,是指在反应堆堆芯内受过辐照并从堆芯永久卸出的核燃料。

停闭,是指核设施已经停止运行,并且不再启动。

退役,是指采取去污、拆除和清除等措施,使核设施不再使用的场所或者设备的辐射剂量满足国家相关标准的要求。

经验反馈,是指对核设施的事件、质量问题和良好实践等信息进行收集、筛选、评价、分析、处理和分发,总结推广良好实践经验,防止类似事件和问题重复发生。

托运人,是指在中华人民共和国境内,申请将托运货物提交运输并获得批准的单位。

第九十四条 本法自2018年1月1日起施行。

核电厂核事故应急管理条例

- 1993年8月4日中华人民共和国国务院令第124号发布
- 根据2011年1月8日《国务院关于废止和修改部分行政法规的决定》修订

第一章 总则

第一条 为了加强核电厂核事故应急管理工作,控制和减少核事故危害,制定本条例。

第二条 本条例适用于可能或者已经引起放射性物质释放、造成重大辐射后果的核电厂核事故(以下简称核事故)应急管理工作。

第三条 核事故应急管理工作实行常备不懈,积极兼容,统一指挥,大力协同,保护公众,保护环境的方针。

第二章 应急机构及其职责

第四条 全国的核事故应急管理工作由国务院指定的部门负责,其主要职责是:

(一)拟定国家核事故应急工作政策;

(二)统一协调国务院有关部门、军队和地方人民政府的核事故应急工作;

(三)组织制定和实施国家核事故应急计划,审查批准场外核事故应急计划;

(四)适时批准进入和终止场外应急状态;

(五)提出实施核事故应急响应行动的建议;

(六)审查批准核事故公报、国际通报,提出请求国际援助的方案。

必要时,由国务院领导、组织、协调全国的核事故应急管理工作。

第五条 核电厂所在地的省、自治区、直辖市人民政府指定的部门负责本行政区域内的核事故应急管理工作,其主要职责是:

(一)执行国家核事故应急工作的法规和政策;

（二）组织制定场外核事故应急计划，做好核事故应急准备工作；

（三）统一指挥场外核事故应急响应行动；

（四）组织支援核事故应急响应行动；

（五）及时向相邻的省、自治区、直辖市通报核事故情况。

必要时，由省、自治区、直辖市人民政府领导、组织、协调本行政区域内的核事故应急管理工作。

第六条 核电厂的核事故应急机构的主要职责是：

（一）执行国家核事故应急工作的法规和政策；

（二）制定场内核事故应急计划，做好核事故应急准备工作；

（三）确定核事故应急状态等级，统一指挥本单位的核事故应急响应行动；

（四）及时向上级主管部门、国务院核安全部门和省级人民政府指定的部门报告事故情况，提出进入场外应急状态和采取应急防护措施的建议；

（五）协助和配合省级人民政府指定的部门做好核事故应急管理工作。

第七条 核电厂的上级主管部门领导核电厂的核事故应急工作。

国务院核安全部门、环境保护部门和卫生部门等有关部门在各自的职责范围内做好相应的核事故应急工作。

第八条 中国人民解放军作为核事故应急工作的重要力量，应当在核事故应急响应中实施有效的支援。

第三章 应急准备

第九条 针对核电厂可能发生的核事故，核电厂的核事故应急机构、省级人民政府指定的部门和国务院指定的部门应当预先制定核事故应急计划。

核事故应急计划包括场内核事故应急计划、场外核事故应急计划和国家核事故应急计划。各级核事故应急计划应当相互衔接、协调一致。

第十条 场内核事故应急计划由核电厂核事故应急机构制定，经其主管部门审查后，送国务院核安全部门审评并报国务院指定的部门备案。

第十一条 场外核事故应急计划由核电厂所在地的省级人民政府指定的部门组织制定，报国务院指定的部门审查批准。

第十二条 国家核事故应急计划由国务院指定的部门组织制定。

国务院有关部门和中国人民解放军总部应当根据国家核事故应急计划，制定相应的核事故应急方案，报国务院指定的部门备案。

第十三条 场内核事故应急计划、场外核事故应急计划应当包括下列内容：

（一）核事故应急工作的基本任务；

（二）核事故应急响应组织及其职责；

（三）烟羽应急计划区和食入应急计划区的范围；

（四）干预水平和导出干预水平；

（五）核事故应急准备和应急响应的详细方案；

（六）应急设施、设备、器材和其他物资；

（七）核电厂核事故应急机构同省级人民政府指定的部门之间以及同其他有关方面相互配合、支援的事项及措施。

第十四条 有关部门在进行核电厂选址和设计工作时，应当考虑核事故应急工作的要求。

新建的核电厂必须在其场内和场外核事故应急计划审查批准后，方可装料。

第十五条 国务院指定的部门、省级人民政府指定的部门和核电厂的核事故应急机构应当具有必要的应急设施、设备和相互之间快速可靠的通讯联络系统。

核电厂的核事故应急机构和省级人民政府指定的部门应当具有辐射监测系统、防护器材、药械和其他物资。

用于核事故应急工作的设施、设备和通讯联络系统、辐射监测系统以及防护器材、药械等，应当处于良好状态。

第十六条 核电厂应当对职工进行核安全、辐射防护和核事故应急知识的专门教育。

省级人民政府指定的部门应当在核电厂的协助下对附近的公众进行核安全、辐射防护和核事故应急知识的普及教育。

第十七条 核电厂的核事故应急机构和省级人民政府指定的部门应当对核事故应急工作人员进行培训。

第十八条 核电厂的核事故应急机构和省级人民政府指定的部门应当适时组织不同专业和不同规模的核事故应急演习。

在核电厂首次装料前，核电厂的核事故应急机构和省级人民政府指定的部门应当组织场内、场外核事故应急演习。

第四章 应急对策和应急防护措施

第十九条 核事故应急状态分为下列四级：

（一）应急待命。出现可能导致危及核电厂核安全的某些特定情况或者外部事件，核电厂有关人员进入戒备状态。

(二)厂房应急。事故后果仅限于核电厂的局部区域,核电厂人员按照场内核事故应急计划的要求采取核事故应急响应行动,通知厂外有关核事故应急响应组织。

(三)场区应急。事故后果蔓延至整个场区,场区内的人员采取核事故应急响应行动,通知省级人民政府指定的部门,某些厂外核事故应急响应组织可能采取核事故应急响应行动。

(四)场外应急。事故后果超越场区边界,实施场内和场外核事故应急计划。

第二十条 当核电厂进入应急待命状态时,核电厂核事故应急机构应当及时向核电厂的上级主管部门和国务院核安全部门报告情况,并视情况决定是否向省级人民政府指定的部门报告。当出现可能或者已经有放射性物质释放的情况时,应当根据情况,及时决定进入厂房应急或者场区应急状态,并迅速向核电厂的上级主管部门、国务院核安全部门和省级人民政府指定的部门报告情况;在放射性物质可能或者已经扩散到核电厂场区以外时,应当迅速向省级人民政府指定的部门提出进入场外应急状态并采取应急防护措施的建议。

省级人民政府指定的部门接到核电厂核事故应急机构的事故情况报告后,应当迅速采取相应的核事故应急对策和应急防护措施,并及时向国务院指定的部门报告情况。需要决定进入场外应急状态时,应当经国务院指定的部门批准;在特殊情况下,省级人民政府指定的部门可以先行决定进入场外应急状态,但是应当立即向国务院指定的部门报告。

第二十一条 核电厂的核事故应急机构和省级人民政府指定的部门应当做好核事故后果预测与评价以及环境放射性监测等工作,为采取核事故应急对策和应急防护措施提供依据。

第二十二条 省级人民政府指定的部门应当适时选用隐蔽、服用稳定性碘制剂、控制通道、控制食物和水源、撤离、迁移、对受影响的区域去污等应急防护措施。

第二十三条 省级人民政府指定的部门在核事故应急响应过程中应当将必要的信息及时地告知当地公众。

第二十四条 在核事故现场,各核事故应急响应组织应当实行有效的剂量监督。现场核事故应急响应人员和其他人员都应当在辐射防护人员的监督和指导下活动,尽量防止接受过大剂量的照射。

第二十五条 核电厂的核事故应急机构和省级人民政府指定的部门应当做好核事故现场接受照射人员的救护、洗消、转运和医学处置工作。

第二十六条 在核事故应急进入场外应急状态时,国务院指定的部门应当及时派出人员赶赴现场,指导核事故应急响应行动,必要时提出派出救援力量的建议。

第二十七条 因核事故应急响应需要,可以实行地区封锁。省、自治区、直辖市行政区域内的地区封锁,由省、自治区、直辖市人民政府决定;跨省、自治区、直辖市的地区封锁,以及导致中断干线交通或者封锁国境的地区封锁,由国务院决定。

地区封锁的解除,由原决定机关宣布。

第二十八条 有关核事故的新闻由国务院授权的单位统一发布。

第五章 应急状态的终止和恢复措施

第二十九条 场外应急状态的终止由省级人民政府指定的部门会同核电厂核事故应急机构提出建议,报国务院指定的部门批准,由省级人民政府指定的部门发布。

第三十条 省级人民政府指定的部门应当根据受影响地区的放射性水平,采取有效的恢复措施。

第三十一条 核事故应急状态终止后,核电厂核事故应急机构应当向国务院指定的部门、核电厂的上级主管部门、国务院核安全部门和省级人民政府指定的部门提交详细的事故报告;省级人民政府指定的部门应当向国务院指定的部门提交场外核事故应急工作的总结报告。

第三十二条 核事故使核安全重要物项的安全性能达不到国家标准时,核电厂的重新起动计划应当按照国家有关规定审查批准。

第六章 资金和物资保障

第三十三条 国务院有关部门、军队、地方各级人民政府和核电厂在核事故应急准备工作中应当充分利用现有组织机构、人员、设施和设备等,努力提高核事故应急准备资金和物资的使用效益,并使核事故应急准备工作与地方和核电厂的发展规划相结合。各有关单位应当提供支援。

第三十四条 场内核事故应急准备资金由核电厂承担,列入核电厂工程项目投资概算和运行成本。

场外核事故应急准备资金由核电厂和地方人民政府共同承担,资金数额由国务院指定的部门会同有关部门审定。核电厂承担的资金,在投产前根据核电厂容量、在投产后根据实际发电量确定一定的比例交纳,由国务院计划部门综合平衡后用于地方场外核事故应急准备工作;其余部分由地方人民政府解决。具体办法由国务院指定的部门会同国务院计划部门和国务院财政部门规定。

国务院有关部门和军队所需的核事故应急准备资金,根据各自在核事故应急工作中的职责和任务,充分利用现有条件进行安排,不足部分按照各自的计划和资金渠道上报。

第三十五条 国家的和地方的物资供应部门及其他有关部门应当保证供给核事故应急所需的设备、器材和其他物资。

第三十六条 因核电厂核事故应急响应需要,执行核事故应急响应行动的行政机关有权征用非用于核事故应急响应的设备、器材和其他物资。

对征用的设备、器材和其他物资,应当予以登记并在使用后及时归还;造成损坏的,由征用单位补偿。

第七章 奖励与处罚

第三十七条 在核事故应急工作中有下列事迹之一的单位和个人,由主管部门或者所在单位给予表彰或者奖励:

(一)完成核事故应急响应任务的;

(二)保护公众安全和国家的、集体的和公民的财产,成绩显著的;

(三)对核事故应急准备与响应提出重大建议,实施效果显著的;

(四)辐射、气象预报和测报准确及时,从而减轻损失的;

(五)有其他特殊贡献的。

第三十八条 有下列行为之一的,对有关责任人员视情节和危害后果,由其所在单位或者上级机关给予行政处分;属于违反治安管理行为的,由公安机关依照治安管理处罚法的规定予以处罚;构成犯罪的,由司法机关依法追究刑事责任:

(一)不按照规定制定核事故应急计划,拒绝承担核事故应急准备义务的;

(二)玩忽职守,引起核事故发生的;

(三)不按照规定报告、通报核事故真实情况的;

(四)拒不执行核事故应急计划,不服从命令和指挥,或者在核事故应急响应时临阵脱逃的;

(五)盗窃、挪用、贪污核事故应急工作所用资金或者物资的;

(六)阻碍核事故应急工作人员依法执行职务或者进行破坏活动的;

(七)散布谣言,扰乱社会秩序的;

(八)有其他对核事故应急工作造成危害的行为的。

第八章 附 则

第三十九条 本条例中下列用语的含义:

(一)核事故应急,是指为了控制或者缓解核事故、减轻核事故后果而采取的不同于正常秩序和正常工作程序的紧急行动。

(二)场区,是指由核电厂管理的区域。

(三)应急计划区,是指在核电厂周围建立的,制定有核事故应急计划、并预计采取核事故应急对策和应急防护措施的区域。

(四)烟羽应急计划区,是指针对放射性烟云引起的照射而建立的应急计划区。

(五)食入应急计划区,是指针对食入放射性污染的水或者食物引起照射而建立的应急计划区。

(六)干预水平,是指预先规定的用于在异常状态下确定需要对公众采取应急防护措施的剂量水平。

(七)导出干预水平,是指由干预水平推导得出的放射性物质在环境介质中的浓度或者水平。

(八)应急防护措施,是指在核事故情况下用于控制工作人员和公众所接受的剂量而采取的保护措施。

(九)核安全重要物项,是指对核电厂安全有重要意义的建筑物、构筑物、系统、部件和设施等。

第四十条 除核电厂外,其他核设施的核事故应急管理,可以根据具体情况,参照本条例的有关规定执行。

第四十一条 对可能或者已经造成放射性物质释放超越国界的核事故应急,除执行本条例的规定外,并应当执行中华人民共和国缔结或者参加的国际条约的规定,但是中华人民共和国声明保留的条款除外。

第四十二条 本条例自发布之日起施行。

民用核安全设备监督管理条例

·2007年7月11日中华人民共和国国务院令第500号公布
·根据2016年2月6日《国务院关于修改部分行政法规的决定》第一次修订
·根据2019年3月2日《国务院关于修改部分行政法规的决定》第二次修订

第一章 总 则

第一条 为了加强对民用核安全设备的监督管理,保证民用核设施的安全运行,预防核事故,保障工作人员和公众的健康,保护环境,促进核能事业的顺利发展,制定本条例。

第二条 本条例所称民用核安全设备,是指在民用核设施中使用的执行核安全功能的设备,包括核安全机械设备和核安全电气设备。

民用核安全设备目录由国务院核安全监管部门商国务院有关部门制定并发布。

第三条 民用核安全设备设计、制造、安装和无损检验活动适用本条例。

民用核安全设备运离民用核设施现场进行的维修活动,适用民用核安全设备制造活动的有关规定。

第四条 国务院核安全监管部门对民用核安全设备设计、制造、安装和无损检验活动实施监督管理。

国务院核行业主管部门和其他有关部门依照本条例和国务院规定的职责分工负责有关工作。

第五条 民用核安全设备设计、制造、安装和无损检验单位,应当建立健全责任制度,加强质量管理,并对其所从事的民用核安全设备设计、制造、安装和无损检验活动承担全面责任。

民用核设施营运单位,应当对在役的民用核安全设备进行检查、试验、检验和维修,并对民用核安全设备的使用和运行安全承担全面责任。

第六条 民用核安全设备设计、制造、安装和无损检验活动应当符合国家有关产业政策。

国家鼓励民用核安全设备设计、制造、安装和无损检验的科学技术研究,提高安全水平。

第七条 任何单位和个人对违反本条例规定的行为,有权向国务院核安全监管部门举报。国务院核安全监管部门接到举报,应当及时调查处理,并为举报人保密。

第二章 标 准

第八条 民用核安全设备标准是从事民用核安全设备设计、制造、安装和无损检验活动的技术依据。

第九条 国家建立健全民用核安全设备标准体系。制定民用核安全设备标准,应当充分考虑民用核安全设备的技术发展和使用要求,结合我国的工业基础和技术水平,做到安全可靠、技术成熟、经济合理。

民用核安全设备标准包括国家标准、行业标准和企业标准。

第十条 涉及核安全基本原则和技术要求的民用核安全设备国家标准,由国务院核安全监管部门组织拟定,由国务院标准化主管部门和国务院核安全监管部门联合发布;其他的民用核安全设备国家标准,由国务院核行业主管部门组织拟定,经国务院核安全监管部门认可,由国务院标准化主管部门发布。

民用核安全设备行业标准,由国务院核行业主管部门组织拟定,经国务院核安全监管部门认可,由国务院核行业主管部门发布,并报国务院标准化主管部门备案。

制定民用核安全设备国家标准和行业标准,应当充分听取有关部门和专家的意见。

第十一条 尚未制定相应国家标准和行业标准的,民用核安全设备设计、制造、安装和无损检验单位应当采用经国务院核安全监管部门认可的标准。

第三章 许 可

第十二条 民用核安全设备设计、制造、安装和无损检验单位应当依照本条例规定申请领取许可证。

第十三条 申请领取民用核安全设备设计、制造、安装或者无损检验许可证的单位,应当具备下列条件:

(一)具有法人资格;

(二)有与拟从事活动相关或者相近的工作业绩,并且满5年以上;

(三)有与拟从事活动相适应的、经考核合格的专业技术人员,其中从事民用核安全设备焊接和无损检验活动的专业技术人员应当取得相应的资格证书;

(四)有与拟从事活动相适应的工作场所、设施和装备;

(五)有健全的管理制度和完善的质量保证体系,以及符合核安全监督管理规定的质量保证大纲。

申请领取民用核安全设备制造许可证或者安装许可证的单位,还应当制作有代表性的模拟件。

第十四条 申请领取民用核安全设备设计、制造、安装或者无损检验许可证的单位,应当向国务院核安全监管部门提出书面申请,并提交符合本条例第十三条规定条件的证明材料。

第十五条 国务院核安全监管部门应当自受理申请之日起45个工作日内完成审查,并对符合条件的颁发许可证,予以公告;对不符合条件的,书面通知申请单位并说明理由。

国务院核安全监管部门在审查过程中,应当组织专家进行技术评审,并征求国务院核行业主管部门和其他有关部门的意见。技术评审所需时间不计算在前款规定的期限内。

第十六条 民用核安全设备设计、制造、安装和无损检验许可证应当载明下列内容:

(一)单位名称、地址和法定代表人;

(二)准予从事的活动种类和范围;

(三)有效期限;

（四）发证机关、发证日期和证书编号。

第十七条 民用核安全设备设计、制造、安装和无损检验单位变更单位名称、地址或者法定代表人的，应当自变更工商登记之日起20日内，向国务院核安全监管部门申请办理许可证变更手续。

民用核安全设备设计、制造、安装和无损检验单位变更许可证规定的活动种类或者范围的，应当按照原申请程序向国务院核安全监管部门重新申请领取许可证。

第十八条 民用核安全设备设计、制造、安装和无损检验许可证有效期为5年。

许可证有效期届满，民用核安全设备设计、制造、安装和无损检验单位需要继续从事相关活动的，应当于许可证有效期届满6个月前，向国务院核安全监管部门提出延续申请。

国务院核安全监管部门应当在许可证有效期届满前作出是否准予延续的决定；逾期未作决定的，视为准予延续。

第十九条 禁止无许可证擅自从事或者不按照许可证规定的活动种类和范围从事民用核安全设备设计、制造、安装和无损检验活动。

禁止委托未取得相应许可证的单位进行民用核安全设备设计、制造、安装和无损检验活动。

禁止伪造、变造、转让许可证。

第四章 设计、制造、安装和无损检验

第二十条 民用核安全设备设计、制造、安装和无损检验单位，应当提高核安全意识，建立完善的质量保证体系，确保民用核安全设备的质量和可靠性。

民用核设施营运单位，应当对民用核安全设备设计、制造、安装和无损检验活动进行质量管理和过程控制，做好监造和验收工作。

第二十一条 民用核安全设备设计、制造、安装和无损检验单位，应当根据其质量保证大纲和民用核设施营运单位的要求，在民用核安全设备设计、制造、安装和无损检验活动开始前编制项目质量保证分大纲，并经民用核设施营运单位审查同意。

第二十二条 民用核安全设备设计单位，应当在设计活动开始30日前，将下列文件报国务院核安全监管部门备案：

（一）项目设计质量保证分大纲和程序清单；
（二）设计内容和设计进度计划；
（三）设计遵循的标准和规范目录清单，设计中使用的计算机软件清单；
（四）设计验证活动清单。

第二十三条 民用核安全设备制造、安装单位，应当在制造、安装活动开始30日前，将下列文件报国务院核安全监管部门备案：

（一）项目制造、安装质量保证分大纲和程序清单；
（二）制造、安装技术规格书；
（三）分包项目清单；
（四）制造、安装质量计划。

第二十四条 民用核安全设备设计、制造、安装和无损检验单位，不得将国务院核安全监管部门确定的关键工艺环节分包给其他单位。

第二十五条 民用核安全设备制造、安装、无损检验单位和民用核设施营运单位，应当聘用取得民用核安全设备焊工、焊接操作工和无损检验人员资格证书的人员进行民用核安全设备焊接和无损检验活动。

民用核安全设备焊工、焊接操作工和无损检验人员由国务院核安全监管部门核准颁发资格证书。

民用核安全设备焊工、焊接操作工和无损检验人员在民用核安全设备焊接和无损检验活动中，应当严格遵守操作规程。

第二十六条 民用核安全设备无损检验单位应当客观、准确地出具无损检验结果报告。无损检验结果报告经取得相应资格证书的无损检验人员签字方为有效。

民用核安全设备无损检验单位和无损检验人员对无损检验结果报告负责。

第二十七条 民用核安全设备设计单位应当对其设计进行设计验证。设计验证由未参与原设计的专业人员进行。

设计验证可以采用设计评审、鉴定试验或者不同于设计中使用的计算方法的其他计算方法等形式。

第二十八条 民用核安全设备制造、安装单位应当对民用核安全设备的制造、安装质量进行检验。未经检验或者经检验不合格的，不得交付验收。

第二十九条 民用核设施营运单位应当对民用核安全设备质量进行验收。有下列情形之一的，不得验收通过：

（一）不能按照质量保证要求证明质量受控的；
（二）出现重大质量问题未处理完毕的。

第三十条 民用核安全设备设计、制造、安装和无损检验单位，应当对本单位所从事的民用核安全设备设计、制造、安装和无损检验活动进行年度评估，并于每年4月1日前向国务院核安全监管部门提交上一年度的评估

报告。

评估报告应当包括本单位工作场所、设施、装备和人员等变动情况,质量保证体系实施情况,重大质量问题处理情况以及国务院核安全监管部门和民用核设施营运单位提出的整改要求落实情况等内容。

民用核安全设备设计、制造、安装和无损检验单位对本单位在民用核安全设备设计、制造、安装和无损检验活动中出现的重大质量问题,应当立即采取处理措施,并向国务院核安全监管部门报告。

第五章 进出口

第三十一条 为中华人民共和国境内民用核设施进行民用核安全设备设计、制造、安装和无损检验活动的境外单位,应当具备下列条件:

(一)遵守中华人民共和国的法律、行政法规和核安全监督管理规定;

(二)已取得所在国核安全监管部门规定的相应资质;

(三)使用的民用核安全设备设计、制造、安装和无损检验技术是成熟的或者经过验证的;

(四)采用中华人民共和国的民用核安全设备国家标准、行业标准或者国务院核安全监管部门认可的标准。

第三十二条 为中华人民共和国境内民用核设施进行民用核安全设备设计、制造、安装和无损检验活动的境外单位,应当事先到国务院核安全监管部门办理注册登记手续。国务院核安全监管部门应当将境外单位注册登记情况抄送国务院核行业主管部门和其他有关部门。

注册登记的具体办法由国务院核安全监管部门制定。

第三十三条 国务院核安全监管部门及其所属的检验机构应当依法对进口的民用核安全设备进行安全检验。

进口的民用核安全设备在安全检验合格后,由海关进行商品检验。

第三十四条 国务院核安全监管部门根据需要,可以对境外单位为中华人民共和国境内民用核设施进行的民用核安全设备设计、制造、安装和无损检验活动实施核安全监督检查。

第三十五条 民用核设施营运单位应当在对外贸易合同中约定有关民用核安全设备监造、装运前检验和监装等方面的要求。

第三十六条 民用核安全设备的出口管理依照有关法律、行政法规的规定执行。

第六章 监督检查

第三十七条 国务院核安全监管部门及其派出机构,依照本条例规定对民用核安全设备设计、制造、安装和无损检验活动进行监督检查。监督检查分为例行检查和非例行检查。

第三十八条 国务院核安全监管部门及其派出机构在进行监督检查时,有权采取下列措施:

(一)向被检查单位的法定代表人和其他有关人员调查、了解情况;

(二)进入被检查单位进行现场调查或者核查;

(三)查阅、复制相关文件、记录以及其他有关资料;

(四)要求被检查单位提交有关情况说明或者后续处理报告;

(五)对有证据表明可能存在重大质量问题的民用核安全设备或者其主要部件,予以暂时封存。

被检查单位应当予以配合,如实反映情况,提供必要资料,不得拒绝和阻碍。

第三十九条 国务院核安全监管部门及其派出机构在进行监督检查时,应当对检查的内容、发现的问题以及处理情况作出记录,并由监督检查人员和被检查单位的有关负责人签字确认。被检查单位的有关负责人拒绝签字的,监督检查人员应当将有关情况记录在案。

第四十条 民用核安全设备监督检查人员在进行监督检查时,应当出示证件,并为被检查单位保守技术秘密和业务秘密。

民用核安全设备监督检查人员不得滥用职权侵犯企业的合法权益,或者利用职务上的便利索取、收受财物。

民用核安全设备监督检查人员不得从事或者参与民用核安全设备经营活动。

第四十一条 国务院核安全监管部门发现民用核安全设备设计、制造、安装和无损检验单位有不符合发证条件的情形的,应当责令其限期整改。

第四十二条 国务院核行业主管部门应当加强对本行业民用核设施营运单位的管理,督促本行业民用核设施营运单位遵守法律、行政法规和核安全监督管理规定。

第七章 法律责任

第四十三条 国务院核安全监管部门及其民用核安全设备监督检查人员有下列行为之一的,对直接负责的主管人员和其他直接责任人员,依法给予处分;直接负责的主管人员和其他直接责任人员构成犯罪的,依法追究刑事责任:

（一）不依照本条例规定颁发许可证的；

（二）发现违反本条例规定的行为不予查处，或者接到举报后不依法处理的；

（三）滥用职权侵犯企业的合法权益，或者利用职务上的便利索取、收受财物的；

（四）从事或者参与民用核安全设备经营活动的；

（五）在民用核安全设备监督管理工作中有其他违法行为的。

第四十四条　无许可证擅自从事民用核安全设备设计、制造、安装和无损检验活动的，由国务院核安全监管部门责令停止违法行为，处50万元以上100万元以下的罚款；有违法所得的，没收违法所得；对直接负责的主管人员和其他直接责任人员，处2万元以上10万元以下的罚款。

第四十五条　民用核安全设备设计、制造、安装和无损检验单位不按照许可证规定的活动种类和范围从事民用核安全设备设计、制造、安装和无损检验活动的，由国务院核安全监管部门责令停止违法行为，限期改正，处10万元以上50万元以下的罚款；有违法所得的，没收违法所得；逾期不改正的，暂扣或者吊销许可证，对直接负责的主管人员和其他直接责任人员，处2万元以上10万元以下的罚款。

第四十六条　民用核安全设备设计、制造、安装和无损检验单位变更单位名称、地址或者法定代表人，未依法办理许可证变更手续的，由国务院核安全监管部门责令限期改正；逾期不改正的，暂扣或者吊销许可证。

第四十七条　单位伪造、变造、转让许可证的，由国务院核安全监管部门收缴伪造、变造的许可证或者吊销许可证，处10万元以上50万元以下的罚款；有违法所得的，没收违法所得；对直接负责的主管人员和其他直接责任人员，处2万元以上10万元以下的罚款；构成违反治安管理行为的，由公安机关依法予以治安处罚；构成犯罪的，依法追究刑事责任。

第四十八条　民用核安全设备设计、制造、安装和无损检验单位未按照民用核安全设备标准进行民用核安全设备设计、制造、安装和无损检验活动的，由国务院核安全监管部门责令停止违法行为，限期改正，禁止使用相关设计、设备，处10万元以上50万元以下的罚款；有违法所得的，没收违法所得；逾期不改正的，暂扣或者吊销许可证，对直接负责的主管人员和其他直接责任人员，处2万元以上10万元以下的罚款。

第四十九条　民用核安全设备设计、制造、安装和无损检验单位有下列行为之一的，由国务院核安全监管部门责令停止违法行为，限期改正，处10万元以上50万元以下的罚款；逾期不改正的，暂扣或者吊销许可证，对直接负责的主管人员和其他直接责任人员，处2万元以上10万元以下的罚款：

（一）委托未取得相应许可证的单位进行民用核安全设备设计、制造、安装和无损检验活动的；

（二）聘用未取得相应资格证书的人员进行民用核安全设备焊接和无损检验活动的；

（三）将国务院核安全监管部门确定的关键工艺环节分包给其他单位的。

第五十条　民用核安全设备设计、制造、安装和无损检验单位对本单位在民用核安全设备设计、制造、安装和无损检验活动中出现的重大质量问题，未按照规定采取处理措施并向国务院核安全监管部门报告的，由国务院核安全监管部门责令停止民用核安全设备设计、制造、安装和无损检验活动，限期改正，处5万元以上20万元以下的罚款；逾期不改正的，暂扣或者吊销许可证，对直接负责的主管人员和其他直接责任人员，处2万元以上10万元以下的罚款。

第五十一条　民用核安全设备设计、制造、安装和无损检验单位有下列行为之一的，由国务院核安全监管部门责令停止民用核安全设备设计、制造、安装和无损检验活动，限期改正；逾期不改正的，处5万元以上20万元以下的罚款，暂扣或者吊销许可证：

（一）未按照规定编制项目质量保证分大纲并经民用核设施营运单位审查同意的；

（二）在民用核安全设备设计、制造和安装活动开始前，未按照规定将有关文件报国务院核安全监管部门备案的；

（三）未按照规定进行年度评估并向国务院核安全监管部门提交评估报告的。

第五十二条　民用核安全设备无损检验单位出具虚假无损检验结果报告的，由国务院核安全监管部门处10万元以上50万元以下的罚款，吊销许可证；有违法所得的，没收违法所得；对直接负责的主管人员和其他直接责任人员，处2万元以上10万元以下的罚款；构成犯罪的，依法追究刑事责任。

第五十三条　民用核安全设备焊工、焊接操作工违反操作规程导致严重焊接质量问题的，由国务院核安全监管部门吊销其资格证书。

第五十四条　民用核安全设备无损检验人员违反操

作规程导致无损检验结果报告严重错误的,由国务院核安全监管部门吊销其资格证书。

第五十五条 民用核安全设备设计单位未按照规定进行设计验证,或者民用核安全设备制造、安装单位未按照规定进行质量检验以及经检验不合格即交付验收的,由国务院核安全监管部门责令限期改正,处 10 万元以上 50 万元以下的罚款;有违法所得的,没收违法所得;逾期不改正的,吊销许可证,对直接负责的主管人员和其他直接责任人员,处 2 万元以上 10 万元以下的罚款。

第五十六条 民用核设施营运单位有下列行为之一的,由国务院核安全监管部门责令限期改正,处 100 万元以上 500 万元以下的罚款;逾期不改正的,吊销其核设施建造许可证或者核设施运行许可证,对直接负责的主管人员和其他直接责任人员,处 2 万元以上 10 万元以下的罚款:

(一)委托未取得相应许可证的单位进行民用核安全设备设计、制造、安装和无损检验活动的;

(二)对不能按照质量保证要求证明质量受控,或者出现重大质量问题未处理完毕的民用核安全设备予以验收通过的。

第五十七条 民用核安全设备设计、制造、安装和无损检验单位被责令限期整改,逾期不整改或者经整改仍不符合发证条件的,由国务院核安全监管部门暂扣或者吊销许可证。

第五十八条 拒绝或者阻碍国务院核安全监管部门及其派出机构监督检查的,由国务院核安全监管部门责令限期改正;逾期不改正或者在接受监督检查时弄虚作假的,暂扣或者吊销许可证。

第五十九条 违反本条例规定,被依法吊销许可证的单位,自吊销许可证之日起 1 年内不得重新申请领取许可证。

第八章 附 则

第六十条 申请领取民用核安全设备设计、制造、安装或者无损检验许可证的单位,应当按照国家有关规定缴纳技术评审的费用。

第六十一条 本条例下列用语的含义:

(一)核安全机械设备,包括执行核安全功能的压力容器、钢制安全壳(钢衬里)、储罐、热交换器、泵、风机和压缩机、阀门、闸门、管道(含热交换器传热管)和管配件、膨胀节、波纹管、法兰、堆内构件、控制棒驱动机构、支承件、机械贯穿件以及上述设备的铸锻件等。

(二)核安全电气设备,包括执行核安全功能的传感器(包括探测器和变送器)、电缆、机柜(包括机箱和机架)、控制台屏、显示仪表、应急柴油发电机组、蓄电池(组)、电动机、阀门驱动装置、电气贯穿件等。

第六十二条 本条例自 2008 年 1 月 1 日起施行。

进口民用核安全设备监督管理规定

- 2007 年 12 月 28 日国家环境保护总局令第 46 号公布
- 自 2008 年 1 月 1 日起施行
- 根据 2019 年 8 月 22 日《生态环境部关于废止、修改部分规章的决定》修订

第一章 总 则

第一条 为了加强对进口民用核安全设备的监督管理,根据《民用核安全设备监督管理条例》,制定本规定。

第二条 本规定适用于为中华人民共和国境内民用核设施进行民用核安全设备设计、制造、安装和无损检验活动的境外单位(以下简称"境外单位")的注册登记管理以及进口民用核安全设备的安全检验。

第三条 国务院核安全监管部门负责对境外单位进行注册登记管理,并对其从事的民用核安全设备设计、制造、安装和无损检验活动实施监督检查。

国务院核安全监管部门及其所属的检验机构依法对进口民用核安全设备进行安全检验。

第四条 民用核设施营运单位,应当在民用核安全设备的对外贸易合同中,明确约定下列主要内容:

(一)境外单位应当配合国务院核安全监管部门的监督检查;

(二)有关进口民用核安全设备监造、装运前检验、监装和验收等方面的要求;

(三)进口民用核安全设备的技术条件和安全检验的相关事项。

第二章 境外单位的注册登记

第五条 境外单位应当事先到国务院核安全监管部门申请注册登记。

拟从事民用核安全设备设计、制造或者安装活动的,应当按照活动种类(设计、制造、安装)、设备类别和核安全级别提出申请。

拟从事民用核安全设备无损检验活动的,应当按照无损检验方法提出申请。无损检验方法包括:射线检验(RT)、超声检验(UT)、磁粉检验(MT)、涡流检验(ET)、渗透检验(PT)、泄漏检验(LT)、目视检验(VT)等。

第六条 申请注册登记的境外单位,应当符合《民用

核安全设备监督管理条例》第三十一条规定的条件,主要包括:

(一)遵守中华人民共和国法律、行政法规的规定;

(二)为所在国家(地区)合法设立的经营企业;

(三)具有与拟从事活动相关的工作业绩,并且满5年以上;

(四)具有与拟从事活动相适应的工作场所、设施和装备,以及经考核合格的专业技术人员;

(五)具有与拟从事活动相适应的质量保证体系;

(六)已取得所在国核安全监管部门规定的相应资质;

(七)使用的民用核安全设备设计、制造、安装和无损检验技术是成熟的或者经过验证的;

(八)采用中华人民共和国的民用核安全设备国家标准、行业标准或者国务院核安全监管部门认可的标准。

第七条 申请注册登记的,应当提交下列申请材料:

(一)境外单位注册登记申请书;

(二)经营企业在所在国家(地区)合法设立的证明材料;

(三)已取得所在国核安全监管部门规定资质的证明材料,或者已取得其他相关资质的证明材料;

(四)从事核设施核安全设备活动业绩的说明材料;

(五)与拟从事的民用核安全设备活动相关的能力说明材料,包括人员配备、厂房、装备、技术能力以及标准规范执行能力等;

(六)相应的质量保证大纲或者质量管理手册;

(七)国务院核安全监管部门要求提交的其他材料。

申请单位提交的上述材料应当为中文或者中英文对照文本。

第八条 国务院核安全监管部门收到注册登记申请后,应当对提交的申请材料进行形式审查,符合条件的,予以受理。

第九条 国务院核安全监管部门应当在受理申请后45个工作日内完成审查,对符合条件的,准予注册登记,颁发《中华人民共和国民用核安全设备活动境外单位注册登记确认书》,并予以公告;对不符合条件的,书面通知申请单位,并说明理由。

在审查过程中,国务院核安全监管部门可以组织专家进行技术评审,必要时可以派员到境外申请单位进行现场核查。技术评审和现场核查所需时间不计算在前款规定的期限内。

第十条 注册登记确认书分为四类:

(一)中华人民共和国民用核安全设备境外设计单位注册登记确认书;

(二)中华人民共和国民用核安全设备境外制造单位注册登记确认书;

(三)中华人民共和国民用核安全设备境外安装单位注册登记确认书;

(四)中华人民共和国民用核安全设备境外无损检验单位注册登记确认书。

第十一条 注册登记确认书应当载明下列内容:

(一)单位名称、所在国家(地区)、住所和法定代表人;

(二)准予注册登记的活动种类和范围;

(三)注册登记的有效期限;

(四)注册登记确认书编号;

(五)注册登记确认书发证机关和发证日期。

第十二条 国务院核安全监管部门在完成境外单位注册登记后,应当将注册登记情况抄送国务院核行业主管部门和其他有关部门。

国务院核安全监管部门应当定期公布境外单位的注册登记情况。

第十三条 注册登记确认书有效期限为5年。

注册登记确认书有效期届满,境外单位需要继续从事相关活动的,应当于注册登记确认书有效期届满6个月前,重新向国务院核安全监管部门提出注册登记申请。

第十四条 经注册登记的境外单位,变更单位的名称、所在国家(地区)、住所或者法定代表人的,应当自其在所在国家(地区)变更登记之日起30日内,向国务院核安全监管部门提交下列材料,申请办理注册登记确认书变更手续:

(一)注册登记变更申请书;

(二)变更情况说明及相关证明材料;

(三)国务院核安全监管部门要求提交的其他材料。

国务院核安全监管部门应当对境外单位注册登记确认书变更情况进行核实。情况属实的,准予办理注册登记确认书变更手续。变更后的注册登记确认书有效期适用原注册登记确认书的有效期。

第十五条 变更注册登记的活动种类或者范围的,应当向国务院核安全监管部门重新提出申请。

第十六条 禁止无注册登记确认书或者不按照注册登记确认书规定的活动种类和范围从事民用核安全设备设计、制造、安装和无损检验活动。

禁止境外单位委托未取得民用核安全设备相关许可

证的境内单位或者未取得注册登记确认书的境外单位，为中华人民共和国境内民用核设施进行民用核安全设备设计、制造、安装和无损检验活动。

禁止伪造、变造、转让注册登记确认书。

第十七条　经注册登记的境外单位，为中华人民共和国境内民用核设施进行民用核安全设备设计、制造、安装和无损检验活动时，应当遵守中华人民共和国相关的法律、行政法规和核安全监督管理规定，并对其从事的相应活动质量负责。

第三章　国务院核安全监管部门的监督检查

第十八条　经注册登记的境外单位，为境内民用核设施进行民用核安全设备设计、制造、安装和无损检验活动时，应当接受国务院核安全监管部门及其派出机构的监督检查，如实反映情况，并提供必要资料。

第十九条　民用核设施营运单位，应当自对外贸易合同生效之日起20个工作日内，向国务院核安全监管部门及其派出机构提交书面报告。书面报告的内容应当包括合同的有关质量与技术条款、合同的技术附件、交付日期、总体进度等。

营运单位应当在相关民用核安全设备设计、制造、安装和无损检验活动开始1个月前，向国务院核安全监管部门及其派出机构提交书面报告。书面报告的内容应当包括相关民用核安全设备设计、制造、安装和无损检验活动的内容、进度安排、质量计划以及营运单位监造计划。

第二十条　国务院核安全监管部门及其派出机构，应当根据民用核设施营运单位按照本规定提交的相关报告，确定需要监督检查的内容，制定相应的监督检查计划，并书面通知营运单位。

营运单位应当在监督检查计划中确定的检查点开工2个月前，书面通知国务院核安全监管部门及其派出机构。

第二十一条　国务院核安全监管部门及其派出机构，在对境外单位从事的民用核安全设备设计、制造、安装和无损检验活动进行监督检查时，有权采取下列措施：

（一）向相关单位的法定代表人和其他有关人员了解情况；

（二）进入相关单位进行现场检查；

（三）查阅、复制相关文件、记录以及其他有关资料；

（四）对发现的质量问题或者缺陷，责成民用核设施营运单位调查处理，并提交有关情况说明及后续处理报告。

国务院核安全监管部门及其派出机构在进行监督检查时，营运单位应当派员在现场配合。

第二十二条　国务院核安全监管部门及其派出机构在进行监督检查时，应当对检查内容、发现问题及处理情况作出记录，并由监督检查人员、民用核设施营运单位人员和被监督检查单位有关负责人签字确认。

被监督检查单位有关负责人拒绝签字的，监督检查人员应当将有关情况记录在案。

第四章　民用核设施营运单位的监造、装运前检验、监装和验收

第二十三条　民用核设施营运单位应当对进口民用核安全设备进行监造、装运前检验、监装，并对进口民用核安全设备质量进行验收。

第二十四条　民用核设施营运单位应当配备足够数量并具备相应专业知识和业务能力的监造、装运前检验、监装和验收人员。

第二十五条　民用核设施营运单位应当制定监造、装运前检验、监装和验收计划，编制相应的检查要求。

负责监造、装运前检验、监装和验收的人员，应当执行监造、装运前检验、监装和验收计划以及检查要求。

第二十六条　民用核设施营运单位应当对进口民用核安全设备设计活动的质量进行验证。

第二十七条　民用核设施营运单位应当对进口民用核安全设备无损检验活动的质量进行验证。

前款规定的验证，可以采取现场见证、文件审查等方式进行。必要时，可以进行抽查复验。

第二十八条　民用核设施营运单位应当对经注册登记的境外单位的质量保证大纲或者质量管理手册的实施情况进行监查。

第二十九条　民用核设施营运单位的相关人员，应当对检查、验证或者监查的内容、发现的问题以及处理情况作出记录。发现有不符合合同或者有关规定的，营运单位应当及时处理，并将相关情况报国务院核安全监管部门备案。

第五章　进口民用核安全设备的安全检验

第三十条　国务院核安全监管部门及其所属的检验机构依法对进口民用核安全设备进行安全检验。安全检验可以采取独立检验或者验证的方式。

未经安全检验或者经安全检验不合格的进口民用核安全设备，不得在中华人民共和国境内的民用核设施上运行使用。

第三十一条　进口民用核安全设备安全检验的依据主要包括：

（一）中华人民共和国法律、行政法规和核安全监督管理规定；

（二）民用核安全设备国家标准、行业标准或者境外单位注册登记申请时经国务院核安全监管部门认可的标准；

（三）对外贸易合同；

（四）相关设备技术规格书。

第三十二条　从事进口民用核安全设备安全检验的人员，应当熟悉相关法律法规、标准及有关技术文件，并具备相应的检验技能。

第三十三条　进口民用核安全设备到达口岸前，民用核设施营运单位应当向国务院核安全监管部门及其所属的检验机构报检，并提供下列材料：

（一）进口民用核安全设备报检申请表；

（二）装箱清单；

（三）产品质量合格证书。

营运单位提交的上述材料应当为中文或者英文。

第三十四条　国务院核安全监管部门及其所属的检验机构应当审查民用核设施营运单位按照本规定提交的报检材料。必要时，可以对到岸设备进行检查。

对符合要求的，签发《进口民用核安全设备口岸检查放行单》。营运单位持《进口民用核安全设备口岸检查放行单》依照有关法律法规的规定到相关机构办理商检手续。

对不符合要求的，国务院核安全监管部门及其所属的检验机构应当书面通知营运单位，并说明理由。

第三十五条　民用核设施营运单位应当在进口民用核安全设备计划开箱检查20个工作日前，向国务院核安全监管部门及其所属的检验机构申报，并提交下列材料：

（一）进口民用核安全设备装配总图、出厂检验试验报告等产品竣工文件；

（二）营运单位监造、装运前检验和装运以及验收结果报告；

（三）国务院核安全监管部门监督检查发现问题的处理和关闭情况报告；

（四）进口民用核安全设备活动不符合项情况，以及较大和重大不符合项记录；

（五）国务院核安全监管部门要求提交的其他材料。

营运单位提交的上述材料应当为中文或者英文。

国务院核安全监管部门及其所属的检验机构应当对上述开箱检查申报材料进行审查，并派安全检验人员在开箱检查前到达现场进行见证。安全检验人员未到场前，营运单位不得进行开箱检查。

第三十六条　开箱检查后，国务院核安全监管部门及其所属的检验机构应当在20个工作日内，出具开箱检查报告。

经检查不合格的，国务院核安全监管部门及其所属的检验机构应当在报告中说明不合格的原因，民用核设施营运单位不得进行安装调试活动。

第三十七条　国务院核安全监管部门及其所属的检验机构应当对安装和装料前调试阶段涉及安全性能的试验进行检查。

民用核设施营运单位应当在进口民用核安全设备涉及安全性能的试验开始30个工作日前，通知国务院核安全监管及其所属的检验机构。国务院核安全监管部门及其所属的检验机构应当进行必要的选点见证，并制作见证记录。

国务院核安全监管部门及其所属的检验机构应当在进口民用核安全设备涉及安全性能的全部试验结束之日起30个工作日内，出具检查报告。

第三十八条　国务院核安全监管部门及其所属的检验机构应当在完成文件记录检查、开箱检查、安装和装料前调试阶段涉及安全性能的试验检查后，出具安全检验报告。

对安全检验不合格的，民用核设施营运单位不得运行使用。

第三十九条　进口民用核安全设备监督检查人员和安全检验人员，应当为被检查的单位保守技术秘密和业务秘密；不得滥用职权侵犯企业的合法权益，或者利用职务上的便利索取、收受财物；不得从事或者参与民用核安全设备经营活动。

第四十条　国务院核安全监管部门及其所属的检验机构的安全检验不减轻也不转移境外单位和民用核设施营运单位的相关责任。

第六章　法律责任

第四十一条　国务院核安全监管部门及其派出机构、所属的检验机构和有关工作人员有下列行为之一的，对直接负责的主管人员和其他直接责任人员，依法给予处分；构成犯罪的，依法追究刑事责任：

（一）对符合本规定的注册登记申请，不予受理或者注册登记的；

（二）发现违反本规定的行为不予查处，或者接到举报后不依法处理的；

（三）泄露被检查单位的技术秘密或者业务秘密的；

（四）滥用职权侵犯企业的合法权益，或者利用职务上的便利索取、收受财物的；

（五）从事或者参与民用核安全设备经营活动的；

（六）在进口民用核安全设备监督管理工作中有其他违法行为的。

第四十二条 境外单位有下列行为之一的，国务院核安全监管部门可以根据情节轻重，暂扣或者收回注册登记确认书：

（一）违反中华人民共和国相关的法律、行政法规和核安全监督管理规定的；

（二）不按照注册登记确认书规定的活动种类和范围从事民用核安全设备设计、制造、安装和无损检验活动的；

（三）变更单位的名称、所在国家（地区）、住所或者法定代表人，未按规定办理注册登记确认书变更手续的；

（四）涂改、转让注册登记确认书及其他弄虚作假行为的。

第七章 附 则

第四十三条 申请民用核安全设备制造、安装活动注册登记的境外单位，拟自行对其制造、安装的民用核安全设备进行无损检验活动的，不需要单独申请无损检验活动注册登记。

第四十四条 民用核设施营运单位委托民用核安全设备成套供应商、民用核设施核岛建造总承包商或者民用核安全设备持证单位采购设备的，由被委托的采购单位承担本规定中规定的营运单位的相关责任。但营运单位应当对进口民用核安全设备的使用和运行安全承担全面责任。

第四十五条 本规定中有关术语的含义如下：

安全检验：是指在境外单位检验合格，以及民用核设施营运单位监造、装运前检验和监装合格的前提下，对进口民用核安全设备安全性能进行的检查或者验证，包括活动过程中形成的相关文件记录检查、开箱检查、以及安装和装料前调试阶段涉及安全性能的试验检查三个阶段。

第四十六条 本规定自 2008 年 1 月 1 日起施行。

附件：

一、中华人民共和国民用核安全机械设备境外设计单位注册登记申请书（略）

二、中华人民共和国民用核安全电气设备境外设计单位注册登记申请书（略）

三、中华人民共和国民用核安全机械设备境外制造单位注册登记申请书（略）

四、中华人民共和国民用核安全电气设备境外制造单位注册登记申请书（略）

五、中华人民共和国民用核安全设备境外安装单位注册登记申请书（略）

六、中华人民共和国民用核安全设备境外无损检验单位注册登记申请书（略）

七、民用核安全设备活动境外单位注册登记变更申请书（略）

八、民用核安全设备活动境外单位注册登记确认书（略）

九、进口民用核安全设备报检申请表（略）

十、进口民用核安全设备口岸检查放行单（略）

民用核安全设备焊接人员资格管理规定

·2019 年 6 月 12 日生态环境部令第 5 号公布
·2020 年 1 月 1 日起施行

第一章 总 则

第一条 为了加强民用核安全设备焊接人员（以下简称焊接人员）的资格管理，保证民用核安全设备质量，根据《中华人民共和国核安全法》和《民用核安全设备监督管理条例》，制定本规定。

第二条 本规定适用于焊接人员的资格考核和管理工作。

第三条 从事民用核安全设备焊接活动（以下简称焊接活动）的人员应当依据本规定取得资格证书。

第四条 国务院核安全监管部门负责焊接人员的资格管理，统一组织资格考核，颁发资格证书，对焊接人员资格及相关资格考核活动进行监督检查。

第五条 民用核安全设备制造、安装单位和民用核设施营运单位（以下简称聘用单位）应当聘用取得资格证书的人员开展焊接活动，对焊接人员进行岗位管理。

第六条 本规定所称的焊接人员是指从事民用核安全设备焊接操作的焊工、焊接操作工；焊接方法是指焊接活动中的电弧焊（包括焊条电弧焊、钨极惰性气体保护电弧焊、熔化极气体保护电弧焊、埋弧焊等）和高能束焊（包括电子束焊、激光焊等）以及国务院核安全监管部门认可的其他焊接方法。

第二章 证书申请与颁发

第七条 申请《民用核安全设备焊接人员资格证》资格考核的人员应当具备下列条件：

（一）身体健康，裸视或者矫正视力达到4.8及以上，辨色视力正常；

（二）中等职业教育或者高中及以上学历，工作满1年；

（三）熟练的焊接操作技能。

第八条 有下列情形之一的人员，不得申请《民用核安全设备焊接人员资格证》资格考核：

（一）被吊销资格证书的人员，自证书吊销之日起未满3年的；

（二）依照本规定被给予不得申请资格考核处理的期限未满的。

第九条 国务院核安全监管部门制定考试计划，组织承担考核工作的单位（以下简称考核单位）实施资格考核。

考核单位负责编制考试用焊接工艺规程，实施具体考试工作，检验考试试件，出具考试结果报告。

第十条 申请人员由聘用单位组织报名参加资格考核，并提交下列材料：

（一）申请表；

（二）学历证明；

（三）二级及以上医院出具的视力检查结果。

第十一条 国务院核安全监管部门对提交的材料进行审核，自收到材料之日起5个工作日内确认申请人员考试资格。

第十二条 首次参加资格考核的申请人员应当通过理论考试和相应焊接方法的操作考试。参加增加焊接方法资格考核的申请人员只需要进行相应焊接方法的操作考试。

理论考试主要考查申请人员对核设施系统基本知识、核安全设备及质量保证相关知识、核安全文化、焊接工艺、设备、材料等焊接基本知识的理解和掌握程度。

操作考试主要考查申请人员按照焊接工艺规程及过程质量控制要求熟练地焊接规定的试件并获得合格焊接接头的能力。

第十三条 所有考试成绩均达到合格标准视为资格考核合格。

考试成绩未达到合格标准的，可在考试结束日的次日起1年内至多补考两次，补考仍未合格，视为本次考核不合格。

第十四条 国务院核安全监管部门收到考核单位的考试结果报告之日起20个工作日内完成审查，作出是否授予资格的决定。

资格证书由国务院核安全监管部门自授予资格决定之日起10个工作日内向合格的人员颁发。

第十五条 资格证书包括下列主要内容：

（一）人员姓名、身份证号及聘用单位；

（二）焊接方法；

（三）有效期限；

（四）证书编号。

第十六条 资格证书的有效期限为5年。

第十七条 资格证书有效期届满拟继续从事焊接活动的人员，应当在证书有效期届满6个月前，由聘用单位组织向国务院核安全监管部门提出延续申请，并提交下列材料：

（一）申请表；

（二）二级及以上医院出具的视力检查结果；

（三）资格证书有效期内从事焊接活动的工作记录和业绩情况。

第十八条 对资格证书有效期内焊接活动工作记录和业绩良好的，由国务院核安全监管部门作出准予延续的决定，资格证书有效期延续5年。对资格证书有效期内从事焊接活动不符合国务院核安全监管部门有关工作记录和业绩管理要求的，不予延续，需要重新申领资格证书。

第十九条 已取得国外相关资格证书的境外单位焊接人员，需经国务院核安全监管部门核准后，方可在中华人民共和国境内从事焊接活动。

第二十条 申请核准的境外单位焊接人员，应当由聘用单位组织提交下列材料：

（一）持有的资格证书；

（二）相关核安全设备焊接活动业绩；

（三）未发生过责任事故、重大技术失误的书面说明材料；

（四）境内焊接活动需求材料。

第三章 监督管理

第二十一条 聘用单位应当对申请人员相关申请材料进行核实，确保材料真实、准确，没有隐瞒。

第二十二条 聘用单位应当对本单位焊接人员进行培训和岗位管理，按照民用核安全设备标准和技术要求实施焊接人员技能评定，合格后进行授权，并做好焊接人员连续操作记录管理。

第二十三条 焊接人员应当按照焊接工艺规程开展焊接活动，遵守从业操守，提高知识技能，严格尽职履责。

第二十四条 焊接人员一般应当固定在一个单位执

业，确需在两个单位执业的，应当报国务院核安全监管部门备案。

焊接人员变更聘用单位的，应当由其聘用单位向国务院核安全监管部门提出资格证书变更申请，经审查同意后更换新的资格证书。变更后的资格证书有效期适用原资格证书有效期，原资格证书失效。

第二十五条 任何单位和个人不得伪造、变造或者买卖资格证书。

第二十六条 考核单位应当建立健全考核管理制度，配备与拟从事的资格考核活动相适应的考核场所、档案室、焊接设备和仪器，具有相应的专业技术人员和管理人员。

考核工作人员应当严格按照考核管理规定实施资格考核，保证考核的公正公平。

第二十七条 考核单位应当建立并管理焊接人员考试档案。考试档案的保存期限为10年。

第二十八条 焊接人员资格管理中相关违法信息由国务院核安全监管部门记入社会诚信档案，及时向社会公开。

第二十九条 对国务院核安全监管部门依法进行的监督检查，被检查单位和人员应当予以配合，如实反映情况，提供必要资料，不得拒绝和阻碍。

第四章 法律责任

第三十条 焊接人员违反相关法律法规和国家相关规定的，由国务院核安全监管部门根据情节严重程度依法分类予以处罚。

第三十一条 申请人员隐瞒有关情况或者提供虚假材料的，国务院核安全监管部门不予受理或者不予许可，并给予警告；申请人员1年内不得再次申请资格考核。

第三十二条 焊接人员以欺骗、贿赂等不正当手段取得资格证书的，由国务院核安全监管部门撤销其资格证书，3年内不得再次申请资格考核；构成犯罪的，依法追究刑事责任。

第三十三条 焊接人员违反焊接工艺规程导致严重焊接质量问题的，依据《民用核安全设备监督管理条例》的相关规定，由国务院核安全监管部门吊销其资格证书。

第三十四条 伪造、变造或者买卖资格证书的，依据《中华人民共和国治安管理处罚法》的相关规定予以处罚；构成犯罪的，依法追究刑事责任。

第三十五条 聘用单位聘用未取得相应资格证书的焊接人员从事焊接活动的，依据《中华人民共和国核安全法》的相关规定，由国务院核安全监管部门责令改正，处10万元以上50万元以下的罚款；拒不改正的，暂扣或者吊销许可证，对直接负责的主管人员和其他直接责任人员处2万元以上10万元以下的罚款。

第三十六条 考核工作人员有下列行为之一的，由国务院核安全监管部门依据有关法律法规和国家相关规定予以处理：

（一）以不正当手段协助他人取得考试资格或者取得相应证书的；

（二）泄露考务实施工作中应当保密的信息的；

（三）在评阅卷工作中，擅自更改评分标准或者不按评分标准进行评卷的；

（四）指使或者纵容他人作弊，或者参与考场内外串通作弊的；

（五）其他严重违纪违规行为。

第五章 附 则

第三十七条 资格考核的具体内容和评定标准由国务院核安全监管部门制定发布。

第三十八条 考核单位不得开展影响资格考核公平、公正的培训活动，不得收取考试费用。

第三十九条 本规定自2020年1月1日起施行。2007年12月28日原国家环境保护总局发布的《民用核安全设备焊工焊接操作工资格管理规定》（国家环境保护总局令第45号）同时废止。

民用核安全设备无损检验人员资格管理规定

·2019年6月13日生态环境部令第6号公布
·自2020年1月1日起施行

第一章 总 则

第一条 为了加强民用核安全设备无损检验人员（以下简称无损检验人员）的资格管理，保证民用核安全设备质量，根据《中华人民共和国核安全法》和《民用核安全设备监督管理条例》，制定本规定。

第二条 本规定适用于无损检验人员的资格考核和管理工作。

无损检验人员的资格等级分为Ⅰ级（初级）、Ⅱ级（中级）和Ⅲ级（高级）。

第三条 从事民用核安全设备无损检验活动（以下简称无损检验活动）的人员应当依据本规定取得资格证书。

第四条 国务院核安全监管部门负责无损检验人员的资格管理，统一组织资格考核，颁发资格证书，对无损检验人员资格及相关资格考核活动进行监督检查。

第五条 民用核安全设备制造、安装、无损检验单位和民用核设施营运单位（以下简称聘用单位）应当聘用取得资格证书的人员开展无损检验活动，对无损检验人员进行岗位管理。

第六条 本规定所称的无损检验方法是指无损检验活动中的超声检验（UT）、射线检验（RT）、涡流检验（ET）、泄漏检验（LT）、渗透检验（PT）、磁粉检验（MT）、目视检验（VT）以及国务院核安全监管部门认可的其他无损检验方法。

第二章 证书申请与颁发

第七条 Ⅰ级无损检验人员在Ⅱ级或者Ⅲ级无损检验人员的监督指导下方可承担下列工作：

（一）安装和使用仪器设备；

（二）按照无损检验规程进行无损检验操作；

（三）记录检验数据。

第八条 Ⅱ级无损检验人员承担下列工作：

（一）根据确定的工艺，编制无损检验规程；

（二）调整和校验仪器设备，实施无损检验活动；

（三）依据标准、规范和无损检验规程，评价检验结果；

（四）编制无损检验结果报告；

（五）监督和指导Ⅰ级无损检验人员；

（六）本规定第七条所列工作。

第九条 Ⅲ级无损检验人员承担下列工作：

（一）确定无损检验技术和工艺；

（二）制定特殊的无损检验工艺；

（三）对无损检验结果进行评定；

（四）编制验收准则；

（五）审核无损检验规程和结果报告；

（六）本规定第八条所列工作。

第十条 申请Ⅰ级资格考核的人员应当具备下列条件：

（一）身体健康，裸视或者矫正视力达到4.8及以上，辨色视力正常；

（二）大专及以上学历，工作满1年，或者中等职业教育、高中学历，工作满2年。

第十一条 申请Ⅱ级资格考核的人员应当具备下列条件：

（一）身体健康，裸视或者矫正视力达到4.8及以上，辨色视力正常；

（二）持有拟申请方法Ⅰ级资格证书满2年且业绩良好，或者持有特种设备相应方法Ⅱ级资格证书满1年且业绩良好，或者持有特种设备相应方法Ⅲ级资格证书。

第十二条 申请Ⅲ级资格考核的人员应当具备下列条件：

（一）身体健康，裸视或者矫正视力达到4.8及以上，辨色视力正常；

（二）持有超声检验（UT）、射线检验（RT）、涡流检验（ET）中1种及以上方法的Ⅱ级资格证书；

（三）持有泄漏检验（LT）、渗透检验（PT）、磁粉检验（MT）、目视检验（VT）中1种及以上方法的Ⅱ级资格证书；

（四）持有拟申请方法Ⅱ级资格证书满5年且业绩良好，或者持有特种设备相应方法Ⅲ级资格证书满2年且业绩良好。

第十三条 有下列情形之一的人员，申请Ⅱ级或者Ⅲ级资格考核的，其有关工作年限在本规定第十一条或者第十二条有关规定基础上延长2年：

（一）脱离无损检验工作1年以上的；

（二）违反无损检验操作规程或者标准规范，未造成严重后果的。

第十四条 有下列情形之一的人员，不得申请民用核安全设备无损检验人员资格考核：

（一）被吊销资格证书的人员，自证书吊销之日起未满3年的；

（二）依照本规定被给予不得申请资格考核的处理期限未满的。

第十五条 国务院核安全监管部门制定考试计划，组织承担考核工作的单位（以下简称考核单位）实施资格考核。

考核单位负责管理检验设备、仪器，维护试块和试件，实施具体考试工作，出具考试结果报告。

第十六条 申请人员由聘用单位组织报名参加资格考核，并提交下列材料：

（一）申请表；

（二）学历证明；

（三）二级及以上医院出具的视力检查结果；

（四）相关资格证书。

第十七条 国务院核安全监管部门对申请材料进行审核，自收到材料之日起5个工作日内确认申请人员考试资格。

第十八条 Ⅰ级和Ⅱ级的资格考核包括理论考试和操作考试。Ⅲ级的资格考核包括理论考试、操作考试和综合答辩。

资格考核按不同的检验方法和级别进行。

第十九条 Ⅰ级和Ⅱ级的理论考试主要考查申请人员对核设施系统基本知识、核安全设备及质量保证相关知识、核安全文化和无损检验基础知识的理解和掌握程度，以及将有关无损检验技术应用于民用核安全设备的能力。

Ⅲ级的理论考试除包括前款规定的考查内容外，还应当考查申请人员对无损检验新技术、特殊工艺和相关标准规范的理解和应用能力。

第二十条 操作考试主要考查申请人员正确应用无损检验仪器设备进行操作，出具检验结果并对结果进行评价的能力。

第二十一条 综合答辩主要考查申请人员对民用核安全设备无损检验理论、方法和实践操作等方面的综合应用能力。

第二十二条 所有考试成绩均达到合格标准视为资格考核合格。

考试成绩未达到合格标准的，可在考试结束日的次日起1年内至多补考两次，补考仍未合格的，视为本次考核不合格。

第二十三条 国务院核安全监管部门收到考核单位的考试结果报告之日起20个工作日内完成审查，作出是否授予资格的决定。

资格证书由国务院核安全监管部门自授予资格决定之日起10个工作日内向合格的人员颁发。

第二十四条 资格证书包括下列主要内容：

（一）人员姓名、身份证号及聘用单位；

（二）方法和级别；

（三）有效期限；

（四）证书编号。

第二十五条 资格证书的有效期限为5年。

第二十六条 资格证书有效期届满拟继续从事无损检验活动的人员，应当在证书有效期届满6个月前，由聘用单位组织向国务院核安全监管部门提出延续申请，并提交下列材料：

（一）申请表；

（二）二级及以上医院出具的视力检查结果；

（三）资格证书有效期内从事无损检验活动的工作记录和业绩情况。

第二十七条 对资格证书有效期内无损检验活动工作记录和业绩良好的，由国务院核安全监管部门作出准予延续的决定，资格证书有效期延续5年。对资格证书有效期内从事无损检验活动不符合国务院核安全监管部门有关工作记录和业绩管理要求的，不予延续，需要重新申领资格证书。

第二十八条 已取得国外相关资格证书的境外单位无损检验人员，需经国务院核安全监管部门核准后，方可在中华人民共和国境内从事无损检验活动。

第二十九条 申请核准的境外单位无损检验人员，应当由聘用单位组织提交下列材料：

（一）持有的资格证书；

（二）相关核安全设备无损检验活动业绩；

（三）未发生过责任事故、重大技术失误的书面说明材料；

（四）境内无损检验活动需求材料。

第三章 监督管理

第三十条 聘用单位应当对申请人员相关申请材料进行核实，确保材料真实、准确，没有隐瞒。

第三十一条 聘用单位应当对本单位无损检验人员进行培训和岗位管理，保证其按照民用核安全设备标准和技术要求从事无损检验活动。

鼓励聘用单位对Ⅱ级和Ⅲ级无损检验人员在职称评定、薪酬待遇、荣誉激励等方面给予政策倾斜。

第三十二条 无损检验人员应当按照无损检验规程进行无损检验活动，遵守从业操守，提高知识技能，严格尽职履责。无损检验人员对其出具的无损检验结果负责。

第三十三条 无损检验结果报告的编制和审核应当由取得相应资格证书的无损检验人员承担，并经其聘用单位批准后方为有效。

第三十四条 无损检验人员超出资格证书范围从事无损检验活动的，其检验结果无效。

第三十五条 无损检验人员一般应当固定在一个单位执业，确需在两个单位执业的，应当报国务院核安全监管部门备案。

无损检验人员变更聘用单位的，应当由其聘用单位向国务院核安全监管部门提出资格证书变更申请，经审查同意后更换新的资格证书。变更后的资格证书有效期适用原资格证书有效期，原资格证书失效。

第三十六条 任何单位和个人不得伪造、变造或者买卖资格证书。

第三十七条 考核单位应当建立健全考核管理制度，配备与拟从事的资格考核活动相适应的考核场所、档案室、检验设备和仪器,具有相应的专业技术人员和管理人员。

考核工作人员应当严格按照考核管理规定实施资格考核,保证考核的公正公平。

第三十八条 考核单位应当建立并管理无损检验人员考试档案。考试档案的保存期限为 10 年。

第三十九条 无损检验人员资格管理中相关违法信息由国务院核安全监管部门记入社会诚信档案,及时向社会公开。

第四十条 对国务院核安全监管部门依法进行的监督检查,被检查单位和人员应当予以配合,如实反映情况,提供必要资料,不得拒绝和阻碍。

第四章 法律责任

第四十一条 无损检验人员违反相关法律法规和国家相关规定的,由国务院核安全监管部门根据情节严重程度依法分类予以处罚。

第四十二条 申请人员隐瞒有关情况或者提供虚假材料的,国务院核安全监管部门不予受理或者不予许可,并给予警告;申请人员 1 年内不得再次申请资格考核。

第四十三条 无损检验人员以欺骗、贿赂等不正当手段取得资格证书的,由国务院核安全监管部门撤销其资格证书,3 年内不得再次申请资格考核;构成犯罪的,依法追究刑事责任。

第四十四条 无损检验人员违反无损检验规程导致无损检验结果报告严重错误的,依据《民用核安全设备监督管理条例》的相关规定,由国务院核安全监管部门吊销其资格证书。

第四十五条 伪造、变造或者买卖资格证书的,依据《中华人民共和国治安管理处罚法》的相关规定予以处罚;构成犯罪的,依法追究刑事责任。

第四十六条 聘用单位聘用未取得相应资格证书的无损检验人员从事无损检验活动的,依据《中华人民共和国核安全法》的相关规定,由国务院核安全监管部门责令改正,处 10 万元以上 50 万元以下的罚款;拒不改正的,暂扣或者吊销许可证,对直接负责的主管人员和其他直接责任人员处 2 万元以上 10 万元以下的罚款。

第四十七条 考核工作人员有下列行为之一的,由国务院核安全监管部门依据有关法律法规和国家相关规定予以处理:

(一)以不正当手段协助他人取得考试资格或者取得相应证书的;

(二)泄露考务实施工作中应当保密的信息的;

(三)在评阅卷工作中,擅自更改评分标准或者不按评分标准进行评卷的;

(四)指使或者纵容他人作弊,或者参与考场内外串通作弊的;

(五)其他严重违纪违规行为。

第五章 附 则

第四十八条 资格考核的具体内容和评定标准由国务院核安全监管部门制定发布。

第四十九条 考核单位不得开展影响资格考核公平、公正的培训活动,不得收取考试费用。

第五十条 本规定自 2020 年 1 月 1 日起施行。2007 年 12 月 28 日原国家环境保护总局和国防科学技术工业委员会联合发布的《民用核安全设备无损检验人员资格管理规定》(国家环境保护总局令第 44 号)同时废止。

民用核安全设备设计制造安装和无损检验监督管理规定

·2007 年 12 月 28 日国家环境保护总局、国防科学技术工业委员会令第 43 号公布

·自 2008 年 1 月 1 日起施行

·根据 2019 年 8 月 22 日《生态环境部关于废止、修改部分规章的决定》修订

第一章 总 则

第一条 为了加强对民用核安全设备设计、制造、安装和无损检验活动的监督管理,根据《民用核安全设备监督管理条例》,制定本规定。

第二条 从事民用核安全设备设计、制造、安装和无损检验活动的单位,应当遵守本规定。

运离民用核设施现场进行民用核安全设备维修活动的,应当遵守民用核安全设备制造活动的有关规定。

第三条 民用核安全设备目录由国务院核安全监管部门商国务院有关部门分批制定并发布。

第四条 从事民用核安全设备设计、制造、安装和无损检验活动的单位,应当取得民用核安全设备设计、制造、安装和无损检验许可证,并按照许可证规定的种类、范围和条件从事民用核安全设备设计、制造、安装和无损检验活动。

第五条 民用核设施营运单位,应当对民用核安全设备设计、制造、安装和无损检验活动进行质量管理和过程控制,做好监造和验收工作;对在役的民用核安全设备进行检查、试验、检验和维修,并对民用核安全设备的使

用和运行安全承担全面责任。

第六条 国务院核安全监管部门对民用核安全设备设计、制造、安装和无损检验活动实施监督管理。

第二章 许 可

第七条 申请领取民用核安全设备设计、制造或者安装许可证的单位,应当按照拟从事的活动种类、设备类别和核安全级别向国务院核安全监管部门提出申请。

申请领取民用核安全设备无损检验许可证的单位,应当按照无损检验方法向国务院核安全监管部门提出申请。无损检验方法包括射线检验(RT)、超声检验(UT)、磁粉检验(MT)、涡流检验(ET)、渗透检验(PT)、泄漏检验(LT)、目视检验(VT)等。

第八条 申请领取民用核安全设备设计、制造、安装或者无损检验许可证的单位,应当具备下列条件:

(一)具有法人资格;

(二)有与拟从事活动相关或者相近的工作业绩,并且满5年以上;

(三)有与拟从事活动相适应的、经考核合格的专业技术人员,其中从事民用核安全设备焊接和无损检验活动的专业技术人员应当取得相应的资格证书;

(四)有与拟从事活动相适应的工作场所、设施和装备;

(五)有健全的管理制度和完善的质量保证体系,以及符合核安全监督管理规定的质量保证大纲。

对申请领取不同设备类别和核安全级别的民用核安全设备设计、制造、安装或者无损检验许可证的单位的具体技术要求,由国务院核安全监管部门规定。

申请领取民用核安全设备制造或者安装许可证的单位,应当根据其申请的设备类别、核安全级别、活动范围、制造和安装工艺、材料牌号、结构型式等制作具有代表性的模拟件。模拟件制作的具体要求由国务院核安全监管部门规定。

同时申请领取民用核安全设备设计和制造许可证的单位,应当在模拟件制作过程中,完成相应的鉴定试验。

第九条 申请领取民用核安全设备设计、制造、安装或者无损检验许可证的单位,应当提交申请书和符合第八条规定条件的证明文件,具有法人资格的证明文件除外。

申请领取民用核安全设备制造或者安装许可证的单位,还应当提交模拟件制作方案和质量计划等材料。

同时申请领取民用核安全设备设计和制造许可证的单位,还应当提交鉴定试验大纲和必要的相关文件。

第十条 国务院核安全监管部门对提交的申请文件进行形式审查,符合条件的,应当予以受理。

第十一条 国务院核安全监管部门在审查过程中,应当组织专家进行技术评审,并征求国务院核行业主管部门和其他有关部门的意见。技术评审方式包括文件审查、审评对话和现场检查等。

对需要进行模拟件制作活动的,技术评审还应当包括对模拟件制作活动方案、质量计划等材料的审查,以及制作过程中的现场监督见证等。

国务院核安全监管部门应当自受理之日起45个工作日内完成审查,对符合条件的,颁发许可证,予以公告;对不符合条件的,书面通知申请单位并说明理由。

依据第一款、第二款规定组织进行技术评审的时间,不计算在第三款规定的期限内。

第十二条 取得民用核安全设备设计、制造、安装或者无损检验许可证的单位,可以从事相同活动种类、相同设备类别、相同设备品种及范围内的较低核安全级别的相关活动,但许可证特别注明的除外。

第十三条 民用核安全设备设计、制造、安装和无损检验许可证应当包括下列主要内容:

(一)单位名称、住所和法定代表人;

(二)准予从事的活动种类和范围;

(三)有效期限;

(四)发证机关、发证日期和证书编号。

第十四条 禁止无许可证或者不按照许可证规定的活动种类和范围从事民用核安全设备设计、制造、安装和无损检验活动。

禁止委托未取得相应许可证的单位进行民用核安全设备设计、制造、安装和无损检验活动。

禁止伪造、变造、转让许可证。

第十五条 民用核安全设备设计、制造、安装和无损检验许可证有效期限为5年。

第十六条 民用核安全设备设计、制造、安装和无损检验单位有下列情形之一的,应当于许可证有效期届满6个月前,向国务院核安全监管部门提出延续申请,并提交延续申请书和延续申请文件:

(一)持证期间有相应的民用核安全设备设计、制造、安装或者无损检验活动业绩,并拟在许可证有效期届满后继续从事相关活动的;

(二)正在从事民用核安全设备设计、制造、安装或无损检验活动,且在许可证有效期届满时尚不能结束的。

持证期间无民用核安全设备设计、制造、安装和无损检验活动业绩的,应当按照本章规定的程序重新申请领取许可证。

第十七条 对民用核安全设备设计、制造、安装和无损检验单位提出的许可证延续申请,国务院核安全监管部门应当在许可证有效期届满前作出是否准予延续的决定;逾期未作决定的,视为准予延续。

第十八条 民用核安全设备设计、制造、安装和无损检验单位变更单位名称、住所或者法定代表人的,应当自变更登记之日起20日内,向国务院核安全监管部门申请办理许可证变更手续,并提交变更申请、变更说明和相关变更证明材料。

国务院核安全监管部门应当对申请变更的情况进行核实。情况属实的,换发许可证。变更后的许可证有效期适用原许可证的有效期。

第十九条 民用核安全设备设计、制造、安装和无损检验单位变更许可证规定的活动种类或者范围的,应当向国务院核安全监管部门重新提出申请。

第三章 质量管理与控制

第二十条 民用核安全设备设计、制造、安装和无损检验单位,应当提高核安全意识,建立并有效实施质量保证体系,确保民用核安全设备的质量和可靠性,并接受民用核设施营运单位的检查。

第二十一条 民用核安全设备设计、制造、安装和无损检验单位应当根据其质量保证大纲和民用核设施营运单位的要求,在民用核安全设备设计、制造、安装和无损检验活动开始前,编制项目质量保证分大纲。项目质量保证分大纲应当适用、完整、接口关系明确,并经民用核设施营运单位审查认可。

民用核安全设备制造和安装单位应当根据具体活动编制相应的质量计划,并经民用核设施营运单位审查认可。

民用核安全设备设计、制造、安装和无损检验单位应当按照项目质量保证分大纲的要求,对所有过程进行控制,并对发现的问题进行处理和纠正。

第二十二条 民用核安全设备设计单位在设计活动开始前,应当组织相关设计人员对民用核设施营运单位提出的设计要求进行消化、分析,充分掌握设计输入要求,并予以明确;确定设计接口控制措施、设计验证方式和内容以及设计变更控制措施。

设计单位在设计的各个阶段,应当按照确定的设计验证方式对其设计进行设计验证。设计验证人员应当具有一定的设计经验、校核能力以及相对独立性。

设计单位在设计活动中,对设计变更应当采取与原设计相当的控制措施。

在设计工作完成后,设计单位应当为该设计的使用单位提供必要的设计服务。

第二十三条 民用核安全设备制造、安装单位在活动开始前,应当组织相关人员对设计提出的技术要求进行消化、分析,编制制造、安装过程执行文件,并严格执行。

制造、安装单位应当根据确定的特种工艺,完成必要的工艺试验和工艺评定。

制造、安装单位应当严格执行经民用核设施营运单位审查认可的质量计划。

制造、安装单位应当对民用核安全设备的制造、安装质量进行检验。未经检验或者经检验不合格的,不得交付验收。

第二十四条 民用核安全设备无损检验单位应当对所承担的具体检验项目,结合检验对象的结构型式、材料特性等,编制无损检验规程,并严格执行。

无损检验单位应当客观、准确地出具无损检验结果报告。

无损检验工作应当由民用核安全设备无损检验Ⅱ级或者Ⅱ级以上无损检验人员为主操作。无损检验结果报告应当由Ⅱ级或者Ⅱ级以上无损检验人员编制、审核,并履行相关审批手续。

第二十五条 民用核安全设备设计、制造、安装和无损检验单位,不得将国务院核安全监管部门确定的关键工艺环节分包给其他单位。

关键工艺清单由国务院核安全监管部门制定。

第二十六条 民用核设施营运单位对民用核安全设备的安全运行负全面责任。在民用核安全设备设计、制造、安装和无损检验活动开始前,民用核设施营运单位应当对民用核安全设备设计、制造、安装和无损检验单位编制的项目质量保证分大纲进行审查认可。

在民用核安全设备设计、制造、安装和无损检验活动中,民用核设施营运单位应当采取驻厂监造或者见证等方式对过程进行监督,并做好验收工作。有下列情形之一的,不得验收通过:

(一)不能按照质量保证要求证明质量受控的;

(二)出现重大质量问题未处理完毕的。

第二十七条 民用核安全设备制造、安装、无损检验单位和民用核设施营运单位,应当聘用取得民用核安全设备焊工、焊接操作工和无损检验人员资格证书的人员进行民用核安全设备焊接和无损检验活动。

民用核安全设备焊工、焊接操作工和无损检验人员，应当严格按照操作规程进行民用核安全设备焊接和无损检验活动。

第四章 报告与备案

第二十八条 民用核安全设备设计单位，应当在设计活动开始 30 日前，将下列文件报国务院核安全监管部门备案：

（一）项目设计质量保证分大纲和程序清单；

（二）设计内容和设计进度计划；

（三）设计遵循的标准和规范目录清单，设计中使用的计算机软件清单；

（四）设计验证活动清单。

第二十九条 民用核安全设备制造、安装单位，应当在制造、安装活动开始 30 日前，将下列文件报国务院核安全监管部门备案：

（一）项目制造、安装质量保证分大纲和大纲程序清单；

（二）制造、安装技术规格书；

（三）分包项目清单；

（四）制造、安装质量计划。

第三十条 民用核安全设备无损检验单位，应当在无损检验活动开始 15 日前，将下列文件报国务院核安全监管部门备案：

（一）项目无损检验质量保证分大纲和大纲程序清单；

（二）无损检验活动内容和进度计划；

（三）无损检验遵循的标准、规范、目录清单和验收准则。

第三十一条 民用核安全设备设计单位，应当在每季度开始 7 个工作日内，向国务院核安全监管部门提交上一季度活动情况报告，主要内容包括：

（一）已完成的设计活动清单，以及下一季度计划开始和拟完成的设计活动清单；

（二）设计变更清单；

（三）设计验证完成清单。

第三十二条 民用核安全设备制造、安装单位，应当在每季度开始 7 个工作日内，向国务院核安全监管部门提交上一季度活动情况报告，主要内容包括：

（一）已完成的制造、安装活动清单，以及下一季度计划开始和拟完成的活动清单；

（二）已完成的制造、安装质量计划清单；

（三）制造、安装活动不符合项统计表。

第三十三条 民用核安全设备无损检验单位，应当在完成无损检验 10 个工作日内，向国务院核安全监管部门报告无损检验内容和检验结果。

第三十四条 民用核安全设备设计、制造、安装和无损检验单位，应当按照下列规定向国务院核安全监管部门报告：

（一）开展涉及核安全的重要会议、论证等活动的，提前 7 个工作日报告；

（二）出现重大质量问题的，在 24 小时内报告；

（三）因影响民用核安全设备质量和核安全而导致民用核设施营运单位发出停工指令的，在 3 个工作日内通报。

第三十五条 民用核安全设备设计、制造、安装和无损检验单位，应当对所从事的民用核安全设备设计、制造、安装和无损检验活动进行年度评估，并于每年 4 月 1 日前向国务院核安全监管部门提交上一年度的评估报告。

评估报告应当包括下列内容：

（一）本单位工作场所、设施、装备和人员等变动情况；

（二）质量保证体系实施情况；

（三）重大质量问题处理情况；

（四）民用核设施营运单位提出的整改要求落实情况；

（五）国务院核安全监管部门及其派出机构提出的整改要求落实情况。

第五章 监督检查

第三十六条 国务院核安全监管部门及其派出机构有权对民用核安全设备设计、制造、安装和无损检验活动进行监督检查。

被检查单位应当对国务院核安全监管部门及其派出机构进行的监督检查给予配合，如实反映情况，提供必要的资料，不得拒绝和阻碍。对于监督检查中提出的整改要求，被检查单位应当认真落实。

第三十七条 民用核安全设备监督检查的依据是：

（一）《民用核安全设备监督管理条例》以及其他核安全监督管理规定；

（二）民用核安全设备设计、制造、安装或者无损检验许可证的条件和范围；

（三）民用核安全设备国家标准、行业标准和经国务院核安全监管部门认可的标准；

（四）经国务院核安全监管部门审查认可的质量保证大纲及大纲程序。

第三十八条 民用核安全设备监督检查人员应当具备下列条件：

（一）具有大专以上文化程度或者同等学力；

（二）在民用核安全设备方面具有五年以上工程实践或者三年以上核安全管理经验，掌握有关的专业知识，具备良好的沟通能力，能独立做出正确的判断；

（三）熟知相关法律、行政法规和核安全监督管理规定；

（四）作风正派，办事公正，工作认真，态度端正。

第三十九条 民用核安全设备监督检查的内容包括：

（一）许可证条件遵守情况；

（二）相关人员的资格；

（三）质量保证大纲的实施情况；

（四）采用的技术标准及有关技术文件的符合性；

（五）民用核安全设备设计、制造、安装或者无损检验活动重要过程的实施情况；

（六）重大质量问题的调查和处理，以及整改要求的落实情况；

（七）民用核安全设备设计、制造、安装或者无损检验活动的验收和鉴定；

（八）营运单位的监造情况；

（九）其他必要的监督内容。

第四十条 国务院核安全监管部门及其派出机构，接到民用核安全设备设计、制造、安装和无损检验单位依据本规定报送的文件后，应当制定相应的监督计划并书面通知报送单位。民用核安全设备设计、制造、安装和无损检验单位应当根据监督计划的要求，做好接受监督检查的准备。

民用核安全设备设计、制造、安装和无损检验单位，应当根据相关活动的实际进度，在监督计划确定的活动实施10个工作日前，书面通知国务院核安全监管部门及其派出机构。

第四十一条 民用核安全设备监督检查分为例行检查和非例行检查。非例行检查可以不预先通知。

监督检查分为综合性检查、专项检查和检查点检查，主要通过现场检查、文件检查、记录确认或者对话等方式进行。

（一）综合性检查：包括质量保证检查和技术检查，质量保证检查主要检查质量保证大纲是否得到有效实施。技术检查主要抽查民用核安全设备的设计、制造、安装和无损检验过程是否符合标准、规范和相关技术文件的要求。

（二）专项检查：指当发生问题或者认为可能有问题时，由国务院核安全监管部门及其派出机构对被检查单位进行的专项任务检查。主要包括对某一技术方面或者质量保证大纲某一要素的实施情况所进行的检查，以及核实提出的整改要求落实情况。

（三）检查点检查：指对检查点进行的现场实施情况检查。

必要时，国务院核安全监管部门及其派出机构可以进行独立验证，验证方式包括计算复核和检验验证。

国务院核安全监管部门及其派出机构，在对民用核安全设备设计、制造、安装和无损检验单位进行综合性检查或者检查点检查时，应当对民用核设施营运单位监造人员的能力和监造实施情况进行检查。

第四十二条 国务院核安全监管部门及其派出机构实施监督检查时，应当对每次检查的内容、发现的问题以及处理情况做出记录，并由监督检查人员和被检查单位的有关负责人签字确认。确有必要时，应当保留客观证据。

被检查单位的有关负责人拒绝签字的，监督检查人员应当将有关情况记录在案。

国务院核安全监管部门及其派出机构应当将每次监督检查的情况以及相应的管理要求形成监督检查报告，并发送被检查单位以及相关单位。

被检查单位应当针对监督检查中提出的问题，采取相应的整改措施，并将整改报告上报国务院核安全监管部门及其派出机构。国务院核安全监管部门及其派出机构应当对整改报告进行审查，并在后续的监督检查中对被整改要求的落实情况进行跟踪验证。

第四十三条 民用核安全设备监督检查人员在进行监督检查时，有权采取下列措施：

（一）向被检查单位的法定代表人和其他有关人员调查、了解情况；

（二）进入被检查单位进行现场调查或者核查；

（三）查阅、复制相关文件、记录以及其他有关资料；

（四）要求被检查单位提交有关情况说明或者后续处理报告。

民用核安全设备监督检查人员在监督检查时，对于违反核安全监督管理规定、许可证条件和范围以及民用核安全设备标准而导致核安全隐患或者出现质量问题的行为，应当立即予以制止,并立即上报国务院核安全监管部门及其派出机构。

国务院核安全监管部门及其派出机构对有证据表明可能存在重大质量问题的民用核安全设备或者其主要部件,有权予以暂时封存。民用核安全设备或者其主要部件被暂时封存的,应当完成后续处理,并由国务院核安全监管部门及其派出机构验证符合要求后,方可启封。

在进行监督检查时,民用核安全设备监督检查人员不得少于两人,并出示证件。监督检查人员应当为被检查单位保守技术秘密和业务秘密;不得滥用职权侵犯企业的合法权益,或者利用职务上的便利索取、收受财物;不得从事或者参与民用核安全设备经营活动。

第四十四条 国务院核安全监管部门及其派出机构对民用核安全设备设计、制造、安装和无损检验活动实施的监督检查不减轻也不转移被检查单位对所从事的相关活动应当承担的责任。

第六章 法律责任

第四十五条 民用核安全设备设计、制造、安装和无损检验单位有下列行为之一的,由国务院核安全监管部门限期改正;逾期不改正的,处1万元以上3万元以下的罚款:

(一)在民用核安全设备无损检验活动开始前,未按规定将有关文件报国务院核安全监管部门备案的;

(二)未按规定向国务院核安全监管部门报告上一季度民用核安全设备设计、制造、安装或者无损检验情况的;

(三)在民用核安全设备无损检验活动完成后,未向国务院核安全监管部门报告无损检验内容和检验结果的;

(四)开展涉及核安全的重要会议、论证等活动,出现重大质量问题,或者因影响民用核安全设备质量和核安全而导致民用核设施营运单位发出停工指令,未向国务院核安全监管部门报告的。

第四十六条 民用核安全设备设计、制造、安装和无损检验单位以及民用核设施营运单位,有其他违反本规定行为的,依据《民用核安全设备监督管理条例》及其他相关法律法规进行处罚。

第七章 附 则

第四十七条 申请领取民用核安全设备制造或者安装许可证的单位,拟自行对其制造或者安装的民用核安全设备进行无损检验活动的,不需要单独申请领取无损检验许可证。

第四十八条 本规定中有关术语的含义如下:

(一)模拟件:指国务院核安全监管部门在审查民用核安全设备制造、安装许可证申请时,要求有关申请单位针对申请的目标产品,按照1:1或者适当比例制作的与目标产品在材料、结构型式、性能特点等方面相同或者相近的制品。该制品必须经历与目标产品或者样机一致的制作工序以及检验、鉴定试验过程等。

(二)鉴定试验:指在设计过程中,为了保证设计满足预先设定的设计性能指标而对模拟件(或者样机)实施的实物验证试验。鉴定试验包括功能试验、抗震试验和环境试验(包括老化试验和设计基准事故工况试验)等。

(三)检查点:指国务院核安全监管部门及其派出机构,根据民用核安全设备设计、制造、安装和无损检验单位报送文件,所选择的需检查的某一工作过程或者工作节点。根据检查方式的不同,检查点一般分记录确认点(R点)、现场见证点(W点)、停工待检点(H点)等三类。

第四十九条 本规定自2008年1月1日起施行。1992年3月4日国家核安全局、机械电子工业部、能源部发布的《民用核承压设备安全监督管理规定(HAF601)》同时废止。

附件一:民用核安全设备许可证申请书、申请活动范围表和申请文件的格式及内容(一式二份,同时提交电子版文件)(略)

附件二:民用核安全设备许可证格式与内容(略)

附件三:民用核安全设备许可证延续申请书、申请活动范围表和申请文件的格式及内容(一式二份,同时提交电子版文件)(略)

七、民用爆炸品安全

民用爆炸物品安全管理条例

· 2006 年 5 月 10 日国务院令第 466 号公布
· 根据 2014 年 7 月 29 日《国务院关于修改部分行政法规的决定》修订

第一章 总 则

第一条 为了加强对民用爆炸物品的安全管理，预防爆炸事故发生，保障公民生命、财产安全和公共安全，制定本条例。

第二条 民用爆炸物品的生产、销售、购买、进出口、运输、爆破作业和储存以及硝酸铵的销售、购买，适用本条例。

本条例所称民用爆炸物品，是指用于非军事目的、列入民用爆炸物品品名表的各类火药、炸药及其制品和雷管、导火索等点火、起爆器材。

民用爆炸物品品名表，由国务院民用爆炸物品行业主管部门会同国务院公安部门制订、公布。

第三条 国家对民用爆炸物品的生产、销售、购买、运输和爆破作业实行许可证制度。

未经许可，任何单位或者个人不得生产、销售、购买、运输民用爆炸物品，不得从事爆破作业。

严禁转让、出借、转借、抵押、赠送、私藏或者非法持有民用爆炸物品。

第四条 民用爆炸物品行业主管部门负责民用爆炸物品生产、销售的安全监督管理。

公安机关负责民用爆炸物品公共安全管理和民用爆炸物品购买、运输、爆破作业的安全监督管理，监控民用爆炸物品流向。

安全生产监督、铁路、交通、民用航空主管部门依照法律、行政法规的规定，负责做好民用爆炸物品的有关安全监督管理工作。

民用爆炸物品行业主管部门、公安机关、工商行政管理部门按照职责分工，负责组织查处非法生产、销售、购买、储存、运输、邮寄、使用民用爆炸物品的行为。

第五条 民用爆炸物品生产、销售、购买、运输和爆破作业单位(以下称民用爆炸物品从业单位)的主要负责人是本单位民用爆炸物品安全管理责任人，对本单位的民用爆炸物品安全管理工作全面负责。

民用爆炸物品从业单位是治安保卫工作的重点单位，应当依法设置治安保卫机构或者配备治安保卫人员，设置技术防范设施，防止民用爆炸物品丢失、被盗、被抢。

民用爆炸物品从业单位应当建立安全管理制度、岗位安全责任制度，制订安全防范措施和事故应急预案，设置安全管理机构或者配备专职安全管理人员。

第六条 无民事行为能力人、限制民事行为能力人或者曾因犯罪受过刑事处罚的人，不得从事民用爆炸物品的生产、销售、购买、运输和爆破作业。

民用爆炸物品从业单位应当加强对本单位从业人员的安全教育、法制教育和岗位技术培训，从业人员经考核合格的，方可上岗作业；对有资格要求的岗位，应当配备具有相应资格的人员。

第七条 国家建立民用爆炸物品信息管理系统，对民用爆炸物品实行标识管理，监控民用爆炸物品流向。

民用爆炸物品生产企业、销售企业和爆破作业单位应当建立民用爆炸物品登记制度，如实将本单位生产、销售、购买、运输、储存、使用民用爆炸物品的品种、数量和流向信息输入计算机系统。

第八条 任何单位或者个人都有权举报违反民用爆炸物品安全管理规定的行为；接到举报的主管部门、公安机关应当立即查处，并为举报人员保密，对举报有功人员给予奖励。

第九条 国家鼓励民用爆炸物品从业单位采用提高民用爆炸物品安全性能的新技术，鼓励发展民用爆炸物品生产、配送、爆破作业一体化的经营模式。

第二章 生 产

第十条 设立民用爆炸物品生产企业，应当遵循统筹规划、合理布局的原则。

第十一条 申请从事民用爆炸物品生产的企业，应当具备下列条件：

(一)符合国家产业结构规划和产业技术标准；

(二)厂房和专用仓库的设计、结构、建筑材料、安全距离以及防火、防爆、防雷、防静电等安全设备、设施符合国家有关标准和规范；

（三）生产设备、工艺符合有关安全生产的技术标准和规程；

（四）有具备相应资格的专业技术人员、安全生产管理人员和生产岗位人员；

（五）有健全的安全管理制度、岗位安全责任制度；

（六）法律、行政法规规定的其他条件。

第十二条 申请从事民用爆炸物品生产的企业，应当向国务院民用爆炸物品行业主管部门提交申请书、可行性研究报告以及能够证明其符合本条例第十一条规定条件的有关材料。国务院民用爆炸物品行业主管部门应当自受理申请之日起45日内进行审查，对符合条件的，核发《民用爆炸物品生产许可证》；对不符合条件的，不予核发《民用爆炸物品生产许可证》，书面向申请人说明理由。

民用爆炸物品生产企业为调整生产能力及品种进行改建、扩建的，应当依照前款规定申请办理《民用爆炸物品生产许可证》。

民用爆炸物品生产企业持《民用爆炸物品生产许可证》到工商行政管理部门办理工商登记，并在办理工商登记后3日内，向所在地县级人民政府公安机关备案。

第十三条 取得《民用爆炸物品生产许可证》的企业应当在基本建设完成后，向省、自治区、直辖市人民政府民用爆炸物品行业主管部门申请安全生产许可。省、自治区、直辖市人民政府民用爆炸物品行业主管部门应当依照《安全生产许可证条例》的规定对其进行查验，对符合条件的，核发《民用爆炸物品安全生产许可证》。民用爆炸物品生产企业取得《民用爆炸物品安全生产许可证》后，方可生产民用爆炸物品。

第十四条 民用爆炸物品生产企业应当严格按照《民用爆炸物品生产许可证》核定的品种和产量进行生产，生产作业应当严格执行安全技术规程的规定。

第十五条 民用爆炸物品生产企业应当对民用爆炸物品做出警示标识、登记标识，对雷管编码打号。民用爆炸物品警示标识、登记标识和雷管编码规则，由国务院公安部门会同国务院民用爆炸物品行业主管部门规定。

第十六条 民用爆炸物品生产企业应当建立健全产品检验制度，保证民用爆炸物品的质量符合相关标准。民用爆炸物品的包装，应当符合法律、行政法规的规定以及相关标准。

第十七条 试验或者试制民用爆炸物品，必须在专门场地或者专门的试验室进行。严禁在生产车间或者仓库内试验或者试制民用爆炸物品。

第三章　销售和购买

第十八条 申请从事民用爆炸物品销售的企业，应当具备下列条件：

（一）符合对民用爆炸物品销售企业规划的要求；

（二）销售场所和专用仓库符合国家有关标准和规范；

（三）有具备相应资格的安全管理人员、仓库管理人员；

（四）有健全的安全管理制度、岗位安全责任制度；

（五）法律、行政法规规定的其他条件。

第十九条 申请从事民用爆炸物品销售的企业，应当向所在地省、自治区、直辖市人民政府民用爆炸物品行业主管部门提交申请书、可行性研究报告以及能够证明其符合本条例第十八条规定条件的有关材料。省、自治区、直辖市人民政府民用爆炸物品行业主管部门应当自受理申请之日起30日内进行审查，并对申请单位的销售场所和专用仓库等经营设施进行查验，对符合条件的，核发《民用爆炸物品销售许可证》；对不符合条件的，不予核发《民用爆炸物品销售许可证》，书面向申请人说明理由。

民用爆炸物品销售企业持《民用爆炸物品销售许可证》到工商行政管理部门办理工商登记后，方可销售民用爆炸物品。

民用爆炸物品销售企业应当在办理工商登记后3日内，向所在地县级人民政府公安机关备案。

第二十条 民用爆炸物品生产企业凭《民用爆炸物品生产许可证》，可以销售本企业生产的民用爆炸物品。

民用爆炸物品生产企业销售本企业生产的民用爆炸物品，不得超出核定的品种、产量。

第二十一条 民用爆炸物品使用单位申请购买民用爆炸物品的，应当向所在地县级人民政府公安机关提出购买申请，并提交下列有关材料：

（一）工商营业执照或者事业单位法人证书；

（二）《爆破作业单位许可证》或者其他合法使用的证明；

（三）购买单位的名称、地址、银行账户；

（四）购买的品种、数量和用途说明。

受理申请的公安机关应当自受理申请之日起5日内对提交的有关材料进行审查，对符合条件的，核发《民用爆炸物品购买许可证》；对不符合条件的，不予核发《民用爆炸物品购买许可证》，书面向申请人说明理由。

《民用爆炸物品购买许可证》应当载明许可购买的品种、数量、购买单位以及许可的有效期限。

第二十二条 民用爆炸物品生产企业凭《民用爆炸物品生产许可证》购买属于民用爆炸物品的原料，民用爆炸物品销售企业凭《民用爆炸物品销售许可证》向民用爆炸物品生产企业购买民用爆炸物品，民用爆炸物品使用单位凭《民用爆炸物品购买许可证》购买民用爆炸物品，还应当提供经办人的身份证明。

销售民用爆炸物品的企业，应当查验前款规定的许可证和经办人的身份证明；对持《民用爆炸物品购买许可证》购买的，应当按照许可的品种、数量销售。

第二十三条 销售、购买民用爆炸物品，应当通过银行账户进行交易，不得使用现金或者实物进行交易。

销售民用爆炸物品的企业，应当将购买单位的许可证、银行账户转账凭证、经办人的身份证明复印件保存2年备查。

第二十四条 销售民用爆炸物品的企业，应当自民用爆炸物品买卖成交之日起3日内，将销售的品种、数量和购买单位向所在地省、自治区、直辖市人民政府民用爆炸物品行业主管部门和所在地县级人民政府公安机关备案。

购买民用爆炸物品的单位，应当自民用爆炸物品买卖成交之日起3日内，将购买的品种、数量向所在地县级人民政府公安机关备案。

第二十五条 进出口民用爆炸物品，应当经国务院民用爆炸物品行业主管部门审批。进出口民用爆炸物品审批办法，由国务院民用爆炸物品行业主管部门会同国务院公安部门、海关总署规定。

进出口单位应当将进出口的民用爆炸物品的品种、数量向收货地或者出境口岸所在地县级人民政府公安机关备案。

第四章 运 输

第二十六条 运输民用爆炸物品，收货单位应当向运达地县级人民政府公安机关提出申请，并提交包括下列内容的材料：

（一）民用爆炸物品生产企业、销售企业、使用单位以及进出口单位分别提供的《民用爆炸物品生产许可证》、《民用爆炸物品销售许可证》、《民用爆炸物品购买许可证》或者进出口批准证明；

（二）运输民用爆炸物品的品种、数量、包装材料和包装方式；

（三）运输民用爆炸物品的特性、出现险情的应急处置方法；

（四）运输时间、起始地点、运输路线、经停地点。

受理申请的公安机关应当自受理申请之日起3日内对提交的有关材料进行审查，对符合条件的，核发《民用爆炸物品运输许可证》；对不符合条件的，不予核发《民用爆炸物品运输许可证》，书面向申请人说明理由。

《民用爆炸物品运输许可证》应当载明收货单位、销售企业、承运人，一次性运输有效期限、起始地点、运输路线、经停地点，民用爆炸物品的品种、数量。

第二十七条 运输民用爆炸物品的，应当凭《民用爆炸物品运输许可证》，按照许可的品种、数量运输。

第二十八条 经由道路运输民用爆炸物品的，应当遵守下列规定：

（一）携带《民用爆炸物品运输许可证》；

（二）民用爆炸物品的装载符合国家有关标准和规范，车厢内不得载人；

（三）运输车辆安全技术状况应当符合国家有关安全技术标准的要求，并按照规定悬挂或者安装符合国家标准的易燃易爆危险物品警示标志；

（四）运输民用爆炸物品的车辆应当保持安全车速；

（五）按照规定的路线行驶，途中经停应当有专人看守，并远离建筑设施和人口稠密的地方，不得在许可以外的地点经停；

（六）按照安全操作规程装卸民用爆炸物品，并在装卸现场设置警戒，禁止无关人员进入；

（七）出现危险情况立即采取必要的应急处置措施，并报告当地公安机关。

第二十九条 民用爆炸物品运达目的地，收货单位应当进行验收后在《民用爆炸物品运输许可证》上签注，并在3日内将《民用爆炸物品运输许可证》交回发证机关核销。

第三十条 禁止携带民用爆炸物品搭乘公共交通工具或者进入公共场所。

禁止邮寄民用爆炸物品，禁止在托运的货物、行李、包裹、邮件中夹带民用爆炸物品。

第五章 爆破作业

第三十一条 申请从事爆破作业的单位，应当具备下列条件：

（一）爆破作业属于合法的生产活动；

（二）有符合国家有关标准和规范的民用爆炸物品专用仓库；

(三)有具备相应资格的安全管理人员、仓库管理人员和具备国家规定执业资格的爆破作业人员；

(四)有健全的安全管理制度、岗位安全责任制度；

(五)有符合国家标准、行业标准的爆破作业专用设备；

(六)法律、行政法规规定的其他条件。

第三十二条　申请从事爆破作业的单位，应当按照国务院公安部门的规定，向有关人民政府公安机关提出申请，并提供能够证明其符合本条例第三十一条规定条件的有关材料。受理申请的公安机关应当自受理申请之日起20日内进行审查，对符合条件的，核发《爆破作业单位许可证》；对不符合条件的，不予核发《爆破作业单位许可证》，书面向申请人说明理由。

营业性爆破作业单位持《爆破作业单位许可证》到工商行政管理部门办理工商登记后，方可从事营业性爆破作业活动。

爆破作业单位应当在办理工商登记后3日内，向所在地县级人民政府公安机关备案。

第三十三条　爆破作业单位应当对本单位的爆破作业人员、安全管理人员、仓库管理人员进行专业技术培训。爆破作业人员应当经设区的市级人民政府公安机关考核合格，取得《爆破作业人员许可证》后，方可从事爆破作业。

第三十四条　爆破作业单位应当按照其资质等级承接爆破作业项目，爆破作业人员应当按照其资格等级从事爆破作业。爆破作业的分级管理办法由国务院公安部门规定。

第三十五条　在城市、风景名胜区和重要工程设施附近实施爆破作业的，应当向爆破作业所在地设区的市级人民政府公安机关提出申请，提交《爆破作业单位许可证》和具有相应资质的安全评估企业出具的爆破设计、施工方案评估报告。受理申请的公安机关应当自受理申请之日起20日内对提交的有关材料进行审查，对符合条件的，作出批准的决定；对不符合条件的，作出不予批准的决定，并书面向申请人说明理由。

实施前款规定的爆破作业，应当由具有相应资质的安全监理企业进行监理，由爆破作业所在地县级人民政府公安机关负责组织实施安全警戒。

第三十六条　爆破作业单位跨省、自治区、直辖市行政区域从事爆破作业的，应当事先将爆破作业项目的有关情况向爆破作业所在地县级人民政府公安机关报告。

第三十七条　爆破作业单位应当如实记载领取、发放民用爆炸物品的品种、数量、编号以及领取、发放人员姓名。领取民用爆炸物品的数量不得超过当班用量，作业后剩余的民用爆炸物品必须当班清退回库。

爆破作业单位应当将领取、发放民用爆炸物品的原始记录保存2年备查。

第三十八条　实施爆破作业，应当遵守国家有关标准和规范，在安全距离以外设置警示标志并安排警戒人员，防止无关人员进入；爆破作业结束后应当及时检查、排除未引爆的民用爆炸物品。

第三十九条　爆破作业单位不再使用民用爆炸物品时，应当将剩余的民用爆炸物品登记造册，报所在地县级人民政府公安机关组织监督销毁。

发现、拣拾无主民用爆炸物品的，应当立即报告当地公安机关。

第六章　储　存

第四十条　民用爆炸物品应当储存在专用仓库内，并按照国家规定设置技术防范设施。

第四十一条　储存民用爆炸物品应当遵守下列规定：

(一)建立出入库检查、登记制度，收存和发放民用爆炸物品必须进行登记，做到账目清楚，账物相符；

(二)储存的民用爆炸物品数量不得超过储存设计容量，对性质相抵触的民用爆炸物品必须分库储存，严禁在库房内存放其他物品；

(三)专用仓库应当指定专人管理、看护，严禁无关人员进入仓库区内，严禁在仓库区内吸烟和用火，严禁把其他容易引起燃烧、爆炸的物品带入仓库区内，严禁在库房内住宿和进行其他活动；

(四)民用爆炸物品丢失、被盗、被抢，应当立即报告当地公安机关。

第四十二条　在爆破作业现场临时存放民用爆炸物品的，应当具备临时存放民用爆炸物品的条件，并设专人管理、看护，不得在不具备安全存放条件的场所存放民用爆炸物品。

第四十三条　民用爆炸物品变质和过期失效的，应当及时清理出库，予以销毁。销毁前应当登记造册，提出销毁实施方案，报省、自治区、直辖市人民政府民用爆炸物品行业主管部门、所在地县级人民政府公安机关组织监督销毁。

第七章　法律责任

第四十四条　非法制造、买卖、运输、储存民用爆炸物品，构成犯罪的，依法追究刑事责任；尚不构成犯罪，有违反治安管理行为的,依法给予治安管理处罚。

违反本条例规定,在生产、储存、运输、使用民用爆炸物品中发生重大事故,造成严重后果或者后果特别严重,构成犯罪的,依法追究刑事责任。

违反本条例规定,未经许可生产、销售民用爆炸物品的,由民用爆炸物品行业主管部门责令停止非法生产、销售活动,处10万元以上50万元以下的罚款,并没收非法生产、销售的民用爆炸物品及其违法所得。

违反本条例规定,未经许可购买、运输民用爆炸物品或者从事爆破作业的,由公安机关责令停止非法购买、运输、爆破作业活动,处5万元以上20万元以下的罚款,并没收非法购买、运输以及从事爆破作业使用的民用爆炸物品及其违法所得。

民用爆炸物品行业主管部门、公安机关对没收的非法民用爆炸物品,应当组织销毁。

第四十五条 违反本条例规定,生产、销售民用爆炸物品的企业有下列行为之一的,由民用爆炸物品行业主管部门责令限期改正,处10万元以上50万元以下的罚款;逾期不改正的,责令停产停业整顿;情节严重的,吊销《民用爆炸物品生产许可证》或者《民用爆炸物品销售许可证》:

(一)超出生产许可的品种、产量进行生产、销售的;
(二)违反安全技术规程生产作业的;
(三)民用爆炸物品的质量不符合相关标准的;
(四)民用爆炸物品的包装不符合法律、行政法规的规定以及相关标准的;
(五)超出购买许可的品种、数量销售民用爆炸物品的;
(六)向没有《民用爆炸物品生产许可证》、《民用爆炸物品销售许可证》、《民用爆炸物品购买许可证》的单位销售民用爆炸物品的;
(七)民用爆炸物品生产企业销售本企业生产的民用爆炸物品未按照规定向民用爆炸物品行业主管部门备案的;
(八)未经审批进出口民用爆炸物品的。

第四十六条 违反本条例规定,有下列情形之一的,由公安机关责令限期改正,处5万元以上20万元以下的罚款;逾期不改正的,责令停产停业整顿:

(一)未按照规定对民用爆炸物品做出警示标识、登记标识或者未对雷管编码打号的;
(二)超出购买许可的品种、数量购买民用爆炸物品的;
(三)使用现金或者实物进行民用爆炸物品交易的;
(四)未按照规定保存购买单位的许可证、银行账户转账凭证、经办人的身份证明复印件的;
(五)销售、购买、进出口民用爆炸物品,未按照规定向公安机关备案的;
(六)未按照规定建立民用爆炸物品登记制度,如实将本单位生产、销售、购买、运输、储存、使用的物品的品种、数量和流向信息输入计算机系统的;
(七)未按照规定将《民用爆炸物品运输许可证》交回发证机关核销的。

第四十七条 违反本条例规定,经由道路运输民用爆炸物品,有下列情形之一的,由公安机关责令改正,处5万元以上20万元以下的罚款:

(一)违反运输许可事项的;
(二)未携带《民用爆炸物品运输许可证》的;
(三)违反有关标准和规范混装民用爆炸物品的;
(四)运输车辆未按照规定悬挂或者安装符合国家标准的易燃易爆危险物品警示标志的;
(五)未按照规定的路线行驶,途中经停没有专人看守或者在许可以外的地点经停的;
(六)装载民用爆炸物品的车厢载人的;
(七)出现危险情况未立即采取必要的应急处置措施、报告当地公安机关的。

第四十八条 违反本条例规定,从事爆破作业的单位有下列情形之一的,由公安机关责令停止违法行为或者限期改正,处10万元以上50万元以下的罚款;逾期不改正的,责令停产停业整顿;情节严重的,吊销《爆破作业单位许可证》:

(一)爆破作业单位未按照其资质等级从事爆破作业的;
(二)营业性爆破作业单位跨省、自治区、直辖市行政区域实施爆破作业,未按照规定事先向爆破作业所在地的县级人民政府公安机关报告的;
(三)爆破作业单位未按照规定建立民用爆炸物品领取登记制度、保存领取登记记录的;
(四)违反国家有关标准和规范实施爆破作业的。

爆破作业人员违反国家有关标准和规范的规定实施爆破作业的,由公安机关责令限期改正,情节严重的,吊销《爆破作业人员许可证》。

第四十九条 违反本条例规定,有下列情形之一的,由民用爆炸物品行业主管部门、公安机关按照职责责令限期改正,可以并处5万元以上20万元以下的罚款;逾期

不改正的,责令停产停业整顿;情节严重的,吊销许可证:

(一)未按照规定在专用仓库设置技术防范设施的;

(二)未按照规定建立出入库检查、登记制度或者存和发放民用爆炸物品,致使账物不符的;

(三)超量储存、在非专用仓库储存或者违反储存标准和规范储存民用爆炸物品的;

(四)有本条例规定的其他违反民用爆炸物品储存管理规定行为的。

第五十条 违反本条例规定,民用爆炸物品从业单位有下列情形之一的,由公安机关处2万元以上10万元以下的罚款;情节严重的,吊销其许可证;有违反治安管理行为的,依法给予治安管理处罚:

(一)违反安全管理制度,致使民用爆炸物品丢失、被盗、被抢的;

(二)民用爆炸物品丢失、被盗、被抢,未按照规定向当地公安机关报告或者故意隐瞒不报的;

(三)转让、出借、转借、抵押、赠送民用爆炸物品的。

第五十一条 违反本条例规定,携带民用爆炸物品搭乘公共交通工具或者进入公共场所,邮寄或者在托运的货物、行李、包裹、邮件中夹带民用爆炸物品,构成犯罪的,依法追究刑事责任;尚不构成犯罪的,由公安机关依法给予治安管理处罚,没收非法的民用爆炸物品,处1000元以上1万元以下的罚款。

第五十二条 民用爆炸物品从业单位的主要负责人未履行本条例规定的安全管理责任,导致发生重大伤亡事故或者造成其他严重后果,构成犯罪的,依法追究刑事责任;尚不构成犯罪的,对主要负责人给予撤职处分,对个人经营的投资人处2万元以上20万元以下的罚款。

第五十三条 民用爆炸物品行业主管部门、公安机关、工商行政管理部门的工作人员,在民用爆炸物品安全监督管理工作中滥用职权、玩忽职守或者徇私舞弊,构成犯罪的,依法追究刑事责任;尚不构成犯罪的,依法给予行政处分。

第八章 附 则

第五十四条 《民用爆炸物品生产许可证》、《民用爆炸物品销售许可证》,由国务院民用爆炸物品行业主管部门规定式样;《民用爆炸物品购买许可证》、《民用爆炸物品运输许可证》、《爆破作业单位许可证》、《爆破作业人员许可证》,由国务院公安部门规定式样。

第五十五条 本条例自2006年9月1日起施行。1984年1月6日国务院发布的《中华人民共和国民用爆炸物品管理条例》同时废止。

民用爆炸物品安全生产许可实施办法

· 2015年5月19日工业和信息化部令第30号公布
· 自2015年6月30日起施行

第一章 总 则

第一条 为了加强民用爆炸物品安全生产监督管理,预防生产安全事故,根据《中华人民共和国安全生产法》、《安全生产许可证条例》和《民用爆炸物品安全管理条例》,制定本办法。

第二条 取得《民用爆炸物品生产许可证》的企业,在基本建设完成后,应当依照本办法申请民用爆炸物品安全生产许可。

企业未获得《民用爆炸物品安全生产许可证》的,不得从事民用爆炸物品生产活动。

第三条 工业和信息化部负责指导、监督全国民用爆炸物品生产企业安全生产许可的审批和管理工作。

省、自治区、直辖市人民政府民用爆炸物品行业主管部门(以下简称省级民爆行业主管部门)负责民用爆炸物品生产企业安全生产许可的审批和监督管理。

设区的市和县级人民政府民用爆炸物品行业主管部门在各自职责范围内依法对民用爆炸物品安全生产工作实施监督管理。

为方便申请人,省级民爆行业主管部门可委托设区的市或者县级人民政府民用爆炸物品行业主管部门(以下简称初审机关)承担本行政区内民用爆炸物品生产企业安全生产许可申请的受理、初审工作。

第四条 民用爆炸物品生产作业场所的安全生产,实行属地管理的原则。民用爆炸物品生产作业场所(含现场混装作业场所)安全生产应当接受生产作业场所所在地民用爆炸物品行业主管部门的监督管理。

第二章 申请与审批

第五条 申请民用爆炸物品安全生产许可,应当具备下列条件:

(一)取得相应的民用爆炸物品生产许可;

(二)具有健全的企业、车间、班组三级安全生产责任制以及完备的安全生产规章制度和操作规程;

(三)安全投入符合民用爆炸物品安全生产要求;

(四)设置安全生产管理机构,配备专职安全生产管理人员,并具有从事安全生产管理的注册安全工程师;

(五)主要负责人和安全生产管理人员经过民用爆炸物品安全生产培训并考核合格;

(六)特种作业人员经有关业务主管部门考核合格,

取得特种作业操作资格证书；

（七）生产作业人员通过有关民用爆炸物品基本知识的安全生产教育和培训，并经考试合格取得上岗资格证书；

（八）依法参加工伤保险，为从业人员交纳保险费；

（九）厂房、库房、作业场所和安全设施、设备、工艺、产品符合有关安全生产法律、法规和《民用爆破器材工程设计安全规范》(GB50089)、《民用爆炸物品生产、销售企业安全管理规程》(GB28263)等标准和规程的要求；现场混装作业系统还应当符合《现场混装炸药生产安全管理规程》(WJ9072)的要求；

（十）具有职业危害防治措施，并为从业人员配备符合国家标准或者行业标准的劳动保护用品；

（十一）具有民用爆炸物品安全评价机构出具的结论为"合格"、"安全风险可接受"或者"已具备安全验收条件"的安全评价报告；

（十二）具有重大危险源检测、评估、监控措施和应急预案；

（十三）具有生产安全事故应急救援预案、应急救援组织或者应急救援人员，配备必要的应急救援器材、设备；

（十四）法律、法规规定的其他条件。

第六条 申请民用爆炸物品安全生产许可的企业自主选择具有民用爆炸物品制造业安全评价资质的安全评价机构，对本企业的生产条件进行安全评价。

省级民爆行业主管部门不得以任何形式指定安全评价机构。

第七条 安全评价机构应当按照《民用爆炸物品安全评价导则》(WJ9048)及有关安全技术标准、规范的要求，对申请民用爆炸物品安全生产许可的企业是否符合本办法第五条规定的条件逐项进行安全评价，出具安全评价报告。

安全评价机构对其安全评价结论负责。

第八条 企业对安全评价报告中提出的问题应当及时加以整改，安全评价机构应当对企业的整改情况进行确认，并将有关确认资料作为安全评价报告的附件。

第九条 取得《民用爆炸物品生产许可证》的生产企业在从事民用爆炸物品生产活动前，应当向生产作业场所所在地省级民爆行业主管部门或者初审机关提出民用爆炸物品安全生产许可申请，填写《民用爆炸物品安全生产许可证申请审批表》（一式3份，由工业和信息化部提供范本），并完整、真实地提供本办法第五条规定的相关文件、材料。

第十条 省级民爆行业主管部门或者初审机关自收到申请之日起5日内，根据下列情况分别作出处理：

（一）申请事项不属于本行政机关职权范围的，应当即时作出不予受理的决定，并告知申请人向有关行政机关申请；

（二）申请材料存在错误，可以当场更正的，应当允许申请人当场更正；

（三）申请材料不齐全或者不符合法定形式的，应当当场或者在5日内一次告知申请人需要补正的全部内容，逾期不告知的，自收到申请材料之日起即为受理；

（四）申请事项属于本行政机关职权范围，申请材料齐全、符合法定形式，或者申请人按照本行政机关的要求提交全部补正申请材料的，应当予以受理。

第十一条 省级民爆行业主管部门自收到申请之日起45日内审查完毕。由初审机关初审的，初审机关应当自受理申请之日起20日内完成对申请材料的审查及必要的安全生产条件核查，并将下列材料报送省级民爆行业主管部门：

（一）《民用爆炸物品安全生产许可证申请审批表》；

（二）企业提交的全部申请材料；

（三）对申请企业安全生产条件的初审意见。

对符合本办法第五条规定条件的，核发《民用爆炸物品安全生产许可证》；对不符合条件的，不予核发《民用爆炸物品安全生产许可证》，书面通知申请人并说明理由。

安全生产许可需要组织专家现场核查的，应当书面告知申请人并组织现场核查。现场核查所需时间不计算在许可期限内。

省级民爆行业主管部门应当自《民用爆炸物品安全生产许可证》颁发之日起15日内，将发证情况报告工业和信息化部并通过有关政府网站等渠道予以公布。

《民用爆炸物品安全生产许可证》应当载明企业名称、注册地址、法定代表人、登记类型、有效期、生产地址、安全生产的品种和能力等事项。

第十二条 《民用爆炸物品安全生产许可证》有效期为3年。有效期届满需要继续从事民用爆炸物品生产活动的，应当在有效期届满前3个月向省级民爆行业主管部门或者初审机关申请延续。

经省级民爆行业主管部门审查，符合民用爆炸物品安全生产许可条件的，应当在有效期届满前准予延续，并向社会公布；不符合民用爆炸物品安全生产许可条件的，不予延续，书面通知申请人并说明理由。

第十三条 《民用爆炸物品安全生产许可证》有效期内，企业名称、注册地址、法定代表人、登记类型发生变更的，企业应当自《民用爆炸物品生产许可证》变更之日起 20 日内向省级民爆行业主管部门提出《民用爆炸物品安全生产许可证》变更申请，省级民爆行业主管部门应当在 10 日内完成变更手续，并将结果告知初审机关。

安全生产的品种和能力、生产地址发生变更的，企业应当依照本办法重新申请办理《民用爆炸物品安全生产许可证》。重新核发的《民用爆炸物品安全生产许可证》有效期不变。

第三章 监督管理

第十四条 《民用爆炸物品安全生产许可证》实行年检制度。民用爆炸物品生产企业应当于每年 3 月向省级民爆行业主管部门或者初审机关报送下列材料：

（一）《民用爆炸物品安全生产许可证年检表》（由工业和信息化部提供范本）；

（二）落实安全生产管理责任和安全隐患整改情况；

（三）安全生产费用提留和使用、主要负责人和安全管理人员培训、实际生产量与销售情况；

（四）省级民爆行业主管部门要求报送的其他材料。

初审机关应当在 5 日内完成初审工作并将相关材料报送省级民爆行业主管部门。

第十五条 省级民爆行业主管部门自收到相关材料之日起 20 日内，根据下列情况分别作出处理：

（一）企业严格遵守有关安全生产的法律法规和民用爆炸物品行业安全生产有关规定，安全生产条件没有发生变化，没有发生一般及以上等级的生产安全事故的，在《民用爆炸物品安全生产许可证》标注"年检合格"；

（二）企业严重违反有关安全生产的法律法规和民用爆炸物品行业安全生产有关规定或者发生一般及以上等级的生产安全事故，限期未完成整改的，在《民用爆炸物品安全生产许可证》标注"年检不合格"；

（三）企业不具备本办法规定安全生产条件的，在《民用爆炸物品安全生产许可证》标注"年检不合格"。

第十六条 对《民用爆炸物品安全生产许可证》年检不合格的企业，由省级民爆行业主管部门责令其限期整改。整改完成后，企业重新申请年检。

第十七条 企业发生一般及以上等级的生产安全事故的，应当依照《生产安全事故报告和调查处理条例》进行报告。企业安全生产条件发生重大变化或者发生生产安全事故造成人员死亡的，还必须向所在地省级民爆行业主管部门和工业和信息化部报告。

第十八条 民用爆炸物品生产企业应当建立健全生产安全事故隐患排查治理制度，采取技术、管理措施，及时发现并消除事故隐患，事故隐患排查治理情况应当如实记录，并向从业人员通报。

第十九条 各级民用爆炸物品行业主管部门应当建立健全监督制度，加强对民用爆炸物品生产企业的日常监督检查，督促其依法进行生产。

实施监督检查，不得妨碍民用爆炸物品生产企业正常的生产经营活动，不得索取或者收受企业的财物或者谋取其他利益。

第四章 法律责任

第二十条 企业未获得《民用爆炸物品安全生产许可证》擅自组织民用爆炸物品生产的，由省级民爆行业主管部门责令停止生产，处 10 万元以上 50 万元以下的罚款，没收非法生产的民用爆炸物品及其违法所得；构成犯罪的，依法追究刑事责任。

第二十一条 企业不具备本办法规定安全生产条件的，省级民爆行业主管部门应当责令停产停业整顿；经停产停业整顿仍不具备安全生产条件的，吊销其《民用爆炸物品安全生产许可证》，并报请工业和信息化部吊销其《民用爆炸物品生产许可证》。

第二十二条 安全评价机构出具虚假安全评价结论或者出具的安全评价结论严重失实的，由省级民爆行业主管部门报工业和信息化部提请有关部门取消安全评价机构资质和安全评价人员执业资格。

第二十三条 以欺骗、贿赂等不正当手段取得《民用爆炸物品安全生产许可证》的，省级民爆行业主管部门撤销其《民用爆炸物品安全生产许可证》，3 年内不再受理其该项许可申请。

第二十四条 负责民用爆炸物品安全生产许可的工作人员，在安全生产许可的受理、审查、审批和监督管理工作中，索取或者接受企业财物，或者谋取其他利益的，给予降级或者撤职处分；有其他滥用职权、玩忽职守、徇私舞弊行为的，依法给予处分；构成犯罪的，依法追究刑事责任。

第五章 附 则

第二十五条 本办法施行前已经取得民用爆炸物品安全生产许可的企业，应当自本办法施行之日起 1 年内，依照本办法的规定办理《民用爆炸物品安全生产许可证》。

第二十六条 省级民爆行业主管部门应当依据本办

法和本地实际,制定实施细则。

第二十七条 本办法自 2015 年 6 月 30 日起施行。原国防科学技术工业委员会 2006 年 8 月 31 日公布的《民用爆炸物品安全生产许可实施办法》(原国防科学技术工业委员会令第 17 号)同时废止。

烟花爆竹安全管理条例

· 2006 年 1 月 21 日国务院令第 455 号公布
· 根据 2016 年 2 月 6 日《国务院关于修改部分行政法规的决定》修订

第一章 总 则

第一条 为了加强烟花爆竹安全管理,预防爆炸事故发生,保障公共安全和人身、财产的安全,制定本条例。

第二条 烟花爆竹的生产、经营、运输和燃放,适用本条例。

本条例所称烟花爆竹,是指烟花爆竹制品和用于生产烟花爆竹的民用黑火药、烟火药、引火线等物品。

第三条 国家对烟花爆竹的生产、经营、运输和举办焰火晚会以及其他大型焰火燃放活动,实行许可证制度。

未经许可,任何单位或者个人不得生产、经营、运输烟花爆竹,不得举办焰火晚会以及其他大型焰火燃放活动。

第四条 安全生产监督管理部门负责烟花爆竹的安全生产监督管理;公安部门负责烟花爆竹的公共安全管理;质量监督检验部门负责烟花爆竹的质量监督和进出口检验。

第五条 公安部门、安全生产监督管理部门、质量监督检验部门、工商行政管理部门应当按照职责分工,组织查处非法生产、经营、储存、运输、邮寄烟花爆竹以及非法燃放烟花爆竹的行为。

第六条 烟花爆竹生产、经营、运输企业和焰火晚会以及其他大型焰火燃放活动主办单位的主要负责人,对本单位的烟花爆竹安全工作负责。

烟花爆竹生产、经营、运输企业和焰火晚会以及其他大型焰火燃放活动主办单位应当建立健全安全责任制,制定各项安全管理制度和操作规程,并对从业人员定期进行安全教育、法制教育和岗位技术培训。

中华全国供销合作总社应当加强对本系统企业烟花爆竹经营活动的管理。

第七条 国家鼓励烟花爆竹生产企业采用提高安全程度和提升行业整体水平的新工艺、新配方和新技术。

第二章 生产安全

第八条 生产烟花爆竹的企业,应当具备下列条件:
(一)符合当地产业结构规划;
(二)基本建设项目经过批准;
(三)选址符合城乡规划,并与周边建筑、设施保持必要的安全距离;
(四)厂房和仓库的设计、结构和材料以及防火、防爆、防雷、防静电等安全设备、设施符合国家有关标准和规范;
(五)生产设备、工艺符合安全标准;
(六)产品品种、规格、质量符合国家标准;
(七)有健全的安全生产责任制;
(八)有安全生产管理机构和专职安全生产管理人员;
(九)依法进行了安全评价;
(十)有事故应急救援预案、应急救援组织和人员,并配备必要的应急救援器材、设备;
(十一)法律、法规规定的其他条件。

第九条 生产烟花爆竹的企业,应当在投入生产前向所在地设区的市人民政府安全生产监督管理部门提出安全审查申请,并提交能够证明符合本条例第八条规定条件的有关材料。设区的市人民政府安全生产监督管理部门应当自收到材料之日起 20 日内提出安全审查初步意见,报省、自治区、直辖市人民政府安全生产监督管理部门审查。省、自治区、直辖市人民政府安全生产监督管理部门应当自受理申请之日起 45 日内进行安全审查,对符合条件的,核发《烟花爆竹安全生产许可证》;对不符合条件的,应当说明理由。

第十条 生产烟花爆竹的企业为扩大生产能力进行基本建设或者技术改造的,应当依照本条例的规定申请办理安全生产许可证。

生产烟花爆竹的企业,持《烟花爆竹安全生产许可证》到工商行政管理部门办理登记手续后,方可从事烟花爆竹生产活动。

第十一条 生产烟花爆竹的企业,应当按照安全生产许可证核定的产品种类进行生产,生产工序和生产作业应当执行有关国家标准和行业标准。

第十二条 生产烟花爆竹的企业,应当对生产作业人员进行安全生产知识教育,对从事药物混合、造粒、筛选、装药、筑药、压药、切引、搬运等危险工序的作业人员进行专业技术培训。从事危险工序的作业人员经设区的市人民政府安全生产监督管理部门考核合格,方可上岗作业。

第十三条　生产烟花爆竹使用的原料,应当符合国家标准的规定。生产烟花爆竹使用的原料,国家标准有用量限制的,不得超过规定的用量。不得使用国家标准规定禁止使用或者禁忌配伍的物质生产烟花爆竹。

第十四条　生产烟花爆竹的企业,应当按照国家标准的规定,在烟花爆竹产品上标注燃放说明,并在烟花爆竹包装物上印制易燃易爆危险物品警示标志。

第十五条　生产烟花爆竹的企业,应当对黑火药、烟火药、引火线的保管采取必要的安全技术措施,建立购买、领用、销售登记制度,防止黑火药、烟火药、引火线丢失。黑火药、烟火药、引火线丢失的,企业应当立即向当地安全生产监督管理部门和公安部门报告。

第三章　经营安全

第十六条　烟花爆竹的经营分为批发和零售。

从事烟花爆竹批发的企业和零售经营者的经营布点,应当经安全生产监督管理部门审批。

禁止在城市市区布设烟花爆竹批发场所;城市市区的烟花爆竹零售网点,应当按照严格控制的原则合理布设。

第十七条　从事烟花爆竹批发的企业,应当具备下列条件:

(一)具有企业法人条件;

(二)经营场所与周边建筑、设施保持必要的安全距离;

(三)有符合国家标准的经营场所和储存仓库;

(四)有保管员、仓库守护员;

(五)依法进行了安全评价;

(六)有事故应急救援预案、应急救援组织和人员,并配备必要的应急救援器材、设备;

(七)法律、法规规定的其他条件。

第十八条　烟花爆竹零售经营者,应当具备下列条件:

(一)主要负责人经过安全知识教育;

(二)实行专店或者专柜销售,设专人负责安全管理;

(三)经营场所配备必要的消防器材,张贴明显的安全警示标志;

(四)法律、法规规定的其他条件。

第十九条　申请从事烟花爆竹批发的企业,应当向所在地设区的市人民政府安全生产监督管理部门提出申请,并提供能够证明符合本条例第十七条规定条件的有关材料。受理申请的安全生产监督管理部门应当自受理申请之日起30日内对提交的有关材料和经营场所进行审查,对符合条件的,核发《烟花爆竹经营(批发)许可证》;对不符合条件的,应当说明理由。

申请从事烟花爆竹零售的经营者,应当向所在地县级人民政府安全生产监督管理部门提出申请,并提供能够证明符合本条例第十八条规定条件的有关材料。受理申请的安全生产监督管理部门应当自受理申请之日起20日内对提交的有关材料和经营场所进行审查,对符合条件的,核发《烟花爆竹经营(零售)许可证》;对不符合条件的,应当说明理由。

《烟花爆竹经营(零售)许可证》,应当载明经营负责人、经营场所地址、经营期限、烟花爆竹种类和限制存放量。

第二十条　从事烟花爆竹批发的企业,应当向生产烟花爆竹的企业采购烟花爆竹,向从事烟花爆竹零售的经营者供应烟花爆竹。从事烟花爆竹零售的经营者,应当向从事烟花爆竹批发的企业采购烟花爆竹。

从事烟花爆竹批发的企业、零售经营者不得采购和销售非法生产、经营的烟花爆竹。

从事烟花爆竹批发的企业,不得向从事烟花爆竹零售的经营者供应按照国家标准规定应由专业燃放人员燃放的烟花爆竹。从事烟花爆竹零售的经营者,不得销售按照国家标准规定应由专业燃放人员燃放的烟花爆竹。

第二十一条　生产、经营黑火药、烟火药、引火线的企业,不得向未取得烟花爆竹安全生产许可的任何单位或者个人销售黑火药、烟火药和引火线。

第四章　运输安全

第二十二条　经由道路运输烟花爆竹的,应当经公安部门许可。

经由铁路、水路、航空运输烟花爆竹的,依照铁路、水路、航空运输安全管理的有关法律、法规、规章的规定执行。

第二十三条　经由道路运输烟花爆竹的,托运人应当向运达地县级人民政府公安部门提出申请,并提交下列有关材料:

(一)承运人从事危险货物运输的资质证明;

(二)驾驶员、押运员从事危险货物运输的资格证明;

(三)危险货物运输车辆的道路运输证明;

(四)托运人从事烟花爆竹生产、经营的资质证明;

(五)烟花爆竹的购销合同及运输烟花爆竹的种类、规格、数量;

(六)烟花爆竹的产品质量和包装合格证明;

(七)运输车辆牌号、运输时间、起始地点、行驶路线、经停地点。

第二十四条　受理申请的公安部门应当自受理申请

之日起3日内对提交的有关材料进行审查,对符合条件的,核发《烟花爆竹道路运输许可证》;对不符合条件的,应当说明理由。

《烟花爆竹道路运输许可证》应当载明托运人、承运人、一次性运输有效期限、起始地点、行驶路线、经停地点、烟花爆竹的种类、规格和数量。

第二十五条　经由道路运输烟花爆竹的,除应当遵守《中华人民共和国道路交通安全法》外,还应当遵守下列规定:

(一)随车携带《烟花爆竹道路运输许可证》;
(二)不得违反运输许可事项;
(三)运输车辆悬挂或者安装符合国家标准的易燃易爆危险物品警示标志;
(四)烟花爆竹的装载符合国家有关标准和规范;
(五)装载烟花爆竹的车厢不得载人;
(六)运输车辆限速行驶,途中经停必须有专人看守;
(七)出现危险情况立即采取必要的措施,并报告当地公安部门。

第二十六条　烟花爆竹运达目的地后,收货人应当在3日内将《烟花爆竹道路运输许可证》交回发证机关核销。

第二十七条　禁止携带烟花爆竹搭乘公共交通工具。

禁止邮寄烟花爆竹,禁止在托运的行李、包裹、邮件中夹带烟花爆竹。

第五章　燃放安全

第二十八条　燃放烟花爆竹,应当遵守有关法律、法规和规章的规定。县级以上地方人民政府可以根据本行政区域的实际情况,确定限制或者禁止燃放烟花爆竹的时间、地点和种类。

第二十九条　各级人民政府和政府有关部门应当开展社会宣传活动,教育公民遵守有关法律、法规和规章,安全燃放烟花爆竹。

广播、电视、报刊等新闻媒体,应当做好安全燃放烟花爆竹的宣传、教育工作。

未成年人的监护人应当对未成年人进行安全燃放烟花爆竹的教育。

第三十条　禁止在下列地点燃放烟花爆竹:

(一)文物保护单位;
(二)车站、码头、飞机场等交通枢纽以及铁路线路安全保护区内;
(三)易燃易爆物品生产、储存单位;
(四)输变电设施安全保护区内;
(五)医疗机构、幼儿园、中小学校、敬老院;
(六)山林、草原等重点防火区;
(七)县级以上地方人民政府规定的禁止燃放烟花爆竹的其他地点。

第三十一条　燃放烟花爆竹,应当按照燃放说明燃放,不得以危害公共安全和人身、财产安全的方式燃放烟花爆竹。

第三十二条　举办焰火晚会以及其他大型焰火燃放活动,应当按照举办的时间、地点、环境、活动性质、规模以及燃放烟花爆竹的种类、规格和数量,确定危险等级,实行分级管理。分级管理的具体办法,由国务院公安部门规定。

第三十三条　申请举办焰火晚会以及其他大型焰火燃放活动,主办单位应当按照分级管理的规定,向有关人民政府公安部门提出申请,并提交下列有关材料:

(一)举办焰火晚会以及其他大型焰火燃放活动的时间、地点、环境、活动性质、规模;
(二)燃放烟花爆竹的种类、规格、数量;
(三)燃放作业方案;
(四)燃放作业单位、作业人员符合行业标准规定条件的证明。

受理申请的公安部门应当自受理申请之日起20日内对提交的有关材料进行审查,对符合条件的,核发《焰火燃放许可证》;对不符合条件的,应当说明理由。

第三十四条　焰火晚会以及其他大型焰火燃放活动燃放作业单位和作业人员,应当按照焰火燃放安全规程和经许可的燃放作业方案进行燃放作业。

第三十五条　公安部门应当加强对危险等级较高的焰火晚会以及其他大型焰火燃放活动的监督检查。

第六章　法律责任

第三十六条　对未经许可生产、经营烟花爆竹制品,或者向未取得烟花爆竹安全生产许可的单位或者个人销售黑火药、烟火药、引火线的,由安全生产监督管理部门责令停止非法生产、经营活动,处2万元以上10万元以下的罚款,并没收非法生产、经营的物品及违法所得。

对未经许可经由道路运输烟花爆竹的,由公安部门责令停止非法运输活动,处1万元以上5万元以下的罚款,并没收非法运输的物品及违法所得。

非法生产、经营、运输烟花爆竹,构成违反治安管理行为的,依法给予治安管理处罚;构成犯罪的,依法追究刑事责任。

第三十七条　生产烟花爆竹的企业有下列行为之一

的，由安全生产监督管理部门责令限期改正，处1万元以上5万元以下的罚款；逾期不改正的，责令停产停业整顿，情节严重的，吊销安全生产许可证：

（一）未按照安全生产许可证核定的产品种类进行生产的；

（二）生产工序或者生产作业不符合有关国家标准、行业标准的；

（三）雇佣未经设区的市人民政府安全生产监督管理部门考核合格的人员从事危险工序作业的；

（四）生产烟花爆竹使用的原料不符合国家标准规定的，或者使用的原料超过国家标准规定的用量限制的；

（五）使用按照国家标准规定禁止使用或者禁忌配伍的物质生产烟花爆竹的；

（六）未按照国家标准的规定在烟花爆竹产品上标注燃放说明，或者未在烟花爆竹的包装物上印制易燃易爆危险物品警示标志的。

第三十八条 从事烟花爆竹批发的企业向从事烟花爆竹零售的经营者供应非法生产、经营的烟花爆竹，或者供应按照国家标准规定应由专业燃放人员燃放的烟花爆竹的，由安全生产监督管理部门责令停止违法行为，处2万元以上10万元以下的罚款，并没收非法经营的物品及违法所得；情节严重的，吊销烟花爆竹经营许可证。

从事烟花爆竹零售的经营者销售非法生产、经营的烟花爆竹，或者销售按照国家标准规定应由专业燃放人员燃放的烟花爆竹的，由安全生产监督管理部门责令停止违法行为，处1000元以上5000元以下的罚款，并没收非法经营的物品及违法所得；情节严重的，吊销烟花爆竹经营许可证。

第三十九条 生产、经营、使用黑火药、烟火药、引火线的企业，丢失黑火药、烟火药、引火线未及时向当地安全生产监督管理部门和公安部门报告的，由公安部门对企业主要负责人处5000元以上2万元以下的罚款，对丢失的物品予以追缴。

第四十条 经由道路运输烟花爆竹，有下列行为之一的，由公安部门责令改正，处200元以上2000元以下的罚款：

（一）违反运输许可事项的；

（二）未随车携带《烟花爆竹道路运输许可证》的；

（三）运输车辆没有悬挂或者安装符合国家标准的易燃易爆危险物品警示标志的；

（四）烟花爆竹的装载不符合国家有关标准及规范的；

（五）装载烟花爆竹的车厢载人的；

（六）超过危险物品运输车辆规定时速行驶的；

（七）运输车辆途中经停没有专人看守的；

（八）运达目的地后，未按规定时间将《烟花爆竹道路运输许可证》交回发证机关核销的。

第四十一条 对携带烟花爆竹搭乘公共交通工具，或者邮寄烟花爆竹以及在托运的行李、包裹、邮件中夹带烟花爆竹的，由公安部门没收非法携带、邮寄、夹带的烟花爆竹，可以并处200元以上1000元以下的罚款。

第四十二条 对未经许可举办焰火晚会以及其他大型焰火燃放活动，或者焰火晚会以及其他大型焰火燃放活动燃放作业单位和作业人员违反焰火燃放安全规程、燃放作业方案进行燃放作业的，由公安部门责令停止燃放，对责任单位处1万元以上5万元以下的罚款。

在禁止燃放烟花爆竹的时间、地点燃放烟花爆竹，或者以危害公共安全和人身、财产安全的方式燃放烟花爆竹的，由公安部门责令停止燃放，处100元以上500元以下的罚款；构成违反治安管理行为的，依法给予治安管理处罚。

第四十三条 对没收的非法烟花爆竹以及生产、经营企业弃置的废旧烟花爆竹，应当就地封存，并由公安部门组织销毁、处置。

第四十四条 安全生产监督管理部门、公安部门、质量监督检验部门、工商行政管理部门的工作人员，在烟花爆竹安全监管工作中滥用职权、玩忽职守、徇私舞弊，构成犯罪的，依法追究刑事责任；尚不构成犯罪的，依法给予行政处分。

第七章 附 则

第四十五条 《烟花爆竹安全生产许可证》、《烟花爆竹经营（批发）许可证》、《烟花爆竹经营（零售）许可证》，由国务院安全生产监督管理部门规定式样；《烟花爆竹道路运输许可证》、《焰火燃放许可证》，由国务院公安部门规定式样。

第四十六条 本条例自公布之日起施行。

烟花爆竹生产企业安全生产许可证实施办法

· 2012年7月1日国家安全生产监督管理总局令第54号公布
· 自2012年8月1日起施行

第一章 总 则

第一条 为了严格烟花爆竹生产企业安全生产准入条件，规范烟花爆竹安全生产许可证的颁发和管理工作，根据《安全生产许可证条例》、《烟花爆竹安全管理条例》

等法律、行政法规，制定本办法。

第二条 本办法所称烟花爆竹生产企业（以下简称企业），是指依法设立并取得工商营业执照或者企业名称工商预先核准文件，从事烟花爆竹生产的企业。

第三条 企业应当依照本办法的规定取得烟花爆竹安全生产许可证（以下简称安全生产许可证）。

未取得安全生产许可证的，不得从事烟花爆竹生产活动。

第四条 安全生产许可证的颁发和管理工作实行企业申请、一级发证、属地监管的原则。

第五条 国家安全生产监督管理总局负责指导、监督全国安全生产许可证的颁发和管理工作，并对安全生产许可证进行统一编号。

省、自治区、直辖市人民政府安全生产监督管理部门按照全国统一配号，负责本行政区域内安全生产许可证的颁发和管理工作。

第二章 申请安全生产许可证的条件

第六条 企业的设立应当符合国家产业政策和当地产业结构规划，企业的选址应当符合当地城乡规划。

企业与周边建筑、设施的安全距离必须符合国家标准、行业标准的规定。

第七条 企业的基本建设项目应当依照有关规定经县级以上人民政府或者有关部门批准，并符合下列条件：

（一）建设项目的设计由具有乙级以上军工行业的弹箭、火炸药、民爆器材工程设计类别工程设计资质或者化工石化医药行业的有机化工、石油冶炼、石油产品深加工工程设计类型工程设计资质的单位承担；

（二）建设项目的设计符合《烟花爆竹工程设计安全规范》（GB50161）的要求，并依法进行安全设施设计审查和竣工验收。

第八条 企业的厂房和仓库等基础设施、生产设备、生产工艺以及防火、防爆、防雷、防静电等安全设备设施必须符合《烟花爆竹工程设计安全规范》（GB50161）、《烟花爆竹作业安全技术规程》（GB11652）等国家标准、行业标准的规定。

从事礼花弹生产的企业除符合前款规定外，还应当符合礼花弹生产安全条件的规定。

第九条 企业的药物和成品总仓库、药物和半成品中转库、机械混药和装药工房、晾晒场、烘干房等重点部位应当根据《烟花爆竹企业安全监控系统通用技术条件》（AQ4101）的规定安装视频监控和异常情况报警装置，并设置明显的安全警示标志。

第十条 企业的生产厂房数量和储存仓库面积应当与其生产品种及规模相适应。

第十一条 企业生产的产品品种、类别、级别、规格、质量、包装、标志应当符合《烟花爆竹安全与质量》（GB10631）等国家标准、行业标准的规定。

第十二条 企业应当设置安全生产管理机构，配备专职安全生产管理人员，并符合下列要求：

（一）确定安全生产主管人员；

（二）配备占本企业从业人员总数1%以上且至少有2名专职安全生产管理人员；

（三）配备占本企业从业人员总数5%以上的兼职安全员。

第十三条 企业应当建立健全主要负责人、分管负责人、安全生产管理人员、职能部门、岗位的安全生产责任制，制定下列安全生产规章制度和操作规程：

（一）符合《烟花爆竹作业安全技术规程》（GB11652）等国家标准、行业标准规定的岗位安全操作规程；

（二）药物存储管理、领取管理和余（废）药处理制度；

（三）企业负责人及涉裸药生产线负责人值（带）班制度；

（四）特种作业人员管理制度；

（五）从业人员安全教育培训制度；

（六）安全检查和隐患排查治理制度；

（七）产品购销合同和销售流向登记管理制度；

（八）新产品、新药物研发管理制度；

（九）安全设施设备维护管理制度；

（十）原材料购买、检验、储存及使用管理制度；

（十一）职工出入厂（库）区登记制度；

（十二）厂（库）区门卫值班（守卫）制度；

（十三）重大危险源（重点危险部位）监控管理制度；

（十四）安全生产费用提取和使用制度；

（十五）劳动防护用品配备、使用和管理制度；

（十六）工作场所职业病危害防治制度。

第十四条 企业主要负责人、分管安全生产负责人和专职安全生产管理人员应当经专门的安全生产培训和安全生产监督管理部门考核合格，取得安全资格证。

从事药物混合、造粒、筛选、装药、筑药、压药、切引、搬运等危险工序和烟花爆竹仓库保管、守护的特种作业人员，应当接受专业知识培训，并经考核合格取得特种作业操作证。

其他岗位从业人员应当依照有关规定经本岗位安全

生产知识教育和培训合格。

第十五条 企业应当依法参加工伤保险，为从业人员缴纳保险费。

第十六条 企业应当依照国家有关规定提取和使用安全生产费用，不得挪作他用。

第十七条 企业必须为从业人员配备符合国家标准或者行业标准的劳动防护用品，并依照有关规定对从业人员进行职业健康检查。

第十八条 企业应当建立生产安全事故应急救援组织，制定事故应急预案，并配备应急救援人员和必要的应急救援器材、设备。

第十九条 企业应当根据《烟花爆竹流向登记通用规范》（AQ4102）和国家有关烟花爆竹流向信息化管理的规定，建立并应用烟花爆竹流向管理信息系统。

第二十条 企业应当依法进行安全评价。安全评价报告应当包括本办法第六条、第七条、第八条、第九条、第十条、第十七条、第十八条规定条件的符合性评价内容。

第三章 安全生产许可证的申请和颁发

第二十一条 企业申请安全生产许可证，应当向所在地设区的市级人民政府安全生产监督管理部门（以下统称初审机关）提出安全审查申请，提交下列文件、资料，并对其真实性负责：

（一）安全生产许可证申请书（一式三份）；

（二）工商营业执照或者企业名称工商预先核准文件（复制件）；

（三）建设项目安全设施设计审查和竣工验收的证明材料；

（四）安全生产管理机构及安全生产管理人员配备情况的书面文件；

（五）各种安全生产责任制文件（复制件）；

（六）安全生产规章制度和岗位安全操作规程目录清单；

（七）企业主要负责人、分管安全生产负责人、专职安全生产管理人员名单和安全资格证（复制件）；

（八）特种作业人员的特种作业操作证（复制件）和其他从业人员安全生产教育培训合格的证明材料；

（九）为从业人员缴纳工伤保险费的证明材料；

（十）安全生产费用提取和使用情况的证明材料；

（十一）具备资质的中介机构出具的安全评价报告。

第二十二条 新建企业申请安全生产许可证，应当在建设项目竣工验收通过之日起20个工作日内向所在地初审机关提出安全审查申请。

第二十三条 初审机关收到企业提交的安全审查申请后，应当对企业的设立是否符合国家产业政策和当地产业结构规划、企业的选址是否符合城乡规划以及有关申请文件、资料是否符合要求进行初步审查，并自收到申请之日起20个工作日内提出初步审查意见（以下简称初审意见），连同申请文件、资料一并报省、自治区、直辖市人民政府安全生产监督管理部门（以下简称发证机关）。

初审机关在审查过程中，可以就企业的有关情况征求企业所在地县级人民政府的意见。

第二十四条 发证机关收到初审机关报送的申请文件、资料和初审意见后，应当按照下列情况分别作出处理：

（一）申请文件、资料不齐全或者不符合要求的，当场告知或者在5个工作日内出具补正通知书，一次告知企业需要补正的全部内容；逾期不告知的，自收到申请材料之日起即为受理；

（二）申请文件、资料齐全，符合要求或者按照发证机关要求提交全部补正材料的，自收到申请文件、资料或者全部补正材料之日起即为受理。

发证机关应当将受理或者不予受理决定书面告知申请企业和初审机关。

第二十五条 发证机关受理申请后，应当结合初审意见，组织有关人员对申请文件、资料进行审查。需要到现场核查的，应当指派2名以上工作人员进行现场核查；对从事黑火药、引火线、礼花弹生产的企业，应当指派2名以上工作人员进行现场核查。

发证机关应当自受理之日起45个工作日内作出颁发或者不予颁发安全生产许可证的决定。

对决定颁发的，发证机关应当自决定之日起10个工作日内送达或者通知企业领取安全生产许可证；对不予颁发的，应当在10个工作日内书面通知企业并说明理由。

现场核查所需时间不计算在本条规定的期限内。

第二十六条 安全生产许可证分为正副本，正本为悬挂式，副本为折页式。正本、副本具有同等法律效力。

第四章 安全生产许可证的变更和延期

第二十七条 企业在安全生产许可证有效期内有下列情形之一的，应当按照本办法第二十八条的规定申请变更安全生产许可证：

（一）改建、扩建烟花爆竹生产（含储存）设施的；

（二）变更产品类别、级别范围的；

（三）变更企业主要负责人的；

（四）变更企业名称的。

第二十八条 企业有本办法第二十七条第一项情形申请变更的,应当自建设项目通过竣工验收之日起20个工作日内向所在地初审机关提出安全审查申请,并提交安全生产许可证变更申请书(一式三份)和建设项目安全设施设计审查和竣工验收的证明材料。

企业有本办法第二十七条第二项情形申请变更的,应当向所在地初审机关提出安全审查申请,并提交安全生产许可证变更申请书(一式三份)和专项安全评价报告(减少生产产品品种的除外)。

企业有本办法第二十七条第三项情形申请变更的,应当向所在地发证机关提交安全生产许可证变更申请书(一式三份)和主要负责人安全资格证(复制件)。

企业有本办法第二十七条第四项情形申请变更的,应当自取得变更后的工商营业执照或者企业名称工商预先核准文件之日起10个工作日内,向所在地发证机关提交安全生产许可证变更申请书(一式三份)和工商营业执照或者企业名称工商预先核准文件(复制件)。

第二十九条 对本办法第二十七条第一项、第二项情形的安全生产许可证变更申请,初审机关、发证机关应当按照本办法第二十三条、第二十四条、第二十五条的规定进行审查,并办理变更手续。

对本办法第二十七条第三项、第四项情形的安全生产许可证变更申请,发证机关应当自收到变更申请材料之日起5个工作日内完成审查,并办理变更手续。

第三十条 安全生产许可证有效期为3年。安全生产许可证有效期满需要延期的,企业应当于有效期届满前3个月向原发证机关申请办理延期手续。

第三十一条 企业提出延期申请的,应当向发证机关提交下列文件、资料:

(一)安全生产许可证延期申请书(一式三份);

(二)本办法第二十一条第四项至第十一项规定的文件、资料;

(三)达到安全生产标准化三级的证明材料。

发证机关收到延期申请后,应当按照本办法第二十四条、第二十五条的规定办理延期手续。

第三十二条 企业在安全生产许可证有效期内符合下列条件,在许可证有效期届满时,经原发证机关同意,不再审查,直接办理延期手续:

(一)严格遵守有关安全生产法律、法规和本办法;

(二)取得安全生产许可证后,加强日常安全生产管理,不断提升安全生产条件,达到安全生产标准化二级以上;

(三)接受发证机关及所在地人民政府安全生产监督管理部门的监督检查;

(四)未发生生产安全死亡事故。

第三十三条 对决定批准延期、变更安全生产许可证的,发证机关应当收回原证,换发新证。

第五章 监督管理

第三十四条 安全生产许可证发证机关和初审机关应当坚持公开、公平、公正的原则,严格依照有关行政许可的法律法规和本办法,审查、颁发安全生产许可证。

发证机关和初审机关工作人员在安全生产许可证审查、颁发、管理工作中,不得索取或者接受企业的财物,不得谋取其他不正当利益。

第三十五条 发证机关及所在地人民政府安全生产监督管理部门应当加强对烟花爆竹生产企业的监督检查,督促其依照法律、法规、规章和国家标准、行业标准的规定进行生产。

第三十六条 发证机关发现企业以欺骗、贿赂等不正当手段取得安全生产许可证的,应当撤销已颁发的安全生产许可证。

第三十七条 取得安全生产许可证的企业有下列情形之一的,发证机关应当注销其安全生产许可证:

(一)安全生产许可证有效期满未被批准延期的;

(二)终止烟花爆竹生产活动的;

(三)安全生产许可证被依法撤销的;

(四)安全生产许可证被依法吊销的。

发证机关注销安全生产许可证后,应当在当地主要媒体或者本机关政府网站上及时公告被注销安全生产许可证的企业名单,并通报同级人民政府有关部门和企业所在地县级人民政府。

第三十八条 发证机关应当建立健全安全生产许可证档案管理制度,并应用信息化手段管理安全生产许可证档案。

第三十九条 发证机关应当每6个月向社会公布一次取得安全生产许可证的企业情况,并于每年1月15日前将本行政区域内上一年度安全生产许可证的颁发和管理情况报国家安全生产监督管理总局。

第四十条 企业取得安全生产许可证后,不得出租、转让安全生产许可证,不得将企业、生产线或者工(库)房转包、分包给不具备安全生产条件或者相应资质的其他任何单位或者个人,不得多股东各自独立进行烟花爆竹生产活动。

企业不得从其他企业购买烟花爆竹半成品加工后销

售或者购买其他企业烟花爆竹成品加贴本企业标签后销售,不得向其他企业销售烟花爆竹半成品。从事礼花弹生产的企业不得将礼花弹销售给未经公安机关批准的燃放活动。

第四十一条 任何单位或者个人对违反《安全生产许可证条例》、《烟花爆竹安全管理条例》和本办法规定的行为,有权向安全生产监督管理部门或者监察机关等有关部门举报。

第六章 法律责任

第四十二条 发证机关、初审机关及其工作人员有下列行为之一的,给予降级或者撤职的行政处分;构成犯罪的,依法追究刑事责任:
(一)向不符合本办法规定的安全生产条件的企业颁发安全生产许可证的;
(二)发现企业未依法取得安全生产许可证擅自从事烟花爆竹生产活动,不依法处理的;
(三)发现取得安全生产许可证的企业不再具备本办法规定的安全生产条件,不依法处理的;
(四)接到违反本办法规定行为的举报后,不及时处理的;
(五)在安全生产许可证颁发、管理和监督检查工作中,索取或者接受企业财物、帮助企业弄虚作假或者谋取其他不正当利益的。

第四十三条 企业有下列行为之一的,责令停止违法活动或者限期改正,并处1万元以上3万元以下的罚款:
(一)变更企业主要负责人或者名称,未办理安全生产许可证变更手续的;
(二)从其他企业购买烟花爆竹半成品加工后销售,或者购买其他企业烟花爆竹成品加贴本企业标签后销售,或者向其他企业销售烟花爆竹半成品的。

第四十四条 企业有下列行为之一的,依法暂扣其安全生产许可证:
(一)多股东各自独立进行烟花爆竹生产活动的;
(二)从事礼花弹生产的企业将礼花弹销售给未经公安机关批准的燃放活动的;
(三)改建、扩建烟花爆竹生产(含储存)设施未办理安全生产许可证变更手续的;
(四)发生较大以上生产安全责任事故的;
(五)不再具备本办法规定的安全生产条件的。

企业有前款第一项、第二项、第三项行为之一的,并处1万元以上3万元以下的罚款。

第四十五条 企业有下列行为之一的,依法吊销其安全生产许可证:
(一)出租、转让安全生产许可证的;
(二)被暂扣安全生产许可证,经停产整顿后仍不具备本办法规定的安全生产条件的。

企业有前款第一项行为的,没收违法所得,并处10万元以上50万元以下的罚款。

第四十六条 企业有下列行为之一的,责令停止生产,没收违法所得,并处10万元以上50万元以下的罚款:
(一)未取得安全生产许可证擅自进行烟花爆竹生产的;
(二)变更产品类别或者级别范围未办理安全生产许可证变更手续的。

第四十七条 企业取得安全生产许可证后,将企业、生产线或者工(库)房转包、分包给不具备安全生产条件或者相应资质的其他单位或者个人,依照《中华人民共和国安全生产法》的有关规定给予处罚。

第四十八条 本办法规定的行政处罚,由安全生产监督管理部门决定,暂扣、吊销安全生产许可证的行政处罚由发证机关决定。

第七章 附 则

第四十九条 安全生产许可证由国家安全生产监督管理总局统一印制。

第五十条 本办法自2012年8月1日起施行。原国家安全生产监督管理局、国家煤矿安全监察局2004年5月17日公布的《烟花爆竹生产企业安全生产许可证实施办法》同时废止。

民用爆炸物品生产和销售企业安全生产培训管理办法

· 2018年11月6日
· 工信厅安全〔2018〕77号

第一章 总 则

第一条 为加强和规范民用爆炸物品生产和销售企业(以下简称民爆企业)安全生产培训工作,提高从业人员安全素质,依据《中华人民共和国安全生产法》《民用爆炸物品安全管理条例》等有关法律法规,制定本办法。

第二条 民爆企业从业人员的安全生产培训工作适用本办法。从业人员主要包括民爆企业主要负责人、安全生产管理人员和其他从业人员。

第三条　工业和信息化部负责指导和监督管理全国民爆企业从业人员安全生产培训工作,负责制定培训大纲和考核标准,指导考核题库建设、培训教材编制等。

各省、自治区、直辖市民爆行业主管部门(以下统称省级民爆行业主管部门)负责指导和监督管理本行政区域内民爆企业从业人员安全生产培训考核工作,负责实施对本行政区域内民爆企业主要负责人和安全生产管理人员安全生产知识和管理能力的考核。

相关行业协会依照法律、行政法规和章程,为民爆企业提供安全生产培训服务,促进民爆企业提高安全生产培训工作水平。

第四条　民爆企业是安全生产培训的责任主体,应当依法对从业人员进行安全教育和培训,保证从业人员具备必要的安全生产知识,熟悉有关安全生产规章制度和安全操作规程,掌握本岗位的安全操作技能,了解事故应急处理措施,知悉自身在安全生产方面的权利和义务。

第五条　民爆企业从业人员应当依照本办法接受安全生产教育和培训,掌握本职工作所需的安全生产知识,提高安全生产技能,增强事故预防和应急处理能力。

第二章　安全生产培训组织与管理

第六条　民爆企业应当建立完善安全生产培训管理制度,制定年度安全生产培训计划,明确安全生产培训工作机构,配备专职或者兼职安全生产培训管理人员,按照国家规定的比例提取教育培训经费。

第七条　民爆企业应当以自主培训为主,也可以委托民爆行业相关培训机构进行培训。

第八条　民爆企业应当建立健全从业人员安全生产培训档案,实行一人一档。档案的内容包括:

(一)员工登记表,包括学员的文化程度、职务、职称、工作经历、技能等级晋升等情况;

(二)身份证复印件、学历证书复印件;

(三)历次接受安全生产培训、考核的情况;

(四)安全生产违规违章行为记录,以及被追究责任,受到处分、处理的情况;

(五)其他有关情况。

民爆企业从业人员安全生产培训档案应当按照《企业文件材料归档范围和档案保管期限规定》(国家档案局令第10号)保存。

第九条　民爆企业应当建立企业安全生产培训档案,实行一期一档。企业安全生产培训档案应保存3年以上。

民爆企业安全生产培训档案的内容包括:

(一)培训计划;

(二)培训时间、地点;

(三)培训课时及授课教师;

(四)课程讲义;

(五)员工名册、考勤、考核情况;

(六)综合考评报告;

(七)其他有关情况。

第三章　主要负责人和安全生产管理人员安全生产培训及考核

第十条　民爆企业主要负责人是指民爆企业(含生产分厂和生产场点)的法定代表人、董事长、总经理。

民爆企业安全生产管理人员是指分管安全、生产、技术、保卫等与安全生产工作相关的企业负责人,安全管理机构负责人及管理人员。

第十一条　民爆企业主要负责人和安全生产管理人员初次安全生产培训时间不得少于48学时。每年再培训时间不得少于16学时。

第十二条　民爆企业每年应组织主要负责人和安全生产管理人员进行新法律法规、新标准、新规程,以及新技术、新工艺、新设备和新材料等方面的安全生产培训。

第十三条　民爆企业主要负责人安全生产培训和考核应当包括下列内容:

(一)国家安全生产方针、政策、法律、法规,民用爆炸物品生产经营的法规、规章、标准、规划等;

(二)民爆企业主要负责人的责任、权利和义务;

(三)民用爆炸物品生产经营安全管理基本知识、安全技术基础知识;

(四)民用爆炸物品重大危险源管理、重大事故防范、应急管理和救援组织,以及事故调查处理的有关规定及基本方法;

(五)职业危害及其预防措施,风险分级管控和隐患排查治理体系建设要求;

(六)国内外先进的安全生产管理经验;

(七)典型事故和应急救援案例分析;

(八)其他需要培训的内容。

第十四条　民爆企业安全生产管理人员安全生产培训和考核应当包括以下内容:

(一)国家安全生产方针、政策、法律、法规,民用爆炸物品生产经营的法规、规章、标准;

(二)民爆企业安全生产管理人员的责任、权利和义务;

（三）民用爆炸物品生产经营安全管理知识、安全生产技术知识、安全生产专业知识、职业卫生知识等；

（四）民用爆炸物品重大危险源的识别与管理，应急救援预案的编制与实施，重大事故调查、分析、报告及处理的有关规定；

（五）伤亡事故统计、报告及职业危害的调查处理方法；

（六）国内外先进的安全生产管理经验；

（七）典型事故和应急救援案例分析；

（八）其他需要培训的内容。

第十五条 民爆企业主要负责人和安全生产管理人员应当在任职之日起6个月内通过安全生产知识和管理能力考核，并持续保持相应水平和能力。

民爆企业主要负责人和安全生产管理人员任职30日内，向当地省级民爆行业主管部门提出考核申请，并提交其任职文件和工作经历等相关材料。

省级民爆行业主管部门接到民爆企业主要负责人和安全生产管理人员申请及材料后，经审核符合条件的，应当及时组织相应的考试。

第十六条 民爆企业主要负责人和安全生产管理人员考核应相对固定考核地点，采用计算机或笔试等方式进行，试题从考核题库随机抽取，考核满分100分，80分以上（含80分）为合格。

省级民爆行业主管部门应当自考核结束之日起5个工作日内公布考核成绩。

第十七条 民爆企业主要负责人和安全生产管理人员考核合格后，省级民爆行业主管部门应当在公布考核结果10个工作日内向主要负责人和安全生产管理人员颁发安全生产知识和管理能力考核合格证明，考核合格证明有效期3年。考核合格证明由工业和信息化部统一制式，在民爆行业内有效。

民爆企业主要负责人和安全生产管理人员考核不合格的，3个月内可以补考1次；经补考仍不合格的，省级民爆行业主管部门应函告其所在企业调整其工作岗位，且1年内不得再次申请考核。

第四章 其他从业人员安全生产培训及考核

第十八条 其他从业人员是指民爆企业除主要负责人和安全生产管理人员以外，在该单位从事生产经营活动的所有人员，包括临时聘用人员、派遣的劳动者和中等职业学校、高等学校实习学生等。

民爆企业特种作业人员的范围和培训考核管理办法，按照国家有关管理部门的规定执行。

第十九条 民爆企业应当根据工作性质，参照培训大纲和考核标准，对其他从业人员进行安全生产培训和考核，保证其他从业人员具备本岗位安全操作必要的知识和技能。未经培训考核合格的，不得上岗作业。

其他从业人员初次安全生产培训时间不得少于72学时，每年再培训时间不得少于20学时。

第二十条 民爆企业的其他从业人员安全生产培训应当包括以下内容：

（一）民用爆炸物品生产经营的法规、规章、标准；

（二）民爆企业其他从业人员的责任、权利和义务；

（三）本单位安全生产情况及安全生产基本知识；

（四）本单位安全生产规章制度和劳动纪律；

（五）本单位安全生产的环境及危险因素及防范措施；

（六）本单位事故应急救援预案的有关内容；

（七）本岗位安全职责，安全生产操作要领，安全操作技能，安全隐患的发现与消除；

（八）有关事故案例；

（九）其他需要培训的内容。

第二十一条 其他从业人员在本单位内调整工作岗位或离岗半年以上（含半年）重新上岗时，应当重新接受安全生产培训。

民爆企业采用新工艺、新技术、新材料或者使用新设备时，应当对相关从业人员重新进行有针对性的安全生产培训，经考核合格后，方可上岗作业。

第五章 监督管理

第二十二条 省级民爆行业主管部门应当将民爆企业负责人和安全生产管理人员考核合格证明的发放情况及时公布，接受社会监督。

第二十三条 省级民爆行业主管部门对本行政区域内民爆企业下列安全生产培训工作进行监督检查：

（一）建立、完善安全生产培训管理制度，制定年度培训计划情况；

（二）安全生产培训经费保障情况，支付学员培训期间工资和必要费用情况；

（三）企业安全生产培训档案情况；

（四）主要负责人、安全生产管理人员接受安全生产知识和管理能力考核情况；

（五）应用新工艺、新技术、新材料、新设备以及离岗、转岗对从业人员安全生产培训情况；

（六）其他从业人员安全生产培训情况。

第二十四条 省级民爆行业主管部门应对民爆企业

安全生产培训工作进行监督检查,建立现场随机抽考制度。现场随机抽考办法由各省民爆行业主管部门另行制定。

第二十五条 民爆企业安全生产管理人员工作单位发生变动的,原工作单位不得以任何理由扣押其考核合格证明。

第二十六条 民爆企业未按照规定对从业人员进行安全教育和培训的,按照《安全生产法》有关规定予以处罚。

第六章 附 则

第二十七条 省级民爆行业主管部门对民爆企业主要负责人和安全生产管理人员的考核不得收费,应当将组织考核费用、证书工本费用列入年度财政预算范围。

第二十八条 省级民爆行业主管部门可以根据本办法制定具体实施细则。

第二十九条 本办法自 2019 年 1 月 1 日起施行。原国防科学技术工业委员会 2007 年 3 月 26 日颁布的《民用爆炸物品生产经营单位安全生产培训规定》(科工安〔2007〕85 号)同时废止。

烟花爆竹经营许可实施办法

- 2013 年 10 月 16 日国家安全生产监督管理总局令第 65 号公布
- 自 2013 年 12 月 1 日起施行

第一章 总 则

第一条 为了规范烟花爆竹经营单位安全条件和经营行为,做好烟花爆竹经营许可证颁发和管理工作,加强烟花爆竹经营安全监督管理,根据《烟花爆竹安全管理条例》等法律、行政法规,制定本办法。

第二条 烟花爆竹经营许可证的申请、审查、颁发及其监督管理,适用本办法。

第三条 从事烟花爆竹批发的企业(以下简称批发企业)和从事烟花爆竹零售的经营者(以下简称零售经营者)应当按照本办法的规定,分别取得《烟花爆竹经营(批发)许可证》(以下简称批发许可证)和《烟花爆竹经营(零售)许可证》(以下简称零售许可证)。

从事烟花爆竹进出口的企业,应当按照本办法的规定申请办理批发许可证。

未取得烟花爆竹经营许可证的,任何单位或者个人不得从事烟花爆竹经营活动。

第四条 烟花爆竹经营单位的布点,应当按照保障安全、统一规划、合理布局、总量控制、适度竞争的原则审批;对从事黑火药、引火线批发和烟花爆竹进出口的企业,应当按照严格许可条件、严格控制数量的原则审批。

批发企业不得在城市建成区内设立烟花爆竹储存仓库,不得在批发(展示)场所摆放有药样品;严格控制城市建成区内烟花爆竹零售点数量,且烟花爆竹零售点不得与居民居住场所设置在同一建筑物内。

第五条 烟花爆竹经营许可证的颁发和管理,实行企业申请、分级发证、属地监管的原则。

国家安全生产监督管理总局(以下简称安全监管总局)负责指导、监督全国烟花爆竹经营许可证的颁发和管理工作。

省、自治区、直辖市人民政府安全生产监督管理部门(以下简称省级安全监管局)负责制定本行政区域的批发企业布点规划,统一批发许可编号,指导、监督本行政区域内烟花爆竹经营许可证的颁发和管理工作。

设区的市级人民政府安全生产监督管理部门(以下简称市级安全监管局)根据省级安全监管局的批发企业布点规划和统一编号,负责本行政区域内烟花爆竹批发许可证的颁发和管理工作。

县级人民政府安全生产监督管理部门(以下简称县级安全监管局,与市级安全监管局统称发证机关)负责本行政区域内零售经营布点规划与零售许可证的颁发和管理工作。

第二章 批发许可证的申请和颁发

第六条 批发企业应当符合下列条件:

(一)具备企业法人条件;

(二)符合所在地省级安全监管局制定的批发企业布点规划;

(三)具有与其经营规模和产品相适应的仓储设施。仓库的内外部安全距离、库房布局、建筑结构、疏散通道、消防、防爆、防雷、防静电等安全设施以及电气设施等,符合《烟花爆竹工程设计安全规范》(GB50161)等国家标准和行业标准的规定。仓储区域及仓库安装有符合《烟花爆竹企业安全监控系统通用技术条件》(AQ4101)规定的监控设施,并设立符合《烟花爆竹安全生产标志》(AQ4114)规定的安全警示标志和标识牌;

(四)具备与其经营规模、产品和销售区域范围相适应的配送服务能力;

(五)建立安全生产责任制和各项安全管理制度、操作规程。安全管理制度和操作规程至少包括:仓库安全管理制度、仓库保管守卫制度、防火防爆安全管理制度、安全检查和隐患排查治理制度、事故应急救援与事故报告制度、买卖合同管理制度、产品流向登记制度、产品检验验收制度、从业人员安全教育培训制度、违规违章行为处罚制度、企业负责人值(带)班制度、安全生产费用提取和使用制度、装卸(搬运)作业安全规程；

（六）有安全管理机构或者专职安全生产管理人员；

（七）主要负责人、分管安全生产负责人、安全生产管理人员具备烟花爆竹经营方面的安全知识和管理能力，并经培训考核合格，取得相应资格证书。仓库保管员、守护员接受烟花爆竹专业知识培训，并经考核合格，取得相应资格证书。其他从业人员经本单位安全知识培训合格；

（八）按照《烟花爆竹流向登记通用规范》（AQ4102）和烟花爆竹流向信息化管理的有关规定，建立并应用烟花爆竹流向信息化管理系统；

（九）有事故应急救援预案、应急救援组织和人员，并配备必要的应急救援器材、设备；

（十）依法进行安全评价；

（十一）法律、法规规定的其他条件。

从事烟花爆竹进出口的企业申请领取批发许可证，应当具备前款第一项至第三项和第五项至第十一项规定的条件。

第七条 从事黑火药、引火线批发的企业，除具备本办法第六条规定的条件外，还应当具备必要的黑火药、引火线安全保管措施，自有的专用运输车辆能够满足其配送服务需要，且符合国家相关标准。

第八条 批发企业申请领取批发许可证时，应当向发证机关提交下列申请文件、资料，并对其真实性负责：

（一）批发许可证申请书（一式三份）；

（二）企业法人营业执照副本或者企业名称工商预核准文件复制件；

（三）安全生产责任制文件、事故应急救援预案备案登记文件、安全管理制度和操作规程的目录清单；

（四）主要负责人、分管安全生产负责人、安全生产管理人员和仓库保管员、守护员的相关资格证书复制件；

（五）具备相应资质的设计单位出具的库区外部安全距离实测图和库区仓储设施平面布置图；

（六）具备相应资质的安全评价机构出具的安全评价报告，安全评价报告至少包括本办法第六条第三项、第四项、第八项、第九项和第七条规定条件的符合性评价内容；

（七）建设项目安全设施设计审查和竣工验收的证明材料；

（八）从事黑火药、引火线批发的企业自有专用运输车辆以及驾驶员、押运员的相关资质（资格）证书复制件；

（九）法律、法规规定的其他文件、资料。

第九条 发证机关对申请人提交的申请书及文件、资料，应当按照下列规定分别处理：

（一）申请事项不属于本发证机关职责范围的，应当即时作出不予受理的决定，并告知申请人向相应发证机关申请；

（二）申请材料存在可以当场更改的错误的，应当允许或者要求申请人当场更正，并在更正后即时出具受理的书面凭证；

（三）申请材料不齐全或者不符合要求的，应当当场或者在5个工作日内书面一次告知申请人需要补正的全部内容。逾期不告知的，自收到申请材料之日起即为受理；

（四）申请材料齐全、符合要求或者按照要求全部补正的，自收到申请材料或者全部补正材料之日起即为受理。

第十条 发证机关受理申请后，应当对申请材料进行审查。需要对经营储存场所的安全条件进行现场核查的，应当指派2名以上工作人员组织技术人员进行现场核查。对烟花爆竹进出口企业和设有1.1级仓库的企业，应当指派2名以上工作人员组织技术人员进行现场核查。负责现场核查的人员应当提出书面核查意见。

第十一条 发证机关应当自受理申请之日起30个工作日内作出颁发或者不予颁发批发许可证的决定。

对决定不予颁发的，应当自作出决定之日起10个工作日内书面通知申请人并说明理由；对决定颁发的，应当自作出决定之日起10个工作日内送达或者通知申请人领取批发许可证。

发证机关在审查过程中，现场核查和企业整改所需时间，不计算在本办法规定的期限内。

第十二条 批发许可证的有效期限为3年。

批发许可证有效期满后，批发企业拟继续从事烟花爆竹批发经营活动的，应当在有效期届满前3个月向原发证机关提出延期申请，并提交下列文件、资料：

（一）批发许可证延期申请书（一式三份）；

（二）本办法第八条第三项、第四项、第五项、第八项规定的文件、资料；

（三）安全生产标准化达标的证明材料。

第十三条 发证机关受理延期申请后，应当按照本办法第十条、第十一条规定,办理批发许可证延期手续。

第十四条 批发企业符合下列条件的,经发证机关同意,可以不再现场核查,直接办理批发许可证延期手续:

(一)严格遵守有关法律、法规和本办法规定,无违法违规经营行为的;

(二)取得批发许可证后,持续加强安全生产管理,不断提升安全生产条件,达到安全生产标准化二级以上的;

(三)接受发证机关及所在地人民政府安全生产监督管理部门的监督检查的;

(四)未发生生产安全伤亡事故的。

第十五条 批发企业在批发许可证有效期内变更企业名称、主要负责人和注册地址的,应当自变更之日起10个工作日内向原发证机关提出变更,并提交下列文件、资料:

(一)批发许可证变更申请书(一式三份);

(二)变更后的企业名称工商预核准文件或者工商营业执照副本复制件;

(三)变更后的主要负责人安全资格证书复制件。

批发企业变更经营许可范围、储存仓库地址和仓储设施新建、改建、扩建的,应当重新申请办理许可手续。

第三章 零售许可证的申请和颁发

第十六条 零售经营者应当符合下列条件:

(一)符合所在地县级安全监管局制定的零售经营布点规划;

(二)主要负责人经过安全培训合格,销售人员经过安全知识教育;

(三)春节期间零售点、城市长期零售点实行专店销售。乡村长期零售点在淡季实行专柜销售时,安排专人销售,专柜相对独立,并与其他柜台保持一定的距离,保证安全通道畅通;

(四)零售场所的面积不小于10平方米,其周边50米范围内没有其他烟花爆竹零售点,并与学校、幼儿园、医院、集贸市场等人员密集场所和加油站等易燃易爆物品生产、储存设施等重点建筑物保持100米以上的安全距离;

(五)零售场所配备必要的消防器材,张贴明显的安全警示标志;

(六)法律、法规规定的其他条件。

第十七条 零售经营者申请领取零售许可证时,应当向所在地发证机关提交申请书、零售点及其周围安全条件说明和发证机关要求提供的其他材料。

第十八条 发证机关受理申请后,应当对申请材料和零售场所的安全条件进行现场核查。负责现场核查的人员应当提出书面核查意见。

第十九条 发证机关应当自受理申请之日起20个工作日内作出颁发或者不予颁发零售许可证的决定,并书面告知申请人。对决定不予颁发的,应当书面说明理由。

第二十条 零售许可证上载明的储存限量由发证机关根据国家标准或者行业标准的规定,结合零售点及其周围安全条件确定。

第二十一条 零售许可证的有效期限由发证机关确定,最长不超过2年。零售许可证有效期满后拟继续从事烟花爆竹零售经营活动,或者在有效期内变更零售点名称、主要负责人、零售场所和许可范围的,应当重新申请取得零售许可证。

第四章 监督管理

第二十二条 批发企业、零售经营者不得采购和销售非法生产、经营的烟花爆竹和产品质量不符合国家标准或者行业标准规定的烟花爆竹。

批发企业不得向未取得零售许可证的单位或者个人销售烟花爆竹,不得向零售经营者销售礼花弹等应当由专业燃放人员燃放的烟花爆竹;从事黑火药、引火线批发的企业不得向无《烟花爆竹安全生产许可证》的单位或者个人销售烟火药、黑火药、引火线。

零售经营者应当向批发企业采购烟花爆竹,不得采购、储存和销售礼花弹等应当由专业燃放人员燃放的烟花爆竹,不得采购、储存和销售烟火药、黑火药、引火线。

第二十三条 禁止在烟花爆竹经营许可证载明的储存(零售)场所以外储存烟花爆竹。

烟花爆竹仓库储存的烟花爆竹品种、规格和数量,不得超过国家标准或者行业标准规定的危险等级和核定限量。

零售点存放的烟花爆竹品种和数量,不得超过烟花爆竹经营许可证载明的范围和限量。

第二十四条 批发企业对非法生产、假冒伪劣、过期、含有违禁药物以及其他存在严重质量问题的烟花爆竹,应当及时、妥善销毁。

对执法检查收缴的前款规定的烟花爆竹,不得与正常的烟花爆竹产品同库存放。

第二十五条 批发企业应当建立并严格执行合同管理、流向登记制度,健全合同管理和流向登记档案,并留存3年备查。

黑火药、引火线批发企业的采购、销售记录,应当自购买或者销售之日起3日内报所在地县级安全监管局备案。

第二十六条 烟花爆竹经营单位不得出租、出借、转让、买卖、冒用或者使用伪造的烟花爆竹经营许可证。

第二十七条 烟花爆竹经营单位应当在经营(办公)场所显著位置悬挂烟花爆竹经营许可证正本。批发企业应当在储存仓库留存批发许可证副本。

第二十八条 对违反本办法规定的程序、超越职权或者不具备本办法规定的安全条件颁发的烟花爆竹经营许可证,发证机关应当依法撤销其经营许可证。

取得烟花爆竹经营许可证的单位依法终止烟花爆竹经营活动的,发证机关应当依法注销其经营许可证。

第二十九条 发证机关应当坚持公开、公平、公正的原则,严格依照本办法的规定审查、核发烟花爆竹经营许可证,建立健全烟花爆竹经营许可证的档案管理制度和信息化管理系统,并定期向社会公告取证企业的名单。

省级安全监管局应当加强烟花爆竹经营许可工作的监督检查,并于每年3月15日前,将本行政区域内上年度烟花爆竹经营许可证的颁发和管理情况报告安全监管总局。

第三十条 任何单位或者个人对违反《烟花爆竹安全管理条例》和本办法规定的行为,有权向安全生产监督管理部门或者监察机关等有关部门举报。

第五章 法律责任

第三十一条 对未经许可经营、超许可范围经营、许可证过期继续经营烟花爆竹的,责令其停止非法经营活动,处2万元以上10万元以下的罚款,并没收非法经营的物品及违法所得。

第三十二条 批发企业有下列行为之一的,责令其限期改正,处5000元以上3万元以下的罚款:

(一)在城市建成区内设立烟花爆竹储存仓库,或者在批发(展示)场所摆放有药样品的;

(二)采购和销售质量不符合国家标准或者行业标准规定的烟花爆竹的;

(三)在仓库内违反国家标准或者行业标准规定储存烟花爆竹的;

(四)在烟花爆竹经营许可证载明的仓库以外储存烟花爆竹的;

(五)对假冒伪劣、过期、含有超量、违禁药物以及其他存在严重质量问题的烟花爆竹未及时销毁的;

(六)未执行合同管理、流向登记制度或者未按照规定应用烟花爆竹流向管理信息系统的;

(七)未将黑火药、引火线的采购、销售记录报所在地县级安全监管局备案的;

(八)仓储设施新建、改建、扩建后,未重新申请办理许可手续的;

(九)变更企业名称、主要负责人、注册地址,未申请办理许可证变更手续的;

(十)向未取得零售许可证的单位或者个人销售烟花爆竹的。

第三十三条 批发企业有下列行为之一的,责令其停业整顿,依法暂扣批发许可证,处2万元以上10万元以下的罚款,并没收非法经营的物品及违法所得;情节严重的,依法吊销批发许可证:

(一)向未取得烟花爆竹安全生产许可证的单位或者个人销售烟火药、黑火药、引火线的;

(二)向零售经营者供应非法生产、经营的烟花爆竹的;

(三)向零售经营者供应礼花弹等按照国家标准规定应当由专业人员燃放的烟花爆竹的。

第三十四条 零售经营者有下列行为之一的,责令其停止违法行为,处1000元以上5000元以下的罚款,并没收非法经营的物品及违法所得;情节严重的,依法吊销零售许可证:

(一)销售非法生产、经营的烟花爆竹的;

(二)销售礼花弹等按照国家标准规定应当由专业人员燃放的烟花爆竹的。

第三十五条 零售经营者有下列行为之一的,责令其限期改正,处1000元以上5000元以下的罚款;情节严重的,处5000元以上30000元以下的罚款:

(一)变更零售点名称、主要负责人或者经营场所,未重新办理零售许可证的;

(二)存放的烟花爆竹数量超过零售许可证载明范围的。

第三十六条 烟花爆竹经营单位出租、出借、转让、买卖烟花爆竹经营许可证的,责令其停止违法行为,处1万元以上3万元以下的罚款,并依法撤销烟花爆竹经营许可证。

冒用或者使用伪造的烟花爆竹经营许可证的,依照本办法第三十一条的规定处罚。

第三十七条 申请人隐瞒有关情况或者提供虚假材料申请烟花爆竹经营许可证的,发证机关不予受理,该申请人1年内不得再次提出烟花爆竹经营许可申请。

以欺骗、贿赂等不正当手段取得烟花爆竹经营许可证的,应当予以撤销,该经营单位3年内不得再次提出烟花爆竹经营许可申请。

第三十八条 安全生产监督管理部门工作人员在实施烟花爆竹经营许可和监督管理工作中,滥用职权、玩忽职守、徇私舞弊,未依法履行烟花爆竹经营许可证审查、颁发和监督管理职责的,依照有关规定给予处分;构成犯罪的,依法追究刑事责任。

第三十九条 本办法规定的行政处罚,由安全生产监督管理部门决定,暂扣、吊销经营许可证的行政处罚由发证机关决定。

第六章 附 则

第四十条 烟花爆竹经营许可证分为正本、副本,正本为悬挂式,副本为折页式,具有同等法律效力。

烟花爆竹经营许可证由安全监管总局统一规定式样。

第四十一条 省级安全监管局可以依据国家有关法律、行政法规和本办法的规定制定实施细则。

第四十二条 本办法自2013年12月1日起施行,安全监管总局2006年8月26日公布的《烟花爆竹经营许可实施办法》同时废止。

八、劳动安全保护

中华人民共和国劳动法

- 1994年7月5日第八届全国人民代表大会常务委员会第八次会议通过
- 根据2009年8月27日第十一届全国人民代表大会常务委员会第十次会议《关于修改部分法律的决定》第一次修正
- 根据2018年12月29日第十三届全国人民代表大会常务委员会第七次会议《关于修改〈中华人民共和国劳动法〉等七部法律的决定》第二次修正

第一章 总 则

第一条 为了保护劳动者的合法权益,调整劳动关系,建立和维护适应社会主义市场经济的劳动制度,促进经济发展和社会进步,根据宪法,制定本法。

第二条 在中华人民共和国境内的企业、个体经济组织(以下统称用人单位)和与之形成劳动关系的劳动者,适用本法。

国家机关、事业组织、社会团体和与之建立劳动合同关系的劳动者,依照本法执行。

第三条 劳动者享有平等就业和选择职业的权利、取得劳动报酬的权利、休息休假的权利、获得劳动安全卫生保护的权利、接受职业技能培训的权利、享受社会保险和福利的权利、提请劳动争议处理的权利以及法律规定的其他劳动权利。

劳动者应当完成劳动任务,提高职业技能,执行劳动安全卫生规程,遵守劳动纪律和职业道德。

第四条 用人单位应当依法建立和完善规章制度,保障劳动者享有劳动权利和履行劳动义务。

第五条 国家采取各种措施,促进劳动就业,发展职业教育,制定劳动标准,调节社会收入,完善社会保险,协调劳动关系,逐步提高劳动者的生活水平。

第六条 国家提倡劳动者参加社会义务劳动,开展劳动竞赛和合理化建议活动,鼓励和保护劳动者进行科学研究、技术革新和发明创造,表彰和奖励劳动模范和先进工作者。

第七条 劳动者有权依法参加和组织工会。

工会代表和维护劳动者的合法权益,依法独立自主地开展活动。

第八条 劳动者依照法律规定,通过职工大会、职工代表大会或者其他形式,参与民主管理或者就保护劳动者合法权益与用人单位进行平等协商。

第九条 国务院劳动行政部门主管全国劳动工作。

县级以上地方人民政府劳动行政部门主管本行政区域内的劳动工作。

第二章 促进就业

第十条 国家通过促进经济和社会发展,创造就业条件,扩大就业机会。

国家鼓励企业、事业组织、社会团体在法律、行政法规规定的范围内兴办产业或者拓展经营,增加就业。

国家支持劳动者自愿组织起来就业和从事个体经营实现就业。

第十一条 地方各级人民政府应当采取措施,发展多种类型的职业介绍机构,提供就业服务。

第十二条 劳动者就业,不因民族、种族、性别、宗教信仰不同而受歧视。

第十三条 妇女享有与男子平等的就业权利。在录用职工时,除国家规定的不适合妇女的工种或者岗位外,不得以性别为由拒绝录用妇女或者提高对妇女的录用标准。

第十四条 残疾人、少数民族人员、退出现役的军人的就业,法律、法规有特别规定的,从其规定。

第十五条 禁止用人单位招用未满十六周岁的未成年人。

文艺、体育和特种工艺单位招用未满十六周岁的未成年人,必须遵守国家有关规定,并保障其接受义务教育的权利。

第三章 劳动合同和集体合同

第十六条 劳动合同是劳动者与用人单位确立劳动关系、明确双方权利和义务的协议。

建立劳动关系应当订立劳动合同。

第十七条 订立和变更劳动合同,应当遵循平等自愿、协商一致的原则,不得违反法律、行政法规的规定。

劳动合同依法订立即具有法律约束力,当事人必须履行劳动合同规定的义务。

第十八条 下列劳动合同无效:

(一)违反法律、行政法规的劳动合同;

(二)采取欺诈、威胁等手段订立的劳动合同。

无效的劳动合同,从订立的时候起,就没有法律约束力。确认劳动合同部分无效的,如果不影响其余部分的效力,其余部分仍然有效。

劳动合同的无效,由劳动争议仲裁委员会或者人民法院确认。

第十九条 劳动合同应当以书面形式订立,并具备以下条款:

(一)劳动合同期限;

(二)工作内容;

(三)劳动保护和劳动条件;

(四)劳动报酬;

(五)劳动纪律;

(六)劳动合同终止的条件;

(七)违反劳动合同的责任。

劳动合同除前款规定的必备条款外,当事人可以协商约定其他内容。

第二十条 劳动合同的期限分为有固定期限、无固定期限和以完成一定的工作为期限。

劳动者在同一用人单位连续工作满十年以上,当事人双方同意续延劳动合同的,如果劳动者提出订立无固定期限的劳动合同,应当订立无固定期限的劳动合同。

第二十一条 劳动合同可以约定试用期。试用期最长不得超过六个月。

第二十二条 劳动合同当事人可以在劳动合同中约定保守用人单位商业秘密的有关事项。

第二十三条 劳动合同期满或者当事人约定的劳动合同终止条件出现,劳动合同即行终止。

第二十四条 经劳动合同当事人协商一致,劳动合同可以解除。

第二十五条 劳动者有下列情形之一的,用人单位可以解除劳动合同:

(一)在试用期间被证明不符合录用条件的;

(二)严重违反劳动纪律或者用人单位规章制度的;

(三)严重失职,营私舞弊,对用人单位利益造成重大损害的;

(四)被依法追究刑事责任的。

第二十六条 有下列情形之一的,用人单位可以解除劳动合同,但是应当提前三十日以书面形式通知劳动者本人:

(一)劳动者患病或者非因工负伤,医疗期满后,不能从事原工作也不能从事由用人单位另行安排的工作的;

(二)劳动者不能胜任工作,经过培训或者调整工作岗位,仍不能胜任工作的;

(三)劳动合同订立时所依据的客观情况发生重大变化,致使原劳动合同无法履行,经当事人协商不能就变更劳动合同达成协议的。

第二十七条 用人单位濒临破产进行法定整顿期间或者生产经营状况发生严重困难,确需裁减人员的,应当提前三十日向工会或者全体职工说明情况,听取工会或者职工的意见,经向劳动行政部门报告后,可以裁减人员。

用人单位依据本条规定裁减人员,在六个月内录用人员的,应当优先录用被裁减的人员。

第二十八条 用人单位依据本法第二十四条、第二十六条、第二十七条的规定解除劳动合同的,应当依照国家有关规定给予经济补偿。

第二十九条 劳动者有下列情形之一的,用人单位不得依据本法第二十六条、第二十七条的规定解除劳动合同:

(一)患职业病或者因工负伤并被确认丧失或者部分丧失劳动能力的;

(二)患病或者负伤,在规定的医疗期内的;

(三)女职工在孕期、产期、哺乳期内的;

(四)法律、行政法规规定的其他情形。

第三十条 用人单位解除劳动合同,工会认为不适当的,有权提出意见。如果用人单位违反法律、法规或者劳动合同,工会有权要求重新处理;劳动者申请仲裁或者提起诉讼的,工会应当依法给予支持和帮助。

第三十一条 劳动者解除劳动合同,应当提前三十日以书面形式通知用人单位。

第三十二条 有下列情形之一的,劳动者可以随时通知用人单位解除劳动合同:

(一)在试用期内的;

(二)用人单位以暴力、威胁或者非法限制人身自由的手段强迫劳动的;

(三)用人单位未按照劳动合同约定支付劳动报酬或者提供劳动条件的。

第三十三条 企业职工一方与企业可以就劳动报

酬、工作时间、休息休假、劳动安全卫生、保险福利等事项，签订集体合同。集体合同草案应当提交职工代表大会或者全体职工讨论通过。

集体合同由工会代表职工与企业签订；没有建立工会的企业，由职工推举的代表与企业签订。

第三十四条　集体合同签订后应当报送劳动行政部门；劳动行政部门自收到集体合同文本之日起十五日内未提出异议的，集体合同即行生效。

第三十五条　依法签订的集体合同对企业和企业全体职工具有约束力。职工个人与企业订立的劳动合同中劳动条件和劳动报酬等标准不得低于集体合同的规定。

第四章　工作时间和休息休假

第三十六条　国家实行劳动者每日工作时间不超过八小时、平均每周工作时间不超过四十四小时的工时制度。

第三十七条　对实行计件工作的劳动者，用人单位应当根据本法第三十六条规定的工时制度合理确定其劳动定额和计件报酬标准。

第三十八条　用人单位应当保证劳动者每周至少休息一日。

第三十九条　企业因生产特点不能实行本法第三十六条、第三十八条规定的，经劳动行政部门批准，可以实行其他工作和休息办法。

第四十条　用人单位在下列节日期间应当依法安排劳动者休假：

（一）元旦；

（二）春节；

（三）国际劳动节；

（四）国庆节；

（五）法律、法规规定的其他休假节日。

第四十一条　用人单位由于生产经营需要，经与工会和劳动者协商后可以延长工作时间，一般每日不得超过一小时；因特殊原因需要延长工作时间的，在保障劳动者身体健康的条件下延长工作时间每日不得超过三小时，但是每月不得超过三十六小时。

第四十二条　有下列情形之一的，延长工作时间不受本法第四十一条规定的限制：

（一）发生自然灾害、事故或者因其他原因，威胁劳动者生命健康和财产安全，需要紧急处理的；

（二）生产设备、交通运输线路、公共设施发生故障，影响生产和公众利益，必须及时抢修的；

（三）法律、行政法规规定的其他情形。

第四十三条　用人单位不得违反本法规定延长劳动者的工作时间。

第四十四条　有下列情形之一的，用人单位应当按照下列标准支付高于劳动者正常工作时间工资的工资报酬：

（一）安排劳动者延长工作时间的，支付不低于工资的百分之一百五十的工资报酬；

（二）休息日安排劳动者工作又不能安排补休的，支付不低于工资的百分之二百的工资报酬；

（三）法定休假日安排劳动者工作的，支付不低于工资的百分之三百的工资报酬。

第四十五条　国家实行带薪年休假制度。

劳动者连续工作一年以上的，享受带薪年休假。具体办法由国务院规定。

第五章　工　资

第四十六条　工资分配应当遵循按劳分配原则，实行同工同酬。

工资水平在经济发展的基础上逐步提高。国家对工资总量实行宏观调控。

第四十七条　用人单位根据本单位的生产经营特点和经济效益，依法自主确定本单位的工资分配方式和工资水平。

第四十八条　国家实行最低工资保障制度。最低工资的具体标准由省、自治区、直辖市人民政府规定，报国务院备案。

用人单位支付劳动者的工资不得低于当地最低工资标准。

第四十九条　确定和调整最低工资标准应当综合参考下列因素：

（一）劳动者本人及平均赡养人口的最低生活费用；

（二）社会平均工资水平；

（三）劳动生产率；

（四）就业状况；

（五）地区之间经济发展水平的差异。

第五十条　工资应当以货币形式按月支付给劳动者本人。不得克扣或者无故拖欠劳动者的工资。

第五十一条　劳动者在法定休假日和婚丧假期间以及依法参加社会活动期间，用人单位应当依法支付工资。

第六章　劳动安全卫生

第五十二条　用人单位必须建立、健全劳动安全卫生制度，严格执行国家劳动安全卫生规程和标准，对劳动者进行劳动安全卫生教育，防止劳动过程中的事故，减少职业危害。

第五十三条 劳动安全卫生设施必须符合国家规定的标准。

新建、改建、扩建工程的劳动安全卫生设施必须与主体工程同时设计、同时施工、同时投入生产和使用。

第五十四条 用人单位必须为劳动者提供符合国家规定的劳动安全卫生条件和必要的劳动防护用品，对从事有职业危害作业的劳动者应当定期进行健康检查。

第五十五条 从事特种作业的劳动者必须经过专门培训并取得特种作业资格。

第五十六条 劳动者在劳动过程中必须严格遵守安全操作规程。

劳动者对用人单位管理人员违章指挥、强令冒险作业，有权拒绝执行；对危害生命安全和身体健康的行为，有权提出批评、检举和控告。

第五十七条 国家建立伤亡事故和职业病统计报告和处理制度。县级以上各级人民政府劳动行政部门、有关部门和用人单位应当依法对劳动者在劳动过程中发生的伤亡事故和劳动者的职业病状况，进行统计、报告和处理。

第七章 女职工和未成年工特殊保护

第五十八条 国家对女职工和未成年工实行特殊劳动保护。

未成年工是指年满十六周岁未满十八周岁的劳动者。

第五十九条 禁止安排女职工从事矿山井下、国家规定的第四级体力劳动强度的劳动和其他禁忌从事的劳动。

第六十条 不得安排女职工在经期从事高处、低温、冷水作业和国家规定的第三级体力劳动强度的劳动。

第六十一条 不得安排女职工在怀孕期间从事国家规定的第三级体力劳动强度的劳动和孕期禁忌从事的劳动。对怀孕七个月以上的女职工，不得安排其延长工作时间和夜班劳动。

第六十二条 女职工生育享受不少于九十天的产假。

第六十三条 不得安排女职工在哺乳未满一周岁的婴儿期间从事国家规定的第三级体力劳动强度的劳动和哺乳期禁忌从事的其他劳动，不得安排其延长工作时间和夜班劳动。

第六十四条 不得安排未成年工从事矿山井下、有毒有害、国家规定的第四级体力劳动强度的劳动和其他禁忌从事的劳动。

第六十五条 用人单位应当对未成年工定期进行健康检查。

第八章 职业培训

第六十六条 国家通过各种途径，采取各种措施，发展职业培训事业，开发劳动者的职业技能，提高劳动者素质，增强劳动者的就业能力和工作能力。

第六十七条 各级人民政府应当把发展职业培训纳入社会经济发展的规划，鼓励和支持有条件的企业、事业组织、社会团体和个人进行各种形式的职业培训。

第六十八条 用人单位应当建立职业培训制度，按照国家规定提取和使用职业培训经费，根据本单位实际，有计划地对劳动者进行职业培训。

从事技术工种的劳动者，上岗前必须经过培训。

第六十九条 国家确定职业分类，对规定的职业制定职业技能标准，实行职业资格证书制度，由经备案的考核鉴定机构负责对劳动者实施职业技能考核鉴定。

第九章 社会保险和福利

第七十条 国家发展社会保险事业，建立社会保险制度，设立社会保险基金，使劳动者在年老、患病、工伤、失业、生育等情况下获得帮助和补偿。

第七十一条 社会保险水平应当与社会经济发展水平和社会承受能力相适应。

第七十二条 社会保险基金按照保险类型确定资金来源，逐步实行社会统筹。用人单位和劳动者必须依法参加社会保险，缴纳社会保险费。

第七十三条 劳动者在下列情形下，依法享受社会保险待遇：

（一）退休；

（二）患病、负伤；

（三）因工伤残或者患职业病；

（四）失业；

（五）生育。

劳动者死亡后，其遗属依法享受遗属津贴。

劳动者享受社会保险待遇的条件和标准由法律、法规规定。

劳动者享受的社会保险金必须按时足额支付。

第七十四条 社会保险基金经办机构依照法律规定收支、管理和运营社会保险基金，并负有使社会保险基金保值增值的责任。

社会保险基金监督机构依照法律规定,对社会保险基金的收支、管理和运营实施监督。

社会保险基金经办机构和社会保险基金监督机构的设立和职能由法律规定。

任何组织和个人不得挪用社会保险基金。

第七十五条 国家鼓励用人单位根据本单位实际情况为劳动者建立补充保险。

国家提倡劳动者个人进行储蓄性保险。

第七十六条 国家发展社会福利事业,兴建公共福利设施,为劳动者休息、休养和疗养提供条件。

用人单位应当创造条件,改善集体福利,提高劳动者的福利待遇。

第十章 劳动争议

第七十七条 用人单位与劳动者发生劳动争议,当事人可以依法申请调解、仲裁、提起诉讼,也可以协商解决。

调解原则适用于仲裁和诉讼程序。

第七十八条 解决劳动争议,应当根据合法、公正、及时处理的原则,依法维护劳动争议当事人的合法权益。

第七十九条 劳动争议发生后,当事人可以向本单位劳动争议调解委员会申请调解;调解不成,当事人一方要求仲裁的,可以向劳动争议仲裁委员会申请仲裁。当事人一方也可以直接向劳动争议仲裁委员会申请仲裁。对仲裁裁决不服的,可以向人民法院提起诉讼。

第八十条 在用人单位内,可以设立劳动争议调解委员会。劳动争议调解委员会由职工代表、用人单位代表和工会代表组成。劳动争议调解委员会主任由工会代表担任。

劳动争议经调解达成协议的,当事人应当履行。

第八十一条 劳动争议仲裁委员会由劳动行政部门代表、同级工会代表、用人单位方面的代表组成。劳动争议仲裁委员会主任由劳动行政部门代表担任。

第八十二条 提出仲裁要求的一方应当自劳动争议发生之日起六十日内向劳动争议仲裁委员会提出书面申请。仲裁裁决一般应在收到仲裁申请的六十日内作出。对仲裁裁决无异议的,当事人必须履行。

第八十三条 劳动争议当事人对仲裁裁决不服的,可以自收到仲裁裁决书之日起十五日内向人民法院提起诉讼。一方当事人在法定期限内不起诉又不履行仲裁裁决的,另一方当事人可以申请人民法院强制执行。

第八十四条 因签订集体合同发生争议,当事人协商解决不成的,当地人民政府劳动行政部门可以组织有关各方协调处理。

因履行集体合同发生争议,当事人协商解决不成的,可以向劳动争议仲裁委员会申请仲裁;对仲裁裁决不服的,可以自收到仲裁裁决书之日起十五日内向人民法院提起诉讼。

第十一章 监督检查

第八十五条 县级以上各级人民政府劳动行政部门依法对用人单位遵守劳动法律、法规的情况进行监督检查,对违反劳动法律、法规的行为有权制止,并责令改正。

第八十六条 县级以上各级人民政府劳动行政部门监督检查人员执行公务,有权进入用人单位了解执行劳动法律、法规的情况,查阅必要的资料,并对劳动场所进行检查。

县级以上各级人民政府劳动行政部门监督检查人员执行公务,必须出示证件,秉公执法并遵守有关规定。

第八十七条 县级以上各级人民政府有关部门在各自职责范围内,对用人单位遵守劳动法律、法规的情况进行监督。

第八十八条 各级工会依法维护劳动者的合法权益,对用人单位遵守劳动法律、法规的情况进行监督。

任何组织和个人对于违反劳动法律、法规的行为有权检举和控告。

第十二章 法律责任

第八十九条 用人单位制定的劳动规章制度违反法律、法规规定的,由劳动行政部门给予警告,责令改正;对劳动者造成损害的,应当承担赔偿责任。

第九十条 用人单位违反本法规定,延长劳动者工作时间的,由劳动行政部门给予警告,责令改正,并可以处以罚款。

第九十一条 用人单位有下列侵害劳动者合法权益情形之一的,由劳动行政部门责令支付劳动者的工资报酬、经济补偿,并可以责令支付赔偿金:

(一)克扣或者无故拖欠劳动者工资的;

(二)拒不支付劳动者延长工作时间工资报酬的;

(三)低于当地最低工资标准支付劳动者工资的;

(四)解除劳动合同后,未依照本法规定给予劳动者经济补偿的。

第九十二条 用人单位的劳动安全设施和劳动卫生条件不符合国家规定或者未向劳动者提供必要的劳动防护用品和劳动保护设施的,由劳动行政部门或者有关部门责令改正,可以处以罚款;情节严重的,提请县级以上人民政府决定责令停产整顿；对事故隐患不采取措施，致使发生重大事故，造成劳动者生命和财产损失的，对责任人员依照刑法有关规定追究刑事责任。

第九十三条 用人单位强令劳动者违章冒险作业，发生重大伤亡事故，造成严重后果的，对责任人员依法追究刑事责任。

第九十四条 用人单位非法招用未满十六周岁的未成年人的，由劳动行政部门责令改正，处以罚款；情节严重的，由市场监督管理部门吊销营业执照。

第九十五条 用人单位违反本法对女职工和未成年工的保护规定，侵害其合法权益的，由劳动行政部门责令改正，处以罚款；对女职工或者未成年工造成损害的，应当承担赔偿责任。

第九十六条 用人单位有下列行为之一，由公安机关对责任人员处以十五日以下拘留、罚款或者警告；构成犯罪，对责任人员依法追究刑事责任：

（一）以暴力、威胁或者非法限制人身自由的手段强迫劳动的；

（二）侮辱、体罚、殴打、非法搜查和拘禁劳动者的。

第九十七条 由于用人单位的原因订立的无效合同，对劳动者造成损害的，应当承担赔偿责任。

第九十八条 用人单位违反本法规定的条件解除劳动合同或者故意拖延不订立劳动合同的，由劳动行政部门责令改正；对劳动者造成损害的，应当承担赔偿责任。

第九十九条 用人单位招用尚未解除劳动合同的劳动者，对原用人单位造成经济损失的，该用人单位应当依法承担连带赔偿责任。

第一百条 用人单位无故不缴纳社会保险费的，由劳动行政部门责令其限期缴纳；逾期不缴的，可以加收滞纳金。

第一百零一条 用人单位无理阻挠劳动行政部门、有关部门及其工作人员行使监督检查权，打击报复举报人员的，由劳动行政部门或者有关部门处以罚款；构成犯罪，对责任人员依法追究刑事责任。

第一百零二条 劳动者违反本法规定的条件解除劳动合同或违反劳动合同中约定的保密事项，对用人单位造成经济损失的，应当依法承担赔偿责任。

第一百零三条 劳动行政部门或者有关部门的工作人员滥用职权、玩忽职守、徇私舞弊，构成犯罪的，依法追究刑事责任；不构成犯罪的，给予行政处分。

第一百零四条 国家工作人员和社会保险基金经办机构的工作人员挪用社会保险基金，构成犯罪的，依法追究刑事责任。

第一百零五条 违反本法规定侵害劳动者合法权益，其他法律、行政法规已规定处罚的，依照该法律、行政法规的规定处罚。

第十三章 附 则

第一百零六条 省、自治区、直辖市人民政府根据本法和本地区的实际情况，规定劳动合同制度的实施步骤，报国务院备案。

第一百零七条 本法自1995年1月1日起施行。

女职工劳动保护特别规定

- 2012年4月18日国务院第200次常务会议通过
- 2012年4月28日中华人民共和国国务院令第619号公布
- 自公布之日起施行

第一条 为了减少和解决女职工在劳动中因生理特点造成的特殊困难，保护女职工健康，制定本规定。

第二条 中华人民共和国境内的国家机关、企业、事业单位、社会团体、个体经济组织以及其他社会组织等用人单位及其女职工，适用本规定。

第三条 用人单位应当加强女职工劳动保护，采取措施改善女职工劳动安全卫生条件，对女职工进行劳动安全卫生知识培训。

第四条 用人单位应当遵守女职工禁忌从事的劳动范围的规定。用人单位应当将本单位属于女职工禁忌从事的劳动范围的岗位书面告知女职工。

女职工禁忌从事的劳动范围由本规定附录列示。国务院安全生产监督管理部门会同国务院人力资源社会保障行政部门、国务院卫生行政部门根据经济社会发展情况，对女职工禁忌从事的劳动范围进行调整。

第五条 用人单位不得因女职工怀孕、生育、哺乳降低其工资、予以辞退、与其解除劳动或者聘用合同。

第六条 女职工在孕期不能适应原劳动的，用人单位应当根据医疗机构的证明，予以减轻劳动量或者安排其他能够适应的劳动。

对怀孕7个月以上的女职工，用人单位不得延长劳动时间或者安排夜班劳动，并应当在劳动时间内安排一定的休息时间。

怀孕女职工在劳动时间内进行产前检查，所需时间计入劳动时间。

第七条 女职工生育享受98天产假，其中产前可以休假15天;难产的,增加产假15天;生育多胞胎的,每多生育1个婴儿,增加产假15天。

女职工怀孕未满4个月流产的,享受15天产假;怀孕满4个月流产的,享受42天产假。

第八条 女职工产假期间的生育津贴,对已经参加生育保险的,按照用人单位上年度职工月平均工资的标准由生育保险基金支付;对未参加生育保险的,按照女职工产假前工资的标准由用人单位支付。

女职工生育或者流产的医疗费用,按照生育保险规定的项目和标准,对已经参加生育保险的,由生育保险基金支付;对未参加生育保险的,由用人单位支付。

第九条 对哺乳未满1周岁婴儿的女职工,用人单位不得延长劳动时间或者安排夜班劳动。

用人单位应当在每天的劳动时间内为哺乳期女职工安排1小时哺乳时间;女职工生育多胞胎的,每多哺乳1个婴儿每天增加1小时哺乳时间。

第十条 女职工比较多的用人单位应当根据女职工的需要,建立女职工卫生室、孕妇休息室、哺乳室等设施,妥善解决女职工在生理卫生、哺乳方面的困难。

第十一条 在劳动场所,用人单位应当预防和制止对女职工的性骚扰。

第十二条 县级以上人民政府人力资源社会保障行政部门、安全生产监督管理部门按照各自职责负责对用人单位遵守本规定的情况进行监督检查。

工会、妇女组织依法对用人单位遵守本规定的情况进行监督。

第十三条 用人单位违反本规定第六条第二款、第七条、第九条第一款规定的,由县级以上人民政府人力资源社会保障行政部门责令限期改正,按照受侵害女职工每人1000元以上5000元以下的标准计算,处以罚款。

用人单位违反本规定附录第一条、第二条规定的,由县级以上人民政府安全生产监督管理部门责令限期改正,按照受侵害女职工每人1000元以上5000元以下的标准计算,处以罚款。用人单位违反本规定附录第三条、第四条规定的,由县级以上人民政府安全生产监督管理部门责令限期治理,处5万元以上30万元以下的罚款;情节严重的,责令停止有关作业,或者提请有关人民政府按照国务院规定的权限责令关闭。

第十四条 用人单位违反本规定,侵害女职工合法权益的,女职工可以依法投诉、举报、申诉,依法向劳动人事争议调解仲裁机构申请调解仲裁,对仲裁裁决不服的,依法向人民法院提起诉讼。

第十五条 用人单位违反本规定,侵害女职工合法权益,造成女职工损害的,依法给予赔偿;用人单位及其直接负责的主管人员和其他直接责任人员构成犯罪的,依法追究刑事责任。

第十六条 本规定自公布之日起施行。1988年7月21日国务院发布的《女职工劳动保护规定》同时废止。

附录:

女职工禁忌从事的劳动范围

一、女职工禁忌从事的劳动范围:
(一)矿山井下作业;
(二)体力劳动强度分级标准中规定的第四级体力劳动强度的作业;
(三)每小时负重6次以上、每次负重超过20公斤的作业,或者间断负重、每次负重超过25公斤的作业。

二、女职工在经期禁忌从事的劳动范围:
(一)冷水作业分级标准中规定的第二级、第三级、第四级冷水作业;
(二)低温作业分级标准中规定的第二级、第三级、第四级低温作业;
(三)体力劳动强度分级标准中规定的第三级、第四级体力劳动强度的作业;
(四)高处作业分级标准中规定的第三级、第四级高处作业。

三、女职工在孕期禁忌从事的劳动范围:
(一)作业场所空气中铅及其化合物、汞及其化合物、苯、镉、铍、砷、氰化物、氮氧化物、一氧化碳、二硫化碳、氯、己内酰胺、氯丁二烯、氯乙烯、环氧乙烷、苯胺、甲醛等有毒物质浓度超过国家职业卫生标准的作业;
(二)从事抗癌药物、己烯雌酚生产,接触麻醉剂气体等的作业;
(三)非密封源放射性物质的操作,核事故与放射事故的应急处置;
(四)高处作业分级标准中规定的高处作业;
(五)冷水作业分级标准中规定的冷水作业;
(六)低温作业分级标准中规定的低温作业;
(七)高温作业分级标准中规定的第三级、第四级的作业;
(八)噪声作业分级标准中规定的第三级、第四级的作业;

(九)体力劳动强度分级标准中规定的第三级、第四级体力劳动强度的作业；

(十)在密闭空间、高压室作业或者潜水作业，伴有强烈振动的作业，或者需要频繁弯腰、攀高、下蹲的作业。

四、女职工在哺乳期禁忌从事的劳动范围：

(一)孕期禁忌从事的劳动范围的第一项、第三项、第九项；

(二)作业场所空气中锰、氟、溴、甲醇、有机磷化合物、有机氯化合物等有毒物质浓度超过国家职业卫生标准的作业。

未成年工特殊保护规定

- 1994年12月9日
- 劳部发〔1994〕498号

第一条 为维护未成年工的合法权益，保护其在生产劳动中的健康，根据《中华人民共和国劳动法》的有关规定，制定本规定。

第二条 未成年工是指年满16周岁，未满18周岁的劳动者。

未成年工的特殊保护是针对未成年工处于生长发育期的特点，以及接受义务教育的需要，采取的特殊劳动保护措施。

第三条 用人单位不得安排未成年工从事以下范围的劳动：

(一)《生产性粉尘作业危害程度分级》国家标准中第一级以上的接尘作业；

(二)《有毒作业分级》国家标准中第一级以上的有毒作业；

(三)《高处作业分级》国家标准中第二级以上的高处作业；

(四)《冷水作业分级》国家标准中第二级以上的冷水作业；

(五)《高温作业分级》国家标准中第三级以上的高温作业；

(六)《低温作业分级》国家标准中第三级以上的低温作业；

(七)《体力劳动强度分级》国家标准中第四级体力劳动强度的作业；

(八)矿山井下及矿山地面采石作业；

(九)森林业中的伐木、流放及守林作业；

(十)工作场所接触放射性物质的作业；

(十一)有易燃易爆、化学性烧伤和热烧伤等危险性大的作业；

(十二)地质勘探和资源勘探的野外作业；

(十三)潜水、涵洞、涵道作业和海拔3000米以上的高原作业(不包括世居高原者)；

(十四)连续负重每小时在6次以上并每次超过20公斤，间断负重每次超过25公斤的作业；

(十五)使用凿岩机、捣固机、气镐、气铲、铆钉机、电锤的作业；

(十六)工作中需要长时间保持低头、弯腰、上举、下蹲等强迫体位和动作频率每分钟大于50次的流水线作业；

(十七)锅炉司炉。

第四条 未成年工患有某种疾病或具有某些生理缺陷(非残疾型)时，用人单位不得安排其从事以下范围的劳动：

(一)《高处作业分级》国家标准中第一级以上的高处作业；

(二)《低温作业分级》国家标准中第二级以上的低温作业；

(三)《高温作业分级》国家标准中第二级以上的高温作业；

(四)《体力劳动强度分级》国家标准中第三级以上体力劳动强度的作业；

(五)接触铅、苯、汞、甲醛、二硫化碳等易引起过敏反应的作业。

第五条 患有某种疾病或具有某些生理缺陷(非残疾型)的未成年工，是指有以下一种或一种以上情况者：

(一)心血管系统

1. 先天性心脏病；

2. 克山病；

3. 收缩期或舒张期二级以上心脏杂音。

(二)呼吸系统

1. 中度以上气管炎或支气管哮喘；

2. 呼吸音明显减弱；

3. 各类结核病；

4. 体弱儿，呼吸道反复感染者。

(三)消化系统

1. 各类肝炎；

2. 肝、脾肿大；

3. 胃、十二指肠溃疡；

4. 各种消化道疝。

（四）泌尿系统
1. 急、慢性肾炎；
2. 泌尿系感染。
（五）内分泌系统
1. 甲状腺机能亢进；
2. 中度以上糖尿病。
（六）精神神经系统
1. 智力明显低下；
2. 精神忧郁或狂暴。
（七）肌肉、骨骼运动系统
1. 身高和体重低于同龄人标准；
2. 一个及一个以上肢体存在明显功能障碍；
3. 躯干 1/4 以上部位活动受限，包括僵直或不能旋转。
（八）其他
1. 结核性胸膜炎；
2. 各类重度关节炎；
3. 血吸虫病；
4. 严重贫血，其血色素每升低于 95 克（>9.5g/dl）。

第六条 用人单位应按下列要求对未成年工定期进行健康检查：
（一）安排工作岗位之前；
（二）工作满 1 年；
（三）年满 18 周岁，距前一次的体检时间已超过半年。

第七条 未成年工的健康检查，应按本规定所附《未成年工健康检查表》列出的项目进行。

第八条 用人单位应根据未成年工的健康检查结果安排其从事适合的劳动，对不能胜任原劳动岗位的，应根据医务部门的证明，予以减轻劳动量或安排其他劳动。

第九条 对未成年工的使用和特殊保护实行登记制度。
（一）用人单位招收使用未成年工，除符合一般用工要求外，还须向所在地的县级以上劳动行政部门办理登记。劳动行政部门根据《未成年工健康检查表》、《未成年工登记表》，核发《未成年工登记证》。
（二）各级劳动行政部门须按本规定第三、四、五、七条的有关规定，审核体检情况和拟安排的劳动范围。
（三）未成年工须持《未成年工登记证》上岗。
（四）《未成年工登记证》由国务院劳动行政部门统一印制。

第十条 未成年工上岗前用人单位应对其进行有关的职业安全卫生教育、培训；未成年工体检和登记，由用人单位统一办理和承担费用。

第十一条 县级以上劳动行政部门对用人单位执行本规定的情况进行监督检查，对违犯本规定的行为依照有关法规进行处罚。
各级工会组织对本规定的执行情况进行监督。

第十二条 省、自治区、直辖市劳动行政部门可以根据本规定制定实施办法。

第十三条 本规定自 1995 年 1 月 1 日起施行。

工伤保险条例

- 2003 年 4 月 27 日中华人民共和国国务院令第 375 号公布
- 根据 2010 年 12 月 20 日《国务院关于修改〈工伤保险条例〉的决定》修订

第一章 总 则

第一条 【立法目的】为了保障因工作遭受事故伤害或者患职业病的职工获得医疗救治和经济补偿，促进工伤预防和职业康复，分散用人单位的工伤风险，制定本条例。

第二条 【适用范围】中华人民共和国境内的企业、事业单位、社会团体、民办非企业单位、基金会、律师事务所、会计师事务所等组织和有雇工的个体工商户（以下称用人单位）应当依照本条例规定参加工伤保险，为本单位全部职工或者雇工（以下称职工）缴纳工伤保险费。
中华人民共和国境内的企业、事业单位、社会团体、民办非企业单位、基金会、律师事务所、会计师事务所等组织的职工和个体工商户的雇工，均有依照本条例的规定享受工伤保险待遇的权利。

第三条 【保费征缴】工伤保险费的征缴按照《社会保险费征缴暂行条例》关于基本养老保险费、基本医疗保险费、失业保险费的征缴规定执行。

第四条 【用人单位责任】用人单位应当将参加工伤保险的有关情况在本单位内公示。
用人单位和职工应当遵守有关安全生产和职业病防治的法律法规，执行安全卫生规程和标准，预防工伤事故发生，避免和减少职业病危害。
职工发生工伤时，用人单位应当采取措施使工伤职工得到及时救治。

第五条 【主管部门与经办机构】国务院社会保险行政部门负责全国的工伤保险工作。
县级以上地方各级人民政府社会保险行政部门负责

本行政区域内的工伤保险工作。

社会保险行政部门按照国务院有关规定设立的社会保险经办机构(以下称经办机构)具体承办工伤保险事务。

第六条　【工伤保险政策、标准的制定】社会保险行政部门等部门制定工伤保险的政策、标准,应当征求工会组织、用人单位代表的意见。

第二章　工伤保险基金

第七条　【工伤保险基金构成】工伤保险基金由用人单位缴纳的工伤保险费、工伤保险基金的利息和依法纳入工伤保险基金的其他资金构成。

第八条　【工伤保险费】工伤保险费根据以支定收、收支平衡的原则,确定费率。

国家根据不同行业的工伤风险程度确定行业的差别费率,并根据工伤保险费使用、工伤发生率等情况在每个行业内确定若干费率档次。行业差别费率及行业内费率档次由国务院社会保险行政部门制定,报国务院批准后公布施行。

统筹地区经办机构根据用人单位工伤保险费使用、工伤发生率等情况,适用所属行业内相应的费率档次确定单位缴费费率。

第九条　【行业差别费率及档次调整】国务院社会保险行政部门应当定期了解全国各统筹地区工伤保险基金收支情况,及时提出调整行业差别费率及行业内费率档次的方案,报国务院批准后公布施行。

第十条　【缴费主体、缴费基数与费率】用人单位应当按时缴纳工伤保险费。职工个人不缴纳工伤保险费。

用人单位缴纳工伤保险费的数额为本单位职工工资总额乘以单位缴费费率之积。

对难以按照工资总额缴纳工伤保险费的行业,其缴纳工伤保险费的具体方式,由国务院社会保险行政部门规定。

第十一条　【统筹层次、特殊行业异地统筹】工伤保险基金逐步实行省级统筹。

跨地区、生产流动性较大的行业,可以采取相对集中的方式异地参加统筹地区的工伤保险。具体办法由国务院社会保险行政部门会同有关行业的主管部门制定。

第十二条　【工伤保险基金和用途】工伤保险基金存入社会保障基金财政专户,用于本条例规定的工伤保险待遇,劳动能力鉴定,工伤预防的宣传、培训等费用,以及法律、法规规定的用于工伤保险的其他费用的支付。

工伤预防费用的提取比例、使用和管理的具体办法,由国务院社会保险行政部门会同国务院财政、卫生行政、安全生产监督管理等部门规定。

任何单位或者个人不得将工伤保险基金用于投资运营、兴建或者改建办公场所、发放奖金,或者挪作其他用途。

第十三条　【工伤保险储备金】工伤保险基金应当留有一定比例的储备金,用于统筹地区重大事故的工伤保险待遇支付;储备金不足支付的,由统筹地区的人民政府垫付。储备金占基金总额的具体比例和储备金的使用办法,由省、自治区、直辖市人民政府规定。

第三章　工伤认定

第十四条　【应当认定工伤的情形】职工有下列情形之一的,应当认定为工伤:

(一)在工作时间和工作场所内,因工作原因受到事故伤害的;

(二)工作时间前后在工作场所内,从事与工作有关的预备性或者收尾性工作受到事故伤害的;

(三)在工作时间和工作场所内,因履行工作职责受到暴力等意外伤害的;

(四)患职业病的;

(五)因工外出期间,由于工作原因受到伤害或者发生事故下落不明的;

(六)在上下班途中,受到非本人主要责任的交通事故或者城市轨道交通、客运轮渡、火车事故伤害的;

(七)法律、行政法规规定应当认定为工伤的其他情形。

第十五条　【视同工伤的情形及其保险待遇】职工有下列情形之一的,视同工伤:

(一)在工作时间和工作岗位,突发疾病死亡或者在48小时之内经抢救无效死亡的;

(二)在抢险救灾等维护国家利益、公共利益活动中受到伤害的;

(三)职工原在军队服役,因战、因公负伤致残,已取得革命伤残军人证,到用人单位后旧伤复发的。

职工有前款第(一)项、第(二)项情形的,按照本条例的有关规定享受工伤保险待遇;职工有前款第(三)项情形的,按照本条例的有关规定享受除一次性伤残补助金以外的工伤保险待遇。

第十六条　【不属于工伤的情形】职工符合本条例第十四条、第十五条的规定,但是有下列情形之一的,不得认定为工伤或者视同工伤:

(一)故意犯罪的;

(二)醉酒或者吸毒的；

(三)自残或者自杀的。

第十七条 【申请工伤认定的主体、时限及受理部门】职工发生事故伤害或者按照职业病防治法规定被诊断、鉴定为职业病，所在单位应当自事故伤害发生之日或者被诊断、鉴定为职业病之日起30日内，向统筹地区社会保险行政部门提出工伤认定申请。遇有特殊情况，经报社会保险行政部门同意，申请时限可以适当延长。

用人单位未按前款规定提出工伤认定申请的，工伤职工或者其近亲属、工会组织在事故伤害发生之日或者被诊断、鉴定为职业病之日起1年内，可以直接向用人单位所在地统筹地区社会保险行政部门提出工伤认定申请。

按照本条第一款规定应当由省级社会保险行政部门进行工伤认定的事项，根据属地原则由用人单位所在地的设区的市级社会保险行政部门办理。

用人单位未在本条第一款规定的时限内提交工伤认定申请，在此期间发生符合本条例规定的工伤待遇等有关费用由该用人单位负担。

第十八条 【申请材料】提出工伤认定申请应当提交下列材料：

(一)工伤认定申请表；

(二)与用人单位存在劳动关系(包括事实劳动关系)的证明材料；

(三)医疗诊断证明或者职业病诊断证明书(或者职业病诊断鉴定书)。

工伤认定申请表应当包括事故发生的时间、地点、原因以及职工伤害程度等基本情况。

工伤认定申请人提供材料不完整的，社会保险行政部门应当一次性书面告知工伤认定申请人需要补正的全部材料。申请人按照书面告知要求补正材料后，社会保险行政部门应当受理。

第十九条 【事故调查及举证责任】社会保险行政部门受理工伤认定申请后，根据审核需要可以对事故伤害进行调查核实，用人单位、职工、工会组织、医疗机构以及有关部门应当予以协助。职业病诊断和诊断争议的鉴定，依照职业病防治法的有关规定执行。对依法取得职业病诊断证明书或者职业病诊断鉴定书的，社会保险行政部门不再进行调查核实。

职工或者其近亲属认为是工伤，用人单位不认为是工伤的，由用人单位承担举证责任。

第二十条 【工伤认定的时限、回避】社会保险行政部门应当自受理工伤认定申请之日起60日内作出工伤认定的决定，并书面通知申请工伤认定的职工或者其近亲属和该职工所在单位。

社会保险行政部门对受理的事实清楚、权利义务明确的工伤认定申请，应当在15日内作出工伤认定的决定。

作出工伤认定决定需要以司法机关或者有关行政主管部门的结论为依据的，在司法机关或者有关行政主管部门尚未作出结论期间，作出工伤认定决定的时限中止。

社会保险行政部门工作人员与工伤认定申请人有利害关系的，应当回避。

第四章 劳动能力鉴定

第二十一条 【鉴定的条件】职工发生工伤，经治疗伤情相对稳定后存在残疾、影响劳动能力的，应当进行劳动能力鉴定。

第二十二条 【劳动能力鉴定等级】劳动能力鉴定是指劳动功能障碍程度和生活自理障碍程度的等级鉴定。

劳动功能障碍分为十个伤残等级，最重的为一级，最轻的为十级。

生活自理障碍分为三个等级：生活完全不能自理、生活大部分不能自理和生活部分不能自理。

劳动能力鉴定标准由国务院社会保险行政部门会同国务院卫生行政部门等部门制定。

第二十三条 【申请鉴定的主体、受理机构、申请材料】劳动能力鉴定由用人单位、工伤职工或者其近亲属向设区的市级劳动能力鉴定委员会提出申请，并提供工伤认定决定和职工工伤医疗的有关资料。

第二十四条 【鉴定委员会人员构成、专家库】省、自治区、直辖市劳动能力鉴定委员会和设区的市级劳动能力鉴定委员会分别由省、自治区、直辖市和设区的市级社会保险行政部门、卫生行政部门、工会组织、经办机构代表以及用人单位代表组成。

劳动能力鉴定委员会建立医疗卫生专家库。列入专家库的医疗卫生专业技术人员应当具备下列条件：

(一)具有医疗卫生高级专业技术职务任职资格；

(二)掌握劳动能力鉴定的相关知识；

(三)具有良好的职业品德。

第二十五条 【鉴定步骤、时限】设区的市级劳动能力鉴定委员会收到劳动能力鉴定申请后，应当从其建立的医疗卫生专家库中随机抽取3名或者5名相关专家组成专家组，由专家组提出鉴定意见。设区的市级劳动能力鉴定委员会根据专家组的鉴定意见作出工伤职工劳动能力鉴定结论;必要时,可以委托具备资格的医疗机构协助进行有关的诊断。

设区的市级劳动能力鉴定委员会应当自收到劳动能力鉴定申请之日起60日内作出劳动能力鉴定结论,必要时,作出劳动能力鉴定结论的期限可以延长30日。劳动能力鉴定结论应当及时送达申请鉴定的单位和个人。

第二十六条 【再次鉴定】申请鉴定的单位或者个人对设区的市级劳动能力鉴定委员会作出的鉴定结论不服的,可以在收到该鉴定结论之日起15日内向省、自治区、直辖市劳动能力鉴定委员会提出再次鉴定申请。省、自治区、直辖市劳动能力鉴定委员会作出的劳动能力鉴定结论为最终结论。

第二十七条 【鉴定工作原则、回避制度】劳动能力鉴定工作应当客观、公正。劳动能力鉴定委员会组成人员或者参加鉴定的专家与当事人有利害关系的,应当回避。

第二十八条 【复查鉴定】自劳动能力鉴定结论作出之日起1年后,工伤职工或者其近亲属、所在单位或者经办机构认为伤残情况发生变化的,可以申请劳动能力复查鉴定。

第二十九条 【再次鉴定和复查鉴定的时限】劳动能力鉴定委员会依照本条例第二十六条和第二十八条的规定进行再次鉴定和复查鉴定的期限,依照本条例第二十五条第二款的规定执行。

第五章 工伤保险待遇

第三十条 【工伤职工的治疗】职工因工作遭受事故伤害或者患职业病进行治疗,享受工伤医疗待遇。

职工治疗工伤应当在签订服务协议的医疗机构就医,情况紧急时可以先到就近的医疗机构急救。

治疗工伤所需费用符合工伤保险诊疗项目目录、工伤保险药品目录、工伤保险住院服务标准的,从工伤保险基金支付。工伤保险诊疗项目目录、工伤保险药品目录、工伤保险住院服务标准,由国务院社会保险行政部门会同国务院卫生行政部门、食品药品监督管理部门等部门规定。

职工住院治疗工伤的伙食补助费,以及经医疗机构出具证明,报经办机构同意,工伤职工到统筹地区以外就医所需的交通、食宿费用从工伤保险基金支付,基金支付的具体标准由统筹地区人民政府规定。

工伤职工治疗非工伤引发的疾病,不享受工伤医疗待遇,按照基本医疗保险办法处理。

工伤职工到签订服务协议的医疗机构进行工伤康复的费用,符合规定的,从工伤保险基金支付。

第三十一条 【复议和诉讼期间不停止支付医疗费用】社会保险行政部门作出认定为工伤的决定后发生行政复议、行政诉讼的,行政复议和行政诉讼期间不停止支付工伤职工治疗工伤的医疗费用。

第三十二条 【配置辅助器具】工伤职工因日常生活或者就业需要,经劳动能力鉴定委员会确认,可以安装假肢、矫形器、假眼、假牙和配置轮椅等辅助器具,所需费用按照国家规定的标准从工伤保险基金支付。

第三十三条 【工伤治疗期间待遇】职工因工作遭受事故伤害或者患职业病需要暂停工作接受工伤医疗的,在停工留薪期内,原工资福利待遇不变,由所在单位按月支付。

停工留薪期一般不超过12个月。伤情严重或者情况特殊,经设区的市级劳动能力鉴定委员会确认,可以适当延长,但延长不得超过12个月。工伤职工评定伤残等级后,停发原待遇,按照本章的有关规定享受伤残待遇。工伤职工在停工留薪期满后仍需治疗的,继续享受工伤医疗待遇。

生活不能自理的工伤职工在停工留薪期需要护理的,由所在单位负责。

第三十四条 【生活护理费】工伤职工已经评定伤残等级并经劳动能力鉴定委员会确认需要生活护理的,从工伤保险基金按月支付生活护理费。

生活护理费按照生活完全不能自理、生活大部分不能自理或者生活部分不能自理3个不同等级支付,其标准分别为统筹地区上年度职工月平均工资的50%、40%或者30%。

第三十五条 【一至四级工伤待遇】职工因工致残被鉴定为一级至四级伤残的,保留劳动关系,退出工作岗位,享受以下待遇:

(一)从工伤保险基金按伤残等级支付一次性伤残补助金,标准为:一级伤残为27个月的本人工资,二级伤残为25个月的本人工资,三级伤残为23个月的本人工资,四级伤残为21个月的本人工资;

(二)从工伤保险基金按月支付伤残津贴,标准为:一级伤残为本人工资的90%,二级伤残为本人工资的85%,三级伤残为本人工资的80%,四级伤残为本人工资的75%。伤残津贴实际金额低于当地最低工资标准的,由工伤保险基金补足差额;

(三)工伤职工达到退休年龄并办理退休手续后,停发伤残津贴,按照国家有关规定享受基本养老保险待遇。基本养老保险待遇低于伤残津贴的,由工伤保险基金补足差额。

职工因工致残被鉴定为一级至四级伤残的,由用人单位和职工个人以伤残津贴为基数,缴纳基本医疗保险费。

第三十六条　【五至六级工伤待遇】职工因工致残被鉴定为五级、六级伤残的,享受以下待遇:

(一)从工伤保险基金按伤残等级支付一次性伤残补助金,标准为:五级伤残为18个月的本人工资,六级伤残为16个月的本人工资;

(二)保留与用人单位的劳动关系,由用人单位安排适当工作。难以安排工作的,由用人单位按月发给伤残津贴,标准为:五级伤残为本人工资的70%,六级伤残为本人工资的60%,并由用人单位按照规定为其缴纳应缴纳的各项社会保险费。伤残津贴实际金额低于当地最低工资标准的,由用人单位补足差额。

经工伤职工本人提出,该职工可以与用人单位解除或者终止劳动关系,由工伤保险基金支付一次性工伤医疗补助金,由用人单位支付一次性伤残就业补助金。一次性工伤医疗补助金和一次性伤残就业补助金的具体标准由省、自治区、直辖市人民政府规定。

第三十七条　【七至十级工伤待遇】职工因工致残被鉴定为七级至十级伤残的,享受以下待遇:

(一)从工伤保险基金按伤残等级支付一次性伤残补助金,标准为:七级伤残为13个月的本人工资,八级伤残为11个月的本人工资,九级伤残为9个月的本人工资,十级伤残为7个月的本人工资;

(二)劳动、聘用合同期满终止,或者职工本人提出解除劳动、聘用合同的,由工伤保险基金支付一次性工伤医疗补助金,由用人单位支付一次性伤残就业补助金。一次性工伤医疗补助金和一次性伤残就业补助金的具体标准由省、自治区、直辖市人民政府规定。

第三十八条　【旧伤复发待遇】工伤职工工伤复发,确认需要治疗的,享受本条例第三十条、第三十二条和第三十三条规定的工伤待遇。

第三十九条　【工亡待遇】职工因工死亡,其近亲属按照下列规定从工伤保险基金领取丧葬补助金、供养亲属抚恤金和一次性工亡补助金:

(一)丧葬补助金为6个月的统筹地区上年度职工月平均工资;

(二)供养亲属抚恤金按照职工本人工资的一定比例发给由因工死亡职工生前提供主要生活来源、无劳动能力的亲属。标准为:配偶每月40%,其他亲属每人每月30%,孤寡老人或者孤儿每人每月在上述标准的基础上增加10%。核定的各供养亲属的抚恤金之和不应高于因工死亡职工生前的工资。供养亲属的具体范围由国务院社会保险行政部门规定;

(三)一次性工亡补助金标准为上一年度全国城镇居民人均可支配收入的20倍。

伤残职工在停工留薪期内因工伤导致死亡的,其近亲属享受本条第一款规定的待遇。

一级至四级伤残职工在停工留薪期满后死亡的,其近亲属可以享受本条第一款第(一)项、第(二)项规定的待遇。

第四十条　【工伤待遇调整】伤残津贴、供养亲属抚恤金、生活护理费由统筹地区社会保险行政部门根据职工平均工资和生活费用变化等情况适时调整。调整办法由省、自治区、直辖市人民政府规定。

第四十一条　【职工抢险救灾、因工外出下落不明时的处理】职工因工外出期间发生事故或者在抢险救灾中下落不明的,从事故发生当月起3个月内照发工资,从第4个月起停发工资,由工伤保险基金向其供养亲属按月支付供养亲属抚恤金。生活有困难的,可以预支一次性工亡补助金的50%。职工被人民法院宣告死亡的,按照本条例第三十九条职工因工死亡的规定处理。

第四十二条　【停止支付工伤保险待遇的情形】工伤职工有下列情形之一的,停止享受工伤保险待遇:

(一)丧失享受待遇条件的;

(二)拒不接受劳动能力鉴定的;

(三)拒绝治疗的。

第四十三条　【用人单位分立合并等情况下的责任】用人单位分立、合并、转让的,承继单位应当承担原用人单位的工伤保险责任;原用人单位已经参加工伤保险的,承继单位应当到当地经办机构办理工伤保险变更登记。

用人单位实行承包经营的,工伤保险责任由职工劳动关系所在单位承担。

职工被借调期间受到工伤事故伤害的,由原用人单位承担工伤保险责任,但原用人单位与借调单位可以约定补偿办法。

企业破产的,在破产清算时依法拨付应当由单位支付的工伤保险待遇费用。

第四十四条　【派遣出境期间的工伤保险关系】职工被派遣出境工作,依据前往国家或者地区的法律应当参加当地工伤保险的,参加当地工伤保险,其国内工伤保险关系中止;不能参加当地工伤保险的,其国内工伤保险关系不中止。

第四十五条 【再次发生工伤的待遇】职工再次发生工伤,根据规定应当享受伤残津贴的,按照新认定的伤残等级享受伤残津贴待遇。

第六章 监督管理

第四十六条 【经办机构职责范围】经办机构具体承办工伤保险事务,履行下列职责:

(一)根据省、自治区、直辖市人民政府规定,征收工伤保险费;

(二)核查用人单位的工资总额和职工人数,办理工伤保险登记,并负责保存用人单位缴费和职工享受工伤保险待遇情况的记录;

(三)进行工伤保险的调查、统计;

(四)按照规定管理工伤保险基金的支出;

(五)按照规定核定工伤保险待遇;

(六)为工伤职工或者其近亲属免费提供咨询服务。

第四十七条 【服务协议】经办机构与医疗机构、辅助器具配置机构在平等协商的基础上签订服务协议,并公布签订服务协议的医疗机构、辅助器具配置机构的名单。具体办法由国务院社会保险行政部门分别会同国务院卫生行政部门、民政部门等部门制定。

第四十八条 【工伤保险费用的核查、结算】经办机构按照协议和国家有关目录、标准对工伤职工医疗费用、康复费用、辅助器具费用的使用情况进行核查,并按时足额结算费用。

第四十九条 【公布基金收支情况、费率调整建议】经办机构应当定期公布工伤保险基金的收支情况,及时向社会保险行政部门提出调整费率的建议。

第五十条 【听取社会意见】社会保险行政部门、经办机构应当定期听取工伤职工、医疗机构、辅助器具配置机构以及社会各界对改进工伤保险工作的意见。

第五十一条 【对工伤保险基金的监督】社会保险行政部门依法对工伤保险费的征缴和工伤保险基金的支付情况进行监督检查。

财政部门和审计机关依法对工伤保险基金的收支、管理情况进行监督。

第五十二条 【群众监督】任何组织和个人对有关工伤保险的违法行为,有权举报。社会保险行政部门对举报应当及时调查,按照规定处理,并为举报人保密。

第五十三条 【工会监督】工会组织依法维护工伤职工的合法权益,对用人单位的工伤保险工作实行监督。

第五十四条 【工伤待遇争议处理】职工与用人单位发生工伤待遇方面的争议,按照处理劳动争议的有关规定处理。

第五十五条 【其他工伤保险争议处理】有下列情形之一的,有关单位或者个人可以依法申请行政复议,也可以依法向人民法院提起行政诉讼:

(一)申请工伤认定的职工或者其近亲属、该职工所在单位对工伤认定申请不予受理的决定不服的;

(二)申请工伤认定的职工或者其近亲属、该职工所在单位对工伤认定结论不服的;

(三)用人单位对经办机构确定的单位缴费费率不服的;

(四)签订服务协议的医疗机构、辅助器具配置机构认为经办机构未履行有关协议或者规定的;

(五)工伤职工或者其近亲属对经办机构核定的工伤保险待遇有异议的。

第七章 法律责任

第五十六条 【挪用工伤保险基金的责任】单位或者个人违反本条例第十二条规定挪用工伤保险基金,构成犯罪的,依法追究刑事责任;尚不构成犯罪的,依法给予处分或者纪律处分。被挪用的基金由社会保险行政部门追回,并入工伤保险基金;没收的违法所得依法上缴国库。

第五十七条 【社会保险行政部门工作人员违法违纪责任】社会保险行政部门工作人员有下列情形之一的,依法给予处分;情节严重,构成犯罪的,依法追究刑事责任:

(一)无正当理由不受理工伤认定申请,或者弄虚作假将不符合工伤条件的人员认定为工伤职工的;

(二)未妥善保管申请工伤认定的证据材料,致使有关证据灭失的;

(三)收受当事人财物的。

第五十八条 【经办机构违规的责任】经办机构有下列行为之一的,由社会保险行政部门责令改正,对直接负责的主管人员和其他责任人员依法给予纪律处分;情节严重,构成犯罪的,依法追究刑事责任;造成当事人经济损失的,由经办机构依法承担赔偿责任:

(一)未按规定保存用人单位缴费和职工享受工伤保险待遇情况记录的;

(二)不按规定核定工伤保险待遇的;

(三)收受当事人财物的。

第五十九条 【医疗机构、辅助器具配置机构、经办机构间的关系】医疗机构、辅助器具配置机构不按服务协议提供服务的,经办机构可以解除服务协议。

经办机构不按时足额结算费用的,由社会保险行政部门责令改正;医疗机构、辅助器具配置机构可以解除服务协议。

第六十条 【对骗取工伤保险待遇的处罚】用人单位、工伤职工或者其近亲属骗取工伤保险待遇,医疗机构、辅助器具配置机构骗取工伤保险基金支出的,由社会保险行政部门责令退还,处骗取金额 2 倍以上 5 倍以下的罚款;情节严重,构成犯罪的,依法追究刑事责任。

第六十一条 【鉴定组织与个人违规的责任】从事劳动能力鉴定的组织或者个人有下列情形之一的,由社会保险行政部门责令改正,处 2000 元以上 1 万元以下的罚款;情节严重,构成犯罪的,依法追究刑事责任:

(一) 提供虚假鉴定意见的;

(二) 提供虚假诊断证明的;

(三) 收受当事人财物的。

第六十二条 【未按规定参保的情形】用人单位依照本条例规定应当参加工伤保险而未参加的,由社会保险行政部门责令限期参加,补缴应当缴纳的工伤保险费,并自欠缴之日起,按日加收万分之五的滞纳金;逾期仍不缴纳的,处欠缴数额 1 倍以上 3 倍以下的罚款。

依照本条例规定应当参加工伤保险而未参加工伤保险的用人单位职工发生工伤的,由该用人单位按照本条例规定的工伤保险待遇项目和标准支付费用。

用人单位参加工伤保险并补缴应当缴纳的工伤保险费、滞纳金后,由工伤保险基金和用人单位依照本条例的规定支付新发生的费用。

第六十三条 【用人单位不协助调查的责任】用人单位违反本条例第十九条的规定,拒不协助社会保险行政部门对事故进行调查核实的,由社会保险行政部门责令改正,处 2000 元以上 2 万元以下的罚款。

第八章 附 则

第六十四条 【相关名词解释】本条例所称工资总额,是指用人单位直接支付给本单位全部职工的劳动报酬总额。

本条例所称本人工资,是指工伤职工因工作遭受事故伤害或者患职业病前 12 个月平均月缴费工资。本人工资高于统筹地区职工平均工资 300%的,按照统筹地区职工平均工资 300%计算;本人工资低于统筹地区职工平均工资 60%的,按照统筹地区职工平均工资 60%计算。

第六十五条 【公务员等的工伤保险】公务员和参照公务员法管理的事业单位、社会团体的工作人员因工作遭受事故伤害或者患职业病的,由所在单位支付费用。具体办法由国务院社会保险行政部门会同国务院财政部门规定。

第六十六条 【非法经营单位工伤一次性赔偿及争议处理】无营业执照或者未经依法登记、备案的单位以及被依法吊销营业执照或者撤销登记、备案的单位的职工受到事故伤害或者患职业病的,由该单位向伤残职工或者死亡职工的近亲属给予一次性赔偿,赔偿标准不得低于本条例规定的工伤保险待遇;用人单位不得使用童工,用人单位使用童工造成童工伤残、死亡的,由该单位向童工或者童工的近亲属给予一次性赔偿,赔偿标准不得低于本条例规定的工伤保险待遇。具体办法由国务院社会保险行政部门规定。

前款规定的伤残职工或者死亡职工的近亲属就赔偿数额与单位发生争议的,以及前款规定的童工或者童工的近亲属就赔偿数额与单位发生争议的,按照处理劳动争议的有关规定处理。

第六十七条 【实施日期及过渡事项】本条例自 2004 年 1 月 1 日起施行。本条例施行前已受到事故伤害或者患职业病的职工尚未完成工伤认定的,按照本条例的规定执行。

中华人民共和国职业病防治法

- 2001 年 10 月 27 日第九届全国人民代表大会常务委员会第二十四次会议通过
- 根据 2011 年 12 月 31 日第十一届全国人民代表大会常务委员会第二十四次会议《关于修改〈中华人民共和国职业病防治法〉的决定》第一次修正
- 根据 2016 年 7 月 2 日第十二届全国人民代表大会常务委员会第二十一次会议《关于修改〈中华人民共和国节约能源法〉等六部法律的决定》第二次修正
- 根据 2017 年 11 月 4 日第十二届全国人民代表大会常务委员会第三十次会议《关于修改〈中华人民共和国会计法〉等十一部法律的决定》第三次修正
- 根据 2018 年 12 月 29 日第十三届全国人民代表大会常务委员会第七次会议《关于修改〈中华人民共和国劳动法〉等七部法律的决定》第四次修正

第一章 总 则

第一条 为了预防、控制和消除职业病危害,防治职业病,保护劳动者健康及其相关权益,促进经济社会发展,根据宪法,制定本法。

第二条 本法适用于中华人民共和国领域内的职业病防治活动。

本法所称职业病,是指企业、事业单位和个体经济组织等用人单位的劳动者在职业活动中,因接触粉尘、放射性物质和其他有毒、有害因素而引起的疾病。

职业病的分类和目录由国务院卫生行政部门会同国务院劳动保障行政部门制定、调整并公布。

第三条 职业病防治工作坚持预防为主、防治结合的方针,建立用人单位负责、行政机关监管、行业自律、职工参与和社会监督的机制,实行分类管理、综合治理。

第四条 劳动者依法享有职业卫生保护的权利。

用人单位应当为劳动者创造符合国家职业卫生标准和卫生要求的工作环境和条件,并采取措施保障劳动者获得职业卫生保护。

工会组织依法对职业病防治工作进行监督,维护劳动者的合法权益。用人单位制定或者修改有关职业病防治的规章制度,应当听取工会组织的意见。

第五条 用人单位应当建立、健全职业病防治责任制,加强对职业病防治的管理,提高职业病防治水平,对本单位产生的职业病危害承担责任。

第六条 用人单位的主要负责人对本单位的职业病防治工作全面负责。

第七条 用人单位必须依法参加工伤保险。

国务院和县级以上地方人民政府劳动保障行政部门应当加强对工伤保险的监督管理,确保劳动者依法享受工伤保险待遇。

第八条 国家鼓励和支持研制、开发、推广、应用有利于职业病防治和保护劳动者健康的新技术、新工艺、新设备、新材料,加强对职业病的机理和发生规律的基础研究,提高职业病防治科学技术水平;积极采用有效的职业病防治技术、工艺、设备、材料;限制使用或者淘汰职业病危害严重的技术、工艺、设备、材料。

国家鼓励和支持职业病医疗康复机构的建设。

第九条 国家实行职业卫生监督制度。

国务院卫生行政部门、劳动保障行政部门依照本法和国务院确定的职责,负责全国职业病防治的监督管理工作。国务院有关部门在各自的职责范围内负责职业病防治的有关监督管理工作。

县级以上地方人民政府卫生行政部门、劳动保障行政部门依据各自职责,负责本行政区域内职业病防治的监督管理工作。县级以上地方人民政府有关部门在各自的职责范围内负责职业病防治的有关监督管理工作。

县级以上人民政府卫生行政部门、劳动保障行政部门(以下统称职业卫生监督管理部门)应当加强沟通,密切配合,按照各自职责分工,依法行使职权,承担责任。

第十条 国务院和县级以上地方人民政府应当制定职业病防治规划,将其纳入国民经济和社会发展计划,并组织实施。

县级以上地方人民政府统一负责、领导、组织、协调本行政区域的职业病防治工作,建立健全职业病防治工作体制、机制,统一领导、指挥职业卫生突发事件应对工作;加强职业病防治能力建设和服务体系建设,完善、落实职业病防治工作责任制。

乡、民族乡、镇的人民政府应当认真执行本法,支持职业卫生监督管理部门依法履行职责。

第十一条 县级以上人民政府职业卫生监督管理部门应当加强对职业病防治的宣传教育,普及职业病防治的知识,增强用人单位的职业病防治观念,提高劳动者的职业健康意识、自我保护意识和行使职业卫生保护权利的能力。

第十二条 有关防治职业病的国家职业卫生标准,由国务院卫生行政部门组织制定并公布。

国务院卫生行政部门应当组织开展重点职业病监测和专项调查,对职业健康风险进行评估,为制定职业卫生标准和职业病防治政策提供科学依据。

县级以上地方人民政府卫生行政部门应当定期对本行政区域的职业病防治情况进行统计和调查分析。

第十三条 任何单位和个人有权对违反本法的行为进行检举和控告。有关部门收到相关的检举和控告后,应当及时处理。

对防治职业病成绩显著的单位和个人,给予奖励。

第二章 前期预防

第十四条 用人单位应当依照法律、法规要求,严格遵守国家职业卫生标准,落实职业病预防措施,从源头上控制和消除职业病危害。

第十五条 产生职业病危害的用人单位的设立除应当符合法律、行政法规规定的设立条件外,其工作场所还应当符合下列职业卫生要求:

(一)职业病危害因素的强度或者浓度符合国家职业卫生标准;

(二)有与职业病危害防护相适应的设施;

(三)生产布局合理,符合有害与无害作业分开的原则;

（四）有配套的更衣间、洗浴间、孕妇休息间等卫生设施；

（五）设备、工具、用具等设施符合保护劳动者生理、心理健康的要求；

（六）法律、行政法规和国务院卫生行政部门关于保护劳动者健康的其他要求。

第十六条 国家建立职业病危害项目申报制度。

用人单位工作场所存在职业病目录所列职业病的危害因素的，应当及时、如实向所在地卫生行政部门申报危害项目，接受监督。

职业病危害因素分类目录由国务院卫生行政部门制定、调整并公布。职业病危害项目申报的具体办法由国务院卫生行政部门制定。

第十七条 新建、扩建、改建建设项目和技术改造、技术引进项目（以下统称建设项目）可能产生职业病危害的，建设单位在可行性论证阶段应当进行职业病危害预评价。

医疗机构建设项目可能产生放射性职业病危害的，建设单位应当向卫生行政部门提交放射性职业病危害预评价报告。卫生行政部门应当自收到预评价报告之日起三十日内，作出审核决定并书面通知建设单位。未提交预评价报告或者预评价报告未经卫生行政部门审核同意的，不得开工建设。

职业病危害预评价报告应当对建设项目可能产生的职业病危害因素及其对工作场所和劳动者健康的影响作出评价，确定危害类别和职业病防护措施。

建设项目职业病危害分类管理办法由国务院卫生行政部门制定。

第十八条 建设项目的职业病防护设施所需费用应当纳入建设项目工程预算，并与主体工程同时设计，同时施工，同时投入生产和使用。

建设项目的职业病防护设施设计应当符合国家职业卫生标准和卫生要求；其中，医疗机构放射性职业病危害严重的建设项目的防护设施设计，应当经卫生行政部门审查同意后，方可施工。

建设项目在竣工验收前，建设单位应当进行职业病危害控制效果评价。

医疗机构可能产生放射性职业病危害的建设项目竣工验收时，其放射性职业病防护设施经卫生行政部门验收合格后，方可投入使用；其他建设项目的职业病防护设施应当由建设单位负责依法组织验收，验收合格后，方可投入生产和使用。卫生行政部门应当加强对建设单位组织的验收活动和验收结果的监督核查。

第十九条 国家对从事放射性、高毒、高危粉尘等作业实行特殊管理。具体管理办法由国务院制定。

第三章 劳动过程中的防护与管理

第二十条 用人单位应当采取下列职业病防治管理措施：

（一）设置或者指定职业卫生管理机构或者组织，配备专职或者兼职的职业卫生管理人员，负责本单位的职业病防治工作；

（二）制定职业病防治计划和实施方案；

（三）建立、健全职业卫生管理制度和操作规程；

（四）建立、健全职业卫生档案和劳动者健康监护档案；

（五）建立、健全工作场所职业病危害因素监测及评价制度；

（六）建立、健全职业病危害事故应急救援预案。

第二十一条 用人单位应当保障职业病防治所需的资金投入，不得挤占、挪用，并对因资金投入不足导致的后果承担责任。

第二十二条 用人单位必须采用有效的职业病防护设施，并为劳动者提供个人使用的职业病防护用品。

用人单位为劳动者个人提供的职业病防护用品必须符合防治职业病的要求；不符合要求的，不得使用。

第二十三条 用人单位应当优先采用有利于防治职业病和保护劳动者健康的新技术、新工艺、新设备、新材料，逐步替代职业病危害严重的技术、工艺、设备、材料。

第二十四条 产生职业病危害的用人单位，应当在醒目位置设置公告栏，公布有关职业病防治的规章制度、操作规程、职业病危害事故应急救援措施和工作场所职业病危害因素检测结果。

对产生严重职业病危害的作业岗位，应当在其醒目位置，设置警示标识和中文警示说明。警示说明应当载明产生职业病危害的种类、后果、预防以及应急救治措施等内容。

第二十五条 对可能发生急性职业损伤的有毒、有害工作场所，用人单位应当设置报警装置，配置现场急救用品、冲洗设备、应急撤离通道和必要的泄险区。

对放射工作场所和放射性同位素的运输、贮存，用人单位必须配置防护设备和报警装置，保证接触放射线的工作人员佩戴个人剂量计。

对职业病防护设备、应急救援设施和个人使用的职业病防护用品，用人单位应当进行经常性的维护、检修，定期检测其性能和效果,确保其处于正常状态,不得擅自拆除或者停止使用。

第二十六条　用人单位应当实施由专人负责的职业病危害因素日常监测,并确保监测系统处于正常运行状态。

用人单位应当按照国务院卫生行政部门的规定,定期对工作场所进行职业病危害因素检测、评价。检测、评价结果存入用人单位职业卫生档案,定期向所在地卫生行政部门报告并向劳动者公布。

职业病危害因素检测、评价由依法设立的取得国务院卫生行政部门或者设区的市级以上地方人民政府卫生行政部门按照职责分工给予资质认可的职业卫生技术服务机构进行。职业卫生技术服务机构所作检测、评价应当客观、真实。

发现工作场所职业病危害因素不符合国家职业卫生标准和卫生要求时,用人单位应当立即采取相应治理措施,仍然达不到国家职业卫生标准和卫生要求的,必须停止存在职业病危害因素的作业;职业病危害因素经治理后,符合国家职业卫生标准和卫生要求的,方可重新作业。

第二十七条　职业卫生技术服务机构依法从事职业病危害因素检测、评价工作,接受卫生行政部门的监督检查。卫生行政部门应当依法履行监督职责。

第二十八条　向用人单位提供可能产生职业病危害的设备的,应当提供中文说明书,并在设备的醒目位置设置警示标识和中文警示说明。警示说明应当载明设备性能、可能产生的职业病危害、安全操作和维护注意事项、职业病防护以及应急救治措施等内容。

第二十九条　向用人单位提供可能产生职业病危害的化学品、放射性同位素和含有放射性物质的材料的,应当提供中文说明书。说明书应当载明产品特性、主要成份、存在的有害因素、可能产生的危害后果、安全使用注意事项、职业病防护以及应急救治措施等内容。产品包装应当有醒目的警示标识和中文警示说明。贮存上述材料的场所应当在规定的部位设置危险物品标识或者放射性警示标识。

国内首次使用或者首次进口与职业病危害有关的化学材料,使用单位或者进口单位按照国家规定经国务院有关部门批准后,应当向国务院卫生行政部门报送该化学材料的毒性鉴定以及经有关部门登记注册或者批准进口的文件等资料。

进口放射性同位素、射线装置和含有放射性物质的物品的,按照国家有关规定办理。

第三十条　任何单位和个人不得生产、经营、进口和使用国家明令禁止使用的可能产生职业病危害的设备或者材料。

第三十一条　任何单位和个人不得将产生职业病危害的作业转移给不具备职业病防护条件的单位和个人。不具备职业病防护条件的单位和个人不得接受产生职业病危害的作业。

第三十二条　用人单位对采用的技术、工艺、设备、材料,应当知悉其产生的职业病危害,对有职业病危害的技术、工艺、设备、材料隐瞒其危害而采用的,对所造成的职业病危害后果承担责任。

第三十三条　用人单位与劳动者订立劳动合同(含聘用合同,下同)时,应当将工作过程中可能产生的职业病危害及其后果、职业病防护措施和待遇等如实告知劳动者,并在劳动合同中写明,不得隐瞒或者欺骗。

劳动者在已订立劳动合同期间因工作岗位或者工作内容变更,从事与所订立劳动合同中未告知的存在职业病危害的作业时,用人单位应当依照前款规定,向劳动者履行如实告知的义务,并协商变更原劳动合同相关条款。

用人单位违反前两款规定的,劳动者有权拒绝从事存在职业病危害的作业,用人单位不得因此解除与劳动者所订立的劳动合同。

第三十四条　用人单位的主要负责人和职业卫生管理人员应当接受职业卫生培训,遵守职业病防治法律、法规,依法组织本单位的职业病防治工作。

用人单位应当对劳动者进行上岗前的职业卫生培训和在岗期间的定期职业卫生培训,普及职业卫生知识,督促劳动者遵守职业病防治法律、法规、规章和操作规程,指导劳动者正确使用职业病防护设备和个人使用的职业病防护用品。

劳动者应当学习和掌握相关的职业卫生知识,增强职业病防范意识,遵守职业病防治法律、法规、规章和操作规程,正确使用、维护职业病防护设备和个人使用的职业病防护用品,发现职业病危害事故隐患应当及时报告。

劳动者不履行前款规定义务的,用人单位应当对其进行教育。

第三十五条　对从事接触职业病危害的作业的劳动者,用人单位应当按照国务院卫生行政部门的规定组织上岗前、在岗期间和离岗时的职业健康检查,并将检查结果书面告知劳动者。职业健康检查费用由用人单位承担。

用人单位不得安排未经上岗前职业健康检查的劳动

者从事接触职业病危害的作业；不得安排有职业禁忌的劳动者从事其所禁忌的作业；对在职业健康检查中发现有与所从事的职业相关的健康损害的劳动者，应当调离原工作岗位，并妥善安置；对未进行离岗前职业健康检查的劳动者不得解除或者终止与其订立的劳动合同。

职业健康检查应当由取得《医疗机构执业许可证》的医疗卫生机构承担。卫生行政部门应当加强对职业健康检查工作的规范管理，具体管理办法由国务院卫生行政部门制定。

第三十六条 用人单位应当为劳动者建立职业健康监护档案，并按照规定的期限妥善保存。

职业健康监护档案应当包括劳动者的职业史、职业病危害接触史、职业健康检查结果和职业病诊疗等有关个人健康资料。

劳动者离开用人单位时，有权索取本人职业健康监护档案复印件，用人单位应当如实、无偿提供，并在所提供的复印件上签章。

第三十七条 发生或者可能发生急性职业病危害事故时，用人单位应当立即采取应急救援和控制措施，并及时报告所在地卫生行政部门和有关部门。卫生行政部门接到报告后，应当及时会同有关部门组织调查处理；必要时，可以采取临时控制措施。卫生行政部门应当组织做好医疗救治工作。

对遭受或者可能遭受急性职业病危害的劳动者，用人单位应当及时组织救治、进行健康检查和医学观察，所需费用由用人单位承担。

第三十八条 用人单位不得安排未成年工从事接触职业病危害的作业；不得安排孕期、哺乳期的女职工从事对本人和胎儿、婴儿有危害的作业。

第三十九条 劳动者享有下列职业卫生保护权利：

（一）获得职业卫生教育、培训；

（二）获得职业健康检查、职业病诊疗、康复等职业病防治服务；

（三）了解工作场所产生或者可能产生的职业病危害因素、危害后果和应当采取的职业病防护措施；

（四）要求用人单位提供符合防治职业病要求的职业病防护设施和个人使用的职业病防护用品，改善工作条件；

（五）对违反职业病防治法律、法规以及危及生命健康的行为提出批评、检举和控告；

（六）拒绝违章指挥和强令进行没有职业病防护措施的作业；

（七）参与用人单位职业卫生工作的民主管理，对职业病防治工作提出意见和建议。

用人单位应当保障劳动者行使前款所列权利。因劳动者依法行使正当权利而降低其工资、福利等待遇或者解除、终止与其订立的劳动合同的，其行为无效。

第四十条 工会组织应当督促并协助用人单位开展职业卫生宣传教育和培训，有权对用人单位的职业病防治工作提出意见和建议，依法代表劳动者与用人单位签订劳动安全卫生专项集体合同，与用人单位就劳动者反映的有关职业病防治的问题进行协调并督促解决。

工会组织对用人单位违反职业病防治法律、法规，侵犯劳动者合法权益的行为，有权要求纠正；产生严重职业病危害时，有权要求采取防护措施，或者向政府有关部门建议采取强制性措施；发生职业病危害事故时，有权参与事故调查处理；发现危及劳动者生命健康的情形时，有权向用人单位建议组织劳动者撤离危险现场，用人单位应当立即作出处理。

第四十一条 用人单位按照职业病防治要求，用于预防和治理职业病危害、工作场所卫生检测、健康监护和职业卫生培训等费用，按照国家有关规定，在生产成本中据实列支。

第四十二条 职业卫生监督管理部门应当按照职责分工，加强对用人单位落实职业病防护管理措施情况的监督检查，依法行使职权，承担责任。

第四章 职业病诊断与职业病病人保障

第四十三条 职业病诊断应当由取得《医疗机构执业许可证》的医疗卫生机构承担。卫生行政部门应当加强对职业病诊断工作的规范管理，具体管理办法由国务院卫生行政部门制定。

承担职业病诊断的医疗卫生机构还应当具备下列条件：

（一）具有与开展职业病诊断相适应的医疗卫生技术人员；

（二）具有与开展职业病诊断相适应的仪器、设备；

（三）具有健全的职业病诊断质量管理制度。

承担职业病诊断的医疗卫生机构不得拒绝劳动者进行职业病诊断的要求。

第四十四条 劳动者可以在用人单位所在地、本人户籍所在地或者经常居住地依法承担职业病诊断的医疗卫生机构进行职业病诊断。

第四十五条 职业病诊断标准和职业病诊断、鉴定办法由国务院卫生行政部门制定。职业病伤残等级的鉴定办法由国务院劳动保障行政部门会同国务院卫生行政部门制定。

第四十六条　职业病诊断,应当综合分析下列因素：

(一)病人的职业史；

(二)职业病危害接触史和工作场所职业病危害因素情况；

(三)临床表现以及辅助检查结果等。

没有证据否定职业病危害因素与病人临床表现之间的必然联系的,应当诊断为职业病。

职业病诊断证明书应当由参与诊断的取得职业病诊断资格的执业医师签署,并经承担职业病诊断的医疗卫生机构审核盖章。

第四十七条　用人单位应当如实提供职业病诊断、鉴定所需的劳动者职业史和职业病危害接触史、工作场所职业病危害因素检测结果等资料；卫生行政部门应当监督检查和督促用人单位提供上述资料；劳动者和有关机构也应当提供与职业病诊断、鉴定有关的资料。

职业病诊断、鉴定机构需要了解工作场所职业病危害因素情况时,可以对工作场所进行现场调查,也可以向卫生行政部门提出,卫生行政部门应当在十日内组织现场调查。用人单位不得拒绝、阻挠。

第四十八条　职业病诊断、鉴定过程中,用人单位不提供工作场所职业病危害因素检测结果等资料的,诊断、鉴定机构应当结合劳动者的临床表现、辅助检查结果和劳动者的职业史、职业病危害接触史,并参考劳动者的自述、卫生行政部门提供的日常监督检查信息等,作出职业病诊断、鉴定结论。

劳动者对用人单位提供的工作场所职业病危害因素检测结果等资料有异议,或者因劳动者的用人单位解散、破产,无用人单位提供上述资料的,诊断、鉴定机构应当提请卫生行政部门进行调查,卫生行政部门应当自接到申请之日起三十日内对存在异议的资料或者工作场所职业病危害因素情况作出判定;有关部门应当配合。

第四十九条　职业病诊断、鉴定过程中,在确认劳动者职业史、职业病危害接触史时,当事人对劳动关系、工种、工作岗位或者在岗时间有争议的,可以向当地的劳动人事争议仲裁委员会申请仲裁；接到申请的劳动人事争议仲裁委员会应当受理,并在三十日内作出裁决。

当事人在仲裁过程中对自己提出的主张,有责任提供证据。劳动者无法提供由用人单位掌握管理的与仲裁主张有关的证据的,仲裁庭应当要求用人单位在指定期限内提供;用人单位在指定期限内不提供的,应当承担不利后果。

劳动者对仲裁裁决不服的,可以依法向人民法院提起诉讼。

用人单位对仲裁裁决不服的,可以在职业病诊断、鉴定程序结束之日起十五日内依法向人民法院提起诉讼;诉讼期间,劳动者的治疗费用按照职业病待遇规定的途径支付。

第五十条　用人单位和医疗卫生机构发现职业病病人或者疑似职业病病人时,应当及时向所在地卫生行政部门报告。确诊为职业病的,用人单位还应当向所在地劳动保障行政部门报告。接到报告的部门应当依法作出处理。

第五十一条　县级以上地方人民政府卫生行政部门负责本行政区域内的职业病统计报告的管理工作,并按照规定上报。

第五十二条　当事人对职业病诊断有异议的,可以向作出诊断的医疗卫生机构所在地地方人民政府卫生行政部门申请鉴定。

职业病诊断争议由设区的市级以上地方人民政府卫生行政部门根据当事人的申请,组织职业病诊断鉴定委员会进行鉴定。

当事人对设区的市级职业病诊断鉴定委员会的鉴定结论不服的,可以向省、自治区、直辖市人民政府卫生行政部门申请再鉴定。

第五十三条　职业病诊断鉴定委员会由相关专业的专家组成。

省、自治区、直辖市人民政府卫生行政部门应当设立相关的专家库,需要对职业病争议作出诊断鉴定时,由当事人或者当事人委托有关卫生行政部门从专家库中以随机抽取的方式确定参加诊断鉴定委员会的专家。

职业病诊断鉴定委员会应当按照国务院卫生行政部门颁布的职业病诊断标准和职业病诊断、鉴定办法进行职业病诊断鉴定,向当事人出具职业病诊断鉴定书。职业病诊断、鉴定费用由用人单位承担。

第五十四条　职业病诊断鉴定委员会组成人员应当遵守职业道德,客观、公正地进行诊断鉴定,并承担相应的责任。职业病诊断鉴定委员会组成人员不得私下接触当事人,不得收受当事人的财物或者其他好处,与当事人有利害关系的,应当回避。

人民法院受理有关案件需要进行职业病鉴定时,应当从省、自治区、直辖市人民政府卫生行政部门依法设立的相关的专家库中选取参加鉴定的专家。

第五十五条　医疗卫生机构发现疑似职业病病人时,应当告知劳动者本人并及时通知用人单位。

用人单位应当及时安排对疑似职业病病人进行诊断;在疑似职业病病人诊断或者医学观察期间,不得解除或者终止与其订立的劳动合同。

疑似职业病病人在诊断、医学观察期间的费用,由用人单位承担。

第五十六条　用人单位应当保障职业病病人依法享受国家规定的职业病待遇。

用人单位应当按照国家有关规定,安排职业病病人进行治疗、康复和定期检查。

用人单位对不适宜继续从事原工作的职业病病人,应当调离原岗位,并妥善安置。

用人单位对从事接触职业病危害的作业的劳动者,应当给予适当岗位津贴。

第五十七条　职业病病人的诊疗、康复费用,伤残以及丧失劳动能力的职业病病人的社会保障,按照国家有关工伤保险的规定执行。

第五十八条　职业病病人除依法享有工伤保险外,依照有关民事法律,尚有获得赔偿的权利的,有权向用人单位提出赔偿要求。

第五十九条　劳动者被诊断患有职业病,但用人单位没有依法参加工伤保险的,其医疗和生活保障由该用人单位承担。

第六十条　职业病病人变动工作单位,其依法享有的待遇不变。

用人单位在发生分立、合并、解散、破产等情形时,应当对从事接触职业病危害的作业的劳动者进行健康检查,并按照国家有关规定妥善安置职业病病人。

第六十一条　用人单位已经不存在或者无法确认劳动关系的职业病病人,可以向地方人民政府医疗保障、民政部门申请医疗救助和生活等方面的救助。

地方各级人民政府应当根据本地区的实际情况,采取其他措施,使前款规定的职业病病人获得医疗救治。

第五章　监督检查

第六十二条　县级以上人民政府职业卫生监督管理部门依照职业病防治法律、法规、国家职业卫生标准和卫生要求,依据职责划分,对职业病防治工作进行监督检查。

第六十三条　卫生行政部门履行监督检查职责时,有权采取下列措施:

(一)进入被检查单位和职业病危害现场,了解情况,调查取证;

(二)查阅或者复制与违反职业病防治法律、法规的行为有关的资料和采集样品;

(三)责令违反职业病防治法律、法规的单位和个人停止违法行为。

第六十四条　发生职业病危害事故或者有证据证明危害状态可能导致职业病危害事故发生时,卫生行政部门可以采取下列临时控制措施:

(一)责令暂停导致职业病危害事故的作业;

(二)封存造成职业病危害事故或者可能导致职业病危害事故发生的材料和设备;

(三)组织控制职业病危害事故现场。

在职业病危害事故或者危害状态得到有效控制后,卫生行政部门应当及时解除控制措施。

第六十五条　职业卫生监督执法人员依法执行职务时,应当出示监督执法证件。

职业卫生监督执法人员应当忠于职守,秉公执法,严格遵守执法规范;涉及用人单位的秘密的,应当为其保密。

第六十六条　职业卫生监督执法人员依法执行职务时,被检查单位应当接受检查并予以支持配合,不得拒绝和阻碍。

第六十七条　卫生行政部门及其职业卫生监督执法人员履行职责时,不得有下列行为:

(一)对不符合法定条件的,发给建设项目有关证明文件、资质证明文件或者予以批准;

(二)对已经取得有关证明文件的,不履行监督检查职责;

(三)发现用人单位存在职业病危害的,可能造成职业病危害事故,不及时依法采取控制措施;

(四)其他违反本法的行为。

第六十八条　职业卫生监督执法人员应当依法经过资格认定。

职业卫生监督管理部门应加强队伍建设,提高职业卫生监督执法人员的政治、业务素质,依照本法和其他有关法律、法规的规定,建立、健全内部监督制度,对其工作人员执行法律、法规和遵守纪律的情况,进行监督检查。

第六章　法律责任

第六十九条　建设单位违反本法规定,有下列行为之一的,由卫生行政部门给予警告,责令限期改正;逾期不改正的,处十万元以上五十万元以下的罚款;情节严重的,责令停止产生职业病危害的作业,或者提请有关人民政府按照国务院规定的权限责令停建、关闭：

（一）未按照规定进行职业病危害预评价的；

（二）医疗机构可能产生放射性职业病危害的建设项目未按照规定提交放射性职业病危害预评价报告，或者放射性职业病危害预评价报告未经卫生行政部门审核同意，开工建设的；

（三）建设项目的职业病防护设施未按照规定与主体工程同时设计、同时施工、同时投入生产和使用的；

（四）建设项目的职业病防护设施设计不符合国家职业卫生标准和卫生要求，或者医疗机构放射性职业病危害严重的建设项目的防护设施设计未经卫生行政部门审查同意擅自施工的；

（五）未按照规定对职业病防护设施进行职业病危害控制效果评价的；

（六）建设项目竣工投入生产和使用前，职业病防护设施未按照规定验收合格的。

第七十条　违反本法规定，有下列行为之一的，由卫生行政部门给予警告，责令限期改正；逾期不改正的，处十万元以下的罚款：

（一）工作场所职业病危害因素检测、评价结果没有存档、上报、公布的；

（二）未采取本法第二十条规定的职业病防治管理措施的；

（三）未按照规定公布有关职业病防治的规章制度、操作规程、职业病危害事故应急救援措施的；

（四）未按照规定组织劳动者进行职业卫生培训，或者未对劳动者个人职业病防护采取指导、督促措施的；

（五）国内首次使用或者首次进口与职业病危害有关的化学材料，未按照规定报送毒性鉴定资料以及经有关部门登记注册或者批准进口的文件的。

第七十一条　用人单位违反本法规定，有下列行为之一的，由卫生行政部门责令限期改正，给予警告，可以并处五万元以上十万元以下的罚款：

（一）未按照规定及时、如实向卫生行政部门申报产生职业病危害的项目的；

（二）未实施由专人负责的职业病危害因素日常监测，或者监测系统不能正常监测的；

（三）订立或者变更劳动合同时，未告知劳动者职业病危害真实情况的；

（四）未按照规定组织职业健康检查、建立职业健康监护档案或者未将检查结果书面告知劳动者的；

（五）未依照本法规定在劳动者离开用人单位时提供职业健康监护档案复印件的。

第七十二条　用人单位违反本法规定，有下列行为之一的，由卫生行政部门给予警告，责令限期改正，逾期不改正的，处五万元以上二十万元以下的罚款；情节严重的，责令停止产生职业病危害的作业，或者提请有关人民政府按照国务院规定的权限责令关闭：

（一）工作场所职业病危害因素的强度或者浓度超过国家职业卫生标准的；

（二）未提供职业病防护设施和个人使用的职业病防护用品，或者提供的职业病防护设施和个人使用的职业病防护用品不符合国家职业卫生标准和卫生要求的；

（三）对职业病防护设备、应急救援设施和个人使用的职业病防护用品未按照规定进行维护、检修、检测，或者不能保持正常运行、使用状态的；

（四）未按照规定对工作场所职业病危害因素进行检测、评价的；

（五）工作场所职业病危害因素经治理仍然达不到国家职业卫生标准和卫生要求时，未停止存在职业病危害因素的作业的；

（六）未按照规定安排职业病病人、疑似职业病病人进行诊治的；

（七）发生或者可能发生急性职业病危害事故时，未立即采取应急救援和控制措施或者未按照规定及时报告的；

（八）未按照规定在产生严重职业病危害的作业岗位醒目位置设置警示标识和中文警示说明的；

（九）拒绝职业卫生监督管理部门监督检查的；

（十）隐瞒、伪造、篡改、毁损职业健康监护档案、工作场所职业病危害因素检测评价结果等相关资料，或者拒不提供职业病诊断、鉴定所需资料的；

（十一）未按照规定承担职业病诊断、鉴定费用和职业病病人的医疗、生活保障费用的。

第七十三条　向用人单位提供可能产生职业病危害的设备、材料，未按照规定提供中文说明书或者设置警示标识和中文警示说明的，由卫生行政部门责令限期改正，给予警告，并处五万元以上二十万元以下的罚款。

第七十四条　用人单位和医疗卫生机构未按照规定报告职业病、疑似职业病的，由有关主管部门依据职责分工责令限期改正，给予警告，可以并处一万元以下的罚款；弄虚作假的，并处二万元以上五万元以下的罚款；对直接负责的主管人员和其他直接责任人员，可以依法给予降级或者撤职的处分。

第七十五条　违反本法规定,有下列情形之一的,由卫生行政部门责令限期治理,并处五万元以上三十万元以下的罚款;情节严重的,责令停止产生职业病危害的作业,或者提请有关人民政府按照国务院规定的权限责令关闭:

(一)隐瞒技术、工艺、设备、材料所产生的职业病危害而采用的;

(二)隐瞒本单位职业卫生真实情况的;

(三)可能发生急性职业损伤的有毒、有害工作场所、放射工作场所或者放射性同位素的运输、贮存不符合本法第二十五条规定的;

(四)使用国家明令禁止使用的可能产生职业病危害的设备或者材料的;

(五)将产生职业病危害的作业转移给没有职业病防护条件的单位和个人,或者没有职业病防护条件的单位和个人接受产生职业病危害的作业的;

(六)擅自拆除、停止使用职业病防护设备或者应急救援设施的;

(七)安排未经职业健康检查的劳动者、有职业禁忌的劳动者、未成年工或者孕期、哺乳期女职工从事接触职业病危害的作业或者禁忌作业的;

(八)违章指挥和强令劳动者进行没有职业病防护措施的作业的。

第七十六条　生产、经营或者进口国家明令禁止使用的可能产生职业病危害的设备或者材料的,依照有关法律、行政法规的规定给予处罚。

第七十七条　用人单位违反本法规定,已经对劳动者生命健康造成严重损害的,由卫生行政部门责令停止产生职业病危害的作业,或者提请有关人民政府按照国务院规定的权限责令关闭,并处十万元以上五十万元以下的罚款。

第七十八条　用人单位违反本法规定,造成重大职业病危害事故或者其他严重后果,构成犯罪的,对直接负责的主管人员和其他直接责任人员,依法追究刑事责任。

第七十九条　未取得职业卫生技术服务资质认可擅自从事职业卫生技术服务的,由卫生行政部门责令立即停止违法行为,没收违法所得;违法所得五千元以上的,并处违法所得二倍以上十倍以下的罚款;没有违法所得或者违法所得不足五千元的,并处五千元以上五万元以下的罚款;情节严重的,对直接负责的主管人员和其他直接责任人员,依法给予降级、撤职或者开除的处分。

第八十条　从事职业卫生技术服务的机构和承担职业病诊断的医疗卫生机构违反本法规定,有下列行为之一的,由卫生行政部门责令立即停止违法行为,给予警告,没收违法所得;违法所得五千元以上的,并处违法所得二倍以上五倍以下的罚款;没有违法所得或者违法所得不足五千元的,并处五千元以上二万元以下的罚款;情节严重的,由原认可或者登记机关取消其相应的资格;对直接负责的主管人员和其他直接责任人员,依法给予降级、撤职或者开除的处分;构成犯罪的,依法追究刑事责任:

(一)超出资质认可或者诊疗项目登记范围从事职业卫生技术服务或者职业病诊断的;

(二)不按照本法规定履行法定职责的;

(三)出具虚假证明文件的。

第八十一条　职业病诊断鉴定委员会组成人员收受职业病诊断争议当事人的财物或者其他好处的,给予警告,没收收受的财物,可以并处三千元以上五万元以下的罚款,取消其担任职业病诊断鉴定委员会组成人员的资格,并从省、自治区、直辖市人民政府卫生行政部门设立的专家库中予以除名。

第八十二条　卫生行政部门不按照规定报告职业病和职业病危害事故的,由上一级行政部门责令改正,通报批评,给予警告;虚报、瞒报的,对单位负责人、直接负责的主管人员和其他直接责任人员依法给予降级、撤职或者开除的处分。

第八十三条　县级以上地方人民政府在职业病防治工作中未依照本法履行职责,本行政区域出现重大职业病危害事故、造成严重社会影响的,依法对直接负责的主管人员和其他直接责任人员给予记大过直至开除的处分。

县级以上人民政府职业卫生监督管理部门不履行本法规定的职责,滥用职权、玩忽职守、徇私舞弊,依法对直接负责的主管人员和其他直接责任人员给予记大过或者降级的处分;造成职业病危害事故或者其他严重后果的,依法给予撤职或者开除的处分。

第八十四条　违反本法规定,构成犯罪的,依法追究刑事责任。

第七章　附　则

第八十五条　本法下列用语的含义:

职业病危害,是指对从事职业活动的劳动者可能导致职业病的各种危害。职业病危害因素包括:职业活动中存在的各种有害的化学、物理、生物因素以及在作业过程中产生的其他职业有害因素。

职业禁忌,是指劳动者从事特定职业或者接触特定职业病危害因素时,比一般职业人群更易于遭受职业病危害和罹患职业病或者可能导致原有自身疾病病情加重,或者在从事作业过程中诱发可能导致对他人生命健康构成危险的疾病的个人特殊生理或者病理状态。

第八十六条 本法第二条规定的用人单位以外的单位,产生职业病危害的,其职业病防治活动可以参照本法执行。

劳务派遣用工单位应当履行本法规定的用人单位的义务。

中国人民解放军参照执行本法的办法,由国务院、中央军事委员会制定。

第八十七条 对医疗机构放射性职业病危害控制的监督管理,由卫生行政部门依照本法的规定实施。

第八十八条 本法自2002年5月1日起施行。

煤矿作业场所职业病危害防治规定

- 2015年2月28日国家安全生产监督管理总局令第73号公布
- 自2015年4月1日起施行

第一章 总 则

第一条 为加强煤矿作业场所职业病危害的防治工作,强化煤矿企业职业病危害防治主体责任,预防、控制职业病危害,保护煤矿劳动者健康,依据《中华人民共和国职业病防治法》《中华人民共和国安全生产法》《煤矿安全监察条例》等法律、行政法规,制定本规定。

第二条 本规定适用于中华人民共和国领域内各类煤矿及其所属为煤矿服务的矿井建设施工、洗煤厂、选煤厂等存在职业病危害的作业场所职业病危害预防和治理活动。

第三条 本规定所称煤矿作业场所职业病危害(以下简称职业病危害),是指由粉尘、噪声、热害、有毒有害物质等因素导致煤矿劳动者职业病的危害。

第四条 煤矿是本企业职业病危害防治的责任主体。

职业病危害防治坚持以人为本、预防为主、综合治理的方针,按照源头治理、科学防治、严格管理、依法监督的要求开展工作。

第二章 职业病危害防治管理

第五条 煤矿主要负责人(法定代表人、实际控制人,下同)是本单位职业病危害防治工作的第一责任人,对本单位职业病危害防治工作全面负责。

第六条 煤矿应当建立健全职业病危害防治领导机构,制定职业病危害防治规划,明确职责分工和落实工作经费,加强职业病危害防治工作。

第七条 煤矿应当设置或者指定职业病危害防治的管理机构,配备专职职业卫生管理人员,负责职业病危害防治日常管理工作。

第八条 煤矿应当制定职业病危害防治年度计划和实施方案,并建立健全下列制度:

(一)职业病危害防治责任制度;

(二)职业病危害警示与告知制度;

(三)职业病危害项目申报制度;

(四)职业病防治宣传、教育和培训制度;

(五)职业病防护设施管理制度;

(六)职业病个体防护用品管理制度;

(七)职业病危害日常监测及检测、评价管理制度;

(八)建设项目职业病防护设施与主体工程同时设计、同时施工、同时投入生产和使用(以下简称建设项目职业卫生"三同时")的制度;

(九)劳动者职业健康监护及其档案管理制度;

(十)职业病诊断、鉴定及报告制度;

(十一)职业病危害防治经费保障及使用管理制度;

(十二)职业卫生档案管理制度;

(十三)职业病危害事故应急管理制度;

(十四)法律、法规、规章规定的其他职业病危害防治制度。

第九条 煤矿应当配备专职或者兼职的职业病危害因素监测人员,装备相应的监测仪器设备。监测人员应当经培训合格;未经培训合格的,不得上岗作业。

第十条 煤矿应当以矿井为单位开展职业病危害因素日常监测,并委托具有资质的职业卫生技术服务机构,每年进行一次作业场所职业病危害因素检测,每三年进行一次职业病危害现状评价。根据监测、检测、评价结果,落实整改措施,同时将日常监测、检测、评价、落实整改情况存入本单位职业卫生档案。检测、评价结果向所在地安全生产监督管理部门和驻地煤矿安全监察机构报告,并向劳动者公布。

第十一条 煤矿不得使用国家明令禁止使用的可能产生职业病危害的技术、工艺、设备和材料,限制使用或者淘汰职业病危害严重的技术、工艺、设备和材料。

第十二条 煤矿应当优化生产布局和工艺流程,使有害作业和无害作业分开,减少接触职业病危害的人数和接触时间。

第十三条　煤矿应当按照《煤矿职业安全卫生个体防护用品配备标准》（AQ1051）规定，为接触职业病危害的劳动者提供符合标准的个体防护用品，并指导和督促其正确使用。

第十四条　煤矿应当履行职业病危害告知义务，与劳动者订立或者变更劳动合同时，应当将作业过程中可能产生的职业病危害及其后果、防护措施和相关待遇等如实告知劳动者，并在劳动合同中载明，不得隐瞒或者欺骗。

第十五条　煤矿应当在醒目位置设置公告栏，公布有关职业病危害防治的规章制度、操作规程和作业场所职业病危害因素检测结果；对产生严重职业病危害的作业岗位，应当在醒目位置设置警示标识和中文警示说明。

第十六条　煤矿主要负责人、职业卫生管理人员应当具备煤矿职业卫生知识和管理能力，接受职业病危害防治培训。培训内容应当包括职业卫生相关法律、法规、规章和标准，职业病危害预防和控制的基本知识，职业卫生管理相关知识等内容。

煤矿应当对劳动者进行上岗前、在岗期间的定期职业病危害防治知识培训，督促劳动者遵守职业病防治法律、法规、规章、标准和操作规程，指导劳动者正确使用职业病防护设备和个体防护用品。上岗前培训时间不少于4学时，在岗期间的定期培训时间每年不少于2学时。

第十七条　煤矿应当建立健全企业职业卫生档案。企业职业卫生档案应当包括下列内容：

（一）职业病防治责任制文件；

（二）职业卫生管理规章制度；

（三）作业场所职业病危害因素种类清单、岗位分布以及作业人员接触情况等资料；

（四）职业病防护设施、应急救援设施基本信息及其配置、使用、维护、检修与更换等记录；

（五）作业场所职业病危害因素检测、评价报告与记录；

（六）职业病个体防护用品配备、发放、维护与更换等记录；

（七）煤矿企业主要负责人、职业卫生管理人员和劳动者的职业卫生培训资料；

（八）职业病危害事故报告与应急处置记录；

（九）劳动者职业健康检查结果汇总资料，存在职业禁忌证、职业健康损害或者职业病的劳动者处理和安置情况记录；

（十）建设项目职业卫生"三同时"有关技术资料；

（十一）职业病危害项目申报情况记录；

（十二）其他有关职业卫生管理的资料或者文件。

第十八条　煤矿应当保障职业病危害防治专项经费，经费在财政部、国家安全监管总局《关于印发〈企业安全生产费用提取和使用管理办法〉的通知》（财企〔2012〕16号）第十七条"（十）其他与安全生产直接相关的支出"中列支。

第十九条　煤矿发生职业病危害事故，应当及时向所在地安全生产监督管理部门和驻地煤矿安全监察机构报告，同时积极采取有效措施，减少或者消除职业病危害因素，防止事故扩大。对遭受或者可能遭受急性职业病危害的劳动者，应当及时组织救治，并承担所需费用。

煤矿不得迟报、漏报、谎报或者瞒报煤矿职业病危害事故。

第三章　建设项目职业病防护设施"三同时"管理

第二十条　煤矿建设项目职业病防护设施必须与主体工程同时设计、同时施工、同时投入生产和使用。职业病防护设施所需费用应当纳入建设项目工程预算。

第二十一条　煤矿建设项目在可行性论证阶段，建设单位应当委托具有资质的职业卫生技术服务机构进行职业病危害预评价，编制预评价报告。

第二十二条　煤矿建设项目在初步设计阶段，应当委托具有资质的设计单位编制职业病防护设施设计专篇。

第二十三条　煤矿建设项目完工后，在试运行期内，应当委托具有资质的职业卫生技术服务机构进行职业病危害控制效果评价，编制控制效果评价报告。

第四章　职业病危害项目申报

第二十四条　煤矿在申领、换发煤矿安全生产许可证时，应当如实向驻地煤矿安全监察机构申报职业病危害项目，同时抄报所在地安全生产监督管理部门。

第二十五条　煤矿申报职业病危害项目时，应当提交下列文件、资料：

（一）煤矿的基本情况；

（二）煤矿职业病危害防治领导机构、管理机构情况；

（三）煤矿建立职业病危害防治制度情况；

（四）职业病危害因素名称、监测人员及仪器设备配备情况；

（五）职业病防护设施及个体防护用品配备情况；

（六）煤矿主要负责人、职业卫生管理人员及劳动者职业卫生培训情况证明材料；

（七）劳动者职业健康检查结果汇总资料,存在职业禁忌症、职业健康损害或者职业病的劳动者处理和安置情况记录；

（八）职业病危害警示标识设置与告知情况；

（九）煤矿职业卫生档案管理情况；

（十）法律、法规和规章规定的其他资料。

第二十六条　安全生产监督管理部门和煤矿安全监察机构及其工作人员应当对煤矿企业职业病危害项目申报材料中涉及的商业和技术等秘密保密。违反有关保密义务的,应当承担相应的法律责任。

第五章　职业健康监护

第二十七条　对接触职业病危害的劳动者,煤矿应当按照国家有关规定组织上岗前、在岗期间和离岗时的职业健康检查,并将检查结果书面告知劳动者。职业健康检查费用由煤矿承担。职业健康检查由省级以上人民政府卫生行政部门批准的医疗卫生机构承担。

第二十八条　煤矿不得安排未经上岗前职业健康检查的人员从事接触职业病危害的作业；不得安排有职业禁忌的人员从事其所禁忌的作业；不得安排未成年工从事接触职业病危害的作业；不得安排孕期、哺乳期的女职工从事对本人和胎儿、婴儿有危害的作业。

第二十九条　劳动者接受职业健康检查应当视同正常出勤,煤矿企业不得以常规健康检查代替职业健康检查。接触职业病危害作业的劳动者的职业健康检查周期按照表1执行。

表1　接触职业病危害作业的劳动者的职业健康检查周期

接触有害物质	体检对象	检查周期
煤尘(以煤尘为主)	在岗人员	2年1次
	观察对象、Ⅰ期煤工尘肺患者	每年1次
岩尘(以岩尘为主)	在岗人员、观察对象、Ⅰ期矽肺患者	
噪声	在岗人员	
高温	在岗人员	
化学毒物	在岗人员	根据所接触的化学毒物确定检查周期
接触粉尘危害作业退休人员的职业健康检查周期按照有关规定执行			

第三十条　煤矿不得以劳动者上岗前职业健康检查代替在岗期间定期的职业健康检查,也不得以劳动者在岗期间职业健康检查代替离岗时职业健康检查,但最后一次在岗期间的职业健康检查在离岗前的90日内的,可以视为离岗时检查。对未进行离岗前职业健康检查的劳动者,煤矿不得解除或者终止与其订立的劳动合同。

第三十一条　煤矿应当根据职业健康检查报告,采取下列措施：

（一）对有职业禁忌的劳动者,调离或者暂时脱离原工作岗位；

（二）对健康损害可能与所从事的职业相关的劳动者,进行妥善安置；

（三）对需要复查的劳动者,按照职业健康检查机构要求的时间安排复查和医学观察；

（四）对疑似职业病病人,按照职业健康检查机构的建议安排其进行医学观察或者职业病诊断；

（五）对存在职业病危害的岗位,改善劳动条件,完善职业病防护设施。

第三十二条　煤矿应当为劳动者个人建立职业健康监护档案,并按照有关规定的期限妥善保存。

职业健康监护档案应当包括劳动者个人基本情况、劳动者职业史和职业病危害接触史,历次职业健康检查结果及处理情况,职业病诊疗等资料。

劳动者离开煤矿时,有权索取本人职业健康监护档案复印件,煤矿必须如实、无偿提供,并在所提供的复印件上签章。

第三十三条　劳动者健康出现损害需要进行职业病诊断、鉴定的,煤矿企业应当如实提供职业病诊断、鉴定所需的劳动者职业史和职业病危害接触史、作业场所职业病危害因素检测结果等资料。

第六章 粉尘危害防治

第三十四条 煤矿应当在正常生产情况下对作业场所的粉尘浓度进行监测。粉尘浓度应当符合表2的要求;不符合要求的,应当采取有效措施。

表2 煤矿作业场所粉尘浓度要求

粉尘种类	游离 SiO₂ 含量(%)	时间加权平均容许浓度(mg/m³)	
		总粉尘	呼吸性粉尘
煤尘	<10	4	2.5
矽尘	10≤~≤50	1	0.7
	50<~≤80	0.7	0.3
	>80	0.5	0.2
水泥尘	<10	4	1.5

第三十五条 煤矿进行粉尘监测时,其监测点的选择和布置应当符合表3的要求。

表3 煤矿作业场所测尘点的选择和布置要求

类别	生产工艺	测尘点布置
采煤工作面	司机操作采煤机、打眼、人工落煤及攉煤	工人作业地点
	多工序同时作业	回风巷距工作面10~15m处
掘进工作面	司机操作掘进机、打眼、装岩(煤)、锚喷支护	工人作业地点
	多工序同时作业(爆破作业除外)	距掘进头10~15m回风侧
其他场所	翻罐笼作业、巷道维修、转载点	工人作业地点
露天煤矿	穿孔机作业、挖掘机作业	下风侧3~5m处
	司机操作穿孔机、司机操作挖掘机、汽车运输	操作室内
地面作业场所	地面煤仓、储煤场、输送机运输等处生产作业	作业人员活动范围内

第三十六条 粉尘监测采用定点或者个体方法进行,推广实时在线监测系统。粉尘监测应当符合下列要求:

(一)总粉尘浓度,煤矿井下每月测定2次或者采用实时在线监测,地面及露天煤矿每月测定1次或者采用实时在线监测;

(二)呼吸性粉尘浓度每月测定1次;

(三)粉尘分散度每6个月监测1次;

(四)粉尘中游离SiO₂含量,每6个月测定1次,在变更工作面时也应当测定1次。

第三十七条 煤矿应当使用粉尘采样器、直读式粉尘浓度测定仪等仪器设备进行粉尘浓度的测定。井工煤矿的采煤工作面回风巷、掘进工作面回风侧应当设置粉尘浓度传感器,并接入安全监测监控系统。

第三十八条 井工煤矿必须建立防尘洒水系统。永久性防尘水池容量不得小于200m³,且贮水量不得小于井下连续2h的用水量,备用水池贮水量不得小于永久性防尘水池的50%。

防尘管路应当敷设到所有能产生粉尘和沉积粉尘的地点,没有防尘供水管路的采掘工作面不得生产。静压供水管路管径应当满足矿井防尘用水量的要求,强度应当满足静压水压力的要求。

防尘用水水质悬浮物的含量不得超过30mg/L,粒径不大于0.3mm,水的pH值应当在6~9范围内,水的碳酸盐硬度不超过3mmol/L。使用降尘剂时,降尘剂应当无毒、无腐蚀、不污染环境。

第三十九条 井工煤矿掘进井巷和硐室时,必须采用湿式钻眼,使用水炮泥,爆破前后冲洗井壁巷帮,爆破过程中采用高压喷雾(喷雾压力不低于8MPa)或者压气喷雾降尘、装岩(煤)洒水和净化风流等综合防尘措施。

第四十条 井工煤矿在煤、岩层中钻孔,应当采取湿式作业。煤(岩)与瓦斯突出煤层或者软煤层中难以采取湿式钻孔时,可以采取干式钻孔,但必须采取除尘器捕尘、除尘,除尘器的呼吸性粉尘除尘效率不得低于90%。

第四十一条 井工煤矿炮采工作面应当采取湿式钻眼,使用水炮泥,爆破前后应当冲洗煤壁,爆破时应当采用高压喷雾(喷雾压力不低于 8MPa)或者压气喷雾降尘,出煤时应当洒水降尘。

第四十二条 井工煤矿采煤机作业时,必须使用内、外喷雾装置。内喷雾压力不得低于2MPa,外喷雾压力不得低于4MPa。内喷雾装置不能正常使用时,外喷雾压力不得低于8MPa,否则采煤机必须停机。液压支架必须安装自动喷雾降尘装置,实现降柱、移架同步喷雾。破碎机必须安装防尘罩,并加装喷雾装置或者除尘器。放顶煤采煤工作面的放煤口,必须安装高压喷雾装置(喷雾压力不低于8MPa)或者采取压气喷雾降尘。

第四十三条 井工煤矿掘进机作业时,应当使用内、外喷雾装置和控尘装置、除尘器等构成的综合防尘系统。掘进机内喷雾压力不得低于2MPa,外喷雾压力不得低于4MPa。内喷雾装置不能正常使用时,外喷雾压力不得低于8MPa;除尘器的呼吸性粉尘除尘效率不得低于90%。

第四十四条 井工煤矿的采煤工作面回风巷、掘进工作面回风侧应当分别安设至少2道自动控制风流净化水幕。

第四十五条 煤矿井下煤仓放煤口、溜煤眼放煤口以及地面带式输送机走廊必须安设喷雾装置或者除尘器,作业时进行喷雾降尘或者用除尘器除尘。煤仓放煤口、溜煤眼放煤口采用喷雾降尘时,喷雾压力不低于8MPa。

第四十六条 井工煤矿的所有煤层必须进行煤层注水可注性测试。对于可注水煤层必须进行煤层注水。煤层注水过程中应当对注水流量、注水量及压力等参数进行监测和控制,单孔注水总量应当使该钻孔预湿煤体的平均水分含量增量不得低于1.5%,封孔深度应当保证注水过程中煤壁及钻孔不漏水、不跑水。在厚煤层分层开采时,在确保安全前提下,应当采取在上一分层的采空区内灌水,对下一分层的煤体进行湿润。

第四十七条 井工煤矿打锚杆眼应当实施湿式钻孔,喷射混凝土时应当采用潮喷或者湿喷工艺,喷射机、喷浆点应当配备捕尘、除尘装置,距离锚喷作业点下风向100m内,应当设置2道以上自动控制风流净化水幕。

第四十八条 井工煤矿转载点应当采用自动喷雾降尘(喷雾压力应当大于0.7MPa)或者密闭尘源除尘器抽尘净化等措施。转载点落差超过0.5m,必须安装溜槽或者导向板。装煤点下风侧20m内,必须设置一道自动控制风流净化水幕。运输巷道内应当设置自动控制风流净化水幕。

第四十九条 露天煤矿粉尘防治应当符合下列要求:

(一)设置有专门稳定可靠供水水源的加水站(池),加水能力满足洒水降尘所需的最大供给量;

(二)采取湿式钻孔;不能实现湿式钻孔时,设置有效的孔口捕尘装置;

(三)破碎作业时,密闭作业区域并采用喷雾降尘或者除尘器除尘;

(四)加强对穿孔机、挖掘机、汽车等司机操作室的防护;

(五)挖掘机装车前,对煤(岩)洒水,卸煤(岩)时喷雾降尘;

(六)对运输路面经常清理浮尘、洒水,加强维护,保持路面平整。

第五十条 洗选煤厂原煤准备(给煤、破碎、筛分、转载)过程中宜密闭尘源,并采取喷雾降尘或者除尘器除尘。

第五十一条 储煤场厂区应当定期洒水抑尘,储煤场四周应当设抑尘网,装卸煤炭应当喷雾降尘或者洒水车降尘,煤炭外运时应当采取密闭措施。

第七章 噪声危害防治

第五十二条 煤矿作业场所噪声危害依照下列标准判定:

(一)劳动者每天连续接触噪声时间达到或者超过8h的,噪声声级限值为85dB(A);

(二)劳动者每天接触噪声时间不足8h的,可以根据实际接触噪声的时间,按照接触噪声时间减半、噪声声级限值增加3dB(A)的原则确定其声级限值。

第五十三条 煤矿应当配备2台以上噪声测定仪器,并对作业场所噪声每6个月监测1次。

第五十四条 煤矿作业场所噪声的监测地点主要包括:

(一)井工煤矿的主要通风机、提升机、空气压缩机、局部通风机、采煤机、掘进机、风动凿岩机、风钻、乳化液泵、水泵等地点;

(二)露天煤矿的挖掘机、穿孔机、矿用汽车、输送机、排土机和爆破作业等地点；

（三）选煤厂破碎机、筛分机、空压机等地点。

煤矿进行监测时，应当在每个监测地点选择3个测点，监测结果以3个监测点的平均值为准。

第五十五条 煤矿应当优先选用低噪声设备，通过隔声、消声、吸声、减振、减少接触时间、佩戴防护耳塞（罩）等措施降低噪声危害。

第八章 热害防治

第五十六条 井工煤矿采掘工作面的空气温度不得超过26℃，机电设备硐室的空气温度不得超过30℃。当空气温度超过上述要求时，煤矿必须缩短超温地点工作人员的工作时间，并给予劳动者高温保健待遇。采掘工作面的空气温度超过30℃、机电设备硐室的空气温度超过34℃时，必须停止作业。

第五十七条 井工煤矿采掘工作面和机电设备硐室应当设置温度传感器。

第五十八条 井工煤矿应当采取通风降温、采用分区式开拓方式缩短入风线路长度等措施，降低工作面的温度；当采用上述措施仍然无法达到作业环境标准温度的，应当采用制冷等降温措施。

第五十九条 井工煤矿地面辅助生产系统和露天煤矿应当合理安排劳动者工作时间，减少高温时段室外作业。

第九章 职业中毒防治

第六十条 煤矿作业场所主要化学毒物浓度不得超过表4的要求。

表4 煤矿主要化学毒物最高允许浓度

化学毒物名称	最高允许浓度(%)
CO	0.0024
H_2S	0.00066
NO(换算成 NO_2)	0.00025
SO_2	0.0005

第六十一条 煤矿进行化学毒物监测时，应当选择有代表性的作业地点，其中包括空气中有害物质浓度最高、作业人员接触时间最长的作业地点。采样应当在正常生产状态下进行。

第六十二条 煤矿应当对NO(换算成 NO_2)、CO、SO_2 每3个月至少监测1次，对 H_2S 每月至少监测1次。煤层有自燃倾向的，应当根据需要随时监测。

第六十三条 煤矿作业场所应当加强通风降低有害气体的浓度，在采用通风措施无法达到表4的规定时，应当采用净化、化学吸收等措施降低有害气体的浓度。

第十章 法律责任

第六十四条 煤矿违反本规定，有下列行为之一的，给予警告，责令限期改正；逾期不改正的，处十万元以下的罚款：

（一）作业场所职业病危害因素检测、评价结果没有存档、上报、公布的；

（二）未设置职业病防治管理机构或者配备专职职业卫生管理人员的；

（三）未制定职业病防治计划或者实施方案的；

（四）未建立健全职业病危害防治制度的；

（五）未建立健全企业职业卫生档案或者劳动者职业健康监护档案的；

（六）未公布有关职业病防治的规章制度、操作规程、职业病危害事故应急救援措施的；

（七）未组织劳动者进行职业卫生培训，或者未对劳动者个人职业病防护采取指导、督促措施的。

第六十五条 煤矿违反本规定，有下列行为之一的，给予警告，可以并处五万元以上十万元以下的罚款：

（一）未如实申报产生职业病危害的项目的；

（二）未实施由专人负责的职业病危害因素日常监测，或者监测系统不能正常监测的；

（三）订立或者变更劳动合同时，未告知劳动者职业病危害真实情况的；

（四）未组织职业健康检查、建立职业健康监护档案，或者未将检查结果书面告知劳动者的；

（五）未在劳动者离开煤矿企业时提供职业健康监护档案复印件的。

第六十六条 煤矿违反本规定，有下列行为之一的，责令限期改正，逾期不改正的，处五万元以上二十万元以下的罚款；情节严重的，责令停止产生职业病危害的作业，或者提请有关人民政府按照国务院规定的权限责令关闭：

（一）作业场所职业病危害因素的强度或者浓度超过本规定要求的；

（二）未提供职业病防护设施和个人使用的职业病防护用品，或者提供的职业病防护设施和个人使用的职业病防护用品不符合本规定要求的；

（三）未对作业场所职业病危害因素进行检测、评价的；

（四）作业场所职业病危害因素经治理仍然达不到本规定要求时，未停止存在职业病危害因素的作业的；

（五）发生或者可能发生急性职业危害事故时，未立即采取应急救援和控制措施，或者未按照规定及时报告的；

（六）未按照规定在产生严重职业病危害的作业岗位醒目位置设置警示标识和中文警示说明的。

第六十七条 煤矿违反本规定，有下列情形之一的，责令限期治理，并处五万元以上三十万元以下的罚款；情节严重的，责令停止产生职业病危害的作业，或者暂扣、吊销煤矿安全生产许可证：

（一）隐瞒本单位职业卫生真实情况的；

（二）使用国家明令禁止使用的可能产生职业病危害的设备或者材料的；

（三）安排未经职业健康检查的劳动者、有职业禁忌的劳动者、未成年工或者孕期、哺乳期女职工从事接触职业病危害的作业或者禁忌作业的。

第六十八条 煤矿违反本规定，有下列行为之一的，给予警告，责令限期改正，逾期不改正的，处三万元以下的罚款：

（一）未投入职业病防治经费的；

（二）未建立职业病防治领导机构的；

（三）煤矿企业主要负责人、职业卫生管理人员和职业病危害因素监测人员未接受职业卫生培训的。

第六十九条 煤矿违反本规定，造成重大职业病危害事故或者其他严重后果，构成犯罪的，对直接负责的主管人员和其他直接责任人员，依法追究刑事责任。

第七十条 煤矿违反本规定的其他违法行为，依照《中华人民共和国职业病防治法》和其他行政法规、规章的规定给予行政处罚。

第七十一条 本规定设定的行政处罚，由煤矿安全监察机构实施。

第十一章 附则

第七十二条 本规定中未涉及的其他职业病危害因素，按照国家有关规定执行。

第七十三条 本规定自2015年4月1日起施行。

建设项目职业病防护设施"三同时"监督管理办法

- 2017年3月9日国家安全生产监督管理总局令第90号公布
- 自2017年5月1日起施行

第一章 总则

第一条 为了预防、控制和消除建设项目可能产生的职业病危害，加强和规范建设项目职业病防护设施建设的监督管理，根据《中华人民共和国职业病防治法》，制定本办法。

第二条 安全生产监督管理部门职责范围内、可能产生职业病危害的新建、改建、扩建和技术改造、技术引进建设项目（以下统称建设项目）职业病防护设施建设及其监督管理，适用本办法。

本办法所称的可能产生职业病危害的建设项目，是指存在或者产生职业病危害因素分类目录所列职业病危害因素的建设项目。

本办法所称的职业病防护设施，是指消除或者降低工作场所的职业病危害因素的浓度或者强度，预防和减少职业病危害因素对劳动者健康的损害或者影响，保护劳动者健康的设备、设施、装置、构（建）筑物等的总称。

第三条 负责本办法第二条规定建设项目投资、管理的单位（以下简称建设单位）是建设项目职业病防护设施建设的责任主体。

建设项目职业病防护设施必须与主体工程同时设计、同时施工、同时投入生产和使用（以下统称建设项目职业病防护设施"三同时"）。建设单位应当优先采用有利于保护劳动者健康的新技术、新工艺、新设备和新材料，职业病防护设施所需费用应当纳入建设项目工程预算。

第四条 建设单位对可能产生职业病危害的建设项目，应当依照本办法进行职业病危害预评价、职业病防护设施设计、职业病危害控制效果评价及相应的评审，组织职业病防护设施验收，建立健全建设项目职业卫生管理制度与档案。

建设项目职业病防护设施"三同时"工作可以与安全设施"三同时"工作一并进行。建设单位可以将建设项目职业病危害预评价和安全预评价、职业病防护设施设计和安全设施设计、职业病危害控制效果评价和安全验收评价合并出具报告或者设计，并对职业病防护设施与安全设施一并组织验收。

第五条 国家安全生产监督管理总局在国务院规定的职责范围内对全国建设项目职业病防护设施"三同时"实施监督管理。

县级以上地方各级人民政府安全生产监督管理部门依法在本级人民政府规定的职责范围内对本行政区域内的建设项目职业病防护设施"三同时"实施分类分级监督管理，具体办法由省级安全生产监督管理部门制定，并报国家安全生产监督管理总局备案。

跨两个及两个以上行政区域的建设项目职业病防护

设施"三同时"由其共同的上一级人民政府安全生产监督管理部门实施监督管理。

上一级人民政府安全生产监督管理部门根据工作需要,可以将其负责的建设项目职业病防护设施"三同时"监督管理工作委托下一级人民政府安全生产监督管理部门实施;接受委托的安全生产监督管理部门不得再委托。

第六条 国家根据建设项目可能产生职业病危害的风险程度,将建设项目分为职业病危害一般、较重和严重3个类别,并对职业病危害严重建设项目实施重点监督检查。

建设项目职业病危害分类管理目录由国家安全生产监督管理总局制定并公布。省级安全生产监督管理部门可以根据本地区实际情况,对建设项目职业病危害分类管理目录作出补充规定,但不得低于国家安全生产监督管理总局规定的管理层级。

第七条 安全生产监督管理部门应当建立职业卫生专家库(以下简称专家库),并根据需要聘请专家库专家参与建设项目职业病防护设施"三同时"的监督检查工作。

专家库专家应当熟悉职业病危害防治有关法律、法规、规章、标准,具有较高的专业技术水平、实践经验和有关业务背景及良好的职业道德,按照客观、公正的原则,对所参与的工作提出技术意见,并对该意见负责。

专家库专家实行回避制度,参加监督检查的专家库专家不得参与该建设项目职业病防护设施"三同时"的评审及验收等相应工作,不得与该建设项目建设单位、评价单位、设计单位、施工单位或者监理单位等相关单位存在直接利害关系。

第八条 除国家保密的建设项目外,产生职业病危害的建设单位应当通过公告栏、网站等方式及时公布建设项目职业病危害预评价、职业病防护设施设计、职业病危害控制效果评价的承担单位、评价结论、评审时间及评审意见,以及职业病防护设施验收时间、验收方案和验收意见等信息,供本单位劳动者和安全生产监督管理部门查询。

第二章 职业病危害预评价

第九条 对可能产生职业病危害的建设项目,建设单位应当在建设项目可行性论证阶段进行职业病危害预评价,编制预评价报告。

第十条 建设项目职业病危害预评价报告应当符合职业病防治有关法律、法规、规章和标准的要求,并包括下列主要内容:

(一)建设项目概况,主要包括项目名称、建设地点、建设内容、工作制度、岗位设置及人员数量等;

(二)建设项目可能产生的职业病危害因素及其对工作场所、劳动者健康影响与危害程度的分析与评价;

(三)对建设项目拟采取的职业病防护设施和防护措施进行分析、评价,并提出对策与建议;

(四)评价结论,明确建设项目的职业病危害风险类别及拟采取的职业病防护设施和防护措施是否符合职业病防治有关法律、法规、规章和标准的要求。

第十一条 建设单位进行职业病危害预评价时,对建设项目可能产生的职业病危害因素及其对工作场所、劳动者健康影响与危害程度的分析与评价,可以运用工程分析、类比调查等方法。其中,类比调查数据应当采用获得资质认可的职业卫生技术服务机构出具的、与建设项目规模和工艺类似的用人单位职业病危害因素检测结果。

第十二条 职业病危害预评价报告编制完成后,属于职业病危害一般或者较重的建设项目,其建设单位主要负责人或其指定的负责人应当组织具有职业卫生相关专业背景的中级及中级以上专业技术职称人员或者具有职业卫生相关专业背景的注册安全工程师(以下统称职业卫生专业技术人员)对职业病危害预评价报告进行评审,并形成是否符合职业病防治有关法律、法规、规章和标准要求的评审意见;属于职业病危害严重的建设项目,其建设单位主要负责人或其指定的负责人应当组织外单位职业卫生专业技术人员参加评审工作,并形成评审意见。

建设单位应当按照评审意见对职业病危害预评价报告进行修改完善,并对最终的职业病危害预评价报告的真实性、客观性和合规性负责。职业病危害预评价工作过程应当形成书面报告备查。书面报告的具体格式由国家安全生产监督管理总局另行制定。

第十三条 建设项目职业病危害预评价报告有下列情形之一的,建设单位不得通过评审:

(一)对建设项目可能产生的职业病危害因素识别不全,未对工作场所职业病危害对劳动者健康影响与危害程度进行分析与评价的,或者评价不符合要求的;

(二)未对建设项目拟采取的职业病防护设施和防护措施进行分析、评价,对存在的问题未提出对策措施的;

(三)建设项目职业病危害风险分析与评价不正确的;

（四）评价结论和对策措施不正确的；
（五）不符合职业病防治有关法律、法规、规章和标准规定的其他情形的。

第十四条 建设项目职业病危害预评价报告通过评审后，建设项目的生产规模、工艺等发生变更导致职业病危害风险发生重大变化的，建设单位应当对变更内容重新进行职业病危害预评价和评审。

第三章 职业病防护设施设计

第十五条 存在职业病危害的建设项目，建设单位应当在施工前按照职业病防治有关法律、法规、规章和标准的要求，进行职业病防护设施设计。

第十六条 建设项目职业病防护设施设计应当包括下列内容：
（一）设计依据；
（二）建设项目概况及工程分析；
（三）职业病危害因素分析及危害程度预测；
（四）拟采取的职业病防护设施和应急救援设施的名称、规格、型号、数量、分布，并对防控性能进行分析；
（五）辅助用室及卫生设施的设置情况；
（六）对预评价报告中拟采取的职业病防护设施、防护措施及对策措施采纳情况的说明；
（七）职业病防护设施和应急救援设施投资预算明细表；
（八）职业病防护设施和应急救援设施可以达到的预期效果及评价。

第十七条 职业病防护设施设计完成后，属于职业病危害一般或者较重的建设项目，其建设单位主要负责人或其指定的负责人应当组织职业卫生专业技术人员对职业病防护设施设计进行评审，并形成是否符合职业病防治有关法律、法规、规章和标准要求的评审意见；属于职业病危害严重的建设项目，其建设单位主要负责人或其指定的负责人应当组织外单位职业卫生专业技术人员参加评审工作，并形成评审意见。

建设单位应当按照评审意见对职业病防护设施设计进行修改完善，并对最终的职业病防护设施设计的真实性、客观性和合规性负责。职业病防护设施设计工作过程应当形成书面报告备查。书面报告的具体格式由国家安全生产监督管理总局另行制定。

第十八条 建设项目职业病防护设施设计有下列情形之一的，建设单位不得通过评审和开工建设：
（一）未对建设项目主要职业病危害进行防护设施设计或者设计内容不全的；

（二）职业病防护设施设计未按照评审意见进行修改完善的；
（三）未采纳职业病危害预评价报告中的对策措施，且未作充分论证说明的；
（四）未对职业病防护设施和应急救援设施的预期效果进行评价的；
（五）不符合职业病防治有关法律、法规、规章和标准规定的其他情形的。

第十九条 建设单位应当按照评审通过的设计和有关规定组织职业病防护设施的采购和施工。

第二十条 建设项目职业病防护设施设计在完成评审后，建设项目的生产规模、工艺等发生变更导致职业病危害风险发生重大变化的，建设单位应当对变更的内容重新进行职业病防护设施设计和评审。

第四章 职业病危害控制效果评价与防护设施验收

第二十一条 建设项目职业病防护设施建设期间，建设单位应当对其进行经常性的检查，对发现的问题及时进行整改。

第二十二条 建设项目投入生产或者使用前，建设单位应当依照职业病防治有关法律、法规、规章和标准要求，采取下列职业病危害防治管理措施：
（一）设置或者指定职业卫生管理机构，配备专职或者兼职的职业卫生管理人员；
（二）制定职业病防治计划和实施方案；
（三）建立、健全职业卫生管理制度和操作规程；
（四）建立、健全职业卫生档案和劳动者健康监护档案；
（五）实施由专人负责的职业病危害因素日常监测，并确保监测系统处于正常运行状态；
（六）对工作场所进行职业病危害因素检测、评价；
（七）建设单位的主要负责人和职业卫生管理人员应当接受职业卫生培训，并组织劳动者进行上岗前的职业卫生培训；
（八）按照规定组织从事接触职业病危害作业的劳动者进行上岗前职业健康检查，并将检查结果书面告知劳动者；
（九）在醒目位置设置公告栏，公布有关职业病危害防治的规章制度、操作规程、职业病危害事故应急救援措施和工作场所职业病危害因素检测结果。对产生严重职业病危害的作业岗位，应当在其醒目位置，设置警示标识和中文警示说明；
（十）为劳动者个人提供符合要求的职业病防护

用品；

（十一）建立、健全职业病危害事故应急救援预案；

（十二）职业病防治有关法律、法规、规章和标准要求的其他管理措施。

第二十三条 建设项目完工后，需要进行试运行的，其配套建设的职业病防护设施必须与主体工程同时投入试运行。

试运行时间应当不少于 30 日，最长不得超过 180 日，国家有关部门另有规定或者特殊要求的行业除外。

第二十四条 建设项目在竣工验收前或者试运行期间，建设单位应当进行职业病危害控制效果评价，编制评价报告。建设项目职业病危害控制效果评价报告应当符合职业病防治有关法律、法规、规章和标准的要求，包括下列主要内容：

（一）建设项目概况；

（二）职业病防护设施设计执行情况分析、评价；

（三）职业病防护设施检测和运行情况分析、评价；

（四）工作场所职业病危害因素检测分析、评价；

（五）工作场所职业病危害因素日常监测情况分析、评价；

（六）职业病危害因素对劳动者健康危害程度分析、评价；

（七）职业病危害防治管理措施分析、评价；

（八）职业健康监护状况分析、评价；

（九）职业病危害事故应急救援和控制措施分析、评价；

（十）正常生产后建设项目职业病防治效果预期分析、评价；

（十一）职业病危害防护补充措施及建议；

（十二）评价结论，明确建设项目的职业病危害风险类别，以及采取控制效果评价报告所提对策建议后，职业病防护设施和防护措施是否符合职业病防治有关法律、法规、规章和标准的要求。

第二十五条 建设单位在职业病防护设施验收前，应当编制验收方案。验收方案应当包括下列内容：

（一）建设项目概况和风险类别，以及职业病危害预评价、职业病防护设施设计执行情况；

（二）参与验收的人员及其工作内容、责任；

（三）验收工作时间安排、程序等。

建设单位应当在职业病防护设施验收前 20 日将验收方案向管辖该建设项目的安全生产监督管理部门进行书面报告。

第二十六条 属于职业病危害一般或者较重的建设项目，其建设单位主要负责人或其指定的负责人应当组织职业卫生专业技术人员对职业病危害控制效果评价报告进行评审以及对职业病防护设施进行验收，并形成是否符合职业病防治有关法律、法规、规章和标准要求的评审意见和验收意见。属于职业病危害严重的建设项目，其建设单位主要负责人或其指定的负责人应当组织外单位职业卫生专业技术人员参加评审和验收工作，并形成评审和验收意见。

建设单位应当按照评审与验收意见对职业病危害控制效果评价报告和职业病防护设施进行整改完善，并对最终的职业病危害控制效果评价报告和职业病防护设施验收结果的真实性、合规性和有效性负责。

建设单位应当将职业病危害控制效果评价和职业病防护设施验收工作过程形成书面报告备查，其中职业病危害严重的建设项目应当在验收完成之日起 20 日内向管辖该建设项目的安全生产监督管理部门提交书面报告。书面报告的具体格式由国家安全生产监督管理总局另行制定。

第二十七条 有下列情形之一的，建设项目职业病危害控制效果评价报告不得通过评审、职业病防护设施不得通过验收：

（一）评价报告内容不符合本办法第二十四条要求的；

（二）评价报告未按照评审意见整改的；

（三）未按照建设项目职业病防护设施设计组织施工，且未充分论证说明的；

（四）职业病危害防治管理措施不符合本办法第二十二条要求的；

（五）职业病防护设施未按照验收意见整改的；

（六）不符合职业病防治有关法律、法规、规章和标准规定的其他情形。

第二十八条 分期建设、分期投入生产或者使用的建设项目，其配套的职业病防护设施应当分期与建设项目同步进行验收。

第二十九条 建设项目职业病防护设施未按照规定验收合格的，不得投入生产或者使用。

第五章 监督检查

第三十条 安全生产监督管理部门应当在职责范围内按照分类分级监管的原则，将建设单位开展建设项目职业病防护设施"三同时"情况的监督检查纳入安全生产年度监督检查计划，并按照监督检查计划与安全设施

"三同时"实施一体化监督检查,对发现的违法行为应当依法予以处理;对违法行为情节严重的,应当按照规定纳入安全生产不良记录"黑名单"管理。

第三十一条 安全生产监督管理部门应当依法对建设单位开展建设项目职业病危害预评价情况进行监督检查,重点监督检查下列事项:

(一)是否进行建设项目职业病危害预评价;

(二)是否对建设项目可能产生的职业病危害因素及其对工作场所、劳动者健康影响与危害程度进行分析、评价;

(三)是否对建设项目拟采取的职业病防护设施和防护措施进行评价,是否提出对策与建议;

(四)是否明确建设项目职业病危害风险类别;

(五)主要负责人或其指定的负责人是否组织职业卫生专业技术人员对职业病危害预评价报告进行评审,职业病危害预评价报告是否按照评审意见进行修改完善;

(六)职业病危害预评价工作过程是否形成书面报告备查;

(七)是否按照本办法规定公布建设项目职业病危害预评价情况;

(八)依法应当监督检查的其他事项。

第三十二条 安全生产监督管理部门应当依法对建设单位开展建设项目职业病防护设施设计情况进行监督检查,重点监督检查下列事项:

(一)是否进行职业病防护设施设计;

(二)是否采纳职业病危害预评价报告中的对策与建议,如未采纳是否进行充分论证说明;

(三)是否明确职业病防护设施和应急救援设施的名称、规格、型号、数量、分布,并对防控性能进行分析;

(四)是否明确辅助用室及卫生设施的设置情况;

(五)是否明确职业病防护设施和应急救援设施投资预算;

(六)主要负责人或其指定的负责人是否组织职业卫生专业技术人员对职业病防护设施设计进行评审,职业病防护设施设计是否按照评审意见进行修改完善;

(七)职业病防护设施设计工作过程是否形成书面报告备查;

(八)是否按照本办法规定公布建设项目职业病防护设施设计情况;

(九)依法应当监督检查的其他事项。

第三十三条 安全生产监督管理部门应当依法对建设单位开展建设项目职业病危害控制效果评价及职业病防护设施验收情况进行监督检查,重点监督检查下列事项:

(一)是否进行职业病危害控制效果评价及职业病防护设施验收;

(二)职业病危害防治管理措施是否齐全;

(三)主要负责人或其指定的负责人是否组织职业卫生专业技术人员对建设项目职业病危害控制效果评价报告进行评审和对职业病防护设施进行验收,是否按照评审意见和验收意见对职业病危害控制效果评价报告和职业病防护设施进行整改完善;

(四)建设项目职业病危害控制效果评价及职业病防护设施验收工作过程是否形成书面报告备查;

(五)建设项目职业病防护设施验收方案、职业病危害严重建设项目职业病危害控制效果评价与职业病防护设施验收工作报告是否按照规定向安全生产监督管理部门进行报告;

(六)是否按照本办法规定公布建设项目职业病危害控制效果评价和职业病防护设施验收情况;

(七)依法应当监督检查的其他事项。

第三十四条 安全生产监督管理部门应当按照下列规定对建设单位组织的验收活动和验收结果进行监督核查,并纳入安全生产年度监督检查计划:

(一)对职业病危害严重建设项目的职业病防护设施的验收方案和验收工作报告,全部进行监督核查;

(二)对职业病危害较重和一般的建设项目职业病防护设施的验收方案和验收工作报告,按照国家安全生产监督管理总局规定的"双随机"方式实施抽查。

第三十五条 安全生产监督管理部门应当加强监督检查人员建设项目职业病防护设施"三同时"知识的培训,提高业务素质。

第三十六条 安全生产监督管理部门及其工作人员不得有下列行为:

(一)强制要求建设单位接受指定的机构、职业卫生专业技术人员开展建设项目职业病防护设施"三同时"有关工作;

(二)以任何理由或者方式向建设单位和有关机构收取或者变相收取费用;

(三)向建设单位摊派财物、推销产品;

(四)在建设单位和有关机构报销任何费用。

第三十七条 任何单位或者个人发现建设单位、安全生产监督管理部门及其工作人员、有关机构和人员违反职业病防治有关法律、法规、标准和本办法规定的行为,均有权向安全生产监督管理部门或者有关部门举报。

受理举报的安全生产监督管理部门应当为举报人保密,并依法对举报内容进行核查和处理。

第三十八条 上级安全生产监督管理部门应当加强对下级安全生产监督管理部门建设项目职业病防护设施"三同时"监督执法工作的检查、指导。

地方各级安全生产监督管理部门应当定期汇总分析有关监督执法情况,并按照要求逐级上报。

第六章 法律责任

第三十九条 建设单位有下列行为之一的,由安全生产监督管理部门给予警告,责令限期改正,逾期不改正的,处10万元以上50万元以下的罚款;情节严重的,责令停止产生职业病危害的作业,或者提请有关人民政府按照国务院规定的权限责令停建、关闭:

(一)未按照本办法规定进行职业病危害预评价的;

(二)建设项目的职业病防护设施未按照规定与主体工程同时设计、同时施工、同时投入生产和使用的;

(三)建设项目的职业病防护设施设计不符合国家职业卫生标准和卫生要求的;

(四)未按照本办法规定对职业病防护设施进行职业病危害控制效果评价的;

(五)建设项目竣工投入生产和使用前,职业病防护设施未按照本办法规定验收合格的。

第四十条 建设单位有下列行为之一的,由安全生产监督管理部门给予警告,责令限期改正,逾期不改正的,处5000元以上3万元以下的罚款:

(一)未按照本办法规定,对职业病危害预评价报告、职业病防护设施设计、职业病危害控制效果评价报告进行评审或者组织职业病防护设施验收的;

(二)职业病危害预评价、职业病防护设施设计、职业病危害控制效果评价或者职业病防护设施验收工作过程未形成书面报告备查的;

(三)建设项目的生产规模、工艺等发生变更导致职业病危害风险发生重大变化,建设单位对变更内容未重新进行职业病危害预评价和评审,或者未重新进行职业病防护设施设计和评审的;

(四)需要试运行的职业病防护设施未与主体工程同时试运行的;

(五)建设单位未按照本办法第八条规定公布有关信息的。

第四十一条 建设单位在职业病危害预评价报告、职业病防护设施设计、职业病危害控制效果评价报告编制、评审以及职业病防护设施验收等过程中弄虚作假的,由安全生产监督管理部门责令限期改正,给予警告,可以并处5000元以上3万元以下的罚款。

第四十二条 建设单位未按照规定及时、如实报告建设项目职业病防护设施验收方案,或者职业病危害严重建设项目未提交职业病危害控制效果评价与职业病防护设施验收的书面报告的,由安全生产监督管理部门责令限期改正,给予警告,可以并处5000元以上3万元以下的罚款。

第四十三条 参与建设项目职业病防护设施"三同时"监督检查工作的专家库专家违反职业道德或者行为规范、降低标准、弄虚作假、牟取私利,作出显失公正或者虚假意见的,由安全生产监督管理部门将其从专家库除名,终身不得再担任专家库专家。职业卫生专业技术人员在建设项目职业病防护设施"三同时"评审、验收等活动中涉嫌犯罪的,移送司法机关依法追究刑事责任。

第四十四条 违反本办法规定的其他行为,依照《中华人民共和国职业病防治法》有关规定给予处理。

第七章 附 则

第四十五条 煤矿建设项目职业病防护设施"三同时"的监督检查工作按照新修订发布的《煤矿和煤层气地面开采建设项目安全设施监察规定》执行,煤矿安全监察机构按照规定履行国家监察职责。

第四十六条 本办法自2017年5月1日起施行。国家安全安全生产监督管理总局2012年4月27日公布的《建设项目职业卫生"三同时"监督管理暂行办法》同时废止。

中华人民共和国尘肺病防治条例

・1987年12月3日国务院发布
・国发〔1987〕105号

第一章 总 则

第一条 为保护职工健康,消除粉尘危害,防止发生尘肺病,促进生产发展,制定本条例。

第二条 本条例适用于所有有粉尘作业的企业、事业单位。

第三条 尘肺病系指在生产活动中吸入粉尘而发生的肺组织纤维化为主的疾病。

第四条 地方各级人民政府要加强对尘肺病防治工作的领导。在制定本地区国民经济和社会发展计划时,要统筹安排尘肺病防治工作。

第五条 企业、事业单位的主管部门应当根据国家卫生等有关标准，结合实际情况，制定所属企业的尘肺病防治规划，并督促其施行。

乡镇企业主管部门，必须指定专人负责乡镇企业尘肺病的防治工作，建立监督检查制度，并指导乡镇企业对尘肺病的防治工作。

第六条 企业、事业单位的负责人，对本单位的尘肺病防治工作负有直接责任，应采取有效措施使本单位的粉尘作业场所达到国家卫生标准。

第二章　防　尘

第七条 凡有粉尘作业的企业、事业单位应采取综合防尘措施和无尘或低尘的新技术、新工艺、新设备，使作业场所的粉尘浓度不超过国家卫生标准。

第八条 尘肺病诊断标准由卫生行政部门制定，粉尘浓度卫生标准由卫生行政部门会同劳动等有关部门联合制定。

第九条 防尘设施的鉴定和定型制度，由劳动部门会同卫生行政部门制定。任何企业、事业单位除特殊情况外，未经上级主管部门批准，不得停止运行或者拆除防尘设施。

第十条 防尘经费应当纳入基本建设和技术改造经费计划，专款专用，不得挪用。

第十一条 严禁任何企业、事业单位将粉尘作业转嫁、外包或以联营的形式给没有防尘设施的乡镇、街道企业或个体工商户。

中、小学校各类校办的实习工厂或车间，禁止从事有粉尘的作业。

第十二条 职工使用的防止粉尘危害的防护用品，必须符合国家的有关标准。企业、事业单位应当建立严格的管理制度，并教育职工按规定和要求使用。

对初次从事粉尘作业的职工，由其所在单位进行防尘知识教育和考核，考试合格后方可从事粉尘作业。

不满十八周岁的未成年人，禁止从事粉尘作业。

第十三条 新建、改建、扩建、续建有粉尘作业的工程项目，防尘设施必须与主体工程同时设计、同时施工、同时投产。设计任务书，必须经当地卫生行政部门、劳动部门和工会组织审查同意后，方可施工。竣工验收，应由当地卫生行政部门、劳动部门和工会组织参加，凡不符合要求的，不得投产。

第十四条 作业场所的粉尘浓度超过国家卫生标准，又未积极治理，严重影响职工安全健康时，职工有权拒绝操作。

第三章　监督和监测

第十五条 卫生行政部门、劳动部门和工会组织分工协作，互相配合，对企业、事业单位的尘肺病防治工作进行监督。

第十六条 卫生行政部门负责卫生标准的监测；劳动部门负责劳动卫生工程技术标准的监测。

工会组织负责组织职工群众对本单位的尘肺病防治工作进行监督，并教育职工遵守操作规程与防尘制度。

第十七条 凡有粉尘作业的企业、事业单位，必须定期测定作业场所的粉尘浓度。测尘结果必须向主管部门和当地卫生行政部门、劳动部门和工会组织报告，并定期向职工公布。

从事粉尘作业的单位必须建立测尘资料档案。

第十八条 卫生行政部门和劳动部门，要对从事粉尘作业的企业、事业单位的测尘机构加强业务指导，并对测尘人员加强业务指导和技术培训。

第四章　健康管理

第十九条 各企业、事业单位对新从事粉尘作业的职工，必须进行健康检查。对在职和离职的从事粉尘作业的职工，必须定期进行健康检查。检查的内容、期限和尘肺病诊断标准，按卫生行政部门有关职业病管理的规定执行。

第二十条 各企业、事业单位必须贯彻执行职业病报告制度，按期向当地卫生行政部门、劳动部门、工会组织和本单位的主管部门报告职工尘肺病发生和死亡情况。

第二十一条 各企业、事业单位对已确诊为尘肺病的职工，必须调离粉尘作业岗位，并给予治疗或疗养。尘肺病患者的社会保险待遇，按国家有关规定办理。

第五章　奖励和处罚

第二十二条 对在尘肺病防治工作中做出显著成绩的单位和个人，由其上级主管部门给予奖励。

第二十三条 凡违反本条例规定，有下列行为之一的，卫生行政部门和劳动部门，可视其情节轻重，给予警告、限期治理、罚款和停业整顿的处罚。但停业整顿的处罚，需经当地人民政府同意。

（一）作业场所粉尘浓度超过国家卫生标准，逾期不采取措施的；

（二）任意拆除防尘设施，致使粉尘危害严重的；

（三）挪用防尘措施经费的；

（四）工程设计和竣工验收未经卫生行政部门、劳动

部门和工会组织审查同意,擅自施工、投产的;

(五)将粉尘作业转嫁、外包或以联营的形式给没有防尘设施的乡镇、街道企业或个体工商户的;

(六)不执行健康检查制度和测尘制度的;

(七)强令尘肺病患者继续从事粉尘作业的;

(八)假报测尘结果或尘肺病诊断结果的;

(九)安排未成年人从事粉尘作业的。

第二十四条 当事人对处罚不服的,可在接到处罚通知之日起15日内,向作出处理的部门的上级机关申请复议。但是,对停业整顿的决定应当立即执行。上级机关应当在接到申请之日起30日内作出答复。对答复不服的,可以在接到答复之日起15日内,向人民法院起诉。

第二十五条 企业、事业单位负责人和监督、监测人员玩忽职守,致使公共财产、国家和人民利益遭受损失,情节轻微的,由其主管部门给予行政处分;造成重大损失,构成犯罪的,由司法机关依法追究直接责任人员的刑事责任。

第六章 附 则

第二十六条 本条例由国务院卫生行政部门和劳动部门联合进行解释。

第二十七条 各省、自治区、直辖市人民政府应当结合当地实际情况,制定本条例的实施办法。

第二十八条 本条例自发布之日起施行。

职业健康检查管理办法

· 2015年3月26日原国家卫生和计划生育委员会令第5号公布
· 根据2019年2月28日《国家卫生健康委关于修改〈职业健康检查管理办法〉等4件部门规章的决定》修订

第一章 总 则

第一条 为加强职业健康检查工作,规范职业健康检查机构管理,保护劳动者健康权益,根据《中华人民共和国职业病防治法》(以下简称《职业病防治法》),制定本办法。

第二条 本办法所称职业健康检查是指医疗卫生机构按照国家有关规定,对从事接触职业病危害作业的劳动者进行的上岗前、在岗期间、离岗时的健康检查。

第三条 国家卫生健康委负责全国范围内职业健康检查工作的监督管理。

县级以上地方卫生健康主管部门负责本辖区职业健康检查工作的监督管理;结合职业病防治工作实际需要,充分利用现有资源,统一规划、合理布局;加强职业健康检查机构能力建设,并提供必要的保障条件。

第二章 职业健康检查机构

第四条 医疗卫生机构开展职业健康检查,应当在开展之日起15个工作日内向省级卫生健康主管部门备案。备案的具体办法由省级卫生健康主管部门依据本办法制定,并向社会公布。

省级卫生健康主管部门应当及时向社会公布备案的医疗卫生机构名单、地址、检查类别和项目等相关信息,并告知核发其《医疗机构执业许可证》的卫生健康主管部门。核发其《医疗机构执业许可证》的卫生健康主管部门应当在该机构的《医疗机构执业许可证》副本备注栏注明检查类别和项目等信息。

第五条 承担职业健康检查的医疗卫生机构(以下简称职业健康检查机构)应当具备以下条件:

(一)持有《医疗机构执业许可证》,涉及放射检查项目的还应当持有《放射诊疗许可证》;

(二)具有相应的职业健康检查场所、候检场所和检验室,建筑总面积不少于400平方米,每个独立的检查室使用面积不少于6平方米;

(三)具有与备案开展的职业健康检查类别和项目相适应的执业医师、护士等医疗卫生技术人员;

(四)至少具有1名取得职业病诊断资格的执业医师;

(五)具有与备案开展的职业健康检查类别和项目相适应的仪器、设备,具有相应职业卫生生物监测能力;开展外出职业健康检查,应当具有相应的职业健康检查仪器、设备、专用车辆等条件;

(六)建立职业健康检查质量管理制度;

(七)具有与职业健康检查信息报告相应的条件。

医疗卫生机构进行职业健康检查备案时,应当提交证明其符合以上条件的有关资料。

第六条 开展职业健康检查工作的医疗卫生机构对备案的职业健康检查信息的真实性、准确性、合法性承担全部法律责任。

当备案信息发生变化时,职业健康检查机构应当自信息发生变化之日起10个工作日内提交变更信息。

第七条 职业健康检查机构具有以下职责:

(一)在备案开展的职业健康检查类别和项目范围内,依法开展职业健康检查工作,并出具职业健康检查报告;

(二)履行疑似职业病的告知和报告义务;

（三）报告职业健康检查信息；

（四）定期向卫生健康主管部门报告职业健康检查工作情况，包括外出职业健康检查工作情况；

（五）开展职业病防治知识宣传教育；

（六）承担卫生健康主管部门交办的其他工作。

第八条 职业健康检查机构应当指定主检医师。主检医师应当具备以下条件：

（一）具有执业医师证书；

（二）具有中级以上专业技术职务任职资格；

（三）具有职业病诊断资格；

（四）从事职业健康检查相关工作三年以上，熟悉职业卫生和职业病诊断相关标准。

主检医师负责确定职业健康检查项目和周期，对职业健康检查过程进行质量控制，审核职业健康检查报告。

第九条 职业健康检查机构及其工作人员应当关心、爱护劳动者，尊重和保护劳动者的知情权及个人隐私。

第十条 省级卫生健康主管部门应当指定机构负责本辖区内职业健康检查机构的质量控制管理工作，组织开展实验室间比对和职业健康检查质量考核。

职业健康检查质量控制规范由中国疾病预防控制中心制定。

第三章 职业健康检查规范

第十一条 按照劳动者接触的职业病危害因素，职业健康检查分为以下六类：

（一）接触粉尘类；

（二）接触化学因素类；

（三）接触物理因素类；

（四）接触生物因素类；

（五）接触放射因素类；

（六）其他类（特殊作业等）。

以上每类中包含不同检查项目。职业健康检查机构应当在备案的检查类别和项目范围内开展相应的职业健康检查。

第十二条 职业健康检查机构开展职业健康检查应当与用人单位签订委托协议书，由用人单位统一组织劳动者进行职业健康检查；也可以由劳动者持单位介绍信进行职业健康检查。

第十三条 职业健康检查机构应当依据相关技术规范，结合用人单位提交的资料，明确用人单位应当检查的项目和周期。

第十四条 在职业健康检查中，用人单位应当如实提供以下职业健康检查所需的相关资料，并承担检查费用：

（一）用人单位的基本情况；

（二）工作场所职业病危害因素种类及其接触人员名册、岗位（或工种）、接触时间；

（三）工作场所职业病危害因素定期检测等相关资料。

第十五条 职业健康检查的项目、周期按照《职业健康监护技术规范》（GBZ 188）执行，放射工作人员职业健康检查按照《放射工作人员职业健康监护技术规范》（GBZ 235）等规定执行。

第十六条 职业健康检查机构可以在执业登记机关管辖区域内或者省级卫生健康主管部门指定区域内开展外出职业健康检查。外出职业健康检查进行医学影像学检查和实验室检测，必须保证检查质量并满足放射防护和生物安全的管理要求。

第十七条 职业健康检查机构应当在职业健康检查结束之日起30个工作日内将职业健康检查结果，包括劳动者个人职业健康检查报告和用人单位职业健康检查总结报告，书面告知用人单位，用人单位应当将劳动者个人职业健康检查结果及职业健康检查机构的建议等情况书面告知劳动者。

第十八条 职业健康检查机构发现疑似职业病病人时，应当告知劳动者本人并及时通知用人单位，同时向所在地卫生健康主管部门报告。发现职业禁忌的，应当及时告知用人单位和劳动者。

第十九条 职业健康检查机构要依托现有的信息平台，加强职业健康检查的统计报告工作，逐步实现信息的互联互通和共享。

第二十条 职业健康检查机构应当建立职业健康检查档案。职业健康检查档案保存时间应当自劳动者最后一次职业健康检查结束之日起不少于15年。

职业健康检查档案应当包括下列材料：

（一）职业健康检查委托协议书；

（二）用人单位提供的相关资料；

（三）出具的职业健康检查结果总结报告和告知材料；

（四）其他有关材料。

第四章 监督管理

第二十一条 县级以上地方卫生健康主管部门应当加强对本辖区职业健康检查机构的监督管理。按照属地化管理原则，制定年度监督检查计划，做好职业健康检查机构的监督检查工作。监督检查主要内容包括：

（一）相关法律法规、标准的执行情况；

（二）按照备案的类别和项目开展职业健康检查工作的情况；

（三）外出职业健康检查工作情况；

（四）职业健康检查质量控制情况；

（五）职业健康检查结果、疑似职业病的报告与告知以及职业健康检查信息报告情况；

（六）职业健康检查档案管理情况等。

第二十二条 省级卫生健康主管部门应当对本辖区内的职业健康检查机构进行定期或者不定期抽查；设区的市级卫生健康主管部门每年应当至少组织一次对本辖区内职业健康检查机构的监督检查；县级卫生健康主管部门负责日常监督检查。

第二十三条 县级以上地方卫生健康主管部门监督检查时，有权查阅或者复制有关资料，职业健康检查机构应当予以配合。

第五章 法律责任

第二十四条 无《医疗机构执业许可证》擅自开展职业健康检查的，由县级以上地方卫生健康主管部门依据《医疗机构管理条例》第四十四条的规定进行处理。

第二十五条 职业健康检查机构有下列行为之一的，由县级以上地方卫生健康主管部门责令改正，给予警告，可以并处3万元以下罚款：

（一）未按规定备案开展职业健康检查的；

（二）未按规定告知疑似职业病的；

（三）出具虚假证明文件的。

第二十六条 职业健康检查机构未按照规定报告疑似职业病的，由县级以上地方卫生健康主管部门依据《职业病防治法》第七十四条的规定进行处理。

第二十七条 职业健康检查机构有下列行为之一的，由县级以上地方卫生健康主管部门给予警告，责令限期改正；逾期不改的，处以三万元以下罚款：

（一）未指定主检医师或者指定的主检医师未取得职业病诊断资格的；

（二）未按要求建立职业健康检查档案的；

（三）未履行职业健康检查信息报告义务的；

（四）未按照相关职业健康监护技术规范规定开展工作的；

（五）违反本办法其他有关规定的。

第二十八条 职业健康检查机构未按规定参加实验室比对或者职业健康检查质量考核工作，或者参加质量考核不合格未按要求整改仍开展职业健康检查工作的，由县级以上地方卫生健康主管部门给予警告，责令限期改正；逾期不改的，处以三万元以下罚款。

第六章 附 则

第二十九条 本办法自2015年5月1日起施行。2002年3月28日原卫生部公布的《职业健康监护管理办法》同时废止。

职业病诊断与鉴定管理办法

· 2021年1月4日国家卫生健康委员会令第6号公布
· 自公布之日起施行

第一章 总 则

第一条 为了规范职业病诊断与鉴定工作，加强职业病诊断与鉴定管理，根据《中华人民共和国职业病防治法》（以下简称《职业病防治法》），制定本办法。

第二条 职业病诊断与鉴定工作应当按照《职业病防治法》、本办法的有关规定及《职业病分类和目录》、国家职业病诊断标准进行，遵循科学、公正、及时、便捷的原则。

第三条 国家卫生健康委负责全国范围内职业病诊断与鉴定的监督管理工作，县级以上地方卫生健康主管部门依据职责负责本行政区域内职业病诊断与鉴定的监督管理工作。

省、自治区、直辖市卫生健康主管部门（以下简称省级卫生健康主管部门）应当结合本行政区域职业病防治工作实际和医疗卫生服务体系规划，充分利用现有医疗卫生资源，实现职业病诊断机构区域覆盖。

第四条 各地要加强职业病诊断机构能力建设，提供必要的保障条件，配备相关的人员、设备和工作经费，以满足职业病诊断工作的需要。

第五条 各地要加强职业病诊断与鉴定信息化建设，建立健全劳动者接触职业病危害、开展职业健康检查、进行职业病诊断与鉴定等全过程的信息化系统，不断提高职业病诊断与鉴定信息报告的准确性、及时性和有效性。

第六条 用人单位应当依法履行职业病诊断、鉴定的相关义务：

（一）及时安排职业病病人、疑似职业病病人进行诊治；

（二）如实提供职业病诊断、鉴定所需的资料；

（三）承担职业病诊断、鉴定的费用和疑似职业病病人在诊断、医学观察期间的费用；

（四）报告职业病和疑似职业病；

（五）《职业病防治法》规定的其他相关义务。

第二章　诊断机构

第七条　医疗卫生机构开展职业病诊断工作，应当在开展之日起十五个工作日内向省级卫生健康主管部门备案。

省级卫生健康主管部门应当自收到完整备案材料之日起十五个工作日内向社会公布备案的医疗卫生机构名单、地址、诊断项目（即《职业病分类和目录》中的职业病类别和病种）等相关信息。

第八条　医疗卫生机构开展职业病诊断工作应当具备下列条件：

（一）持有《医疗机构执业许可证》；

（二）具有相应的诊疗科目及与备案开展的诊断项目相适应的职业病诊断医师及相关医疗卫生技术人员；

（三）具有与备案开展的诊断项目相适应的场所和仪器、设备；

（四）具有健全的职业病诊断质量管理制度。

第九条　医疗卫生机构进行职业病诊断备案时，应当提交以下证明其符合本办法第八条规定条件的有关资料：

（一）《医疗机构执业许可证》原件、副本及复印件；

（二）职业病诊断医师资格等相关资料；

（三）相关的仪器设备清单；

（四）负责职业病信息报告人员名单；

（五）职业病诊断质量管理制度等相关资料。

第十条　职业病诊断机构对备案信息的真实性、准确性、合法性负责。

当备案信息发生变化时，应当自信息发生变化之日起十个工作日内向省级卫生健康主管部门提交变更信息。

第十一条　设区的市没有医疗卫生机构备案开展职业病诊断的，省级卫生健康主管部门应当根据职业病诊断工作的需要，指定符合本办法第八条规定条件的医疗卫生机构承担职业病诊断工作。

第十二条　职业病诊断机构的职责是：

（一）在备案的诊断项目范围内开展职业病诊断；

（二）及时向所在地卫生健康主管部门报告职业病；

（三）按照卫生健康主管部门要求报告职业病诊断工作情况；

（四）承担《职业病防治法》中规定的其他职责。

第十三条　职业病诊断机构依法独立行使诊断权，并对其作出的职业病诊断结论负责。

第十四条　职业病诊断机构应当建立和健全职业病诊断管理制度，加强职业病诊断医师等有关医疗卫生人员技术培训和政策、法律培训，并采取措施改善职业病诊断工作条件，提高职业病诊断服务质量和水平。

第十五条　职业病诊断机构应当公开职业病诊断程序和诊断项目范围，方便劳动者进行职业病诊断。

职业病诊断机构及其相关工作人员应当尊重、关心、爱护劳动者，保护劳动者的隐私。

第十六条　从事职业病诊断的医师应当具备下列条件，并取得省级卫生健康主管部门颁发的职业病诊断资格证书：

（一）具有医师执业证书；

（二）具有中级以上卫生专业技术职务任职资格；

（三）熟悉职业病防治法律法规和职业病诊断标准；

（四）从事职业病诊断、鉴定相关工作三年以上；

（五）按规定参加职业病诊断医师相应专业的培训，并考核合格。

省级卫生健康主管部门应当依据本办法的规定和国家卫生健康委制定的职业病诊断医师培训大纲，制定本行政区域职业病诊断医师培训考核办法并组织实施。

第十七条　职业病诊断医师应当依法在职业病诊断机构备案的诊断项目范围内从事职业病诊断工作，不得从事超出其职业病诊断资格范围的职业病诊断工作；职业病诊断医师应当按照有关规定参加职业卫生、放射卫生、职业医学等领域的继续医学教育。

第十八条　省级卫生健康主管部门应当加强本行政区域内职业病诊断机构的质量控制管理工作，组织开展职业病诊断机构质量控制评估。

职业病诊断质量控制规范和医疗卫生机构职业病报告规范另行制定。

第三章　诊　断

第十九条　劳动者可以在用人单位所在地、本人户籍所在地或者经常居住地的职业病诊断机构进行职业病诊断。

第二十条　职业病诊断应当按照《职业病防治法》、本办法的有关规定及《职业病分类和目录》、国家职业病诊断标准，依据劳动者的职业史、职业病危害接触史和工作场所职业病危害因素情况、临床表现以及辅助检查结果等，进行综合分析。材料齐全的情况下，职业病诊断机构应当在收齐材料之日起三十日内作出诊断结论。

没有证据否定职业病危害因素与病人临床表现之间的必然联系的,应当诊断为职业病。

第二十一条　职业病诊断需要以下资料:

(一)劳动者职业史和职业病危害接触史(包括在岗时间、工种、岗位、接触的职业病危害因素名称等);

(二)劳动者职业健康检查结果;

(三)工作场所职业病危害因素检测结果;

(四)职业性放射性疾病诊断还需要个人剂量监测档案等资料。

第二十二条　劳动者依法要求进行职业病诊断的,职业病诊断机构不得拒绝劳动者进行职业病诊断的要求,并告知劳动者职业病诊断的程序和所需材料。劳动者应当填写《职业病诊断就诊登记表》,并提供本人掌握的职业病诊断有关资料。

第二十三条　职业病诊断机构进行职业病诊断时,应当书面通知劳动者所在的用人单位提供本办法第二十一条规定的职业病诊断资料,用人单位应当在接到通知后的十日内如实提供。

第二十四条　用人单位未在规定时间内提供职业病诊断所需要资料的,职业病诊断机构可以依法提请卫生健康主管部门督促用人单位提供。

第二十五条　劳动者对用人单位提供的工作场所职业病危害因素检测结果等资料有异议,或者因劳动者的用人单位解散、破产,无用人单位提供上述资料的,职业病诊断机构应当依法提请用人单位所在地卫生健康主管部门进行调查。

卫生健康主管部门应当自接到申请之日起三十日内对存在异议的资料或者工作场所职业病危害因素情况作出判定。

职业病诊断机构在卫生健康主管部门作出调查结论或者判定前应当中止职业病诊断。

第二十六条　职业病诊断机构需要了解工作场所职业病危害因素情况时,可以对工作场所进行现场调查,也可以依法提请卫生健康主管部门组织现场调查。卫生健康主管部门应当在接到申请之日起三十日内完成现场调查。

第二十七条　在确认劳动者职业史、职业病危害接触史时,当事人对劳动关系、工种、工作岗位或者在岗时间有争议的,职业病诊断机构应当告知当事人依法向用人单位所在地的劳动人事争议仲裁委员会申请仲裁。

第二十八条　经卫生健康主管部门督促,用人单位仍不提供工作场所职业病危害因素检测结果、职业健康监护档案等资料或者提供资料不全的,职业病诊断机构应当结合劳动者的临床表现、辅助检查结果和劳动者的职业史、职业病危害接触史,并参考劳动者自述或工友旁证资料、卫生健康等有关部门提供的日常监督检查信息等,作出职业病诊断结论。对于作出无职业病诊断结论的病人,可依据病人的临床表现以及辅助检查结果,作出疾病的诊断,提出相关医学意见或者建议。

第二十九条　职业病诊断机构可以根据诊断需要,聘请其他单位职业病诊断医师参加诊断。必要时,可以邀请相关专业专家提供咨询意见。

第三十条　职业病诊断机构作出职业病诊断结论后,应当出具职业病诊断证明书。职业病诊断证明书应当由参与诊断的取得职业病诊断资格的执业医师签署。

职业病诊断机构应当对职业病诊断医师签署的职业病诊断证明书进行审核,确认诊断的依据与结论符合有关法律法规、标准的要求,并在职业病诊断证明书上盖章。

职业病诊断证明书的书写应当符合相关标准的要求。

职业病诊断证明书一式五份,劳动者一份,用人单位所在地县级卫生健康主管部门一份,用人单位两份,诊断机构存档一份。

职业病诊断证明书应当于出具之日起十五日内由职业病诊断机构送达劳动者、用人单位及用人单位所在地县级卫生健康主管部门。

第三十一条　职业病诊断机构应当建立职业病诊断档案并永久保存,档案应当包括:

(一)职业病诊断证明书;

(二)职业病诊断记录;

(三)用人单位、劳动者和相关部门、机构提交的有关资料;

(四)临床检查与实验室检验等资料。

职业病诊断机构拟不再开展职业病诊断工作的,应当在拟停止开展职业病诊断工作的十五个工作日之前告知省级卫生健康主管部门和所在地县级卫生健康主管部门,妥善处理职业病诊断档案。

第三十二条　职业病诊断机构发现职业病病人或者疑似职业病病人时,应当及时向所在地县级卫生健康主管部门报告。职业病诊断机构应当在作出职业病诊断之日起十五日内通过职业病及健康危害因素监测信息系统进行信息报告,并确保报告信息的完整、真实和准确。

确诊为职业病的,职业病诊断机构可以根据需要,向卫生健康主管部门、用人单位提出专业建议；告知职业病病人依法享有的职业健康权益。

第三十三条 未承担职业病诊断工作的医疗卫生机构，在诊疗活动中发现劳动者的健康损害可能与其所从事的职业有关时，应及时告知劳动者到职业病诊断机构进行职业病诊断。

第四章 鉴 定

第三十四条 当事人对职业病诊断机构作出的职业病诊断有异议的，可以在接到职业病诊断证明书之日起三十日内，向作出诊断的职业病诊断机构所在地设区的市级卫生健康主管部门申请鉴定。

职业病诊断争议由设区的市级以上地方卫生健康主管部门根据当事人的申请组织职业病诊断鉴定委员会进行鉴定。

第三十五条 职业病鉴定实行两级鉴定制，设区的市级职业病诊断鉴定委员会负责职业病诊断争议的首次鉴定。

当事人对设区的市级职业病鉴定结论不服的，可以在接到诊断鉴定书之日起十五日内，向原鉴定组织所在地省级卫生健康主管部门申请再鉴定，省级鉴定为最终鉴定。

第三十六条 设区的市级以上地方卫生健康主管部门可以指定办事机构，具体承担职业病诊断鉴定的组织和日常性工作。职业病鉴定办事机构的职责是：

（一）接受当事人申请；

（二）组织当事人或者接受当事人委托抽取职业病诊断鉴定专家；

（三）组织职业病诊断鉴定会议，负责会议记录、职业病诊断鉴定相关文书的收发及其他事务性工作；

（四）建立并管理职业病诊断鉴定档案；

（五）报告职业病诊断鉴定相关信息；

（六）承担卫生健康主管部门委托的有关职业病诊断鉴定的工作。

职业病诊断机构不能作为职业病鉴定办事机构。

第三十七条 设区的市级以上地方卫生健康主管部门应当向社会公布本行政区域内依法承担职业病诊断鉴定工作的办事机构的名称、工作时间、地点、联系人、联系电话和鉴定工作程序。

第三十八条 省级卫生健康主管部门应当设立职业病诊断鉴定专家库（以下简称专家库），并根据实际工作需要及时调整其成员。专家库可以按照专业类别进行分组。

第三十九条 专家库应当以取得职业病诊断资格的不同专业类别的医师为主要成员，吸收临床相关学科、职业卫生、放射卫生、法律等相关专业的专家组成。专家应当具备下列条件：

（一）具有良好的业务素质和职业道德；

（二）具有相关专业的高级专业技术职务任职资格；

（三）熟悉职业病防治法律法规和职业病诊断标准；

（四）身体健康，能够胜任职业病诊断鉴定工作。

第四十条 参加职业病诊断鉴定的专家，应当由当事人或者由其委托的职业病鉴定办事机构从专家库中按照专业类别以随机抽取的方式确定。抽取的专家组成职业病诊断鉴定委员会（以下简称鉴定委员会）。

经当事人同意，职业病鉴定办事机构可以根据鉴定需要聘请本省、自治区、直辖市以外的相关专业专家作为鉴定委员会成员，并有表决权。

第四十一条 鉴定委员会人数为五人以上单数，其中相关专业职业病诊断医师应当为本次鉴定专家人数的半数以上。疑难病例应当增加鉴定委员会人数，充分听取意见。鉴定委员会设主任委员一名，由鉴定委员会成员推举产生。

职业病诊断鉴定会议由鉴定委员会主任委员主持。

第四十二条 参加职业病诊断鉴定的专家有下列情形之一的，应当回避：

（一）是职业病诊断鉴定当事人或者当事人近亲属的；

（二）已参加当事人职业病诊断或者首次鉴定的；

（三）与职业病诊断鉴定当事人有利害关系的；

（四）与职业病诊断鉴定当事人有其他关系，可能影响鉴定公正的。

第四十三条 当事人申请职业病诊断鉴定时，应当提供以下资料：

（一）职业病诊断鉴定申请书；

（二）职业病诊断证明书；

（三）申请省级鉴定的还应当提交市级职业病诊断鉴定书。

第四十四条 职业病鉴定办事机构应当自收到申请资料之日起五个工作日内完成资料审核，对资料齐全的发给受理通知书；资料不全的，应当场或者在五个工作日内一次性告知当事人补充。资料补充齐全的，应当受理申请并组织鉴定。

职业病鉴定办事机构收到当事人鉴定申请之后，根据需要可以向原职业病诊断机构或者组织首次鉴定的办事机构调阅有关的诊断、鉴定资料。原职业病诊断机构或者组织首次鉴定的办事机构应当在接到通知之日起十日内提交。

职业病鉴定办事机构应当在受理鉴定申请之日起四十日内组织鉴定、形成鉴定结论，并出具职业病诊断鉴定书。

第四十五条 根据职业病诊断鉴定工作需要，职业病鉴定办事机构可以向有关单位调取与职业病诊断、鉴定有关的资料，有关单位应当如实、及时提供。

鉴定委员会应当听取当事人的陈述和申辩，必要时可以组织进行医学检查，医学检查应当在三十日内完成。

需要了解被鉴定人的工作场所职业病危害因素情况时，职业病鉴定办事机构根据鉴定委员会的意见可以组织对工作场所进行现场调查，或者依法申请卫生健康主管部门组织现场调查。现场调查应当在三十日内完成。

医学检查和现场调查时间不计算在职业病鉴定规定的期限内。

职业病诊断鉴定应当遵循客观、公正的原则，鉴定委员会进行职业病诊断鉴定时，可以邀请有关单位人员旁听职业病诊断鉴定会议。所有参与职业病诊断鉴定的人员应当依法保护当事人的个人隐私、商业秘密。

第四十六条 鉴定委员会应当认真审阅鉴定资料，依照有关规定和职业病诊断标准，经充分合议后，根据专业知识独立进行鉴定。在事实清楚的基础上，进行综合分析，作出鉴定结论，并制作职业病诊断鉴定书。

鉴定结论应当经鉴定委员会半数以上成员通过。

第四十七条 职业病诊断鉴定书应当包括以下内容：

（一）劳动者、用人单位的基本信息及鉴定事由；

（二）鉴定结论及其依据，鉴定为职业病的，应当注明职业病名称、程度（期别）；

（三）鉴定时间。

诊断鉴定书加盖职业病鉴定委员会印章。

首次鉴定的职业病诊断鉴定书一式五份，劳动者、用人单位、用人单位所在地市级卫生健康主管部门、原诊断机构各一份，职业病鉴定办事机构存档一份；省级鉴定的职业病诊断鉴定书一式六份，劳动者、用人单位、用人单位所在地省级卫生健康主管部门、原诊断机构、首次职业病鉴定办事机构各一份，省级职业病鉴定办事机构存档一份。

职业病诊断鉴定书的格式由国家卫生健康委员会统一规定。

第四十八条 职业病鉴定办事机构出具职业病诊断鉴定书后，应当于出具之日起十日内送达当事人，并在出具职业病诊断鉴定书后的十日内将职业病鉴定书等有关信息告知原职业病诊断机构或者首次职业病鉴定办事机构，并通过职业病及健康危害因素监测信息系统报告职业病鉴定相关信息。

第四十九条 职业病鉴定结论与职业病诊断结论或者首次职业病鉴定结论不一致的，职业病鉴定办事机构应当在出具职业病诊断鉴定书后十日内向相关卫生健康主管部门报告。

第五十条 职业病鉴定办事机构应当如实记录职业病诊断鉴定过程，内容应当包括：

（一）鉴定委员会的专家组成；

（二）鉴定时间；

（三）鉴定所用资料；

（四）鉴定专家的发言及其鉴定意见；

（五）表决情况；

（六）经鉴定专家签字的鉴定结论。

有当事人陈述和申辩的，应当如实记录。

鉴定结束后，鉴定记录应当随同职业病诊断鉴定书一并由职业病鉴定办事机构存档，永久保存。

第五章 监督管理

第五十一条 县级以上地方卫生健康主管部门应当定期对职业病诊断机构进行监督检查，检查内容包括：

（一）法律法规、标准的执行情况；

（二）规章制度建立情况；

（三）备案的职业病诊断信息真实性情况；

（四）按照备案的诊断项目开展职业病诊断工作情况；

（五）开展职业病诊断质量控制、参加质量控制评估及整改情况；

（六）人员、岗位职责落实和培训情况；

（七）职业病报告情况。

第五十二条 设区的市级以上地方卫生健康主管部门应当加强对职业病鉴定办事机构的监督管理，对职业病鉴定工作程序、制度落实情况及职业病报告等相关工作情况进行监督检查。

第五十三条 县级以上地方卫生健康主管部门监督检查时，有权查阅或者复制有关资料，职业病诊断机构应当予以配合。

第六章 法律责任

第五十四条 医疗卫生机构未按照规定备案开展职

业病诊断的，由县级以上地方卫生健康主管部门责令改正，给予警告，可以并处三万元以下罚款。

第五十五条 职业病诊断机构有下列行为之一的，其作出的职业病诊断无效，由县级以上地方卫生健康主管部门按照《职业病防治法》的第八十条的规定进行处理：

（一）超出诊疗项目登记范围从事职业病诊断的；

（二）不按照《职业病防治法》规定履行法定职责的；

（三）出具虚假证明文件的。

第五十六条 职业病诊断机构未按照规定报告职业病、疑似职业病的，由县级以上地方卫生健康主管部门按照《职业病防治法》第七十四条的规定进行处理。

第五十七条 职业病诊断机构违反本办法规定，有下列情形之一的，由县级以上地方卫生健康主管部门责令限期改正；逾期不改的，给予警告，并可以根据情节轻重处以三万元以下罚款：

（一）未建立职业病诊断管理制度的；

（二）未按照规定向劳动者公开职业病诊断程序的；

（三）泄露劳动者涉及个人隐私的有关信息、资料的；

（四）未按照规定参加质量控制评估，或者质量控制评估不合格且未按要求整改的；

（五）拒不配合卫生健康主管部门监督检查的。

第五十八条 职业病诊断鉴定委员会组成人员收受职业病诊断争议当事人的财物或者其他好处的，由省级卫生健康主管部门按照《职业病防治法》第八十一条的规定进行处理。

第五十九条 县级以上地方卫生健康主管部门及其工作人员未依法履行职责，按照《职业病防治法》第八十三条第二款规定进行处理。

第六十条 用人单位有下列行为之一的，由县级以上地方卫生健康主管部门按照《职业病防治法》第七十二条规定进行处理：

（一）未按照规定安排职业病病人、疑似职业病病人进行诊治的；

（二）拒不提供职业病诊断、鉴定所需资料的；

（三）未按照规定承担职业病诊断、鉴定费用的。

第六十一条 用人单位未按照规定报告职业病、疑似职业病的，由县级以上地方卫生健康主管部门按照《职业病防治法》第七十四条规定进行处理。

第七章 附　则

第六十二条 本办法所称"证据"，包括疾病的证据、接触职业病危害因素的证据，以及用于判定疾病与接触职业病危害因素之间因果关系的证据。

第六十三条 本办法自公布之日起施行。原卫生部2013年2月19日公布的《职业病诊断与鉴定管理办法》同时废止。

中华人民共和国社会保险法（节录）

- 2010年10月28日第十一届全国人民代表大会常务委员会第十七次会议通过
- 根据2018年12月29日第十三届全国人民代表大会常务委员会第七次会议《关于修改〈中华人民共和国社会保险法〉的决定》修正

……

第四章 工伤保险

第三十三条 【参保范围和缴费】职工应当参加工伤保险，由用人单位缴纳工伤保险费，职工不缴纳工伤保险费。

第三十四条 【工伤保险费率】国家根据不同行业的工伤风险程度确定行业的差别费率，并根据使用工伤保险基金、工伤发生率等情况在每个行业内确定费率档次。行业差别费率和行业内费率档次由国务院社会保险行政部门制定，报国务院批准后公布施行。

社会保险经办机构根据用人单位使用工伤保险基金、工伤发生率和所属行业费率档次等情况，确定用人单位缴费费率。

第三十五条 【工伤保险费缴费基数和费率】用人单位应当按照本单位职工工资总额，根据社会保险经办机构确定的费率缴纳工伤保险费。

第三十六条 【享受工伤保险待遇的条件】职工因工作原因受到事故伤害或者患职业病，且经工伤认定的，享受工伤保险待遇；其中，经劳动能力鉴定丧失劳动能力的，享受伤残待遇。

工伤认定和劳动能力鉴定应当简捷、方便。

第三十七条 【不认定工伤的情形】职工因下列情形之一导致本人在工作中伤亡的，不认定为工伤：

（一）故意犯罪；

（二）醉酒或者吸毒；

（三）自残或者自杀；

（四）法律、行政法规规定的其他情形。

第三十八条 【工伤保险基金负担的工伤保险待遇】因工伤发生的下列费用，按照国家规定从工伤保险基金中支付：

（一）治疗工伤的医疗费用和康复费用；
（二）住院伙食补助费；
（三）到统筹地区以外就医的交通食宿费；
（四）安装配置伤残辅助器具所需费用；
（五）生活不能自理的，经劳动能力鉴定委员会确认的生活护理费；
（六）一次性伤残补助金和一至四级伤残职工按月领取的伤残津贴；
（七）终止或者解除劳动合同时，应当享受的一次性医疗补助金；
（八）因工死亡的，其遗属领取的丧葬补助金、供养亲属抚恤金和因工死亡补助金；
（九）劳动能力鉴定费。

第三十九条 【用人单位负担的工伤保险待遇】因工伤发生的下列费用，按照国家规定由用人单位支付：
（一）治疗工伤期间的工资福利；
（二）五级、六级伤残职工按月领取的伤残津贴；
（三）终止或者解除劳动合同时，应当享受的一次性伤残就业补助金。

第四十条 【伤残津贴和基本养老保险待遇的衔接】工伤职工符合领取基本养老金条件的，停发伤残津贴，享受基本养老保险待遇。基本养老保险待遇低于伤残津贴的，从工伤保险基金中补足差额。

第四十一条 【未参保单位职工发生工伤时的待遇】职工所在用人单位未依法缴纳工伤保险费，发生工伤事故的，由用人单位支付工伤保险待遇。用人单位不支付的，从工伤保险基金中先行支付。

从工伤保险基金中先行支付的工伤保险待遇应当由用人单位偿还。用人单位不偿还的，社会保险经办机构可以依照本法第六十三条的规定追偿。

第四十二条 【民事侵权责任和工伤保险责任竞合】由于第三人的原因造成工伤，第三人不支付工伤医疗费用或者无法确定第三人的，由工伤保险基金先行支付。工伤保险基金先行支付后，有权向第三人追偿。

第四十三条 【停止享受工伤保险待遇的情形】工伤职工有下列情形之一的，停止享受工伤保险待遇：
（一）丧失享受待遇条件的；
（二）拒不接受劳动能力鉴定的；
（三）拒绝治疗的。
……

中华人民共和国特种设备安全法

- 2013年6月29日第十二届全国人民代表大会常务委员会第三次会议通过
- 2013年6月29日中华人民共和国主席令第4号公布
- 自2014年1月1日起施行

第一章 总 则

第一条 为了加强特种设备安全工作，预防特种设备事故，保障人身和财产安全，促进经济社会发展，制定本法。

第二条 特种设备的生产（包括设计、制造、安装、改造、修理）、经营、使用、检验、检测和特种设备安全的监督管理，适用本法。

本法所称特种设备，是指对人身和财产安全有较大危险性的锅炉、压力容器（含气瓶）、压力管道、电梯、起重机械、客运索道、大型游乐设施、场（厂）内专用机动车辆，以及法律、行政法规规定适用本法的其他特种设备。

国家对特种设备实行目录管理。特种设备目录由国务院负责特种设备安全监督管理的部门制定，报国务院批准后执行。

第三条 特种设备安全工作应当坚持安全第一、预防为主、节能环保、综合治理的原则。

第四条 国家对特种设备的生产、经营、使用，实施分类的、全过程的安全监督管理。

第五条 国务院负责特种设备安全监督管理的部门对全国特种设备安全实施监督管理。县级以上地方各级人民政府负责特种设备安全监督管理的部门对本行政区域内特种设备安全实施监督管理。

第六条 国务院和地方各级人民政府应当加强对特种设备安全工作的领导，督促各有关部门依法履行监督管理职责。

县级以上地方各级人民政府应当建立协调机制，及时协调、解决特种设备安全监督管理中存在的问题。

第七条 特种设备生产、经营、使用单位应当遵守本法和其他有关法律、法规，建立、健全特种设备安全和节能责任制度，加强特种设备安全和节能管理，确保特种设备生产、经营、使用安全，符合节能要求。

第八条 特种设备生产、经营、使用、检验、检测应当遵守有关特种设备安全技术规范及相关标准。

特种设备安全技术规范由国务院负责特种设备安全监督管理的部门制定。

第九条 特种设备行业协会应当加强行业自律，推进行业诚信体系建设，提高特种设备安全管理水平。

第十条 国家支持有关特种设备安全的科学技术研究,鼓励先进技术和先进管理方法的推广应用,对做出突出贡献的单位和个人给予奖励。

第十一条 负责特种设备安全监督管理的部门应当加强特种设备安全宣传教育,普及特种设备安全知识,增强社会公众的特种设备安全意识。

第十二条 任何单位和个人有权向负责特种设备安全监督管理的部门和有关部门举报涉及特种设备安全的违法行为,接到举报的部门应当及时处理。

第二章 生产、经营、使用

第一节 一般规定

第十三条 特种设备生产、经营、使用单位及其主要负责人对其生产、经营、使用的特种设备安全负责。

特种设备生产、经营、使用单位应当按照国家有关规定配备特种设备安全管理人员、检测人员和作业人员,并对其进行必要的安全教育和技能培训。

第十四条 特种设备安全管理人员、检测人员和作业人员应当按照国家有关规定取得相应资格,方可从事相关工作。特种设备安全管理人员、检测人员和作业人员应当严格执行安全技术规范和管理制度,保证特种设备安全。

第十五条 特种设备生产、经营、使用单位对其生产、经营、使用的特种设备应当进行自行检测和维护保养,对国家规定实行检验的特种设备应当及时申报并接受检验。

第十六条 特种设备采用新材料、新技术、新工艺,与安全技术规范的要求不一致,或者安全技术规范未作要求,可能对安全性能有重大影响的,应当向国务院负责特种设备安全监督管理的部门申报,由国务院负责特种设备安全监督管理的部门及时委托安全技术咨询机构或者相关专业机构进行技术评审,评审结果经国务院负责特种设备安全监督管理的部门批准,方可投入生产、使用。

国务院负责特种设备安全监督管理的部门应当将允许使用的新材料、新技术、新工艺的有关技术要求,及时纳入安全技术规范。

第十七条 国家鼓励投保特种设备安全责任保险。

第二节 生 产

第十八条 国家按照分类监督管理的原则对特种设备生产实行许可制度。特种设备生产单位应当具备下列条件,并经负责特种设备安全监督管理的部门许可,方可从事生产活动:

(一)有与生产相适应的专业技术人员;
(二)有与生产相适应的设备、设施和工作场所;
(三)有健全的质量保证、安全管理和岗位责任等制度。

第十九条 特种设备生产单位应当保证特种设备生产符合安全技术规范及相关标准的要求,对其生产的特种设备的安全性能负责。不得生产不符合安全性能要求和能效指标以及国家明令淘汰的特种设备。

第二十条 锅炉、气瓶、氧舱、客运索道、大型游乐设施的设计文件,应当经负责特种设备安全监督管理的部门核准的检验机构鉴定,方可用于制造。

特种设备产品、部件或者试制的特种设备新产品、新部件以及特种设备采用的新材料,按照安全技术规范的要求需要通过型式试验进行安全性验证的,应当经负责特种设备安全监督管理的部门核准的检验机构进行型式试验。

第二十一条 特种设备出厂时,应当随附安全技术规范要求的设计文件、产品质量合格证明、安装及使用维护保养说明、监督检验证明等相关技术资料和文件,并在特种设备显著位置设置产品铭牌、安全警示标志及其说明。

第二十二条 电梯的安装、改造、修理,必须由电梯制造单位或者其委托的依照本法取得相应许可的单位进行。电梯制造单位委托其他单位进行电梯安装、改造、修理的,应当对其安装、改造、修理进行安全指导和监控,并按照安全技术规范的要求进行校验和调试。电梯制造单位对电梯安全性能负责。

第二十三条 特种设备安装、改造、修理的施工单位应当在施工前将拟进行的特种设备安装、改造、修理情况书面告知直辖市或者设区的市级人民政府负责特种设备安全监督管理的部门。

第二十四条 特种设备安装、改造、修理竣工后,安装、改造、修理的施工单位应当在验收后三十日内将相关技术资料和文件移交特种设备使用单位。特种设备使用单位应当将其存入该特种设备的安全技术档案。

第二十五条 锅炉、压力容器、压力管道元件等特种设备的制造过程和锅炉、压力容器、压力管道、电梯、起重机械、客运索道、大型游乐设施的安装、改造、重大修理过程,应当经特种设备检验机构按照安全技术规范的要求进行监督检验;未经监督检验或者监督检验不合格的,不得出厂或者交付使用。

第二十六条　国家建立缺陷特种设备召回制度。因生产原因造成特种设备存在危及安全的同一性缺陷的，特种设备生产单位应当立即停止生产，主动召回。

国务院负责特种设备安全监督管理的部门发现特种设备存在应当召回而未召回的情形时，应当责令特种设备生产单位召回。

第三节　经　营

第二十七条　特种设备销售单位销售的特种设备，应当符合安全技术规范及相关标准的要求，其设计文件、产品质量合格证明、安装及使用维护保养说明、监督检验证明等相关技术资料和文件应当齐全。

特种设备销售单位应当建立特种设备检查验收和销售记录制度。

禁止销售未取得许可生产的特种设备，未经检验和检验不合格的特种设备，或者国家明令淘汰和已经报废的特种设备。

第二十八条　特种设备出租单位不得出租未取得许可生产的特种设备或者国家明令淘汰和已经报废的特种设备，以及未按照安全技术规范的要求进行维护保养和未经检验或者检验不合格的特种设备。

第二十九条　特种设备在出租期间的使用管理和维护保养义务由特种设备出租单位承担，法律另有规定或者当事人另有约定的除外。

第三十条　进口的特种设备应当符合我国安全技术规范的要求，并经检验合格；需要取得我国特种设备生产许可的，应当取得许可。

进口特种设备随附的技术资料和文件应当符合本法第二十一条的规定，其安装及使用维护保养说明、产品铭牌、安全警示标志及其说明应当采用中文。

特种设备的进出口检验，应当遵守有关进出口商品检验的法律、行政法规。

第三十一条　进口特种设备，应当向进口地负责特种设备安全监督管理的部门履行提前告知义务。

第四节　使　用

第三十二条　特种设备使用单位应当使用取得许可生产并经检验合格的特种设备。

禁止使用国家明令淘汰和已经报废的特种设备。

第三十三条　特种设备使用单位应当在特种设备投入使用前或者投入使用后三十日内，向负责特种设备安全监督管理的部门办理使用登记，取得使用登记证书。登记标志应当置于该特种设备的显著位置。

第三十四条　特种设备使用单位应当建立岗位责任、隐患治理、应急救援等安全管理制度，制定操作规程，保证特种设备安全运行。

第三十五条　特种设备使用单位应当建立特种设备安全技术档案。安全技术档案应当包括以下内容：

（一）特种设备的设计文件、产品质量合格证明、安装及使用维护保养说明、监督检验证明等相关技术资料和文件；

（二）特种设备的定期检验和定期自行检查记录；

（三）特种设备的日常使用状况记录；

（四）特种设备及其附属仪器仪表的维护保养记录；

（五）特种设备的运行故障和事故记录。

第三十六条　电梯、客运索道、大型游乐设施等为公众提供服务的特种设备的运营使用单位，应当对特种设备的使用安全负责，设置特种设备安全管理机构或者配备专职的特种设备安全管理人员；其他特种设备使用单位，应当根据情况设置特种设备安全管理机构或者配备专职、兼职的特种设备安全管理人员。

第三十七条　特种设备的使用应当具有规定的安全距离、安全防护措施。

与特种设备安全相关的建筑物、附属设施，应当符合有关法律、行政法规的规定。

第三十八条　特种设备属于共有的，共有人可以委托物业服务单位或者其他管理人管理特种设备，受托人履行本法规定的特种设备使用单位的义务，承担相应责任。共有人未委托的，由共有人或者实际管理人履行管理义务，承担相应责任。

第三十九条　特种设备使用单位应当对其使用的特种设备进行经常性维护保养和定期自行检查，并作出记录。

特种设备使用单位应当对其使用的特种设备的安全附件、安全保护装置进行定期校验、检修，并作出记录。

第四十条　特种设备使用单位应当按照安全技术规范的要求，在检验合格有效期届满前一个月向特种设备检验机构提出定期检验要求。

特种设备检验机构接到定期检验要求后，应当按照安全技术规范的要求及时进行安全性能检验。特种设备使用单位应当将定期检验标志置于该特种设备的显著位置。

未经定期检验或者检验不合格的特种设备，不得继续使用。

第四十一条　特种设备安全管理人员应当对特种设

备使用状况进行经常性检查，发现问题应当立即处理；情况紧急时，可以决定停止使用特种设备并及时报告本单位有关负责人。

特种设备作业人员在作业过程中发现事故隐患或者其他不安全因素，应当立即向特种设备安全管理人员和单位有关负责人报告；特种设备运行不正常时，特种设备作业人员应当按照操作规程采取有效措施保证安全。

第四十二条 特种设备出现故障或者发生异常情况，特种设备使用单位应当对其进行全面检查，消除事故隐患，方可继续使用。

第四十三条 客运索道、大型游乐设施在每日投入使用前，其运营使用单位应当进行试运行和例行安全检查，并对安全附件和安全保护装置进行检查确认。

电梯、客运索道、大型游乐设施的运营使用单位应当将电梯、客运索道、大型游乐设施的安全使用说明、安全注意事项和警示标志置于易于为乘客注意的显著位置。

公众乘坐或者操作电梯、客运索道、大型游乐设施，应当遵守安全使用说明和安全注意事项的要求，服从有关工作人员的管理和指挥；遇有运行不正常时，应当按照安全指引，有序撤离。

第四十四条 锅炉使用单位应当按照安全技术规范的要求进行锅炉水(介)质处理，并接受特种设备检验机构的定期检验。

从事锅炉清洗，应当按照安全技术规范的要求进行，并接受特种设备检验机构的监督检验。

第四十五条 电梯的维护保养应当由电梯制造单位或者依照本法取得许可的安装、改造、修理单位进行。

电梯的维护保养单位应当在维护保养中严格执行安全技术规范的要求，保证其维护保养的电梯的安全性能，并负责落实现场安全防护措施，保证施工安全。

电梯的维护保养单位应当对其维护保养的电梯的安全性能负责；接到故障通知后，应当立即赶赴现场，并采取必要的应急救援措施。

第四十六条 电梯投入使用后，电梯制造单位应当对其制造的电梯的安全运行情况进行跟踪调查和了解，对电梯的维护保养单位或者使用单位在维护保养和安全运行方面存在的问题，提出改进建议，并提供必要的技术帮助；发现电梯存在严重事故隐患时，应当及时告知电梯使用单位，并向负责特种设备安全监督管理的部门报告。电梯制造单位对调查和了解的情况，应当作出记录。

第四十七条 特种设备进行改造、修理，按照规定需要变更使用登记的，应当办理变更登记，方可继续使用。

第四十八条 特种设备存在严重事故隐患，无改造、修理价值，或者达到安全技术规范规定的其他报废条件的，特种设备使用单位应当依法履行报废义务，采取必要措施消除该特种设备的使用功能，并向原登记的负责特种设备安全监督管理的部门办理使用登记证书注销手续。

前款规定报废条件以外的特种设备，达到设计使用年限可以继续使用的，应当按照安全技术规范的要求通过检验或者安全评估，并办理使用登记证书变更，方可继续使用。允许继续使用的，应当采取加强检验、检测和维护保养等措施，确保使用安全。

第四十九条 移动式压力容器、气瓶充装单位，应当具备下列条件，并经负责特种设备安全监督管理的部门许可，方可从事充装活动：

（一）有与充装和管理相适应的管理人员和技术人员；

（二）有与充装和管理相适应的充装设备、检测手段、场地厂房、器具、安全设施；

（三）有健全的充装管理制度、责任制度、处理措施。

充装单位应当建立充装前后的检查、记录制度，禁止对不符合安全技术规范要求的移动式压力容器和气瓶进行充装。

气瓶充装单位应当向气体使用者提供符合安全技术规范要求的气瓶，对气体使用者进行气瓶安全使用指导，并按照安全技术规范的要求办理气瓶使用登记，及时申报定期检验。

第三章 检验、检测

第五十条 从事本法规定的监督检验、定期检验的特种设备检验机构，以及为特种设备生产、经营、使用提供检测服务的特种设备检测机构，应当具备下列条件，并经负责特种设备安全监督管理的部门核准，方可从事检验、检测工作：

（一）有与检验、检测工作相适应的检验、检测人员；

（二）有与检验、检测工作相适应的检验、检测仪器和设备；

（三）有健全的检验、检测管理制度和责任制度。

第五十一条 特种设备检验、检测机构的检验、检测人员应当经考核，取得检验、检测人员资格，方可从事检验、检测工作。

特种设备检验、检测机构的检验、检测人员不得同时在两个以上检验、检测机构中执业；变更执业机构的，应当依法办理变更手续。

第五十二条　特种设备检验、检测工作应当遵守法律、行政法规的规定，并按照安全技术规范的要求进行。

特种设备检验、检测机构及其检验、检测人员应当依法为特种设备生产、经营、使用单位提供安全、可靠、便捷、诚信的检验、检测服务。

第五十三条　特种设备检验、检测机构及其检验、检测人员应当客观、公正、及时地出具检验、检测报告，并对检验、检测结果和鉴定结论负责。

特种设备检验、检测机构及其检验、检测人员在检验、检测中发现特种设备存在严重事故隐患时，应当及时告知相关单位，并立即向负责特种设备安全监督管理的部门报告。

负责特种设备安全监督管理的部门应当组织对特种设备检验、检测机构的检验、检测结果和鉴定结论进行监督抽查，但应当防止重复抽查。监督抽查结果应当向社会公布。

第五十四条　特种设备生产、经营、使用单位应当按照安全技术规范的要求向特种设备检验、检测机构及其检验、检测人员提供特种设备相关资料和必要的检验、检测条件，并对资料的真实性负责。

第五十五条　特种设备检验、检测机构及其检验、检测人员对检验、检测过程中知悉的商业秘密，负有保密义务。

特种设备检验、检测机构及其检验、检测人员不得从事有关特种设备的生产、经营活动，不得推荐或者监制、监销特种设备。

第五十六条　特种设备检验机构及其检验人员利用检验工作故意刁难特种设备生产、经营、使用单位的，特种设备生产、经营、使用单位有权向负责特种设备安全监督管理的部门投诉，接到投诉的部门应当及时进行调查处理。

第四章　监督管理

第五十七条　负责特种设备安全监督管理的部门依照本法规定，对特种设备生产、经营、使用单位和检验、检测机构实施监督检查。

负责特种设备安全监督管理的部门应当对学校、幼儿园以及医院、车站、客运码头、商场、体育场馆、展览馆、公园等公众聚集场所的特种设备，实施重点安全监督检查。

第五十八条　负责特种设备安全监督管理的部门实施本法规定的许可工作，应当依照本法和其他有关法律、行政法规规定的条件和程序以及安全技术规范的要求进行审查；不符合规定的，不得许可。

第五十九条　负责特种设备安全监督管理的部门在办理本法规定的许可时，其受理、审查、许可的程序必须公开，并应当自受理申请之日起三十日内，作出许可或者不予许可的决定；不予许可的，应当书面向申请人说明理由。

第六十条　负责特种设备安全监督管理的部门对依法办理使用登记的特种设备应当建立完整的监督管理档案和信息查询系统；对达到报废条件的特种设备，应当及时督促特种设备使用单位依法履行报废义务。

第六十一条　负责特种设备安全监督管理的部门在依法履行监督检查职责时，可以行使下列职权：

（一）进入现场进行检查，向特种设备生产、经营、使用单位和检验、检测机构的主要负责人和其他有关人员调查、了解有关情况；

（二）根据举报或者取得的涉嫌违法证据，查阅、复制特种设备生产、经营、使用单位和检验、检测机构的有关合同、发票、账簿以及其他有关资料；

（三）对有证据表明不符合安全技术规范要求或者存在严重事故隐患的特种设备实施查封、扣押；

（四）对流入市场的达到报废条件或者已经报废的特种设备实施查封、扣押；

（五）对违反本法规定的行为作出行政处罚决定。

第六十二条　负责特种设备安全监督管理的部门在依法履行职责过程中，发现违反本法规定和安全技术规范要求的行为或者特种设备存在事故隐患时，应当以书面形式发出特种设备安全监察指令，责令有关单位及时采取措施予以改正或者消除事故隐患。紧急情况下要求有关单位采取紧急处置措施的，应当随后补发特种设备安全监察指令。

第六十三条　负责特种设备安全监督管理的部门在依法履行职责过程中，发现重大违法行为或者特种设备存在严重事故隐患时，应当责令有关单位立即停止违法行为、采取措施消除事故隐患，并及时向上级负责特种设备安全监督管理的部门报告。接到报告的负责特种设备安全监督管理的部门应当采取必要措施，及时予以处理。

对违法行为、严重事故隐患的处理需要当地人民政府和有关部门的支持、配合时，负责特种设备安全监督管理的部门应当报告当地人民政府，并通知其他有关部门。当地人民政府和其他有关部门应当采取必要措施，及时予以处理。

第六十四条　地方各级人民政府负责特种设备安全

监督管理的部门不得要求已经依照本法规定在其他地方取得许可的特种设备生产单位重复取得许可,不得要求对已经依照本法规定在其他地方检验合格的特种设备重复进行检验。

第六十五条 负责特种设备安全监督管理的部门的安全监察人员应当熟悉相关法律、法规,具有相应的专业知识和工作经验,取得特种设备安全行政执法证件。

特种设备安全监察人员应当忠于职守、坚持原则、秉公执法。

负责特种设备安全监督管理的部门实施安全监督检查时,应当有二名以上特种设备安全监察人员参加,并出示有效的特种设备安全行政执法证件。

第六十六条 负责特种设备安全监督管理的部门对特种设备生产、经营、使用单位和检验、检测机构实施监督检查,应当对每次监督检查的内容、发现的问题及处理情况作出记录,并由参加监督检查的特种设备安全监察人员和被检查单位的有关负责人签字后归档。被检查单位的有关负责人拒绝签字的,特种设备安全监察人员应当将情况记录在案。

第六十七条 负责特种设备安全监督管理的部门及其工作人员不得推荐或者监制、监销特种设备;对履行职责过程中知悉的商业秘密负有保密义务。

第六十八条 国务院负责特种设备安全监督管理的部门和省、自治区、直辖市人民政府负责特种设备安全监督管理的部门应当定期向社会公布特种设备安全总体状况。

第五章 事故应急救援与调查处理

第六十九条 国务院负责特种设备安全监督管理的部门应当依法组织制定特种设备重大事故应急预案,报国务院批准后纳入国家突发事件应急预案体系。

县级以上地方各级人民政府及其负责特种设备安全监督管理的部门应当依法组织制定本行政区域内特种设备事故应急预案,建立或者纳入相应的应急处置与救援体系。

特种设备使用单位应当制定特种设备事故应急专项预案,并定期进行应急演练。

第七十条 特种设备发生事故后,事故发生单位应当按照应急预案采取措施,组织抢救,防止事故扩大,减少人员伤亡和财产损失,保护事故现场和有关证据,并及时向事故发生地县级以上人民政府负责特种设备安全监督管理的部门和有关部门报告。

县级以上人民政府负责特种设备安全监督管理的部门接到事故报告,应当尽快核实情况,立即向本级人民政府报告,并按照规定逐级上报。必要时,负责特种设备安全监督管理的部门可以越级上报事故情况。对特别重大事故、重大事故,国务院负责特种设备安全监督管理的部门应当立即报告国务院并通报国务院安全生产监督管理部门等有关部门。

与事故相关的单位和人员不得迟报、谎报或者瞒报事故情况,不得隐匿、毁灭有关证据或者故意破坏事故现场。

第七十一条 事故发生地人民政府接到事故报告,应当依法启动应急预案,采取应急处置措施,组织应急救援。

第七十二条 特种设备发生特别重大事故,由国务院或者国务院授权有关部门组织事故调查组进行调查。

发生重大事故,由国务院负责特种设备安全监督管理的部门会同有关部门组织事故调查组进行调查。

发生较大事故,由省、自治区、直辖市人民政府负责特种设备安全监督管理的部门会同有关部门组织事故调查组进行调查。

发生一般事故,由设区的市级人民政府负责特种设备安全监督管理的部门会同有关部门组织事故调查组进行调查。

事故调查组应当依法、独立、公正开展调查,提出事故调查报告。

第七十三条 组织事故调查的部门应当将事故调查报告报本级人民政府,并报上一级人民政府负责特种设备安全监督管理的部门备案。有关部门和单位应当依照法律、行政法规的规定,追究事故责任单位和人员的责任。

事故责任单位应当依法落实整改措施,预防同类事故发生。事故造成损害的,事故责任单位应当依法承担赔偿责任。

第六章 法律责任

第七十四条 违反本法规定,未经许可从事特种设备生产活动的,责令停止生产,没收违法制造的特种设备,处十万元以上五十万元以下罚款;有违法所得的,没收违法所得;已经实施安装、改造、修理的,责令恢复原状或者责令限期由取得许可的单位重新安装、改造、修理。

第七十五条 违反本法规定,特种设备的设计文件未经鉴定,擅自用于制造的,责令改正,没收违法制造的特种设备,处五万元以上五十万元以下罚款。

第七十六条 违反本法规定,未进行型式试验的,责令限期改正;逾期未改正的,处三万元以上三十万元以下罚款。

第七十七条 违反本法规定,特种设备出厂时,未按照安全技术规范的要求随附相关技术资料和文件的,责令限期改正;逾期未改正的,责令停止制造、销售,处二万元以上二十万元以下罚款;有违法所得的,没收违法所得。

第七十八条 违反本法规定,特种设备安装、改造、修理的施工单位在施工前未书面告知负责特种设备安全监督管理的部门即行施工的,或者在验收后三十日内未将相关技术资料和文件移交特种设备使用单位,责令限期改正;逾期未改正的,处一万元以上十万元以下罚款。

第七十九条 违反本法规定,特种设备的制造、安装、改造、重大修理以及锅炉清洗过程,未经监督检验的,责令限期改正;逾期未改正的,处五万元以上二十万元以下罚款;有违法所得的,没收违法所得;情节严重的,吊销生产许可证。

第八十条 违反本法规定,电梯制造单位有下列情形之一的,责令限期改正;逾期未改正的,处一万元以上十万元以下罚款:

(一)未按照安全技术规范的要求对电梯进行校验、调试的;

(二)对电梯的安全运行情况进行跟踪调查和了解时,发现存在严重事故隐患,未及时告知电梯使用单位并向负责特种设备安全监督管理的部门报告的。

第八十一条 违反本法规定,特种设备生产单位有下列行为之一的,责令限期改正;逾期未改正的,责令停止生产,处五万元以上五十万元以下罚款;情节严重的,吊销生产许可证:

(一)不再具备生产条件、生产许可证已经过期或者超出许可范围生产的;

(二)明知特种设备存在同一性缺陷,未立即停止生产并召回的。

违反本法规定,特种设备生产单位生产、销售、交付国家明令淘汰的特种设备的,责令停止生产、销售,没收违法生产、销售、交付的特种设备,处三万元以上三十万元以下罚款;有违法所得的,没收违法所得。

特种设备生产单位涂改、倒卖、出租、出借生产许可证的,责令停止生产,处五万元以上五十万元以下罚款;情节严重的,吊销生产许可证。

第八十二条 违反本法规定,特种设备经营单位有下列行为之一的,责令停止经营,没收违法经营的特种设备,处三万元以上三十万元以下罚款;有违法所得的,没收违法所得:

(一)销售、出租未取得许可生产,未经检验或者检验不合格的特种设备的;

(二)销售、出租国家明令淘汰、已经报废的特种设备,或者未按照安全技术规范的要求进行维护保养的特种设备的。

违反本法规定,特种设备销售单位未建立检查验收和销售记录制度,或者进口特种设备未履行提前告知义务的,责令改正,处一万元以上十万元以下罚款。

特种设备生产单位销售、交付未经检验或者检验不合格的特种设备的,依照本条第一款规定处罚;情节严重的,吊销生产许可证。

第八十三条 违反本法规定,特种设备使用单位有下列行为之一的,责令限期改正;逾期未改正的,责令停止使用有关特种设备,处一万元以上十万元以下罚款:

(一)使用特种设备未按照规定办理使用登记的;

(二)未建立特种设备安全技术档案或者安全技术档案不符合规定要求,或者未依法设置使用登记标志、定期检验标志的;

(三)未对其使用的特种设备进行经常性维护保养和定期自行检查,或者未对其使用的特种设备的安全附件、安全保护装置进行定期校验、检修,并作出记录的;

(四)未按照安全技术规范的要求及时申报并接受检验的;

(五)未按照安全技术规范的要求进行锅炉水(介)质处理的;

(六)未制定特种设备事故应急专项预案的。

第八十四条 违反本法规定,特种设备使用单位有下列行为之一的,责令停止使用有关特种设备,处三万元以上三十万元以下罚款:

(一)使用未取得许可生产,未经检验或者检验不合格的特种设备,或者国家明令淘汰、已经报废的特种设备的;

(二)特种设备出现故障或者发生异常情况,未对其进行全面检查、消除事故隐患,继续使用的;

(三)特种设备存在严重事故隐患,无改造、修理价值,或者达到安全技术规范规定的其他报废条件,未依法履行报废义务,并办理使用登记证书注销手续的。

第八十五条 违反本法规定,移动式压力容器、气瓶充装单位有下列行为之一的,责令改正,处二万元以上二

十万元以下罚款;情节严重的,吊销充装许可证:

(一)未按照规定实施充装前后的检查、记录制度的;

(二)对不符合安全技术规范要求的移动式压力容器和气瓶进行充装的。

违反本法规定,未经许可,擅自从事移动式压力容器或者气瓶充装活动的,予以取缔,没收违法充装的气瓶,处十万元以上五十万元以下罚款;有违法所得的,没收违法所得。

第八十六条 违反本法规定,特种设备生产、经营、使用单位有下列情形之一的,责令限期改正;逾期未改正的,责令停止使用有关特种设备或者停产停业整顿,处一万元以上五万元以下罚款:

(一)未配备具有相应资格的特种设备安全管理人员、检测人员和作业人员的;

(二)使用未取得相应资格的人员从事特种设备安全管理、检测和作业的;

(三)未对特种设备安全管理人员、检测人员和作业人员进行安全教育和技能培训的。

第八十七条 违反本法规定,电梯、客运索道、大型游乐设施的运营使用单位有下列情形之一的,责令限期改正;逾期未改正的,责令停止使用有关特种设备或者停产停业整顿,处二万元以上十万元以下罚款:

(一)未设置特种设备安全管理机构或者配备专职的特种设备安全管理人员的;

(二)客运索道、大型游乐设施每日投入使用前,未进行试运行和例行安全检查,未对安全附件和安全保护装置进行检查确认的;

(三)未将电梯、客运索道、大型游乐设施的安全使用说明、安全注意事项和警示标志置于易于为乘客注意的显著位置的。

第八十八条 违反本法规定,未经许可,擅自从事电梯维护保养的,责令停止违法行为,处一万元以上十万元以下罚款;有违法所得的,没收违法所得。

电梯的维护保养单位未按照本法规定以及安全技术规范的要求,进行电梯维护保养的,依照前款规定处罚。

第八十九条 发生特种设备事故,有下列情形之一的,对单位处五万元以上二十万元以下罚款;对主要负责人处一万元以上五万元以下罚款;主要负责人属于国家工作人员的,并依法给予处分:

(一)发生特种设备事故时,不立即组织抢救或者在事故调查处理期间擅离职守或者逃匿的;

(二)对特种设备事故迟报、谎报或者瞒报的。

第九十条 发生事故,对负有责任的单位除要求其依法承担相应的赔偿等责任外,依照下列规定处以罚款:

(一)发生一般事故,处十万元以上二十万元以下罚款;

(二)发生较大事故,处二十万元以上五十万元以下罚款;

(三)发生重大事故,处五十万元以上二百万元以下罚款。

第九十一条 对事故发生负有责任的单位的主要负责人未依法履行职责或者负有领导责任的,依照下列规定处以罚款;属于国家工作人员的,并依法给予处分:

(一)发生一般事故,处上一年年收入百分之三十的罚款;

(二)发生较大事故,处上一年年收入百分之四十的罚款;

(三)发生重大事故,处上一年年收入百分之六十的罚款。

第九十二条 违反本法规定,特种设备安全管理人员、检测人员和作业人员不履行岗位职责,违反操作规程和有关安全规章制度,造成事故的,吊销相关人员的资格。

第九十三条 违反本法规定,特种设备检验、检测机构及其检验、检测人员有下列行为之一的,责令改正,对机构处五万元以上二十万元以下罚款,对直接负责的主管人员和其他直接责任人员处五千元以上五万元以下罚款;情节严重的,吊销机构资质和有关人员的资格:

(一)未经核准或者超出核准范围,使用未取得相应资格的人员从事检验、检测的;

(二)未按照安全技术规范的要求进行检验、检测的;

(三)出具虚假的检验、检测结果和鉴定结论或者检验、检测结果和鉴定结论严重失实的;

(四)发现特种设备存在严重事故隐患,未及时告知相关单位,并立即向负责特种设备安全监督管理的部门报告的;

(五)泄露检验、检测过程中知悉的商业秘密的;

(六)从事有关特种设备的生产、经营活动的;

(七)推荐或者监制、监销特种设备的;

(八)利用检验工作故意刁难相关单位的。

违反本法规定,特种设备检验、检测机构的检验、检测人员同时在两个以上检验、检测机构中执业的,处五千元以上五万元以下罚款；情节严重的，吊销其资格。

第九十四条 违反本法规定，负责特种设备安全监督管理的部门及其工作人员有下列行为之一的，由上级机关责令改正；对直接负责的主管人员和其他直接责任人员，依法给予处分：

（一）未依照法律、行政法规规定的条件、程序实施许可的；

（二）发现未经许可擅自从事特种设备的生产、使用或者检验、检测活动不予取缔或者不依法予以处理的；

（三）发现特种设备生产单位不再具备本法规定的条件而不吊销其许可证，或者发现特种设备生产、经营、使用违法行为不予查处的；

（四）发现特种设备检验、检测机构不再具备本法规定的条件而不撤销其核准，或者对其出具虚假的检验、检测结果和鉴定结论或者检验、检测结果和鉴定结论严重失实的行为不予查处的；

（五）发现违反本法规定和安全技术规范要求的行为或者特种设备存在事故隐患，不立即处理的；

（六）发现重大违法行为或者特种设备存在严重事故隐患，未及时向上级负责特种设备安全监督管理的部门报告，或者接到报告的负责特种设备安全监督管理的部门不立即处理的；

（七）要求已经依照本法规定在其他地方取得许可的特种设备生产单位重复取得许可，或者要求对已经依照本法规定在其他地方检验合格的特种设备重复进行检验的；

（八）推荐或者监制、监销特种设备的；

（九）泄露履行职责过程中知悉的商业秘密的；

（十）接到特种设备事故报告未立即向本级人民政府报告，并按照规定上报的；

（十一）迟报、漏报、谎报或者瞒报事故的；

（十二）妨碍事故救援或者事故调查处理的；

（十三）其他滥用职权、玩忽职守、徇私舞弊的行为。

第九十五条 违反本法规定，特种设备生产、经营、使用单位或者检验、检测机构拒不接受负责特种设备安全监督管理的部门依法实施的监督检查的，责令限期改正；逾期未改正的，责令停产停业整顿，处二万元以上二十万元以下罚款。

特种设备生产、经营、使用单位擅自动用、调换、转移、损毁被查封、扣押的特种设备或者其主要部件的，责令改正，处五万元以上二十万元以下罚款；情节严重的，吊销生产许可证，注销特种设备使用登记证书。

第九十六条 违反本法规定，被依法吊销许可证的，自吊销许可证之日起三年内，负责特种设备安全监督管理的部门不予受理其新的许可申请。

第九十七条 违反本法规定，造成人身、财产损害的，依法承担民事责任。

违反本法规定，应当承担民事赔偿责任和缴纳罚款、罚金，其财产不足以同时支付时，先承担民事赔偿责任。

第九十八条 违反本法规定，构成违反治安管理行为的，依法给予治安管理处罚；构成犯罪的，依法追究刑事责任。

第七章 附 则

第九十九条 特种设备行政许可、检验的收费，依照法律、行政法规的规定执行。

第一百条 军事装备、核设施、航空航天器使用的特种设备安全的监督管理不适用本法。

铁路机车、海上设施和船舶、矿山井下使用的特种设备以及民用机场专用设备安全的监督管理，房屋建筑工地、市政工程工地用起重机械和场（厂）内专用机动车辆的安装、使用的监督管理，由有关部门依照本法和其他有关法律的规定实施。

第一百零一条 本法自2014年1月1日起施行。

工贸企业有限空间作业安全规定

· 2023年11月29日应急管理部令第13号公布
· 自2024年1月1日起施行

第一条 为了保障有限空间作业安全，预防和减少生产安全事故，根据《中华人民共和国安全生产法》等法律法规，制定本规定。

第二条 冶金、有色、建材、机械、轻工、纺织、烟草、商贸等行业的生产经营单位（以下统称工贸企业）有限空间作业的安全管理与监督，适用本规定。

第三条 本规定所称有限空间，是指封闭或者部分封闭，未被设计为固定工作场所，人员可以进入作业，易造成有毒有害、易燃易爆物质积聚或者氧含量不足的空间。

本规定所称有限空间作业，是指人员进入有限空间实施的作业。

第四条 工贸企业主要负责人是有限空间作业安全第一责任人，应当组织制定有限空间作业安全管理制度，明确有限空间作业审批人、监护人员、作业人员的职责，以及安全培训、作业审批、防护用品、应急救援装备、操作规程和应急处置等方面的要求。

第五条 工贸企业应当实行有限空间作业监护制,明确专职或者兼职的监护人员,负责监督有限空间作业安全措施的落实。

监护人员应当具备与监督有限空间作业相适应的安全知识和应急处置能力,能够正确使用气体检测、机械通风、呼吸防护、应急救援等用品、装备。

第六条 工贸企业应当对有限空间进行辨识,建立有限空间管理台账,明确有限空间数量、位置以及危险因素等信息,并及时更新。

鼓励工贸企业采用信息化、数字化和智能化技术,提升有限空间作业安全风险管控水平。

第七条 工贸企业应当根据有限空间作业安全风险大小,明确审批要求。

对于存在硫化氢、一氧化碳、二氧化碳等中毒和窒息等风险的有限空间作业,应当由工贸企业主要负责人或者其书面委托的人员进行审批,委托进行审批的,相关责任仍由工贸企业主要负责人承担。

未经工贸企业确定的作业审批人批准,不得实施有限空间作业。

第八条 工贸企业将有限空间作业依法发包给其他单位实施的,应当与承包单位在合同或者协议中约定各自的安全生产管理职责。工贸企业对其发包的有限空间作业统一协调、管理,并对现场作业进行安全检查,督促承包单位有效落实各项安全措施。

第九条 工贸企业应当每年至少组织一次有限空间作业专题安全培训,对作业审批人、监护人员、作业人员和应急救援人员培训有限空间作业安全知识和技能,并如实记录。

未经培训合格不得参与有限空间作业。

第十条 工贸企业应当制定有限空间作业现场处置方案,按规定组织演练,并进行演练效果评估。

第十一条 工贸企业应当在有限空间出入口等醒目位置设置明显的安全警示标志,并在具备条件的场所设置安全风险告知牌。

第十二条 工贸企业应当对可能产生有毒物质的有限空间采取上锁、隔离栏、防护网或者其他物理隔离措施,防止人员未经审批进入。监护人员负责在作业前解除物理隔离措施。

第十三条 工贸企业应当根据有限空间危险因素的特点,配备符合国家标准或者行业标准的气体检测报警仪器、机械通风设备、呼吸防护用品、全身式安全带等防护用品和应急救援装备,并对相关用品、装备进行经常性维护、保养和定期检测,确保能够正常使用。

第十四条 有限空间作业应当严格遵守"先通风、再检测、后作业"要求。存在爆炸风险的,应当采取消除或者控制措施,相关电气设施设备、照明灯具、应急救援装备等应当符合防爆安全要求。

作业前,应当组织对作业人员进行安全交底,监护人员应当对通风、检测和必要的隔断、清除、置换等风险管控措施逐项进行检查,确认防护用品能够正常使用且作业现场配备必要的应急救援装备,确保各项作业条件符合安全要求。有专业救援队伍的工贸企业,应急救援人员应当做好应急救援准备,确保及时有效处置突发情况。

第十五条 监护人员应当全程进行监护,与作业人员保持实时联络,不得离开作业现场或者进入有限空间参与作业。

发现异常情况时,监护人员应当立即组织作业人员撤离现场。发生有限空间作业事故后,应当立即按照现场处置方案进行应急处置,组织科学施救。未做好安全措施盲目施救的,监护人员应当予以制止。

作业过程中,工贸企业应当安排专人对作业区域持续进行通风和气体浓度检测。作业中断的,作业人员再次进入有限空间作业前,应当重新通风、气体检测合格后方可进入。

第十六条 存在硫化氢、一氧化碳、二氧化碳等中毒和窒息风险、需要重点监督管理的有限空间,实行目录管理。

监管目录由应急管理部确定、调整并公布。

第十七条 负责工贸企业安全生产监督管理的部门应当加强对工贸企业有限空间作业的监督检查,将检查纳入年度监督检查计划。对发现的事故隐患和违法行为,依法作出处理。

负责工贸企业安全生产监督管理的部门应当将存在硫化氢、一氧化碳、二氧化碳等中毒和窒息风险的有限空间作业工贸企业纳入重点检查范围,突出对监护人员配备和履职情况、作业审批、防护用品和应急救援装备配备等事项的检查。

第十八条 负责工贸企业安全生产监督管理的部门及其行政执法人员发现有限空间作业存在重大事故隐患的,应当责令立即或者限期整改;重大事故隐患排除前或者排除过程中无法保证安全的,应当责令暂时停止作业,撤出作业人员;重大事故隐患排除后,经审查同意,方可恢复作业。

第十九条 工贸企业有下列行为之一的,责令限期改正,处 5 万元以下的罚款;逾期未改正的,处 5 万元以上 20 万元以下的罚款,对其直接负责的主管人员和其他直接责任人员处 1 万元以上 2 万元以下的罚款;情节严重的,责令停产停业整顿;构成犯罪的,依照刑法有关规定追究刑事责任:

(一)未按照规定设置明显的有限空间安全警示标志的;

(二)未按照规定配备、使用符合国家标准或者行业标准的有限空间作业安全仪器、设备、装备和器材的,或者未对其进行经常性维护、保养和定期检测的。

第二十条 工贸企业有下列行为之一的,责令限期改正,处 10 万元以下的罚款;逾期未改正的,责令停产停业整顿,并处 10 万元以上 20 万元以下的罚款,对其直接负责的主管人员和其他直接责任人员处 2 万元以上 5 万元以下的罚款:

(一)未按照规定开展有限空间作业专题安全培训或者未如实记录安全培训情况的;

(二)未按照规定制定有限空间作业现场处置方案或者未按照规定组织演练的。

第二十一条 违反本规定,有下列情形之一的,责令限期改正,对工贸企业处 5 万元以下的罚款,对其直接负责的主管人员和其他直接责任人员处 1 万元以下的罚款:

(一)未配备监护人员,或者监护人员未按规定履行岗位职责的;

(二)未对有限空间进行辨识,或者未建立有限空间管理台账的;

(三)未落实有限空间作业审批,或者作业未执行"先通风、再检测、后作业"要求的;

(四)未按要求进行通风和气体检测的。

第二十二条 本规定自 2024 年 1 月 1 日起施行。原国家安全生产监督管理总局 2013 年 5 月 20 日公布的《工贸企业有限空间作业安全管理与监督暂行规定》(国家安全生产监督管理总局令第 59 号)同时废止。

九、应急管理

生产安全事故应急条例

- 2018年12月5日国务院第33次常务会议通过
- 2019年2月17日中华人民共和国国务院令第708号公布
- 自2019年4月1日起施行

第一章 总 则

第一条 为了规范生产安全事故应急工作,保障人民群众生命和财产安全,根据《中华人民共和国安全生产法》和《中华人民共和国突发事件应对法》,制定本条例。

第二条 本条例适用于生产安全事故应急工作;法律、行政法规另有规定的,适用其规定。

第三条 国务院统一领导全国的生产安全事故应急工作,县级以上地方人民政府统一领导本行政区域内的生产安全事故应急工作。生产安全事故应急工作涉及两个以上行政区域的,由有关行政区域共同的上一级人民政府负责,或者由各有关行政区域的上一级人民政府共同负责。

县级以上人民政府应急管理部门和其他对有关行业、领域的安全生产工作实施监督管理的部门(以下统称负有安全生产监督管理职责的部门)在各自职责范围内,做好有关行业、领域的生产安全事故应急工作。

县级以上人民政府应急管理部门指导、协调本级人民政府其他负有安全生产监督管理职责的部门和下级人民政府的生产安全事故应急工作。

乡、镇人民政府以及街道办事处等地方人民政府派出机关应当协助上级人民政府有关部门依法履行生产安全事故应急工作职责。

第四条 生产经营单位应当加强生产安全事故应急工作,建立、健全生产安全事故应急工作责任制,其主要负责人对本单位的生产安全事故应急工作全面负责。

第二章 应急准备

第五条 县级以上人民政府及其负有安全生产监督管理职责的部门和乡、镇人民政府以及街道办事处等地方人民政府派出机关,应当针对可能发生的生产安全事故的特点和危害,进行风险辨识和评估,制定相应的生产安全事故应急救援预案,并依法向社会公布。

生产经营单位应当针对本单位可能发生的生产安全事故的特点和危害,进行风险辨识和评估,制定相应的生产安全事故应急救援预案,并向本单位从业人员公布。

第六条 生产安全事故应急救援预案应当符合有关法律、法规、规章和标准的规定,具有科学性、针对性和可操作性,明确规定应急组织体系、职责分工以及应急救援程序和措施。

有下列情形之一的,生产安全事故应急救援预案制定单位应当及时修订相关预案:

(一)制定预案所依据的法律、法规、规章、标准发生重大变化;

(二)应急指挥机构及其职责发生调整;

(三)安全生产面临的风险发生重大变化;

(四)重要应急资源发生重大变化;

(五)在预案演练或者应急救援中发现需要修订预案的重大问题;

(六)其他应当修订的情形。

第七条 县级以上人民政府负有安全生产监督管理职责的部门应当将其制定的生产安全事故应急救援预案报送本级人民政府备案;易燃易爆物品、危险化学品等危险物品的生产、经营、储存、运输单位,矿山、金属冶炼、城市轨道交通运营、建筑施工单位,以及宾馆、商场、娱乐场所、旅游景区等人员密集场所经营单位,应当将其制定的生产安全事故应急救援预案按照国家有关规定报送县级以上人民政府负有安全生产监督管理职责的部门备案,并依法向社会公布。

第八条 县级以上地方人民政府以及县级以上人民政府负有安全生产监督管理职责的部门,乡、镇人民政府以及街道办事处等地方人民政府派出机关,应当至少每2年组织1次生产安全事故应急救援预案演练。

易燃易爆物品、危险化学品等危险物品的生产、经营、储存、运输单位,矿山、金属冶炼、城市轨道交通运营、建筑施工单位,以及宾馆、商场、娱乐场所、旅游景区等人员密集场所经营单位,应当至少每半年组织1次生产安全事故应急救援预案演练,并将演练情况报送所在地县级以上地方人民政府负有安全生产监督管理职责的部门。

县级以上地方人民政府负有安全生产监督管理职责的部门应当对本行政区域内前款规定的重点生产经营单位的生产安全事故应急救援预案演练进行抽查；发现演练不符合要求的，应当责令限期改正。

第九条 县级以上人民政府应当加强对生产安全事故应急救援队伍建设的统一规划、组织和指导。

县级以上人民政府负有安全生产监督管理职责的部门根据生产安全事故应急工作的实际需要，在重点行业、领域单独建立或者依托有条件的生产经营单位、社会组织共同建立应急救援队伍。

国家鼓励和支持生产经营单位和其他社会力量建立提供社会化应急救援服务的应急救援队伍。

第十条 易燃易爆物品、危险化学品等危险物品的生产、经营、储存、运输单位，矿山、金属冶炼、城市轨道交通运营、建筑施工单位，以及宾馆、商场、娱乐场所、旅游景区等人员密集场所经营单位，应当建立应急救援队伍；其中，小型企业或者微型企业等规模较小的生产经营单位，可以不建立应急救援队伍，但应当指定兼职的应急救援人员，并且可以与邻近的应急救援队伍签订应急救援协议。

工业园区、开发区等产业聚集区域内的生产经营单位，可以联合建立应急救援队伍。

第十一条 应急救援队伍的应急救援人员应当具备必要的专业知识、技能、身体素质和心理素质。

应急救援队伍建立单位或者兼职应急救援人员所在单位应当按照国家有关规定对应急救援人员进行培训；应急救援人员经培训合格后，方可参加应急救援工作。

应急救援队伍应当配备必要的应急救援装备和物资，并定期组织训练。

第十二条 生产经营单位应当及时将本单位应急救援队伍建立情况按照国家有关规定报送县级以上人民政府负有安全生产监督管理职责的部门，并依法向社会公布。

县级以上人民政府负有安全生产监督管理职责的部门应当定期将本行业、本领域的应急救援队伍建立情况报送本级人民政府，并依法向社会公布。

第十三条 县级以上地方人民政府应当根据本行政区域内可能发生的生产安全事故的特点和危害，储备必要的应急救援装备和物资，并及时更新和补充。

易燃易爆物品、危险化学品等危险物品的生产、经营、储存、运输单位，矿山、金属冶炼、城市轨道交通运营、建筑施工单位，以及宾馆、商场、娱乐场所、旅游景区等人员密集场所经营单位，应当根据本单位可能发生的生产安全事故的特点和危害，配备必要的灭火、排水、通风以及危险物品稀释、掩埋、收集等应急救援器材、设备和物资，并进行经常性维护、保养，保证正常运转。

第十四条 下列单位应当建立应急值班制度，配备应急值班人员：

（一）县级以上人民政府及其负有安全生产监督管理职责的部门；

（二）危险物品的生产、经营、储存、运输单位以及矿山、金属冶炼、城市轨道交通运营、建筑施工单位；

（三）应急救援队伍。

规模较大、危险性较高的易燃易爆物品、危险化学品等危险物品的生产、经营、储存、运输单位应当成立应急处置技术组，实行24小时应急值班。

第十五条 生产经营单位应当对从业人员进行应急教育和培训，保证从业人员具备必要的应急知识，掌握风险防范技能和事故应急措施。

第十六条 国务院负有安全生产监督管理职责的部门应当按照国家有关规定建立生产安全事故应急救援信息系统，并采取有效措施，实现数据互联互通、信息共享。

生产经营单位可以通过生产安全事故应急救援信息系统办理生产安全事故应急救援预案备案手续，报送应急救援预案演练情况和应急救援队伍建设情况；但依法需要保密的除外。

第三章 应急救援

第十七条 发生生产安全事故后，生产经营单位应当立即启动生产安全事故应急救援预案，采取下列一项或者多项应急救援措施，并按照国家有关规定报告事故情况：

（一）迅速控制危险源，组织抢救遇险人员；

（二）根据事故危害程度，组织现场人员撤离或者采取可能的应急措施后撤离；

（三）及时通知可能受到事故影响的单位和人员；

（四）采取必要措施，防止事故危害扩大和次生、衍生灾害发生；

（五）根据需要请求邻近的应急救援队伍参加救援，并向参加救援的应急救援队伍提供相关技术资料、信息和处置方法；

（六）维护事故现场秩序，保护事故现场和相关证据；

（七）法律、法规规定的其他应急救援措施。

第十八条 有关地方人民政府及其部门接到生产安

全事故报告后,应当按照国家有关规定上报事故情况,启动相应的生产安全事故应急救援预案,并按照应急救援预案的规定采取下列一项或者多项应急救援措施:

(一)组织抢救遇险人员,救治受伤人员,研判事故发展趋势以及可能造成的危害;

(二)通知可能受到事故影响的单位和人员,隔离事故现场,划定警戒区域,疏散受到威胁的人员,实施交通管制;

(三)采取必要措施,防止事故危害扩大和次生、衍生灾害发生,避免或者减少事故对环境造成的危害;

(四)依法发布调用和征用应急资源的决定;

(五)依法向应急救援队伍下达救援命令;

(六)维护事故现场秩序,组织安抚遇险人员和遇险遇难人员亲属;

(七)依法发布有关事故情况和应急救援工作的信息;

(八)法律、法规规定的其他应急救援措施。

有关地方人民政府不能有效控制生产安全事故的,应当及时向上级人民政府报告。上级人民政府应当及时采取措施,统一指挥应急救援。

第十九条 应急救援队伍接到有关人民政府及其部门的救援命令或者签有应急救援协议的生产经营单位的救援请求后,应当立即参加生产安全事故应急救援。

应急救援队伍根据救援命令参加生产安全事故应急救援所耗费用,由事故责任单位承担;事故责任单位无力承担的,由有关人民政府协调解决。

第二十条 发生生产安全事故后,有关人民政府认为有必要的,可以设立由本级人民政府及其有关部门负责人、应急救援专家、应急救援队伍负责人、事故发生单位负责人等人员组成的应急救援现场指挥部,并指定现场指挥部总指挥。

第二十一条 现场指挥部实行总指挥负责制,按照本级人民政府的授权组织制定并实施生产安全事故现场应急救援方案,协调、指挥有关单位和个人参加现场应急救援。

参加生产安全事故现场应急救援的单位和个人应当服从现场指挥部的统一指挥。

第二十二条 在生产安全事故应急救援过程中,发现可能直接危及应急救援人员生命安全的紧急情况时,现场指挥部或者统一指挥应急救援的人民政府应当立即采取相应措施消除隐患,降低或者化解风险,必要时可以暂时撤离应急救援人员。

第二十三条 生产安全事故发生地人民政府应当为应急救援人员提供必需的后勤保障,并组织通信、交通运输、医疗卫生、气象、水文、地质、电力、供水等单位协助应急救援。

第二十四条 现场指挥部或者统一指挥生产安全事故应急救援的人民政府及其有关部门应当完整、准确地记录应急救援的重要事项,妥善保存相关原始资料和证据。

第二十五条 生产安全事故的威胁和危害得到控制或者消除后,有关人民政府应当决定停止执行依照本条例和有关法律、法规采取的全部或者部分应急救援措施。

第二十六条 有关人民政府及其部门根据生产安全事故应急救援需要依法调用和征用的财产,在使用完毕或者应急救援结束后,应当及时归还。财产被调用、征用或者调用、征用后毁损、灭失的,有关人民政府及其部门应当按照国家有关规定给予补偿。

第二十七条 按照国家有关规定成立的生产安全事故调查组应当对应急救援工作进行评估,并在事故调查报告中作出评估结论。

第二十八条 县级以上地方人民政府应当按照国家有关规定,对在生产安全事故应急救援中伤亡的人员及时给予救治和抚恤;符合烈士评定条件的,按照国家有关规定评定为烈士。

第四章 法律责任

第二十九条 地方各级人民政府和街道办事处等地方人民政府派出机关以及县级以上人民政府有关部门违反本条例规定的,由其上级行政机关责令改正;情节严重的,对直接负责的主管人员和其他直接责任人员依法给予处分。

第三十条 生产经营单位未制定生产安全事故应急救援预案、未定期组织应急救援预案演练、未对从业人员进行应急教育和培训,生产经营单位的主要负责人在本单位发生生产安全事故时不立即组织抢救的,由县级以上人民政府负有安全生产监督管理职责的部门依照《中华人民共和国安全生产法》有关规定追究法律责任。

第三十一条 生产经营单位未对应急救援器材、设备和物资进行经常性维护、保养,导致发生严重生产安全事故或者生产安全事故危害扩大,或者在本单位发生生产安全事故后未立即采取相应的应急救援措施,造成严重后果的,由县级以上人民政府负有安全生产监督管理职责的部门依照《中华人民共和国突发事件应对法》有关规定追究法律责任。

第三十二条　生产经营单位未将生产安全事故应急救援预案报送备案、未建立应急值班制度或者配备应急值班人员的，由县级以上人民政府负有安全生产监督管理职责的部门责令限期改正；逾期未改正的，处3万元以上5万元以下的罚款，对直接负责的主管人员和其他直接责任人员处1万元以上2万元以下的罚款。

第三十三条　违反本条例规定，构成违反治安管理行为的，由公安机关依法给予处罚；构成犯罪的，依法追究刑事责任。

第五章　附　则

第三十四条　储存、使用易燃易爆物品、危险化学品等危险物品的科研机构、学校、医院等单位的安全事故应急工作，参照本条例有关规定执行。

第三十五条　本条例自2019年4月1日起施行。

应急管理标准化工作管理办法

- 2019年7月7日
- 应急〔2019〕68号

第一章　总　则

第一条　为加强应急管理标准化工作，促进应急管理科技进步，提升安全生产保障能力、防灾减灾救灾和应急救援能力，保护人民群众生命财产安全，依据《中华人民共和国标准化法》等有关法律法规，制定本办法。

第二条　应急管理部职责范围内国家标准和行业标准的制修订，以及应急管理标准贯彻实施与监督管理等工作适用本办法。

第三条　应急管理标准化工作的主要任务是贯彻落实国家有关标准化法律法规，建立健全应急管理标准化工作机制，制定并实施应急管理标准化工作规划，建立应急管理标准体系，制修订并组织实施应急管理标准，对应急管理标准制修订和实施进行监督管理。

第四条　应急管理标准化工作遵循"统一领导、归口管理、分工负责"的原则，坚持目标导向和问题导向，全面提高标准制修订效率、标准质量和标准实施效果，切实为应急管理工作的规范化、应急科技成果的转化以及安全生产保障能力、防灾减灾救灾和应急救援能力的持续提升提供技术支撑。

第五条　应急管理标准化工作纳入应急管理事业发展规划和计划，并充分保障标准化各项经费。应急管理标准制修订和贯彻实施纳入应急管理工作考核体系。

第六条　应急管理标准化工作以标准化基础研究为依托，将标准化基础研究纳入应急管理有关科研计划。有关重要研究成果应当及时转化为应急管理标准。

第七条　鼓励支持地方应急管理部门依法开展地方应急管理标准化工作，推动地方因地制宜制定适用于本行政区域的地方标准。地方标准的技术和管理要求应当严于国家标准和行业标准。

第八条　鼓励支持应急管理相关协会、学会等社会团体聚焦应急管理新技术、新产业、新业态和新模式，制定严于应急管理强制性标准的团体标准。

第九条　应急管理标准化工作应当注重军民融合，推动应急救援装备、应急物资储备、应急工程建设、应急管理信息平台建设等基础领域军民标准通用衔接和相互转化。

第十条　鼓励支持科研院所、行业协会、生产经营单位和个人依法参与应急管理标准化工作，为标准化工作提供智力支撑。

第十一条　应急管理部门应当积极参与国际标准化活动，开展应急管理标准化对外合作与交流，结合中国国情采用国际或者国外先进应急管理标准，推动中国先进应急管理标准转化为国际标准。

第十二条　应急管理标准化工作应当加强信息化建设，对标准制修订、标准贯彻实施和监督管理等相关工作进行信息化管理。

第二章　组织管理

第十三条　应急管理部设立标准化工作领导协调小组，统一领导、统筹协调、监督管理应急管理标准化工作。

第十四条　应急管理部政策法规司(以下简称政策法规司)归口管理应急管理标准化工作，履行下列归口管理职责：

（一）组织贯彻落实国家标准化法律法规和方针政策，拟订应急管理标准化相关规章制度；

（二）组织应急管理部标准体系建设、标准化发展规划编制和实施；

（三）组织应急管理国家标准制修订项目申报、标准报批和复审等工作，组织应急管理行业标准制修订项目立项、报批、编号、发布、备案、出版、复审等工作；

（四）指导、协调应急管理标准的宣贯、实施和监督；

（五）对应急管理部管理的专业标准化技术委员会(以下简称技术委员会)进行综合指导、协调和管理；

（六）综合指导地方应急管理标准化工作；

（七）组织开展应急管理标准化基础研究和国际交流；

（八）负责对应急管理标准化相关工作的监督与考核；

（九）负责应急管理标准化相关材料的备案；

（十）归口管理应急管理标准化其他相关工作。

第十五条 应急管理部负有标准化管理职责的有关业务司局和单位（以下统称有关业务主管单位）具体负责相关领域应急管理标准化工作，履行下列业务把关职责：

（一）负责组织相关领域应急管理标准体系建设、标准化发展规划编制和实施，参与应急管理部标准体系建设、标准化发展规划编制和实施；

（二）负责相关领域应急管理标准项目提出，组织标准起草、征求意见、技术审查等工作；

（三）负责组织相关领域应急管理标准的宣传贯彻、实施和监督；

（四）负责相关领域应急管理标准化基础研究和国际交流；

（五）负责对有关技术委员会下属分技术委员会（以下简称分技术委员会）进行业务指导、协调和管理；

（六）具体指导相关领域地方应急管理标准化工作；

（七）负责相关领域应急管理标准化相关工作的评估、监督与考核；

（八）负责相关领域标准化其他相关工作。

第十六条 技术委员会是专门从事应急管理标准化工作的技术组织，为标准化工作提供智力保障，对标准化工作进行技术把关，履行下列职责：

（一）贯彻落实国家标准化法律法规、方针政策和应急管理部关于标准化工作的决策部署，制定技术委员会章程和其他规章制度；

（二）研究提出职责范围内的标准体系建设和发展规划建议，以及关于应急管理标准化工作的其他意见建议；

（三）根据社会各方的需求，提出本专业领域制修订标准项目建议；

（四）按照本办法承担项目申报、标准起草、征求意见、技术审查、标准复审、标准外文版的组织翻译和审查等相关具体工作，并负责做好相关工作的专业审核；

（五）按照政策法规司和有关业务主管单位的要求，开展标准化宣传贯彻、基础研究和国际交流；

（六）开展本专业标准起草人员的培训工作；

（七）管理本技术委员会委员，并对下属分技术委员会进行业务指导、协调和管理；

（八）按照国家标准化管理委员会（以下简称国家标准委）的有关要求开展相关工作；

（九）定期向政策法规司汇报工作；

（十）承担应急管理标准化其他相关工作。

分技术委员会是技术委员会的下级机构，其工作职责参照技术委员会的工作职责执行。

技术委员会及其分技术委员会的委员构成应当严格按照国家标准委的有关规定，遵循"专业优先、专家把关"的原则，主要由应急管理相关领域技术专家组成。标准技术审查实行专家负责制。

技术委员会和分技术委员会设立秘书处，负责相关日常工作。承担秘书处工作的单位应当对秘书处的人员、经费、办公条件等给予充分保障，并将秘书处工作纳入本单位年度工作计划和相关考核，加强对秘书处日常工作的管理。应急管理部对秘书处工作经费给予相应支持。

第三章 标准的制定
第一节 一般规定

第十七条 应急管理标准分为安全生产标准、消防救援标准、减灾救灾与综合性应急管理标准三大类，应急管理标准制修订工作实行分类管理、突出重点、协同推进的原则。

第十八条 下列应急管理领域的技术规范或者管理要求，可以制定应急管理标准：

（一）安全生产领域通用技术语言和要求，有关工矿商贸生产经营单位的安全生产条件和安全生产规程，安全设备和劳动防护用品的产品要求和配备、使用、检测、维护等要求，安全生产专业应急救援队伍建设和管理规范，安全培训考核要求，安全中介服务规范，其他安全生产有关基础通用规范；

（二）消防领域通用基础要求，包括消防术语、符号、标记和分类，固定灭火系统和消防灭火药剂技术要求，消防车、泵及车载消防设备、消防器具与配件技术要求，消防船的消防性能要求，消防特种装备技术要求，消防员（不包括船上消防员）防护装备、抢险救援器材和逃生避难器材技术要求，火灾探测与报警设备、防火材料、建筑耐火构配件、建筑防烟排烟设备的产品要求和试验方法，消防管理的通用技术要求，消防维护保养检测、消防安全评估的技术服务管理和消防职业技能鉴定相关要求，灭火和应急救援队伍建设、装备配备、训练设施和作业规程相关要求，火灾调查技术要求，消防通信和消防物联网技术要求，电气防火技术要求，森林草原火灾救援相关技规范和管理要求，其他消防有关基础通用要求（建设工程消防设计审查验收除外）；

（三）减灾救灾与综合性应急管理通用基础要求，包括应急管理术语、符号、标记和分类，风险监测和管控、应急预案制定和演练、现场救援和应急指挥技术规范和要求，水旱灾害应急救援、地震和地质灾害应急救援相关技术规范和管理要求，应急救援装备和信息化相关技术规范，救灾物资品种和质量要求，相关应急救援事故灾害调查和综合性应急管理评估统计规范，应急救援教育培训要求，其他防灾减灾救灾与综合性应急管理有关基础通用要求（水上交通应急、卫生应急和核应急除外）；

（四）为贯彻落实应急管理有关法律法规和行政规章需要制定的其他技术规范或者管理要求。

第十九条 应急管理标准包括国家标准、行业标准、地方标准和团体标准、企业标准。

应急管理国家标准由应急管理部按照《中华人民共和国标准化法》和国家标准委的有关规定组织制定；行业标准由应急管理部自行组织制定，报国家标准委备案；地方标准由地方人民政府标准化行政主管部门按照《中华人民共和国标准化法》的有关规定制定，地方应急管理部门应当积极参与和推动地方标准制定；团体标准由有关应急管理社会团体按照《团体标准管理规定》（国标委联〔2019〕1号）制定并向应急管理部备案，应急管理部对团体标准的制定和实施进行指导和监督检查；企业标准由企业根据需要自行制定。

第二十条 应急管理标准以强制性标准为主体，以推荐性标准为补充。

对于依法需要强制实施的应急管理标准，应当制定强制性标准，并且应当具有充分的法律法规、规章或者政策依据；对于不宜强制实施或者具有鼓励性、政策引导性的标准，可以制定推荐性标准，并加强总量控制。

第二十一条 制定应急管理标准应当与我国经济社会发展水平相适应，与持续提升安全生产保障能力、防灾减灾救灾和应急救援能力相匹配，实事求是地提出管理要求、确定技术参数，使用通俗易懂的语言，增强标准的通俗性和实用性。

第二十二条 修订标准项目和采用国际标准或者国外先进标准的项目完成周期，从正式立项到完成报批不得超过18个月，其他标准项目从正式立项到完成报批不得超过24个月。

承担应急管理标准制修订相关环节工作的单位，应当提高工作效率，在确保质量前提下缩短制修订周期。

第二节 项目提出和立项

第二十三条 应急管理标准制修订项目（以下简称标准项目）由有关业务主管单位通过下列方式提出：

（一）根据应急管理标准化发展规划、应急管理标准体系建设和应急管理工作现实需要，直接向政策法规司提出；

（二）对有关分技术委员会提出的项目建议进行审核后，向政策法规司提出；

（三）向社会征集标准项目后，向政策法规司提出。

有关业务主管单位在提出强制性标准项目前，应当调研企业、社会团体、消费者和教育科研机构等方面的实际需求，组织相关单位开展项目预研究，并组织召开专家论证会，对项目的必要性和可行性进行论证评估。专家论证会应当形成会议纪要，明确给出同意或者不同意立项的建议，并经与会全体专家签字。

第二十四条 有关业务主管单位提出标准项目时应当提交下列材料的电子版和纸质版，纸质版材料应当各一式三份（签字盖章材料原件一份，复印件两份）：

（一）同意立项的书面意见（该书面意见应当明确本单位分管部领导同意立项，并加盖公章）；

（二）应急管理标准项目建议书（见附件1）；

（三）国家标准委规定的标准项目建议书；

（四）标准草案；

（五）预研报告和项目论证会议纪要。

前款第三项材料仅国家标准项目按国家标准委的有关要求提交，第五项材料仅强制性标准项目提交，第一项、第二项、第四项材料任何类别标准项目均需提交。

需要提交的纸质材料除第一项外，应当规范格式和字体，编排好目录和页码，按有关要求装订成册。

第二十五条 对有关业务主管单位提出的标准项目，政策法规司应当组织相应的技术委员会对立项材料的完整性、规范性，以及标准项目是否符合应急管理标准化发展规划和标准体系建设要求进行审核。

第二十六条 应急管理标准制修订计划采取"随时申报、定期下达"的方式，一般每半年集中下达一次行业标准计划或者向国家标准委集中申报一次国家标准计划。

对于符合立项条件的标准项目，报请分管标准化工作的部领导审定并经部主要领导同意后，按程序和权限下达立项计划。行业标准项目由应急管理部下达立项计划；国家标准项目由国家标准委审核并下达立项计划。

第三节 起草和征求意见

第二十七条 标准起草单位应当具有广泛的代表

性，由来自不同地域、不同所有制、不同规模的企事业等单位共同组成，原则上不少于5家，且应当确定1家单位为标准牵头起草单位。

标准立项计划下达之日起1个月内，标准牵头起草单位应当组织成立标准起草小组，制定标准起草方案，明确职责分工、时间节点、完成期限，确定第一起草人，并将起草方案报归口的分技术委员会秘书处备案。

第一起草人应当具备下列条件：

（一）具有严谨的科学态度和良好的职业道德；

（二）具有高级职称且从事本专业领域工作满三年，或者具有中级职称且从事本专业领域工作满五年；

（三）熟悉国家应急管理相关法律法规和方针政策；

（四）熟练掌握标准编写知识，具有较好的文字表达能力；

（五）同时以第一起草人身份承担的标准制修订项目未超过两个。

第二十八条 标准起草应当按照GB/T1《标准化工作导则》、GB/T20000《标准化工作指南》、GB/T20001《标准编写规则》等规范标准制修订工作的基础性国家标准的有关规定执行。

强制性标准应当在调查分析、实验、论证的基础上进行起草。技术内容需要进行实验验证的，应当委托具有资质的技术机构开展。强制性标准的技术要求应当全部强制，并且可验证、可操作。

标准起草小组应当按照标准立项计划确定的内容进行起草，如果确需对相关事项进行调整的，应当提交项目调整申请表（见附件2），并同时报请分管有关业务工作的部领导和分管标准化工作的部领导批准。属于国家标准的，还应当报送国家标准委批准。

第二十九条 标准起草小组应当在制修订标准项目和采用国际标准或者国外先进标准的项目立项计划下达之日起10个月内，或者在其他标准立项计划下达之日起12个月内，完成标准征求意见稿，由标准牵头起草单位将标准征求意见稿、标准编制说明、征求意见范围建议等相关材料报送归口的分技术委员会秘书处。采用国际标准或者国外先进标准的，应当报送该标准的外文原文和中文译本；标准内容涉及有关专利的，应当报送专利相关材料。

标准编制说明应当包括以下内容并根据工作进程及时补充完善：

（一）工作简况，包括任务来源、起草小组人员组成及所在单位、每个阶段草案的形成过程等；

（二）标准编制原则和确定标准主要技术内容的论据（包括试验、统计数据等），修订标准的应当提出标准技术内容变化的依据和理由；

（三）与国际、国外有关法律法规和标准水平的对比分析；

（四）与有关现行法律、法规和其他相关标准的关系；

（五）重大分歧意见的处理过程及依据；

（六）作为强制性标准或者推荐性标准的建议及理由；

（七）标准实施日期的建议及依据，包括实施标准所需要的技术改造、成本投入、相关产品退出市场时间、实施标准可能造成的社会影响等；

（八）实施标准的有关政策措施；

（九）废止现行有关标准的建议；

（十）涉及专利的有关说明；

（十一）标准所涉及的产品、过程和服务目录；

（十二）其他应予说明的事项。

对于强制性国家标准还应当提出是否需要对外通报的建议及理由。对于需要验证的强制性标准，验证报告应当作为编制说明的附件一并提供。

第三十条 归口的分技术委员会秘书处应当在1个月内，对标准牵头起草单位报送材料的完整性、规范性进行形式审查。不符合要求的，退回标准牵头起草单位补充完善；符合要求的，应当制定征求意见方案，将标准征求意见稿、标准编制说明及有关附件、征求意见表（见附件3）送达本分技术委员会全体委员和其他相关单位专家征求意见，并书面报告有关业务主管单位和本分技术委员会所属的技术委员会。

强制性标准项目应当向涉及的政府部门、行业协会、科研机构、高等院校、企业、检测认证机构、消费者组织等有关单位书面征求意见，并应当通过应急管理部政府网站向社会公开征求意见。书面征求意见的有关政府部门应当包括标准实施的监督管理部门。通过网站公开征求意见期限不少于60天。

对于涉及面广、关注度高的强制性标准，可以采取座谈会、论证会、听证会等多种形式听取意见。

第三十一条 对于不采用国际标准或者与有关国际标准技术内容不一致，且对世界贸易组织（WTO）其他成员的贸易有重大影响的强制性国家标准应当进行对外通报。

有关业务主管单位应当将中英文通报材料和强制性

国家标准征求意见稿送政策法规司。由政策法规司报请分管标准化工作的部领导审核后，依程序提请国家标准委按照相关要求对外通报，通报中收到的意见按照相关要求反馈有关业务主管单位。有关业务主管单位应当及时组织标准起草单位研究处理反馈意见。

第三十二条　归口的分技术委员会秘书处应当对收回的征求意见表进行统计，并将意见反馈给标准牵头起草单位。对于重大分歧意见，应当要求意见提出方提出相关依据。

标准牵头起草单位应当对归口的分技术委员会秘书处提供的反馈意见和对外通报中收到的反馈意见进行汇总分析和逐条处理，修改形成标准送审稿和征求意见汇总处理表（见附件4），并对标准编制说明进行相应修改后，一并报送归口的分技术委员会秘书处。对存在争议的技术问题，标准牵头起草单位应当进行专题调研或者测试验证。对于强制性国家标准内容有重大修改的，应当再次公开征求意见并对外通报。

第四节　技术审查

第三十三条　归口的分技术委员会秘书处应当在1个月内，对标准牵头起草单位报送的标准送审稿等相关材料的完整性、规范性进行形式审查，并报主任委员初审。不符合要求的，退回标准牵头起草单位补充完善；符合要求的，向有关业务主管单位提出组织技术审查的书面建议。

有关业务主管单位同意开展技术审查的，由归口的分技术委员会秘书处制定审查方案，组织开展标准技术审查。审查方案应当经有关业务主管单位同意，并抄报所属的技术委员会。

第三十四条　标准技术审查形式包括会议审查和函审。强制性标准应当采取会议审查形式，推荐性标准可以采取函审形式。

第三十五条　会议审查应当符合下列要求：

（一）审查组由归口的分技术委员会全体委员组成。对于审查的标准专业性要求较高的，可以由归口的分技术委员会部分委员和相关行业领域内具有权威性、代表性的外邀专家共同组成审查组，同时审查组总人数不应当少于15人，且归口的分技术委员会委员不应当少于审查总人数的1/2；

（二）标准起草小组成员不得作为审查组成员，标准起草小组成员同时是分技术委员会委员的除外；

（三）审查组组长原则上由归口的分技术委员会主任委员或者经其授权的副主任委员担任，也可以推举本专业领域享有较高声誉的其他委员担任，由其主持会议并签署意见；

（四）归口的分技术委员会秘书处应当提前1个月将标准送审稿、编制说明、征求意见汇总处理表等相关材料送达审查组成员；

（五）审查组应当对标准技术水平和审查结论进行投票表决。其中，审查组由归口的分技术委员会全体委员组成时，参加投票的委员不得少于委员总数的3/4，参加投票委员2/3以上赞成，且反对意见不超过1/4的（未出席审查会议，也未说明意见者，按弃权计票），标准方为技术审查通过；审查组由部分委员和外邀专家共同组成时，审查组成员总人数2/3以上赞成的（未出席审查会议，也未说明意见者，按弃权计票），标准仅为会议审查初审通过，会后应当继续提交本分技术委员会全体委员投票表决，参加投票的委员不得少于委员总数的3/4，参加投票委员2/3以上赞成，且反对意见不超过1/4的（未按要求投票表决者，按弃权计票），标准方为技术审查通过；表决结果应当形成决议，由秘书处存档；

（六）审查会议应当形成标准审查会议纪要，如实反映审查会议情况，包括会议时间地点、会议议程、审查意见、审查结论、投票情况、委员和专家名单等内容，并经与会委员和专家签字。

第三十六条　函审应当符合下列要求：

（一）归口的分技术委员会秘书处应当提前1个月将标准送审稿、编制说明、征求意见汇总处理表、函审表决单（见附件5）等相关材料送达本分技术委员会全体委员，被审查的标准专业性要求较高的，可以邀请相关行业领域内具有权威性、代表性的专家共同参与函审；

（二）函审时间一般为1个月，函审时间截止后，归口的分技术委员会秘书处应当对回收的函审表决单进行统计，委员回函率达到3/4，回函意见超过2/3以上赞成，且反对意见不超过1/4的，标准方为技术审查通过（未按规定时间回函投票者，按弃权计票）；

（三）归口的分技术委员会秘书处应当填写函审结论表（见附件6），并经秘书长签字。

第三十七条　标准技术审查的内容包括：

（一）标准内容是否符合相关法律法规和政策要求；

（二）标准内容是否技术上先进、经济上合理，且可操作性和实用性强；

（三）标准内容是否与现行标准协调一致；

（四）标准内容是否存在重大分歧意见，以及对重大分歧意见的处理是否适当；

（五）标准制修订是否符合程序性要求；
（六）标准编写是否符合相关规范要求；
（七）其他需要通过技术审查确定的内容。

第三十八条 归口的分技术委员会秘书处应当及时将会议审查意见或者函审意见反馈标准牵头起草单位。标准牵头起草单位应当对会议审查意见或者函审意见进行研究吸收，形成标准报批稿和审查意见汇总处理表（见附件7），并再次对标准编制说明进行相应修改后，连同标准报批审查表（见附件8）等相关材料，一并报送归口的分技术委员会秘书处。

第五节 报批和发布

第三十九条 归口的分技术委员会秘书处应当在1个月内，对标准牵头起草单位报送的标准报批稿等相关材料的完整性、规范性进行形式审查。不符合报批条件的，退回标准牵头起草单位补充完善；符合报批条件的，经秘书长初核，并报主任委员或者经其授权的副主任委员复核后，向有关业务主管单位提出标准报批的书面建议，并抄报本分技术委员会所属的技术委员会。

有关业务主管单位不同意报批的，退回分技术委员会秘书处补充完善；同意报批的，报请本单位分管部领导同意后，向政策法规司提出报批，并提交下列材料的电子版和纸质版，纸质版材料应当各一式三份（签字盖章材料原件一份，复印件两份）：

（一）同意报批的书面意见（该书面意见应当明确本单位分管部领导同意报批，并加盖公章）；
（二）标准报批审查表；
（三）标准申报单；
（四）标准报批稿；
（五）标准编制说明及有关附件；
（六）征求意见汇总处理表；
（七）标准审查会议纪要；
（八）函审表决单和函审结论表；
（九）审查意见汇总处理表；
（十）标准的外文原文和中文译本；
（十一）专利相关材料。

前款第三项材料仅国家标准项目按照国家标准委的有关要求提交，第七项材料仅实行会议审查的标准项目提交，第八项材料仅实行函审的标准项目提交，第十项材料仅采用国际标准或者国外先进标准的标准项目提交，第十一项材料仅内容涉及有关专利的标准项目提交，第一项、第二项、第四项、第五项、第六项、第九项材料任何类别标准项目均需提交。

需要提交的纸质材料除第一项外，应当规范格式和字体，编排好目录和页码，按有关要求装订成册。

第四十条 政策法规司应当组织相应的技术委员会对有关业务主管单位提出报批的标准项目进行审核。

经审核，对于符合报批条件的标准项目，报请分管标准化工作的部领导审定并经部主要领导同意后，按程序和权限发布。行业标准由应急管理部公告发布；国家标准提请国家标准委审核、发布。

强制性标准的发布日期和实施日期之间，应当预留出6个月到10个月作为标准实施过渡期。

第四十一条 行业标准应当在应急管理部公告发布后1个月内依法向国家标准委备案，国家标准委备案公告发布后及时在应急管理部政府网站免费公开标准全文。

国家标准由国家标准委公开。应急管理部加强协调，保障国家标准同步在应急管理部政府网站免费公开。

第六节 快速程序

第四十二条 为适应大国应急管理事业发展改革的需要，对应急管理工作急需标准的制修订可以采用快速程序，提高标准制修订效率。

采用快速程序的标准项目，项目提出单位应当在项目建议书中明确提出拟省略的阶段程序，由政策法规司审核后，按照标准制修订计划要求省略相关程序，其余程序仍应当符合本章的有关规定。

第四十三条 对于符合下列情形之一的标准项目，由有关业务主管单位向政策法规司提出，随时纳入应急管理部标准项目立项计划或者向国家标准委提出立项建议，并给予经费保障：

（一）自然灾害或者事故灾难防范应对中暴露出标准缺失或者存在重大缺陷，需要尽快制修订的标准项目；
（二）因法律法规和政策发生变化，需要尽快制修订的标准项目；
（三）采用修改单方式修改标准的。

第四十四条 符合下列情况的标准项目，可以省略制修订相关阶段：

（一）等同采用国际标准或者国外先进标准，或者将现行行业标准转化为国家标准，以及将现行地方标准、团体标准、企业标准转化为国家标准或者行业标准，且标准内容无实质性变化的，可以省略起草阶段；
（二）技术内容变化不大的标准修订项目，可以省略起草阶段和征求意见阶段。

第四十五条 强制性标准发布后，因个别技术内容影响标准使用，需要对原标准内容进行少量增减的，可以采用修改单方式修改标准，但每次修改内容一般不超过两项。

采用修改单方式修改标准的，应当按照本办法规定的相关程序进行标准修改单的起草、征求意见、技术审查和报批发布。

有关业务主管单位在报批标准修改单时应当提交下列材料的电子版和纸质版，纸质版材料应当各一式三份（签字盖章材料原件一份，复印件两份）：

（一）同意报批的书面意见（该书面意见应当明确本单位分管部领导同意报批，并加盖公章）；

（二）标准报批审查表；

（三）标准修改单报批稿；

（四）标准修改单编制说明及有关附件；

（五）征求意见汇总处理表；

（六）标准修改单审查会议纪要；

（七）审查意见汇总处理表。

属于国家标准的，还应当按照国家标准委的有关要求提交标准修改申报单、标准修改单征求意见汇总处理表、标准修改单审查投票汇总表等材料。

需要提交的纸质材料除第一项外，应当规范格式和字体，编排好目录和页码，按顺序装订成册。

第四章 标准的实施

第四十六条 实施应急管理标准按照"谁提出、谁实施"的原则，由提出标准项目建议的有关业务主管单位负责组织标准宣传贯彻实施的相关工作，其他相关单位予以配合。

使用应急管理标准的各类企事业单位、社会组织是标准实施的责任主体，各级应急管理部门及其他依法具有相关监管职责的部门是标准实施的监督主体。

应急管理强制性标准应当通过执法监督等手段强制实施，应急管理推荐性标准应当通过非强制手段引导、鼓励相关单位主动实施。

第四十七条 在应急管理强制性标准实施过渡期内，有关业务主管单位应当为标准实施做好组织动员和其他相关准备，对标准实施可能产生的效果进行预判，提前研究应对措施。

第四十八条 有关业务主管单位应当将职责范围内的应急管理标准的宣传贯彻工作纳入年度工作计划，标准发布后应当及时组织有关分技术委员会和地方应急管理部门开展标准宣传贯彻工作，并将标准宣传贯彻工作的有关情况通报政策法规司。有关分技术委员会应当将标准宣传贯彻工作的详细情况报告本分技术委员会所属的技术委员会。

强制性标准的宣传贯彻对象应当包括标准使用单位和各级应急管理执法人员。

第四十九条 各级应急管理部门应当将应急管理强制性标准纳入年度执法计划，对标准的实施进行监督检查。对于违反应急管理强制性标准的行为，应当依照有关法律法规和规章的规定予以处罚。

标准实施涉及多个部门职责的，应急管理部门应当联合有关部门开展联合执法。

第五十条 有关业务主管单位应当经常对职责范围内应急管理强制性标准实施情况进行跟踪评估，定期形成标准实施情况统计分析报告，并及时通报政策法规司。

标准实施情况统计分析报告应当包括对标准实施情况的总体评估、标准实施对综合防灾减灾救灾和应急救援能力的提升情况、实施取得的经济社会效益、实施中存在的问题及改进实施工作的建议等方面的内容。

第五十一条 政策法规司应当根据应急管理标准实施情况，会同有关业务主管单位，组织有关技术委员会及其分技术委员会对标准进行复审，提出标准继续有效、修订或者废止的意见。

标准复审周期一般不超过5年。

复审结论为修订的标准，按照相关程序进行修订。复审结论为废止的标准，属于国家标准的，向国家标准委提出废止建议；属于行业标准的，在应急管理部政府网站上公示30天，公示期间未收到异议的，由应急管理部发布公告予以废止。

第五十二条 标准实施过程中需要对标准的相关重要内容作出具体解释的，由有关业务主管单位负责组织有关（分）技术委员会和标准起草单位研究提出解释草案，经政策法规司审核并报请分管有关业务工作的部领导和分管标准化工作的部领导同意后按程序和权限发布。对行业标准的解释，由应急管理部公告发布；对国家标准的解释，提请国家标准委审核、发布。

标准的解释与标准具有同等效力。

对标准实施过程中具体应用问题的咨询，由有关业务主管单位负责研究答复。

第五十三条 在应急管理标准制定、实施过程中，应急管理部与国务院其他部门职责发生争议或者发生其他需要协调解决的重大问题，经国家标准委组织协商不能达成一致意见的，按程序提请国务院标准化协调推进部际联席会议研究解决。

第五章 奖励与惩罚

第五十四条 对在应急管理标准化工作中做出显著成绩的单位和个人,按照国家有关规定给予表彰和奖励,并在标准项目具体安排和工作经费上予以优先支持。

第五十五条 对于无正当理由未能按时完成标准制修订任务且未完成项目较多的单位,以及在国家标准委组织的业绩考核中不合格的技术委员会,在应急管理部内予以通报批评,并根据有关规定追究相关责任人员的责任。

对于工作中不负责任、疏于管理、工作出现严重失误的技术委员会或者其分技术委员会秘书处承担单位,按照有关程序取消其秘书处承担单位资格。

第六章 附 则

第五十六条 中国地震局、国家煤矿安全监察局分别负责地震标准化工作(地震救援标准化工作除外)和煤炭标准化工作,其开展标准化工作的重要制度性文件和制修订的标准应当向应急管理部备案,重大事项应当及时报告,并于每年12月底向应急管理部报告当年的标准化工作情况。国家煤矿安全监察局负责的煤矿安全生产标准由应急管理部统一管理。

应急管理有关工程项目建设标准、国家职业技能标准制修订等相关标准化工作,按照国务院有关部门的相关规定和本办法的有关规定执行,由有关业务主管单位负责,政策法规司归口管理。

第五十七条 标准项目没有对应分技术委员会的,由有关技术委员会按照政策法规司和有关业务主管单位的意见,承担标准项目立项、征求意见、技术审查等具体工作。

第五十八条 本办法涉及的各类表格和材料清单,均以应急管理部和国家标准委及时更新的文本要求为准。

第五十九条 应急管理标准制修订过程中形成的有关资料,应当按照档案管理的有关规定及时归档。

第六十条 应急管理标准制修订工作流程参照应急管理标准制修订工作流程框架图(见附件9)执行。

第六十一条 本办法由政策法规司负责解释。

第六十二条 本办法自发布之日起施行。

附件:1. 应急管理标准项目建议书(略)
  2. 应急管理标准项目调整申请表(略)
  3. 应急管理标准项目征求意见表(略)
  4. 应急管理标准项目征求意见汇总处理表(略)
  5. 应急管理标准项目函审表决单(略)
  6. 应急管理标准项目函审结论表(略)
  7. 应急管理标准项目审查意见汇总处理表(略)
  8. 应急管理标准项目报批审查表(略)
  9. 应急管理标准制修订工作流程框架图(略)

应急管理行政裁量权基准暂行规定

- 2023年10月7日应急管理部第25次部务会议审议通过
- 2023年11月1日中华人民共和国应急管理部令第12号公布
- 自2024年1月1日起施行

第一章 总 则

第一条 为了建立健全应急管理行政裁量权基准制度,规范行使行政裁量权,保障应急管理法律法规有效实施,保护公民、法人和其他组织的合法权益,根据《中华人民共和国行政处罚法》《中华人民共和国行政许可法》等法律法规和有关规定,制定本规定。

第二条 应急管理部门行政裁量权基准的制定、实施和管理,适用本规定。消防救援机构、矿山安全监察机构、地震工作机构行政裁量权基准的制定、实施和管理,按照本规定的相关规定执行。

本规定所称应急管理行政裁量权基准,是指结合工作实际,针对行政处罚、行政许可、行政征收征用、行政强制、行政检查、行政确认、行政给付和其他行政行为,按照裁量涉及的不同事实和情节,对法律、法规、规章规定中的原则性规定或者具有一定弹性的执法权限、裁量幅度等内容进行细化量化,以特定形式向社会公布并施行的具体执法尺度和标准。

第三条 应急管理行政裁量权基准应当符合法律、法规、规章有关行政执法事项、条件、程序、种类、幅度的规定,做好调整共同行政行为的一般法与调整某种具体社会关系或者某一方面内容的单行法之间的衔接,确保法制的统一性、系统性和完整性。

第四条 制定应急管理行政裁量权基准应当广泛听取公民、法人和其他组织的意见,依法保障行政相对人、利害关系人的知情权和参与权。

第五条 制定应急管理行政裁量权基准应当综合考虑行政职权的种类,以及行政执法行为的事实、性质、情节、法律要求和本地区经济社会发展状况等因素,确属必要、适当,并符合社会公序良俗和公众合理期待。应当平等对待公民、法人和其他组织,对类别、性质、情节相同或者相近事项的处理结果应当基本一致。

第六条　应急管理部门应当牢固树立执法为民理念,依法履行职责,简化流程、明确条件、优化服务,提高行政效能,最大程度为公民、法人和其他组织提供便利。

第二章　制定职责和权限

第七条　应急管理部门行政处罚裁量权基准由应急管理部制定,国家消防救援局、国家矿山安全监察局、中国地震局按照职责分别制定消防、矿山安全、地震领域行政处罚裁量权基准。

各省、自治区、直辖市和设区的市级应急管理部门,各省、自治区、直辖市消防救援机构,国家矿山安全监察局各省级局,各省、自治区、直辖市地震局可以依据法律、法规、规章以及上级行政机关制定的行政处罚裁量权基准,制定本行政区域(执法管辖区域)内的行政处罚裁量权基准。

县级应急管理部门可以在法定范围内,对上级应急管理部门制定的行政处罚裁量权基准适用的标准、条件、种类、幅度、方式、时限予以合理细化量化。

第八条　应急管理部门行政许可、行政征收征用、行政强制、行政检查、行政确认、行政给付以及其他行政行为的行政裁量权基准,由负责实施该行政行为的应急管理部门或者省(自治区、直辖市)应急管理部门按照法律、法规、规章和本级人民政府有关规定制定。

第九条　应急管理部门应当采用适当形式在有关政府网站或者行政服务大厅、本机关办事机构等场所向社会公开应急管理行政裁量权基准,接受公民、法人和其他组织监督。

第三章　范围内容和适用规则

第十条　应急管理行政处罚裁量权基准应当坚持过罚相当、宽严相济,避免畸轻畸重、显失公平。

应急管理行政处罚裁量权基准应当包括违法行为、法定依据、裁量阶次、适用条件和具体标准等内容。

第十一条　法律、法规、规章规定对同一种违法行为可以选择处罚种类的,应急管理行政处罚裁量权基准应当明确选择处罚种类的情形和适用条件。

法律、法规、规章规定可以选择处罚幅度的,应急管理行政处罚裁量权基准应当确定适用不同裁量阶次的具体情形。

第十二条　罚款数额的从轻、一般、从重档次情形应当明确具体,严格限定在法定幅度内。

罚款为一定金额倍数的,应当在最高倍数与最低倍数之间合理划分不少于三个阶次;最高倍数是最低倍数十倍以上的,应当合理划分不少于五个阶次;罚款数额有一定幅度的,应当在最高额与最低额之间合理划分不少于三个阶次。

第十三条　应急管理部门实施行政处罚,纠正违法行为,应当坚持处罚与教育相结合,发挥行政处罚教育引导公民、法人和其他组织自觉守法的作用。

应急管理部门实施行政处罚时,应当责令当事人改正或者限期改正违法行为。

当事人有违法所得,除依法应当退赔的外,应当予以没收。

法律、行政法规规定应当先予没收物品、没收违法所得,再作其他行政处罚的,不得直接选择适用其他行政处罚。

第十四条　不满十四周岁的未成年人有违法行为的,不予行政处罚,责令监护人加以管教;已满十四周岁不满十八周岁的未成年人有违法行为的,应当从轻或者减轻行政处罚。

第十五条　精神病人、智力残疾人在不能辨认或者不能控制自己行为时有违法行为的,不予行政处罚,但应当责令其监护人严加看管和治疗。间歇性精神病人在精神正常时有违法行为的,应当给予行政处罚。尚未完全丧失辨认或者控制自己行为能力的精神病人、智力残疾人有违法行为的,可以从轻或者减轻行政处罚。

第十六条　违法行为轻微并及时改正,没有造成危害后果的,不予行政处罚。初次违法且危害后果轻微并及时改正的,可以不予行政处罚。

除已经按照规定制定轻微违法不予处罚事项清单外,根据本条第一款规定对有关违法行为作出不予处罚决定的,应当经应急管理部门负责人集体讨论决定。

当事人有证据足以证明没有主观过错的,不予行政处罚。法律、行政法规另有规定的,从其规定。

对当事人的违法行为依法不予行政处罚的,应急管理部门应当对当事人进行教育。

第十七条　当事人有下列情形之一的,应当依法从轻或者减轻行政处罚:

(一)主动消除或者减轻违法行为或者事故危害后果的;

(二)受他人胁迫或者诱骗实施违法行为的;

(三)主动供述应急管理部门及其他行政机关尚未掌握的违法行为的;

(四)配合应急管理部门查处违法行为或者进行事故调查有立功表现的;

（五）法律、法规、规章规定其他应当从轻或者减轻行政处罚的。

第十八条　当事人存在从轻处罚情节的，应当在依法可以选择的处罚种类和处罚幅度内，适用较轻、较少的处罚种类或者较低的处罚幅度。

当事人存在减轻处罚情节的，应当适用法定行政处罚最低限度以下的处罚种类或者处罚幅度，包括应当并处时不并处、在法定最低罚款限值以下确定罚款数额等情形。

对当事人作出减轻处罚决定的，应当经应急管理部门负责人集体讨论决定。

第十九条　当事人有下列情形之一的，应当依法从重处罚：

（一）因同一违法行为受过刑事处罚，或者一年内因同一种违法行为受过行政处罚的；

（二）拒绝、阻碍或者以暴力方式威胁行政执法人员执行职务的；

（三）伪造、隐匿、毁灭证据的；

（四）对举报人、证人和行政执法人员打击报复的；

（五）法律、法规、规章规定其他应当从重处罚的。

发生自然灾害、事故灾难等突发事件，为了控制、减轻和消除突发事件引起的社会危害，对违反突发事件应对措施的行为，应当依法快速、从重处罚。

当事人存在从重处罚情节的，应当在依法可以选择的处罚种类和处罚幅度内，适用较重、较多的处罚种类或者较高的处罚幅度。

第二十条　对当事人的同一个违法行为，不得给予两次以上罚款的行政处罚。同一个违法行为违反多个法律规定应当给予罚款处罚的，按照罚款数额高的规定处罚。

对法律、法规、规章规定可以处以罚款的，当事人首次违法并按期整改违法行为、消除事故隐患的，可以不予罚款。

第二十一条　当事人违反不同的法律规定，或者违反同一条款的不同违法情形，有两个以上应当给予行政处罚的违法行为的，适用不同的法律规定或者同一法律条款规定的不同违法情形，按照有关规定分别裁量，合并处罚。

第二十二条　制定应急管理行政许可裁量权基准时，应当明确行政许可的具体条件、工作流程、办理期限等内容，不得增加许可条件、环节，不得增加证明材料，不得设置或者变相设置歧视性、地域限制等不公平条款，防止行业垄断、地方保护、市场分割。

应急管理行政许可由不同层级应急管理部门分别实施的，应当明确不同层级应急管理部门的具体权限、流程和办理时限。对于法定的行政许可程序，负责实施的应急管理部门应当优化简化内部工作流程，合理压缩行政许可办理时限。

第二十三条　法律、法规、规章没有对行政许可规定数量限制的，不得以数量控制为由不予审批。

应急管理行政许可裁量权基准涉及需要申请人委托中介服务机构提供资信证明、检验检测、评估等中介服务的，不得指定具体的中介服务机构。

第二十四条　法律、法规、国务院决定规定由应急管理部门实施某项行政许可，没有同时规定行政许可的具体条件的，原则上应当以规章形式制定行政许可实施规范。

第二十五条　制定应急管理行政征收征用裁量权基准时，应当明确行政征收征用的标准、程序、权限等内容，合理确定征收征用财产和物品的范围、数量、数额、期限、补偿标准等。

对行政征收项目的征收、停收、减收、缓收、免收情形，应当明确具体情形、审批权限和程序。

第二十六条　制定应急管理行政强制裁量权基准时，应当明确强制种类、条件、程序、期限等内容。

第二十七条　制定应急管理行政检查裁量权基准时，应当明确检查主体、依据、标准、范围、方式和频率等内容。

第二十八条　根据法律、法规、规章规定，存在裁量空间的其他行政执法行为，有关应急管理部门应当按照类别细化、量化行政裁量权基准和实施程序。

第二十九条　应急管理部门在作出有关行政执法决定前，应当告知行政相对人行政执法行为的依据、内容、事实、理由，有行政裁量权基准的，应当在行政执法决定书中对行政裁量权基准的适用情况予以明确。

第四章　制定程序和管理

第三十条　应急管理行政裁量权基准需要以规章形式制定的，应当按照《规章制定程序条例》规定，履行立项、起草、审查、决定、公布等程序。

应急管理部门需要以行政规范性文件形式制定行政裁量权基准的，应当按照国务院及有关人民政府关于行政规范性文件制定和监督管理工作有关规定，履行评估论证、公开征求意见、合法性审核、集体审议决定、公开发布等程序。

第三十一条 应急管理行政裁量权基准制定后，应当按照规章和行政规范性文件备案制度确定的程序和时限报送备案，接受备案审查机关监督。

第三十二条 应急管理部门应当建立行政裁量权基准动态调整机制，行政裁量权基准所依据的法律、法规、规章作出修改，或者客观情况发生重大变化的，应当及时按照程序修改并公布。

第三十三条 应急管理部门应当通过行政执法情况检查、行政执法案卷评查、依法行政考核、行政执法评议考核、行政复议附带审查、行政执法投诉举报处理等方式，加强对行政裁量权基准制度执行情况的监督检查。

第三十四条 推进应急管理行政执法裁量规范化、标准化、信息化建设，充分运用人工智能、大数据、云计算、区块链等技术手段，将行政裁量权基准内容嵌入行政执法信息系统，为行政执法人员提供精准指引，有效规范行政裁量权行使。

第五章 附 则

第三十五条 本规定自2024年1月1日起施行。原国家安全生产监督管理总局2010年7月15日公布的《安全生产行政处罚自由裁量适用规则（试行）》同时废止。

应急管理行政执法人员依法履职管理规定

· 2022年10月13日应急管理部令第9号公布
· 自2022年12月1日起施行

第一条 为了全面贯彻落实行政执法责任制和问责制，监督和保障应急管理行政执法人员依法履职尽责，激励新时代新担当新作为，根据《中华人民共和国公务员法》《中华人民共和国安全生产法》等法律法规和有关文件规定，制定本规定。

第二条 各级应急管理部门监督和保障应急管理行政执法人员依法履职尽责，适用本规定。法律、行政法规或者国务院另有规定的，从其规定。

本规定所称应急管理行政执法人员，是指应急管理部门履行行政检查、行政强制、行政处罚、行政许可等行政执法职责的人员。

应急管理系统矿山安全监察机构、地震工作机构、消防救援机构监督和保障有关行政执法人员依法履职尽责，按照本规定的相关规定执行。根据依法授权或者委托履行应急管理行政执法职责的乡镇政府、街道办事处以及开发区等组织，监督和保障有关行政执法人员依法履职尽责的，可以参照本规定执行。

第三条 监督和保障应急管理行政执法人员依法履职尽责，应当坚持中国共产党的领导，遵循职权法定、权责一致、过罚相当、约束与激励并重、惩戒与教育相结合的原则，做到尽职免责、失职问责。

第四条 应急管理部门应当按照本级人民政府的安排，梳理本部门行政执法依据，编制权责清单，将本部门依法承担的行政执法职责分解落实到所属执法机构和执法岗位。分解落实所属执法机构、执法岗位的执法职责，不得擅自增加或者减少本部门的行政执法权限。

应急管理部门应当制定安全生产年度监督检查计划，按照计划组织开展监督检查。同时，应急管理部门应当按照部署组织开展有关专项治理，依法组织查处违法行为和举报的事故隐患。应急管理部门应当统筹开展前述执法活动，确保对辖区内安全监管重点企业按照明确的时间周期固定开展"全覆盖"执法检查。

应急管理部门应当对照权责清单，对行政许可和其他直接影响行政相对人权利义务的重要权责事项，制定办事指南和运行流程图，并以适当形式向社会公众公开。

第五条 应急管理行政执法人员根据本部门的安排或者当事人的申请，在法定权限范围内依照法定程序履行行政检查、行政强制、行政处罚、行政许可等职责，做到严格规范公正文明执法，不得玩忽职守、超越职权、滥用职权、徇私舞弊。

第六条 应急管理行政执法人员因故意或者重大过失，未履行、不当履行或者违法履行有关行政执法职责，造成危害后果或者不良影响的，应当依法承担行政执法责任。

第七条 应急管理行政执法人员在履职过程中，有下列情形之一的，应当依法追究有关行政执法人员的行政执法责任：

（一）对符合行政处罚立案标准的案件不立案或者不及时立案的；

（二）对符合法定条件的行政许可申请不予受理的，或者未依照法定条件作出准予或者不予行政许可决定的；

（三）对监督检查中已经发现的违法行为和事故隐患，未依法予以处罚或者未依法采取处理措施的；

（四）涂改、隐匿、伪造、偷换、故意损毁有关记录或者证据，妨碍作证，或者指使、支持、授意他人做伪证，或者以欺骗、利诱等方式调取证据的；

（五）违法扩大查封、扣押范围，在查封、扣押法定期间不作出处理决定或者未依法及时解除查封、扣押，对查封、扣押场所、设施或者财物未尽到妥善保管义务，或者违法使用、损毁查封、扣押场所、设施或者财物的；

（六）违法实行检查措施或者强制措施，给公民人身或者财产造成损害，给法人或者其他组织造成损失的；

（七）选择性执法或者滥用自由裁量权，行政执法行为明显不当或者行政执法结果明显不公正的；

（八）擅自改变行政处罚种类、幅度，或者擅自改变行政强制对象、条件、方式的；

（九）行政执法过程中违反行政执法公示、执法全过程记录、重大执法决定法制审核制度的；

（十）违法增设行政相对人义务，或者粗暴、野蛮执法或者故意刁难行政相对人的；

（十一）截留、私分、变相私分罚款、没收的违法所得或者财物、查封或者扣押的财物以及拍卖和依法处理所得款项的；

（十二）对应当依法移送司法机关追究刑事责任的案件不移送，以行政处罚代替刑事处罚的；

（十三）无正当理由超期作出行政执法决定，不履行或者无正当理由拖延履行行政复议决定、人民法院生效裁判的；

（十四）接到事故报告信息不及时处置，或者弄虚作假、隐瞒真相、通风报信，干扰、阻碍事故调查处理的；

（十五）对属于本部门职权范围的投诉举报不依法处理的；

（十六）无法定依据、超越法定职权、违反法定程序行使行政执法职权的；

（十七）泄露国家秘密、工作秘密，或者泄露因履行职责掌握的商业秘密、个人隐私的；

（十八）法律、法规、规章规定的其他应当追究行政执法责任的情形。

第八条 应急管理行政执法人员在履职过程中，有下列情形之一的，应当从重追究其行政执法责任：

（一）干扰、妨碍、抗拒对其追究行政执法责任的；

（二）打击报复申诉人、控告人、检举人或者行政执法责任追究案件承办人员的；

（三）一年内出现2次以上应当追究行政执法责任情形的；

（四）违法或者不当执法行为造成重大经济损失或者严重社会影响的；

（五）法律、法规、规章规定的其他应当从重追究行政执法责任的情形。

第九条 应急管理行政执法人员在履职过程中，有下列情形之一的，可以从轻、减轻追究其行政执法责任：

（一）能够主动、及时报告过错行为并采取补救措施，有效避免损失，阻止危害后果发生或者挽回、消除不良影响的；

（二）在调查核实过程中，能够配合调查核实工作，如实说明本人行政执法过错情况的；

（三）检举同案人或者其他人应当追究行政执法责任的问题，或者有其他立功表现，经查证属实的；

（四）主动上交或者退赔违法所得的；

（五）法律、法规、规章规定的其他可以从轻、减轻追究行政执法责任的情形。

第十条 有下列情形之一的，不予追究有关行政执法人员的行政执法责任：

（一）因行政执法依据不明确或者对有关事实和依据的理解认识不一致，致使行政执法行为出现偏差的，但故意违法的除外；

（二）因行政相对人隐瞒有关情况或者提供虚假材料导致作出错误行政执法决定，且已按照规定认真履行审查职责的；

（三）依据检验、检测、鉴定、评价报告或者专家评审意见等作出行政执法决定，且已按照规定认真履行审查职责的；

（四）行政相对人未依法申请行政许可或者登记备案，在其违法行为造成不良影响前，应急管理部门未接到投诉举报或者由于客观原因未能发现的，但未按照规定履行监督检查职责的除外；

（五）按照批准、备案的安全生产年度监督检查计划以及有关专项执法工作方案等检查计划已经认真履行监督检查职责，或者虽尚未进行监督检查，但未超过法定或者规定时限，行政相对人违法的；

（六）因出现新的证据致使原认定事实、案件性质发生变化，或者因标准缺失、科学技术、监管手段等客观条件的限制未能发现存在问题、无法定性的，但行政执法人员故意隐瞒或者因重大过失遗漏证据的除外；

（七）对发现的违法行为或者事故隐患已经依法立案查处、责令改正、采取行政强制措施等必要的处置措施，或者已依法作出行政处罚决定，行政相对人拒不改正、违法启用查封扣押的设备设施或者仍违法生产经营的；

（八）对拒不执行行政处罚决定的行政相对人，已经

依法申请人民法院强制执行的;

(九)因不可抗力或者其他难以克服的因素,导致未能依法履行职责的;

(十)不当执法行为情节显著轻微并及时纠正,未造成危害后果或者不良影响的;

(十一)法律、法规、规章规定的其他不予追究行政执法责任的情形。

第十一条 在推进应急管理行政执法改革创新中因缺乏经验、先行先试出现的失误,尚无明确限制的探索性试验中的失误,为推动发展的无意过失,免予或者不予追究行政执法责任。但是,应当及时依法予以纠正。

第十二条 应急管理部门对发现的行政执法过错行为线索,依照《行政机关公务员处分条例》等规定的程序予以调查和处理。

第十三条 追究应急管理行政执法人员行政执法责任,应当充分听取当事执法人员的意见,全面收集相关证据材料,以法律、法规、规章等规定为依据,综合考虑行政执法过错行为的性质、情节、危害程度以及执法人员的主观过错等因素,做到事实清楚、证据确凿、定性准确、处理恰当、程序合法、手续完备。

行政执法过错行为情节轻微、危害较小,且具有法定从轻或者减轻情形的,根据不同情况,可以予以谈话提醒、批评教育、责令检查、诫勉、取消当年评优评先资格、调离执法岗位等处理,免予或者不予处分。

第十四条 应急管理部门发现有关行政执法人员涉嫌违反党纪或者涉嫌职务违法、职务犯罪的,应当依照有关规定及时移送纪检监察机关处理。

纪检监察机关和其他有权单位介入调查的,应急管理部门可以按照要求对有关行政执法人员是否依法履职、是否存在行政执法过错行为等问题,组织相关专业人员进行论证并出具书面论证意见,作为有权机关、单位认定责任的参考。

对同一行政执法过错行为,纪检监察机关已经给予党纪、政务处分的,应急管理部门不再重复处理。

第十五条 应急管理行政执法人员依法履行职责受法律保护。有权拒绝任何单位和个人违反法定职责、法定程序或者有碍执法公正的要求。

对地方各级党委、政府以及有关部门、单位领导干部及相关人员非法干预应急管理行政执法活动的,应急管理行政执法人员应当全面、如实记录,其所在应急管理部门应当及时向有关机关通报反映情况。

第十六条 应急管理行政执法人员因依法履行职责遭受不实举报、诬告陷害以及侮辱诽谤,致使名誉受到损害的,其所在的应急管理部门应当以适当方式及时澄清事实,消除不良影响,维护应急管理行政执法人员声誉,并依法追究相关单位或者个人的责任。

应急管理行政执法人员因依法履行职责,本人或者其近亲属遭受恐吓威胁、滋事骚扰、攻击辱骂或者人身、财产受到侵害的,其所在的应急管理部门应当及时告知当地公安机关并协助依法处置。

第十七条 各级应急管理部门应当为应急管理行政执法人员依法履行职责提供必要的办公用房、执法装备、后勤保障等条件,并采取措施保障其人身健康和生命安全。

第十八条 各级应急管理部门应当加强对应急管理行政执法人员的专业培训,建立标准化制度化培训机制,提升应急管理行政执法人员依法履职能力。

应急管理部门应当适应综合行政执法体制改革需要,组织开展应急管理领域综合行政执法人才能力提升行动,培养应急管理行政执法骨干人才。

第十九条 应急管理部门应当建立健全评议考核制度,遵循公开、公平、公正原则,将应急管理行政执法人员依法履职尽责情况纳入行政执法评议考核范围,有关考核标准、过程和结果以适当方式在一定范围内公开。强化考核结果分析运用,并将其作为干部选拔任用、评优评先的重要依据。

第二十条 对坚持原则、敢抓敢管、勇于探索、担当作为,在防范化解重大安全风险、应急抢险救援等方面或者在行政执法改革创新中作出突出贡献的应急管理行政执法人员,应当按照规定给予表彰奖励。

第二十一条 本规定自2022年12月1日起施行。原国家安全生产监督管理总局2009年7月25日公布、2013年8月29日第一次修正、2015年4月2日第二次修正的《安全生产监管监察职责和行政执法责任追究的规定》同时废止。

生产安全事故应急预案管理办法

- 2016年6月3日国家安全生产监督管理总局令第88号公布
- 根据2019年7月11日应急管理部《关于修改〈生产安全事故应急预案管理办法〉的决定》修订

第一章 总 则

第一条 为规范生产安全事故应急预案管理工作,迅速有效处置生产安全事故,依据《中华人民共和国突发事件应对法》《中华人民共和国安全生产法》《生产安全事故应急条例》等法律、行政法规和《突发事件应急预案管理办法》（国办发〔2013〕101号），制定本办法。

第二条 生产安全事故应急预案（以下简称应急预案）的编制、评审、公布、备案、实施及监督管理工作，适用本办法。

第三条 应急预案的管理实行属地为主、分级负责、分类指导、综合协调、动态管理的原则。

第四条 应急管理部负责全国应急预案的综合协调管理工作。国务院其他负有安全生产监督管理职责的部门在各自职责范围内，负责相关行业、领域应急预案的管理工作。

县级以上地方各级人民政府应急管理部门负责本行政区域内应急预案的综合协调管理工作。县级以上地方各级人民政府其他负有安全生产监督管理职责的部门按照各自的职责负责有关行业、领域应急预案的管理工作。

第五条 生产经营单位主要负责人负责组织编制和实施本单位的应急预案，并对应急预案的真实性和实用性负责；各分管负责人应当按照职责分工落实应急预案规定的职责。

第六条 生产经营单位应急预案分为综合应急预案、专项应急预案和现场处置方案。

综合应急预案，是指生产经营单位为应对各种生产安全事故而制定的综合性工作方案，是本单位应对生产安全事故的总体工作程序、措施和应急预案体系的总纲。

专项应急预案，是指生产经营单位为应对某一种或者多种类型生产安全事故，或者针对重要生产设施、重大危险源、重大活动防止生产安全事故而制定的专项性工作方案。

现场处置方案，是指生产经营单位根据不同生产安全事故类型，针对具体场所、装置或者设施所制定的应急处置措施。

第二章　应急预案的编制

第七条 应急预案的编制应当遵循以人为本、依法依规、符合实际、注重实效的原则，以应急处置为核心，明确应急职责、规范应急程序、细化保障措施。

第八条 应急预案的编制应当符合下列基本要求：

（一）有关法律、法规、规章和标准的规定；

（二）本地区、本部门、本单位的安全生产实际情况；

（三）本地区、本部门、本单位的危险性分析情况；

（四）应急组织和人员的职责分工明确，并有具体的落实措施；

（五）有明确、具体的应急程序和处置措施，并与其应急能力相适应；

（六）有明确的应急保障措施，满足本地区、本部门、本单位的应急工作需要；

（七）应急预案基本要素齐全、完整，应急预案附件提供的信息准确；

（八）应急预案内容与相关应急预案相互衔接。

第九条 编制应急预案应当成立编制工作小组，由本单位有关负责人任组长，吸收与应急预案有关的职能部门和单位的人员，以及有现场处置经验的人员参加。

第十条 编制应急预案前，编制单位应当进行事故风险辨识、评估和应急资源调查。

事故风险辨识、评估，是指针对不同事故种类及特点，识别存在的危险危害因素，分析事故可能产生的直接后果以及次生、衍生后果，评估各种后果的危害程度和影响范围，提出防范和控制事故风险措施的过程。

应急资源调查，是指全面调查本地区、本单位第一时间可以调用的应急资源状况和合作区域内可以请求援助的应急资源状况，并结合事故风险辨识评估结论制定应急措施的过程。

第十一条 地方各级人民政府应急管理部门和其他负有安全生产监督管理职责的部门应当根据法律、法规、规章和同级人民政府以及上一级人民政府应急管理部门和其他负有安全生产监督管理职责的部门的应急预案，结合工作实际，组织编制相应的部门应急预案。

部门应急预案应当根据本地区、本部门的实际情况，明确信息报告、响应分级、指挥权移交、警戒疏散等内容。

第十二条 生产经营单位应当根据有关法律、法规、规章和相关标准，结合本单位组织管理体系、生产规模和可能发生的事故特点，与相关预案保持衔接，确立本单位的应急预案体系，编制相应的应急预案，并体现自救互救和先期处置等特点。

第十三条 生产经营单位风险种类多、可能发生多种类型事故的，应当组织编制综合应急预案。

综合应急预案应当规定应急组织机构及其职责、应急预案体系、事故风险描述、预警及信息报告、应急响应、保障措施、应急预案管理等内容。

第十四条 对于某一种或者多种类型的事故风险，生产经营单位可以编制相应的专项应急预案，或将专项应急预案并入综合应急预案。

专项应急预案应当规定应急指挥机构与职责、处置程序和措施等内容。

第十五条 对于危险性较大的场所、装置或者设施，生产经营单位应当编制现场处置方案。

现场处置方案应当规定应急工作职责、应急处置措施和注意事项等内容。

事故风险单一、危险性小的生产经营单位，可以只编制现场处置方案。

第十六条 生产经营单位应急预案应当包括向上级应急管理机构报告的内容、应急组织机构和人员的联系方式、应急物资储备清单等附件信息。附件信息发生变化时，应当及时更新，确保准确有效。

第十七条 生产经营单位组织应急预案编制过程中，应当根据法律、法规、规章的规定或者实际需要，征求相关应急救援队伍、公民、法人或者其他组织的意见。

第十八条 生产经营单位编制的各类应急预案之间应当相互衔接，并与相关人民政府及其部门、应急救援队伍和涉及的其他单位的应急预案相衔接。

第十九条 生产经营单位应当在编制应急预案的基础上，针对工作场所、岗位的特点，编制简明、实用、有效的应急处置卡。

应急处置卡应当规定重点岗位、人员的应急处置程序和措施，以及相关联络人员和联系方式，便于从业人员携带。

第三章 应急预案的评审、公布和备案

第二十条 地方各级人民政府应急管理部门应当组织有关专家对本部门编制的部门应急预案进行审定；必要时，可以召开听证会，听取社会有关方面的意见。

第二十一条 矿山、金属冶炼企业和易燃易爆物品、危险化学品的生产、经营（带储存设施的，下同）、储存、运输企业，以及使用危险化学品达到国家规定数量的化工企业、烟花爆竹生产、批发经营企业和中型规模以上的其他生产经营单位，应当对本单位编制的应急预案进行评审，并形成书面评审纪要。

前款规定以外的其他生产经营单位可以根据自身需要，对本单位编制的应急预案进行论证。

第二十二条 参加应急预案评审的人员应当包括有关安全生产及应急管理方面的专家。

评审人员与所评审应急预案的生产经营单位有利害关系的，应当回避。

第二十三条 应急预案的评审或者论证应当注重基本要素的完整性、组织体系的合理性、应急处置程序和措施的针对性、应急保障措施的可行性、应急预案的衔接性等内容。

第二十四条 生产经营单位的应急预案经评审或者论证后，由本单位主要负责人签署，向本单位从业人员公布，并及时发放到本单位有关部门、岗位和相关应急救援队伍。

事故风险可能影响周边其他单位、人员的，生产经营单位应当将有关事故风险的性质、影响范围和应急防范措施告知周边的其他单位和人员。

第二十五条 地方各级人民政府应急管理部门的应急预案，应当报同级人民政府备案，同时抄送上一级人民政府应急管理部门，并依法向社会公布。

地方各级人民政府其他负有安全生产监督管理职责的部门的应急预案，应当抄送同级人民政府应急管理部门。

第二十六条 易燃易爆物品、危险化学品等危险物品的生产、经营、储存、运输单位，矿山、金属冶炼、城市轨道交通运营、建筑施工单位，以及宾馆、商场、娱乐场所、旅游景区等人员密集场所经营单位，应当在应急预案公布之日起20个工作日内，按照分级属地原则，向县级以上人民政府应急管理部门和其他负有安全生产监督管理职责的部门进行备案，并依法向社会公布。

前款所列单位属于中央企业的，其总部（上市公司）的应急预案，报国务院主管的负有安全生产监督管理职责的部门备案，并抄送应急管理部；其所属单位的应急预案报所在地的省、自治区、直辖市或者设区的市级人民政府主管的负有安全生产监督管理职责的部门备案，并抄送同级人民政府应急管理部门。

本条第一款所列单位不属于中央企业的，其中非煤矿山、金属冶炼和危险化学品生产、经营、储存、运输企业，以及使用危险化学品达到国家规定数量的化工企业、烟花爆竹生产、批发经营企业的应急预案，按照隶属关系报所在地县级以上地方人民政府应急管理部门备案；本款前述单位以外的其他生产经营单位应急预案的备案，由省、自治区、直辖市人民政府负有安全生产监督管理职责的部门确定。

油气输送管道运营单位的应急预案，除按照本条第一款、第二款的规定备案外，还应当抄送所经行政区域的县级人民政府应急管理部门。

海洋石油开采企业的应急预案，除按照本条第一款、第二款的规定备案外，还应当抄送所经行政区域的县级人民政府应急管理部门和海洋石油安全监管机构。

煤矿企业的应急预案除按照本条第一款、第二款的规定备案外，还应当抄送所在地的煤矿安全监察机构。

第二十七条　生产经营单位申报应急预案备案,应当提交下列材料:

(一)应急预案备案申报表;

(二)本办法第二十一条所列单位,应当提供应急预案评审意见;

(三)应急预案电子文档;

(四)风险评估结果和应急资源调查清单。

第二十八条　受理备案登记的负有安全生产监督管理职责的部门应当在5个工作日内对应急预案材料进行核对,材料齐全的,应当予以备案并出具应急预案备案登记表;材料不齐全的,不予备案并一次性告知需要补齐的材料。逾期不予备案又不说明理由的,视为已经备案。

对于实行安全生产许可的生产经营单位,已经进行应急预案备案的,在申请安全生产许可证时,可以不提供相应的应急预案,仅提供应急预案备案登记表。

第二十九条　各级人民政府负有安全生产监督管理职责的部门应当建立应急预案备案登记建档制度,指导、督促生产经营单位做好应急预案的备案登记工作。

第四章　应急预案的实施

第三十条　各级人民政府应急管理部门、各类生产经营单位应当采取多种形式开展应急预案的宣传教育,普及生产安全事故避险、自救和互救知识,提高从业人员和社会公众的安全意识与应急处置技能。

第三十一条　各级人民政府应急管理部门应当将本部门应急预案的培训纳入安全生产培训工作计划,并组织实施本行政区域内重点生产经营单位的应急预案培训工作。

生产经营单位应当组织开展本单位的应急预案、应急知识、自救互救和避险逃生技能的培训活动,使有关人员了解应急预案内容,熟悉应急职责、应急处置程序和措施。

应急培训的时间、地点、内容、师资、参加人员和考核结果等情况应当如实记入本单位的安全生产教育和培训档案。

第三十二条　各级人民政府应急管理部门应当至少每两年组织一次应急预案演练,提高本部门、本地区生产安全事故应急处置能力。

第三十三条　生产经营单位应当制定本单位的应急预案演练计划,根据本单位的事故风险特点,每年至少组织一次综合应急预案演练或者专项应急预案演练,每半年至少组织一次现场处置方案演练。

易燃易爆物品、危险化学品等危险物品的生产、经营、储存、运输单位,矿山、金属冶炼、城市轨道交通运营、建筑施工单位,以及宾馆、商场、娱乐场所、旅游景区等人员密集场所经营单位,应当至少每半年组织一次生产安全事故应急预案演练,并将演练情况报送所在地县级以上地方人民政府负有安全生产监督管理职责的部门。

县级以上地方人民政府负有安全生产监督管理职责的部门应当对本行政区域内前款规定的重点生产经营单位的生产安全事故应急救援预案演练进行抽查;发现演练不符合要求的,应当责令限期改正。

第三十四条　应急预案演练结束后,应急预案演练组织单位应当对应急预案演练效果进行评估,撰写应急预案演练评估报告,分析存在的问题,并对应急预案提出修订意见。

第三十五条　应急预案编制单位应当建立应急预案定期评估制度,对预案内容的针对性和实用性进行分析,并对应急预案是否需要修订作出结论。

矿山、金属冶炼、建筑施工企业和易燃易爆物品、危险化学品等危险物品的生产、经营、储存、运输企业、使用危险化学品达到国家规定数量的化工企业、烟花爆竹生产、批发经营企业和中型规模以上的其他生产经营单位,应当每三年进行一次应急预案评估。

应急预案评估可以邀请相关专业机构或者有关专家、有实际应急救援工作经验的人员参加,必要时可以委托安全生产技术服务机构实施。

第三十六条　有下列情形之一的,应急预案应当及时修订并归档:

(一)依据的法律、法规、规章、标准及上位预案中的有关规定发生重大变化的;

(二)应急指挥机构及其职责发生调整的;

(三)安全生产面临的风险发生重大变化的;

(四)重要应急资源发生重大变化的;

(五)在应急演练和事故应急救援中发现需要修订预案的重大问题的;

(六)编制单位认为应当修订的其他情况。

第三十七条　应急预案修订涉及组织指挥体系与职责、应急处置程序、主要处置措施、应急响应分级等内容变更的,修订工作应当参照本办法规定的应急预案编制程序进行,并按照有关应急预案报备程序重新备案。

第三十八条　生产经营单位应当按照应急预案的规定,落实应急指挥体系、应急救援队伍、应急物资及装备,建立应急物资、装备配备及其使用档案,并对应急物资、装备进行定期检测和维护,使其处于适用状态。

第三十九条　生产经营单位发生事故时,应当第一时间启动应急响应,组织有关力量进行救援,并按照规定将事故信息及应急响应启动情况报告事故发生地县级以上人民政府应急管理部门和其他负有安全生产监督管理职责的部门。

第四十条　生产安全事故应急处置和应急救援结束后,事故发生单位应当对应急预案实施情况进行总结评估。

第五章　监督管理

第四十一条　各级人民政府应急管理部门和煤矿安全监察机构应当将生产经营单位应急预案工作纳入年度监督检查计划,明确检查的重点内容和标准,并严格按照计划开展执法检查。

第四十二条　地方各级人民政府应急管理部门应当每年对应急预案的监督管理工作情况进行总结,并报上一级人民政府应急管理部门。

第四十三条　对于在应急预案管理工作中做出显著成绩的单位和人员,各级人民政府应急管理部门、生产经营单位可以给予表彰和奖励。

第六章　法律责任

第四十四条　生产经营单位有下列情形之一的,由县级以上人民政府应急管理等部门依照《中华人民共和国安全生产法》第九十四条的规定,责令限期改正,可以处5万元以下罚款;逾期未改正的,责令停产停业整顿,并处5万元以上10万元以下的罚款,对直接负责的主管人员和其他直接责任人员处1万元以上2万元以下的罚款:

（一）未按照规定编制应急预案的;
（二）未按照规定定期组织应急预案演练的。

第四十五条　生产经营单位有下列情形之一的,由县级以上人民政府应急管理部门责令限期改正,可以处1万元以上3万元以下的罚款:

（一）在应急预案编制前未按照规定开展风险辨识、评估和应急资源调查的;
（二）未按照规定开展应急预案评审的;
（三）事故风险可能影响周边单位、人员的,未将事故风险的性质、影响范围和应急防范措施告知周边单位和人员的;
（四）未按照规定开展应急预案评估的;
（五）未按照规定进行应急预案修订的;
（六）未落实应急预案规定的应急物资及装备的。

生产经营单位未按照规定进行应急预案备案的,由县级以上人民政府应急管理等部门依照职责责令限期改正;逾期未改正的,处3万元以上5万元以下的罚款,对直接负责的主管人员和其他直接责任人员处1万元以上2万元以下的罚款。

第七章　附　则

第四十六条　《生产经营单位生产安全事故应急预案备案申报表》和《生产经营单位生产安全事故应急预案备案登记表》由应急管理部统一制定。

第四十七条　各省、自治区、直辖市应急管理部门可以依据本办法的规定,结合本地区实际制定实施细则。

第四十八条　对储存、使用易燃易爆物品、危险化学品等危险物品的科研机构、学校、医院等单位的安全事故应急预案的管理,参照本办法的有关规定执行。

第四十九条　本办法自2016年7月1日起施行。

应急管理系统奖励暂行规定

· 2020年11月10日
· 应急〔2020〕88号

第一章　总　则

第一条　为加强和规范应急管理系统奖励工作,健全应急管理奖励制度,激励应急管理系统广大干部职工和消防救援指战员做到对党忠诚、纪律严明、赴汤蹈火、竭诚为民,履行防范化解重大安全风险、及时应对处置各类灾害事故的重要职责,担负起保护人民群众生命财产安全和维护社会稳定的重要使命,根据国家有关法律法规,制定本规定。

第二条　本规定适用于对全国各级应急管理部门、地震机构、矿山安全监察机构（以下统称应急管理部门、机构）及其所属单位,国家综合性消防救援队伍、安全生产等专业应急救援队伍,以及参加应急抢险救援救灾任务的社会应急救援力量的集体和个人的奖励。

第三条　奖励工作坚持以习近平新时代中国特色社会主义思想为指导,深入贯彻落实习近平总书记关于应急管理重要论述和党中央决策部署,服务应急管理大局,发挥先进典型示范引领作用,全面建设让党和人民信得过靠得住能放心的应急管理队伍。奖励工作坚持以下原则:

（一）把政治标准放在首位,突出功绩导向;
（二）发扬民主,注重群众公认;
（三）公开、公平、公正,严格标准程序;

（四）精神奖励与物质奖励相结合、以精神奖励为主；

（五）定期奖励和及时奖励相结合、注重及时施奖。

第四条 奖励工作实行统一领导，分级管理，分工负责。应急管理系统政治工作部门归口管理奖励工作，其他相关部门配合做好奖励工作。

第二章 奖励的等级、条件和标准

第五条 奖励分为集体奖励和个人奖励。奖励由低至高依次分为：嘉奖、记三等功、记二等功、记一等功、授予称号。

授予个人称号分为"全国应急管理系统一级英雄模范"、"全国应急管理系统二级英雄模范"；授予集体称号的名称，根据被授予集体的事迹特点确定。

第六条 以习近平新时代中国特色社会主义思想为指导，贯彻落实习近平总书记关于应急管理重要论述和党中央决策部署，忠实践行习近平总书记重要训词精神，增强"四个意识"、坚定"四个自信"、做到"两个维护"，坚持人民至上、生命至上，对党忠诚、纪律严明、赴汤蹈火、竭诚为民，切实把确保人民生命安全放在第一位落到实处，并具备下列条件之一的，应当给予奖励：

（一）锐意改革创新，勇于探索实践，具有强烈的事业心和责任感，恪尽职守，勤勉尽责，业务精湛，甘于奉献，在加强应急管理基础建设，科学制定和实施应急预案、自然灾害监测预警、风险评估，有效防范生产安全重特大事故，抵御自然灾害等方面取得显著成绩。

（二）勇于攻坚克难，面对突发事件挺身而出，妥善应对处置生产安全事故、自然灾害，科学组织施救，执行应急抢险救援救灾、灭火扑救、重大活动安全保障保卫等任务，闻令而动、不畏艰险、冲锋在前、敢打硬仗、千方百计完成任务，取得突出成绩。

（三）加强安全生产和消防安全监督管理，依法行政，秉公执法，严格落实监管监察职责，坚持原则，较真碰硬，扎根基层，任劳任怨，所负责监管监察区域行业领域取得显著成绩。

（四）有力组织防灾减灾救灾，竭诚服务人民群众，有效组织指导灾情统计核查、损失评估、物资保障、受灾群众安置和灾后重建，工作成效显著。

（五）把党的政治建设放在首位，坚持民主集中制，领导班子团结有力，坚决反对形式主义、官僚主义，纪律严明，党的建设和队伍建设成效显著；克己奉公、清正廉洁，无私奉献，模范遵守宪法法律、职业道德和社会公德，受到广泛赞誉。

（六）其他方面成绩突出的。

第七条 对符合奖励条件的集体和个人，根据其事迹及作用、影响，按以下标准确定奖励等级：

（一）对成绩突出的，给予嘉奖；

（二）对成绩突出，有较大贡献的，记三等功；

（三）对成绩显著，有重要贡献的，记二等功；

（四）对成绩显著，有重大贡献和影响的，记一等功；

（五）对成绩卓著，有特殊贡献和重大影响，堪称典范的，授予称号。

第八条 对因同一事由获得上级部门、单位奖励的，下级部门、单位不再重复奖励。对符合奖励条件的已故人员，可以追授奖励。

第九条 集体或者个人因涉嫌违纪违法等问题正在接受组织调查的，应当暂停实施奖励。

集体发生严重违纪违法或者重大失职、失误问题的，原则上一年内不予奖励；情节特别严重、影响特别恶劣的，原则上两年内不予奖励。个人受到诫勉、组织处理或者党纪政务处分等影响期未满的，原则上不予奖励。

第三章 奖励的权限

第十条 应急管理部的批准权限：

（一）集体和个人授予称号，其中"全国应急管理系统一级英雄模范"称号，由人力资源社会保障部会同应急管理部审批；

（二）应急管理部内设机构的集体和个人记一等功、记二等功、记三等功、嘉奖；地震机构、矿山安全监察机构的集体和个人记一等功；

（三）省级以下应急管理部门的集体和个人记一等功、记二等功、记三等功、嘉奖；

（四）中队（站）级单位记一等功，大队级单位记一等功、记二等功，支队级单位记一等功、记二等功、记三等功，总队级单位记一等功、记二等功、记三等功、嘉奖；高级消防员记一等功，大队级正职、副职和专业技术十级、十一级干部记一等功，支队级正职、副职和专业技术八级、九级干部记一等功、记二等功，总队级正职、副职和专业技术四级、五级、六级、七级干部记一等功、记二等功、记三等功。

消防救援局、森林消防局的批准权限：

（一）分队、班记一等功，中队（站）级单位记二等功，大队级单位记三等功，支队级单位嘉奖；

（二）中级、初级消防员记一等功，高级消防员记二等功；

（三）中队（站）级正职、副职和专业技术十二级、十三级、十四级干部记一等功,大队级正职、副职和专业技术十级、十一级干部记二等功,支队级正职、副职和专业技术八级、九级干部记三等功,总队级正职、副职和专业技术四级、五级、六级、七级干部嘉奖。

第十一条 省级应急管理厅(局)的批准权限:

(一)省级应急管理厅(局)内设机构的集体和个人记二等功、记三等功、嘉奖;

(二)市(地)级以下应急管理部门的集体和个人记二等功、记三等功、嘉奖。

国家综合性消防救援队伍总队级单位的批准权限:

(一)分队、班记二等功,中队(站)级单位记三等功,大队级单位嘉奖;

(二)中级、初级消防员记二等功,高级消防员记三等功;

(三)中队(站)级正职、副职和专业技术十二级、十三级、十四级干部记二等功,大队级正职、副职和专业技术十级、十一级干部记三等功,支队级正职、副职和专业技术八级、九级干部嘉奖。

第十二条 市(地)级应急管理部门的批准权限:

(一)市(地)级应急管理部门内设机构的集体和个人记三等功、嘉奖;

(二)县(市)级以下应急管理部门的集体和个人记三等功、嘉奖。

国家综合性消防救援队伍支队级单位的批准权限:

(一)分队、班记三等功,中队(站)级单位嘉奖;

(二)中级、初级消防员记三等功;

(三)中队(站)级正职、副职和专业技术十二级、十三级、十四级干部记三等功,大队级正职、副职和专业技术十级、十一级干部嘉奖。

第十三条 县(市)级应急管理部门,对其内设机构及乡镇应急管理站的集体和个人,可以按照有关规定,报县(市)级党委、政府给予记三等功、嘉奖。

国家综合性消防救援队伍大队级单位的批准权限:

(一)分队、班嘉奖;

(二)高级消防员嘉奖;

(三)中队(站)级正职以下和专业技术十二级以下干部嘉奖。

国家综合性消防救援队伍中队(站)级单位批准权限:

中级、初级消防员嘉奖。

第十四条 对国家综合性消防救援队伍兼任领导职务的专业技术干部实施奖励,根据其主要事迹的特点,按照领导职务或者专业技术等级的相应奖励批准权限实施;管理指挥职级干部的奖励批准权限,参照相应领导职务干部的奖励批准权限实施。

对消防救援院校从普通中学毕业生和消防员中招收的学员实施奖励,按照对初级消防员奖励的权限执行;对干部学员实施奖励,按照现任职务(职级)或者专业技术等级的奖励权限执行。

第十五条 各级地震机构、矿山安全监察机构参照本规定第十条至第十三条规定,批准记二等功、记三等功、嘉奖奖励。

第四章 奖励的实施

第十六条 对集体和个人实施奖励,一般按照下列程序进行:

(一)启动。实施奖励的单位制定奖励工作方案,明确奖励范围、条件、种类、名额、程序和工作要求等,按规定报批。

(二)推荐。对符合奖励条件的,在所在单位民主推荐基础上,按有关规定自下而上、逐级研究提出推荐对象。

(三)审核。实施奖励的单位政治工作部门对推荐对象进行审核,提出奖励审核意见。

(四)审批。实施奖励的单位研究决定奖励对象,作出奖励决定。

对承担重特大地震、地质、水旱、森林草原火灾等自然灾害和重特大火灾、重特大生产安全事故应急抢险救援救灾,以及重大活动安全保障保卫等其他有关重大任务(以下统称重大应急任务)中成绩特别突出的集体和个人,应当及时给予奖励。必要时,可以简化程序,由实施奖励的单位政治工作部门提出建议,直接实施奖励。

第十七条 对受组织委派,离开原单位承担临时任务、学习培训或者借调、挂职的人员,时间一年以上、符合奖励条件的,可以由临时所在单位实施奖励或者申报奖励;时间不足一年、符合奖励条件的,由临时所在单位向原单位介绍情况,由原单位实施奖励或者申报奖励。

第十八条 申报及时奖励一般在集体和个人作出符合奖励条件的业绩后一个月内提出,实施奖励的单位应当在收到奖励申报材料一个月内完成审核、审批。

第十九条 对拟实施奖励的集体和个人,应当按照管理权限,征得主管单位同意,并征求纪检监察机关和相关部门意见。

第二十条 对拟记二等功以上奖励的集体和个人,由实施奖励的单位组织考察,或者委托下一级单位政治工作部门组织考察,受委托的政治工作部门不得再行委托。

第二十一条 对拟给予奖励的集体和个人,除涉密等特殊情况外,应当逐级在一定范围内公示不少于5个工作日。

第二十二条 一般由实施奖励的单位印发奖励决定,也可以由实施奖励的单位主要领导同志签署决定或者命令。

奖励决定或者命令应当及时公布,举行庄重、俭朴的授奖仪式。必要时,可以召开庆功授奖大会。

奖励决定、命令、审批表和其他有关材料应存入单位文书档案或者本人干部人事档案。

第二十三条 年度集体、个人授予称号数量,由应急管理部商有关部门确定。

应急管理部门、机构年度给予个人记一等功、记二等功、记三等功、嘉奖的比例,分别不超过当年实有人数的万分之四、千分之四、百分之四、百分之十;年度给予集体记一等功、记二等功、记三等功、嘉奖的比例,由实施奖励的单位根据实际情况确定。根据年度考核结果给予的个人嘉奖、记三等功,按有关规定执行,不受上述比例限制。

国家综合性消防救援队伍年度给予个人记功、嘉奖的比例,分别不超过本单位实力人数的百分之二、百分之二十五。严格控制实施记二等功以上奖励,确需实施的,不超过本单位实力人数的千分之一。集体年度记功、嘉奖的比例,分别不超过同级单位总数的百分之三、百分之十。小散远和艰苦边远地区单位可以适当提高个人年度奖励比例,具体办法由应急管理部另行规定。

第二十四条 国家综合性消防救援队伍执行由党中央、国务院和应急管理部安排部署重大应急任务的,个人记功、嘉奖的比例原则上分别不超过参与任务总人数的百分之八、百分之四十;执行其他重大任务的,个人记功、嘉奖的比例分别不超过参与任务总人数的百分之五、百分之三十。特殊情况下需突破及时奖励比例的,须报批准实施奖励活动的单位审核确定。对单位实施及时奖励的数量比例不作具体规定,结合实际从严把握。

第二十五条 国家综合性消防救援队伍支队级以上单位和支队级以上领导干部的奖励,应当从严控制。确需奖励的,对支队级单位通常实施记二等功以下奖励,对总队级单位通常实施记三等功以下奖励;对支队级领导干部通常实施记二等功以下奖励,对总队级领导干部通常实施记三等功以下奖励。

第二十六条 奖励应当向承担急难险重任务和基层、艰苦边远地区一线的单位及其工作人员倾斜,数量应当占年度奖励总数的百分之八十五以上。对应急管理部门、机构的厅(局)级以上单位、个人的奖励,应当从严控制。

第五章 获奖的标志和待遇

第二十七条 实施奖励的单位对获得奖励的集体颁发奖牌或者奖状、奖旗;对获得记三等功以上的个人颁发奖章和证书;对获得嘉奖的个人颁发证书。

第二十八条 省级以上应急管理部门、机构和国家综合性消防救援队伍总队级以上单位,按照国家规定的式样、规格、质地统一制作或者监制奖牌、奖状、奖旗、奖章、证书。

第二十九条 奖牌、奖状、奖旗、奖章、证书由获奖励的集体和个人妥善保存。获得奖励的个人在参加重要会议或者重大活动时应将奖章佩戴在左胸前。

第三十条 奖牌、奖状、奖章、证书丢失或者毁损的,应当向所在单位政治工作部门报告,由政治工作部门核实后,按程序报实施奖励的单位予以补发或者更换。

第三十一条 对获得奖励的个人,按国家有关规定发放奖金、享受有关待遇。其中,对国家综合性消防救援队伍单独实施的奖励,参照军队政策规定发放奖金、享受有关待遇。

奖励经费按隶属关系和财政保障范围,列入各级政府应急管理部门、机构和国家综合性消防救援队伍的预算予以保障。

第六章 获奖对象教育管理和奖励监督

第三十二条 对获得奖励的集体和个人,应急管理部门、机构和国家综合性消防救援队伍应当加强教育管理,在政治思想上、工作上和生活上给予关心爱护,使他们保持荣誉、不断进步。

第三十三条 应急管理部门、机构和国家综合性消防救援队伍应当采取多种形式,广泛宣传获奖集体和个人的先进事迹,充分发挥先进典型的示范带动作用,激励应急管理系统广大干部职工和消防救援指战员比学赶超、冲锋在前、建功立业。

第三十四条 获得奖励的集体或者个人,有下列情形之一的,应当撤销奖励:

(一)弄虚作假,骗取奖励的;

(二)申报奖励时隐瞒严重错误或者严重违反规定程序的;

(三)有严重违纪违法等行为,影响称号声誉的;
(四)有法律、法规规定应当撤销奖励的其他情形。

第三十五条 撤销奖励,由原奖励申报单位按程序报原实施奖励的单位审批。必要时,原实施奖励的单位可以直接撤销奖励。

奖励撤销后,由原实施奖励的单位收回奖牌、奖状、奖旗、奖章、证书,追缴所获奖金等物质奖励,停止其享受的有关待遇。撤销奖励的决定等相关材料存入单位文书档案或者本人干部人事档案。

第三十六条 应急管理部门、机构和国家综合性消防救援队伍应当及时受理对奖励工作的投诉、举报,并按照国家有关规定处理。

第三十七条 对在奖励工作中徇私舞弊、弄虚作假,或者有其他违纪违法行为的,按照有关规定严肃查处。

第七章 附 则

第三十八条 对应急管理部门、机构所属事业单位的集体和个人实施奖励,按照《事业单位工作人员奖励规定》执行。

对经应急管理部门统一组织调动,承担重大应急任务的有关方面集体和个人,由应急管理部门按照国家有关规定给予奖励表彰。

第三十九条 应急管理部门、机构和国家综合性消防救援队伍开展表彰活动,按照国家有关规定执行。

第四十条 本规定由应急管理部政治部负责解释。

第四十一条 本规定自印发之日起施行。

生产安全事故信息报告和处置办法

· 2009年6月16日国家安全生产监督管理总局令第21号公布
· 自2009年7月1日起施行

第一章 总 则

第一条 为了规范生产安全事故信息的报告和处置工作,根据《安全生产法》、《生产安全事故报告和调查处理条例》等有关法律、行政法规,制定本办法。

第二条 生产经营单位报告生产安全事故信息和安全生产监督管理部门、煤矿安全监察机构对生产安全事故信息的报告和处置工作,适用本办法。

第三条 本办法规定的应当报告和处置的生产安全事故信息(以下简称事故信息),是指已经发生的生产安全事故和较大涉险事故的信息。

第四条 事故信息的报告应当及时、准确和完整,信息的处置应当遵循快速高效、协同配合、分级负责的原则。

安全生产监督管理部门负责各类生产经营单位的事故信息报告和处置工作。煤矿安全监察机构负责煤矿的事故信息报告和处置工作。

第五条 安全生产监督管理部门、煤矿安全监察机构应当建立事故信息报告和处置制度,设立事故信息调度机构,实行24小时不间断调度值班,并向社会公布值班电话,受理事故信息报告和举报。

第二章 事故信息的报告

第六条 生产经营单位发生生产安全事故或者较大涉险事故,其单位负责人接到事故信息报告后应当于1小时内报告事故发生地县级安全生产监督管理部门、煤矿安全监察分局。

发生较大以上生产安全事故的,事故发生单位在依照第一款规定报告的同时,应当在1小时内报告省级安全生产监督管理部门、省级煤矿安全监察机构。

发生重大、特别重大生产安全事故的,事故发生单位在依照本条第一款、第二款规定报告的同时,可以立即报告国家安全生产监督管理总局、国家煤矿安全监察局。

第七条 安全生产监督管理部门、煤矿安全监察机构接到事故发生单位的事故信息报告后,应当按照下列规定上报事故情况,同时书面通知同级公安机关、劳动保障部门、工会、人民检察院和有关部门:

(一)一般事故和较大涉险事故逐级上报至设区的市级安全生产监督管理部门、省级煤矿安全监察机构;

(二)较大事故逐级上报至省级安全生产监督管理部门、省级煤矿安全监察机构;

(三)重大事故、特别重大事故逐级上报至国家安全生产监督管理总局、国家煤矿安全监察局。

前款规定的逐级上报,每一级上报时间不得超过2小时。安全生产监督管理部门依照前款规定上报事故情况时,应当同时报告本级人民政府。

第八条 发生较大生产安全事故或者社会影响重大的事故的,县级、市级安全生产监督管理部门或者煤矿安全监察分局接到事故报告后,在依照本办法第七条规定逐级上报的同时,应当在1小时内先用电话快报省级安全生产监督管理部门、省级煤矿安全监察机构,随后补报文字报告;乡镇安监站(办)可以根据事故情况越级直接报告省级安全生产监督管理部门、省级煤矿安全监察机构。

第九条 发生重大、特别重大生产安全事故或者社会影响恶劣的事故的,县级、市级安全生产监督管理部门或者煤矿安全监察分局接到事故报告后,在依照本办法第七条规定逐级上报的同时,应当在 1 小时内先用电话快报省级安全生产监督管理部门、省级煤矿安全监察机构,随后补报文字报告;必要时,可以直接用电话报告国家安全生产监督管理总局、国家煤矿安全监察局。

省级安全生产监督管理部门、省级煤矿安全监察机构接到事故报告后,应当在 1 小时内先用电话快报国家安全生产监督管理总局、国家煤矿安全监察局,随后补报文字报告。

国家安全生产监督管理总局、国家煤矿安全监察局接到事故报告后,应当在 1 小时内先用电话快报国务院总值班室,随后补报文字报告。

第十条 报告事故信息,应当包括下列内容:

(一)事故发生单位的名称、地址、性质、产能等基本情况;

(二)事故发生的时间、地点以及事故现场情况;

(三)事故的简要经过(包括应急救援情况);

(四)事故已经造成或者可能造成的伤亡人数(包括下落不明、涉险的人数)和初步估计的直接经济损失;

(五)已经采取的措施;

(六)其他应当报告的情况。

使用电话快报,应当包括下列内容:

(一)事故发生单位的名称、地址、性质;

(二)事故发生的时间、地点;

(三)事故已经造成或者可能造成的伤亡人数(包括下落不明、涉险的人数)。

第十一条 事故具体情况暂时不清楚的,负责事故报告的单位可以先报事故概况,随后补报事故全面情况。

事故信息报告后出现新情况的,负责事故报告的单位应当依照本办法第六条、第七条、第八条、第九条的规定及时续报。较大涉险事故、一般事故、较大事故每日至少续报 1 次;重大事故、特别重大事故每日至少续报 2 次。

自事故发生之日起 30 日内(道路交通、火灾事故自发生之日起 7 日内),事故造成的伤亡人数发生变化的,应于当日续报。

第十二条 安全生产监督管理部门、煤矿安全监察机构接到任何单位或者个人的事故信息举报后,应当立即与事故单位或者下一级安全生产监督管理部门、安全监察机构联系,并进行调查核实。

下一级安全生产监督管理部门、煤矿安全监察机构接到上级安全生产监督管理部门、煤矿安全监察机构的事故信息举报核查通知后,应当立即组织查证核实,并在 2 个月内向上一级安全生产监督管理部门、煤矿安全监察机构报告核实结果。

对发生较大涉险事故的,安全生产监督管理部门、煤矿安全监察机构依照本条第二款规定向上一级安全生产监督管理部门、煤矿安全监察机构报告核实结果;对发生生产安全事故的,安全生产监督管理部门、煤矿安全监察机构应当在 5 日内对事故情况进行初步查证,并将事故初步查证的简要情况报告上一级安全生产监督管理部门、煤矿安全监察机构,详细核实结果在 2 个月内报告。

第十三条 事故信息经初步查证后,负责查证的安全生产监督管理部门、煤矿安全监察机构应当立即报告本级人民政府和上一级安全生产监督管理部门、煤矿安全监察机构,并书面通知公安机关、劳动保障部门、工会、人民检察院和有关部门。

第十四条 安全生产监督管理部门与煤矿安全监察机构之间,安全生产监督管理部门、煤矿安全监察机构与其他负有安全生产监督管理职责的部门之间,应当建立有关事故信息的通报制度,及时沟通事故信息。

第十五条 对于事故信息的每周、每月、每年的统计报告,按照有关规定执行。

第三章 事故信息的处置

第十六条 安全生产监督管理部门、煤矿安全监察机构应当建立事故信息处置责任制,做好事故信息的核实、跟踪、分析、统计工作。

第十七条 发生生产安全事故或者较大涉险事故后,安全生产监督管理部门、煤矿安全监察机构应当立即研究、确定并组织实施相关处置措施。安全生产监督管理部门、煤矿安全监察机构负责人按照职责分工负责相关工作。

第十八条 安全生产监督管理部门、煤矿安全监察机构接到生产安全事故报告后,应当按照下列规定派员立即赶赴事故现场:

(一)发生一般事故的,县级安全生产监督管理部门、煤矿安全监察分局负责人立即赶赴事故现场;

(二)发生较大事故的,设区的市级安全生产监督管理部门、省级煤矿安全监察局负责人应当立即赶赴事故现场;

(三)发生重大事故的,省级安全监管管理部门、省级煤矿安全监察局负责人立即赶赴事故现场;

(四)发生特别重大事故的,国家安全生产监督管理总局、国家煤矿安全监察局负责人立即赶赴事故现场。

上级安全生产监督管理部门、煤矿安全监察机构认为必要的,可以派员赶赴事故现场。

第十九条 安全生产监督管理部门、煤矿安全监察机构负责人及其有关人员赶赴事故现场后,应当随时保持与本单位的联系。有关事故信息发生重大变化的,应当依照本办法有关规定及时向本单位或者上级安全生产监督管理部门、煤矿安全监察机构报告。

第二十条 安全生产监督管理部门、煤矿安全监察机构应当依照有关规定定期向社会公布事故信息。

任何单位和个人不得擅自发布事故信息。

第二十一条 安全生产监督管理部门、煤矿安全监察机构应当根据事故信息报告的情况,启动相应的应急救援预案,或者组织有关应急救援队伍协助地方人民政府开展应急救援工作。

第二十二条 安全生产监督管理部门、煤矿安全监察机构按照有关规定组织或者参加事故调查处理工作。

第四章 罚 则

第二十三条 安全生产监督管理部门、煤矿安全监察机构及其工作人员未依法履行事故信息报告和处置职责的,依照有关规定予以处理。

第二十四条 生产经营单位及其有关人员对生产安全事故迟报、漏报、谎报或者瞒报的,依照有关规定予以处罚。

第二十五条 生产经营单位对较大涉险事故迟报、漏报、谎报或者瞒报的,给予警告,并处3万元以下的罚款。

第五章 附 则

第二十六条 本办法所称的较大涉险事故是指:

(一)涉险10人以上的事故;

(二)造成3人以上被困或者下落不明的事故;

(三)紧急疏散人员500人以上的事故;

(四)因生产安全事故对环境造成严重污染(人员密集场所、生活水源、农田、河流、水库、湖泊等)的事故;

(五)危及重要场所和设施安全(电站、重要水利设施、危化品库、油气站和车站、码头、港口、机场及其他人员密集场所等)的事故;

(六)其他较大涉险事故。

第二十七条 省级安全生产监督管理部门、省级煤矿安全监察机构可以根据本办法的规定,制定具体的实施办法。

第二十八条 本办法自2009年7月1日起施行。

生产安全事故报告和调查处理条例

· 2007年4月9日国务院令第493号公布
· 自2007年6月1日起施行

第一章 总 则

第一条 为了规范生产安全事故的报告和调查处理,落实生产安全事故责任追究制度,防止和减少生产安全事故,根据《中华人民共和国安全生产法》和有关法律,制定本条例。

第二条 生产经营活动中发生的造成人身伤亡或者直接经济损失的生产安全事故的报告和调查处理,适用本条例;环境污染事故、核设施事故、国防科研生产事故的报告和调查处理不适用本条例。

第三条 根据生产安全事故(以下简称事故)造成的人员伤亡或者直接经济损失,事故一般分为以下等级:

(一)特别重大事故,是指造成30人以上死亡,或者100人以上重伤(包括急性工业中毒,下同),或者1亿元以上直接经济损失的事故;

(二)重大事故,是指造成10人以上30人以下死亡,或者50人以上100人以下重伤,或者5000万元以上1亿元以下直接经济损失的事故;

(三)较大事故,是指造成3人以上10人以下死亡,或者10人以上50人以下重伤,或者1000万元以上5000万元以下直接经济损失的事故;

(四)一般事故,是指造成3人以下死亡,或者10人以下重伤,或者1000万元以下直接经济损失的事故。

国务院安全生产监督管理部门可以会同国务院有关部门,制定事故等级划分的补充性规定。

本条第一款所称的"以上"包括本数,所称的"以下"不包括本数。

第四条 事故报告应当及时、准确、完整,任何单位和个人对事故不得迟报、漏报、谎报或者瞒报。

事故调查处理应当坚持实事求是、尊重科学的原则,及时、准确地查清事故经过、事故原因和事故损失,查明事故性质,认定事故责任,总结事故教训,提出整改措施,并对事故责任者依法追究责任。

第五条 县级以上人民政府应当按照本条例的规定,严格履行职责,及时、准确地完成事故调查处理工作。

事故发生地有关地方人民政府应当支持、配合上级人民政府或者有关部门的事故调查处理工作,并提供必要的便利条件。

参加事故调查处理的部门和单位应当互相配合,提高事故调查处理工作的效率。

第六条 工会依法参加事故调查处理，有权向有关部门提出处理意见。

第七条 任何单位和个人不得阻挠和干涉对事故的报告和依法调查处理。

第八条 对事故报告和调查处理中的违法行为，任何单位和个人有权向安全生产监督管理部门、监察机关或者其他有关部门举报，接到举报的部门应当依法及时处理。

第二章 事故报告

第九条 事故发生后，事故现场有关人员应当立即向本单位负责人报告；单位负责人接到报告后，应当于1小时内向事故发生地县级以上人民政府安全生产监督管理部门和负有安全生产监督管理职责的有关部门报告。

情况紧急时，事故现场有关人员可以直接向事故发生地县级以上人民政府安全生产监督管理部门和负有安全生产监督管理职责的有关部门报告。

第十条 安全生产监督管理部门和负有安全生产监督管理职责的有关部门接到事故报告后，应当依照下列规定上报事故情况，并通知公安机关、劳动保障行政部门、工会和人民检察院：

（一）特别重大事故、重大事故逐级上报至国务院安全生产监督管理部门和负有安全生产监督管理职责的有关部门；

（二）较大事故逐级上报至省、自治区、直辖市人民政府安全生产监督管理部门和负有安全生产监督管理职责的有关部门；

（三）一般事故上报至设区的市级人民政府安全生产监督管理部门和负有安全生产监督管理职责的有关部门。

安全生产监督管理部门和负有安全生产监督管理职责的有关部门依照前款规定上报事故情况，应当同时报告本级人民政府。国务院安全生产监督管理部门和负有安全生产监督管理职责的有关部门以及省级人民政府接到发生特别重大事故、重大事故的报告后，应当立即报告国务院。

必要时，安全生产监督管理部门和负有安全生产监督管理职责的有关部门可以越级上报事故情况。

第十一条 安全生产监督管理部门和负有安全生产监督管理职责的有关部门逐级上报事故情况，每级上报的时间不得超过2小时。

第十二条 报告事故应当包括下列内容：

（一）事故发生单位概况；

（二）事故发生的时间、地点以及事故现场情况；

（三）事故的简要经过；

（四）事故已经造成或者可能造成的伤亡人数（包括下落不明的人数）和初步估计的直接经济损失；

（五）已经采取的措施；

（六）其他应当报告的情况。

第十三条 事故报告后出现新情况的，应当及时补报。

自事故发生之日起30日内，事故造成的伤亡人数发生变化的，应当及时补报。道路交通事故、火灾事故自发生之日起7日内，事故造成的伤亡人数发生变化的，应当及时补报。

第十四条 事故发生单位负责人接到事故报告后，应当立即启动事故相应应急预案，或者采取有效措施，组织抢救，防止事故扩大，减少人员伤亡和财产损失。

第十五条 事故发生地有关地方人民政府、安全生产监督管理部门和负有安全生产监督管理职责的有关部门接到事故报告后，其负责人应当立即赶赴事故现场，组织事故救援。

第十六条 事故发生后，有关单位和人员应当妥善保护事故现场以及相关证据，任何单位和个人不得破坏事故现场、毁灭相关证据。

因抢救人员、防止事故扩大以及疏通交通等原因，需要移动事故现场物件的，应当做出标志，绘制现场简图并做出书面记录，妥善保存现场重要痕迹、物证。

第十七条 事故发生地公安机关根据事故的情况，对涉嫌犯罪的，应当依法立案侦查，采取强制措施和侦查措施。犯罪嫌疑人逃匿的，公安机关应当迅速追捕归案。

第十八条 安全生产监督管理部门和负有安全生产监督管理职责的有关部门应当建立值班制度，并向社会公布值班电话，受理事故报告和举报。

第三章 事故调查

第十九条 特别重大事故由国务院或者国务院授权有关部门组织事故调查组进行调查。

重大事故、较大事故、一般事故分别由事故发生地省级人民政府、设区的市级人民政府、县级人民政府负责调查。省级人民政府、设区的市级人民政府、县级人民政府可以直接组织事故调查组进行调查，也可以授权或者委托有关部门组织事故调查组进行调查。

未造成人员伤亡的一般事故，县级人民政府也可以委托事故发生单位组织事故调查组进行调查。

第二十条 上级人民政府认为必要时,可以调查由下级人民政府负责调查的事故。

自事故发生之日起30日内(道路交通事故、火灾事故自发生之日起7日内),因事故伤亡人数变化导致事故等级发生变化,依照本条例规定应当由上级人民政府负责调查的,上级人民政府可以另行组织事故调查组进行调查。

第二十一条 特别重大事故以下等级事故,事故发生地与事故发生单位不在同一个县级以上行政区域的,由事故发生地人民政府负责调查,事故发生单位所在地人民政府应当派人参加。

第二十二条 事故调查组的组成应当遵循精简、效能的原则。

根据事故的具体情况,事故调查组由有关人民政府、安全生产监督管理部门、负有安全生产监督管理职责的有关部门、监察机关、公安机关以及工会派人组成,并应当邀请人民检察院派人参加。

事故调查组可以聘请有关专家参与调查。

第二十三条 事故调查组成员应当具有事故调查所需要的知识和专长,并与所调查的事故没有直接利害关系。

第二十四条 事故调查组组长由负责事故调查的人民政府指定。事故调查组组长主持事故调查组的工作。

第二十五条 事故调查组履行下列职责:
(一)查明事故发生的经过、原因、人员伤亡情况及直接经济损失;
(二)认定事故的性质和事故责任;
(三)提出对事故责任者的处理建议;
(四)总结事故教训,提出防范和整改措施;
(五)提交事故调查报告。

第二十六条 事故调查组有权向有关单位和个人了解与事故有关的情况,并要求其提供相关文件、资料,有关单位和个人不得拒绝。

事故发生单位的负责人和有关人员在事故调查期间不得擅离职守,并应当随时接受事故调查组的询问,如实提供有关情况。

事故调查中发现涉嫌犯罪的,事故调查组应当及时将有关材料或者其复印件移交司法机关处理。

第二十七条 事故调查中需要进行技术鉴定的,事故调查组应当委托具有国家规定资质的单位进行技术鉴定。必要时,事故调查组可以直接组织专家进行技术鉴定。技术鉴定所需时间不计入事故调查期限。

第二十八条 事故调查组成员在事故调查工作中应当诚信公正、恪尽职守,遵守事故调查组的纪律,保守事故调查的秘密。

未经事故调查组组长允许,事故调查组成员不得擅自发布有关事故的信息。

第二十九条 事故调查组应当自事故发生之日起60日内提交事故调查报告;特殊情况下,经负责事故调查的人民政府批准,提交事故调查报告的期限可以适当延长,但延长的期限最长不超过60日。

第三十条 事故调查报告应当包括下列内容:
(一)事故发生单位概况;
(二)事故发生经过和事故救援情况;
(三)事故造成的人员伤亡和直接经济损失;
(四)事故发生的原因和事故性质;
(五)事故责任的认定以及对事故责任者的处理建议;
(六)事故防范和整改措施。

事故调查报告应当附具有关证据材料。事故调查组成员应当在事故调查报告上签名。

第三十一条 事故调查报告报送负责事故调查的人民政府后,事故调查工作即告结束。事故调查的有关资料应当归档保存。

第四章 事故处理

第三十二条 重大事故、较大事故、一般事故,负责事故调查的人民政府应当自收到事故调查报告之日起15日内做出批复;特别重大事故,30日内做出批复,特殊情况下,批复时间可以适当延长,但延长的时间最长不超过30日。

有关机关应当按照人民政府的批复,依照法律、行政法规规定的权限和程序,对事故发生单位和有关人员进行行政处罚,对负有事故责任的国家工作人员进行处分。

事故发生单位应当按照负责事故调查的人民政府的批复,对本单位负有事故责任的人员进行处理。

负有事故责任的人员涉嫌犯罪的,依法追究刑事责任。

第三十三条 事故发生单位应当认真吸取事故教训,落实防范和整改措施,防止事故再次发生。防范和整改措施的落实情况应当接受工会和职工的监督。

安全生产监督管理部门和负有安全生产监督管理职责的有关部门应当对事故发生单位落实防范和整改措施的情况进行监督检查。

第三十四条 事故处理的情况由负责事故调查的人

民政府或者其授权的有关部门、机构向社会公布，依法应当保密的除外。

第五章　法律责任

第三十五条　事故发生单位主要负责人有下列行为之一的，处上一年年收入40%至80%的罚款；属于国家工作人员的，并依法给予处分；构成犯罪的，依法追究刑事责任：

（一）不立即组织事故抢救的；

（二）迟报或者漏报事故的；

（三）在事故调查处理期间擅离职守的。

第三十六条　事故发生单位及其有关人员有下列行为之一的，对事故发生单位处100万元以上500万元以下的罚款；对主要负责人、直接负责的主管人员和其他直接责任人员处上一年年收入60%至100%的罚款；属于国家工作人员的，并依法给予处分；构成违反治安管理行为的，由公安机关依法给予治安管理处罚；构成犯罪的，依法追究刑事责任：

（一）谎报或者瞒报事故的；

（二）伪造或者故意破坏事故现场的；

（三）转移、隐匿资金、财产，或者销毁有关证据、资料的；

（四）拒绝接受调查或者拒绝提供有关情况和资料的；

（五）在事故调查中作伪证或者指使他人作伪证的；

（六）事故发生后逃匿的。

第三十七条　事故发生单位对事故发生负有责任的，依照下列规定处以罚款：

（一）发生一般事故的，处10万元以上20万元以下的罚款；

（二）发生较大事故的，处20万元以上50万元以下的罚款；

（三）发生重大事故的，处50万元以上200万元以下的罚款；

（四）发生特别重大事故的，处200万元以上500万元以下的罚款。

第三十八条　事故发生单位主要负责人未依法履行安全生产管理职责，导致事故发生的，依照下列规定处以罚款；属于国家工作人员的，并依法给予处分；构成犯罪的，依法追究刑事责任：

（一）发生一般事故的，处上一年年收入30%的罚款；

（二）发生较大事故的，处上一年年收入40%的罚款；

（三）发生重大事故的，处上一年年收入60%的罚款；

（四）发生特别重大事故的，处上一年年收入80%的罚款。

第三十九条　有关地方人民政府、安全生产监督管理部门和负有安全生产监督管理职责的有关部门有下列行为之一的，对直接负责的主管人员和其他直接责任人员依法给予处分；构成犯罪的，依法追究刑事责任：

（一）不立即组织事故抢救的；

（二）迟报、漏报、谎报或者瞒报事故的；

（三）阻碍、干涉事故调查工作的；

（四）在事故调查中作伪证或者指使他人作伪证的。

第四十条　事故发生单位对事故发生负有责任的，由有关部门依法暂扣或者吊销其有关证照；对事故发生单位负有事故责任的有关人员，依法暂停或者撤销其与安全生产有关的执业资格、岗位证书；事故发生单位主要负责人受到刑事处罚或者撤职处分的，自刑罚执行完毕或者受处分之日起，5年内不得担任任何生产经营单位的主要负责人。

为发生事故的单位提供虚假证明的中介机构，由有关部门依法暂扣或者吊销其有关证照及其相关人员的执业资格；构成犯罪的，依法追究刑事责任。

第四十一条　参与事故调查的人员在事故调查中有下列行为之一的，依法给予处分；构成犯罪的，依法追究刑事责任：

（一）对事故调查工作不负责任，致使事故调查工作有重大疏漏的；

（二）包庇、袒护负有事故责任的人员或者借机打击报复的。

第四十二条　违反本条例规定，有关地方人民政府或者有关部门故意拖延或者拒绝落实经批复的对事故责任人的处理意见的，由监察机关对有关责任人员依法给予处分。

第四十三条　本条例规定的罚款的行政处罚，由安全生产监督管理部门决定。

法律、行政法规对行政处罚的种类、幅度和决定机关另有规定的，依照其规定。

第六章　附　则

第四十四条　没有造成人员伤亡，但是社会影响恶劣的事故，国务院或者有关地方人民政府认为需要调查处理的，依照本条例的有关规定执行。

国家机关、事业单位、人民团体发生的事故的报告和调查处理，参照本条例的规定执行。

第四十五条　特别重大事故以下等级事故的报告和调查处理，有关法律、行政法规或者国务院另有规定的，依照其规定。

第四十六条　本条例自 2007 年 6 月 1 日起施行。国务院 1989 年 3 月 29 日公布的《特别重大事故调查程序暂行规定》和 1991 年 2 月 22 日公布的《企业职工伤亡事故报告和处理规定》同时废止。

生产安全事故统计管理办法

- 2016 年 7 月 27 日
- 安监总厅统计〔2016〕80 号

第一条　为进一步规范生产安全事故统计工作，根据《中华人民共和国安全生产法》、《中华人民共和国统计法》和《生产安全事故报告和调查处理条例》有关规定，制定本办法。

第二条　中华人民共和国领域内的生产安全事故统计（不涉及事故报告和事故调查处理），适用本办法。

第三条　生产安全事故由县级安全生产监督管理部门归口统计、联网直报（以下简称"归口直报"）。

跨县级行政区域的特殊行业领域生产安全事故统计信息按照国家安全生产监督管理总局和有关行业领域主管部门确定的生产安全事故统计信息通报形式，实行上级安全生产监督管理部门归口直报。

第四条　县级以上（含本级，下同）安全生产监督管理部门负责接收本行政区域内生产经营单位报告和同级负有安全生产监督管理职责的部门通报的生产安全事故信息，依据本办法真实、准确、完整、及时进行统计。

县级以上安全生产监督管理部门应按规定时限要求在"安全生产综合统计信息直报系统"中填报生产安全事故信息，并按照《生产安全事故统计报表制度》有关规定进行统计。

第五条　生产安全事故按照《国民经济行业分类》（GB/T 4754-2011）分类统计。没有造成人员伤亡且直接经济损失小于 100 万元（不含）的生产安全事故，暂不纳入统计。

第六条　生产安全事故统计按照"先行填报、调查认定、信息公开、统计核销"的原则开展。经调查认定，具有以下情形之一的，按本办法第七条规定程序进行统计核销。

（一）超过设计风险抵御标准，工程选址合理，且安全防范措施和应急救援措施到位的情况下，由不能预见或者不能抗拒的自然灾害直接引发的。

（二）经由公安机关侦查，结案认定事故原因是蓄意破坏、恐怖行动、投毒、纵火、盗窃等人为故意行为直接或间接造成的。

（三）生产经营单位从业人员在生产经营活动过程中，突发疾病（非遭受外部能量意外释放造成的肌体创伤）导致伤亡的。

第七条　经调查（或由事故发生地人民政府有关部门出具鉴定结论等文书）认定不属于生产安全事故的，由同级安全生产监督管理部门依据有关结论提出统计核销建议，并在本级政府（或部门）网站或相关媒体上公示 7 日。公示期间，收到对公示的统计核销建议有异议、意见的，应在调查核实后再作决定。

公示期满没有异议的（没有收到任何反映，视为公示无异议），报上一级安全生产监督管理部门备案；完成备案后，予以统计核销，并将相关信息在本级政府（或部门）网站或相关媒体上公开，信息公开时间不少于 1 年。

备案材料主要包括：事故统计核销情况说明（含公示期间收到的异议、意见及处理情况）、调查认定意见（事故调查报告或由事故发生地人民政府有关部门出具鉴定结论等文书）及其相关证明文件等。

地市级以上安全生产监督管理部门应当对其备案核销的事故进行监督检查。发现问题的，应当要求下一级安全生产监督管理部门提请同级人民政府复核，并在指定时限内反馈核查结果。

第八条　各级安全生产监督管理部门应督促填报单位在"安全生产综合统计信息直报系统"中及时补充完善或修正已填报的生产安全事故信息，及时补报经查实的瞒报、谎报的生产安全事故信息，及时排查遗漏、错误或重复填报的生产安全事故信息。

第九条　各级安全生产监督管理部门应根据各地区实际，建立完善生产安全事故统计信息归口直报制度，进一步明确本行政区域内各行业领域生产安全事故统计信息通报的方式、内容、时间等具体要求，并对本行政区域内生产安全事故统计工作进行监督检查。

第十条　国家安全生产监督管理总局建立健全生产安全事故统计数据修正制度，运用抽样调查等方法开展生产安全事故统计数据核查工作，定期修正并公布生产安全事故统计数据，通报统计工作情况。

第十一条　各级安全生产监督管理部门应定期在本级政府（或部门）网站或相关媒体上公布生产安全事故统计信息和统计资料，接受社会监督。

第十二条 本办法由国家安全生产监督管理总局负责解释。

第十三条 本办法自公布之日起执行。《生产安全事故统计管理办法（暂行）》（安监总厅统计〔2015〕111号）同时废止。

中华人民共和国突发事件应对法

- 2007年8月30日第十届全国人民代表大会常务委员会第二十九次会议通过
- 2024年6月28日第十四届全国人民代表大会常务委员会第十次会议修订
- 2024年6月28日中华人民共和国主席令第25号公布
- 自2024年11月1日起施行

第一章 总 则

第一条 为了预防和减少突发事件的发生，控制、减轻和消除突发事件引起的严重社会危害，提高突发事件预防和应对能力，规范突发事件应对活动，保护人民生命财产安全，维护国家安全、公共安全、生态环境安全和社会秩序，根据宪法，制定本法。

第二条 本法所称突发事件，是指突然发生，造成或者可能造成严重社会危害，需要采取应急处置措施予以应对的自然灾害、事故灾难、公共卫生事件和社会安全事件。

突发事件的预防与应急准备、监测与预警、应急处置与救援、事后恢复与重建等应对活动，适用本法。

《中华人民共和国传染病防治法》等有关法律对突发公共卫生事件应对作出规定的，适用其规定。有关法律没有规定的，适用本法。

第三条 按照社会危害程度、影响范围等因素，突发自然灾害、事故灾难、公共卫生事件分为特别重大、重大、较大和一般四级。法律、行政法规或者国务院另有规定的，从其规定。

突发事件的分级标准由国务院或者国务院确定的部门制定。

第四条 突发事件应对工作坚持中国共产党的领导，坚持以马克思列宁主义、毛泽东思想、邓小平理论、"三个代表"重要思想、科学发展观、习近平新时代中国特色社会主义思想为指导，建立健全集中统一、高效权威的中国特色突发事件应对工作领导体制，完善党委领导、政府负责、部门联动、军地联合、社会协同、公众参与、科技支撑、法治保障的治理体系。

第五条 突发事件应对工作应当坚持总体国家安全观，统筹发展与安全；坚持人民至上、生命至上；坚持依法科学应对，尊重和保障人权；坚持预防为主、预防与应急相结合。

第六条 国家建立有效的社会动员机制，组织动员企业事业单位、社会组织、志愿者等各方力量依法有序参与突发事件应对工作，增强全民的公共安全和防范风险的意识，提高全社会的避险救助能力。

第七条 国家建立健全突发事件信息发布制度。有关人民政府和部门应当及时向社会公布突发事件相关信息和有关突发事件应对的决定、命令、措施等信息。

任何单位和个人不得编造、故意传播有关突发事件的虚假信息。有关人民政府和部门发现影响或者可能影响社会稳定、扰乱社会和经济管理秩序的虚假或者不完整信息的，应当及时发布准确的信息予以澄清。

第八条 国家建立健全突发事件新闻采访报道制度。有关人民政府和部门应当做好新闻媒体服务引导工作，支持新闻媒体开展采访报道和舆论监督。

新闻媒体采访报道突发事件应当及时、准确、客观、公正。

新闻媒体应当开展突发事件应对法律法规、预防与应急、自救与互救知识等的公益宣传。

第九条 国家建立突发事件应对工作投诉、举报制度，公布统一的投诉、举报方式。

对于不履行或者不正确履行突发事件应对工作职责的行为，任何单位和个人有权向有关人民政府和部门投诉、举报。

接到投诉、举报的人民政府和部门应当依照规定立即组织调查处理，并将调查处理结果以适当方式告知投诉人、举报人；投诉、举报事项不属于其职责的，应当及时移送有关机关处理。

有关人民政府和部门对投诉人、举报人的相关信息应当予以保密，保护投诉人、举报人的合法权益。

第十条 突发事件应对措施应当与突发事件可能造成的社会危害的性质、程度和范围相适应；有多种措施可供选择的，应当选择有利于最大程度地保护公民、法人和其他组织权益，且对他人权益损害和生态环境影响较小的措施，并根据情况变化及时调整，做到科学、精准、有效。

第十一条 国家在突发事件应对工作中，应当对未成年人、老年人、残疾人、孕产期和哺乳期的妇女、需要及时就医的伤病人员等群体给予特殊、优先保护。

第十二条 县级以上人民政府及其部门为应对突发

事件的紧急需要,可以征用单位和个人的设备、设施、场地、交通工具等财产。被征用的财产在使用完毕或者突发事件应急处置工作结束后,应当及时返还。财产被征用或者征用后毁损、灭失的,应当给予公平、合理的补偿。

第十三条 因依法采取突发事件应对措施,致使诉讼、监察调查、行政复议、仲裁、国家赔偿等活动不能正常进行的,适用有关时效中止和程序中止的规定,法律另有规定的除外。

第十四条 中华人民共和国政府在突发事件的预防与应急准备、监测与预警、应急处置与救援、事后恢复与重建等方面,同外国政府和有关国际组织开展合作与交流。

第十五条 对在突发事件应对工作中做出突出贡献的单位和个人,按照国家有关规定给予表彰、奖励。

第二章 管理与指挥体制

第十六条 国家建立统一指挥、专常兼备、反应灵敏、上下联动的应急管理体制和综合协调、分类管理、分级负责、属地管理为主的工作体系。

第十七条 县级人民政府对本行政区域内突发事件的应对管理工作负责。突发事件发生后,发生地县级人民政府应当立即采取措施控制事态发展,组织开展应急救援和处置工作,并立即向上一级人民政府报告,必要时可以越级上报,具备条件的,应当进行网络直报或者自动速报。

突发事件发生地县级人民政府不能消除或者不能有效控制突发事件引起的严重社会危害的,应当及时向上级人民政府报告。上级人民政府应当及时采取措施,统一领导应急处置工作。

法律、行政法规规定由国务院有关部门对突发事件应对管理工作负责的,从其规定;地方人民政府应当积极配合并提供必要的支持。

第十八条 突发事件涉及两个以上行政区域的,其应对管理工作由有关行政区域共同的上一级人民政府负责,或者由各有关行政区域的上一级人民政府共同负责。共同负责的人民政府应当按照国家有关规定,建立信息共享和协调配合机制。根据共同应对突发事件的需要,地方人民政府之间可以建立协同应对机制。

第十九条 县级以上人民政府是突发事件应对管理工作的行政领导机关。

国务院在总理领导下研究、决定和部署特别重大突发事件的应对工作;根据实际需要,设立国家突发事件应急指挥机构,负责突发事件应对工作;必要时,国务院可以派出工作组指导有关工作。

县级以上地方人民政府设立由本级人民政府主要负责人、相关部门负责人、国家综合性消防救援队伍和驻当地中国人民解放军、中国人民武装警察部队有关负责人等组成的突发事件应急指挥机构,统一领导、协调本级人民政府各有关部门和下级人民政府开展突发事件应对工作;根据实际需要,设立相关类别突发事件应急指挥机构,组织、协调、指挥突发事件应对工作。

第二十条 突发事件应急指挥机构在突发事件应对过程中可以依法发布有关突发事件应对的决定、命令、措施。突发事件应急指挥机构发布的决定、命令、措施与设立它的人民政府发布的决定、命令、措施具有同等效力,法律责任由设立它的人民政府承担。

第二十一条 县级以上人民政府应急管理部门和卫生健康、公安等有关部门应当在各自职责范围内做好有关突发事件应对管理工作,并指导、协助下级人民政府及其相应部门做好有关突发事件的应对管理工作。

第二十二条 乡级人民政府、街道办事处应当明确专门工作力量,负责突发事件应对有关工作。

居民委员会、村民委员会依法协助人民政府和有关部门做好突发事件应对工作。

第二十三条 公民、法人和其他组织有义务参与突发事件应对工作。

第二十四条 中国人民解放军、中国人民武装警察部队和民兵组织依照本法和其他有关法律、行政法规、军事法规的规定以及国务院、中央军事委员会的命令,参加突发事件的应急救援和处置工作。

第二十五条 县级以上人民政府及其设立的突发事件应急指挥机构发布的有关突发事件应对的决定、命令、措施,应当及时报本级人民代表大会常务委员会备案;突发事件应急处置工作结束后,应当向本级人民代表大会常务委员会作出专项工作报告。

第三章 预防与应急准备

第二十六条 国家建立健全突发事件应急预案体系。

国务院制定国家突发事件总体应急预案,组织制定国家突发事件专项应急预案;国务院有关部门根据各自的职责和国务院相关应急预案,制定国家突发事件部门应急预案并报国务院备案。

地方各级人民政府和县级以上地方人民政府有关部门根据有关法律、法规、规章、上级人民政府及其有关部门的应急预案以及本地区、本部门的实际情况,制定相应的突发事件应急预案并按国务院有关规定备案。

第二十七条 县级以上人民政府应急管理部门指导突发事件应急预案体系建设,综合协调应急预案衔接工作,增强有关应急预案的衔接性和实效性。

第二十八条 应急预案应当根据本法和其他有关法律、法规的规定,针对突发事件的性质、特点和可能造成的社会危害,具体规定突发事件应对管理工作的组织指挥体系与职责和突发事件的预防与预警机制、处置程序、应急保障措施以及事后恢复与重建措施等内容。

应急预案制定机关应当广泛听取有关部门、单位、专家和社会各方面意见,增强应急预案的针对性和可操作性,并根据实际需要、情势变化、应急演练中发现的问题等及时对应急预案作出修订。

应急预案的制定、修订、备案等工作程序和管理办法由国务院规定。

第二十九条 县级以上人民政府应当将突发事件应对工作纳入国民经济和社会发展规划。县级以上人民政府有关部门应当制定突发事件应急体系建设规划。

第三十条 国土空间规划等规划应当符合预防、处置突发事件的需要,统筹安排突发事件应对工作所必需的设备和基础设施建设,合理确定应急避难、封闭隔离、紧急医疗救治等场所,实现日常使用和应急使用的相互转换。

第三十一条 国务院应急管理部门会同卫生健康、自然资源、住房城乡建设等部门统筹、指导全国应急避难场所的建设和管理工作,建立健全应急避难场所标准体系。县级以上地方人民政府负责本行政区域内应急避难场所的规划、建设和管理工作。

第三十二条 国家建立健全突发事件风险评估体系,对可能发生的突发事件进行综合性评估,有针对性地采取有效防范措施,减少突发事件的发生,最大限度减轻突发事件的影响。

第三十三条 县级人民政府应当对本行政区域内容易引发自然灾害、事故灾难和公共卫生事件的危险源、危险区域进行调查、登记、风险评估,定期进行检查、监控,并责令有关单位采取安全防范措施。

省级和设区的市级人民政府应当对本行政区域内容易引发特别重大、重大突发事件的危险源、危险区域进行调查、登记、风险评估,组织进行检查、监控,并责令有关单位采取安全防范措施。

县级以上地方人民政府应当根据情况变化,及时调整危险源、危险区域的登记。登记的危险源、危险区域及其基础信息,应当按照国家有关规定接入突发事件信息系统,并及时向社会公布。

第三十四条 县级人民政府及其有关部门、乡级人民政府、街道办事处、居民委员会、村民委员会应当及时调解处理可能引发社会安全事件的矛盾纠纷。

第三十五条 所有单位应当建立健全安全管理制度,定期开展危险源辨识评估,制定安全防范措施;定期检查本单位各项安全防范措施的落实情况,及时消除事故隐患;掌握并及时处理本单位存在的可能引发社会安全事件的问题,防止矛盾激化和事态扩大;对本单位可能发生的突发事件和采取安全防范措施的情况,应当按照规定及时向所在地人民政府或者有关部门报告。

第三十六条 矿山、金属冶炼、建筑施工单位和易燃易爆物品、危险化学品、放射性物品等危险物品的生产、经营、运输、储存、使用单位,应当制定具体应急预案,配备必要的应急救援器材、设备和物资,并对生产经营场所、有危险物品的建筑物、构筑物及周边环境开展隐患排查,及时采取措施管控风险和消除隐患,防止发生突发事件。

第三十七条 公共交通工具、公共场所和其他人员密集场所的经营单位或者管理单位应当制定具体应急预案,为交通工具和有关场所配备报警装置和必要的应急救援设备、设施,注明其使用方法,并显著标明安全撤离的通道、路线,保证安全通道、出口的畅通。

有关单位应当定期检测、维护其报警装置和应急救援设备、设施,使其处于良好状态,确保正常使用。

第三十八条 县级以上人民政府应当建立健全突发事件应对管理培训制度,对人民政府及其有关部门负有突发事件应对管理职责的工作人员以及居民委员会、村民委员会有关人员定期进行培训。

第三十九条 国家综合性消防救援队伍是应急救援的综合性常备骨干力量,按照国家有关规定执行综合应急救援任务。县级以上人民政府有关部门可以根据实际需要设立专业应急救援队伍。

县级以上人民政府及其有关部门可以建立由成年志愿者组成的应急救援队伍。乡级人民政府、街道办事处和有条件的居民委员会、村民委员会可以建立基层应急救援队伍,及时、就近开展应急救援。单位应当建立由本单位职工组成的专职或者兼职应急救援队伍。

国家鼓励和支持社会力量建立提供社会化应急救援服务的应急救援队伍。社会力量建立的应急救援队伍参与突发事件应对工作应当服从履行统一领导职责或者组织处置突发事件的人民政府、突发事件应急指挥机构的统一指挥。

县级以上人民政府应当推动专业应急救援队伍与非专业应急救援队伍联合培训、联合演练，提高合成应急、协同应急的能力。

第四十条 地方各级人民政府、县级以上人民政府有关部门、有关单位应当为其组建的应急救援队伍购买人身意外伤害保险，配备必要的防护装备和器材，防范和减少应急救援人员的人身伤害风险。

专业应急救援人员应当具备相应的身体条件、专业技能和心理素质，取得国家规定的应急救援职业资格，具体办法由国务院应急管理部门会同国务院有关部门制定。

第四十一条 中国人民解放军、中国人民武装警察部队和民兵组织应当有计划地组织开展应急救援的专门训练。

第四十二条 县级人民政府及其有关部门、乡级人民政府、街道办事处应当组织开展面向社会公众的应急知识宣传普及活动和必要的应急演练。

居民委员会、村民委员会、企业事业单位、社会组织应当根据所在地人民政府的要求，结合各自的实际情况，开展面向居民、村民、职工等的应急知识宣传普及活动和必要的应急演练。

第四十三条 各级各类学校应当把应急教育纳入教育教学计划，对学生及教职工开展应急知识教育和应急演练，培养安全意识，提高自救与互救能力。

教育主管部门应当对学校开展应急教育进行指导和监督，应急管理等部门应当给予支持。

第四十四条 各级人民政府应当将突发事件应对工作所需经费纳入本级预算，并加强资金管理，提高资金使用绩效。

第四十五条 国家按照集中管理、统一调拨、平时服务、灾时应急、采储结合、节约高效的原则，建立健全应急物资储备保障制度，动态更新应急物资储备品种目录，完善重要应急物资的监管、生产、采购、储备、调拨和紧急配送体系，促进安全应急产业发展，优化产业布局。

国家储备物资品种目录、总体发展规划，由国务院发展改革部门会同国务院有关部门拟订。国务院应急管理等部门依据职责制定应急物资储备规划、品种目录，并组织实施。应急物资储备规划应当纳入国家储备总体发展规划。

第四十六条 设区的市级以上人民政府和突发事件易发、多发地区的县级人民政府应当建立应急救援物资、生活必需品和应急处置装备的储备保障制度。

县级以上地方人民政府应当根据本地区的实际情况和突发事件应对工作的需要，依法与有条件的企业签订协议，保障应急救援物资、生活必需品和应急处置装备的生产、供给。有关企业应当根据协议，按照县级以上地方人民政府要求，进行应急救援物资、生活必需品和应急处置装备的生产、供给，并确保符合国家有关产品质量的标准和要求。

国家鼓励公民、法人和其他组织储备基本的应急自救物资和生活必需品。有关部门可以向社会公布相关物资、物品的储备指南和建议清单。

第四十七条 国家建立健全应急运输保障体系，统筹铁路、公路、水运、民航、邮政、快递等运输和服务方式，制定应急运输保障方案，保障应急物资、装备和人员及时运输。

县级以上地方人民政府和有关主管部门应当根据国家应急运输保障方案，结合本地区实际做好应急调度和运力保障，确保运输通道和客货运枢纽畅通。

国家发挥社会力量在应急运输保障中的积极作用。社会力量参与突发事件应急运输保障，应当服从突发事件应急指挥机构的统一指挥。

第四十八条 国家建立健全能源应急保障体系，提高能源安全保障能力，确保受突发事件影响地区的能源供应。

第四十九条 国家建立健全应急通信、应急广播保障体系，加强应急通信系统、应急广播系统建设，确保突发事件应对工作的通信、广播安全畅通。

第五十条 国家建立健全突发事件卫生应急体系，组织开展突发事件中的医疗救治、卫生学调查处置和心理援助等卫生应急工作，有效控制和消除危害。

第五十一条 县级以上人民政府应当加强急救医疗服务网络的建设，配备相应的医疗救治物资、设施设备和人员，提高医疗卫生机构应对各类突发事件的救治能力。

第五十二条 国家鼓励公民、法人和其他组织为突发事件应对工作提供物资、资金、技术支持和捐赠。

接受捐赠的单位应当及时公开接受捐赠的情况和受赠财产的使用、管理情况，接受社会监督。

第五十三条 红十字会在突发事件中，应当对伤病人员和其他受害者提供紧急救援和人道救助，并协助人民政府开展与其职责相关的其他人道主义服务活动。有关人民政府应当给予红十字会支持和资助，保障其依法参与应对突发事件。

慈善组织在发生重大突发事件时开展募捐和救助活动，应当在有关人民政府的统筹协调、有序引导下依法进行。有关人民政府应当通过提供必要的需求信息、政府购买服务等方式，对慈善组织参与应对突发事件、开展应急慈善活动予以支持。

第五十四条 有关单位应当加强应急救援资金、物资的管理，提高使用效率。

任何单位和个人不得截留、挪用、私分或者变相私分应急救援资金、物资。

第五十五条 国家发展保险事业，建立政府支持、社会力量参与、市场化运作的巨灾风险保险体系，并鼓励单位和个人参加保险。

第五十六条 国家加强应急管理基础科学、重点行业领域关键核心技术的研究，加强互联网、云计算、大数据、人工智能等现代技术手段在突发事件应对工作中的应用，鼓励、扶持有条件的教学科研机构、企业培养应急管理人才和科技人才，研发、推广新技术、新材料、新设备和新工具，提高突发事件应对能力。

第五十七条 县级以上人民政府及其有关部门应当建立健全突发事件专家咨询论证制度，发挥专业人员在突发事件应对工作中的作用。

第四章 监测与预警

第五十八条 国家建立健全突发事件监测制度。

县级以上人民政府及其有关部门应当根据自然灾害、事故灾难和公共卫生事件的种类和特点，建立健全基础信息数据库，完善监测网络，划分监测区域，确定监测点，明确监测项目，提供必要的设备、设施，配备专职或者兼职人员，对可能发生的突发事件进行监测。

第五十九条 国务院建立全国统一的突发事件信息系统。

县级以上地方人民政府应当建立或者确定本地区统一的突发事件信息系统，汇集、储存、分析、传输有关突发事件的信息，并与上级人民政府及其有关部门、下级人民政府及其有关部门、专业机构、监测网点和重点企业的突发事件信息系统实现互联互通，加强跨部门、跨地区的信息共享与情报合作。

第六十条 县级以上人民政府及其有关部门、专业机构应当通过多种途径收集突发事件信息。

县级人民政府应当在居民委员会、村民委员会和有关单位建立专职或者兼职信息报告员制度。

公民、法人或者其他组织发现发生突发事件，或者发现可能发生突发事件的异常情况，应当立即向所在地人民政府、有关主管部门或者指定的专业机构报告。接到报告的单位应当按照规定立即核实处理，对于不属于其职责的，应当立即移送相关单位核实处理。

第六十一条 地方各级人民政府应当按照国家有关规定向上级人民政府报送突发事件信息。县级以上人民政府有关主管部门应当向本级人民政府相关部门通报突发事件信息，并报告上级人民政府主管部门。专业机构、监测网点和信息报告员应当及时向所在地人民政府及其有关主管部门报告突发事件信息。

有关单位和人员报送、报告突发事件信息，应当做到及时、客观、真实，不得迟报、谎报、瞒报、漏报，不得授意他人迟报、谎报、瞒报，不得阻碍他人报告。

第六十二条 县级以上地方人民政府应当及时汇总分析突发事件隐患和监测信息，必要时组织相关部门、专业技术人员、专家学者进行会商，对发生突发事件的可能性及其可能造成的影响进行评估；认为可能发生重大或者特别重大突发事件的，应当立即向上级人民政府报告，并向上级人民政府有关部门、当地驻军和可能受到危害的毗邻或者相关地区的人民政府通报，及时采取预防措施。

第六十三条 国家建立健全突发事件预警制度。

可以预警的自然灾害、事故灾难和公共卫生事件的预警级别，按照突发事件发生的紧急程度、发展势态和可能造成的危害程度分为一级、二级、三级和四级，分别用红色、橙色、黄色和蓝色标示，一级为最高级别。

预警级别的划分标准由国务院或者国务院确定的部门制定。

第六十四条 可以预警的自然灾害、事故灾难或者公共卫生事件即将发生或者发生的可能性增大时，县级以上地方人民政府应当根据有关法律、行政法规和国务院规定的权限和程序，发布相应级别的警报，决定并宣布有关地区进入预警期，同时向上一级人民政府报告，必要时可以越级上报；具备条件的，应当进行网络直报或者自动速报；同时向当地驻军和可能受到危害的毗邻或者相关地区的人民政府通报。

发布警报应当明确预警类别、级别、起始时间、可能影响的范围、警示事项、应当采取的措施、发布单位和发布时间等。

第六十五条 国家建立健全突发事件预警发布平台，按照有关规定及时、准确向社会发布突发事件预警信息。

广播、电视、报刊以及网络服务提供者、电信运营商应当按照国家有关规定，建立突发事件预警信息快速发布通道，及时、准确、无偿播发或者刊载突发事件预警信息。

公共场所和其他人员密集场所，应当指定专门人员负责突发事件预警信息接收和传播工作，做好相关设备、设施维护，确保突发事件预警信息及时、准确接收和传播。

第六十六条 发布三级、四级警报，宣布进入预警期后，县级以上地方人民政府应当根据即将发生的突发事件的特点和可能造成的危害，采取下列措施：

（一）启动应急预案；

（二）责令有关部门、专业机构、监测网点和负有特定职责的人员及时收集、报告有关信息，向社会公布反映突发事件信息的渠道，加强对突发事件发生、发展情况的监测、预报和预警工作；

（三）组织有关部门和机构、专业技术人员、有关专家学者，随时对突发事件信息进行分析评估，预测发生突发事件可能性的大小、影响范围和强度以及可能发生的突发事件的级别；

（四）定时向社会发布与公众有关的突发事件预测信息和分析评估结果，并对相关信息的报道工作进行管理；

（五）及时按照有关规定向社会发布可能受到突发事件危害的警告，宣传避免、减轻危害的常识，公布咨询或者求助电话等联络方式和渠道。

第六十七条 发布一级、二级警报，宣布进入预警期后，县级以上地方人民政府除采取本法第六十六条规定的措施外，还应当针对即将发生的突发事件的特点和可能造成的危害，采取下列一项或者多项措施：

（一）责令应急救援队伍、负有特定职责的人员进入待命状态，并动员后备人员做好参加应急救援和处置工作的准备；

（二）调集应急救援所需物资、设备、工具，准备应急设施和应急避难、封闭隔离、紧急医疗救治等场所，并确保其处于良好状态，随时可以投入正常使用；

（三）加强对重点单位、重要部位和重要基础设施的安全保卫，维护社会治安秩序；

（四）采取必要措施，确保交通、通信、供水、排水、供电、供气、供热、医疗卫生、广播电视、气象等公共设施的安全和正常运行；

（五）及时向社会发布有关采取特定措施避免或者减轻危害的建议、劝告；

（六）转移、疏散或者撤离易受突发事件危害的人员并予以妥善安置，转移重要财产；

（七）关闭或者限制使用易受突发事件危害的场所，控制或者限制容易导致危害扩大的公共场所的活动；

（八）法律、法规、规章规定的其他必要的防范性、保护性措施。

第六十八条 发布警报，宣布进入预警期后，县级以上人民政府应当对重要商品和服务市场情况加强监测，根据实际需要及时保障供应、稳定市场。必要时，国务院和省、自治区、直辖市人民政府可以按照《中华人民共和国价格法》等有关法律规定采取相应措施。

第六十九条 对即将发生或者已经发生的社会安全事件，县级以上地方人民政府及其有关主管部门应当按照规定向上一级人民政府及其有关主管部门报告，必要时可以越级上报，具备条件的，应当进行网络直报或者自动速报。

第七十条 发布突发事件警报的人民政府应当根据事态的发展，按照有关规定适时调整预警级别并重新发布。

有事实证明不可能发生突发事件或者危险已经解除的，发布警报的人民政府应当立即宣布解除警报，终止预警期，并解除已经采取的有关措施。

第五章 应急处置与救援

第七十一条 国家建立健全突发事件应急响应制度。

突发事件的应急响应级别，按照突发事件的性质、特点、可能造成的危害程度和影响范围等因素分为一级、二级、三级和四级，一级为最高级别。

突发事件应急响应级别划分标准由国务院或者国务院确定的部门制定。县级以上人民政府及其有关部门应当在突发事件应急预案中确定应急响应级别。

第七十二条 突发事件发生后，履行统一领导职责或者组织处置突发事件的人民政府应当针对其性质、特点、危害程度和影响范围等，立即启动应急响应，组织有关部门，调动应急救援队伍和社会力量，依照法律、法规、规章和应急预案的规定，采取应急处置措施，并向上级人民政府报告；必要时，可以设立现场指挥部，负责现场应急处置与救援，统一指挥进入突发事件现场的单位和个人。

启动应急响应，应当明确响应事项、级别、预计期限、应急处置措施等。

履行统一领导职责或者组织处置突发事件的人民政府，应当建立协调机制，提供需求信息，引导志愿服务组织和志愿者等社会力量及时有序参与应急处置与救援工作。

第七十三条 自然灾害、事故灾难或者公共卫生事件发生后，履行统一领导职责的人民政府应当采取下列一项或者多项应急处置措施：

（一）组织营救和救治受害人员，转移、疏散、撤离并妥善安置受到威胁的人员以及采取其他救助措施；

（二）迅速控制危险源，标明危险区域，封锁危险场所，划定警戒区，实行交通管制、限制人员流动、封闭管理以及其他控制措施；

（三）立即抢修被损坏的交通、通信、供水、排水、供电、供气、供热、医疗卫生、广播电视、气象等公共设施，向受到危害的人员提供避难场所和生活必需品，实施医疗救护和卫生防疫以及其他保障措施；

（四）禁止或者限制使用有关设备、设施，关闭或者限制使用有关场所，中止人员密集的活动或者可能导致危害扩大的生产经营活动以及采取其他保护措施；

（五）启用本级人民政府设置的财政预备费和储备的应急救援物资，必要时调用其他急需物资、设备、设施、工具；

（六）组织公民、法人和其他组织参加应急救援和处置工作，要求具有特定专长的人员提供服务；

（七）保障食品、饮用水、药品、燃料等基本生活必需品的供应；

（八）依法从严惩处囤积居奇、哄抬价格、牟取暴利、制假售假等扰乱市场秩序的行为，维护市场秩序；

（九）依法从严惩处哄抢财物、干扰破坏应急处置工作等扰乱社会秩序的行为，维护社会治安；

（十）开展生态环境应急监测，保护集中式饮用水水源地等环境敏感目标，控制和处置污染物；

（十一）采取防止发生次生、衍生事件的必要措施。

第七十四条 社会安全事件发生后，组织处置工作的人民政府应当立即启动应急响应，组织有关部门针对事件的性质和特点，依照有关法律、行政法规和国家其他有关规定，采取下列一项或者多项应急处置措施：

（一）强制隔离使用器械相互对抗或者以暴力行为参与冲突的当事人，妥善解决现场纠纷和争端，控制事态发展；

（二）对特定区域内的建筑物、交通工具、设备、设施以及燃料、燃气、电力、水的供应进行控制；

（三）封锁有关场所、道路，查验现场人员的身份证件，限制有关公共场所内的活动；

（四）加强对易受冲击的核心机关和单位的警卫，在国家机关、军事机关、国家通讯社、广播电台、电视台、外国驻华使领馆等单位附近设置临时警戒线；

（五）法律、行政法规和国务院规定的其他必要措施。

第七十五条 发生突发事件，严重影响国民经济正常运行时，国务院或者国务院授权的有关主管部门可以采取保障、控制等必要的应急措施，保障人民群众的基本生活需要，最大限度地减轻突发事件的影响。

第七十六条 履行统一领导职责或者组织处置突发事件的人民政府及其有关部门，必要时可以向单位和个人征用应急救援所需设备、设施、场地、交通工具和其他物资，请求其他地方人民政府及其有关部门提供人力、物力、财力或者技术支援，要求生产、供应生活必需品和应急救援物资的企业组织生产、保证供给，要求提供医疗、交通等公共服务的组织提供相应的服务。

履行统一领导职责或者组织处置突发事件的人民政府和有关主管部门，应当组织协调运输经营单位，优先运送处置突发事件所需物资、设备、工具、应急救援人员和受到突发事件危害的人员。

履行统一领导职责或者组织处置突发事件的人民政府及其有关部门，应当为受突发事件影响无人照料的无民事行为能力人、限制民事行为能力人提供及时有效帮助；建立健全联系帮扶应急救援人员家庭制度，帮助解决实际困难。

第七十七条 突发事件发生地的居民委员会、村民委员会和其他组织应当按照当地人民政府的决定、命令，进行宣传动员，组织群众开展自救与互救，协助维护社会秩序；情况紧急的，应当立即组织群众开展自救与互救等先期处置工作。

第七十八条 受到自然灾害危害或者发生事故灾难、公共卫生事件的单位，应当立即组织本单位应急救援队伍和工作人员营救受害人员，疏散、撤离、安置受到威胁的人员，控制危险源，标明危险区域，封锁危险场所，并采取其他防止危害扩大的必要措施，同时向所在地县级人民政府报告；对因本单位的问题引发的或者主体是本单位人员的社会安全事件，有关单位应当按照规定上报情况，并迅速派出负责人赶赴现场开展劝解、疏导工作。

突发事件发生地的其他单位应当服从人民政府发布

的决定、命令，配合人民政府采取的应急处置措施，做好本单位的应急救援工作，并积极组织人员参加所在地的应急救援和处置工作。

第七十九条 突发事件发生地的个人应当依法服从人民政府、居民委员会、村民委员会或者所属单位的指挥和安排，配合人民政府采取的应急处置措施，积极参加应急救援工作，协助维护社会秩序。

第八十条 国家支持城乡社区组织健全应急工作机制，强化城乡社区综合服务设施和信息平台应急功能，加强与突发事件信息系统数据共享，增强突发事件应急处置中保障群众基本生活和服务群众能力。

第八十一条 国家采取措施，加强心理健康服务体系和人才队伍建设，支持引导心理健康服务人员和社会工作者对受突发事件影响的各类人群开展心理健康教育、心理评估、心理疏导、心理危机干预、心理行为问题诊治等心理援助工作。

第八十二条 对于突发事件遇难人员的遗体，应当按照法律和国家有关规定，科学规范处置，加强卫生防疫，维护逝者尊严。对于逝者的遗物应当妥善保管。

第八十三条 县级以上人民政府及其有关部门根据突发事件应对工作需要，在履行法定职责所必需的范围和限度内，可以要求公民、法人和其他组织提供应急处置与救援需要的信息。公民、法人和其他组织应当予以提供，法律另有规定的除外。县级以上人民政府及其有关部门对获取的相关信息，应当严格保密，并依法保护公民的通信自由和通信秘密。

第八十四条 在突发事件应急处置中，有关单位和个人因依照本法规定配合突发事件应对工作或者履行相关义务，需要获取他人个人信息的，应当依照法律规定的程序和方式取得并确保信息安全，不得非法收集、使用、加工、传输他人个人信息，不得非法买卖、提供或者公开他人个人信息。

第八十五条 因依法履行突发事件应对工作职责或者义务获取的个人信息，只能用于突发事件应对，并在突发事件应对工作结束后予以销毁。确因依法作为证据使用或者调查评估需要留存或者延期销毁的，应当按照规定进行合法性、必要性、安全性评估，并采取相应保护和处理措施，严格依法使用。

第六章 事后恢复与重建

第八十六条 突发事件的威胁和危害得到控制或者消除后，履行统一领导职责或者组织处置突发事件的人民政府应当宣布解除应急响应，停止执行依照本法规定采取的应急处置措施，同时采取或者继续实施必要措施，防止发生自然灾害、事故灾难、公共卫生事件的次生、衍生事件或者重新引发社会安全事件，组织受影响地区尽快恢复社会秩序。

第八十七条 突发事件应急处置工作结束后，履行统一领导职责的人民政府应当立即组织对突发事件造成的影响和损失进行调查评估，制定恢复重建计划，并向上一级人民政府报告。

受突发事件影响地区的人民政府应当及时组织和协调应急管理、卫生健康、公安、交通、铁路、民航、邮政、电信、建设、生态环境、水利、能源、广播电视等有关部门恢复社会秩序，尽快修复被损坏的交通、通信、供水、排水、供电、供气、供热、医疗卫生、水利、广播电视等公共设施。

第八十八条 受突发事件影响地区的人民政府开展恢复重建工作需要上一级人民政府支持的，可以向上一级人民政府提出请求。上一级人民政府应当根据受影响地区遭受的损失和实际情况，提供资金、物资支持和技术指导，组织协调其他地区和有关方面提供资金、物资和人力支援。

第八十九条 国务院根据受突发事件影响地区遭受损失的情况，制定扶持该地区有关行业发展的优惠政策。

受突发事件影响地区的人民政府应当根据本地区遭受的损失和采取应急处置措施的情况，制定救助、补偿、抚慰、抚恤、安置等善后工作计划并组织实施，妥善解决因处置突发事件引发的矛盾纠纷。

第九十条 公民参加应急救援工作或者协助维护社会秩序期间，其所在单位应当保证其工资待遇和福利不变，并可以按照规定给予相应补助。

第九十一条 县级以上人民政府对在应急救援工作中伤亡的人员依法落实工伤待遇、抚恤或者其他保障政策，并组织做好应急救援工作中致病人员的医疗救治工作。

第九十二条 履行统一领导职责的人民政府在突发事件应对工作结束后，应当及时查明突发事件的发生经过和原因，总结突发事件应急处置工作的经验教训，制定改进措施，并向上一级人民政府提出报告。

第九十三条 突发事件应对工作中有关资金、物资的筹集、管理、分配、拨付和使用等情况，应当依法接受审计机关的审计监督。

第九十四条 国家档案主管部门应当建立健全突发事件应对工作相关档案收集、整理、保护、利用工作机制。

突发事件应对工作中形成的材料,应当按照国家规定归档,并向相关档案馆移交。

第七章　法律责任

第九十五条　地方各级人民政府和县级以上人民政府有关部门违反本法规定,不履行或者不正确履行法定职责的,由其上级行政机关责令改正;有下列情形之一,由有关机关综合考虑突发事件发生的原因、后果、应对处置情况、行为人过错等因素,对负有责任的领导人员和直接责任人员依法给予处分:

(一)未按照规定采取预防措施,导致发生突发事件,或者未采取必要的防范措施,导致发生次生、衍生事件的;

(二)迟报、谎报、瞒报、漏报或者授意他人迟报、谎报、瞒报以及阻碍他人报告有关突发事件的信息,或者通报、报送、公布虚假信息,造成后果的;

(三)未按照规定及时发布突发事件警报、采取预警期的措施,导致损害发生的;

(四)未按照规定及时采取措施处置突发事件或者处置不当,造成后果的;

(五)违反法律规定采取应对措施,侵犯公民生命健康权益的;

(六)不服从上级人民政府对突发事件应急处置工作的统一领导、指挥和协调的;

(七)未及时组织开展生产自救、恢复重建等善后工作的;

(八)截留、挪用、私分或者变相私分应急救援资金、物资的;

(九)不及时归还征用的单位和个人的财产,或者对被征用财产的单位和个人不按照规定给予补偿的。

第九十六条　有关单位有下列情形之一,由所在地履行统一领导职责的人民政府有关部门责令停产停业,暂扣或者吊销许可证件,并处五万元以上二十万元以下的罚款;情节特别严重的,并处二十万元以上一百万元以下的罚款:

(一)未按照规定采取预防措施,导致发生较大以上突发事件的;

(二)未及时消除已发现的可能引发突发事件的隐患,导致发生较大以上突发事件的;

(三)未做好应急物资储备和应急设备、设施日常维护、检测工作,导致发生较大以上突发事件或者突发事件危害扩大的;

(四)突发事件发生后,不及时组织开展应急救援工作,造成严重后果的。

其他法律对前款行为规定了处罚的,依照较重的规定处罚。

第九十七条　违反本法规定,编造并传播有关突发事件的虚假信息,或者明知是有关突发事件的虚假信息而进行传播的,责令改正,给予警告;造成严重后果的,依法暂停其业务活动或者吊销其许可证件;负有直接责任的人员是公职人员的,还应当依法给予处分。

第九十八条　单位或者个人违反本法规定,不服从所在地人民政府及其有关部门依法发布的决定、命令或者不配合其依法采取的措施的,责令改正;造成严重后果的,依法给予行政处罚;负有直接责任的人员是公职人员的,还应当依法给予处分。

第九十九条　单位或者个人违反本法第八十四条、第八十五条关于个人信息保护规定的,由主管部门依照有关法律规定给予处罚。

第一百条　单位或者个人违反本法规定,导致突发事件发生或者危害扩大,造成人身、财产或者其他损害的,应当依法承担民事责任。

第一百零一条　为了使本人或者他人的人身、财产免受正在发生的危险而采取避险措施的,依照《中华人民共和国民法典》、《中华人民共和国刑法》等法律关于紧急避险的规定处理。

第一百零二条　违反本法规定,构成违反治安管理行为的,依法给予治安管理处罚;构成犯罪的,依法追究刑事责任。

第八章　附　则

第一百零三条　发生特别重大突发事件,对人民生命财产安全、国家安全、公共安全、生态环境安全或者社会秩序构成重大威胁,采取本法和其他有关法律、法规、规章规定的应急处置措施不能消除或者有效控制、减轻其严重社会危害,需要进入紧急状态的,由全国人民代表大会常务委员会或者国务院依照宪法和其他有关法律规定的权限和程序决定。

紧急状态期间采取的非常措施,依照有关法律规定执行或者由全国人民代表大会常务委员会另行规定。

第一百零四条　中华人民共和国领域外发生突发事件,造成或者可能造成中华人民共和国公民、法人和其他组织人身伤亡、财产损失的,由国务院外交部门会同国务院其他有关部门、有关地方人民政府,按照国家有关规定做好应对工作。

第一百零五条　在中华人民共和国境内的外国人、

无国籍人应当遵守本法，服从所在地人民政府及其有关部门依法发布的决定、命令，并配合其依法采取的措施。

第一百零六条 本法自 2024 年 11 月 1 日起施行。

国务院办公厅关于加强基层应急队伍建设的意见

- 2009 年 10 月 18 日
- 国办发〔2009〕59 号

各省、自治区、直辖市人民政府，国务院各部委、各直属机构：

基层应急队伍是我国应急体系的重要组成部分，是防范和应对突发事件的重要力量。多年来，我国基层应急队伍不断发展，在应急工作中发挥着越来越重要的作用。但是，各地基层应急队伍建设中还存在着组织管理不规范、任务不明确、进展不平衡等问题。为贯彻落实突发事件应对法，进一步加强基层应急队伍建设，经国务院同意，提出如下意见：

一、基本原则和建设目标

（一）基本原则。坚持专业化与社会化相结合，着力提高基层应急队伍的应急能力和社会参与程度；坚持立足实际、按需发展，兼顾县乡级政府财力和人力，充分依托现有资源，避免重复建设；坚持统筹规划、突出重点，逐步加强和完善基层应急队伍建设，形成规模适度、管理规范的基层应急队伍体系。

（二）建设目标。通过三年左右的努力，县级综合性应急救援队伍基本建成，重点领域专业应急救援队伍得到全面加强；乡镇、街道、企业等基层组织和单位应急救援队伍普遍建立，应急志愿服务进一步规范，基本形成统一领导、协调有序、专兼并存、优势互补、保障有力的基层应急队伍体系，应急救援能力基本满足本区域和重点领域突发事件应对工作需要，为最大程度地减少突发事件及其造成的人员财产损失，维护国家安全和社会稳定提供有力保障。

二、加强基层综合性应急救援队伍建设

（一）全面建设县级综合性应急救援队伍。各县级人民政府要以公安消防队伍及其他优势专业应急救援队伍为依托，建立或确定"一专多能"的县级综合性应急救援队伍，在相关突发事件发生后，立即开展救援处置工作。综合性应急救援队伍除承担消防工作以外，同时承担综合性应急救援任务，包括地震等自然灾害，建筑施工事故、道路交通事故、空难等生产安全事故，恐怖袭击、群众遇险等社会安全事件的抢险救援任务，同时协助有关专业队伍做好水旱灾害、气象灾害、地质灾害、森林草原火灾、生物灾害、矿山事故、危险化学品事故、水上事故、环境污染、核与辐射事故和突发公共卫生事件等突发事件的抢险救援工作。各地要根据本行政区域特点和需要，制订综合性应急救援队伍建设方案，细化队伍职责，配备必要的物资装备，加强与专业队伍互动演练，提高队伍综合应急能力。

（二）深入推进街道、乡镇综合性应急救援队伍建设。街道、乡镇要充分发挥民兵、预备役人员、保安员、基层警务人员、医务人员等有相关救援专业知识和经验人员的作用，在防范和应对气象灾害、水旱灾害、地震灾害、地质灾害、森林草原火灾、生产安全事故、环境突发事件、群体性事件等方面发挥就近优势，在相关应急指挥机构组织下开展先期处置，组织群众自救互救，参与抢险救灾、人员转移安置，维护社会秩序，配合专业应急救援队伍做好各项保障，协助有关方面做好善后处置、物资发放等工作。同时发挥信息员作用，发现突发事件苗头及时报告，协助做好预警信息传递、灾情收集上报、灾情评估等工作，参与有关单位组织的隐患排查整改。街道办事处、乡镇政府要加强队伍的建设和管理，严明组织纪律，经常性地开展应急培训，提高队伍的综合素质和应急保障能力。

三、完善基层专业应急救援队伍体系

各地要在全面加强各专业应急救援队伍建设同时，组织动员社会各方面力量重点加强以下几个方面工作：

（一）加强基层防汛抗旱队伍组建工作。水旱灾害常发地区和重点流域的县、乡级人民政府，要组织民兵、预备役人员、农技人员、村民和相关单位人员参加，组建县、乡级防汛抗旱队伍。防汛抗旱重点区域和重要地段的村委会，要组织本村村民和属地相关单位人员参加，组建村防汛抗旱队伍。基层防汛抗旱队伍要在当地防汛抗旱指挥机构的统一组织下，开展有关培训和演练工作，做好汛期巡堤查险和险情处置，做到有旱抗旱，有汛防汛。充分发挥社会各方面作用，合理储备防汛抗旱物资，建立高效便捷的物资、装备调用机制。

（二）深入推进森林草原消防队伍建设。县乡级人民政府、村委会、国有林（农）场、森工企业、自然保护区和森林草原风景区等，要组织本单位职工、社会相关人员建立森林草原消防队伍。各有关方面要加强森林草原扑火装备配套，开展防扑火技能培训和实战演练。要建立基层森林草原消防队伍与公安消防、当地驻军、预备役部队、武警部队和森林消防力量的联动机制，满足防扑火工作需要。地方政府要对基层森林草原消防队伍装备建设

给予补助。

（三）加强气象灾害、地质灾害应急队伍建设。县级气象部门要组织村干部和有经验的相关人员组建气象灾害应急队伍，主要任务是接收和传达预警信息，收集并向相关方面报告灾害性天气实况和灾情，做好台风、强降雨、大风、沙尘暴、冰雹、雷电等极端天气防范的科普知识宣传工作，参与本社区、村镇气象灾害防御方案的制订以及应急处置和调查评估等工作。地质灾害应急队伍的主要任务是参与各类地质灾害的群防群控，开展防范知识宣传，隐患和灾情等信息报告，组织遇险人员转移，参与地质灾害抢险救灾和应急处置等工作。容易受气象、地质灾害影响的乡村、企业、学校等基层组织单位，要在气象、地质部门的组织下，明确参与应急队伍的人员及其职责，定期开展相关知识培训。气象灾害和地质灾害基层应急队伍工作经费，由地方政府给予保障。

（四）加强矿山、危险化学品应急救援队伍建设。煤矿和非煤矿山、危险化学品单位应当依法建立由专职或兼职人员组成的应急救援队伍。不具备单独建立专业应急救援队伍的小型企业，除建立兼职应急救援队伍外，还应当与邻近建有专业救援队伍的企业签订救援协议，或者联合建立专业应急救援队伍。应急救援队伍在发生事故时要及时组织开展抢险救援，平时开展或协助开展风险隐患排查。加强应急救援队伍的资质认定管理。矿山、危险化学品单位属地县、乡级人民政府要组织建立队伍调运机制，组织队伍参加社会化应急救援。应急救援队伍建设及演练工作经费在企业安全生产费用中列支，在矿山、危险化学品工业集中的地方，当地政府可给予适当经费补助。

（五）推进公用事业保障应急队伍建设。县级以下电力、供水、排水、燃气、供热、交通、市容环境等主管部门和基础设施运营单位，要组织本区域有关企事业单位懂技术和有救援经验的职工，分别组建公用事业保障应急队伍，承担相关领域突发事件应急抢险救援任务。重要基础设施运营单位要组建本单位运营保障应急队伍。要充分发挥设计、施工和运行维护人员在应急抢险中的作用，配备应急抢修的必要机具、运输车辆和抢险救灾物资，加强人员培训，提高安全防护、应急抢修和交通运输保障能力。

（六）强化卫生应急队伍建设。县级卫生行政部门要根据突发事件类型和特点，依托现有医疗卫生机构，组建卫生应急队伍，配备必要的医疗救治和现场处置设备，承担传染病、食物中毒和急性职业中毒、群体性不明原因疾病等突发公共卫生事件应急处置和其他突发事件受伤人员医疗救治及卫生学处理，以及相应的培训、演练任务。城市医疗卫生机构要与县级或乡镇医疗卫生机构建立长期对口协作关系，把帮助组建基层应急队伍作为对口支援重要内容。卫生应急队伍的装备配备、培训、演练和卫生应急处置等工作费用由地方政府给予支持。

（七）加强重大动物疫情应急队伍建设。县级人民政府建立由当地兽医、卫生、公安、工商、质检和林业行政管理人员，动物防疫和野生动物保护工作人员，有关专家等组成的动物疫情应急队伍，具体承担家禽和野生动物疫情的监测、控制和扑灭任务。要保持队伍的相对稳定，定期进行技术培训和应急演练，同时加强应急监测和应急处置所需的设施设备建设及疫苗、药品、试剂和防护用品等物资储备，提高队伍应急能力。

四、完善基层应急队伍管理体制机制和保障制度

（一）进一步明确组织领导责任。地方各级人民政府是推进基层应急队伍建设工作的责任主体。县级人民政府要对县级综合性应急救援队伍和专业应急救援队伍建设进行规划，确定各街道、乡镇综合性应急救援队伍和专业应急救援队伍的数量和规模。各有关部门要强化支持政策的研究并加强指导，加强对基层应急队伍建设的督促检查。公安、国土资源、交通、水利、林业、气象、安全监管、环境、电力、通信、建设、卫生、农业等有关部门要明确推进本行业基层应急队伍建设的具体措施，各有关部门要按照各自职责指导推进基层应急队伍组建工作。

（二）完善基层应急队伍运行机制。各基层应急队伍组成人员平时在各自单位工作，发生突发事件后，立即集结到位，在当地政府或应急现场指挥部的统一领导下，按基层应急管理机构安排开展应急处置工作。县乡级人民政府及其有关部门要切实加强基层综合队伍、专业队伍和志愿者队伍之间的协调配合，建立健全相关应急预案，完善工作制度，实现信息共享和应急联动。同时，建立健全基层应急队伍与其他各类应急队伍及装备统一调度、快速运送、合理调配、密切协作的工作机制，经常性地组织各类队伍开展联合培训和演练，形成有效处置突发事件的合力。

（三）积极动员社会力量参与应急工作。通过多种渠道，努力提高基层应急队伍的社会化程度。充分发挥街道、乡镇等基层组织和企事业单位的作用，建立群防群治队伍体系，加强知识培训。鼓励现有各类志愿者组织在工作范围内充实和加强应急志愿服务内容，为社会各界力量参与应急志愿服务提供渠道。有关专业应急管理部门要发挥各自优势,把具有相关专业知识和技能的志愿者纳入应急救援队伍。发挥共青团和红十字会作用,建立青年志愿者和红十字志愿者应急救援队伍,开展科普宣教和辅助救援工作。应急志愿者组建单位要建立志愿者信息库,并加强对志愿者的培训和管理。地方政府根据情况对志愿者队伍建设给予适当支持。

(四)加大基层应急队伍经费保障力度。县、乡两级综合性应急救援队伍和有关专业应急救援队伍建设与工作经费要纳入同级财政预算。按照政府补助、组建单位自筹、社会捐赠相结合等方式,建立基层应急救援队伍经费渠道。

(五)完善基层应急队伍建设相关政策。认真研究解决基层应急队伍工作中的实际困难,落实基层应急救援队员医疗、工伤、抚恤,以及应急车辆执行应急救援任务时的免交过路费等政策措施。鼓励社团组织和个人参加基层应急队伍,研究完善民间应急救援组织登记管理制度,鼓励民间力量参与应急救援。研究制订基层应急救援队伍装备标准并配备必要装备。对在应急管理、应急队伍建设工作中做出突出贡献的集体和个人,按照国家有关规定给予表彰奖励。开展基层应急队伍建设示范工作,推动基层应急管理水平不断提高。

安全生产预防及应急专项资金管理办法

- 2016年5月26日
- 财建〔2016〕280号

第一条 为规范安全生产预防及应急专项资金管理,提高财政资金使用效益,根据《中华人民共和国预算法》等有关规定,制定本办法。

第二条 本办法所称安全生产预防及应急专项资金(以下简称专项资金)是指中央财政通过一般公共预算和国有资本经营预算安排,专门用于支持全国性的安全生产预防工作和国家级安全生产应急能力建设等方面的资金。

第三条 专项资金旨在引导加大安全生产预防和应急投入,加快排除安全隐患,解决历史遗留问题,强化安全生产基础能力建设,形成安全生产保障长效机制,促使安全生产形势稳定向好。

第四条 专项资金暂定三年,财政部会同国家安全生产监督管理总局及时组织政策评估,适时调整完善或取消专项资金政策。

第五条 专项资金实行专款专用,专项管理。其他中央财政资金已安排事项,专项资金不再重复安排。

第六条 专项资金由财政部门会同安全监管部门负责管理。财政部门负责专项资金的预算管理和资金拨付,会同安全监管部门对专项资金的使用情况和实施效果等加强绩效管理。

第七条 专项资金支持范围包括:

(一)全国性的安全生产预防工作。加快推进油气管道、危险化学品、矿山等重点领域重大隐患整治等。

(二)全国安全生产"一张图"建设。建设包括在线监测、预警、调度和监管执法等在内的国家安全生产风险预警与防控体系,在全国实现互联互通、信息共享。

(三)国家级应急救援队伍(基地)建设及运行维护等。包括跨区域应急救援基地建设、应急演练能力建设、安全素质提升工程及已建成基地和设施运行维护等。

(四)其他促进安全生产工作的有关事项。

财政部会同国家安全生产监督管理总局根据党中央、国务院有关安全生产工作的决策部署,适时调整专项资金支持的方向和重点领域。

第八条 国家安全生产监督管理总局确定总体方案和目标任务,地方安全监管部门及煤矿安全监察机构根据目标任务会同同级财政部门、中央企业(如涉及)在规定时间内编制完成实施方案和绩效目标,报送国家安全生产监督管理总局、财政部。具体事宜由国家安全生产监督管理总局印发工作通知明确。

第九条 国家安全生产监督管理总局在确定总体方案和目标任务的基础上提出专项资金分配建议,财政部综合考虑资金需求和年度预算规模等下达专项资金。

国家级应急救援队伍(基地)建设及运行维护等支出,主要通过中央国有资本经营预算支持,并应当符合国有资本经营预算管理相关规定;其他事项通过一般公共预算补助地方。

第十条 通过一般公共预算补助地方的专项资金应根据以下方式进行测算:

某地区分配数额=Σ【某项任务本年度专项资金补助规模×补助比例×(本年度该地区该项任务量/本年度相同补助比例地区该项任务总量)】

某项任务年度专项资金补助规模由国家安全生产监督管理总局根据轻重缓急、前期工作基础、工作进展总体情况等提出建议,适时调整。鼓励对具备实施条件、进展较快的事项集中支持,加快收尾。

补助比例主要考虑区域和行业差异等因素,一般分为四档:第一档比例为10%-15%,第二档为15%-25%,第三档为25%-30%,第四档为30%-40%,四档比例之和为100%。

第十一条 地方财政部门收到补助地方的专项资金后，应会同同级安全监管部门及时按要求将专项资金安排到具体项目，并按照政府机构、事业单位和企业等分类明确专项资金补助对象。

采用事后补助方式安排的专项资金应当用于同类任务支出。

第十二条 专项资金支付按照财政国库管理制度有关规定执行。

第十三条 各级财政部门应会同同级安全监管部门加强绩效监控、绩效评价和资金监管，强化绩效评价结果应用，对发现的问题及时督促整改，对违反规定，截留、挤占、挪用专项资金的行为，依照《预算法》、《财政违法行为处罚处分条例》规定处理。

第十四条 地方财政部门应会同同级安全监管部门制定专项资金管理实施细则，并及时将专项资金分配结果向社会公开。

第十五条 财政部驻各地财政监察专员办事处按照财政部要求开展预算监管工作。

第十六条 本办法由财政部会同国家安全生产监督管理总局负责解释。

第十七条 本办法自颁布之日起施行。

安全生产预防及应急专项资金绩效管理暂行办法

- 2018年2月6日
- 财建〔2018〕3号

第一章　总　则

第一条 为加强中央财政安全生产预防及应急专项资金（以下简称专项资金）绩效管理，提高资金使用效率，增强财政政策效益，根据《中华人民共和国预算法》、《财政部关于推进预算绩效管理的指导意见》（财预〔2011〕416号）、《安全生产预防及应急专项资金管理办法》（财建〔2016〕842号）等有关规定，制定本办法。

第二条 本办法所称绩效管理，是指财政部门会同安全监管监察部门对专项资金实施绩效目标管理、绩效目标执行监控、绩效评价和评价结果反馈与应用。

第三条 绩效管理对象是已纳入专项资金（包含一般公共预算和中央国有资本经营预算）支持范围的项目。

第四条 财政部会同国家安全监管总局负责对绩效管理工作进行指导和监督。

对专项资金转移支付到地方的部分，由省级财政部门会同同级安全监管监察部门负责具体实施；专项资金通过中央国有资本经营预算安排到中央企业的部分，由国家应急救援单位按照本办法并结合中央国有资本经营预算管理有关规定负责具体实施；专项资金安排到中央部门的部分，由国家安全监管总局按照预算管理有关规定具体实施。

第五条 绩效管理工作遵循公开、公平、公正的原则。

第二章　绩效目标管理

第六条 绩效目标管理包括绩效目标及指标的设定、下达、分解等。

第七条 绩效目标遵循科学合理、指向明确、量化可行的原则设定。国家安全监管总局根据党中央、国务院关于安全生产工作的决策部署以及预算编制有关要求设定各地区绩效目标。

第八条 国家安全监管总局将设定的各地区绩效目标转财政部，财政部下达相关省份专项资金预算时同步下达各地区绩效目标，并抄送财政部驻当地财政监察专员办事处。

第九条 省级财政部门会同同级安全监管监察部门在分配专项资金时同步分解项目绩效目标。

第三章　绩效目标执行监控

第十条 绩效目标执行监控是指定期对绩效目标实现情况进行采集和汇总分析，跟踪查找执行中的薄弱环节，及时弥补管理漏洞，改进完善相关工作。

第十一条 绩效目标执行监控内容主要包括项目实施进度、预算执行进度、地方及社会投入等重点绩效目标实现情况以及地方为此开展的工作、采取的措施等。

第十二条 省级财政部门会同同级安全监管监察部门对目标执行情况进行审核，通过财政专项建设资金网填报绩效目标执行监控情况。财政部会同国家安全监管总局定期汇总分析绩效目标执行监控信息。

地方根据下达的绩效目标安排资金使用方向，如确需调整的，应在执行过程中按程序报国家安全监管总局确认。

第四章　绩效评价

第十三条 绩效评价主要是对项目决策、管理、产出、效果等进行综合评价。绩效评价指标、评价标准由财政部会同国家安全监管总局综合考虑专项资金政策意图和要求，按照相关性、客观性、重要性和可操作性原则确定。

第十四条 绩效评价总分100分。分为一级指标4项、二级指标8项。一级指标及分值为：项目决策指标，满分15分;项目管理指标,满分25分;项目产出指标,满分40分;项目效果指标,满分20分。

某省份绩效评价得分=项目决策指标得分+项目管理指标得分+项目产出指标得分+项目效果指标得分。

第十五条 每年2月底前,省级财政部门会同同级安全监管监察部门对照绩效目标、绩效评价指标及评价标准,对以前年度专项资金支持项目进行绩效评价,并形成绩效评价报告,报送财政部、国家安全监管总局。

绩效评价报告应全面、真实、客观反映专项资金支持项目的决策管理情况、产出与效果以及地方为此开展的工作、存在的问题、下一步改进措施及政策建议等。

第十六条 在省级有关部门开展绩效评价的基础上,财政部会同国家安全监管总局根据工作需要对重点地区、重点项目组织开展绩效再评价,并形成绩效再评价报告。

第五章 绩效评价结果反馈与应用

第十七条 绩效评价结果反馈与应用主要包括信息公开、通报、约谈整改、与预算安排挂钩、问责等方式。

第十八条 省级财政部门会同同级安全监管监察部门按照政府信息公开有关规定,通过政府门户网站、报刊等方式公开绩效评价结果,接受社会监督。

第十九条 财政部会同国家安全监管总局汇总绩效评价结果后在一定范围内进行通报。对于绩效评价结果较差的地区或单位,由财政部会同国家安全监管总局组织约谈,督促整改。

第二十条 财政部会同国家安全监管总局建立绩效评价结果与预算安排挂钩机制,奖优罚劣。对绩效评价结果较好的地区或单位,在以后年度预算安排中考虑予以奖励;对绩效评价结果较差的地区或单位,视情况扣减已安排的专项资金。

第二十一条 建立绩效评价责任追究机制。各级财政部门、安全监管监察部门、绩效评价实施单位及其相关工作人员在绩效评价工作中,存在提供虚假信息、滥用职权、玩忽职守、徇私舞弊等违法违纪行为的,按照《预算法》、《公务员法》、《行政监察法》、《财政违法行为处罚处分条例》等国家有关规定追究相应责任;涉嫌犯罪的,移送司法机关处理。

第六章 附 则

第二十二条 本办法由财政部会同国家安全监管总局负责解释。

第二十三条 本办法自发布之日起施行。

附:1.××省份安全生产预防及应急专项资金绩效评价指标表(略)

2.安全生产预防及应急专项资金绩效评价报告提纲(略)

十、法律救济

中华人民共和国刑法(节录)

- 1979 年 7 月 1 日第五届全国人民代表大会第二次会议通过
- 1997 年 3 月 14 日第八届全国人民代表大会第五次会议修订
- 根据 1998 年 12 月 29 日第九届全国人民代表大会常务委员会第六次会议通过的《全国人民代表大会常务委员会关于惩治骗购外汇、逃汇和非法买卖外汇犯罪的决定》、1999 年 12 月 25 日第九届全国人民代表大会常务委员会第十三次会议通过的《中华人民共和国刑法修正案》、2001 年 8 月 31 日第九届全国人民代表大会常务委员会第二十三次会议通过的《中华人民共和国刑法修正案(二)》、2001 年 12 月 29 日第九届全国人民代表大会常务委员会第二十五次会议通过的《中华人民共和国刑法修正案(三)》、2002 年 12 月 28 日第九届全国人民代表大会常务委员会第三十一次会议通过的《中华人民共和国刑法修正案(四)》、2005 年 2 月 28 日第十届全国人民代表大会常务委员会第十四次会议通过的《中华人民共和国刑法修正案(五)》、2006 年 6 月 29 日第十届全国人民代表大会常务委员会第二十二次会议通过的《中华人民共和国刑法修正案(六)》、2009 年 2 月 28 日第十一届全国人民代表大会常务委员会第七次会议通过的《中华人民共和国刑法修正案(七)》、2009 年 8 月 27 日第十一届全国人民代表大会常务委员会第十次会议通过的《全国人民代表大会常务委员会关于修改部分法律的决定》、2011 年 2 月 25 日第十一届全国人民代表大会常务委员会第十九次会议通过的《中华人民共和国刑法修正案(八)》、2015 年 8 月 29 日第十二届全国人民代表大会常务委员会第十六次会议通过的《中华人民共和国刑法修正案(九)》、2017 年 11 月 4 日第十二届全国人民代表大会常务委员会第三十次会议通过的《中华人民共和国刑法修正案(十)》、2020 年 12 月 26 日第十三届全国人民代表大会常务委员会第二十四次会议通过的《中华人民共和国刑法修正案(十一)》和 2023 年 12 月 29 日第十四届全国人民代表大会常务委员会第七次会议通过的《中华人民共和国刑法修正案(十二)》修正①

……

第一百三十一条 【重大飞行事故罪】 航空人员违反规章制度,致使发生重大飞行事故,造成严重后果的,处三年以下有期徒刑或者拘役;造成飞机坠毁或者人员死亡的,处三年以上七年以下有期徒刑。

第一百三十二条 【铁路运营安全事故罪】 铁路职工违反规章制度,致使发生铁路运营安全事故,造成严重后果的,处三年以下有期徒刑或者拘役;造成特别严重后果的,处三年以上七年以下有期徒刑。

第一百三十三条 【交通肇事罪】 违反交通运输管理法规,因而发生重大事故,致人重伤、死亡或者使公私财产遭受重大损失的,处三年以下有期徒刑或者拘役;交通运输肇事后逃逸或者有其他特别恶劣情节的,处三年以上七年以下有期徒刑;因逃逸致人死亡的,处七年以上有期徒刑。

第一百三十三条之一 【危险驾驶罪】 在道路上驾驶机动车,有下列情形之一的,处拘役,并处罚金:

(一)追逐竞驶,情节恶劣的;

(二)醉酒驾驶机动车的;

(三)从事校车业务或者旅客运输,严重超过额定乘员载客,或者严重超过规定时速行驶的;

(四)违反危险化学品安全管理规定运输危险化学品,危及公共安全的。

机动车所有人、管理人对前款第三项、第四项行为负有直接责任的,依照前款的规定处罚。

有前两款行为,同时构成其他犯罪的,依照处罚较重的规定定罪处罚。①

---

① 刑法、历次刑法修正案、涉及修改刑法的决定的施行日期,分别依据各法律所规定的施行日期确定。

另,总则部分条文主旨为编者所加,分则条文主旨是根据司法解释确定罪名所加。

① 根据 2011 年 2 月 25 日《中华人民共和国刑法修正案(八)》增加。根据 2015 年 8 月 29 日《中华人民共和国刑法修正案(九)》修改。原条文为:"在道路上驾驶机动车追逐竞驶,情节恶劣的,或者在道路上醉酒驾驶机动车的,处拘役,并处罚金。

"有前款行为,同时构成其他犯罪的,依照处罚较重的规定定罪处罚。"

第一百三十三条之二　对行驶中的公共交通工具的驾驶人员使用暴力或者抢控驾驶操纵装置，干扰公共交通工具正常行驶，危及公共安全的，处一年以下有期徒刑、拘役或者管制，并处或者单处罚金。

前款规定的驾驶人员在行驶的公共交通工具上擅离职守，与他人互殴或者殴打他人，危及公共安全的，依照前款的规定处罚。

有前两款行为，同时构成其他犯罪的，依照处罚较重的规定定罪处罚。①

第一百三十四条　【重大责任事故罪】在生产、作业中违反有关安全管理的规定，因而发生重大伤亡事故或者造成其他严重后果的，处三年以下有期徒刑或者拘役；情节特别恶劣的，处三年以上七年以下有期徒刑。

【强令违章冒险作业罪】强令他人违章冒险作业，或者明知存在重大事故隐患而不排除，仍冒险组织作业，因而发生重大伤亡事故或者造成其他严重后果的，处五年以下有期徒刑或者拘役；情节特别恶劣的，处五年以上有期徒刑。②

第一百三十四条之一　在生产、作业中违反有关安全管理的规定，有下列情形之一，具有发生重大伤亡事故或者其他严重后果的现实危险的，处一年以下有期徒刑、拘役或者管制：

（一）关闭、破坏直接关系生产安全的监控、报警、防护、救生设备、设施，或者篡改、隐瞒、销毁其相关数据、信息的；

（二）因存在重大事故隐患被依法责令停产停业、停止施工、停止使用有关设备、设施、场所或者立即采取排除危险的整改措施，而拒不执行的；

（三）涉及安全生产的事项未经依法批准或者许可，擅自从事矿山开采、金属冶炼、建筑施工，以及危险物品生产、经营、储存等高度危险的生产作业活动的。③

第一百三十五条　【重大劳动安全事故罪】安全生产设施或者安全生产条件不符合国家规定，因而发生重大伤亡事故或者造成其他严重后果的，对直接负责的主管人员和其他直接责任人员，处三年以下有期徒刑或者拘役；情节特别恶劣的，处三年以上七年以下有期徒刑。④

第一百三十五条之一　【大型群众性活动重大安全事故罪】举办大型群众性活动违反安全管理规定，因而发生重大伤亡事故或者造成其他严重后果的，对直接负责的主管人员和其他直接责任人员，处三年以下有期徒刑或者拘役；情节特别恶劣的，处三年以上七年以下有期徒刑。⑤

第一百三十六条　【危险物品肇事罪】违反爆炸性、易燃性、放射性、毒害性、腐蚀性物品的管理规定，在生产、储存、运输、使用中发生重大事故，造成严重后果的，处三年以下有期徒刑或者拘役；后果特别严重的，处三年以上七年以下有期徒刑。

第一百三十七条　【工程重大安全事故罪】建设单位、设计单位、施工单位、工程监理单位违反国家规定，降低工程质量标准，造成重大安全事故的，对直接责任人员，处五年以下有期徒刑或者拘役，并处罚金；后果特别严重的，处五年以上十年以下有期徒刑，并处罚金。

第一百三十八条　【教育设施重大安全事故罪】明知校舍或者教育教学设施有危险，而不采取措施或者不及时报告，致使发生重大伤亡事故的，对直接责任人员，处三年以下有期徒刑或者拘役；后果特别严重的，处三年以上七年以下有期徒刑。

第一百三十九条　【消防责任事故罪】违反消防管理法规，经消防监督机构通知采取改正措施而拒绝执行，造成严重后果的，对直接责任人员，处三年以下有期徒刑或者拘役；后果特别严重的，处三年以上七年以下有期徒刑。

第一百三十九条之一　【不报、谎报安全事故罪】在安全事故发生后，负有报告职责的人员不报或者谎报事

---

① 根据2020年12月26日《中华人民共和国刑法修正案（十一）》增加。

② 根据2006年6月29日《中华人民共和国刑法修正案（六）》第一次修改。原条文为："工厂、矿山、林场、建筑企业或者其他企业、事业单位的职工，由于不服管理、违反规章制度，或者强令工人违章冒险作业，因而发生重大伤亡事故或者造成其他严重后果的，处三年以下有期徒刑或者拘役；情节特别恶劣的，处三年以上七年以下有期徒刑。"

根据2020年12月26日《中华人民共和国刑法修正案（十一）》第二次修改。原第二款条文为："强令他人违章冒险作业，因而发生重大伤亡事故或者造成其他严重后果的，处五年以下有期徒刑或者拘役；情节特别恶劣的，处五年以上有期徒刑。"

③ 根据2020年12月26日《中华人民共和国刑法修正案（十一）》增加。

④ 根据2006年6月29日《中华人民共和国刑法修正案（六）》修改。原条文为："工厂、矿山、林场、建筑企业或者其他企业、事业单位的劳动安全设施不符合国家规定，经有关部门或者单位职工提出后，对事故隐患仍不采取措施，因而发生重大伤亡事故或者造成其他严重后果的，对直接责任人员，处三年以下有期徒刑或者拘役；情节特别恶劣的，处三年以上七年以下有期徒刑。"

⑤ 根据2006年6月29日《中华人民共和国刑法修正案（六）》增加。

故情况,贻误事故抢救,情节严重的,处三年以下有期徒刑或者拘役;情节特别严重的,处三年以上七年以下有期徒刑。①

……

中华人民共和国行政处罚法

- 1996年3月17日第八届全国人民代表大会第四次会议通过
- 根据2009年8月27日第十一届全国人民代表大会常务委员会第十次会议《关于修改部分法律的决定》第一次修正
- 根据2017年9月1日第十二届全国人民代表大会常务委员会第二十九次会议《关于修改〈中华人民共和国法官法〉等八部法律的决定》第二次修正
- 2021年1月22日第十三届全国人民代表大会常务委员会第二十五次会议修订

第一章 总 则

第一条 为了规范行政处罚的设定和实施,保障和监督行政机关有效实施行政管理,维护公共利益和社会秩序,保护公民、法人或者其他组织的合法权益,根据宪法,制定本法。

第二条 行政处罚是指行政机关依法对违反行政管理秩序的公民、法人或者其他组织,以减损权益或者增加义务的方式予以惩戒的行为。

第三条 行政处罚的设定和实施,适用本法。

第四条 公民、法人或者其他组织违反行政管理秩序的行为,应当给予行政处罚的,依照本法由法律、法规、规章规定,并由行政机关依照本法规定的程序实施。

第五条 行政处罚遵循公正、公开的原则。

设定和实施行政处罚必须以事实为依据,与违法行为的事实、性质、情节以及社会危害程度相当。

对违法行为给予行政处罚的规定必须公布;未经公布的,不得作为行政处罚的依据。

第六条 实施行政处罚,纠正违法行为,应当坚持处罚与教育相结合,教育公民、法人或者其他组织自觉守法。

第七条 公民、法人或者其他组织对行政机关所给予的行政处罚,享有陈述权、申辩权;对行政处罚不服的,有权依法申请行政复议或者提起行政诉讼。

公民、法人或者其他组织因行政机关违法给予行政处罚受到损害的,有权依法提出赔偿要求。

第八条 公民、法人或者其他组织因违法行为受到行政处罚,其违法行为对他人造成损害的,应当依法承担民事责任。

违法行为构成犯罪,应当依法追究刑事责任的,不得以行政处罚代替刑事处罚。

第二章 行政处罚的种类和设定

第九条 行政处罚的种类:

(一)警告、通报批评;

(二)罚款、没收违法所得、没收非法财物;

(三)暂扣许可证件、降低资质等级、吊销许可证件;

(四)限制开展生产经营活动、责令停产停业、责令关闭、限制从业;

(五)行政拘留;

(六)法律、行政法规规定的其他行政处罚。

第十条 法律可以设定各种行政处罚。

限制人身自由的行政处罚,只能由法律设定。

第十一条 行政法规可以设定除限制人身自由以外的行政处罚。

法律对违法行为已经作出行政处罚规定,行政法规需要作出具体规定的,必须在法律规定的给予行政处罚的行为、种类和幅度的范围内规定。

法律对违法行为未作出行政处罚规定,行政法规为实施法律,可以补充设定行政处罚。拟补充设定行政处罚的,应当通过听证会、论证会等形式广泛听取意见,并向制定机关作出书面说明。行政法规报送备案时,应当说明补充设定行政处罚的情况。

第十二条 地方性法规可以设定除限制人身自由、吊销营业执照以外的行政处罚。

法律、行政法规对违法行为已经作出行政处罚规定,地方性法规需要作出具体规定的,必须在法律、行政法规规定的给予行政处罚的行为、种类和幅度的范围内规定。

法律、行政法规对违法行为未作出行政处罚规定,地方性法规为实施法律、行政法规,可以补充设定行政处罚。拟补充设定行政处罚的,应当通过听证会、论证会等形式广泛听取意见,并向制定机关作出书面说明。地方性法规报送备案时,应当说明补充设定行政处罚的情况。

第十三条 国务院部门规章可以在法律、行政法规规定的给予行政处罚的行为、种类和幅度的范围内作出具体规定。

尚未制定法律、行政法规的,国务院部门规章对违反

---

① 根据2006年6月29日《中华人民共和国刑法修正案(六)》增加。

行政管理秩序的行为，可以设定警告、通报批评或者一定数额罚款的行政处罚。罚款的限额由国务院规定。

第十四条　地方政府规章可以在法律、法规规定的给予行政处罚的行为、种类和幅度的范围内作出具体规定。

尚未制定法律、法规的，地方政府规章对违反行政管理秩序的行为，可以设定警告、通报批评或者一定数额罚款的行政处罚。罚款的限额由省、自治区、直辖市人民代表大会常务委员会规定。

第十五条　国务院部门和省、自治区、直辖市人民政府及其有关部门应当定期组织评估行政处罚的实施情况和必要性，对不适当的行政处罚事项及种类、罚款数额等，应当提出修改或者废止的建议。

第十六条　除法律、法规、规章外，其他规范性文件不得设定行政处罚。

第三章　行政处罚的实施机关

第十七条　行政处罚由具有行政处罚权的行政机关在法定职权范围内实施。

第十八条　国家在城市管理、市场监管、生态环境、文化市场、交通运输、应急管理、农业等领域推行建立综合行政执法制度，相对集中行政处罚权。

国务院或者省、自治区、直辖市人民政府可以决定一个行政机关行使有关行政机关的行政处罚权。

限制人身自由的行政处罚权只能由公安机关和法律规定的其他机关行使。

第十九条　法律、法规授权的具有管理公共事务职能的组织可以在法定授权范围内实施行政处罚。

第二十条　行政机关依照法律、法规、规章的规定，可以在其法定权限内书面委托符合本法第二十一条规定条件的组织实施行政处罚。行政机关不得委托其他组织或者个人实施行政处罚。

委托书应当载明委托的具体事项、权限、期限等内容。委托行政机关和受委托组织应当将委托书向社会公布。

委托行政机关对受委托组织实施行政处罚的行为应当负责监督，并对该行为的后果承担法律责任。

受委托组织在委托范围内，以委托行政机关名义实施行政处罚；不得再委托其他组织或者个人实施行政处罚。

第二十一条　受委托组织必须符合以下条件：

（一）依法成立并具有管理公共事务职能；

（二）有熟悉有关法律、法规、规章和业务并取得行政执法资格的工作人员；

（三）需要进行技术检查或者技术鉴定的，应当有条件组织进行相应的技术检查或者技术鉴定。

第四章　行政处罚的管辖和适用

第二十二条　行政处罚由违法行为发生地的行政机关管辖。法律、行政法规、部门规章另有规定的，从其规定。

第二十三条　行政处罚由县级以上地方人民政府具有行政处罚权的行政机关管辖。法律、行政法规另有规定的，从其规定。

第二十四条　省、自治区、直辖市根据当地实际情况，可以决定将基层管理迫切需要的县级人民政府部门的行政处罚权交由能够有效承接的乡镇人民政府、街道办事处行使，并定期组织评估。决定应当公布。

承接行政处罚权的乡镇人民政府、街道办事处应当加强执法能力建设，按照规定范围、依照法定程序实施行政处罚。

有关地方人民政府及其部门应当加强组织协调、业务指导、执法监督，建立健全行政处罚协调配合机制，完善评议、考核制度。

第二十五条　两个以上行政机关都有管辖权的，由最先立案的行政机关管辖。

对管辖发生争议的，应当协商解决，协商不成的，报请共同的上一级行政机关指定管辖；也可以直接由共同的上一级行政机关指定管辖。

第二十六条　行政机关因实施行政处罚的需要，可以向有关机关提出协助请求。协助事项属于被请求机关职权范围内的，应当依法予以协助。

第二十七条　违法行为涉嫌犯罪的，行政机关应当及时将案件移送司法机关，依法追究刑事责任。对依法不需要追究刑事责任或者免予刑事处罚，但应当给予行政处罚的，司法机关应当及时将案件移送有关行政机关。

行政处罚实施机关与司法机关之间应当加强协调配合，建立健全案件移送制度，加强证据材料移交、接收衔接，完善案件处理信息通报机制。

第二十八条　行政机关实施行政处罚时，应当责令当事人改正或者限期改正违法行为。

当事人有违法所得，除依法应当退赔的外，应当予以没收。违法所得是指实施违法行为所取得的款项。法律、行政法规、部门规章对违法所得的计算另有规定的，从其规定。

第二十九条　对当事人的同一个违法行为，不得给予两次以上罚款的行政处罚。同一个违法行为违反多个法律规范应当给予罚款处罚的,按照罚款数额高的规定处罚。

第三十条 不满十四周岁的未成年人有违法行为的,不予行政处罚,责令监护人加以管教;已满十四周岁不满十八周岁的未成年人有违法行为的,应当从轻或者减轻行政处罚。

第三十一条 精神病人、智力残疾人在不能辨认或者不能控制自己行为时有违法行为的,不予行政处罚,但应当责令其监护人严加看管和治疗。间歇性精神病人在精神正常时有违法行为的,应当给予行政处罚。尚未完全丧失辨认或者控制自己行为能力的精神病人、智力残疾人有违法行为的,可以从轻或者减轻行政处罚。

第三十二条 当事人有下列情形之一,应当从轻或者减轻行政处罚:

（一）主动消除或者减轻违法行为危害后果的;

（二）受他人胁迫或者诱骗实施违法行为的;

（三）主动供述行政机关尚未掌握的违法行为的;

（四）配合行政机关查处违法行为有立功表现的;

（五）法律、法规、规章规定其他应当从轻或者减轻行政处罚的。

第三十三条 违法行为轻微并及时改正,没有造成危害后果的,不予行政处罚。初次违法且危害后果轻微并及时改正的,可以不予行政处罚。

当事人有证据足以证明没有主观过错的,不予行政处罚。法律、行政法规另有规定的,从其规定。

对当事人的违法行为依法不予行政处罚的,行政机关应当对当事人进行教育。

第三十四条 行政机关可以依法制定行政处罚裁量基准,规范行使行政处罚裁量权。行政处罚裁量基准应当向社会公布。

第三十五条 违法行为构成犯罪,人民法院判处拘役或者有期徒刑时,行政机关已经给予当事人行政拘留的,应当依法折抵相应刑期。

违法行为构成犯罪,人民法院判处罚金时,行政机关已经给予当事人罚款的,应当折抵相应罚金;行政机关尚未给予当事人罚款的,不再给予罚款。

第三十六条 违法行为在二年内未被发现的,不再给予行政处罚;涉及公民生命健康安全、金融安全且有危害后果的,上述期限延长至五年。法律另有规定的除外。

前款规定的期限,从违法行为发生之日起计算;违法行为有连续或者继续状态的,从行为终了之日起计算。

第三十七条 实施行政处罚,适用违法行为发生时的法律、法规、规章的规定。但是,作出行政处罚决定时,法律、法规、规章已被修改或者废止,且新的规定处罚较轻或者不认为是违法的,适用新的规定。

第三十八条 行政处罚没有依据或者实施主体不具有行政主体资格的,行政处罚无效。

违反法定程序构成重大且明显违法的,行政处罚无效。

第五章 行政处罚的决定

第一节 一般规定

第三十九条 行政处罚的实施机关、立案依据、实施程序和救济渠道等信息应当公示。

第四十条 公民、法人或者其他组织违反行政管理秩序的行为,依法应当给予行政处罚的,行政机关必须查明事实;违法事实不清、证据不足的,不得给予行政处罚。

第四十一条 行政机关依照法律、行政法规规定利用电子技术监控设备收集、固定违法事实的,应当经过法制和技术审核,确保电子技术监控设备符合标准、设置合理、标志明显,设置地点应当向社会公布。

电子技术监控设备记录违法事实应当真实、清晰、完整、准确。行政机关应当审核记录内容是否符合要求;未经审核或者经审核不符合要求的,不得作为行政处罚的证据。

行政机关应当及时告知当事人违法事实,并采取信息化手段或者其他措施,为当事人查询、陈述和申辩提供便利。不得限制或者变相限制当事人享有的陈述权、申辩权。

第四十二条 行政处罚应当由具有行政执法资格的执法人员实施。执法人员不得少于两人,法律另有规定的除外。

执法人员应当文明执法,尊重和保护当事人合法权益。

第四十三条 执法人员与案件有直接利害关系或者有其他关系可能影响公正执法的,应当回避。

当事人认为执法人员与案件有直接利害关系或者有其他关系可能影响公正执法的,有权申请回避。

当事人提出回避申请的,行政机关应当依法审查,由行政机关负责人决定。决定作出之前,不停止调查。

第四十四条 行政机关在作出行政处罚决定之前,应当告知当事人拟作出的行政处罚内容及事实、理由、依据,并告知当事人依法享有的陈述、申辩、要求听证等权利。

第四十五条　当事人有权进行陈述和申辩。行政机关必须充分听取当事人的意见，对当事人提出的事实、理由和证据，应当进行复核；当事人提出的事实、理由或者证据成立的，行政机关应当采纳。

行政机关不得因当事人陈述、申辩而给予更重的处罚。

第四十六条　证据包括：

（一）书证；

（二）物证；

（三）视听资料；

（四）电子数据；

（五）证人证言；

（六）当事人的陈述；

（七）鉴定意见；

（八）勘验笔录、现场笔录。

证据必须经查证属实，方可作为认定案件事实的根据。

以非法手段取得的证据，不得作为认定案件事实的根据。

第四十七条　行政机关应当依法以文字、音像等形式，对行政处罚的启动、调查取证、审核、决定、送达、执行等进行全过程记录，归档保存。

第四十八条　具有一定社会影响的行政处罚决定应当依法公开。

公开的行政处罚决定被依法变更、撤销、确认违法或者确认无效的，行政机关应当在三日内撤回行政处罚决定信息并公开说明理由。

第四十九条　发生重大传染病疫情等突发事件，为了控制、减轻和消除突发事件引起的社会危害，行政机关对违反突发事件应对措施的行为，依法快速、从重处罚。

第五十条　行政机关及其工作人员对实施行政处罚过程中知悉的国家秘密、商业秘密或者个人隐私，应当依法予以保密。

第二节　简易程序

第五十一条　违法事实确凿并有法定依据，对公民处以二百元以下、对法人或者其他组织处以三千元以下罚款或者警告的行政处罚的，可以当场作出行政处罚决定。法律另有规定的，从其规定。

第五十二条　执法人员当场作出行政处罚决定的，应当向当事人出示执法证件，填写预定格式、编有号码的行政处罚决定书，并当场交付当事人。当事人拒绝签收的，应当在行政处罚决定书上注明。

前款规定的行政处罚决定书应当载明当事人的违法行为，行政处罚的种类和依据、罚款数额、时间、地点，申请行政复议、提起行政诉讼的途径和期限以及行政机关名称，并由执法人员签名或者盖章。

执法人员当场作出的行政处罚决定，应当报所属行政机关备案。

第五十三条　对当场作出的行政处罚决定，当事人应当依照本法第六十七条至第六十九条的规定履行。

第三节　普通程序

第五十四条　除本法第五十一条规定的可以当场作出的行政处罚外，行政机关发现公民、法人或者其他组织有依法应当给予行政处罚的行为的，必须全面、客观、公正地调查，收集有关证据；必要时，依照法律、法规的规定，可以进行检查。

符合立案标准的，行政机关应当及时立案。

第五十五条　执法人员在调查或者进行检查时，应当主动向当事人或者有关人员出示执法证件。当事人或者有关人员有权要求执法人员出示执法证件。执法人员不出示执法证件的，当事人或者有关人员有权拒绝接受调查或者检查。

当事人或者有关人员应当如实回答询问，并协助调查或者检查，不得拒绝或者阻挠。询问或者检查应当制作笔录。

第五十六条　行政机关在收集证据时，可以采取抽样取证的方法；在证据可能灭失或者以后难以取得的情况下，经行政机关负责人批准，可以先行登记保存，并应当在七日内及时作出处理决定，在此期间，当事人或者有关人员不得销毁或者转移证据。

第五十七条　调查终结，行政机关负责人应当对调查结果进行审查，根据不同情况，分别作出如下决定：

（一）确有应受行政处罚的违法行为的，根据情节轻重及具体情况，作出行政处罚决定；

（二）违法行为轻微，依法可以不予行政处罚的，不予行政处罚；

（三）违法事实不能成立的，不予行政处罚；

（四）违法行为涉嫌犯罪的，移送司法机关。

对情节复杂或者重大违法行为给予行政处罚，行政机关负责人应当集体讨论决定。

第五十八条　有下列情形之一，在行政机关负责人作出行政处罚的决定之前，应当由从事行政处罚决定法制审核的人员进行法制审核；未经法制审核或者审核未通过的，不得作出决定：

（一）涉及重大公共利益的；
（二）直接关系当事人或者第三人重大权益，经过听证程序的；
（三）案件情况疑难复杂、涉及多个法律关系的；
（四）法律、法规规定应当进行法制审核的其他情形。

行政机关中初次从事行政处罚决定法制审核的人员，应当通过国家统一法律职业资格考试取得法律职业资格。

第五十九条 行政机关依照本法第五十七条的规定给予行政处罚，应当制作行政处罚决定书。行政处罚决定书应当载明下列事项：
（一）当事人的姓名或者名称、地址；
（二）违反法律、法规、规章的事实和证据；
（三）行政处罚的种类和依据；
（四）行政处罚的履行方式和期限；
（五）申请行政复议、提起行政诉讼的途径和期限；
（六）作出行政处罚决定的行政机关名称和作出决定的日期。

行政处罚决定书必须盖有作出行政处罚决定的行政机关的印章。

第六十条 行政机关应当自行政处罚案件立案之日起九十日内作出行政处罚决定。法律、法规、规章另有规定的，从其规定。

第六十一条 行政处罚决定书应当在宣告后当场交付当事人；当事人不在场的，行政机关应当在七日内依照《中华人民共和国民事诉讼法》的有关规定，将行政处罚决定书送达当事人。

当事人同意并签订确认书的，行政机关可以采用传真、电子邮件等方式，将行政处罚决定书等送达当事人。

第六十二条 行政机关及其执法人员在作出行政处罚决定之前，未依照本法第四十四条、第四十五条的规定向当事人告知拟作出的行政处罚内容及事实、理由、依据，或者拒绝听取当事人的陈述、申辩，不得作出行政处罚决定；当事人明确放弃陈述或者申辩权利的除外。

第四节 听证程序

第六十三条 行政机关拟作出下列行政处罚决定，应当告知当事人有要求听证的权利，当事人要求听证的，行政机关应当组织听证：
（一）较大数额罚款；
（二）没收较大数额违法所得、没收较大价值非法财物；
（三）降低资质等级、吊销许可证件；
（四）责令停产停业、责令关闭、限制从业；
（五）其他较重的行政处罚；
（六）法律、法规、规章规定的其他情形。

当事人不承担行政机关组织听证的费用。

第六十四条 听证应当依照以下程序组织：
（一）当事人要求听证的，应当在行政机关告知后五日内提出；
（二）行政机关应当在举行听证的七日前，通知当事人及有关人员听证的时间、地点；
（三）除涉及国家秘密、商业秘密或者个人隐私依法予以保密外，听证公开举行；
（四）听证由行政机关指定的非本案调查人员主持；当事人认为主持人与本案有直接利害关系的，有权申请回避；
（五）当事人可以亲自参加听证，也可以委托一至二人代理；
（六）当事人及其代理人无正当理由拒不出席听证或者未经许可中途退出听证的，视为放弃听证权利，行政机关终止听证；
（七）举行听证时，调查人员提出当事人违法的事实、证据和行政处罚建议，当事人进行申辩和质证；
（八）听证应当制作笔录。笔录应当交当事人或者其代理人核对无误后签字或者盖章。当事人或者其代理人拒绝签字或者盖章的，由听证主持人在笔录中注明。

第六十五条 听证结束后，行政机关应当根据听证笔录，依照本法第五十七条的规定，作出决定。

第六章 行政处罚的执行

第六十六条 行政处罚决定依法作出后，当事人应当在行政处罚决定书载明的期限内，予以履行。

当事人确有经济困难，需要延期或者分期缴纳罚款的，经当事人申请和行政机关批准，可以暂缓或者分期缴纳。

第六十七条 作出罚款决定的行政机关应当与收缴罚款的机构分离。

除依照本法第六十八条、第六十九条的规定当场收缴的罚款外，作出行政处罚决定的行政机关及其执法人员不得自行收缴罚款。

当事人应当自收到行政处罚决定书之日起十五日内，到指定的银行或者通过电子支付系统缴纳罚款。银行应当收受罚款，并将罚款直接上缴国库。

第六十八条 依照本法第五十一条的规定当场作出行政处罚决定，有下列情形之一，执法人员可以当场收缴罚款：

(一)依法给予一百元以下罚款的；
(二)不当场收缴事后难以执行的。

第六十九条　在边远、水上、交通不便地区，行政机关及其执法人员依照本法第五十一条、第五十七条的规定作出罚款决定后，当事人到指定的银行或者通过电子支付系统缴纳罚款确有困难，经当事人提出，行政机关及其执法人员可以当场收缴罚款。

第七十条　行政机关及其执法人员当场收缴罚款的，必须向当事人出具国务院财政部门或者省、自治区、直辖市人民政府财政部门统一制发的专用票据；不出具财政部门统一制发的专用票据的，当事人有权拒绝缴纳罚款。

第七十一条　执法人员当场收缴的罚款，应当自收缴罚款之日起二日内，交至行政机关；在水上当场收缴的罚款，应当自抵岸之日起二日内交至行政机关；行政机关应当在二日内将罚款缴付指定的银行。

第七十二条　当事人逾期不履行行政处罚决定的，作出行政处罚决定的行政机关可以采取下列措施：
(一)到期不缴纳罚款的，每日按罚款数额的百分之三加处罚款，加处罚款的数额不得超出罚款的数额；
(二)根据法律规定，将查封、扣押的财物拍卖、依法处理或者将冻结的存款、汇票划拨抵缴罚款；
(三)根据法律规定，采取其他行政强制执行方式；
(四)依照《中华人民共和国行政强制法》的规定申请人民法院强制执行。

行政机关批准延期、分期缴纳罚款的，申请人民法院强制执行的期限，自暂缓或者分期缴纳罚款期限结束之日起计算。

第七十三条　当事人对行政处罚决定不服，申请行政复议或者提起行政诉讼的，行政处罚不停止执行，法律另有规定的除外。

当事人对限制人身自由的行政处罚决定不服，申请行政复议或者提起行政诉讼的，可以向作出决定的机关提出暂缓执行申请。符合法律规定情形的，应当暂缓执行。

当事人申请行政复议或者提起行政诉讼的，加处罚款的数额在行政复议或者行政诉讼期间不予计算。

第七十四条　除依法应当予以销毁的物品外，依法没收的非法财物必须按照国家规定公开拍卖或者按照国家有关规定处理。

罚款、没收的违法所得或者没收非法财物拍卖的款项，必须全部上缴国库，任何行政机关或者个人不得以任何形式截留、私分或者变相私分。

罚款、没收的违法所得或者没收非法财物拍卖的款项，不得同作出行政处罚决定的行政机关及其工作人员的考核、考评直接或者变相挂钩。除依法应当退还、退赔的外，财政部门不得以任何形式向作出行政处罚决定的行政机关返还罚款、没收的违法所得或者没收非法财物拍卖的款项。

第七十五条　行政机关应当建立健全对行政处罚的监督制度。县级以上人民政府应当定期组织开展行政执法评议、考核，加强对行政处罚的监督检查，规范和保障行政处罚的实施。

行政机关实施行政处罚应当接受社会监督。公民、法人或者其他组织对行政机关实施行政处罚的行为，有权申诉或者检举；行政机关应当认真审查，发现有错误的，应当主动改正。

第七章　法律责任

第七十六条　行政机关实施行政处罚，有下列情形之一，由上级行政机关或者有关机关责令改正，对直接负责的主管人员和其他直接责任人员依法给予处分：
(一)没有法定的行政处罚依据的；
(二)擅自改变行政处罚种类、幅度的；
(三)违反法定的行政处罚程序的；
(四)违反本法第二十条关于委托处罚的规定的；
(五)执法人员未取得执法证件的。

行政机关对符合立案标准的案件不及时立案的，依照前款规定予以处理。

第七十七条　行政机关对当事人进行处罚不使用罚款、没收财物单据或者使用非法定部门制发的罚款、没收财物单据的，当事人有权拒绝，并有权予以检举，由上级行政机关或者有关机关对使用的非法单据予以收缴销毁，对直接负责的主管人员和其他直接责任人员依法给予处分。

第七十八条　行政机关违反本法第六十七条的规定自行收缴罚款的，财政部门违反本法第七十四条的规定向行政机关返还罚款、没收的违法所得或者拍卖款项的，由上级行政机关或者有关机关责令改正，对直接负责的主管人员和其他直接责任人员依法给予处分。

第七十九条　行政机关截留、私分或者变相私分罚款、没收的违法所得或者财物的，由财政部门或者有关机关予以追缴，对直接负责的主管人员和其他直接责任人员依法给予处分；情节严重构成犯罪的，依法追究刑事责任。

执法人员利用职务上的便利，索取或者收受他人财物、将收缴罚款据为己有，构成犯罪的，依法追究刑事责任;情节轻微不构成犯罪的,依法给予处分。

第八十条 行政机关使用或者损毁查封、扣押的财物,对当事人造成损失的,应当依法予以赔偿,对直接负责的主管人员和其他直接责任人员依法给予处分。

第八十一条 行政机关违法实施检查措施或者执行措施,给公民人身或者财产造成损害、给法人或者其他组织造成损失的,应当依法予以赔偿,对直接负责的主管人员和其他直接责任人员依法给予处分;情节严重构成犯罪的,依法追究刑事责任。

第八十二条 行政机关对应当依法移交司法机关追究刑事责任的案件不移交,以行政处罚代替刑事处罚,由上级行政机关或者有关机关责令改正,对直接负责的主管人员和其他直接责任人员依法给予处分;情节严重构成犯罪的,依法追究刑事责任。

第八十三条 行政机关对应当予以制止和处罚的违法行为不予制止、处罚,致使公民、法人或者其他组织的合法权益、公共利益和社会秩序遭受损害的,对直接负责的主管人员和其他直接责任人员依法给予处分;情节严重构成犯罪的,依法追究刑事责任。

第八章 附 则

第八十四条 外国人、无国籍人、外国组织在中华人民共和国领域内有违法行为,应当给予行政处罚的,适用本法,法律另有规定的除外。

第八十五条 本法中"二日""三日""五日""七日"的规定是指工作日,不含法定节假日。

第八十六条 本法自2021年7月15日起施行。

中华人民共和国行政复议法

- 1999年4月29日第九届全国人民代表大会常务委员会第九次会议通过
- 根据2009年8月27日第十一届全国人民代表大会常务委员会第十次会议《关于修改部分法律的决定》第一次修正
- 根据2017年9月1日第十二届全国人民代表大会常务委员会第二十九次会议《关于修改〈中华人民共和国法官法〉等八部法律的决定》第二次修正
- 2023年9月1日第十四届全国人民代表大会常务委员会第五次会议修订
- 2023年9月1日中华人民共和国主席令第9号公布
- 自2024年1月1日起施行

第一章 总 则

第一条 为了防止和纠正违法的或者不当的行政行为,保护公民、法人和其他组织的合法权益,监督和保障行政机关依法行使职权,发挥行政复议化解行政争议的主渠道作用,推进法治政府建设,根据宪法,制定本法。

第二条 公民、法人或者其他组织认为行政机关的行政行为侵犯其合法权益,向行政复议机关提出行政复议申请,行政复议机关办理行政复议案件,适用本法。

前款所称行政行为,包括法律、法规、规章授权的组织的行政行为。

第三条 行政复议工作坚持中国共产党的领导。

行政复议机关履行行政复议职责,应当遵循合法、公正、公开、高效、便民、为民的原则,坚持有错必纠,保障法律、法规的正确实施。

第四条 县级以上各级人民政府以及其他依照本法履行行政复议职责的行政机关是行政复议机关。

行政复议机关办理行政复议事项的机构是行政复议机构。行政复议机构同时组织办理行政复议机关的行政应诉事项。

行政复议机关应当加强行政复议工作,支持和保障行政复议机构依法履行职责。上级行政复议机构对下级行政复议机构的行政复议工作进行指导、监督。

国务院行政复议机构可以发布行政复议指导性案例。

第五条 行政复议机关办理行政复议案件,可以进行调解。

调解应当遵循合法、自愿的原则,不得损害国家利益、社会公共利益和他人合法权益,不得违反法律、法规的强制性规定。

第六条 国家建立专业化、职业化行政复议人员队伍。

行政复议机构中初次从事行政复议工作的人员,应当通过国家统一法律职业资格考试取得法律职业资格,并参加统一职前培训。

国务院行政复议机构应当会同有关部门制定行政复议人员工作规范,加强对行政复议人员的业务考核和管理。

第七条 行政复议机关应当确保行政复议机构的人员配备与所承担的工作任务相适应,提高行政复议人员专业素质,根据工作需要保障办案场所、装备等设施。县级以上各级人民政府应当将行政复议工作经费列入本级预算。

第八条 行政复议机关应当加强信息化建设,运用现代信息技术,方便公民、法人或者其他组织申请、参加行政复议,提高工作质量和效率。

第九条　对在行政复议工作中做出显著成绩的单位和个人,按照国家有关规定给予表彰和奖励。

第十条　公民、法人或者其他组织对行政复议决定不服的,可以依照《中华人民共和国行政诉讼法》的规定向人民法院提起行政诉讼,但是法律规定行政复议决定为最终裁决的除外。

第二章　行政复议申请

第一节　行政复议范围

第十一条　有下列情形之一的,公民、法人或者其他组织可以依照本法申请行政复议:

（一）对行政机关作出的行政处罚决定不服;

（二）对行政机关作出的行政强制措施、行政强制执行决定不服;

（三）申请行政许可,行政机关拒绝或者在法定期限内不予答复,或者对行政机关作出的有关行政许可的其他决定不服;

（四）对行政机关作出的确认自然资源的所有权或者使用权的决定不服;

（五）对行政机关作出的征收征用决定及其补偿决定不服;

（六）对行政机关作出的赔偿决定或者不予赔偿决定不服;

（七）对行政机关作出的不予受理工伤认定申请的决定或者工伤认定结论不服;

（八）认为行政机关侵犯其经营自主权或者农村土地承包经营权、农村土地经营权;

（九）认为行政机关滥用行政权力排除或者限制竞争;

（十）认为行政机关违法集资、摊派费用或者违法要求履行其他义务;

（十一）申请行政机关履行保护人身权利、财产权利、受教育权利等合法权益的法定职责,行政机关拒绝履行、未依法履行或者不予答复;

（十二）申请行政机关依法给付抚恤金、社会保险待遇或者最低生活保障等社会保障,行政机关没有依法给付;

（十三）认为行政机关不依法订立、不依法履行、未按照约定履行或者违法变更、解除政府特许经营协议、土地房屋征收补偿协议等行政协议;

（十四）认为行政机关在政府信息公开工作中侵犯其合法权益;

（十五）认为行政机关的其他行政行为侵犯其合法权益。

第十二条　下列事项不属于行政复议范围:

（一）国防、外交等国家行为;

（二）行政法规、规章或者行政机关制定、发布的具有普遍约束力的决定、命令等规范性文件;

（三）行政机关对行政机关工作人员的奖惩、任免等决定;

（四）行政机关对民事纠纷作出的调解。

第十三条　公民、法人或者其他组织认为行政机关的行政行为所依据的下列规范性文件不合法,在对行政行为申请行政复议时,可以一并向行政复议机关提出对该规范性文件的附带审查申请:

（一）国务院部门的规范性文件;

（二）县级以上地方各级人民政府及其工作部门的规范性文件;

（三）乡、镇人民政府的规范性文件;

（四）法律、法规、规章授权的组织的规范性文件。

前款所列规范性文件不含规章。规章的审查依照法律、行政法规办理。

第二节　行政复议参加人

第十四条　依照本法申请行政复议的公民、法人或者其他组织是申请人。

有权申请行政复议的公民死亡的,其近亲属可以申请行政复议。有权申请行政复议的法人或者其他组织终止的,其权利义务承受人可以申请行政复议。

有权申请行政复议的公民为无民事行为能力人或者限制民事行为能力人的,其法定代理人可以代为申请行政复议。

第十五条　同一行政复议案件申请人人数众多的,可以由申请人推选代表人参加行政复议。

代表人参加行政复议的行为对其所代表的申请人发生效力,但是代表人变更行政复议请求、撤回行政复议申请、承认第三人请求的,应当经被代表的申请人同意。

第十六条　申请人以外的同被申请行政复议的行政行为或者行政复议案件处理结果有利害关系的公民、法人或者其他组织,可以作为第三人申请参加行政复议,或者由行政复议机构通知其作为第三人参加行政复议。

第三人不参加行政复议,不影响行政复议案件的审理。

第十七条　申请人、第三人可以委托一至二名律师、基层法律服务工作者或者其他代理人代为参加行政复议。

申请人、第三人委托代理人的,应当向行政复议机构提交授权委托书、委托人及被委托人的身份证明文件。授权委托书应当载明委托事项、权限和期限。申请人、第三人变更或者解除代理人权限的，应当书面告知行政复议机构。

第十八条 符合法律援助条件的行政复议申请人申请法律援助的，法律援助机构应当依法为其提供法律援助。

第十九条 公民、法人或者其他组织对行政行为不服申请行政复议的，作出行政行为的行政机关或者法律、法规、规章授权的组织是被申请人。

两个以上行政机关以共同的名义作出同一行政行为的，共同作出行政行为的行政机关是被申请人。

行政机关委托的组织作出行政行为的，委托的行政机关是被申请人。

作出行政行为的行政机关被撤销或者职权变更的，继续行使其职权的行政机关是被申请人。

第三节 申请的提出

第二十条 公民、法人或者其他组织认为行政行为侵犯其合法权益的，可以自知道或者应当知道该行政行为之日起六十日内提出行政复议申请；但是法律规定的申请期限超过六十日的除外。

因不可抗力或者其他正当理由耽误法定申请期限的，申请期限自障碍消除之日起继续计算。

行政机关作出行政行为时，未告知公民、法人或者其他组织申请行政复议的权利、行政复议机关和申请期限的，申请期限自公民、法人或者其他组织知道或者应当知道申请行政复议的权利、行政复议机关和申请期限之日起计算，但是自知道或者应当知道行政行为内容之日起最长不得超过一年。

第二十一条 因不动产提出的行政复议申请自行政行为作出之日起超过二十年，其他行政复议申请自行政行为作出之日起超过五年的，行政复议机关不予受理。

第二十二条 申请人申请行政复议，可以书面申请；书面申请有困难的，也可以口头申请。

书面申请的，可以通过邮寄或者行政复议机关指定的互联网渠道等方式提交行政复议申请书，也可以当面提交行政复议申请书。行政机关通过互联网渠道送达行政行为决定书的，应当同时提供提交行政复议申请书的互联网渠道。

口头申请的，行政复议机关应当当场记录申请人的基本情况、行政复议请求、申请行政复议的主要事实、理由和时间。

申请人对两个以上行政行为不服的，应当分别申请行政复议。

第二十三条 有下列情形之一的，申请人应当先向行政复议机关申请行政复议，对行政复议决定不服的，可以再依法向人民法院提起行政诉讼：

（一）对当场作出的行政处罚决定不服；

（二）对行政机关作出的侵犯其已经依法取得的自然资源的所有权或者使用权的决定不服；

（三）认为行政机关存在本法第十一条规定的未履行法定职责情形；

（四）申请政府信息公开，行政机关不予公开；

（五）法律、行政法规规定应当先向行政复议机关申请行政复议的其他情形。

对前款规定的情形，行政机关在作出行政行为时应当告知公民、法人或者其他组织先向行政复议机关申请行政复议。

第四节 行政复议管辖

第二十四条 县级以上地方各级人民政府管辖下列行政复议案件：

（一）对本级人民政府工作部门作出的行政行为不服的；

（二）对下一级人民政府作出的行政行为不服的；

（三）对本级人民政府依法设立的派出机关作出的行政行为不服的；

（四）对本级人民政府或者其工作部门管理的法律、法规、规章授权的组织作出的行政行为不服的。

除前款规定外，省、自治区、直辖市人民政府同时管辖对本机关作出的行政行为不服的行政复议案件。

省、自治区人民政府依法设立的派出机关参照设区的市级人民政府的职责权限，管辖相关行政复议案件。

对县级以上地方各级人民政府工作部门依法设立的派出机构依照法律、法规、规章规定，以派出机构的名义作出的行政行为不服的行政复议案件，由本级人民政府管辖；其中，对直辖市、设区的市人民政府工作部门按照行政区划设立的派出机构作出的行政行为不服的，也可以由其所在地的人民政府管辖。

第二十五条 国务院部门管辖下列行政复议案件：

（一）对本部门作出的行政行为不服的；

（二）对本部门依法设立的派出机构依照法律、行政法规、部门规章规定，以派出机构的名义作出的行政行为不服的；

（三）对本部门管理的法律、行政法规、部门规章授权的组织作出的行政行为不服的。

第二十六条 对省、自治区、直辖市人民政府依照本法第二十四条第二款的规定、国务院部门依照本法第二十五条第一项的规定作出的行政复议决定不服的,可以向人民法院提起行政诉讼;也可以向国务院申请裁决,国务院依照本法的规定作出最终裁决。

第二十七条 对海关、金融、外汇管理等实行垂直领导的行政机关、税务和国家安全机关的行政行为不服的,向上一级主管部门申请行政复议。

第二十八条 对履行行政复议机构职责的地方人民政府司法行政部门的行政行为不服的,可以向本级人民政府申请行政复议,也可以向上一级司法行政部门申请行政复议。

第二十九条 公民、法人或者其他组织申请行政复议,行政复议机关已经依法受理的,在行政复议期间不得向人民法院提起行政诉讼。

公民、法人或者其他组织向人民法院提起行政诉讼,人民法院已经依法受理的,不得申请行政复议。

第三章 行政复议受理

第三十条 行政复议机关收到行政复议申请后,应当在五日内进行审查。对符合下列规定的,行政复议机关应当予以受理:

(一)有明确的申请人和符合本法规定的被申请人;

(二)申请人与被申请行政复议的行政行为有利害关系;

(三)有具体的行政复议请求和理由;

(四)在法定申请期限内提出;

(五)属于本法规定的行政复议范围;

(六)属于本机关的管辖范围;

(七)行政复议机关未受理过该申请人就同一行政行为提出的行政复议申请,并且人民法院未受理过该申请人就同一行政行为提起的行政诉讼。

对不符合前款规定的行政复议申请,行政复议机关应当在审查期限内决定不予受理并说明理由;不属于本机关管辖的,还应当在不予受理决定中告知申请人有管辖权的行政复议机关。

行政复议申请的审查期限届满,行政复议机关未作出不予受理决定的,审查期限届满之日起视为受理。

第三十一条 行政复议申请材料不齐全或者表述不清楚,无法判断行政复议申请是否符合本法第三十条第一款规定的,行政复议机关应当自收到申请之日起五日内书面通知申请人补正。补正通知应当一次性载明需要补正的事项。

申请人应当自收到补正通知之日起十日内提交补正材料。有正当理由不能按期补正的,行政复议机关可以延长合理的补正期限。无正当理由逾期不补正的,视为申请人放弃行政复议申请,并记录在案。

行政复议机关收到补正材料后,依照本法第三十条的规定处理。

第三十二条 对当场作出或者依据电子技术监控设备记录的违法事实作出的行政处罚决定不服申请行政复议的,可以通过作出行政处罚决定的行政机关提交行政复议申请。

行政机关收到行政复议申请后,应当及时处理;认为需要维持行政处罚决定的,应当自收到行政复议申请之日起五日内转送行政复议机关。

第三十三条 行政复议机关受理行政复议申请后,发现该行政复议申请不符合本法第三十条第一款规定的,应当决定驳回申请并说明理由。

第三十四条 法律、行政法规规定应当先向行政复议机关申请行政复议、对行政复议决定不服再向人民法院提起行政诉讼的,行政复议机关决定不予受理、驳回申请或者受理后超过行政复议期限不作答复的,公民、法人或者其他组织可以自收到决定书之日起或者行政复议期限届满之日起十五日内,依法向人民法院提起行政诉讼。

第三十五条 公民、法人或者其他组织依法提出行政复议申请,行政复议机关无正当理由不予受理、驳回申请或者受理后超过行政复议期限不作答复的,申请人有权向上级行政机关反映,上级行政机关应当责令其纠正;必要时,上级行政复议机关可以直接受理。

第四章 行政复议审理

第一节 一般规定

第三十六条 行政复议机关受理行政复议申请后,依照本法适用普通程序或者简易程序进行审理。行政复议机构应当指定行政复议人员负责办理行政复议案件。

行政复议人员对办理行政复议案件过程中知悉的国家秘密、商业秘密和个人隐私,应当予以保密。

第三十七条 行政复议机关依照法律、法规、规章审理行政复议案件。

行政复议机关审理民族自治地方的行政复议案件,同时依照该民族自治地方的自治条例和单行条例。

第三十八条 上级行政复议机关根据需要,可以审理下级行政复议机关管辖的行政复议案件。

下级行政复议机关对其管辖的行政复议案件,认为需要由上级行政复议机关审理的,可以报请上级行政复议机关决定。

第三十九条 行政复议期间有下列情形之一的,行政复议中止:

(一)作为申请人的公民死亡,其近亲属尚未确定是否参加行政复议;

(二)作为申请人的公民丧失参加行政复议的行为能力,尚未确定法定代理人参加行政复议;

(三)作为申请人的公民下落不明;

(四)作为申请人的法人或者其他组织终止,尚未确定权利义务承受人;

(五)申请人、被申请人因不可抗力或者其他正当理由,不能参加行政复议;

(六)依照本法规定进行调解、和解,申请人和被申请人同意中止;

(七)行政复议案件涉及的法律适用问题需要有权机关作出解释或者确认;

(八)行政复议案件审理需要以其他案件的审理结果为依据,而其他案件尚未审结;

(九)有本法第五十六条或者第五十七条规定的情形;

(十)需要中止行政复议的其他情形。

行政复议中止的原因消除后,应当及时恢复行政复议案件的审理。

行政复议机关中止、恢复行政复议案件的审理,应当书面告知当事人。

第四十条 行政复议期间,行政复议机关无正当理由中止行政复议的,上级行政机关应当责令其恢复审理。

第四十一条 行政复议期间有下列情形之一的,行政复议机关决定终止行政复议:

(一)申请人撤回行政复议申请,行政复议机构准予撤回;

(二)作为申请人的公民死亡,没有近亲属或者其近亲属放弃行政复议权利;

(三)作为申请人的法人或者其他组织终止,没有权利义务承受人或者其权利义务承受人放弃行政复议权利;

(四)申请人对行政拘留或者限制人身自由的行政强制措施不服申请行政复议后,因同一违法行为涉嫌犯罪,被采取刑事强制措施;

(五)依照本法第三十九条第一款第一项、第二项、第四项的规定中止行政复议满六十日,行政复议中止的原因仍未消除。

第四十二条 行政复议期间行政行为不停止执行;但是有下列情形之一的,应当停止执行:

(一)被申请人认为需要停止执行;

(二)行政复议机关认为需要停止执行;

(三)申请人、第三人申请停止执行,行政复议机关认为其要求合理,决定停止执行;

(四)法律、法规、规章规定停止执行的其他情形。

第二节 行政复议证据

第四十三条 行政复议证据包括:

(一)书证;

(二)物证;

(三)视听资料;

(四)电子数据;

(五)证人证言;

(六)当事人的陈述;

(七)鉴定意见;

(八)勘验笔录、现场笔录。

以上证据经行政复议机构审查属实,才能作为认定行政复议案件事实的根据。

第四十四条 被申请人对其作出的行政行为的合法性、适当性负有举证责任。

有下列情形之一的,申请人应当提供证据:

(一)认为被申请人不履行法定职责的,提供曾经要求被申请人履行法定职责的证据,但是被申请人应当依职权主动履行法定职责或者申请人因正当理由不能提供的除外;

(二)提出行政赔偿请求的,提供受行政行为侵害而造成损害的证据,但是因被申请人原因导致申请人无法举证的,由被申请人承担举证责任;

(三)法律、法规规定需要申请人提供证据的其他情形。

第四十五条 行政复议机关有权向有关单位和个人调查取证,查阅、复制、调取有关文件和资料,向有关人员进行询问。

调查取证时,行政复议人员不得少于两人,并应当出示行政复议工作证件。

被调查取证的单位和个人应当积极配合行政复议人员的工作,不得拒绝或者阻挠。

第四十六条 行政复议期间,被申请人不得自行向申请人和其他有关单位或者个人收集证据;自行收集的证据不作为认定行政行为合法性、适当性的依据。

行政复议期间，申请人或者第三人提出被申请行政复议的行政行为作出时没有提出的理由或者证据的，经行政复议机构同意，被申请人可以补充证据。

第四十七条 行政复议期间，申请人、第三人及其委托代理人可以按照规定查阅、复制被申请人提出的书面答复、作出行政行为的证据、依据和其他有关材料，除涉及国家秘密、商业秘密、个人隐私或者可能危及国家安全、公共安全、社会稳定的情形外，行政复议机构应当同意。

第三节 普通程序

第四十八条 行政复议机构应当自行政复议申请受理之日起七日内，将行政复议申请书副本或者行政复议申请笔录复印件发送被申请人。被申请人应当自收到行政复议申请书副本或者行政复议申请笔录复印件之日起十日内，提出书面答复，并提交作出行政行为的证据、依据和其他有关材料。

第四十九条 适用普通程序审理的行政复议案件，行政复议机构应当当面或者通过互联网、电话等方式听取当事人的意见，并将听取的意见记录在案。因当事人原因不能听取意见的，可以书面审理。

第五十条 审理重大、疑难、复杂的行政复议案件，行政复议机构应当组织听证。

行政复议机构认为有必要听证，或者申请人请求听证的，行政复议机构可以组织听证。

听证由一名行政复议人员任主持人，两名以上行政复议人员任听证员，一名记录员制作听证笔录。

第五十一条 行政复议机构组织听证的，应当于举行听证的五日前将听证的时间、地点和拟听证事项书面通知当事人。

申请人无正当理由拒不参加听证的，视为放弃听证权利。

被申请人的负责人应当参加听证。不能参加的，应当说明理由并委托相应的工作人员参加听证。

第五十二条 县级以上各级人民政府应当建立相关政府部门、专家、学者等参与的行政复议委员会，为办理行政复议案件提供咨询意见，并就行政复议工作中的重大事项和共性问题研究提出意见。行政复议委员会的组成和开展工作的具体办法，由国务院行政复议机构制定。

审理行政复议案件涉及下列情形之一的，行政复议机构应当提请行政复议委员会提出咨询意见：

（一）案情重大、疑难、复杂；

（二）专业性、技术性较强；

（三）本法第二十四条第二款规定的行政复议案件；

（四）行政复议机构认为有必要。

行政复议机构应当记录行政复议委员会的咨询意见。

第四节 简易程序

第五十三条 行政复议机关审理下列行政复议案件，认为事实清楚、权利义务关系明确、争议不大的，可以适用简易程序：

（一）被申请行政复议的行政行为是当场作出；

（二）被申请行政复议的行政行为是警告或者通报批评；

（三）案件涉及款额三千元以下；

（四）属于政府信息公开案件。

除前款规定以外的行政复议案件，当事人各方同意适用简易程序的，可以适用简易程序。

第五十四条 适用简易程序审理的行政复议案件，行政复议机构应当自受理行政复议申请之日起三日内，将行政复议申请书副本或者行政复议申请笔录复印件发送被申请人。被申请人应当自收到行政复议申请书副本或者行政复议申请笔录复印件之日起五日内，提出书面答复，并提交作出行政行为的证据、依据和其他有关材料。

适用简易程序审理的行政复议案件，可以书面审理。

第五十五条 适用简易程序审理的行政复议案件，行政复议机构认为不宜适用简易程序的，经行政复议机构的负责人批准，可以转为普通程序审理。

第五节 行政复议附带审查

第五十六条 申请人依照本法第十三条的规定提出对有关规范性文件的附带审查申请，行政复议机关有权处理的，应当在三十日内依法处理；无权处理的，应当在七日内转送有权处理的行政机关依法处理。

第五十七条 行政复议机关在对被申请人作出的行政行为进行审查时，认为其依据不合法，本机关有权处理的，应当在三十日内依法处理；无权处理的，应当在七日内转送有权处理的国家机关依法处理。

第五十八条 行政复议机关依照本法第五十六条、第五十七条的规定有权处理有关规范性文件或者依据的，行政复议机构应当自行政复议中止之日起三日内，书面通知规范性文件或者依据的制定机关就相关条款的合法性提出书面答复。制定机关应当自收到书面通知之日起十日内提交书面答复及相关材料。

行政复议机构认为必要时,可以要求规范性文件或者依据的制定机关当面说明理由,制定机关应当配合。

第五十九条 行政复议机关依照本法第五十六条、第五十七条的规定有权处理有关规范性文件或者依据,认为相关条款合法的,在行政复议决定书中一并告知;认为相关条款超越权限或者违反上位法的,决定停止该条款的执行,并责令制定机关予以纠正。

第六十条 依照本法第五十六条、第五十七条的规定接受转送的行政机关、国家机关应当自收到转送之日起六十日内,将处理意见回复转送的行政复议机关。

第五章 行政复议决定

第六十一条 行政复议机关依照本法审理行政复议案件,由行政复议机构对行政行为进行审查,提出意见,经行政复议机关的负责人同意或者集体讨论通过后,以行政复议机关的名义作出行政复议决定。

经过听证的行政复议案件,行政复议机关应当根据听证笔录、审查认定的事实和证据,依照本法作出行政复议决定。

提请行政复议委员会提出咨询意见的行政复议案件,行政复议机关应当将咨询意见作为作出行政复议决定的重要参考依据。

第六十二条 适用普通程序审理的行政复议案件,行政复议机关应当自受理申请之日起六十日内作出行政复议决定;但是法律规定的行政复议期限少于六十日的除外。情况复杂,不能在规定期限内作出行政复议决定的,经行政复议机构的负责人批准,可以适当延长,并书面告知当事人;但是延长期限最多不得超过三十日。

适用简易程序审理的行政复议案件,行政复议机关应当自受理申请之日起三十日内作出行政复议决定。

第六十三条 行政行为有下列情形之一的,行政复议机关决定变更该行政行为:

(一)事实清楚,证据确凿,适用依据正确,程序合法,但是内容不适当;

(二)事实清楚,证据确凿,程序合法,但是未正确适用依据;

(三)事实不清、证据不足,经行政复议机关查清事实和证据。

行政复议机关不得作出对申请人更为不利的变更决定,但是第三人提出相反请求的除外。

第六十四条 行政行为有下列情形之一的,行政复议机关决定撤销或者部分撤销该行政行为,并可以责令被申请人在一定期限内重新作出行政行为:

(一)主要事实不清、证据不足;

(二)违反法定程序;

(三)适用的依据不合法;

(四)超越职权或者滥用职权。

行政复议机关责令被申请人重新作出行政行为的,被申请人不得以同一事实和理由作出与被申请行政复议的行政行为相同或者基本相同的行政行为,但是行政复议机关以违反法定程序为由决定撤销或者部分撤销的除外。

第六十五条 行政行为有下列情形之一的,行政复议机关不撤销该行政行为,但是确认该行政行为违法:

(一)依法应予撤销,但是撤销会给国家利益、社会公共利益造成重大损害;

(二)程序轻微违法,但是对申请人权利不产生实际影响。

行政行为有下列情形之一,不需要撤销或者责令履行的,行政复议机关确认该行政行为违法:

(一)行政行为违法,但是不具有可撤销内容;

(二)被申请人改变原违法行政行为,申请人仍要求撤销或者确认行政行为违法;

(三)被申请人不履行或者拖延履行法定职责,责令履行没有意义。

第六十六条 被申请人不履行法定职责的,行政复议机关决定被申请人在一定期限内履行。

第六十七条 行政行为有实施主体不具有行政主体资格或者没有依据等重大且明显违法情形,申请人申请确认行政行为无效的,行政复议机关确认该行政行为无效。

第六十八条 行政行为认定事实清楚,证据确凿,适用依据正确,程序合法,内容适当的,行政复议机关决定维持该行政行为。

第六十九条 行政复议机关受理申请人认为被申请人不履行法定职责的行政复议申请后,发现被申请人没有相应法定职责或者在受理前已经履行法定职责的,决定驳回申请人的行政复议请求。

第七十条 被申请人不按照本法第四十八条、第五十四条的规定提出书面答复、提交作出行政行为的证据、依据和其他有关材料的,视为该行政行为没有证据、依据,行政复议机关决定撤销、部分撤销该行政行为,确认该行政行为违法、无效或者决定被申请人在一定期限内履行,但是行政行为涉及第三人合法权益,第三人提供证据的除外。

第七十一条　被申请人不依法订立、不依法履行、未按照约定履行或者违法变更、解除行政协议的，行政复议机关决定被申请人承担依法订立、继续履行、采取补救措施或者赔偿损失等责任。

被申请人变更、解除行政协议合法，但是未依法给予补偿或者补偿不合理的，行政复议机关决定被申请人依法给予合理补偿。

第七十二条　申请人在申请行政复议时一并提出行政赔偿请求，行政复议机关对依照《中华人民共和国国家赔偿法》的有关规定应当不予赔偿的，在作出行政复议决定时，应当同时决定驳回行政赔偿请求；对符合《中华人民共和国国家赔偿法》的有关规定应当给予赔偿的，在决定撤销或者部分撤销、变更行政行为或者确认行政行为违法、无效时，应当同时决定被申请人依法给予赔偿；确认行政行为违法的，还可以同时责令被申请人采取补救措施。

申请人在申请行政复议时没有提出行政赔偿请求的，行政复议机关在依法决定撤销或者部分撤销、变更罚款，撤销或者部分撤销违法集资、没收财物、征收征用、摊派费用以及对财产的查封、扣押、冻结等行政行为时，应当同时责令被申请人返还财产，解除对财产的查封、扣押、冻结措施，或者赔偿相应的价款。

第七十三条　当事人经调解达成协议的，行政复议机关应当制作行政复议调解书，经各方当事人签字或者签章，并加盖行政复议机关印章，即具有法律效力。

调解未达成协议或者调解书生效前一方反悔的，行政复议机关应当依法审查或者及时作出行政复议决定。

第七十四条　当事人在行政复议决定作出前可以自愿达成和解，和解内容不得损害国家利益、社会公共利益和他人合法权益，不得违反法律、法规的强制性规定。

当事人达成和解后，由申请人向行政复议机构撤回行政复议申请。行政复议机构准予撤回行政复议申请、行政复议机关决定终止行政复议的，申请人不得再以同一事实和理由提出行政复议申请。但是，申请人能够证明撤回行政复议申请违背其真实意愿的除外。

第七十五条　行政复议机关作出行政复议决定，应当制作行政复议决定书，并加盖行政复议机关印章。

行政复议决定书一经送达，即发生法律效力。

第七十六条　行政复议机关在办理行政复议案件过程中，发现被申请人或者其他下级行政机关的有关行政行为违法或者不当的，可以向其制发行政复议意见书。有关机关应当自收到行政复议意见书之日起六十日内，将纠正相关违法或者不当行政行为的情况报送行政复议机关。

第七十七条　被申请人应当履行行政复议决定书、调解书、意见书。

被申请人不履行或者无正当理由拖延履行决定书、调解书、意见书的，行政复议机关或者有关上级行政机关应当责令其限期履行，并可以约谈被申请人的有关负责人或者予以通报批评。

第七十八条　申请人、第三人逾期不起诉又不履行行政复议决定书、调解书的，或者不履行最终裁决的行政复议决定的，按照下列规定分别处理：

（一）维持行政行为的行政复议决定书，由作出行政行为的行政机关依法强制执行，或者申请人民法院强制执行；

（二）变更行政行为的行政复议决定书，由行政复议机关依法强制执行，或者申请人民法院强制执行；

（三）行政复议调解书，由行政复议机关依法强制执行，或者申请人民法院强制执行。

第七十九条　行政复议机关根据被申请行政复议的行政行为的公开情况，按照国家有关规定将行政复议决定书向社会公开。

县级以上地方各级人民政府办理以本级人民政府工作部门为被申请人的行政复议案件，应当将发生法律效力的行政复议决定书、意见书同时抄告被申请人的上一级主管部门。

第六章　法律责任

第八十条　行政复议机关不依照本法规定履行行政复议职责，对负有责任的领导人员和直接责任人员依法给予警告、记过、记大过的处分；经有权监督的机关督促仍不改正或者造成严重后果的，依法给予降级、撤职、开除的处分。

第八十一条　行政复议机关工作人员在行政复议活动中，徇私舞弊或者有其他渎职、失职行为的，依法给予警告、记过、记大过的处分；情节严重的，依法给予降级、撤职、开除的处分；构成犯罪的，依法追究刑事责任。

第八十二条　被申请人违反本法规定，不提出书面答复或者不提交作出行政行为的证据、依据和其他有关材料，或者阻挠、变相阻挠公民、法人或者其他组织依法申请行政复议的，对负有责任的领导人员和直接责任人员依法给予警告、记过、记大过的处分；进行报复陷害的，依法给予降级、撤职、开除的处分；构成犯罪的，依法追究刑事责任。

第八十三条 被申请人不履行或者无正当理由拖延履行行政复议决定书、调解书、意见书的，对负有责任的领导人员和直接责任人员依法给予警告、记过、记大过的处分；经责令履行仍拒不履行的，依法给予降级、撤职、开除的处分。

第八十四条 拒绝、阻挠行政复议人员调查取证，故意扰乱行政复议工作秩序的，依法给予处分、治安管理处罚；构成犯罪的，依法追究刑事责任。

第八十五条 行政机关及其工作人员违反本法规定的，行政复议机关可以向监察机关或者公职人员任免机关、单位移送有关人员违法的事实材料，接受移送的监察机关或公职人员任免机关、单位应当依法处理。

第八十六条 行政复议机关在办理行政复议案件过程中，发现公职人员涉嫌贪污贿赂、失职渎职等职务违法或者职务犯罪的问题线索，应当依照有关规定移送监察机关，由监察机关依法调查处置。

第七章 附 则

第八十七条 行政复议机关受理行政复议申请，不得向申请人收取任何费用。

第八十八条 行政复议期间的计算和行政复议文书的送达，本法没有规定的，依照《中华人民共和国民事诉讼法》关于期间、送达的规定执行。

本法关于行政复议期间有关"三日"、"五日"、"七日"、"十日"的规定是指工作日，不含法定休假日。

第八十九条 外国人、无国籍人、外国组织在中华人民共和国境内申请行政复议，适用本法。

第九十条 本法自2024年1月1日起施行。

应急管理部行政复议和行政应诉工作办法

· 2024年4月4日应急管理部令第15号公布
· 自2024年6月1日起施行

第一章 总 则

第一条 为规范应急管理部行政复议和行政应诉工作，依法履行行政复议和行政应诉职责，发挥行政复议化解行政争议的主渠道作用，保护公民、法人和其他组织的合法权益，根据《中华人民共和国行政复议法》《中华人民共和国行政诉讼法》等规定，制定本办法。

第二条 应急管理部办理行政复议案件、行政应诉事项，适用本办法。

国家消防救援局、国家矿山安全监察局、中国地震局办理法定管辖的行政复议案件、行政应诉事项，参照本办法的相关规定执行。

第三条 应急管理部法制工作机构是应急管理部行政复议机构（以下简称行政复议机构），负责办理应急管理部行政复议事项；应急管理部法制工作机构同时组织办理应急管理部行政应诉有关事项。

第四条 应急管理部履行行政复议、行政应诉职责，遵循合法、公正、公开、高效、便民、为民的原则，坚持有错必纠，尊重并执行法院生效裁判，保障法律、法规的正确实施。

第二章 行政复议申请

第五条 公民、法人或者其他组织可以依照《中华人民共和国行政复议法》第十一条规定的行政复议范围，向应急管理部申请行政复议。

第六条 下列事项不属于行政复议范围：

（一）国防、外交等国家行为；

（二）行政法规、规章或者应急管理部制定、发布的具有普遍约束力的决定、命令等规范性文件；

（三）应急管理部对本机关工作人员的奖惩、任免等决定；

（四）应急管理部对民事纠纷作出的调解。

第七条 公民、法人或者其他组织认为应急管理部的行政行为所依据的有关规范性文件（不含规章）不合法，在对行政行为申请行政复议时，可以一并向应急管理部提出对该规范性文件的附带审查申请。

第八条 依法申请行政复议的公民、法人或者其他组织是申请人。

申请人以外的同被申请行政复议的行政行为或者行政复议案件处理结果有利害关系的公民、法人或者其他组织，可以作为第三人申请参加行政复议，或者由行政复议机构通知其作为第三人参加行政复议。

第三人不参加行政复议，不影响行政复议案件的审理。

第九条 申请人、第三人可以委托1至2名律师、基层法律服务工作者或者其他代理人代为参加行政复议。

申请人、第三人委托代理人的，应当向行政复议机构提交授权委托书、委托人及被委托人的身份证明文件。授权委托书应当载明委托事项、权限和期限。申请人、第三人变更或者解除代理人权限的，应当书面告知行政复议机构。

第十条 公民、法人或者其他组织对应急管理部作出的行政行为不服申请行政复议的，应急管理部是被申请人；对应急管理部管理的法律、行政法规、部门规章授权的组织作出的行政行为不服申请行政复议的,该组织是被申请人。

应急管理部与其他行政机关以共同的名义作出同一行政行为的,应急管理部与共同作出行政行为的行政机关是被申请人。

应急管理部委托的组织作出行政行为的,应急管理部是被申请人。

第十一条 应急管理部为被申请人的,由原承办该行政行为有关事项的司局(单位)提出书面答复。应急管理部管理的法律、行政法规、部门规章授权的组织为被申请人的,由该组织提出书面答复。

第十二条 公民、法人或者其他组织认为行政行为侵犯其合法权益的,符合行政复议法律法规和本办法规定的管辖和受理情形的,可以自知道或者应当知道该行政行为之日起60日内向应急管理部提出行政复议申请;但是法律规定的申请期限超过60日的除外。

因不可抗力或者其他正当理由耽误法定申请期限的,申请期限自障碍消除之日起继续计算。

有关行政行为作出时,未告知公民、法人或者其他组织申请行政复议的权利、行政复议机关和申请期限的,申请期限自公民、法人或者其他组织知道或者应当知道申请行政复议的权利、行政复议机关和申请期限之日起计算,但是自知道或者应当知道行政行为内容之日起最长不得超过一年。

第十三条 因不动产提出的行政复议申请自行政行为作出之日起超过二十年,其他行政复议申请自行政行为作出之日起超过五年的,应急管理部不予受理。

第十四条 申请人申请行政复议,可以书面申请;书面申请有困难的,也可以口头申请。

书面申请的,可以通过邮寄或者应急管理部指定的互联网渠道等方式提交行政复议申请书,也可以当面提交行政复议申请书。

口头申请的,应急管理部应当当场记录申请人的基本情况、行政复议请求、申请行政复议的主要事实、理由和时间。

申请人对两个以上行政行为不服的,应当分别申请行政复议。

第十五条 应急管理部管辖下列行政复议案件:

(一)对应急管理部作出的行政行为不服的;

(二)对应急管理部依法设立的派出机构依照法律、行政法规、部门规章规定,以派出机构的名义作出的行政行为不服的;

(三)对应急管理部管理的法律、行政法规、部门规章授权的组织作出的行政行为不服的。

第三章　行政复议受理、审理和决定
第一节　行政复议受理

第十六条 应急管理部收到行政复议申请后,应当在5日内进行审查。对符合下列规定的,应当予以受理:

(一)有明确的申请人和符合《中华人民共和国行政复议法》规定的被申请人;

(二)申请人与被申请行政复议的行政行为有利害关系;

(三)有具体的行政复议请求和理由;

(四)在法定申请期限内提出;

(五)属于《中华人民共和国行政复议法》规定的行政复议范围;

(六)属于应急管理部的管辖范围;

(七)行政复议机关未受理过该申请人就同一行政行为提出的行政复议申请,并且人民法院未受理过该申请人就同一行政行为提起的行政诉讼。

对不符合前款规定的行政复议申请,应急管理部应当在审查期限内决定不予受理并说明理由;不属于应急管理部管辖的,还应当在不予受理决定中告知申请人有管辖权的行政复议机关。

行政复议申请的审查期限届满,应急管理部未作出不予受理决定的,审查期限届满之日起视为受理。

第十七条 行政复议申请材料不齐全或者表述不清楚,无法判断行政复议申请是否符合本办法第十六条第一款规定的,应急管理部应当自收到申请之日起5日内书面通知申请人补正。补正通知应当一次性载明需要补正的事项。

申请人应当自收到补正通知之日起10日内提交补正材料。有正当理由不能按期补正的,应急管理部可以延长合理的补正期限。无正当理由逾期不补正的,视为申请人放弃行政复议申请,并记录在案。

应急管理部收到补正材料后,依照本办法第十六条的规定处理。

第十八条 应急管理部受理行政复议申请后,发现该行政复议申请不符合本办法第十六条第一款规定的,应当依法决定驳回申请并说明理由。

第二节　行政复议审理

第十九条 应急管理部受理行政复议申请后,依照《中华人民共和国行政复议法》适用普通程序或者简易

程序进行审理。行政复议机构应当指定行政复议人员负责办理行政复议案件。

行政复议人员对办理行政复议案件过程中知悉的国家秘密、商业秘密和个人隐私,应当予以保密。

第二十条 应急管理部依照法律、法规、规章审理行政复议案件。

第二十一条 行政复议期间有《中华人民共和国行政复议法》第三十九条规定的情形之一的,行政复议中止。行政复议中止的原因消除后,应当及时恢复行政复议案件的审理。

中止、恢复行政复议案件的审理,应急管理部应当书面告知当事人。

第二十二条 行政复议期间有《中华人民共和国行政复议法》第四十一条规定的情形之一的,行政复议终止。

第二十三条 行政复议期间行政行为不停止执行;但是有《中华人民共和国行政复议法》第四十二条规定的情形之一的,应当停止执行。

第二十四条 被申请人对其作出的行政行为的合法性、适当性负有举证责任。

有下列情形之一的,申请人应当提供证据:

(一)认为被申请人不履行法定职责的,提供曾经要求被申请人履行法定职责的证据,但是被申请人应当依职权主动履行法定职责或者申请人因正当理由不能提供的除外;

(二)提出行政赔偿请求的,提供受行政行为侵害而造成损害的证据,但是因被申请人原因导致申请人无法举证的,由被申请人承担举证责任;

(三)法律、法规规定需要申请人提供证据的其他情形。

有关证据经行政复议机构审查属实,才能作为认定行政复议案件事实的根据。

第二十五条 行政复议期间,被申请人不得自行向申请人和其他有关单位或者个人收集证据;自行收集的证据不作为认定行政行为合法性、适当性的依据。

行政复议期间,申请人或者第三人提出被申请行政复议的行政行为作出时没有提出的理由或者证据的,经行政复议机构同意,被申请人可以补充证据。

第二十六条 行政复议期间,申请人、第三人及其委托代理人可以按照规定查阅、复制被申请人提出的书面答复、作出行政行为的证据、依据和其他有关材料,除涉及国家秘密、商业秘密、个人隐私或者可能危及国家安全、公共安全、社会稳定的情形外,行政复议机构应当同意。

第二十七条 适用普通程序审理的行政复议案件,行政复议机构应当自行政复议申请受理之日起 7 日内,将行政复议申请书副本或者行政复议申请笔录复印件发送本办法第十一条规定的承办司局(单位)或者授权的组织。有关承办司局(单位)或者授权的组织应当自收到行政复议申请书副本或者行政复议申请笔录复印件之日起 10 日内提出书面答复,制作行政复议答复书,并提交作出行政行为的证据、依据和其他有关材料,径送行政复议机构。

行政复议答复书应当载明下列事项:

(一)作出行政行为的事实依据及有关的证据材料;

(二)作出行政行为所依据的法律、法规、规章和规范性文件的具体条款;

(三)对申请人具体复议请求的意见和理由;

(四)作出答复的日期。

提交的证据材料应当分类编号,并简要说明证据材料的来源、证明对象和内容。

应急管理部管理的法律、行政法规、部门规章授权的组织为被申请人的,行政复议答复书还应当载明被申请人的名称、地址和法定代表人的姓名、职务。

第二十八条 适用普通程序审理的行政复议案件,行政复议机构应当当面或者通过互联网、电话等方式听取当事人的意见,并将听取的意见记录在案。因当事人原因不能听取意见的,可以书面审理。

第二十九条 审理重大、疑难、复杂的行政复议案件,行政复议机构应当依法组织听证。

行政复议机构认为有必要听证,或者申请人请求听证的,行政复议机构可以组织听证。

申请人无正当理由拒不参加听证的,视为放弃听证权利。

被申请人的负责人应当参加听证。不能参加的,应当说明理由并委托相应的工作人员参加听证。

第三十条 行政复议机构组织听证的,按照下列程序进行:

(一)行政复议机构应当于举行听证的 5 日前将听证的时间、地点和拟听证事项等书面通知当事人;

(二)听证由一名行政复议人员任主持人,两名以上行政复议人员任听证员,一名记录员制作听证笔录;

(三)举行听证时,被申请人应当提供书面答复及相关证据、依据等材料,证明其行政行为的合法性、适当性,

申请人、第三人可以提出证据进行申辩和质证;

(四)听证笔录应当经听证参加人确认无误后签字或者盖章。

第三十一条 应急管理部审理下列行政复议案件,认为事实清楚、权利义务关系明确、争议不大的,可以适用简易程序:

(一)被申请行政复议的行政行为是当场作出的;

(二)被申请行政复议的行政行为是警告或者通报批评;

(三)案件涉及款额三千元以下的;

(四)属于政府信息公开案件。

除前款规定以外的行政复议案件,当事人各方同意适用简易程序的,可以适用简易程序。

适用简易程序审理的行政复议案件,行政复议机构应当自受理行政复议申请之日起3日内,将行政复议申请书副本或者行政复议申请笔录复印件发送本办法第十一条规定的承办司局(单位)或者授权的组织。有关承办司局(单位)或者授权的组织应当自收到行政复议申请书副本或者行政复议申请笔录复印件之日起5日内,提出书面答复,制作行政复议答复书,并提交作出行政行为的证据、依据和其他有关材料,径送行政复议机构。

适用简易程序审理的行政复议案件,可以书面审理。

第三十二条 适用简易程序审理的行政复议案件,行政复议机构认为不宜适用简易程序的,经行政复议机构的负责人批准,可以转为普通程序审理。

第三节 行政复议决定

第三十三条 应急管理部依法审理行政复议案件,由行政复议机构对行政行为进行审查,提出意见,经应急管理部负责人同意或者集体讨论通过后,依照《中华人民共和国行政复议法》的相关规定,以应急管理部的名义作出变更行政行为、撤销或者部分撤销行政行为、确认行政行为违法、责令被申请人在一定期限内履行法定职责、确认行政行为无效、维持行政行为等行政复议决定。

应急管理部依法对行政协议争议、行政赔偿事项等进行处理,作出有关行政复议决定。

应急管理部不得作出对申请人更为不利的变更决定,但是第三人提出相反请求的除外。

第三十四条 适用普通程序审理的行政复议案件,应急管理部应当自受理申请之日起60日内作出行政复议决定;但是法律规定的行政复议期限少于60日的除外。情况复杂,不能在规定期限内作出行政复议决定的,经行政复议机构的负责人批准,可以适当延长,并书面告知当事人;但是延长期限最多不得超过30日。

适用简易程序审理的行政复议案件,应急管理部应当自受理申请之日起30日内作出行政复议决定。

第三十五条 应急管理部办理行政复议案件,可以进行调解。

调解应当遵循合法、自愿的原则,不得损害国家利益、社会公共利益和他人合法权益,不得违反法律、法规的强制性规定。

当事人经调解达成协议的,应急管理部应当制作行政复议调解书,经各方当事人签字或者签章,并加盖应急管理部印章,即具有法律效力。

调解未达成协议或者调解书生效前一方反悔的,应急管理部应当依法审查或者及时作出行政复议决定。

第三十六条 当事人在行政复议决定作出前可以自愿达成和解,和解内容不得损害国家利益、社会公共利益和他人合法权益,不得违反法律、法规的强制性规定。

当事人达成和解后,由申请人向行政复议机构撤回行政复议申请。行政复议机构准予撤回行政复议申请、行政复议机关决定终止行政复议的,申请人不得再以同一事实和理由提出行政复议申请。但是,申请人能够证明撤回行政复议申请违背其真实意愿的除外。

第三十七条 应急管理部作出行政复议决定,应当制作行政复议决定书,并加盖应急管理部印章。

行政复议决定书一经送达,即发生法律效力。

第三十八条 应急管理部根据被申请行政复议的行政行为的公开情况,按照国家有关规定将行政复议决定书向社会公开。

第四章 行政应诉

第三十九条 人民法院送达的行政应诉通知书等应诉材料由应急管理部法制工作机构统一接收。公文收发部门或者其他司局(单位)收到有关材料的,应当于1日内转送应急管理部法制工作机构。

第四十条 应急管理部法制工作机构接到行政应诉通知书等应诉材料5日内,应当组织协调有关司局(单位)共同研究拟订行政应诉方案,确定出庭应诉人员。

有关司局(单位)应当指派专人负责案件调查、收集证据材料,提出初步答辩意见,协助应急管理部法制工作机构组织开展应诉工作。

应急管理部法制工作机构起草行政诉讼答辩状后,按照程序需要有关司局(单位)会签的,有关司局(单位)应当在2日内会签完毕。

第四十一条 应急管理部法制工作机构提出一名代

理人,有关司局(单位)提出一名代理人,按照程序报请批准后,作为行政诉讼代理人;必要时,可以委托律师担任行政诉讼代理人,但不得仅委托律师出庭。

应急管理部法制工作机构负责为行政诉讼代理人办理授权委托书等材料。

第四十二条 在人民法院一审判决书或者裁定书送达后,应急管理部法制工作机构应当组织协调有关司局(单位)提出是否上诉的意见,按照程序报请审核。决定上诉的,提出上诉状,在法定期限内向人民法院提交。

对人民法院已发生法律效力的判决、裁定,应急管理部法制工作机构可以组织协调有关司局(单位)提出是否申请再审的意见,按照程序报请审核。决定申请再审的,提出再审申请书,在法定期限内向人民法院提交。

第四十三条 在行政诉讼过程中人民法院发出司法建议书、人民检察院发出检察建议书的,由应急管理部法制工作机构统一接收。经登记后转送有关司局(单位)办理。

有关司局(单位)应当在收到司法建议书、检察建议书之日起20日内拟出答复意见,经应急管理部法制工作机构审核后,按照程序报请审核,并在规定期限内回复人民法院、人民检察院。人民法院、人民检察院对回复时限另有规定的除外。

第五章 附 则

第四十四条 行政机关及其工作人员违反《中华人民共和国行政复议法》规定的,应急管理部可以向监察机关或者公职人员任免机关、单位移送有关人员违法的事实材料,接受移送的监察机关或者公职人员任免机关、单位应当依法处理。

应急管理部在办理行政复议案件过程中,发现公职人员涉嫌贪污贿赂、失职渎职等职务违法或者职务犯罪的问题线索,应当依照有关规定移送监察机关,由监察机关依法调查处置。

第四十五条 应急管理部对不属于本机关受理的行政复议申请,能够明确属于国家消防救援局、国家矿山安全监察局、中国地震局职责范围的,应当将该申请转送有关部门,并告知申请人。

第四十六条 本办法关于行政复议、行政应诉期间有关"1日""2日""3日""5日""7日""10日"的规定是指工作日,不含法定休假日。

第四十七条 本办法自2024年6月1日起施行。原国家安全生产监督管理总局2007年10月8日公布的《安全生产行政复议规定》同时废止。

安全生产违法行为行政处罚办法

· 2007年11月30日国家安全生产监管总局令第15号公布
· 根据2015年4月2日《国家安全监管总局关于修改〈《生产安全事故报告和调查处理条例》罚款处罚暂行规定〉等四部规章的决定》修订

第一章 总 则

第一条 为了制裁安全生产违法行为,规范安全生产行政处罚工作,依照行政处罚法、安全生产法及其他有关法律、行政法规的规定,制定本办法。

第二条 县级以上人民政府安全生产监督管理部门对生产经营单位及其有关人员在生产经营活动中违反有关安全生产的法律、行政法规、部门规章、国家标准、行业标准和规程的违法行为(以下统称安全生产违法行为)实施行政处罚,适用本办法。

煤矿安全监察机构依照本办法和煤矿安全监察行政处罚办法,对煤矿、煤矿安全生产中介机构等生产经营单位及其有关人员的安全生产违法行为实施行政处罚。

有关法律、行政法规对安全生产违法行为行政处罚的种类、幅度或者决定机关另有规定的,依照其规定。

第三条 对安全生产违法行为实施行政处罚,应当遵循公平、公正、公开的原则。

安全生产监督管理部门或者煤矿安全监察机构(以下统称安全监管监察部门)及其行政执法人员实施行政处罚,必须以事实为依据。行政处罚应当与安全生产违法行为的事实、性质、情节以及社会危害程度相当。

第四条 生产经营单位及其有关人员对安全监管监察部门给予的行政处罚,依法享有陈述权、申辩权和听证权;对行政处罚不服的,有权依法申请行政复议或者提起行政诉讼;因违法给予行政处罚受到损害的,有权依法申请国家赔偿。

第二章 行政处罚的种类、管辖

第五条 安全生产违法行为行政处罚的种类:

(一)警告;

(二)罚款;

(三)没收违法所得、没收非法开采的煤炭产品、采掘设备;

(四)责令停产停业整顿、责令停产停业、责令停止建设、责令停止施工;

(五)暂扣或者吊销有关许可证,暂停或者撤销有关执业资格、岗位证书;

(六)关闭;

（七）拘留；

（八）安全生产法律、行政法规规定的其他行政处罚。

第六条 县级以上安全监管监察部门应当按照本章的规定，在各自的职责范围内对安全生产违法行为行政处罚行使管辖权。

安全生产违法行为的行政处罚，由安全生产违法行为发生地的县级以上安全监管监察部门管辖。中央企业及其所属企业、有关人员的安全生产违法行为的行政处罚，由安全生产违法行为发生地的设区的市级以上安全监管监察部门管辖。

暂扣、吊销有关许可证和暂停、撤销有关执业资格、岗位证书的行政处罚，由发证机关决定。其中，暂扣有关许可证和暂停有关执业资格、岗位证书的期限一般不得超过6个月；法律、行政法规另有规定的，依照其规定。

给予关闭的行政处罚，由县级以上安全监管监察部门报请县级以上人民政府按照国务院规定的权限决定。

给予拘留的行政处罚，由县级以上安全监管监察部门建议公安机关依照治安管理处罚法的规定决定。

第七条 两个以上安全监管监察部门因行政处罚管辖权发生争议的，由其共同的上一级安全监管监察部门指定管辖。

第八条 对报告或者举报的安全生产违法行为，安全监管监察部门应当受理；发现不属于自己管辖的，应当及时移送有管辖权的部门。

受移送的安全监管监察部门对管辖权有异议的，应当报请共同的上一级安全监管监察部门指定管辖。

第九条 安全生产违法行为涉嫌犯罪的，安全监管监察部门应当将案件移送司法机关，依法追究刑事责任；尚不够刑事处罚但依法应当给予行政处罚的，由安全监管监察部门管辖。

第十条 上级安全监管监察部门可以直接查处下级安全监管监察部门管辖的案件，也可以将自己管辖的案件交由下级安全监管监察部门管辖。

下级安全监管监察部门可以将重大、疑难案件报请上级安全监管监察部门管辖。

第十一条 上级安全监管监察部门有权对下级安全监管监察部门违法或者不适当的行政处罚予以纠正或者撤销。

第十二条 安全监管监察部门根据需要，可以在其法定职权范围内委托符合《行政处罚法》第十九条规定条件的组织或者乡、镇人民政府以及街道办事处、开发区管理机构等地方人民政府的派出机构实施行政处罚。受委托的单位在委托范围内，以委托的安全监管监察部门名义实施行政处罚。

委托的安全监管监察部门应当监督检查受委托的单位实施行政处罚，并对其实施行政处罚的后果承担法律责任。

第三章 行政处罚的程序

第十三条 安全生产行政执法人员在执行公务时，必须出示省级以上安全生产监督管理部门或者县级以上地方人民政府统一制作的有效行政执法证件。其中对煤矿进行安全监察，必须出示国家安全生产监督管理总局统一制作的煤矿安全监察员证。

第十四条 安全监管监察部门及其行政执法人员在监督检查时发现生产经营单位存在事故隐患的，应当按照下列规定采取现场处理措施：

（一）能够立即排除的，应当责令立即排除；

（二）重大事故隐患排除前或者排除过程中无法保证安全的，应当责令从危险区域撤出作业人员，并责令暂时停产停业、停止建设、停止施工或者停止使用相关设施、设备，限期排除隐患。

隐患排除后，经安全监管监察部门审查同意，方可恢复生产经营和使用。

本条第一款第（二）项规定的责令暂时停产停业、停止建设、停止施工或者停止使用相关设施、设备的期限一般不超过6个月；法律、行政法规另有规定的，依照其规定。

第十五条 对有根据认为不符合安全生产的国家标准或者行业标准的在用设施、设备、器材，违法生产、储存、使用、经营、运输的危险物品，以及违法生产、储存、使用、经营危险物品的作业场所，安全监管监察部门应当依照《行政强制法》的规定予以查封或者扣押。查封或者扣押的期限不得超过30日，情况复杂的，经安全监察部门负责人批准，最多可以延长30日，并在查封或者扣押期限内作出处理决定：

（一）对违法事实清楚、依法应当没收的非法财物予以没收；

（二）法律、行政法规规定应当销毁的，依法销毁；

（三）法律、行政法规规定应当解除查封、扣押的，作出解除查封、扣押的决定。

实施查封、扣押，应当制作并当场交付查封、扣押决定书和清单。

第十六条 安全监管监察部门依法对存在重大事故

隐患的生产经营单位作出停产停业、停止施工、停止使用相关设施、设备的决定,生产经营单位应当依法执行,及时消除事故隐患。生产经营单位拒不执行,有发生生产安全事故的现实危险的,在保证安全的前提下,经本部门主要负责人批准,安全监管监察部门可以采取通知有关单位停止供电、停止供应民用爆炸物品等措施,强制生产经营单位履行决定。通知应当采用书面形式,有关单位应当予以配合。

安全监管监察部门依照前款规定采取停止供电措施,除有危及生产安全的紧急情形外,应当提前24小时通知生产经营单位。生产经营单位依法履行行政决定、采取相应措施消除事故隐患的,安全监管监察部门应当及时解除前款规定的措施。

第十七条 生产经营单位被责令限期改正或者限期进行隐患排除治理的,应当在规定限期内完成。因不可抗力无法在规定限期内完成的,应当在进行整改或者治理的同时,于限期届满前10日内提出书面延期申请,安全监管监察部门应当在收到申请之日起5日内书面答复是否准予延期。

生产经营单位提出复查申请或者整改、治理限期届满的,安全监管监察部门应当自申请或者限期届满之日起10日内进行复查,填写复查意见书,由被复查单位和安全监管监察部门复查人员签名后存档。逾期未整改、未治理或者整改、治理不合格的,安全监管监察部门应当依法给予行政处罚。

第十八条 安全监管监察部门在作出行政处罚决定前,应当填写行政处罚告知书,告知当事人作出行政处罚决定的事实、理由、依据,以及当事人依法享有的权利,并送达当事人。当事人应当在收到行政处罚告知书之日起3日内进行陈述、申辩,或者依法提出听证要求,逾期视为放弃上述权利。

第十九条 安全监管监察部门应当充分听取当事人的陈述和申辩,对当事人提出的事实、理由和证据,应当进行复核;当事人提出的事实、理由和证据成立的,安全监管监察部门应当采纳。

安全监管监察部门不得因当事人陈述或者申辩而加重处罚。

第二十条 安全监管监察部门对安全生产违法行为实施行政处罚,应当符合法定程序,制作行政执法文书。

第一节 简易程序

第二十一条 违法事实确凿并有法定依据,对个人处以50元以下罚款、对生产经营单位处以1000元以下罚款或者警告的行政处罚的,安全生产行政执法人员可以当场作出行政处罚决定。

第二十二条 安全生产行政执法人员当场作出行政处罚决定,应当填写预定格式、编有号码的行政处罚决定书并当场交付当事人。

安全生产行政执法人员当场作出行政处罚决定后应当及时报告,并在5日内报所属安全监管监察部门备案。

第二节 一般程序

第二十三条 除依照简易程序当场作出的行政处罚外,安全监管监察部门发现生产经营单位及其有关人员有应当给予行政处罚的行为的,应当予以立案,填写立案审批表,并全面、客观、公正地进行调查,收集有关证据。对确需立即查处的安全生产违法行为,可以先行调查取证,并在5日内补办立案手续。

第二十四条 对已经立案的案件,由立案审批人指定两名或者两名以上安全生产行政执法人员进行调查。

有下列情形之一的,承办案件的安全生产行政执法人员应当回避:

(一)本人是本案的当事人或者当事人的近亲属的;
(二)本人或者其近亲属与本案有利害关系的;
(三)与本人有其他利害关系,可能影响案件的公正处理的。

安全生产行政执法人员的回避,由派出其进行调查的安全监管监察部门的负责人决定。进行调查的安全监管监察部门负责人的回避,由该部门负责人集体讨论决定。回避决定作出之前,承办案件的安全生产行政执法人员不得擅自停止对案件的调查。

第二十五条 进行案件调查时,安全生产行政执法人员不得少于两名。当事人或者有关人员应当如实回答安全生产行政执法人员的询问,并协助调查或者检查,不得拒绝、阻挠或者提供虚假情况。

询问或者检查应当制作笔录。笔录应当记载时间、地点、询问和检查情况,并由被询问人、被检查单位和安全生产行政执法人员签名或者盖章;被询问人、被检查单位要求补正的,应当允许。被询问人或者被检查单位拒绝签名或者盖章的,安全生产行政执法人员应当在笔录上注明原因并签名。

第二十六条 安全生产行政执法人员应当收集、调取与案件有关的原始凭证作为证据。调取原始凭证确有困难的,可以复制,复制件应当注明"经核对与原件无异"的字样和原始凭证存放的单位及其处所,并由出具证据的人员签名或者单位盖章。

第二十七条　安全生产行政执法人员在收集证据时，可以采取抽样取证的方法；在证据可能灭失或者以后难以取得的情况下，经本单位负责人批准，可以先行登记保存，并应当在7日内作出处理决定：

（一）违法事实成立依法应当没收的，作出行政处罚决定，予以没收；依法应当扣留或者封存的，予以扣留或者封存；

（二）违法事实不成立，或者依法不应当予以没收、扣留、封存的，解除登记保存。

第二十八条　安全生产行政执法人员对与案件有关的物品、场所进行勘验检查时，应当通知当事人到场，制作勘验笔录，并由当事人核对无误后签名或者盖章。当事人拒绝到场的，可以邀请在场的其他人员作证，并在勘验笔录中注明原因并签名；也可以采用录音、录像等方式记录有关物品、场所的情况后，再进行勘验检查。

第二十九条　案件调查终结后，负责承办案件的安全生产行政执法人员应当填写案件处理呈批表，连同有关证据材料一并报本部门负责人审批。

安全监管监察部门负责人应当及时对案件调查结果进行审查，根据不同情况，分别作出以下决定：

（一）确有应受行政处罚的违法行为的，根据情节轻重及具体情况，作出行政处罚决定；

（二）违法行为轻微，依法可以不予行政处罚的，不予行政处罚；

（三）违法事实不能成立，不得给予行政处罚；

（四）违法行为涉嫌犯罪的，移送司法机关处理。

对严重安全生产违法行为给予责令停产停业整顿、责令停产停业、责令停止建设、责令停止施工、吊销有关许可证、撤销有关执业资格或者岗位证书、5万元以上罚款、没收违法所得、没收非法开采的煤炭产品或者采掘设备价值5万元以上的行政处罚的，应当由安全监管监察部门的负责人集体讨论决定。

第三十条　安全监管监察部门依照本办法第二十九条的规定给予行政处罚，应当制作行政处罚决定书。行政处罚决定书应当载明下列事项：

（一）当事人的姓名或者名称、地址或者住址；

（二）违法事实和证据；

（三）行政处罚的种类和依据；

（四）行政处罚的履行方式和期限；

（五）不服行政处罚决定，申请行政复议或者提起行政诉讼的途径和期限；

（六）作出行政处罚决定的安全监管监察部门的名称和作出决定的日期。

行政处罚决定书必须盖有作出行政处罚决定的安全监管监察部门的印章。

第三十一条　行政处罚决定书应当在宣告后当场交付当事人；当事人不在场的，安全监管监察部门应当在7日内依照民事诉讼法的有关规定，将行政处罚决定书送达当事人或者其他的法定受送达人：

（一）送达必须有送达回执，由受送达人在送达回执上注明收到日期，签名或者盖章；

（二）送达应当直接送交受送达人。受送达人是个人的，本人不在交他的同住成年家属签收，并在行政处罚决定书送达回执的备注栏内注明与受送达人的关系；

（三）受送达人是法人或者其他组织的，应当由法人的法定代表人、其他组织的主要负责人或者该法人、组织负责收件的人签收；

（四）受送达人指定代收人的，交代收人签收并注明受当事人委托的情况；

（五）直接送达确有困难的，可以挂号邮寄送达，也可以委托当地安全监管监察部门代为送达，代为送达的安全监管监察部门收到文书后，必须立即交受送达人签收；

（六）当事人或者他的同住成年家属拒绝接收的，送达人应当邀请有关基层组织或者所在单位的代表到场，说明情况，在行政处罚决定书送达回执上记明拒收的事由和日期，由送达人、见证人签名或者盖章，将行政处罚决定书留在当事人的住所；也可以把行政处罚决定书留在受送达人的住所，并采用拍照、录像等方式记录送达过程，即视为送达；

（七）受送达人下落不明，或者用以上方式无法送达的，可以公告送达，自公告发布之日起经过60日，即视为送达。公告送达，应当在案卷中注明原因和经过。

安全监管监察部门送达其他行政处罚执法文书，按照前款规定办理。

第三十二条　行政处罚案件应当自立案之日起30日内作出行政处罚决定；由于客观原因不能完成的，经安全监管监察部门负责人同意，可以延长，但不得超过90日；特殊情况需进一步延长的，应当经上一级安全监管监察部门批准，可延长至180日。

第三节　听证程序

第三十三条　安全监管监察部门作出责令停产停业整顿、责令停产停业、吊销有关许可证、撤销有关执业资格、岗位证书或者较大数额罚款的行政处罚决定之前，应当告知当事人有要求举行听证的权利;当事人要求听证的,安全监管监察部门应当组织听证,不得向当事人收取听证费用。

前款所称较大数额罚款,为省、自治区、直辖市人大常委会或者人民政府规定的数额;没有规定数额的,其数额对个人罚款为 2 万元以上,对生产经营单位罚款为 5 万元以上。

第三十四条 当事人要求听证的,应当在安全监管监察部门依照本办法第十八条规定告知后 3 日内以书面方式提出。

第三十五条 当事人提出听证要求后,安全监管监察部门应当在收到书面申请之日起 15 日内举行听证会,并在举行听证会的 7 日前,通知当事人举行听证的时间、地点。

当事人应当按期参加听证。当事人有正当理由要求延期的,经组织听证的安全监管监察部门负责人批准可以延期 1 次;当事人未按期参加听证,并且未事先说明理由的,视为放弃听证权利。

第三十六条 听证参加人由听证主持人、听证员、案件调查人员、当事人及其委托代理人、书记员组成。

听证主持人、听证员、书记员应当由组织听证的安全监管监察部门负责人指定的非本案调查人员担任。

当事人可以委托 1 至 2 名代理人参加听证,并提交委托书。

第三十七条 除涉及国家秘密、商业秘密或者个人隐私外,听证应当公开举行。

第三十八条 当事人在听证中的权利和义务:

(一)有权对案件涉及的事实、适用法律及有关情况进行陈述和申辩;

(二)有权对案件调查人员提出的证据质证并提出新的证据;

(三)如实回答主持人的提问;

(四)遵守听证会场纪律,服从听证主持人指挥。

第三十九条 听证按照下列程序进行:

(一)书记员宣布听证会场纪律、当事人的权利和义务。听证主持人宣布案由,核实听证参加人名单,宣布听证开始;

(二)案件调查人员提出当事人的违法事实、出示证据,说明拟作出的行政处罚的内容及法律依据;

(三)当事人或者其委托代理人对案件的事实、证据、适用的法律等进行陈述和申辩,提交新的证据材料;

(四)听证主持人就案件的有关问题向当事人、案件调查人员、证人询问;

(五)案件调查人员、当事人或者其委托代理人相互辩论;

(六)当事人或者其委托代理人作最后陈述;

(七)听证主持人宣布听证结束。

听证笔录应当当场交当事人核对无误后签名或者盖章。

第四十条 有下列情形之一的,应当中止听证:

(一)需要重新调查取证的;

(二)需要通知新证人到场作证的;

(三)因不可抗力无法继续进行听证的。

第四十一条 有下列情形之一的,应当终止听证:

(一)当事人撤回听证要求的;

(二)当事人无正当理由不按时参加听证的;

(三)拟作出的行政处罚决定已经变更,不适用听证程序的。

第四十二条 听证结束后,听证主持人应当依据听证情况,填写听证会报告书,提出处理意见并附听证笔录报安全监管监察部门负责人审查。安全监管监察部门依照本办法第二十九条的规定作出决定。

第四章 行政处罚的适用

第四十三条 生产经营单位的决策机构、主要负责人、个人经营的投资人(包括实际控制人,下同)未依法保证下列安全生产所必需的资金投入之一,致使生产经营单位不具备安全生产条件的,责令限期改正,提供必需的资金,可以对生产经营单位处 1 万元以上 3 万元以下罚款,对生产经营单位的主要负责人、个人经营的投资人处 5000 元以上 1 万元以下罚款;逾期未改正的,责令生产经营单位停产停业整顿:

(一)提取或者使用安全生产费用;

(二)用于配备劳动防护用品的经费;

(三)用于安全生产教育和培训的经费;

(四)国家规定的其他安全生产所必须的资金投入。

生产经营单位主要负责人、个人经营的投资人有前款违法行为,导致发生生产安全事故的,依照《生产安全事故罚款处罚规定(试行)》的规定给予处罚。

第四十四条 生产经营单位的主要负责人未依法履行安全生产管理职责,导致生产安全事故发生的,依照《生产安全事故罚款处罚规定(试行)》的规定给予处罚。

第四十五条 生产经营单位及其主要负责人或者其他人员有下列行为之一的,给予警告,并可以对生产经营单位处 1 万元以上 3 万元以下罚款,对其主要负责人、其他有关人员处1000元以上1万元以下的罚款：

（一）违反操作规程或者安全管理规定作业的；

（二）违章指挥从业人员或者强令从业人员违章、冒险作业的；

（三）发现从业人员违章作业不加制止的；

（四）超过核定的生产能力、强度或者定员进行生产的；

（五）对被查封或者扣押的设施、设备、器材、危险物品和作业场所，擅自启封或者使用的；

（六）故意提供虚假情况或者隐瞒存在的事故隐患以及其他安全问题的；

（七）拒不执行安全监管监察部门依法下达的安全监管监察指令的。

第四十六条 危险物品的生产、经营、储存单位以及矿山、金属冶炼单位有下列行为之一的，责令改正，并可以处1万元以上3万元以下的罚款：

（一）未建立应急救援组织或者生产经营规模较小、未指定兼职应急救援人员的；

（二）未配备必要的应急救援器材、设备和物资，并进行经常性维护、保养，保证正常运转的。

第四十七条 生产经营单位与从业人员订立协议，免除或者减轻其对从业人员因生产安全事故伤亡依法应承担的责任的，该协议无效；对生产经营单位的主要负责人、个人经营的投资人按照下列规定处以罚款：

（一）在协议中减轻因生产安全事故伤亡对从业人员依法应承担的责任的，处2万元以上5万元以下的罚款；

（二）在协议中免除因生产安全事故伤亡对从业人员依法应承担的责任的，处5万元以上10万元以下的罚款。

第四十八条 生产经营单位不具备法律、行政法规和国家标准、行业标准规定的安全生产条件，经责令停产停业整顿仍不具备安全生产条件的，安全监管监察部门应当提请有管辖权的人民政府予以关闭；人民政府决定关闭的，安全监管监察部门应当依法吊销其有关许可证。

第四十九条 生产经营单位转让安全生产许可证的，没收违法所得，吊销安全生产许可证，并按照下列规定处以罚款：

（一）接受转让的单位和个人未发生生产安全事故的，处10万元以上30万元以下的罚款；

（二）接受转让的单位和个人发生生产安全事故但没有造成人员死亡的，处30万元以上40万元以下的罚款；

（三）接受转让的单位和个人发生人员死亡生产安全事故的，处40万元以上50万元以下的罚款。

第五十条 知道或者应当知道生产经营单位未取得安全生产许可证或者其他批准文件擅自从事生产经营活动，仍为其提供生产经营场所、运输、保管、仓储等条件的，责令立即停止违法行为，有违法所得的，没收违法所得，并处违法所得1倍以上3倍以下的罚款，但是最高不得超过3万元；没有违法所得的，并处5000元以上1万元以下的罚款。

第五十一条 生产经营单位及其有关人员弄虚作假，骗取或者勾结、串通行政审批工作人员取得安全生产许可证书及其他批准文件的，撤销许可及批准文件，并按照下列规定处以罚款：

（一）生产经营单位有违法所得的，没收违法所得，并处违法所得1倍以上3倍以下的罚款，但是最高不得超过3万元；没有违法所得的，并处5000元以上1万元以下的罚款；

（二）对有关人员处1000元以上1万元以下的罚款。

有前款规定违法行为的生产经营单位及其有关人员在3年内不得再次申请该行政许可。

生产经营单位及其有关人员未依法办理安全生产许可证书变更手续的，责令限期改正，并对生产经营单位处1万元以上3万元以下的罚款，对有关人员处1000元以上5000元以下的罚款。

第五十二条 未取得相应资格、资质证书的机构及其有关人员从事安全评价、认证、检测、检验工作，责令停止违法行为，并按照下列规定处以罚款：

（一）机构有违法所得的，没收违法所得，并处违法所得1倍以上3倍以下的罚款，但是最高不得超过3万元；没有违法所得的，并处5000元以上1万元以下的罚款；

（二）有关人员处5000元以上1万元以下的罚款。

第五十三条 生产经营单位及其有关人员触犯不同的法律规定，有两个以上应当给予行政处罚的安全生产违法行为的，安全监管监察部门应当适用不同的法律规定，分别裁量，合并处罚。

第五十四条 对同一生产经营单位及其有关人员的同一安全生产违法行为，不得给予两次以上罚款的行政处罚。

第五十五条 生产经营单位及其有关人员有下列情形之一的，应当从重处罚：

（一）危及公共安全或者其他生产经营单位安全的，经责令限期改正，逾期未改正的；

（二）一年内因同一违法行为受到两次以上行政处罚的；

（三）拒不整改或者整改不力，其违法行为呈持续状态的；

（四）拒绝、阻碍或者以暴力威胁行政执法人员的。

第五十六条　生产经营单位及其有关人员有下列情形之一的，应当依法从轻或者减轻行政处罚：

（一）已满14周岁不满18周岁的公民实施安全生产违法行为的；

（二）主动消除或者减轻安全生产违法行为危害后果的；

（三）受他人胁迫实施安全生产违法行为的；

（四）配合安全监管监察部门查处安全生产违法行为，有立功表现的；

（五）主动投案，向安全监管监察部门如实交待自己的违法行为的；

（六）具有法律、行政法规规定的其他从轻或者减轻处罚情形的。

有从轻处罚情节的，应当在法定处罚幅度的中档以下确定行政处罚标准，但不得低于法定处罚幅度的下限。

本条第一款第（四）项所称的立功表现，是指当事人有揭发他人安全生产违法行为，并经查证属实；或者提供查处其他安全生产违法行为的重要线索，并经查证属实；或者阻止他人实施安全生产违法行为；或者协助司法机关抓捕其他违法犯罪嫌疑人的行为。

安全生产违法行为轻微并及时纠正，没有造成危害后果的，不予行政处罚。

第五章　行政处罚的执行和备案

第五十七条　安全监管监察部门实施行政处罚时，应当同时责令生产经营单位及其有关人员停止、改正或者限期改正违法行为。

第五十八条　本办法所称的违法所得，按照下列规定计算：

（一）生产、加工产品的，以生产、加工产品的销售收入作为违法所得；

（二）销售商品的，以销售收入作为违法所得；

（三）提供安全生产中介、租赁等服务的，以服务收入或者报酬作为违法所得；

（四）销售收入无法计算的，按当地同类同等规模的生产经营单位的平均销售收入计算；

（五）服务收入、报酬无法计算的，按照当地同行业同种服务的平均收入或者报酬计算。

第五十九条　行政处罚决定依法作出后，当事人应当在行政处罚决定的期限内，予以履行；当事人逾期不履行的，作出行政处罚决定的安全监管监察部门可以采取下列措施：

（一）到期不缴纳罚款的，每日按罚款数额的3%加处罚款，但不得超过罚款数额；

（二）根据法律规定，将查封、扣押的设施、设备、器材和危险物品拍卖所得价款抵缴罚款；

（三）申请人民法院强制执行。

当事人对行政处罚决定不服申请行政复议或者提起行政诉讼的，行政处罚不停止执行，法律另有规定的除外。

第六十条　安全生产行政执法人员当场收缴罚款的，应当出具省、自治区、直辖市财政部门统一制发的罚款收据；当场收缴的罚款，应当自收缴罚款之日起2日内，交至所属安全监管监察部门；安全监管监察部门应当在2日内将罚款缴付指定的银行。

第六十一条　除依法应当予以销毁的物品外，需要将查封、扣押的设施、设备、器材和危险物品拍卖抵缴罚款的，依照法律或者国家有关规定处理。销毁物品，依照国家有关规定处理；没有规定的，经县级以上安全监管监察部门负责人批准，由两名以上安全生产行政执法人员监督销毁，并制作销毁记录。处理物品，应当制作清单。

第六十二条　罚款、没收违法所得的款项和没收非法开采的煤炭产品、采掘设备，必须按照有关规定上缴，任何单位和个人不得截留、私分或者变相私分。

第六十三条　县级安全生产监督管理部门处以5万元以上罚款、没收违法所得、没收非法生产的煤炭产品或者采掘设备价值5万元以上、责令停产停业、停止建设、停止施工、停产停业整顿、吊销有关资格、岗位证书或者许可证的行政处罚的，应当自作出行政处罚决定之日起10日内报设区的市级安全生产监督管理部门备案。

第六十四条　设区的市级安全生产监督监察部门处以10万元以上罚款、没收违法所得、没收非法生产的煤炭产品或者采掘设备价值10万元以上、责令停产停业、停止建设、停止施工、停产停业整顿、吊销有关资格、岗位证书或者许可证的行政处罚的，应当自作出行政处罚决定之日起10日内报省级安全监管监察部门备案。

第六十五条　省级安全监管监察部门处以50万元以上罚款、没收违法所得、没收非法生产的煤炭产品或者采掘设备价值 50 万元以上、责令停产停业、停止建设、停止施工、停产停业整顿、吊销有关资格、岗位证书或者许可证的行政处罚的，应当自作出行政处罚决定之日起 10 日内报国家安全生产监督管理总局或者国家煤矿安全监察局备案。

对上级安全监管监察部门交办案件给予行政处罚的，由决定行政处罚的安全监管监察部门自作出行政处罚决定之日起 10 日内报上级安全监管监察部门备案。

第六十六条 行政处罚执行完毕后，案件材料应当按照有关规定立卷归档。

案卷立案归档后，任何单位和个人不得擅自增加、抽取、涂改和销毁案卷材料。未经安全监管监察部门负责人批准，任何单位和个人不得借阅案卷。

第六章 附 则

第六十七条 安全生产监督管理部门所用的行政处罚文书式样，由国家安全生产监督管理总局统一制定。

煤矿安全监察机构所用的行政处罚文书式样，由国家煤矿安全监察局统一制定。

第六十八条 本办法所称的生产经营单位，是指合法和非法从事生产或者经营活动的基本单元，包括企业法人、不具备企业法人资格的合伙组织、个体工商户和自然人等生产经营主体。

第六十九条 本办法自 2008 年 1 月 1 日起施行。原国家安全生产监督管理局（国家煤矿安全监察局）2003 年 5 月 19 日公布的《安全生产违法行为行政处罚办法》、2001 年 4 月 27 日公布的《煤矿安全监察程序暂行规定》同时废止。

生产安全事故罚款处罚规定

- 2023 年 12 月 25 日应急管理部第 32 次部务会议审议通过
- 2024 年 1 月 10 日中华人民共和国应急管理部令第 14 号公布
- 自 2024 年 3 月 1 日起施行

第一条 为防止和减少生产安全事故，严格追究生产安全事故发生单位及其有关责任人员的法律责任，正确适用事故罚款的行政处罚，依照《中华人民共和国行政处罚法》《中华人民共和国安全生产法》《生产安全事故报告和调查处理条例》等规定，制定本规定。

第二条 应急管理部门和矿山安全监察机构对生产安全事故发生单位（以下简称事故发生单位）及其主要负责人、其他负责人、安全生产管理人员以及直接负责的主管人员、其他直接责任人员等有关责任人员依照《中华人民共和国安全生产法》和《生产安全事故报告和调查处理条例》实施罚款的行政处罚，适用本规定。

第三条 本规定所称事故发生单位是指对事故发生负有责任的生产经营单位。

本规定所称主要负责人是指有限责任公司、股份有限公司的董事长、总经理或者个人经营的投资人，其他生产经营单位的厂长、经理、矿长（含实际控制人）等人员。

第四条 本规定所称事故发生单位主要负责人、其他负责人、安全生产管理人员以及直接负责的主管人员、其他直接责任人员的上一年年收入，属于国有生产经营单位的，是指该单位上级主管部门所确定的上一年年收入总额；属于非国有生产经营单位的，是指经财务、税务部门核定的上一年年收入总额。

生产经营单位提供虚假资料或者由于财务、税务部门无法核定等原因致使有关人员的上一年年收入难以确定的，按照下列办法确定：

（一）主要负责人的上一年年收入，按照本省、自治区、直辖市上一年度城镇单位就业人员平均工资的 5 倍以上 10 倍以下计算；

（二）其他负责人、安全生产管理人员以及直接负责的主管人员、其他直接责任人员的上一年年收入，按照本省、自治区、直辖市上一年度城镇单位就业人员平均工资的 1 倍以上 5 倍以下计算。

第五条 《生产安全事故报告和调查处理条例》所称的迟报、漏报、谎报和瞒报，依照下列情形认定：

（一）报告事故的时间超过规定时限的，属于迟报；

（二）因过失对应当上报的事故或者事故发生的时间、地点、类别、伤亡人数、直接经济损失等内容遗漏未报的，属于漏报；

（三）故意不如实报告事故发生的时间、地点、初步原因、性质、伤亡人数和涉险人数、直接经济损失等有关内容的，属于谎报；

（四）隐瞒已经发生的事故，超过规定时限未向应急管理部门、矿山安全监察机构和有关部门报告，经查证属实的，属于瞒报。

第六条 对事故发生单位及其有关责任人员处以罚款的行政处罚，依照下列规定决定：

（一）对发生特别重大事故的单位及其有关责任人员罚款的行政处罚，由应急管理部决定；

（二）对发生重大事故的单位及其有关责任人员罚款的行政处罚，由省级人民政府应急管理部门决定；

（三）对发生较大事故的单位及其有关责任人员罚款的行政处罚，由设区的市级人民政府应急管理部门决定；

（四）对发生一般事故的单位及其有关责任人员罚款的行政处罚，由县级人民政府应急管理部门决定。

上级应急管理部门可以指定下一级应急管理部门对事故发生单位及其有关责任人员实施行政处罚。

第七条　对煤矿事故发生单位及其有关责任人员处以罚款的行政处罚，依照下列规定执行：

（一）对发生特别重大事故的煤矿及其有关责任人员罚款的行政处罚，由国家矿山安全监察局决定；

（二）对发生重大事故、较大事故和一般事故的煤矿及其有关责任人员罚款的行政处罚，由国家矿山安全监察局省级局决定。

上级矿山安全监察机构可以指定下一级矿山安全监察机构对事故发生单位及其有关责任人员实施行政处罚。

第八条　特别重大事故以下等级事故，事故发生地与事故发生单位所在地不在同一个县级以上行政区域的，由事故发生地的应急管理部门或者矿山安全监察机构依照本规定第六条或者第七条规定的权限实施行政处罚。

第九条　应急管理部门和矿山安全监察机构对事故发生单位及其有关责任人员实施罚款的行政处罚，依照《中华人民共和国行政处罚法》《安全生产违法行为行政处罚办法》等规定的程序执行。

第十条　应急管理部门和矿山安全监察机构在作出行政处罚前，应当告知当事人依法享有的陈述、申辩、要求听证等权利；当事人对行政处罚不服的，有权依法申请行政复议或者提起行政诉讼。

第十一条　事故发生单位主要负责人有《中华人民共和国安全生产法》第一百一十条、《生产安全事故报告和调查处理条例》第三十五条、第三十六条规定的下列行为之一的，依照下列规定处以罚款：

（一）事故发生单位主要负责人在事故发生后不立即组织事故抢救，或者在事故调查处理期间擅离职守，或者瞒报、谎报、迟报事故，或者事故发生后逃匿的，处上一年年收入60%至80%的罚款；贻误事故抢救或者造成事故扩大或者影响事故调查或者造成重大社会影响的，处上一年年收入80%至100%的罚款；

（二）事故发生单位主要负责人漏报事故的，处上一年年收入40%至60%的罚款；贻误事故抢救或者造成事故扩大或者影响事故调查或者造成重大社会影响的，处上一年年收入60%至80%的罚款；

（三）事故发生单位主要负责人伪造、故意破坏事故现场，或者转移、隐匿资金、财产、销毁有关证据、资料，或者拒绝接受调查，或者拒绝提供有关情况和资料，或者在事故调查中作伪证，或者指使他人作伪证的，处上一年年收入60%至80%的罚款；贻误事故抢救或者造成事故扩大或者影响事故调查或者造成重大社会影响的，处上一年年收入80%至100%的罚款。

第十二条　事故发生单位直接负责的主管人员和其他直接责任人员有《生产安全事故报告和调查处理条例》第三十六条规定的行为之一的，处上一年年收入60%至80%的罚款；贻误事故抢救或者造成事故扩大或者影响事故调查或者造成重大社会影响的，处上一年年收入80%至100%的罚款。

第十三条　事故发生单位有《生产安全事故报告和调查处理条例》第三十六条第一项至第五项规定的行为之一的，依照下列规定处以罚款：

（一）发生一般事故的，处100万元以上150万元以下的罚款；

（二）发生较大事故的，处150万元以上200万元以下的罚款；

（三）发生重大事故的，处200万元以上250万元以下的罚款；

（四）发生特别重大事故的，处250万元以上300万元以下的罚款。

事故发生单位有《生产安全事故报告和调查处理条例》第三十六条第一项至第五项规定的行为之一的，贻误事故抢救或者造成事故扩大或者影响事故调查或者造成重大社会影响的，依照下列规定处以罚款：

（一）发生一般事故的，处300万元以上350万元以下的罚款；

（二）发生较大事故的，处350万元以上400万元以下的罚款；

（三）发生重大事故的，处400万元以上450万元以下的罚款；

（四）发生特别重大事故的，处450万元以上500万元以下的罚款。

第十四条　事故发生单位对一般事故负有责任的，依照下列规定处以罚款：

（一）造成3人以下重伤（包括急性工业中毒，下同），或者300万元以下直接经济损失的，处30万元以上

50万元以下的罚款；

（二）造成1人死亡，或者3人以上6人以下重伤，或者300万元以上500万元以下直接经济损失的，处50万元以上70万元以下的罚款；

（三）造成2人死亡，或者6人以上10人以下重伤，或者500万元以上1000万元以下直接经济损失的，处70万元以上100万元以下的罚款。

第十五条 事故发生单位对较大事故发生负有责任的，依照下列规定处以罚款：

（一）造成3人以上5人以下死亡，或者10人以上20人以下重伤，或者1000万元以上2000万元以下直接经济损失的，处100万元以上120万元以下的罚款；

（二）造成5人以上7人以下死亡，或者20人以上30人以下重伤，或者2000万元以上3000万元以下直接经济损失的，处120万元以上150万元以下的罚款；

（三）造成7人以上10人以下死亡，或者30人以上50人以下重伤，或者3000万元以上5000万元以下直接经济损失的，处150万元以上200万元以下的罚款。

第十六条 事故发生单位对重大事故发生负有责任的，依照下列规定处以罚款：

（一）造成10人以上13人以下死亡，或者50人以上60人以下重伤，或者5000万元以上6000万元以下直接经济损失的，处200万元以上400万元以下的罚款；

（二）造成13人以上15人以下死亡，或者60人以上70人以下重伤，或者6000万元以上7000万元以下直接经济损失的，处400万元以上600万元以下的罚款；

（三）造成15人以上30人以下死亡，或者70人以上100人以下重伤，或者7000万元以上1亿元以下直接经济损失的，处600万元以上1000万元以下的罚款。

第十七条 事故发生单位对特别重大事故发生负有责任的，依照下列规定处以罚款：

（一）造成30人以上40人以下死亡，或者100人以上120人以下重伤，或者1亿元以上1.5亿元以下直接经济损失的，处1000万元以上1200万元以下的罚款；

（二）造成40人以上50人以下死亡，或者120人以上150人以下重伤，或者1.5亿元以上2亿元以下直接经济损失的，处1200万元以上1500万元以下的罚款；

（三）造成50人以上死亡，或者150人以上重伤，或者2亿元以上直接经济损失的，处1500万元以上2000万元以下的罚款。

第十八条 发生生产安全事故，有下列情形之一的，属于《中华人民共和国安全生产法》第一百一十四条第二款规定的情节特别严重、影响特别恶劣的情形，可以按照法律规定罚款数额的2倍以上5倍以下对事故发生单位处以罚款：

（一）关闭、破坏直接关系生产安全的监控、报警、防护、救生设备、设施，或者篡改、隐瞒、销毁其相关数据、信息的；

（二）因存在重大事故隐患被依法责令停产停业、停止施工、停止使用有关设备、设施、场所或者立即采取排除危险的整改措施，而拒不执行的；

（三）涉及安全生产的事项未经依法批准或者许可，擅自从事矿山开采、金属冶炼、建筑施工，以及危险物品生产、经营、储存等高度危险的生产作业活动，或者未依法取得有关证照尚在从事生产经营活动的；

（四）拒绝、阻碍行政执法的；

（五）强令他人违章冒险作业，或者明知存在重大事故隐患而不排除，仍冒险组织作业的；

（六）其他情节特别严重、影响特别恶劣的情形。

第十九条 事故发生单位主要负责人未依法履行安全生产管理职责，导致事故发生的，依照下列规定处以罚款：

（一）发生一般事故的，处上一年年收入40%的罚款；

（二）发生较大事故的，处上一年年收入60%的罚款；

（三）发生重大事故的，处上一年年收入80%的罚款；

（四）发生特别重大事故的，处上一年年收入100%的罚款。

第二十条 事故发生单位其他负责人和安全生产管理人员未依法履行安全生产管理职责，导致事故发生的，依照下列规定处以罚款：

（一）发生一般事故的，处上一年年收入20%至30%的罚款；

（二）发生较大事故的，处上一年年收入30%至40%的罚款；

（三）发生重大事故的，处上一年年收入40%至50%的罚款；

（四）发生特别重大事故的，处上一年年收入50%的罚款。

第二十一条 个人经营的投资人未依照《中华人民共和国安全生产法》的规定保证安全生产所必需的资金投入，致使生产经营单位不具备安全生产条件，导致发生

生产安全事故的,依照下列规定对个人经营的投资人处以罚款:

(一)发生一般事故的,处2万元以上5万元以下的罚款;

(二)发生较大事故的,处5万元以上10万元以下的罚款;

(三)发生重大事故的,处10万元以上15万元以下的罚款;

(四)发生特别重大事故的,处15万元以上20万元以下的罚款。

第二十二条 违反《中华人民共和国安全生产法》《生产安全事故报告和调查处理条例》和本规定,存在对事故发生负有责任以及谎报、瞒报事故等两种以上应当处以罚款的行为的,应急管理部门或者矿山安全监察机构应当分别裁量,合并作出处罚决定。

第二十三条 在事故调查中发现需要对存在违法行为的其他单位及其有关人员处以罚款的,依照相关法律、法规和规章的规定实施。

第二十四条 本规定自2024年3月1日起施行。原国家安全生产监督管理总局2007年7月12日公布,2011年9月1日第一次修正、2015年4月2日第二次修正的《生产安全事故罚款处罚规定(试行)》同时废止。

中华人民共和国行政诉讼法

· 1989年4月4日第七届全国人民代表大会第二次会议通过
· 根据2014年11月1日第十二届全国人民代表大会常务委员会第十一次会议《关于修改〈中华人民共和国行政诉讼法〉的决定》第一次修正
· 根据2017年6月27日第十二届全国人民代表大会常务委员会第二十八次会议《关于修改〈中华人民共和国民事诉讼法〉和〈中华人民共和国行政诉讼法〉的决定》第二次修正

第一章 总 则

第一条 【立法目的】为保证人民法院公正、及时审理行政案件,解决行政争议,保护公民、法人和其他组织的合法权益,监督行政机关依法行使职权,根据宪法,制定本法。

第二条 【诉权】公民、法人或者其他组织认为行政机关和行政机关工作人员的行政行为侵犯其合法权益,有权依照本法向人民法院提起诉讼。

前款所称行政行为,包括法律、法规、规章授权的组织作出的行政行为。

第三条 【行政机关负责人出庭应诉】人民法院应当保障公民、法人和其他组织的起诉权利,对应当受理的行政案件依法受理。

行政机关及其工作人员不得干预、阻碍人民法院受理行政案件。

被诉行政机关负责人应当出庭应诉。不能出庭的,应当委托行政机关相应的工作人员出庭。

第四条 【独立行使审判权】人民法院依法对行政案件独立行使审判权,不受行政机关、社会团体和个人的干涉。

人民法院设行政审判庭,审理行政案件。

第五条 【以事实为根据,以法律为准绳原则】人民法院审理行政案件,以事实为根据,以法律为准绳。

第六条 【合法性审查原则】人民法院审理行政案件,对行政行为是否合法进行审查。

第七条 【合议、回避、公开审判和两审终审原则】人民法院审理行政案件,依法实行合议、回避、公开审判和两审终审制度。

第八条 【法律地位平等原则】当事人在行政诉讼中的法律地位平等。

第九条 【本民族语言文字原则】各民族公民都有用本民族语言、文字进行行政诉讼的权利。

在少数民族聚居或者多民族共同居住的地区,人民法院应当用当地民族通用的语言、文字进行审理和发布法律文书。

人民法院应当对不通晓当地民族通用的语言、文字的诉讼参与人提供翻译。

第十条 【辩论原则】当事人在行政诉讼中有权进行辩论。

第十一条 【法律监督原则】人民检察院有权对行政诉讼实行法律监督。

第二章 受案范围

第十二条 【行政诉讼受案范围】人民法院受理公民、法人或者其他组织提起的下列诉讼:

(一)对行政拘留、暂扣或者吊销许可证和执照、责令停产停业、没收违法所得、没收非法财物、罚款、警告等行政处罚不服的;

(二)对限制人身自由或者对财产的查封、扣押、冻结等行政强制措施和行政强制执行不服的;

(三)申请行政许可,行政机关拒绝或者在法定期限内不予答复,或者对行政机关作出的有关行政许可的其他决定不服的;

(四)对行政机关作出的关于确认土地、矿藏、水流、森林、山岭、草原、荒地、滩涂、海域等自然资源的所有权或者使用权的决定不服的；

（五）对征收、征用决定及其补偿决定不服的；

（六）申请行政机关履行保护人身权、财产权等合法权益的法定职责，行政机关拒绝履行或者不予答复的；

（七）认为行政机关侵犯其经营自主权或者农村土地承包经营权、农村土地经营权的；

（八）认为行政机关滥用行政权力排除或者限制竞争的；

（九）认为行政机关违法集资、摊派费用或者违法要求履行其他义务的；

（十）认为行政机关没有依法支付抚恤金、最低生活保障待遇或者社会保险待遇的；

（十一）认为行政机关不依法履行、未按照约定履行或者违法变更、解除政府特许经营协议、土地房屋征收补偿协议等协议的；

（十二）认为行政机关侵犯其他人身权、财产权等合法权益的。

除前款规定外，人民法院受理法律、法规规定可以提起诉讼的其他行政案件。

第十三条 【受案范围的排除】人民法院不受理公民、法人或者其他组织对下列事项提起的诉讼：

（一）国防、外交等国家行为；

（二）行政法规、规章或者行政机关制定、发布的具有普遍约束力的决定、命令；

（三）行政机关对行政机关工作人员的奖惩、任免等决定；

（四）法律规定由行政机关最终裁决的行政行为。

第三章 管 辖

第十四条 【基层人民法院管辖第一审行政案件】基层人民法院管辖第一审行政案件。

第十五条 【中级人民法院管辖的第一审行政案件】中级人民法院管辖下列第一审行政案件：

（一）对国务院部门或者县级以上地方人民政府所作的行政行为提起诉讼的案件；

（二）海关处理的案件；

（三）本辖区内重大、复杂的案件；

（四）其他法律规定由中级人民法院管辖的案件。

第十六条 【高级人民法院管辖的第一审行政案件】高级人民法院管辖本辖区内重大、复杂的第一审行政案件。

第十七条 【最高人民法院管辖的第一审行政案件】最高人民法院管辖全国范围内重大、复杂的第一审行政案件。

第十八条 【一般地域管辖和法院跨行政区域管辖】行政案件由最初作出行政行为的行政机关所在地人民法院管辖。经复议的案件，也可以由复议机关所在地人民法院管辖。

经最高人民法院批准，高级人民法院可以根据审判工作的实际情况，确定若干人民法院跨行政区域管辖行政案件。

第十九条 【限制人身自由行政案件的管辖】对限制人身自由的行政强制措施不服提起的诉讼，由被告所在地或者原告所在地人民法院管辖。

第二十条 【不动产行政案件的管辖】因不动产提起的行政诉讼，由不动产所在地人民法院管辖。

第二十一条 【选择管辖】两个以上人民法院都有管辖权的案件，原告可以选择其中一个人民法院提起诉讼。原告向两个以上有管辖权的人民法院提起诉讼的，由最先立案的人民法院管辖。

第二十二条 【移送管辖】人民法院发现受理的案件不属于本院管辖的，应当移送有管辖权的人民法院，受移送的人民法院应当受理。受移送的人民法院认为受移送的案件按照规定不属于本院管辖的，应当报请上级人民法院指定管辖，不得再自行移送。

第二十三条 【指定管辖】有管辖权的人民法院由于特殊原因不能行使管辖权的，由上级人民法院指定管辖。

人民法院对管辖权发生争议，由争议双方协商解决。协商不成的，报它们的共同上级人民法院指定管辖。

第二十四条 【管辖权转移】上级人民法院有权审理下级人民法院管辖的第一审行政案件。

下级人民法院对其管辖的第一审行政案件，认为需要由上级人民法院审理或者指定管辖的，可以报请上级人民法院决定。

第四章 诉讼参加人

第二十五条 【原告资格】行政行为的相对人以及其他与行政行为有利害关系的公民、法人或者其他组织，有权提起诉讼。

有权提起诉讼的公民死亡，其近亲属可以提起诉讼。

有权提起诉讼的法人或者其他组织终止，承受其权利的法人或者其他组织可以提起诉讼。

人民检察院在履行职责中发现生态环境和资源保护、食品药品安全、国有财产保护、国有土地使用权出让等领域负有监督管理职责的行政机关违法行使职权或者不作为,致使国家利益或者社会公共利益受到侵害的,应当向行政机关提出检察建议,督促其依法履行职责。行政机关不依法履行职责的,人民检察院依法向人民法院提起诉讼。

第二十六条 【被告资格】公民、法人或者其他组织直接向人民法院提起诉讼的,作出行政行为的行政机关是被告。

经复议的案件,复议机关决定维持原行政行为的,作出原行政行为的行政机关和复议机关是共同被告;复议机关改变原行政行为的,复议机关是被告。

复议机关在法定期限内未作出复议决定,公民、法人或者其他组织起诉原行政行为的,作出原行政行为的行政机关是被告;起诉复议机关不作为的,复议机关是被告。

两个以上行政机关作出同一行政行为的,共同作出行政行为的行政机关是共同被告。

行政机关委托的组织所作的行政行为,委托的行政机关是被告。

行政机关被撤销或者职权变更的,继续行使其职权的行政机关是被告。

第二十七条 【共同诉讼】当事人一方或者双方为二人以上,因同一行政行为发生的行政案件,或者因同类行政行为发生的行政案件、人民法院认为可以合并审理并经当事人同意的,为共同诉讼。

第二十八条 【代表人诉讼】当事人一方人数众多的共同诉讼,可以由当事人推选代表人进行诉讼。代表人的诉讼行为对其所代表的当事人发生效力,但代表人变更、放弃诉讼请求或者承认对方当事人的诉讼请求,应当经被代表的当事人同意。

第二十九条 【诉讼第三人】公民、法人或者其他组织同被诉行政行为有利害关系但没有提起诉讼,或者同案件处理结果有利害关系的,可以作为第三人申请参加诉讼,或者由人民法院通知参加诉讼。

人民法院判决第三人承担义务或者减损第三人权益的,第三人有权依法提起上诉。

第三十条 【法定代理人】没有诉讼行为能力的公民,由其法定代理人代为诉讼。法定代理人互相推诿代理责任的,由人民法院指定其中一人代为诉讼。

第三十一条 【委托代理人】当事人、法定代理人,可以委托一至二人作为诉讼代理人。

下列人员可以被委托为诉讼代理人:

(一)律师、基层法律服务工作者;
(二)当事人的近亲属或者工作人员;
(三)当事人所在社区、单位以及有关社会团体推荐的公民。

第三十二条 【当事人及诉讼代理人权利】代理诉讼的律师,有权按照规定查阅、复制本案有关材料,有权向有关组织和公民调查,收集与本案有关的证据。对涉及国家秘密、商业秘密和个人隐私的材料,应当依照法律规定保密。

当事人和其他诉讼代理人有权按照规定查阅、复制本案庭审材料,但涉及国家秘密、商业秘密和个人隐私的内容除外。

第五章 证 据

第三十三条 【证据种类】证据包括:

(一)书证;
(二)物证;
(三)视听资料;
(四)电子数据;
(五)证人证言;
(六)当事人的陈述;
(七)鉴定意见;
(八)勘验笔录、现场笔录。

以上证据经法庭审查属实,才能作为认定案件事实的根据。

第三十四条 【被告举证责任】被告对作出的行政行为负有举证责任,应当提供作出该行政行为的证据和所依据的规范性文件。

被告不提供或者无正当理由逾期提供证据,视为没有相应证据。但是,被诉行政行为涉及第三人合法权益,第三人提供证据的除外。

第三十五条 【行政机关收集证据的限制】在诉讼过程中,被告及其诉讼代理人不得自行向原告、第三人和证人收集证据。

第三十六条 【被告延期提供证据和补充证据】被告在作出行政行为时已经收集了证据,但因不可抗力等正当事由不能提供的,经人民法院准许,可以延期提供。

原告或者第三人提出了其在行政处理程序中没有提出的理由或者证据的,经人民法院准许,被告可以补充证据。

第三十七条 【原告可以提供证据】原告可以提供证明行政行为违法的证据。原告提供的证据不成立的,不免除被告的举证责任。

第三十八条 【原告举证责任】在起诉被告不履行法定职责的案件中,原告应当提供其向被告提出申请的证据。但有下列情形之一的除外:
(一)被告应当依职权主动履行法定职责的;
(二)原告因正当理由不能提供证据的。
在行政赔偿、补偿的案件中,原告应当对行政行为造成的损害提供证据。因被告的原因导致原告无法举证的,由被告承担举证责任。

第三十九条 【法院要求当事人提供或者补充证据】人民法院有权要求当事人提供或者补充证据。

第四十条 【法院调取证据】人民法院有权向有关行政机关以及其他组织、公民调取证据。但是,不得以证明行政行为的合法性调取被告作出行政行为时未收集的证据。

第四十一条 【申请法院调取证据】与本案有关的下列证据,原告或者第三人不能自行收集的,可以申请人民法院调取:
(一)由国家机关保存而须由人民法院调取的证据;
(二)涉及国家秘密、商业秘密和个人隐私的证据;
(三)确因客观原因不能自行收集的其他证据。

第四十二条 【证据保全】在证据可能灭失或者以后难以取得的情况下,诉讼参加人可以向人民法院申请保全证据,人民法院也可以主动采取保全措施。

第四十三条 【证据适用规则】证据应当在法庭上出示,并由当事人互相质证。对涉及国家秘密、商业秘密和个人隐私的证据,不得在公开开庭时出示。

人民法院应当按照法定程序,全面、客观地审查核实证据。对未采纳的证据应当在裁判文书中说明理由。

以非法手段取得的证据,不得作为认定案件事实的根据。

第六章 起诉和受理

第四十四条 【行政复议与行政诉讼的关系】对属于人民法院受案范围的行政案件,公民、法人或者其他组织可以先向行政机关申请复议,对复议决定不服的,再向人民法院提起诉讼;也可以直接向人民法院提起诉讼。

法律、法规规定应当先向行政机关申请复议,对复议决定不服再向人民法院提起诉讼的,依照法律、法规的规定。

第四十五条 【经行政复议的起诉期限】公民、法人或者其他组织不服复议决定的,可以在收到复议决定书之日起十五日内向人民法院提起诉讼。复议机关逾期不作决定的,申请人可以在复议期满之日起十五日内向人民法院提起诉讼。法律另有规定的除外。

第四十六条 【起诉期限】公民、法人或者其他组织直接向人民法院提起诉讼的,应当自知道或者应当知道作出行政行为之日起六个月内提出。法律另有规定的除外。

因不动产提起诉讼的案件自行政行为作出之日起超过二十年,其他案件自行政行为作出之日起超过五年提起诉讼的,人民法院不予受理。

第四十七条 【行政机关不履行法定职责的起诉期限】公民、法人或者其他组织申请行政机关履行保护其人身权、财产权等合法权益的法定职责,行政机关在接到申请之日起两个月内不履行的,公民、法人或者其他组织可以向人民法院提起诉讼。法律、法规对行政机关履行职责的期限另有规定的,从其规定。

公民、法人或者其他组织在紧急情况下请求行政机关履行保护其人身权、财产权等合法权益的法定职责,行政机关不履行的,提起诉讼不受前款规定期限的限制。

第四十八条 【起诉期限的扣除和延长】公民、法人或者其他组织因不可抗力或者不属于其自身的原因耽误起诉期限的,被耽误的时间不计算在起诉期限内。

公民、法人或者其他组织因前款规定以外的其他特殊情况耽误起诉期限的,在障碍消除后十日内,可以申请延长期限,是否准许由人民法院决定。

第四十九条 【起诉条件】提起诉讼应当符合下列条件:
(一)原告是符合本法第二十五条规定的公民、法人或者其他组织;
(二)有明确的被告;
(三)有具体的诉讼请求和事实根据;
(四)属于人民法院受案范围和受诉人民法院管辖。

第五十条 【起诉方式】起诉应当向人民法院递交起诉状,并按照被告人数提出副本。

书写起诉状确有困难的,可以口头起诉,由人民法院记入笔录,出具注明日期的书面凭证,并告知对方当事人。

第五十一条 【登记立案】人民法院在接到起诉状时对符合本法规定的起诉条件的,应当登记立案。

对当场不能判定是否符合本法规定的起诉条件的,应当接收起诉状,出具注明收到日期的书面凭证,并在七日内决定是否立案。不符合起诉条件的,作出不予立案的裁定。裁定书应当载明不予立案的理由。原告对裁定不服的,可以提起上诉。

起诉状内容欠缺或者有其他错误的,应当给予指导和释明,并一次性告知当事人需要补正的内容。不得未经指导和释明即以起诉不符合条件为由不接收起诉状。

对于不接收起诉状、接收起诉状后不出具书面凭证,以及不一次性告知当事人需要补正的起诉状内容的,当事人可以向上级人民法院投诉,上级人民法院应当责令改正,并对直接负责的主管人员和其他直接责任人员依法给予处分。

第五十二条 【法院不立案的救济】人民法院既不立案,又不作出不予立案裁定的,当事人可以向上一级人民法院起诉。上一级人民法院认为符合起诉条件的,应当立案、审理,也可以指定其他下级人民法院立案、审理。

第五十三条 【规范性文件的附带审查】公民、法人或者其他组织认为行政行为所依据的国务院部门和地方人民政府及其部门制定的规范性文件不合法,在对行政行为提起诉讼时,可以一并请求对该规范性文件进行审查。

前款规定的规范性文件不含规章。

第七章 审理和判决

第一节 一般规定

第五十四条 【公开审理原则】人民法院公开审理行政案件,但涉及国家秘密、个人隐私和法律另有规定的除外。

涉及商业秘密的案件,当事人申请不公开审理的,可以不公开审理。

第五十五条 【回避】当事人认为审判人员与本案有利害关系或者有其他关系可能影响公正审判,有权申请审判人员回避。

审判人员认为自己与本案有利害关系或者有其他关系,应当申请回避。

前两款规定,适用于书记员、翻译人员、鉴定人、勘验人。

院长担任审判长时的回避,由审判委员会决定;审判人员的回避,由院长决定;其他人员的回避,由审判长决定。当事人对决定不服的,可以申请复议一次。

第五十六条 【诉讼不停止执行】诉讼期间,不停止行政行为的执行。但有下列情形之一的,裁定停止执行:

(一)被告认为需要停止执行的;

(二)原告或者利害关系人申请停止执行,人民法院认为该行政行为的执行会造成难以弥补的损失,并且停止执行不损害国家利益、社会公共利益的;

(三)人民法院认为该行政行为的执行会给国家利益、社会公共利益造成重大损害的;

(四)法律、法规规定停止执行的。

当事人对停止执行或者不停止执行的裁定不服的,可以申请复议一次。

第五十七条 【先予执行】人民法院对起诉行政机关没有依法支付抚恤金、最低生活保障金和工伤、医疗社会保险金的案件,权利义务关系明确、不先予执行将严重影响原告生活的,可以根据原告的申请,裁定先予执行。

当事人对先予执行裁定不服的,可以申请复议一次。复议期间不停止裁定的执行。

第五十八条 【拒不到庭或中途退庭的法律后果】经人民法院传票传唤,原告无正当理由拒不到庭,或者未经法庭许可中途退庭的,可以按照撤诉处理;被告无正当理由拒不到庭,或者未经法庭许可中途退庭的,可以缺席判决。

第五十九条 【妨害行政诉讼强制措施】诉讼参与人或者其他人有下列行为之一的,人民法院可以根据情节轻重,予以训诫、责令具结悔过或者处一万元以下的罚款、十五日以下的拘留;构成犯罪的,依法追究刑事责任:

(一)有义务协助调查、执行的人,对人民法院的协助调查决定、协助执行通知书,无故推拖、拒绝或者妨碍调查、执行的;

(二)伪造、隐藏、毁灭证据或者提供虚假证明材料,妨碍人民法院审理案件的;

(三)指使、贿买、胁迫他人作伪证或者威胁、阻止证人作证的;

(四)隐藏、转移、变卖、毁损已被查封、扣押、冻结的财产的;

(五)以欺骗、胁迫等非法手段使原告撤诉的;

(六)以暴力、威胁或者其他方法阻碍人民法院工作人员执行职务,或者以哄闹、冲击法庭等方法扰乱人民法院工作秩序的;

(七)对人民法院审判人员或者其他工作人员、诉讼参与人、协助调查和执行的人员恐吓、侮辱、诽谤、诬陷、殴打、围攻或者打击报复的。

人民法院对有前款规定的行为之一的单位,可以对其主要负责人或者直接责任人员依照前款规定予以罚款、拘留;构成犯罪的,依法追究刑事责任。

罚款、拘留须经人民法院院长批准。当事人不服的,可以向上一级人民法院申请复议一次。复议期间不停止执行。

第六十条 【调解】人民法院审理行政案件,不适用调解。但是,行政赔偿、补偿以及行政机关行使法律、法规规定的自由裁量权的案件可以调解。

调解应当遵循自愿、合法原则,不得损害国家利益、社会公共利益和他人合法权益。

第六十一条 【民事争议和行政争议交叉】在涉及行政许可、登记、征收、征用和行政机关对民事争议所作的裁决的行政诉讼中,当事人申请一并解决相关民事争议的,人民法院可以一并审理。

在行政诉讼中,人民法院认为行政案件的审理需以民事诉讼的裁判为依据的,可以裁定中止行政诉讼。

第六十二条 【撤诉】人民法院对行政案件宣告判决或者裁定前,原告申请撤诉的,或者被告改变其所作的行政行为,原告同意并申请撤诉的,是否准许,由人民法院裁定。

第六十三条 【撤诉】人民法院审理行政案件,以法律和行政法规、地方性法规为依据。地方性法规适用于本行政区域内发生的行政案件。

人民法院审理民族自治地方的行政案件,并以该民族自治地方的自治条例和单行条例为依据。

人民法院审理行政案件,参照规章。

第六十四条 【规范性文件审查和处理】人民法院在审理行政案件中,经审查认为本法第五十三条规定的规范性文件不合法的,不作为认定行政行为合法的依据,并向制定机关提出处理建议。

第六十五条 【裁判文书公开】人民法院应当公开发生法律效力的判决书、裁定书,供公众查阅,但涉及国家秘密、商业秘密和个人隐私的内容除外。

第六十六条 【有关行政机关工作人员和被告的处理】人民法院在审理行政案件中,认为行政机关的主管人员、直接责任人员违法违纪的,应当将有关材料移送监察机关、该行政机关或者其上一级行政机关;认为有犯罪行为的,应当将有关材料移送公安、检察机关。

人民法院对被告经传票传唤无正当理由拒不到庭,或者未经法庭许可中途退庭的,可以将被告拒不到庭或者中途退庭的情况予以公告,并可以向监察机关或者被告的上一级行政机关提出依法给予其主要负责人或者直接责任人员处分的司法建议。

第二节 第一审普通程序

第六十七条 【发送起诉状和提出答辩状】人民法院应当在立案之日起五日内,将起诉状副本发送被告。被告应当在收到起诉状副本之日起十五日内向人民法院提交作出行政行为的证据和所依据的规范性文件,并提出答辩状。人民法院应当在收到答辩状之日起五日内,将答辩状副本发送原告。

被告不提出答辩状的,不影响人民法院审理。

第六十八条 【审判组织形式】人民法院审理行政案件,由审判员组成合议庭,或者由审判员、陪审员组成合议庭。合议庭的成员,应当是三人以上的单数。

第六十九条 【驳回原告诉讼请求判决】行政行为证据确凿,适用法律、法规正确,符合法定程序的,或者原告申请被告履行法定职责或者给付义务理由不成立的,人民法院判决驳回原告的诉讼请求。

第七十条 【撤销判决和重作判决】行政行为有下列情形之一的,人民法院判决撤销或者部分撤销,并可以判决被告重新作出行政行为:

(一)主要证据不足的;
(二)适用法律、法规错误的;
(三)违反法定程序的;
(四)超越职权的;
(五)滥用职权的;
(六)明显不当的。

第七十一条 【重作判决对被告的限制】人民法院判决被告重新作出行政行为的,被告不得以同一的事实和理由作出与原行政行为基本相同的行政行为。

第七十二条 【履行判决】人民法院经过审理,查明被告不履行法定职责的,判决被告在一定期限内履行。

第七十三条 【给付判决】人民法院经过审理,查明被告依法负有给付义务的,判决被告履行给付义务。

第七十四条 【确认违法判决】行政行为有下列情形之一的,人民法院判决确认违法,但不撤销行政行为:

(一)行政行为依法应当撤销,但撤销会给国家利益、社会公共利益造成重大损害的;
(二)行政行为程序轻微违法,但对原告权利不产生实际影响的。

行政行为有下列情形之一,不需要撤销或者判决履行的,人民法院判决确认违法:

(一)行政行为违法,但不具有可撤销内容的;
(二)被告改变原违法行政行为,原告仍要求确认原行政行为违法的;
(三)被告不履行或者拖延履行法定职责,判决履行没有意义的。

第七十五条 【确认无效判决】行政行为有实施主体不具有行政主体资格或者没有依据等重大且明显违法

情形,原告申请确认行政行为无效的,人民法院判决确认无效。

第七十六条 【确认违法和无效判决的补充规定】人民法院判决确认违法或者无效的,可以同时判决责令被告采取补救措施;给原告造成损失的,依法判决被告承担赔偿责任。

第七十七条 【变更判决】行政处罚明显不当,或者其他行政行为涉及对款额的确定、认定确有错误的,人民法院可以判决变更。

人民法院判决变更,不得加重原告的义务或者减损原告的权益。但利害关系人同为原告,且诉讼请求相反的除外。

第七十八条 【行政协议履行及补偿判决】被告不依法履行、未按照约定履行或者违法变更、解除本法第十二条第一款第十一项规定的协议的,人民法院判决被告承担继续履行、采取补救措施或者赔偿损失等责任。

被告变更、解除本法第十二条第一款第十一项规定的协议合法,但未依法给予补偿的,人民法院判决给予补偿。

第七十九条 【复议决定和原行政行为一并裁判】复议机关与作出原行政行为的行政机关为共同被告的案件,人民法院应当对复议决定和原行政行为一并作出裁判。

第八十条 【公开宣判】人民法院对公开审理和不公开审理的案件,一律公开宣告判决。

当庭宣判的,应当在十日内发送判决书;定期宣判的,宣判后立即发给判决书。

宣告判决时,必须告知当事人上诉权利、上诉期限和上诉的人民法院。

第八十一条 【第一审审限】人民法院应当在立案之日起六个月内作出第一审判决。有特殊情况需要延长的,由高级人民法院批准,高级人民法院审理第一审案件需要延长的,由最高人民法院批准。

第三节 简易程序

第八十二条 【简易程序适用情形】人民法院审理下列第一审行政案件,认为事实清楚、权利义务关系明确、争议不大的,可以适用简易程序:

(一)被诉行政行为是依法当场作出的;

(二)案件涉及款额二千元以下的;

(三)属于政府信息公开案件的。

除前款规定以外的第一审行政案件,当事人各方同意适用简易程序的,可以适用简易程序。

发回重审、按照审判监督程序再审的案件不适用简易程序。

第八十三条 【简易程序的审判组织形式和审限】适用简易程序审理的行政案件,由审判员一人独任审理,并应当在立案之日起四十五日内审结。

第八十四条 【简易程序与普通程序的转换】人民法院在审理过程中,发现案件不宜适用简易程序的,裁定转为普通程序。

第四节 第二审程序

第八十五条 【上诉】当事人不服人民法院第一审判决的,有权在判决书送达之日起十五日内向上一级人民法院提起上诉。当事人不服人民法院第一审裁定的,有权在裁定书送达之日起十日内向上一级人民法院提起上诉。逾期不提起上诉的,人民法院的第一审判决或者裁定发生法律效力。

第八十六条 【二审审理方式】人民法院对上诉案件,应当组成合议庭,开庭审理。经过阅卷、调查和询问当事人,对没有提出新的事实、证据或者理由,合议庭认为不需要开庭审理的,也可以不开庭审理。

第八十七条 【二审审查范围】人民法院审理上诉案件,应当对原审人民法院的判决、裁定和被诉行政行为进行全面审查。

第八十八条 【二审审限】人民法院审理上诉案件,应当在收到上诉状之日起三个月内作出终审判决。有特殊情况需要延长的,由高级人民法院批准,高级人民法院审理上诉案件需要延长的,由最高人民法院批准。

第八十九条 【二审裁判】人民法院审理上诉案件,按照下列情形,分别处理:

(一)原判决、裁定认定事实清楚,适用法律、法规正确的,判决或者裁定驳回上诉,维持原判决、裁定;

(二)原判决、裁定认定事实错误或者适用法律、法规错误的,依法改判、撤销或者变更;

(三)原判决认定基本事实不清、证据不足的,发回原审人民法院重审,或者查清事实后改判;

(四)原判决遗漏当事人或者违法缺席判决等严重违反法定程序的,裁定撤销原判决,发回原审人民法院重审。

原审人民法院对发回重审的案件作出判决后,当事人提起上诉的,第二审人民法院不得再次发回重审。

人民法院审理上诉案件,需要改变原审判决的,应当同时对被诉行政行为作出判决。

第五节 审判监督程序

第九十条 【当事人申请再审】当事人对已经发生法律效力的判决、裁定,认为确有错误的,可以向上一级人民法院申请再审,但判决、裁定不停止执行。

第九十一条 【再审事由】当事人的申请符合下列情形之一的,人民法院应当再审:

(一)不予立案或者驳回起诉确有错误的;

(二)有新的证据,足以推翻原判决、裁定的;

(三)原判决、裁定认定事实的主要证据不足、未经质证或者系伪造的;

(四)原判决、裁定适用法律、法规确有错误的;

(五)违反法律规定的诉讼程序,可能影响公正审判的;

(六)原判决、裁定遗漏诉讼请求的;

(七)据以作出原判决、裁定的法律文书被撤销或者变更的;

(八)审判人员在审理该案件时有贪污受贿、徇私舞弊、枉法裁判行为的。

第九十二条 【人民法院依职权再审】各级人民法院院长对本院已经发生法律效力的判决、裁定,发现有本法第九十一条规定情形之一,或者发现调解违反自愿原则或者调解书内容违法,认为需要再审的,应当提交审判委员会讨论决定。

最高人民法院对地方各级人民法院已经发生法律效力的判决、裁定,上级人民法院对下级人民法院已经发生法律效力的判决、裁定,发现有本法第九十一条规定情形之一,或者发现调解违反自愿原则或者调解书内容违法的,有权提审或者指令下级人民法院再审。

第九十三条 【抗诉和检察建议】最高人民检察院对各级人民法院已经发生法律效力的判决、裁定,上级人民检察院对下级人民法院已经发生法律效力的判决、裁定,发现有本法第九十一条规定情形之一,或者发现调解书损害国家利益、社会公共利益的,应当提出抗诉。

地方各级人民检察院对同级人民法院已经发生法律效力的判决、裁定,发现有本法第九十一条规定情形之一,或者发现调解书损害国家利益、社会公共利益的,可以向同级人民法院提出检察建议,并报上级人民检察院备案;也可以提请上级人民检察院向同级人民法院提出抗诉。

各级人民检察院对审判监督程序以外的其他审判程序中审判人员的违法行为,有权向同级人民法院提出检察建议。

第八章 执 行

第九十四条 【生效裁判和调解书的执行】当事人必须履行人民法院发生法律效力的判决、裁定、调解书。

第九十五条 【申请强制执行和执行管辖】公民、法人或者其他组织拒绝履行判决、裁定、调解书的,行政机关或者第三人可以向第一审人民法院申请强制执行,或者由行政机关依法强制执行。

第九十六条 【对行政机关拒绝履行的执行措施】行政机关拒绝履行判决、裁定、调解书的,第一审人民法院可以采取下列措施:

(一)对应当归还的罚款或者应当给付的款额,通知银行从该行政机关的账户内划拨;

(二)在规定期限内不履行的,从期满之日起,对该行政机关负责人按日处五十元至一百元的罚款;

(三)将行政机关拒绝履行的情况予以公告;

(四)向监察机关或者该行政机关的上一级行政机关提出司法建议。接受司法建议的机关,根据有关规定进行处理,并将处理情况告知人民法院;

(五)拒不履行判决、裁定、调解书,社会影响恶劣的,可以对该行政机关直接负责的主管人员和其他直接责任人员予以拘留;情节严重,构成犯罪的,依法追究刑事责任。

第九十七条 【非诉执行】公民、法人或者其他组织对行政行为在法定期限内不提起诉讼又不履行的,行政机关可以申请人民法院强制执行,或者依法强制执行。

第九章 涉外行政诉讼

第九十八条 【涉外行政诉讼的法律适用原则】外国人、无国籍人、外国组织在中华人民共和国进行行政诉讼,适用本法。法律另有规定的除外。

第九十九条 【同等与对等原则】外国人、无国籍人、外国组织在中华人民共和国进行行政诉讼,同中华人民共和国公民、组织有同等的诉讼权利和义务。

外国法院对中华人民共和国公民、组织的行政诉讼权利加以限制的,人民法院对该国公民、组织的行政诉讼权利,实行对等原则。

第一百条 【中国律师代理】外国人、无国籍人、外国组织在中华人民共和国进行行政诉讼,委托律师代理诉讼的,应当委托中华人民共和国律师机构的律师。

第十章 附 则

第一百零一条 【适用民事诉讼法规定】人民法院审理行政案件,关于期间、送达、财产保全、开庭审理、调解、中止诉讼、终结诉讼、简易程序、执行等，以及人民检察院对行政案件受理、审理、裁判、执行的监督，本法没有规定的，适用《中华人民共和国民事诉讼法》的相关规定。

第一百零二条 【诉讼费用】人民法院审理行政案件，应当收取诉讼费用。诉讼费用由败诉方承担，双方都有责任的由双方分担。收取诉讼费用的具体办法另行规定。

第一百零三条 【施行日期】本法自 1990 年 10 月 1 日起施行。

安全生产领域违法违纪行为政纪处分暂行规定

· 2006 年 11 月 22 日监察部、国家安全生产监督管理总局令第 11 号公布
· 自公布之日起施行

第一条 为了加强安全生产工作，惩处安全生产领域违法违纪行为，促进安全生产法律法规的贯彻实施，保障人民群众生命财产和公共财产安全，根据《中华人民共和国行政监察法》、《中华人民共和国安全生产法》及其他有关法律法规，制定本规定。

第二条 国家行政机关及其公务员，企业、事业单位中由国家行政机关任命的人员有安全生产领域违法违纪行为，应当给予处分的，适用本规定。

第三条 有安全生产领域违法违纪行为的国家行政机关，对其直接负责的主管人员和其他直接责任人员，以及对有安全生产领域违法违纪行为的国家行政机关公务员（以下统称有关责任人员），由监察机关或者任免机关按照管理权限，依法给予处分。

有安全生产领域违法违纪行为的企业、事业单位，对其直接负责的主管人员和其他直接责任人员，以及对有安全生产领域违法违纪行为的企业、事业单位工作人员中由国家行政机关任命的人员（以下统称有关责任人员），由监察机关或者任免机关按照管理权限，依法给予处分。

第四条 国家行政机关及其公务员有下列行为之一的，对有关责任人员，给予警告、记过或者记大过处分；情节较重的，给予降级或者撤职处分；情节严重的，给予开除处分：

（一）不执行国家安全生产方针政策和安全生产法律、法规、规章以及上级机关、主管部门有关安全生产的决定、命令、指示的；

（二）制定或者采取与国家安全生产方针政策以及安全生产法律、法规、规章相抵触的规定或者措施，造成不良后果或者经上级机关、有关部门指出仍不改正的。

第五条 国家行政机关及其公务员有下列行为之一的，对有关责任人员，给予警告、记过或者记大过处分；情节较重的，给予降级或者撤职处分；情节严重的，给予开除处分：

（一）向不符合法定安全生产条件的生产经营单位或者经营者颁发有关证照的；

（二）对不具备法定条件机构、人员的安全生产资质、资格予以批准认定的；

（三）对经责令整改仍不具备安全生产条件的生产经营单位，不撤销原行政许可、审批或者不依法查处的；

（四）违法委托单位或者个人行使有关安全生产的行政许可权或者审批权的；

（五）有其他违反规定实施安全生产行政许可或者审批行为的。

第六条 国家行政机关及其公务员有下列行为之一的，对有关责任人员，给予警告、记过或者记大过处分；情节较重的，给予降级或者撤职处分；情节严重的，给予开除处分：

（一）批准向合法的生产经营单位或者经营者超量提供剧毒品、火工品等危险物资，造成后果的；

（二）批准向非法或者不具备安全生产条件的生产经营单位或者经营者，提供剧毒品、火工品等危险物资或者其他生产经营条件的。

第七条 国家行政机关公务员利用职权或者职务上的影响，违反规定为个人和亲友谋取私利，有下列行为之一，给予警告、记过或者记大过处分；情节较重的，给予降级或者撤职处分；情节严重的，给予开除处分：

（一）干预、插手安全生产装备、设备、设施采购或者招标投标等活动的；

（二）干预、插手安全生产行政许可、审批或者安全生产监督执法的；

（三）干预、插手安全生产中介活动的；

（四）有其他干预、插手生产经营活动危及安全生产行为的。

第八条 国家行政机关及其公务员有下列行为之一的，对有关责任人员，给予警告、记过或者记大过处分；情节较重的，给予降级或者撤职处分；情节严重的，给予开除处分：

（一）未按照有关规定对有关单位申报的新建、改

建、扩建工程项目的安全设施,与主体工程同时设计、同时施工、同时投入生产和使用中组织审查验收的;

(二)发现存在重大安全隐患,未按规定采取措施,导致生产安全事故发生的;

(三)对发生的生产安全事故瞒报、谎报、拖延不报,或者组织、参与瞒报、谎报、拖延不报的;

(四)生产安全事故发生后,不及时组织抢救的;

(五)对生产安全事故的防范、报告、应急救援有其他失职、渎职行为的。

第九条 国家行政机关及其公务员有下列行为之一的,对有关责任人员,给予警告、记过或者记大过处分;情节较重的,给予降级或者撤职处分;情节严重的,给予开除处分:

(一)阻挠、干涉生产安全事故调查工作的;

(二)阻挠、干涉对事故责任人员进行责任追究的;

(三)不执行对事故责任人员的处理决定,或者擅自改变上级机关批复的对事故责任人员的处理意见的。

第十条 国家行政机关公务员有下列行为之一的,给予警告、记过或者记大过处分;情节较重的,给予降级或者撤职处分;情节严重的,给予开除处分:

(一)本人及其配偶、子女及其配偶违反规定在煤矿等企业投资入股或者在安全生产领域经商办企业的;

(二)违反规定从事安全生产中介活动或者其他营利活动的;

(三)在事故调查处理时,滥用职权、玩忽职守、徇私舞弊的;

(四)利用职务上的便利,索取他人财物,或者非法收受他人财物,在安全生产领域为他人谋取利益的。

对国家行政机关公务员本人违反规定投资入股煤矿的处分,法律、法规另有规定的,从其规定。

第十一条 国有企业及其工作人员有下列行为之一的,对有关责任人员,给予警告、记过或者记大过处分;情节较重的,给予降级、撤职或者留用察看处分;情节严重的,给予开除处分:

(一)未取得安全生产行政许可及相关证照或者不具备安全生产条件从事生产经营活动的;

(二)弄虚作假,骗取安全生产相关证照的;

(三)出借、出租、转让或者冒用安全生产相关证照的;

(四)未按照有关规定保证安全生产所必需的资金投入,导致产生重大安全隐患的;

(五)新建、改建、扩建工程项目的安全设施,不与主体工程同时设计、同时施工、同时投入生产和使用,或者未按规定审批、验收,擅自组织施工和生产的;

(六)被依法责令停产停业整顿、吊销证照、关闭的生产经营单位,继续从事生产经营活动的。

第十二条 国有企业及其工作人员有下列行为之一,导致生产安全事故发生的,对有关责任人员,给予警告、记过或者记大过处分;情节较重的,给予降级、撤职或者留用察看处分;情节严重的,给予开除处分:

(一)对存在的重大安全隐患,未采取有效措施的;

(二)违章指挥,强令工人违章冒险作业的;

(三)未按规定进行安全生产教育和培训并经考核合格,允许从业人员上岗,致使违章作业的;

(四)制造、销售、使用国家明令淘汰或者不符合国家标准的设施、设备、器材或者产品的;

(五)超能力、超强度、超定员组织生产经营,拒不执行有关部门整改指令的;

(六)拒绝执法人员进行现场检查或者在被检查时隐瞒事故隐患,不如实反映情况的;

(七)有其他不履行或者不正确履行安全生产管理职责的。

第十三条 国有企业及其工作人员有下列行为之一的,对有关责任人员,给予记过或者记大过处分;情节较重的,给予降级、撤职或者留用察看处分;情节严重的,给予开除处分:

(一)对发生的生产安全事故瞒报、谎报或者拖延不报的;

(二)组织或者参与破坏事故现场、出具伪证或者隐匿、转移、篡改、毁灭有关证据,阻挠事故调查处理的;

(三)生产安全事故发生后,不及时组织抢救或者擅离职守的。

生产安全事故发生后逃匿的,给予开除处分。

第十四条 国有企业及其工作人员不执行或者不正确执行对事故责任人员作出的处理决定,或者擅自改变上级机关批复的对事故责任人员的处理意见的,对有关责任人员,给予警告、记过或者记大过处分;情节较重的,给予降级、撤职或者留用察看处分;情节严重的,给予开除处分。

第十五条 国有企业负责人及其配偶、子女及其配偶违反规定在煤矿等企业投资入股或者在安全生产领域经商办企业的,对由国家行政机关任命的人员,给予警告、记过或者记大过处分;情节较重的,给予降级或者留用察看处分;情节严重的,给予开除处分。

第十六条 承担安全评价、培训、认证、资质验证、设计、检测、检验等工作的机构及其工作人员，出具虚假报告等与事实不符的文件、材料，造成安全生产隐患的，对有关责任人员，给予警告、记过或者记大过处分；情节较重的，给予降级、降职或者撤职处分；情节严重的，给予开除留用察看或者开除处分。

第十七条 法律、法规授权的具有管理公共事务职能的组织以及国家行政机关依法委托的组织及其工勤人员以外的工作人员有安全生产领域违法违纪行为，应当给予处分的，参照本规定执行。

企业、事业单位中除由国家行政机关任命的人员外，其他人员有安全生产领域违法违纪行为，应当给予处分的，由企业、事业单位参照本规定执行。

第十八条 有安全生产领域违法违纪行为，需要给予组织处理的，依照有关规定办理。

第十九条 有安全生产领域违法违纪行为，涉嫌犯罪的，移送司法机关依法处理。

第二十条 本规定由监察部和国家安全生产监督管理总局负责解释。

第二十一条 本规定自公布之日起施行。

安全生产监督罚款管理暂行办法

· 2004 年 11 月 3 日国家安全生产监督管理局、国家煤矿安全监察局令第 15 号公布
· 自公布之日起施行

第一条 为加强安全生产监督罚款管理工作，依法实施安全生产综合监督管理，根据《安全生产法》、《罚款决定与罚款收缴分离实施办法》和《财政部关于做好安全生产监督有关罚款收入管理工作的通知》等法律、法规和有关规定，制定本办法。

第二条 县级以上人民政府安全生产监督管理部门（以下简称安全生产监督管理部门）对生产经营单位及其有关人员在生产经营活动中违反安全生产的法律、行政法规、部门规章、国家标准、行业标准和规程的违法行为（以下简称安全生产违法行为）依法实施罚款，适用本办法。

第三条 安全生产监督罚款实行处罚决定与罚款收缴分离。

安全生产监督管理部门按照有关规定，对安全生产违法行为实施罚款，开具安全生产监督管理行政处罚决定书；被处罚人持安全生产监督管理部门开具的行政处罚决定书到指定的代收银行及其分支机构缴纳罚款。

罚款代收银行的确定以及会计科目的使用应严格按照财政部《罚款代收代缴管理办法》和其他有关规定办理。代收银行的代收手续费按照《财政部、中国人民银行关于代收罚款手续费有关问题的通知》的规定执行。

第四条 罚款票据使用省、自治区、直辖市财政部门统一印制的罚款收据，并由代收银行负责管理。

安全生产监督管理部门可领取小额罚款票据，并负责管理。罚没款票据的使用，应当符合罚款票据管理暂行规定。

尚未实行银行代收的罚款，由县级以上安全生产监督管理部门统一向同级财政部门购领罚款票据，并负责本单位罚款票据的管理。

第五条 安全生产监督罚款收入纳入同级财政预算，实行"收支两条线"管理。

罚款缴库时间按照当地财政部门有关规定办理。

第六条 安全生产监督管理部门定期到代收银行索取缴款票据，据以登记统计，并和安全生产监督管理行政处罚决定书核对。

各地安全生产监督管理部门应于每季度终了后 7 日内将罚款统计表（格式附后）逐级上报。各省级安全生产监督管理部门应于每半年（年）终了后 15 日内将罚款统计表报国家安全生产监督管理局。

第七条 安全生产监督管理部门罚款收入的缴库情况，应接受同级财政部门的检查和监督。

第八条 安全生产监督罚款应严格执行国家有关罚款收支管理的规定，对违反"收支两条线"管理的机构和个人，依照《违反行政事业性收费和罚没收入收支两条线管理规定行政处分暂行规定》追究责任。

第九条 本办法自公布之日起施行。

安全生产严重失信主体名单管理办法

· 2023 年 7 月 17 日应急管理部第 16 次部务会议审议通过
· 2023 年 8 月 8 日中华人民共和国应急管理部令第 11 号公布
· 自 2023 年 10 月 1 日起施行

第一章 总 则

第一条 为了加强安全生产领域信用体系建设，规范安全生产严重失信主体名单管理，依据《中华人民共和国安全生产法》等有关法律、行政法规，制定本办法。

第二条 矿山（含尾矿库）、化工（含石油化工）、医药、危险化学品、烟花爆竹、石油开采、冶金、有色、建材、

机械、轻工、纺织、烟草、商贸等行业领域生产经营单位和承担安全评价、认证、检测、检验职责的机构及其人员的安全生产严重失信名单管理适用本办法。

第三条 本办法所称安全生产严重失信（以下简称严重失信）是指有关生产经营单位和承担安全评价、认证、检测、检验职责的机构及其人员因生产安全事故或者违反安全生产法律法规，受到行政处罚，并且性质恶劣、情节严重的行为。

严重失信主体名单管理是指应急管理部门依法将严重失信的生产经营单位或者机构及其有关人员列入、移出严重失信主体名单，实施惩戒或者信用修复，并记录、共享、公示相关信息等管理活动。

第四条 国务院应急管理部门负责组织、指导全国严重失信主体名单管理工作；省级、设区的市级应急管理部门负责组织、实施并指导下一级应急管理部门严重失信主体名单管理工作。

县级以上地方应急管理部门负责本行政区域内严重失信主体名单管理工作。按照"谁处罚、谁决定、谁负责"的原则，由作出行政处罚决定的应急管理部门负责严重失信主体名单管理工作。

第五条 各级应急管理部门应当建立健全严重失信主体名单信息管理制度，加大信息保护力度。推进与其他部门间的信息共享共用，健全严重失信主体名单信息查询、应用和反馈机制，依法依规实施联合惩戒。

第二章 列入条件和管理措施

第六条 下列发生生产安全事故的生产经营单位及其有关人员应当列入严重失信主体名单：

（一）发生特别重大、重大生产安全事故的生产经营单位及其主要负责人，以及经调查认定对该事故发生负有责任，应当列入名单的其他单位和人员；

（二）12个月内累计发生2起以上较大生产安全事故的生产经营单位及其主要负责人；

（三）发生生产安全事故，情节特别严重、影响特别恶劣，依照《中华人民共和国安全生产法》第一百一十四条的规定被处以罚款数额2倍以上5倍以下罚款的生产经营单位及其主要负责人；

（四）瞒报、谎报生产安全事故的生产经营单位及其有关责任人员；

（五）发生生产安全事故后，不立即组织抢救或者在事故调查处理期间擅离职守或者逃匿的生产经营单位主要负责人。

第七条 下列未发生生产安全事故，但因安全生产违法行为，受到行政处罚的生产经营单位或者机构及其有关人员，应当列入严重失信主体名单：

（一）未依法取得安全生产相关许可或者许可被暂扣、吊销期间从事相关生产经营活动的生产经营单位及其主要负责人；

（二）承担安全评价、认证、检测、检验职责的机构及其直接责任人员租借资质、挂靠、出具虚假报告或者证书的；

（三）在应急管理部门作出行政处罚后，有执行能力拒不执行或者逃避执行的生产经营单位及其主要负责人；

（四）其他违反安全生产法律法规受到行政处罚，且性质恶劣、情节严重的。

第八条 应急管理部门对被列入严重失信主体名单的对象（以下简称被列入对象）可以采取下列管理措施：

（一）在国家有关信用信息共享平台、国家企业信用信息公示系统和部门政府网站等公示相关信息；

（二）加大执法检查频次、暂停项目审批、实施行业或者职业禁入；

（三）不适用告知承诺制等基于诚信的管理措施；

（四）取消参加应急管理部门组织的评先评优资格；

（五）在政府资金项目申请、财政支持等方面予以限制；

（六）法律、行政法规和党中央、国务院政策文件规定的其他管理措施。

第三章 列入和移出程序

第九条 应急管理部门作出列入严重失信主体名单书面决定前，应当告知当事人。告知内容应当包括列入时间、事由、依据、管理措施提示以及依法享有的权利等事项。

第十条 应急管理部门作出列入严重失信主体名单决定的，应当出具书面决定。书面决定内容应当包括市场主体名称、统一社会信用代码、有关人员姓名和有效身份证件号码、列入时间、事由、依据、管理措施提示、信用修复条件和程序、救济途径等事项。

告知、送达、异议处理等程序参照《中华人民共和国行政处罚法》有关规定执行。

第十一条 应急管理部门应当自作出列入严重失信主体名单决定后3个工作日内将相关信息录入安全生产信用信息管理系统；自作出列入严重失信主体名单决定后20个工作日内，通过国家有关信用信息共享平台、国家企业信用信息公示系统和部门政府网站等公示严重失信主体信息。

第十二条 被列入对象公示信息包括市场主体名称、登记注册地址、统一社会信用代码、有关人员姓名和有效身份证件号码、管理期限、作出决定的部门等事项。用于对社会公示的信息，应当加强对信息安全、个人隐私和商业秘密的保护。

第十三条 严重失信主体名单管理期限为3年。管理期满后由作出列入严重失信主体名单决定的应急管理部门负责移出，并停止公示和解除管理措施。

被列入对象自列入严重失信主体名单之日起满12个月，可以申请提前移出。依照法律、行政法规或者国务院规定实施职业或者行业禁入期限尚未届满的不予提前移出。

第十四条 在作出移出严重失信主体名单决定后3个工作日内，负责移出的应急管理部门应当在安全生产信用信息管理系统修改有关信息，并在10个工作日内停止公示和解除管理措施。

第十五条 列入严重失信主体名单的依据发生变化的，应急管理部门应当重新进行审核认定。不符合列入严重失信主体名单情形的，作出列入决定的应急管理部门应当撤销列入决定，立即将当事人移出严重失信主体名单并停止公示和解除管理措施。

第十六条 被列入对象对列入决定不服的，可以依法申请行政复议或者提起行政诉讼。

第四章 信用修复

第十七条 鼓励被列入对象进行信用修复，纠正失信行为、消除不良影响。符合信用修复条件的，应急管理部门应当按照有关规定将其移出严重失信主体名单并解除管理措施。

第十八条 被列入对象列入严重失信主体名单满12个月并符合下列条件的，可以向作出列入决定的应急管理部门提出提前移出申请：

（一）已经履行行政处罚决定中规定的义务；

（二）已经主动消除危害后果或者不良影响；

（三）未再发生本办法第六条、第七条规定的严重失信行为。

第十九条 被列入对象申请提前移出严重失信主体名单的，应当向作出列入决定的应急管理部门提出申请。申请材料包括申请书和本办法第十八条规定的相关证明材料。

应急管理部门应当在收到提前移出严重失信主体名单申请后5个工作日内作出是否受理的决定。申请材料齐全、符合条件的，应当予以受理。

第二十条 应急管理部门自受理提前移出严重失信主体名单申请之日起20个工作日内进行核实，决定是否准予提前移出。制作决定书并按照有关规定送达被列入对象；不予提前移出的，应当说明理由。

设区的市级、县级应急管理部门作出准予提前移出严重失信主体名单决定的，应当通过安全生产信用信息管理系统报告上一级应急管理部门。

第二十一条 应急管理部门发现被列入对象申请提前移出严重失信主体名单存在隐瞒真实情况、弄虚作假情形的，应当撤销提前移出决定，恢复列入状态。名单管理期自恢复列入状态之日起重新计算。

第二十二条 被列入对象对不予提前移出决定不服的，可以依法申请行政复议或者提起行政诉讼。

第五章 附 则

第二十三条 法律、行政法规和党中央、国务院政策文件对严重失信主体名单管理另有规定的，依照其规定执行。

第二十四条 矿山安全监察机构对严重失信主体名单的管理工作可以参照本办法执行。

第二十五条 本办法自2023年10月1日起施行。《国家安全监管总局关于印发〈对安全生产领域失信行为开展联合惩戒的实施办法〉的通知》（安监总办〔2017〕49号）、《国家安全监管总局办公厅关于进一步加强安全生产领域失信行为信息管理工作的通知》（安监总厅〔2017〕59号）同时废止。

安全生产事故隐患排查治理暂行规定

· 2007年12月28日国家安全生产监督管理总局令第16号公布
· 自2008年2月1日起施行

第一章 总 则

第一条 为了建立安全生产事故隐患排查治理长效机制，强化安全生产主体责任，加强事故隐患监督管理，防止和减少事故，保障人民群众生命财产安全，根据安全生产法等法律、行政法规，制定本规定。

第二条 生产经营单位安全生产事故隐患排查治理和安全生产监督管理部门、煤矿安全监察机构（以下统称安全监管监察部门）实施监督监察，适用本规定。

有关法律、行政法规对安全生产事故隐患排查治理另有规定的，依照其规定。

第三条　本规定所称安全生产事故隐患（以下简称事故隐患），是指生产经营单位违反安全生产法律、法规、规章、标准、规程和安全生产管理制度的规定，或者因其他因素在生产经营活动中存在可能导致事故发生的物的危险状态、人的不安全行为和管理上的缺陷。

事故隐患分为一般事故隐患和重大事故隐患。一般事故隐患，是指危害和整改难度较小，发现后能够立即整改排除的隐患。重大事故隐患，是指危害和整改难度较大，应当全部或者局部停产停业，并经过一定时间整改治理方能排除的隐患，或者因外部因素影响致使生产经营单位自身难以排除的隐患。

第四条　生产经营单位应当建立健全事故隐患排查治理制度。

生产经营单位主要负责人对本单位事故隐患排查治理工作全面负责。

第五条　各级安全监管监察部门按照职责对所辖区域内生产经营单位排查治理事故隐患工作依法实施综合监督管理；各级人民政府有关部门在各自职责范围内对生产经营单位排查治理事故隐患工作依法实施监督管理。

第六条　任何单位和个人发现事故隐患，均有权向安全监管监察部门和有关部门报告。

安全监管监察部门接到事故隐患报告后，应当按照职责分工立即组织核实并予以查处；发现所报告事故隐患应当由其他有关部门处理的，应当立即移送有关部门并记录备查。

第二章　生产经营单位的职责

第七条　生产经营单位应当依照法律、法规、规章、标准和规程的要求从事生产经营活动。严禁非法从事生产经营活动。

第八条　生产经营单位是事故隐患排查、治理和防控的责任主体。

生产经营单位应当建立健全事故隐患排查治理和建档监控等制度，逐级建立并落实从主要负责人到每个从业人员的隐患排查治理和监控责任制。

第九条　生产经营单位应当保证事故隐患排查治理所需的资金，建立资金使用专项制度。

第十条　生产经营单位应当定期组织安全生产管理人员、工程技术人员和其他相关人员排查本单位的事故隐患。对排查出的事故隐患，应当按照事故隐患的等级进行登记，建立事故隐患信息档案，并按照职责分工实施监控治理。

第十一条　生产经营单位应当建立事故隐患报告和举报奖励制度，鼓励、发动职工发现和排除事故隐患，鼓励社会公众举报。对发现、排除和举报事故隐患的有功人员，应当给予物质奖励和表彰。

第十二条　生产经营单位将生产经营项目、场所、设备发包、出租的，应当与承包、承租单位签订安全生产管理协议，并在协议中明确各方对事故隐患排查、治理和防控的管理职责。生产经营单位对承包、承租单位的事故隐患排查治理负有统一协调和监督管理的职责。

第十三条　安全监管监察部门和有关部门的监督检查人员依法履行事故隐患监督检查职责时，生产经营单位应当积极配合，不得拒绝和阻挠。

第十四条　生产经营单位应当每季、每年对本单位事故隐患排查治理情况进行统计分析，并分别于下一季度15日前和下一年1月31日前向安全监管监察部门和有关部门报送书面统计分析表。统计分析表应当由生产经营单位主要负责人签字。

对于重大事故隐患，生产经营单位除依照前款规定报送外，应当及时向安全监管监察部门和有关部门报告。重大事故隐患报告内容应当包括：

（一）隐患的现状及其产生原因；
（二）隐患的危害程度和整改难易程度分析；
（三）隐患的治理方案。

第十五条　对于一般事故隐患，由生产经营单位（车间、分厂、区队等）负责人或者有关人员立即组织整改。

对于重大事故隐患，由生产经营单位主要负责人组织制定并实施事故隐患治理方案。重大事故隐患治理方案应当包括以下内容：

（一）治理的目标和任务；
（二）采取的方法和措施；
（三）经费和物资的落实；
（四）负责治理的机构和人员；
（五）治理的时限和要求；
（六）安全措施和应急预案。

第十六条　生产经营单位在事故隐患治理过程中，应当采取相应的安全防范措施，防止事故发生。事故隐患排除前或者排除过程中无法保证安全的，应当从危险区域内撤出作业人员，并疏散可能危及的其他人员，设置警戒标志，暂时停产停业或者停止使用；对暂时难以停产或者停止使用的相关生产储存装置、设施、设备，应当加强维护和保养，防止事故发生。

第十七条　生产经营单位应当加强对自然灾害的预防。对于因自然灾害可能导致事故灾难的隐患，应当按照有关法律、法规、标准和本规定的要求排查治理，采取可靠的预防措施，制定应急预案。在接到有关自然灾害预报时，应当及时向下属单位发出预警通知；发生自然灾害可能危及生产经营单位和人员安全的情况时，应当采取撤离人员、停止作业、加强监测等安全措施，并及时向当地人民政府及其有关部门报告。

第十八条 地方人民政府或者安全监管监察部门及有关部门挂牌督办并责令全部或者局部停产停业治理的重大事故隐患，治理工作结束后，有条件的生产经营单位应当组织本单位的技术人员和专家对重大事故隐患的治理情况进行评估；其他生产经营单位应当委托具备相应资质的安全评价机构对重大事故隐患的治理情况进行评估。

经治理后符合安全生产条件的，生产经营单位应当向安全监管监察部门和有关部门提出恢复生产的书面申请，经安全监管监察部门和有关部门审查同意后，方可恢复生产经营。申请报告应当包括治理方案的内容、项目和安全评价机构出具的评价报告等。

第三章 监督管理

第十九条 安全监管监察部门应当指导、监督生产经营单位按照有关法律、法规、规章、标准和规程的要求，建立健全事故隐患排查治理等各项制度。

第二十条 安全监管监察部门应当建立事故隐患排查治理监督检查制度，定期组织对生产经营单位事故隐患排查治理情况开展监督检查；应当加强对重点单位的事故隐患排查治理情况的监督检查。对检查过程中发现的重大事故隐患，应当下达整改指令书，并建立信息管理台账。必要时，报告同级人民政府并对重大事故隐患实行挂牌督办。

安全监管监察部门应当配合有关部门做好对生产经营单位事故隐患排查治理情况开展的监督检查，依法查处事故隐患排查治理的非法和违法行为及其责任者。

安全监管监察部门发现属于其他有关部门职责范围内的重大事故隐患的，应该及时将有关资料移送有管辖权的有关部门，并记录备查。

第二十一条 已经取得安全生产许可证的生产经营单位，在其被挂牌督办的重大事故隐患治理结束前，安全监管监察部门应当加强监督检查。必要时，可以提请原许可证颁发机关依法暂扣其安全生产许可证。

第二十二条 安全监管监察部门应当会同有关部门把重大事故隐患整改纳入重点行业领域的安全专项整治中加以治理，落实相应责任。

第二十三条 对挂牌督办并采取全部或者局部停产停业治理的重大事故隐患，安全监管监察部门收到生产经营单位恢复生产的申请报告后，应当在10日内进行现场审查。审查合格的，对事故隐患进行核销，同意恢复生产经营；审查不合格的，依法责令改正或者下达停产整改指令。对整改无望或者生产经营单位拒不执行整改指令的，依法实施行政处罚；不具备安全生产条件的，依法提请县级以上人民政府按照国务院规定的权限予以关闭。

第二十四条 安全监管监察部门应当每季将本行政区域重大事故隐患的排查治理情况和统计分析表逐级报至省级安全监管监察部门备案。

省级安全监管监察部门应当每半年将本行政区域重大事故隐患的排查治理情况和统计分析表报国家安全生产监督管理总局备案。

第四章 罚 则

第二十五条 生产经营单位及其主要负责人未履行事故隐患排查治理职责，导致发生生产安全事故的，依法给予行政处罚。

第二十六条 生产经营单位违反本规定，有下列行为之一的，由安全监管监察部门给予警告，并处三万元以下的罚款：

（一）未建立安全生产事故隐患排查治理等各项制度的；

（二）未按规定上报事故隐患排查治理统计分析表的；

（三）未制定事故隐患治理方案的；

（四）重大事故隐患不报或者未及时报告的；

（五）未对事故隐患进行排查治理擅自生产经营的；

（六）整改不合格或者未经安全监管监察部门审查同意擅自恢复生产经营的。

第二十七条 承担检测检验、安全评价的中介机构，出具虚假评价证明，尚不够刑事处罚的，没收违法所得，违法所得在五千元以上的，并处违法所得二倍以上五倍以下的罚款，没有违法所得或者违法所得不足五千元的，单处或者并处五千元以上二万元以下的罚款，同时可对其直接负责的主管人员和其他直接责任人员处五千元以上五万元以下的罚款；给他人造成损害的，与生产经营单位承担连带赔偿责任。

对有前款违法行为的机构，撤销其相应的资质。

第二十八条 生产经营单位事故隐患排查治理过程中违反有关安全生产法律、法规、规章、标准和规程规定的，依法给予行政处罚。

第二十九条 安全监管监察部门的工作人员未依法

履行职责的,按照有关规定处理。

第五章 附 则

第三十条 省级安全监管监察部门可以根据本规定,制定事故隐患排查治理和监督管理实施细则。

第三十一条 事业单位、人民团体以及其他经济组织的事故隐患排查治理,参照本规定执行。

第三十二条 本规定自2008年2月1日起施行。

国务院关于特大安全事故行政责任追究的规定

· 2001年4月21日国务院令第302号公布
· 自公布之日起施行

第一条 为了有效地防范特大安全事故的发生,严肃追究特大安全事故的行政责任,保障人民群众生命、财产安全,制定本规定。

第二条 地方人民政府主要领导人和政府有关部门正职负责人对下列特大安全事故的防范、发生,依照法律、行政法规和本规定的规定有失职、渎职情形或者负有领导责任的,依照本规定给予行政处分;构成玩忽职守罪或者其他罪的,依法追究刑事责任:

(一)特大火灾事故;
(二)特大交通安全事故;
(三)特大建筑质量安全事故;
(四)民用爆炸物品和化学危险品特大安全事故;
(五)煤矿和其他矿山特大安全事故;
(六)锅炉、压力容器、压力管道和特种设备特大安全事故;
(七)其他特大安全事故。

地方人民政府和政府有关部门对特大安全事故的防范、发生直接负责的主管人员和其他直接责任人员,比照本规定给予行政处分;构成玩忽职守罪或者其他罪的,依法追究刑事责任。

特大安全事故肇事单位和个人的刑事处罚、行政处罚和民事责任,依照有关法律、法规和规章的规定执行。

第三条 特大安全事故的具体标准,按照国家有关规定执行。

第四条 地方各级人民政府及政府有关部门应当依照有关法律、法规和规章的规定,采取行政措施,对本地区实施安全监督管理,保障本地区人民群众生命、财产安全,对本地区或者职责范围内防范特大安全事故的发生、特大安全事故发生后的迅速和妥善处理负责。

第五条 地方各级人民政府应当每个季度至少召开一次防范特大安全事故工作会议,由政府主要领导人或者政府主要领导人委托政府分管领导人召集有关部门正职负责人参加,分析、布置、督促、检查本地区防范特大安全事故的工作。会议应当作出决定并形成纪要,会议确定的各项防范措施必须严格实施。

第六条 市(地、州)、县(市、区)人民政府应当组织有关部门按照职责分工对本地区容易发生特大安全事故的单位、设施和场所安全事故的防范明确责任、采取措施,并组织有关部门对上述单位、设施和场所进行严格检查。

第七条 市(地、州)、县(市、区)人民政府必须制定本地区特大安全事故应急处理预案。本地区特大安全事故应急处理预案经政府主要领导人签署后,报上一级人民政府备案。

第八条 市(地、州)、县(市、区)人民政府应当组织有关部门对本规定第二条所列各类特大安全事故的隐患进行查处;发现特大安全事故隐患的,责令立即排除;特大安全事故隐患排除前或者排除过程中,无法保证安全的,责令暂时停产、停业或者停止使用。法律、行政法规对查处机关另有规定的,依照其规定。

第九条 市(地、州)、县(市、区)人民政府及其有关部门对本地区存在的特大安全事故隐患,超出其管辖或者职责范围的,应当立即向有管辖权或者负有职责的上级人民政府或者政府有关部门报告;情况紧急的,可以立即采取包括责令暂时停产、停业在内的紧急措施,同时报告;有关上级人民政府或者政府有关部门接到报告后,应当立即组织查处。

第十条 中小学校对学生进行劳动技能教育以及组织学生参加公益劳动等社会实践活动,必须确保学生安全。严禁以任何形式、名义组织学生从事接触易燃、易爆、有毒、有害等危险品的劳动或者其他危险性劳动。严禁将学校场地出租作为从事易燃、易爆、有毒、有害等危险品的生产、经营场所。

中小学校违反前款规定的,按照学校隶属关系,对县(市、区)、乡(镇)人民政府主要领导人和县(市、区)人民政府教育行政部门正职负责人,根据情节轻重,给予记过、降级直至撤职的行政处分;构成玩忽职守罪或者其他罪的,依法追究刑事责任。

中小学校违反本条第一款规定的,对校长给予撤职的行政处分,对直接组织者给予开除公职的行政处分;构成非法制造爆炸物罪或者其他罪的,依法追究刑事责任。

第十一条 依法对涉及安全生产事项负责行政审批

(包括批准、核准、许可、注册、认证、颁发证照、竣工验收等,下同)的政府部门或者机构,必须严格依照法律、法规和规章规定的安全条件和程序进行审查;不符合法律、法规和规章规定的安全条件的,不得批准;不符合法律、法规和规章规定的安全条件,弄虚作假,骗取批准或者勾结串通行政审批工作人员取得批准的,负责行政审批的政府部门或者机构除必须立即撤销原批准外,应当对弄虚作假骗取批准或者勾结串通行政审批工作人员的当事人依法给予行政处罚;构成行贿罪或者其他罪的,依法追究刑事责任。

负责行政审批的政府部门或者机构违反前款规定,对不符合法律、法规和规章规定的安全条件予以批准的,对部门或者机构的正职负责人,根据情节轻重,给予降级、撤职直至开除公职的行政处分;与当事人勾结串通的,应当开除公职;构成受贿罪、玩忽职守罪或者其他罪的,依法追究刑事责任。

第十二条 对依照本规定第十一条第一款的规定取得批准的单位和个人,负责行政审批的政府部门或者机构必须对其实施严格监督检查;发现其不再具备安全条件的,必须立即撤销原批准。

负责行政审批的政府部门或者机构违反前款规定,不对取得批准的单位和个人实施严格监督检查,或者发现其不再具备安全条件而不立即撤销原批准的,对部门或者机构的正职负责人,根据情节轻重,给予降级或者撤职的行政处分;构成受贿罪、玩忽职守罪或者其他罪的,依法追究刑事责任。

第十三条 对未依法取得批准,擅自从事有关活动的,负责行政审批的政府部门或者机构发现或者接到举报后,应当立即予以查封、取缔,并依法给予行政处罚;属于经营单位的,由工商行政管理部门依法相应吊销营业执照。

负责行政审批的政府部门或者机构违反前款规定,对发现或者举报的未依法取得批准而擅自从事有关活动的,不予查封、取缔、不依法给予行政处罚,工商行政管理部门不予吊销营业执照的,对部门或者机构的正职负责人,根据情节轻重,给予降级或者撤职的行政处分;构成受贿罪、玩忽职守罪或者其他罪的,依法追究刑事责任。

第十四条 市(地、州)、县(市、区)人民政府依照本规定应当履行职责而未履行,或者未按照规定的职责和程序履行,本地区发生特大安全事故的,对政府主要领导人,根据情节轻重,给予降级或者撤职的行政处分;构成玩忽职守罪的,依法追究刑事责任。

负责行政审批的政府部门或者机构、负责安全监管理的政府有关部门,未依照本规定履行职责,发生特大安全事故的,对部门或者机构的正职负责人,根据情节轻重,给予撤职或者开除公职的行政处分;构成玩忽职守罪或者其他罪的,依法追究刑事责任。

第十五条 发生特大安全事故,社会影响特别恶劣或者性质特别严重的,由国务院对负有领导责任的省长、自治区主席、直辖市市长和国务院有关部门正职负责人给予行政处分。

第十六条 特大安全事故发生后,有关县(市、区)、市(地、州)和省、自治区、直辖市人民政府及政府有关部门应当按照国家规定的程序和时限立即上报,不得隐瞒不报、谎报或者拖延报告,并应当配合、协助事故调查,不得以任何方式阻碍、干涉事故调查。

特大安全事故发生后,有关地方人民政府及政府有关部门违反前款规定的,对政府主要领导人和政府部门正职负责人给予降级的行政处分。

第十七条 特大安全事故发生后,有关地方人民政府应当迅速组织救助,有关部门应当服从指挥、调度,参加或者配合救助,将事故损失降到最低限度。

第十八条 特大安全事故发生后,省、自治区、直辖市人民政府应当按照国家有关规定迅速、如实发布事故消息。

第十九条 特大安全事故发生后,按照国家有关规定组织调查组对事故进行调查。事故调查工作应当自事故发生之日起60日内完成,并由调查组提出调查报告;遇有特殊情况的,经调查组提出并报国家安全生产监督管理机构批准后,可以适当延长时间。调查报告应当包括依照本规定对有关责任人员追究行政责任或者其他法律责任的意见。

省、自治区、直辖市人民政府应当自调查报告提交之日起30日内,对有关责任人员作出处理决定;必要时,国务院可以对特大安全事故的有关责任人员作出处理决定。

第二十条 地方人民政府或者政府部门阻挠、干涉对特大安全事故有关责任人员追究行政责任的,对该地方人民政府主要领导人或者政府部门正职负责人,根据情节轻重,给予降级或者撤职的行政处分。

第二十一条 任何单位和个人均有权向有关地方人民政府或者政府部门报告特大安全事故隐患,有权向上级人民政府或者政府部门举报地方人民政府或者政府部门不履行安全监督管理职责或者不按照规定履行职责的情况。接到报告或者举报的有关人民政府或者政府部门,应当立即组织对事故隐患进行查处,或者对举报的不履行、不按照规定履行安全监督管理职责的情况进行调查处理。

第二十二条 监察机关依照行政监察法的规定,对地方各级人民政府和政府部门及其工作人员履行安全监督管理职责实施监察。

第二十三条 对特大安全事故以外的其他安全事故的防范、发生追究行政责任的办法,由省、自治区、直辖市人民政府参照本规定制定。

第二十四条 本规定自公布之日起施行。

安全监管监察部门许可证档案管理办法

- 2017年3月22日
- 安监总办〔2017〕27号

第一条 为规范安全监管监察部门许可证档案管理,根据《中华人民共和国安全生产法》《中华人民共和国档案法》和《安全生产许可证条例》(国务院令第397号)和其他有关法律、法规,制定本办法。

第二条 本办法适用于具有许可证颁发和管理职责的各级安全生产监督管理部门和煤矿安全监察机构(以下统称许可机关)。

第三条 本办法所称安全监管监察部门许可证档案,是指许可机关在许可证颁发和管理过程中形成并归档保存的文字、图表、证照、电子数据等不同形式和载体的文件材料。涉及的许可证种类有:煤矿企业安全生产许可证、非煤矿矿山企业安全生产许可证、危险化学品生产企业安全生产许可证、危险化学品经营许可证、危险化学品安全使用许可证、非药品类易制毒化学品生产许可证、非药品类易制毒化学品经营许可证、烟花爆竹生产企业安全生产许可证、烟花爆竹经营(批发)许可证、烟花爆竹经营(零售)许可证。

许可证档案是许可机关行使安全监管监察职能的历史记录,是矿山、危险化学品、非药品类易制毒化学品、烟花爆竹企业(以下统称企业)获得相关安全生产、使用和经营资质的原始凭证,是国家专业档案资源的重要组成部分。

第四条 国家安全监管总局负责组织协调和依法保障许可证档案管理工作。各级许可机关负责本机关颁发的各类许可证档案管理工作,并接受同级档案行政管理部门对许可证档案管理的监督和指导。

上级机关委托下级机关实施许可证颁发管理工作的,相关许可证档案由受委托许可机关管理。

第五条 许可机关应保证许可证档案工作开展所必需的人员、经费、库房、设施设备,确保档案安全。在建立、完善许可证网上审批系统时,要按规定做好电子文件归档及电子档案的管理。

第六条 许可证档案实行集中统一管理。许可机关的承办部门负责收集、整理、归档,档案管理部门对立卷归档工作进行监督和指导,负责许可证档案的接收、保管、利用、统计、鉴定、移交等。

第七条 许可证文件材料归档范围应根据《煤矿企业安全生产许可证实施办法》(国家安全监管总局令第86号)、《非煤矿山企业安全生产许可证实施办法》(国家安全监管总局令第20号)、《危险化学品生产企业安全生产许可证实施办法》(国家安全监管总局令第41号)、《危险化学品经营许可证管理办法》(国家安全监管总局令第55号)、《危险化学品安全使用许可证实施办法》(国家安全监管总局令第57号)、《非药品类易制毒化学品生产、经营许可办法》(国家安全监管总局令第5号)、《烟花爆竹生产企业安全生产许可证实施办法》(国家安全监管总局令第54号)、《烟花爆竹经营许可实施办法》(国家安全监管总局令第65号)中关于许可证申请与颁发、延期、变更的相关规定确定,保存企业提交申请文件、资料以及许可机关审批过程中形成的全部文件材料。办理许可证延期、变更手续时,上一有效期许可证正本和副本收回的,收回的正本和副本应与其他文件材料一并归档。

上述规章中相关条款调整时,归档范围也随之做相应调整。

第八条 许可证档案保管期限按颁证权限结合许可事项、办证程序等因素定为永久、30年、10年、3年四种。国家安全监管总局和国家煤矿监察局负责颁发的安全生产许可证,颁证机关审查材料和许可申请书保管期限为永久,其他材料保管期限为30年;省级及以下许可机关负责颁发的各类许可证(烟花爆竹经营〈零售〉许可证除外),颁证机关审查材料和许可证申请书保管期限为30年,其他材料保管期限为10年;烟花爆竹经营(零售)许可证与其他未通过审批的许可证材料保管期限为3年。保管期限从许可证颁发年度的次年1月1日起计算。

第九条 实现许可证管理全程网上申报和审批的,其通过行政审批系统形成的电子文件应当归档。归档电子文件应符合以下条件:

(一)电子文件及其元数据自形成起真实、完整、未被非法修改。许可证申请、流转审批、用印等业务行为,以及相应的责任人、行为时间等管理元数据应在日志文件中予以记录。

（二）归档电子文件与纸质文件原貌保持一致，以开放格式存储，确保能长期有效读取。申报表归档时应转换为PDF格式，上传的文字材料采用TIFF、JPFG、OFD、PDF、PDF/A等格式，图纸材料采用DWG、Auto Cad格式，日志文件采用LOG格式。特殊格式的电子文件应连同其读取平台一并归档。

（三）同一事由形成的全部电子文件及其元数据齐全、完整，一般采用基于XML的封装方式组织数据。电子文件封装包应确定统一命名规则，封装的编码数据不加密。

第十条　电子文件可采用在线或离线方式归档。审批过程中形成纸质档案的，归档电子文件应与其相关联的纸质档案建立检索关系。

第十一条　归档电子文件应在不同存储载体和介质上储存备份至少两套，并建立备份策略，包括增量备份或全量备份、备份周期、核验和检测机制、离线备份介质及其管理等。

第十二条　具有重要价值的电子文件，应当转换为纸质文件同时归档。

第十三条　一次办证审批形成的许可证档案，根据不同保管期限可立为正卷和副卷。正卷以件为单位整理，一次办证审批材料视为一件，副卷以案卷为单位整理。正卷、副卷分别排列，分类和档号保持一致。

第十四条　许可证文件材料应于审批事项结束后的次年完成归档。由许可机关的承办部门按要求整理并编制移交清册后，向单位档案管理部门移交。

因工作需要确需推迟移交、由承办部门临时保管的，应经档案管理部门同意，推迟移交期限最多不超过3年。

第十五条　许可证档案的保管应当使用符合要求的档案装具，需要具备防盗、防光、防火、防虫、防鼠、防潮、防尘、防高温等条件专用的档案库房，配备必要的设施和设备。

第十六条　许可机关应建立许可证档案利用制度，严格履行借阅登记手续。人民法院、人民检察院和公安、监察、司法、审计等机关因公务需要查阅档案时，应持单位介绍信和查阅人身份证明办理查阅手续。律师应凭律师执业证书和律师事务所证明，查阅与承办法律事务有关的档案。公民、法人和其他组织应根据政府信息公开相关规定办理。

许可证档案一般不得出借。确因工作需要且根据国家有关规定必须借出的，应当严格按照规定办理相关手续并及时归还。

第十七条　许可机关应成立档案鉴定工作小组，在机关分管负责人领导下，由档案管理部门会同相关许可证承办部门人员组成，并可根据不同情况，吸收信息系统管理部门人员参加，定期对已达到保管期限的档案进行鉴定。

第十八条　档案鉴定工作结束后，应形成鉴定意见。经鉴定涉及未了事项或仍有保存价值的档案，重新确定保管期限。保管期满，确无继续保存价值的档案，应遵循保密原则和有关规定进行销毁。

需销毁的许可证档案，应编制销毁清册，列明拟销毁档案的年度、档号、案卷题名、许可证号、应保管期限、已保管期限等内容，经单位分管负责人审查批准后销毁。电子档案的销毁还应符合国家有关电子档案管理的规定。

第十九条　销毁档案时，档案管理部门和许可证承办部门共同派员监销。涉及电子档案销毁，还需要信息系统管理部门派员监销。监销人员应按照销毁清册所列内容进行清点核对，现场监督整个销毁过程，销毁工作完成后在销毁清册上签字。销毁清册永久保存。

第二十条　各省级安全监管监察部门可以根据本办法，结合单位实际制定实施细则。

第二十一条　本办法由国家安全监管总局、国家档案局负责解释，自公布之日起施行。

附件：
1. 纸质档案整理程序和方法(略)
2. 案卷编目说明及式样(略)

安全生产监管监察部门音像电子文件归档管理规定

· 2016年12月21日
· 安监总厅〔2016〕134号

第一章　总　则

第一条　为加强各级安全生产监督管理部门、煤矿安全监察机构(以下统称安全生产监管监察部门)音像电子文件的归档管理，根据《中华人民共和国档案法》、《电子文件归档与管理规范》(GB/T 18894-2002)、《数码照片归档与管理规范》(DA/T 50-2014)、《档案著录规则》(DA/T 18-1999)，制定本规定。

第二条　本规定所指音像电子文件由能够反映有关安全生产监管监察部门工作的数码照片、数码录音、数码录像文件组成，是指使用数字设备拍摄获得的，以数字形式存储于磁带、磁盘、光盘等载体，依赖计算机等数字设备阅读、处理，并可在通信网络上传送的静态图像文件、数字音频文件和数字视频文件,包括经数字化转换的纸质照片、模拟声音信号(如录音带)、模拟影像信号(如录像带)所形成的电子文件。

第三条 本规定所指音像电子档案是指具有查考和利用价值并归档保存的音像电子文件,由内容、结构和背景组成。

第四条 音像电子档案实行集中统一管理。拍摄者或承办单位负责对音像电子文件及时整理,并著录详细说明信息,档案部门对整理归档工作进行监督和业务指导,负责音像电子档案的接收、保管、统计和提供利用。

第二章 归 档

第五条 归档范围。

(一)记录本单位的重大活动、重要会议、重要工程。

(二)记录本单位组织或参与处置重大事件、抢险救援活动,包括自然灾害、事故、突发事件。

(三)记录本单位法制建设、安全执法、隐患治理、行政许可、专项整治、督查督办、安全宣教等工作的过程及成果。

(四)记录本单位劳动模范、先进人物及其典型活动。

(五)本单位历届领导班子成员的证件照片。

(六)记录上级领导和著名人物前来本单位检查、视察工作或参加与本单位有关的重大公务活动。

(七)其他具有保存价值的音像类电子文件。

第六条 归档要求。

(一)归档的音像电子文件应齐全、完整,记录客观、系统,主题明确、画面完整、音像清晰。

(二)数码照片应是用数字成像设备直接拍摄形成的原始图像文件,未经过裁剪、修饰等操作。对反映同一内容的若干张数码照片,应选择其中具有代表性和典型性的数码照片作为一组归档,反映同一场景的数码照片一般只归档一张。

(三)以活动中直接形成的数码录音、数码录像文件为素材,遵循活动时序与客观事实编辑制作的电子文件也应收集归档。

(四)音像电子文件应以通用或长期保存格式归档。数码照片为JPEG、TIFF或RAW格式,数码录音文件为WAV、MP3格式,数码录像文件为MPEG、AVI格式。

(五)音像电子文件归档时,应参照《电子文件归档与管理规范》(GB/T18894-2002)由移交人员和档案部门共同进行电子文件真实性、完整性、可用性以及病毒感染的鉴定和检测,并办理移交。重大活动有宣传报道的,应将与拍摄内容相关的宣传报道材料电子版一并归档。

第七条 音像电子文件在拍摄或转换完成后,应及时整理和归档,最迟不超过次年3月底。

各单位应不定期开展档案征集活动,收集与本单位及所属机构有关的、反映安全生产监管监察工作的音像电子文件。

第三章 整理和著录

第八条 音像电子档案的保管期限定为永久。

第九条 音像电子档案分为数码照片、数码录音、数码录像三类,其分类代码分别为ZP、LY、LX。

第十条 音像电子档案应按照档号命名规则在存储器中逐级建立并命名文件夹。

第十一条 数码照片文件的整理。

(一)数码照片以照片组为单位进行整理,同一会议、活动、项目或反映同一问题、事由的若干张数码照片组成一个照片组。

(二)数码照片文件以档号命名。档号由档案室代号(或全宗号)、分类代码、年度、照片组号、张号组成。

档案室代号:总局档案馆分配给各立档单位的代号,由4位阿拉伯数字组成。

全宗号:地方档案馆分配给各立档单位的代号。

照片组号:同一年度内的照片组号按形成时间顺序从"1"开始顺序编号,为4位阿拉伯数字,不足4位的在前补"0"。

张号:同一照片组号内数码照片按形成时间顺序从"1"开始顺序编号,为4位阿拉伯数字,不足4位的在前补"0"。

(三)数码照片档案按分类、年度、照片组逐级分层次建立并命名文件夹。即在"数码照片"文件夹下按不同年度建立并以年度命名文件夹,同一年度文件夹内按不同组号分别建立和命名文件夹,也可以该组号加题名命名,组号与题名之间加两个空格。

(四)与一组照片内容相关的宣传报道材料电子版存储为txt格式,以报道标题加存储格式命名,存储在末级文件夹下。

示例:2009年档案室代号为2110的单位拍摄的××省安全生产工作会议数码照片为2009年第1组,共有10张,存储格式为JPEG,该组第10张照片的文件名应为:2110-ZP-2009-0001-0010.jpeg,宣传报道材料文件名为:2009年××省安全生产工作会议召开.txt。存放路径为:

盘符:\音像电子档案\数码照片\2009\0001\

或盘符:\音像电子档案\数码照片\2009\0001 2009年××省安全生产工作会议\

第十二条 数码录音、数码录像文件的整理。

（一）数码录音、数码录像文件以自然件为单位整理，以档号命名，按形成时间顺序排列。其档号由档案室代号（或全宗号）、分类代码、年度、件号组成。同一年度内件号从"1"开始顺序编号，为4位阿拉伯数字，不足4位的在前补"0"。

（二）数码录音、数码录像档案按分类、年度、件号逐级分层次建立并命名文件夹。以件号命名文件夹，可以加题名，件号与题名之间加两个空格。

（三）与一件数码录音、录像档案内容相关的宣传报道材料电子版为 txt 格式，以报道标题加存储格式命名，存储在末级文件夹下。

示例：2010年档案室代号为2110的单位录制了1组关于安全生产检查活动视频，是2010年第3个视频文件，视频文件格式为AVI，文件名应为：2110-LX-2010-0003.avi，宣传报道材料文件名为：××省深入开展安全生产大检查活动.txt。存放路径为：

盘符:\音像电子档案\数码录像\2010\0003\

或盘符:\音像电子档案\数码录像\2010\0003 ××省2010年8月安全生产检查\

第十三条 音像电子文件整理过程中应采取有效的病毒防护措施，免受计算机病毒的感染。

第十四条 音像电子档案著录应真实、完整、详细，便于检索。题名和文字说明应综合运用时间、地点、人物、事由、背景等要素。数码照片档案和数码录音、录像档案著录项目及说明见附件1、附件2。

第四章 存储、保管和利用

第十五条 音像电子档案可分别存储在计算机硬盘、一次写光盘和专用移动硬盘上。

第十六条 光盘应采用单片光盘硬盒竖立存放，盒内附有标识。不得直接在盘面上粘贴标记。档案光盘标识见附件3。

第十七条 存放环境要远离强磁场并与有害气体、强紫外线隔离，环境温度应控制在17-20℃，相对湿度应控制在35%-45%。

第十八条 对存储音像电子档案的光盘、移动硬盘每满4年进行一次抽样机读检验，抽样率不低于10%，如发现问题应及时采取恢复措施。

第十九条 对存储在光盘、移动硬盘上的音像电子档案，应每4年转存一次，原载体同时保留时间不少于4年。

第二十条 音像电子档案的利用按各单位档案利用借阅制度进行，利用时应确保档案信息安全。

第五章 附　则

第二十一条 本规定由国家安全监管总局档案馆负责解释。

第二十二条 本规定自2017年1月1日起施行。

附件：1. 数码照片档案著录项目及说明（略）

2. 数码录音、录像档案著录项目及说明（略）

3. 档案光盘标识及说明（略）

十一、人大代表建议、政协委员提案答复

1. 人大代表建议答复

对十三届全国人大五次会议第 7209 号建议的答复
—— 关于加强电动自行车消防安全监管工作的建议

- 2022 年 7 月 3 日
- 应急建函〔2022〕34 号

您提出的关于加强电动自行车消防安全监管工作的建议收悉,经商国家发展改革委、工业和信息化部、公安部、住房城乡建设部和市场监管总局意见,现答复如下:

您指出的"电动自行车安全质量不可靠,停放充电场所不足,使用者消防安全意识不高、日常使用不当、检修维护不到位,监管部门监管机制和监督检查不到位"等意见,切中要害,是目前电动自行车消防安全管理的堵点与难点,也是火灾防控的重点。您提出的"从源头上抓紧产品安全质量关、加大电动自行车充电基础设施建设、建立健全防范治理联合机制、扎实开展电动自行车消防安全教育培训"等建议,针对性、可操作性强,对于推动解决电动自行车火灾多发问题具有积极意义。电动自行车具有经济、便捷等优势,成为群众重要的短途交通工具,目前全国电动自行车保有量已达 3.5 亿辆。非法生产、改装和销售电动自行车及锂电池行为屡禁不止,使用人的消防安全意识不高,电动自行车进楼入户、飞线充电等屡屡发生,导致电动自行车火灾事故时有发生。2021 年,全国共接报电动自行车火灾 1.8 万起,造成 65 人死亡、222 人受伤,直接财产损失达 2.21 亿元,其中发生在建筑物内 3782 起,造成 60 人死亡、175 人受伤。

应急管理部高度重视电动自行车消防安全,联合国家发展改革委、工业和信息化部、公安部、住房城乡建设部和市场监管总局等部门,组织开展消防安全专项检查治理,加强消防安全宣传警示教育,大力整治电动自行车消防安全风险隐患。一是持续开展检查治理。2019 年,应急管理部联合工业和信息化部、公安部、住房城乡建设部和市场监管总局印发了《关于进一步加强电动自行车消防安全管理工作的通知》,就加强电动自行车的生产、销售、使用管理和消防宣传作出部署,建立和完善长效管理机制。将电动自行车治理作为消防安全"三年行动"重点任务,纳入省级人民政府安全生产和消防工作考核重要内容,充分发动街乡社区、公安派出所等力量,排查电动自行车违规停放、充电等不安全行为。指导各地因地制宜,部署开展电动自行车治理行动,特别是深刻吸取北京 2021 年"3·15""9·20"火灾教训,联合 16 部门建立电动自行车生产、流通、使用、维修、改装、充电等环节全链条治理机制,初步形成了电动自行车治理的"北京模式"。2020 年 7 月,国务院办公厅印发《关于全面推进城镇老旧小区改造工作的指导意见》,将电动自行车充电设施建设作为城镇老旧小区改造内容,指导各地结合城镇老旧小区改造推进充电设施建设;住房城乡建设部会同 12 部门印发《关于开展城市居住社区建设补短板行动的意见》(建科规〔2020〕7 号),附发《完整居住社区建设标准(试行)》,并于 2021 年 12 月印发《完整居住社区建设指南》,指导各地深入开展城市居住社区建设补短板行动,因地制宜建设和改造居住区充电设施。工业和信息化部与公安部、市场监管总局共同印发《关于加强电动自行车国家标准实施监督的意见》,督促生产企业规范生产,指导经销商和消费者学习使用。市场监管总局连续多年将电动自行车以及电池、充电器列入《全国重点工业产品质量安全监管目录》,开展电动自行车产品质量国家监督抽查。2021 年,国家监督抽查 301 批次,全国市场监管部门查处电动自行车及其零件案件 1877 起,涉案金额 2697.28 万元,罚没款 3437.69 万元,严防不合格产品流入市场。二是完善法规标准体系。应急管理部出台部门规章《高层民用建筑消防安全管理规定》,明确电动自行车违规停放充电处罚依据。工业和信息化部组织修订了强制性国家标准《电动自行车安全技术规范》(GB17761-2018),全面提高电动自行车的安全性能要求。市场监管总局围绕锂电池、充电器、轮胎、电池盒等电动自行车关键部件,发布《电动自行车用锂离子蓄电池》(GB/T36972-2018)、《电动自行车用充电器技术要求》(GB/T36944-2018)等 6 项推荐性国家标准和《电动自行车锂电池充电器》(QB/T5511-2020)、《电动自行车用锂离子蓄电池组管理系统》(QB/T5513-2021)等 7 项行业标准;将电动自

行车由生产许可管理转为 CCC 认证管理，未获认证的不得出厂、销售、进口或者在其他经营活动中使用；完善与公安部电动自行车 CCC 认证联网核查工作机制，有效遏制无证制售电动自行车的违法行为；推进建设国家企业信用信息公示系统，加强电动自行车信用监管。多地将电动自行车消防安全要求纳入地方性消防法规、物业管理规定，有的专门出台电动自行车安全管理办法，以法规、规章形式明确电动自行车停放、充电消防安全要求和违法违规责任。三是研发科技产品。应急管理部沈阳消防研究所研制了电动自行车智能安全充电管理系统、电动自行车识别与防控系统、电动自行车智能换电柜及消防系统、智能换电柜电池热失控探测与自动灭火系统、集中充电柜锂离子电池箱一体化消防保护装置等，为电动自行车安全使用管理提供技术保障。四是广泛宣传警示。应急管理部协调中央电视台、中央人民广播电台播出电动自行车消防安全系列专题节目；协调中央主要报纸聚焦电动自行车火灾风险，报道违规停放、充电和火灾事故，拍摄制作发布电动车火灾事故典型案例，发动基层力量和志愿服务队伍开展群众性消防宣传活动，深入社区、农村张贴消防宣传海报，有针对性提示公众注意防范。

电动自行车火灾事故主要发生在使用端，涉及生产、销售、维修、改装、停放、充电、使用等多个环节，但最核心的问题是车体和电池本质安全不过关，最难管的问题是擅自改装锂电池。下一步，我们将认真吸纳您的建议，强化分析研判和事故调查处理，精准防控火灾风险，进一步加强电动自行车消防安全管理。一是在监管方面，应急管理部积极联合工业和信息化部、公安部、市场监管总局组织开展非法改装电动自行车及锂电池治理，加大行政执法力度，坚决打击非法生产、改装电动自行车锂电池违法行为，对存在安全隐患、质量不合格的电动自行车锂电池，加大调查力度。针对电动自行车产品质量、流通销售、通行秩序、停放充电、回收拆解等方面的突出问题，起草了《加强电动自行车全链条安全监管重点工作任务及责任清单（征求意见稿）》，已征求工业和信息化部、市场监管总局、公安部、住房城乡建设部等有关部门意见。市场监督部门针对电动自行车及其电池、充电器开展质量监督抽查，特别加强流通领域和网售领域的监管力度，严厉查处违法生产销售不符合国家标准、未获得 CCC 认证的电动车，以及非法改装、拼装电动自行车及锂电池等违法行为，持续加强电动自行车质量安全监管。总结推广北京市电动自行车全链条治理做法，从生产、流通、使用、维修、改装、充电等各环节制定相关的工作指引；持续发动基层街乡社区和公安派出所力量，排查纠改居民小区电动自行车违规停放、充电等行为；严格电动自行车火灾调查处理，加强对电动自行车及电池产品质量安全的延伸调查，严肃追责，形成警示震慑。二是在标准方面，全力推动电动自行车停放充电场所消防安全管理标准立项制定，紧密结合实际，制定操作性强的消防安全管理要求。工业和信息化部推动制定强制性国家标准《电动自行车用充电器安全技术要求》（报批阶段）、《电动自行车电气安全要求》（报批阶段），重点规范电动自行车的电气强度、电池发热及防护、耐温耐湿等要求以及充电器安全要求等。市场监管总局推动《电动自行车用锂离子蓄电池安全要求》强制性国家标准立项，加快制定《电动自行车售后服务规范》推荐性国家标准，规范电动自行车的服务流程，提升售后服务质量。三是在科研方面，持续、系统、深入研究锂离子蓄电池安全性能、火灾致灾危害、灭火装置性能优化提升。研究电池集中充电及存放场所火灾防控措施并形成防火设计指南，开展电动自行车集中智能充电管理与电气火灾预警技术研究，研制集中充电火灾早期精准探测装置及云监管平台，研发充电柜阻隔及局部应用灭火系统、电池堆垛火灭火系统等。四是在宣传方面，加强电动自行车消防安全宣传，深入普及电动自行车安全停放、充电知识和初起火灾扑救、逃生自救常识，提高群众的消防安全意识。针对出租房、城中村、居民住宅区、外卖平台等电动自行车集中区域，大力开展警示性宣传，曝光典型火灾案例，张贴发放标语图册，引导群众安全使用电动自行车。及时将相关行政处罚信息通过中国市场监管行政处罚文书网、国家企业信用信息公示系统向社会公示，曝光典型违法案例，强化对违法企业的社会监督，震慑违法者，警示经营者。

感谢您对应急管理及消防救援工作的关心和支持。

对十三届全国人大四次会议第 2599 号建议的答复

——关于矿业生产领域重大事故救援处置
流程统一标准（规范）的建议

· 2021 年 9 月 29 日
· 应急建函〔2021〕134 号

您提出的关于矿业生产领域重大事故救援处置流程统一标准（规范）的建议收悉，经商银保监会，现答复如下：

应急管理部高度重视矿山事故应急救援处置工作，积极推进矿山事故救援处置标准化、规范化建设，建立了较为健全的救援处置规范标准，形成了国家、地方和企业三级矿山救援队伍体系，矿山救援队伍建设总体成效显著。

一、关于加快完善矿业重大事故预防制度标准化建设

矿山法规标准体系较为完善。形成了由《安全生产法》《矿山安全法》等18部法律、《安全生产许可证条例》《煤矿安全监察条例》《国务院关于预防煤矿生产安全事故的特别规定》等19部行政法规组成的矿山安全法规体系。在煤矿领域，形成了由《煤矿安全规程》《煤矿重大生产安全事故隐患判定标准》等33部部门规章、1500多项国家和行业标准组成的煤矿安全规章标准体系；在非煤矿山领域，形成由《非煤矿矿山企业安全生产许可证实施办法》等7部部门规章和《金属非金属矿山安全规程》《尾矿库安全规程》2个强制性国家标准为统领、60项国家和行业标准组成的非煤矿山安全规章标准体系。在推进安全生产责任险方面，原国家安全监管总局联合原保监会、财政部印发《关于推进安全生产领域责任保险健全安全生产保障体系的意见》（安监总政法〔2006〕207号）和《安全生产责任保险实施办法》（安监总办〔2017〕140号）；联合银保监会，推动保险公司落实《安全生产责任保险事故预防技术服务规范》，指导保险行业协会开展矿山安全生产责任保险制度建设，扩大保险公司安全生产责任保险预防费的适用范围。

下一步，以有效防范和化解矿山重大安全风险为着力点，进一步健全完善相关标准规范，积极构建风险隐患双重预防机制；深入推进安责险在规范事故预防服务，积极构建"互联网+安责险事故预防"新模式。

二、关于加快完善矿业重大事故救援制度标准化建设

以《安全生产法》《生产安全事故报告和调查处理条例》《生产安全事故应急条例》为统领，形成了较为完善的矿山事故救援制度标准体系。

（一）在救援信息上报方面。依托"国家应急指挥综合业务系统"，建立了从地方应急管理部门和应急管理部属相关单位到应急管理部的救援信息报告机制；印发《国家安全生产应急救援队伍救援信息直报办法》，规范救援信息报告程序和内容。

（二）在救援物资储备方面。在国家层面，投资25.9亿元，为38支国家矿山救援队配备了6311台（套）救援装备物资；并在北京、山东淄博、甘肃张掖、贵州贵阳建设了4个区域救援物资装备储备库。在地方政府和企业层面，目前还尚未建立严格规范的救援物资储备标准，物资储备的数量、种类、及时性和有效性还有待进一步提高。

（三）在救援队伍建设方面。建成了国家、地方和企业三级矿山救援队伍体系，建设了423支、29511人的专职救援队伍，分布于全国各产矿地区和重点企业。建立了较为健全的规范标准，出台《矿山救护规程》《国家矿山应急救援队管理办法》《中国矿山救援标识使用管理办法》《矿山救援队伍质量标准化考核规范》，规范了矿山事故救援，强化了救援队伍管理和标准化建设。

（四）在救援信息发布方面。近年来，各地政府高度重视事故救援信息发布工作，按照《生产安全事故应急条例》《政府信息公开条例》和我国新闻发布制度有关规定，均建立了事故救援信息发布制度。目前事故救援信息发布主要有三种方式，一是通过召开新闻发布会；二是通过政府网站及主流媒体；三是通过新闻媒体采访有关人员。总的来看，事发地人民政府救援信息发布的及时性、规范性和准确性不断提高，但仍需进一步加强和完善。

下一步，建立健全全国统一的生产安全事故应急救援信息系统和救援物资储备标准，推动救援物资储备规范、科学、实用、先进和有效；充分借鉴德国联邦技术救援署和其他国家标准化建设经验，深入推进救援队伍管理科学化、规范化和标准化；进一步加强救援信息发布制度建设，健全完善政府、媒体、企业三方信息联动机制，不断提高信息发布水平。

三、关于加快完善矿业重大事故善后处置制度标准化建设

按照《中华人民共和国突发事件应对法》等法律法规规定，矿山重大事故善后处置中的遇难者家属安抚、责任处理等工作由事故所在地人民政府和事故单位负责；关于事故善后处置中的救援补偿问题，按照《生产安全事故应急条例》有关规定，救援队伍参加救援所耗费用由事故单位承担，无力承担的，由有关政府协调解决。近几年，应急管理部加大了应急救援队伍救援补偿力度，对部分直接调动参加救援工作的队伍和物质装备生产储备单位都给予了相应的经济补偿。同时积极协调、推动地方政府做好救援补偿工作。目前，事故救援补偿明显好转，近两年来参加事故救援的队伍基本能够得到经济补偿。为充分发挥社会监督，及时查处安全生产领域违法违规行为。多年来，原国家安全监管总局、应急管理部高度重视

举报奖励和定期回访制度建设，先后出台了《安全生产领域举报奖励办法》（安监总财〔2018〕99号）、《生产经营单位从业人员安全生产举报处理规定》（应急〔2020〕69号）和《矿山安全生产举报奖励实施细则（试行）》（矿安〔2021〕47号）等制度，进一步规范了举报奖励标准，对定期回访举报人领奖等情况提出了明确要求。

下一步，我部将研究建立应急救援经济补偿办法，明确责任、标准、程序和规则，推动救援补偿得到全面落实；进一步推动地方政府规范善后处置流程，明确事故善后处置相关单位工作职责，遇难者家属经济补偿、责任追究、教训总结、整改监督等各项标准。

您的提案对提升矿山安全生产工作具有重要意义，我们将在已有工作基础上，持续推进矿山事故救援处置规范化、标准化，切实履行保护人民群众生命财产安全重要使命。

感谢您对矿山安全生产工作的关心和支持！

对十二届全国人大五次会议第9310号建议的答复
——关于修改《尘肺病防治条例》的建议

- 2017年7月17日
- 安监总建函〔2017〕25号

您提出的《关于修改〈尘肺病防治条例〉的建议》收悉，经商国家卫生计生委，现答复如下：

一、原则同意您所提的相关建议。

二、为了进一步推动企业落实职业病防治主体责任，国家安全监管总局积极督促指导开展工作场所职业健康监督执法工作，严肃查处职业卫生违法违规行为。据不完全统计，2016年全国职业健康执法检查企业45万余家，下达执法文书30万份，罚款6500余万元，责令停产整顿2000家，提请关闭450家。针对尘肺病仍占新发职业病报告数90%左右的现状，国家安全监管总局持续开展粉尘危害严重行业领域专项治理工作，先后开展了石英砂加工、石棉开采与石棉制品加工、金矿开采、水泥制造和石材加工、陶瓷生产和耐火材料制造等行业领域的粉尘危害治理工作，依法取缔和关闭了一批非法违法企业。

三、为了进一步加强尘肺病农民工的救助工作，2016年国家卫生计生委等九部门联合印发了《关于加强农民工尘肺病防治工作的意见》（国卫疾控发〔2016〕2号）。意见指出，对于未参加工伤保险，且用人单位已经不存在或无法确认劳动关系的尘肺病病人，参加基本医疗保险的，按规定享受基本医疗保险相应待遇，并可向地方人民政府部门申请医疗和生活等方面的救助。同时要求各地落实大病保险和城乡医疗救助体系。上述保障救助仍不能解决医疗救治问题的，要采取多种措施，使其获得医疗救治。各级民政部门要将符合条件的尘肺病农民工纳入最低生活保障、临时救治等社会救助范围。对尘肺病农民工遭受突发性、紧迫性、临时性基本生活困难的，应当按规定给予临时救助。各地要出台优惠政策，鼓励企业、社会团体和个人弘扬中华民族"扶危救困"的传统美德，为尘肺病农民工献爱心、送温暖，逐步形成政府救助和社会关爱相结合的工作格局，共同解决尘肺病农民工的生活困难。

四、依据《职业病防治法》第十九条规定，国家对从事高毒、高危粉尘等作业实行特殊管理。2012年，国务院法制办在《关于修改后的职业病防治法相关配套法规制定情况的函》（国法函〔2012〕139号）中明确："为了节约立法资源、避免重复，经卫生部和安监总局反复研究、协商，拟通过合并修改《尘肺病防治条例》、《使用有毒物品作业场所劳动保护条例》，形成一个新的条例，一并解决高危粉尘作业和高毒作业的特殊管理问题"。受国务院法制办委托，国家安全监管总局会同有关单位及专家研究起草《高危粉尘作业与高毒作业职业病危害防治条例》。我们在认真研究《职业病防治法》以及《尘肺病防治条例》《使用有毒物品作业场所劳动保护条例》的基础上，进一步理顺尘肺病防治监管职责及法律责任，明确用人单位和用人单位主要负责人应履行的职责及对违法违规问题的处罚措施，着重突出职业病危害的前期预防和劳动过程中的防护，从劳动者的管理、工作场所和作业的管理、职业病防护设施的设置等方面进行规范，加强对高危粉尘作业与高毒作业的管理，切实保障劳动者的健康权益。经多次修改完善，目前已完成《高危粉尘作业与高毒作业职业病危害防治条例》（征求意见稿），即将在网上公开征求意见。我们将按照您的建议进一步修改完善，并将积极与相关部门沟通，推动其尽快公布施行。

感谢您对尘肺病防治工作的关心和支持，欢迎继续提出宝贵意见。

对十二届全国人大五次会议第 9263 号建议的答复

——关于修改《煤矿安全规程》第三百四十三条
有关井下供电安全保障要求的建议

- 2017 年 7 月 18 日
- 安监总建函〔2017〕27 号

您提出的《关于修改〈煤矿安全规程〉第三百四十三条有关井下供电安全保障要求的建议》收悉。现答复如下：

一、您所提建议经核实为现行《煤矿安全规程》第四百四十二条的相关内容。

二、您提出"所有开关的闭锁装置必须可靠地防止擅自送电，防止擅自开盖操作"，这一表述中的"可靠地防止擅自送电，防止擅自开盖操作"与原《煤矿安全规程》四百四十五条规定的核心内容关联度不高，且在煤矿现场执行过程中，已经引起歧义，既不利于企业加强现场管理，又不利于监管监察执法人员开展执法活动。现行《煤矿安全规程》第四百四十二条"开关把手在切断电源时必须闭锁"的表述既进一步严格安全标准，更加简洁、严谨和规范，与本条内容核心意思相一致，在现行《煤矿安全规程》实施近 10 个月时间里，煤矿企业人员和煤矿监管监察执法人员反映更便于理解和执行。

三、关于电气设备的紧固、联锁装置问题，《爆炸性环境》(GB3836-2010) 中已有具体规定，如"对保证专用防爆型式或用于防止触及裸露带电零件所必须的紧固件，只允许用工具才能松开或拆除"和"为保持专用防爆型式用的联锁装置，其结构应保证非专用工具不能轻易解除其作用"。目前国内快开门结构电气设备防爆开关主腔均设有闭锁机构，可以防止擅自开盖、防止擅自送电。

感谢您对煤矿安全生产工作的关心和支持，欢迎继续提出宝贵意见和建议。

对十二届全国人大五次会议第 9045 号建议的答复

——关于缩小女职工禁忌从事劳动范围的建议

- 2017 年 7 月 7 日
- 安监总建函〔2017〕14 号

您提出的《关于缩小女职工禁忌从事劳动范围的建议》收悉，经商人力资源社会保障部，现答复如下：

一、原则同意您所提相关建议。

二、您所提的"相关法律应调整女职工禁忌从事劳动范围，保障女性平等就业的权利"等建议，我局高度重视，并将做好以下工作：

（一）推动开展女职工禁忌劳动范围政策研究。随着经济发展和社会进步，重体力劳动的内涵也在发生变化。虽然大部分女性身体机能不如男性强壮有力，但不排除少数女性也能从事"体力劳动强度非常大和负重较重的作业"。如果特殊的劳动环境对男女都不利，更应致力于职工劳动条件的改善，使男女两性均能获得劳动保护。我局将会同人力资源社会保障部、国家卫生计生委等部门在职业病防治工作部际联席会议上提出，对重体力劳动工种的内涵开展调查研究，科学评估女职工禁忌劳动范围的实施状况，通过研究对比其他国家女职工劳动保护有关规定，为我国女职工禁忌劳动范围的修订立项做好前期工作，并适时向立法机关提出意见和建议，推动修订完善"女职工禁忌从事的劳动范围"，切实保障女职工合法权益。

（二）推动开展如何权衡女职工健康保护与平等就业权益关系的研究，探讨女职工特殊劳动保护的意义与关键点。我局将会同人力资源社会保障部在开展职业卫生重点行业专项治理整顿工作的基础上，结合国家卫生计生委的全国妇女健康调查结果，深入分析在当前生产技术条件下，不同行业的女职工保护存在的关键问题及其影响因素，提出对策与建议。

感谢您对推动女职工特殊劳动保护工作的关心和支持，欢迎继续提出宝贵意见。

对十二届全国人大五次会议第 8970 号建议的答复

——关于出台《高毒物品和高危粉尘作业职业卫生
监督管理条例》的建议

- 2017 年 7 月 17 日
- 安监总建函〔2017〕26 号

您提出的《关于出台〈高毒物品和高危粉尘作业职业卫生监督管理条例〉的建议》收悉，经商国家卫生计生委，现答复如下：

一、您所提的相关建议非常重要，对我们开展相关工作有重要的参考价值。

二、依据《职业病防治法》第十九条规定，国家对从事高毒、高危粉尘等作业实行特殊管理。2012 年，国务院法制办在《关于修改后的职业病防治法相关配套法规制定情况的函》(国法函〔2012〕139 号) 中明确："为了节约立法资源、避免重复，经卫生部和安监总局反复研究、协商，拟通过合并修改《尘肺病防治条例》《使用有毒物品作业场所劳动保护条例》，形成一个新的条例，一并解决高危粉尘作业和高毒作业的特殊管理问题"。受国务院法制办委托，国家安全监管总局会同有关单位及专家研究起草《高危粉尘作业与高毒作业职业病危害防治条例》。我们在认真研究《职业病防治法》以及《尘肺病防治条例》《使用有毒物品作业场所劳动保护条例》的基础上，特别针对《国家职业病防治规划（2016-2020年）》中提出的"接尘工龄不足5年的劳动者新发尘肺病报告例数占年度报告总例数的比例得到下降，重大急性职业病危害事故、慢性职业性化学中毒得到有效控制"这一规划目标，着重突出职业病危害的前期预防和劳动过程中的防护，从劳动者的管理、工作场所和作业的管理、职业病防护设施的设置等方面进行规范，加强对高危粉尘作业与高毒作业的管理，明确对违法违规问题的处罚措施，保护劳动者的职业健康。经多次修改完善，目前已完成《高危粉尘作业与高毒作业职业病危害防治条例》（征求意见稿），即将在网上公开征求意见。我局也将积极与相关部门沟通，推动其尽快公布施行。

感谢您对职业病防治工作的关心和支持，欢迎继续提出宝贵意见。

对十二届全国人大五次会议第6035号建议的答复
——关于严格煤矿安全生产市场准入的建议

· 2017年7月3日
· 安监总建函〔2017〕6号

您提出的《关于严格煤矿安全生产市场准入的建议》收悉，经商国家能源局，现答复如下：

一、关于煤炭产业政策

按照《国务院办公厅关于进一步加强煤矿安全生产工作的意见》（国办发〔2013〕99号）和《国务院办公厅关于加强煤炭行业管理有关问题的意见》（国办发〔2006〕49号）等要求，国务院有关部门已停止核准新建低于30万吨/年的煤矿、低于90万吨/年的煤与瓦斯突出矿井。并将"严格控制新增产能"作为《煤炭工业发展"十三五"规划》重要内容，明确"十三五"期间新建煤矿建设规模不低于120万吨/年；积极发展先进产能，采用高新技术和先进适用技术，重点建设露天煤矿、特大型和大型井工煤矿。在项目核准中，有关部门认真落实国办发〔2013〕99号文件要求，未通过安全核准的，不得通过项目核准。

"十二五"期间，全国淘汰落后煤矿约7100处、产能5.5亿吨/年，在此基础上，国务院有关部门组织各地开展小煤矿摸底排查工作，对晋陕蒙宁等4个地区30万吨/年以下、冀辽吉黑苏皖鲁豫甘青新等11个地区15万吨/年以下、其他地区9万吨/年及以下的煤矿，按照关闭一批、兼并重组一批、少量保留一批、停产停建转为应急储备产能一批的原则，研究提出分类处置方案，进一步加大"十三五"期间淘汰煤炭落后产能工作力度。同时，国家发展改革委等部门先后印发了《关于实施减量置换严控煤炭新增产能有关事项的通知》（发改能源〔2016〕1602号）等文件，明确减量置换标准，支持企业根据去产能规模有序建设大型现代化煤矿，目前产量置换工作正在有序进行。

二、关于办矿主体准入

国办发〔2013〕99号文件对开办煤矿企业主体作出了明确规定，要求对不具备相应灾害防治能力的企业申请开采高瓦斯、冲击地压、煤层易自燃、水文地质情况和条件复杂等煤炭资源的，不得通过安全核准。《煤矿建设项目安全核准基本要求》（AQ1049-2008）要求开发建设灾害严重的矿井，必须由相应灾害类型矿井安全管理经验和业绩的煤炭企业建设或参与建设。目前，国家煤矿安监局正在组织修订《煤矿建设项目安全核准基本要求》（AQ1049-2008），其中对办矿主体将进一步严格要求，对股份制企业由非控股股东负责建设的，要赋予该股东对煤矿安全生产、安全投入和安全管理的决策权。

三、关于从业人员准入

国办发〔2013〕99号文件明确，从事煤炭生产的企业必须有相关专业和实际经历的管理团队。煤矿必须配备矿长、总工程师和分管安全、生产、机电的副矿长，以及负责采煤、掘进、机电运输、通风、地质测量工作的专业技术人员。矿长、总工程师和分管安全、生产、机电的副矿长必须具有安全资格证，且严禁在其他煤矿兼职；专业技术人员必须具备煤矿相关专业中专以上学历或注册安全工程师资格，且有3年以上井下工作经历。《煤矿安全培训规定》（国家安全监管总局令第52号）明确煤矿从业人员应当符合"身体健康，无职业禁忌症；年满18周岁且不超过国家法定退休年龄；具有初中及以上文化程度；法律、行政法规规定的其他条件"等基本条件，并对煤矿的矿长、副矿长、总工程师、副总工程师或者技术负责人以及煤矿的安全生产管理机构负责人提出要求。近期，国家安全监管总局正在修订《煤矿安全培训规定》，进一步加强和规范煤矿从业人员培训工作，严格从业人员准入。

四、关于工艺、技术和设备准入

为进一步提升企业安全生产基础保障水平，国家安全监管总局、国家煤矿安监局持续推动淘汰落后工艺和设备，推广先进适用技术，近年来，国家安全监管总局、国家煤矿安监局连续发布了多批淘汰落后和推广先进安全技术装备目录。2017 年，国家安全监管总局、科技部发布了《安全生产先进适用技术与产品指导目录（第一批）》。国家煤矿安监局将继续组织安全科技进矿区活动，发挥中央财政资金政策引领作用，推进一批重大灾害防治、隐患排查治理、致灾因素普查治理等示范工程建设，淘汰落后生产工艺和设备；督促煤矿企业优化开拓布局和生产系统，减少生产水平，减少工作面数量，减少作业人数，不断降低安全风险；持续推进"机械化换人、自动化减人"，鼓励中小型矿井实施机械化改造、大型煤矿推行无人值守和远程监控。

五、关于煤矿井下外委队伍准入

为严厉打击煤矿施工工程违法承包、分包、转包，《国务院关于预防煤矿生产安全事故的特别规定》（国务院令第 446 号）明确规定，煤矿实行整体承包生产经营后，未重新取得安全生产许可证和煤炭生产许可证，从事生产的，或者承包方再次转包的，以及煤矿将井下采掘工作面和井巷维修作业进行劳务承包的属重大安全隐患；对存在重大隐患的煤矿，应当立即停止生产，排除隐患。2011 年印发的《煤矿建设安全规范》（AQ1083 - 2011）明确规定，煤矿施工单位必须取得国家颁发的建筑业企业资质和安全生产许可证，并严格按资质等级许可的范围承建相应规模的煤矿建设项目，严禁超资质等级施工。为进一步规范煤矿整体托管，2015 年，国家安全监管总局、国家煤矿安监局印发了《关于加强托管煤矿安全监管监察工作的通知》（安监总煤监〔2015〕15 号）对托管煤矿条件审查、安全管理、监管监察工作提出了明确要求。

国家安全监管总局、国家煤矿安监局将进一步研究完善煤矿安全生产准入政策，并持续指导和督促各级煤矿安全监管监察部门加强执法检查，通过严格执法，进一步落实煤矿企业安全生产主体责任，确保煤矿安全生产状况持续稳定好转。

感谢您对安全生产工作的关心支持！

对十二届全国人大五次会议第 5540 号建议的答复
—— 关于加强非煤矿山工程外包安全监管，促进规范发展的建议

- 2017 年 7 月 7 日
- 安监总建函〔2017〕17 号

您提出的《关于加强非煤矿山工程外包安全监管，促进规范发展的建议》收悉。经商住房城乡建设部，现答复如下：

一、关于落实"加强非煤矿山工程施工承包资质审核，规范准入门槛，杜绝资质获取靠拼凑的不良现象"

承包单位的施工资质是证明其施工能力的依据，为了提高准入门槛，国家安全监管总局和住房城乡建设部对承包单位的施工资质均有具体要求，要求承包单位的施工资质必须与其承揽工程规模相匹配。除了矿山建设和闭坑工程应当依据《建筑业企业资质等级标准》规定的资质要求外，国家安全监管总局 2013 年公布的《非煤矿山外包工程安全管理暂行办法》（国家安全监管总局第 62 号令，以下简称"62 号令"）对金属非金属矿山的生产、作业工程的资质等级作出具体规定。

（一）住房城乡建设部开展工作。为加强矿山工程施工总承包资质审批管理，住房城乡建设部主要开展以下工作：一是修订建筑业企业资质标准，明确企业申请矿山工程施工总承包资质应具备的企业资产、企业主要管理及技术人员配备和企业工程业绩等方面的具体指标，并在资质标准实施意见中细化量化资质审查标准，提高矿山工程资质审查准确性。二是提升资质评审专家专业性。加强资质评审专家管理，定期进行培训，提高专家审查水平。在建立审查专家库时注重矿山工程领域专业性要求，提高矿山工程资质审查质量。三是强化业绩核查，加强事中事后监管。申请矿山工程施工总承包资质的企业，其申报工程业绩均通过住房城乡建设部网站予以公示，接受社会监督。同时，采取实地核查、委托省级住房城乡建设主管部门调查等多种方式加强申报业绩真实性的核查。对于申报业绩存在弄虚作假的企业，依法撤销其资质，限制三年内不得再次申报该项资质，并将不良行为在全国建筑市场监管公共服务平台予以曝光。

下一步，住房城乡建设部将继续做好矿山工程资质的审批工作。加快完善信用体系、工程担保等相关配套制度，进一步加强事中事后监管，切实规范建筑市场秩序，保障工程质量安全。

（二）国家安全监管总局开展工作。针对近年来非煤矿山外包工程安全准入门槛低，承包工程总公司对其项目部监管不到位，承包项目部的安全管理薄弱，承包施工队伍素质差，缺乏基本的技术支撑等新情况新问题，国家安全监管总局62号令对金属非金属矿山的生产、作业工程的承包资质等级作出进一步具体规定。规定总承包大型地下矿山工程和深凹露天、高陡边坡及地质条件复杂的大型露天矿山工程的，必须具备矿山工程施工总承包二级以上（含本级）施工资质；总承包中型、小型地下矿山工程的，必须具备矿山工程施工总承包三级以上施工资质；总承包其他露天矿山工程和分项承包金属非金属矿山工程的，必须具备矿山工程施工总承包或者相关的专业承包资质。

针对目前外包工程存在大量挂靠现象，一些施工队通过交付管理费后以项目部身份挂靠有资质的承包单位，并利用承包单位的施工资质承揽外包工程，造成不符合条件的施工队进入外包施工领域，62号令特别强调禁止承包单位以转让、出租、出借资质证书等方式允许他人以本单位的名义承揽工程。

二、关于落实"建立全国性、系统性的非煤矿山工程施工承包单位安全监管网络信息平台，科学划分安全责任，强化考核"

国家安全监管总局已上线非煤矿山安全生产基本情况普查系统。按照《国家安全监管总局关于全面开展非煤矿山"三项监管"工作的通知》（安监总管一〔2015〕22号），要求非煤矿山以独立生产系统为单位，按照非煤矿山安全生产基本情况普查登记表做好信息采集工作。其中，外包工程一项需填报外包单位数量、外包队伍人数、外包队伍安全管理人员数量、外包队伍注册安全工程师数量等信息。通过该平台的建设，将进一步加强对外包队伍的安全监管，引导优势企业不断壮大，淘汰一批落后企业，提升非煤矿山外包工程安全管理水平。

国家安全监管总局办公厅配套62号令制定印发了《非煤矿山外包工程安全生产管理协议》（安监总厅管一〔2014〕1号），要求发包单位和承包单位明确安全生产责任。同时，62号令规定：发包单位和承包单位应当根据事故调查报告及其批复承担相应的事故责任。

三、关于落实"加强非煤矿山工程施工总承包单位用人监管，督促建立一支稳定的、符合矿山工程施工安全作业要求的职业队伍"

（一）住房城乡建设部开展工作。2014年7月，住房城乡建设部印发的《住房城乡建设部关于进一步加强和完善建筑劳务管理工作的指导意见》（建市〔2014〕112号）明确要求：施工总承包、专业承包企业应拥有一定数量的、与其建立稳定劳动关系的骨干技术工人，或拥有独资或控股的施工劳务企业，组织自由劳务人员完成劳务作业。

下一步，住房城乡建设部将认真贯彻落实《国务院办公厅关于促进建筑业持续健康发展的意见》（国办发〔2017〕19号），改革建筑用工制度。推动建筑业劳务企业转型，以专业企业为建筑工人的主要载体，逐步实现建筑工人公司化、专业化管理。鼓励现有专业企业做专做精，增强竞争力，推动形成一批以作业为主的建筑业专业企业，促进建筑业农民工向技术工人转型，着力建立一支稳定且具有相关技能的专业施工队伍。

（二）国家安全监管总局开展工作。国家安全监管总局第62号令除要求承包单位的施工资质等级必须与其承揽工程规模相匹配，还对承包单位项目部的安全管理机构、规章制度、教育培训、安全生产管理人员和有关工程技术人员等进行了明确规定。承包单位及其项目部应当根据承揽工程的规模和特点，依法健全安全生产责任体系，完善安全生产管理基本制度，设置安全生产管理机构，配备专职安全生产管理人员和有关工程技术人员。承包地下矿山工程的项目部应当配备与工程施工作业相适应的专职工程技术人员，其中至少有1名注册安全工程师或者具有5年以上井下工作经验的安全生产管理人员。项目部具备初中以上文化程度的从业人员比例应当不低于50%。承包单位应当接受发包单位组织的安全生产培训与指导，加强对本单位从业人员的安全生产教育和培训，保证从业人员掌握必需的安全生产知识和操作技能。项目部负责人应当取得安全生产管理人员安全资格证。承包地下矿山工程的项目部负责人不得同时兼任其他工程的项目部负责人。我局将加大对非煤矿山外包工程监督管理，督促企业切实落实主体责任，严格执行62号令有关要求，确保安全生产。

国家安全监管总局于2017年5月9日印发了《对安全生产领域失信行为开展联合惩戒的实施办法》，将存在严重违法违规行为，发生重特大生产安全责任事故，或1年内累计发生2起较大生产安全责任事故，或发生性质恶劣、危害性严重、社会影响大的典型较大生产安全责任事故的联合惩戒对象，纳入安全生产不良记录"黑名单"管理。通过全国信用信息共享平台和全国企业信用信息公示系统向各有关部门通报，并在我局政府网站和中国安全生产报向社会公布。我局建立联合惩戒的跟踪、监测、统计、评估、问责和公开机制,把各地区开展联合惩戒工作情况纳入对各地区年度安全生产工作考核的重要内容。按照该办法规定,严重违法违规的非煤矿山采掘施工工程承包企业及其主要负责人将被纳入联合惩戒对象。

四、关于劳动用工制度等有关问题

由于外包工程安全管理涉及范围广,我局的部门规章难以解决包括非煤矿山采掘施工定额预算、用工、项目招投标等方面存在的问题。根据《劳动合同法》,用人单位与劳动者的劳动合同订立、报酬标准、社会保险费用的缴纳,由劳动行政部门实施监督检查。

《非煤矿矿山企业安全生产许可证实施办法》(国家安全监管总局第20号令)规定,非煤矿矿山采掘施工企业在申请办理安全生产许可证时,需要为从业人员缴纳工伤保险费,因特殊情况不能办理工伤保险的,可以办理安全生产责任险。《中共中央国务院关于推进安全生产领域改革发展的意见》要求,建立健全安全生产责任保险制度,在矿山等高危行业领域强制实施,切实发挥保险机构参与风险评估管控和事故预防功能,进一步保障非煤矿山工程承包企业从业人员的合法权益。国家安全监管总局正加快制定安全生产责任险实施办法。

本着从实际出发的原则,国家安全监管总局将在部门规章权限范围内,针对条件成熟部分的非煤矿山外包工程安全管理内容制订相关办法,解决当前存在的突出问题,努力满足外包工程安全管理工作需要。

感谢您对非煤矿山安全工作的关心和理解,希望今后继续支持和指导。

对十三届全国人大三次会议第1658号建议的答复

——关于立法惩治侵占和阻碍消防通道行为的建议

· 2020年9月23日
· 应急建函[2020]136号

您提出的关于立法惩治侵占和阻碍消防通道行为的建议收悉,经商中央文明办、全国人大社会建设委员会、住房和城乡建设部,现答复如下:

您提出的建议很有针对性和指导性,对保持消防车通道畅通、保障人民群众生命财产安全具有积极作用。我部高度重视消防车通道畅通工作,组织开展了一系列集中治理,并作为当前全国安全生产专项整治三年行动的重要任务,强化部门联合协作机制,因地制宜加强停车设施建设,广泛开展宣传教育,不断增进社会共识。但受城市治理水平不高、停车设施供给短缺、依法监管合力不足、群众安全意识淡薄等因素影响,占用、堵塞消防车通道问题仍时有发生,成为一个"老大难"问题,需要相关部门齐抓共管,全社会共同参与,综合施策、标本兼治、久久为功。

下一步,我部将充分吸纳您的建议,结合全国安全专项整治三年行动部署,采取有力有效措施,全力确保消防车通道畅通,不断增强人民群众的获得感、幸福感和安全感。重点抓好五个方面工作:

一、开展规范管理。指导各地组织新建住宅小区的管理使用单位,按标准对消防车通道逐一划线、标名、立牌,实行标识化管理,确保消防车通道畅通。2020年年底前未完成的,提请各地政府挂牌督办整改。针对城镇老旧小区,下发通知指导各地认真落实国务院办公厅《关于全面推进城镇老旧小区改造工作的指导意见》,制定"一城一策、一区一策"消防车通道治理方案,利用三年时间分类分批开展整治改造。

二、及时清理障碍。会同住房城乡建设、公安、城市管理等部门督促社会单位和住宅小区清理违章搭建构筑物和违法设置铁桩、水泥墩、限高杆、架空管线等固定障碍物和占道停放车辆;指导物业服务企业加强消防车通道维护、管理和巡查,及时劝阻制止占堵行为,确保消防车通道、应急疏散通道和安全出口畅通;指导各地依托智能终端和物联网技术,开展"生命通道"智能预警监测,提高技防物防水平。

三、强化监管执法。针对执法程序不够简便、处罚力度不够有力等问题,指导各地通过修订地方性法规、规章等,从法规规章制度层面进一步明确职责任务。进一步完善与发展改革、住房城乡建设、公安、交通运输、城市管理等部门会商研判、信息共享、移送抄告、协同查处等工作机制。严肃查处违法单位和个人,并依法纳入消防安全严重失信行为,实施联合惩戒。

四、推动设施建设。推动将新建停车设施建设列入"十四五"规划编制、新型城镇化建设等政策规划工程中,从解决刚需源头入手,加快补齐停车供给短板。指导各地充分挖掘城市人防地下空间潜力,改造升级已有停车设施、场地,并因地制宜建立完善弹性停车、错时开放、潮汐停车、共享停车等政策机制,盘活社会停车资源,提高停车位使用效率。加强社区微型消防站建设,提升扑救初起火灾能力。

五、加强宣传教育。推动消防宣传进企业、进农村、进社区、进学校、进家庭，普及消防安全和畅通消防车通道常识，开展常态化消防安全培训、疏散逃生演练，提高全民消防安全素质。以占堵消防车通道影响应急救援典型案例为反面教材，加强警示教育，使公众认识到违法性、危害性，提高自觉性。畅通举报投诉渠道，及时曝光占堵消防车通道违法行为，形成共建共治局面，共同维护"生命通道"畅通。

感谢您对公共安全、应急管理以及消防工作的关心和支持。

对第十三届全国人大二次会议第 3777 号建议的答复
——关于进一步明确和提高工程建设项目安全投入标准的建议

- 2019 年 7 月 4 日
- 应急建函〔2019〕3 号

您提出的《关于进一步明确和提高工程建设项目安全投入标准的建议》收悉，经商财政部、住房城乡建设部，现答复如下：

您的建议深入分析了建筑施工企业在执行安全投入费用有关规定时遇到的困惑、困难的原因，提出明确安全投入的定义和内容等建议，对做好《企业安全生产费用提取和使用管理办法》（财企〔2012〕16 号，以下简称《办法》）修订工作，进一步规范建筑施工企业安全投入提供了很好的指导意见。

一、建立制度，推动建筑施工企业安全投入

（一）为建立企业安全生产投入长效机制，加强安全生产费用管理，保障企业安全投入，2012 年，财政部、原安全监管总局联合印发《办法》，要求从事建设工程施工的企业以及其他经济组织，按照规定提取安全费用，在成本中列支，专门用于完善和改进企业或者项目安全生产条件。《办法》对安全生产费用提取标准、使用范围都做了明确规定。按照"企业提取、政府监管、确保需要、规范使用"的原则，各级应急管理部门和有关行业主管部门必须依法对企业安全费用提取、使用和管理进行监督检查。

（二）2013 年住房城乡建设部会同财政部联合印发《建筑安装工程费用项目组成》（建标〔2013〕44 号）明确规定了安全文明措施施工费的计算基础、程序和费率等。2013 年发布的《建设工程工程量清单计价规范》第 3.1.5 条（强制性条文）规定措施项目中的安全文明施工费必须按国家或省级、行业建设主管部门的规定计算，不得作

为竞争性费用。另外，脚手架的费用与安全文明施工费同属于措施费，在《建设工程工程量清单计价规范》《房屋建筑与装饰工程工程量计算规范》等规定了详细的计算规则、项目设置，工程招投标双方均需按规范进行单独计算。

（三）应急管理部高度重视建筑施工企业安全费用提取使用工作，一是 2018 年以国务院安委会办公室名义组织开展了建筑施工安全专项治理行动，将施工现场安全投入资金保障列入了重点排查治理内容；二是将建筑施工企业安全生产费用提取使用情况纳入了国务院安委会对省级政府 2018 年度安全生产和消防工作考核巡查的重要内容，督促各地区和有关部门加强监督检查，推动企业规范安全生产费用提取和使用；三是通过季度例会、专项约谈等方式，督促中央建筑企业加大投入，保障生产安全。

二、下一步工作

您在建议中提到的建筑施工行业安全形势依然十分严峻的问题，安全投入不到位是其原因之一。为进一步加强建筑施工企业安全生产投入管理，将采取以下措施：一是为贯彻落实《中共中央国务院关于推进安全生产领域改革发展的意见》，应急管理部正在开展《办法》修订工作，将采纳您提出统一明确安全投入的有关建议，会同财政部与住房城乡建设部协商研究，进一步规范建设工程施工企业安全生产投入；二是住房城乡建设部组织开展《建筑工程安全生产措施费用保障机制研究》，该项工作已于 2019 年 4 月启动，研究改进加强建筑工程安全生产措施费用管理工作，规范我国建筑工程安全生产措施费用的使用，解决建筑工程安全生产中存在的突出问题。

感谢您对建设施工企业安全生产工作的关心和支持。

对十三届全国人大二次会议第 7746 号建议的答复
——关于加快制定《防灾减灾法》的建议

- 2019 年 7 月 10 日
- 应急建函〔2019〕17 号

您提出的关于加快制定《防灾减灾法》的建议收悉，经认真研究，我们认为这一建议很有价值。现答复如下：

一、立法的确必要

我国是世界上自然灾害最为严重的国家之一，灾害种类多、分布地域广、发生频率高、造成损失重。2018 年，我国自然灾害以洪涝、台风灾害为主，干旱、风雹、地震、地

质、低温冷冻、雪灾、森林火灾等灾害也有不同程度发生。

习近平总书记对自然灾害防治高度重视。2018 年 10 月 10 日，在中央财经委员会第三次会议上，习近平总书记强调，加强自然灾害防治关系国计民生，要建立高效科学的自然灾害防治体系，提高全社会自然灾害防治能力，为保护人民群众生命财产安全和国家安全提供有力保障。2019 年 1 月 21 日，习近平总书记在省部级主要领导干部坚持底线思维着力防范化解重大风险专题研讨班开班式上发表重要讲话，进一步强调深刻认识和准确把握外部环境的深刻变化和我国改革发展稳定面临的新情况新问题新挑战，坚持底线思维，增强忧患意识，提高防控能力，着力防范化解重大风险。

目前，我国自然灾害防治能力总体还比较弱，提高自然灾害防治能力，是实现"两个一百年"奋斗目标、实现中华民族伟大复兴中国梦的必然要求，是关系人民群众生命财产安全和国家安全的大事，也是对我们党执政能力的重大考验，必须抓紧抓实。近年来，我国以突发事件应对法为基础，制定修订了防洪法、防震减灾法以及防汛、抗旱、自然灾害救助、地质灾害防治、气象灾害防御、森林防火、草原防火条例等一大批法律法规，印发了《中共中央国务院关于推进防灾减灾救灾体制机制改革的意见》，实施了国家综合防灾减灾"十一五""十二五""十三五"规划，建立健全了《国家突发公共事件总体应急预案》以及自然灾害救助、防汛抗旱、抗震救灾、森林草原防火等国家专项应急预案体系，防灾减灾救灾工作总体上实现了有法可依、依法管理。但是，目前这种单一型的立法范式，已经不适应全面推进依法治国、实现中国特色社会主义法治体系转型升级的要求。因此，尽快制定《自然灾害防治法》或者《防灾减灾法》十分必要，这是适应自然灾害防治工作新形势、落实习近平总书记防灾减灾救灾新理念的重要举措，对于提高自然灾害防治能力，更好地保障人民群众生命财产安全，维护社会和谐稳定具有重要意义。

二、关于《自然灾害防治法》的起草情况

应急管理部组建以来，部党组始终高度重视法治建设工作，建部伊始，黄明书记就对构建中国特色大国应急管理法律体系作出部署。通过广泛听取人大代表、政协委员和有关专家意见建议，就应急管理法律体系建设问题，尚勇副部长多次主持召开专题会，研究推进相关工作。目前我国应急管理方面（不包括社会安全和食品药品安全）的法律主要存在法律综合性、系统性不强，专项立法分散，法规体系不健全、单行法结构不完整，重事中处置、轻事前预防等问题。针对上述问题，应急部党组结合职责定位，组织力量专门研究制定了《应急管理立法体系框架方案》，提出到 2023 年左右初步形成"1+4"（《应急管理法》+《安全生产法》《自然灾害防治法》《消防法》《应急救援组织法》）应急管理法律体系骨干框架，其中以《自然灾害防治法》为主干，逐步形成包括单灾种法律法规的自然灾害防治"小法典"。

下一步，我部将积极推动应急管理和防灾减灾法律法规制修订工作，抓紧研究论证自然灾害防治综合立法。一是以习近平总书记关于应急管理和防灾减灾救灾的重要论述为指引，适应新体制新要求，切实落实"两个坚持，三个转变"要求，把工作重点转移到灾害防治上来。二是选定广东省、贵州省作为自然灾害防治立法试点省份，为国家立法积累有益经验。三是扎实推动《中共中央国务院关于推进防灾减灾救灾体制机制改革的意见》和国家综合防灾减灾"十三五"规划有关政策制度的贯彻落实，修订相关规章制度，为《自然灾害防治法》起草打下较好的工作基础。四是启动《自然灾害防治法》研究论证工作，明确调整范围，科学界定自然灾害是什么、管什么、怎么管和谁来管等问题，为立法工作奠定基础。五是修改《自然灾害救助条例》，突出党对自然灾害救助工作的集中统一领导，把救助环节从单一生活救助向灾害预防、紧急救援、恢复重建等方面延伸，拓展立法保障面，提升保障效果。

感谢您对应急管理工作的关心，欢迎继续关心支持应急管理立法工作并提出宝贵意见。

对十二届全国人大五次会议第 9296 号建议的答复

——关于生产经营单位主要负责人和安全生产管理人员持证的建议

- 2017 年 7 月 6 日
- 安监总建函〔2017〕8 号

您提出的《关于生产经营单位主要负责人和安全生产管理人员持证的建议》收悉，现答复如下：

党的十八大以来，党中央把转变政府职能作为深化经济体制改革和行政体制改革的关键，多次作出部署并提出工作要求。为贯彻落实党中央简政放权、放管结合、优化服务改革工作的要求，国家安全监管总局结合安全生产工作实际，以深化行政审批制度改革、加强行政执法工作为重点，着力推进安全监管部门管理方式创新和"放管服"工作，先后于 2013 年 5 月取消了安全培训机构资格认可，2015 年 2 月取消了危险物品的生产、经营、储存单位以及矿山主要负责人和安全生产管理人员的安全资格认定。同时，坚持放管结合，强化事中事后监管，强化对全国安全培训工作的专项监督检查，要求各级安全监管监察部门把安全培训列入日常执法检查重要内容和年度执法计划，每年至少开展2次安全培训专项执法，将高危行业主要负责人和安全管理人员安全培训情况、安全生产知识和管理能力掌握情况作为执法检查的主要内容。坚持统一标准、统一题库、统一计算机考试的原则，由各级安全监管监察部门按照职责，分别组织开展企业主要负责人和安全生产管理人员的安全生产知识和管理能力的考核。为进一步提升服务，国家安全监管总局开发了考试成绩查询系统，实现了证书信息联网查询，方便监管监察部门查核和企业、社会组织及个人等查询。推动"三项岗位"人员（企业主要负责人、安全管理人员和特种作业人员）网络学院试运行，进一步拓展企业主要负责人和安全生产管理人员自主学习的渠道。

您提出的"将多证合一，只持一个安全健康管理证"的建议很有针对性。按照《安全生产法》《国务院关于取消和下放一批行政审批项目等事项的决定》《国务院关于取消和调整一批行政审批项目等事项的决定》等法律法规要求，国家安全监管总局进一步修改完善《生产经营单位安全培训规定》（国家安全监管总局令第3号）《特种作业人员安全技术培训考核管理规定》（国家安全监管总局令第30号）《安全生产培训管理办法》（国家安全监管总局令第44号），以国家安全监管总局令第80号发布，将原来需先对安全生产知识和管理能力考核取得安全资格证书后方可任职改为先任职后再进行考核，取消了安全资格认定的行政许可。《国家安全监管总局办公厅关于加强用人单位职业卫生培训工作的通知》（安监总厅安健〔2015〕121号）第四条明确，要推进安全培训与职业卫生培训一体化，有条件的地区，可以在危险物品生产、经营、储存单位和矿山、金属冶炼、建筑施工、道路运输等行业领域实行安全与职业卫生统一培训、统一考核。《国家安全监管总局关于推进安全生产与职业健康一体化监管执法的指导意见》（安监总安健〔2017〕74号）要求：推进宣传及教育培训一体化。整合生产经营单位法定代表人、管理人员及从业人员安全生产和职业健康教育培训教材、大纲，实施同步培训考核。按照职责分工，国家安全监管总局负责中央企业负责人和安全生产管理人员的安全生产知识和管理能力的考核工作，目前已经实现了安全生产知识和管理能力与职业卫生统一考核，考核合格后，只发放一个安全生产知识和管理能力考核合格证，不存在为同一人员发放多个安全合格证的现象。对您反映的情况，我们已向贵州省安监局进行了解，目前贵州省安监局负责发放安全生产知识和管理能力考核合格证及职业卫生培训合格证等2个证件，并计划于2017年7月正式推行煤矿安全培训与职业卫生统一培训、统一考核，发放一个安全生产知识和管理能力考核合格证，下一步也将在危险物品生产、经营、储存单位及非煤矿山等行业领域推进实行。但在部分市县还存在着您所提到的安全生产知识和管理能力考核多头培训、多头发证的现象，增加了企业的负担，安全培训和考核发证工作还有待进一步规范、完善。

关于再教育培训周期的问题，您已经列举了有关部门和国家安全监管总局相关文件的要求，这是落实党中央、国务院关于安全生产决策部署，实施安全发展战略的内在要求，是防止"三违"行为、降低事故总量、遏制重特大事故发生的一项源头性、根本性举措。生产经营单位从业人员的安全培训工作，由生产经营单位组织实施。《生产经营单位安全培训规定》第二十条规定，具备安全培训条件的生产经营单位，应当以自主培训为主；可以委托具备安全培训条件的机构，对从业人员进行安全培训。不具备安全培训条件的生产经营单位，应当委托具备安全培训条件的机构，对从业人员进行安全培训。按照上述规定，生产经营单位对从业人员的安全培训负责，各生产经营单位可结合自身生产经营状况，选择合适的培训时间自主组织或委托具备安全培训条件的培训机构对从业人员进行培训和再培训。对生产经营单位负责人及安全管理人员的再培训不仅包括安全生产管理基本知识，也包括国内外先进的安全生产管理经验、采用新工艺、新技术、新设备、新材料的专门培训以及国家最新安全生产方针、政策等内容。因此，《生产经营单位安全培训规定》第九条关于"煤矿、非煤矿山、危险化学品、烟花爆竹、金属冶炼等生产经营单位主要负责人和安全生产管理人员每年再培训时间不得少于16学时"的规定，符合当前我国安全生产发展形势的需要和实际，每年对企业负责人和安全生产管理人员进行培训再教育也是必要的。

下一步，我们将加强调研，对各地区落实《安全生产法》《生产经营单位安全培训规定》《特种作业人员安全技术培训考核管理规定》《安全生产培训管理办法》等规章和文件要求，实行"多证合一"情况进行督导检查，督促各地依法依规完善培训及考核发证工作。

感谢您提出宝贵意见，欢迎您持续关注和支持安全生产工作。

2. 政协委员提案答复

关于政协第十三届全国委员会第五次会议第00969号(工交邮电类127号)提案答复的函
——关于加强治理电动车领域安全隐患及责任事故的提案

- 2022年7月3日
- 应急提函〔2022〕35号

您提出的《关于加强治理电动车领域安全隐患及责任事故的提案》收悉,根据我部职责经研究,现答复如下:

电动自行车具有经济、便捷等优势,成为群众重要的短途交通工具,目前全国电动自行车保有量已达3.5亿辆。由于非法生产、改装和销售电动自行车及锂电池屡禁不止,使用人的消防安全意识不高,电动自行车进楼入户、飞线充电等屡屡发生,导致电动自行车火灾事故时有发生。2021年,全国共接报电动自行车火灾1.8万起,造成65人死亡,222人受伤,直接财产损失达2.21亿元,其中发生在建筑物内3782起,造成60人死亡、175人受伤。您提出的电梯安装智能识别系统禁入电动自行车,禁止在消防通道等公共区域充电,禁止私拉电线充电和私带电池回家充电,加强巡逻监管等建议,针对性强、可操作性强,对预防电动自行车火灾,特别是减少人员伤亡很有参考意义。

应急管理部高度重视电动自行车消防安全,持续组织消防安全专项检查治理,加强消防安全宣传警示教育,努力消除电动自行车火灾风险。一是持续开展治理。2019年,联合工业和信息化部、公安部、住房城乡建设部和市场监管总局印发了《关于进一步加强电动自行车消防安全管理工作的通知》,就加强电动自行车的生产、销售、使用管理和消防安全宣传作出部署,建立和完善长效管理机制。将电动自行车治理作为消防安全"三年行动"重点任务,纳入省级人民政府安全生产和消防工作考核重要内容,充分发动街乡社区、公安派出所等力量,排查电动自行车违规停放、充电等不安全行为。指导各地因地制宜,部署开展电动自行车治理行动,特别是深刻吸取北京2021年"3·15""9·20"火灾教训,联合16部门建立电动自行车生产、流通、使用、维修、改装、充电等环节全链条治理机制,初步形成了电动自行车治理的"北京模式"。二是出台法规制度。应急管理部出台部门规章《高层民用建筑消防安全管理规定》,明确电动自行车违规停放充电处罚依据。多地将电动自行车消防安全要求纳入地方性消防法规、物业管理规定,有的专门出台电动自行车安全管理办法,以法规、规章形式明确电动自行车停放、充电消防安全要求和违法违规责任。三是研发科技产品。研制了电动自行车智能安全充电管理系统、电动自行车识别与防控系统、电动自行车智能换电柜及消防系统、智能换电柜电池热失控探测与自动灭火系统、集中充电柜锂离子电池箱一体化消防保护装置等,为电动自行车安全使用管理提供技术保障。四是广泛宣传警示。协调中央电视台、中央人民广播电台播出电动自行车消防安全系列专题节目;协调中央主要报纸聚焦电动自行车火灾风险,报道违规停放、充电和火灾事故,拍摄制作发布电动车火灾事故典型案例,发动基层力量和志愿服务队伍开展群众性消防宣传活动,深入社区、农村张贴消防宣传海报,有针对性提示公众注意防范。

电动自行车火灾事故的发生原因,涉及生产、销售、维修、改装、停放、充电、使用等多个环节,但最核心的问题是车体和电池本质安全不过关,最难管的问题是擅自改装锂电池。下一步,应急管理部将认真吸纳您的建议,强化分析研判和事故调查处理,精准防控风险,进一步加强电动自行车消防安全管理。一是在监管方面,积极联合工业和信息化部、公安部、市场监管总局组织开展非法改装电动自行车及锂电池治理,加大行政执法力度,坚决打击非法生产、改装电动自行车锂电池违法行为,对存在安全隐患、质量不合格的电动自行车锂电池,加大调查力度。针对电动自行车产品质量、流通销售、通行秩序、停放充电、回收拆解等方面的突出问题,系统梳理重点工作任务,起草了《加强电动自行车全链条安全监管重点工作任务及责任清单(征求意见稿)》,已征求工业和信息化部、市场监管总局、公安部、住房城乡建设部等有关部门意见。总结推广北京市电动自行车全链条治理做法,从生产、流通、使用、维修、改装、充电等各环节制定相关的工作指引;作为"三年行动"巩固提升年重点任务,持续发动基层街乡社区和公安派出所力量,排查纠改居民小区电动自行车违规停放、充电等行为;严格电动自行车火灾调查处理,加强对电动自行车及电池产品质量安全的延伸调查,严肃追责,形成警示震慑。二是在标准方面,全力推动电动自行车停放充电场所消防安全管理标准立项制定,紧密结合实际,制定操作性强的消防安全管理要求;协调工业和信息化部在强制性国家标准《电动自行车电气安全要求》中进一步严格电动自行车电气安全性能要求。三是在科研方面,持续、系统、深入研究锂离子蓄电池安全性能、火灾致灾危害、灭火装置性能优化提升。研究电池集中充电及存放场所火灾防控措施并形成防火设计指南,开展电动自行车集中智能充电管理与电气火灾预警技术研究,研制集中充电火灾早期精准探测装置及云监管平台,研发充电柜阻隔及局部应用灭火系统、电池堆垛火灭火系统等。四是在宣传方面,加强电动自行车消防安全宣传,深入普及电动自行车安全停放、充电知识和初起火灾扑救、逃生自救常识,提高群众的消防安全意识;针对出租房、城中村、居民住宅区、外卖平台等电动自行车集中区域,大力开展警示性宣传,曝光典型火灾案例,张贴发放标语图册,引导群众安全使用电动自行车。

感谢您对应急管理及消防救援工作的关心和支持。

关于政协十三届全国委员会第三次会议第2114号（政治法律类241号）提案答复的函

——关于推进灾难教育立法的提案

· 2020年9月21日
· 应急提函〔2020〕120号

您提出的《关于推进灾难教育立法的提案》收悉,经商教育部,现答复如下:

您提出的建议具有重要借鉴意义和参考价值,对树立灾难教育立法意识,推进灾难教育法制化进程具有重要作用。

为增强全民应对灾难的素质和能力,应急管理部开展了一系列灾难教育工作。一是加强社会化安全宣传的顶层设计。围绕贯彻落实习近平总书记在主持中央政治局第十九次集体学习时的重要讲话精神,应急管理部制定并发布《推进安全宣传"五进"工作方案》,扎实推进安全宣传进企业、进农村、进社区、进学校、进家庭,鼓励各地结合实际先行先试,创新宣传教育的形式手段,大力加强公众安全教育,提升应急避险和自救互救技能。二是扎实开展防灾减灾等应急科普工作。围绕灾难教育重点领域,制作推出主题公益宣传片、专题节目、科普图文等,通过门户网站、微博、微信公众号、第三方科普平台等,向公众普及应急避险、安全防护、自救互救等方面的知识;积极打造综合性权威应急科普平台,形成协调联动的应急科普传播矩阵,扩大灾害教育的覆盖面。三是广泛开展各类主题宣传活动。结合"5·12"全国防灾减灾日、安全生产月、"11·9"消防宣传月等主题宣传活动,拓展社会化宣传渠道,进一步增强全民的风险防控意识,提高安全素养。

下一步,我们将根据您的提案建议,结合我们在灾难教育工作中的成功经验做法,密切配合有关立法机关,推动在灾难类法律中强调灾难教育工作,从家庭教育、学校教育和社会教育三个不同层面予以落实,明确教育的义务主体,压实责任;或者推动在教育类法律中增加社会灾难教育的相关内容,以提高全民的灾难防护救助能力,满足灾难教育现实发展的需要。

感谢您对应急管理工作的关心和支持,欢迎继续提出宝贵意见。

对十四届全国人大一次会议第6231号建议的答复

——关于将社会中介开展的安环等评价职能
收归政府主管部门直接负责、规范管理
助力实体企业高质量发展的建议

· 2023年7月4日
· 应急建函〔2023〕16号

您提出的关于将社会中介开展的安环等评价职能收归政府主管部门直接负责、规范管理助力实体企业高质量发展的建议收悉,经商生态环境部、国家卫生健康委、国家能源局,现答复如下:

按照国务院"放管服"改革工作要求,现行的有关评价制度是推进便民服务、激发市场活力的重要举措,是引领行业规范发展的现实需要,但存在收费标准不统一、工作质量不高等问题,您提出的建议对强化审批部门和评价单位的把关责任、引导加强行业自律,进一步优化行政监管机制和强化评价机构常态化监管工作具有很强的借鉴意义。

一、现行评价制度是落实"放管服"改革工作的要求

推动系统所属评价机构脱钩工作,是贯彻落实国务院"放管服"改革精神、优化便民服务的重要举措,对重塑专业机构监管体系、引领行业规范发展等具有重要意义。《安全评价检测检验机构管理办法》明确国家支持发展安全评价、检测检验技术服务的行业组织,鼓励有关行业组织建立安全评价检测检验机构信用评定制度,健全技术服务能力评定体系,完善技术仲裁工作机制,强化行业自律,规范执业行为,维护行业秩序。在危险化学品生产企业安全评价方面,《中共中央办公厅、国务院办公厅印发〈关于全面加强危险化学品安全生产工作的意见〉的通知》要求培育专业能力强、信誉好的技术服务龙头企业,为危险化学品企业提供管理和技术服务。在消防安全评估方面,《中共中央办公厅、国务院办公厅印发〈关于深化消防执法改革的意见〉的通知》要求取消消防设施维护保养监测、消防安全评估机构的技术服务资质许可,企业办理营业执照后即可开展经营活动。在环保评价方面,《全国环保系统环评机构脱钩工作方案》要求全国环保系统环评机构在2016年年底前全部脱钩或退出建设项目环评技术服务市场。同样,职业卫生评价和能源技术评价等领域也都有相应的制度和规定来落实"放管服"改革工作要求。

二、现行评价制度推动了行业发展

现行的评价制度施行后,激发了市场活力,推动了相关行业的健康规范发展。一是《社会消防技术服务管理规定》(应急管理部令第7号)明确取消消防技术服务机构资质许可。取消消防技术服务机构审批并放宽从业条件后,消防技术服务市场规模不断扩大,机构数量已从2019年的1600余家增加至目前的1.2万多家,从业人员达到3.88万余人。二是《全国人民代表大会常务委员会关于修改〈中华人民共和国劳动法〉等七部法律的决定》对《中华人民共和国环境影响评价法》作出修改,取消了建设项目环境影响评价资质行政许可事项,极大程度激发了环评市场活力,环评单位由原来的900余家最高增至8000余家,促进了环评行业的发展。三是生态环境部印发的《全国环保系统环评机构脱钩工作方案》从全面从严治党、依法行政的高度,从推动生态环保事业发展的现实角度,从体制机制上彻底解决环评技术服务市场"红顶中介"问题,推动了建设项目环评技术服务市场健康发展。

下一步,我们将结合您提出的建议,综合考虑社会中介乱收费、工作质量不高等现实问题,持续加强社会中介机构的把关和监管。一是严格履行评价机构审批职责。严格按照《中华人民共和国安全生产法》等相关法规履行审批职责,按照"谁审批,谁负责"原则,建立健全行政审批责任制,及时发现并纠正违规审批行为,科学细化量化审批服务标准,完善审批服务考核评价机制,积极推进评价机构审批标准化建设。二是持续开展深化评价机构从业行为监管。严格按照《安全评价检测检验机构管理办法》(应急管理部令第1号)、《社会消防技术服务管理规定》(应急管理部令第7号)、《建设项目环境影响报告书(表)编制监督管理办法》(生态环境部令第9号)等相关规定,加强分类指导和重点督导,重点治理乱收费、挂靠资质、出借资格证书等行为。加大日常检查、监督抽查和专项检查的处置力度,推进失信联合惩戒,对出具虚假报告和证明的,依法依规吊销其相关资质或资格,对构成犯罪的,依法追究刑事责任。三是拓展服务范围内相关

评价事项纳入政府购买服务。优化评价方式,在相关许可工作中拓展第三方服务,严格把关,提高许可的科学性和针对性。

感谢您对安全生产工作的关心和支持!

对十四届全国人大一次会议第0587号建议的答复
——关于修订完善烟花爆竹安全管理条例的建议

· 2023年6月25日
· 应急建函〔2023〕1号

您提出的关于修订完善烟花爆竹安全管理条例的建议收悉,结合我部职责,现就您的有关建议答复如下:

一、关于修订完善《烟花爆竹安全管理条例》方面

多年来,应急管理部会同相关部门一直大力推动烟花爆竹行业安全发展、高质量发展。2013年以来,烟花爆竹安全监管部际联席会议多次专题研究了《烟花爆竹安全管理条例》(以下简称《条例》)修订工作。在修订《条例》工作中,会同公安部、市场监管总局等有关部门深入研究您和相关人大代表、政协委员及相关单位、个人提出的意见建议,坚持统筹发展和安全,对烟花爆竹生产、经营、运输、燃放实行分类管理,针对不同类别烟花爆竹的危险特性,科学制定管理制度,积极引导地方政府广泛听取群众意见、权衡利弊、科学评估,因地制宜、依法依规制定当地烟花爆竹禁限放政策,避免"一刀切"全面(全区域、全时段)禁放烟花爆竹,满足人民群众对民俗文化的需求和对美好生活的向往。2018年,应急管理部、公安部、交通运输部、市场监管总局联合印发的《关于做好烟花爆竹旺季安全监管工作的通知》(应急〔2018〕110号),明确地方政府要科学合理制定烟花爆竹禁放、限放政策,引导有燃放意愿的人民群众依法、安全、文明燃放烟花爆竹。

二、关于规范烟花爆竹生产经营安全方面

我部高度重视烟花爆竹安全监管工作,持续强化烟花爆竹生产经营安全专项整治,从严查处"三超一改"(超范围、超人员、超药量和擅自改变工库房用途)、生产经营超标违禁产品等突出违法违规行为。2022年组织开展2轮企业自查、属地全覆盖检查、部级抽查督导相结合的安全检查,共检查烟花爆竹生产经营单位38.7万余家次,累计发现并整改各类问题隐患31万余项(重大隐患501项),暂扣、吊销许可证2200多个,行政处罚2700多万元。针对2023年春节期间各地烟花爆竹禁限放政

策调整等新情况新问题,联合公安部、市场监管总局组成督导组,赴临时"禁改限"的天津、全域禁放的河北、主产区湖南等3省(市),开展烟花爆竹安全生产工作明查暗访,确保春节期间烟花爆竹安全形势稳定。

三、关于强化安全教育和舆论引导方面

我部会同公安部连续多年组织制作了一系列烟花爆竹安全公益宣传片,在央视多个频道黄金时段滚动播放,在多家媒体视频网站同步宣传,并通过微博转发、微信朋友圈推广传播。编制多条电视宣传警示字幕,于春节元宵节期间在央视频道滚动播出,大力宣传烟花爆竹安全常识,教育引导群众到正规零售点合理购买正规产品,普及烟花爆竹安全燃放等常识。

下一步,我部将认真贯彻落实党中央、国务院的部署要求,进一步深入研究并认真采纳您提出的宝贵意见建议,继续积极会同公安、市场监管等相关部门认真做好烟花爆竹生产、经营、运输、燃放及产品质量安全等方面的安全监管工作,持续加强安全宣传和教育引导,推动烟花爆竹安全生产形势持续稳定。

感谢您对应急管理和烟花爆竹安全生产工作的关心和支持!

对十二届全国人大五次会议第6760号建议的答复

——关于修订完善烟花爆竹安全管理条例的建议

- 2017年7月7日
- 安监总建函〔2017〕16号

您提出的《关于制定〈煤矿工人行使安全生产权利办法〉的建议》收悉。经研究,现答复如下:

您所提建议紧贴煤矿安全生产实际,针对性很强,充分体现出您对保障煤矿工人安全生产权利的拳拳之心,对今后推进煤矿安全生产工作、切实维护煤矿工人合法权益等具有很强的参考价值。

国家安全监管总局、国家煤矿安监局高度重视在煤矿安全生产工作中维护和保障煤矿工人安全生产权利,组织开展了大量深入细致的调查研究工作,制定出台了一系列制度文件和措施办法,并在相关法律法规中明确了煤矿工人安全生产权利。

一、《安全生产法》部分条款对煤矿工人安全生产权利进行了明确。《安全生产法》第四十九条至五十八条,先后明确了从业人员享有对作业场所和工作岗位的知情权、对安全生产工作的监督权、在紧急情况下的处置权、接受安全生产教育和培训的权利等。我们坚持将《安全生产法》涉及煤矿工人行使安全生产权利的规定纳入安全生产巡查、安全生产大检查以及煤矿全面安全"体检"等工作中,认真督促落实,切实维护和保障煤矿工人安全生产权利。

二、《煤矿安全培训规定》进一步细化了煤矿工人安全培训教育权利。从2012年7月1日起施行的《煤矿安全培训规定》(国家安全监管总局令第52号),明确了煤矿工人特别是新招入矿的工人初次安全培训、再培训时间。我们结合近年来《煤矿安全培训规定》施行过程中积累的成功经验和暴露出的问题,经过大量调查研究和反复征求意见,正对《煤矿安全培训规定》进行修订,将进一步明确和细化保障煤矿工人接受安全培训教育权利的相关条款。

三、通过编发知识手册保障煤矿工人安全生产权利。早在2005年,国家安全监管总局就组织编印了《煤矿职工安全手册》(工人版),明确煤矿职工享有安全生产知情权、参与安全生产管理权、安全生产监督权、接受安全教育培训权、停止作业避险权、拒绝违章指挥权以及批评检举控告权、工伤保险赔偿权等8项权利,并免费发送给全国煤矿工人。同年4月,国家煤矿安监局组织编印了《煤矿工人安全知识五十条》,明确了煤矿工人享有对煤矿安全生产情况的知情权、监督权、建议权,以及培训教育权、制止违章作业行为权等权利,并免费发放给全国煤矿企业。在煤矿工人维权法律法规依据不够充分的情况下,这两个安全知识手册作为保障煤矿工人安全生产权利的具体措施,在一定程度上起到了引导煤矿工人增强安全生产权利意识的作用。

四、在事故调查过程中积极维护煤矿工人合法权益。按照《生产安全事故报告和调查处理条例》(国务院令第493号)规定,在煤矿发生事故后,工会均参与事故调查工作。通过工会组织维护职工合法权益,已成为保护煤矿工人权益的一项重要保障。

五、通过规范性制度文件保障煤矿工人安全生产权利。今年7月份开始实行的《煤矿安全生产标准化基本要求及评分方法》规定,煤矿应建立矿长安全生产承诺制度,每年向全体职工公开承诺;煤矿企业建立重大事故隐患"双报告"制度,发现重大事故隐患立即向当地煤矿安全监管监察部门书面报告、每月向从业人员通报事故隐患分布、治理进展情况,并列为标准化评审否决项。这一规范性制度文件,有力地保障了煤矿工人的安全生产知情权、安全生产监督权和参与权。国家安全监管总局与财政部联合印发了《关于印发安全生产举报奖励办法的通知》(安监总财〔2012〕63号),在此基础上,根据《中共中央国务院关于推进安全生产领域改革发展的意见》要求和《安全生产法》等有关法律法规的规定,国家安全监管总局已经完成了对原有举报奖励办法调整修订工作,扩大了举报奖励范围,提高了奖励额度,并加强了对举报人的保护措施。

经过各地区、各部门和煤矿企业的共同努力,煤矿工人安全生产权利有了法律、制度和措施保障,煤矿工人参与安全生产工作的积极性、主动性得到增强,煤矿安全生产形势持续稳定好转。但是,也存在一些煤矿企业为了追求经济利益,置煤矿工人安全生产权利于不顾,甚至对行使检举、控告权利的煤矿工人进行打击报复,解除劳动合同,严重侵犯了煤矿工人安全生产权利。为此,我们下一步将推进落实以下措施。

一、进一步加大煤矿安全培训工作力度。督促指导各地严格执行和落实《安全生产法》《煤矿安全培训规定》等法律法规,切实加大煤矿工人安全培训工作力度,不断增强煤矿工人安全意识和维护自身权益的能力,持续提高其行使安全生产权利的积极性与主动性。

二、进一步加大煤矿安全检查执法力度。严格执行《安全生产法》《国务院关于预防煤矿生产安全事故的特别规定》等法律法规的要求,将煤矿工人行使安全生产权利情况作为一项重要检查内容,依法查处罔顾煤矿工人权利、违章指挥生产、冒险组织作业、职业病未得到有效遏制的煤矿企业。

三、开展相关调研,建立完善保护煤矿工人安全生产权利的相关制度。我们将结合您的建议,对煤矿工人行使安全生产权利情况进行专题调研,并将调研发现的新情况新问题作为制定完善相关制度的重要依据,积极推进维护保障煤矿工人安全生产权利的制度办法的出台。

非常感谢您对煤矿安全生产工作的关心和支持,也欢迎您继续提出宝贵建议。

图书在版编目（CIP）数据

中华人民共和国安全生产法律法规全书：含规章及法律解释：2025年版／中国法治出版社编.--北京：中国法治出版社，2025.1.--（法律法规全书）.
ISBN 978-7-5216-4879-9

Ⅰ.D922.549

中国国家版本馆CIP数据核字第2024K72Q15号

策划编辑：袁笋冰　　　　　责任编辑：赵　燕　　　　　封面设计：李宁

中华人民共和国安全生产法律法规全书：含规章及法律解释：2025年版
ZHONGHUA RENMIN GONGHEGUO ANQUAN SHENGCHAN FALÜ FAGUI QUANSHU：HAN GUIZHANG JI FALÜ JIESHI：2025 NIAN BAN

经销／新华书店
印刷／三河市紫恒印装有限公司
开本／787毫米×960毫米　16开　　　　印张／49.75　字数／1358千
版次／2025年1月第1版　　　　　　　　2025年1月第1次印刷

中国法治出版社出版

书号 ISBN 978-7-5216-4879-9　　　　　　　　　　　　定价：108.00元

北京市西城区西便门西里甲16号西便门办公区
邮政编码：100053　　　　　　　　　　　　　　传真：010-63141600
网址：http://www.zgfzs.com　　　　　　　　　编辑部电话：010-63141669
市场营销部电话：010-63141612　　　　　　　　印务部电话：010-63141606

（如有印装质量问题，请与本社印务部联系。）